二

基督新教系總部

歷史部

條約分部

紀 事

中美《五口貿易章程（《望厦條約》）》 一、合衆國民人在五港口貿易，或久居或暫住，均准其租賃民房，或租地自行建樓，並設立醫館禮拜堂及殯葬之處。必須由中國地方官會同領事等官，體察民情，擇定地基，聽合衆國人與内民公平議定租息。内民不得擡價掯勒，遠人勿許強利硬占，務要各出情願，以昭公允。倘墳墓或被中國民人毁掘，中國地方官嚴拿照例治罪。其合衆國人泊船寄居處所商民水手人等，止准在近地行走，不准遠赴内地鄉村任意閒遊，尤不得赴市鎮私行貿易。應由五港口地方官，各就民情地勢，與領事官議定界址，不許逾越，以期永久彼此相安。

中法《五口貿易章程（《黄埔條約》）》 一、凡佛蘭西人按照第二款至五口地方居住，無論人數多寡，聽其租賃房屋及行棧貯貨，或租地自行建屋建行。佛蘭西人亦一體可以建造禮拜堂，醫人院，周急院，學房，墳地各項。地方官會同領事官，酌議定佛蘭西人宜居住宜建造之地。凡地租房租多寡之處，彼此在事人務須按照地方價值定議，中國官阻止内地民人高擡租值，佛蘭西領事官亦謹防本國人強壓迫受租值。在五口地方，凡佛蘭西人房屋間數，地段寬廣，不必議立限制，俾佛蘭西人相宜獲益。倘有中國人將佛蘭西禮拜堂墳地，觸犯毁壞，地方官照例嚴拘重懲。

中美《和好條約（《天津條約》）》 第十二款

一、大合衆國民人在通商各港口貿易，或久居或暫住，均准其租賃民房，或租地自行建樓，並設立醫館，禮拜堂，及殯葬之處。聽大合衆國人與内民，公平議定租息，内民不得抬價掯勒。如無礙民居，不關方向，照例税契用印外，地方官不得阻止。大合衆國人勿許強租硬占，務須各出情願以昭公允。倘墳墓或被中國民人毁掘，中國地方官嚴拿照例治罪。其大合衆國人泊船寄居處所，商民水手人等，只准在近地行走，不准遠赴内地鄉村市鎮，私行貿易，以期永久彼此相安。

又 第二十九款

一、耶穌基督聖教，又名天主教，原爲勸人行善，凡欲人施諸己者，亦如是施於人。嗣後所有安分傳教習教之人，當一體矜恤保護，不可欺侮凌虐。凡有遵照教規安分傳習者，他人毋得騷擾。

中英《天津條約（《中英續約》）》 第八款

一耶穌聖教暨天主教，原係爲善之道，待人如已。自後凡有傳授習學者，一體保護，其安分無過，中國官毫不得刻待禁阻。

又 第十一款

一、廣州福州厦門甯波上海五處，已有江甯條約舊准通商外，即在牛莊登州臺灣潮州瓊州等府城口，嗣後皆准英商亦可任意與無論何人買賣，船貨隨時往來。至於隨便居住賃房買屋租地，起造禮拜堂醫院墳塋等事，並另有取益防損諸節，悉照已通商五口無異。

中法《天津條約（《和約章程》）》 第十款

凡大法國人按照第六款至通商各口地方居住，無論人數多寡，聽其租賃房屋及行棧存貨，或租地自行建屋建行。大法國人亦一體可以建造禮拜堂，醫人院，周急院，學房，墳地各項。地方官會同領事官酌議定大法國人宜居住宜建造之地。凡地租房租多寡之處，彼此在事務須按照地方價值定議。中國官阻止内地民人高抬租值，大法國領事官亦謹防本國人強壓迫受租值。在各口地方，凡大法國人房屋間數，地段寬廣，不必議立限制，俾大法國人相宜獲益。倘有中國人將大法國禮拜堂，墳地，觸犯毁壞，地方官照例嚴拘重懲。

又 第十三款

天主教原以勸人行善爲本，凡奉教之人，皆全獲保佑身家，其會同禮拜誦經等事，概聽其便。凡按第八款備有蓋印執照，安然入内地傳教之

人，地方官務必厚待保護。凡中國人願信崇天主教而循規蹈矩者，毫無查禁，皆免懲治。向來所有或寫或刻奉禁天主教各明文，無論何處概行寬免。

中法《北京條約》（《續增條約》）　第六款

應如道光二十六年正月二十五日上諭，即頒示天下黎民，任各處軍民人等，傳習天主教，會合講道，建堂禮拜。且將濫行查拿者，予以應得處分。又將前謀害奉天主教者之時，所充之天主堂，學堂，塋墳，田土，房廊等件，應賠還交法國駐紮京師之欽差大臣，轉交該處奉教之人。並任法國傳教士在各省租買田地，建造自便。

中德《通商條約》　第六款

廣州、潮州、厦門、福州、甯波、上海、芝罘、天津、牛莊、鎮江、九江、漢口、瓊州、臺灣、淡水等口，大布國暨德意志通商稅務公會和約各國民人家眷等，皆准居住來往，貿易工作，平安無礙。船貨隨時往來，常川不輟。至於賃房買屋租地，造堂醫院墳塋等事，皆聽其便。

又　第十款

凡在中國者，或崇奉或傳習天主教暨耶穌聖教之人，皆全獲保佑身家。其會同禮拜誦經等事，概聽其便。

中和（**荷**）《天津條約》　第二欵

一、廣州潮州福州厦門，甯波上海天津牛莊，登州臺灣淡水瓊州等口，和商皆准貿易，船貨任便往來。若欲租賃地畝房屋，設立棧房禮拜堂醫院墳塋等事，各聽其便。租價公平定議，不得互相勒掯。

又　第四款

一、和國所奉基督聖教，即耶穌天主教，傳教之士若安分傳教在內地，中國官一體保護。如中國習教民人犯中國律令之事，仍由地方官照例懲辦，如無過犯不得刻待禁阻。

中日（**日斯巴尼亞，即西班牙**）《**和好貿易條約**》　第五款

一、各國議定通商口岸，如牛莊天津烟台上海甯波，福州厦門臺灣淡水廣州，汕頭瓊州，及長江之漢口九江鎮江江甯各口，日斯巴尼亞國商民亦可任便出入通市，准與無論何人，均得聽意買賣。所有賃房買屋，租地起造，建立廟堂醫院墳塋等事，亦隨其便。

第六款

一、天主聖教原係爲善之道，待人如己，自後凡有傳授習學者，一體保護。其安分守法，中國官毫不得刻待禁阻。

中比《通商條約》　第十二款

凡比國人按照十一款至通商各口地方居住，無論人數多寡，聽其租賃房屋及行棧存貨，或租地自行建屋建行。比國人亦一體可以建造禮拜堂醫人院周急院學房墳地各項。地方官會同領事官酌議定比國人宜居住宜建造之地，凡地租房租多寡之處，彼此在事務須按照地方價值定議。中國官阻止內地民人高擡租值，比國領事官亦謹防本國人強壓迫受租值。

又　第十五款

天主教原以勸人行善爲本，凡奉教之人，皆全獲保佑身家。其會同禮拜誦經等事，概聽其便。凡按第十款，備有蓋印執照安然入內地傳教之人，地方官務必厚待保護。凡中國人願崇信天主教而循規蹈矩者，毫無查禁，皆免懲治。向來所有或寫或刻奉禁天主教各明文，無論何處，概行寬免。

中義（**意**）《**通商條約**》　第八款

義國民人傳授天主聖教，果係安分無過，中國官員不得刻待阻難，均應保護相安。凡中國人願信崇天主教而循規蹈矩者，毫無查禁懲治。

又　第十一款

各國議定通商口岸，如牛莊天津烟台上海，甯波福州厦門臺灣，淡水廣州汕頭瓊州，及長江之漢口九江鎮江江甯各口，義國商民任便出入通市，准與無論何人，均得聽意買賣。所有賃房買屋，租地起造，建立廟堂醫院墳塋等事，亦隨其便。

第十二款

義國民人准在通商各口一帶地方意欲租地蓋房，設立棧房，建造廟堂醫院墳塋等事，均按民價照給，公平定議，不得互相勒掯

中美《**續增條約**（《**天津條約續增條款**》）》　第四條

原約第二十九款，內載耶穌基督聖教暨天主教，有安分傳教習教之人，當一體保護，不可欺侮等語。現在議定，是美國人在中國，不得因美國人民異教，稍有欺侮凌虐。嗣後中國人在美國，亦不得因中國人民異

教，稍有屈抑苛待，以昭公允。至兩國人之墳墓，均當一體鄭重保護，不得傷毀。

中美《**續增條約解釋**》第四條

中國人之在金山者，現有被抑勒之事，如華民與本地人爭訟，即華民被屈，若無本地人作證官不准理。不准華民作證，其意以爲華民異教，不奉耶蘇，其言不足信也。又華民在金山作工，每人每年出入稅銀兩元，從前各國之人俱納，現已均免，惟不免華民之稅，其意亦因其爲異教之人也。

中葡《**和好通商條約**》第十六款

一、大西洋國商民，在通商各口地方，買地租地或租房，爲建造房屋，設立棧房禮拜堂醫院墳墓，均按民價公平定議照給。惟須由業主報明地方官，查明無礙民居方嚮者，方可交易，不得互相勒掯。至於內地各處，並非通商口岸，均議定不得設立行棧。

又 第五十二款

一、天主聖教原以勸人行善爲本，自後凡有傳授學習者，一體全獲保護。其安分無過者，大清國官不得苛待禁阻。

保和會《**日來弗紅十字約推行於水戰條約**》第七款

拿獲一船，凡船中教士醫士及執役人等，不得傷害，並不得作爲戰犯。此項人釋放登岸時，所有自置物件及外科醫具，准其攜去。如需用此項人，亦可留其照舊當差。俟統領查核情形，無須留用，再行放歸，總之，戰國應得從優看待。

又《**日來弗紅十字約推行於海戰條約**》第十條

被捕船中之宗教醫藥看護人員，均不可侵犯，並不得作爲俘虜。此等人員離船時，准其將所有自置物件及解剖器具攜去。此等人員如有必需之處，仍可從事職業，至司令官以爲可無需時，則可引去。交戰國對於此等陷入權力之內人員，當給以本國海軍對品人員相等之津貼及薪俸。

《**海戰中限制捕獲權條約**》第四條

凡研究學問及奉行宗教，或慈善事業各船隻，亦免被捕。

又《**陸戰規例條文**》第十八條

俘虜於服從陸軍官署所定法規，其關於秩序及風紀之範圍內，應許其

信教自由，且許其參與宗教上之禮拜式。

中英《**續議通商行船條約**》第十三款

中國之意，教事必須詳細商酌，以免從前嫌釁滋事將來復萌。倘中國與各國派員會查此事，盡力妥籌辦法，英國允願派員會同查議，盡力籌策，以期民教永遠相安。

中美《**續議通商行船條約**》第十四款

耶穌天主兩等基督教，宗旨原爲勸人行善，凡欲人施諸己者，亦必如是施於人。所有安分習教傳教人等，均不得因奉教致受欺侮凌虐。凡有遵照教規，無論華美人民，安分守教傳教者，毋得因此稍被騷擾。華民自願奉基督教，毫無限止。惟入教與未入教之華民，均係中國子民，自應一體遵守中國律例，敬重官長和翕相處。凡入教者，於未入教以前或入教後，如有犯法，不得因身已入教，遂免追究。凡華民應納各項例定捐稅，入教者亦不得免納。惟抽捐爲酬神賽會等舉起見而與基督教相違背者，不得向入教之民抽取。

教士應不得干預中國官員治理華民之權，中國官員亦不得歧視入教不入教者，須照律秉公辦理，使兩等人民相安度日。美國教會准在中國各處租賃及永租房屋地基，作爲教會公產以備傳教之用，俟地方官查明地契妥當蓋印後，該教士方能自行建造合宜房屋，以行善事。

中葡《**通商條約**》第十七款

中國視傳教一事，必須詳細商酌，以免從前嫌釁滋事將來復萌。倘中國與立有條約各國派員會查此事，盡力妥籌辦法，葡國因有保護其本國在華天主教堂之責，允願亦派人員會同查議，盡力妥籌，以期民教永遠相安。

凡有遵照教規，無論中葡人民，安分守教傳教者，原爲勸人行善，自不得因奉教致受欺侮凌虐。惟入教與未入教之華民，均係中國子民，理應一體遵守中國律例，敬重官長和翕相處。凡入教者於未入教以前，或入教後，如有犯法不得因身已入教，遂免追究。凡華民應納各項例定捐稅，入教者亦不得免納，惟抽捐爲酬神賽會等舉起見而與教相違背者，不得向入教之民抽取。

教士應不得干預中國官員治理華民之權，中國官員亦不必歧視入教不

入教者，須照律秉公辦理，使兩等人民相安度日。葡國教會准在中國各處租賃及永租房屋地基，作爲教會公産，以備傳教之用。俟該地方官查明地契妥當蓋印後，該教士方能自行建造合宜房屋，以行善事。

上諭分部

紀事

李剛己《教務紀略·卷首》 道光二十五年，法商赴粤詣總督衙門，呈稱天主教勸人爲善，並非邪教，請弛漢人習天主教之禁，總督耆英據以奏聞。奉旨交部議，准海口設立天主堂，華人入教者聽之，欽此。

道光二十六年正月二十五日，奉上諭，前據耆英等奏，學習天主教爲善之人，請免治罪。其設立供奉處所，會同禮拜，供十字架圖像，誦經講説，毋庸查禁，均已依議行矣。天主教既係勸人爲善，與別項邪教迥不相同，業已准免查禁。此次所請，亦應一體准行，所有康熙年間各省舊建之天主堂，除改爲廟宇民居者，毋庸查辦外，其原舊房屋各勘明確實，准其給還該處奉教之人。至各省地方官接奉諭旨後，如將實在習學天主教，而並不爲匪者，濫行查拏，即予以應得處分。其有藉教爲惡，及招集遠方之人，勾結煽誘，或別教匪徒，假託天主教之名，藉端滋事，一切作奸犯科應得罪名，俱照定例辦理。仍照現定章程，外國人概不准赴内地傳教，以示區別。將此諭令知之，欽此。

咸豐十一年十一月初二日，奉上諭，嗣後各該地方官，於凡交涉習教事件，務須查明根由，持平辦理。如習教者，果係安分守己，謹飭自愛，則同係中國赤子，自應與不習教者一體撫字，不必因習教而有所刻求。各該地方官，務當事事公平，分別辦理，以示撫綏善良之至意，欽此。

同治元年三月初十日，奉上諭，總理各國事務衙門奏請飭地方官，於交涉教民事件，迅速持平辦理一摺。前據該衙門奏稱，天主教原以勸人行善爲本，是以降旨，令地方官妥爲辦理。兹據該衙門奏稱，各省地方官於奉文後，未盡認眞妥辦等語。著該督撫轉飭地方官，照依此次所奏，於交涉教民事件，務須迅速持平辦理，不得心存偏重，以示一視同仁之意。摺内所請各節，均著依議行，欽此。

同治九年六月初八日，奉上諭，曾國藩奏起程赴津籌辦情形一摺，據稱教堂牽涉迷拐之案，訊供稍有端倪，尚未能確指證據等語。此案啟釁之由，因迷拐幼孩而起，總以有無確據爲最要關鍵，必須切實根究，則曲直既明，方可再籌辦法。至洋人傷斃多人，情節較重，若不將倡首滋事之犯懲辦，此事亦勢難了結。著曾國藩崇厚悉心會商，體察事機，妥籌辦理，以期早日完案，免滋後患。曾國藩擬將誤斃俄國人命，及誤毁英美兩國講堂，先行設法議結，不與法國牽混，所見甚是。著即會同崇厚妥爲商辦，以免轇轕，將此由五百里各密諭知之，欽此。

光緒十七年五月初七日，奉上諭，總理各國事務衙門，奏各省教案迭出，請嚴飭各督撫迅速籌辦一摺。據稱本年四月間，安徽蕪湖教堂被匪徒焚毁，江蘇丹陽縣湖北武穴鎮等處教堂，亦相繼被毁，亟應查拏匪犯，早爲嚴防等語。各國傳教載在條約，曾經降旨飭令各省隨時保護，歷年已久，中外相安，何以近日焚毁教堂各案同時並起，殊堪詫異，其中顯有巨匪，潛謀勾煽，布散謡言，摇惑衆心，希圖乘機搶掠。甚至安分良民爲所誘脅，動成鉅案，若不嚴行懲辦，何以嚴法紀而靖地方。著兩江湖廣江蘇安徽湖北各督撫，迅飭該管文武，查拏首要各犯，訊明正法，以儆將來。至泰西之教，本是勸人爲善，即從教之人，亦係中國子民，仍歸地方官管轄，民教本可相安，總因不逞之徒，捏造無根之言，藉端滋事，此等奸民所在多有。著各省將軍督撫，出示曉諭居民，切勿輕聽浮言，妄生事端，倘有匿名揭帖造言惑衆，即行嚴密查拏，從重治罪。各國商民教士，地方官必當隨時設法保其身家，勿任奸徒擾害，倘或防範不嚴，致釀事端，即著據實嚴參。其從前各省未結各案，並著該將軍督撫從速辦結，不得任聽屬員畏難延宕，以清積牘。將此通諭知之，欽此。

光緒十七年六月初六日，奉上諭，各省哥老會匪，最爲地方之害，近來江蘇安徽湖北江西等省，屢有焚燬教堂之事，半由會匪從中主謀，游手之徒相率附和，動成巨案。犯事以後，眞犯十不獲一，若不先事籌辦，絶其根株後患，何堪設想。著各省將軍督撫，嚴飭地方文武，隨時留心實力

查緝。如有訪獲會匪首犯，准將出力員弁，照異常勞績，隨案奏請優奬。但不得因希圖保奬，妄拏無辜，致滋擾累。凡地方良民，有誤買匪徒保家僞票，呈繳地方官者，免其治罪。其有向充會匪，自行投首，密報匪首姓名，因而拏獲者，亦一律宥其既往，准予自新。該將軍督撫，務即出示曉諭，俾衆咸知，總期嚴懲首要，解散脅從，以除奸宄，而安良善。愼勿養癰成患，貽害地方，是爲至要。將此通諭知之，欽此。

光緒十七年八月，奉電旨，前因江南一帶教案迭起，曾經明降諭旨，令各該督撫嚴飭，迅拏首要匪犯。近日宜昌教案又出，各該地方官，於迭次諭旨，視若具文。先事既不嚴防，事後又復玩延卸委。茲再嚴行申諭，嗣後各督撫務當督飭。設有教堂各州縣文武，派定兵役，隨時設法嚴密防護。遇有造謠聚衆之事，一聞風聲立時查拏，務獲重辦。若再有似此之案，除將該地方官從重懲處外，並惟該督撫是問。此旨著總理各國事務衙門，電知劉坤一張之洞等，並通諭各省將軍督撫，一體凜遵辦理，欽此。

光緒二十一年六月十九日，奉上諭，自泰西各國通商以來，洋人僑居內地，中外相安，朝廷一視同仁，迭諭疆臣時加保護。乃近日四川省城，有焚燬教堂之案，同時煽動蔓延數州縣。頃又據福建報稱，古田縣匪徒殺傷洋人多名，甚至戕及婦孺，凶暴情形，殊堪痛恨。四川業已獲犯訊辦，福建一案首要各犯，尚在緝拏。著慶裕邊寶泉督飭營縣速即拏獲，毋任漏網。此等不逞之徒，造言惑衆，亦所在多有，要在地方官隨時防範，消患未萌，何得草率因循，以致釀成巨案。著各直省將軍督撫等，通飭所屬凡有教堂處所，務須實力保護。並曉稱居民，勿聽浮言，妄生疑忌，倘敢藉端滋事，定當執法嚴懲。該地方官辦理乖方，亦當從重懲辦，決不寬貸。將此通諭知之，欽此。

光緒二十一年八月十一日，奉上諭，各國設立教堂，迭經諭令各省督撫，嚴飭地方官加意保護，以期民教相安。本年五月間，四川省城匪徒滋事，打毀東校塲教堂，省外各處旋又屢出教案。皆由地方官平日不知勸諭百姓，致釀事端，迨鬧事後，又不趕緊懲辦。該督劉秉璋，督率無方，厥咎甚重。據御史吳光奎奏參，省城滋事之始，劉秉璋置之不理，並未派兵彈壓，無業游民愈聚愈多，以致省外教案層見疊出。該督任意廢弛，有負委任。著即革職，永不敘用，以示懲儆。其餘辦理不善之道府等官，著鹿傳霖確切查明，分別參辦，欽此。

光緒二十一年九月初一日，奉上諭，近數年來各省，屢有打毀教堂之案，疊經明降諭旨，飭令地方官實力保護。乃本年五六月間，四川福建又復疊出重案，經總理各國事務衙門王大臣，該省將軍督撫，與各國使臣領事等，極力磋磨，賠償鉅款，並將首從各犯拏獲，分別懲辦。現在各省教堂，所在多有，全在地方官隨時勸諭居民，切勿因微嫌細故，遽啟釁端。如有不逞之徒，捏造浮言，傳播煽惑，即著嚴密查拏，訊明懲辦，以期消患未萌。該將軍督撫等，務當通飭所屬，留心訪查，實力防範，倘該地方官仍前玩泄，致釀事端，定即從嚴懲辦。各省將軍督撫等，亦必一并嚴懲不貸。將此通諭知之，欽此。

光緒二十三年十二月二十三日，奉上諭，前因山東鉅野縣地方，有盜匪拒捕，傷斃教士之案，業將兇犯分別懲辦矣。開缺四川總督，前山東巡撫李秉衡，身任地方，不能先事預防，以致釀成巨案，著交部議處。兗沂曹濟道錫良，曹州鎮總兵萬本華，曹州府知府邵承照，著一併交部議處。鉅野縣知縣許廷瑞，緝捕廢弛，稟報遲延，著即革職。壽張縣有教堂被劫，該縣知縣莊洪烈，著即查參。其餘濟甯菏澤單縣城武等州縣，亦有民教相爭者，該州縣官，著分別撤調。山東爲禮樂名邦，士夫服習儒術，素知自重，惟草野愚民，間有不明事理，甚或毆辱教士，毆壞教堂，此風斷不可長，著該地方官嚴行禁戢，實力保護。並著通諭各省將軍督撫等，嗣後如有藉鬧教爲名，聚衆生事者，即遵光緒十七年六月諭旨辦理。如仍因循疲玩，定行嚴加懲處，決不寬貸，欽此。

光緒二十三年十二月，山東曹州教案議結，准租膠澳。奉上諭，自西教開禁之後，教堂幾徧天下，傳教洋人相望於道，華民入教者亦日增月盛。地方官措置一有失當，則內憂外侮皆從此起。前於光緒十七年六月，有嚴辦會匪焚燬教堂之諭，嗣是成都有案，古田有案，近日復有曹州盜殺教士之案。雖勉強議結，而准建教堂，准租膠澳，種種要挾不勝其弊。各省將軍督撫，身受重恩，當思爲國家弭患。此後益當以謹防教案爲事，接見州縣諄飭。遇民教詞訟，持平公斷，俾善良者不致屈抑，而刁頑者亦無所藉口。至往來教士，尤當按約切實保護，庶幾防患未然，不使激成變故。若固執成見，不權利害輕重，以一隅而害及全省，甚至貽誤大局，惟

該將軍督撫，都統府尹是問，懔之慎之。將此通諭知之，欽此。

光緒二十四年五月二十二日奉上諭，各國傳教載在條約，迭經諭令，各該督撫妥爲保護，以期民教相安。乃本年四川江北廳等處教案未了，廣東永安州復有殺斃教民之事，湖北沙市亦有因案牽連之事，總由地方官不能仰體朝廷諄諄誥誡之意。遇有民教交涉案件，非慢不經心，即意存歧視，畛域未化，斯嫌隙易生，無怪教案之層見迭出也。用是特加申諭各直省大吏，凡有教堂州縣，務當諄飭地方官實力保護。平日如有教士謁見，不得有意拒絕，使彼此誠信相孚，從教之人自不致藉端生事。一面開導百姓，毋以薄物細故，輕啟釁端。即使事出倉猝，該管官吏果能持平辦理，亦何難消患未萌。是在各該將軍督撫，嚴飭所屬，隨時妥慎籌辦，從前未結之案，即著迅速了結，此後不准再有教案。倘仍防範不力，除將該地方官，照總理各國事務衙門奏定新章，從嚴懲辦外，該將軍督撫責無旁貸，亦必執法從事，勿謂言之不預也。將此通諭知之，欽此。

光緒二十四年八月二十一日，欽奉慈禧端佑康頤昭豫莊誠壽恭欽獻崇熙皇太后懿旨，自開埠通商以來，中外一家，不分畛域。即如各國教士之在內地者，迭經諭令各地方官，實力保護，不啻三令五申。各省官紳士民，自應仰體朝廷一視同仁之意，開誠布公無嫌無疑，以期日久相安。乃近日各省民教滋事之案，仍不能免。四川大足縣教案，至今尚未了結。在愚民無知，造言生事，輕起釁端，固爲可恨。而該管官吏不能隨時開導，先事防維，實亦難辭其咎。用特詳加申論，各直省大吏於教堂所在，務當嚴飭地方官懔遵迭次諭旨，認眞保護，各國教士往來均宜以禮相待。遇民教交涉之案，持平辦理，迅速斷結，並勸導紳民安分自守，毋得逞志啟釁。其各國遊歷洋人，所到之處尤應一體保護，以盡懷柔之誼。經此次降旨之後，若再有防範不力致滋事端，定將該地方官從嚴參辦，並將該督撫等一體懲處，毋謂訓誡之不預也，欽此。

光緒二十四年九月初一日奉上諭，現在各省皆有教堂，教士往來亦所時有，地方官每多民教歧視，以致滋生事端。著各該將軍督撫，嚴飭地方官於教堂所在，及教士往來之處，一體認眞防範，不得稍涉疏懈。遇有民教交涉之案，必須持平迅速辦結，如再有防範不力，輕啟釁端情事，定將該將軍督撫及地方官，一併從嚴懲處，決不寬貸。將此通諭知之，欽此。

光緒二十四年九月初四日奉電旨，前經諭令各省保護各國教士。各該將軍督撫，務當嚴飭地方官，於教堂所在及教士往來之處，一律認眞保護，不准稍涉玩懈，如再有防範不力，致滋事端，定即從嚴懲處，欽此。

光緒二十四年十月二十七日，欽奉慈禧端佑康頤昭豫莊誠壽恭欽獻崇熙皇太后懿旨，近來各省民教起釁之案，層見迭出，總由畛域未化致嫌隙易開。不知泰西諸國傳教章程，載在條約，各處習教之民，皆吾赤子，各國司鐸傳授，各有源流，大旨無非勸善。一切恃符武斷作奸犯科之事，非惟中法所不宥，亦實西教所不容。即如此次江西楊恭宸謀逆一事，舉發者即出自教堂，朝廷即將教士劉在鐸破格加恩。嗣後各直省地方官吏，務當豫杜爭端，不得因教民而有歧視之心。爲教民者，當尊敬官長，和睦鄉鄰，常以力行善事爲務，庶不負國家教養之澤，與各教士勸人爲善之本心。該督撫等即恭錄此旨，通飭所屬，徧行曉諭，務使紳耆士庶，咸知斯義。教民無倚勢作威之心，平民亦無此疆彼界之見，庶幾民教永遠相安，海內其享安全之樂，將此由四百里各諭令知之，欽此。

光緒二十五年二月二十七日奉上諭，有人奏川省教案迭出，多由人心向來浮動，與教爲仇。地方官平日既不開誠勸導，遇事又聽斷不平，以致激成釁端。朝廷一視同仁，民教皆良莠不齊，彈壓撫綏全是有司之責。著奎俊諄飭所屬，倘有意存偏袒，或一味顢頇，遇有教案不即持平辦理，致生枝節，即著從嚴參處，欽此。

光緒二十六年六月二十一日奉上諭，此次中外肇釁，起於民教之相鬨。嗣因大沽礮臺被佔，以致激成兵端，朝廷誼重邦交，仍不肯輕於決絕，迭經明降諭旨，保護使館，並諭各直省保護教士。現在兵事未弭，各國商民在中國者甚多，均應一律保護。著該將軍督撫，查明各國洋商教士，在通商各埠及府州縣，按照條約一體認眞保護，不得稍有疏虞。上月日本書記杉山彬被戕，正深駭異，未幾復有德國公使被害之事。該公使駐京辦理交涉，遽遭傷害，惋惜尤深，應仍嚴飭勒拏兇手，務獲究辦。所有此次天津開戰後，除因戰事外，其因亂無故被害之洋人教士等，及損失物產，著順天府尹直隸總督飭屬分別查明，聽候彙案核辦。至近日各處土匪亂民，焚殺劫掠擾害良民，實屬不成事體。著該督撫及各統兵大員，查明實在情形，相機勦辦，以清亂源。將此通諭知之，欽此。

光緒二十六年六月二十八日奉上諭，劉坤一等奏相機審勢，妥籌辦法一摺。朝廷本意原不欲輕開邊釁，故曾致書各國，並電諭各疆臣，及屢次明降諭旨，總以保護使臣，及各口岸商民，爲盡其在我之責，與該督等意見正復相同。現幸各國使臣除克林德外，餘均平安無恙，日前並給各使館蔬果食物，以示體恤。如各國恃其兵力進犯，各省自應保守疆土，竭力抵禦。即使目前相安無事，亦應嚴密籌備，以防意外之變。惟總不欲兵釁自我而開，一面將坦懷相與之意，宣示各國領事，共籌補救之方以維大局，不得輕聽浮言，致多疑慮，是爲至要。將此由六百里諭令知之，欽此。

光緒二十六年七月初八日奉上諭，前因近畿民教滋事，激成中外兵端，各國使臣在京均應一律保護，迭經總理衙門王大臣致函慰問，並以京城人心未靖，防範難周，與各使臣商議，派兵護送前往天津暫避，以免驚恐，即著大學士榮祿預行遴派妥實文武大員，帶同得力兵隊，俟該使臣定期何日出京，沿途妥爲護送。倘有匪徒窺伺搶掠情事，即行勦擊，不得稍有疏虞。各使臣未出京以前，如有通信本國之處，但係明文，即由總理各國事務衙門速爲辦理，毋稍延擱，用示朝廷懷柔遠人，坦懷相與之至意，欽此。

光緒二十七年正月初五日奉上諭，中外訂約以來，各國人民准入內地，載在條約。朝廷慎固邦交，迭經諭飭各省，實力保護。乃地方官漫不經心，以致匪徒肆行，滋擾傷害各國人民之案，層見疊出。朕惟薄德，無以化導愚民，良深引疚。地方各官平日於洋務不知講求，於交涉罔知大體，以致燎原引火，貽害君國，撫衷自問，當亦難安。自今以往，其各振刷精神，捐除成見，須知修好睦鄰古今通義。遠人來華或通商以懋遷有無，或遊歷以增長學識，即傳教之人，亦以勸人行善爲本。梯山航海，備極艱辛，我中國既稱禮義之邦，宜盡賓主之誼。況近年華民出洋者，不下數十萬人，身家農田悉賴各國保全，即以報施而論，豈得稍存歧視。著再責成各直省文武大吏，通飭所屬，遇有各國官民入境，務須切實照料保護，倘有不逞之徒，凌虐戕害各國人民，立即馳往彈壓，拘犯懲辦，不得稍涉玩延。如或漫無覺察，甚至有意縱容，釀成巨案，或另有違約之釁，不即立時彈壓，犯事之人，不立行懲辦者，該管督撫文武大吏及地方有司，一概革職，永不敘用。不准投效他省，希圖開復。並將此次諭旨一併刊布，謄黃曉諭，以期官民交儆，永革澆風，欽此。

同日奉上諭，各省匪徒藉滅洋爲名，糾衆立會，攻擊各國人民，迭經降旨嚴禁，不啻三令五申。乃近年直隸各屬，竟有大刀會義和拳名目，到處傳習，肆行殺掠，蔓延直境，闌入京師，以致焚燬教堂房產等業，攻圍使館開罪鄰邦，貽誤大局。朕以保護未至，負疚滋深。爾百姓平日食毛踐土，具受國恩，乃敢逞其好勇鬬很之私習，爲符咒邪妄之術，拒捕戕官，殺害各國人民，肆無忌憚，遽爾肇此奇禍，上貽君父之憂，追念尤深痛恨。業經嚴飭各路統兵大臣，實力勦辦，務盡根株。並將縱庇義和拳之王大臣，各照應得之罪，分別輕重盡法嚴懲。殺害凌虐各國人民之各城鎮，概停文武各項考試五年，以示懲儆。惟思鄉僻愚民尚未周知，特再嚴行申禁，以免不教而誅。爾軍民人等，須知結黨入會，例禁綦嚴。朝廷辦理會匪之案，從未稍寬，況各國皆屬友邦，教民亦係赤子，朝廷一視同仁，毫無歧視。即或果有被欺情事，亦應呈報官司，聽候持平判斷，何得輕聽謠傳，藐視刑章。迨事敗之後，黠者遠颺，愚者受戮，法所難容，情實可憫。自此次嚴諭之後，各宜悔悟自新，痛改舊習，如再有怙惡不悛之徒，私立擅入仇視各國人民各會，持械格鬬，公然劫掠，將首從各犯嚴密查拏，盡法懲治，決不寬貸。各省將軍督撫大吏，均有牧民之責，務各嚴飭所屬，剴切曉諭。並將此次諭旨，刊刻謄黃，偏行張貼，務使家喻戶曉，勉爲善良，以無負朝廷諄諄誥誡，辟以止辟之至意。將此通諭知之，欽此。

光緒二十七年三月初一日奉上諭，李興銳奏參辦理教案不善之地方官，請分別懲處一摺。江西署建昌府試用知府崔湘，代理南城試用通判翁寶仁，輕聽謠傳，稽查教堂軍火，以致莠民滋事，釀成焚毀教堂之案。南豐縣知縣鄧宣猷不能彈壓莠民，以致教堂被毀，且於民教控訴詞訟匿不稟報。廬陵縣知縣馮蘭森，於匪徒焚毀教堂，搶劫教民不能防範，商議賠款又多遲誤。安仁縣劉泰龢，並未出示保護教堂，彈壓弁兵輒復調回自衛，以致猝釀焚搶重案。署鄱陽縣試用知縣應衷，前代理德化縣任內，迭出焚搶之案，及署鄱陽縣，辦理教案未能持平，均著即行革職。豐城縣知縣湯鼎煊，高安縣知縣何敬釗，贛縣知縣彭繼昆，於民教控案多匿延不報。署吉安府候補知府何師呂，署理豐城縣大挑知縣周景沂，查辦教案多所諉

卸。瀘溪縣知縣王傎猷，於民教滋事彈壓不力，均著撤任，摘去頂戴，停委一年，嚴行察看，仍責成留緝。餘著照所議辦理該部知通，欽此。

光緒二十七年三月初二日奉上諭，湖南衡州教案現已議結，俞廉三辦理此案，不免遲緩。調補河南巡撫松壽，前在江西巡撫任內，於該省教堂教士，尚能認眞保護，並未傷害教士。惟所屬教案甚多，未能一律完結，應各予以處分。俞廉三松壽均著革職留任，欽此。

光緒二十七年十一月十七日奉上諭，奕劻王文韶電奏，據松蕃電，稱平羅縣屬下營子地方，突有匪徒多人，焚擄鄉民，搶掠教堂，傷及教士並教民數人，已飭派隊保護，並電山西巡撫分途兜拏等語。各省教堂教士，朝廷一視同仁，疊經嚴降諭旨，飭令實力保護。該地方官奉行不力，致有戕傷教士教民情事，實堪痛恨。著崧蕃先將疏防營縣據實嚴參，並會同岑春煊，迅飭派出隊伍，勒限縣賞，將兇犯悉數擒拏，務獲懲辦，毋使漏網，以肅法紀，而篤邦交，欽此。

光緒二十七年十一月二十日奉上諭，甘肅平羅縣屬殺傷教士教民一案，業經諭令將該管地方官，革職帶罪，勒限嚴拏匪徒，務獲懲辦。茲據崧蕃電奏，探聞梅教士及教民等四人，已因傷身死，現在添派道員張廷楫，前往會營督緝兇犯，並妥爲保護等情。地方文武官員，皆有保護教堂教士之責，似此防範不力，致教士等因傷斃命，朝廷深爲矜憫。著崧蕃立即妥爲撫卹，並將此案兇犯趕緊拏獲，即行正法。該管官員王樹槐李含英易慶安，業經降旨革職，如再不獲犯，著即照前旨，永不敍用，欽此。

光緒二十七年十一月二十三日奉上諭，平羅縣屬教案，業經迭降諭旨，嚴飭速辦。茲據崧蕃續奏，彭教士復因傷斃命，現已捕獲兇犯四名等語。著崧蕃仍遵前旨將該教士妥爲撫卹，所獲兇犯審實即行正法。其餘各犯仍趕緊督飭嚴拏，務獲懲治，欽此。

光緒二十七年十二月初五日奉上諭，朕欽奉慈禧端佑康頤昭豫莊誠壽恭欽獻崇熙皇太后懿旨，國家與列邦講信修睦，一秉大公。歷年以來，召見內外大小臣工，必以講求洋務，聯絡邦交爲訓勉，每於州縣等官，必諭以朝廷於教堂教士，一視同仁，務須加意保護。並勸導百姓，常使民教相安，切勿猜嫌多事。此等告誡，不啻三令五申。乃各該衙門人員，能仰體朝廷德意者，固不乏人，其未能實力奉行者，亦復不少。嗣後務當屛除成見，開誠布公，擇善而從，相接以禮，自能中外輯睦，共享昇平，豈非安上全下之大幸。至各省民教等情不一，究竟良懦者多，往往有宵小奸徒，輾轉煽惑，造言生事，遂至釀成教案，多被株連，後悔無及。是在地方官平日與民相親，隨時開導，遇有民教爭訟，聽斷持平，無偏無激。其有傳習邪教如白蓮八卦等名目，藉端惑衆，本爲法令所不容，久已懸爲厲禁，務即申明曉諭，嚴切稽查，有犯必懲，以平人心而肅國紀。著各將軍督撫一體遵照辦理，將此通諭知之，欽此。

光緒二十七年十二月十一日奉上諭，陶模等電奏，據南雄州電稟，法國柯教士面稱，始興縣莨市墟居住民房之茹教士，不知被何人謀斃，並致斃華人一名。現尚未據該縣稟報，當飭該州協同柯教士，同往查辦等語。人命案件該地方官應即查驗稟報，況事關交涉，尤宜迅速辦理。此次始興縣屬，出有謀斃華洋二命重案，該縣並不即時稟報，實屬玩泄。著即撤任，先行交部議處，並勒限嚴拏兇犯，務獲訊明，從重懲辦，如延不獲犯，定將該縣嚴加懲處，欽此。

光緒二十八年二月初二日奉上諭，前據丁振鐸電，奏廣西地界，散勇遊匪勾合搶劫，現正派隊防勦等語。迭經嚴諭迅速勦辦，一面將各國教堂教士人等，切實保護，並飭蘇元春馳回廣西，接統邊防各營，責成將一切防勦事宜，妥爲經理。茲據丁振鐸電，稱達隆二書洋官一人，由布局對汎前往越地，被匪槍斃等語。遊匪滋擾，致洋官無辜被害，殊深惋惜，該地方官防汛不力，實堪痛恨。著丁振鐸查明分防文武各官職名，即行革職，並著陶模丁振鐸蘇元春，將此項匪徒認眞勦辦，迅速撲滅，並通飭各屬，加意保護洋人，及各處教堂教士人等，以靖邊疆而弭後患。倘有貽誤，惟該督撫等是問，懍之。欽此。

光緒二十八年二月十六日奉上諭，錫良電奏，河南泌陽縣高店等處鄉民，因挾教堂賠款之恨，糾衆多人至楚窪地方，殺死教民葉姓一家四命，又至程店殺害教民一名，又將桐柏縣烏金溝教堂焚燬，燒斃教民四命，殺死五命，均無洋人。已派隊彈壓嚴緝，並將泌陽縣撤任查辦等語。各省教堂教士及教民人等，朝廷一體同仁，疊經嚴諭各該督撫，通飭各屬分別保護，並諭令隨時開導百姓，務使民教相安。此等誥誡，不止三令五申，當如何仰體國家德意，實力遵行，無稍疏失。乃河南泌陽等屬，竟有焚燬教

堂，並殺害教民等十四命重案，似此冥頑滋事，目無法紀，實堪痛恨。著錫良督飭該地方官，迅速將各兇犯悉數緝拏，務獲訊明即行就地正法。泌陽縣知縣費鴻年，著即革職，仍勒限緝犯，內有桐柏縣屬地方，該縣亦難辭咎，著一併查參。該教民等被害多命，憫惜殊深，著該撫妥爲撫卹，並將此案趕緊辦結，毋稍延緩。欽此。

光緒二十八年三月初一日奉上諭，國家懷保羣黎，惟願無一夫不獲，是以不論民教，一視同仁，正直蕩平，無偏無頗，原欲百姓親睦，共樂時雍。疊經通飭各督撫，剴切勸導，務令民教相安。乃昨據河南巡撫錫良奏稱，泌陽縣屬，竟猶有焚燬教堂殺害教民情事，業已降旨緝拏治罪。因思嚴懲於事後，兩敗俱傷，何如消患於未然，一勞永逸。查西人入中國已二百餘年，其宗旨本勸人爲善，教士遠涉重洋，堅苦卓著，施醫療病，賙濟貧窮，無非克己利人，又何猜嫌之有，而鬧教之案層見疊出，法令森嚴亦且悍然不顧。民即愚頑不應，至此推原其故，總由人心詐僞，每有莠民藉入教爲名，橫行鄉里，倚勢作威，藉端興訟，一不遂意，則以膚受之愬，使教士聞之不平，代爲申理。地方官平日既與教士隔膜，又於案情曲折不能詳明剖辨，遂成偏重之勢。平民被抑，積憤滋多，匪徒藉此煽惑，激成事變。迨至釀案之後，緝兇限迫，則多被株連，賠罰嚴苛，則不勝擾累，此所以平民怨教之隱不能盡釋，而教士勸善之心亦遂不彰。自非彼此輯和，盡泯嫌隙，無以爲正本清源之策。現在駐京總主教樊國樑，宅心公恕，見義勇爲，前次覲見宮廷，特加褒獎，並令遇案持平，俾民教相安於無事。著外務部，再將此意，與樊國樑婉切商議，使不安本分之人，無從投教。其教民犯案，由中國官與平民一律辦理，應如何妥定規條，杜絕後患，並著外務部及出使大臣，照會各國公使外部，轉飭通行遵守，兩有裨益。至各省教民教士人等，仍著各該督撫，嚴飭地方文武各官，懍遵前旨，隨時防範，實力保護，倘有貽誤，決不姑寬。將此通諭知之，欽此。

光緒二十八年三月二十七日奉上諭，袁世凱奏稱直隸廣宗縣屬，匪首景廷賓聚衆煽亂，旋經擊散。乃該犯逸匿鉅鹿，布散符咒，糾合煽惑，分投裹脅，戕害官弁委員營兵至五十餘人之多。又謀據廣宗威縣兩城，並有攻燬教堂搶掠教民情事。本月十九日，有法國教士羅澤浦，中途遇匪被害，已飛飭各營趕即撲滅，並令覓獲該教士屍首殮卹等語。匪犯景廷賓左道惑人，謀爲不軌，著袁世凱迅即遴派營隊，將該犯匪首擒獲，盡法懲治，並將餘匪從速勦滅，務絕根株。教士羅澤浦無辜被害，彌深憫惻，並著妥爲殮卹。仍將各屬教堂及教士人等，實力保護，毋稍疏虞。此次疏防地方文武各官，著即查明分別奏參，以示懲儆，欽此。

光緒二十八年四月二十八日奉上諭，袁世凱奏，查明疏防文武官員分別參劾一摺。管帶大名練軍參將馬世杰，駐防廣宗，乃逆首景廷賓由縣東召村逸出，復在鉅鹿嘯聚滋事，該參將毫無覺察，又不跟蹤搜捕，迅速撲滅，實屬庸懦無能，著即革職，永不敘用。署順德府正任，河間府知府如松，於已革廣宗縣知縣魏祖德，擅自派捐，物議沸騰，並不據實揭參。及親赴廣宗查辦，復不能體察情弊，豁免捐款，仍諭令減數交納，疲玩顢頇，不知政體，著即行革職。署鉅鹿縣正任，阜城縣知縣王伯鵜，當逆首景廷賓在該境聚衆之始，不敢出城曉諭解散，以致匪燄日熾，釀成鉅案。開缺另補之威縣知縣程之翰，於匪徒拆毀教堂，不能保護，法教士羅澤浦，道出該境，又復疏於防範，以致被匪戕害，著一併革職。新任廣宗縣知縣趙鍔，於逆徒屯聚縣境，不能設法解散，咎有應得，惟據稱到任未久，即復隨營勦逆，亦頗出力，尚知愧奮，著撤任，摘去頂戴。廣平府知府岑春煦，有管轄之責，亦難辭咎，惟據稱平日頗有政聲，亦無縱匪情事，著即撤任，以示薄懲，餘著照所議辦理。欽此。

傳教條例章程分部

紀　事

李剛己《教務紀略》卷二上《英教士在山東傳教章程》　一、教士迹偏寰區，恪依經言，傳道勸善。一教士來華非國家委派，一切費用，均本教諸善士情願捐助。一傳教非爲西商偵探商機，亦非爲西國查察人情風土。一教士勸人學道，更非引望世利。一教士不分畛域，無論身居何國，即屬意何國，無不欲其興利除害，國富民強。一勸人入教原遵上帝普愛救

人之心，凡與教無干事件，從不過問管理。一本教放賑施醫等善事，悉遵本教愛人如己之訓，非有意收拾人心。一凡娶妾賭博吸鴉片，因教斷親，邪行法術，夜聚晝散，倚教棄族，恃教惹事，全不准行。一教堂每逢禮拜，在堂歌頌上帝，亦是代中國皇帝及中國官員祈福，原係《聖經》明訓。一入教受洗，亦如湯盤澡心浴德，表明從此自新，不復舊日之污，並無他説。一教堂男女坐位俱有定所，絕不淆雜，堂中事宜各按規矩。一白蓮金丹等教，行蹤均極詭密，至本教如禮拜等事，無不昭著人世，絕無曖昧形迹，亦不禁人觀看。一凡迎神建醮演戲，修造佛老廟宇等事，與習教者無干。一若修橋路建閘門，添更□樂年節等事，自應與平民一律從公攤派。一古聖先賢勸人孝弟爲善之語，本教士民無不欽服，並勸習教者不准誹謗古訓，侮慢聖賢。一教士在泰西各地，無國不偏歷行蹤，一入中原，恪守聖言，順從華禮，不敢或越。一在官紳前自宜尊敬，以及事大事小應行華禮，不得隕越。一華民習道仍係中國赤子，倘遇訟事，國課官差，雜税等件，俱歸地方官管理，與平民一律。一遇中外失和之事，習教之人均應相助中邦，尊者親上，常作順民。一凡人與教友涉訟，非實因教起端，教士並不干預。一人欲進教，皆先細查其人，曾否與人搆訟，事體清楚，方准入教。至進教後，倘恃教滋事，立即革除。一本會建造教堂，甚爲留意，如實在與土著有礙，情願設法讓避。一教士在内地，多係居住中國房屋，若有建造雖稍具西國款式，亦不甚高。總不建造高塔高樓。一教堂書院學堂，如有官紳耆民，照禮前來閲視，靜聽教中道理，更覺榮幸。一設有醫院，無論是否教民，俱准進院醫治，人人可知其辦法，亦無機密之事。一以上諸款，勸教者立此爲規矩，習學者守之如箴銘，無他可疑，不必歧視，願官民鑒諒，遇事照理，上不背皇王一視同仁之意，下不違《聖經》各安本分之訓，民教相安，彼此和好，固所厚望。

《寓華耶穌教會傳單》　一、某等傳教爲各教會所派，在中國建立禮拜堂，醫院，學堂，經費亦均由本國教會所給，故某等來華不過爲各國教會之代表，並非爲各國政府辦事。二，福音本教人悔過，勸人爲善，期於彼此相安，教士口講之外，復派書籍，不過欲華人知上帝拯救之法。至開設學堂，則欲開中國民智而教以道德，醫院則專爲醫病起見。三凡教會中人，均信崇耶穌之道，其有行爲不背道者，即可收爲教徒。四，華人雖入教會，仍爲中國子民，應仍由中國官管理。按耶穌聖書本教人奉公守法，勉爲善良，至教士之於教徒，但如師之於弟，並不欲以地方官長自居。五，耶穌教之仁慈道德，中外所訂條約亦已承認，並載明華人可隨便入教。又言不得因其人入教，稍有欺凌，此等語意，最爲公道。即中國大皇帝亦具有此心，屢降諭旨，謂凡屬中國百姓，均宜一律看待。地方官遇民教訟事，極應照約辦理，不應歧視，倘能一秉至公，自可永無齟齬。六，如有匪類假託信教而入教堂，欲借入教而干預訟事者，至爲不幸，各教士本皆痛惡。如有此種教徒，教中決不袒護。七，因此之故，某等欲徧告中國官民如下，甲，耶穌教會不欲干預訟事，所有民教涉訟，均應在中國公堂，由地方官秉公照例斷結。乙，凡教民因訟事到官，不准用教會教士之名，以爲倚賴。教會中所派華教士，其職專在宣布福音，勸人爲善，其得膺選，亦其人品行純正。以後華官，如接到教會教士爲訟事信件，請速通知教會，以便查究，免滋弊端。八，教士欲人盡知，耶穌教會傳教，乃以眞道教人，並非僞託，俾人人皆崇奉上帝，以守分安生。兹出傳單亦爲欲免衆人疑惑，並望衆人彼此和平相待。

《通行革除禁教明文》　總理衙門咨，本年法國施大臣，交出《大清律例刑案統纂集成》一書，係光緒十八年所刻，内有禁止邪教等語。當經檢閲，係坊間刊刻，並非官書，不足爲據。查同治九年，刑部奏請續纂大清律例，已於禮律祭祀門内，載明一凡奉天主教之人，其會同禮拜誦經等事，概聽其便，皆免查禁，所有從前或寫或刻，奉禁天主教各明文，概行刪革等語。並將原書内所載，傳習天主教一條，註明刪除字樣。刑部進呈全書，此例久已奏准刪除，自不得再行登入，當經咨行步軍統領衙門，諭禁各書坊，將坊刻《大清律例刑案統纂集成》書内，禁止邪術門，所載西洋人，在内地傳習天主教一條，並上層所載禁習西教各節，一律銷燬在案。兹復准法國施大臣照稱，此種坊刻律例等書，不獨京中發賣，各省亦有出售者，希查照飭令各省，一體銷燬等語。相應咨行貴督撫，查照條約部章，飭令各府州縣地方，出示曉諭各城鄉書坊，將坊刻律例書内所載，禁習天主教各節，一律查明銷燬，以符約章可也。光緒二十一年八月初五日，咨各省。

《粵督陶整頓教務章程》　照得前准駐紮廣州口美國默領事官，偕同

法國哈領事官，來轅面交整頓教務章程，數則當經本部堂詳加批閱，均尚妥善。惟近日教民間有不安本分之輩，畏官查究，每於住屋門首，黏貼教堂字樣，藉作護符，應於單程內添列一條，嗣後內地各處，除眞正華洋式教堂外，其餘教民住屋，應一律禁止，不准擅行黏貼教堂字樣，以杜流弊。分別函商去後，旋接美國領事官照，稱奉教華民住屋門首，擅貼教堂字樣，其行爲不善，有違教規顯然可見，願遵所議。且經與法國哈領事官互商，伊亦允洽等因，前來除咨行查照外，爲此示諭闔省紳民人等知悉。爾等須知後開整頓教規各條，係本部堂與美法兩國領事官，妥商酌定，務宜一律遵守。一同族械鬬，無論因何起釁，教士教民須極力設法止息，並防息後再鬬。倘有教民不遵誡諭禁阻，幫同械鬬，或明或暗，均應重辦，仍由該管教士嚴加約束。蓋此等不守法之教民，乃教會中爲患之人，不特有玷教聲也。一案關眞正教務，須查明的確證據，先由教士報知縣官及地方各官，並須將案情按照應行款式，明白書寫，使華官易於明曉。如縣官判斷不公，或不按辦，可將該案控於領事官，惟須將全案原委報明。一近聞常有水陸盜賊，以及兇犯人等，將鋪屋黏貼教堂字樣，以爲瞞蔽該管，牧師教師務須於傳教之時，論知教民，不得黏貼。如有匪徒故意干犯黏貼者，該教士宜即告知地方官，及領事官，即將犯此事之人，嚴拏究辦。

《教務教案檔·川省委審局員與川西主教洪廣化議立傳教條規咨呈查核施行》 俾教氏人等，咸知條規已定，不敢恃教妄爲。即各處民人，亦知罔所偏徇，自可相安無事，實與教民平民，兩有裨益。是否有當，理合會同詳請察核示遵等情，據此本將軍查法國之傳天主教，原以修身養性忠信慈教爲主，並非作奸犯科，而從教之人，均係本地齊民，與不習教之人，同里共井，應守望相助，不應稍涉猜疑，即偶有細故微嫌，亦當彼此相諒，各自排遣，以敦友誼，而昭雍睦。乃因從教者半屬遊手好閒，不安本分之徒，或因身犯刑章入教，自以有傳教士爲之主持，即恃以無恐。往往欺壓鄉愚，恐嚇仇家，以致民間積不能平，遂有聚衆爭鬬之事。此固奸民妄作非爲，要亦由傳教之時，未能愼重選擇故也。如能皆似洪教主之深明大體，先事預防，則有何不能相安之處。茲據該司道等飭局，會同洪主教公同商酌，議立規條十四則，均屬井井有條，果能彼此遵守，自可歷久相安。除批令通飭各屬一體遵照外，相應抄錄現議規條，咨呈貴衙門，謹請查核施行。

又 一、天主教之說，其大要以昭事爲宗，以修身爲要，以忠信慈孝爲工務，以遷善改過爲入門，以生死大事有備無患爲究竟。奉教之後，期於人心風俗，和善相安。故凡勸善戒惡以正人心，建禮拜以祀神明，設館送藥以濟民生，皆爲奉行之正道。蓋於遵崇天主之中，仍不外夫綱常之理也。其教現總以正道爲重，别無異端邪術，書符唸咒違例等事。倘有藉天主教之名而爲不法之事，查出嚴辦。

一、各處傳教士，均擇端方廉潔之士，並無鄙賤流民可充，地方有司自宜厚待保護。倘有作奸犯科任性妄爲事件，一經查確，即應知會駐省鑒牧，按例究治，不准復充。

一、泰西國例各任各職，另有條程，內分世職教職藝職三等。世職則專任保國護民，總理刑政。教職則專任修齊導善，總理文學。藝職則專任奇工巧技，總理商農。各有專司，别無旁貸，平時不相統轄，遇事相助爲理。世職類若屬修齊文學等件，則請教職參議而行。教職類若爲工賈技巧等件，則請藝職參議而行。各職以此類推，互相聯屬，其教職中鑒牧之稱，雖與世職官員不能同體，然與世職官員比目相依。是故前奉本國詔命，駐川管理教務，所有交涉事件，應歸辦理。倘將來設有駐川領事官，再行移交接官，以專責成。其鑒牧職任，始終無異。

一、教務緊要事件，應由駐省鑒牧，移明總局轉詳軍督憲，暨道憲核辦。俟奉批示，仍由總局隨時移覆備案，以免遲延，而昭約守。

一、教務緊要事件，由駐省鑒牧，用公文移局轉詳，應另刊防記，以昭信守。除刊刻開用後，即便知照總局存案，以免淆混。

一、各處傳教士，如遇教務交涉事件，查明確據，應請地方官持平辦理，倘於本處抑屈難伸，赴省上控。先由鑒牧查明所控情節，如果實有偏倚，即由駐省鑒牧籌辦，送局轉投，遵批候訊，不得違規濫式，致干未便。

一、傳教士等除交涉教務事件外，其餘一切地方公私事件，均不得稍有干預，亦不得袒護教民，朦控揑飾，刁抗官長，致干不便。凡該處教民如有不法情事，立即逐出教外，聽憑地方官照例究辦，倘有知情不舉，責有攸歸。

一、傳教士姓名多寡，理應按年註冊移局詳請轉行地方官知照，以杜冒濫，其有隨時更換者，亦即移明辦理。

一、各處教民姓名多寡，因有遷移居住，往來不一，難以造冊呈報。倘各處地方遇有交涉事件，地方官無從稽考者，即知會省局，在駐省鑒牧處，查明具覆，妥爲辦理，以免錯悮。

一、新進奉教之人，該處傳教士，務須查明來歷，必其人素來安分，別無犯案爲匪各弊，方准收錄。倘有來歷不明，及有爲非作歹，希圖免科情弊，即不得仍聽從教，以清教源。其已經奉教而後查有以上情弊者，仍隨時逐出教外，不准稍有迴護。

一、教民不守規矩，藉教爲符，招搖撞騙，抗違制度，並假借公館辦事名色，把持壟斷，一經查出，或被告發，由地方官按例懲辦。仍即逐出教外，以崇教規，而安良善。

一、教民呈訴各案，除與教務相關者，由駐省鑒牧登號蓋戳，送局轉投外，其餘尋常案件，應遵告期狀式，自行投遞，違者照刁抗究治。

一、駐省鑒牧總理教務，承辦一切往來交涉事件，其先務將情由，會商總局委員，照章辦理，以免窒礙難行，臨時有誤。

一、教務交涉，或爲法國民人公項各件，凡由駐省鑒牧派往各處辦事人等，應先行如會總局，移明地方官知照。一俟派委到境，各有憑信，兩無疑忌，以敦友睦，而免猜嫌。

一、條規既定，傳教士即當遵照奉行，亟宜行止端方，庶足以敷教導而資觀感。既不可稍有驕矜之見，亦不可畧存偏傲之心。果能律己無虧，自然人知敬重。至於民間尋常爭訟，本所恆有，惟當求其事理之平，申訴到官，必可隨時完結，豈能別有苛求。則凡所以息事甯人，安益求安之意，固望於賢有司之持平訊斷，尤望於傳教士之排難解紛，使之毋訟也。

中美法《廣東教務章程》　一、凡非教案，教士等一概不得藉詞干預。

一、傳道人及教主，不得彼此或與教民或他教之人互起大小爭端。設有爭論之事，兩造應請紳耆善爲調處妥結。倘欠公平，兩造可將實在情形，稟控於縣官。若縣官辦理不公，或判斷未能平允，則各將全案原委實情，詳細報知各該管教士，以憑秉公詳慎查核，和衷會商，妥爲持平辦結。倘有兩造爭端，非因教務而起，教士仍應不允預聞。凡相類之案，均當堅持不爲干預。教士及幫理人等應遵正理，極力扶持中國公道。

一、傳道人及教士倘有濫理干涉教民、教徒以及他教暨平民大小爭端，各該管教士應立即嚴加約束。如有教士以某傳道人或教生不安本分，往訴於該管教士，該教士須虛心聽納，秉公詳查。

一、同族械鬥，無論因何起釁，教士、教民須竭力設法止息，並防息後再鬥。倘有教民不遵教士誡諭，禁阻幫同械鬥，或明或暗，均應重辦，仍由該管教士嚴加約束。蓋此等不守法之教民，乃教會中爲患之人，不特有玷教聲也。

一、案關眞正教務，須查明的確證據，先由教士報知縣官及地方各官，並須將案情按照應行款式，明白書寫，使華官易於明曉。如縣官判斷不公，或不按辦，可將該案控於領事官，惟須將全案原委報明。

一、某教民及冒在教者，於未入教之先，經與人有爭案，領事官斷不理此事。此款特阻無眞心奉教者。

一、近聞常有水陸盜賊以及凶犯又有將舖屋黏貼教堂字樣，以爲瞞蔽該管牧師，教師務須於傳教之時，諭知教民，不得黏貼。如有匪徒故意干犯黏貼者，該教士宜即告知地方官及領事官，即將犯此事之人，嚴拿究辦。

《東南互保約款》　三、長江及蘇、杭內地，各國商民、教士產業均歸南洋大臣劉、兩湖督憲張允認切實保護，並移知各省督撫及嚴飭各該文武官員一體認眞保護，現已出示禁止謠言，嚴拿匪徒。

【略】

五、各國以後如不待中國督撫商允，竟至多派兵輪駛入長江等處，以致百姓懷疑，藉端啓釁，燬壞洋商、教士人命、產業，事後中國不認賠償。

【略】

八、內地如有各國洋教士及遊歷各洋人，遇偏僻未經設防地方，切勿冒險前往。

《保護上海城廂内外章程》　一、租界內華人以及產業，應由各國巡防保護，租界外洋人教堂、教民，應由中國官妥爲巡防保護，遇有緊急之

事，互相知照妥辦。

李剛己《教務紀略》卷三下《總理衙門各國大臣商辦傳教條款》 天主教初來中國，名曰西儒，其始入教者不無安分之人。自换約後，大爲不然，遂將勸人爲善之教，華人皆輕視之。加以入教者倚勢欺人，不服之心固結不解，迨民教相爭釀成案件，地方官理當查辦，教士又出而庇護，教民藉此藐視官長，民心更爲不服。且當中國有事之秋，一切罪人訟棍，俱以教中爲逋逃藪，從中生亂，百姓始而抱怨，繼將成恨，終且爲仇。各處民人，不問天主耶穌有無區別，而皆指爲天主教，不知西洋各國疆界有分，而概視爲外國人。禍端一啟，凡駐居中國之西人，所在皆爲危境，即安居無恐之省，百姓亦聞而生疑。疑心甚而忌心生，安有不激而生變者耶。究其實，教非一教，國各一國，縱使告者諄諄，難必聽者不藐藐也。本王大臣任事十年，旦夕焦勞，不料今年天津之案，果變生倉猝不及防矣。該處地方官查獲正兇，駢首受戮，以及賠償撫卹各件，雖云辦理尚妥，而中心總未釋然。皆因民教不安，必致滋事成案，以後僅照此案爲成例，恐辦法愈辦而愈難，禍端愈多而愈烈，豈得相安無事乎。總之，各省教案，雖因積怨而成，實由教民相逼。處此各省案件，地方辦理固未盡善，未嘗不由中西各國辦事大員，明知民教意見未能融洽，不早爲立法挽回，一旦事出不測，外國只求滿其所欲，而人心服與不服不暇顧問，全屬以力爲強。而中國地方官無法可施，只圖敷衍了事，暫顧目前，不思久遠，即或與外國熟籌善後之策，而皆以萬不可行者強爲勸勉，此豈代兩國誠心辦事之人哉。今本王大臣統觀全局，甚欲中外永遠和好，先必妥籌善法。因思泰西各國，彼此均有教士互居其地，其所以能久遠相安者，非處置得宜，曷克臻此，故傳教與習教者，行所無事也。以本王大臣所聞，不論何國教士住居某國，即以某國之法律風俗是遵，從無自立門戶，若抗違國法官令，僭越權柄，以及損人名節，有害人民，使人疑而生怒種種不法，皆有嚴禁。即如在中國，立堂傳教，先必令本地士民信悅，方可彼此久安。而傳教人再將分內所行之事，一一宣示於衆，實無有與教相反者，更不爲習教人所指使，擅預地方公事，以勢壓人，招紳民之怨。到處教士皆能如此，則百姓可與之久安，官員亦易於保護。近觀在中國傳教者，所行所爲，實與本王大臣所聞各節大不相同，猶之一國之中，有無數敵國，自專自主，似此而欲久安，官民不同心怨恨，豈易能乎。本王大臣思患預防，惟恐津案已結，各處教民以爲口實，氣燄凌人，平民怨毒更甚，一旦發洩而成巨案，地方官辦理不下，督撫亦無可如何，即總理衙門有力難施。儻將中國百姓，同心變亂，我大皇帝遣將命師，萬不能胥中國之民而悉誅之，況衆怒已成，誰肯束手待斃。及至事難挽救，再欲中外和好，保全大局，彼此均無能爲，□得不歸咎於中外各國辦事之大員乎。且無論中外何國，必以得民心爲要，民心未得，以勢迫之，定必生變。國家政令雖嚴，亦難望其遵行不怠。中外辦事大員，身當其任，補救無方，忍置中國與各國商民，同溺患難之中，不思以善法維持，後來一切公事萬難措辦矣。本王大臣欲顧全各國和好大局，力求補救之法，特擬章程八條，一併繕送貴大臣查閱。除致各國大臣外，專此縷佈，惟貴大臣諒察。一，教中所立育嬰堂，向未報官立案，而收養幼孩，其中事難其白，因此釀疑起釁者有之，何不將外國育嬰堂概行裁撤，以免物議。如必欲設堂，只收奉教者無人撫養之孩，然亦必報官立案，註明何日收養，何人准，於何日領回，并准無嗣者具結取保抱養爲子，似此方昭核實。至於教外幼孩，當由中國督撫，飭令各屬地方官，選派紳董，自行收養，中外各行其善，自免疑端。一，各教堂內凡中國婦女，概不准入堂，即外國女修士，亦不准在中國傳教，所以嚴規矩而免人疑議也。查中國素以名節廉心爲重，男女異居不相授受，禮至肅也。天主教開禁以來，婦女入堂，男女不分，各處教堂相習成風，無怪百姓輕視傳教，且疑有穢亂之事。一，傳教士居住中國，當從中國法律風俗，不得自立門戶，尤不可有違國法官令，僭越權柄，以及壞人名節，凌辱民人，令人多疑而犯衆怒。若毀及中國聖教，公憤難容，各教士悉歸地方官約束。至中國教民一切所事，與平民無異，凡演戲賽會，自當照常免派錢文，而應有差徭與地方公事，不得藉端推諉。至於應繳在官錢糧，應約業主租項，更不准恃強挂欠。外國教士不可包攬抗違，遇有教民涉訟，聽憑地方官從公審斷，傳教士不得插身幫訟，如原被告有教民在內，不准隱匿不到，致案中之人拖累無休。儻教士干預詞訟事，地方官將請託原函，稟呈督撫咨報本衙門，將教士撤回本國。而教民若有戶婚田畝詞訟，擅敢央求教士出面說情者，地方官從嚴究辦。查各省教民結訟，竟有外國教士出頭干訟，如四川教民婦女，騙賴平民租項，反

戳傷平民，身犯國法，主教者居然行文說情，教民婦女竟不抵罪，川民無不切齒。貴州入教者遇有訟事，自稱教民以爲護符，惡跡可知。況各省民間互相結婚，入教者必令不入教者退婚，或父兄入教，必指不入教之子弟兇忤，呈控到官，教士袒護各種情事，何能免人怨恨。一，中外相居密邇，用法兩無所偏，若遇命案當抵償者，中國人照中國例，外國人照西例以服民心。無論中外辦案，當就本案定罪，不得於辦罪之外，另議賠償，且不得於本犯之外，任意牽連無辜紳商受累。而地方官遇有民教交涉之案，或民人欺入教者，照所犯之事擬罪，或入教者欺民人，亦照所犯之事擬罪，均當平允。如習教者行爲不法，爲地方官訪聞，或被人告發，自當照律拏辦，教士皆不得包庇隱匿。如有庇匿不到案者，先將犯法者照例究辦，仍將庇匿抗傳之教士，與犯人一律辦理，或將教士撤回本國查辦。同治六年，四川毆斃教士馮弼樂一案，業已拏獲冉老五正法，有梅教士硬指紳士主使，逼勒賠銀八萬兩。本係無知貧民滋事，及至激成巨案，反逼守分紳富賠銀，此等情形，怨望最深。又查同治八年，四川毆斃教士李國一案，實由教民逼人退婚肇禍，經李中堂崇將軍會辦，已將正兇何彩正法，劉幅擬絞。而教民殺死平民，及歷年姦擄焚殺，首惡教民王學鼎張添潩等，雖已議罪，終不到案。其司鐸覃輔臣，糾衆殺斃團民趙永林等二百餘名，梅教士聲稱已赴外洋，不能查辦，川民愈加忿怒。一，法國傳教士所往何省傳教，於所領執照內，必將某省某府詳註，照內指定，在某省傳教，不得暗赴他省，并註明某人收執，不准轉給他人。該教士所過關卡，一切應納稅貨，不得私自攜帶，希圖偷漏。至抵某省某府，應將所領執照，即呈地方官衙門驗看，如驗得人地不符，或私授中國教民頂冒，除將原照註銷外，如查出有私買私賣不法等事，定將頂替教民嚴究，仍將教士驅之回國。凡照內教士姓名，以華字爲憑，各處易於認別。若教士或回國或病故或改業，理將執照繳銷。至各省有叛逆之處，領照之人不准前往。將來有教士請照前往之省，查係軍務之省，即將執照一概停給，所以明保護之意也。查貴州教案內，趙教士一名所領執照，並未註明於花名冊內，嗣德繙譯來函，據稱查得洋文冊內，有被傷身死之趙司鐸，實係同治四年六月二十五日領照之瑞勒思，即其人也，誤爲趙云云。又查同治四年六月二十五日三百二十五號之瑞勒思，乃往四川者，而貴州護照簿內實無趙姓，亦無瑞勒思，似此傳教省分與教士姓名先後互異，何堪取信而能保護。又教士林輔臣殺死俄人案內，林輔臣先充教士，又服役於布館中，而原照竟不繳還，或私相轉給，或遺落地人，非但冒充之弊難名，且恐落於逆賊之手，則國家受害甚大，亦大失教中體面。一，傳教士本係勸人爲善，當於收人入教之先，細訪其人，有無作惡犯罪之事，當收者收之，不可收者去之。應照中國所有廟宇，知會地方保甲登記冊內，便於查核之例。如收一人，必分別立限，呈報地方官，於何年月日。進教者係何處人，向來作何事業，實無犯罪更名，以便查考。或其人出外，或病故，皆當報明其人進教時，本無罪惡，進教後所爲不法，旋即逐出教外，一體呈報，按月按季彙登總冊，呈送地方官備查。地方官如查庵廟寺院之例，按月按季前往稽查，則教民無玷，而民教俱各相安。查同治五年，貴州巡撫案報，貴定縣有冉石保等，先曾從賊，嗣入教民袁玉相夏正興團中，藉教中聲勢，糾衆殺害王江保左寅壽二人，重傷三人，將其家財什物牛馬，擄搶一空。又查同治五年，貴州巡撫案報遵義縣公稟內，有宋玉山唐神仙譚元帥蹇元淵等，先曾從賊，受僞職，嗣入教中，擾害鄉城人民，不可勝計。又有楊希伯劉開文鄭小明霍聞九趙文菴等，皆係遵屬素不安分之人，同入教中，在堂執事，鄉愚被其訛索，孤弱受其欺凌，出入衙門干預訟事，若教民涉訟審虛，楊希伯等率領教民多人鬧入縣衙，強逼縣官另斷。教民被官管押，即用外國教士名帖，硬請釋放。他如強佔人之妻女財產，及人命重案，不可枚舉。一，洋教士在中國當照中國規矩，不可干名犯義，擅用關防印信，於大小衙門送遞照會。如有本身應訴之件，而於他項詞訟無關者，准照中國儒教士子之例，繕稟呈明地方官核辦。如欲晉見中國大憲，亦與中國士人見大憲之例同。其見地方官亦同此例，但必相見以禮，毋許擾亂公堂，有失禮統。查同治六年，成都將軍咨報，法國有洪主教者，移行四川省局官員，擅用關防。同治七年，本衙門收到貴州主教胡縛理照會一件，擅由堤塘官驛遞送，且保舉前任道員多文等，請予優獎。山東傳教士擅稱巡撫之事，四川貴州教士，因教案有請撤地方官之說，是侵官吏之權，事已難恕，甚至侵國家之權，情實難容，似此無理已極，安得不犯衆怒。一，嗣後教士不得任憑私意，指請索還教堂，以免啟釁。所有教中買地建堂，或租賃公所，當與公正原業主，在該管地方官呈報查

明，於風水有無妨礙。即是地方官核准，尤必本地民人衆口同聲，無怨無惡，始可照同治四年定章，註明契上係中國教民公共之產。不可爲託他人買產成交，更不得聽信奸民蒙蔽，私自買賣成交。以上所開各節，不過舉其大略，足見傳教士行爲非是，民教不安之證。推之各省案件尚多，不及縷述，總之人有善惡，懲惡即以勸善。教士傳教不問善惡，招之使來，一入教中，不善者必藉教勢欺害良民，甚而抗拒官長。衆怒已成，將合中國百姓，如津民之恨洋人，當其時國家政令雖嚴，亦難挽救，豈非危險之至乎。茲擬各條，中國自必竭力保護，不失寬和之道，而教士如能實力奉行，自可相安無事。儻以此爲不便於教士，不合於教規，惟有請回本國傳教可耳。中國教民，中國定與不入教者，一視同仁，無所厚薄。此非不准教士會考於中國也，實因教士未能自安本分，爲不肖教民所惑，勢必激成衆怒，而至決裂之地。然與其臨時無可挽回，不如及早籌防之爲愈也。

又 郭嵩燾《使西紀程》總署照會各國教案章程八條，亦嚴切亦詳明，讀之慨歎。往與文文忠公，論天主教爲禍之烈，黔蜀尤甚，實由地方官辦理參差，動爲所持，積久而風習成，遂至無可施治。承天津教案之後，會商各國妥議章程，以爲善後之計，或猶可稍圖補救。文忠公言，曾議數條會商，各國皆置不理，即此章程也。又譯本《支那教案論》天津教案之後，總署懲而毖後，所籌善後之法，最爲加意推誠。時文公爲總理大臣，見解公遠，故能畫此條陳，咨會各國政府，此教會中盛傳之一事也。中間先詳論彼此情形，處周語和，繼乃條列八款。一收養孤孩應全行停止，或嚴立限制。二教堂祈禱不應男女混雜。三教士不應干預官司，侵中國有司之權。四滋事時曲直須憑地方官作主，不得有所仇疾包藏。五教士護照須載明經行地方，不得任意遨遊。六奉教者必查明來歷身家。七教士與地方有司往來，應有一定禮節，不宜妄自尊大。八古時教堂基址，既成民居，不得任意坐索，致侵平民公道買掌產業。所列八條，皆有案證，指明從前教案之起，半皆坐犯以上八條。今欲調和民教，永遠相安，捨是更無他法。此件到歐洲，各國政府不甚嘉納，意謂中間所指教士劣蹟，無據非眞，且謂總署所見得一失二偏，而不該然。文公用意，日月昭然，人皆欽佩也。

《耶穌教照傳教諭單內事宜一律辦理》 總理衙門咨，案查同治元年，本衙門准法國布大臣照，稱各省民教不協，皆因迎神賽會各項費用，向非教民所應出，請行文地方官，以後勿再攤派等因，當經本衙門刷印諭，送交法國布大臣，發給各教士收執。一面將用印諭單式樣，通行在案。本年五月初四日，美國安大臣來署，面稱當日此項諭單，只列天主教，未列耶穌教，總覺向隅，旋即送來照會，並稱或爲傳習耶穌教之人再發諭單，或轉飭地方官照發此諭。抑或另設別法辦理，惟期耶穌教民，亦受天主教民得受之益等語。本衙門查天主教民，遇有地方迎神賽會等事，向不出費。至各項公費，如差徭，及一切有益地方等項，仍照不習教者一律應差攤派。各省業經行之有年，天主耶穌兩教，雖有不同，而國家一視同仁，但期民教永遠相安，並無區別，今准美國安大臣照稱，前因相應，咨行通飭地方官，一體知照，所有同治元年本衙門所發諭單，事宜無論，天主耶穌兩教，均應一律辦理。光緒七年五月十七日咨北洋。

《教務教案檔·傳教章程八款粘簽意見》 同治十年正月初一，署天津關道陳欽稟稱，奉到寄下現議傳教章程。職道悉心披讀，剴切詳明，於嚴以相範之中，仍寓寬以相待之意。使彼族果能遵辦，數年積弊，自可漸次釐剔。裨益大局，實匪淺鮮，曷勝欽佩。職道愚見，竊謂條款最宜簡括，一切辯論之語，固應列入查筆，以備舌戰。至傳教士種種僭妄，匪伊朝夕，一旦嚴加束縛，幾有一落千丈之勢，若再將惡劣情狀窮形盡相，恐彼族反疑中國，志在驅逐教士，欲背條約。或付之不答，或以目前聽憑中國辦理等語。忿詞搪塞，則我雖煞費苦心，亦恐無從着手。似不如處處托詞保護，出以渾括，藏鋒斂鍔，譬之棉裡鍼，不使彼族望而生畏，或者尚易動聽，可冀就我範圍。所最要者，在令傳教士歸地方官管束一層，使其遵此。則其餘各條，皆可迎刃而解。故職道謹就管見，另擬備稿八條，首載傳教士，比照儒教士人之例等語。明非我欲輕視，以期誘彼使從，並於各款未皆註明用意所在，以示曲爲保護起見。俾彼族雖知我欲禁其猖獗，而又不能藉口我忽迫以難堪，此事庶不至中止。又查教中滋事，多半由刁劣生監，唆使其間，若不行斥革，則恐羣起效尤，若竟行斥革，又苦難於措詞。因擬陽借推崇伊教之名，陰阻奸人趨附之計，妄增一款，未識可否列入，茲謹繕呈清單，伏候酌覈。職道妄參末議，極知僭越，不勝悚仄之至，虔請鈞安。

附呈清摺一扣。

第一款

一、傳教士應遵中國體制，用儒教士人之例，歸地方官管束，不得稍有僭越。倘事關本身，應行申訴，俱用稟呈，聽候傳訊。其民教交涉案件，悉聽地方官訊斷，不准絲毫干預，亦不准將習教原被告藏匿。若地方官已經就案定罪，傳教士不得於罪犯已辦之外，再議賠償。如違地方官立即稟明上憲，將該教士撤回，以期無損教名。

第二款

一、傳教士執照，均由總理衙門給發，註明前赴某府某縣，並註明某人收執，不准潛往他處，亦不准將執照轉給他人。俟行抵所指縣分，即將執照赴地方官署呈驗，如姓名地名不符，即將執照扣繳，不准在該處傳教。其已准傳教之後，各教士或回國，或身故，或改業，原照均應繳銷。如係軍務省分，概停給照，即非軍務省分，其地方設有變亂，照內雖經註明，亦不准前往，以示保護。

第三款

一、教中育嬰堂，止准收養習教民人幼孩，何日收養何人幼孩，或男或女，年歲若干，應按月報明地方官存案。如日後本家領回，或經他人抱養，亦應呈報，以憑查核。即實係病斃者，亦應請地方官驗明，方准掩埋，以釋羣疑。

第四款

一、中國婦女不准出入教堂，亦不准女修士在中國傳教。其育嬰堂所收習教人女孩，年至十二歲，應令其出堂，以別嫌疑而免浮議。

第五款

一、天主教不敬神明，不祭祖先，與儒教相反。既習天主教，自必欲專心皈依，未便再令業儒，致言行相違，判若兩人。應不准其報考，已得功名者，一經習教，便背師傳，亦應斥革，以示各傳各教兩不相悖。

第六款

一、習教民人雖准私相傳授，不准自立名目，如司鐸等類。倘傳教士違例，將執照轉給習教人，冒充教士，妄自夸張。除將該習教人，照冒充官長例加等治罪外，仍將原教士撤回，永不準其傳教。如習教人，或入教後，及未入教前，有不法情事，地方官尚未查出，先經教士逐出教外報明者，應由地方官酌給匾額，以示嘉獎。

第七款

一、習教民人，不准恃教違犯法律。除民間演戲賽會，准其免攤外，其餘一切錢糧租稅，差徭雜役，均與平民一律承應，不准絲毫抗欠。如與平民涉訟，亦不准自稱教民，倘理屈情虛，營求教士扛幫，是有意敗壞教士聲名。除將教士撤回外，地方官應將該教習人，加等治罪，以期杜絕刁風，藉保教士體面。

第八款

一、嗣後教士不得呈請查還教堂，以杜紛擾。如買地建堂，或租賃公所，應先向原業主，及本地紳民公平會商，均無異詞，再行報明地方官，查核有無窒礙風水，覈准後方准立契。寫明中國習教公共產業，不得私相授受，俾免爭端，以期相安。

再敬稟者，職道查向來傳教諭單，原有不准干預地方公事之語，仍不能禁該教士，紛紛赴京控訴，以恃有公使爲之庇護也。若不奪其所恃，雖章程無論如何周密，亦恐仍蹈前轍，慫恿公使向總署曉瀆，則章程幾同廢紙。職道再四思維，必須將此層設法箝制，乃可拔本塞源。然又未便明言，不准各公使，偏聽教士申訴云云。擬僅就教士一面，提明不准代向公使申訴，致侵中國自主之權數語。則公使不應聽其申訴，已意在言外矣，仍恐持論稍嚴，各公使或不樂聞，轉致於事無濟用，未敢竟列擬款。謹粘籤聲明，以備採擇，載敏鈞安。

《傳教章程禁止婦女入堂一款意不可行》　正月十三日，我國公使倭良嘎哩函稱，去年歲暮，接受文沈二位大臣，以教士住劄中國所遇一切礙難之處，以及袪難之法，文中辯論一紙。本大臣將所擬各條，尚未妥核，即聞已將此件略節，分送各欽差。本大臣原欲以不必提明，有礙於此事之各種情節指示，故自歎息。即如依本大臣之見，第二條似有或非盡容各教，或有干預教中規矩之意，故以其甚無用也。至禁止婦女進堂一節，自不可行。該教行入中土，即數百年來，已定此制，乃成風俗，自不應廢弛。況中國男女，既不禁同入寺院，而其所擬新章，似有抑苛之意也。貴國原有包容各教之名，以其折證各教士之所愬，頗爲有力，其道至貴至

智，貴王大臣自當竭力盡法，廣布恆存，惟使不乏日後猶能大得濟益矣。如本大臣之志，自不提及第二條外，其餘各條內，頗有和平誠實之意。而施其意，彼此酌量推讓，方可原爲和平誠實之意。如施之之法，洽乎各處之情，方能恆得其益之故也。貴王大臣已悉客歲天津滋事，頗激各洋人不洽之跡，僉直稱其亂也。並不分傳教通商，住於中國，盡爲洋人而判也。聽從其意者，最易於能致數國家也。故不待外國直問之前，貴王大臣不論何法，如是突然而立，則此法可當爲，不憎通商明確之證，且可抑其所有誹謗貴國之意矣，其可爲之法，貴王大臣自必洞悉深知。然法甚多，而設立之庶無何難之所遇耳，貴王大臣既欲查覈略節，酌示已見，故本大臣據實言明，書於此信，並頌日祉。

又 正月三十日，美國公使鏤斐迪函稱，去年接到文沈二位大臣來函，以傳教一事未能合宜等語，並節略章程二摺。本大臣逐一細查，茲特函復抄錄白摺一個，并復。即希查照，順頌日祉。

照錄清單

去年十二月二十四日，准貴衙門來函，以傳教一事未能合宜，有礙中外和好大局，教士教民與平民，結怨□衅之故，向各國駐京大臣，商議如何挽救，以期永久相安。擬出章程八條，商辦有約各國，能依此則可息民教爭端，各條外，引證數省案件，說教士教民有不法各情，致平民起公忿，半由教士自招衆怒。茲欲於傳教一條，補其缺陷，亟宜有防禦之法，以希定然相安於後等語前來。本大臣查單內，屢陳天主教士所爲，未曾言及耶穌教士越分之一事。天主教係法國所管，本大臣不得干預，可免議此節。又以辦傳教一事，關係各國和好大局，漸及通商大局，語有深意，亦有明徵，且希閱後各情見復。故查此八條，當推誠相復，以貴王大臣深欲中外相安，永遠和好，不能不妥籌辦法各語，甚洽本大臣之意。商議各項章程，洞悉爭端之故，預防後患，此係盡仁盡智之舉，而無隔膜，互相發明，有益而無害者。又稱主教教士一切不合，本大臣未敢定案，因思地方官受教士之阻撓，緣慚生忿，即動輒歸罪於教士，偶犯小過，即指爲變亂。抑或教士有一二端不合之舉，即統指所有教士爲僭權越權，均未可知。且指出教士之案，係四川貴州兩省，殊出本大臣意外。因該二省無領事官，亦與各洋商相離甚遠，難以兩面訪查。起釁之先又不能抑制，故數次提醒貴國，欲傳教不滋事，莫如於無領事省，准駐各國領事，自能早杜釁萌。如稱教士隱匿教犯，不肯交出各情，是寔華員自司辦理之權，不必再添新章。至刁惡教民教士不肯交官懲責，美國照國例只能審判美人之罪，於中國犯罪人不能置議，假令教民受地方官之欺侮，教士見官爲之分訴，亦因教民有信德，地方官自應公斷，不可背和約二十九條之大意。如地方官不欲從教士之分訴，自可申陳駐京大臣，轉達總署商辦，本大臣不願地方官屈斷無辜之民，故教士爲教民分訴，不同干預僭越。想貴國之政，必不由地方欺凌無辜之教民。所稱教士謁見中國大憲，照中國士人見大憲例一條，因思各國教士能受大憲之面諭，斷不肯自失體面。來單八條，逐一細查，第一條言育嬰堂，按美教士無在華開育嬰堂者，此一節似難持論。然本國各省開有天主教之育嬰堂，各教人題簽助銀，撫養孤子，無報官例，官亦不問，人無懷疑生忿。本大臣以爲洋華人在中國開育嬰堂，任其收養孤子，不分民教。如堂中有不法，自可設法商辦，此係小事，勿庸過慮，有一切興國大事宜講求焉。第二條稱不准婦女入堂，女修士傳教，因思此節不甚公平，何所指而云然，查西國男女，俱准一齊入堂拜神，或父母兄弟妻子同入堂內，決無暗黨陰謀，致駭人聽聞，疑有穢褻事。至女修士，亦爲國所尊崇，訓女教婦，旋能自教其兒女，俾知倫常，西國有益無弊之定例。細揣此條，以爲背和約二十九條之意，本大臣深惜八條內參列是條，恐各國見此條以爲顯背和約。且各處婦女入堂，與女修士訓徒，未聞有傷壞風俗，以致變亂。中國果能知女德如西國女，則益良多。第三條四條，查和約內無准其自立門戶，包庇人命重案，何以現欲添設新章。如中國教民犯例，自有地方官處置，何能拖累擅行干預。世間最大，莫如議政崇神，美國常例，平民可以議論，此二端是非自可衆著，官民有法衡情。

貴國三教與外國各教，可以互辨，無人阻滯。試查外國法律風俗，自知孰爲亟遵國法，順官令，可以中外相通。單內又稱，不強教民攤錢演戲賽會，此係公平之意，至差徭及地方公事，係國所派，本分應作，承種業主田畝，自應交納租項，方爲合理。至稱教士不可包庇抗違，地方官訊斷案件時，教士從旁剖辨是非，想地方官亦無不願，不過代伸其理，豈得謂之干預。所說教士歸中國官約束一層，查和約十一條載，如犯非禮不合情

事，或由地方官，挈交領事官懲辦等語，則不能由華官約束，可想而知。所稱四川教民婦女，騙賴平民租穀，殺死平民，竟未擬抵，是該處官未能盡職，宜有應得之咎，教士豈肯隱匿，又有何權放走罪犯。且地方官何不將教民婦女，同何彩劉幅一般問罪正法。第五條，教士領照往軍務省分一層，查教士自知愛惜身命，明見危險，豈故蹈之，萬一身罹禍災，是自取之，又何怨焉。查十年内各國人，無持照從逆者。第六條，教士收一人，應報明地方官，於何年月日收何人，按月按季彙總冊報官備查，事既瑣碎，亦不知有何益處。貴國三教之人，如犯罪亦照法辦罪，未聞入冊即可幸免。則該教民入教後，非能逃於國法之外。又以貴州二案，從賊從逆之冉石保宋玉山等，該處官何不按律懲辦，而咨報總署，揆其居心，不過謂教民皆歹人，教士亦係歹人，以掩飾其縱犯逃逸之罪。其孤弱之平民，受人欺凌擄搶財物，該處官竟不究辦，則罪在官，而遷怒於教士教民，有何益處。如欺凌孤弱，訛詐鄉愚，出入公門，包攬詞訟，不論出自何人，該處官姑容，即當予以罷職。第七條，如教士擅用關防，照會一切背約之事，該國領事自能約束。又稱教士晉謁中國大憲，□士人謁見大憲禮。查教士見華憲，或無禮貌，或擅越身分，本大臣自能抑制之。視傳教一事，凡租屋一處，開堂講書，有何善法，使華人不生怨忿憎嫌。即如美教士在各省有數塊租房，始允議租，中多阻滯，難知其故。本大臣未將阻滯租房之事，逐一照知總署，誠望嗣後各處士民，知教士以遜讓爲先，不以強佔爲能，可無阻窒之患。第八條，不得任意請查還教堂一事，無怪窒礙難行，此百餘年抄款，一旦逼令業主交還，其中是非，法國自能明辨，將來華法兩國自有公平順理之辦法。如有逼迫抄產之例，自必有報應循環，想貴國亦知之，如欲免懸心，莫如使各教民知公平之意。倘各國教士，有僭越干預案件，貴署自可照知，該國駐京大臣公辦，莫謂一教士不合，即疑各教士同黨。若思預防後患，莫如中國大憲，盡本分曉喻士民，使知外國道高傳教二端，周流愈遠愈獲利，傳揚愈廣愈見益，彼此相知有益。貴國不明喻百姓，必致蓄疑生變，則咎在國政。單内又云，將合華民如津人之恨洋人，寔屬危險之至。本大臣亟思設法，以申和約相宜之理。且美教士來華傳教，必定勸人爲善，依從《聖經》，請查《聖經》，内有確據。言陽間倫常事，陰間賞善罰惡，靈魂不滅，身體復活。又言悔罪救世各大端，西國之信經者，皆因此興盛。單内所說，現係危險之亟，應就病求藥，以百姓不分國與教，視若仇敵。一定中外各大憲商辦永敦和睦之意，以守和約各端，至有未經辦明之處，俟晤面時再商可也。

《逐款議論傳教章程》 五月初四日，英國公使威妥瑪函稱，去年十二月二十一日，接奉貴中堂暨沈大人來信，内以傳教一事，議得章程八條。彼時原擬將章程，通行各國駐京大臣查照。本大臣之意，擬俟將各條酌核妥適，再行分致。是以於二十三日，備信一函，述明即要另擬一信，將本大臣意見敘入此信。去後，正在繕信間，又接貴中堂二十五日來信，囑爲速辦，緣須將章程信函，一起同日分送各國大臣。次日午後，本大臣親赴貴署，欲將意見面爲細陳，惜未得與貴中堂會晤，詢知信函章程，已先一日分送各國大臣查收矣，聞之實爲悵悵。蓋本大臣之所以欲稍遲分送者，其意有二，一則因章程内指明法國，及天主教字樣，深恐開罪法國，及凡在中國傳教人士之別國。一則因章程内所議傳教各層，或有難辦之處，并去年天津滋事一案，敘述緣起，未見妥協，恐各國不能以中國所議之意爲然，而相助爲理，是於希得各國共相整頓本意，尚似未足。數月來，本大臣未將意見細陳者，推原其故，在貴署雖欲託本大臣代謀，迨主意一出，往往未獲敢從，未免灰心解體。凡事如是，不僅此事爲然也。日前晤及貴中堂，既又承囑將鄙意繕陳，即先將所議章程八條，一一爲之論說於左。

照錄章程八條

第一條所議育嬰堂一節，英國耶蘇教士，未聞立有此堂。至天主教之堂，歷據該管事人切說，凡有幼孩入堂，其父母親友俱准不時看視，從無攔阻。惟幼孩大半屬遺棄於路，及無人撫養者，是以無父母親友者居多。因本國教士，向無在華設立育嬰堂之事，而別國之育嬰堂，其應立與否，本大臣未便深爲辨論。然因該幼孩係中國人，於育嬰堂收養時，設立號簿，登載詳明，以備地方官查考，是地方官即可隨時入堂稽查一切。倘遇殤斃，當即報明地方官，如此辦法，本大臣之意，亦謂均無不可。

第二條所議，中國婦女不准其入教堂，亦不准女教士在中國傳教一節。蓋謂婦女入堂，爲衆人所輕視，或恐損壞名節，遂致教堂聲名等爲平常。若如所議，恐不拘何國，不能禁止其女民，不往中國而來。況各國和

約所載，洋人華人傳教習教，均聽其便，是外國斷不能令其男女各名，將尊崇之教道，不傳與他人信從。《論語》云，學而不厭，誨人不倦。聖賢於傳習之道，尚無分於男女，均須同盡。至其堂內，無論天主耶蘇二教堂，行禮時，堂門開敞，教內教外之人，均准入堂觀看，但只不准喧擾。而在中國所立之天主堂內，男女分列，坐位毫不混襍，以符華規。本大臣在上海曾親見之，聞別處各堂，亦一律如此。

第三條所議，以傳教士在中國居住，有僭權越分，及保庇教民，匿不到案，凌虐平民，干預公事等弊。所引案由無多，均係貴州四川等遠省陳案，且僅屬天主教民之事。據法國大臣之意，凡有礙於教民聽便習教情事，不若令主教與傳教，自行達知地方官照辦最妙。其教士於教外之事，起意保庇干預，法國大臣向不依准。且如章程所云，外國教士，有或因錢穀，或因刑名，干預涉訟，及闖入官署託情說事，越分擅自行文，罔知恭敬。如果實有其事，地方官自可知照就近領事官，或咨明總理衙門，轉知駐京大臣查辦。至於本國教士，如有干預涉訟保庇等弊，本國斷不依准，若論別國，本大臣自不能知，諒必有此辦法，中國人入教者，仍應聽從法度禁令，斷不能因其入教，令其違背法令，致有抗糧抗租之事，此外國之本意也。惟演戲賽會，與別項攤派之款，似未甚分晰明切，如有鄉里公舉之項，中國人自願湊集，各聽其便，特不得勒索苛派耳，以符條約所載，安分傳教習教者，不准凌虐苛待之意。因思有平民信行之事，而爲教民所不信行者，如平民勒令教民措資，欲行教規不准之禮，即係凌虐阻其習教，地方官理應保護教民。即如求雨一層，因教民與平民意見不合，每致滋鬧。夫禱雨求晴禳災祈福各事，非僅中國有之，而外國亦有之也。譬如英國，有耶蘇教民，有天主教民，有猶太教民，凡於禱雨等事，各教各規，不能強此以就彼。即湊資起蓋禮拜堂，作爲本敎禮節之費用，亦不能勒令出資。各約載明，中國民人之入教，不拘天主耶蘇各教民，均得一律各歸各教，不受他教之勒索。

第四條所議內，以中外人民同居一處，用法須得其平，此乃理之自然。惟所云人命重案，例應抵償，以服人心。如此辦法，按中國例則可，按英國例，則有不能事事如此之勢。何也，譬如中國偶遇一案，必須照律斷定決罪，而英國或須看情迹，不特不能科以決罪，有時反成無罪。因兩國律例不同，辦法每多未合，甚爲可惜。中國訊案，於案內見證，每每施刑，令其吐實，外國官員礙難同坐會審。而中外交涉命案，若無兩國官員同堂，原被彼此未免生疑，必謂弗能持平。祇有將訊問之法，兩下商定，修一會審則例，庶中外可以會同審辦。而則例之修，無甚難處，英國固所甚願，諒別國亦同一律，如能照此辦理，前言未合之處可免。即以犯罪而論，或爲主使，或爲下手，應償命者則償命，應賠償者賠償，主使之人，斷無不辦其罪之理。惟主使二字之義，中外意見不同，而未經商定則例以前，此節亦不能合爲一轍。至此條尾叚云，將庇護抗傳之教士，照犯人應得之罪辦理，否則將教士撤回本國等語。試思教士如何能庇護抗傳，攔阻地方官拘拏人犯，本大臣實未明其意。若果有此等情事，地方官亦應知照領事官，或咨總理衙門，轉知駐京大臣查辦。

第五條所議內，以教士請領執照一層。所引換照冒充等案，亦係僅有偶有之事，凡有此事，駐京大臣自能澈底根究。如教士或別人，有誤領妄換執照等事，一經查出，地方官即可照會領事官，必可立爲查辦。如別項交涉事件，亦能似此執照之事，容易辦理，本大臣頗爲欣悅。

第六條所議內，以傳教士必先於收人入教時，查其人曾否犯罪爲惡，可收則收，不可收則不收等語。並引及貴州四川案件，華民入教後有犯重罪者，如有此事，地方官因何未經拏辦，若並未拏辦，則不得歸咎於教士。況教士住彼不過一二人，如何能阻止地方官拏人，其說似乎懸虛，而地方官之反將教士拘禁，有案可稽。前年貴州地方官拏得天主教士三名，羈留衙署，十分虐待，以致傷斃一名，何以地方官於中國民人，乃無一律拘拏之權力乎。至非係善人，不准入教，各國條約載明，耶蘇天主各教，其意本在勸人爲善，而教士之責任，豈非如孟子所云，往者不追，來者不拒耶。中國人犯法，不能令其恃爲教民，不聽地方官拏辦懲治，至欲立冊註名，報明地方官稽查，此節甚屬可行，並非權外之事，但此係中國官員之事，不能令教士替爲辦理。且彙冊報查，似於治國之道，無甚裨益，若行此法，恐令有約各國生疑，內寓礙於教民之意。粵匪未經滋事之先，中國民人或有四萬萬丁口，兵戈之後，減至一半，約計二萬萬之數，其中教民不過二十萬人，大半實係安分良民，與教外良民無異。如令其將姓名入簿，報地方官稽查，未免留難，致令有約各國必有辯駁，而於中國所得之

益，恐未加多。

第七條所議內，以傳敎士如有應行申訴之事，均應用稟，呈明地方官核辦等語。但以英國敎士而論，未始不可。蓋本國敎士，與無職各民，不分等第。《江甯條約》第十一款載明，兩國民人無職者，有事聲呈地方官，原有必須用稟之意。

第八條所議內，以指請查還昔年敎堂及各等房所。此節係自中國與法國，前於咸豐十年九月十二日，《續增條約》第六款內，所載之意而起。此事僅關乎天主敎，似應咸歸法國管理，本大臣未便多爲辯論。如果中國按照此續增第六款辦法，視有難辦之處，若乘機向法國執政大臣商酌，將咸豐十年《續增條約》所載之意，稍爲從緩，庶可辦理。總之，中國與外國和好往來，其間倘與一國交接，稍有不洽，要鮮爲難之處，非立一辦法不可。中國必須將交接之一切舉動，量爲變通，按照萬國往來章程，行之方妙。蓋舉動內所最緊要者，是各國互派代國大臣一事，若中國認眞照此辦理，非但每逢交接不洽之處，頗可解救，且可知各國所期望中國之本意，亦能得各國持平相待，以副中國之實心。彼此互派代國大臣，雖各項失和難言盡免，而以泰西各國而論，若非互派代國大臣，干戈之事，實較現時更多。數年以來，駐京各國大臣與貴署商議公事，每多交相駁譎，以致駐京各大臣爲之神倦，非中國簡派大臣往駐泰西各國，口舌終不能免。中國倘有受屈之處，豈乏表明之策，而欲無拂意於外國，亦應察知海外各國日行之事。以上之意，經本大臣早向貴署屢次催勸，此函評論稍長，尚有二層須詳言之。一，貴中堂來函云，通商一節，尚無激釁之端，可惜有通商案件若干，該口不得料理，報到京師報到後，有遲至數年數月，甫得了結者，有至今終不得了結者。各國不能以通商一事，均屬妥當，遂信爲然。一，貴中堂來函云，天津一案，係因民人怨恨天主敎而起，而地方官議罪，正兇駢首，及賠償撫卹各等辦法，以爲甚嚴甚優。恐敎民行動，於平民之心，較前更爲不服。乃月前本大臣接到本國咨文，內以中國辦理天津危重之案，甚遲且諸多不足之處，亦已照會恭親王洞悉，諒別國意見亦同。是則貴中堂所慮者，敎民越分妄行，而各國所慮者，惟恐別處凶人，視辦理津案爲耽延輕縱，犯事者大可躲罪，或致再出效尤之事。查津案之何由而起，何人倡首，何人散布謠言，疑有迷拐幼孩作惡等事，究之幼孩并不缺少一人。以上各節，均無從查考亦不必細論，乃信從虛妄之謠言，遂致慘害敎堂多人。此下民之愚昧不知也，而不知之咎端歸於官，皆因平日官不敎導也。若謂不敎導之故，係因官亦不知。將嗣後遇有愚民，傷毀外國人物，均得以官不知，而民不知作諉罪之詞，可乎不可。此意前於去年六月十一日，由本大臣照會恭親王洞悉在案，茲不具贅，專此布達，順頌日祉。

《本國採文於傳敎章程八條專便依照》九月二十九日，英國公使威妥瑪照會稱，案查同治九年十二月間，接准貴親王暨列位大臣，以洋人在華傳敎一事，繕備公函，並議得章程八條，同致各國駐京大臣查核。本大臣詳譯原信並各章，嗣於本年四月二十日，曾將管見所及各層，逐條函致文中堂在案。並將復信遲延之由，於簡端申明。去歲來函與章程，久已繙就英文，迨備妥復文中堂信後，始將來往信件，一併咨送本國職是。七月初三日，尚未遞到，乃本國先期於他處，搆得去歲來函章程各件，及美國駐京大臣，議復貴衙門之信函。詳查各件細酌情由，至再至三。現經我總理各國事務丞相歌，於七月初三日，將本國意見，詳細備文咨遞本大臣，內開章程所引各案，其有越分妄爲等節，因毫無與英國敎士相涉之處，若本國以此事，既於兩國交誼無甚逕礙，以無庸申論之言相覆，未爲不可。惟思凡與中國有約各國，無不甚願共敦和好，永行弗替，既能常保和局，各國亦各獲其益。故中國有建議商酌之舉，本國自係樂意會商，至於傳敎一節，本國辦法向最明顯。今再言及，凡保護入敎華民，斷不致使中國敎民，不服中國官員約束，致礙官憲之權。其英國敎士在華傳敎，亦不過按約求益，不能於尋常英人之外，另有干求。條約以內，雖有習敎華民安分無過，中國官不得因入敎，遂刻待禁阻之文，寔無華民入敎，即可不服官長，不遵政令之意，此意已傳知各敎士，轉告入敎華民知悉。知華民倚賴入敎保護，恃強抗官，自取罪戾，英國官亦不能從中徇庇。在華民任便入敎習敎，本係《天津條約》第八款所載，耶穌聖敎暨天主敎原係爲善之道，待人如己，自後凡有傳敎學習者一體保護，其安分無過，中國官毫不得刻待禁阻等語，著有明文。因此倘中國官，以敎民習敎而刻待禁阻，本國實不能置之不論。若謂華民自以習敎有護，竟越政令範圍，亦無是理。查章程八款首條，所載育嬰堂一節，本國敎士，並無在華建設育嬰堂之

舉。至他國所建之堂，其辦法或有致百姓懷疑之處，不妨將動疑之迹，詳細聲明。本國深知不拘何國，自能改革盡善。至去歲天津慘殺之案，若謂因愚民無知，懷疑生憤而起，難恠禍患猝生，本國寔不以爲然也。二條所載，不准婦女入堂，並不准女修士在華傳教等語。聞得廣東佛山等處地方，堂內安設一屏，以分男女，而止譏談。至婦女一概不許會同進堂禮拜，寔與教規復本之意相背，亦且與條約所定，任便習教之意不符。查本國傳教者，並無女修士，諒中國亦必知之。至他國之女修士，無論何國，均係至善，其平生謹飭自守，惟以救苦濟急爲務，實人所共曉。若立定章程內，含輕慢之意，本國則不敢聽從也。第三四兩款內，以習教華民，應遵中國禁令，前文業已詳言。至各傳教士，應一體歸地方官約束一節，本國不能不置一詞。英國教士，以及各項英民，僑居中土，一切作爲，原應極力自飭，不致劾官民厭憎。惟英民充當教士，凡條約所載，英民應得保全之益，不能因其爲教士，反不護其美。第五條似係專指法國傳教而言，查《天津條約》第九款內，載英民領照防弊極嚴，英國欽差以及領事各官，所發執照，均係發給英民，並無發給他國人民之事。至三四五等款，有引四川案件，查本國前已屢請中國，將川省地方添增通商口岸，准領事官在省居住在案。至於川省呈報，教士並教民滋事等情，如果寔有其事，中國宜詳細裁奪，不如使外國添派領事官，就近約束。該國教士自不得藉有條約，致所爲越分。況查各國國阜民豐，多由有益之通商而起，凡外國民人，前赴中華各處營謀，似不宜閉塞壅阻，不使前進。務宜順流而導，止於至善，以遂彼此有益之交易，此亦實係中國之利益也。第六款所載，收人入教時，必先察其人，曾否犯罪爲惡，並隨時彙冊，報明地方官等語。查耶蘇天主各教，原係勸人改惡從善，條內所云，似係誤會教中本意。前次美國鏤大臣信內，業已提明，茲不贅論。至欲將教民彙冊呈報一節，是中國欲去弊端，反滋其甚。何則，教民原與凡民無異，若分類以處，則教民既自視與人不同，即萌另外利益之念，誠恐該教民等，反行倚賴，凡有准令任便習教約條之國，希冀保其獲利。第七款所言，均無須深論。第八款所載，教士不得任意指請查還教堂等語。此係由中國與法國，於咸豐十年九月十二日，《續訂條約》第六款所載之意而起，以致彼此紛爭。至英國教士，並無在華指還教中公共產業，此條亦與英人無涉。此八條章程，本國未便照依，蓋因傳教一事，本係難辦之件，若再限此拘滯難行章程，其難豈不更甚。本國之所以不允者，實欲免此繼起之難也，並非別有他意，尚望中國明察細閱。原信並章程大意，不過因教士越分保護教民，有違政令，如中國欲除此弊，即所定條約似覺足以防範。倘英國教士有不法情事，即照條約第九款，就近送交領事官懲辦。與別項英民犯罪無異。如地方官遇有案件，以爲領事官辦理不協，即可按照各國交涉定章，詳報京中總署，轉達駐京大臣飭辦。查本國畀授駐京大臣，以及領事各官，管轄英民之權頗重，如查有駐華各官，權力不足統轄，本國亦寔願特假重權，以資治理。惟未經查出實有其事，本國不便於現有條約之外，續增此次章程。緣此次八條，雖係專指英民中一項而言，而各項駐華英民，亦恐由此不免漸受擾累，以致英華商民交易時，有窒礙等因前來。本大臣准此，敢請少効一言。本國於去歲來函及章程之意，均已詳閱，所見與本大臣大畧相同。即請貴親王於本國歌丞相之言，詳加披覽，便可洞悉。茲又接到丞相歌七月十五日所發咨文，內開貴大臣錄送復文中堂信函，已經收到。所陳各詞均已允准等因，相應照會貴親王查照可也，須至照會者。

《傳教章程剴切周詳必使彼等憬悟就範》 十月十五日，兩江總督曾國藩函稱，前於八月十二日，自江甯奉復江字第八號一函，計登鈞鑒。國藩即於次日，出省查閱營伍，先至大江以北，行次淮徐，接到二十三二十四二十五共三號賜函，並大咨一件，均已誦悉，茲特分晰答覆於後。一承寄傳教章程八條，備極周詳，凡彼妄爲之處，以及釀釁之由，一一指出，痛快淋漓，使之憬然而悟，尤使之赧然而慚，眞能折衝於筆舌之間也。傳教惟法人最多，亦爲法人最横，羅使不欲與他國商量，而允籌善後之策，固由自知尙明，實亦無詞可措。將來即或稍有更易，然大致當能就我範圍。教務果有條理，則大局無一朝決裂之虞。

《本國於傳教章程逐細推究難以允行》 十一月初五日，法國公使羅淑亞函稱，傳教一事，前因本大臣，已將貴國所議章程八條，當時轉送本國。經加詳覽，現准本國來文，內以此事裁復底稿早爲擬就，欲向貴國欽差大臣崇行遞。惟思宜先向各國詢問心意，尤應與英國會商酌明，方可賫送。本大臣溯念前承文中堂沈大臣於章程八條，原係以函相示，此次先將本國將欲行文答覆之大意佈聞，亦其函札，諒無不可矣。查本國來文所

示，即以本國人衆覩此章程，無不驚訝，實出情不自禁。蓋思中國於交涉各事，果悉照立章原意施行，或恐於兩國交誼，遂致搖動，甚或因而決裂。且因八章内所指各情，宜即詳加查核，向來有無其事，本國亦必應設一至簡至明之法，俾嗣後有所遵循。若但就此八條之善否，縱本國或准或駁，豈遽足以盡討論之道，尤須溯流尋源。先詳察此八條之緣由，因何而設，復將緣由所指情形，細加推究。查前次美國駐華大臣，議復信函之言，剛直之中寬而不迫，中國若細意尋思，自然開誠獲益，且凡其議論所及，亦甚可行。至中國指斥傳教情形，相沿已久，屢經查辯，皆化爲無。今仍將夙昔指斥之言，悉薈萃於八條之内矣，茲特條辯於左。

第一條所言育嬰堂一事。教士所立育嬰堂，按約原許任便收養幼孩，多係遺棄無告，該教士豢養恩勤，詎不仁厚。即其平日救孤恤患，無已之心，洵可信其必無妄爲之事。美國大臣書中，以爲忽爾加以束縛禁阻，實出無因，此意本國亦以爲然。且育嬰堂雖屬行善，自應尚須詳審事情，而存心亦須格外愼重。今教士辨理育嬰堂之法，本爲免人疑忌，立制頗嚴，地方官無論更欲立何善法，格外從嚴。而揆諸教自立辦法，較之尤爲加密，又自來有囑其謹飭者，該教士從無不聽之事。詎章中之意，以所收幼孩，不令父母親眷照看，有如拘禁，遂謂其何不在本國爲善，而必在人所不欲之中華爲善乎。夫欲辯此言，良亦甚易，如果該教士所行不合中國所定，教養咸歸父母，以致幼孩得其保護之例，不妨將未善情形，達知本國駐京大臣，不難設法令其更變。惟設立育嬰堂，係條約所准之事，如因辨法或有潛厠不善之處，遽將育嬰堂全行議撤。暨藉口傳教士，或至任意肆行，頓加遏禁，豈不將條約所准之事，反令滯不得行。是以本國實難允許，然尚須勸諭該教士，設立良法，以免無端招疑致謗也。

第二條，一概婦女不許入堂一節。查美國駐華大臣覆函，論此條之語公允詳明，立言莊肅，原無庸再贅。但婦女入堂，本爲教中習俗，稍與中華民俗有異。今議此章者，以經與立限制浸假驅逐，未免馴至舉中國風俗，皆令奉教之人遵守，況許婦女一併入堂，則教民益得任便習教，而流傳得以日廣，想議章者所見亦必及此，故特予以限制。按教中傳流之言，凡百婦女，均悉聖母特加恩佑，況《天津條約》第十三欵載有，願信崇天主教，而循規蹈矩者，毫無查禁等語。則婦女入堂，自在循規蹈矩之内，如相查禁，豈非與天津原約，迥不相符哉。

第三條云，傳教士不得僭越，干預地方公事云云。按此節，原無須特設一章管束之。中國人民其權自歸中國，本國原無異議，如果教士有僭越干預等事，自係妄爲，本國駐華官員，亦必將其嚴加約束。又按□條約傳教之人，宜皆獲地方官厚待保護。至傳教等事，概聽其便，中國官毫不得刻待禁阻，惟有侵越地方官之權，雖纖毫亦所不准。此意本國亦時常宣示，各令知悉，凡所飭囑，亦以此意爲本，斷不容其少有不遵。總之，此斥各節，本國亦以爲非，遇有此事，按約彼此會同查辦，自足以資整頓，是以此條所議辦法，似可勿庸置議。

第四條，以中國犯民，不許教士庇護藏匿等語。前第三條所謂，似可無庸置議者，亦可移置於此。推原本條之意，若凡有教民因事訊辨，一概不准教士署爲援手，似此未免太刻。蓋教士設法申救教民，原出人情之内，此亦何可厚非。惟於有罪之人，謀爲庇匿，以致官法不伸，自係妄作，應申中國地方官，指明知照，本國官員，自無不禁阻之理。至中國欲禁遠人干預内治，查自主之國，自有統馭其民權柄，外人無得干預，此係各國之公例，斷無干犯之理，此例既存，何必又設一章哉。

第五條，傳教士所領執照，如何防弊繳銷云云。查稽察執照，以杜冒濫，雖係在官應行釐弊，以資管轄之一節。然《天津條約》第十三款内載，凡按第八款備有蓋印執照，安然入内地傳教之人，地方官務必厚待保護等語。有此一條，則凡領照一切弊端，早已防之在内。此條所引各弊竇，暨領照後復多流弊，其是否虛實，勿庸必俟逐件清察。如或有之，原約具存，足可憑辨。且本國向來凡遇事件，無不飭令本國人民，一體遵照條約，曾未推諉。

第六章云，傳教士必先於收人入教時，察其人曾否犯罪爲惡，可收則收，不可收則不收。查此章發論原由，斷難共議。夫傳教之與治民，原屬兩事，今中國將二者合而爲一，則似攙混不明矣。緣天主教，乃係自古一流傳奉習之道，匪同多人共建一會，凡有欲入教者，無論何人，皆無弗納之理，因本爲勸化惡人，改悔從善，又其道以潔淨眞誠爲尚，其心則視天下無人不可哀憐。是以未至於善，人人苟心慕其美，樂意從則，自必洗滌自新。至充當傳教者之識見，亦必不至令詐僞之徒，得以蒙混入教。而入

教後，則相誡以奉公守公，立節循禮等事。其人仍復不知改悔，則教士亦必將其退黜，故凡願入教之人，地方官不應限定某人不准入教，倘勒令追其既往，更屬事所難查。《天津條約》第十三款內載，凡中國人願信崇天主教，而循規蹈矩者，毫無查禁，皆免懲治等語。如必欲照此章而行，實與約言，自相矛盾。

第七款云，傳教士應遵中國體制，不得擅用關防印信等語。此條之言，勿庸廢時多議，蓋傳教士本非官吏一流，妄以官員制度行事，原自不得。

第八款云，傳教士不得任意指請查還教堂等語。按此傳大意，在不許傳教士請將從前持強濫侵之教堂墳田，各等原業，尋覓查還。惟因准其請查原業，始有《續增條約》之第六款，內載應如道光二十六年正月二十五日上諭，即頒示天下黎民，任各處軍民人等，傳習天主教，會合講道，建堂禮拜。且將濫行查拏者，予以應得處分。又將前謀害奉天主教者之時，所允之天主堂學堂，墳塋田土，房廊等件，應賠還交法國駐劄京師之欽差大臣，轉交該處奉教之人等語。今合此約者，方准該教士追查，不得凡有房屋喜悅者，即行指索，亦未聞該教士曾作類此之事。並若非實係昔年產業，又無確據，亦不能索要。其經該教士確據追回之產，其人前既濫行侵占，今亦無從稱屈，至內中有將房室增修，田土墾治，較前價值相懸者，自宜確切查明。如果真有其事，其議酬還若干，雖屬事後小節，容易區處。然剖斷一切，務須公平，固自無嫌於紛縷也。總之，天下凡處相爭之事，苟酌之情理，於己亦未盡安，不知退而相讓，不可膠執太過，如此則不特可以得人之歡心，亦且可以免累而省事。若遇人情不相欣悅之處，更宜以此自處，則拂中之益，尤爲無盡。兼可示此疑忌之民，使知傳教者，平日存心多有從寬相讓，未肯較及錙銖。則懷疑之人，觀此舉動，胸中疑團，自然融化，而願入教者，亦得所加多矣。詳查以上歷論八章，未免畢竟難以一允。竊思立章之意，亦非執意行之，不過先借此作探視耳。夫傳教一節，中國不能不因而憂慮，本國亦所深知，特恐有人藉此別生枝節。又執意與外國爲敵者，時相喧擾，以爲西教之傳，實爲中國之大害。此語既播，人心皆爲浮動，巧詐之徒，從而借端行其叵測，惟危險畢竟有之。數載以來逐年加甚，倘兩國不及早和衷商酌歸一，深恐將來，遂釀民不可治之大患矣。

《傳教章程本國回文不能照示一切仍照和約辦理》 十二月初九日，

美國照會稱，去年十二月二十四日，准文沈大臣之函，內論傳教各情事，亦接到八條章程，爲管理傳教之舉。此章程本大臣俱已閱悉，於今年正月三十日，函復在案。據我意見，此章程甚屬不需，想我國不但於條內所稅各端，不能依從十分，並不能允准一分。本大臣照錄來往信函，及內所載者，一併速行寄達國家去後。頃准大學士咨復稱，君主已收閱我寄去之件，熟思各情節。我今年正月間之復函，君主滿心應允，因我已閱悉來函各情。君主不必再細查，且欲語不逾限，先示我以約略之諭，即是中美兩國之條約，解其合宜。並指點美員大概之條例，以免錯誤。君主亦提及兩國互有相宜之道，又說願用自己之權，因爲感召平安等語。茲遵大學士之諭，將文內之旨，照知貴親王。按君主之意，住華之美國人，其一切合例者，俱在和約內述明，倘非中國欲阻擋美民之合例，此章程是和約外餘剩之物，如欲將章程，窒礙和約內所准之合例者，大學士咨復，內屬我不得將此章程允諾。至於美國傳教人，其所合例者，與各項住華美民同等。本國不希望多得亦不尋問多取，如別國欲中國將傳教人比平民高待，大學士囑我告知貴親王，本國不爲之助，亦不關心此事。假令別國向中國有尋問者，如蒙貴國皇上允准，本國君主，亦當思想自商，可否將傳教人所得之尋問者，使各項美民一體均得。以待咸豐八年美國和約三十款，至於貴國百姓入西國教，載教別人，我君主希望按照和約，不得干預禁阻，無論擾亂之人，從中如何唆慫，亦望貴國依和約保護美國傳教人與中國習教者。雖亟欲如此，而君主不欲覩。西國教士，包庇中國教民，逃避國法各情事，亦不欲見。或將所設立之講書堂，作罪犯逋逃之窩巢。大學士囑我告知貴親王，本國官於華民教民，除保護入西教與教人者，免干預禁阻外，不准從中干涉，亦不准美員，擾亂貴國君民之大倫。大學士囑我，重說從前我函內所說者，信服西教之人，不能倚賴西教，而逃罪所應得之刑罰。本國亦不准美國傳教人，循庇保護犯罪者，亦不准美教士，設立屬教會之院舍，以作犯法者躲避之所。美國與中國常常依從和約，亦欲中國與本國，亦常常依從和約。現今和約仍然未改，如別國欲向中國，問格外之合例給西教士，或不符中國之體統，本國不欲幫作此事，君主反欲用其權

柄，按律例作和平之氣象，以攔阻此事。來函內有爲外國人危險之語，君主亦稍認其說，大學士囑我說，雖按美國之本分，爲美國人於和約內之合例者，不能不取，不能疎鬆。中國於滋事理應保護，各美民之在境內者，而美國亦欲華洋相處，助其通好以撫民心，而止亂萌。君主想中國向美國有友誼，而美國亦不欲搖動此友誼，而盡力存留之。美國亦欲用其權勢，爲所當爲，以禦中國與別國之釁端。使中國堅固而得自主，如別國向美國尋問勸解，君主告知以上所說之意，乃君主不欲空發此言。必先視中國，向別國願盡能盡其本分。此本分不論在和約，或在《萬國公法》。如中國與各西國開廓其來往，用此意以修和約，君主更有理爲中國解說。按君主之意，如欲長久平安與興盛，在與各西國開廓其來往，不在與各西國狹隘來來往。本大臣欲增入已言，來函內於美國傳教士，並無怨言。君主所悅，確知此文內大略之意，可使中國嗣免卻怨言。並希望及至華民與西教士，熟悉知其意念，則去其疑慮，而生其信心，消其忿恨，而生其善念。本大臣亦如此希望，君主又望不久中國與百姓，向傳教之各先生，有愛無憎。日覩其所行爲教訓，爲中國及華民亟有益處，並保中國皇上，及各國之在教者，平安和睦。

《傳教章程難以奉行凡德人傳教如非持本國執照請飭向德公館領取》

四月二十五日，德國公使安訥克照會稱，溯查同治九年十二月二十四日，本國欽差大臣李，接奉貴衙門來函，以傳教一事，特備章程錄送前來。當經李大臣將來函，並傳教章程，譯送本國。不料因途中偶然遲滯其文至去歲夏間，始抵本國。彼時本國，祇因將在中國之各國傳教，一切情形，詳細考查明晰。又因備查各國，接准貴國立此章程文件之後，意見何如，往返多費周章，未能迅速，故此本國文復稍遲。玆接本國來文，令本大臣將以上所言等情，照知貴王大臣，希望請貴王大臣原諒此意。毋謂本國將此事疎略，有失睦誼之道，是爲深幸。本國來文並稱，同治十年二月初七日，李大臣曾將此傳教一事，照復貴王大臣。其文內所言各節，本國查閱甚屬相宜。至於貴衙門來文內，所訴傳教各事，頗有礙難之處，全係專指天主傳教而言。本欽差公館詳查傳教一事，至今尚未聞，有德意志天主傳教人，在中國各處分住情事。設或偶有在內地各處，分住傳教者，大約亦係憑法國文照，而來中國者也。查此以法國執照而入中國，皆因彼時尚未立有布國，即德意志國欽差公館之故。目下既然設立公館，再不能有以他國執照爲憑者。故此本國議事廳，業經令本大臣，轉飭各口本國領事官。設法將向來以他國執照爲憑，多所不便之事，皆一刪除。本國蓋念，設若不知其人之姓名，及一切情由，而欲管理其事，是所甚難，惟有希請貴國幫同辦理爲善。嗣後凡遇天主傳教人，地方官務須查明，其執照是否係其本國官所發。倘若有德意志人，所執者非德意志國官員，所發之照，即飭其向德意志國公館，取其執照，以便日後可以管理其事，如此辦理是爲至便。再查八條略節章程，不但施及天主教，亦施於別項傳教之事。既係如此，是以李大臣照復內所云，條約所載，凡有讓天主耶穌二教利益之處，皆係一律相同。乃耶穌教欲在各省買地置產，各省皆未允准，而天主教皆可任意而行，似未平允。貴王大臣所擬章程一事，欲辦理妥協，如能使該二教以後皆可一律得霑條約所載之益，則辦理自屬公平等語，本國深以爲然。除此而外，其八條中猶有略加更改之處，李大臣之照復內亦皆特爲指明。總之，本國之意，凡於中國各省自辦事件，不欲有所干預，而於習天主教之中國人，更不欲有所保護。惟有章程八條內，除卻第五條，其餘所擬，語意情節，是否可以能行，可以收效，本國尚恐未能洞悉。是以德意志傳教士，無論係何教，其身命產業，本國仍不能不按萬國律例，爲之保護也。其萬國律例，兩國必須按其章程照行。此節本國璧大臣，久經於同治八年十一月初三十五等日，與貴國所派之蒲大臣，往返議定，嗣後凡本國與貴國一切交涉事件，皆照此辦理爲要，相應照會貴王大臣查照可也。

民教條例章程分部

紀事

李剛己《教務紀略》卷三下《通行傳教諭單並咨行教民犯案辦法》

總理衙門咨，咸豐十一年二月二十三日，准法國送到傳教諭單二百五十

張，請蓋用本衙門關防，以便交付各處傳教士收執。本王大臣檢查該諭單內，載該教士赴內地祇以傳教勸善爲務，並無他意，亦絲毫不得干預地方公私事件等語。相應咨行各直省督撫將軍，監督查照行文。通飭各府州縣地方，及關津卡隘，一體遵照。嗣後遇安分傳教之人，自應按照條約設法保護外，儻該傳教士有干預公私事件者，亦應照論單駁斥不准，一面仍飛咨本衙門核辦，以便移法國駐京公使懲治。至內地有隨同習教之人，准照法國和約內載第十三款，業經奉旨恩准，聽其習教，不加究治。外若已習教而別有不法情事，地方官仍應照所犯之案辦理，並將案內所犯情由聲明，與習教兩無干涉，咨報本衙門。其法國傳教士等，除公私事件不得干預外，如有在地方官呈訴事件者，該地方官亦即公平剖斷，一面速報本衙門，毋得視爲具文。咸豐十一年三月初二日，咨各省。

又《發給諭單樣式並禁止攤派教民迎神演戲等費及教士不預公私事件》 總理衙門咨，前因各省地方辦理教民案件，未能允協，經本衙門奏請明降諭旨，飭令各督撫，於凡交涉天主教事件，務須諄飭各地方官，查明根由，持平辦理。於咸豐十一年十一月初二日奉上諭，嗣後各該地方官，於凡交涉習教事件，務須查明根由，持平辦理。如習教者果係安分守己，謹飭自愛，則同係中國赤子，自應與不習教者一體撫字，不必因習教而有所刻求。各該地方官，務當事事公平，分別辦理，以示撫綏良善之至意，欽此。嗣因法國駐京公使，屢次以各省辦理教民事件，仍多不協，諄請再行通飭各省，遇事務須公辦，懇求請照前通行咨文，改作諭單式樣，發給二百分，以便交各傳教士收執，以爲憑證。本衙門查諭單內，載明教士並非官員，不得干預一切別項公私事件，亦可使該教士自知本分，不致仍前無禮，是以允准，照數發給。惟恐各地方官無從查驗相應，將用印諭單式樣，黏附咨行照式，通飭所屬地方官查照。遇有傳教士執持諭單，自不致漫無稽考，儻有赴訴地方官事件，務須查照前咨，秉公速爲辦理，並剴切諭地方百姓，除差徭一切公費，仍應令教民一律差攤派外，其餘如迎神演戲等事，不必與該教民深爲計較，強其攤派，庶日久可期相安。同治元年正月初九日，咨各省。

又《通行傳教諭單》 照得咸豐八年，天津議定法國條約，第十三款內載，凡中國人願信崇天主教而循規蹈矩者，毫無查禁，皆免懲治。又載向來所有或寫或刻，奉禁天主教各明文，無論何處，概行寬免各等語。除按照和約業經行知各省督撫，將八年十年所定各款，一體徧行張貼外，又於本年十一月初二日恭奉諭旨，嗣後各該地方官，於凡交涉習教事件，務須查明根由，持平辦理，如習教者果係安分守己，謹飭自愛，則同係中國赤子，自應與不習教者一體撫字，不必因習教而有所刻求。各該地方官，務須事事公平，分別辦理，以示撫綏良善之至意，等因欽此。惟此事雖已屢次通行各省督撫，遵照辦理，然各省中不協情事，仍復層見疊出。屢據習教者具呈申訴，惟其不協之由，皆因習教者，不欲如往年派攤，各項迎神賽會演戲燒香諸冗費。據云，此等事件與伊無涉，故不應勉強照攤，而各該地方官，暨不習教民人，必欲伊等一律攤派，是以時起爭端。本爵合再備文知會各省，俾知上意，及本衙門所議，庶各省得有一定遵循，不致臨事疑慮，用能仰體我皇上一視同仁之意，於習教不習教者，無不愛如赤子。且天主教原以勸人行善爲本，其大旨與儒釋道同，是以康熙年間曾經准行。然伊等亦不能因係教民，遂欲倖免各項公費，如有差徭及一切有益等項，亦應照不習教者，一律應差攤派。惟迎神演戲賽會燒香等事，與伊等無涉，永遠不得勒攤勒派。至地方官若遇有上二項合派之事，必須實接直道分剖，不得曲爲牽混。比如所派內計公費四成，冗費六成，即應指明習教人止攤四成，其餘六成與伊等無涉，永免勒出。又若因習教人，不肯攤與教規相反之無益各費，致被不習教人凌辱毆打，並搶掠什物，焚毀田禾等情，該地方官必應爲之澈底根究，按律嚴懲，其搶掠焚毀各物，亦即責令照數賠償，務歸平允。再業經與法國酌定，傳教士並非官員，故不能干預一切別項公私事件，保護習教人等。然伊等均係端方之士，在伊本國皆爲人所敬重，其本意原係勸人爲善。況現在中國與法國誠心友睦，自應格外厚待，以敦契誼，以後如有傳教士，用稟呈赴該地方官，若確係理直之事，必應立即秉公辦理，不可稍有苛求。以上各節，除業經通行知照各省外，爲此發給諭單，俾得家喻戶曉，勿須遷就以期遏爭端而安善良。同治元年正月。

又《教士買地建堂契內應載明賣作本地天主教堂公產》 總理衙門咨，查內地建堂由來已久，但傳教士究係外人，如買地建堂，其賣契內，只可載明賣作本處天主教堂公產字樣。若係洋人在內地置買私產，與條約

不合，仍應禁止。此後如有教士，在內地買地，建作教堂公産，即照咨內事理，妥細查明辦理，勿任淆混。同治四年二月。

又《清查教堂式樣處數造册咨部》 總理衙門咨，照得洋人建堂設教，載在條約。各省教堂共有幾處，設在某縣某鄉，各該管上司衙門，恐無案可稽。本署向未准咨報有案，遇有鬧教，茫然不辨甚非，思患豫防之意。本年四五月間，長江上下游一帶會匪，聚衆滋擾，教堂竟有一縣焚燒數處者。大約各教士於唪經教堂外，又將育嬰施醫各處所，概名曰教堂，以致地方官無從稽察，一旦變起倉卒，防不勝防。而洋人已嫁詞饒舌，若先經分別查明，當不致臨時舛誤，卒難因應。相應咨行貴撫，分飭該管地方官，將境內共有大教堂幾處，小教堂幾處，堂屬某國某教，各堂是否洋式，抑係華式，教士是何名姓，何國之人，是否均係洋人，堂內有無育嬰施醫各事，分別確查，按季册報本衙門，以憑稽核。惟當蕪湖等處，滋鬧之後，則查辦此事，不可稍涉矜張。各處教堂有經領事官照會者，有經教士自報者，有在照會自報之外者，務須嚴飭地方官，不事虛矯，隨宜履勘，更不得假手胥吏，致多騷擾。且不妨預告教士，以清查教堂處所，原備他日保護起見，切勿另生疑慮。此係中國自理之事，所查僅堂外住址，並非堂內教規，無害公法也。光緒十七年六月二十五日，咨各省。

又《傳教洋人不遵約章請飭申明條約》 總理衙門奏，光緒二十二年十一月二十四日，准軍機處鈔交翰林院侍讀陳秉和，奏各國傳教洋人，不遵約章，請飭申明條約一摺。奉旨，著該衙門議奏，欽此。查原奏內稱，各國教士遇事生風，恫喝官長，收拾無賴莠民，以爲爪牙。包攬詞訟，淩轢良民，背約不顧。中國官吏不敢執約以相抵論，應由總理衙門，與各國公使申明條約，轉飭主教並各教士，遇有民教案件，不准教士干預。至教民詞訟，須論是非曲直，不准藉入教爲護符，不遵訊斷等語。臣等查民教詞訟，教士不得干預一節，載明條約，暨傳教諭單，遵行已久。臣衙門遇有此等案件，無不據約力爭，該使臣等亦不敢以案歸地方官訊斷爲違約。特各直省州縣，平日既不知條約爲何物，臨事豈能執條約以辯爭，教案之多，大率因此。中國無賴莠民，甘心入教倚爲護符，其因詞訟到官，無不狡展，而地方官止論曲直，不論民教。本年臣衙門議復御史潘慶瀾奏內，業經請旨飭行在案。遍查歷年已結教案，尚無教民始終不遵訊斷之事。原奏又稱焚燬教堂，總署責令地方官賠償，地方官無此巨款，則諱民教鬭毆，妄稱民變。江南碭山之亂，本係民教尋仇，事甚易了，乃該縣規避賠償，鋪張其事，幾至釀成大亂等語。臣等查碭山焚燒教堂一案，係旗丁龐三因被教民搶麥起釁，先後焚燒劉隄頭侯莊等處教堂，教民受傷身死。該旗丁又勾引大刀會匪三四百人，入境滋擾，經兩江督臣劉坤一，山東撫臣李秉衡，撥營會勦，先後擒獲匪首劉士端等三十餘名，訊明正法，解散餘黨，一面議賠教士七千餘串完結。是碭山一案，始而民教尋仇，繼而會匪滋擾，非該省員弁勦辦得力，難免不釀事端，該省所報情形，係由該督特派鎮道查辦，並非僅據該縣一面之詞，該縣亦非規避賠償，鋪張其事。原奏又稱洋人愛某處房宅，其人不賣，則尋一無業奸民，指爲己物，賣與洋人，並串通書吏，竊印文約，洋人即據爲己有，驅逐業主，地方官不敢科以盜買盜賣等語。臣等查洋人串通書吏竊印文約，地方官雖甚不才，似亦不至如是聾聵。而盜賣盜買情弊，實難保其必無。臣衙門前與法使柏德固，議定專章，本無報明地方官字樣。嗣與法使施阿蘭商議，如遇國家禁地，民間公産，仍不准教士誤買，於無可補救之中，稍示限制之意。再三辯論，尚未就範，既有成議，未易掀翻也。原奏又稱山東鄒縣西南鄉教堂，教士向商賈收稅，苛虐異常，以致互相毆殺。福建有主教者，鬻賣執照，每張洋銀二十四圓，良民有此，始免淩虐，奸民有此，横行鄉里。如此日甚一日，良民盡爲教民等語。臣等檢查臣衙門近年案牘，尚無此等文件，應即咨行山東撫臣，閩浙督臣，確切查明辦理，以杜釁萌。至原奏又稱教堂不過破屋數間，即或焚毀，查非洋樓，但科以應得之罪，不必賠償等語。臣等查光緒十七年，沿江教案紛起，臣衙門通行各直省，凡有教堂分別洋式華式，按季咨報，有案可稽，如所燬並非洋式教堂，自不應照洋式議賠，以昭核實。若如該侍讀所稱不必賠償，此時頗難向外人置論，此等案件大都地方官不善保護所致，該國皆有所挾，按約均難辨解，不得已而以賠償結案，並非故爲遷就。上年福建古田一案，殺死英人婦孺多命，該國且不願賠償，蓋外人旅居中土所望照約保護，諒不肯以性命博賠償也。地方官既不能保護於事前，及至議賠，又取之公帑，國家安得如許財貝，以供昏庸牧令之取攜。兩江督臣劉坤一，曾有攤賠之奏。臣衙門因復奏請通行，原非責難於州縣，殆欲知所儆惕，不致漠然無動於中，庶實力

防範，教案或漸少耳。該侍讀以條約爲交涉之要，實閲歷有得之言，相應請旨飭下各直省將軍督撫，將各國條約廣爲刷印，分頒各屬，遇有教案，照約辦理，所益實多。光緒二十二年十二月二十七日，奉硃批，依議，欽此。光緒二十三年正月，總署咨各省。

又《通行通商口岸防營彈壓》 總理衙門咨，各省通商口岸，教堂林立，遇有匪徒滋事，率由細故而釀鉅患，全在防營彈壓解散，消患未萌。相應咨行督撫，即將各處通商口岸，現在駐紮水陸防營，統將營官銜名，開報本衙門備案。嗣後如有更換，隨時咨報，設遇滋事之案，該統將營官彈壓不力，應即指名參奏，以示懲儆，是爲至要。光緒二十四年五月十六日，咨各省。

又《設立保甲認眞保護教堂并定紳董處分》 總理衙門奏，光緒二十四年七月二十日，准軍機處鈔交，都察院左都御史裕德奏，請飭各省設立保甲局，認眞保護教堂一摺。奉旨，著總理各國事務王大臣，妥速議奏，欽此。查原奏内稱，近年民教交訌，屢釀巨變，謹擬辦法三端。一防範宜周。現有教堂之處，由地方官擇地設立保甲，愼選本地夙有鄉望士紳二三人爲董事。局中額設巡勇，用教堂附近之人，在教堂附近處所查察，遇有爭端曲爲排解，或帶入局中善爲調處。教士外出，亦由該巡勇爲之護送。地方官時見局董，待以禮貌，官紳聯爲一氣，則消息靈通。一勸導宜力。設局選董，將歷來教案辦法，平日剴切講説，使民間轉相傳述，家喻戶曉，較地方官示諭尤爲切速。一勸懲宜明。保護教堂既責局董，當定年限，分别賞罰，俾有觀感。應定局董到差三年，如民教相安，照尋常勞績獎敘，或事起倉猝，果能彈壓解釋，消患無形，照異常勞績請獎各等語。臣等查該左都御史所奏，事前防範，由保甲局董設勇巡查護送，並令地方官與局董聯爲一氣，及酌予局董勸懲，所奏均中竅要。臣等公同商酌，均應准如所奏辦理。至原奏所稱，局董保護不力，定以專條治罪一節。臣等查光緒二十二年四月十二日，臣衙門會同吏兵二部，議復御史陳其璋片奏，嚴定教案處分摺内，聲明地方官保護教堂，未能得力，應查照歷辦成案，以不應重公罪，降二級留任例定議。奉旨，依議，欽此。欽遵在案。現既議令該士紳等，充當董事，得力則請奬，如不得力自應查該案情節，按照地方官處分，分别減等辦理，亦足以示公平。如蒙俞允，均俟命下之日，由臣衙門通行各直省，遵照辦理。光緒二十四年七月二十九日，奉硃批，依議，欽此。

《教務輯要》外編《英人宓克論教堂施醫育嬰》 人心最幻，無僞非眞，當其所信，不必盡有理解，亦不必盡有憑依。如印度有割驗致變之案，新波羅有攻教會拐掠幼穉之案，同一無據而摇撼人心至深，皆教士所躬歷者也。就醫院言之，施醫散藥，教士視爲施惠行仁，而在齮齕教會者之目中，則一散一丸，皆生疑竇。至醫院中割驗諸事，尤易滋人口實。相傳中國揚州教案，由西醫割驗死胎，酒沁瓶中，爲土人所窺而起。更就育嬰言之，教士飲食教誨，德惠有加，顓愚無識，平時已不免猜疑。堂中所育孩幼，大半孤窮萎弱之兒，教士不悼後害，見而惻然收之，其死率勢不能不多，無論堂葬野葬，當爲教外人指目，疑駭之資，一旦事生，此皆階厲。夫醫院諸端，本民教交益之事，而論往日情形，外間百姓動輒生疑，不知本意之所在，教士增積閲歷，皆可用此而推知之矣。其尤關緊要者，則教會所爲，務使中國吏民耳目，衆著法宜。教堂所在，常得地方官跦勘巡視，歲時爲常，並將教會所爲，稟報大吏，如此則人知教門之内，事無不可告人，庶讒謗之談，不澆自息。

又《文廟捐款民教一律攤派》 北洋大臣函，頃據法國領事林椿來署謁見，攜有該國熱大臣來函，並鈔寄正定戴主教致府縣信稿，及同治元年恭邸刊發諭單。詳加披閲，當告以諭單内所載，係指明迎神賽會諸費，免令教民攤派。至地方差徭及一切有益等事，仍應秉公攤派。此次鉅鹿縣捐修文廟，實係地方極正大有益之公事，與諭單所指迎神賽會不同。孔子爲中國至聖，從古及今，自天子至於庶人，無不崇敬。地方捐修文廟，即以崇敬孔聖，教民雖習外國之教，實係中國之人，若只知有天主，而不知有孔聖，則與叛民何異。人心所不順，即爲王法所不容。天主教本意勸人爲善，即不應收留此等匪人入教。況此案原委，鄙人早經深悉，該縣因修理文廟，議令按畝捐錢，數本不多，又出於闔邑士民之願。梁武魁等恃教抗捐，該縣將其量加懲責，亦不爲過。戴教士不知中國事體，但聽教民慫慂，代爲出頭，本有不合。因念熱大臣素講友誼，既有函商，當爲轉飭地方官，妥籌辦理。文廟捐款，與别項迎神賽會，大有區别，斷斷不能免派。並屬該領事，先將此意譯復熱使，轉屬該主教等遵照。該領事無可置

辭，唯唯而去，茲將熱使來信，暨鈔寄各件，一併錄致。望即轉飭該府縣查照，分別妥辦，此次文廟捐項，教民仍敢恃教抗捐，自須酌量懲儆，但不可有意苛求，激生事端，是爲至要。

又《堤埝工程民教一體修築》 北洋大臣批，據霸州知州稟稱，卑州應修蘆僧河南北兩堤，各村已一律開工。乃據高家莊地方傳稟，以伊村民人陳西玉，倚係天主教民，阻撓堤工，抗不遵辦等情，稟經卑州傳訊，突於四月十二日，陳西玉身負黃袱，騎馬闖入大堂，口稱接旨，大肆咆哮。卑州即接詢，據稱所修均係私堤，伊等現修天主堂，不能出夫修堤等語。並以所負係屬聖旨，必令卑州跪接，狂悖異常。當即恭閱所負黃袱內，係同治元年三月所奉上諭。著各該督撫飭地方官，於交涉教民事件，務須迅速持平辦理，不得意爲輕重等因欽此。後係總理各國衙門具奏，習教之人，於一切應出錢文之事，除正項差徭外，其餘祈神演戲賽會等項，該教民既不願與不習教者，一律同出，即可免其攤派等因。是習教之人所免派者，亦只祈神演戲等項，並非一切公事，概行予免。當向陳西玉開導勸諭，而該教民依勢豪橫，語多不遜，卑州業經趨詣尹轅，面稟在案。回署後，復經傳飭，去後該教民並不遵傳到案。飭據地方傳昶稟稱，陳西玉復串令本村教民，練永太楊玉方等二十餘戶，均不遵辦，以致村衆不服，亦俱觀望等情。卑職復查陳西玉等，雖經入教，其正項差徭應隨衆辦理，已有明文，況堤工爲一方保障，有益於民，尤非尋常差徭可比。該教民等世居州境，田廬墳墓，近在堤身。輒敢倚係教民，出頭阻撓，以致不入教之民，亦皆不服觀望，至今該村工尚虛懸。查天主教既尊崇君上，謹守法度等語，自非令其藉以抗官。似此倚教抗橫，實於地方公事，大有窒礙。至該村共應修遙堤三十丈，內有口門一道，計長二十丈，若不趕緊修築，設遇水漲，關係非輕。該教民始終抗違，卑州不難繩以官法，惟恐有牽涉，不得不據實稟請，查核應否照不入教之民，一體勒令修築。並准由卑州將爲首阻撓教民，量予責懲，以儆其餘，俾全堤即早告竣，地方藉以有裨。俯賜批示，祇遵奉批。仰即遵照定章，勒令該教民一體迅速修築，剋日告成。一面將爲首之陳西玉，認眞究明，詳辦以示懲儆。

又《教士非禮准赴領事及公使署控告》 總理衙門咨，前准江西巡撫咨，稱九江府城內，美國赫教士開設化善堂一所，忽聞有石匠店小孩，被堂內關閉不放，聚集鬨鬧。趕即派員彈壓究辦，請照會美公使，傳知化善堂，以後勿再關鎖地方幼孩等因。經本衙門照會美國公使，轉飭領事官，傳知化善堂人等。嗣後各安本分，勿再生事，並咨復江西巡撫各在案。茲接美使照復，稱美國赫教士開設化善堂，向來居住不在堂內。當滋鬧之時，尚未知曉，及後方知有拆堂鬨鬧之事。關閉幼孩實非該教士等所爲此，屬看堂人等之非，仍請轉飭地方官，曉諭百姓，使知凡美國民人，按照條約舉行善事者，百姓毋得騷擾。倘該教士等有行作非禮者，無論何處何時，均准赴本地領事官控告。如領事官不秉公查辦，准徑赴本公使署控告，本大臣必將本國越禮之人，照律懲辦等因。前來本衙門查，凡民教滋事之案，領事官偏聽教士不盡不實之言，不能秉公辦理，最爲釀禍之階。美公使以該教士等，有行作非禮之事者，准赴領事官及公使處控告，自係欲使民教相安之意。惟看堂人等，往往依勢凌人，甚於教士，且領事官祇設通商各口，而教士則內地各處皆可前往，遠道赴告，乃百姓之所難。本衙門已照復美國公使，嗣後凡傳教士，及一切看堂人等，有行作非禮之事，該處人民，除照舊稟訴地方官辦理，毋得擅自滋鬧外，亦可任便准其赴本地領事官處控告。如領事官不秉公查辦，並准其徑赴美公使處控告。相應鈔錄，現在美使與本衙門來往照會二件，咨行查照，轉咨辦理。光緒元年五月。

又《臨湘縣關石團教堂拆搶賠結並互訂善後約款五條》 湖北候補知府徐家幹等會稟，於光緒二十一年十月初一日奉督憲札開照，得湖南臨湘縣關石團教案，久未辦結。近又有教士在該縣城內購買房屋，因民情洶洶不能相安，亦未辦結。現在法國德領事復同兵輪，駛赴臨湘，已飭江漢關道照會該領事，迅速回漢，聽候辦結，免致地方居民驚疑。派委卑府等駛赴臨湘，會同劉令，趕將關石團，及城內新購地基兩案，妥速辦結，總期民教相安。並彈壓保護，勿任滋生事端，是爲至要。各等因奉此，卑府遵即於初三日駛抵臨湘縣，查看法國兵船灣泊縣西大江，尚無故尋釁端之意。初二日，法國德領事進城游玩，地方沸騰，經該縣會同城守，並岳州府委員張巡檢開珍，督率兵役，分別彈壓保護，幸安無事，而紳民猶鬱鬱不平。查十九年，關石團堂屋被焚，並被搶衣物一案，經前縣劉令鳳，綸飭地方紳民賠修，並先後將失散衣物追出二十七件，傳交教民具領。而安

教士總以賠修堂屋，未能照依原樣，不願往住。又以單報衣物多未追交，執定原屋原贓，故與爲難，遂致案懸未結，而不意其復蓄志於城內也。本年八月十九日，保甲培元兩局紳首廖雲漢田鳳昌易冠經等，並蒓湖書院肄業諸生，扭送城內民人張文謨赴縣，稱有不知來歷人，向張文謨私買房屋居住，深恐游匪逃犯藉資託迹，應請查究等情。經該縣訊據，張文謨供稱賣屋屬實，價未言妥，尚未立契。問係賣於何人，亦不能指證確鑿，初固不知其爲教士所託買者，當將張文謨收管，而教士安熙光並未到縣呈明，指實張文謨房屋係買爲本地天主教堂公産，故亦無從察考。事經月餘，突於九月二十三日，法德領事，同飛熊兵輪帶送安教士來縣，先派安教士拜晤，約以明日，領事船主謁商辦理一切。該縣以事關交涉，答候赴府請示再辦。親送安教士出署，分派丁役護送，無知愚民追隨而謾罵者有之，而謂丁役串黨擲石，擊傷該教士頭頂血流，則實未有其事。至該縣赴府回縣，兵船先已開去，傳集城紳商量調辦。而德領事復同兵船，帶送安教士於本月初一日到縣，民心忿憾，較前愈甚，雖經會同城守，並張委員竭力彈壓，而傳單約帖懸偏城鄉，其勢洶洶。隨於初三日，卑府派同補用巡檢吳熙詔，並兩湖肄業稟生吳鴻景，分赴保甲培元兩局，並蒓湖書院剴切開導，均稱關石團汪冒太房屋，既經賣與教士，受值立契，自應遵約，聽其管業設堂。即如城廂內外，有願將自己基地，明白契賣，斷不阻撓。在城士民，亦當互相約束，不准生端啟釁。但欲藉張文謨暗串不妥之買賣，挾令成議，貽湖南通省士人唾駡，萬難允行。衆情如此，驟難轉圜商同。卑職國王於初四日偕赴兵船，相機商辦，初據德領事面稱，關石團房屋被汪成道等焚拆，並搶劫衣物等件，地方官不與究結。此次在城內購買屋基，地方官又爲阻止，未免違約，卑府等以約章所載，自應遵行，惟城內房屋買主無名，經地方紳民稟縣押究，並未據安教士呈明。事隔一月，突來議辦，是已曲在教士，而不在縣令。若以未成買賣，必欲强民順從，恐貴國亦無此理。即使城內買地事屬確實，而輒轉請託滋人疑議，亦與本年三月，施大臣照請總理衙門申明，同治四年章程內，置買房屋契據，不必專列傳教士，及奉教人之名之意，不相符合等語，切實辯論。該領事乃罷議城內之地，而以關石團案，屋須原樣，贓須原物，犯須拏辦，堂須保護，並嗣後城內買屋，有業主情願者，地方官紳不得禁阻等情，商量立約，言漸近理，事尚可行。地方洶洶久持非計，即約於初五日，同赴縣署面議，先交議約五條，當面商辯，略爲删改。而原屋原贓之說，則仍堅執如前。竊思中土人民，焚拆搶掠，按例懲辦，尚應追賠，案涉教堂，何能異視。惟事越三年，官歷兩任，必求屋還原樣，贓還原物，終恐案結無期。商籌變通之計，只可估價賠償，聽其自理，更可少費周旋。據該教士面稱，買屋價錢百串，復加修理，又費多金。查閱勘單，原屋一進三間，高二丈五尺，檐高一丈五尺，較商民住屋似覺不同。雖經兩次賠修，究與原屋有異，安教士與教民汪昌太，失散衣服什物，據原單開載，其已追給領者，尚只十之二三，内有外國聖袋，套邊花祭衣料，並各書籍，不易購辦。因復通融商計，酌中估賠。據該教士所言，必欲於城內擇給片地，作抵賠款，得寸進尺，隱情顯見。隨以民心未平，急不可得，非幸地方官輿情素洽，早已生出事端等語，反覆辯折，遂定議賠償銀四百兩，交安教士承領，以了其事，仍改入議約，照分五條註明結案。其城內購屋一節，則仍以業主願賣，聽其自便爲從容調停之計。即於初六日，偕赴兵船，書約畫諾辦結。仍各執一紙，以免翻異。關石團地方向稱强悍，該教士前往修堂，未必遽能順服，只以城內屋基，勢難議及，且恐既居城內，又須兼住關石團以廣其教，則此後更滋多事，故不得不就其原買堂屋，賠修議結。當與德領事熟商，令將兵船定期初七回漢，暫令安教士寄住新堤教堂，聽候約往。卑職國玉即於十一日，會同該縣，赴該地方傳集各團保甲紳首，並附近各姓戶族，面加開導，取具不再滋事，切結藉資鈐束，並將飭派營勇帶往彈壓，以昭慎重。倘蒙憲恩賞給告示，曉以利害，責成團保互相保護，則民教或可永久無虞。所有會商辦結臨湘教案，並議約五條，是否有當，理合繕摺會稟湖南撫院批，據稟辦理。情形尚屬妥協，仰即會同傳集關石團地方，附近團紳保甲，及各姓戶族，剴切開導，務令認真保護，以期民教永遠相安。並候行知布按兩司，分別移行該管道府知照。

《教務教案檔・民教事件各省地方官務須查明根由持平辦理》 三月二十二日，本衙門抄出咸豐十一年十一月初二日，內閣奉上諭，總理各國事務衙門奏，習教人衆請分別良莠，飭令地方官妥爲辦理等語。據稱法國條約內載，天主教原以勸人行善爲本，揆其勸善之意，與釋道同。是以康熙年間，曾經准行。惟近來各省習教之人，與不習教者，往往彼此齟齬。

若不持平辦理，殊不足以昭公允。著照所請，嗣後各該地方官，於凡交涉習教事件，務須查明根由，持平辦理。如習教者果係安分守已，謹飭自愛，則同係中國赤子，自應與不習教者一體撫字，不必因習教而有所刻求。倘或倚恃教民不守本分，干預別項公私事務，或至作奸犯科，覇地抗租，欺侮良民，則不獨爲中國之莠民，亦即係伊教中之敗類，斷難寬貸。必應照例治罪，決不能因習教而少從寬假。各該地方官務當事事公平，分別辦理，以示撫綏善良之至意，欽此。

又《總署收法照會》 二月十三日，李梅面遞照録南陽府唐縣告示。內稱，爲出示伸明例禁事，照得天主教爲大法諸國素所崇尚，近年各國與天朝和好，伸明條約，凡各省百姓願習教者，例不禁止，不願者聽其自便，亦不准強迫。倘有假名傳習該教，作奸犯科者，仍當照例懲辦，所以敦修睦而杜奸宄也。乃近來本地匪棍，多借習教爲護身之符，每在各砦任意游行，威逼男婦，稍不如願，擅行責打，否則捏誣控告。種種不法，實屬教中罪人。日來風聞畢店砦內，竟有本境棍徒，竄入該教，亂言惑衆，任意妄爲，尤爲法所難宥。爲此摘録規條，出示諭禁。自示之後，如有本地匪民借名習教，造言生事，及干犯例禁等情，一經查明，或經告發，定行嚴辦。如果百姓恃衆無故欺侮，致被教民控告，一經查員，亦必一體懲處。本縣秉公治事，言出法隨，爾等務當各安本業，勉爲良民，愼勿以身試法也。懔之，勿違，特示。

計開示禁條例

一、天主教志在行善，功在誦經，凡習此教者，應作安分良民，方合立教本意。倘有勾結匪徒，造言惑衆，及酗酒賭博，姦淫婦女等弊，一經查出，定行嚴辦。

一、願習教與否，聽民自便，不得強逼。其不願習者，亦即自安本業，不必彼此交往。一防藉端滋事之弊，如教民肆意威脅，擅行責打，及以淫詞褻行，引誘婦女者，一經告發，或經查覺，從嚴究治，誣者反坐。

一、髮捻各逆，連年肆擾，詭詐多端。誠恐奸細托名傳教，混入砦內，爲害匪淺，亟宜嚴防。現聞畢店砦內，素有傳敎之人，有願習者，足可借資指引。倘有他處面生可疑，及賣藥賣藝閑雜人等，冒爲傳教，□□□□□□□。

一、各砦修門，所以愼啟閉而防細作。凡砦內砦外百姓，無論是否教民，俱各謹守砦規，以資防守。每夜起更閉門，即不准擅行出入。倘有任意來去，強令開門，否則肆行滋鬧者，准砦長送官究治，以儆刁風。

一、律法無論中外，皆宜矢公持平，習教犯法之徒，爲天朝所不宥，亦各國所難容。本縣斷案，從公按情核罪，祇論果否犯法，不論是否教民。況傳教習教之人，多係本處百姓，尤當恪遵法紀，勉爲善良。勿謂一入彼教，王法便可從寬也，愼之勉之。同治五年十二月初四日。

政教條例章程分部

紀　事

李剛己《教務紀略》卷三下《大清律續纂保教例》 凡奉天主教之人，其會同禮拜誦經等事，概聽其便，皆免查禁。所有從前或刻或寫，奉禁天主教各明文，概行刪除。

東西各國通行教例

《交涉公法》第四百九款，又有因教務與聞者，此等與聞之案不少，將來因此啓釁，必至大而無窮。人之性情易於固執，兩國有因細故而成大禍，以至交兵，但此細故自與教門無關，如因教務而至交兵，其故甚大，斷不可冒昧從事。因教中之理，原屬勉人爲善去惡，息人爭鬭，俾相和睦，因教務而至交兵，非出於萬不得已則不可。古人立此說也，蓋因歐洲各國與回教之國，初啓兵釁而言。此書不必詳論，如一千八百五十四年，俄土交戰，聲稱爲教務之故，但推究其原，依交涉公法之總理，則亦不難辦理也。

第四百十一款有一理，無不合於交涉公法者，如別國內之人，因奉教而受大害，久之必釀成兵端，本國興兵前往禁止，則可免一國之兵禍，不得已而與聞。此外仍不能援以爲例，故公法師法的利，係奉耶穌教人，所以佩服。本國照拂同教人在別國受害者，各公法書中亦無不同此意。惟書

中云，因教務而與聞別國之事，有以爲非者，亦屬不少，如公法師馬丁士云，查向來因教務而交兵之各案，内有三事爲公理，一從未有專因教門之事，而與別國交兵者。二有因其國政與教務相連，雖名爲因教事而與聞，實爲國政起見。三因教務而交兵，往往戰勝議和所取償之事，於國政有益，於教門有損。云可見奉耶穌各教之國，因教務而與聞，爲極不妥之事。

第二百七十八款，凡所有教門權柄，並教中人意見，都從耶穌得來，如《聖經》内有一則爲聖保所著，曰，教主者不可爲凌人之事也。又教中聖賢名庫里沙司脫摩云，仗人之力強其人而管理之，非教主所當爲，乃國王所爲者也。教主之職分以理勸人，非以力強人也。

第二百八十四款，設立耶穌教，令各國之根本更爲堅固。蓋人之良心能分別善惡，凡民所應爲與不應爲之事，孰是孰非，具天生之見識，皆能知之，而耶穌教另設上天默示於人之意，在教經内發明之，所以令各國，更不至有難治之理。

第二百八十五款，教中所得國家敕賜之土地產業，並得國家所保護，則教中亦得保護國家，以令百姓服此國政，且勉爲善良，此律法所不能到者。可見設立耶穌教，則國家易於管理，百姓使愛戴本國，而知爲理所當然。

第二百八十七款，耶穌教之原意，欲令人爲善，設立此會無論何國何處，均無不可傳教。此會謂之耶穌教會，此會本與國之界限不相關，但會内之人住於一國之界内，屬於此一國，而國家總理一國之事，亦成一公會，所以教會内之人，亦即爲國會内之人。蓋國會管理人之行事，顯於外者也，教會管理人之性情，隱於内者也。如奉耶穌教之國，其國家設立教會，則兩會可合而爲一。不奉耶穌教之國，則各行其是，兩會必分而爲二。教會與國會有一定之相關，凡同奉耶穌教之國，其交涉有一定之公法，與不奉耶穌教之國不同。因與不奉耶穌教之國相交涉，不過爲國會與國會交涉，非國教會與國教會交涉之事也。可見設立耶穌教，與交涉之事，無不便之處，亦無有礙之處。

第二百九十七款，地球中無論何處之人，如稍有文教者，必依天然之理，視教師比平人尤尊貴，而以賓禮待之。即如天主教師名呼克，在中國與西藏兩處游歷多年，云此兩處人待教門多有此意，稱之爲出家人，可隨在爲各國之民。

第三百二十八款，法國王羅義，欲令國内所有教會之事，永遠相安而有益於國，於民故定章程六條，以傳久遠，在法京巴黎一千二百五十八年三月頒發。一，本教會歷來各種人，有自主應得之益處，無不存之。二，凡大小禮拜堂保舉人充當各職分，亦必照舊例。三，行賄以謀教内之職分，此爲大忌，必當禁之。四，凡本國教會，派各執事人並審問各案等事，其權仍在本國教會内。五，羅馬之天主教王，要管理本國教會之事，或欲預聞，此後不准，總歸本國家自行保護，凡與教會有相關之事，並能自主。六，本國以前各王所有自主之益，當今之王自應承之，無論大小禮拜堂，或別處教會之地方，或房屋，仍須照舊爲國家管理，斷不可更改。

第三百四十四款，一千七百八十一年，法王羅義第十五，出一諭示，所載爲法國之律法。其諭云，教會雖可定准教中之各種道理，但因藉國家而能行其教，則國家可以先查教中道理，爲合於國内之用與否，或能有益於民，而能令國家得以平安否。又必謹慎於傳出其理之時，不爲人所附入，教會未經佩服之言語。又國家必慎令其百姓不受苦累，不受羞辱，不廢舊章，不廢古禮，此各事均係國王應爲百姓料理者也。

第三百五十二款，一千七百年，日耳曼翻受司賁著書，議論各國主教自主之理，與各國主教爲教王所屬之理相反，教王無言可駁，至今爲教會律法中緊要之書。如能依此書以辦理，教會與國政，並與教王相關之事，則彼此可以永得和睦。

第三百五十七款，一千八百六十七八兩年，奧國設立律法，嫁娶之事，男女兩人彼此訂立合同，爲國家所管理，與教中無涉。又凡所有書院，無論何等人，及奉何教之人，俱可進院讀書。凡人喜奉何教，他人不得顧問。

第三百六十五款，一千七百二十六年正月，西班牙出諭云，以後教王發來之諭示文書，爲設立新章，或設立律法，或大衆欲行之風俗等事，必先由國王核准後，方可傳行於國。又凡因百姓之事，而教王所出之諭示，或至相爭，或有交涉，必先送至國家查核，然後可。

第三百九十六款，一千八百二十七年四月，教王出諭云，凡主教及總

主教，若有不合國王之意者，國王可以斥退。又云各國王須善待奉教之民，欲其民服事國王，不得有違背之處。

第四百十三款，如亨利第八所著之法律，其首序云，古史及書籍中，皆記英國爲自主之國，除國王外，無人能管理國內之事。國內有各等人民，分爲數品，各品有應得之稱謂，無論爲教會內有職分人，或國政內有職分人，都以上天爲主，不可不順天而行，次乎天者爲國王，必當服從也。凡國內各案，無論何事，如在其本界內，均歸國王核辦，別國之王不可干預禁阻。凡神靈之事，教會之道，英國教會自能辦理，且教會內不少學識明達之人，足任其事，不必有外人，來行教會之各職。如審辦田土錢債，及保護閭閻，驅除盜賊各政事，國家均派官員辦理。而教會與國政有權之人，彼此相助爲理，俾全國永享承平。

英國所稱教會，與中國廟堂寺觀，大略相同。其在教行道者，不特不能干涉政令，即農商諸務，亦不躬親。西例領照爲神道事者，以地過八十畝，課農謀利，須牧師許准乃可。神道不兼商賈，若合伴同謀六人以外，或嗣婚接業，授自他人者則可。然猶不得躬親，行同市儈。惟爲業師，而貨書售物於家者，不禁。

西歷一千八百一年，法國頒定教例，第三條，凡他國教長會議頒行之件，必須送交法政府查無違例犯俗，及無礙地方平安者，方能在法國宣布。第六條，如各項教長教士等，有越職情事，受虧之人可向國察院陳訴。其越職之事，即指侵越事權，蔑視例章，違背教規，以及逞強壓制等項。第七條，法民有侵犯教士之自由，阻礙其奉行教禮者，教士亦可向國察院陳訴。

英主安印度教民諭略，謂我既爲屬國主，自應待屬國與英一律，教民何獨不然。我雖奉基督教，然不能因此而偏厚基督教，薄待別教人。以後大小各官，務須持平辦理，不得因教務屈抑百姓。今印度大難初平，凡有益於民之事，我必扶助，須知設官，原爲衆百姓保障，不是專爲一教起見。必使百姓皆富，我國方強，百姓相安，我國方盛。我不圖他事，只願我百姓知感，又願我所命之各官，皆能體貼天心，凡事使民利益，如是足矣。此論既降，印度各教人大悅，教案永息。

西歷一千九百三年，俄主輯和民教諭略，謂我國定制，素以希臘教爲首教，雖屬必當恪遵，惟仍許我民任意信從他教，國家不存歧視，亦許入境之外國人，任意傳道拜神，與本希臘教不分軒輊。更決意整頓本教，必使鄉間各教士，多留意興學化民之道，並幫辦一切有益於民之公事。

日本憲法第二十八條，日本臣民苟不害治安，不紊秩序，不背爲臣民之義，有信教之自由。

信服存於人心，非可強致。至如禮拜儀式，布教演說，及集會結社，又爲外形之事，自當遵法律，及警察官通行之限制。無論何等宗教，均無因奉事神明，而遂得逍遙法外，諉棄本務之權利。故中心信教之自由，一無限制，而外形布教，不得不受限制。臣民義務，一體服從，此憲法之所裁定，而爲政教相關之經界也。

又《教務紀略》卷三下《奏定地方官接待主教教士事宜》 總理衙門奏，近以民教多不相安，疊次欽奉諭旨，嚴飭各省地方官，切實保護，不啻三令五申。而各省教案仍復層見疊出，辦理殊形棘手，因思地方官，保護教堂教民，必須平日與主教教士善爲聯絡，情意相通，而後彼此悉泯猜嫌，小事可消化無形，大事可和衷商辦。昨由臣等與法國主教樊國樑，商訂地方官與教中往來事宜各條，並由樊國樑送交法國駐京使臣畢盛閱看。據稱所訂甚爲周妥，應請奏明照辦，該使亦分行各主教遵照等因，茲特另繕清單，恭呈御覽，如蒙俞允，即由臣衙門通行各直省地方官，切實遵行，或亦消弭教案之一助。

茲因天主教現在中國各省建立教堂，久奉國家允准奉行，欲使民教相安，便於保護起見，議定地方官接待教士事宜，各條如下。一分別教中品秩，如總主教或主教，其品位既與督撫相同，應准其請見督撫。倘主教因事回國，或因病出缺，護理主教印務之司鐸，亦准其請見督撫。攝位司鐸大司鐸，准其請見司道，其餘司鐸，准其請見府廳州縣各官。自督撫司道府廳州縣各官，亦按照品秩以禮相答。一總主教或主教，應將所派，耑與官長交涉辦事之各司鐸名姓，教堂住處，開單報明督撫，以便飭屬照章接待。凡請見地方官，及專派辦事之各司鐸，均應泰西人充當，或有時西司鐸未能熟習華語，可暫令華司鐸幫同傳譯。一總主教或主教居住外府，無事自不必遠赴省城，請見督撫。遇有新督撫蒞任，或總主教主教更換新任，或賀年節，均准其向督撫修書，或寄遞名刺致禮，督撫亦如禮答復。

至各司鐸更換新到，應持有主敎函據，方可照品秩，請見司道府廳州縣等官。

教務分部

紀事

《教務教案檔・教士書約傳教並不干預地方公私事件》二月二十日，法國送來諭單二百八十張，交順天府蓋印。內云，爲交付和約撮要之條欵，以敦兩國和好，本大臣查中國各省府廳州縣內，有本國傳天主敎士寄居不少。若中國大小文武官員民人等，不知該士赴內地傳敎，均因遵依兩大國和約之誼。大清國大皇帝已經恩允者，恐難設法防遏生事疑端，所以本大臣因實意願保兩國和好，將來愈久愈厚，彼此均得利益，故將咸豐八年五月十七日，及十年九月十二日，兩國全權大臣在天津順天兩城內所立和約第八，第十三，第六前後等欵，鈔錄交付本國傳敎士。每人除給護照外，並領此紙，以便隨時照閱。可使各處官員民人等，知悉該士赴內地，只以傳敎勸善爲務，並無他意，亦絲毫不得干預別項公私事件。從玆彼此相安，免致另生枝節，是則本大臣之所厚望也。

又**《各省教士給予諭單並蓋用關防》**二月二十六日，本衙門片奏稱，法國傳敎一事，雖天主敎意在勸人爲善，而煽惑鄉愚，其弊不可勝言。更恐日久該主敎干預公事，勢所難免。從前未換約之前，各處雖均有傳敎之人，尚不敢公然爲非。現在既准其各處傳敎，恐不免有流弊。前次該國傳敎之孟振聲，屢言該國欽差，但爲主敎之命是聽。臣等於接見哥士耆等，時向其告知，傳敎人妄自尊大，種種不法各情。冀以激怒其心，俾得嚴加管束。該公使等謂，傳敎人本不尊重，如不安分，即可撤回。臣等見其忿怒，即乘機令其繕遞照會。由臣等知照各該省辦理，該公使等似不肯自彼作俑，致使該主敎怨歸於彼。因於昨日送到諭單二百八十張，內載明和約第八第十三，並續約第六條。聲明傳敎人以勸善爲務，絲毫不得干預別項公私事件，令傳敎人收執，俾其知所儆懼，免致另生枝節，並請蓋用關防。臣等因單內有不准干預公私各事等語，當將諭單蓋用關防，並給予照會，以獎其意。仍聲明通行各省各府州縣遵照。庶各省地方官，遇有主敎之人干預公事，亦得藉此鈐束。

又**《遵議皖撫喬松年請禁華人傳教事》**二月十二日，本衙門奏稱，爲遵旨議奏事。竊臣衙門於本月初四日，由軍機處鈔交安徽巡撫喬松年，奏請禁止中國民人爲外國傳敎一摺，奉旨該衙門議，奏片併發，欽此。查原奏內稱，天主敎自通商之後，議明弛禁，惟是中國人習其敎則可，習其敎遂爲之傳敎，則不可。蓋習此敎者，良民實少，大都以結黨聚衆爲事，若許其傳敎，則爪牙羽翼，實繁有徒。且傳敎者必翹翹然自異於衆，藐視官府，一有詞訟牽連，及徵比錢糧之事，必不服地方官傳喚。迨至執法嚴懲，則開釁端而傷政體，在外國人何嘗不申明約束，不許敎士滋事。然中國人之傳敎者，必能舞智以欺外辦，而慫恿外國人與中國之官爲難，應將華人傳敎一節，擬請禁止。庶界限分明，釁端無自而開。又片奏內稱，若時勢尚有未可，或與外國議定中國傳敎之額，以一二十人爲定數，有缺許補，不得加增，或不至恣意流傳，漫無限制各等語。自係爲防弊弭釁起見，冀於分立界限之中，仍無顯異條約之處，其切切於世道人心之慮，持論固爲正大，而覈諸條款，揆諸洋情，均有所難。且地方官辦事之難易，有不係乎傳敎習敎之分者。臣等公同商酌，悉心擬議，敬爲縷陳其詳。竊查法國條約第十三款所載，曰奉敎，曰信崇天主敎，原無傳敎習敎之分。華人傳敎之說，我以爲非條約所有，華人不准傳敎之說，彼必執以爲條約所無。使我執此以辯，洋人將以學問之道，有習必有傳爲說，則在我轉爲詞窮，其難一也。現在英法扣款將完，陝西江甯等處敎堂未還，該國使臣將來曉瀆，正思遇事生波之際，若與爭此界限，不能爲將來防患之計，轉足資目前藉口之端，其難又一也。至於地方官辦事，苟失其當，即習敎者，亦足歸其譸張，誠得其宜，即傳敎者，何能格其法令。華人無論習敎傳敎，雖奉外國之敎，猶是中國之民，不得因其奉敎而故加苛刻，亦不得因其奉敎，而格外優容。洋人主敎業與之約，毫不干預公事，自當量加禮貌，期與條約相符。華人則無論習敎傳敎，總不出乎齊民之列，全賴地方官操縱得宜，持平辦理。遇錢糧則責以淸完，遇詞訟則權其曲直，就案辦

案，何論其奉教與不奉教。任地方者，於此等界畫，心苦分明，遇事喝破，庶士民可曉其用心，而彼教亦無所狡執。查條約內稱，凡中國人願信崇天主教，而循規蹈矩者，毫無查禁。若該撫所稱，不服傳喚聚黨抗官情事，即爲不能循規蹈矩之確證。地方官自不難執定條約，照例辦理。臣衙門於上年十月間，准成都將軍崇實等，咨送法國主教議，上教規十四條。當經臣等酌定十條，照會法國使臣伯洛內，旋據伯洛內照覆允行，遂即通行各直省督撫，一律通飭照辦在案。其條規內稱，無非傳教之士，不准干預公事。習教之民，必須來歷清白。若不守教規，由地方官按律懲辦，仍即逐出教外各等事。均已定明章程，確有可據。洋人以勸善爲言，即可以彼之矛，刺彼之盾。各省大吏如能通飭所屬，按照條約，詳繹章程，遇事平情辦理，則彼教無可矯強，於地方自有裨益。該撫所請，禁止中國民人爲外國傳教，及片奏內稱如時勢尚有未可，或請予以定額之處，條約既未載明，必欲強爲限制，勢有所難，而事仍無濟。應請一併毋庸置議，所有臣等遵議緣由，理合繕摺密陳，伏乞皇太后皇上聖鑒，謹奏。

又《英人耶蘇教案》 同治四年二月十四日，順天府文稱，據采育駐防防守禦三奎呈稱，竊查采育鎮於本年正月二十八日，忽有外國暎人在本鎮賃得房間，由二月初一日起，開講耶穌教，名爲福音堂。每逢房日兔，虛日鼠，昴日雞，星日馬，四期禮拜。查采育鎮，係一六三八等日集市，週圍買賣之人，常有千百人不等。又兼通津之路，恐有游手肖小之人，見虛擁聚，日久恐釀成事端。然如何彈壓之處，卑尉思維，並未奉有札諭，亦無地方之責。理合將伊設教禮拜實在情形，呈明等情前來。除飭大興縣，並采育巡檢，妥籌彈壓外，相應咨明貴衙門，查照核覆可也。

三月十五日，順天府文稱，前據采育防守尉三奎呈稱，外國英人在本鎮賃房，開講耶蘇教等情，咨准劄行飭查去後，茲據防守尉覆稱，查詢得英人姓彬，並無詢出執照，理合呈覆前來，相應咨呈查照可也。

同治四年五月十一日，順天府文稱，前據采育防守尉三奎呈稱，外國英人在本鎮賃房，開講耶蘇教等情，咨准劄行飭查去後。茲據南路廳並大興縣轉，據采育司巡檢稟稱，查得英人賓姓，先於三月初旬，不知前往何處。是月十五日，又來英人艾姓，在采育住宿二天。於十七日不知去向，僅留天津人毛姓，在民房居住。該英人有無執照，無從查詢，卑境居民亦無習教之人。但采育鎮係通津大道，英人往返靡定，如果復至，即應遵照詳訊明確等情申覆前來。相應咨呈貴衙門查照可也。

又《英法官民欲來游歷傳教藏地僧俗疑懼斷難相安》 九月十七日，駐藏大臣滿慶文稱，准湖廣總督咨稱，英人都司薩爾，守備伯納已孫，醫生巴頓等，欲由四川入藏，直至天笠遊歷。乃藏屬僧俗人等，一聞此信，互相猜疑。均云此地祇以佛教爲尊，向無傳習別教之人，且西藏西南界址，毗連各外番部落者，種類雖多，除廓爾喀與西藏向通往來，此外並無別國由此經過之人。去冬前藏商上，曾接哲孟雄部長夷信，內言披楞之人，要由哲孟雄一帶，來藏通商等語。彼時藏屬僧俗，即已驚惶，因派人前往阻擋。此事尚未寢息，復查披楞即是英國別名。今接聞英國之官，又由川入藏，藏屬僧俗，益復駭懼。本大臣復以由京發來和約條款，親向掌辦商上事務慧能呼徵阿齊圖呼圖克圖，暨番官噶布倫等，明白宣講，切實開導，以安其心，在該呼圖克圖噶布倫等，素受國家豢養之恩，尚知遵諭而行。惟各番民向以喇嘛爲重，目今前後藏及四鄉各寺喇嘛，不下十餘萬人之多。該喇嘛直有誓死不准彼國之人來藏之勢。喇嘛既已如是驚駭，番民又惟喇嘛之言是聽，心益搖動，即呼圖克圖駕馭之詞，亦不能遵。本大臣數次開導，該喇嘛等一惟約衆。稟稱，藏外諸國，並無天竺國名號，如何由藏行走，若由西藏直至甲噶，此一帶路山高路險，且自上年，已將各處能通甲噶之路，均已塞斷挖絕。人馬難行，非經年屢月，不能開通此路。若欲由廓爾喀徑往披楞，我西藏與廓爾喀和好未久，不能由此再起兩家釁端，總祈奏請阻止。並將前往們空傳教之人，雖有印照，亦扎飭各文武，阻其不必來藏。如必令其來藏，我等定要逃往別處去了等語。惟念夷性桀驁，激之即生疑貳，左右思維，若以此地人心爲重，而英法之人，均持有印照爲憑，且彼等即欲來藏，勢難勸阻，況既經和約在先，未便失信於後。若聽來藏游歷貿易傳教，則彼國之官人一經出口，此地斷難相安於無事。其法國傳教之羅肋拏，於上年間由雲南潛入附近三艾地面，租地蓋房，住已數年，原未張揚傳教之事，嗣因被三艾番民搶劫銀兩貨物，去歲始行赴川呈控，咨經本大臣扎江卡守備鍾淮查辦，至今案尚未結。緣們空綳額雖歸藏屬，而行刼之三艾番民，素不受教，且離藏窵遠。自前輩達賴喇嘛，已將們空一帶三處地土人民，給與結賽紅教喇嘛管轄，故該番更不

遵漢番各官札調，以致此案至今難結。今藏中又聞蕭法日羅肋拏二人，均有印照准其來藏傳教，現在之盜案，又如此刁難，心益不安。且英法之官持照前來，照內地周旋應酬，在漢官猶可奉行，在番民斷難從命。設番民一有抗違，則彼官要求漢員督辦，漢官督催不行，英法之人不言番民之刁，祇怪漢官疎縱，此時釁生觖望，官獲咎譴，其失猶小。若英法之官以此藉口，即以此起釁，失計大矣。除乃飭向該僧俗人等明白曉諭，毋得妄生猜疑，並將羅肋拏被搶之案，妥實查辦完結。隨將藏屬僧俗驚惑，並無人甘願奉習伊等教道各情，向彼一一説明，令其自行回川外，相應鈔錄摺稿，咨請查照施行。

又《法教士前進藏境西藏三大寺仲官僧俗等通令營官拒供夫馬柴草》

十一月二十一日，四川總督文，又一件內稱，據管理察木多糧務丹稜縣知縣稟，羅肋拏三名，於七月十四日，由塘護送行抵察臺，當即傳知前途一體照料。並轉飭昌都倉儲巴出雇烏拉，擬於二十四日，自察前進。詎於二十三日，據倉儲巴差來協琫達吉等來署回稱，接到西藏三大寺仲官僧俗等，專差遞來夷信一件。內云，法人不拘行抵何處，切不可雇給夫馬柴草，務要善言令其轉回，亦不可向其搶掠滋事。如伊等轉回，自當出雇烏拉，照料出境，不可擾害。倘任其過境來藏，定將該地方頭目調藏究辦，除革去職分外，並將家財抄歸商上等語。所有洋人差使烏拉，我們遵備支應，今接此信，實不敢應付。伏思倉儲巴既不出雇夫馬，並藏屬業已通行沿站營官，逐處阻擋，且有續即專差迎阻之語，即或察臺支應前進，而迤西之類烏齊洛碩邊壩等處，皆係藏屬所轄地面，亦必處處阻擋，不能放行。除商知該差暫在察候信，一面稟請速飭前藏諸們罕，轉飭各站營官一體放行，免致詰究外，理合稟懇飭知三大寺遵照等情。查傳教士欲由藏直至天笠游歷，現以藏內僧俗素尊佛教，諸多不便，即借道經過，亦恐惹起邊釁。業經據情入奏，所有江卡一案，已飭巴唐糧務等上緊辦結，並將傳教人等，妥為照料護送，聽候諭旨遵行。

十一月二十六日，行四川總督文稱，英人欲入藏游歷，及法人羅肋拏被刼各案。查和約所載，凡英法國人前往各處，游歷傳教等事，均係遵照條約，本衙門礙難阻止。今該處地方僧俗人等，既相駭懼，誓不相容，亦不可任其前往，致生釁端。惟於英法國人再有欲赴西藏，游歷傳教之人，不妨明告以西藏【略】信遵佛教，且該處風俗人情，迥異中國。【略】非如內地，官可為之理喻。且西藏地界山路崎嶇，陸地寒冰，【略】夫馬飲食一切，亦無從雇覓購買，【略】如外國人到彼，難保無凍餒之虞。況彼處素尚佛教，與外國人遵奉天主教無異。中國斷不能強彼之難行，以傷我之和好等詞，婉言阻止，或可折服其心，亦未可知。並飭知赴藏內地各站，不得為其預備馬匹，是為至要。

又《總署行南北洋通商大臣》

九月二十九日，行南北洋通商大臣曾國藩、李鴻章文稱，同治九年九月十一二十四等日，迭准英國威公使照會，內稱烟台署領事梅，呈送《辟邪實錄》一書。美國教士之遷移，實係此書布散所致。劉道違拗憲令，希為參處。且據九江領事許詳報，撫州教堂被毀文內，即指是書江西流傳甚廣，并有刊板等情，并將許領事與景道來往文件，抄送前來。查傳教一節，弛禁以來，條約本有明文，地方官果能調護稽查，民教相安，自不致於滋事。近來教案迭出，總由地方官平日漫無防範所致，即如《辟邪實錄》一書，空文詆毀，於事本無實濟，與匿名文書無異。地方官任其散布，不為禁止，以致遇有教案，徒添話柄。實於辦理中外交涉事件，大有妨礙。除咨行山東、江西巡撫外，應咨貴大臣轉行各省督撫，一體查照辦理可也。

又《贛州闔郡士民公檄》

耶穌天主教之溷跡華夏，擾害地方，受其荼毒者，已有江西湖南兩省公檄，並十害條詳言之，現已貼示。茲七月，忽有奸民，挾邪書來贛發賣。羣看書中妖言邪説，大衆閧然，即欲將二奸拏詢，嚴為懲誡。詎二奸聞之，私逃出境，衆等旋將所買之書，齊出燒燬。但二奸來意，始以賣書為名，原期誘賺愚氓，煽惑人心，漸漸假言傳教，拐騙男女幼孩，取其脂髓，汚淫婦女，吸其精血，種種妄為，無所不至。幸我郡士民，尊崇正道，屏除異端，不為該奸愚惑。但恐鄉村僻壤，或有買得邪書，未經燬盡，或有先時被惑，尚未改悔者。族長鄉鄰，務速訪查開導，將書焚去，令其自新。倘執迷不悟，即會齊團總團長，公同處治，並將該人房屋燒燬，以示嚴禁。鄰右知情袒護，及族長不實力查辦，一經發覺，並鄉鄰族長，一體連坐，庶幾先靖內奸，以絕勾引之路。凡我同人，務各省悟，有則痛為湔洗，無則益加防閑。遇有奸民入境，查係天主教匪，立即鳴鑼傳知遠近，會齊丁壯，各整器械，驅之出境。該匪倘敢

恃強，定當格殺勿論，我等原爲保固鄉村，禁絶異端各毒害起見，務須同心戮力，起而攻之，將見息邪説，正人心，而風俗醇矣，此檄。

又《江西闔省士民公檄》 欽惟我皇上懷柔遠人，准與外洋互市通商，業經欽奉遵行在案。去年十月，有奸民羅安當方安之，自稱係法國人，來江傳天主教。查天主教起自耶穌，其謬妄不經，具見於各紀載。稍有知識者，莫不深惡而痛絶之矣。乃羅安當方安之，意在煽惑愚民，心存叵測。進城後，在快子巷袁家井等地方，買屋數處，分布黨類，拐騙男女幼孩，取其精髓，造作丸藥。數月以來，致死童男不下數百十人。昨有人遺失幼孩，多方尋覓，有告以赴快子巷天主堂内訪問者，其人往詢，見堂内形跡可疑，細加盤詰，彼此口角，遂邀集多人搜其内外，尚有男孩十餘人，女口六十七人。皆目瞪口呆，不能言語，其爲邪術所迷無疑。此時衆情憤怒，立將房屋折毀，正欲拏獲方羅兩人，送官懲辦，不料已乘間脱逃。復於該堂後進天井青石板下，起獲嬰孩髮辮髓骨一捆，其骨皆截數段，骨内之髓，概行吸去，並有水血糕血酒等物。其餘犯禁之具，不一而足。該教如此作爲，天地不容，神人共憤，假我人力，以快天誅。拆屋之時，不約而會者，萬餘人，同時舉手，片板無存。並將袁家井，及城外廟巷老堂，盡行拆去。又將習教最久，串通買房，勾引愚民之羅義和煤炭鋪，何姓剃頭店，一併拆毀。俾無容身之地，而杜勾結之緣。查羅方兩人，實係江西撫州奸民，在南城縣下九鄉，盤踞十餘年。擅敢假託洋人名目，肆行無忌，種種作惡，所有搜獲各物，萬目共覩。方今聖治昌明，光天化日之下，此等魑魅罔兩，誠如聖諭所云，爲中國之莠民，即爲彼教之敗類。除一面知會各府州縣同人，嚴行緝獲羅安當方安之等，盡法懲治外，此後如有被惑之人，亟宜改悔自新，痛加湔洗。如執迷不悟，族中公同處死，爲無君臣父子兄弟夫婦者戒。至互市通商，照章辦理，我江省驅除内地奸民，並無他意，與逆夷兩國和約，原無窒礙也，此檄。

又《户部則例大清律所涉夷商禁教各條現均删除》 二月十七日，給英國公使威妥瑪照會稱，同治十一年二月初一日，接准貴大臣來文，以同治四年修定户部則例内，凡遇通商事務書中，均有夷商各等字樣。再大清律例所有原載，西洋人在地内傳教，應如何禁辦各條，既係咸豐二年所修，至今自未删撤等因。查户部則例内所載，舊稱名目字樣，現經本衙門寶董大臣，飭令户部則例館司員，按照條約第五十一款所載原意，詳細核明辦理。其有應行删改字樣，即當分别删改，以期與條約原意不背。至所稱大清律例載有禁辦傳教各條，查同治九年間刑部纂修律例，有凡奉天主教之人，其會同禮拜誦經等事，概聽其便，皆免查禁等語一條。其原載禁辦之條，已照中國歷次纂修律例成案，歸入删除項下，業經刊刻。現有刊刻纂修底本可查，爲此照覆貴大臣查照可也。

又《歸化城土默特蒙古及各寺喇嘛等聯呈懇免法國教士在地傳教通商》 九月二十三日，山西巡撫鮑源深文稱，事據山歸綏道國英呈，同治十二年八月初四日，准歸化城副都統富咨。據歸化城土默特衆蒙古，暨各寺廟喇嘛徒衆等公呈，爲懇恩轉咨免設洋教，以安衆庶事。竊查土默等特蒙古，自崇德三年帶地投誠，蒙太宗文皇帝恩施，將地畝賞給土默特蒙古，以資游牧，駐紮邊外，全賴户口地畝，急公當差，養贍身家，此外别無生計。所有額設官兵，並無俸餉，是以乾隆八年，經前任都統奏明，將户口地畝，作爲蒙古永業，不准内地民人，私相置買侵佔，漸致蒙古失業等因，奏奉諭旨允准定例通行，遵照在案。惟歸化城地方原係邊外要區，與外藩蒙古部落，各札薩克王公等旂界址，緊相毗連。其各部落蒙古人等，每年來此貿易，兑换牲畜皮張，置買食物，並無需用洋貨之處。歷久相平，率以爲常。況内外蒙古庶衆素尊佛教，不悉改業，與外國教道，從來相左，語言習俗亦不相同。較之内地府縣，情形迥别。且外來無業游民，到此就食者甚衆，其中良莠不齊，自宜隨時嚴密查察，加意防範，始免他虞。兹於本年六月間，有外國洋人來此置買地基，意欲倡設教堂，通商傳教。闔境蒙民人等，一聞此信，人心摇動，均各疑慮張皇。誠以口外蒙古地面，不但並無需用洋貨之處，尤恐本處匪徒，藉此招摇，不惟與設教通商本意兩無裨益，寔與邊外要區，及各蒙古部落地方，大有窒礙。事關創始，究於習俗相安之區，關係甚重。衆蒙古等不敢容隱諱匿，只得先事據寔陳明，伏懇電核，恩准俯賜，據情咨明通商事務衙門，會核情形。諭令毋庸倡設教堂，寔爲功德兩便等情。公呈到副都統，據此查洋人購買地基，其意必在通商傳教。惟歸化城係邊外蒙古地方，蒙古向尊佛教，此外不能動其心。至應需貨物，除糧食牲畜之外，别無可用。該國若必創設教堂，不獨蒙古入教無人，而洋貨更無從銷售。此間漢民百姓，皆係客

民，均由內地而來，或爲蒙古租種地畝，或貿易販運。其習俗與蒙古無異，並無土著漢民，既與內地情形大不相同，與洋人傳教通商本意，更屬無益。且歸化城五方雜處，無業游民，近年兵勇，混跡於此者甚衆。非聞傳教之說，民情惶惑，似有不願相容之意，將來誠恐該國通商傳教，兩不可得，尤慮致滋事端。擬請貴將軍，轉咨總理各國事務衙門，查照前情，諒飭該國，毋庸在歸化城設立教堂，以期兩無窒礙。除咨商將軍外，並知會貴道，請煩查照施行等因，准此。又據歸化城同知庚棫詳稱，案據歸化城閤郡商農回漢人等呈稱，竊民等聞得城隍廟後身，舊有官房一所，現爲洋人買去，設堂傳教。民等聽聞之下，甚爲惶懼。從前張家口與歸化，買賣相連，多係山西人生理，均有一二百萬貲本。自洋人通商以來，現在張家口百餘家生理，全行歇業。富者變爲貧民，貧者口食不給。且聞各海口，西營各城庫倫，買賣大半歇業，現只僅存歸化城一處，商民尚可勉強糊口。若再容洋人居住，商民均無安業之處。至農民之地，亦如張理豐鎮之事，惟有叩請恩施轉詳，勿留洋在此傳教施行。計粘本成各商，有圖章字號者八百肆十一家，無字號四鄉農民回漢等人衆，未能按名聞列等情。據此，查傳教士價買官房地基，前經卑廳查知，將私售官產之韓汝琫傳案訊供，通稟各憲請示在案。茲據該商民等具呈前情，應如何辦理之處，理合據情詳請查核示遵等情。據此，職道查歸化城漢回商民人等，均係內地居民，或以貿易，或以租種蒙古地畝而來。商民既無土著，與內地情形不同，近因張家口豐鎮廳等處，茶布大宗生意，全行歇業。該商民聯名呈請，寔有鑒於前車。至本地蒙古，自附版圖以來，惟知尊崇佛教，亦無需用洋貨之處，其所稱洋人在此傳教通商兩無裨益，皆係寔情形。況歸化五方雜處，無業游民每多混跡，若再准洋人在此傳教，更恐別滋事端。除洋人價買官房設堂傳教緣由，已由庚丞徑行通稟外，理合據情詳請查核示遵，可否轉咨總理各國事務衙門，諒飭洋人無庸在歸化城傳教，以順輿情，而免滋事等情。據此，查各國在於內地傳教，亦必彼此相安，方爲有益。茲據歸綏道詳稱，土默特地方蒙民，素奉佛教，即該處漢回人等，與蒙民雜處日久，亦與內地情形不同。一聞有設立教堂之事，已紛紛呈訴不便，倘勉強從事，如或不能浹洽，致肇釁端，轉非綏輯遠人，撫馭邊氓之意。除將私賣官房一案，飭傳查訊明確，秉公辦理外，相應據詳轉咨，爲此咨明貴衙門，請煩查照，酌核辦理，并希賜覆施行。

又《山西學院不准潞府襄邑教民入考茲將被阻各節抄録呈閱請行知該學院不分民教皆准入考》 光緒十二年，七月二十二日，法國公使愷自邇函稱，茲接准山西主教艾士傑稟稱，近年來該省學院，不准奉教人民入考，亦不准廩保出具保結。今將山西省所出各事，詳細節畧一紙，抄録送閱。至於民教均屬中國赤子，一視同仁，不可歧異，特請轉祈總理衙門，行文山西學院，以後無論民教，准其一體考試，而免向隅等因前來。本署大臣查此事情形，尚屬有理，故請貴王大臣，行文山西學院，以後不論民教，皆准入考，以杜事端，而昭公允，是荷。

又《烏石山地不准私自租賣一層已據情照會各國駐京大臣轉飭知照》

二月二十二日，行福州將軍慶春等文稱，光緒六年二月十四日准咨開，案准閩縣侯官縣會稟，據紳耆等僉稱，烏山九仙屏山三山列障，爲會垣龍脈所鍾，應明定章程，永禁租賃，擅興土木等情。由縣報局會議，照請先行出示曉諭。並照會該處各國領事官，傳諭各洋人。凡烏石一帶山內，毋論空坪園地屋宇，概不可出賃承租等由，即准英國星領事，丹國窩副領事，先後照復曉諭洋人，一體遵照各等因。咨請照會各國駐京公使，轉飭領事官傳諭洋人，一律遵守前來。除據情照會各國駐京大臣，轉飭遵照，俟有照復，再行知照外，相應咨覆貴將軍等，查照可也。

又《教民姚姓在烏石山永禁地購屋乃中國子民之事教士勿庸干預》

二月二十二日，致英國公使威妥瑪函稱，十六日璧老爺來署，談及閩省教民姚姓，在烏石山買地蓋房，地方官不准一節。正擬查辦間，適接該省大吏來函，內稱閩省烏石九仙屏山三山，有關閤省風水，各山上下所有房屋園地空坪，均不得輒興土木，致有傷礙。前據閩侯二縣會稟，據紳耆僉稟，永禁私租私買，無論中外人等，均不准租賃各山上下屋地，擅自拆改更造，立案曉諭。適有古田縣人教民姚巨川，契買烏石山麓林小義房屋一所，赴縣稅契，正值官紳集議請禁之時。由縣將契扣留，未經予稅。迨上年十二月間，姚巨川購運木石，興工改造，經侯官縣訪聞，查係在永禁之列，當將木石標封，飭令姚巨川赴縣承領原價。將契塗銷，地歸官用。查姚巨川雖係教民，其購買房屋，契內並未書寫教士教堂字樣，乃中國平民自相買賣之事，教士本不應與聞。星領事向通商局司道商說，□□代覓公

禁界外房屋，准聽教民居住，事屬近情。遂飭委員尋得凱凝下鋪民房一所，姚巨川亦稱合式。詎知史教士以買地在前，示禁在後爲詞，從中阻撓。殊不知姚巨川赴縣稅契之時，正值集議請禁之時，契經扣留未稅，此爲明證。惟有仍照縣稟，飭傳姚巨川到案，繳契領價。另向不在永禁之處購屋居住，木石各料拆封給領，以示體恤等因。查烏石山上下地基，既關閩省風水，已由紳耆公請，無論中外人等，永禁租買興作。姚巨川自不得任意抗違，況星領事所請，於公禁界外代覓房屋，地方官經已照准，姚巨川亦已允從，史教士可毋庸干預，此事尚無難結也。本衙門既准詳細函報，自當據實佈聞。

又《烏石山紳民控告教士一節英使力主調停而教士不允此案應俟紳士控告後再分曲直》 閏三月初五日，軍機處交出何璟等抄片稱，再烏石山燒燬洋樓，閩省按約辦理，英領事具文聲明妥結各情形，業已奏明在案。英國使臣威妥瑪抵閩，以紳民控告教士，將來兩造必分勝負，負者難以爲情，力主調停之議。連日擇地抵換，有數處威妥瑪甚爲合意，而教士不肯依從，威妥瑪百般勸解，終無如之何。迨三月初九日，威妥瑪又言，教士意欲遷徙英領事所租之前福建總督范承謨祠西畔行館。亦即派道員方勳盛世豐等，前往踏看。威妥瑪並與教士三面約定，教士當已應允，其英領事則由威妥瑪勸令歸併，移徙一處。領事亦已答應，威妥瑪旋與臣等商議，換立租約等事。正定議間，教士遣人持函至威妥瑪處，又復翻悔，不願抵換，威妥瑪接信後，亦深恨教士不可以情喻理勸，並設此時只可由紳董控告。等審到教士無理，由公堂斷令驅逐，我亦不加憐憫等語。伏查威妥瑪深欲調停此案，以免教士無理之處，被紳董和盤托出。無如閩省處處曲全，而教士節節翻悔，威妥瑪至此，已深諒紳董等萬不得已，始行控告之苦心。此案官已調停不下，將來兩造應俟到案後，再分曲直。曲在教士，固宜令其遷徙。但洋人狡獪異常，如或別生枝節，又恐多費唇舌。臣等愚慮所及，惟有隨時相機妥籌辦理，現威妥瑪已回香港，臣日昌亦於三月十二日，由閩起程回籍，料理截止賑捐等事，合併附片陳明。

又《風水二字大要不外陰陽向背趨凶避吉之意租買房地事已轉行閩省照約辦理》 四月十三日，行德國公使巴蘭德文稱，光緒六年四月初九日，准貴大臣照稱，烏石一帶山地，係乎閩省風水，永禁私租私賣，及拆改創造等因。已抄錄來文，札行該處副領事。惟嗣後租買房地，貴國官員，亦應遵照德國條約辦理。並祈將風水字意，詳晰見復等因前來。查中國風水諸書，其說不一，大要不外陰陽向背，趨吉避凶之意。如見諸明文所稱，如無礙民居，不關方向等語，即指風水而言。茲准照稱前因，貴大臣敦崇睦誼之雅，良深紉佩，除由本衙門照錄來文，轉行該省查照條約辦理外，爲此照覆，須至照會者。

又《烏石山地禁租買事不宜以風水之説牽制條約望通諭地方勿任宵小飾詞》 四月二十七日，德國公使巴蘭德照會稱，光緒六年四月十三日，以烏石山地一案，准來文內稱，中國風水諸書其說不一等語，足證風水道理荒邈難憑。而欲以荒邈難憑之說，牽制於條約載明之事。貴王大臣平情以思，當亦見爲不可。且恐嗣後中外交涉，凡深惡外國者，皆得持風水兩字，蠱惑其中，似此險危弊端，流於胡底，尚望貴國國家，通諭各該地方，毋任宵小以風水飾詞，而釀爲戾階矣。茲特照復貴王大臣，查照可也。

又《風水之説系中國習俗相沿并無飾詞》 四月三十日，給德國公使巴蘭德照會稱，光緒六年四月二十七日，烏石山地一案，准貴大臣照稱，風水道理荒邈難憑，欲以荒邈難憑之說，牽制於條約載明之事，平情以思，當見爲不可等因。查風水字意，因貴大臣前次照請，詳晰見復。本衙門特舉條約明文所載，如無礙民居，不關方向等語，以聲明其義。中國講風水分陰陽二宅，信陽宅者，既實繁有徒。信陰宅者，尤牢不可破。在貴大臣以爲荒邈難憑，而中國信風水者則以爲確鑿可據。甚至兩造因爭論風水，結訟經年，地方官雖百端開喻，亦難破其成見。此中國數千年來相沿日久，積重難返之事。若因外國租買地基，不准民間信風水之說，必致釀成釁端，殊非中外相安之道。此係中國實在情形，無所容其飾詞，如無礙民居，不關方向，自不得藉端蠱惑。貴大臣來華年久，定能深悉不疑也，爲此照復。

又《臨淄縣堯王莊地方廟宇被教士改爲教堂已飭縣妥辦》 七月十一日，山東巡撫張汝梅文稱，案據臨淄縣知縣秦福源稟稱，竊卑縣近來從教者衆，民教控案愈多，或訟棍借入教以漁利，或豪強恃入教以妄爲。卑職深恐民教結仇，每遇控告，罔不從權斷結，以期相安。現據縣屬堯王莊生

員胡星南等，以伊莊七聖堂土地祠二座，陡被入英國耶穌教之胡可賓等二十餘人，挾同地方于懷玉，硬將廟內神像，全行毀壞，棄置溝中，神衣鐘磬匾額等物，俱運至其家，聲稱不在祀典廟宇，已准改作教堂，廟牆上粘有上諭等情，來案呈控。合莊民人齊來城內，情勢洶洶大有返門之意。卑職當經剴切勸諭，並以必爲作主爲詞，幸胡星南尙明事理，轉相開導，始各氣忿稍平，紛紛走散。並據地方于懷玉，以聞有上諭，不列祀典廟宇，准改爲學堂，該莊入教者二十餘家，共已將廟宇改爲學堂，以備該教民學習洋教之處。其不從教者定不干休，恐滋不測等情，具稟到縣。卑職以廟宇乃民間公產，該莊一百三十餘家，縱有上諭，亦必俟飭發下縣，由縣出示公議允協，方能稟明請改。且現在未聞有不列祀典，廟宇改爲學習耶穌教之命。一面批示，一面選派妥役，並往查驗，並令覓人排解。次日卑職親往該莊驗明情形，與胡星南等所稟相同。遂傳喚兩造，擬再加勸解，將廟宇略爲修整，以便了結。乃地方于懷玉與教民胡可賓等，竟以潛赴青州教堂隱匿，鄉內訛傳且有約期，盡毀各處廟宇之說。隨特將保充地方之原保人等，傳集到廟，曉以理義，諭令找回。地方挽人處息，並勸諭莊衆同住一莊，總以和解爲貴。萬一教民無力賠修，亦宜量力幫助，毋得過事吹求，致結嫌隙。該莊衆經卑職兩番勸諭，似不至別生事端。惟教民胡可賓等與地方于懷玉，藏匿不面，能否遵處，尙難預必。且流言未息，在教民毀壞廟宇，偶一出此，尙可爲之保全。而小民無知，設因而轉毀教民房舍，又將藉口教堂，以爲莫大挾制，況各縣皆有廟宇各國皆有教民，如果紛紛效尤，將有不可收拾之勢。大局攸關，不可不預爲慮及，此卑職所不敢安於緘默者也。理合稟請鑒核，俯賜札飭洋務局憲，移知英國領事，飭令教士嗣後一律嚴禁教民不准再生事端。並飭教士，速令教民胡可賓等回縣，以便速爲完結，實爲公便等情，到本部院。據此，查五月二十二日上諭，民間祠廟，其有不在祀典者，即著由地方官曉諭民間，一律改爲學堂，以節糜費等因，欽此。恭繹諭旨，明係專指興設學堂而言，即將祠宇改換，亦應由地方官酌核稟辦，既非民間所能擅主，更與教堂絕不相關。今該教民等，遽將該處廟宇改作教堂，殊屬誤會糊塗。該縣勸令莊衆和解，自是保全民教之道。已由本部院札飭洋務局，移知英領事轉飭嚴禁，並飭縣妥爲辦理，以杜爭端。惟到處皆有廟宇，各國皆有教民，若皆紛紛效尤，於大局殊有關礙。除電達外，相應咨呈，爲此咨呈貴衙門，謹請查照。俯賜照會英使，轉飭嚴禁教民不准再行滋事，並祈迅賜見復，以便飭遵施行。

又《抄録湖南士民公傳揭帖》 嘅自洋夷肆毒，率土罹殃。逞機心機事之謀，始則貪圖乎貨賄，本無父無君之教，繼且貽害於性情。此固盡九牛之毛，不足以數其罪。如剜目剮心，割嬰孩腎子，取婦女宮，奸淫剪辮等事。下一刀之手，未能以饜其心者也。近聞和議，准其各處設立天主堂，修占碼頭等件，竊惟太后德合含宏，皇上道隆胞與，暨天覆地載以爲量，宜貫胸長股之胥懷。但我湖湘士民，情溺綱常，俗拘廉恥，食毛踐土，久承北闕之恩，肄禮讀書，祗識東山之教。假令華夷雜處，那堪鳥獸同羣，稍有人心者，自應枕戈以待。誰無義憤，是宜投袂而興。所議各條，開列於左。

一、洋夷入境，不問有無情弊，立即格殺，毋令遺遁。

一、天主教設立教堂，立即約衆折燬，凡堂內人等，無論入教未入教，一并剪除。其各處已建之教堂，俟秋闈後，密期約衆摧毀，毋令蔓延。

一、湖南各處碼頭，不准售與洋夷修佔，如有勾通情弊，一并格殺。頃聞省垣欲設機局，此實招引洋夷人境之漸，一例嚴禁。光緒二年八月　日，湖南士民公傳。

民事事務分部

紀　事

《教務教案檔・京城教堂門首回民滋事案》 咸豐十一年二月二十四日，步軍統領衙門文稱，據鑲藍旗漢軍委步軍校萬年呈解馬四，在天主堂門口吵鬧一案，正在辦理間。據法國照會，請將馬四治罪等情。訊據馬四供，我係宛平縣回民，年三十六歲，在西單牌樓牛肉灣口外大街，石四羊

肉床傭工，二月十四日，我到正陽門外買東西回來，走至宣武門內天主堂門口，我在彼睄看熱鬧，我誤將不認識人腳踹了一下，他向我辱駡，我也向他回言辱駡，經過路人勸散。至十六日，經官人將我傳案的等語。查馬四在天主堂門口睄看熱鬧，與不認識人辱駡，殊屬不合，除將馬回照不應輕律笞四十，折責十五板外，仍將法國照會咨送總理衙門。

照錄法國修士狄照會

爲照會事，照得本修士前於二月十四日，在南堂門口，呈送肆意逞兇，欺壓敎中人之著名回犯，馬四虎一名。已於十六日，經該地面官解送貴衙門，懲辦在案。復查本國傳敎修士緣爲勸善警惡，乃該犯在南堂門前，膽敢刁横，緣我敎中皆以仁愛相施，不忍加罪於人。似此回犯，辱詈敎中再再，礙難姑容，若不嚴加懲處，其後難免皆蹈此轍，欺凌我等。又在第六款之條，相應照會貴衙門，將該犯從重懲辦，仍將如何辦理之處，照覆本修士可也。

又《湘省並無告示禁教之事嗣後應明定傳教章程免生事端》　七月十八日，給哥士耆函稱，據湖南巡撫咨稱，天主教現已弛禁，並無定擬罪名之事，惟有乾隆年間部頒律例，每屆年終，照例張貼，並已將天主教一條刪去。或因傳教士見前數年間舊日告示，以致誤會。至湘潭縣焚燒教堂之案，現將地方官摘去頂戴，並查拏倡首之人懲辦。據稱湘潭傳教之龔修理，本係湖北興國州平民，而乘坐四轎，拜謁地方官，招搖挾制，淩藉士民，以致百姓憤怒，激成重案，實因龔修理倚勢僭妄之故等語。本大臣查條約內載，貴國天主教原以勸人行善爲本，復經貴大臣面言，所有傳教之人，皆係端人正士。上年傳教士梁多明等，在山西傳教，致信巡撫，自稱爲弟。經本大臣函知，貴大臣亦深以爲非理，並泐函由本處寄至山西，轉交傳教士梁多明，尤見貴大臣辦事公正，絕不袒護，久爲本大臣所深信。此次龔修理以一介平民，在湖南傳教，竟至乘坐四轎，淩藉士民，寔屬於理不合。況龔修理雖奉貴國之教，仍屬中國百姓，今乃以習教之故，公然乘坐四轎，在衆百姓視之，同一平民，彼乃如此放肆，無怪激成衆怒。況中國屬吏以及百姓，謁見官長，均有一定體制，不可錯亂。在貴國之行天主教，其意原係勸人爲善，並非令人爲不善。而中國習教之人，不能盡知體面，甚至忤慢官長，轉藉天主教，與地方官及百姓爲難，殊失貴國殷殷傳教之意。且天主教在貴國係屬正教，如果習教者均擇正人，方能入教，則奉教者專以習教爲務，並不別生事端，則貴國之教自尊。即不習教之百姓，亦咸知敬重。如中國不法之徒，並不眞心習教，不過倚仗教民藉端滋事，實於貴教有累。總之，習教者如能專心習教，絕不與不習教者藉事滋擾，則不習教者，亦不能輕視習教之人，以致齟齬不合。務希貴大臣明定章程，嗣後中國之人，在各省地方習教，應如何留心揀選，於傳教之時，必須先擇端人正士，方許入教。若係不安本分之人，槪不准其入教。入教之後，仍應恪遵中國法度，不可稍萌妄自尊大之心。如洋人在各州縣行教，遇有事故，須告知地方官，由地方官秉公辦理。其中國人習教者，仍各依職分聽地方官策束，不得倚勢妄爲。庶可使教民與百姓，彼此相安。本大臣所以再三諄囑者，與百姓相安無事也。至湘潭之案，該撫已將地方官摘去頂戴，並緝拏首犯，辦理頗屬認眞，貴大臣於奉教之人，亦當嚴加約束，用昭公允而順輿情。

七月十八日，致湖南巡撫毛函稱，查天主教原非正道，惟當此時勢艱難，不能不暫從權變。所有天主教弛禁，亦係不得已之舉。以致中國習教之人，藉端挾制，寔屬痛心疾首。湖南百姓激於義憤，致有焚燒天主堂之事，猶知扶持名教。然以現在官面文章而論，其勢不能不出示懲治，以作羈縻之計，閣下告示立言得體，百姓從此亦可深諒苦心。龔修理以一介平民，倚仗習教，竟敢淩藉百姓，侮慢官長，具見膽大妄爲。上年法國人赴山西傳教，致信中丞，自稱爲弟，經本處函知哥使，彼以理屈詞窮，當即函達傳教士，嗣後不得妄自尊大，其信即託本處轉寄山西。現在晉省傳教人，尙屬安靜。法國人自入中國，事事藉端狡執，若遇有於理不可之處，經本處詢詰，尙肯自認錯謬。嗣晉省又有曾充武巡捕者，後因習教，遂公然赴撫署拜會，又經本處告知哥使，嚴爲禁阻。現接來函，詳論龔修理不法之事，欲令哥使明定章程，如外國人有事須稟告地方官者，准其來往。至中國人仍安職分，恪遵約束，以示限制，所見甚爲周到。本處刻已據情函達，日內再當面與辯論，必須煞費唇舌，或可就我範圍。俟哥使定議有回信來時，再當寄知。惟是天主教既已弛禁，難免左右無暗中習教之人，尙祈隨時加以愼密，勿致播揚。憶去歲哥使以該教士諸多妄爲，欲加鈐束，經本處密函布知晉撫照辦。不意彼處遽將密函各節，通行各州縣，以

致各教士嘖有煩言，紛紛向哥使理論。哥使大爲作難。故凡辦外國事件，總當以愼密爲主，是即芟除枝節之要道。

又《直隸東安縣承追佃户地租案》 同治元年正月初十日，順天府府尹文稱，據東安縣詳，據法國代主教權鐸德司楊廣智控稱，孟主教名下地畝，坐落東安縣，差人收租。有張家務佃戶李雲龍，地五十四畝，連莊窠每年應交租京錢三十千文。欠十年十一年租錢不交，又欠九年租錢十二千文，又有寺垈村莊佃戶王朝棟，種地三十二畝，每年應交租錢十四千文。欠十年租錢五千二百文，十一年租錢不交，又欠九年租錢八千文，請訊追等情。當差傳佃戶李雲龍王朝棟到案。據稱，此二項地畝，本係旗產，轉賣與天主堂。從前係旗戶代爲收租，旋據王朝棟呈交本年新租十四千文九十，兩年陳租京錢十三千二百文。李雲龍呈交本年新租十八千七百五十文，當堂給與楊廣智等收領。其下短新陳租錢，俟呈交到日，再行給領。

又《民教争訟須持平審辦如不涉及教務教士不得干預》 二月初八日，行四川總督文云，案准咨送川省辦理交涉教民，已結未結各案清冊前來。本衙門詳加校閱，冊內案情，多係民間尋常詞訟。兩造內雖有奉教之人，寔與教務無干，非外國主教所得干預者。查外國主教係勸人爲善，其教內有不法之人，向聽地方官懲治，不能因入教而稍從末減。從前五口通商，凡遇教民之案，皆係如此辦理，是以年久相安無事。今四川主教以不干教務之事，每向各衙門陳說，殊爲非是。且妄稱總制副使名目，擅用移文，尤爲條約所未有。查詞訟案件，總以秉公持平訊斷爲是，中外皆同此理。即使外國人與中國人涉訟，亦當公斷曲直。況教民雖奉外國之教，仍係中國之民，如與他人涉訟，自應按照中國定例訊斷，不得因其入教而寬縱之，亦不得因其入教而苛求之也。今冊開各案，凡係奉教之人，理屈者亦不以爲屈，殺人者亦不抵罪，無怪川省刁民，咸以入教爲可抗官長，可逃國法也。嗣後教民與平民涉訟，如不關阻教滅教之事，斷不可任主教干預。其兩造是非，仍應謹守中國律例判斷，如因入教而姑息之，致使匪人亦皆入教，將來天下之人，必指天主教爲不正之教，是欲保全天主教，而適以害之也。除冊內各案關係尚輕者，可毋庸議外，其灌縣戴高氏一案，另單簽出，粘抄咨覆貴督查照辦理可也。

又《湘省士民與教不和並到處張貼檄文經撰就告示剴切訓誡》 七月十五日，湖南巡撫毛鴻賓咨稱，接准前因，遵札兩司嚴飭各該縣，迅速辦理，惟是各國傳習天主教，原非樂於招集痞匪滋擾地方，然其教不擇人而授，往往內地痞徒混入其中，藉入教之勢，敢爲猖獗。即如在湘潭傳教之龔修理，本係湖北興國州平民，而乘坐四轎，拜謁地方官，招搖挾制，淩藉士民，以致百姓憤怒，激成重案，寔因龔修理倚勢僭妄之故。應由總理衙門，照會各國明定限制。嗣後惟洋人行教各州縣，遇有事故須回明地方官，准聽來往。其內地人習教者，仍各依職分，聽地方官約束，不得妄自尊大，欺壓平民。儻有倚勢妄爲，應由地方官查辦，洋人不得以其習教之故，袒庇挾制。庶傳習者不致爲人所嫉憾，可冀永杜爭端。

又《士民反教乃因教士潛妄教民猖獗請照會各國明示限制》 七月十五日，湖南巡撫毛函稱，去歲履任時，適有法國傳教士，自湘潭來長沙。其時士民激於義憤，相率至明倫堂集議，不期而會者竟至數千人。當經諄飭兩縣會同官學，反覆開導，并將洋人護解出省，幸而無事。嗣聞有刊刻檄文到處張貼，即慮其或滋事端，而又不便顯拂輿情，乃爲端士習，正人心一示，通飭曉諭，旋亦相安無異。本年四月內，湘潭縣城及衡州府城，均有焚燬天主堂之事。其詳悉情形，業已兩次咨明。因思洋人負氣好勝，必不肯稍受委屈，當揣知其情與勢，自處以理以應之，乃得控馭撫輯之方。而該士民等此舉，亦寔非事理之平。方今上海防勦，正藉兩國效順之力，儻因是而失和好，則關繫匪輕。是以將湘潭衡陽清泉各縣令，奏參摘頂，勒限賠修，并飭查拏倡首之人懲治，明知如此辦理，未必盡調衆口，然自念受國厚恩，身膺疆寄，深維主憂臣辱之義，詳察人情事勢之宜，何敢自博愛民之虛名，而置國家大局於不顧。所幸此間紳士，尚多通識大體者，鴻賓之苦心，頗爲大衆所共諒，而士民託於義憤，動輒聚衆，亦恐釀成風氣，爲地方之害。現復撰就告示，剴切訓誡，仍當妥籌處置，期於外不至啟邊釁，內不至失人心，以仰副殷殷垂注之意。

附告示一件

照得西洋天主教起於唐，建中二年呂秀巖《景教流行中國碑》，頌其教亦以誦經勸善爲詞。明季流傳寖廣，都城宣武門建立天主堂，至今具在。我朝康熙年間，建堂設教，尚仍其舊，厥後著爲禁令。咸豐十年兩國和好，始行弛禁，條約分明，彼教與中國民人各無侵犯，亦無強人從教之

條。其堂宇基地，一皆矚之平民，不准強佔，原可相安於無事。乃外間傳說，謂該教士姦淫不法，並有剜眼吸髓情事，以致湘潭衡陽淸泉等處，遂有聚衆燒燬天主堂之案。夫懲奸罰罪，國有常刑。如果該教士，實有毒害吾民種種情弊，爾等身受其殃，或確知其事，即當呈控地方官，聽候查辦，豈有遽將該教堂宇擅行拆毀之理。況以傳聞無據之詞，毫不干己之事，動輒鳴鑼聚衆，挾制官長，是即犯上作亂之漸，此風尤不可長。本部院執法無私，已將辦理不法之地方官，奏參辦理，因念爾等晰義不精，見理不明，若不預加教誡，仍恐犯法者衆，心竊憫焉。查天主教勸人爲善，大致與佛教畧同，佛教來自外國，流行日久，胡僧踵至，傳授經典，唐宋諸大儒闢之甚力。然但立言以明道。未嘗聚黨以逞兇，亦但相示以防閑，未嘗擅燬其寺宇。即韓昌黎《原道篇》佛老並闢，有云火其書，廬其居，亦但論理所宜然，未嘗見諸行事。故佛寺道觀自漢至今，布滿天下，從未聞不甘爲僧，而即縱燒僧廟者也。然則惑者自惑，明者自明，並育而不相害，正見朝廷廣大含宏之德意。汝等不信天主教，即各約束其子弟，勸戒其族人，勿入其教可也。身爲大淸國之子民，而不遵號令，不服約束，則不可也。今以奉旨准其建立之堂宇，公然糾衆拆燬，自謂激於義憤，實已成爲亂民。本部院不能附天主教以虐百姓，而不能不懲亂民，以靖人心。且造言生事，聚衆結黨，及兇毀他人什物，俱應按律議罪，法無可逃，亦豈能曲爲寬貸。除扎飭各該縣勒限嚴拏要犯外，合亟出示曉諭，爲此示仰紳士軍民人等知悉。汝等須知功令之不可違，氣矜之不可逞，勿以臆揣爲明識，而貽害身家，勿以糊塗爲義憤，而累及官長，勿恃隱匿姓名，而遂謂無從究結，勿再道聽塗說，而不復察其是非。各守本分，各安本業，庶幾士爲善士，民爲良民，凜之愼之。倘敢故違，本部院惟有執法從事，毋謂言之不早也，切切特示。

又《岳州士民不願洋人往建育嬰堂》 十一月十二日，湖廣總督官文咨稱，據湖南岳州府知府稟稱，竊卑府前稟方主教欲來岳郡設立育嬰堂，收養嬰孩，現在岳州士民議論沸騰，人情洶洶，勢必不能相安，據實稟明一案，尚未奉到批示。茲據署巴陵縣知縣劉廷玉稟稱，現據郡屬文武生員等具稟，以洋人有至岳建立育嬰堂之事，通縣士民鼓噪不願。夫嬰者，內地之嬰，何須乎外洋之育。猶之外洋之嬰，內地亦不管其育不育也。況岳郡各屬，原均立有育嬰堂，更可不煩洋人善意。從前別處，常有托洋人名色，殘幼孩形體，案已叠見。岳郡之民，聞知此事，無不痛心疾首。比經生等剴切指陳，謂此當係奸徒托名，在洋人或不如是，然民情至今猶懷疑也。今恰有欲來建立育嬰堂之說，則適中百姓之疑，將來百姓奮不顧身，則亦非洋人之利。衆怒難犯，專欲難成，與其貽害於將來，而反失柔遠之意，不若綢繆於未事，而猶全和好之誠。在岳郡有衆憤難化之情，在洋人亦宜存知難而退之道，爲此縷陳，懇賜轉申勸阻洋人弗來，庶地方可幸安全矣。相應據稟，懇請轉稟等情。據此卑府查岳郡各屬，原均立有育嬰堂，今方主教欲來此地，復行建立，體察輿情，實有不得相安之勢。理合據情稟明，察核勸阻該國領事官，弗來岳郡，免生釁端等情，到本閣部堂。據此查此案前據該府稟，當經札飭該道照會達領事，轉移方主教知照在案。

又《英國教師在福建買房滋事》 同治六年三月十六日，英國照會稱，昨據駐札福州領事官星詳報內稱，近有英國教師一位，在福州府城內，託入教華民經手，代爲買房一所，預爲傳教之用。其房業已買妥，因該處買房，須由地保在字據之上蓋用戳記，此房尚未據地保在字上印戳，該房原主探聞洋人買房，如何用處，哄動通鄉衆人，向洋人滋鬧。並通鄉出具揭帖，在左近等處門外粘貼，以致衆民因此騷然，而地保恐懼，不敢蓋戳。敝職當將情節照會福州府，此案至今未結等詞，並鈔錄揭帖呈送前來。本大臣查此案情形，與未定咸豐八年和約以前，廣東等處所遇光景無異，既經中外協力，共敦和好，二十餘年，將條約令官民紳士，共爲通曉，一體遵守。不意尚有此等礙難之處，仍須照前開釋，未免難忍。凡英民爲教師者，本大臣自不願向貴國代索格外優待，然伊等本係英民，則按約應得之益利，何能不向貴國代請保全。查係條約所載，各省城口，或城內或城外一帶地方，均准英民置有房屋，在彼居住，以及務其正業。此在條約中最爲顯明，毫無疑義。若福州地方官，不肯早將此等不法之事，認眞禁絕，難免刁風日長，致有窒礙之虞，即希貴親王，嚴飭該省地方官，將製造揭帖之人，拏獲究辦，並飭其速設良法，禁有揭帖內恐嚇把持之弊。除將揭帖抄粘送閱外，相應照會貴親王，查照辦理可也。

照錄粘單

照錄福州通鄉揭帖

通鄉公禁厝屋私賣英人，如有被其局賣者，一面簽呈公稟，一面議齊不許土木匠到鄉起蓋。倘敢擅行起蓋，傳鑼將該匠從重毆打，有事者通鄉抵之，畏縮者通鄉攻之。

六月十一日，發英國照會稱，本年三月間，准貴阿大臣照會內稱，英國教師在福州府城買房，該房主哄動鄉衆滋鬧，粘貼揭帖，地保不敢蓋戳。援引條約，照請查辦等因。當經本衙門照覆，即日行文閩省，飭查妥辦去後。兹據查明咨覆，本衙門查貴國教師，在福州城內買房，雖未指明地段，亦無屋主姓名，惟核與本年二月間，星領事函開，教士金亞德永遠租給得北門內召公鋪華民謝守廉房屋，立有租據。因原業主謝志榕，從中居奇，不許地保蓋戳一案，情節相符，該省正在核辦間。接准本衙門咨查，當即飭閩縣傳集房主地保等，秉公核斷，訊明前後情節，鄉耆等均各允願當堂取結。將租約傳保蓋戳，並蓋縣印，由府送還星領事，轉給金教士收執完案，教士等已均無異詞。至揭帖一層，確查實無其事，相應照錄閩浙總督來文一件，照會貴大臣查照可也。

又《江陰地方官修蓋孔廟向教民添取錢案已行文南洋大臣即蘇撫飭屬依例照辦》 二月初十日，致兩江總督曾國藩函稱，逕啟者，本月初三日，法國羅使來署面述，江南江陰縣地方官，飭令習教人修理孔廟，實與和約相背，本衙門當經詰以此項錢糧，是否獨令習教人一律完納。羅使答以一律完納。本衙門復經告以，既係一律辦理，自係地方官不肯外視教民之意。羅使無言而去，旋於初五日，接據羅使函稱，江陰縣地方官，向奉教人除應輸正項之外，又添出三年地丁錢糧，以作修理孔廟之用。應請行文江南大憲，飭令地方官，勿違約妄取等因。查咸豐十一年十二月間，據法使以習教者攤派各項冗費，與伊無涉，求即知照各省，當經覆以奉敎之人，亦不能因係教民，遂欲倖免各項公費。如有差徭及一切有益等項，亦應照不習教者，一律應差攤派。惟迎神演戲賽會燒香等事，與伊無涉，永遠不得勒攤勒派。至地方官遇有上二項合派之事，必須實按直道分剖，不得曲爲牽混等情，通行各省在案。今據羅使函達前因，查羅使所稱，地方官於習教人應輸正項之外，添出三年地丁，自係必無之事。至所稱修理孔廟一節，即希飭令地方官，遵照本處前次通行章程，分別妥辦。專此布劝，並錄與羅使往來信函附閱。

又《江陰修理孔廟與其他迎神賽會有別已飭地方官查照通行章程以後凡與教民無涉之事不得勒派》 三月初九日，江蘇巡撫何璟函稱，本月十九日，接到二月初十日所發蘇字第一百八十二號賜書，謹聆種切，并承錄示羅使往來信函，亦已具悉。卷查江陰縣建復學宮，因經費不敷，議自同治十年下忙起，每田一畝，捐收七文，接收五忙，至同治十二年爲止，係該縣紳董公議，呈請江陰縣轉稟，由藩司覆核具詳，於十年九月，經前任張子青中丞批准在案。凡成熟之田，一律收捐，并未分別民教。復查條約所載，如有差徭及一切有益等項，亦應照不習教者，一律應差攤派。惟迎神演戲，賽會燒香等事，與伊等無涉，早經奉行。現在江陰縣，因修理文廟，辦理畝捐，不分民教一律攤派，誠如尊論，自係不肯外視教民之意。且今之教民，其先亦曾讀孔聖之書，此舉與他迎神賽會等項，自有區別。既蒙鈞處曉以大義，俾能領會，民教相安，中外聞之，同深欽感。兹已遵照函示轉飭地方官，查照通行章程，以後與伊等無涉之事，不得勒攤勒派。即有應行合派者，亦必實按直道分剖，不得曲爲合混，以期少一事即少一番之饒舌，是否有當，合先肅復，恭請崇安，伏乞垂鑒。

又《江陰教民攤派文廟工費改撥官衙署工用於教規并無相干已經潘司鐸允可》 五月初十日，署南洋通商大臣何璟文稱，案准貴衙門函開，江陰教民攤派廟捐一案，當即轉妥辦去後，兹據常鎮通海道李常華稟，據江陰縣周鼎稟稱，文廟兵燹被毀，紳士公請援照武陽成案，每忙每畝，帶捐錢七文，以資修理經費，並有儒學衙署在內，詳奉各大憲批准。自十年下忙起帶捐，遵辦在案。嗣准總理蘇太常溧廣等處，天主教事務潘司鐸來函，以教民業田所捐工費，有礙教規，除稟江南主教外，請免派捐等因。當查和約內，並無教民免派廟捐明文，且文廟之設，崇奉師儒，非別項廟捐可比。事關各憲批定，即經費亦核有定數，未便短絀，剴切函覆。旋又准潘司鐸函，請將教民捐錢撥歸，無礙教規中公用等情。又查此項工費，本有儒學衙署在內，凡教民所捐之錢，儘可撥歸學官衙署工用，於教規既不相關，於經費仍無短絀。又經覆准潘司鐸來函允可，於啟徵糧串內，加戳帶收各在案。此外並無添出，三年地丁錢糧名目，稟請轉復等情。職道伏查此項捐款，誠如前奉鈞諭，與迎神賽會有別，惟據該縣撥歸學官衙署

工費，已知照潘司鐸復函允可，業於串内加戳帶收，別無添派錢糧之事，似可毋庸置議，理合稟祈轉咨，實爲公便等情。到本署大臣，據此，相應咨復，爲此咨呈貴總理衙門，謹請查核施行。

又《函述與英使辯論辦理延平府起蓋教堂一案希飭迅速辦結》 六月十三日，致閩浙總督李鶴年函稱。啓者，教民魏代沐，價買南平縣莫姓房屋，起造教堂一案。上月接到大咨，即由本處將威使遣梅繙譯來見，意存恫喝，彼此問答等語，於十九日函知閣下在案。本月初四日，據威使照會，此案尚未據星領事，將辦結緣由，詳報等因。本處當給與照復，告以再催閩省妥結，并抄録照會咨行亦在案。日前威使面見，又提此案，閣下來咨内，有魏代沐買莫家店屋，將起教堂，並未照章報明之語。英約第十一二款，各口起造禮拜堂，並無報明地方官明文。所謂照章者，不知是何章程。當告以天主耶穌兩教，一樣起造教堂，一樣傳教。英約内雖無報明地方官明文，法約第十款載明，建造禮拜堂地方官，會同領事官，酌議定宜建造之地。外省因係建堂傳教，總是一樣辦理，不能辨其爲天主教，爲耶蘇教也。威使又言此案，該處民人，並無不允建堂傳教之意。只有一二紳士，從中爲難，傳教一事豈能因有一二人爲難，遂致阻止。請由本處行令，准其傳教。當告以地方傳教，須先體察人情，如果人皆情願，日後彼此相安，地方不致生事，傳教原無妨礙。若有一二人不情願，難保不彼此齟齬，致滋事端。該地方官，勢不能勒令人人情願，即本處亦不能諭令地方官，勒令人人情願。本處只可告知閩省，轉飭該地方官，再爲開導紳士。至該處之能否傳教，總以體察人情，是否情願爲主。惟威使日前來函，現要出刻下臺灣正在多事，威使又以淡水，有積案多起未了，難保不借此到臺窺探，順道前往議論此案。特此再行函知閣下，以便威使時辦論得有把握，仍希轉飭該地方官，體察該處民情，應如何勸諭開導，辦結此案之處，迅即辦理完案，以清積牘。仍將此案如何辦結緣由，詳報本處，以憑查核爲荷。正在繕函間，威使又來照會一件，另抄寄覽，照會内所稱舊屋弗礙方向，新屋遽然有礙等語，及喝罵教民等情，是否實在情形，望一併查明示復，專此佈達，順頌勛祉。

又《教堂買産事請與法使詳商善後章程》 七月十七日，署南洋大臣張之洞函稱，兩奉大咨，嗣後教堂在内地買産，毋庸報明地方官等因，當經出示蓋印，並録稿咨呈鑒炤在案。查教堂買地，從前必令報明地方官者，非因洋人購産，有所偏抑，而阻遏之也。誠以内地奸民，往往以來歷不明，或分授未清，或纏訟未結之産，賣入教堂，希圖得財洩忿。外人不知原委，每至爲其所愚，一時誤入手。迨至價交契立，欲造教堂，而共業之人，反未經賣斷之戶，方始查知。乃呈出原契，或繳驗公産憑據，紛紛呈控，斯時欲斷歸教堂，則原主必不應允，欲毀契還價，則教士亦不甘心。是以特設由地方官查明專條，以免爭端，而全睦誼。今若地方官不能預聞，則此後奸民盜賣之事，愈難究詰，交涉之案愈形棘手，此固久在澄鑒之中者也。竊思此次鈞署，於教堂買地一事，特允所請。自係因俄法德三國，代爭遼南之地，睦誼有加，未便重拂所請，具見權度時勢，萬不得已之苦衷。惟當交涉日繁之時，不能不思補救萬一之法。因查内地建堂置産，中法原約内，法文並無此語，歷年皆係教士朦混瀆請，到處滋事，潰盡藩籬。洞在湖廣任内時，因利川教案，曾持此以折該教士，當以節上陳鈞署在案。兹復飭洋務委員查出，光緒十一年，粤省所譯英例全書載有，購産來歷不清而故爲隱飾，是騙詐也，買約可作罷論，買償追回。又云，地有關於衆用者，不知而買，買約可廢等語。則是買産之時，雖照現行事理，地方官不必預聞，而稅契之時，若遇來歷不明，地方官固有考察之責。仰懇鈞署據此洋例，再與法使詳商，教堂買地善後章程二三條，續行通飭遵照。謹本此意具疏上陳，緣外省有人陳奏辦論，則鈞署與之商辦，似亦較易措詞。除鈔稿咨呈外，用特專□布達，伏祈鼎力維持，與法使訂明稅契之時，仍須由地方官詳查來歷，庶不致纏訟生事，民教藉可久安。愚慮所及，不過欲力助藎籌，以冀挽回一二，諒蒙鑒察，祗請鈞安。

又《教士海恩波過南光縣城該縣并無禁止招寓之事并又出示曉諭按約保護過境洋人》 十二月二十七日，給英國公使歐格訥照會稱，光緒十八年八月二十四日，准貴前署大臣照稱，據重慶法署領事官詳稱，現在川省順慶府地方，年來每有教士，路經該處，逆旅主人藉口曾奉縣令飭諭，常不賣給食物，亦不收留住宿。本年五月二十四日，有教士海恩波，偕同友伴眷口，由重慶起程，前赴保甯。回渝後來署稟稱，六月初五日，行抵順慶，店主人知是洋人，即令出店，城内及城外五十里各客店，不准招寓洋人等語，詳請核辦前來。本署大臣查英國教士，按約持照在内地行走，該

處地方官殊有失於保護之咎。請咨行川省大吏，嚴飭該縣務必遵照條約，設法保護等語。本衙門當即咨行四川總督，並照復貴前署大臣在案。茲據四川總督咨稱，據南充縣知縣稟稱，查中外通商以來，凡洋人持照在內地傳教游歷，爲條約所准行，迭經示諭有案。卑職忝居邑宰，保護之事，責無旁貸。何敢顯背約章，禁令沿途客店，不准招寓洋，賣給食物。卑縣爲小川北通衢，每年洋人過境，絡繹不絕，即無前途州縣移知，亦仍遵照約章，以禮相待，派差護送，節次稟報，有卷可稽。至該教士海恩波，於本年五月二十七日午刻，准合州趙牧，派差護送到縣站，寓城內大東街陳春發店。因該教士帶有婦女幼孩，言語稍異，隣近婦女前往觀視，當經照料差役喝散。店主陳春發問其欲食何物，該教士以帶有飲食，不買別物爲辭，歇息二時，即於申刻仍乘原轎前進。飭差護送至閬中縣交替，掣有印收回銷，曾將入境出境日期，照抄護照，通稟憲鑒在案。茲奉鈞諭，除再出示曉諭各店家，以後遇有洋人遇境，務須聽其投宿自便，以禮相待，不得無故攔阻。並禁止居民群相觀看，以昭睦誼外。所有查明教士海恩波過境，及遵辦情形，理合稟請察核飭遵，等因前來。相應據咨照會貴大臣，查照可也。

又《楓林教案徐定鰲釋放後仍不遵教約應於教冊除名持平連結》 十一月初七日，浙江巡撫廖壽豐文稱，據署溫處宗道稟，永嘉楓林之案，遵飭將教民徐定鰲取結釋放，結內敘明，嗣後不在衆廳禮拜。領事教士亦知廳不願禮拜，未受租洋，斷無相強，致滋釁端之理。乃昨據地保徐思饒稟縣，徐定鰲回家後，仍在二十八家衆廳禮拜，更集會各地教友，高聲朗誦，藉端尋釁。居人忿極，欲與滋事，經催糧委員在彼，暫行歡散等情，轉稟到道。該教民倚恃入教，倔強傲很，仍衆廳禮拜，以致衆情不服，若聽其自然，必致激成事端，無從保護。再四思維，本與領事商明，教民欺百姓，則辦教民，今強在未租之衆廳禮拜，豈非明欺百姓，不能不仍行提城究問。一面知照領事，聲明前約，仍請教冊除名，一面飭提徐定鰲，傳同地保緊隣質供訊究，請另委接署，並撮要電達總署等情，具稟前來。本部院查此案，迭據該道先後函電稟牘，甚爲詳晰，均經轉達貴衙門在案。今徐定鰲於具結釋放後，仍在二十餘家公共不願出租之廳禮拜，既爲衆情不服，斷難強令相從，以致激怒生事。查英約第十二款，英民欲租禮拜堂，不得勒捐，美約第十二款，租賃民房或禮拜堂，勿許強租硬占，務須各出情願，以昭公允，且有登州成案可考。今徐定鰲係中國子民，膽敢故違教約，若不提問，設竟因此肇釁，誰執其咎。該道奉委署篆，尤當始終其事，勿存諉卸之見。除撮要電達貴衙門，並札委東防同知高丞英馳往，會縣確切查訊，秉公究斷，仍稟商該道，照會領事明白妥商。將不遵教約之徐定鰲，前次誣告，有背該教說眞話無謊言之罪，此次抗違，有背該教在上應當順服之罪，於教冊除名，持平速結，以杜釁端外。相應咨呈，爲此咨呈貴衙門，謹請察照施行。

又《英教士在兗州府被毆打事實系在曲阜賣書與民人放生口角業已查究辦結》 正月二十四日，山東巡撫張文稱，光緒二十三年十二月二十六日，據兗州府知府王藥修稟稱，光緒二十三年十二月十九日，奉札飭以承准總署電開，英使稱，英教士離兗州府不遠被人毆打，請速查究等語。除電查外，札飭迅速查明稟覆核辦等因。遵查英使所稱在兗被毆，係本月初七日，英教士在曲阜縣賣書，與民人口角，次日遊聖廟爲門役阻攔爭鬧之事。適值卑府先期赴省公出，蒙本道訪聞派弁往查，已經該縣派人保衛教士，前赴濟甯。當將查覆情形稟明，一面飭縣查究。卑府於十五日回署，亦即專札飭查，先後接奉電檄前因，復經本道督同卑府，先行由電稟覆，仍飭催該縣，速即查究完結具報去後。旋據該縣何令粹然稟稱，本月初七日，英國振文學館教士顔布榮，隨帶通士一人，來曲遊歷，走至縣城西關，出賣洋書，並講述洋教。當有無知之民與之口辯，卑職聞知，即派丁役前往彈壓保護，民人走散，相安無事。該教士口稱欲遊聖廟，丁役向言，遊廟必須有人帶領，該教士即行投店住歇。及至次日離明，該教士不待人領，自赴廟前欲行走入，經守廟各役，上前阻攔，以致互相口角。丁役人等隨後趕到，好言勸慰，該教士即回店理裝，前往濟甯。卑職復飭丁役護送出境，該教士瀕行並無異詞，亦無受傷情事。卑職當因口辯之人，業經走散，無從查究。而守廟各役與之口角滋事，該管地保疎於防範，均屬咎無可辭。已將該地保傳案，重責革役，並牒會衍聖公將守廟各役，一併責革。除隨時稽查，以後遇有洋人到境，加意照料保護外，所有辦結緣由是否允協，理合稟請轉報等情到府。據此，卑府覆查無異，理合稟報查核等情，到本部院。據此，查此案前據曲阜縣具稟，當經電達貴衙門在案。茲據前情擬合咨呈爲此咨呈貴衙門，謹請查核。

政教事務分部

紀事

《教務教案檔・請將中外教士詳定等威以免僭越滋事》二月二十六日，成都將軍崇實奏稱，竊思官吏儀衛，各有等差，名位取關，不宜僭越。而近來外國教士所到各省，無論有無官爵，輒與大吏抗衡。且乘坐綠輿，儀從喧耀，愚民寡識，積不能平，浮議羣興，激爲變故。奴才竊查法國和約第四條內，原載有二等官員，與中國省中大憲，公文來往，用申陳，中國大憲用札行等語。是外國辦公員弁，且不能一律平行，況傳教各士，止係勸善，並非辦公，自當與官吏有別。即如川省之艾嘉略，黔省之胡縛理，或稱副使，或稱監牧，而在該國究居何等，執照中未經註明。地方大吏，見和約內有厚待保護字樣，遂不與之較論尊卑，凡以屬在遠人，自當仰體皇上懷柔之意。至於中國從習彼教，本係齊民，乃因有主教傳教之事，亦遂自居顯貴，每於省外州縣鄉場，輒亦乘輿張蓋，遂至道途側目，誹謗横生。近來滋事之由，多係乎此。若不嚴定章程，恐爭端日起，禍機愈伏。相應請旨飭下總理各國王大臣，與法國公使悉心會議，嗣後該國教士之在中國者，原不妨從優相待，然亦須分別等次，定其體制。至於中國習教之人，無論主教傳教，但無官職，俱屬齊民，不得假該教之名，妄自尊大，與地方官相抗。以此詳定等威，宣示中外，庶爭端永息，而物議亦平。奴才有總理教務之責，且爲體察地方情形起見，是否有當，伏乞皇上聖鑒，訓示施行。奉旨，該衙門知道，欽此。

又《習教莠民每恃西人袒庇生事宜嚴定防範章程》二月二十六日，成都將軍崇實片奏稱，再奴才查傳教西人，固患等威未定，而中國習教莠民，弊竇尤多，推原其故，皆由例禁既開，從教者未免張大聲勢，又聯絡西人，倚爲袒庇，遂因身司傳教等事，藐視地方官長，巧避一切差傜。各處團民忿其跋扈，不無爭論之端。而習教莠民，則又挑逗西人，借詞生事，甚或赴在京之法國公使處，羅織成案，以快私憤，近來外間教案，爲其唆訟者，比比皆是。而該國教士，亦每爲其簧惑而不自知。奴才伏思，與其因一時容忍，生事不休，不若互相言明，早爲防範。應請旨飭下總理各國王大臣，將此等弊端，明告該國公使，嚴行商定章程，宣示中外。不惟使內地人民各相安貼，並足使該國教務永息爭端。奴才愚昧之見，是否有當，理合附片密陳，奉旨，該衙門知道，欽此。

又《英夷所奉耶穌教與法夷之天主教微異當妥籌防範杜其與髮逆勾結》咸豐十一年二月初一日，本衙門片奏稱，正在繕摺間，接密寄諭旨一道，幷抄錄薛煥等原摺片三件，寄閱臣等。伏查夷性難測，隨時宜加防範。前次英夷卜魯士照會，請仍赴九江通商。原擬給予照覆，令其約束兵丁勾結賊匪。但該夷性倔強，設或形之文牘，該酋必多方爭辯，激成事端。因於威妥瑪謁見時，與之言定，令其嚴加約束，不准與賊勾結，免致軍民輕視。業經具奏在案。查英夷所奉，係耶穌教，與法夷所奉天主教，雖屬相似，而歷詢各夷酋，則稱微有不同。其金陵賊匪所奉之教，與英夷相同。臣文祥曾記上年六月間，有夷人赴金陵傳教之事，經巴棟阿將該夷耶穌教書一併奏聞。法夷與英夷所奉之教不同，且貿易亦少，故有小兵頭設法通信之語。該酋哥士者亦在京論及，但其厚貌深情，未敢遽信。臣等惟有遵旨於接見威妥瑪時，旁敲側擊，杜其勾結之念，一面於接見法夷哥士者時，暗爲籠絡，令其通信，再行斟酌辦理。似不必給予照會，以免饒舌。初五日奉硃批，知道了，欽此。

又《教民應考居官請免行不協教儀諸禮》六月初五日，法國伯洛內函稱，本署李繙譯官，前在貴衙門晤敘之間，言及天主教人未聞有居官者，當據諸位貴大臣言，中國並無不准其居官之一條。實因該習教人應考者少，是以出仕之人，甚屬寥寥。本大臣思揣，雖然未奉明文阻止考試，究竟入泮之候，應拜文廟，出仕之始，拜各土神。斯皆教宗舊制之所深禁，而中國定例不能不行，是亦不禁之禁耳。且查坤輿各國，每國皆有幾教同處，各隨其心之所願。其神亦聽其各拜，從未聞有一邦將拜神之事，連入公務之內者。惟有中國，則連合爲一焉。是以藏修之士，與夫倖進之人，皆能拜神而同升，若習教之人，阻於拜神，雖抱瑾瑜而莫獻，如此，則屈抑習教人多年。而法國念此屈抑，不能不代爲聲明。是以本大臣特請

諸位貴大臣詳度，以便奏請恩旨下降，凡奉教人應考求官，有與教務不協之禮節，或寬免不行，或准同城之官代行皆可。況此一舉，係法國後來好歹必辦之事，總不如諸位貴大臣早爲辦理，如出本心之情願。一則中國有光，二則免歐羅巴人猜疑中國薄待天主教人。三者亦可塡補從前貴衙門，應許柏欽差奏聞之事，中止未辦之缺欠。特此佈聞，順頌日祉。

又《論述駱秉章擱置教案不欲遵守和約等之非是》　九月二十九日，給哥士耆函云，九月二十八日，貴大臣致諸位大臣一函，內有駱制軍因本大臣以爲必可用等語，接閱之下，知貴大臣之意，尚未知中國用人行政之理。本大臣雖備値樞垣，亦不能以一人之私見，亂天下之是非，內外官職一切黜陟權衡，不特本大臣不能自主，即恭親王亦不能自主。又不特恭親王不能自主，即我大皇帝爵人於朝，與衆共和，亦必俯察羣情，旁參輿論，而後量材授職。如駱制軍之必可用，亦中國內外臣民，共以爲可用耳，貴大臣又何得謂，本大臣必以駱制軍爲可用乎。本大臣竭忠報國，固不肯避嫌疑，然不敢自任專擅，緣此語於本大臣實有干礙，不得不辦。

十月初二日，哥士耆函稱，駱制軍爲官賢否，本大臣所見，不能與貴國軍機所論相符。現在貴國，以駱制軍爲封疆不可少之臣，而旁觀則見爲貴國之巨蠹，究竟孰是孰非，將來必有徵驗。現如僧王及曾制軍，其意中亦皆不滿於我泰西之人。然其於國計，實有所益，本大臣何能爲違心之論，肆口誣謗。至駱制軍以庸材濫廁高位，雖奉使之臣，不應參與貴國用人之事。然於駱制軍之爲官，實不能強爲稱譽，現今貴國軍機關係，如同江浙廣東無異。貴國與各國設立和約，是當今要務，爲督撫者，如不欲遵守和約，則無論他事如何幹濟，總不得爲識時務之賢員。本大臣前赴粵省時，布大臣曾請貴衙門，將四川重慶府長壽大足兩縣事件，咨行辦理。至今一年，絕未覆及，是駱制軍不肯照辦，已可顯見。本大臣深不願貴國有失計之處，但亦不能依允有損於本國之體面也。

又《飭後對教士宜加意牢籠並速將長壽大足等各案查明聲覆》　十月初三日，致四川總督駱函署云，近接哥使來函，嘵嘵不已，並指出劉霞仙楊慶伯二位，而入以貪婪妄爲之罪。如果二君果有此事，諒閣下必爲參奏，決不寬貸。但恐二君辦理教民事件，不免過激，以致該使饒舌。又恐有不得志之小人，從中媒蘖，煽造謠言，以期遂其奸邪。此等情弊，或恐不免，仍希閣下悉心訪察。至該使函內所言欲去之人，本處斷不能遽爾輕聽，即如田軍門，設非其少年任性，亦何致因一面之詞，輒行奏請移調。又法國傳教士艾嘉略屢言，閣下禮貌不恭，虐待教民，此事固不足信。惟聞艾嘉略近將入京，如伊或經川省，別有傳教士赴蜀，或伊未行而傳教士另至，希閣下加意牢籠，於接見之時，優以禮貌。大約洋人之性，多好互相誇耀。後至者在哥使之前，言閣下禮貌甚恭，則前日艾嘉略之言，均可不辨自明。此本處與洋人相接年餘，窺見隱微，屢得此法之益，希閣下審度機宜，妥爲操縱可也。古人忍辱負重，推剛爲柔，故能成天下之大事。本處辦理外國事務以來，含酸忍痛，紆與委蛇，未嘗敢逞一時之氣，以負釁端。雖不敢謂事事洞中機宜，但時事多難，不能不留以有待。區區苦心，冀天下後世共諒可耳。哥使來信本不足據，姑鈔錄寄，以備查核。再長壽大足二縣事，本處係於本年三月內，咨行查辦。並將法國開送川省州縣，欺負教民各案清單，照錄賫閱。該使屢次催問，至今未據查覆，是以該使甚爲著急。查前單內稱，大足縣饒縱令龍水鎮舒同文，設謀定計，會同百姓與勇壯，驅逐本國傳教士。該士見機而逃，大足縣即因此事，賞給舒同文頂戴。又稱，長壽縣屬雙龍場地方之人，誤認中國傳教士爲西洋人，欲行陷害，該士設計脫逃，而隨從之人，俱受傷痕等語。查其單內所稱，設計驅逐陷害，及從人受傷等情，皆係籠統言之，並未詳言其如何起釁之由，自必別有緣故。由此推之，其單內所開各節，大抵各有隱情，務希閣下於此信到後，即與樸山會商，務將三月本處咨文內另單，逐一切實迅速查明。無論內地人與外國人，孰是孰非，均即據實覆知本處，以便轉告，并與辯論。如單內之事急切未能全覆，即望先將長壽大足二案，迅爲查明見覆。

《請注銷教民籍貫不准應試》　十月初六日，軍機處交出江蘇學政黃體芳抄片稱，再屏絕異端，古今之定律，區別流品，學校之大綱。臣前摺條陳六事中，請嚴飭疆臣註銷教民籍貫，毋得齒齊氓，毋得應童試。慮之雖深，言之猶太略也。茲於八月間，據署理松江府知府時乃風詳稱，松屬教官汪麟昌等會稟，轉據八學諸生稟稱，庠序育材，黜邪斯能崇正。朝廷選士，移孝方可作忠。所有混廁儒冠仕版之中，而毀棄宗祀，滅絕彝倫者，則莫如西洋天主教之流禍最烈。然不能禁者愚氓，而不可不禁

者紳士。亦猶鴉片煙雖准通行，而禁止官紳吸食，洋人亦曾未過問。擬請轉詳各憲，請旨飭下部議，降已往不咎外，嗣後在教者，即以身家不清論。凡舉貢生童，一概不准考試等情，合詞由學稟府到衙門。臣伏讀憲皇帝廣訓，於黜異端條下有曰，如西洋教宗天主，亦屬不經。又曰，屏斥異端，直如水火盜賊。煌煌聖訓，深切著明。自各國通商以來，華民之願習天主教者，爲條約所准行，地方官一律保護。至舉貢生童之是否亦准習教，條約並無明文。誠以士子讀聖賢書，所學何事，必不至如蚩蚩者，誤墮歧途，固無庸預申禁約也。近聞巾卷之子，陽儒陰盜者頗不乏人，彼此自絕於聖門，豈容更列於士類。若不嚴爲限制，勢必人禽雜處，蟊賊公行。時平而禮樂已湮，世變則兵刑俱窮，所關豈淺鮮哉。如謂過分畛域，恐忤洋情，殊不知政有權宜，教無遷就，其可變通者，覆幬庶頑見聖人之大，其不可變通者，干城吾道。見中國之尊，寬嚴並行，而不相悖，不得謂和約已定，華夷可聯爲一體，並周公孔子之道，與亂賊邪詖之黨，而亦合爲一家也。《王制》云，簡不率教者，移之郊，移之遂屏之遠方，終身不齒。今之歸依異教者，可謂不率教之尤者也。不移不屏，僅使之不與士齒，於法亦已寬矣。臣查諸生等長海濱，密邇腥穢，深痛夫他族逼處，迫而爲此公論，以期正本清源。其於國家懷柔遠人之意，並無所妨，而其於朝廷慎重名器之心，獨觀其大，此乃祖宗二百餘年養士之澤。固結人心，非外夷之詐力所能奪也。伏乞鑒茲愚悃，飭部嚴定條例，奏請施行。庶正學以此崇，紀綱以此肅，士氣以此伸，敵氣以此熄矣。臣爲上尊國體，下順輿情起見，所有註銷教民籍貫，不准應試緣由，謹附片陳明，伏乞聖鑒，謹奏。

又《江蘇學政請注銷教民籍貫應無庸議至應否准其考試或予斥革當以其人安分與否爲斷不宜以其信教而予摒絶奉旨議奏》 十一月初十日，本衙門會禮部，遞奏摺稱爲遵旨議奏，仰祈聖鑒事。光緒十一年十月初六日，准軍機處抄出江蘇學政黃體芳奏，註銷教民籍貫，不准考試一片。本日奉旨，該衙門議奏，欽此。臣等查原奏內稱，自各國通商以來，華民之願習天主教者，爲條約所准行，至舉貢生童之是否亦准習教，條約並無明文。近聞巾卷之子，陽儒陰盜者頗不乏人，彼既自絕於聖門，豈容更列於士類。如謂過分畛域，恐礙洋情，殊不知政有權宜，教無遷就，欲期正本清源，惟有嚴定條例，註銷教民籍貫，不准應試等語。查該學政所請，自係爲厘正學校起見，惟政貴善導，令無紛歧，西教之入中華，由來已久，現在條約所載，祇論華人之習彼教者，是否循規蹈矩，並無愚民士子之分。今若忽以舉貢生童，嚴定條例，姑無論與條約顯有未符，即士類偶入彼教，輒遭屏絶，是適以堅其迷途之誤，無望悔悟之機。與其擯之門牆，任爲蟊賊，何如勤施化導，返爲善良。該學政所請註銷教民籍貫之處，應無庸議。至准考試與不准考試，當以其人安分與不安分爲斷。如果越規偭矩，則功令綦嚴，該管官自當按律處置，非謂華人一入西教，即不加以管束。況世道人心之慮，全在辦理之得宜，不在科條之多設。擬請飭下各督撫學政，嚴飭所屬各州縣暨各學教官，務於平時開誠布公，各司勸導，無論習教與否，若確如其人行止不端，童生則不准送考，舉貢生員則詳請斥革。俾庠序之中咸知束身自愛，庶期經正民興，士風蒸蒸日上矣。所有臣等遵旨議奏緣由，理合恭摺具陳，再此摺係總理各國事務衙門主稿，會同禮部具奏，合併聲明，伏乞皇太后皇上聖鑒。

又《德教士領有德國公使傳教護照應一體保護與法教士之領有法國護照者無異》 七月初七日行北洋大臣李鴻章文稱，光緒十四年六月二十四日，准德國巴使文稱，日昨在貴署面議，德國天主教士，若領有德國欽差公署所發護照，其應爲保護及應沾利益之處，應與法國教士，領有法國欽差公署所發護照，無異等因前來。比經本衙門允其所請，於六月三十日照覆在案，查德國天主教士在內地各處傳教游歷住居者，若執有德國欽差公署所發護照，自應與法國教士，領有法國欽差公署所發護照者，一律看待。其應爲保護及應沾利益之處，亦應毫無區別。相應咨行貴大臣，轉飭各該地方官。嗣後如有德國天主教士，領有德國欽差公署護照，務須查照護照內所開各節，一體保護，並許得應沾之利益，與待法國教士，領有法國欽差公署護照者，毫無厚薄優劣之分可也。再前據義大利國公使照稱，該國人民前往內地游歷居住者，亦由該國自行給照，由地方官蓋印，如有他國給與義國屬民護照，視爲廢紙等語。本衙門亦已准其所請，並希轉飭各該地方官，一律辦理。

又《附奏設立教案局辦理教案一片抄録原案恭録諭旨請查照》 光緒九年二月初八日，山西巡撫張之洞文稱，竊照本部院，於光緒八年十二月

十六日附奏，晉省設局辦理教案一片。茲於本月二十九日，差弁賫回原摺後開。軍機大臣奉旨，該衙門知道，欽此。相應塡用預印抄錄奏片，恭錄諭旨，一併咨明。爲此合咨貴衙門，請煩欽遵查照施行。

照錄奏片

再晉省民教交涉事件，近年日漸繁多，緣奸民恃其護符，無理生釁。該教堂包攬袒庇，動輒徑向巡撫衙門投遞信函，時來□擾。教堂日橫，民怨日深，實屬可慮。臣到任後，察此情狀，因設立教案局，派令冀甯道專司其事。並先從派委候補直隸州知州錢榮增杜崧年，免當該局委員。遇有教案，令教堂函致該局，衡量事理，依據條約分別准駁。其來臣處徑瀆者，斥之不荅。飭令各州縣，遇案必秉公剖斷。其逞刁之教民，飭其驅逐出教。生事之教士，責令主教撤換。教堂之安分講理者，亦即施以嘉獎。秋冬以來，稍覺安靜。查晉民最稱良懦，斷不存與教堂爲難之心。詳核新舊各案，皆係教曲民直，又皆地方事體，無關傳教之事。大率各州縣教民，來省矇聳主教，省城主教又到京，矇聳該國公使。但使該公使不受矇聳，則教堂無所倚恃，不能干預扛訟，自然相安無事，庶免激成衆怒，轉難收拾。仰懇敕下總理衙門，遇有晉省教案揑詞，矇聳該國公使，向總署攬擾者，一切據理駁斥。切囑該公使，不可偏聽受欺。臣於外間斟酌操縱，斷不容其長成氣燄，亦不致滋生事端，所有設局辦理教案情形，理合附片具奏。

又《德義兩國傳教請鼎力保護》 十月二十二日，德國公使巴蘭德函稱，傳教人一事，德義兩國與中國同一立意，均以保護傳教，視爲民事，不得涉及國事。其保護傳教之人，按照各國保護各國民人一律，事本如斯，無庸詳論於貴爵前也。此事數日後，本大臣與義國大臣各擬照會總署，務望貴爵於此文未送，此事未妥以先，設詞陳說，以動王爺各位大臣之心。此事如與法國欽差晤談，前此先與本大臣密議定見，如有照會時，尤望如前辦理，本大臣有不勝感激者。果按此法，則如中國所願全中國大局，不難定妥其事，本大臣因貴爵體察政事，於保護傳教頗爲精心，所以敢請鼎力贊襄，既以敦友誼，亦以裨政端也，特此佈達，順頌日祉。

又《請明定聚衆滋鬧教堂格殺勿論章程》 光緒二十二年二月十二日，南洋大臣劉坤一文稱，查接管卷內，據宜昌關道周懋琦稟稱，竊奉湖廣兼護督憲譚札開，據電報局電傳。奉上諭，自泰西各國通商以來，洋人僑居內地，中外相安，朝廷一視同仁，迭諭疆臣時加保護。乃近日四川省城，有焚燬教堂之案，同時煽動蔓延數州縣。頃又據福建報稱，古田縣匪徒，殺傷洋人多名，甚至戕及婦孩，兇暴情形殊堪痛恨。此等不逞之徒造言惑衆，所在皆有，要地方官隨時防範，消患未萌。何得相率因循，以致釀成巨案。著各直省督撫通飭所屬，凡有教堂處所，務須實力保護。並曉諭居民勿聽浮言，妄生疑慮，倘敢藉端滋事，定當執法嚴辦。該地方官辦理乖方，亦當從重懲處，決不寬貸，將此通諭知之，欽此。欽遵札行到道，奉此，當將湖廣署督憲所發告示，札行荆宜施三府，所屬各州縣城鄉市鎭通衢地方，遍貼曉諭。一面遵照責成文武營汛，凡於教堂處所，撥派兵役認眞保護。一月以來，尙無教堂滋事，惟荆郡江陵縣，屬沙市地方，客民雜聚。川南則船夫爲多，武漢則工匠尤雜，平日並非讀書明理之人，遇事則以尙氣逞強爲務。十餘年來，疊次聚衆罷市，弊近姑息，遂至刑威不肅。六月初四日，武昌匪徒竟敢刀砍後營巡街參將朱積之，職道會督城守營將府縣前往彈壓，犯已遠颺。最可危者，天主教士異常堅忍，但使稍有補益於教堂，不惜身命以徇之。通商以來，教堂焚燬一次，教士死傷一人，每案辦結，朝廷無不賠以巨款。該堂大受利益，近來該洋教士，竟似有意挑釁。即如初三日，聞沙市武漢聚衆圖鬭，逼近康家橋，堤腳有英國新蓋教堂，當諭令巡檢陸顯仁，速往商請避開。詎料該教士羅忠懿，反欲乘機賭賽武勇，大費唇舌而後渡江他往。諸如此類，似易多事。即如施宜內地不通商輪之處，向爲土司轄境，有路可通四川山鄉僻壤，荆門州習教民人爲之勾誘，入教男女甚多，教民住屋改號教堂，及新起教屋，倭案以後數倍從前。教民恃有兵役保護，愈欲欺辱平人，平人受侮既深，積怨愈甚，時欲乘機洩忿。兵役有限，地方甚遠，愚民甚多，深恐有不及保護之時。彼時即將地方文武從重懲處，已成巨禍。查例載，凡兇惡之徒聚衆抗官，地方文武迅往撲捉，如該犯等持杖抗拒，許文武官持械擒拏。又直省刁民聚衆聯謀，歛錢構訟，聚衆至四五十人，尙無鬨堂塞署幷未毆官者，爲首擬斬決，爲從擬絞候。如逞兇毆官，爲首擬斬梟，同謀聚衆下手毆官者，斬決各等語。職道再四籌思，如欲飭地方官，認眞保護教堂，必從民間先不敢聚衆抗官。欲民間不敢聚衆抗官，必准地方正印官擒拏拒捕之

犯，當場格殺勿論。擬懇咨明總理衙門，以後通商口岸，以及內地凡有教堂處所，地方百姓尋仇兇鬭，但聚衆過五十人外，不服官兵彈壓者，准監督督飭地方官，照例持械撲捉。如該犯等持械抗拒，准地方官援照前撫憲胡文忠之諭，當場格殺勿論。如此明定章程，庶幾法紀彰明。地方痞徒攝以刑威，自然畏服，教堂始可保護。府縣地方官閱歷既多，身家亦重，該犯如不持械抗拒，斷不敢冒昧輕率。縱令兵役殺傷民命，辦理乖方，自貽重咎。即如後營參將朱積之被痞徒用刀砍碎銅管，頭破血流，不敢令勇擒拏，因恐該勇殺傷民人，嚴加處分故也。官軍因懼處分，痞匪愈無忌憚，後患實深。所有職道欽遵憲札，飭地方官執法嚴懲不逞之徒，籌商隨時防範，消患未萌，實力保護教務商務緣由。是否有當，理合稟請賜咨。並求批示飭遵等情，經張署大臣批候，咨請核復。未及轉咨，移交前來，相應咨請，爲此咨呈貴總理衙門，謹請查核示復，以憑飭遵施行。

又《據刑部咨復滋鬧教堂格殺勿論章程礙難照辦》 二月二十二日，行南洋大臣劉坤一文稱，光緒二十一年二月十二日准咨稱，教堂滋事應定罪名，請將通商口岸，以及內地凡有教堂處所，地方百姓尋仇兇鬭，但聚衆過五十人外，不服官兵彈壓者，准監督督飭地方官，照例持械撲捉，如該犯等持械抗拒，准地方官當場格殺勿論。如此明定章程，庶地方痞徒得以畏服，教堂始可保護，咨請查核示復，以憑飭遵等因。查上年九月二十日，曾准湖廣總督，咨請教堂滋事定擬罪名，與大咨意見略同。本衙門以事關刑律，咨行刑部，酌核辦理。旋據刑部咨復，明立格殺勿論章程，礙難照准。當經本衙門，咨復湖廣總督在案。茲准前因，相應鈔錄刑部原文，咨行貴大臣查照可也。

又《東省教士驕横偏袒教民擅違條約應請德使轉飭教士嗣後勿輕信莠民》 四月初四日，山東巡撫張汝梅函稱，前奉鈞電，德使以曹濟又有大刀會匪，滋事情形，屬即派兵彈壓等因。其時梅出省閱伍，於途次電飭毓臬司，酌帶營隊馳赴曹州查辦，旋據毓臬司一再稟覆，曹屬並無會匪滋事情形，實係教中莠民與百姓爲仇，揑造訛言，冀快私怨所致。並瀝陳教士驕横日甚，民情困苦，各實在情節。梅已據以入奏，並咨呈鈞聽矣。德人自鉅野教案議結之後，得饜所欲，其謀愈狡，其勢愈張。藉端挑釁，遇事與地方官民爲難，在官吏終當盡其調護之方，而在愚則已積有怨嫌之隙。如不設法消弭，而徒以兵力迫之，曹濟民俗强悍，束縛愈甚，怨憤愈深，甚非所以安民教也。毓臬司在曹州布置定後，已於月之二十七日回省。梅與之悉心籌議，總以勸導紳民，務敦輯睦，責成官吏，妥爲防範，寓調和於保護之中，以釋怨嫌弭後患爲補苴之策。應請鈞署向德國使臣備陳教士驕横，平民疾苦各實在情形。令其轉飭各教士，嗣後毋得輕信莠民一面之詞，動輒與百姓爲難。而於百姓之入教者，亦須分別良莠，以定收留，庶民教所積怨嫌，可以由漸而釋。而中外所有交涉，亦由漸而平矣。梅明知時會艱難，外情詭變，似非口舌所能爭。然體察民情如是之苦，籌辦教案如是之難，揆勢準情，實有不能過於遷就者。近聞代辦主教福若瑟，凡遇民教詞訟，不獨左袒教民，誣陷良善，且有至各州縣擅議提案，親訊情事，更爲公法條約所無。不有以裁抑之，則異日教禍，更不知伊於胡底。月前德總領事海司來東，值梅已出省，與藩司會晤，人尚和平，事理亦極明白。聞係膠澳領事，茲先寄函以示聯約之意，乞閱後封寄海君爲禱，專肅，敬請鈞安。

又《代理揭陽縣令剪斷教民髮辮事已由兩廣總督將該令撤任記過》 四月二十六日，兩廣總督譚文稱，光緒二十三年三月二十七日，據廣東藩臬兩司會詳稱，奉憲台札開，承准總理衙門咨開，前據英國竇大臣面稱，代理揭陽縣蔡令，將教民二人髮辮剪斷，請電貴督查辦，當經電達在案，尚未准電復。茲於二十三年正月初九日，復准英國竇大臣照稱，此案教民江成添，被族人毆打，偕教民吳哪赴縣控告，該縣問以因何入教，飭役將二人髮辮剪斷。又有天主教民孫姓，亦被該縣剪斷髮辮。汕頭領事官前往潮州與關道晤商，經關道將揭陽縣稟，內稱，係剪斷髮辮以示區別，是剪髮一節鑿鑿有據。本大臣迭蒙貴署，示以民教皆係朝廷赤子，並無歧視。而該縣遽有剪髮之事，既令人可恥，且與國家一視同仁之意，大相刺謬，未知貴署如何設法，以儆效尤，即望見復。並將該處來往照會，錄送前來。查民教相爭涉訟，原可據理公斷，乃該縣剪斷教民髮辮之事，顯示區別，未免任性妄爲，實與條約不符。相應咨行貴督查照，飭屬將此案從速了結，並將該縣量予懲處，即希從速聲復本衙門可也等因。准此，此事又據法領事稱，該令不獨有違條約，辮髮爲大清國法度，該令剪子民髮辮，係屬違制等語。總理衙門來文所言天主教民孫姓，即係法國教民，將來英

法兩使均有煩言，總理衙門行令從速了結，量予懲處等因。合就札飭札司即便會同刻日核議，詳覆飭遵，毋稍遲延，切切等因。奉此，本司等伏查教民江成添孫阿珍等，雖已入教，仍係中國子民，縱或因案與人控爭，及查有不法情事，原可秉公訊明，照例辦結，乃該縣蔡逢恩，輒將其髮辮剪去，誠如總理衙門來文所云，未免任性妄爲。業經本司等將該令詳請撤任記過，以示懲儆，是否有當，理合詳請批示祗遵等由前來。除批回外，相應咨呈，爲此咨呈貴衙門，謹請察照施行。

又《巴彥蘇蘇修建教堂採運木植不肯交稅請轉告駐京公使飭該教士照章完納》光緒二十三年三月十四日，黑龍江將軍文稱，辦理交涉處案呈。光緒二十三年二月十六日，據奏派總會辦黑龍江省，木植山貨稅務，山西補用知府，候補直隸州知州曹廷杰，呼蘭正藍旗佐領連雙呈稱，光緒二十三年二月初五日，據巴彥蘇蘇木植山貨稅務分局委員陳世昌呈稱，巴彥蘇蘇本年修蓋耶穌教堂，採運木植甚夥，應否飭令完稅，卑局未奉明文無從照辦。其城鄉各處奉教之人，遇有販賣木料及自行運用者，應否納稅，倘有不服盤問，抗不完稅者如何辦法，合先請示遵照呈請批發。同日又據該分局巡差來局稟稱，該處長林子地方，德興盛劉家燒鍋販賣木植山貨甚多，屢於買貨時赴局報明貨物，飭令上稅，該燒鍋聲稱奉教，不肯交稅各等情。據此，當經卑總局批飭呈悉，查各國教士入中國傳教者，皆以勸人爲善爲主，並非有職人員。咸豐十一年，同治五年，光緒十二年，總理各國事務衙門，屢與外洋駐京公使議立條約，凡教士除教務外，不得干預一切公私事件，至於中國之民願入教堂，律所不禁。但既奉其教即應遵教爲善，除該教善事七條當各實力奉行外，所有中國政教法令，仍應恪守，不得藉外國之教，悖中國之法。若教民敢於藉教悖法，是違該教勸善之旨，轉而爲惡，在教堂既應革除，在中國尤宜拿辦。條約載明，凡奉教之人，遇有詞訟悉聽地方官審斷，教士不得干預。去歲總署奏明，至於教民犯案與教堂無干者，總應由地方官核辦，其成憲也。況今中外通商，皆以稅務爲立國之本，中國稅則，凡在中國地方貿易居住者，皆應遵章投稅。條約昭然，奉教之人猶是中國之民，既在奉旨弛禁之山斫伐木料，無論販賣自用，均應照章工稅。所請修蓋教堂應否完稅一節，本總局查，前委員稟請本省刱修廟宇橋梁，造修橫河官渡，及文武衙署等工，所用木植應否徵課，經軍副憲批飭戶司議覆，遇有此等工程，自應按照稅章一律納稅，以杜影射而重稅務，照准飭遵在案。本年巴彥蘇蘇修蓋耶穌教堂，本非衙署，當與廟宇一同比照。蓋廟宇係以神道設教，亦勸人爲善，與教堂無異也，仍應完稅。仰該員傳知該教士，按批妥爲開導，並傳諭奉教之民，凡砍伐青黑二山木植，無論販賣自用，均令照章投稅。倘教民違抗即先告知教堂，囑其革除教外，立送地方官按律懲辦。若該教士修蓋教堂不肯上稅，即行據實詳稟，以便轉詳，除呈請軍副憲，咨請總署轉商駐京公使飭知該教士遵照，並通飭各局卡遵辦外，特此批繳等因去訖。理合據實呈請憲台鑒核，咨請總理各國事務衙門，轉商駐京公使，飭知該教士遵照，實爲公便等情前來。合亟呈請咨呈等情，據此，理合咨呈，爲此咨呈貴衙門鑒核示遵施行。

又《遵奉諭旨永禁仇視洋人謹刊刻謄黃於屬境內遍行張貼》二月二十日，察哈爾都統奎順等文稱，於本年正月二十四日，接准咨開，爲咨行事。案查和約大綱十二款，業經奉旨照允畫押蓋印，該約第十款內載，中國國家，務須在各府廳州縣，將載明下開兩端之諭旨，張貼兩年。俾衆周知，永禁軍民人等，入仇視諸國各會，違者問死。至開列各犯所定罪名，及殺害凌虐各國人之城鎮，停止各項考試，亦在此列。

中國皇帝務頒諭旨一道，通行布告，以及各省督撫文武大吏，及有司官，於所屬境內，皆有保持平安之責，如復肇傷害他國人民之亂，再有違約之行，必須立時彈壓懲辦。否則該管官員，即行革職，永不敘用，亦不得借端開脫，別給獎敘等語。旋於光緒二十六年十二月十三日，欽奉上諭兩道，業經發鈔。嗣因各國使臣，堅請更改字句，復經本王大臣，據情電奏，奉旨照準，相應恭錄咨行，務照此次所錄諭旨，刊刻謄黃。通飭所屬府廳州縣，無論大小城鎮村落，偏行張貼兩年。兩年期內，如有剝落損失，仍隨時補行張貼，事關和議大局，毋稍延誤，致貽口實。並將遵辦情形，先行聲覆本王大臣備案，是爲切要等因前來，承准此。當經敬謹遵照來咨，立即刊刻謄黃一百五十張，發交廳縣文武地方，並繙繹滿蒙文字，刊刻謄黃一百張，並漢字謄黃八十張，飭交察哈爾八旗兩翼太僕寺，商都牧羣牛羊羣軍臺四段參領，暨張家口獨石口千家店駐防，在於各該屬境內，偏行張貼兩年。均令置做木牌張貼，滿刷桐油，稍可經久，兩年期

內，如有剝落損失，仍隨時前來請領再行飭發，以便補貼。除恭錄飭屬張貼，通飭軍民人等一體遵照，至發交旗羣蒙古地方，滿蒙謄黃一百張，因刊刻稍需時日，經先行恭錄謄寫，滿蒙文字謄黃三十二張，先行飭發，俟滿蒙謄黃刊刻完竣，再行補發外，並將遵辦情形，相應先行呈覆欽命全權大臣，便宜行事，管理總理各國事務衙門事務和碩慶親王，謹請查照。

教案分部

綜　述

佚名《教務紀略序》 自中外通市以來，肇釁之端半由教案而起，防不勝防。朝廷溫諭董勸，嚴旨戒飭，奚止三令五申，乃士大夫不暇究其設教之由，輒囂然醜詆爲異類，嚴斥爲邪說。而入教者不盡純良，容或偭規錯矩，遂使平民藐視。至有受入教者欺凌，更相與切齒痛恨。一波未平，一波復起，相激相盪，釀禍無窮。夫在教之人，雖賢愚不等，要其教理，大致不外勸人爲善。固不得舉玷教之人爲藉口，而遂疑彼教之足累人也。覆昔服官畿輔有年，隨時維持，幸少教案。光緒二十六年在京襄贊和議，承全權大臣奏派，辦結京師順直教案。竊見教民受禍之慘，平民受擾之毒，國家賠款撫款之鉅，心實痛之。事畢履任直藩，民教宿怨未釋，凡所以懲勸而安輯之者，無不備至，幸鋒鏑潛銷，光華復旦，惟慮民教之再起風波也。爰屬直紳李進士剛己，搜輯各集，撮錄要旨，俾闔見聞而拓風氣，非勸人入彼教也。要使先知彼教大旨，與夫各國政教之所出，尊奉之所由，而後廷旨弛禁聽其內地傳教之大意，亦昭然共白於天下。冀當世讀書明理之士，咸覽是編，而知源流。則凡鄉曲無知一切猜疑之見，自可渙然冰釋。孔孟言人性皆善，《尚書》言作善降之百祥，大旨略同。雖其言天堂言地獄言靈魂，稍涉悠渺，要亦神道設教之意。至若十誡七克之旨，與吾儒克己之功彌近，果能躬行實踐，篤信謹守，要不失爲儒教中之正士。似其勸善懲惡，較之釋道二氏之教，尤爲切實，乃緇流羽衣徧各行省而莫之怪，胡獨於西教而疑之斥之耶。且或逞一朝之忿，而貽君國之擾，其逞權利者遂至蹊田牽牛，貽患甚大，尤爲有志者所痛心疾首。《語》曰，人必自侮，然後人侮之。蚩蚩之氓，何盲昧若此。有牧民之責者，苟能於彼教原委，歷辦成案，了然於心，隨時化導平民，並訓迪教民，毋忘勸人爲善之本旨，交相勉勗，未嘗不可釋疑杜隙，化險爲夷。

李剛己《例言》 一、基督教大旨出入於釋回兩教，此三教者，在西土互爲盛衰。佛生於中天竺，耶穌謨罕默德生於西天竺，皆亞細亞洲之界。考其所自來，則婆羅門教之支流餘裔也。三教流傳中國，民之習釋回二教者，日久相安，不聞有爭教之案，獨於基督教則深惡痛絕，以爲邪說。使果知基督教天堂地獄本諸釋氏，七日禮拜同乎回教，我之外毋別有神，亦猶釋氏惟我獨尊，回教專拜眞神之意，則待基督教人，一如待釋回兩教之法，自然相安無事，何至舉國尋仇，釀禍無已耶。昔曾文正公有云，內地已有三四教復加一教，亦仍無礙。誠達時之論。是編揭明此旨，務使人曉然於基督教與釋回兩教無異，庶人心可化去教界云。

【略】

一、中國歷次教案，創鉅痛深，皆由於不達教旨，不通外情所致。建德中丞懲前毖後，命輯是編，以便牧民之吏，得所依據，遇事自能因應合宜，且論教事應用教法，交涉固多棘手，若據彼教條規與之理論，當無拒而不納之患。其最要則在平日勸導愚氓，破除疑忌，地方多明白教務之人，自不至釀成教禍。

沈祖恩《教務輯要敘言》 天下事恆敗於有所震，而誤於無所據，依如中國近年外交政策。是已西人以傳教之故，方日擴張其勢力範圍，而由個人交涉牽入國際交涉。一意恫喝得步進步，不達其目的不止。積威所懾，遂令我國官吏一遇教案，輒自處於非常危懼之地位，而惟西人命是從。償倍於所失，罪浮於所犯。教日益肆，民日益憤，禍患相尋，迄無底止，而不知皆震之者之貽之也。且朝廷既訂約保護矣，官吏有當盡之責任，人民有共守之法律。事權所在，界限分明，地方有司平時不嫻約章，或惑於狂夫之言，泥於書生之見，自謂不畏彊禦，取快一時，使外人得資爲口實。反是者則又如前之說，一任他人之侵損主權，而莫敢與爭。此則誤於無所據依，遂不得不隨風披靡。交涉失敗，二者必居一。【略】 嗟乎，

自西人傳教以來，我中國財產之因教案而消耗，人民之因教案而殺戮，國權之因教案而損失者，何可勝數。當此國步艱危，公道淪喪之日，有心人但得保全其一分之人民財產與祖國權利，雖不敢云功德，亦庶幾返諸吾心，而稍稍自安也。在浙時，奉大府檄辦溫州教案，辛丑到贛，又奉委查辦新淦兩教交鬨事，覺西人尚可以理折服，今得是編讀之，益恍然於立約之初，界限屹然，其疊次失敗者，人爲之非約章爲之，約章固具在耳。

又牧令雷厲風行，期以三個月，一律清結，逾限者撤罰有差。斯時地方有司，委曲遷就賠欵纍纍，皆掊斂於民者，於是民教之仇怨深矣。庚子以後不數年，而有新昌之案，因新昌案而有南昌大教案，去年又有南贛之案。迨事既出，當軸者幾費磋磨，始克和平議結。而地方之受害既多，即元氣之剝削愈甚矣。

又《教務輯要外編·美國李佳白民教相安議》 中西通好歷有年所，始而相見未久相和未深時，或動於浮言，妄相揣測。今則三十年無他故，可謂信義昭孚，然猶不免稍有扞格者，則傳道一事歧之也。夫傳教爲西國之首務，而守舊又中土所最拘，固結莫移，積重難返。其不能挽彼以就此，猶之不能驅此以適彼。設持之過急，而交有譴焉，一不得當，爭端必起，此中外安危之機，非細故也。夫教之所以能固，在相見以誠，苟使各降其心，各盡其道，勿矜同訾異，勿是己非人，勿強於分外之見聞，勿側重局中之規例。猜疑悉泯，形迹胥蠲，尚何民教不能相安之有。不揣固陋，謹擬四端，開列於後。

第一端，論教士各有當盡之本分。一西國傳教有兩途，一耶穌一天主，循其名，雖與中國各等教門不無稍異，究其實，則同勸善之意，於國家毫無所損。是以朝廷特沛厚恩，准西國教士在內地，及通商海口，設堂傳教。各教士宜如何盡力，使人不疑，而收與人爲善之樂。二和約條款內載明，外國人在華一切，悉歸其本國關照保護，與中國無涉。愚以爲各教士在內地傳教，本國官長，既不能隨其所居而保護之，似不得不求中國官長關照。故教士等，務當格外體恤中國官長之難，以報懷柔遠人之德。三西教士既在內地，於分爲客，總宜遵主人禮貌，而順主人之情，此天下各國自然之理。四內地所設教堂，不必盡循西式，須隨地制宜，使人不致疑而搆怨。五教與教不同，而亦有相同之處，教士等務當多傳通行之禮，與衆心所服之善事，自然彼此洽和。

第二端，論奉教者各有當盡之本分。一傳教乃西人，奉教者則中國之人。推其所以不免相累之處，或緣奉教華人無端受他人凌辱，或因西人倚勢欺壓平民，致招衆怨。教士若從中調處，代伸其理，爲民教和好起見，誠無不可。然爲華人計，無論奉教與否，皆爲中國之民，務當守中國法律，斯爲最妥之著。二華人入教之先，主教者當細訪其行，可收者收之，不可收者去之。耶穌教遵守中國規矩，至爲嚴密，從無犯法違律之事。倘奉教者敢蹈非幾，即令迅速出教，斷不迴護，致礙官長照律治罪之條。三奉教者遇有訟事，雖求教士伸愬，然教堂必不拘情面，不分事之巨細，理之可否，概爲准行。惟勸奉教者格外盡心，爲中國良民，萬不可藐視官長，抗違法令。四朝廷既許各省之民，隨意奉教，且嚴禁一切欺虐逼迫奉教之人，即應力行有益於國之事，以報厚恩。五奉教者倘被人凌辱，亦應委曲隱忍，善爲調停，萬勿恃勢與地方官譁論，使地方官事事棘手。況傳教係天下第一善舉，不惟西國名人樂於從事，亦朝廷所以允行各處。教中人不過欲人一心向善，此外別無他意，何可雜以不良之舉動。

第三端，論教外之人俱有當盡之本分。一民教相安，原非一面之事，不但奉教者有當盡之本分，即教外之人，亦有當盡之本分。二奉教與否，各聽自便，未奉教之人，何必強阻其親友，致有一切淩逼，及出族妄告之事。三中國各教善士，雖異於西國所傳之教，然大意則同，務須彼此相助，以成一切有益於人之善事。不得分門別戶，各存畛域，以致互相攻訐。四朝廷業准西士傳教，與儒釋道三教一例通行，爲中國之民，無論何省何時，不可擅行禁止，有違諭旨。

第四端，論中國官長當盡之職。一中國官長，總宜豫先設法，保全地方，慎重職守。即有人滋生事端，亦當迅速彈壓，免釀巨案。二地方官遇民教相關之事，不妨准西國教士自行陳說，無使有轉折難白之懷。若重大事件，即當稟請本省督撫，妥慎核辦，以免教士伸愬於本國欽差領事，致成交涉公事。三中國官長與西教士往來，雖非載在和約，亦不得謂有違於和約。倘能如此行之，不但兩國俱有裨益，且可免疑難大事，有所掣肘，小事若不盡力，較此更爲重大，何能妥辦。四西教士在各省置地，或造教堂，或設醫院書院，地方官必先出示，剴切曉諭民間，以免嫌疑。官長能

以公正居心，力祛一切暗昧之事，無知愚民，自不致羣起與教堂爲難，安可不慎。

又《教士聯會防訟釋疑説畧》 一，教士傳道中華，教士薪俸，教會創舉，皆出教衆捐輸，非國家頒給。會與國本非一事，焉有代理泰西政府之權。一，西教士論道佈書，皆仰體上帝好生，宣明大道，俾斯世斯人同登彼岸。至設學以陶淑子弟性情，施醫以調理病人疾痛，無非佐傳道之具。一，凡自稱信耶穌基督，悦服其訓誨者，教會諸人攷其言論，察其行止，果係不相逕庭，則聽其並列教會，與在教諸人彼此觀摩，同得資益。一，奉教華人仍爲中國子民，非惟不可抗逆官家禁令，更宜恪守政府法度。耶穌教會悉遵《聖經》行事，凡奉教之人，皆宜聽命官長，爲馴良之民，方不失奉教本旨。各教堂宣論，亦時時發明此意。總之，教士於教友，猶師傅之於弟子，非若官府之於庶民，何能僭越官府之權。一，教會欲招誠信之人，不願來假冒之人，萬一假冒混迹其間，或借勢欺人，或竊威陵上，存心詐僞，好作詞訟。我教會同以此等作爲，深可擯斥，切願白於海内，凡遇不逞之徒，不妨據實通知，教會必不容納袒庇。一，因以上諸端，故擬教民平民涉訟處法。甲，冀望官府持平辦理也。凡遇教民平民兩相齟齬，訊官若守法如山，不徇情面，兩造無屈可抱，教會又何樂干人詞訟。乙，嚴防教民挾勢也。教會借助華人，必視其品行端方，然後延充傳教。且使職守之外，不得少越邊幅，妄用教會字樣。然良莠不齊，假西人名刺遞函，擅作威福者，亦或有之，地方官遇此等事務，即知會該堂西教士，查明實在情由，以杜欺詐，而防亂萌。

耶穌教教士敦崇禮山西教案善後章程

一，教會來華七十餘年，今欲定永遠相安之策。查從前歐羅巴洲，如英法德奥，阿非利加洲，南北美洲，澳斯脱利亞等國，教會亦有此不能相安之事。今則不然，蓋將教内外人一律看待也。中國如能仿行，遇事持平辦理，不禁人入教，不强人出教，則得矣。俄羅斯土耳其等國，不能仿行，所以不能相安。土耳其國君民信回教，禁國人信基督，而信者甚多。四五年前，上下不睦，羅兵戈殺戮之慘，致國家大局損礙。俄羅斯君民從希臘教，亦禁人信耶穌教，致學者不盡悦服，此皆國家抑壓之故也。教本乎道，道出乎天，其教果善，不但不能禁止，即强國亦不能越其範圍。教若不善，不禁自絶，官民明乎此理，排外之見當廢然知返也。二，凡仇教之事，初起本甚細微，此時如有明白官紳晤商，甚易了結。乃或教民遞稟，則置之不理，或教士請見，則託言有病。甚或判斷不公，於是教會不得不告領事，電商欽使，而事機甚大矣。天主教士有鑒於此，由法國欽使晤商總署，定各省主教與巡撫平等，神甫與府縣平等之禮，以便遇事商辦。耶穌教士則不然，深願由縣而府而省，有通達外務之人，設議事局，代地方官辦教會事。如此次辦事之沈觀察，曾在英國游學，辦事有見識，亦由撫院知人善任也。耶穌教士在其本國，皆上等士紳，有功名有學問，決不願無故齟齬。故深望山西永守此法，他省亦一律仿行。北京城外務部，更宜專派明白大員，延外國律師，照公法持平商辦，無不妥者。三，教士入内地傳道，載在條約，故在内地傳道，立學堂設譯局建醫院等事，地方官宜將條約審視明白，實力保護，始終不懈。嘗見坊間所刊《通商約章》，有與英文原稿不符，隨意加減者。總之，此事既爲條約所載，必應秉公辦理。四，官場既不能一視同仁，士民即以爲非我族類，謗教之言流播各省，仇釁日深。又因中國風俗，向來惑溺風水成仙學佛賽會迎神等事，爲教會所不尚。故教會之書，閉目不觀，斥爲異端，而口舌爭端，皆由此起。五，去年山西仇殺教中人如此之慘，且多亦因平日教友不肯出演劇敬神之費，致干衆怒，故演劇亦爲山西仇教禍根。以演劇之積俗，釀此慘禍，上害君國，下害生靈，在上者必當力除積習。試言演劇之害，一，劇價在百串以外。二，紳社人等濫用分肥，多於劇價兩三倍。三，闔村接待親朋之肴饌，婦孺衣服簪珥之裝飾，又多數十倍。更可惡者，演劇之場，必有賭棚數十處，每棚有數十人之費用。此等匪徒，每到一村，必與紳社人等，以一定之棚價。紳社人等利其棚價，遂任其害人子弟，耗人資財，是以演劇不過數日，至今人民終年困窮。兼之優伶所演，多姦淫盜賊之惡劇，背禮蔑義，傷風敗俗，莫過於此。近年中國公私耗竭，生靈塗炭，學堂不立，民智不開，每村居民，或數十家或數百家，往往無一學堂，問其故，則曰貧不能讀。試問此村，每年敬神演劇之費當幾何，若將此有害無益之費，改辦學堂，則無一村無學堂，無一人不識字。人人知禮義廉恥，守中國聖賢之道，學萬國富强之法，民智開而教案可息。況此事爲會典所嚴禁，儒書所不道，官場何樂留此禍根。如官場不能禁除，則請

別籌善策，專派一人經理此事。造園刊票不輸錢者，不准入觀，至教會中人，照約不能輸資，如有輸資，而強欲觀劇者，教會知之必予懲罰。其罰鍰或修道路，或供善舉，或徑逐出教外，然禍根必不能去，教案必不能除，終累國家出無數償款也。六、中國人心虛僞者多，每有教會中人聞其言論，頗爲純正，而不知其居心實與言論相反，一時失於覺察，准其入教，即不免有誤信其言之處，致與平民不睦。馴至會中良善，與之相處既久，性情漸變，眞意漸失，涉於驕矜，恃其所知，發仇世訐俗之論，日久怨積憤深，往往激成教案。此等如爲教會查出，無不勸勉，勸勉不從，無不黜之教外。蓋耶穌教，並非祇准入教，不准出教之教會可比也。七、現在中國通行之教派甚多，如儒釋道，回回天主耶穌等教，有大同小異者，有大不同者，其平日語言行事，皆昭昭在人耳目。考之經典及萬國史志，並默察教會辦事人之用心處事，極易分曉。其中亦有崇眞道，身體力行之善人，宜分別觀之，不可一概目爲洋教，嫁禍於其會中，致釀禍亂，而貽後悔也。八、大學首章言，明德新民，治國平天下之道，皆本乎致知格物，可見格致之學，足以致修齊治平。今日治國之道，必須朝野上下，皆有格致通人，則非致力於格致之學不可。即如中國頒行各省之時憲書，其所推測天文之理，水師官提督兵輪，須明水汽機之理，駕駛之法。醫院之醫士，宜明天地絪緼之理。各省煤礦五金礦，具天然利源，一切聲光化電，製造鍊鋼，築鐵路設電杆，皆足以富強國家。凡此皆格致學也，內外部大臣欽使領事，繙譯官律法官，須讀《萬國史紀》《萬國公法》，明各種富強學，皆非格致不可。欲破除中國種種風水演劇賽神，復孔子之道，以除禍亂，使不再受拳匪迷惑，中外永遠相安，更非明格致學不可。

嚴復《論南昌教案》 比者二月初三日，南昌人民暴動。計遇害者，天主教神甫六人，耶穌教男女三人。天主教會房宇物產，焚毀殆盡。幸官吏軍兵，事起保護甚力，於天主、耶穌兩教會人，所救免者頗多。此與去歲連州一案，皆於黑暗中漸露光明之意。蓋此二案，教中人皆有激變自取之道。而紛亂之頃，雖群懷殺心，尚有吾國之人，冒險而爲救人之事。使爲上之人，勸賞懲治得術，有以誘其善機，有以平其怒氣。自今以往，教案漸稀可也。即不幸有之，或不至置中國國家於無可解免之地，如甲午乙未以前，李海城輩之所爲。此則有關於中國前途甚大，不可不加之意也。

考基督教之來中國，最早莫如景教，遠在唐朝。聞其傳者，乃亞洲西域人。顧至今除景教一碑而外，其流裔不可考矣。降至明季，而天主教士，忽集於斯。然其爲教，并非羅馬本宗，乃於路得誓反之後，西班牙人所別倡之新派。路得者，德國撒孫尼人。於一千五百十七年十月三十一日，以教皇售賣懺罪文憑，歛錢於維典堡，顯揭其違背教義者凡九十五條，張布都市寺門，此爲修教新宗之始。西班牙人，名羅曜拉，本爲軍人，以傷出伍。至一千五百二十八年，學於巴黎大校。目擊舊教中衰，結合同志，於一千五百三十四年創立新派，號耶穌軍。以勸轉信心，抵制新宗爲要旨。教皇保羅第三嘉獎所爲，於一千五百四十一年降敕，以羅爲耶穌軍上將。厘定章規，部勒機關，有修道者，有治學者，有司教育者，有理財政者。不諱譎術，而以集權蓄力，廣大教派爲先，成一至完團體。於一千五百五十六年，死於羅馬。明季來中國者，大抵皆此會人。值吾國道德學術衰敝之時，而數萬里東來，其中類多俊偉深沈，行修多聞之士。明之時雋，翕然宗之。說者有謂使明勿亡，羅馬一宗，且爲國教，非無因也。

洎本朝入關，有二祖之好學。該會教士，侍從南齋，賞賚稠疊，星曆律呂，以至圖畫草木諸學，其仰益睿慮尤深。而其時士夫如李安溪，梅宣城，戴東原，高郵王氏父子，於修古經世諸學術，亦有藉新知而特辟洞壑者。故本朝經學，其根據推籀之事，足以辟易古賢，則所得於西者，爲之利器耳。乾嘉搢紳先生，群懷尊己之思，恥言西法，於是逐客之令屢下，教寺舊產，什九見奪。而當日歐洲世變，又值革故之時，蓋耶穌軍入華三百年，此爲極衰時代。道咸之際，海禁未開，疆吏不達外情，交涉動至決裂。城下之盟，有金陵、天津諸條約。不佞聞諸西友，據云，天主教之准仍舊傳布，及發還地產一款，爲法文原約所無，而獨中文有之。吾國議約者不識西文，姑弗深考，孟浪畫諾。遲之又久，彼教中人，得運動之於法之政府，遂於修約時轉譯華人，羼入新款。其始事之不正如此，亦可異矣。然從此法人，乃以天主護法自居。一教案起，賠償而外，動成交涉；因其時拿破侖第三爲法皇帝，嘗遣兵遠戍羅馬，而眞以護法自任者也。往者天津之亂，幸值普法交綏之秋，於東方事勢難兼顧，問罪之師不來。不然，不可問也。此天主教宗，自明季以來，至於咸同之歷史也。

海通以來，吾國之於外交，本無策也。有事之時，爲決裂，爲和平，實無所往而非失敗。然甲午以前，尚儼然大國也。歐洲謀國之士，猶有瘠牛僨豚之思。論者嘗謂亞洲三大權，英、華、俄成鼎足之勢。光緒初載，李合肥主北門鎖鑰，英俄二國，均欲結華，而日本則海面黑子，不足論矣。至甲午之役，我之情見勢屈極矣。而庚、辛之後，自力愈無可言。言其情狀，正如巨人病癱，卧聽臠割。此其情外人知之，於是有保護境土主權，責令大開門戶之約。內則吾之小民婦孺，亦莫不知。故怯弱之家，向思托芘強宗，求免爲他人魚肉者。今得至便之術焉，則皈依西教是已。且西教必取天主，何則。以其教宗風以爭政權，握利柄爲二大事。要結官吏，爭執產業，袒護徒黨，以必勝爲期，其長技矣。鄉僻小民，畏勢怙權，甚於外口，於是向也以畏人欺，而求入教。今也以其入教，轉以欺人。夫一鄉之人，見向所踐踏不忌，報復無由者，乃今與之平等，已足恨矣。況變本加厲，轉而吾陵，則懷僨極之情，冀得間而一泄之者，固其所耳。且強宗所恃以役使小戶者，有官焉與通氣也。乃今官畏教士，且畏教民，故強宗大戶，其於獄訟，向也可以陵人，今也且不得直。然則其憤愈至，而一方風潮之起，官雖出而彈壓，勢必不行。何則，彼小民固以官爲黨教，而決裂之餘，忿不慮難故也。

比者南昌之案，其所由起，固與前之教案迥殊。前之教案，所冲突者民教也，抑兩教也，緣此而波及其地之教士，或且波及其地之長官。而南昌之案所由起者，則長官與教士自冲突也。又其冲突，實由好合而來。江令之死，或曰被刺，或曰自刎，或曰先自刎，而後有加功者。是三者之說，以常理常情言，幾於無一可信。然江令與王神甫則已死矣，殃及同教者五人，不同教者三人矣。夫江令死而群情洶洶，必殺王神甫與其同謀之人而後快，猶可言也。竟遷怒而殺法文學堂教習五人，不可言者也。乃至紛亂之頃，而并殺不與同教之英國人，而殘虐且施於婦孺，此誠尤不可言。而大犯萬國所不韙，此吾國之愚民，所由必不可信。而蚩蚩者流，一搖足，一舉手，皆足禍延國家。吾願今日聚衆昌言愛國之演說家，與夫治國保民之守宰，詰奸督宄之警察軍人，皆以此案爲前車。而於出話施令之時，憐吾國小民之失教而頑愚，且置文明排外之談，而亟圖教育之所以普及，則吾國庶有豸乎。

嗚呼，西人傳教一事，若不早爲之所，將終爲吾國之大災。但欲爲之所，有所宜先事而圖者。一，宜知其教之眞面目眞性質。二，宜知其教居今在外國所處爲何等地位。三，欲吾國免此大災，宜如何爲之措注。此則記者所欲竭其千慮之愚，爲閱報諸君於後期稍爲發論者也。

《教務教案檔·弛禁天主教羈縻洋人皆係深具苦衷請飭地方官剴切曉諭士民毋與爲難並應慎密辦理》 五月二十日，致湖南巡撫毛函稱，天主教之有害於人心風俗，亦猶楊墨於戰國，黃老於漢，佛於晉魏梁隋，門有志之士，莫不欲執戈而逐之。此固本處所深知，而未嘗一日忘者也。伏念康熙年間，我聖祖仁皇帝長駕遠馭，弛其禁網，許其建堂設教，時復寵以綸章，使其漸馴而期至於道。當時豈不知其教之有害於人哉，亦猶醫家用藥，如芒硝附子，明知其能毒人，然事至萬不得已之時，亦權宜用之，以求補救於異日。所以台灣等處，卒收遠人效順之功，此又前事之師，爲閣下所共知者也。咸豐十年天津之役，師徒不振，兩國逼近京師，當此之時，事機之乘，界在呼吸，本處接辦撫務，允其所請，寔迫於事之無可如何。然猶冀中國士匪漸平，次第整軍，以爲安內攘外之舉。詎意蘇杭等處迭經賊陷，上海爲南北要衝，留此一綫之路，以爲恢復江東地步。其地爲中外雜處，又財賦所出，軍餉攸賴。設或外國暗中與賊勾通，濟以貲糧，售以軍械，甚者從而左袒，則一波未息，一波又起，爲逆賊多一羽翼，即爲內地添一禍根，則東南軍務將更不堪設想。故本處辦理外國事宜，又多一番周旋委曲，此又本處萬不得已之苦衷，而不知中外能共諒否也。令幸天誘其衷，兩國之兵與逆匪相持不下，然羈縻撫御，不能不稍事優容，以期其始終一心，保全東南大局。昨據法國哥使來函，臚陳湖南毒擾教民多款，雖其言是否屬寔，尚未可知。然該使當面力求，欲得本衙門文書，由輪船賫送。本處恐啟該使疑竇，是以文內均照來函情節聲敘，以免該使饒舌，並非聽信一面之詞，決其必無虛語。茲再由驛賫送公文一件，其詞未便兩歧，然又恐外間未悉本處情形，故特專函佈達，希閣下於文到時，飭地方官確切查明，妥爲辦理。並密飭地方官，嗣後於教民事件，公正持平，勿致稍有偏袒。曉諭該處士民，不必與之爲難，倘或滋出事端，雖可逞快於一時，必致受虧於事後。即如近日江西士子，見有湖南檄文一紙，一倡百和，攘臂共攻，將天主堂燬拆，現在事無著落，恐將來賠償等事，

在所不免。即首從各犯，能不予以警懲乎。以情理言之，則爲義民，以官事言之，則爲犯法。無知赤子，逞一朝之忿，即不能原法外之情，殊可惜也。希閣下將此意飭地方官，剴切曉諭士民，不惟可以少息事端，並可以保全良善，或百姓諒此苦衷，亦不致再有怨懟。俟將來東南大局平定，軍威復振，然後再圖崇正黜邪，似此隨時制宜，亦爲閣下所共諒。至本處之事，有非公牘所能達者，即用函寄，前日本處曾寄晉撫密函，不知何以傳出在外，致外國人聞知，又費許多唇舌。或者現在天主教既經弛禁，習教之人甚多，一時未及防閑，即左右近侍亦將爲累。仍希閣下接本處密函，務宜謹愼，雖左右之人，亦不可不爲之範也，是所切囑。

又《總署致英國公使函》同治八年五月十七日，致英國公使阿禮國函稱，再啟者，各國進內地傳教，本係勸人爲善，持習教之人，良莠不齊，往往恃爲護符，以致有累傳教聲名，到處不欲容留。加以傳教士惟欲習教人多，不察其人之素行何如，概行收錄。一經入教，其善者固志在行善，其不善者，轉藉以欺壓平民。漸至積怨蓄怨，竟成水火之勢。現在各省民教仇殺之案，層見迭出，想亦貴大臣所深患也。雖各國之教宗派不同，然民間無從分別，概目爲西洋教士。一聞訛言羣起爲難，不復細加察訪，如揚州一案，即其明徵也。倘不設法防維，必至釀成大患，自應妥定章程，使習教之人，不得藉端訛詐平民。不習教之人，亦不得恃衆欺淩教民。且必使傳教士，如中國僧綱道紀等司，均歸地方官管轄。緣傳教士既欲久居中國，漸廣其傳，不欲中國人民歧視，自當與中國人民平等，如佛教亦來自西域，其與中國人各習各教，日久相安者，以教雖不同，傳教之人則同歸地方官管轄也。即中國最重之聖教，如進士翰林已經出仕者，若回籍家居，教授生徒，亦仍歸地方官管轄，此定制也。今各國教士多服中國衣冠，而不遵中國制度，是先自外也，是示人以不平也。而習教者亦因而效尤，或欺壓平民，或抗違官長，無怪人心積怒，到處詫異也。惟改歸地方官管轄，而不准地方官苛待，斯兩得其平，自無意外之虞矣。此事於通商大臣亦甚有關礙，不可不預爲籌辦，以期永敦和好也，即希見覆，再頌日祉。

又《民教不和請函出使大臣向外部備述原委妥爲調停或可收效》八月十一日，南洋大臣劉坤一函稱，江蘇焚拆教堂之案，如丹陽，金匱，無錫，陽湖，江陰，如皋六起，已經次第議結，日内當可彙奏。安徽無湖一案，賠款已經定妥，惟另索之地，應另行辦理，當亦不難了事矣。伏查此次各屬造謠鼓衆，滋擾紛紜，皆因教堂育嬰致起疑憤，懲前毖後，必須妥定章程，俾釋猜嫌，以弭後來之禍。中外議論，多謂條約本無育嬰明文，應即照會各國，以後不許育嬰，自是斬截辦法。惟是各國育嬰之舉，方以爲善自鳴，今忽令其停收，各國未必樂受。或爲釜底抽薪之說，謂我厚給育嬰之資，使貧民不再送往教堂，恐我無此財力，並恐各省未能同心同德，終是託諸空言。計惟有就該教堂育嬰，爲之酌立條款，如張香帥在粵東，與法國領事於雅樂所議。教堂收嬰一名，與病故一名，按月刊單具報，由官查驗，用棺掩埋。又如江蘇候補道趙濟川，在揚州與教主康治泰所議，教堂所收之嬰，照千字文編輯成號。遇有天殤，由官飭派土工斂埋，藉明心迹，似此辦理，庶地方士民，曉然於教堂爲善之意，可以永遠相安。此等章程，於教堂未損體面，是以領事教主出自情願。若各公使尚不准行，則是故蓄士民之疑，以激其潰，一旦決裂，而後肆其要求，豈是玉帛相將，結懽通好之道。昨接北洋李中堂函，述美領事畢德格，謂教堂祇宜收養十二歲以上幼童，使地方無可借口。蓋以育嬰事多滯礙，當思所以變通，各公使何爲固執如此。至於江蘇各屬現有教堂，城鄉並計，少則十餘處，多則數十處，或教民住屋竹籬茅舍，亦稱教堂。當時既係私相授受，並不照約稟由地方官，查明稅契用印。及建立後，亦不報明地方官存案，甚至官往查問，猶復諱莫如深，地方官且不知何爲教堂，在於何處，倉猝變生，安能責以保護。況徧地皆是，亦覺保護爲難，擬請酌定限制。并申明條約，報官查明，給有印契者爲教堂，餘則以教民住戶論。華式洋式若聽其便，亦須分別呈明，凡此皆爲保護之計，無所用其鈐制，該教堂不可誤會。更宜嚴飭各教士，不可濫收教民，以致良莠混雜。並約束教民，不可恃符欺壓鄉鄰，致犯衆怒，庶可顧全和局，不負教人爲善初心。坤一承乏南洋，訪聞地方怨毒教士教民，幾不欲與之並立，倘不設法預爲消弭，積久必發，實切隱憂。而消弭之方，必使該教稍就範圍，則地方士民，亦可徐爲開導。乃各公使領事意存左袒，偏聽該教一面之詞，我若與之相商，勢必扞格不入。可否由尊署，函致出使各大臣，向各國外部，備述中國民教不和原委，及教士教民恃符多事情形，必須妥爲調停，方可永

敦輯睦。如答外部見聽，則在中國之公使領事，必不敢違。挽回一分，即受一分之益。坤一目擊民教水火，亟思所以維持，而各公使領事，一味縱庇教民，不得不爲此默運潛移之計，謹陳管見，伏候鈞裁，虔請崇安。

又《附奏民教相仇情形請旨飭議豫弭後患一片》 七月二十一日，山東巡撫李秉衡文稱，竊照本部院於光緒二十二年六月二十四日，專弁附奏民教相讎情形，請旨飭議，豫弭後患一片。除俟奉旨另文恭錄咨呈外，合先抄稿咨呈，爲此咨呈貴衙門，請謹查照施行。

照錄抄片

再臣查此次會匪滋事，固由龐三傑，因教民劉蓋臣搶麥起釁。而民教之所以積不相能者，則以平日教民欺壓平民，教堂袒護教民，積怨太深，遂致一發而不可制。其醸亂之由，有不可不亟圖挽回者。自西教傳入中國，習其教者，率皆無業莠民，借洋教爲護符，包攬詞訟，轢鄉里，又或犯案懼罪，藉爲逋逃之藪。而教民則倚爲心腹，恃作爪牙，凡遇民教控案到官，教士必爲之關說，甚至多方恫喝。地方官恐以開釁取戾，多遷就了結，曲直未能胥得其平。平民飲恨吞聲，教民愈得志意滿。久之民氣遏抑太甚，積不能忍，以爲官府不足恃，惟私鬭尚可洩其忿。於是有聚衆尋釁，焚拆教堂之事，雖至身罹法網，罪應駢誅而不暇恤。是愚民之敢於爲亂，不啻教民有以驅之也。至教民滋事之案，又輒以毀壞什物，焚拆教堂，索賠償之費。不知各國傳教雖多，要惟通都大邑，建有教堂。其各州縣偏僻村鎮，皆由各國教士，就教民之稍能識字者，使爲教士，即因其所住房屋，爲教學之所。名爲教堂，實則破屋數間，室如懸磬，一旦有事，則教士以毀壞什物，焚拆教堂，張大其詞以告主教。主教復張大其詞以各國公使，而公使遂以之詰責總署，百端要挾，異議橫生。其實並無洋人房屋器具，議給賠費，徒以長奸猾教民訛詐之風耳。前准總署來電，以德使函稱，據濟甯教士電開，單縣等處拆毀教堂共二十餘。臣飭毓賢等周歷各縣，並委員詳查，多係教民破爛房屋，並無洋樓。此案既經拏獲首要各犯正法，應即了結，自可無庸置議。惟民教相仇，終恐日久生事。擬請旨飭下總理衙門，與各國公使酌議，嗣後遇有民教案件，由地方官秉公訊斷，教士毋許干預，如或鬭毆滋事，查非焚毀洋房，但照應得罪名科斷，不得再議賠償。總期彼此無所偏袒，久之猜嫌漸釋，民教或可相安，臣爲豫弭後患起見，謹附片具奏。

五月二十八日，盛京將軍依克唐阿文稱，案據留奉差委已革營口同知章樾，鐵嶺縣知縣榮禧稟稱，竊自中西和好，換約通商以來，准於各直省傳習洋教，該教士不得干預公訟各事，載在條約。又光緒十二年議准，凡遇奉教人有詞訟，悉聽地方官審斷，教士不得干預各等因，歷經奏明有案。奉天爲根本重地，幅員遼闊，旗民雜處，生齒日繁，兆民衆多。洋人來奉傳教者有二，一天主教，法國教士紀隆主之。一耶蘇教，英國教士羅約翰等主之。其初習教者少，民教尚能相安。迨傳習日久，從教漸多，品類不齊，每因微嫌輕開訟端，賴地方各官隨時持平訊結。間有教士出名干預，一經申明約章，據理折服，亦各無詞而退。頻年來風氣日下，人心日漓，遠則四方無業流民，假入教爲託足之地。近則土著良懦，亦借入教爲保衛之方。或避差徭，或欺壓鄉黨，或因訟求勝，或作奸犯科，恃有護符，有司莫敢過問，因此從教之風愈盛，入教之人益多。推原其故，緣教士生自外洋，未悉華民習俗，一味以多收爲務，賢愚莫辨，良莠不分。兼之天主耶穌兩教分途，自爲畛域，兩大並偶，勢均力敵。奸民無賴之徒，恃教爭雄，互相誇尚，絜長較短，傾軋時形，各不相容，兩教遂成冰炭。即教士偶有聞見，驅逐一二輩，則出此入彼，故態復萌，始則民與教不相安，今則教與教不兩立，地方之教案層見叠出矣。即以本年而論，四月初五日，開原縣法庫門，有天主耶穌兩教鬨鬧，砸毀耶穌堂之事。是月二十八日，有康平縣鄭家屯，因捉人起釁，砸毀耶穌堂之事。上年十月，有奉化縣被天主教教民鬨堂咆哮，將被控看管之人帶出之事。十一月，承德縣懿路，有耶穌教民被殺，指控天主教民之事。此外各城尋常教案，隨時完結未經報明者，尚不知凡幾。似此接踵而起，報復相尋，日後繼出之案，殊難逆料。雖有地方官隨事秉公審斷，但一涉兩教，即關兩國教士顏面。教民恃有教士袒護，任意狡執，非強詞奪理，即抗不錄供，甚至抗傳咆哮，無所不至。稍加申斥，則教士函刺交投從中阻撓，直可使中國法律，不能行於中國之民。況詞訟爭端，有情理即有是非，即有勝負，勢難兩全。案涉兩教爭長，地方官投鼠忌器，寔有左右爲難之勢。溯厥由起則有難辭其咎者，查兩教互爭由是教民同處一隅，各不相下，從中搆煽。教民之敢於滋事，由是教士之輕聽縱容，以開原縣現審供情而論。法庫門砸毀

耶穌教堂，由於天主教教民，前往評理。鄭家屯砸毁耶穌教堂，由於天主教教民，前往捉人。奉化縣之閧堂咆哮，由於被控之人，投入天主教，該教民等竟敢直入公堂，將看管之人帶出。種種滋事，皆有天主教教民開其端，謂非該教民之肆行無忌，其誰信之。事出之後，是非曲直自當聽該管有司審辦，如判斷不公，該教士儘可稟由法領事申呈憲台，行查究辦。何必於曲直未明之際，事事先代教民爭論，或具函分晰，或片請訊究。核其所言，諸多偏向。即如該教民前案所供情節，豈盡謂之應爲。而該教士不特不自責本教之人，反代伸訴，意在求勝，豈是情理。謂非該教士之有意袒庇，其誰信之。且該教士干預請託，除具信函之外，動輒遣一教民，持一名片口述，其意作何處置，如不照辦則嘵嘵不休。既無圖章印記，設該教民增易言語何以區别，日後有事查詢無據可証，亦易抵賴。況紛紛請託，不問是非輕重曲直，一入其教，即可爲之包庇，已往者姑不具論，未來者無所抵止。在該教士不過喜其教民，逢迎狗庇增光，約章所無亦必出爲干預。殊不知愚人無知，以爲百求百應，事事可靠，即自鳴得意，爲所欲爲。日縱日長，藐視官長，欺壓同人，種種非理不一而足。在該教士明爲愛護，其實適足害之，意外之患有不可勝言者。夫不平則鳴，人之情也，物極必反，天之理也。該教士祗圖目前快意，不顧日後隱憂，袒庇其教，縱之驕盈。不守法度，不懼官長，核諸天理人情，皆有未安。日久積怨成憤，積憤成怒，禍起倉卒，有非地方保護所能及者，必將釀成巨案，洞若觀火，不待蓍龜。往年各直省重大教案，前車之覆，未始不由於此。所謂養癰成患，一旦潰敗決裂，動之性命相關，不特爲該教士教民等寒心，勢必上貽我君父宵旰之憂，下貽地方無窮之累，言念及此爲之惕然。伏讀本年六月，御史潘慶瀾，奏陳教民不能相安一摺，洞見洋人袒庇教民，切中情弊，實爲時下第一要務。然摺内所言袒庇，尚未悉奉天教士袒庇本教，以致教民肆縱，至於如此其極也。卑職等以樗廢之員，仰蒙憲台不棄奏留錄用，委訊康開兩縣教案，現已判明曲直從輕稟辦擬結，目覩教民驕横，審訊之難，參諸時下民情隱患日深，與其挽救於事後，致成不了之局，曷若消弭於機先，預作綢繆之策。卑職等思維再，既知其害，未便緘默不言。伏查《萬國公法》内載，領事官不在使臣之列，若有横逆不道之舉，准行之憑即可收回，或送交其國，均從地主之便。至有爭訟罪案，領事官俱服地方律法，與他國之人民無異。又《通商約章》内載，同治四年，比國公使照會駐劄各領事副領事各等官，如有辦理不按條約，有不協之處，即行照會公使，將該領事官撤印，該口另設别員接辦。又光緒元年五月浙海關稟，美國以教士衛美斯護理領事，爲向來所未有。教士只能傳教，向不准干預公事，兹既身爲領事，萬一有教案經其查辦，誠恐徇情，乘其初派，力爲阻止一案各等語。是《萬國公法》《通商約章》條載甚明，防微杜漸立法本極周詳。在領事官係外洋官長，如有横逆或情強妄爲等事，尚准詳撤收回，或送交其國，聽地主之便。若主教僅止傳教，勸人爲善，今所行如是，動違約章，不但恃強妄爲，亦大失傳教本意，未便再事遷就，致釀事端。前據烟台副領事，兼辦營口領事博邁勞來函，言已回烟將營口領事，交紀主教隆代拆代行等語。查美國以教士充當領事，恐有教案徇情，尚且乘其初派阻止，今奉天正當教案紛起之時，乃該主教又代副領事行權，顯與成案相違，更與教案種多不便，應請查照《萬國公法》及《通商約章》成案，將以上情節，咨請總理事務衙門，轉咨法國駐京大臣，將奉天天主教主教紀隆查照撤换。嗣後他國教士如有所行非理者，亦請照此案咨請撤换施行，俾教士遠隔重洋，來華傳教，知有撤换之案，自必動循理法，謹守約章，斷不肯爲他人訟事出爲干預，自貽撤换之誚。於教士稍有裁抑，不僅銷弭釁端，而兩國邦交益臻永固，即於該教士身命，亦保萬全。從此中外民教相安，教士守分行道，不得妄爲，在各國彌增光寵矣。倘咨明後仍不撤换，以後設若出事，地方保護不及，則是該教士自取所致，與中國無干，先已聲明，不得吹求委過。卑職等因目覩兩教嫌隙日深，勢不相下，教士恣縱，亟宜先事消弭，以免釀成事端起見，管見所及理合披瀝具陳，除分稟兼撫憲外，仰祈將軍俯賜察核轉咨，寔爲公便等情，到本軍督部堂，據此，查中西條約各國教士，不准干預公事，近來教士紀主教隆等，往往以田債細故，動輒函託滋擾，致令各屬旗民人等，共藉入教爲護身之符，甚至有據該主教函稱，飭令地方官，辦結詳覆無此事者。有天主耶穌兩教相爭，各自袒護者，均令地方衙門辦理此等案件，終難了結。各國教士皆有此弊，獨紀主教在奉爲尤甚。該委員等所稟各節，係屬實在情形，若不設法整頓，將來民教日尋仇隙，勢必釀成巨案，於奉天風俗人心，大有關礙。自應咨請照會各國駐京公使，飭令各國教士照約

辦理。除稟批示外，謹將該主教干預詞訟來函情由，開單備文咨呈。爲此合呈貴衙門，謹請鑒察核覆施行。

論說

李剛己《教務紀略》卷三下《查禁匿名揭帖》 總理衙門咨，照得匿名揭帖，本干例禁，立法甚嚴。自髮捻掃平後，散勇惰民，思欲借端爲亂，輒假西人傳教爲言，期動衆聽，於是刊爲書說，編作歌謠，繪成圖畫，率皆鄙俚不經不堪寓目。而愚民無識，往往爲所煽惑，甚或釀成巨案。本年沿江教案，層見疊出，悉皆謠傳實階之厲。本衙門前准湖廣總督電，稱此等謠傳實爲禍首，拏獲審實，即行正法，此誠曲突徙薪之良策。惟查辦必須各屬實力奉行，尤須各省同力合作，庶可弭患未然。本衙門疊准德國巴大臣，屢次送到誹謗西教之書，刊板書籍説詞歌曲繪圖種種可惡，並有揑造本衙門公文照會，以及督撫信函，官員告示，僞名奏疏。各件已抄錄原件，咨行各該省，查究重辦，此等謠傳不獨有礙邦交，即中國內治，亦宜嚴懲，相應咨行查照，通飭各屬一體查禁。如有似此匿名揭帖等件，立即銷燬，並究查揑造之人，從重懲辦，以弭隱患。光緒十七年十二月，咨各省。

又《奏定教案章程》 總理衙門奏，光緒二十二年二月十一日，准軍機處鈔交御史陳其璋，奏請定教案章程一摺。奉旨，該衙門議奏，欽此。查原奏內稱西教行於中國，分天主耶穌兩門，教民良莠不齊，往往滋事。近來每遇教案，各國公使飾詞狡辯，要挾多端，從前津鎮及上年川閩各案，即爲明證。辦理教案向無專章，故各國得以逞所欲爲，若與各國先行議定，則在我自有遵循，謹擬十條等語。臣等查西教傳入中土，莠民每藉入教爲護符，包攬官事，訛詐鄉愚，民教積久成仇，遂至迭釀巨案。各國使臣復藉端要挾，臣衙門目擊時艱，亟圖補救，曾於庚午天津教案後，酌擬教案專章八條，鈔寄前出使法國大臣崇厚，令與該外部籌辦。臣衙門復與各國駐京使臣酌核，乃各國均以條約所無，不能應允，遂令良法美意，經久無成。今該御史所議十條，與臣衙門原擬大旨亦不甚相遠。然事有已經議行者，有難爲照辦者，如原奏內稱教務宜責成總教士，應令各國公使，於教士中舉出一二人，駐京爲總教士，一切教務教章由總教士呈請，總署議定等語。臣等查西洋傳教，向無總教士名目，惟羅馬教王，可與有約之國專派教使，凡天主教民，悉歸管轄。現在教王勢弱，意大利法蘭西諸國，復將教王權力，多方裁制，教王僅擁虛位，屢有教士貢議，請中國與教王立約。臣等權衡其事利害參半，教王派使，可免法德各國，藉保護爲詞，遇事要挾。而教民概隸教籍，中國地方官不得過問，亦非保民之道。故數年來，教王之約，迄未與商。至耶穌教，則英美兩國爲多，久與天主教分門別戶，外洋有新教舊教之稱，其實異流同源，教規各立。今若設總教士名目，無論兩教不能強同，一遇教案，轉多一總教士從中作難，是徒增口舌，無益於事。又原奏內稱教堂買地，宜照同治初年定章，須先報明地方官，契約寫明教堂公產字樣，地方官始能蓋印。近來每私賣於教士，並不先報，以致一切公產私售，地方官不肯蓋印，教士遂執契來爭，請申明舊章等語。臣等查此節，係臣衙門於同治四年，因案咨行江蘇巡撫，曾有此語，並非與法國訂明條款。是年法國使臣柏德，固與臣衙門議定專章，本無先報地方官字樣，各省每多誤會。前年法教士呂推案起，法使施阿蘭，執柏德固原議來爭，臣等以章程內既未載明，頗難援咨案駁論，因於上年通行各直省，仍照柏德固原議辦理，復恐漫無限制。因與施阿蘭商議，如遇國家禁地，民間公產，不准誤買，以杜朦混侵佔之弊，現正與磋磨，尚未定議。又原奏內稱教堂處所，宜造冊呈報，總署通行各省，查明教堂是否洋式華式，房屋若干，按年冊報。現聞各省有報有不報者，應令地方官造報等語。臣衙門於光緒十七年，通行各直省，分別將教堂詳查冊報，但查地方房式，不問教規，近今數年俱已冊報，嗣後倘有遲延未報者，應由臣衙門咨催造送備查。又原奏內稱，教民人數宜造冊呈報，教民受傷身死，往往索賠卹款，其人果否入教，無從查考，應令各教堂將入教之男婦，僱用之華工，開具姓名，報明備查等語。臣等查各國教士，均有護照可憑，易於查考。至教民人數衆多，造冊不易，若各府州縣概令造冊，恐徒滋紛擾，終難清釐，而民教從此多事。至教民受傷身死，議給卹賞，該地方官必詳細查明，方允給賞，斷無任教士影射之理。又原奏內稱教民犯罪，宜將教冊除名，入教華民大率敗類，一經入教，魚肉鄉

民，應令教堂將犯罪教民，永遠除名，不得迴護等語。臣等查華民甘心入教，見異思遷，斷非安分，健訟欺人，在所不免。教士每倚爲心腹，恃作爪牙，一遇鬭毆，必相袒護。數十年來，臣衙門辦理教案，從未見教士責罰教民，今若令教堂，將犯罪教民永遠除名，恐陽奉陰違，終無實際。如果情眞罪當，臣衙門必力與各使相持，能否就範，卻無把握。又原奏內稱教民被控傳案，教士不得阻撓，並毋得隱匿等語。臣等查條約載明，中國習教民人，犯中國律令，仍由地方官照例懲辦。現在各省地方官，指傳教民，尚未聞有抗傳不到情事，似可毋須另議。又原奏內稱山東曲阜爲聖人故里，恐洋人前往開堂設教，應將曲阜地方，照蒙古西藏等處，一併歸入禁地等語。臣等查洋人欲赴兖州府傳教，蓄意已久，經臣衙門駁論多年，堅持不允。現在德國使臣紳珂照會言明，兖州府城不設教堂，惟教士安治泰，有與地方官商辦教務之事，請准暫行進城，由官代覓房屋居住，妥爲接待。臣等查兖州府不准建堂傳教，本未載明條約，倘該使臣執約來爭，我轉無詞以對，因函商山東撫臣李秉衡。大意總在不允建堂，其餘小節，不妨通融辦理，刻尚未准撫臣妥定辦法。至該御史請照蒙古西藏，歸入禁地一節。查蒙古各地方均有教堂，西人多往游歷，西藏現亦議准通商，均非禁地，似可不必援引。又原奏內稱，教堂育嬰往往布散謠言，懷疑激變，應令該教士無須收養等語。臣等查教堂收養嬰孩，其意本爲行善，無如杯影弓蛇，羣疑莫釋。及至查辦，究無戕害實據，每令洋人有所藉口。光緒年間，督臣張之洞曾奏，請按月派員赴堂查看，嗣因各國使臣均以爲不便，迄未允行。又原奏內稱教士入境，宜先驗護照，傳教洋人，均由該國發給護照，方准來華。若赴內地傳教，亦須領地方官執照，方准放行等語。臣等查教士來華傳教，須驗明該國護照，方准入境，爲約章所無。若到內地傳教，均由臣衙門發給護照，業經歷辦有案。又原奏內稱教士入境，宜歸地方官管轄，查公法，無論生斯土，自外來者，皆當歸地方律法管轄，應由總署商諸公使，通飭教士，以合公法等語。臣等查中西異教，中國與各國立約，均無管轄教士之條，中外交涉，皆憑條約所有者，可據以力爭，所無者自難強辯。若於條約之外，另議新章，須俟換約之年，與各國訂明，庶無軒輊。本日奉硃批，依議。欽此。光緒二十二年四月，總署咨各省。

又《嚴定教案處分章程》 總理衙門奏，光緒二十二年二月十一日，准軍機處鈔交御史陳其璋，奏請嚴定教案處分一片。奉旨，該衙門議奏，欽此。查陳其璋片，稱地方官辦理教案，向無議處專條，故每遇議處時，各國公使動輒懷疑，致多口舌。近來教案甚多，地方官不善處置，自應嚴予處分，然不先定章程，恐議重議輕，既難見信於洋人，亦難保部中無弊，請飭下總理衙門，會同吏兵二部，先行議定章程等語。臣等查傳教既載在條約，則地方官均有保護之責，每遇教案，各國使臣援約相持，迹近要挾，幾於無可收拾，總由該管官，事前既不能照約保護，臨事又不能拏犯辦凶，每釀巨案，若非嚴定章程，不足以示懲儆。該御史所奏，誠爲切要，嗣後如有拆堂殺教之案，各督撫將軍大臣等於審結後，酌量案情輕重，分別附參其文職處分，吏部查各官應得處分，自以案情之重輕爲準。近數年各省教案迭出，地方官處分，誠不能不明定專條，第操之過蹙，必至以規避處分之故，縱教虐民，飜致積隙日深，發機愈烈。迨至釁端既搆，又自知一經罣議，無望原情，惟有束手聽參，並不思力圖補救，似與立法豫防之本意，轉有所妨。臣等公同酌議，嗣後如更有教堂被毀之案，除實係有心故縱，釀成巨案，貽誤大局者，由臣部酌量案情，隨時奏明，請旨辦理。外其事關倉猝，竭力保護而勢有所弗及者，擬請將該地方官，照防範不嚴，降一級留任。公罪例議處其保護未能得力，自屬辦理不善，應查照歷辦成案，以不應重公罪降二級留任例定。議其武職處分，兵部查近年各省教案迭出，地方武職人員誠不能不明定處分章程，今該御史所奏，係爲先事豫防起見。臣等公同商酌，擬請嗣後遇有拆堂殺教之案，除有心故縱以至釀成巨案者，應由臣部酌量案情，隨時奏明請旨辦理。外如係事起倉猝，迫不及防，應將地方官照防範不嚴降一級留任。公罪例議以降一級留任，其保護未能得力，自係辦理不善，應照不應重公罪，降二級留任。例議以降二級留任，俾示懲儆。均俟命下之日，由臣衙門，通行各直省各出使大臣，遵照辦理。光緒二十二年四月十二日，奉硃批，依議，欽此。

又《賠款請定章程》 再臣衙門查年來教案迭出，每議賠償累萬盈千，上虧國帑，良由地方官不善辦理，以致公家受累無窮。光緒十七年蕪湖教案，南洋大臣劉坤一奏明，應賠款項，由該關道及知縣按月分賠在

案。臣等竊惟劉坤一所定分賠辦法，固係慎重帑藏，亦欲懲前毖後，俾知儆惕。惟辦理不善，該管官均難辭咎，僅責道縣分賠，不足以昭公允，而重考成。應請嗣後如遇教案賠償之款，議結後由該管督撫藩臬道，及府廳州縣，分年按成償還歸公。並分咨戶部及臣衙門備案，庶幾衆擎易舉，亦可互相告誡，略如簽差不慎，本管上司分賠之意，如蒙俞允，臣衙門即欽遵分行各直省，一律辦理。光緒二十二年四月十二日，奉硃批，依議，欽此。

又《民教不能相安亟宜設法消弭》 總理衙門奏，光緒二十二年六月十二日，准軍機處鈔交御史潘慶瀾，奏民教不能相安，亟宜設法消弭一摺。十一日面奉諭旨，著該衙門議奏，欽此。欽遵到臣衙門，據原奏內稱，無業莠民藉入教爲護符，一有爭訟，地方官須扶教抑民，良民積憤填胸，教案疊出，欲弭其患，在斷獄之得其平，在洋人之不袒庇。應由總理衙門與各國公使會晤時，曉以情理，無令干預訟事等語。該御史所述民教相仇之根，地方官辦理民教案件之難，可云透闢。臣等查教士不得干預公私各事，載在條約，及咸豐十一年，奏准傳教諭單，各該地方官於交涉教務，務須查明根由，持平辦理。又同治五年，議准教士除教務外，不得干預一切公私事件。又自光緒十二年議准，凡奉教人遇有訟事，悉聽地方官審斷，教士不得干預各等因，歷經奏明有案。臣衙門凡遇各省民教之案，於會晤該使臣時，無非申明舊章，力與辯論，勸其不必袒庇，藉以保全教民。與該御史所稱，從容諭告，曉以利害之言，久已不謀而合。本年廣東潮州古溪一案，法美兩教互控，皆爲華民，該兩國使臣咸允照向章，由地方官辦理。臣等復要以教士領事均不干預，該使臣均無異辭，此案現經辦結。至如教民犯案，與教堂無干者，總應由地方官自行核辦。無如各省地方官辦理此等案件，非過於拘牽，致彼族有所藉口，即苟爲遷就，使平民無辜負屈。加以蠹役奸胥，不問原被曲直，有求不遂，盡取償於事內之平民，於是彼此相形，道路側目，其弱者相率而入教，其強者相率而攻教。該御史所稱，欲弭其患在斷獄得其平，誠非無見。凡遇此等案件，地方官平情酌理，不背約以生事，不違例以枉人，所裨不小。至所稱嚴拏地棍一節，即不因民教相仇，地方官亦有應辦之責，均應如該御史所奏。請旨飭下各省將軍督撫，轉飭各該地方官，遇有民教爭訟，但論是非，不分民教，持平審斷。又嚴禁胥役騷擾事內平民，庶幾民隱可通，法令可行，隱患亦可漸弭矣。原奏又稱，同文館肄業學生，尤宜兼習公法及各國條例。一二年後派令出洋，差竣列保，發往各省讞局審理民教案件，如能持平辦理，即於民教事繁之區，酌量補用等因。臣等查臣衙門，同文館肄業各生，向係於精通外國語言文字，後兼習公法律例。該生等賦質不同，成就匪易，各國公法律例亦非暫行涉獵，便能融會貫通，然此皆中外交涉極要之學。臣衙門業於本年五月，查照上年十二月奏案，揀派十六人分赴英法俄德各國，藉資歷練，俟各該生年滿差旋，視其所造，果能精熟律例公法，亦可於列保時聲明，發往各省量才試用，似於教案不無裨益。光緒二十二年九月初一日，奉硃批，依議，欽此。

又《奏請嗣後辦理教案就案議結不准旁索利益》 出使法國大臣慶常奏，竊奴才於光緒二十四年四月初十十二十四等日，承准總理各國事務衙門電，開廣西永安教案，已照會法使畢盛，將辦犯劾官賠償建堂四條，允即照辦，先行議結。另與畢盛商定，將來北海鐵路，造至南甯，援龍州鐵路案，中法合辦等。因並令奴才與外部，訂明後有教案，只應就案議結，不及他事，以杜後患。奴才遵與外部大臣哈諾德切實商論，請其訂明立案。該外部以德辦山東教案，藉爲口實，謂法辦廣西教案，體諒和商，轉令嚴定限制，殊未平允。又稱礙難載諸公牘，恐各國遇有教案，旁索利益，而法獨受限制，議院必不允從等語。奴才勉其篤念邦交作一榜樣，庶可抵制他國，該外部始允備文立案。旋於四月十九日，接准外部文，稱嗣後遇有應辦教案，自應就案議結，不及他事，一切工商利益，皆不藉端旁索，特爲申明等。因當經電達總理衙門在案。奴才竊查自德國辦理山東教案以來，各國遇事動輒引以爲例。今廣西地方，殺法教士等三命，係德事議結後第一教案，誠以就案議結，不及他事，爲懲前毖後緊要關鍵。況近年各國教務日繁，防範難周，時虞生事，若不與之訂明示以限制，將來各國遇有教案，藉端要求，後患伊於胡底。查法外部來文所訂辦法，似與籌辦教務稍有依據，或可弭後患而杜效尤。其照譯外部來文，及奴才與外部歷次問答節略，咨呈總理衙門查照存案。光緒二十四年六月，總署將此案通咨各省。

又《山西教案善後章程》 本境教士，宜相孚以誠也。京師總署，即

今之外務部，以及各通商口岸之官吏，凡到任年節，慶弔等事，西人必先行來署，來必見，見必答拜。西官有慶弔等事，華官往拜，亦如之。此後晉省府廳州縣各官之於教士，亦應照此互相往來，並令地方官到任時，於循例閲城後，即訂期約同二三明達紳士，赴城廂教堂拜訪教士，將教堂內外履勘一周，可使紳士無疑洋人有地窖害人諸隱事。其距城窵遠之教堂，到任後可先通函，遇因公下鄉時，便道拜訪。平日既相孚以誠，則有事商辦自不至於隔閡。大事可化小，小事可化無矣。一過境教士宜妥爲保護也。查過境教士有傳教游歷之分，然皆領有護照，且必經督撫通飭各屬，照約保護。地方官遇有此等教士過境，一面驗照妥爲保護，一面知照下站，一體保護。至支應一節，本爲約章所無，此次因奉全權大臣電諭，令於耶穌教士，來晉議辦教案時，官紳出迎，預備公館酒席，以示優厚。然僅此一次，以後不能爲例。現奉撫憲札准，外務部咨准，各國欽使照會，以西人入境，但求保護，無庸支應等因。此後概照約辦理，惟向來游歷各教士，入境多不將護照交地方官驗明，且有到境迄不具報者。現在晉省民教，猶未十分輯睦，全在責成地方官，妥慎保護，推原條約先期知照給護之意，原恐中外士民，多有隔閡，與其懲之於後，不若防之於先。法良意美，允宜切實奉行。今各教士既不交驗護照，又不報明入境，地方官頗有無從保護之慮。設出事故，即將地方官重懲，亦復於教士何補，應令各教士牧師，於入境各路首站，即行報明，以次挨傳下站，用資防護，而免疎虞。一交涉事件宜面商，函商亦宜迅速也。西人拜謁不事虛文託故，不見往往失懽。地方官遇有教士來拜，必宜隨時接見，商及教中應辦之事，即與覿面相商，能行者斟酌允行，不能行者即指明窒礙之處，據理辯駁，免致兩邊傳遞，語言輕重失宜，及有教民從中唆弄等弊。或允或駁，尤宜直捷了當，不可意存敷衍，如實有事故不能接見，亦必告以所以然，訂期前往答拜，拜謁只用名片，自稱敝州敝縣。稱天主教士，遇主教則稱貴主教，司鐸則稱貴司鐸，耶穌教則稱貴牧師。因中國例，京外官不相統屬者，皆不用名銜手本，按之條約，主教等亦無統屬府州縣之權，所有函商面商，均應用平等格式，不得用銜名，致蹈恭而無禮之誚。如教士有函請保護等事，立即與之辦理。函商他事，亦如面商時斟酌允駁，且無論事之能否照辦，必須立即函復，不可置之不理。信面標題，用某主教某司鐸某牧師字樣。一教堂教民宜詳細造冊也。查總理衙門前曾通行各省，飭屬查造教堂式樣處所，各屬多未能核實造報。此次教堂修復後，與前又不相同，應由局另頒冊式兩種，造教堂冊式，一，華洋式樣。二，地基四至。三，房屋間數造價。四，教士姓名，籍貫人數。五，執事及服役人數。六，器具財物。七，田地產業，其施藥院及保赤堂等項，並爲標明，照此填注。造教民冊式，一，丁口數目。二，入教年月。三，生理行業。四，房屋地基。五，財物田產。將此兩種冊式，頒發有教各廳州縣，責成該地方官分別天主耶穌查造，一存州縣，一送洋務局，一呈院署。如查造之後，該教民等或因事出教，或病故，或遷徙，或有平民入教不免時有增減，應由教士隨時函告地方官。一面塡注冊內，一面申報更正，仍每屆一季重造一次，以備查考，而便保護。一地方凡有公舉，民教須一體會商也。省外各州縣，村皆有社，社皆有廟，以鄉約社長主之，有事則與合村會商，而教民不與焉。夫民教所以不合之故，皆因人民先分門戶，而教民亦遂自分門戶。先爲冰炭，繼爲仇讎，殊不思平民教民所習之教，雖有不同，實則同是朝廷赤子，同是同村同社之人，何得妄分門戶。前者拳匪事起，教民入社，置酒請客，以來保護，民教爲之一和。可見門戶之見一融，即無不能協和之理。應令此後，村社中有會商公舉，及辦理地方一切有益之事，教民主政者，即由教民邀集平民一體會商，平民主政者，即由平民邀集教民一體會商，不得各分門戶。惟酬神賽會等事，教民例不與聞，平民仍不得強令會商，致滋抑勒。一習教生員宜助祭文廟也。士爲四民之首，言論舉動，鄉愚多信之敬之，欲融化民教門戶之見，當先自士人始。查學中最要之典禮，莫如文廟之祭祀，應令此後習教生員，由學官派其一律助祭，使不習教之士人，可泯排斥之見，習教之士人，亦以有事爲榮，此尤輯和民教之樞紐。至教民向雖奉教，然既入中國之學，斷無弁髦先聖，自外生成之理。且此後筮仕入官，名教綱常，更宜遵守，該生員如果深明大義，必無不樂襄盛典，否則日諷六經而傲視先聖，非特吾華所不取，當亦西教所不容也。

又《教務紀略》卷四上《署南洋大臣張致總署查結教案電》　歌賡養三電及大咨謹悉。此次法船之進長江，原因川省教案，欲藉端恫喝。船官來見，不得不略與周旋。又因法助爭遼，並致稱謝，告以境內教堂洋人，

必爲極力保護，未結教案，必爲秉公妥結，以敦友誼。固非謂盡其所欲，曲爲遷就也。乃該國公使，欲乘機將五省歷年纏訟未了之教案，併歸上海一處，含糊了結，此端萬不可開。蓋各省教案頭緒紛繁，或因與民間爭鬬，難分曲直。或因置買產業糾轕不清，均須就近提訊人證，勘驗契址，詢訪紳民，衡情酌斷，方得其平。勢難於二三千里外，派員遙定。況浙江湖南湖北教案，向不歸江南辦理，即江西雖歸兼轄，案情亦難隔省臆斷。公牘詢商往返稽延，斷難速了。此端一開，流弊甚大，以後凡有各省難辦之事，必須詳細推勘者，皆將併歸一處，催迫率結。且南洋祇可管南數省商務，其民間詞訟，豈能兼理。仍請分咨該四省督撫，各派委員會同地方官，詳細公平商辦。至江南教案，已委候補道黃遵憲馳赴上海，會同上海道，與該國領事官議辦。一面嚴催地方官從速妥爲查辦，以期速結，而免延宕。光緒二十一年七月初一日。

《教務教案檔·善後章程十一條》 一、天主教原係勸人爲善，夫既勸人爲善，則不善者必當屏絶。無如近來習教之人太多，善惡不一，往往有因詞訟理不得直，遂藉奉教爲由，希圖轉敗爲勝。甚有不法之徒，竊揑司鐸主教名帖，向地方官朦混關說，不但有玷教規，抑且有違條約。嗣後應由地方官與傳教士，互相稽查，如有藉奉教爲名，爲惡不悛者，應由傳教士，立將其人，逐出教外，不得姑容。其民教涉訟到官者，應由地方官立予剖斷，但論是非，不分民教，不准稍有偏袒，如查有因訟理曲始行奉教者，除照例懲辦外，仍將案由姓名知會傳教士，逐出教外，以別淑慝，而保善良。

一、川省教案，動輒經年累月，延不能結，非果案之難結也，實由案初起時，該地方官非偏聽平民，即畏懼教民，且畏及司鐸與主教，難於講說，意圖遷延推諉。並不迅速查明是非曲直，立予辦結，以致日久枝節橫生，案情愈拖沓，亦愈難奇，辦理遂形棘手。嗣後民教滋事之案初起時，該地方官即於二日內，將大概情形，稟報洋務局及本將軍部堂查考。定限十日內，即行訊明結報，如二日內不將案情稟報，十日內不結報者，即將該地方官撤任，以免遷延推諉之弊。

一、從前事關民教，固由於地方官辦理不善，釀成巨案。然亦有秉公持平剖斷，轉不能結案者。蓋此之所謂平，即彼之所謂不平者也。自西陽滋事以來，每遇教案，不論是非，亦不明定限期，即先將地方官撤換。在自愛之人，原不以此介意，而意圖自全者，因即引以爲戒，一逢關涉民教之事，或袒護教民，或賄賂教士，冀免上控。甚且有鼠雀細故，可以解和，亦必令平民與教民服禮掛紅者，草率了事，但顧目前。以致刁風日長，小民之寃無所伸，不得不聯團自衛。是今日之教案紛煩，皆昔年之草率了事者，有激而成也。自此次明定章程以後，各該地方官，務須掃除積習，痛改前非。萬一事出不虞，遇有教案，亦當遵照限期，秉公訊斷結報。不得藉口限期緊迫，草率了事，俾免流弊而干重咎。

一、從前民教互鬥，必關涉傳教士，遇有傷死或拆毁教堂，方謂之教案。浸假而失其本意，凡遇民間詞訟，一有教民在内，或自知理屈訟不能勝，投入彼教，即向該主教處揑訴，該主教司鐸即出頭扛幫，因而通謂之教案，務期必勝而後已。要知教民平民，皆是中國百姓，今之習教者，徧地皆是，詞訟之内，有教民者指不勝屈，亟應將教案二字，劃清界限。嗣後凡遇民教互控，必關涉教事，或傳教士，遇有死傷，或實係拆毁教堂房屋，方謂之教案。其教民與平民詞訟，無論案情大小，均按中國律例，照約由中國自行辦理，不得牽列教案名目，亦不准傳教士出頭扛幫，以示區別而清訟源。

一、傳教司鐸，有洋人中國人之分，在洋人寄居中國，固應彼此相安。若中國之人，則與平民同鄉共井，非親即友，並無尊卑上下之分，更與洋人有間。地方官固應不分民教，一視同仁，而傳教士亦應恪遵和約，與中國人民，守望相助，休戚相關。遇有民教口角微嫌，儘可立時投憑團鄰約保，排難解紛，勿任興訟，以期日久相安，永敦和好。如有不安本分之人，妄充教差，聳慂司鐸，欺瞞主教，開堂理事者，一經地方官查實，即知會主教，立予更換。如地方官聽信司鐸囑託，審斷不公者，查出一併參處。

一、地方官既不分民教，自應民教一律相待。平民詞訟，例應由代書蓋戳遵用狀式投遞。教民詞訟，亦應取用狀式，由代書據情直書，交本人自行投遞。方足以昭公允，而免歧異。平民告教民，不得提出教民字樣，只准指控某人某事。教民告平民，亦不得自稱教民，並揑稱滅教毁教等字樣，庶民教無分彼此。地方官各按理之是非曲直，衡情酌斷，毫無成見，

如敢故違，不論民教，隨案懲治，以示大公無私之意。

一、教民除迎神賽會，向不派錢外，所有納糧當差，以及地方一切公事，如需派錢者，應不分民教，公同認派。並各按鄉里遠近，一體編入團保之內。各團保不得以教民，分門別類，不肯編入團保，致令漫無稽查。各教民亦不得自恃教民，不肯附入團保，自外生成，致啟參商之漸仍。無論民教，均不得藉事勒罰銀錢，犯則加倍懲治。

一、民教議和以後，無論民教，均宜仰體朝廷寬大之恩，不咎既往，嚴禁將來。一切前嫌，尤宜盡釋，不准再以從前是非曲直，妄加指摘。如敢造言生事，希圖報復者，無論民教，即由地方官查拏究辦，決不稍從寬典。

一、平民與教民，均屬良莠不齊，從前起釁根由，兩有不是，經此次恩施格外議結以後，應宜各自猛省。平民不得再行恃衆，欺凌教民，教民亦不得再行恃教，欺壓平民。如有不知改悔，不遵法紀，地方官不分民教，一體嚴辦，勿稍寬縱，致起亂萌。

一、買賣各有行規，無論民教，同行生理者，即應一體遵照平日議定行規，平民不得因教民入行，把持行市。教民亦不得自恃教民，紊亂行規，居奇立異，故違定例，兩不和同。

一、婚姻爲人倫之旨，固不得以許字之女，另許別人，尤不得以已嫁之女，退回另嫁。田土各有界址，總以契約爲憑，不得恃強混爭。錢債亦有字據，不得橫行估騙。如有違犯，無論民教，均由約保團鄰人等，查明稟究，不得偏袒。

紀　事

李剛己《教務紀略》卷四上《永年縣民拆毀教堂十字架議結》　廣平府稟案，查永年縣鄉民，拆毀天主堂十字架，毀失什物一案，業經督飭永年縣知縣王庶曾，將爲首滋事之武生魏長慶，查拏到案，審訊據供，委因上年十二月間，法國鄂教士在廣平府城，價買高姓市宅未成，經前署府德成與署永年縣王庶曾，查有郡城南街久不存米廢倉，租與該教士，改建天主堂，房上設有十字架。鄉愚無知訛言久旱不雨，係教堂十字架之故。本年四月初七日，鄉民進城赴廟求雨，行抵該處，咸以天主教不崇奉神明，以致上於天和，祈禱無靈，紛聚瞻望。維時該武生魏長慶飲醉，由彼經過，遂攜鋸上房，將十字架鋸毀，鄉民人等皆鬨堂聚觀，一時人多手雜，不知何人將家具等物砸毀，嗣聞該縣飭差查拏，該鄉民等即鬨然而散。覆訊魏長慶堅供，實因誤信傳言，委無預謀糾約，亦無搶取什物情事。查此案教堂毀失物件，已據該縣查明具稟，內有八音盒洋槍等物，係該縣往勘時，堂內無人，移存縣庫，業據送還。教堂照收其餘什物，約計估需銀一百兩，責令賠償。仍治魏長慶以違制之罪，飭學詳革示懲。該教士與紳民人等，均遵依完案。同治八年六月，稟三口大臣。

又《深州等處教民應試曉諭稟生出保》　北洋大臣札，據法國總領事林椿面呈，獻縣傳教士葛光被稟詞一件。又教士呈遞節略一件，係爲深州饒陽武強安平各州縣，教民應試稟生，以該童生習教，不爲出保，有阻上進，乞札行各州縣曉諭，並無不准教民考試之例等情到。本閣爵大臣據此除行深州，並所屬各縣查明剴切，曉諭各稟生，遇有教民應試，一律代爲出保，以免曉瀆。外合行札飭札到該道，即便查照，一體飭遵。光緒十六年七月二十九日，札天津海關道。

《教務教案檔・咨報江西南昌府士民拆毀天主堂等情形痛斥天主教之非妄並籲請同心拒逐》　三月十六日，江西巡撫沈葆楨文稱，本年二月二十三日，據署南昌府王守，代理南昌縣孫令，新建縣鄧令會稟稱，案查法國傳教通事方安之，總理天主教務代全權大臣羅安當，於上年十一十二月，先後執持憑照，來至江西省城，置備筷子巷房屋，住居傳教。迭經卑府等稟蒙奏咨在案。該教士等自抵江傳教以來，緊閉大門，由屋後小門出入，時有他處收買幼女，帶進堂內，除素習伊教者，不准進內觀看。是以如何傳教，教外人不能深悉。現值學院示期開考，各屬生童雲集，不知何人，帶來湖南閤省公檄二紙，痛詆該教不敬祖宗，不分男女，甚且有採生折割，暗取元紅等事，徧貼街市。本月十七日，又有匿名傳單，訂期齊集教堂，與之理論。卑府等一聞此信，正在設法出示曉諭士民，毋遽輕信流言，率爾生事。不意是日二更時分，突有多人擁至筷子巷教堂，及續至袁家井教堂，立時拆去，並將素習伊教，代爲照料一切之義和酒炭店，合太

鹽店內器皿貨物，一併打毁。卑府等當即馳往查勘彈壓，飭差嚴拏，無如時值黑夜，烏合之衆，業已星散，該教士等亦避匿無踪。次日，據城外地保具報，該教士有自九江前來，坐船壹隻，及距城五里廟巷地方，天主堂壹所，亦同被拆毁。事起倉卒，禁遏無從等語。卑府等查法國與內地通商和好，奉准傳教，早經明白曉諭，該教士究因何事，致干衆怒。頃刻之間，城廂內外，不期而集，拆毁教堂。是否地方士庶，誤聽流言，抑或另有起釁別故。除查明嚴拏爲首傳單及糾拆教堂之人，合將所揭公檄並辦理緣由，稟懇咨會前來，相應將抄呈湖南公檄原單二紙，咨呈總理各國事務衙門，查照施行。

又《馬教士在臺灣滋事》 同治七年五月二十八日，閩浙總督英桂等文稱，據閩省通商總局司道詳稱，同治七年閏四月十三日，准護理臺灣梁道元桂函稟，本年三月二十一日，據署鳳山縣凌令樹荃稟報，本月中旬，聞有傳教奸民，用藥迷毒婦女情事。正在飭查間，據縣民程賽等稟稱，伊妻程林氏即林便涼，於本月十八日路過北門外，遇有奉教之打鳥陳邀伊妻入室，勸伊入教，伊妻不允。打鳥陳即喚教師高掌，在林便涼背上畫符念咒，茶中放入迷藥，勸今飲下。林便涼飲後回家，忽發狂病，聲言定要入教禮拜，便覺快活。十九日，高掌登門，邀林便涼前去禮拜。街鄰聞知，公憤不平，將高掌拏送。並據民婦王曾氏稟稱，伊媳王吳氏前往城外拾柴，有教堂內不知姓名人，送與梹榔喫下。伊媳回家後，忽然毒發，狂叫亂嚷，自將髮髻剪下，延今不能飲食，稟請拏究各等情。甫提高掌訊供，即據巡役稟稱，北門外耶蘇教堂，經居民人等，因其用藥迷人，聚衆拆毁等語，立即會營馳往諭止。該處教堂後進，業已全行拆卸，前進門窗亦已毁損，居民各已分散，回署提訊高掌。據供原籍泉州，來臺多年，同治五年，入耶蘇教內學習傳教，每月得受辛金七元。因曾做過逆理之事，所以甘心入教。民婦林便涼等作何狂病，伊不知道，反覆究詰，藉持教民狡辯不承，提訊程林氏即林便涼，王吳氏，均各神色昏迷，語言顛倒，礙難取供，分別釋押。查洋人設堂傳教，原係勸人行善，乃教士馬雅各，平時每與人口角滋鬧，已非安分。現復任令高掌入教，混用毒藥拌入茶水梹榔，以致程林氏等服後，均成狂疾，激成衆怒，寔係自取其禍。除查明爲首糾拆之人，拘案究辦，稟請照會領事官，轉飭馬教士，毋再醫藥害民等由到道。卑護道當即照會，並檄飭妥辦去後。二十三日，又據該署令凌樹荃具稟，二十日，有法國人良揚乘轎至署，外民衆圍擁喧嚷，聲言洋人毒害良民，必欲毆斃除害。該洋人自知衆怒難犯，避入卑署，卑職即出彈壓，衆勢洶洶，均退伏城廂，伺毆洩忿。當留洋人在署，訊據面回，居住萬巾莊，設有天主教堂，被鄉民李雹等燒毁，求即勘辦等語。當將該洋人護送出城，至冷子潦教堂，除再詣勘拏究外，合肅馳稟等由，卑護道查通商條約，叙明耶蘇教暨天主教，原係爲善之道，待人如己，自後凡有傳授習學者，一體保護。今鳳邑北門外耶蘇教堂教士馬雅各，竟以毒藥迷惑婦女，已顯違爲善之言。且傳教而用藥，致婦女迷惑顛狂，設反而施之該洋人，恐亦難以忍受。至地方官應保護者，安分無過之洋人，該教士收用奸民，挾術妄爲，更與待人如己，安分無過之言相悖。致浹辰而拆毁教堂兩處，寔由衆怒難遏，與地方官可保護，而不保護者不同。該教士馬雅各，前在台灣縣行醫，與台民不能相安，始往旂後，嗣賈領事代請印護游歷，聲明馬雅各體面忠厚，可保其不至激成事端。前道行據台灣府葉署守，以該教士不遵開導，臺民向來浮動，設或事機湊合，猝起不虞，賈領事有言在先，毋謂地方官不能幫護。分別照會詳明，並蒙憲局咨查具覆各在案。茲馬教士釀禍情形，賈領事即不在台，哲領事查卷必悉，卑護道兩次據稟照會，一次同府照會，哲領事極無一言，或者自知情虛。第中外交涉事件，往往當衆怒而曲從，迨聚散而發露，飾詞請辯，每費周章。該教師高掌雖未承認，確有程林氏王吳氏狂病可証。現已飛檄鳳山營縣，訪拏滋事首犯，提同確訊稟辦，相機擬結，以安民心，稟請察鑒等由。同日，並據台灣府葉守宗元具稟，本年三月二十一二十三兩日，叠據鳳山縣凌令稟同前由，卑署府查洋人設堂傳教，原爲勸善起見，故和約內准其傳習，乃馬教士任令教士高掌，用藥毒人，是療人適以害人，非但有違和約，抑且有害地方。惟洋人毒害民婦程林氏等，既據程賽等控官准理，該鄉民等何得用懷公憤，拆毁教堂，究屬藐法。亟應澈查訊究，以昭公允。伏查法國規約十四條第一條所開，其教總以正道爲重，別無異端邪術，畫符念咒違例等事，倘有藉天主教之名而爲不法之事，查出嚴辦。又第二條內開，各處傳教，均擇端方廉潔之士，並無鄙賤流民可充，倘有作奸犯科任性妄爲事件，查確按例究治，不准復充。又第五條內開，凡教民如有不法情事，立

即逐出教外，聽憑地方官照例究辦各等語。是洋人傳教以正爲重，其教士亦須擇端方廉潔之人，如有不法妄爲，查知照會，按例究治，持論公平周至。如果華洋恪守，斷無相犯之虞。現在馬教士在鳳邑北門外耶穌教堂，傳教行醫，本與居民口角有嫌，彼此不洽。復收奸民高掌作爲教師，混用符咒毒藥，昏迷婦人入教，寔屬傳教非人，藉名貽害。現經援據通行條約，照會哲領事，杳無一字見覆，似已明知教師用藥迷人，激成事變。地方官彈壓保護，極費苦心，第恐事後另生枝節。除批飭鳳山縣，查拘爲首滋事各犯，趕緊到案，提同已護教師高掌，質訊確情。按照條約，分別照會領事官，秉公議擬詳辦。暨函移南路營查照外，稟請察核示遵等由各到局，准據此。查本年閏四月初八日，奉前撫札據，呂宋領事巴勞禮申陳，教士郭巴禮，在台灣府城建造教堂，被紳耆禁阻，迫勒遷移，申請究辦等情。業經由局移飭台灣道府查覆，尚未復到，茲復據台灣道府具稟前情。伏查洋人設立教堂，宣道傳教，原爲勸人行善起見，是以條約內准其傳習。並於規約內聲明，倘有異端邪術，違例不法等事，查出嚴行究辦，俾期中外相安。今馬教士在台行醫，本與居民不洽，復收奸民高掌作爲教師，詭用符咒毒藥，昏迷婦人入教，以致該處華民憤怒不平，拆毀教堂，並欲毆斃洋人良揚。台地民情素稱浮動，設非地方官諭止保護，勢必激成巨案，有乖和誼。在該華民等不候官辦，任意拆毀教堂，亟應嚴拏懲處，以儆將來。在該教士，既與台民不洽，即仍令在台行醫設教，亦未必有人信從，且不免再滋事故。相應詳請，咨明照會英法二國公使，飭令駐台哲領事，即將馬教士等調回，另飭端正教士，赴台傳習。庶免別起釁端，除移行台灣道府，迅拏拆毀教堂之李亹，啓釁之打鳥陳，及爲首滋事各犯，提同教師高掌，分別嚴辦外，詳候察核俯賜分咨辦理。

又《具奏安慶考童滋鬧教士案現辦情形》 十一月初七日，軍機處交出英翰摺稱，奏爲安慶考童，滋鬧英法兩國教士公寓一案，奉旨催辦。謹先將大略情形，恭摺奏陳，仰祈聖鑒事。竊奴才恭奉十月二十日寄諭，安慶拆毀英法教堂，因何啟釁，著馬新貽英翰，速將此案設法了結，不可稍有延緩等因，欽此。伏查安慶法國教士公寓，係六年九月換給東右坊民房十二間居住，已經二年。英國教士公寓，係本年六月自賃西石坊民房五間居住，亦經數月。祇係教士公寓，均未建立天主教堂，亦無耶穌書院名目，雖地方間有流言，及匿名揭帖等件，經該府縣官隨時彈壓，尚屬相安。本月初一二等日，忽據署安慶府知府何家驄等，先後稟報。九月三十日，正值各屬考童雲集之時，英國教士密道生衛養生，坐轎出門，被各童攔阻，該教士當即避入道署。各童及閑雜人等擁入該寓，拋毀什物，適府縣趕到，將密道生之妻，並幼子保護，均各無恙。正彈壓間，又報法國教士公寓，亦被士民擁入滋鬧，該府縣復趕緊前往。據看寓人張姓聲稱，教士金緘三，前數日已往英山，韓石貞前一日因病，已赴上海。家伙等物均被毀失，惟兩處房屋未動，密道生衛養生欲赴鎮江，經該府等資送，於十月初一日，攜眷起程。並稱當數月之先，各屬考童及在城居民，紛傳不願傳教，匿名揭帖，已滿城市，當出示曉諭。詎士民羣起，卒有此事，現在人數逾萬，恐操之太急，激成事端等語。當經奴才批令趕拏爲首滋事之人，嚴行懲辦，一面咨會馬新貽，一體查辦。並囑其先札行該二國領事官知照，旋准馬新貽派道員吳世熊，總兵李振名，查辦前來。此安慶考童等滋事，據地方稟報，奴才與馬新貽辦理之大概情形也。十六日，英國使臣阿利國經過安慶，派其參贊葛納利進城，面請速爲查辦，所言情形，與地方所稟略同。並稱領首滋事之人，係夏姓等。奴才告以此事既指名有人，斷無不辦之理。惟現在人衆，須俟十一月杪十二月初，院試既畢，方能拏辦等語。葛納利回船，該使臣阿利國復專函，請於五六日辦妥。伊自漢口回時，即不登岸等語。復經奴才覆以既經應許，自係必辦，總遲時日，斷不至因其已回滬上，置之不問。旋得其十九日自漢口覆信，並無異言。該使臣乘坐輪船，已於二十二日，過安慶東駛。十九日，據法國領事達伯里函申，韓教士等公寓被搶，與地方所稟大同小異，中敘所失之物，則有四千元之多，請即拏人查物前來。奴才當將現在趕爲辦理情形，札行上海道涂宗瀛，令其先爲照覆，俟此間辦有頭緒，再爲札覆，該領事至今，尚未續有函到。此滋事之後，英法二國使臣領事，往復商辦之大概情形也。自來中外交涉事件，惟有遵照條約辦理，而斟酌緩急輕重，全在操縱之得宜。此案事起倉卒，禁遏無從，該士民等滋鬧啟釁，雖無傷人拆房重情，而顯違條約，自應嚴拏爲首滋事之人，照律究律，以示懲儆。況當法國使臣，欲帶兵船尋釁之時，尤宜早爲結案，免令藉爲口實。惟據該府縣所稱，現在府試，接以院試，生童人數逾萬，辦理稍有未協，必致釀成事

端，種種棘手，亦係實在情形。幸英人已爲允可，法人亦尚未決烈，奴才惟有謹遵諭旨，趕將此案與馬新貽悉心妥酌，無論如何變通設法，總期拏獲滋事之人，賠償所失之物，以便迅速了結，免致彼國藉此要挾，叢生枝節。除原稟原函咨明總理衙門外，所有辦理大概情形，謹先恭摺具陳，伏乞皇太后皇上聖鑒訓示。

又《着嚴飭地方官妥爲料理皖案》 十一月初七日，軍機處交出同治八年十一月初六日奉上諭，英翰奏辦理考童滋鬧教士公寓，大概情形一摺。安慶城内，東右坊西右坊地方，有英法兩國教士居住公寓。九月間各屬考童及閑雜人等，擁入英國教士密道生等寓所，拋毁什物，法國教士金緘三等寓内家伙，亦有毁失，尚無傷人拆房等情。現經英翰批飭該地方官，趕拏爲首滋事之人，並經馬新貽派道員吴世熊等，前往查辦。此案自不難完結，惟英國萬納利所言情形，與地方所稟略同，法國達伯理來函，與地方所稟大同小異，並敘所失之物，數至四千元之多。此時若再事耽延，難免不另生枝節，馬新貽等，仍當懍遵前旨，嚴飭該府縣官，將領首滋事之夏姓等，迅速查拏，持平審辦。並飭吴世熊等，會同該地方官，妥爲料理，斷不可稍涉偏縱，致啟釁端，欽此。

又《辦結邪匪剪辮引起金匱縣宜興縣各教案現邪匪斂迹民教相安》

光緒二年九月十二日，軍機處交出江蘇巡撫吴元炳抄摺稱，奏爲邪匪斂跡，民教相安，謹將現在辦理情形，恭摺具陳，仰祈聖鑒事。竊光緒二年八月二十一日，准軍機大臣字寄，奉上諭，沈葆楨奏，匪徒傳習邪術，現籌查辦情形一摺。據稱江蘇安徽等處，均有紙人剪辮等事等因，欽此。遵旨寄信前來，臣伏查本年四五月間，民間驚傳有紙人翦辮之謠，旋聞安徽廬州府，屬獲有妖民，供認學習邪教，呪放紙人翦取髮辮等語。從此以訛傳訛，自淮揚以至江蘇各屬，倂傳有紙人打印黑獸魘人之事。居民日夜防維，捕風捉影，勢甚洶洶，並有指稱天主教堂所爲。遂於七月間，有金匱縣民毆傷教民，及宜興縣鈕家村，拆毁教堂各案。臣查此等妖匪，必係白陽白蓮八卦等教遺孽，每遇拏獲到官，則藉稱傳自教堂，以爲護符，又有奸民，從中播散謠言，以冀乘機擾亂，甚至地方棍徒，以盤詰妖匪爲名，竟有沿途搜搶，戕害殺傷等情。臣即飛飭各屬，密拏匪類，從嚴懲治。一面示諭軍民人等，俾知妖匪與教堂不相干涉，如有妄拏平民擅殺者，照律治罪。復遴派幹員，馳赴金匱宜興等處，彈壓查辦。現據報稱，金匱縣民所毆教民，業已醫治平復，宜興縣所拆教堂房屋無多，經該縣即時籌修完善，並未傷害教民。並嚴緝滋事首要各犯，務獲究辦。省城於六月間，盤獲妖民，馮阿吐朱泳□趙瑞勝等數名，飭發首府讞訊，俱各供認不諱，當即立予梟示，以定民心。此外各州縣稟報拏獲妖匪之案，訊有確供者，均飭令先行正法。復通飭各屬立行保甲，嚴密稽察。現自七月以後，邪匪斂跡，閭閻帖靜如常，民教亦相安無事，堪以仰慰宸廑。除再飭屬認眞查拏，有犯必懲，並曉諭居民，毋得因疑生事外，所有邪匪斂跡，民教相安情形，謹會同兩江督臣沈葆楨恭摺具陳，伏乞皇太后皇上聖鑒。

又《黄岩臨海二縣稟辦黄岩臨海天主耶穌二教民交訟情形》 八月初九日，浙江巡撫廖壽豐文稱，光緒二十三年六月二十二日，承准貴衙門咨開，光緒二十三年六月初三日，准英國公使竇納樂照稱，近據本國甯波佩領事詳報，本年自春徂夏，在台州府屬耶穌教堂，屢次被人聚衆持械，闖入堂宇住堂，打毁什物，並將教民擄去禁錮凌虐，家具搶掠一空。聞皆係該處天主教民所爲，而天主教民則反唇相稽，是以佩領事，亦難分其曲直等情。本大臣查此事若不速行消弭，未免別生較重之端，應請咨行該省轉飭地方官，切實查究，持平定斷。如果罪有應得，無論何教之人，一體照律懲辦等因前來。本衙門查教民，雖有耶穌天主之分，同係中國赤子。既據英國竇使照稱，台州府屬耶穌教堂，被該處天主教民聚衆搶掠，若不設法消弭，誠恐滋生事端，應由貴撫轉飭甯波關道，會商各該領事官，詳查意情，持平斷結，俾免枝節横生，是爲至要。仍將此案始末，並辦理情形，聲復本衙門可也等因。承准此，查此案，先據署台州府黄巖縣知縣周延祚，以黄巖地方，計有耶穌教堂八所，歸英教士端木達郝壽民二人傳教。又天主教堂五所，歸法教士李思聰傳教。據詢教民約有四千人，兩教積不相能，已非一日。此次因林姓出賣有柏木六支，業經與人議定價值後，嫌價賤，將該木另賣。其時先買之人與後買之人，分投耶穌天主教，即有天主教士李思聰，遣人運木，被耶穌教傳道張亨珍扣留，因此起釁。據天主教士函稱，敝堂買得柏木，雇工扛運，不相耶穌堂張子才等，帶同惡黨二百餘人，各執器械將木搶去。旋又據耶穌教士端木達面稱，天主堂李宅山茅青松，帶領一千五百餘人，各執器械，擁至東山頭教堂，搶毁衣

物，并將鄭米才等擒去。當經先後勘驗，諄切勸諭，告以事之曲直，不難訊明。先令將人放回，毋得再起波瀾，致於各教有礙。豈知後復接耶穌教士來信云，天主教黨全德生等，又糾帶七十餘人，擁至東山王道榮等家抄搶。拉去王道榮之子桂林，現吊海門天主堂拷打，復親往海門，面詢該教士。據云，耶穌教黨不准天主教民在東山出入，是以天主教民將王桂林擒來。復向該教士勸導，將王桂林放出。此事起釁本甚細微，乃彼此相仇，兩教總不免別有意見等情，具稟到院。本部院當以案關兩教交訌，若不設法妥辦，難免滋生事端。批飭甯紹台道，轉商英領事法主教，妥籌酌辦，以杜後釁。嗣據甯紹台道，以遵奉晤駐甯英國佩領事，詳談情形，剖晰弊害，妥籌辦法。據佩領事云，已有公牘達呈本國駐京大臣，應俟與法欽差商定，轉飭兩教教士，互相查開教中壞人姓名。或驅逐出教，或送地方官重辦，當可了結。并擬赴滬晤商法總領事等語，稟復前來。復據署台州府臨海縣知縣翁長森稟稱，臨海現有天主教堂二處，耶穌教堂七處，縣中之民每以互有嫌隙，或致涉訟。彼入天主教圖足制勝，此即入耶穌教期相抗衡，兩教教民，遂時有捏造謠言，煽動教士，思洩私忿之事。往往有案件儘可自理，因此辦理爲難，設或提究天主教民，彼必以爲偏護耶穌，若提究耶穌教民，亦復爾爾。且有以涉訟而假冒教民者，應請照會英法總教士或各領事，轉飭各教士，將教民按月造冊送縣，以備查考。並將各教民嚴加管束，弗任互相尋仇等因。復經批飭甯紹台道，一併商同英領事法主教妥籌辦理。旋准貴衙門咨文行道查復，茲據該道復稱，遵經准駐甯英國佩領事函後，彼處情形。並續准函云，已與駐滬法總領事公同商訂，申請各奉國駐京大臣，核准由地方官提案訊辦，再行照會等由具稟前來。并照錄彼此函稿中送到院，正在核辦咨復間。現據署臨海縣翁令稟稱，縣境馬澤莊馬姓內，多耶穌教民，隣村金溪莊葛姓，因被馬姓教民欺凌，遂約投天主教，以相抵制。適因金溪莊葛能燈，赴山砍竹肩回，路過馬澤莊，遇馬昌襄等瞥見，查係在伊等山內竊砍，將葛能燈拉禁。葛佩海葛良能等聞知，趕向馬昌襄等理還，不依，互相爭鬧。適有馬昌襄同族之人，在山打獸，聞鬧趕到，各將隨帶竹銃，彈傷葛佩海右脇，并傷及葛能濟葛炳揚等。而葛良能等各奪獲竹銃回放，致傷馬昌綿馬仁葵等，復將馬象安擒回關禁。葛佩海因傷重，移時身死。此案葛良能等均屬教民，該兩莊各歸一教，膽敢擒人關禁，爭設起興，遽致釀成人命，若非從嚴拏辦，不足儆將來而杜滋蔓等因。本部院查兩教交訌，動輒聚衆爲仇，勢必釀成事變，臨海縣之命案即其明証。在教民固同屬中國赤子，自應由地方官查拏懲究，而兩教各自相護，地方官辦理諸多棘手，亦係實在情形。若不商令各教士查明教中莠民，并妥籌辦法，深恐彼此尋仇益甚，禍患難於消弭。除飭署黃巖令將爭運木案持平斷結，署臨海令將殺人正兇，務獲秉公訊辦。并札甯紹台道，仍與英領事法主教妥商辦法外，相應將此案始末，及現在辦理情形，并粘抄清摺，咨復貴衙門，謹請察照施行。

李剛己《教務紀略》卷三上《皖南教案訊結》 兩江總督奏竊，本年五六月間，皖南民教尋釁，始於建平之歐村，延至宣城甯國廣德。教堂均遭打燬，非惟入教者。歸獄何渚，即宣城甯國地方官初稟，咸以何渚父子爲之魁。臣一面咨呈總理衙門，一面派正定鎮吳長慶，統兵馳赴甯郡，督同各印委嚴密查拏何渚父子解省訊辦。旋據稟稱，何渚已於閏五月二十三日黎明，赴縣報案，聞奉查拏，自願前來金陵，隨即帶同余應龍吳永庭何大田投到，其子何炳三亦遵提前來。臣飭司道隔別研訊，據供實未糾人滋事，惟變起倉猝，罪無所歸，身充董事，情甘就戮。至所控黃之紳楊琴錫各劣迹，並非污衊，矢口不移。臣竊思打燬教堂，出自一時公憤，原難驟得主謀名目。但將何渚父子駢誅，足以快教民之心，而杜其口。第念鄉民綑送白會清之際，何渚尙爲之勸解，其無心與教堂爲難可知。明知董事死無可逃，豈反甘作繭自縛。若宣城甯國廣德燬堂之日，正何渚父子就繫之時，其爲虛誣，更何待辨，縱疆吏欲借以銷案，奈聖世不應有冤民。且使何渚死非其辜，客民之憤之也愈深，其發之也必愈烈，鋌而走險，急何能擇。因教民而怨及縱容之洋教士，因洋教士而怨及徇庇之地方官，讐殺相尋，伊於胡底。是其快教民之心者，適以厚教民之毒也。從來辦民教互爭之案，無不曰持平，持平易，得情難。不得情則所謂持平者，欺人之語耳。臣飭司道，一面虛衷訊鞫，一面詳加採訪，任受遲延之咎，勿蹈鹵莽之愆。窮累月之力，然後知滋事魁首，爲監生胡秀山，客民陳士柯李才華，其左道惑衆以肇釁者，則教民白會清也。謹撮舉顛末，爲我皇上言之。皖南自兵燹後，遺黎十不存一，墾荒者多外籍客，與土不和，客與客

又不和。因不和而樹黨，故人稀土曠，而教堂獨多。然行教者不一其人，而黃之紳楊琴錫獨被惡名，則非教之累其人，而人之玷其教也。本年夏間，翦辮事起，建平之民，亦知此係白蓮教妖術，與天主教無涉也。乃該處被翦者甚衆，皆未從教之民，而從教者不與焉。於是，白蓮教黨類混入天主之說，嘖嘖然興矣。白會清受翦辮之術於楊琴錫，至閏五月十六日，易景懷等追拏翦辮之人，白會清馳馬阻之，何相值之巧也。易景懷等將白會清送縣，黃之紳持名片索之，謂非通同一氣，百喙奚辭。阮光福安定山者，河南光山人，年二十餘歲，本年始來建平。董事佘應龍薦與吳永庭幫工，閏五月十六日，阮光福辮亦被翦，二十一日，共九人在田薅草，阮光福安定山談起翦辮之事，謂是歐村教民所爲。適楊琴錫路過，聞之互詈而去。傍晚黃之紳騎騾，與楊琴錫率二十餘人而來，衆人奔逃，而阮光福安定山被捉。二十一日，吳永庭向教堂求其放出，情甘賠禮，教堂不允，乃退而求佘應龍。行抵歐村，則教堂火起，追擊翦辮之人，業已不期而會，洶洶難遏。黃之紳楊琴錫雖焚屍挫骨，然其斃於羣箠，則衆目共覩。而阮光福安定山蹤迹渺然，於是有謂何渚佘應龍等，揑造子虛烏有之名，藉以抵制者。迨陳炳發到案，而後信阮光福安定山實有其人，王立周到案，而後信阮光福辮之被翦，實有其事。郎貽富到案，而阮光福安定山被捉入堂，情形歷歷如繪。陳么哥到案，而阮光福安定山致死滅迹情形，歷歷如繪。至下手加功之陳么哥，尚以爲造孽可憐，亦可見天良之不容盡泯矣。夫歐村肇釁，尚曰阮光福安定山枉死耳，黃之紳楊琴錫首禍耳。乃波及於宣城甯國廣德各教堂，至有撬開停放年餘之棺，將枯骨拋出棺外。此必有匪徒因以爲利者，其撬開棺，蓋疑其私藏金銀也。宣城之人，歷歷見其從袁村來，向甯國去，是所有教堂被燬，皆此輩所爲。而胡秀山於水東，欲殺教堂之陳先生，大衆爲之求情，訛索洋錢十五元始釋。陳士柯李才華於歐村各攫一騾，尤確鑿可據者，彼其意以爲，乘教民與何渚有隙，借其名而播之，人人傾信，獲利自我，抵罪有人，其計甚深，其心甚毒。此輩不除，皖南之人，得安枕乎。白會清左道惑衆，形迹昭然，其所攔放者爲何如人，不能舉其姓名住址，爲翦辮之黨，非眞正教友可知。倘稍事姑容，則民教互相猜疑，無時或釋。除李才華一犯，飛咨河南，一體嚴密訪拏，獲日另結外，所有胡秀山陳士柯二犯，謹按土匪例，白會清一犯，謹按妖匪例，立予正法。其致死阮光福安定山，聽從加功之陳么哥，受楊琴錫毒打，意圖隨衆報復之王立周，懷疑往打杭村教堂，並未傷人，亦未得贓之何大田，擬各予杖一百，流三千里，以示懲儆。所有被打被燬各處除係強佔民居者，勒令仍歸原主管業外，其實爲教士所契買起造者，遴委幹員會督地方官，按照輕重，量予撫卹，以張公道而靖人心。至何渚宣講聖諭，係遵行功令，其刊刷天地君親師牌位，乃民間常行之事，並非與天主教爲難。歐村滋事，與佘應龍均係董事，彈壓不及，實屬力不從心。吳永庭因僱工被捉，隔夜不歸，向教堂求情理索，乃其分所應爾。何炳三隨其父在押，並未前往宣城甯國廣德。胡秀山在宣城縣訊，有何渚帶信，叫伊去打教堂之供，索其原信，無可呈繳，其爲憑空嫁禍，毫無疑義。何渚佘應龍吳永庭何炳三，應免置議。光緒二年十二月二十八日。

又《鶴山縣教民李鏡湖訊非被人凌虐仍歸訟案訊斷》　鶴山縣詳教民李鏡湖，呈控被人凌虐一案，奉兩廣督院，接准美國林領事申，稱新會縣華民李鏡湖，因信耶穌教，多年被人憎惡凌虐。經府飭縣查辦，仍未杜絕，驚擾如常。現據教士香便文再稟，據稱李鏡湖及其家屬，甚爲被擾，幾有性命之虞，申請飭令禁絕等情。據此查條約，內開安分傳教習教之人，當一體矜恤保護，不可欺侮凌虐等語。茲接申陳應札，飭查明妥辦。遵查，李鏡湖係與叔祖母李黃氏，互爭祖遺住屋，控縣傳訊，並非因入教被人欺凌。且查李黃氏控李鏡湖，將伊名下之屋，欲一併變賣，李鏡湖則稱，此屋係李黃氏經分與伊叔之業，而李黃氏不認，亦不能謂之凌虐。本年教士香便文帶同李鏡湖來縣，當與說明案情，業已無詞而去。乃李鏡湖之弟，復致信其兄，轉求教士復稟領事，申陳督憲行縣飭令保護。查其信內，僅以堂叔祖洪紹，糾衆吵鬧，拆毀等情。互控案由未提一字，拆毀何處亦未指明，顯係飾詞混告，藉教抵制。查條約，原指安分傳教習教之人，當一體矜恤保護，如果藉教爭訟，斷非安分之輩。內地子民，地方官無不矜恤，本不必因其入教，始爲保護。若因爭訟，自應分別是非曲直，秉公核斷，庶足以成信讞而昭折服。光緒四年十一月。

《教務教案檔・英國教士在山東爭地滋事》　四月初八日，英國照會稱，本年三月二十四日，接准貴親王照會內稱，山東棲霞縣民人張旭等，將廟田捐給本國駱教師一事。並云阿領事官於夜間，由縣署將張旭等帶去

等因前來。本大臣閱悉貴親王所言，由地方官會同領事官，從公估價，將廟賣給駱教師管業。查該廟及田皆係張姓祖傳，並非公共之產，實係確有可憑。地方官所云未便強拂人情等語，及其攔阻施捐之舉，皆可不必。本大臣已行文飭令領事官，照估價之議施行。至阿領事將張旭等帶去一節，一因該關會同領事官提訊此案之時，道員待領事官甚爲無禮，一因地方官辦治張旭等，極其刻毒。內一人年已六十餘歲，責之至數百板，該領事因此兩節，心知重責張旭等，並非爲其竊伐塋樹，實因捐施廟田，係此二人出頭之故，所以該領事官將張旭等帶回。如地方官因華民捐廟田與洋人，即行辦罪，實與條約不符，若貴親王允准，以後此二人可以免罪，則本大臣心中所恐不善之處，自然解釋，本大臣飭令領事官文件內，亦言及此意。並命其行知地方官矣，爲此照會。

四月十三日，致三口通商大臣函稱，前因棲霞縣民張旭，擅賣祖遺水母廟公共香火田地一案，領事呵喳哩切去該犯。經本處照會阿使轉飭交出，並告以此廟如果非百姓祈年報賽之所，擬令地方官從公估價賣給。倘萬不能售給外人，即飭該縣另覓房宇，俾資講闡。於三月二十三日，函知閣下，仍飭東海關道，將該犯照子孫盜賣祖遺公產，及砍伐塋樹例，從重懲辦，庶不授外洋以刑罰報私憤口實，等因在案。茲於本月初八日，接據阿使照覆，已允遵照，將該廟公平定價租給。並飭呵喳哩將張旭等交出，唯不可因此事將該犯辦罪，致與條約不符等語。旋據雅妥瑪來署，復面爲張旭等懇求勿治其罪，是本處前函所慮，勿授洋人以刑罰報私憤口實一節，竟先料及。查此事，張旭私將祖遺公產買給洋人，治以盜賣祖遺公產，及砍伐塋樹之例，原屬罪有應得，但究未賣成。現接該使照會，既有華民捐廟田與洋人，即行辦罪，實與條約不符之語。若必借賣地一事科罪，勢必又滋口實，洋人性本多疑，又經再三來爲該犯緩頰，似不值因此事與之爭執。本處業經面告雅妥瑪，以原案聲敘，該犯張旭，本係棲霞訟棍，犯案纍纍，其應得何罪，本處不能懸揣，亦不能禁令本地方官，不治其罪。但不肯因有捐地一事，格外加重其罪，轉似遷怒，該繙譯遂無言而去。恐閣下未知此中原委，用特專函奉布，貴處前次咨報，曾有張旭係著名訟棍之語，將來呵喳哩交出該犯時，望即飭知該關道，再加酌核，另就該犯涉訟他事科斷，不必定以盜賣祖塋，砍伐樹木爲詞，致令藉口復來嘵舌爲要。附抄阿使照會一紙，並希查照，專此佈泐，即頌勛祉。

又《江蘇英國教案》 同治七年八月初四日，上海通商大臣文稱，同治五年十月內，據揚州府知府孫恩壽稟報，法國司鐸雷遹駿鎮江洋人金緘三等來揚，言及該處舊有教堂基地，又稱欲在轅門橋，買地一段建堂。當經前大臣李批飭妥辦，並咨達貴衙門，查核在案。嗣於六年十一月內。據稟，金緘三又在揚州在新城三義閣等處，租房設立學堂藥局，育嬰收養幼孩。因有割肉取腦謠言，紛紛傳說，求請示禁。本年五月內，又有英國教士戴德生，赴揚傳教，由領事照請常鎮道，轉行曉諭。即在揚城觀巷內，租房居住。至六月內，揚州居民看見法人堂內，嬰孩死傷太多，因疑生忿，紛紛聚衆，鬧至戴教士寓所。節據揚州府孫守三次具稟，已將戴教士保護回鎮江，聲明駐鎮英法美各副領事，赴揚查看。房屋實未燒毀，並錄送戴教士原函，亦無言及受傷之說。又據江都縣松亭訊，據法國有嬰堂管事之陸榮仁供稱，今年死了嬰孩四十多箇，起出已埋十四具，驗均女屍各等情前來。經本署大臣，按照條約批飭去後。旋據駐滬英國領事麥華陀申陳一件，稱該領事已至鎮江，請派員同往揚州查看。又申陳一件，稱奉本國駐京大臣劄諭，有親詣面商要事數起。一俟此案查明，即偕駐滬頭等官兵，乘坐大兵船，同到南京面謁等語。本署大臣當即具劄答復，續又據麥領事遞到申陳一件，仍請迅賜派員會同赴揚妥辦。適揚州府孫守已來金陵面稟，本署大臣即派運同銜上元縣知縣張令開祁，會同麥領事赴揚查看，並令孫守回揚欵接照料，一面備劄答復。今麥領事將各事查明，即來金陵與本署大臣，面商一切，以免另生事端。除俟妥爲辦結，再行咨達外，相應將辦過各案，先行挨次抄錄咨明，爲此合咨貴總理衙門，請煩查核備案施行。

又 十一月二十日，給英國照會稱，案查英教士在揚州被擾，前經貴大臣照會內稱，辦理此案未能俱臻妥協，須揀派能事大員查辦等因。當經本爵行文上海大臣，即日委派司道大員，會同麥領事，赴揚再行查勘去後。茲據前任上海大臣曾，新任上海大臣馬，於十月二十六十一月初十等日，會同咨部結案前來。據稱，於九月十七等日，先後劄委新授江蘇臬司，兩淮鹽運李升司元華，蘇松太應道實時，會同領事前往揚州查辦。旋據麥領事帶同兵船，於九月十九日由滬起程，經應道邀同麥領事於九月二

十五日，到江甯省城。辦論良久，麥領事言必須一的保，因指應道乘坐之新造輪船，謂須扣留一同行止，事竣乃可送還等語。十月初二日，麥領事帶兵船二隻，駛抵揚州徐凝門外，帶兵三百餘名，駐紮城中興教寺。經李臬司應道帶同府縣在官，在萬壽寺地方，邀同麥領事，及兵官繙譯官等，逐層開剖。所指紳士一節，因誤聽人言，疑爲從中指使，嗣經明白曉譬，麥領事亦復無詞，遵照作爲罷論。所有滋事人犯，業由甘泉縣，先後拏獲劉春張錦春葛標三名，現已飭縣令戴教士及地保人等指認。即於三人之中，究出首從，分別懲辦。卹賠一節，已照戴教士所開，養傷連累以及逃避房租等項數目，共給銀一千二百二十八兩四錢，洋二百七十元九角，取有麥領事實據，即交該領事轉給戴德生收領，仍回原租屋內居住。並由前任上海大臣曾，新任上海大臣馬，江蘇巡撫丁，會銜出示淮揚鎮三屬軍民人等，恪守條約，毋得滋擾教堂。仍由揚州府，發給簡明告示一小方，交與戴德生勒石。以上各節，均於十月初四五六等日議定。麥領事深以諸凡迅速爲感。已帶領兵船，於十月十五日出口，查辦業已竣事等因。查此案，前於教士被擾起衅之初，即經上海大臣督飭府縣，將教士屋房修好，並酌給賞卹一千兩，爲養傷及買補損失物件之用。嗣又將辦理不善之揚州府孫守，甘泉縣李令，均行撤任。並派能事幹練之李臬司應道，會同麥領事前往揚州，秉公查辦。本爵覆查所辦各節，核與貴大臣八月二十五日照會內，所請另派大員緝獲正犯，加增賠償諸大端，均已逐一照辦。麥領事亦以諸凡迅速，深爲銘感，相應抄錄告示底稿，麥領事等給揚州府信函，並結案情形，一併照會貴大臣查核。嗣後遇有教案事件，已欽奉諭旨，通飭各省持平辦理，總期民教相安，不致釀成事變。所有各省傳教人等，應由貴大臣轉飭各領事官，妥爲曉諭，務令安守本分，毋得滋生事端。倘有未甚妥協之處，亦應據理婉商，推誠相與。此次麥領事，於教案未經議結之先，輙帶領兵船，並欲扣留中國新造輪船，作爲擔保，未免所見者小，措置失當，殊非兩國共敦誼之義。應由貴大臣行文申戒，將來不可如此辦理。所有揚州教案，會同辦理完結緣由，統行照復貴大臣查照可也。

又　十二月二十五日，英國公使阿禮國照會稱，同治七年十一月二十日，接到貴親王來文內稱，揚州教案辦理完結緣由等因前來。近亦據上海領事官麥稟報，此案詳細情形。本大臣查彼此將此案商辦完結，實堪慶幸。並此案既經完結，其原案情形，本大臣本不願再爲提及。乃貴親王照會內稱，麥領事辦理此案情形，以爲該領事措置失當，殊非兩國共敦睦誼之義。是以本大臣不能不向貴親王，講明其理。麥領事所辦各節，甚屬合宜，係因當時情形，不得不然。貴親王所不以爲然者有二，一係麥領事將新造輪船扣留，作爲擔保。一係麥領事前赴揚州，帶同兵船二隻，並駐紮城中，帶兵三百餘名。本大臣查該領事初次前赴金陵，謁見兩江總督通商大臣曾，因係辦公，是以乘坐兵船。當經曾制台將該領事請辦各節，俱已允准趕辦，麥領事即行趕赴揚州，合同地方官，照依曾制台所准各節辦理。及抵揚州，詎揚州府甘泉縣顯有哄騙，假作辦理及遮飾滋事人等情形。是以麥領事復行折回金陵，再行謁見曾制台。所深惜者，管帶兵船之總鎮，因病必須帶船回滬，祇剩麥領事一人辦理此事。而曾制台竟行託故不見，置前言於不顧，藐視麥領事。並麥領事所請賠補之款，曾制台減爲一千兩。查其發銀之意，並非爲賠補教士虧累受傷之費，似係有意示恩。再細閱曾制台劄行麥領事文內語意，以及一切施爲，俱有藐視麥領事之意。藐視本國領事官，即與藐視本國無異。據曾制台推諉情形，似欲驅之使去，有意將行欺侮麥領事。因此即行回滬，將一切情形，理宜稟報本大臣前來。本大臣接閱後，當即赴署，面晤貴親王，暨列位大臣合商。承允秉公辦理，派委有權大員，前往該處，會同領事官查明情形，以伸冤抑。本大臣細思麥領事初次赴金陵，未能將揚州案件辦妥，亦似係曾制台相待輕侮，是以該領事二次赴金陵，不能不令其帶同兵船前往。一則以重公事，二則亦可借資保護，可以隨時襄助辦理。麥領事因鑒於前次兵船一經回滬，曾制台即行輕侮，故二次扣船，作爲擔保，庶可操完案之權。是以不能謂其措置失當，而且必須扣船，緣由金陵大憲允辦各節，既可食言，則此次允准辦理，即不能再以虛言爲據，亦不能第以說話之人爲可憑。再該處官員等，直以此案爲戲，領事官暨兵船一經離去，即將所許各節置之不顧。此等作爲，以後萬不可有。是以本大臣飭令領事官，辦理案件，必須完結，方可離去。並必須取一的保，以免該處官員等翻約之舉。總之，麥領事扣船之舉，爲貴衙門所甚厭之事，然實因曾制台以前舉動情形，以至如此，則曾制台應任其咎。麥領事前赴揚州，帶同兵船二隻，並駐劄城中，帶兵三百餘名，貴親王以爲殊非兩國永敦睦誼之義，亦非辦理此案和

公之法。本大臣細思兩國永敦睦誼，和平辦理此案，麥領事帶兵之舉，實爲最善之法。而且此案最爲危險之處，或地方官辦事顢頇，或有奸民起意謀害並未得罪百姓之洋人。地方官默示以意，該奸民心知，即經謀害洋人之後，其罪辜必能解脫。揚州百姓不久之間，擾害揚州一會教士，該教士人等無論男婦老幼，均非對敵角力之人。而該百姓思將教士等，或係焚死，或係粉身碎骨，方快甚意。竟將教士會中三人，內有婦人二人，擾害受傷甚重，延醫診視，據云已成終身之患。既有此事，麥領事前赴該處，如何可以隻身放心前往。再者，該處地方官尤難仗恃，緣該處教士未受擾害之先，屢請地方官保護，並教士等被擾十日之前，地方官即知該處有名紳衿，起意謀害教士，唆使百姓搶擾。及至作成兇惡之事，雖在耳目之前，並不能彈壓。倘領事官入揚城時，或受百姓欺凌，或被謀害，此事最關重大，不惟揚州案件愈加難辦，即與兩國和好，亦甚有妨礙。是以麥領事帶領船兵，前往該處，祇爲遇有百姓擾害等事，有兵可以相敵，並可借資攻責再行滋事之人。因該領事如此辦理，入揚城後毫無滋事情事，現已將全案妥協完結。以此而論，則麥領事所爲，實爲合宜。貴親王來文內，猶有數層，本大臣亦不能不爲言明。即如所稱紳士等，並無從中指使一節。此言不過僅係曾制台咨報之言，據麥領事稟稱，案內之犯，有一葛姓者，係爲首之人。該犯當查辦之時，即先期逃避，一則情屈膽怯，二則亦明知教士等認識，必能將伊指出，是以不敢相見。該司道等同麥領事會辦時，曾經允許，於兩箇月限內，定將在逃葛姓拏獲到案，令戴教士指認。本大臣尚望貴親王，嚴飭該處地方官，務獲此犯，從嚴究治。蓋此犯爲案中至要關鍵，凡百姓擾害洋人，率皆該紳士等慫恿調唆，及至有變，而該地方官又徇庇開脫。如果該紳士深知，無論有何等職銜頂戴，倘有慫恿百姓，擾害洋人情事，地方官定可將伊究治，其滋事之心，自可立戢矣。至來文又稱，所有各省傳教人等，應由本大臣轉飭各口領事官，妥爲曉諭，務令安守本分，毋得滋生事端。本大臣查本國傳教一流，俱係安分善良，並無惹人嫌厭之處，其所作之事，皆係以善濟人。本大臣若發此曉諭，必須該教士等，確有不守本分，滋生事端實據，方能照辦。今毫無事跡，本大臣實難無故轉飭曉諭，亦不能無故申戒，遽以伊等爲有過之人。查戴教士在揚州所受污辱，以及故殺幼童等事，皆係該處紳民宣播流言，有心陷害。愚民聞知，信以爲實，遂爾銜恨戴教士。豈知皆係憑空揑造之詞，委係毫無實跡。該紳民等彼時心內，亦自知事屬子虛，以故不敢赴萬壽寺，面見中外官員，與戴教士質對。該地方官等，心知善人受辱，紳民任意布散謠言，並投遞匿名揭帖，乃竟袖手旁觀，不肯認眞究辦造言生事之徒。而孱弱達人，力有不及，全賴中國律例爲護符，地方官竟爾膜視不爲保衛，厥咎甚重。嗣後各省官員，務須更改素行，恪守條約，而各省大憲，尤須如此，庶兩國不失和好，共敦睦誼。本大臣切望貴親王，轉飭各省官員，令其體會修睦之義，想貴親王亦必以爲然也。再同治七年九月二十四日，曾制台劄復麥領事文稱，貴領事前請各情，本大臣亦知係屬在理，現又劄飭地方官實力保護。並令出具嚴禁內地人民，不准滋擾教士，切實甘結等語。查麥領事於接此劄復之前兩月，初次前赴金陵，曾制台若於彼時，即行嚴查揚州府甘泉縣，辦理此案情形，並於彼時有秉公辦理之意，則彼時亦非不知麥領事所請，係屬在理。而地方官辦理不善，理應撤任，是曾制台九月劄復麥領事之文，既稱亦知該領事所請係屬在理，則七月間麥領事初次前赴金陵，亦係講明此理，曾制台於彼時即應秉公辦理，何俟麥領事二次帶領兵船前赴金陵，始將此案辦理完結。自七月至九月，兩月之間，緣揚州之案未經辦理，因而鎮江地方，亦幾險有滋擾等事，以致外國官有逼令該處官員辦理情事，實皆曾制台所招致。而且鎮江幾有滋擾等事，並外國官逼令該處官員辦理。若不欲事勢至此地步，在當日惟曾制台能操其權，又況按照條約，曾制台亦不應令事勢至此地步。本大臣細思，曾制台應亦思當日，於麥領事初次赴金陵時，即將案件辦理諸事，甚有便宜，亦深係兩國共敦睦誼之義。爲此照復，貴親王查照可也。

李剛己《教務紀略》卷四上《天津教案奏結》　直隸總督等會奏，竊臣承准軍機大臣字寄，六月初八日奉上諭，曾國藩奏，起程赴津籌辦情形一摺。據稱教堂牽涉迷拐之案，訊供稍有端倪，尚未能確指證據等語。此案啟釁之由，因迷拐幼孩而起，總以有無確據，爲最要關鍵，必須切實根究，則曲直既明，方可再籌辦法。至洋人傷斃多人，情節較重，若不將倡首滋事之犯懲辦，此案亦勢難了結。著曾國藩崇厚悉心會商，體察事機，妥籌辦理，以期早日完案，免滋後患。曾國藩擬將誤斃俄國人命，及誤毀

英美兩國講堂，先行設法議結，不與法國牽混，所見甚是。著即會同崇厚妥爲商辦，以免轇轕，將此由五百里各密諭知之，欽此。臣等伏查此案起釁之由，因奸民迷拐人口，牽涉教堂，並有挖眼剖心，作爲藥材等語。遂致積疑生忿，激成大變，必須確查虛實，乃能分別是非曲直，昭示公道。臣國藩抵津以後，逐細研訊教民迷拐人口一節，王三雖經供認授藥於武蘭珍，然尚時供時翻。又其籍在天津，與武蘭珍原供在甯津者不符，亦無教堂主使之確據。至仁慈堂查出男女一百五十餘名口，逐一訊供，均稱習教已久，其家送至堂中豢養，並無被拐情事。至挖眼剖心，則全係謠傳，毫無實據。臣國藩初入津郡，百姓攔輿遞稟，數百餘人親加推問，挖眼剖心有何實據，無一能指實者。詢之天津城內外，亦無一遺失幼孩之家控告有案者。惟此等謠傳，不特天津有之，即昔年之湖南江西，近年之揚州天門，及本省之大名廣平，皆有檄文揭帖，或稱教堂拐騙丁口，或稱教堂挖眼剖心，或稱教堂誘污婦女。厥後各處案雖議結，總未將檄文揭帖之虛實，剖辨明白。此次詳查挖眼剖心一條，竟無確據，外間紛言有眼盈罈，亦無其事。蓋殺孩壞尸採生配藥，野番凶惡之族，尚不肯爲，英法各國乃著名大邦，豈肯爲此殘忍之行，以理決之，必無是事。天主堂本係勸人爲善，聖祖仁皇帝時久經允行，倘戕害民生若是之慘，豈能容於康熙之世。即仁慈堂之設，其初意亦與育嬰養濟院略同，專以收恤窮民爲主，每年所費銀兩甚鉅，彼以仁慈爲名，而反受殘酷之謗，宜洋人之忿忿不平也。至津民之所以積疑生憤者，則亦有故，蓋見外國之堂，終年扃閉，過於祕密，莫能窺測底裏。教堂仁慈堂皆有地窖，係從他處募工修造者。臣等親履被燒堂址，細加查勘，其爲地窖，不過去隔潮溼，質置煤炭，非有他用。而津民未盡目覩，但聞地窖深邃，各幼孩幽閉其中，又不經本地匠人之手，其致疑一也。中國人民有至仁慈堂治病者，往往被留不出，即如前任江西進賢縣知縣，魏席珍之女賀魏氏，帶女八堂治病，久而不出，其父至堂婉勸回家，終不肯歸。因謂其有藥迷喪本心，其致疑二也。仁慈堂收留無依子女，雖乞丐窮民，及疾病將死者，亦皆收入。彼教又有施洗之說，施洗者其人已死，而主教者以水沃其額，而封其目謂可升天堂也。百姓見其收將死之人，聞其親洗新尸之眼，已堪詫異。又由他處車船致送來津者，動輒數十百人，不明何故，其致疑三也。堂中院落既多，或念經或讀書，或傭工或醫病，分類而處。有子在前院而母在後院，母在仁慈堂而子在河樓教堂，往往不常相見，其致疑四也。加以本年四五月間，有拐匪用藥迷人之事，適於是時堂中死人過多，其掩埋又多以夜，或有兩尸三尸共一棺者。五月初六日，河東叢塚有爲狗所發者，一棺二尸，天津鎮中營遊擊左寶貴等，曾經目覩，胸腹皆爛，腸肚外露，由是浮言大起，其致疑五也。平日熟聞各處檄文揭帖之言，信爲確據，而又積此五疑，於中各懷恚恨，迨至拐匪牽涉教堂，叢塚洞見胸腹，是以萬口譁噪，同時並舉，猝成巨變。其浮囂固屬可惡，而其積疑則非一朝一夕之故矣。今既查明根原，惟仰懇皇上明降諭旨，通飭各省，俾知從前檄文揭帖所稱，教民挖眼剖心戕害生民之說，盡屬虛誣。布告天下，咸使聞知，一以雪洋人之寃，一以解士民之惑。並請將津人致疑之端，宣示一二，其行兇首要各犯，及乘機搶奪之徒，自當捕拏，嚴懲以儆將來。在中國戕官斃命，尚當按名擬抵，況傷害外國多命，幾開邊釁，刁風尤不可長。津郡向來有曰混星子者，結黨成羣，好亂樂禍，必須佐以兵力，乃足以資彈壓。頃將保定銘軍三千人，調劄靜海，此軍係記名臬司丁壽昌統帶，一俟民氣稍定，即以緝兇事件委之。至武蘭珍犯供，既已牽涉教堂，經臣崇厚飭令地方官赴堂查驗，實爲解釋衆疑起見。近日江南，亦有教堂迷拐之謠，亦即如此辦理，其後豐大業等之死，教堂公館之焚，變起倉猝，非復人力所能禁止。惟地方釀成如此巨案，究係官府不能化導於平時，不能預防於先事。現已將道府縣三員均行撤任，聽候查辦，由臣國藩揀員署理，同日另行具奏其殺斃人口。現經確查，姓名實數，惟仁慈堂尚有女尸五具，未經尋獲，其餘均妥爲棺殮，交英國領事官李蔚海收存。俄國三人，已由該國領事官孔氣驗明掩埋，謹開列清單，恭呈御覽。法國公使羅淑亞業經到津，議及賠修教堂事宜，臣等擬即派員經理，餘俟議有端緒，續行陳奏，其誤斃俄國之人命，誤毀英美兩國之講堂，亦俟議結另行具奏。同治九年六月二十二日。

又　直隸總督等會奏，竊臣等疊奉諭旨，飭將津郡五月二十三日案內滋事凶犯，迅速辦結。近又接奉八月二十日寄諭，飭將未獲各犯，勒限嚴拏，現獲之犯，認眞研鞫，不得稍涉寬縱，致令凶徒漏網，轉滋洋人口實，等因欽此。臣等自承辦此案，久經督飭文武設法購拏，悉心研鞫，自七月下旬設局發審，嚴立限期，晝夜追求，直至中秋節前，僅得應正法者

七八人，應治罪者二十餘人。臣以辦理日久，人犯無多，深負委任，更恐洋人不復橫生枝節，日來激厲各員，不得稍有寬縱，務令多緝正凶，以示持平，而全大局。惟此案事起倉猝，本無預先糾集之正凶，而洋人多已傷亡，又無當堂質對之苦主。各屍初入水火，旋就掩埋，並未驗傷塡格，絕無形迹可爲物色凶手之資。用是漏網之犯難於掩捕，已獲之犯不肯認供。天津無賴之徒，有稱爲混星子者，向以能熬刑自詡，此次輒以爲出於義憤，雖酷刑而不畏，而鄰右亦不敢出而質證，恐爲輿論所譏彈。又慮仇家之報，復欲求罪當情眞定案，萬難迅速，欲以無辜充數，則問心既有所不忍，而亦不足服洋人之心。棘手甚多，愈辦愈窘，反復籌思，若拘守常例，實屬窒礙難行，有不能不變通辦理者。常例，羣毆斃命，以最後下手傷重者，當以重罪。此案則當時衆忿齊發，聚如雲屯，去如鳥散，事後追究，斷不能辨。其孰先孰後，孰致命孰不致命，但聞確係下手正凶，不復究其毆傷何處，此變通辦理之一端也。常例，斷獄快囚，必以本犯畫供爲定，其本犯供詞狡展，則有衆證確鑿，即同獄成之例。此案則各犯恃無屍親，堅不吐實，旁人又不肯輕易指實，衆證亦殊難得。臣等議定本犯無供，但得旁證二三人指實，取具切結，亦即據以定案，此又變通辦理之一端也。計訊定供證確實者十一人，無供而有確證者四人，共計可以正法者十五名，擬辦軍流者四人，擬辦徒罪者十七人，共計可科輕罪者二十一名。除即日將各犯供摺，咨送總理衙門，暨刑部外，謹繕具清單，恭呈御覽。其情節較重，訊有端倪，供證均未確實者，尚有十六名，擬歸於第二批辦理。情節較重在逃未獲者，尚有十一名，一併開單先呈御覽。將來第二批奏結，或再辦首從犯各數名，或與洋人訂定抵償實數，中國如數辦到。請旨飭下總理衙門，核定行知臣等，以便遵循。此次定擬各犯，若遂速行處決，將來拏辦愈難，應與洋人商定，俟續奏二批後，併案辦理。同治九年八月二十三日。

又 直隸總督等會奏，竊臣等前於八月二十三日，將津郡滋事案內首從各犯，分別定擬具奏。兩旬以來，嚴飭地方文武各員，續行訪拏，晝夜研訊，又獲應正法者五人，應辦軍徒者四人。除將各犯供詞鈔咨總理衙門，及刑部備查，謹開列清單，續呈御覽。此次審明各犯，皆係續行緝獲，其前單供證未確者，除何四現已治罪外，其餘再四訊鞫，迄無定供，亦無的證，礙難定罪，應即隨時釋放。前單在逃未獲者，除楊二現已拏辦外，其餘購線密拏，迄未緝獲，其中尤要之犯，應俟緝獲至日，另行奏結。此案事起倉猝，並無預先糾集之人，其後殺人放火，萬衆喧雜，亦非百姓始意所能料。今中國力全鄰好，先後兩次，共得正法之犯二十人，軍徒各犯二十五人，辦理不爲不重，不惟足對法國，亦堪徧告諸邦。昨准總理衙門鈔錄羅使信函，移咨到臣，內稱派德緒譯官，前赴天津，出具切結，並確查燒燬房屋，被搶物件，以便議價等語。該緒譯頃已抵津，俟查明回京，當可議定。同治九年九月十三日。

又《照會法國公使羅淑亞》 同治九年六月二十四日，本閣部堂接得貴大臣照會，內稱現在未能極力彈壓，立拏凶犯正法等因。查五月二十三日之案，滋事凶犯，現已嚴飭新任道府，趕緊查拏，斷無任令凶徒，久稽顯戮之理。只緣是日津民聚衆過多，不能指實何人爲首，何人爲從。近日訪得數名，已令其先行拏案，嚴刑拷訊，務令供出夥黨，按名緝獲，處以極刑，以申中國之法，以紓貴國官商之恨。大約數日之內，必可弋獲多名，斷不至再事遲延，貴大臣儘可放心。至照會內稱天津府縣，及提督陳國瑞，議以抵命等語。查陳國瑞以客官路過天津，本屬事外之人，前准照會云云，該提督現在都門本閣部堂，昨已咨請總理衙門，就近傳訊，應俟總理衙門咨復到日，再行核辦。至此案前任府縣辦理不善，本閣部堂到津後，即將該員等先行撤任。又以案情重大，該府縣事前既不能防範，事後又不能速拏凶徒。業經奏明大皇帝，將該府縣革職，從重解交刑部治罪在案。若如照會所稱，必將該府縣議以抵命。查審讞極刑，必須有可誅之心，或有顯著之惡。該府縣並非下手殺人之人，又無絲毫主使確據，本閣部堂未能指實其罪之所在，難以照辦。因思貴大臣當明晰該府縣二人，有應抵命之罪，可請逐層說明。本閣部堂得有二人罪狀實在憑據，以便轉交刑部定議。中國遇有大獄，皆由部臣作主，疆臣不能擅專，爲此再商貴大臣，請煩細核見示。

又《溫州教民藉教謀逆拏獲正法》 承示溫州愚民謠言惑衆，囑再曉示等語，溫屬民情浮動，疑惑易滋。本年六月初旬，即有傳說貴敎造反之謠，紛紛遷徙。中旬以後，言者日衆，人心驚惶。敝道深恐愚民無知，或有到堂鬧事，有礙大局，故一面出示安民，一面差人四處偵探。查有奸民

施鴻鰲等，在永嘉瑞安縣交界，雙隔田地方等處，惑衆斂錢，因即派撥兵勇，將施鴻鰲及其妻舅潘阿士等，密拏到案，並搜出妖書妖符，僞印金錢等物，書符語多悖逆。訊據該犯施鴻鰲供認，前從粵匪多年，後因賊散逃出，即在雙隔田地方，暗仿僞侍王畫符聚衆之術，藉以斂錢。即與潘阿士結親，稱爲國舅，又恐易於破案，故於上年投入天主教，可望地方官不加查究，以作護符等供。研訊之時，甌民聚觀者不下數千，不得不傳訊貴堂教士顧玉崗，與匪訊質對，是否知情。並詢以妖書符印，是否教中應有之物。據顧玉崗供稱，施鴻鰲等藉教謀反，並不知情，妖書符印教中並無此物。即教中遇有此等匪徒，亦要送官究治，既施鴻鰲潘阿士審出謀反情節，教中不管此二人，聽官究辦等語。當時羣情洶洶，難以破疑，並稱敝道議庇貴教，怨讟之聲，盈於道路。伏查該犯，暗謀叛逆，外藉貴教爲名，挾制官長，居心險惡，實屬大逆不道，萬難寬貸。又據本地紳民稟懇速辦，敝道俯順輿情，業將該二犯明正典刑，以昭炯戒，而定人心。近日謠言少息，而貴教之並不同謀，民間尚未深信，敝道又經出示剴切分剖，以曉愚頑。惟查貴堂傳教，雖屬奉旨准行，載在條約。而溫州民風狡猾，良莠不齊，無業奸民，往往藉此爲名，潛謀不軌。此次幸即破案，確有憑據，如果搜無符印等物，即貴教亦至今受騙。民間謠惑，終不能明。於中外大局，實有窒礙。查天主教開禁以後，各處鬧事者不一而足，現在敝道搜捕施逆餘黨，與貴教兩無干涉，務祈不必過問。此後惟望，嚴行約束在教之人，不得藉名挾制，倘貴教自已查出教中尚有不法匪徒，即請送官懲辦。俾地方百姓疑竇大開，不致視貴堂爲讐敵。事關中外交涉，敝道不得不開誠布公，諄諄詳告，倘或以後再遇此等情事，誠恐民志愈疑，難以取信。敝道恐無鎮壓之方，貴教亦𣣔失察之咎，各有未便，必先慮備爲要。

《教務教案檔・咨送片奏淡水教民李東面等倚勢逞凶嚴辦正法一案》

光緒三年二月二十八日，福建巡撫丁日昌文稱，案准部咨，嗣後無論何項奏事，一面具奏，一面抄錄摺稿，咨送備查等因。茲本部院附片具奏，淡水廳教民李東面等，倚勢逞兇，變通嚴辦一案，相應抄錄片奏稿呈送，爲此咨呈貴衙門，謹請察照施行。照錄片奏再台北淡水廳，轄境五六百里，官長威令之所不及，天主教因而簧鼓其間。數年以來，尤覺時勢恣行，無惡不作。臣於去冬，路過猛舺時，訪知該教民等魚肉鄉里。稍有身家之人，被其淩虐，不可勝計，必逼使入教，而後始能安生。其尤甚者，有該廳所轄之和尙洲民人李東面，並子李光登，即李溫岸，倚恃入教多年，自稱教首，疊犯各案，拒捕傷差，寔堪痛恨。當經查吊原卷，該犯李東面父子，積案纍纍，復因同教霸佔產業，控經該廳同知陳星聚訊斷，歸還原主，李東面父子恃勢插訟，糾合教黨李顏等多人，於上年八月二十五日，乘隙星聚在艋舺倉署審斷之際，擁入遞稟，齊聲吶喊。李東面並持刀閲堂，經紳民鋪戶公憤當堂擒獲，復於李先登李顏身傍，各搜出小刀一柄，交驗提訊，供認不諱。並據舉人張書紳等，及郊行鋪戶稟，請就地懲辦，萬口一聲，咸以該犯李東面父子不除，地方受害無已各等情在案。臣到郡後，飭台灣道夏獻綸，署台灣府向熹，據實復訊。詳稱供証確鑿，請照光棍爲首斬決例，擬斬立決等情前來。臣細核案情，遍訪輿論，該犯李東面父子，恃教橫行，罪惡昭著，從前該處地方官，多屬因循畏葸，凡遇教民犯法之事，輒將就敷衍，釀成靡所不爲。現在若不嚴加懲創，予以顯戮，誠恐教民見法之不足畏，□附日多，百姓知寃之無可伸，怨毒日積，於風俗人心，所關非淺。當即批准，將犯法教民李東面李先登二名，就地正法，俾萬目共覩，稍挽頹風。其聽糾從犯，李顏陳得陳士美陳炎四名，訊明當李東面開堂時，僅站堂下吶喊，尙無逞兇情事，從寬貸其一死。飭令鎖繫石礅，永遠不准釋放，以儆兇邪。臣爲殄除民害，使教民稍有忌憚起見，不得不變通辦理，所有教民倚勢逞兇，變通嚴辦緣由，理合附片密陳，伏乞皇太后皇上聖鑒。謹奏。

又《教民尹自發父子命案應勒緝逃凶質訊定讞》 八月初二日，署盛京將軍崇厚文稱，本年五月初七日，據山海關道景福申報，轉據英國領事兼法國副領事官雅妥瑪照會內稱，據牛莊教堂龔教士稟稱，查知新入教民尹自發，並子尹桔馨，回家因不拜佛像，不敬神牌，被族侄尹洛八，唆使尹洛十，將其父子砍勒解屍剖腹，取出心肝腸肺，用布袋裝盛，拋於河内。報經海城縣，迄未驗究，逃兇未獲等情。當即檄飭海城縣奎令瑞，嚴拏逃兇，查驗詳報。一面密派妥員，前往查訪案情，旋據奎令詳稱，尹自發父子屍身於三月初十日，始由河內漂出。詣驗該屍，各受刀傷數處，委係生前被人用刀戳傷身死，並無剖腹解屍情事。訊據尹自發胞弟尹自才供，光緒二年十二月三十日，三兒尹廣祿從外回家，告說二胞兄尹自發同

子尹桔馨，被族弟尹自明，率領他侄兒尹坤尹環尹長順們，把尹自發尹桔馨砍毆身死，小的趕緊回家。據堂嫂尹于氏並兒媳尹杜氏告說，二胞兄父子要強佔他婆媳爲妻，被尹自明率衆殺死，投入河內的話。據尹杜氏供，年三十五歲，公公尹自新，男人尹湖俱故，婆母于氏，小婦人生有一子，乳名小合，現年五歲，別無親人分居。夫堂伯尹自發合他兒子尹桔馨，由邊外游蕩回來。光緒二年二月初三日，小婦人娘家堂弟杜老小到來，向小婦人告說，他家要辦喜事，教小婦人到去幫忙，小婦人應允。那時尹自發也到小婦人家閒坐，他說我有便車把小婦人送去，杜老小就回去了。初四日時，尹自發到小婦人家說有便車，教小婦人就到他家上車，小婦人信以爲眞，跟到他家。就有他的外甥媳婦劉張氏，勸令小婦人不必守節，嫁與尹桔馨爲妻。小婦人生氣哭鬧不依，跑回家來，婆母于氏問明情由，不多時劉張氏坐了大車，合尹自發尹桔馨同來，把小婦人強抬上車，趕到尹自發家。尹桔馨在院放炮，就硬拉小婦人同拜天地，小婦人不允，倘地哭罵，他們就把小婦人抬進屋裡。晌午時小婦人娘家胞兄杜連良聞知，帶領多人到來，尹自發們逃避，小婦人回家，胞兄要把他們控告，尹自發父子託人說道賠禮完事。到四月裡，尹自發尹桔馨父子，託了教民黃朋幅引入，作爲法國教民，從此更覺兇橫。十二月十五日，小婦人聽說尹自發父子，要到小婦人家過年。小婦人害怕，向婆母商量妥當，小婦人帶領兒子，到大高力房婆母娘家躲避。婆母在家看守，不料尹自發於十二月二十日，到小婦人家，要與婆母拜堂成親，婆母沒允。經夫族叔尹自明氣忿，邀人把尹自發尹桔馨父子殺死，棄屍河內，現在屍首漂出，已蒙驗明。尹自發父子，實因想要強佔小婦人婆媳爲妻，被尹自明率衆殺死。據尹于氏供，年六十五歲，男人尹自新，兒子尹湖俱故，兒媳尹杜氏，生有一子，乳名小合，現年五歲，別無親人分居。夫堂兄尹自發，合他兒子尹桔馨，均無事業。在外游蕩回來，住處隔小婦人家西半里。光緒二年二月初三日，兒媳尹杜氏娘家堂弟杜老小，因辦喜事來接兒媳幫忙，尹自發亦到小婦人家閒坐，他說代找便車，把兒媳送去。初四日早晨，尹自發到來，說有便車，教兒媳到他家上車，兒媳就同他去了。停了一會兒，媳哭喊回來，小婦人向他說，尹自發的甥媳劉張氏，勸他合尹桔馨成爲夫婦的話。不多時劉張氏坐了大車，合尹自發父子同來，把兒媳強抬上車，小婦人攔擋不住，趕車跑走了。小婦人當即差人，給兒媳娘家送信，兒媳胞兄杜連良，帶領多人趕去，把兒媳領回。杜連良要進城告狀，尹自發父子託人說道，賠禮完事。四月裡，尹自發父子，託了教民黃朋幅引入，作爲法國教民，從此更覺兇橫。十二月十五日，聽說尹自發父子，要到小婦人家過年，兒媳害怕，與小婦人商妥，帶領孫子到大高力房小婦人娘家躲避，小婦人在家看守。十二月二十日，尹自發父子拏了香燭到來，說他父子都沒女人，小婦人婆媳都沒男人，配成夫婦最爲合式，逼令教回兒媳成婚。小婦人生氣，向他理斥，尹自發說照他外國禮，弟婦可以爲婚，就把棹子移放院中，點起香燭，硬拉小婦人出院同拜天地。小婦人吵罵不依，經尹自將即尹洛十到來，把他們拉走。族人尹自明知情生氣，邀人去找尹自發父子理論。停了一會，聽說尹自發尹桔馨都被殺死，打開河冰，把各屍均投水內。現在屍身漂出，已蒙驗明，尹自發尹桔馨，實因想要強佔小婦人婆媳爲妻，被尹自明率衆殺死，棄屍河內等語。並據查訪委員稟復，大畧相同。查已死尹自發年已七十二歲，尹于氏亦六十五歲，何致逼令同拜天地，揆度案情，殊出情理之外。復飭新署海城縣賀令塤，密查研訊確情。茲據稟稱，查明起釁緣由，與奎令等所詳無異。惟訪得尹自發父子，游手好閒，赤貧如洗，尹于氏婆媳頗有田產，強娶成婚，意在圖產，似尚可信。然非緝獲逃兇到案，質訊明確，難成信讞等語。除批飭懸賞勒緝逃兇尹自明等，務獲究報外，相應咨呈，爲此合咨貴衙門查照，須至咨呈者。

又《遵義綏陽兩縣教民傷斃幼童激成衆怒焚毀教堂已檄員前往查辦》

光緒十二年七月二十四日，署貴州巡撫潘霨文稱，竊查遵義府屬民教搆釁有年，雖經地方官設法排解，而彼此各懷嫌隙，終未能浹洽相安。昨據駐渝辦理貴州轉運局務，候補道徐達邦具稟。五月三十日，渝城考試，武童與天主教滋事，該教之眞原堂，因遺火付之一炬。眞原堂被燬後，其餘設教各堂，無不次第拆燬。地方官雖竭力彈壓，因正在府試，考生甚衆，未知作何了結等情。署院因四川重慶教堂被燬，該處與遵義接壤，深恐民心搖動，當即飭令遵義府，轉飭各屬諭禁在案。茲於六月十九二十等日，據遵義府縣及綠練各營將弁，先後稟報，本月十五日夜，因有兒童多人，在天主堂門外乘涼，聲音嘈雜，該教民疑有他故，即執持器械出堂驅逐，殺斃兒童二人，帶傷五人。當時街民因見教民逞兇，即赴教堂門首理論，

詎該教民等，復執洋礮刀矛兇擁出堂，立將百姓傷斃三人，帶傷三人。維時該文武前往彈壓，善爲開導，始各走散。十六日早晨，該教堂於四壁挖出礮眼，調集教民，預備與團民對敵。該團民共懷忿恨，鳴鑼齊團，約計萬衆，聲勢洶洶，大有與教士教民，欲得甘心以洩衆忿之勢。該文武率領兵役人等分投防範，剴切諭禁，並令該教堂將爲首滋事之魯信三交出，發縣管押。一面將博蔣兩教士，護送府署，奉教男婦五十餘人，護送縣署，妥爲安置。因人衆擁擠，防不勝防，當將教堂焚燬，該文武前往救阻，業已無及，隨將團民陸續遣散。並據該府探得，綏陽縣之蒲老場教堂，因教民滋事，礮傷幼民，被團衆將林教士毆傷之事，桐梓民教亦聞互相滋鬧，均未知的確。署院查遵屬民教搆釁，勢不兩立，深恐釀成巨禍。業經檄飭道員袁開第知府嚴雋熙，前往查辦，以免別生枝節，除俟查明稟覆至日另行具奏外，合將遵郡教民滋事大概情形，先行咨呈。

又**《泰安縣民李二全被德國洋人毆傷身死請速照會駐京使臣轉電青島德督究凶照約辦理》** 九月十七日，山東巡撫毓文稱，光緒二十五年九月初十日，據分泰安府委員，候補知州邵元瀚稟稱。竊卑職元瀚蒙本府札委，以據泰安縣典史車鴻勳稟報，縣民李二全，被洋人毆傷身死一案，飭即前往驗訊等因。遵即馳詣泰安縣署，先卷查光緒二十五年八月二十九日，據縣民李繼山呈稱，伊與伊子李大全李二全，自濟甯用車，推運糧食回歸。行至縣境東向莊地方，有德國洋人三名，分別騎坐馬車從後疾馳，將伊糧車撞翻。伊次子李二全上前理問，被洋人分用洋鎗筒馬棒叠毆，致傷身死，復將伊長子李大全毆傷，有地保李忠誠見證，懇請驗訊等情到泰安縣。時値該縣朱令鍾琪先期進省，面稟地方事宜公出，經車典史稟請委驗在案。檄飭前因，隨即帶領刑仵，親詣驗明。已死李二全，仰面致命偏左鐵器傷一處，斜長一寸，濶五分，骨不損。顖門鐵器傷一處，斜長一寸二分，濶五分，骨微損。額顱鐵器傷一處，斜長一寸二分，濶五分，骨不損。以上各傷均皮破血污。不致命左胳膊木器傷一處，斜長一寸八分，濶六分。左手面木器傷一處，斜長一寸，濶五分。左腳腕木器傷一處，斜長一寸六分，濶五分，紅色，按摸骨均不損。合面致命腦後右鐵器傷一處，斜長一寸二分，濶六分，骨微損，餘無別故。委係受傷身死，飭取兇器無獲，無憑比傷，當場塡格取結，屍令棺殮。又飭仵驗明李大全，右額角左右顳頰胸膛左右，各有木器傷一處，左手面處，左臂膊相連處，左手面木器傷八處，右臂膊相連右後肋木器傷九處。註單附卷，飭醫，集訊地隣人等供與報同。飭查洋人，先期逃逸，結訊李繼山等僉稱。本年八月二十九日，伊與長子李大全次子李二全，推運糧食在前行走。有德國洋人三名，分別騎馬坐車，從後疾馳，將伊糧車撞翻，伊次子李二全上前理問，被洋人分用洋鎗筒馬棒叠毆，致傷身死，復將李大全毆傷，伊等因係洋人，不論情理，恐滋禍端，未敢還毆，亦未攔阻等語。質之地保李忠誠，供亦無異。卑職查洋人赴內地游歷，照章應由領事官發給執照，呈驗地方官，隨時保護。今該洋人經過縣境，並未將照送驗，輒行疾馳車馬，撞翻縣民李繼山等糧車，因李二全上前理問，即將其叠毆致斃，實屬兇横慘毒。現經卑職在美國教堂查出姓名，譯係斜爾對，惟究竟是否其人，尚不可靠。應俟朱令公回確切訪查，再行塡格錄供通詳，理合將驗訊大概情形，稟請撫院鑒核。俯賜批示祗遵，並請移咨總理各國事務衙門，向德國使臣追出此案正兇。按例擬辦，以重民命等情，到本部院。據此，查德國洋人，在內地疾弛車馬，撞翻縣民李二全等糧食車輛，輒將李二全等共毆一死一傷，寔屬兇横已極。除稟批示外，擬合咨呈，爲此咨呈貴衙門，謹請鑒核。迅賜照會德國駐京使臣，轉電青島德督，查明此案殺死華民之洋人，是否斜爾對其人，務令追究正兇，照約辦理，以昭平允，仍祈賜覆施行。

又**《請電飭青島總督務即查明毆斃李二全之正犯照約懲辦》** 九月二十二日，給德國公使克照會稱，光緒二十五年九月十七日，准山東巡撫咨稱，泰安縣民李二全，被毆身死一案，據縣民李繼山呈稱，伊與子李大全李二全，自濟甯用車推運糧食，行至縣境東向莊地方，有德國洋人三名，騎坐馬車從後疾馳，將糧車撞翻。李二全上前理問，被德國人分用洋槍筒馬棒叠毆，致傷身死，復將李大全毆傷，有地保李忠誠見証。伊等因係洋人，未便還毆，亦未攔阻等語。查洋人赴內地游歷，照章應由領事官發給執照，呈驗地方官，隨時保護，今該洋人經過縣境，並未將照送驗。輒疾馳車馬撞翻李繼山等糧車，並將李二全叠毆致斃，實屬慘切。現在教堂查出姓名，譯係斜爾對，請照會德國駐京大臣，轉電青島總督，查明此案殺死華名之洋人，是否斜爾對。務令追究正犯，照約辦理等因前來。相應照會貴大臣，轉電青島總督，務即查明正犯，照約懲辦。

又《泰安縣民李二全被德人毆斃一案希轉飭東撫將該洋人西字原名查明知照》 九月二十三日，德國公使克照會稱，光緒二十五年九月二十二日准照稱，准山東巡撫咨稱，泰安縣民李二全，被德國人迭毆身死，請本大臣轉電青島巡撫，查辦等情。本大臣披閱之餘，本應照屬辦理，惟查東撫所稱，並未指明此事，出自何月何日。且其文內，並無實係德國人將該華民毆傷之確據。即以該撫所稱，該洋人經過縣境，並未將執照送驗等語。查地方官既未驗照，何以知該洋人係德國人，乃僅據不知何國何處之教堂，查出姓名，謂之爲斜爾對三字，想係只按耳中所聞之音，以漢字還音之字樣，此不足以查明該洋人之正姓正名也。務必將該洋人西字原名查明知照前來，本大臣始可辦理一切。因思山東全省，必應有一認識西字者，足以寫明該洋人之姓名。爲此應請貴署轉飭該撫，將該洋人西字原名，查明知照。本大臣接有實據，果係德國人將華民毆傷，自應轉致青島巡撫查辦，爲此照復，須至照會者。

又《李二全被德人毆斃一案查訪得實已知凶手姓名請速查照前咨一并照會德使究辦》 九月二十四日，山東巡撫毓賢文稱，光緒二十五年九月十八日，據泰安縣知縣朱鍾琪稟稱。敬稟者，竊卑縣民李二全，被洋人毆傷身死一案。適在卑職公出期內，當經本府札委分府委員邵牧元瀚，驗訊通報在案。當時犯遁無獲，未得主名，曾由邵牧於本城美國教堂，查出西文姓名一紙。業經附稟聲敘，惟以譯者未定，未敢據以爲憑。卑職公回後，即日往晤該教士信爾利悉心諮訪，該教士頗以民人慘死代爲不平。又經開具姓名，並告以其人住趾，向在沂州南關，此次即是回沂等語。惟其所開西文名姓，無從辨識，該教士不能譯准中音，未便相強。因倩精細妥友，星夜馳赴沂州，密查去後。旋又據信教士開來姓名一紙，謂前紙小有錯誤，此紙乃爲定音，正擬托人代譯，旋據遣出友人，由沂查回據云。起程後，即按照德人行過日期，並其僕馬車從之數，沿途查訪，知已回抵沂州。因即到沂訪查，該處紳民已多有知其事者，周諮遍訪，互相印證，始知乘車過此者，爲德國人傅士代，即總教士福若瑟，土人皆稱爲傅大人。其跟隨洋兵二人，一名傅來得，一名倪沒奈，實有在途毆斃民人之事，彼曾自言不諱，詈無譌誤等語。卑職伏查此案，李二全因其父李繼山，被洋人撞翻糧車壓倒，向前理論，竟被該洋人等羣毆致斃，其兄李大全亦身受鱗傷，實出情理之外。李二全年僅十五，跟隨父兄拉車，顯無別無，因與洋人理問，遂致橫逞凶頑。李繼山父子三人，老者六旬，弱者未冠，或傷或死，慘不忍言。業由卑職當堂給予京錢百千，先資埋葬，至此等凶徒按之刑書，即當坐以故殺之罪，駢首不足蔽辜。而該洋人蔑視華民，竟敢狠毒至此。向章洋人游歷內地，必須請領執照，知會地方官以資保護。此次該洋人過境，既不知照，擅自馳驅，犯事後又不告明，逕自逸去，顯係故違條約，有意行強。幸而卑境民情，向稱謹厚，設或當時激動公憤，羣起相讐，於該洋人稍有不情，又不知將如何反噬。近與德人交涉教案，無不曲遂其求，今其於道途須臾之間，率斃一命，無禮逞兇，尤爲不法，情勢相較，孰重孰輕。民命所關無分中外，按約責償，斷不能容該洋人置身事外。且此案兇頑情狀，衆目昭彰，雖局外如美教士等，亦皆同爲髮指。設不嚴懲重辦，不特外國聲名有礙，將以後地方官，亦無從保護。卑職爲大局所繫，不敢稍從寬緩，茲既查訪得實，理合馳稟撫院查考，應如何按約與爭嚴懲，迅辦之處，伏候批示祗遵。謹將查訪得實情形，並教堂原開西文名姓單二件，及現訪名姓住址細單一件，呈祈鑒核等情。計抄粘譯出西文姓名單等件到院，據此，查該縣民人李二全，被德國洋人在途毆斃一案。前據泰安分府委員，候補知州邵元瀚驗訊稟報，當經本部院，於九月十三日，據情咨呈貴衙門，核辦在案，茲有前情。查德教士福若瑟即傅士代，向在東省總局教務，因與跟隨洋人傅來得等，在途疾馳車馬，撞翻民人李大全李二全等糧食小車，復逞橫毆打李二全弟兄二人，一傷一死，殊出情理之外。人命至重中外所同，自應認眞辦理，以服人心。除稟批示外，擬合咨呈，爲此咨呈貴衙門，謹請鑒核迅賜查照前咨，一併照會德使認眞查明下手殺人之洋人，照約究辦，仍祈賜覆望切施行。

又《山東華民李二全被德人毆斃一案已查明詳情除仍電青島巡撫洋辦外請轉飭東撫將實在情形查出》 九月二十六日，德國公使克林德照會稱，所有華民李二全，被德國人毆傷一事，曾於光緒二十五年九月二十二日，准照會。業經本大臣於九月二十三日，先行照復在案。茲聞此事詳細情形，應向貴署細陳之。緣本年八月二十八日早九點半鐘，有德國三人，一名佛爾朮理德，一名艾柏諾，一名費來塔等，由兗州府經過甯陽縣，赴泰安府。於大道行路之間，至離東向莊約有五里遠之地方，遇有李姓父子

三人，手推小車，在道前行走。伊等以前相離約三十丈遠，尚有數十人同行，亦皆手推小車，該德國人內，惟佛姓一人騎馬，其餘兩人均坐在騾車。沿上所有馬匹，均在車後，爲馬夫所牽帶。因見路窄，小車在中間緩行，無過去之地，所以預爲大聲呼嚷開道。故李姓中之最年輕者，屢次轉頭回顧，乃小車始終不肯推向旁邊，只在轍內行走。該德國人無法，遂將所坐騾車，遶去過去，因車輪深埋轍內，不能不彼此相擠。故欲過小車之時，因車外所繫之口帶，撞翻小車。佛姓一見此事馳馬向前，查知小車所運之貨，並未傷損，遂擬向前行。不料李姓令其一子，跑至前面，約會同行之數十小車，令該華人等攔阻洋人。故前面之車夫人等，立刻皆手持支車木棍，大有不平之勢。且該洋人等之騾車，過李姓小車時，忽有李姓中一人，用手將騾嚼勒住，不令車行。因此艾姓下車，意欲令其放行，乃該華人氣甚不平，復用手勒住艾姓。費姓見事危急，亦趕緊下車，令放艾姓。當時三人相持，一同跌倒，忽有李姓一子，用巨石向前拋擊，幸未擊中該兩德國人。惟艾費兩人見性命有危，遂用馬棒迭向李姓頭間毆打，此時佛姓勸散，當下路旁有種地之華人等，均向車夫理論。並云彼洋人既預嚷開道，爾等不能不早已聽明，何故復行攔阻，於是該德人等均同前往。及時逾不久，李姓又從後趕來，遂謂伊子因被毆身死，須給銀補償等語。及該德人行至東向莊地方，居民皆肆口大罵，聲嚷殺害洋人。惟該德人始終未用洋槍，無不守禮，且皆忍氣不言，是以不致釀成大禍。查來文所謂，李二全被毆致傷身死一節，似屬並無確據。如果屬實固爲可惜，惟其咎不應歸之於自保姓命之德國人，應歸之於先行攻擊之華人，自招其禍。查山東居民，仇視洋人之心，近來屢屢顯露，而該省大吏地方官，並未禁止，貴國政府亦不認眞辦理。此次又事同一律，居民持械，德人以無法自保，未免還毆。本大臣現雖知此案之詳細，應仍查照貴署來文所請，電致青島巡撫，以及駐烟台領事，詳查辦理，惟望貴署亦即轉飭，將寔在情形查出，想必與本大臣以上所述各節，兩相符合也。

又《山東華民李二全被毆身死一案曲直所見顯而易見望貴大臣平情論事迅即電致青島巡撫將凶犯嚴究懲辦》　十月初四日，給德國公使克林德照會稱，山東泰安縣民人李二全，被德國人毆斃一事。本年九月二十二日，本衙門據山東巡撫來文，照會貴大臣查照在案。九月二十四日，復據山東巡撫文稱，李二全一案，查訪得實，正凶名傳士代，即總教士福若瑟，住沂州府南關大街路東，幫凶一名傳來得，一名倪沒奈。因同行至泰安縣東向莊地方，疾馳車馬撞翻民人李繼山，暨其二子李大全李二全等糧食小車。李二全年僅十五歲，徒手向前理論，竟被德國人羣毆致斃，其兄李大全，亦身受鱗傷，父子三人老者六旬，弱者未冠，或傷或死，慘不忍言。前報德國人姓名譯音錯誤，現已訪查的實，請照會德國駐京大臣，認眞查明下手殺人之德國人，照約究辦等因。本衙門正擬照會間，適接貴大臣來照，備述前因。所稱德國三人姓名，與山東巡撫來文，雖小有參差，而轉音無異，係屬譯音輕重不同之故，此三人即爲毆斃華民李二全之德國人無疑。至來照所稱，德國三人騎馬坐車，因見路窄，小車在中間行走無過去之地，大呼開道不聽。該德國人無法，繞走過去，撞翻小車，李姓中一人勒騾，艾姓費姓與之相持跌倒。忽有李姓一子，用巨石向前拋擊，幸未擊中該兩德國人。艾費兩人見性命有危，遂用馬棒迭向李姓頭間毆打，佛姓勸散，均同前往，時逾不久，李姓從後趕來，遂謂伊子因被毆身死一節。查李姓父子，因車被撞翻，向前勒騾理問，並無不合，德國人行至路窄地方，小車人力開道費事，理應相諒。乃遽用馬棒迭毆致傷，已涉動蠻，即謂李姓一子，用巨石拋擊，若爲保命起見，應毆打拋石之人，以爲抵禦，乃竟將相持倒地之人毆斃，其爲無理逞兇，更爲顯然。來照又稱，德國人行至東向莊，居民皆肆口嚷罵，該德國人始終未用洋槍，無不守禮。忍氣不言，不至釀成大禍一節。查德國人毆人至死，居民豈有不譁然之理，遽指爲嚷罵，恐係當時誤會。況既已毆斃人命，洋槍馬棒似亦無所區別。來照又稱，李二全死無確據，其咎不應歸之於自保性命之德國人，應歸之先行攻擊之華人，自招其禍。山東居民仇視之心，屢屢顯露，該省地方官並未禁止，此次又事同一律一節。查李二全被毆身死，該縣檢驗塡格有案，不得謂無確據。其咎之所歸，不歸之於撞翻小車，未曾受傷，空言欲保性命之德人，轉歸之於被毆身死之華人。撞車啟釁置之不論，尤爲情理所無。至李姓等推車行路，並無不合，地方官又從何禁止。且人力推車，轉動不易，以致未能聞呼讓路，此亦情勢使然，不得謂爲仇視。貴大臣所述種種情節，本衙門實所未鮮，總之此案曲直所在，顯而易見。人命至重中外同然，還望貴大臣平情論事，迅即電致青島巡撫，將毆斃華人李

二全之德國人，照約嚴究懲辦，以篤邦交而重人命，爲此照復。

又《東莞縣教案系法國教民被德國教民毆死已飭該縣趕緊緝凶》 六月初九日，兩廣總督譚文稱，案准貴衙門咨開，東莞逕貝村一案，法使所言是否屬實，查照聲復得因，承准此。查此案據東莞營縣稟稱，法國教民羅殿魁，綽號爛同，素性兇惡，常時滋事，被控同族德國教民羅登貴等，彼此爭毆，將羅殿魁致死，因此起釁。查得並未毀及兩國教堂物產，亦未傷及兩國教士等情前來。當以教民應歸中國官管轄，仍照命案辦理，領事無須干預。嗣法領事屢來催辦，其教士又與營縣相商，有此四款，因德國教士不允，故未議妥。兇手復逃往香港，經備文領事轉請提交，港官不肯交出，以致轇轕不清。總之，此案法國教民，被同族之德國教民致死，皆係中國子民，應由中國官照命案緝兇辦理。兩國教士固無所損，法教士不應干預索賠，德教士亦不應從中阻止。現飭該營縣等趕緊緝兇，逾期不獲，照例詳參。至毀失教民物件等項，兩國教民彼此願賠，官可不問，教堂毫無損失，教務毫無阻礙，教士無須著急索賠。緣准前因，相應咨呈貴衙門，謹請查照辦理施行。

又《函復朝陽陳阿明拜會聚衆與教案無涉希轉飭該領事教士不必干預》 十一月初十日，致法國公使施阿蘭函稱，逕復者，光緒二十二年十一月初三日，准貴大臣函稱，廣東潮陽古溪地方，天主教民陳阿明，與耶穌教民搆釁，當經商同美國駐京署大臣會擬，彼此各案前嫌，將案作罷，已於本年夏間，經兩廣總督開釋。現聞再行拿問，查陳阿明惟因兄弟分産涉訟，儻實有懸案，則本大臣於地方審理，自不過問。現在既非如此，而以作罷之事生波，應請轉飭該省，仍遵五月內總署轉飭辦法，勿再累及陳阿明等因。本衙門查本年六月初四日，准兩廣總督電稱，阿明因犯法後方入教，又有別案，故尚押候。今法美兩大臣，既商妥結案，已飭縣將陳阿明保釋，以示平允，所犯別案，俟將來再辦等語。茲准貴大臣函稱前因，當即電詢粤督，旋據電復。陳阿明拜會聚衆，與教案無涉，前據道府縣稟，均言事後須查辦，曾具結定案，復交出聽辦，近更尋仇報復，欲害耶穌教民。縣稟函致教士交出，一面飭拏。同日又據粤督電稱，美領事函云，陳阿明在潮陽，率黨圖殺耶穌教民李阿益，爲李進鳳抵命，此案已兩造具結。今欲殺無辜相抵，請彈壓保護云云。可見縣傳陳阿明實爲保全兩教，免致再鬬起見，非偏護各等因前來，本衙門查陳阿明前案已結，現復率黨圖殺耶穌教民，若任其辱仇報復，勢必滋生事端，當亦貴大臣取不顧也。相應據電函復貴大臣查照，即希轉飭該領事教士，不必干預此事，聽地方官秉公辦理可也。此復，順頌日祉。

李剛己《教國紀略》卷四上《照會法領事請辦結搶燒教堂》

兩廣督院張照會，案接貴領事官文稱，日前廣東省各屬教堂，被搶被燒之案，當經飭令教士，將各處情形，逐一詳細列單，共計三十三張，相應照送貴部堂查照。惟此次教民被害，共失去銀三十八萬三千五百八十八元三毫四仙，皆光緒十年十一年，即法國一千八百八十四年八百八十五年之事。亦因各地方官未能實力保護，是以遭此慘毒，雖經屢奉大清皇上保護之旨，無如各官不能實力奉行。是以各處百姓，將教士教民任意欺凌，無可安生。此次既被擾害，又失鉅款，深爲可憫。素仰貴部堂高厚廣大爲懷，定爲本署領事用心，速爲將案辦結。仍希飭知各屬，一體保護，以敦睦誼。或由貴部堂派委明幹公正之員，會同本署領事所派之員，商量秉公妥辦亦可。至應如何辦理之處，希即照會。爲此照會等情，附送法文一張，並中法文失單三十三張，本部堂均已閱。悉查中法自去年定約，敦睦如初，所有前年七月，貴前領事官離粤以後，至去年六月回粤以前，一切事件，本部堂實以爲無可議辦。去年七月初四日，接師前領事來文，業於七月十一日照覆。文內暨七月三十日答覆函內，明白指陳在案，意謂師前領事必當恍然大悟，深悔立言之失。貴領事官亦必不至再爲沿襲師前領事之錯。乃此次來文，核與師前領事去年文件，大意相同，殊甚詫異。貴領事素來深明公平道理，備悉各國交涉章程，不應又生波瀾，爲此不合情理之請，本部堂不得不更與貴署領事，切實論之。來文所稱教堂各案約分三端，一曰教堂，一曰教士，一曰教民。粤中各屬法國教堂，有事時則官代爲之封固看守，事平後則點明交還。保護之道，不過如此，此教堂之無可議辦者也。教士出境則送之，留粤則衛之保護之，道不過如此，此教士之無可議辦者也。以上二節前此照覆文內，均已詳切聲敘，現在無庸覆說。至於教民一項，其人雖習法教，仍係中國子民。領事離粤期內，粤省教民之事，豈能復行追問，是不啻干預中國保護子民之權矣，此又教民之無可議辦者也。總之前奉諭旨保護法國官商教士，乃係我國家格外浩蕩之

深仁，棄捐小忿，眷念舊盟之厚誼，故雖當兵事紛紛而高天厚地，徧覆涵濡，曾無小異。粵中文武百司，宣奉恩命爲泯仇釁，爲之衛行旅，爲之保室廬。其時人情洶洶，數百里内外傳書聚衆，必欲得敵人而甘心，見有敵國之人，無論官商，敵國之物，無論錢貨，誓不少留於境内。貴前領事暨教士人等，何一不親見，何一不深知。經本部堂再四通飭諭聲明，法國官商教士，不因爭戰而來，本與法兵有别，嚴飭諸將約束各營，明示密防費盡心力，始有今日之安。夫以衆怒所萃之物業，而居然幸獲瓦全，即小有遺落，僅如纖芥，所存於法國者，實大且多。法國商教士將去之時，無傷生之恐，及去之日，無失路之悲，復回之後，得棲止之所。其所仰賴於天恩者至優極渥，而粵省地方官睦誼之重，禁令之嚴，粵中之民遵旨守法，格外厚道，亦甚有可感激之處。本部堂之意，總以爲師前領事回粵之後，必當轉述貴國國家，與夫將相大臣，及教士之意，善詞盡禮，道歉道謝，以答我兩廣百姓以後格外謙和，格外謹斂，不爭不競，以期民教永遠相安，則貴領事官，斯爲善於奉行西教，維持商務者也。今來文不知感謝地方官，不知答慰衆軍民，乃謂保護之旨，各官不實力奉行，誣爲欺凌，詆爲擾害。試思若果當時不實力奉行，則當義民百姓虓怒沸騰之際，恐於貴國師前領事官，業已不利矣，尚何論區區之教堂什物乎。現在玉帛重敦，言歸於好，以前之事自應置之不提。來文所謂共銀三十八萬餘元，請爲將案辦結等語。查此等皆開戰以後，議和以前之事，無可歸結。如果各屬教堂於去年七月，教士回堂之後，别有被搶被燒之案，一經照知，自必按約飭地方官持平妥辦，亦不必另派商辦之員也。再者，去年撤兵立約以前之事，本部堂本不欲言，及致形見小今來文，既屢經糾纏前事，則本部堂亦未便默然不言。查中國自光緒九年，辦理海防以來，以至十年六月，雞籠開戰，而後耗費銀款各路用兵之費，及稅釐短收之項，爲數甚鉅。然此係國家款項，斷不屑與鄰國計較。即以商民虧損而論，兵端既啟，生理多礙。福州臺灣鎮海等處，兵燹擾攘，士農工商船户漁户，損傷人口物業財貨船隻，不知凡幾。然此尚係别省，姑置勿論，即專以廣東一省而論。擄廣海之渡船，封北海之商口，省潮廉瓊道路梗阻，貨物停銷，商工船漁俱受虧折。統算廣東省各口損耗銀數，約計三百八十餘萬兩，按照《萬國公法》，自應以舉兵至人之國生釁者該其咎。貴領事官須先言明，將此款銀三百八十萬兩，若何查辦若何歸結，籌有妥善，切實辦理，與本部堂議明辦妥。再爲查辦教堂損失，零星物件可也。至廣東省籌辦海防，正需經費，現擬籌備銀四百萬兩購買船礮，尚未措齊。貴領事官友睦爲懷，如能代爲用心籌助，尤所欣悦者耳。

又《保護長江一帶及蘇杭内地商教》 兩江湖廣四川總督，浙江江蘇巡撫會奏，竊查此次戰事，由於匪徒藉口仇報，肆行燬殺，致釀大患。各國亦以勦匪救使，及保護商民教士爲詞，調艦增兵，合而謀我。軍事既起，各省自應力籌戰守。臣等已將防務嚴密籌備，倘彼族前來侵犯，即當奮力抵拒。竊維中朝寬大，聖澤如天，懷柔遠人，無不仁至義盡。目前辦法，總須將朝廷萬不得已之苦衷，及並行不悖之德意，切實宣諭，庶匪徒不敢藉端滋擾，爲害地方。臣等於戰事初起之時，即行出示曉諭，務各相安，不必妄生疑慮，並接出洋華民電，稟請保護各國洋人，以免報復，情詞迫切。臣等遂乘各領事來商保護商教之時，會飭江海關道余聯沅，與之訂定章程，長江一帶及蘇杭内地，各國如不侵犯，我當照常保護，經各領事電商外部，臣等亦電致各使臣，向各國切實聲明。德因戕殺使臣，頗持異議，嗣因各國牽制，遂亦帖然就範。恭繹光緒二十六年五月二十九日諭旨，現在各使館勢甚危迫，我仍盡力保護，並飭臣等各盡職守所，當爲相機審勢，竭力辦理。六月初三日寄諭各使臣，現仍嚴飭帶兵官，照前保護各國使館，惟力是視。各該大臣等，在各國遇有交涉事件，仍照常辦理等因。是朝廷於天津開仗之洋人，則嚴加懲創，於未興戰事之洋官商教，則曲爲保全。臣等屢次奏請保護各使臣，亦以聖慮之所重，時局之所係，首在於此，不容稍緩。迭准出使大臣楊儒等來電，總以保全使臣，及在省之各洋人，爲第一要義。擬懇天恩飭下，在京得力各軍，保護各國使臣，正所以自保使臣。并請飭令各省督撫，保護在華洋人，正所以保在洋華民，不勝急迫之至。光緒二十六年。

又《奏陳商辦京城教案事宜》 議和全權大臣奏，竊臣等前准法國使臣畢盛照稱，此次拳匪倡亂，京内教會教堂，養病院育嬰堂，以及學堂墳地，均被焚燬，請派大員會同駐京主教，議定賠款辦法，早爲清理等因。臣等以法使既有此意，各國亦應一體辦理，並與議傳教善後章程，以弭釁端。當經照會英德俄美義比各使，旋准照復各派主教商辦，又和約大綱第

四款內開，中國國家，須在各國人民墳塋曾遭污瀆發掘之處，建立碑碣，以昭滌垢雪侮之意。亦應迅速照辦，擬派前內閣侍讀學士張翼，直隸布政使周馥，專司其事。電請軍機處代奏，於光緒二十七年二月二十四日，欽奉電旨，法使照稱議賠款立碑碣等事，即派張翼周馥妥爲辦理。惟善後傳教章程，最關緊要，必須詳細妥議，秉公持平，能使民教不致相仇，方能彼此有益。并著督飭張翼周馥，悉心酌覈，詳定章程，欽此。飭經札行遵辦，嗣張翼因公赴津，不及兼顧，復派雲南糧儲道，總理衙門章京李毓森，會同辦理。茲據周馥等詳稱，兩月以來督同印委各員，詳細考覈，與各國教士往復商議，舌敝脣焦，至今始克就緒。計京城應賠法國天主教堂，銀一百五十萬兩。美國耶穌各教會教堂，銀八十五萬九千零九十九兩。英國耶穌倫敦會教堂，銀十二萬二千三百七十九兩。另有英國安立甘會教堂，應賠洋銀六萬元，情願不索賠償。俄國教堂賠款，議以房屋地基抵換，令具合同。英美各教士已允自行開單，報明伊本國公使，歸入大賠款內彙算。惟法國主教樊國樑等言，昔年將蠶池口教堂移建，曾蒙聖恩賜帑賜匾，並賞伊三品頂戴，至今感戴不忘，安敢格外要索。但西什庫教堂北面住屋，全被地雷轟毀，各大教堂片瓦無存，教士棲身無所，力求先給賠款，以資建造。擬允付現銀五十萬兩以外，尚有應賠款一百萬兩。連英美各教堂，並計仍應賠銀一百九十八萬一千四百七十八兩。均經商允，歸入大賠款之內，訂立合同。又准日國領事大臣葛絡幹照，稱諸國全權使臣，核定京師一帶污瀆各墳塋，每處付銀一萬兩，此項不在賠款之內，應交各使館兌收。周馥等分往踏看，計阜城門外法國遠近塋地五處，安定門外俄國塋地一處，西直門外英國塋地一處。閱法國塋地各碑，有順治康熙年間，湯若望南懷仁，供職欽天監有功，恩禮優渥，予諡賜祭。以後效力外臣，賜葬銀者甚多，今橫遭此亂，莫不仆碑破塚。總塋地七處，每處給建碑銀一萬兩，共銀七萬兩。碑石由彼等自辦，只請諭旨矜惜，并禁止後來橫暴，似應准如所請。墳基歸彼自修，其款應歸和議賠款之內，與建碑無涉。至京內遭難教民，應加撫卹，幾難數計，細加訪查實在，焚燬傷害損失各若干，與教士送到單冊核籌剔減，總計法國天主教，美國公理會，美以美會，長老會，英國倫敦會，俄國東天主教會，各教民應給撫卹銀一百四十三萬兩。各教士力求兩月之內，請款散給，俾得及早安業。所佔官地民房，逐漸騰讓。以上三端，共應請現銀二百萬兩，皆係急需，礙難久待，懇即具奏，請旨飭部，如數迅速指撥，匯解來京，以免遲誤等因。臣等正在核辦，間復據稟稱，原指天主耶穌教民，撫恤銀一百四十三萬兩，屢次磋商折減，計京城法英各教會教民，應需銀一百零九萬七千零零九兩，俱已載立合同。尚有俄國教案，需銀八千兩，未立合同。查保定府教案議結，賠修教堂，美教士圖得現銀應付四萬八千兩。又撫卹教民，法美并計，合銀二萬五千六百兩，共計銀七萬三千六百兩。擬並提付，尚餘銀二十五萬餘兩。天津蹂躪較他處尤苦，萬難籌款，擬留作該處賠撫之用，俟天津道張蓮芬，議定詳請核辦。京外教案事屬聯貫，其情形尤重者，不得不預併籌及以外，應給賠卹津貼之處尚多，由各州縣官紳，就地自行籌捐，不敢並請公款各等因。前來臣等復查，京城內教堂林立，或奉敕建，或由教士自建，歷年已久，締造經營，規模宏敞。上年拳匪肇亂，各國教堂書院，醫院育嬰堂，及各教士住屋，多被焚燬，以至發掘塋地，屠戮教民。其教民倖免於死者，顛沛流離，苦難言狀，逐加履勘查訪，皆係實在情形。此次清理各案，以京城爲最難，而賠卹各款，亦以京城爲尤鉅。迭經臣等督飭該司道，與各教士往復磋商，再三核減，迄今始有成議。各教士亦知兵燹之後，公私蕩然，實難籌措，允將各教堂應賠銀一百九十八萬一千四百七十八兩，歸入大賠款內彙算。英國安立甘會教堂，不索賠償，尤稱好義。現在統加核計，惟法國教堂，請付現銀五十萬兩，塋地建碑銀七萬兩，教民撫卹原指銀一百四十三萬兩，折減爲一百十萬五千零零九兩。其餘提付保定賠卹銀七萬三千六百兩，天津賠卹銀二十五萬餘兩，總共銀二百萬兩，均經議明，不在大賠款之內，無可再減，且係待用急需，勢難延緩。相應請旨飭下戶部，迅即如數籌撥的款，並電知各省迅匯來京，以便如期應付，速清教案。至善後傳教章程，據周馥聲稱，現探各國各會，意見紛歧，猝難定議應。俟此次教案了結，會同各教士，先議底稿，呈請核定，惟識見寡陋，不足取信外人，應請奏派大員督同商辦等情。臣等以此事關係緊要，仍飭該司道一手經理，與各教士竭力磋商，以期就範，如能民教相安，自可永弭猜忌，容俟議有頭緒，再行酌核會奏。

又《順直各屬教堂賠款歸入大賠款片》 再查上年拳匪肇亂，畿輔各屬同遭蹂躪，焚毀教堂，傷害教民之案，無處無之。京城既撥卹款，並將

教堂賠款，與各教士商允，歸入大賠款之內。而順直各州縣，議賠議卹，皆須就地籌捐，其久困洋兵，及民力萬難籌足之處，流亡未復，羅掘俱窮情形，尤爲可憫。不得不分別辦理，以紓民困。經臣等飭令周馥等，與教士熟商，除撫卹教民之款，應仍由地方自籌外，將撫卹州縣教堂賠款，剔出若干，一併歸入大賠款之內。總計京內外議定，天主耶穌各教賠款，已歸大賠款之數，其銀三百三十萬零零九百七十七兩。其尚有數處未經議定者，爲數無多，俟議定再行續報。據該司道開單會詳前來，臣等復核無異，理合照錄清單，恭呈御覽。光緒二十七年五月初六日。

又《直隸藩司周善後諭帖》 第一條教案賠款

一，天主教係歸何處主教統管，耶穌教係某國某會，司鐸即神甫。何人，教堂幾處，教民約若干人，向來近日有無滋事。二，去年燒教堂華式洋式，共幾座。毀教民幾家，議賠堂撫教民銀共若干，分幾期付。已付若干，未付若干。三，賠撫教案之銀數，及如何攤捐，是否官紳與教士，三面議定，抑官自與教士商議。罰變拳匪產業若干，是否酌留若干養其家屬。地方公款挪墊若干，攤捐若干，是否官紳會議，攤捐之數，是否適如認賠之數。現在未付之銀，約計每村每畝，仍應攤捐多少，屆時能否如數籌出，應否酌請津貼，或遵示酌緩錢糧差徭。或將賠教堂之款，請主教牧師開單，送其使館，歸入大賠款內。如彼難允，能否再商司鐸牧師，將認定賠撫之款，展遲期限。近日州縣，或因賠款多，而未將如何捐湊之法稟明。或因賠款恐招民怨，而求剔歸大賠款之內。或請公款津貼，上下隔閡，謠言四起，甚非辦法。夫拳匪產業，雖奉文可以變抵，究屬無多，且恐不能盡變，絕其家屬生計。督憲前劾延慶州秦奎良疏，稱教款難籌，不得不捐罰並行，固知各屬全恃攤捐，然捐數亦不可過多。前本藩司在京查閱院卷，有州縣稟明，按畝派一百文上下者，有竟未稟明者，近聞有每畝派至數千者。民力何堪，無怪怨謗沸騰，謂官紳染指也。至賠修教堂之款，照和議條約，原可商請教士開單，交其公使，歸入大賠款之內。然教士或欲圖得現錢，或欲示罰本地，以儆將來，不肯照辦。亦有州縣官，恐增入大賠款，貽累國家，不願照此辦理者。然通盤核計，權其輕重緩急，不妨訴陳上司。近有州縣，欲於議定合同之後，復請教士，將修堂賠款，援案辦理，誠恐不易。又聞大款內，實有餘地可入此款，姑候印委與教堂相商。此時和議垂成，大款賠四萬五千萬兩之數，已經議定。分年攤還，認四釐息，須三十九年還情，本利並計，加倍有餘。國家財力已極艱絀，何以堪此。去年大亂，上下如狂如瘋，愚民雖屬無知，官與紳何竟一無禁止。撫今追昔，能無痛恨。今乃因賠款難出，而歸國家認列款內。爲臣民者，何顔以對君父也。本藩司辦理京中教案，曾有剔歸大賠款之奏，均聲明日後如能籌還，仍由大款數內抽出，實不欲以此久累國家也。至撫卹教民之款，照約應歸地方自籌。各國公使，意謂華民應歸華官撫卹，不與各國相干。而此款較賠堂尤要，若不按期發給，則教民無以爲生，心圖報復，或搶或訛，幾難禁阻，非所以息爭釋怨之道。本藩司日前在京，力請全權大臣，與戶部奏請二百萬兩，以爲津貼教案極苦州縣，兼撫窮民，及資遣土匪，一切善後之用。而度支告絀，昨始聞蒙撥京餉一百萬，稍可指望。其撥北洋防費一百萬，難期抵用。際此時艱，本司何敢再請。今與各州縣開誠相商，務須體察民力，實籌若干，再爲通盤籌畫，苟可勉籌，切勿請款津貼也。

第二條調和民教

一，天主教歸教王統管，傳教者如出家僧道，不婚不宦，不營產業，生遊某國死葬某國，總以勸人行善，禁止偷盜邪淫，不誑語不欺人，勿爭勿貪而已。每省有一二主教，係教王諭派，故前年總理各國事務衙門，今名外務部，奏定各官與教士相見禮節，准主教請見督撫，司鐸請見司道，蓋欲通情愫，泯猜嫌也。司鐸係主教所派，在中國稱曰司鐸，只勸教民修行，惟大司鐸管事。地方官與司鐸等相見，自應待以客禮。歲時往來，彼此自無隔閡，免致旁人播弄。近日官場中，稱主教曰大人，尊教王也。稱司鐸曰神甫，或曰大司鐸，從衆也。此如師友幫同勸化百姓，非有權力管理公事。故地方官只可用信，不可用公文，信面尤不可用老爺等字，致失名義。故總署奏定章程，教士不干預詞訟，而教士亦每曰，我不管地方詞訟。然教民每以訟事干託教士，甚有戶婚田債細故，毫不與教務相干，亦來關說。此非教規，亦非主教本意。地方官若果能平心訊究，勿輕用刑，查明證據確鑿，自應不分是教非教，概從理法公斷，彼又何從辯駁。萬一彼聽教民一面之詞，或逕請翻案，或函請上司衙門提訊，不妨將案中細情，從容告知。如彼再不悟，即申請上司衙門，派員復訊，萬不可因彼請

託，率爾改斷。此指尋常詞訟而言，若教民有犯命盜重案，自應照平民一律辦理。地方官與教士居處不遠，遇教民犯此重案，或一面收押，一面告知。此是交情關照，並非例章，所有教士遇此等事，多將此教民革出教外。然在官秉公議罪，固不必問其革逐與否。至若平民欺侮教民，此風尤不可長，近日大亂甫平，仇教之禁，新章綦嚴。而地方平民多，教民寡，若平民欺侮教民不速查禁，恐釀巨案。如遇此等案件，預須秉公從速剖判，勿稍偏抑，見好愚氓。然其要尤在平時剴切開導，使化畛域。近日各教士勸諭教民說帖，想俱閱過，可見教士絕無袒教之意，其欲保護平安，固彼此所同心也。二，耶穌教即由天主分出，不歸教王管轄，聽各國各人自立一會。近日在中國耶穌教，有英國倫敦會，聖道會，安立甘會。有美國美以美會，公理會，長老會，浸禮會，以外名目甚多，各不相轄。即同會而分住數處，每處各有教士管理，亦不相轄。惟美以美會有總董一人，主持會事，調度一切。耶穌教士稱曰牧師，一切規矩不加勉強，可婚可宦，或一家人此奉教而彼不奉教，或一人先奉教而後出教，皆聽其自便。至牧師傳教勸善，與天主略同，而通民情無城府，人皆謂較天主易於親近，然亦視傳教牧師爲何如人耳。各屬境內如有耶穌教，須問明何國何會。前年總署奏定教士相見禮節，不提牧師，誠以耶穌一教，會多人衆，不便例以官場禮節。彼視他人，亦略如僧道平等，不斤斤於此節，但州縣相見，總宜以客禮相待爲是。地方官遇有民教爭訟事，辦法與天主教同，已具前說。但司鐸如或意見不合，可見主教評論，牧師意見不合，可請其同國同會之牧師，代爲排解。然遇此等事，總宜據實申請上司衙門核奪，不可隱飾其詞，尤不可夾以負氣漫罵之語，致增口實。三，歷年教案疊出，上下憂心，曾經總憲裕德條奏保護教堂，由官擇地，設立保甲。愼選本地紳士二三人爲董事，額設巡勇，用教堂附近之人。局董當差，如三年民教相安，照尋常勞績請奬。或事起倉猝，果能彈壓解釋，照異常勞績請奬等語。經總署於光緒二十四年十月議復，奉旨准行在案。至今各州縣未能一律照行，固由奉行不力，推究其故有二。一因教民於應出保甲積穀等費，抗不肯出，彼先自異人，遂異視之，紳董地甲焉肯保護。二因教民間有逞強欺人者，人多側目，紳董等難以約束，更不願保護。查教民應出公費，除迎神賽會，聽其不出外，餘俱照平民一律攤派，早有通行定章。前日本藩司在京，與各教士談及，併言決無聽教民抗捐之理。至教民不法者，總是我同類之人，教士既屢經訓誡，紳士併宜認眞查禁，一體保護約束。教堂左近紳董，既奉旨保護教堂教民，官與紳宜其任其責成。如逾三年平安無事，照案准由官擇尤請奬。四，教民與平民涉訟，最爲釀事之端。人謂教民恃勢估強，固屬不免，而官亦不能不認其咎也。本藩司在京曾告各教士曰，天主耶穌以忍讓爲先，我嘗見教士，常勸教民勿因小事與訟，必待人欺負已極，無可如何，教士准其控官，始敢遞呈。猶必諄誡教民曰，呈詞內萬勿說謊，否則大犯教規。倘若教民不先訴於教士，而輒控於官，教士必深惡而痛絕之，諸位能照此行否。答曰，皆願照此行，且早有照此行者。余又曰，凡教民因訟到官，每謂官不公斷，此語原不可盡信。今思得一法，凡教民如與平民爭訟，或教民與教民爭訟，先請鄉黨中公正人調處。此公正人須由兩造各請一人或二人，不論在教與否，不問有職銜與否。如兩造再不遵議，再聽其各請一公正人評斷。本藩司辦理交涉多年，照此了事不少，從無流弊，亦各國從同辦法也。萬一事仍難了，不得不控於官，官須查明公正人調處之言，以爲採擇張本，如此安有冤枉，且省費省事多矣。各教士皆答曰，甚善。余又曰，教士常言教民與平民爭訟，教民多輸，以平民有秀才舉人進士說情，而教民無之云云。自是教民一面之詞，然余亦有辦法。教士收善人入教，原取其改過自新，略如佛教懺悔之意。而人類不齊，鄉紳遂薄視之，故教民列於紳董之列者極少。今由教士，擇其身家淸白，年長性純，入教已逾一年，不犯教規，不滋事端，爲鄉里所信服者，舉出數人，開單交地方官復加查訪。如是素孚鄉望，不論有無職銜頂戴，准官諭派，作爲教中董事。凡遇教堂公事，教堂即係本地方公產，非外國之產也，總署早有通行，切勿誤會。准其來見州縣官，待以鄉紳之禮，略如生監見官禮節。若彼爲自家事與人爭訟，自應照例長跪聽審，與平民無異。此等教董，每縣不得過二三人，如能辦事妥當，衆心允服，亦准三年後，擇其尤出力者，與保護教堂之士紳，一體請奬。倘教董別有不妥，由官撤換，會同教士另舉，豈非安民息爭之一大關鍵乎。各教士皆曰，甚善甚善。將來商訂民教相安章程，必有此條，望各屬先照此意，與教士商酌，權宜試行。又民教爭訟，書差酒飯路費，一切多取於平民，而於教民或少取之，此亦平民不服之一端。余以爲此等事，

皆由官不明不勤之故，在平民又可聽書差多索耶。言念及此，弊難盡舉，望賢有司各自努力爲之，可也。五，此次教案議結之後，必訂立合同，如載有匪首應緝獲懲辦字樣，應即訪查，確實速行嚴拏，不獲即懸緝終身。不可遲逾一二月，始出票躧緝，以致人心惶惑。若匪類自行投首，照例罪可輕減，倘有公正紳士，保其以後安分，並能幫同緝匪，保護地方，可與教士商明，通稟請示，免其重辦。教士不重在復讎，重在保護後來平安也。至附從之匪，合同內未必指拏，此應一概免究。本藩司前月在京，有教士單開應辦之犯極多，復經商定，除首要重犯，百中不過一二人，應拏辦外，其餘皆一概免究。又慮傳案具結，多所擾累，遂飭各屬，將單開免究從犯，出榜諭知，交保約束，使其改過自新，或開諭單交紳董傳知，免其到案。教士無不應允，此亦了事之一法。瞬屆迴鑾，薄海重睹昇平，前劫已過，正宜休養地方安靖，不可到彼時再辦緝匪等事。六，教案議結，無論賠撫各款，已付未付，凡平民教民概行遵照合同辦理。如拳匪先佔奪教民房屋，自應退還，若教民因家業被毁，佔奪他人房產者，亦應歸還。倘因撫款尚未到手，而教民實無屋棲身，可准其暫住，勒限退還原主。至零星物件，彼此搶奪者，除先經歸還外，以外不准再索。總之既立合同之後，無論何事總算一概了結。七，教民常畏平民欺侮，竟有日久不敢歸家者，近日土匪風熾，教民復畏擾害，紛紛逃出，依傍教堂及親友家者，此皆地方官漫不經心之所致也。教案雖已議結，教民究屬膽虛，且恐其夙忿未消，尋仇報復。自應諭委紳董，將教民一體約束保護，使其安居樂業。一縣之中何村純良，何村不純良，必略知其大概，仍應時常下鄉察看，善爲開導，即匪類亦無從生心。若於案結事定之後，忽起焚殺教堂之案，必是拳匪餘燄，再起風波，爲官者何顏以對君父耶，上司能相容耶。杜漸防微，是所望於賢令尹矣。

第三條緝捕盜匪

一，每縣四境之內，必用偵探，如有拳□各匪藏匿，立即懸賞嚴拏。其出名匪首，應發犒賞，准定案後，赴司請領。惟買眼線給差人，盤纏皆須官自探囊，故愛民之官，斷無不嚴辦賊匪之理。重利之官，決非能辦事之人。試設身一想，官若視民如子，安忍惜小費而聽匪擾我民耶。即捕盜之差線官，亦時常懲勸兼施，而不肯鬆手矣。二，辦保甲誠是善法，皆賊匪勢盛，辦亦無益。宜先設計殲其渠魁，倘因循寖熾，聚衆抗差，官宜親身往查。如係怙惡不悛，只得請兵擒勦。兵到之時，官宜同在行間，一面招撫，一面作爲嚮導，且免兵勇擾民。近日鄉間滋事，官即請兵彈壓，及至官兵擊賊，而官仍坐衙齋不出，但遣差探視，不知其何以安心也。三，匪首如果投誠，屬無殺降之理，但此輩膽大，若不勦而撫，恐爲所紿。如果眞降，一說必成，多說即非眞降。非勦不可收降之道，其要在先取妥保繳槍械，然後給免死照資遣歸農。若無業可歸，不便驟遣者，須與紳董暫行設法安插，費用不足，不妨稟司請示。總須設法以鈐束之，勿使再入匪徒。四，似匪非匪之徒，所在多有，或藉口教民欺負，或藉口攤捐太多。兵到則釋械爲民，兵退又嘯聚訛搶，此等伎倆，只可瞞官，不可瞞鄉里。官若常下鄉，與紳董見面，時派眼線四出訪察，決無不知其頭目之理。知之而不能擒其渠魁，解散脅從，無怪其勢日張。法宜清查保甲，選舉邨董，重賞線捕，勤練小隊。一面開導一面搜拏，萬一愈聚愈多，只好請兵彈壓。然官仍宜盡其心力，不可盡委於兵也。

第四條休息培養

一，查教案賠款，每邨每畝已出若干，未出若干。二，查供應洋兵攤捐若干，以上二端，雖奉督憲通飭，將收發數目榜示，委員到縣，仍須細訪民間，以期核實。三，教民私訛之款，應即追抵，若私和之款，不必再問。本藩司早與教士說明，然皆出自民膏，官應略知其數。四，地方公款，如積穀書院廟會育嬰卹嫠等費，提用若干，將來如何籌還。五，地方官虧挪公款若干，如何塡補，是否又出於攤捐。六，錢糧差徭已緩若干。七，民力已困，如何調劑。其有已忍賠款，而實未能籌捐者若干。八，平民遭此次大亂，家破人亡，或孤苦無依者，亦應諭紳董，速查稟司核奪。或由地方籌款，或由本司設法，當請督憲示行。九，各邨藏有後膛快槍連子彈，不論多少，務飭一併繳出送省。槍好者連子彈不拘多少，准每槍一枝，給銀十兩。槍壞而能收拾者，每枝准給銀五兩。壞極而不能用者，每枝准給銀三兩。由各縣一面收槍，一面墊款給領，即在正款內開支，不可剋扣遲延。繳淸仍飭邨董具結，如以後該邨查出有此槍枝存放，即照私藏軍火例辦罪。如聞該邨實有快槍，而抗拒不肯查交，即是有心爲匪，應由官督同紳董，挨戶搜查，再抗即照土匪例重懲。至前膛土槍如有繳者，准

地方官收買，作緝捕之用。如邨董願留數桿防夜，准官驗明，烙字發還。庶幾賣劍買牛，盜風永息。土匪投誠繳後膛槍，亦照此發價，作爲遣散歸農之資。其前膛上槍及刀矛雜項，亦准酌給價值，留作地方官緝捕之用。十，從前團練及連莊會，現奉督憲，一概嚴禁。惟巡更守夜，各保各邨不在此例。仍由州縣選舉紳董，速辦保甲。不惟清查盜賊以安善良，且可排難解紛，消除無數爭端。當兹大難之後，官紳並宜同心一氣，且紳尤重於官，官可更代，紳則身家永共休戚也。各紳士有願來省見本司者，一到即見，如保護地方平靖，緝盜安良有功鄉黨，准由官年終酌請奬敘。十一，大亂後地方如何安緝休養，有無更張整頓之法，能保永遠無事，共事昇平，應由官紳各抒所見，稟候核奪。

反教部

論教義教理分部

論説

王炳燮《毋自欺室文集》卷二 《王制》又曰，廣谷大川異制，民生其間者異俗。剛柔輕重，遲速異齊，五味異和，器械異制，衣服異宜。修其教不易其俗，齊其政不易其宜。夫所謂修其教者，修其三綱五常之教也。五方之民俗雖不同，其君臣父子兄弟夫婦朋友之倫，一也。則其有義有親有序，有别有信之性，亦一也。故殊方異域之人，如高句驪日本，遠在東海，安南交阯，僻在南荒。本奉西竺之教，自前代得聞詩書，遂亦皆服中國之教，而知禮讓之事。其他如回回之有教門，喇嘛之有紅黃二教，皆其種人自相傳奉，未嘗誘中國之人入其教中，故國家亦不禁之，所謂不易其俗者也。獨有西洋之天主教，自明萬歷間，利瑪竇始入中國，遣其徒王豐肅等，傳教各直省。盜竊佛老之言，造爲天主手造天地，七日而成之説。老子云，有物混成，先天地生，寂兮寥兮，獨立而不改，周行而不殆，可以爲天下母。吾不知其名，字之曰道。釋氏達磨偈曰，有物先天地，無形本寂寥，能爲萬象主，不逐四時凋。天主教實陰竊其言而爲之説。復造耶穌，以爲天之眞子，供奉十字架，七日一禮拜之。十字架者，耶穌犯罪釘死之刑具也。耶穌之徒造言，耶穌釘死三日，復活昇天，轉相煽誘，傳徒結衆。明臣徐如珂識其爲漢之米賊，唐之尼首，上章論黜之。徐光啓因其人明歷算之法，轉加崇信，薦湯若望於崇禎帝。至我朝定鼎之初，用其歷法，官以欽天監職。而其教之傳於中國者，自順天山西河南山東江南福建廣東廣西各省，皆有天主堂。歙人楊光先起而闢之，上書於聖祖仁皇帝，聲其奸罪。聖祖赫然震怒，逐去若望，禁止其教。於是天主堂之在各省者，得以毁廢。光先作《不得已錄》以著其事，以爲甯可使中國無好歷法，斷不可使西洋邪教爲禍於中國，誠慮之遠也。然其教雖已禁革，而各處暗爲傳習，實未嘗絶。其流衍於廣西之教，遂爲今日之大害，則長髮粤匪是已。粤匪所傳之僞詔，有曰天父天兄，有曰贊美天主，有曰贊美耶穌。不奉偶像，不敬鬼神，不祀祖宗，七日一禮拜。天主所傳之説，已被黠賊改易，與西洋所傳稍異，然其惑世誣民，則一也。西洋諸國天主教始自羅馬，暎咭唎國又創爲耶穌新教。兩教之人互相非毁，其實天主耶穌則一也。其書有《新約全書》《舊約全書》《創世記》三種，爲兩教最初文字。鄙俚妄誕，至淺至陋。近復購中國文士，撰爲種種經説，其間彌近理而大亂眞者，時亦有之。然取《新舊全書》觀之，則其底藴具在，不足置辨。

又卷六 天主之教，其大罪有八，聽其傳習，其大害有十，請得而陳之。案耶穌生於猶太國，其母馬利亞時尚未嫁，妄言天主託生，實無父之人也。及其既長，棄家遠遊，傳徒行教，一日與其門徒十二人，坐於樹下講道，其母與兄尋至，欲其回家。門徒以告耶穌，不認曰，能奉吾教者，即吾母兄，不能奉教，即非母兄。母兄哀勸，終不肯認，於是母兄拜哭而去。夫中國聖人之教，不外五倫，墨氏兼愛，孟子謂之無父。犬羊不知有父，尚知有母，耶穌不認其母，犬羊不如。乃奉爲教主，以教天下後世，是率天下後世，皆爲無父無母之人矣。此其大罪一也。耶穌返國，國人傾城出迎，國主恐其生亂，釘死十字架上，並取二盜同釘。是十字架者，釘死罪人之刑具也。耶穌之徒，私取耶穌埋之，造言耶穌死後三日，復活升天。供立十字架，惑衆聚徒，黨羽更盛，遂挾衆以脅其君，執其國柄。至今西洋諸國，教主之權重於國主，政令大者，悉由教主，稍有違忤，廢立由之。賦税所入，大半歸諸教主，供其資用。是以其教廣行，西洋無國不遍。孟子謂楊氏無君，不過爲我而已，未嘗眞敢蔑視人君也。今天主教妄自尊大，藐視人主，自弛禁以來，所見奉教之人，無不指斥乘輿，謂皇上與教主接見，先拜天主，次行平禮，是率天下皆爲無君之人矣。此其大罪二也。洪荒開闢之初，文字未興，無可稽考。五帝之説，雖見於《宰我問五帝德》諸篇，然已荒遠不可盡曉。是以孔子删書，斷自唐虞，信以傳信，疑以傳疑，不敢誣惑後人也。《易緯》所傳，史志所錄，稱天皇地皇人皇，雖遠不可信，要亦開闢以後之説，未敢言及開闢以前。今天主教有

《創世記》一書，稱天主手造天地，七日而成，是未有天地，先有天主矣。又云天主降生，而爲耶穌。《創世記》不言是天主親筆，不知七日造成天地之説，何從知之。又自降生之歲，至今年癸亥，爲一千八百六十三年，以中國之史考之，距同治二年以前一千八百六十三年，正當漢元帝之時，上距唐虞尚有二千餘年，更無論三皇以上。不知西洋與中國，同一天地乎，抑別一天地乎。使同一天地，則漢元帝時，中國已在近古，不知西洋何故直至此時，纔得天主降生。是耶穌之徒，造此大謊，以神其説，使人無可質證，此之謂誣天。其大罪三也。人道之大，不外禮義廉恥，禮義緣五倫而立，忠君親上，愛親敬兄，長幼有序，夫婦有別，此之謂禮義。能全乎此，謂之爲善，苟反乎是，即謂之惡。今天主教設立神父，每至入教之家，別就曲室，令婦女更迭承奉。又擇一女絶其婚嫁，終身承侍，謂之正女。凡入教之人，新婚初夕，令男子避去，神父宿於新婦房中，謂之赦罪。夫以其教之無父無君，既已如彼，而其瀆亂男女，同於禽獸，又復如此，是其蔑棄倫常，無禮無義，並無廉恥，爲惡已極。而猶動云勸人爲善，此之謂誣人。其大罪四也。鬼神之説，自古有之，《中庸》曰，鬼神之爲德，其盛矣乎。雖不必如廟中塑像之狀，然體物不遺，洋洋如在。《詩》曰，神之格思，不可度思，矧可斁思。神之可敬可畏，而不可褻玩，理固然也。故自天地日月，星雷風雨，以至山川城社，門行井霤，莫不有神。自古至今，無弗分爲等殺，因時致祭，昭其誠敬。今天主教，則謂自天之上，至於天下，但有耶穌爲之主張。一切神道，皆爲毁棄。夫四海之大，人物之衆，王法所不及，治者幸有神道默助至教。今天主教抹去神道，使人心無忌憚，而惟彼教之是從，與諸邪教實出一轍，此其居心安可問乎。是欲鼓衆，先以毁神。其大罪五也。天堂地獄之説，始於佛書，其事有無，從無實據。縱使有之，亦必忠臣孝子，義夫節婦，與凡正直無邪之人，方得升天。其無父無君，不忠不孝，淫亂邪僞，姦惡欺詐之人，必入地獄。以理言之，固如是也。今天主教竊取佛書之説，以惑愚人曰，能奉教者，死登天堂，不奉教者，皆入地獄。甚謂佛不能奉天主，亦入地獄。是佛之言天堂地獄，尚有勸善懲惡之意，而天主教則專借其説，以誘人從教。初不問人之善惡，且但借爲善兩字，以欺誑世人，並不知何者爲善，何者爲惡。名曰闢佛，實則盜佛。其大罪六也。《論語》曰，慎終追遠，民德歸厚。自天子以至庶人，莫不有祖宗。古禮天子七廟，諸侯五廟，大夫三廟，士一廟，庶人祭於其寢。人子不忍死其親，故事死如事生，事亡如事存。報本追遠，盡其孝思。蓋自仁率親，自義率祖，別其親疎，分其等殺，皆所以厚民之德，而成其化。化成德厚，則民皆尊尊親親，而無犯上作亂之事。今天主教曰，人死無知，不必立主，祖宗不必祭祀，滅子孫愛敬之心，敗國家孝治之化。此其滅絶祖宗，不如豺獺。大罪七也。佛老之教，或宗清淨，或主空寂，離垢去欲，無干法紀。衛道之士，猶深惡之，爲其外倫常，而言道德也。此外邪教，以術愚人，徇私縱欲，挾勢橫行，小則瀆亂彝倫，大則謀爲不軌。今天主教不老不佛，並不離垢去欲，淫邪縱恣，或亂民人，誘衆聚徒，結爲死黨，煽誘不已，愈衆愈妙，與諸邪教，毫無少異。使非實有陰謀，如楊光先所云，謀奪人國者，何故如此。此其挾邪猾夏，包藏禍心。大罪八也。

志剛《初使泰西記》卷三　使者於浮海之先，預計西國，必有執其教，以講究爲導誘者。若執中國詩云子曰，與之較短長，則不惟徒滕口説，反成爭端，且失中外和睦之誼。因取彼教之《新舊約》而觀，其大略乃知。耶穌之道，其體在自養光明，如佛家之定慧。其用在愛上帝以愛人，如佛家之慈悲。究而言之，中國之智仁也。蓋天地間道理聰明者，皆能體而得之，本無奇異。由耶穌之道，當無惡于世間，然其所以被釘於十字架，而受西國之極刑者，由於到處講道理，示前知，爲人治病，以致從徒至萬千人。且創爲天國之説，謂從其教者，皆升天國而享福利。以常人而擅天國人主之號，擁萬千之衆，以傳食於諸侯，無怪犯各國人主之大忌。乃踪迹求之，而置於極刑。以此觀之，則耶穌自係聰明磊落之士，但不知道有行廢，身有見隱。徒炫己長，大犯時忌，而速奇禍者也。其徒諱之，稱爲七日復生，則無可稽。既已略得其旨趣，即執此以資談柄，必有令其反求自悟者。既到英國，果有教士造館訪謁，乃延之上座，而問之曰，耶穌之道在養其光明乎。曰，然。在愛上帝以愛人乎。曰，然。曰，既習其教，當遵其道，以養光明，奈何孳孳爲利，到處誘人。既愛上帝以愛人，又奈何終歲以堅船利礮，到處爭戰殺人乎。曰，彼不愛人者，非能愛上帝者也。又詰之曰，習教者，西人也。傳教者，神甫也。既有神甫以教人，何以不教以愛人之道，而聽其嗜殺爭利。所貴乎神甫者，何在乎。

教士未能罄其説而去。及至法都，二月初，又有教士來謁。問其人，而知爲英人，久在中國傳教，譯洋書之名士。及晤面，乃矍鑠老翁，尚有數教士偕來。而前於英國見訪者，亦在其中。因臆之曰，請得大將來鏖戰也。寒暄後，彼曰，孔子言某之禱久矣，恐人藉此言而廢祈禱，則善心無由生，是祈禱上帝之禮不可廢也。使者曰，祈禱求福之説，止可行之於荒陬海澨，昏愚野性之人。如美國之紅色人，奧地力之野人，與夫麻拉加等，終歲弱肉強食，不知悔懼。若告以人生禍福，有上帝爲主，苟不及時求禱，則積禍日深，永無享福之日，使之稍知悔懼，而暫息其爭，奪殺害之心，則祈禱之用行矣。今以爾我久服禮義之人，若必以七日禱求，是必有惡行也。若無惡行，禱免何事。此六日中之有無惡行，猶未能自信乎。彼即拱手告辭曰，吾儕小人，聞大人數萬里至此，不過前來問候，並無他意。揮其徒曰，走。匆匆而去，後遂無詰難者。

林昌彝《小石渠閣文集》卷一《闢邪教議》 邪教蔓延，勾結煽惑，誘及婦孺，受洗吞丸，習爲不善。考耶穌生於西漢哀帝元壽二年，去聖人之世如此其遠，即較之二氏九流，亦最爲晚出矣。跡其生平，最誇者醫病救人。然動割人肉，邪法也。又嘗以七餅，折爲徒衆三千人食，亦不過如道家搬運之術。其他別無功德，乃敢稱爲造天之主，謬謂天地民物，皆爲所造成者。試思漢帝以前，三皇五帝，堯舜禹湯，文武周公孔子，代天宣化，已歷萬千年。即海外各國，皆早有君有民，有政教刑法，豈待漢哀帝時，耶穌始出而造之乎。攷《海國圖志·辟邪論》，耶穌之母瑪利亞，有夫名若瑟，而耶穌弗念厥考。以爲其母童身所生，冒稱造天之令子，欲以求勝於各教，并思脅制其國君。故入其教者，不許祀祖父君王，及一切神祇聖像。無天無法，無父無君，不忠不孝，不道不義。是以上干天怒，假手於猶太國王，拿獲耶穌，明正其罪，治以國法。縛釘十字架上，血流被體，殫七日而死，始令掩埋。而其無藉之徒衆，乃故稱爲埋後三日復活，越四十餘日飛昇，以圖傳染其教。此亦如孫恩兵敗赴海，身死而其徒傳爲水仙是也。不然豈有身爲天主，乃不能自主其身，而爲凡夫所縛所釘，以至於死乎。其徒復飾爲之説曰，天主自捨其身，代生人受罪，亦屬可哂。夫身爲天地之主宰，獨不能免人於罪，而必代爲受罪，以彰其釘死之跡乎。彼教以勸善懲惡爲詞，亦竊儒者所嘗言。至云信天主則致福，死後魂升天堂，不信天主則致禍，死後魂入地獄。此即武三思所云，與我善者爲善人，與我惡者爲惡人之意也。今之傳教者，又演其書曰，不信天主雖積德善人，皆降之以禍，死後魂入地獄。信天主者雖強盜惡人，皆降之以福，死後魂升天界，且有數千年餘祥。噫，是罰善賞惡矣。其與勸善懲惡之旨，不大相刺謬乎。況天堂地獄不過竊佛氏下乘之唾餘，乃轉謗佛氏爲永墮地獄，誰其見之。耶穌生釘十字架，儼然地獄之劍樹刀山，則確鑿可據耳。再攷海外諸國，信天主教者莫如耶馬尼，而其國離析分崩，割據者不一。其姓天主，何爲不降之以福耶。再攷猶太國王，於漢光武初年誅滅耶穌，國祚悠久，至宋理宗時尚存。嗣因天主之徒衆，煽動西夷，竊據大柄，數百年來，篡奪頻聞，明奉之者受禍甚烈也。彼所以惑人者，以一盂咒水，兩顆迷丸，誘令無知男婦，甘受淫毒。生棄祖宗，不得享馨香俎豆之祭祀，死爲瞎鬼，遭抛骨焚灰之慘傷，而何樂而受其蠱惑哉。且所奉十字架，即景教碑所謂刺十字以定四方也。彼教中不知何時，傳爲釘死十字架之説。即有其事，而尊耶穌者，徒尊其受刑之具，以爲即是耶穌，不敢踐越，殊不可解。譬如人家祖父被鳥鎗打死，抑或被刀劍殺死，而子若孫即尊奉鳥鎗刀劍如其祖父，有是理乎。從來二氏之教，本非聖人之徒，即九流亦各安其技藝，不敢與儒教相衡。詎意晚出之耶穌，逞其造天滅倫之臆説，致身遭刑誅而不悔，煽傳彼國而不足，乃復欲越二氏九流，假勸善而作奸，以圖紊亂我境內之儒教。噫，亦徒見其自絶於天，自滅其性而已。凡屬人類，具有天倫，安可不知所警省耶。

《教務教案檔》二輯 天一而已，以主宰言之，則曰上帝，乃變其名曰天主。即耶穌以實之考之，耶穌生於漢哀帝元壽二年，不知元壽以前之天，果虛位以待耶，抑別有一人主之，如六朝之禪代耶，其妄一也。耶穌既爲天主，其神聖宜非人思議所及，乃考其所述，不過能醫夫徒，能醫即爲聖人，則扁鵲華佗等之能起死回生者，皆聖人矣。況天下甚大，耶穌一人，能救幾何，其妄二也。天之所降，天必護之，乃耶穌在世，僅三十餘年，即爲巴斗國王釘死，身且不保，而謂其鬼可福人，此不待智者而知矣。其妄三也。尤可笑者，其死爲弟子觀音保所賣。夫逢蒙射羿猶爲愈已，故而觀音保直貪國王七十餘金，而殺其師，弟子不能知，而謂能知人善惡，誰信乎。其妄四也。其教既專奉耶穌一人，而又有伊勒波羅二種，

互相詆訐，孰是孰非，迄無所定，其妄五也。彼教言一切罪過，惟天主一人可赦，凡入其教者，悉升天堂，無論蒼蒼之表，誰見其有堂即有之，而不問良莠，概登其中，上帝何啟寵納侮之甚耶。其妄六也。日本鑄耶穌之像，置海濱及通衢間，令過者污穢而踢擊之，彼既云役遣仙佛，何甘受辱，寂無靈響。其形神視無名草木猶不逮，而謂爲天之主，有是理乎，其妄七也。

又 甚哉，今之異教何多也。在中國反中庸之教，憂恨猶存，況兼此天主之邪教哉。其在前朝，吾即知今之必盛行也。昔楊墨之在孟子時，猶攘斥舐排，今之異教較孟子時爲最多，其害人較楊墨爲尤甚。若吾孟子，其人極力距絕以明聖教，則孟子之功，不在禹下，斯人之功，亦不在孟子下矣。何至使天主教之猖獗至今，貽禍更亟哉。墓罕默特雖同爲異教之祖，然其害猶不至此。姑置勿論，且改以德亞言之，德亞之先例崇始祖，僭禮干分，尊祀配天。捨天與祖，不知其他，歷代相沿，遂成積習。迄耶穌太子，以恩結人，以才濟惡，懷其恩者歸之，幕其才者效。身遭顯戮，其徒不鑒而轉憐之，且移祀祖之禮以太子，改以太子配天，天與太子不知有他。外邦統轄之神原歸彌勒，然彼既不知有他，安知有此。彼以爲祀天即祀太子，祀太子即祀天，故名太子爲天主，即以天主名教，尚得問與三教孰而孰同耶。今再爲爾等溯厥由來，耶穌亦名若瑟，死有遺服子，伊母懷之頗久，於漢元壽二年始生。伊徒襲后稷誕生之事，多方粉飾以感人，其悖謬矛盾固不足道。但其爲人也，專務談天，輕財好施，外形忠厚，而又濟以巧思邪術。使人愛之慕之，敬之憐之，而其隱衷之惡，則不堪問矣。其居心也，欲徧惑四大部洲，罔不信從，罔不崇奉。一呼響應，扭轉乾坤。其行事也，紊倫亂常，無殊禽獸，流風遺俗，盡反撲滅，大惡似善，猶之大佞似忠，惡紫奪朱，流弊伊於故底。嗟呼，如此等教尚得問其有無片善也。

又 耶穌生於宣穆之間，德亞國之人。立有善行十條，教導斯民。耶穌沒後，其教誤傳，遂謂耶穌即天，天即耶穌。只敬天，不敬祖宗父母，以天爲主，故名天主教。凡入其教者，先以迷藥飲人，昧其靈性，遂以等等邪言相誘，皆是教人昧天良，行淫慾，無人倫等語，故傳教時男女相拖。即是這樣之教，此皆奸淫之人假誣耶穌之教，煽惑愚人，以遂其姦淫之計，其實非耶穌之教。然耶穌生於僻壤，未聞聖人之道，所創之教類多偏處，然亦非如此之亂。若謂耶穌即豬精所化，茲不論其眞假，而以所立之善行十條觀之，其人即不甚善，亦不甚惡，不可謂今日之教，即耶穌之教。譬如儒釋道三教，正教也，而三教之中，見有貪官污吏，妖道淫僧，遂鄙薄孔子釋迦老子不足法，可乎不可。耶穌因不可比三教，然耶穌之徒不善，遂鄙薄耶穌，未免太過。噫，耶穌之教何廢墜如此。蓋耶穌之後，不再生如耶穌者接其傳，以訛傳訛。固愈趨愈下，不似三教之道，儒有名賢理學，釋有祖師，道有眞人，接踵繼其傳，故教未失。然三教如此輔翼其中，猶有僞學齋匪濫僧以僞亂眞，耶穌何如教，宜其失而又失矣。今繪此圖者，辟邪從正，大是可嘉，但祗宜辟學教者，誤入邪途，不可謂耶穌立教，就是此等模樣。然耶穌誠不可學，如此圖者，寔耶穌之冤也。

又《鬼叫該死》 把那鬼叫該死的，詳細講與各位大家聽一聽。你想可恨不可恨，自從鬼子來我中國，他就在各省大城大鎮，起些鬼堂，名叫天豬教堂。聚集一夥鬼子鬼孫鬼婆，每七天一禮拜，他那拜的鬼頭名叫耶穌太子，上面畫一鬼像，又塑一個鬼像，赤身露體，祗穿一條袴，釘在十字架上，說這鬼頭是被仇人害死的，所以鬼子鬼孫鬼婆都想念他，憐憫他。其實中國神聖到處降出乩筆，刻傳乩書，明明白白說出耶穌是豬精投胎，在生極奸極惡極邪淫，因謀弒父篡王位，被德亞國的老鬼王正法釘死的。閻王恨極，把他魂魄囚在黑暗地獄，每天提出受苦刑一次，至今將二千年，永遠不能見天。當初釘死十字架上，一絲也不冤枉，他們鬼子鬼孫鬼婆死了，個個都囚在地獄，死的這樣苦楚，活的還在做夢還說耶穌邪鬼，與那些邪叫鬼，上了天堂，豈不比豬還蠢嗎。鬼堂兩邊又畫耶穌邪鬼叫像，有幾十個用鏡子裝好掛起，說是耶穌邪鬼在生受難的圖形，盡是那鬼子鬼孫放出來的豬屁。又一間畫的鬼婆帶個鬼崽，說鬼婆是個閨女，玉帝分了些神氣投入閨女肚裏，生下這鬼崽，就是耶蘇。鬼堂後面，畫一個老病了睡在牀上，一鬼婆抱住一少年鬼，站在側邊伺候。說這老鬼是耶穌的繼父，這鬼婆帶耶穌嫁了他，逢人進去就發鬼書。他這鬼書多得狠，無一本不該死該死。我曾假意去接過幾本，看一句，罵一句，看完隨即燒了。你們未有見過，我且略略說與你們聽聽。他說中國人都敬天地日月星辰，錯了錯了，那天地日月星辰，是耶穌做成的幾件器皿，爲甚麼要敬。

祇要拜耶穌就是，說有如何如何的生前死後之福。又說中國都敬祖宗牌位，錯了錯了，祖宗死了，是一件用爛了的器皿一樣，爲甚麼要敬，祇要拜耶穌就是，就有如何如何生前死後之福。諸如此類，說之不盡。中國聖賢仙佛，祇有堯舜禹湯文武周公孔孟，暫時鬼書還不敢罵，日後罵不罵還未可知。此外文昌帝君，關聖帝君，太上老君，釋迦佛，觀音菩薩，皂君司命，財神老爺，及一切大小正神，鬼書都罵盡了。總說天上地下，古往今來，祇有他拜的耶穌邪鬼爲大。時而說是玉帝分神化的，時而又說是玉帝之子，他們鬼子孫都稱玉帝爲天父，稱耶穌爲天兄，其餘豬屁還不知多少。

天下第一傷心人《辟邪紀實》卷上《天主邪教集説》 天主教始自耶穌，乃西洋諸國通行之教。習者妄謂耶穌本上帝化身，於漢哀帝時，爲猶太國童女馬利亞所生。全智全能，通各國土音，創教勸人爲善。後被國人釘體於十字架，刃刺以斃，三日復活，歷四十日以肉身升天。其徒遂號其教曰天主，以耶穌爲先天教主，又曰聖子，又曰天兄，造書曰天經，又曰聖書。徧相引誘，自郡國至鄉里，皆建天主堂，供十字架，師其教者，或手執十字架，與佩胸前不等。偶有輕褻，爲逆上帝，重罰之。其教分目實繁，難悉舉。【略】謂天地萬物，皆主於天主，且謂自無始以來，倘非天主操持，則天久傾頹，地久翻覆。一概正祀，均斥爲邪，惟一心致敬天主，得升天堂受永福，否則入地獄受永苦。愚者聞之，有所貪著，既能以符咒迷之，使欣然入教。【略】凡初入時，牧師以指取水微按其頂，曰領洗禮，並擘餅與食，繼令飲酒一杯，曰食聖餐。由是惛憒，自毀祖先神主，惟以紅紙畫一長圈，中列十字架，並刀錐鈎槊等器，曰聖架，供門首，或置龕中。或牧師先爲沐浴，曰淨體，借此行姦。以後惟其所悅而從者，迷而不知反以爲快。士大夫從者，曰西儒，又曰西士，從教家有女，留一不嫁，爲守符咒箱，司鎖鑰，別人不得擅開，曰開箱老女又曰貞姑，又曰御仙姑，牧師至，即與伴宿，曰過氣比臍。有病不得如常醫藥，必教中人來施針灸，婦人亦裸體受治，如不愈，死即剖臟腑頭顱，考驗病之所在，著書示後。家有喪，牧師屏去死者親屬，扃門行殮，私取其睛，以膏藥掩之，曰封目歸西。並以紅布囊紉其項，曰衣胞。有不聽殮法者，爲叛教，即率教黨至其家，淩辱百計，終且設毒害之。或明割死者四肢，曰上聖，斷其首領，曰中聖。割其耳鼻，曰下聖。童子死曰仙童，守箱女死曰貞仙，孕婦死曰帶子歸西，正國法死曰穿紅袍上天。其取睛之故，以中國鉛百觔，可煎銀八觔，其餘九十二觔，仍可賣還原價。惟其銀，必取中國人睛配藥點之，而西夷睛罔效，故彼國自死無取睛事。點銀術，雖中國久從教者，皆不得傳。惟取生睛，並婦女經水胎丸配藥，塗鏡面摭人形貌，借可獲利。此則中國專心奉教者，間得授之。其尤謬者，能咒水飛符，攝生人魂與姦宿，曰神合。又能取婦女髮爪置席底，令其自至，取童男女生辰粘樹咒之，攝其魂爲耳報。星家有師其術者，以搬運術盜人藏金，曰還本。凡夷中男婦與從教者交，均諳採戰術，曰乞仙。以口吸成童精與處女經水，曰開天孔，又曰人劑。與人交臂宿，即知人隱衷，乘機害之，曰測隱。甚或割女子子宮，男子辮髮，小兒腎子，及以術取小兒腦髓心肝，散放瘟氣蠱毒等事，其名未備詳。

又卷中《雜引》 猶太國以耶穌爲上帝之子，於漢平帝元始元年生於其國，住世三十三年，布教於民。因贖人之罪，代受酷刑而死，復活肉身升天，操萬世宇宙之權。教散於四方，而信者以其地爲重，往往詣耶穌墓而拜之。

天下第一傷心人曰，上帝子，何假人生。人既有罪，何爲代贖？耶穌未生前，宇宙權果操自何人，既謂肉身升天，何更有□□□人拜，荒謬之極。數語中便數自矛盾。

耶穌生東漢哀帝元壽二年，爲紀年始，以三百六十五日爲一年，今咸豐十一年，伊稱一千八百六十一年。

天下第一傷心人曰，以耶穌生之年爲紀年始，豈耶穌未生前即不紀年乎。以三百六十五日爲一年，不置閏寒暑朔望不無定候乎。且耶穌既生彼國，不記生時在彼國爲何時，而獨記在漢哀帝時耶。

牟尼教惟知修一已清淨，使人無夫婦以絶人倫，且未曾入過天堂地獄，而徒以天堂地獄之說誑人。若耶穌教，從者則竟入天堂受永福，不從者則竟入地獄受永苦，實確而可據者矣。

天下第一傷心人曰，彼教攻牟尼，使人無夫婦以絶人倫，彼教父子聚麀，兄弟共牝，人倫獨未絶乎。攻牟尼不曾入過天堂地獄，而徒以其說誑人，若從彼教，則竟入天堂受永福，否則入地獄受永苦，且終其說曰，實

確而可據。試問彼教確而可據之天堂地獄，果誰實入而見之耶。

又卷中《批駁邪說》 上帝爲誰條內，謂人誤認佛爲上帝，及菩薩外，別無上帝。或認玉皇爲上帝，或認天地爲上帝，或指上帝止是一條理，□□於中國聖經賢傳，見其說耶。謂牟尼不顧天倫之樂，出家爲師，其爲師之意，與孔子同。陰間事未見未聞，不曾上過天堂，落過地獄，一心設想，便以訓人。試問牟尼爲師之意，果何在見與孔子同耶。牟尼不曾上過天堂，落過地獄，以之訓人，固屬荒謬。而彼教之動言天堂地獄者，果何見何聞上過天堂落過地獄，而爲人親切言之耶。謂道教祀張儀爲玉皇，受封爲玉皇上帝，駁其受人之封爲上帝，是人較上帝爲更大。試問彼教之呼天主爲上帝，獨非人加之封，而天主自稱爲上帝耶。況道教並無祀張儀爲玉皇之事乎。謂上帝爲造化之主，天地爲受造之物，譬屋宇爲工師所造者然。又謂天地有形像，上帝無形像，試問上帝既無形像，果誰實見其造有形像之天地耶。若工師實共見其造屋宇，無不見其形像者也。謂朱子解經傳中天字，有說蒼蒼者，有說主宰者，有單訓理時，一無定論，爲未聞眞道所誤。試問必以天字，專指上浮之天，則呼一曰二曰爲一天二天者，亦指上浮之天耶。謂觀所造人物，知必有肇造之者，即全能之上帝，是上帝尚在意想中也。又謂日比地球大約一百三十萬，相距二億七千餘萬里，更有大星，較日尤大尤遠。試問日星之里數，誰能窮究若此，獨不能直達上帝所，而與之一晤耶。上帝有幾條內，謂人當認一爲主，有求必禱，禱上帝，有得必謝，謝上帝。且見萬有之榮光，必恭敬而頌美上帝。廟宇中木石金土雕塑，及紙繪之僞像，盡宜廢棄。覺己有罪，求上帝赦，己心邪曲，求上帝正，憂愁求上帝慰解，身荏弱不足以爲善，求上帝加我力量。在苦難中，求上帝救護，望天堂永福，求上帝導我以路。試問爲善爲惡，及一切瑣事，皆不能自主，必求上帝即得遂意，然則姦盜謀刼者，不皆可求上帝赦耶。且予見彼教事事邪曲，何上帝不一正之耶。從彼教者，仍不免憂愁苦難，何上帝不一解之救之耶。天堂之路，果從何處入耶。至雕塑及紙繪之像，雖無益於人，亦何礙於上帝，而必盡廢爲快耶。

上帝稱呼條內，謂上帝之稱不一，有稱爺和華，天父，上帝，天主者，試問上帝爲誰條內，謂人不可加上帝之封，而此稱呼獨上帝之自命耶。謂上帝爲大父，生身之父爲世父，上帝愛民如子，其恩大於世父萬萬倍。又謂無論何國之君，其權位皆上帝所與。試問上帝既愛民如子，其恩且大於世父萬萬倍，何古來不無暴虐之君，而上帝權位之與，不盡與明聖，以自保其子耶。

上帝之體條內，謂上帝三位一體，爲父子聖神，父萬物之本，子代人贖罪，救人靈魂，聖神之功用，即感化人心。故聖教友於讚頌時，俱宜讚美此三位。或問此三位雖曰三，殆即一，答不然，父是父，子是子，聖神是聖神。又問三位皆上帝，曰是也，各有上帝之性，其性一，其體亦一，父在一體中。故聖父是上帝，聖子聖神俱在一體中，故俱是上帝。試問父子聖神，既謂爲三，復謂爲一，齗牙妄辯，自爲顚倒。且子指耶穌，爲上帝屈己降世，已極荒謬，而聖神更是何物，此等創說，何明世人以不足信之事耶。

上帝降生條內，謂生人之理，有夫婦始有父子，上帝降生，不用此法。以夫婦之道從慾而生，故耶穌降生，乃上帝大顯其妙化之功，感童女馬利亞，有娠而生焉。試問上帝既如此大費周旋，何必另自降生，而不現身說法，使大家共見共聞，猶爲便捷耶。既夫婦之道從慾而生，何從彼教者，亦復娶婦，且姦淫事不一而足。而守節不嫁之貞姑，必伴教師宿，非從慾耶。

【略】

降生之故條內，謂天下人不分中外，自君相以至士庶，皆爲犯法之人。試問中國歷來不少聖君賢相，正士端人，亦皆在犯法之列耶。又謂人有淫竊邪念，上帝即知。試問從彼教者，所爲何非一淫盜之事，何時不起邪念以害人耶，特不過假詞粉飾耳。謂有事相助，有善相勸，有喜相慶，有憂相憐，有不足相資給，此自然之理，不得爲功。試問唉咈諸夷，固皆天主教之流，亦曾能此自然之理耶。所謂有事相助者，殆資粵賊以軍械糧米也，有善相勸者，殆勸人從彼邪教，而大肆姦淫也。有喜相慶者，殆在戮拂彼之正人，以盡絕之爲快也。有憂相憐者，殆助從彼邪教之當道，免禍而得福也。有不足相資給者，殆夥粵閩浙諸匪徒，巧取中國之財，惟恐網羅不盡，而自富其國也。謂耶穌來救罪人，代死而流寶血，以滌除人罪，及舍此寶軀，以贖世罪。且謂罪惡滔天，罪比邱山，皆可藉耶穌天高地厚海深之功而抵免，使離暗府而升明宮。試問罪非猶物，血何以滌，世

罪亦衆，一身何能盡贖。且罪大惡極，皆可藉耶穌之功以抵免，若耶穌而求之果應，不將縱天下之人皆爲惡，但藉耶穌以抵之耶。至寶血寶軀之稱，尤爲可笑。謂觀音二字，有其名，無其人，基督降生歷歷可考。上帝無形，耶穌即其形，試問耶穌今日果在何處。予謂祀觀音者固妄，而從耶穌者，豈但妄而已哉。

歷四十日升天條內，謂救主耶穌釘死復生，後歷四十日，集其徒於橄欖山，以上帝國之道訓之，言畢升天。衆觀有雲蔽主，漸不見，繼謂於氣絶之時，呼曰事畢矣，便升天。試問言畢升天，非以肉身升天耶。氣絶之時升天，非以靈魂升天耶。一條之中，何先後差異若是耶。謂耶穌升天後，遣三位一體中第三位聖神臨世，感化人心，試問耶穌既能苦心救世，代人贖罪，釘死復活，何不長在人世救人，而必遣人代之耶。且所遣之聖神，誰實見之耶。謂耶穌本上帝之身，降生救人，忽謂世之罪人，不能徑禱於上帝前，恐妄禱更獲愆，必賴耶穌轉禱。且謂教中人，稱耶穌爲有兄在天，試問耶穌既本上帝降生，何一身而寬嚴各別耶。教中人稱耶穌，爲有兄在天，何稱謂之奇亦至此耶。

上帝審判人條內，謂審判有二，曰私審，曰公審。私即世人死後，其靈魂即至耶穌臺前，耶穌要審判其人生前行事。合天堂則靈魂入天堂，合地獄則靈魂入地獄。公審即天地末日，天下人肉身復生，各與靈魂相合，共至主前，受其審判。無數人聽審，在廣衆之下，彼此證明生前所行之善惡，毫無隱匿。此公審之日，大有威榮，從始造天地以至末日，僅有此一日也。試問一日內，普天下不知死幾千萬萬人，一一要過耶穌之審，已荒謬至盡。況公審在天地末日，天下人肉身復生，又僅此一日過審，彼教匪徒，果誰過私審公審，並見有久死復生者耶。且耶穌能贖生人罪，而死當入地獄者，獨不能贖之耶。

復生道理條內，謂至末日受公審，各人之肉身，俱自塚中出，復生，與各人之靈魂再合，受其生前所行之報。試問亦有屍骸拋散未葬，及煎割揚灰者，其肉身又從何處出耶。謂耶穌倘救人靈，不救人身，是半救半不救也，主不若是也，故必使人之肉身復生。試問耶穌既救其靈，復救其身，何過審之日，當入地獄受苦者，不救入天堂受福之爲全救耶。謂復生之身，乃神靈有榮光，且強壯不朽，試問不能入天堂者，不直以神靈不朽之身入地獄耶。如以神靈不朽之身入地獄，則入地獄者，亦非苦矣。且人死必待天地末日復生，何耶穌復生不待天地末日，並不聞有同日復生之人耶。

上帝感化人心條內，謂昔者孔子抱道不行，有莫知之歎。且謂必上帝之神，感化人心，此心始可得而正。無論何國大聖大賢，以格物等法正人心，有名無實。試問彼教，何事不得罪孔子，而反援孔子以自證耶。人心待上帝感化而始正，何若盡生正人，不待感化之猶愈耶。大聖大賢之正人心，有名無實，果何所見。而彼教之絶無人心者，反爲有名有實耶。

信而稱義條內，謂聖子耶穌在天堂，哀憐世人，甘願降爲人身，據此則與上帝降生之説不符。且謂耶穌畢世，全守帝誡，無絲毫違犯。試問耶穌既爲上帝分身，上帝能者，耶穌亦能，更何俟上帝之誡耶。謂上帝刑賞，猶國君之法，有犯者即罰之。又謂世人皆陷罪惡之中，難免沈淪永苦，非立一贖罪法，斷不獲救。幸有三位一體中，第二位聖子耶穌，自天降生，代受吾人應受之苦，上帝視其功而赦人罪。試問上帝刑賞，既猶國君之法，而陷罪惡者，得耶穌之代受其苦，復得赦其罪。今設有千百叛逆之徒，撫之不馴，在國法之所不宥，忽有一大功臣出奏曰，請罪臣一人，勿治千百叛逆之罪。謂其功之足以相抵也，有是理耶。且所謂第二位聖子耶穌，則第一位聖子果爲誰耶。若謂第一位即上帝，則聖父更何在耶。

上帝國邇條內，謂世之列國，以眞理而論，止分爲兩國，一曰上帝國，一曰魔鬼國。敬服上帝者，即上帝之民，惑魔而從魔，即魔鬼之民。且實之曰，耶穌聖教會，可名爲上帝國。試問從古聖賢帝王，不從耶穌教者，不皆魔鬼耶。不且並我大清君臣而直詈耶。粤賊奉其教，羣起倡亂，而塗毒生靈者，是欲爲上帝民耶。且彼意既謂聖賢皆不免爲魔鬼，彼教妖書，何復援引中國聖賢語耶。前上帝無形像條內，謂但心在像，便犯罪取禍，此復謂如設帝座於心內，事事當聽其命而行。試問設帝座於心內者，非心在像耶，獨不犯罪取禍耶。謂有曰諸邪教滅亡，各惡事淨盡，寰海變成新世界，無人不恭敬上帝，且愛人如己，此必成功之事也。試問諸邪教滅亡者，孔孟之教耶，佛老之教耶。孔孟之教，固昭如日星，即佛老之不軌於正，豈若彼教之邪，窮凶惡極乎。無人不恭敬上帝者，殆必如彼教，以經水塗面祀上帝，爲潔面朝聖也。愛人如己者，殆勒人以從彼邪教也。

至謂此必成功之事，而粵賊之倡亂，殆欲如彼所謂成功也。

身前之福條內，謂人死之日，分文不能帶赴陰司。與上帝審判人條內，謂冥府閻王，皆人心設想之物。兩議合證，豈陰司獨非冥府耶，謂無冥府，即不應謂有陰司也。

不信主者受永苦條內，謂死後靈魂，至上帝前受審判。第一就問信與不信，信，上帝看耶穌之功，接至天堂，不信，罰至地獄。試問世之不信者，何妨於審判時，漫應爲信，不亦得升天堂耶。上帝審判，何若是疏忽耶，姑無論信者之皆爲惡人也。謂近有耶穌教士，來爾中土，宣聖道，頒聖書，已歷五十餘年之久。舉國人民，俱應悔改信主。究之信者少，不信者多，此亦顯爲人心邪壞之憑。故爾華人按上帝律法，實皆有罪，試問人心邪壞之憑，華人之罪，在有綱常名教耶。幸信者少，不信者多。向使驅中國而盡妖族之，則子亦無插身之地矣。謂地獄永苦，其苦難名，耶穌譬以硫黃火，魂置地獄猶身置火坑。不曾到過地獄，未知其苦如何，故耶穌以已見之火，取喻地獄之苦。試問地獄之苦，耶穌能爲人親切言之，亦曾受過其苦而來耶。

上帝教中聖規條內，謂主未降生時，上帝於聖教中，設有祭法，即以牛羊鴿等，殺而祭之。此何義，指點耶穌要求贖人罪，救普天下人，而代人流血。耶穌即祭獻天父一大祭物，前有祭禮，乃示聖教中人，知後有救主，獻身爲祭代贖人愆，非前賴所祭之物，即可贖罪。且示人知世皆有罪，欲救必贖，自不得贖，蓋不流血，則不得贖也。夫牛羊鴿等，爲物甚微，遠不及人身之貴，豈賴之即贖人罪乎。上帝立此祭法誨人，是欲人日望救主降生也。今上帝聖教中，祭法悉除，因耶穌已來，成此大祭。何敢以物之命，加諸救主上，而冀上帝來歆也。試問上帝自設祭法，非自貪血食耶，且誰見上帝而設此法乎。上帝指點耶穌，要來贖人罪，要贖竟贖，何又遲其期耶。前謂耶穌爲上帝降生，茲又祭獻上帝，非自祭自耶。至以耶穌爲祭物，在予固謂耶穌即牛羊之不若，而在彼崇信其教者，以舍身代贖之人擬之祭物，不亦不敬之甚耶。

聖禮條內，有領洗禮食聖餐二事。謂領洗禮。主諭徒云，天地諸權已與我矣，爾往招萬民爲徒，以父子聖神之名施洗，教之守我所命者。故入教者，牧師即以指取淨水，微按其頂曰，奉父子聖神之名，而行此洗禮。止入教之始領洗一次，人始知其信主之道，而爲其徒也。倘有人自云信道，但不願入教，此人亦斷不可爲吾主之徒。總之，上帝教以領洗爲入道之門。謂食聖餐，耶穌當見賣之夜，與其徒坐，主取餅擘而祝曰，取食之，斯乃我身，爲爾擘者，行此以憶我。食後，取杯亦然，曰，此杯乃新約，爲我血而立者，爾飲之以憶我。爾食此餅，飲此杯，以明主死。至於臨日，凡食此餅，飲此杯，不合其宜者，是負主身主血者也。人先必自審，然後可食其餅，飲其杯，不識主體，而飲食不合其宜者，是自取罪戾也。故爲其徒者，畢世固守之，或一月一舉行，或數月一舉行。即牧師取餅，擘若干小塊，偕會中兄弟，各食一塊。又倒葡萄酒於一大杯中，偕會中兄弟，各飲少許。且謂領洗所以潔其心，食餅記主爲我等捐命，魂之賴主，猶身之賴餅。飲酒記主代流寶血，以洗贖世人之罪。試問領洗果能潔心耶，即能潔心，何妨自取水塗乎。未從彼教者，亦食餅，亦飲酒，不亦即食耶穌肉，飲耶穌血耶，又何必定假牧師手耶。且既從彼教，而復謂食其血肉，忍心害理，更有加於此耶。總之，我中國聖賢正大光明之道，斷無不經之舉。按此入教而必領洗食餐者，無非置迷藥於水餅酒中，使人因此昏昧，而任彼所爲也。爲彼所惑者，何不思之甚哉。

主禱告文云，我父在天，惟願爾名成聖，爾國即臨，爾旨得成於地，如在天焉。我所應用之糧，今日賜我，我免人債負，求爾亦免我債負。又勿使我陷於迷惑，要拯救我出於兇惡，蓋國度權柄榮耀，皆屬於爾天父，至世世無窮焉，亞孟。此二字譯即心願也 試問爾字既指天父而言，而曰惟願爾名成聖者，則是天父尚未成聖，又何事輒稱聖父耶。每日應用之糧，皆祝天賜，然則游惰無聊者，但從彼教開口向天，即有糧從天外飛來耶。負人之債而免之，不猶之掣騙耶。勿昭於迷惑者，必當外於綱常名教耶。拯出兇惡者，必當入於姦淫謀害之林耶。以子所見彼教之徒，眞迷惑至盡，兇惡無復加也。

又 第四章內謂耶穌降世，特救罪人，試問耶穌既特罪救人，然則從彼教者不必須罪人耶。

第五章內謂人死復生之身，不病不老，不死不壞。且謂惡者之身，精力必強，蓋上帝將堅其體，以膺多難。試問人既不病不老，不死不壞，且精力必強，更何爲難耶。

第八章內謂默念青蒼之上，星宿之外，去日月遼遠，有滿福之所，是上帝之宮。萬善同居，福祿無窮，信可樂也。試問此等默念，非夢囈耶。

又 謂太初之時，上帝創造天地。日宜有光，即有光，明晦以分，晝夜以定，是爲首日。上帝造天之日月星辰，地之山川禽獸，萬物具備。然後造人，男女各一，男曰亞當，女曰夏娃。其性本善，其心甚樂，□□福囿，以治理栽培爲事。上帝曰，園中果實，任意可食，惟中一樹勿食，食之必死。爰有蛇焉，即所謂魔鬼是也，迷惑二人，請食此果，亦未必死，可致目明，能辨善惡，彷彿上帝。婦從其詞，取果食之，以奉厥夫。於是上帝逐二人出囿，定其死罪，使男栽植汗流浹面，使女懷妊劬勞，產育維艱，迨終天年，而返其本。維設一詞，預許之曰，婦將生子，必傷蛇首，爲蛇傷踵，其意即謂滅鬼權，拯人魂也。其言婦所生之子者，即指耶穌，四千年後，爲處女馬亞利所生。試問天地萬物，皆爲上帝所造，何既造其性本善之亞當夏娃，而復造此迷惑之魔鬼，與不可食之果耶。既謂食之必死之果，何竟如鬼言，而食之不死耶。既謂二人爲魔鬼所迷惑，上帝即逐出囿，定其死罪，而二人食果，並非爲惡，應得死罪處果何在耶。使男栽植，使女懷妊，即得謂死罪耶。初非使女懷妊，造人時，何必男女各一耶。既謂二人被迷惑，何必留其種，害後世而不即滅耶。既可使終天年而返其本，何若不迨終天年，使返其本耶。既謂婦將生子，必傷蛇首，爲蛇傷踵，何後文並無其事耶。即滅鬼權拯人魂，與傷首傷踵事，果何涉耶。既謂婦所生之子，而復謂指耶穌，四千年後，爲處女馬利亞所生者，果何意耶。且一切告誡預許之詞，果誰實見上帝，而親切聞之耶。

謂耶穌被賣干背教之徒，見害於有司之手，死以苦刑，復生升天，坐上帝右。試問耶穌既爲上帝使生，何被賣見害而獨不知耶。升天坐上帝右，誰見之耶。

謂耶穌以五餅二魚，飼五千人。試問以飼五千人之五餅，誰得而團之，豈亦從天而降耶。

謂上帝大施衿憫，特發仁慈，使獨生子耶穌，誕降塵寰，死於十字架以贖人罪。試問既大施矜憫，特發仁慈，何不寬人罪而直赦之，必生一代罪人，多此一番舉動耶。

謂耶穌自謂，吾乃善牧，爲羣羊捐命，且舍生爲衆贖罪。吾乃天降之餅，食之者必得永生，信我者雖死亦生。生而信我者，恆久不死。就我者決不飢，信我者永不渴。試問既爲衆贖罪，則甘心自死，而前文之謂爲被賣見害何耶。被賣見害，是人制之使死，而在己有不甘之意也。既謂信而就其教者，雖死亦生，恆久不死，不飢不渴，何我所見，信而就其教者，無一如是耶。且觀生而信我者，恆久不死之詞，則信我者雖死亦生，是死後始信也。然則不從彼教者，至死後畏入地獄而始信之，不亦升天堂耶。

謂耶穌門人，證其復生之事於世，其後大半受刑罹禍，爲耶穌竭忠而死，雖死而猶口誦耶穌不輟。試問耶穌既能教人，獨不能□門人之受刑罹禍耶。彼粵賊從其教，而遭官兵撲殺者，亦爲耶穌竭忠而死耶。且死後口誦耶穌，鬼語誰實聞之耶。

又 二條內謂，問上帝創造天地人物，幾天成功，答六天。問上帝第七天做何事，答安息，而以是日爲聖日。試問上帝果神靈莫測，則創造天地人物，何須六天，一注念而即成矣。如必需以時日，則天地人物，爲數甚繁，即六天亦未免太促。且六天成功，七天安息，誰實見之耶。

【略】

第十三條內謂問祭祖宗可行否，答不可。問爲何，答祭原是敬上帝之禮，而且不是上帝要吃祭物，乃指點耶穌獻身爲祭之意。而世人不明此意祭天地，祭神佛，錯了，又祭祖宗，大錯之錯，眞是無用。據此妖說，姑勿論其滅祖廢親，試問上帝指點耶穌，獻身爲祭之意，其意果何謂耶。孟子曰，無父無君，是禽獸也。指楊墨之教而言也。予則曰，從耶穌之教者，且禽獸之不如矣。

魏源《海國圖志》卷二六《西印度之如德亞國沿革》 畧述教中要義數端，一曰天地間至尊至大，爲人物之眞主大父者，止有其一，不得有二。一即天主上帝而已。其全智全能全善，浩無窮際，萬神人物，皆爲天主所造，又恆賴其保持安養。凡人禍福修短，皆其主宰，故吾人所當敬畏愛慕者，獨有一天主也。此外或神或人，但能教人純一，以事天主，即爲善人吉神。若以他道誘人，求福免禍，是僭居天主之位，而明奪其權，其爲凶神惡人無疑，崇信祭祀此類者，不免獲罪。一曰天地間惟一天主爲眞主，故其聖教獨爲眞教，從之則令人行眞善，而絕不爲惡，可升天堂，永脫地獄。若他教乃是人所建立，斷未有能行眞善，免罪戾，而升天堂脫地

獄者。一曰人有形軀，有靈魂，形軀可滅，靈魂不可滅。人在世時，可以行善，可以去惡，一至命終，人品已定，永不轉移。天主於時乃審判而賞罰之，其人純一敬事天主，及愛人如己，必升天參配天神，及諸聖賢，受無窮眞福。若不愛信天主，違犯教戒者，必墮地獄，永受苦難也。其苦樂永永無改，更無業盡復生爲人，及輪迴異類等事。故實欲升天堂脫地獄，只在生前實能爲善去惡，無他法也。一曰人犯一切大小過惡，皆得罪於天主者也，故惟天主能赦宥之，非神與人所能赦，亦非徒誦念，徒施舍所能贖也。今人生孰能無過，欲求赦宥，必須深悔前非，勇猛遷改，故初入教，先悔罪，有拔地斯摩之禮，既重犯求解罪，有恭棐桑之禮，遵依聖教，守戒祈求，必獲赦宥，不然一生罪過無法可去，地獄無法可脫也。

又卷二七《天主教考上》 《天學初函》諸書，未之見也，所見者，西夷述救世主耶穌《新遺詔書》。用漢文譯刊，凡十餘卷，曰《馬泰傳福音書》第一，《馬可傳福音書》第二，《路加傳福音書》第三，《約翰傳福音書》第四，皆述耶穌降生行教靈蹟始末也。《聖徒言行傳》第五，述耶穌死後諸大弟子傳教事迹也。聖徒保羅寄人書十篇，聖徒約翰寄人書三篇，又聖徒耶哥伯書，彼得羅猶大士書，皆其門人闡揚師教，猶中土人論學之書也。又聖人約翰《天啟之傳》，則言天地刼毁，天主重造人物之事。計自開闢至今，將六千年，自耶穌降生千有八百三十餘年，稱耶穌爲基督，其先世自亞伯喇罕至大辟十四代，自大辟至流巴庇倫十四代，自流巴庇倫至基督亦十四代，共四十二代。其母曰馬里亞，童女有身，徵兆奇異，言是上帝之子降生，代天行化。及長，能使病者愈，死者生，聾者聰，瘖者語，盲者視，跛者行，能履海濤，能服邪鬼，能榮槁木，能以七餅分給四千人之食，能通各國語言。遣其十二門人，行化各郡國。言上帝爲神父，耶穌爲神子，敬其子即敬天。年三十有三，爲猶太國異教所嫉毁之，國王禽而釘之十字架。死後三日復活，母子重逢生於天上，坐於上帝之右。其現身酷死，所以代衆生之罪，故惟敬耶穌可以免罪獲福，免地獄生天上。萬歷中，馮馬諾著《天問畧》曰，天有十二重，最高之十二重，爲天主上帝諸神聖處，永靜不動，廣大無比，即天堂也。其内第十一重爲宗動天，其第十第九重爲東西歲差天，南北歲差天，其動極微，僅可推算而甚微妙。又其内各重，爲日月諸星本動之天，皆自西而東，宗動天自東而西，故先論九重，未及十二也。《福音書》曰，元始有道，道即上帝，萬物以道而造，其造生者，人類之光也。光輝耀於暗，而居暗者，不識有上帝。所遣之人，名約翰來，爲其光所證，令衆得信，眞光照世，即耶穌也。其身非由私欲而生，乃上帝之子也。耶穌之教，始於阿細亞州，而西行於歐羅巴，近則并行於墨利加。其西洋人發揮彼教之書曰，大西各國惟知崇拜一上帝，此外無所祈禱。此教何所始，曰有一《舊遺聖書》，乃上帝指示摩西聖人所錄，而摩西子孫傳於後世也。其一言上帝之出沒，其二言萬民之本分，其三言後世之永福永禍。夫上帝先乎天地萬物，不可得知其所由來，惟無所不知，無所不能，無所不在，至正至大，至智至誠，則人人可信。故風雷雲雨，日月星辰，草木花卉，飛禽走獸，鱗介昆蟲，凡天地所覆載，莫非上帝創造，故名之曰天父，曰救世，曰聖神，其實一上帝而已，此當知者一。人生於世，莫不稟受於天，既稟受於天，則此身心皆上帝所生，上帝即人之親矣。惟子者可不愛敬其大父母乎，次則生我之父母，亦當報罔極之恩。推及同氣與天下同類之人，此當知者二。且人莫不有靈魂，常不息不滅，故信上帝而爲善，則死後其靈永享天福，違上帝而惡，則死後其靈永受苦罰，此當知者三。上帝無形無聲，恐人不知，故留書以救世，其聖書始於夏，終於漢，前者已閲三千年，後者已閲二千年餘矣。其書半是亞細亞之西希伯來人所錄，半是歐羅巴之東希臘人所錄。又有神理論曰，天地内有神，爲極大全能，造化萬物，管理萬物，人不能自生，物不能自造。曰星何以循環，山川何以凝載，草木何以榮落，飛走潛介何以視聽鳴動。曰靈，曰魂，曰心，曰性，皆神之所爲也。是神獨一無二，最始無前。倘有對待，有後起，即非神天之神也，莫大於天地。然天地有形可見，神天無形，天地有終始，神天無終始，天地乃受造之物，所造之者神也。天地乃運動之機器，所以運之者神也。天地尚不可稱神，而世人常敬數神千百神，如日月雲雷，山海社稷，則以其尊大顯赫而神之。古人有文武出衆，功德在人者則神之，不知天上地下，止有一神所管，更無二神可抗。故專言神，恐鄰於祇鬼。專言天，恐泥於形氣。惟合言神天，乃足該至大至靈之宗。即儒書所謂造化，所謂上帝，非世俗玉皇大帝之謂者也。謂神曰靈亦可，但有人靈，有仙靈，有天靈。人靈與身體相結，不脫於物，亦神所造，非神也。仙靈乃神之使者，無纍重之身，而

有細妙之身，亦神所造，非神也。惟天靈，即神天，全無身體，無方所，無在無不在，故《易》曰，陰陽不測之謂神，妙萬物之謂神，不疾而速，不行而至之謂神。

又《天主教考中》 天主垂世爲十大誡，十大誡者，當中國商朝時，神天降於如大國之西奈山，文留石碑，又以大聲音，宣其命令。惟召聖人摩西上山受上帝之命，藏在金匱千年，至耶穌興，始以其法示人。凡戴天履地，皆宜祇遵。其一，神天曰，除我外不可有別神也。凡人手所作之木偶土石，及山川祖宗等神皆不可奉，蓋拜祭之禮，止可施於神天，不可施於他人，以分此心，宜全心一意以敬神天也。其二，神天曰，不可爲我而造雕畫之像，不可立廟設位，陳牲酒，施鼓樂，讚誦而事神也。禮拜之日，雖耶穌及聖母之像，十字之架，皆不可設。蓋無形之聖神，有形則非神矣。其三，神天曰，爾不可輕用神名。古時以色耳國民受神遺詔，述神名曰耶何瓦，漢譯言自然而然之神也。凡發願發誓，祈禱閒語時，不可泛稱神名，必至誠用之。其四，神天曰，撒巴日宜守禮，其前六日，可兼營爾業，惟第七日不可務別業，並爾子女婢僕牲口，門內之客皆然。蓋六日內，神主造天地海，第七日乃神主安息日，故宜守之。撒巴即禮拜日也，第七日不惟罷外事，乃亦息內念，已往未來，一切閒事勿念，一心專念神天，或拜神，或讀聖書，或省察己心，或勸化他人，皆所以保靈魂體造化。以上四誡，皆屬敬天，以下六條，乃及五當。其五，神天曰，敬爾父母。六曰，不可殺人。不但害人靈魂不可，即自戕者，其靈魂陷入地獄。故臨難可死，不可自戕，最爲大罪。七曰，不可姦人妻。不惟禁外淫，并不許養妾，凡富貴之人，可用婢僕無數，惟不可置妾，無子亦聽於命，不可違戒。八曰，不可盜人物。九曰，不可妄證及爾鄰者。十曰，不可貪人之所有。上□戒皆外事，此則□心內貪念戒之。耶穌曰，爾以全心，全靈魂，全明悟，而愛爾主爾神，此乃第一大誡。其第二，則必愛爾鄰如己焉。此耶穌述十誡大意，歸此敬天愛人二者。然敬天則無不愛人，故二者中又以敬天爲要。聖徒保羅曰惡報有三，一者今世諸難，二者死亡大痛，三者死後永苦。凡有罪者，不能脫免，惟信耶穌可得救之。何者，耶穌在世，成全律法，有大功勞，信之則其功歸我。又耶穌曾受艱苦，代我當罪，信之則我罪歸他。大哉盛哉，施舍生命以免我苦，以其痛苦我得平安，以其死亡我得生活，以其禍害我得永福。天上神仙，其力有限，其位非高，不如耶穌力大尊極，貴爲神子，位爲參天。自棄天光降此紅塵，代人受苦，以救萬世。不信之者，雖善人亦墮落，能信之者，即惡人立升天堂，至萬萬年，還有餘祥焉。

李剛己《教務紀略》卷一 又謂人有本然之罪，有自作之罪，惟上帝能救之，惟耶穌能介紹之。上帝所造世界，必有末日。末日既至，耶穌復臨，天地必壞，已死之魂，皆當復生，以受耶穌審判，分別罪福。上帝將別造一新世界，名曰天國。信耶穌者置之天國，不信者置之地獄。問末日何時當到，則曰，不知。或千百年後，或即在今日。末期將至，厥有先兆，人攻其人，國攻其國，天象震動，海波沸騰，萬民饑疫，禍及婦孺。譬之無花果樹見其萌芽，知夏近矣。必問末期確在何日，雖天神不知，故奉教者當勇猛精進，不可稍怠。此基督教之大旨也。《新約書》《馬太傳福音》第一，《馬可傳福音》第二，《路加傳福音》第三，《約翰傳福音》第四，述耶穌降生行教靈蹟始末，《使徒行傳》述耶穌死後，諸大弟子傳教事蹟。使徒保羅約翰寄人書，及雅各彼得猶大等書，皆其門徒闡揚師教，與各國人論學之書，使徒約翰《默示錄》則言天地毀劫，救主降臨，更新天地，重造人物，定永賞永罰之事。基督教流派數十，其大別有三，一曰西教，即羅馬天主教，爲耶穌大弟子彼得所傳，今法蘭西諸國奉之。一曰東教，即希臘教，爲耶穌弟子保羅所傳，今俄羅斯諸國奉之。一曰修教，即耶穌新教，起於明武宗時，其中又分路得束盈黎甲爾文三派，今英吉利諸國奉之。

論教史分部

論說

李剛己《教務紀略》卷一 猶太人建國於巴勒斯坦，以宗教名於世。當中國夏商之際，西方諸國榛狉始變，家自爲俗，人自爲教，有拜火拜日民非火化不生，非白日則無睹，古有此俗，亦報本之義。拜蛇獸之習。商太戊時，猶太人摩西起而闢之，立事天之教，專奉上帝不敬別神，國人從之，是爲

猶太敎。諸國宗敎經典以猶太爲最，後人彙輯爲《創世記》等三十九篇，統名《舊約全書》。亦曰《希伯來經典》。爲摩西筆述，及十六先知所預言。周赧王時，埃及國王以希臘語譯《舊約》。秦始皇時，馬其頓人將《舊約》譯成希利尼文字。其敎在商時未大顯，至周秦間始徧行西國。云摩西生於埃及，祖宗累世事神，自遠祖亞伯拉罕，亞伯拉罕當夏之末造，《據創世記》有築壇張幕燔柴獻牲諸制，所遇天使神人爲設飲食與人無異。中國上古史所謂民神雜糅，家爲巫史，殆其遺敎歟。卜居迦南，猶太古名迦南，蓋低地之義。及其孫雅各由迦南遷伯特利。雅各生子十二人，約瑟最寵，兄弟不能平，賣與埃及爲奴，後貴顯，族羣往歸之。初至時七十人，年久繁衍至六萬。埃及人忌其宗強，欲除之，迫令作苦工，生女則留，生男不育。及摩西生，其母隱之三月，度不能免，盛以葦箱浮之河濱。法老之女出浴，見而收之，其母詭爲乳母，入宮鞠養。以其長於法老之宮，故得不死。法老者，埃及王號也。摩西長而慧勇絕倫，爲其族報仇殺人，逃之米甸，米甸人妻以女，遂居焉。摩西雖遁逃於外，然深憤埃及，常思拔出其族以避虐政，而未有以發。一日入西奈山樵採，遇神現棘火燄中，命摩西領其族衆出埃及，賜以良田，子孫昌熾。由是摩西返埃及，會族人規出計，與其兄亞倫共見法老，請率全族祀神境外，法老未之許也。於是神默佑摩西，疊施異術，以警動法老，法老仍不聽。最後乃使天黑暗三日，瘟疫流行一日夜，自法老至奴婢，所生長子皆死。法老大懼，允摩西。摩西乃稱神命令，男向其友女向其鄰，索牲畜財物供禱祀。既行，令衆皆持兵列伍，迂道向紅海曠野而進。至海港，潮退變陸，渡畢而潮大至，埃及軍追者皆溺死。行三月至西奈山，山舊爲樵採遇神處。至是神復召摩西登山受誡，時雷電交作火燄燭天，摩西獨留山上四十日乃下。宣命令築壇立幕，分十二支派，立十二石柱，設十條之約，定獻祭之禮，制奉祀冠服，立兄亞倫爲祭司長，是爲彼族立敎立國之始。其後居曠野四十餘年，侵伐鄰國，皆稱神命。最後取迦南人，赫人，亞比哩洗人，希未人，耶布士人諸族地。自約但河以東，悉就盪定，欲進攻河西，志未竟而卒。摩西立國立敎，律令條格，西國法律學，由神事人事而起。羅馬律即本摩西誡條，今歐洲通行多羅馬律。具載《舊約全書》，其書之言曰，上帝之神名耶和華，譯言自然而然之神也。元始時創造天地。一日造光明，二日造穹蒼，三日使水歸海，使地顯露，使土生草木。四日造日月星辰，五日造鱗羽，六日造百獸昆蟲，肖己像造人，定人物所食。七日工畢安息。其說與佛藏《樓炭經》相近，謂初造之人男曰亞當，女曰夏娃，爲魔鬼所誘，背神命，神罰其子孫世世受諸苦難。故天下之人，皆有與生俱來之罪，行有過惡又有自作之罪。摩西遠祖亞伯拉罕，受上帝之約，爲民祈禱贖罪，割其勢之皮，以爲與上帝相約之徵，謂之割禮。摩西踵而行之，每歲節期獻牛羊於壇，殺之流血以代人贖罪。人有過失亦獻牲以贖，分別鳥獸之肉與水族等何者當食，何者當禁，並定一切律法犯者刑之，拜別神者殺無赦，行邪術爲巫覡者，殺無赦。謂信上帝者，上帝必錫以福，不信者必降之禍。其面受十誡之文，鐫於二碑，一碑四條，一碑六條，前四條言事神，後六條言人之所以相待，皆希伯來亦名以色列，即猶太。古人敬之無斁者也。見《萬國通史》前編一曰，我之外爾毋別有神。二曰，爾毋爲己雕刻偶像，或作諸形狀，髣髴在上天下地與水中所有者，爾毋俯仰向之，亦毋服事之。蓋我耶和華乃嫉妬之神，討父之罪及其子孫，至惡我者之三四世。惟愛我而守我誡者，福之至千百世。三曰，爾毋妄稱爾神耶和華之名。蓋妄稱其名者，耶和華必不以之爲無罪。四曰，爾宜誌安息日，守之爲聖日。六日間宜勞而作諸工。爾與爾子爾女，爾僕爾婢爾畜，及旅於爾門內者，皆然。蓋六日間，耶和華創造天地海與其中萬物，至七日安息，故耶和華視安息爲聖日。五曰，爾宜敬爾父母，致爾日可長在爾神耶和華所賜爾之地。六曰，爾毋殺人。七曰，爾毋姦淫。八曰，爾毋偷竊。九曰，爾毋妄證爾鄰。十曰，爾毋貪爾鄰之屋，亦毋貪爾鄰之妻，與其僕其婢，其牛其驢，及凡鄰所有者。摩西之後主敎者，皆由僧徒奉神意施政。至埽羅即位，國勢寖強，大闢瑣羅門繼立，威振鄰國，爲猶太極盛時代。後人稱亞伯拉罕，摩西，大闢，瑣羅門，爲猶太四傑。迨基督敎興，猶太敎乃漸微。猶太國初屬巴比倫，繼屬波斯，屬埃及，屬西里亞，後屬羅馬，卒爲所滅。其人種散之四方，今在俄地尤多，俄人以異敎，頗虐待之。

基督敎者，由耶穌傳播於世之宗敎也。耶穌譯言救主，基督亦救主之義。此敎距今一千九百年，起於亞細亞西部猶太國，其國民爲以色列人最古之民也。耶穌生於猶太國之伯利恆，當中國漢哀帝建平三年。母馬利亞，爲大闢王之裔，約瑟所聘，未婚而有娠。耶穌初生，有波斯國博士，自東方

見其星而來拜，以黃金乳香沒藥爲禮。該撒分封之希律王，都猶太，該撒乃羅馬王號，是時羅馬統一西方，猶太爲其屬國。聞之欲殺耶穌，神導之逃埃及。長而還鄉，時有約翰在約但河施洗，耶穌從受洗禮，約翰號於衆，目爲基督，不敢自居於師長，遣門徒相從。耶穌遂禁食清齋登山受籙，以戒定勝魔鬼，屢著靈異，續得十二使徒，經巡諸方，宣傳教旨，兼能起死疾，驅鬼祟，治瘖聾跛躃，止風禁水諸神術，所在從者數千人。其門徒之傑曰彼得，曰約翰，曰保羅。耶穌嘗謂彼得曰，我立教以汝爲磐石，彼得，即磐石之義。我以天國之鑰賜汝，汝所宥在天亦宥，汝所不宥在天亦不宥。故基督教徒，以彼得爲尤得耶穌眞脈。此後世羅馬教皇之緣起。初耶穌生而神異，嘗自謂受上帝命降生，以拯救世人。猶太古教有相傳先知之言，謂上帝曾許亞伯拉罕，於其子孫中降生救世主，代人贖罪，以是益爲衆所歸信。或稱上帝子，或稱猶太王，祭司長多忌之。耶穌論道與舊教不合，斥法利賽人爲僞學，祭司長法利賽人益仇憤，百計害耶穌。耶穌自知數不可逃，屢告門人曰，吾今榮時至矣，我誠告爾，粒麥遺地，未化則仍一粒，化則結實繁矣。惜生命者反喪之，不惜生命於斯世者，保之至永生。耶穌言此，蓋示人以將死之兆也。踰越節前，踰越節即摩西率族出埃及之日，後以其日爲令節。門人猶大受賄賣其師。及踰越節之首日，耶穌率門徒赴節筵，夜既詠詩往橄欖山，禱於上帝。猶大率衆適至，欲犯耶穌。從者刃擊祭司長之僕，削其耳，耶穌止之，遂被執。衆既執耶穌，先曳至祭司長亞那所。祭司長以所誨之徒，所傳之教鞫耶穌。耶穌曰，我於世明示之矣，我常誨人於上帝殿間，國人恆集之處，我無私語，曷問我，問聞我者，當知我言也。時有吏傍立，手批耶穌曰，爾對祭司長如是乎。耶穌曰，若我言非，則斥其非，若言是，何批我。爲既亞那送祭司長該亞法所，平旦曳入公廨，大酋彼拉多鞫耶穌，知其冤，出謂衆曰，舊例踰越節當釋一囚，爾欲我釋耶穌乎，抑釋巴拉巴乎。衆請釋巴拉巴，巴拉巴故盜者也。彼拉多曰，然則耶穌將如何，衆呼曰，釘之十字架。彼拉多不得已，遂取耶穌鞭之。士卒編棘冕，取紫袍，加耶穌身，且謂之曰，願猶太王安。既而手批之。戲畢，遂令耶穌負十字架至各各他，譯言髑髏處也。與二盜同釘於十字架。耶穌之母與門徒同近十字架而立，耶穌顧指門徒告其母曰，是乃爾子。又指其母謂門徒曰，是乃爾母。於是門徒奉母以歸。耶穌乃大呼曰，我之上帝我之上帝，何爲遺余。既而曰，吾事畢矣。氣遂絕。當是時，自日中至於日昃，徧地晦冥，山石崩裂，萬物慘悽，皆知受難者非常人也。耶穌死時年三十三，傳教僅兩年。葬之明日，失其屍，耶穌嘗謂死後三日當復生，至是，門徒皆云屢見耶穌形，謂耶穌復活留人間四十日，始升天，坐上帝側。云耶穌所傳之教，尊崇創造天地之上帝，遵守十誡，與猶太教大旨無異，惟猶太教禮拜，在中曆氐女胃柳之日，基督教則移於耶穌復生日，在中曆爲房虛昴星。又謂上帝無所不在，可隨時隨地祈禱，耶穌已自捐軀流血，代萬民贖罪，無庸再獻牲血，故不用摩西所制獻祭禮儀，所定律法食禁，不行割禮。其教中要理有三，一曰天主體用。二曰萬民本分，三曰身後永福永罪。

又卷一下　基督生於亞細亞，其教風行全歐，則亞細亞傳教使徒熱心宣播之力也。歐洲古一統之國曰羅馬，一稱教宗國，聲明文物爲西洋一大都會。當中國周秦兩漢時，羅馬古教方盛，一切天人要重之事，皆歸教務官統理。都城建大廟曰盤殿，猶中國言諸神殿也。國人所拜之神悉置殿中，任人崇拜。迨基督教東來，專事上帝，不拜他神，排擊一切宗教。羅馬惡其異己，歷代國王嚴禁迫害之。基督教徒百折不撓，仍密傳其教。西歷三百十二年，君士坦丁創立十字架旗於彌倫，曰他日嗣立，當以基督教爲國教。後得教徒力，登王位，諭全國奉基督教。時異論蠭起，次年大會於尼開加，始採用耶穌即神之說。自是基督教興，羅馬古教漸廢，西方各國皆請總教士助理國政，修明律例，列國君主復多出總教士之門，教權日熾。當中國晉宋間，羅馬分爲東西二國，基督教亦判爲二。兩教互爭，勢若水火。東教不設偶像，西教於教堂中設偶像，東教不禁嫁娶，西教傳教之士，皆禁嫁娶。兩教始分時，權力相埒，厥後西羅馬積弱，國政衰而教權盛，總教士權侔人主矣。初總教士無轄地，至西歷七百五十四年，法王北賓獻佛捺地。總教士撫有土地，自士提反第三始。嗣後始稱教王。後法王瀉立猛復獻畢魯茄省，斯北埒篤省地。一千五十三年，日耳曼王杭列，又獻百納奮篤地。一千一百二年，侯爵婦特斯撁納，又獻生培德田產。一千二百二十七年，得魯曼捺地。一千三百六十四年，得婆羅那地。一千三百至四百年，得羅馬都城及薩皮捺地。教王撫土既廣，東至俄，西至英，國王嗣位皆教王奉冕立之。遇兩國兵爭，必判曲直，有不服者，國被兵，主被

廢，各國君主俯伏肘下，此爲羅馬教極盛時代。當十一世紀末年，十字軍起，軍士繡十字形於軍服左肩，與異教識別，故曰十字軍。羅馬教徒進擊回回教徒，猶太爲耶穌生長地，歐羅巴人時往拜墓，既爲回部所據，禁不得通，諸國皆怒，合兵攻回部。先後凡七役，歷一百七十二年。歐洲人死亡二百萬，羅馬教徒雖未大償厥志，而工商業進步，地理博物化數建築圖畫等學，多所發明。騎士義團騎士初起於日耳曼，凡欲爲騎士，七八歲時就一騎士家爲侍童，習武技，尊義俠，以保教爲己任。騎士見重於世，人人好爲之。義團施行法令者曰大師長，選擇社員者曰會長，有病院義團，神殿義團，宙敦義團等，名見萬國史綱目。散於西歐，保護宗教，守衛疆土。武門制度一變，教會權力亦驟增。十字軍後有新舊兩教之爭，十六世紀初年，羅馬教會專恣多惡德，日耳曼人路得起而力排其說，於是基督教又分二派，曰羅馬舊教，即中國所謂天主教，曰路得新教，即中國所謂耶穌教。西人統稱耶穌所立之教曰克力斯頓教，其分而爲三，希臘教曰額力教，羅馬舊教曰加特力教，亦曰公教，路得所立之新教，曰波羅士特頓教，曰修教，曰復原教，亦曰辨駁教。入中國則羅馬舊教曰天主教，路得新教曰耶穌教。路得，礦夫之子也，初入澳古斯丁寺爲僧，後舉威典堡神學博士，遊羅馬憤教王無狀。教王好營造，鬻赦罪符大取金幣，路得以赦罪在上帝，豈教王能代，明爲聚歛，不合《聖經》，乃張九十五條之揭示於寺門，且謂羅馬謬解耶穌書以刑戮脅人入教，非耶穌本旨。國家威權自有國君主理，僧侶不宜干預，取教王諭書及羅馬律焚之，創改革宗派。凡天主教拜偶像，禁嫁娶，教士之稱，禮拜之儀，一切矯正，諸國奉教者多幡然信從其說。教王大怒，立耶穌會抗之，且令諸王捕殺新教徒。然其教盛行不可遏止，於是民與民因爭教互殺，國與國因爭教相攻者，百餘年干戈雲擾，全歐無甯宇。天主教有兩黨相爭數百年，一黨言教王不能有錯謬，也一黨言非教王不能有錯謬也，既得其位即不謬矣。西班牙雄視歐洲，荷蘭本其屬國，教王以其奉新教，令西班牙迫之改教，荷蘭不服，西班牙連歐美之衆，爭戰八十餘年，卒不能勝，歐洲各國遂許荷蘭獨立。當荷蘭與西班牙爭獨立時，英主伊利薩伯，援荷蘭兵艦横海上，或捕西班牙商船，或破壞其港灣及都府，西班牙怒。一千五百八十八年，大集艦隊攻英倫，英將雷斯特等力戰破之，又敗之於哀爾蘭。是役也，擊沈西班牙兵艦數十，其餘帆船遭颶風盡沒於海，英倫得全勝，伊利薩伯遂推爲歐洲新教之首。法蘭西亦以宗教軋轢而興大亂，母后嘉撒凌專政，欲全滅烏巨拏新教徒。一千五百七十二年八月二十三日，值聖巴沙羅米由之祭期，其夜預立號鐘，屠新教數萬，勳臣名士皆罹其毒，兩教仇殺四十年。嗣亨利第四立，諭新舊教兩釋仇恨，爭端始息。日耳曼宗教之爭，兵連禍結三十年世，謂之三十年戰爭，而以丹瑞法等國干涉，牽動全歐。日耳曼人戰殁三分之二，國家分裂而不統一，然卒能恢宏其霸業者，則近代事也。自路得改革宗派，泰西各國紛紛與教王爲敵，黨同伐異，殺人如麻。教王威權日替，然猶據羅馬全國。至普法之戰，法撤前戍羅馬軍自救，意大利乘機併之建都城。自此教王專司教柄，無轄地，與彼得初入羅馬時無異矣。

又 唐貞觀九年，大秦國上德阿羅本，遠將經像，來獻上京。十二月詔立大秦寺一所，度僧二十一人。世閲七朝，至代宗建中二年，大秦寺僧景淨，述其緣起，撰景教流行中國碑。景教不見他書，其所頁之像三一妙身，無元眞主阿羅訶，即基督教體一位三，父子聖神之説。三一分身景尊彌施訶，即耶穌降生之説。碑云，室女誕生於大秦，判十字以定四方，分身救度，七時禮讚等語，均與基督教理密合。景尊天主隨時立名，異派同源殆無疑義。唐初佛教方盛，西教傳入中國，信從者鮮。元太祖親征俄羅斯保勞尼翁伽里諸國，教王音諾增爵第四，遣教士七人隨營宣教，嗣教士柏郎嘉彬，齎教王書呈太祖，太祖覆書遣之回國，終元世通使，傳教者不絶。世祖至元二十七年，教士高味諾等，請於燕京創大堂二所，世祖親臨瞻彌撒禮。又西人所撰《東遊紀略》云，有波羅馬哥者，於宋末元初，徧遊燕京蘇杭閩滇，曾知揚州行中書省事。至元二十五年，教王遣約翰來華，勸元帝崇奉西教，元帝不從而立教堂於京師，入教者約六千人，教王復遣安得烈爲之輔，是中國京師建立天主教堂，始於元代。明萬歷九年，意大利人利瑪竇泛海九萬里至粤，又二十年至京師，中官馬堂以其方物進獻，有所供天主及天主母圖神仙骨諸物，自稱大西洋人。帝嘉其遠來，給賜優厚，中朝士大夫咸與晉接。利瑪竇撰《天主實義》諸書，述彼教之說，著《萬國全圖》論天下形勢，又言中國《大統》、《回回麻》，皆疏舛不合實測，乃持其本國推步之書，出示士大夫，皆爲中國典籍所不道者。時臺官言，大西洋歸化人龐迪我熊三拔等，深明麻法，請倣洪武初設回回麻科之例，令同測驗從之。利瑪竇既卒，其徒久留不去，時則有陽瑪諾，

鄧玉函，畢方濟，艾儒略，龍華民諸人，皆喋喋言新法。而湯若望羅雅谷方自西來，若望又述耶穌神靈異蹟，及受刑十字架上，代民贖罪之顛末，圖寫流布，朝士相與提倡援引，於是自畿輔開堂蔓延各省，京師則宣武門之內，東華門之東，阜城門之西。山東則濟南，江南則淮安揚州鎮江蘇州江甯常熟上海。浙江則杭州金華蘭溪，閩則福州建甯延平汀州。江右則南昌建昌贛州，東粵則廣州，西粵則桂林，楚則武昌，秦則西安，蜀則重慶保甯，晉則太原絳州，豫則開封，凡十三省三十處，皆有天主堂。自明萬歷以後，國初康熙以前，其教不脛而走矣。若望以明崇禎時，用禮部尚書徐光啓薦，令供事厤局。國朝順治二年，與南懷仁同入欽天監。康熙三年，歙縣人楊光先狀告禮部，摘其推算日食交會之誤奏聞，罷湯若望等，授楊光先爲監副，尋轉監正。六年，以推閏失實革職。八年，南懷仁訟之，論死減等遣戍，復用南懷仁爲欽天監官。得旨，天主教除南懷仁等照常自行外，恐直隸各省復立堂入教，仍著嚴行曉諭禁止。三十一年二月，禮部議奏各省天主堂應照舊存留，進香供奉之人照常行走，不必禁止，奉旨依議。雍正初，羣臣多言禁教。二年，各省教堂一律改毀，除欽天監修治厤法仍用西人，其餘教士悉遷澳門。乾隆嘉慶兩朝，迭申嚴禁，至道光二十二年，與英約於江甯，有耶穌天主教原係爲善之道，自後傳教者來至中國，須一體保護之款。二十五年，耆英督兩廣，爲法人請，在海口設天主堂，華人入教者聽之。此時海口雖許傳教，內地猶禁也。咸豐八年，法約第十三款，凡入內地傳教之人，地方官宜厚待保護。凡中國願崇信天主教，而循規蹈矩者，毫無查禁。同治九年，刑部刪去傳教治罪舊例，續纂新例曰，凡奉天主教之人，其會同禮拜誦經等事，概聽其便，皆免查禁。自是舊禁盡弛，中國二十三行省，皆有教士蹤迹，內地教堂林立，習教之徒，愈衍愈廣，仇教之案，愈辦愈難。流極至於庚子，邪黨一呼，亂民四起，前後不過數月，遽激成古今未有之奇變。中國痛心之故不忍言矣，自道光壬寅江甯之約，距光緒辛丑之約六十年，語所謂十日十二子相配，數窮六十，其將復平意者。此後教禍庶幾少紓。其希臘教教士，自守宗派，不出傳教，惟京師漢口建教堂，此西教入華之大略也。

鄭觀應《盛世危言》卷一二《傳教》 案泰西基督之教，流派分而爲三。一曰天主教，傳自猶太，盛行於羅馬，意大利，奧斯馬加，比非利

亞，法蘭西，日斯巴尼亞，葡萄牙，比利時等國從之。一曰耶穌教，日耳曼國之所分也，英吉利，德意志，美利堅，丹麥，荷蘭，瑞典，及瑙威，瑞士等國從之。一曰希臘教。希臘爲西人文字之祖，亦衍基督教之說，別樹一幟。小亞細亞歐羅巴之東，俄羅斯希臘等國從之。其教或分或合，有盛有衰，名目不同，源流則一，皆本於向傳之新舊《約》兩書。《新約》載耶穌降生，爲上帝子，以福罪之說，勸人爲善。是時泰西紛亂如戰國，立教者深具苦心。而千百年來，黨同伐異，仇敵相尋，人民苦鋒鏑，原野厭膏血，別分門戶，遂釀干戈。以至變本加厲，實非教主始念所及。十字架之役，俄土之戰，其尤著者也。迨後道術修明，已異於古。故今耶穌教之在歐美兩洲者，英美兩主，實稱教中監督，爲一會之領袖，尊爲國教，未可厚非。蓋人生於世，不能逸居無教，如有僻在遐方，禮教未行，狉獉未變者，耶穌教士徧至其地而化導之，地球各國現已一律相安。

天下第一傷心人《辟邪紀實》卷上《天主邪教入中國考略》 歷考天主邪教諸書，謂其教自漢以來，已入中國。證之史鑑，皆無明文。惟考雜記，載猶太國烏合利之黨，於宋隆興元年，貢五色棉五色布，借此勾結匪徒，插足中國。佯以勸善爲名，襲后稷誕生事，謂伊教祖耶穌，爲其國童女馬利亞所生，教人崇奉天主爲事。且能代人贖罪致福，有求必應，以此惑人，遂得私建清眞祆神等寺，於河南開封府。名其教曰天竺，後改名挑筋，旋跡敗露，寺亦毀。元至元十六年，夷□五思達等，復貢西洋布西洋鏡等物，混入中國，重建清眞寺於開封府。明永樂十九年，夷匪俺誠以醫術入中國，寄居其寺，得以妖□惑定王，傳令賜香，其寺重修。二十一年，復賄當道奏聞有功，賜姓爲趙，授錦衣都指揮，升浙江指揮。正統十年，匪徒李榮等重建前殿。天順三年，匪徒高鑑趙應承趙瑛石斌張瑄等，夥造妖書三部，置清眞寺。五年，河水淹沒，匪徒艾敬李榮等，復出資重修。成化元年，匪徒高鑑等，增修後殿，仍安置妖書。弘治二年，匪徒趙瑛金鐘趙俊俺都剌曹左傅儒等，又增造妖書，廣買地基，建造妖寺。分置於陝之西安，浙之甯波等處，偏傳邪教。且僞造大秦景教流行中國碑序，載大秦國阿羅本，載眞經至長安。貞觀十二年，太宗詔所司於義甯坊造大秦寺，並及高宗元宗肅宗代宗德宗，皆崇尊其教，廣建祠宇。首載寺僧景淨述，未載建中二年立，朝議郎呂秀巖書云云，埋西安府城外，佯掘之以

證其教由來之久。至天啟崇禎時，則海防盡弛，要地任其出入。匪徒利瑪竇徐光啟龍民華湯若望等，得相繼以奇技淫巧，炫惑當時。繼致有宮中扶乩，列祖列宗降壇，指用人材，妄極不經之舉。所指用則皆從教之流，借此廣傳其教，此明綱所以不振也。而我朝復寬大爲懷，加當事諸人，辦理不善，惟貪一時苟全，不計後來實禍。雖康熙時，碣石鎮總兵陳昂具奏，極言夷患當防，而儒臣羣議不以爲然，卒釀今日之事，嗚呼，以數萬里語言不通之夷匪，入中國而任其縱横自如如是者，亘古未之前聞也。

魏源《海國圖志》卷二六《西印度天主原國》 《職方外紀》：亞細亞之西，近地中海，有名邦曰如德亞。此天主開闢以後，肇生人類之邦。天下諸國載籍，上古事蹟，近者千年，遠者三四千年，而上多茫昧不明，或異同無據。惟如德亞史書，自初生人類至今，將六千年，世代相傳。及分散時候，萬事萬物，造作原始，悉記無訛，諸說推爲宗國。地甚豐厚，人煙稠密，是天主生人最初所賜沃壤。其國初有大聖人，曰亞把刺杭，約當中國虞舜時。有孫十二人，支族蕃衍，天主分爲十二區，厥後生育聖賢，世代不絕。故其人民百千年間，皆純一敬事天主，不爲異端所惑。其國王多有聖德，乃天主之所簡命也。至春秋時有二聖王，父曰大味得，子曰撒剌滿，嘗造一天主大殿，皆金玉砌成，飾以珍寶，窮極美麗，其費以三十萬萬。其王德絕盛，智絕高，聲聞最遠，中國所傳爲西方聖人，疑即指此也。此地從來聖賢，多有受命天主，能前知未來事者，國王有疑事必從決之。其聖賢竭誠祈禱，以得天主默啟，其所前知，悉載經典，後來無不符合。經典中第一大事，是天主降生，救拔人罪，開萬世升天之路。預說甚詳，後果降生於如德亞白德稜之地，名曰耶穌，譯言救世主也。在世三十三年，教化世人，所顯神靈聖蹟，甚大且多。如命瞽者明，聾者聽，瘖者言，跛者行，病者起，以至死者生之類，不可殫述。有宗徒十二人，皆耶穌縱天之能，不假學力，即通各國語言文字。其後耶穌肉身升天，諸弟子分散萬國，闡明經典，宣揚教化，各著神奇事蹟。緣此時天下萬國，大率爲邪魔誘惑，妄立邪主，各相崇奉。自天主降生垂教，乃始曉悟眞理，絕其向所崇信惡教，而敬信崇向於一天主焉。所化國土，如德亞諸國爲最先，延及歐羅巴，利未亞，大小千餘國，歷今千六百餘年來，其國皆久安長治，其人皆忠孝貞廉。

《新增經世文續編》卷三《教派考》 孔子曰，道之以政，齊之以刑。又曰，道之以德，齊之以禮。夫所謂道之齊之者，即所謂教也。天下之民，紛而無紀，非教不能同其性情，一其心志。然善者教之以善，惡者教之以惡，正者教之以正，邪者教之以邪。同是教人，而損益不可以道里計矣。泰西之教，自古紛歧，而爲功爲禍，爲愚爲明，亦不一致。茲編所述，以教外之人，言教中之事，恐多不盡不實，未能憑信然但。本見聞錄之不敢妄參臆見也。西國無天主教之名，耶穌教人，外之曰羅馬教。自名耶穌教曰救世教，曰復原教。中國名羅馬教，曰天主教，亦彼教中自名之也。西國亦無耶穌教之專名，天主教人外之曰紅毛教，曰歧出教，因其歧而二之也。究之兩教，同以救靈爲心，不過一有本，一無本，非有邪正之懸殊也。但以下所述多本英文，而英尚耶穌教，故或美或刺，明眼人自能辨之。天主教相沿至今，分三大支，其初本是古教，同歸一原，以後立說紛龐，各執一是，遂有分支之說，茲將分支略述於下。

【略】

一曰基督教。基督譯言帝王之尊，耶穌名基利斯督，故曰基督。其教師無夫婦一倫，亦不許平常人閱《新約》《舊約》。其教本始於猶太，沿至於今，教人約得三萬萬八千萬，名内又分爲數派。

一曰辣丁教，專向習辣丁文字，又名羅馬教，即天主教也。行於意大利，而西班牙，葡萄牙，比利時，拜維利亞，奧斯馬加諸國，而德意志□邦，賽士蘭七邦，亦從之，其餘如法蘭西，阿爾蘭，希臘數處，從者亦衆。若夫俄羅斯土耳其亞美利加墨西哥等國，入其教者殊不乏人，約得一萬萬九千萬之數。

一曰希臘教，亦名東教，最重聖餐洗禮。教師亦有妻室，許閱新、舊《約》，惟地獄之說，與天主教異。其教共有十會，曰日路撒冷會，曰亞力山打會，曰安地亞會，曰君士但丁會，曰俄羅斯會，曰夢呑泥高盧會，曰墺地利亞會，曰西奈山會，曰哥伯羅會，曰希利尼會，即雅典會。教民約七千四百六十三萬三千名，更有自主之東教，共有三派，一爲埃及國之布得教，約十五萬人，一爲波斯國之男禿司教，一爲西利亞之阿美尼亞教，而教規皆與希臘教小異。

一曰耶穌教，教人約一萬萬名，教門共分四大派。曰路德教派，以德

國格士白登地方，所定教規爲主，其教行於德意志，瑞典，瑙威，普魯士，英吉利，法蘭西，荷蘭，俄羅斯八國，教人約三千二百萬名。

一曰改正教，人數約一千三百萬名，其中會名林立，如長老會，十字架會，長子會，安息日會，聖書會，而長老會最盛，英美兩國多奉之。是會蘇格蘭得三百萬人中，入會者可得一百萬，英國有會堂一百五座。

一曰英國國教，有教主總司其事。其教最富好粉飾華麗，其教堂房屋衣服起居，一切教門，皆不能及。教規祇三十九條，奉教者靡不恪守。一千八百七十八年，光緒四年，阿爾蘭有教人六十八萬三千二百九十五名，美國有十六萬餘名，開納臺即加那大，新蘇格蘭，共有五十二萬名，墺洲維多利亞，有二十餘萬名，其餘不及備載。

一曰小教門，其中顯而可舉者十會，一曰浸禮會，其洗禮將信人受教之始，浸入水內，故與各會迥異。其分支有曰七日會者，有曰正會者，有曰不傳教會者，有曰六禮會者，有曰自主會者，有曰河會者，有曰酒布蘭那會者，有曰騰格會者，有曰孟龍會者，有曰門徒會者。各會人數有多有少，共約二百萬名。二曰兄弟會，以爲耶穌奉天主之命降生，與世人皆爲兄弟，輩行無所大小，故曰兄弟，亦名布利毛得會。始於一千八百三十年，即道光十年，爲教師布利毛得所創，無一定章程，可以隨時更改，最爲蕪雜。其人數英吉利得一萬八千名，美利堅約得十二萬名。三曰自主會，人數約得三十二萬名。四曰媚多地會，亦曰美以美會，始於一千七百二十九年，爲英吉利教師威司里所創，以後會中人又意見不合，遂分各小會，人數得四百八十八萬四千二百餘名。五曰麻耳們會，爲司密司約瑟所創，人數約得十餘萬名。六曰朋反會，亦名震動會，一千六百二十四年，即明天啓四年，爲英吉利教師傅格司所創，人數得十萬三千八百餘名，其中美國人最多，可得十萬名。更有一會，名震動之中又震動會，人數約得一萬三千餘名。

七曰瑞典伯克會，始於一千六百八十年，即康熙十九年，爲瑞典教師伯克所創。此會教堂最多，在英吉利得八十處。美國路耶穌教人，私入是會者，六千餘名，得教堂五十處。八曰麻拉威會，始於一千四百五十年，即明景泰元年，創於德國麻拉威邦。然今麻拉威邦各處之人，反不入教，且反欲設計驅逐相害，以安百姓，亦可異也。是會既創教人不能安居，遂紛紛遠出傳教。自安家食，不離父母之鄉者，甚寥寥焉，人數約十五萬八千餘名。九曰天一會，人數約十八萬四千餘名。十曰救衆會，以爲此會專爲救濟衆人而設，始於同治九年，爲時最近。人數美國約得八十萬名，加那大約得七千名，英國約得二千名。此外尚有各小會，會名繁多，約數百會，人數極少。有章程不善者，有立說虛妄者，以故不能著名傳之廣遠。其稍能表見者，如開波勒會，基督扯梯司得會，基督門徒會，福音會，自主兄弟會，歐芬會，散地鑾會等，人數未詳。以上各會均爲耶穌教分衍，以教爲幹，以會爲枝，愈分愈多，散而無紀。大抵西人多喜自主，心極變遷，故歷久相傳，不能守一，故有此紛紛更動也。

【略】

或謂耶穌之説，遍中人心，則萬國五洲，方成一統。或謂世界既成一統，則人心醇厚，各消矜勝之心，斯時耶穌之説，必不通行。其言各有至理，而此時終不能料。余雖不信教，而天主則深信，其有耶穌救世降生，恐屬附會之説，且其三位一體之説，更爲難索解人。蓋世界造物，必有一主，若姑予人以自主之權，令其犯罪，然後救贖，以理測之，未免多事，而不近人情。惟教中以救濟爲本，設法傳教，勤懇忠誠。教士之流，學問半能明達，並無偏私詭詐之心。今中國之人往往以不情無據之詞，輕相毀謗，如剜目藏嬰，各種淫穢之説，妄加人罪。此事斷屬子虛，宜爲教中所深惡，動啓猜嫌也。若洞悉其傳教之説，並無惡意，將教士來華之故，遍曉顓蒙，則交涉之方得其半矣。

徐繼畬《瀛環志略》卷六《意大里亞列國》 大辟十四世爲巴別倫，巴別倫又十四世，而生耶穌基督。耶穌之父曰約色弗，母曰馬利亞。馬利亞感神而孕，漢哀帝五年，生耶穌於猶太國之伯利恆邑。有異人從東方來，云有星降於猶太爲國王，其王希羅得潛使人物色殺之。約色弗夢神人告使避難，抱兒逃於麥西，希羅得死乃回以色列地，又遷於加利利之拿撒勒。耶穌既長，神異特甚，時有先耶穌聞道者，曰約翰，耶穌就而領洗禮。約翰知耶穌爲至人，不敢自居先輩，遍告人使師耶穌。由是耶穌宣傳教法，戒殺戒淫戒盜戒誣證，謂天爲父，己爲上天之獨子，降生以拯濟世人。謂人之生也，靈魂爲重，軀殼爲輕，軀殼時至而毀，靈魂歷劫不磨。修道之人，升靈魂於天國，與天無極。受業者十二弟子，最著者爲西門彼

得羅，爲耶哥伯，爲馬太。耶蘇能以神術醫人疾，痼者，瘖者，癱者，瞽者，魔者，以手撫摩之立愈。所至男女數千人隨之，喧傳耶蘇爲猶太之王。有祭司元魁該亞法，與衆謀，欲擒而殺之。耶蘇預知數不可逃，語門人以後事。門人有猶大士者，受賄賣其師，密導人往執之，送於大吏彼拉多。彼拉多審其無罪，欲釋之，衆怒嗥，謂彼拉多縱叛民，堅請釘之十字架，彼拉多不得已從之，耶蘇遂被釘死。葬之明日，失其屍，其後門人數數形見云。耶蘇死後，彼得羅與諸弟子往來各國，傳布其教。有士提反者，聞而篤信，以傳道自任，猶太人以石擊斃之。有保羅者，初與耶蘇之徒爲仇，攻之甚力，後悔悟入教，進道最勇，所著之書亦最多。余嘗翻閱其書，文義詰曲而俚，蓋彼土學漢文者所譯。其中有帶機鋒似禪語者，而義則粗淺，其所謂洗禮七日安息禮拜之類，自摩西以來即有之，非始於耶蘇也。奉耶蘇之教者，不祀別神，不供祖先，以耶蘇爲救世主，而以身命倚之，謂可護福佑。有得禍者，則謂靈魂已升天國，勝於生人世。□其大致，亦佛氏之支流別派。歐羅巴遠在荒裔，周孔之教所不及，耶蘇生於其間，戒淫戒殺，忘身救世，彼土崇而信之，原無所謂非。而必欲傳其教於中土，則亦未免多事矣。

按耶蘇生於猶太，其教之盛行，則起於羅馬。自教王擅權之後，諸國王侯聽其頤指，有不從者，國輒被兵，主輒被弑，數百年無敢違異。其教稱爲天主教，天主者，以耶蘇爲上天之主宰也。明初有日耳曼人路得者，起而攻其說，謂天主教解耶蘇之書皆謬誤，以刑戮強人入教，乃異端邪說，非耶蘇本旨。於是取耶蘇之書，重加譯解，別立教規，稱耶蘇爲救世主，名其教爲耶蘇教。諸國之奉天主教者，多翻然從之，教王大怒，令諸王捕殺耶蘇教人。然其教已盛行，不可遏止。由是君與民因分教相殺，國與國因分教相攻，數百年來，西土之民，肆市朝膏原野者，不知幾百萬，皆因爭教而起也。今歐羅巴從天主教者，曰意大里亞，曰佛郎西，曰比利時，曰西班牙，曰葡萄牙。從耶蘇教者，曰英吉利，曰荷蘭，曰嗹國，曰瑞國，曰普魯士，曰米利堅。此外兩教參雜者，曰墺地利，曰日耳曼列國。天主教規立十字架，作銅人，肖耶蘇被釘受難之形，旁有女人像，肖耶蘇之母馬利亞。耶蘇教不設十字架，不肖像，其餘七日禮拜安息之類，皆從同。又別有希臘教者，亦天主教別派，額里士袞羅斯尚之，與兩教教規又不同。近泰西人稱天主教爲公教，稱路得等教爲修教。余謂耶蘇之立教，以救世也，乃諸國因分教之故，而殘殺不已，耶蘇而有知也，其謂之何。

論政教分部

論說

徐賡陛《不慊齋漫存》卷五 中國定例，命案緝兇，以六個月爲初參。又一年爲二參，又一年爲三參，又一年爲四參。承緝接緝，或住俸，或罰俸，或降級，則例昭然，自有一定辦法。四限無獲，內有部科，外有院司道府糾參，固不能因其入教，而稍存膜視，亦不能因其入教，而特設科條，應由中國官員自行辦理。至所稱淩虐奉教一節，查向來民教之案，均由積釁成仇，釀成巨案。總在地方官，於此等案件，但分理之曲直，不分教與不教，自能安其生業，戢其奸萌。即如陸豐一縣，從前紅黑旂匪，糾合械鬥，以衆淩寡，以強欺弱。地方官不能伸雪，以致貧弱之民，無所控訴，相率投入耶穌天主等教，以冀庇護，其情本屬可矜。乃入教既多，良歹不一，其中即有結黨尋仇，藉端刁訟之事。即如迎神賽會，免科教民之錢，載在條約。而僱看青苗工食，修理祖祠公費，亦因而不肯勻捐。教士如有寃抑，原許赴地方州縣具詞，而民間田土錢債之事，事非干己，亦因而具稟扛幫。殊不知僱看青苗工錢，歷奉總理衙門通飭，教民一體認派，著在例冊。至祖祠雖爲彼教所無，但廣東祖祠，向有嘗田祭產，合族均分。彼入教之子孫，既欲分其餘潤，即不能免其派捐。至民間詞訟，無論入教與否，均係中國人民，應由中國官員辦理，豈容教士紛紛干預，甚至自作干證，到縣具稟扛幫。從前各令，於中外交涉事例，未能十分透澈。一經教士函託，或投遞稟狀，不知據約駁飭，又必多方循護，抑壓平民。以致民憤既深，每釀鬥殺之案。各領事不知原委，輒以爲淩虐教民。實則起釁有由，教與民各有不合也。伏查我中國儒教而外，原有釋道，從

未有與民間互殺者。今即於釋道之外，另立耶穌一教，何至遂有齟齬。誠以釋道之民，概遵王法懲辦，是以積久相安。而耶穌天主之教民，則地方官專徇情面，不按條約，是以動輒生變。故名爲愛護，轉以害之，當亦非各國領事之本願也。應請據情照覆各領事，請即申明條約，通飭各教士，務各遵循。勿干預以起釁，勿偏聽以容奸，其素行不端，或犯罪在官之人，勿聽入教。使民間知教律清嚴，王法難犯。如有詞訟案件，即由卑職速爲查審，照例持平斷結。勿再干預請託，致涉嫌疑。其建造教堂，必由教士稟知卑縣，由卑職親往查勘。如果與民無礙，飭其興修。一面出示曉諭，禁止作踐。不得擅將民屋，無端改設，致失崇奉耶穌之誠，且啟搆釁民間之漸。如是則中外安熙，訟獄止息，於彼教必且有益。

又　況卑職履任後，曾謂中國釋道二教，久已並行，其天主耶穌，亦不過於釋老而外，另增兩教。入其教者，亦不過與習釋道之教相等，毫無異樣，不必別起猜嫌。隨時諄誡士民，不准稍存歧視，民間亦各遵循。現粘單所開各名，或另因互控別案之嫌，或查係族老，因而牽累，均無逼勒反教之事。即如林仲修一名，係縣學生員，年已八十餘歲，步履艱難，似更無主令不法情事。總之，卑縣民風既悍且狡，專以挾嫌逞忿爲事，以強淩弱，固爲痼習。然而弱與弱併，糾約攻強，以圖報復，亦係近二十年來，紅黑旂互鬥之餘風。現在習教之人，半係強鄉弱房，或弱鄉弱房。未經習教之先，固多被人淩侮，迨習教之後，各人皆知敬愛，不敢欺淩。第該教民，又往往糾約同教，藉端滋事，報復前嫌。迨自知理虧，又不得不揑飾民人嫉教，毀滅聖像等詞，以聳教士之聽。教士念係同氣，又聞嫉妒傳教之言，是以每聽膚愬之詞，猜疑地方官不加保護。實則知縣爲國命吏，既奉朝旨，飭令習教者與不習教者，一體撫字。自不敢陽奉陰違，上欺君父。況復爲民父母，譬如一人三子，分習三教，必不因其所習異教，而別有愛憎。故卑職審理民教事件，不問教與不教，但究事之曲直。蓋既同爲卑職之子民，善良則一體愛護，頑梗則一體創懲。本父母教子之心以臨民，則偏私自絕。本是非曲直之正以判事，則猜忌自忘。所當化猜爲和，導爭爲讓，以期中外久安。深願領事教士共體此意，於傳教之時，一律勸導。於民教詞訟事件，官之審斷，必須廣爲察聽。則一面之詞無從欺蔽，而兩國之好，於以永堅矣。

又《稟請劄行領事禁止教民抗糧》　敬稟者，竊查卑縣地丁民屯米石，先因各鄉紛紛抗欠，每年征數不及七成。縣署征冊雖存，而十餘年來，兵燹頻仍，以致冊内之名，與現耕之戶，多不相符，按籍而稽，無從考究。卑職抵任，竊以爲錢糧乃國家正供，若令額數虛懸，既屬不成政體，且及今不加釐正，則數十年後，尤覺漫無可稽，必至全無征納，尤切隱憂。是以本年十月間，於各鄉分設清糧公所，遴派公正紳耆經理。特設就田問賦之法，並開匿戶自首之條。開辦以來，激以大義，計清出戶口甚多。惟是卑縣地方，分三司一捕，屬轄幅員，以河田司屬爲最大，地丁屯糧，亦河田司屬爲最多。該處自洋人傳教以來，入教之民，幾及其半。百姓一經入教，便恃教士爲護符，詞訟抗傳，錢糧抗納，幾成痼習。甚至拒捕毆差，糾衆奪犯。從前各令，因加示懷柔，不甚深究，遂至肆無忌憚，幾不知官法王章爲何事矣。該處駐大溪輋者，有法國天主教士，名蘇恆禮，駐河田墟者，有英國耶穌教士，名金護爾，兩教士人尚明白。卑職抵任，尚無關說詞訟，袒護教民情事。但其教徒之桀黠者，聲言入教之人，免納錢糧，不由地方官約束，紛紛煽惑愚民。蚩氓無知，信以爲實。現令清查田畝，一體完糧，頗形窒礙。合無仰懇憲恩俯賜，劄飭照會英法兩國領事，傳諭該教士，嗣後務須戒約教民，一體遵守中國官法，錢糧民屯米石，務須逐一清完。倘敢抗糧毆差，及向係不法之徒，一經州縣知照到日，已入教者即行逐退，未入教者不再收留。如教士仍前庇縱，即由州縣申請劄飭照會領事，將教士撤回，另易明禮之人前來接替。庶幾民知法紀，中外相安矣。所有懇請劄行照會領事，轉飭教士，戒約教民，不准抗糧抗傳，務期安分守法。

《嘉定長白二先生奏議》卷二　聖鑒事竊近日外省焚毀教堂之案，層見迭出。恭讀五月初七日諭旨，飭各省督撫嚴拿懲辦，仰見皇上一視同仁，安內靖外之至意。顧臣竊更有進者。西洋天主耶穌等教，悖理蔑倫，蹤迹詭秘。百姓懷疑積憤，已非一日。特以沐朝廷之恩德，怵官吏之禁令，而相與隱忍耳。加以近年民教各案，承審官員，往往右教而左民，不能持平辦理。於是敎燄日熾，民怨日深。此次各處焚毀教堂，哥匪遊勇，乘機鼓動。誠如聖諭所云，潛謀勾煽，藉端滋事等因。顧事必有所緣，釁必有由起。譬如決獄，必兩造對質，而後可成信讞。一面之詞，是非難

決。應請飭下各省撫臣，確究根由，秉公籌辦。如釁由內地之人，則以法治之。釁由外洋之人，亦當以理詰之，庶情得其平，而後中外可以相安。否則辦理一或失當，患將有不可勝言者。

方浚師《退一步齋文集》卷四 洋務半由教民而起，一遇民教案件，非失於激切，即誤於因循。昔年在總理衙門時，執事與濬師每治官文書，輒不顧舌敝唇焦，諄諄勸告者，皆激切因循四字害事也。高要縣屬，有窩盜積匪李亞聚，恃其入天主教，横行鄉里，縣令屢訪未獲。濬師密飭營官，設法購線禽之下獄。傳教士聞信，即呈遞書函，力請保釋。郡守瑞昌君膽小無識，力陳粵省民悍，非他省比。且教士不馴，恐生變故，縣令因而觀望遲疑。濬師堅持定見，以爲我所辦者强盜，於教士何涉，教士焉能預地方公事。即一面訊明贓證多款，一面稟明督撫，就地正法。傳教士理屈詞窮，抱頭鼠竄。端州紳民，咸謂十餘年來，無此痛快淋漓之事也。

容閎《西學東漸記》章一六 宜禁止教會干涉人民訴訟，以防外力之侵入。蓋今日外人之勢力之放恣，已漸有入中國越俎代謀之象，苟留心一察天主教情形，即可知予言之非謬。彼天主教士在中國勢力，已不僅限於宗教範圍，其對於奉教之中國人，幾有管轄全權。教徒遇有民刑訴訟事件，竟由教會自由裁判，不經中國法庭訊理，是我自有之主權，已於法律上奪去一部分也。是實不正當手段。若不急謀防範，則涓涓不塞，將成江河，故政府當設法禁止以後無論何國教會，除關於宗教者外，皆不得有權以管理奉教之中國人。

張之洞《張文襄公全集》卷六《設立教案局片》 再，晉省民教交涉事件，近年日漸繁多。緣奸民恃其護符，無理生釁。該教堂包攬袒庇，動輒徑向巡撫衙門，投遞信函，時來瀆擾。教堂日横，民怨日深，實屬可慮。臣到任後，察此情狀，因設立教案局。派令冀甯道専司其事，並先後派委候補直隸州知州錢榮增，杜崧年，充當該局委員。遇有教案，令教堂函致該局，衡量事理，依據條約，分別准駁。其來臣處徑瀆者，斥之不答。飭令各縣州，遇案必秉公剖斷，其逞刁之教民，飭其驅逐出教，生事之教士，責令主教撤換。教堂之安分講理者，亦即施以嘉獎。秋冬以來，稍覺安靜。查晉民最稱良懦，斷不存與教堂爲難之心。詳核新舊各案，皆悉教曲民直，又皆地方事體，無關傳教之事。大率各州縣教民，來省朦聳主教，省城主教，又到京朦聳該國公使。但使該公使不受朦聳，則教堂無所倚恃，不能干預扛訟，自然相安無事，庶免激成衆怒，轉難收拾。仰懇敕下總理衙門，遇有晉省教案，捏詞朦聳該國公使，向總署攪擾者，一切據理駁斥，切囑該公使不可偏聽受欺。臣於外間斟酌操縱，斷不容其長成氣燄，亦不致滋生事端。

李秉衡《李忠節公奏議》卷一二 再，臣查此次會匪滋事，固由龐三傑因教民劉藎臣搶麥起釁。而民教之所以積不相能者，則以平日教民欺壓平民，教士袒護教民，積怨太深，遂致一發而不可制。其釀亂之由，有不可不亟圖挽救者。自西教傳入中國，習其教者率皆無業莠民，借洋教爲護符，包攬詞訟，凌轢鄉里。又或犯案懼罪，藉爲逋逃之藪。而教士則倚爲心腹，恃作爪牙。凡遇民教控案到官，教士必爲之關說，甚至多方恫喝。地方官恐以開釁取戾，每多遷就了結，曲直未能胥得其平。平民飲恨吞聲，教民愈志得意滿。久之民氣遏抑太甚，積不能忍，以爲官府不足恃，惟私鬭尚可洩其忿。於是有聚衆尋釁，焚拆教堂之事，雖致身罹法網，罪應駢誅，而不暇恤。是愚民之敢於爲亂，不啻教民有以驅之也。【略】惟民教相讎，終恐日久生事。擬請旨飭下總理衙門，與各國公使酌議，嗣後遇有民教案件，由地方官秉公訊斷，教士毋許干預。如或鬭毆滋事，查非焚燬洋房，但照應得罪名科斷，不得再議賠償。總期彼此無所偏袒，久之猜嫌漸釋，民教或可相安。

唐才常《沅湘通藝録》卷三 本道暨省中大憲辦理中外交涉事件，未嘗不自行認眞。但天主教之招人嫉妒，多由於誤傳匪人。貴領事在中國多年，中國人情，諒所熟悉，所見奉教者，安分無過，能有幾人？明恃天津條約第八款，凡有傳教習教者，一體保護，其安分無過，中國官毫不得刻待禁阻。其平日不安分而有過者，素爲中國官所刻待，一入教中，即成化外，官且無可奈何，鄉黨親戚更無忌憚。又恃傳教者居心慈愛，遇有告訴，不察虛實，即便出頭力爭，以致無知愚民，集怨教堂，在所不免。本道念切友誼，前已憑貴領事一紙空函，上達憲聽；未知貴領事，能否亦將本道之意，諄勸教友，欲傳其教，先擇其人，少收一敗類之人，即省卻無窮事故。遇有鬥毆詞訟，中國之人，悉由中國官辦理，主教教士不必與聞。即有委屈，盡可聽其赴上司衙門控告，孰是孰非，不難立見，不必主

教教士代爲剖白。如此則教内教外混然無迹。入教者不敢恃教爲護符，不入教者自不能指教爲怨府，再行拆毁教堂，毁謗洋人，決無是理。

又 西人亦最講求律法，然矜慎太過，極重不過禁錮終身而已。自入中國設教堂後，中國不肖之徒，往往以爲逋逃藪。無論作奸犯科之（輩），奚若中國不能過問。雖曰中國積弱使然，亦以未列公法之故。又無深諳公法之人，據理與爭，故遇有交涉事件，往往受屈於西人而末如何。不知公法明云：凡疆内產業植物動物，無論生斯土者，自外來者，按理皆當歸地方律法管轄。又云：無論是己民與否，非現住疆内者，各國不能以律法制之。若然，則吾民雖入彼教，而現住疆内，豈有不能自治之理。噫！吾華至此不國甚矣！

《教務教案檔》輯一 竊照天主教本干例禁，自咸豐年間，中外和議後，始准外洋之人在於内地傳授。然和約内，並不准其干預公事，及習教者不由官管之條。查近來由省而至卑縣傳教者，均係内地痞匪。謬以歸入其教，即由教主管理，官不能管之言，到處煽惑。以致不法之徒，爭相傳習，劈毁神主，而以肇造天地萬物大主宰字樣，書立牌位，供奉於家，敬之若神。遇事則横行霸道，姿意妄爲，動輒以天主教之勢嚇人，莫之敢攖。告官差傳，公然相抗。有民人馮春福者，佃種干鵬之田，入其教而不完課。並將田畝轉頂與干盛源耕種，挈眷而居教師之家，以爲逋逃藪。干鵬控之，差傳無獲，僅將干盛源傳審。供詞狡展，交差帶候集証質訊。詎三月二十九日，忽有龔姓傳教者，膽敢來縣索人。勒令看役將干盛源釋放，否則三日後必有事等語。差懼，稟經卑職派丁往拏而逸。伏查天主教我朝之准其傳教者，不過因其勸令爲善。今棄毁神主，是無父也，不服官管，是無君也。勸人爲善者，果若斯乎。而又猖狂若此，卑職如任其所爲而不究，則王法不行，流弊不可勝言。究之，又恐别滋事端，事出兩難。惟有仰祈憲台申明條約，行知天主堂，不准令内地匪類傳教，蠱惑人心，干預公事。并祈頒發告示，遍行曉諭，庶傳教與習教之人，均知儆惕，不敢肆行無忌。而於合約仍無違礙，實於地方大有稗益。

又輯三 查中國人犯罪，由中國官治以中國之法，載在條約，遵行已久。中國之法，地方官不得受人屬託公事，律有常刑。教民者中國之民也，乃一經涉訟，即恃教士爲護符。教士一聞教民與人爭訟，即以屬託公事爲急務。是使中國官員，不得用中國之法，以治中國之民，而條約所載爲虚文矣。外國之教得行於中國者，以條約爲律令耳，若使條約爲虚文，彼復何所恃以傳教乎。中國之民，習知屬託公事之有干厲禁也。凡彼此爭訟，無有敢爲先容者。乃一遇教民，見彼教之屬託公事，竟視爲家常便飯。直謂中國之法，止以治平民，不能治教民。蓋不待訟案之畢，而已憤懣填胸矣，而謂其疾視教民之心，能一刻釋乎。又況教民之奔訴教士，教士之作函關説，皆不待本官訊斷，遽爾張皇。各地方官賢愚不等，大約不出强弱兩途。其弱者遇教民有理之案，固惟教士之言是從，即遇教民無理，亦或因教士屬託，委曲偏徇，而惟恐其決裂。如是則教民常勝，平民常屈，平民屈則其恨教民愈甚。其强者遇教民無理之案，固置教士之言於不問，即遇教民有理，亦或因教士屬託，矯枉過正，而轉至失平。如是則平民常勝，教民常屈，教民屈則其恨平民亦愈甚。夫教民深恨平民，則挑唆教士以與州縣爲難，平民深恨教民，則抑鬱既久，必思一旦大洩其不平之氣，此各省教案所以迭起釁端。推原其故，皆由教士曲庇教民，關説訟件而起。今欲籌民教相安之法，則莫若嚴禁教士之干預詞訟。教士不干預詞訟，既可變教民倚勢恃援之習，又可解平民深怨積怒之嫌。即或教民爭訟得直，在平民亦共知地方官據理訊斷，並非由教士作函屬託之所致，皆將帖然心服。此兩全之策也。若教士關説之函不止，則强弱皆可激變，曲直皆可招尤，此兩傷之道也。前奉行知，粘抄總署原奏，内述英使之言，謂中國輕慢外國官民云云。平心論之，中外和好，臣民周知，苟外國不予人以可輕，亦誰肯故存輕慢。如屬託公事，干預詞訟，雖以中國官紳行之，亦必爲人所鄙薄。卑職到任以來，凡遇有關説案件之人，未嘗接見，遇有關説案件之函，未嘗裁復。此固不論中外視爲一體，彼教士者，亦何樂而爲此，豈自以爲據情代訴，不得已之舉耶。不知教雖外國之教，民猶中國之民。若因係教民遂存歧視，是棄吾民於化外，而使之去此適彼。稍知大體者，必不爲此。即如該教士屬託田澤之案，張興泰家失物，在田澤家獲贓，而田澤寔非盜物之人。此案於三月二十八日報官，四月初五日即行斷結，而該教士之函，至四月十九日，始由天津寄到。若待此函而後訊斷，則民間拖累久矣。蓋田澤一經興訟，即行奔告教堂，追至天津，始見教士，故稽延時日。如此試思教民有理，即無教士之函，亦未必負寃，教

士亦何必代爲過慮。譬若父母養子，而鄰人憂其不慈，豈不謬哉。和約既載明中國人犯罪，由中國官治以中國之法，是外國傳教，原不欲干預詞訟。今教士等肆行干預，不惟撓中國之權，亦並不守外國之法。應請轉飭各領事，嚴禁教士嗣後遇有民教互爭案件，不許妄行屬託。一以自存身分，一以保全教民。其有函説訟案者，即由各地方官稟請究辦，以肅中外紀綱。卑職係爲妥籌民教相安起見，可否如此辦理，伏乞查核示遵。

又　外國人在內地傳教，只准傳彼國之教，不准干預地方公事。即如民間地畝雜費，習教人無庸攤派，此節原屬載在條約。但民間此等細事，時常有之，應俟地方官查明訊斷。如果訊斷不公，在習教者本係內地人民，自應遵例由府道衙門逐層上控，必能爲之持平辦結。乃近來習教之人，與本地人民因細故涉訟，動輒以危言訴之教士。教士更復張大其詞，徑用公文達之巡撫。其藩臬以下等官，俱有不屑與言之意。無論其干預地方，意存挾制。且以一遊方之流，侈然與省中大吏抗行，成何事體。至於通事，係內地百姓，不過在教士處奔走傳話，竟敢用大字名片，投入撫署。小帽便衣請見，出言無狀，令其向首府縣處説話，夷然不理。以內地微賤小民，一入教堂，竟妄自尊大，藐視官長如此，尤所難堪。極知此輩性情，未可爭以常理。固須仰體朝廷德意，曲示羈縻。惟其於條約所有者，並不恪遵，條約所無者，漸行嘗試。竊慮日久月長，官吏之臨馭益難，彼族之肆行日甚，或有難於臆度者。

又　竊洋人入我中華，建堂傳教，夷夏大防已不可問。然爲今日親民之官，自當力顧時艱，凡事降氣平心，斷不敢操之過激。但其逞強挾勢，顯與良民爲仇讐。若竟畏葸周旋，枉法取媚，是貪榮固祿，置吾民痛癢於不問，而又助之虐焉，將安用此官爲哉。卑職雖材質庸下，每恧然恥之。伏查卑縣德國教士白明德者，陰險謬戾，貪詐兇橫，一味恃勢陵人，不識禮義廉恥。所收教民，類皆市井無賴，齊民不齒之徒。每每恃教欺壓鄉民，一有齟齬，白明德即顛倒曲直，代爲出頭函請究辦，並不遵約，令教民自行具呈。遇有傷痕，亦不令其到案請驗，無憑無証，不准不休。每案必揑稱打傷教友，爲抵制之謀，被搶財物，爲訛詐之計。甚至訛財物而又訛地，俾可廣立教堂。其計愈狡，其勢愈橫。不特在卑縣如是，聞郯城費縣等處，皆控案纍纍，莫不痛心疾首，敢怒而不敢言。雖經卑職隨時開導，力攖其鋒，遇有控案，不分民教，一秉至公，不使稍有偏倚。而白明德不能遂意，即以大言宣布於衆，云將函告主教，上瀆憲聽。倘再不直，行當入陳總理衙門，必如其所願而止。卑職自維素性不畏強禦，決不動以浮言，而愚氓無知，其有被其恐嚇者，不得不浼人調處，重賄求和。卑職縱事後訪聞，亦惟以息事甯人，不追既往。並恐澈底究查，轉致小事激成大案。然每念蚩蚩者氓，受其荼毒，且更慮得意而去，羣相效尤，日益驕橫，無復忌憚。百姓積怨生憤，積憤生變，必致尋仇相向，聚衆稱戈。歷來各處鬧教，莫非若輩自釀其禍。而是非莫問，惟聞地方官有辦理不善之科，不聞洋人有司教不善之責。事至今日，固難言矣。竊思中國官吏，尚屬賢否不齊，所恃黜陟公明，得以揚清激濁，彼外國亦何獨不然。其傳教之意，固在收拾人心，而司教者轉與爲仇，亦豈彼國所願。今該教士白明德衆怨沸騰，即從輕科斷，亦在人地不宜之列。若移咨總理衙門，轉告彼國，將如白明德之司教無狀者，黜之歸國，或易之遠方，使彼有所顧忌，自不敢公然爲害，民教自然相安。縱彼國未必允從，而使若輩聞之，亦必稍知斂戢。且事有對鏡而益明者。卑縣尚有美國教士紀力寶，其人頗知禮義，安分少事，絶不與民爭競，干預公事，百姓亦禮貌有加。較之白明德之怙惡叢怨，優劣不啻霄壤。彼德國亦何樂受人怨怒，而不爲美國之所行。若一併移咨，將紀力寶表而異之，亦足以資觀感。

又　竊維中國自准西人傳教以來，直省天主耶蘇等教堂，日增月益，幾於無處無之。揆其傳教之初心，亦曰勸人爲善而已。然傳教之士賢否不齊，習教之民善良絶少。入其教者，往往藉勢欺凌鄉里，魚肉平民，詐人錢財，占人田產，無所不至。其被控也，則倚恃教民，抗傳不到。其控人也，則挾制涖事，肆無忌憚。亦有本非教民，一遇理曲涉訟之事，立時投入彼教，恃爲護符。教士意在見好，無不出爲包庇，偶拂其意，即餙詞上訴。地方官迫於時勢，不免存投鼠忌器之見，不得不委曲含容，多方遷就。遷就之中，未免抑民而袒教。於是西人之教堂，遂爲若輩之城社。而民教涉訟之案，地方官幾於不敢問矣。因而教燄日張，民氣日積。自來教堂之變端，何莫非平時積忿之所致哉。每念及此，殊切隱憂。伏查條約內載，民教涉訟，不准教士從中干預。誠以我國家自有政體，事權不容旁撓。乃各國教士不遵條約，凡遇詞訟，不論是非曲直，情節重輕，無不請

託迴護。且有涉訟之時，本非教民，成訟之後，始入彼教者，亦無不曲爲袒庇。以致莠民紛紛效尤，華民側目而視。地方官欲認眞辦理，則畏教士之膚愬上陳，欲遷就敷衍，又恐華民之鬱而生變。若不豫籌善法，區畫分明，實不足以杜禍患，而服民心。擬請嗣後凡有華民信習天主等教，令將入教年月日期，先請由教士備文知會地方官，一面仍令自行呈明註冊。若非報明有案，而混稱教民，希圖趨避者，從重究懲。並請以後民教涉訟，遵照定約，不准教士從中干預，以分涇渭，而一事權。

《教務教案檔》輯六《署永新縣閻憲少白父台遺稿》 爲舍生取義，叩懇詳請，密奏申明條約，以存公道事。竊卑職幼讀詩書，微明大義，素抱忠忱。每見中外交涉事件，輒痛心疾首。及至服官，已在和約既成之後。歷奉札飭，諭令保護洋人以及教堂，不啻三令五申。時勢如此，卑職豈曰不知。伏查和約內，原有各國教士司鐸等，不准干預公事一條。乃近年各堂教士，大背條約，相習成風。現在教民偏天下，每遇教民與華民偶相口角，其主教即出而干預把持。地方官類皆仰體時艱，藉三尺之法，輔助主教，以魚肉華民，必滿教民之欲而後已。更有一種無恥劣員，見主教因案入境，迎送如辦大差。主教遂愈覺得意，肆行無忌，遇事生風。地方官稍拂其意，即電報上海京都，立即雷厲風行。主教益有所恃，必更強以所難，而不肯結案。得尺進尺，得寸進寸，究必勒賠巨款，久矣習以爲當。教民遂往往無中生有，藉端索詐，即如卑縣教民傅成發，與族人傅華里口角一案，委係釁起家務，與教民毫無干涉。乃教堂步師嘉竟函致憲台，即蒙委員來縣會辦，步師嘉亦即隨同到縣，多端要挾。一切尚易曲從，乃無端而欲翻光緒十一年，早經訊結通稟詳銷之舊案，欲強買長湖田地方龍斯美之屋地。士庶咸抱不平，如欲強壓紳民，助其翻案買成，未始不可。而卑職靦然人面，忍心害理，俯首下心，仰鼻息於洋人，以犯衆怒。內負吾學，內負吾民，已無以自立於天壤。況卑縣民情刁悍，甲於天下，迥非他邑可比。詳查舊案卷，前造教堂被紳民拆毀，即此屋地。馬前今緣民教既不相安，斷令追還原業，繳契領價，具結了案，早經通稟詳銷。茲翻舊案，屋地如復歸於洋人，勢必建造教堂。誠恐紳民仍前拆毀，釀成巨禍，甚至邊釁或由是而開。卑職何敢當此重咎。再四思維，非一死無以大白此心於天下。此案實大局攸關，勢迫萬難，絕非妄自輕生。伏思和約倘不認眞申明，人見教民得志，華民含冤，必皆相率而入教。將見胥天下盡成教民，地方官更無所措手。官將視州縣爲畏途，而群然裹足，無民無官奚以立國。叩懇大人俯念嗚哀言善之義，據情詳請懇督撫憲，奏請勅下總理各國衙門，申明和約，嚴定章程。嗣後教民與華民搆頌，凡無關涉教堂之案，概不准主教干預，庶天理國法猶可並存。否則但問民教，不能復問曲直。是非公道無存，尚復成何世界。卑職爲維持大局，故不惜微軀，敢以尸諫。卑職既被步師嘉逼斃，足見舊案一翻，民教必仍滋事。惟求從此立案，嗣後永新一縣地方，永不准添造教堂，以抵其逼斃縣官之罪。庶免啟將來之邊釁，而潛消禍患於無形。

《籌辦夷務始末》同治卷五五 一，開拓傳教。議者或以世道人心爲憂，不知我國家正學昌明，本無慮其搖惑。而該國立教之意，見於條約者，或稱待人如己，或稱勸人行善，與一切邪教不同。道光二十五六年，我成皇帝據兩廣督臣之請，特弛其禁。復慮有藉教爲惡者，飭行照例辦理，豫爲之防。當時原奏祇及通商五口，現在口岸增多，並准各國商民領照赴各處遊歷。傳教一事，似未便獨限方隅，致滋饒舌。至教士教民，干預地方公事，扛幫插訟，即係爲惡之人。與彼國立教之意，大相違背，亟應申明歷次。欽奉諭旨，通行各省遵照。凡爲惡之中國教民，聽中國地方官，欽遵道光年間諭旨，照依定例處治，以肅功令。其尋常詞訟，亦遵咸豐十一年，同治元年諭旨，持平辦理。不可因教民而別存歧視，惟審定之後，不論案情巨細，均須通詳立案。儻遇教士翻控，該省大吏即將教士呈稟，與地方官原詳，細加覈對，或調全卷徹底清查。果係地方官辦理未協，應將地方官撤參，儻原辦無誤，係由教士袒庇扛幫，應分別中國外國，酌量覈辦。中國教士好訟多事，無可姑容，應照定例懲究。外國教士不諳中國律例，情稍可原，亦即明白批示，立案不行，仍咨報貴衙門，以備該國使臣照會到來，查案照覆。該使未有文到，不必先期知會。如此辦理，獄訟既無枉縱，亦不致另長刁風。再查洋人傳教，與釋道似同而實異，如就彼教另設職官，難免更滋流弊。誠如尊議有地方之責者，平日聯絡紳民，陽爲撫循，陰爲化導。或啟其悟，或破其奸，不禁之禁，斯爲正辦。

又同治卷五六 惟原議條款內，既有循規蹈矩，不得干預公事等語。

該教士自應永遠遵守，勿負所約。乃比年以來，各省教民恃爲護符，作奸犯科，無所不爲。而傳教士一味袒護徇庇，且有從旁扛幫插訟，與地方官爲難者。該國公使又復不能約束，不知彼國法令何在。今擬與該國公使申明前約，勿蹈故轍。如該教士遇有敎民爲非，徇庇扛幫者，知照該國公使，即行革退，另行選充，如中國降調斥革之例。其入敎華民，本係中國赤子，例應歸地方官管束。儻犯彼敎令，聽傳教士處治，犯我法度，仍由地方官照平民一體按律科治，該傳敎士不得妄行干預。至天主敎究與釋道不同，釋道由來已久，向不在邪敎之列。若天主敎亦照僧道設官，其名不雅，誠如總理衙門原議所云，恐天下以引人入天主敎爲口實，於人心風俗，大有關繫。我聖朝崇儒重道，文敎覃敷，遐邇內外，莫不向化從風。其附天主敎者，率皆無賴蚩民，藉圖衣食，未必誠心悅服。稍有身家，粗知禮義者，必不屑爲。誠在良有司平日聯屬紳民，多方化導，或開陳大道以破其迷，或摘發奸謀以啟其惑。是不禁之禁，亦補偏救弊之一道也。

論傳教分部

論説

鄭觀應《盛世危言》卷一二《傳教》 嗟乎，中西和局之動多翻覆者，其必階於內地傳教乎。何則，昔年各國立約，載在盟書者，通商傳教兩端而已。通商爲各洲通例，實關富強大局，而於貿易之法不能講求盡善，則其利必爲外人所奪。苟能發憤爲雄，如日本重訂稅則，振興商務，仿西法，祇准各國在外埠通商，不准入內地奪我民之利，何慮人心不服。惟傳敎士必入內地，內地入敎之民，良莠不齊，往往因此滋事。及至患成，彼以我中國不諳西例，酌議稍遲，動以兵力相脅。如曲從其請，則民之受屈愈多，銜恨愈甚，而敎堂之案迭起矣。

【略】

自傳入中國內地，未嘗習見習聞，動輒齟齬，英美法等國，合舉國之權力以庇之。然而庇之愈甚，而冀傳敎之廣播愈難，何則。傳敎先貴乎化導，化導在身心，不在乎勢力也。在敎中諸人，誠信敎旨，恪遵敎規，安分守業者，本不乏人。特莠民借入敎爲護符，每有作奸犯科，爲種種不法事。其病在敎士，以招致人多，爲一己聲名起見，遂至涇渭莫分，品類混淆。每有敎士，聽敎民一面之詞，不能灼知其奸僞，專爲護持彼敎計，因此偏袒，以至紊我王章。在敎士存心本亦公正，若能洞燭其奸，自不容其所爲。且爲彼敎十條誡所見，斥應按籍除名。所惜者地方有司，鮮知此例，惟慮開邊釁，先存畏懼之心，并不知西國律法，折服無從。往往遷就定讞，平民受屈，申理末由，衆怒滋深，羣思報復。又有藐視敎民，斷案不能平允，因此敎士出爲訴說，釀成其禍。是故拆敎堂辱敎士，民敎鬬毆之案，層見疊出。平心而論，彼敎士及華官，苟有自知之明，應同此愧悔，所謂公道自在人心也。曾聞耶穌敎士，有敎案傷人，不願懲辦，爲體上帝好生之心者，惜難多得其人。夫敎士以身衛道，雖死亦所甘心，即無端受辱，如耶穌所云，披左頰轉右頰，向之可也。苟能含忍包容，人心自服，又何必力爲較量，然余亦未之見也。至每遇大臣查辦或以相距太遠未悉案情，或以律例不同，各執一是。定案稍緩，彼即橫生枝節，有司既經革職，復請惋惜之國書。首犯既已伏辜，重索賠償之恤欵。朝廷懷柔交至，優待有加，百姓聞見各殊，尋仇無已。於是兒童婦女，未能辨其種類，聞聲相惡，加以匪徒煽惑，變故迭乘，果誰貽伊戚歟。雖然敎士來華，各循其敎書之旨，傳敎濟人，出自公心。費用捐自民間，非支國帑。如傳敎別存邪僻私見，各國先不能容，又何能流行一千八百餘年而愈盛。明季利馬竇東來，徐光啟舍宅爲堂，有奏留其敎之疏，實爲華人入敎之鼻祖。而明史稱其清介，亦未因入敎而受貶也。所惜者傳敎於華人，出於勉強者多，每與時人多所辨駁，與孔敎較量，多所毀斥，以自見其高大，以至忿爭啟釁，是亦不可以已乎。夫信從者在乎心，不在乎跡，苟有不信不從，置之可也。耶穌之書不云乎，苟有不接受爾者，去之日拂去足塵可也。保羅傳敎至一處，以人不之信，謂其時未至，轉往他所。進華之敎士，如是以行，又何齟齬之有。今在亞洲，敎民既多，權勢亦大，其設義塾，施醫藥，育嬰孩，箸論說，無分畛域，一視同仁，救人之心，不可謂不切。獨是以救人之婆心，因容納中國之莠民入敎，遂啟爭端，動成大

案，此誠天下有心人所共惋惜者也。今欲民教相安，必須廣求良法，與其補苴在後，不如籌度在先。先令華民入教者，開列姓名籍貫，報明地方官，查無過犯奸惡之人，方准收入。而又編清冊以備查究，揭實情以釋疑惑，明大義以肅觀聽，別各教以免蔓延。嗣後我國有司，凡遇教案，秉公查辦，勿延宕，勿推諉，勿畏葸，勿袒護。不必問其爲民爲教，必先辨其孰曲孰直，一以公平之心處之，斯遠人無所藉口。其維持調護，實出苦心，再或會同駐京公使，剴切妥議，須保傳教出入內地各友，必確守教規，始准爲神甫，有干預公事，挾權詐者，立請之公使飭遣回國，以免貽害。如華官斷案不公，亦即由各公使商請總署，嚴查參革，藉昭平允，亦正本清源之一法也。有案則依西例，延律師到堂，約期互辯。大率以無故干犯教堂，有司官按例懲辦，責成賠修，若與百姓爲仇者，但照案情輕重處理，不得託詞賠修以相詰難，此實欲保護教堂，勸善防惡之心，使民教無詐無虞，不生嫌怨，非論教之是非也。不然，竟效日本近年辦理，擇公正教民與華教士，代爲傳教，無須西人。彼本自有此教規，則教士踵跡，即不絕而亦稀少。我孔孟之道精微廣大，如回佛老諸家亦在包容之列，何必斷斷爭辯，獨拒彼教乎。況入教之民，猶是中國食毛踐土之民也，勸民爲善，固聖朝寬大之政所允行也。若縱民爲奸惡，倚教勢以禍人，非摩西立誡之旨，教士傳教之心，抑亦爲條約所必不能從者也。嘗見敦品之教士，其心能克己愛人，頗近我儒家者流，亦有頗知讀我孔孟之書者。吾人幸勿動相輕藐，妄肆詆諆，反爲外人譏笑，其量之不廣，致無端肇事，轉貽君國之憂，則尤當鑑戒者也。

王之春《國朝柔遠記》卷一三　至於傳教一節，臣不知其所謂天主者何人，大率惑世誣民，隱蓄異志。不然彼國尊天主，自行其教可耳，何必遊歷各省，僕僕不憚煩苦。若是近日之長髮賊，亦奉天主教者也。其煽惑句結已可概見矣。彼知輿地廣輪之數，山川阨塞之形，兵衛之強弱，壤地之肥瘠。到處交結豪俠，賑恤貧窮，爲收拾人心計。該逆蠶食海外小國，皆用此法，有明徵也。

王炳燮《毋自欺室文集》卷六《上協揆倭艮峯中堂書》　自古邪教之興，皆足以敗常亂俗，爲國家之大害，故王者設爲嚴禁。而左道亂政，法所必誅。誠思深慮遠，不使姦慝邪僞之術，得以爲禍於蒼生也。漢之季年，張角兄弟創爲五斗米教，以愚黔首，黃巾之禍駸巡，以至三國，其黨始息。前明中晚，白蓮教起，傳徒聚衆，叛逆稱戈，倏起倏滅，至於我朝嘉慶年間，教匪之擾，蔓延四川湖廣陝西三省，用兵十年之久，始能底定。然終未有深受其害，蹂躪幾遍天下，方在用兵剿除，而復使之明目張膽，公然傳習，非惟不禁，又使我官吏爲之羽翼，以誣惑天下，若今日天主耶穌之教者也。天主教倡自西洋，自前明萬歷時流入中國，康熙雍正間嚴爲設禁。歷百數十年，雖迭次懲辦，而私相傳習者，究未盡絕。長髮粵匪，即其遺毒也。然各處傳習，猶畏禁令，祕不敢露。自議和弛禁以來，各處紛紛傳習，入教之人，日新月盛，不可紀極。遠不敢論，即以畿輔之地言之。保定河間正定等十府州縣，每處已數十百人不等，安肅一縣，向有教會，近日傳習愈衆，遂有一萬餘人之多。直隸各州縣官，接奉上憲札諭，會同妥辦等情。教員遍赴各州縣衙門，逼令州縣官，出示曉諭鄉村，令人奉教，稍有遲迴，即時尋釁生事，州縣官懼干譴責，不敢違執。遂使朝廷命官，盡供彼教之驅役，令吾赤子，陷於非僻之中。夫聖祖世宗之所以嚴禁傳教者，誠深燭其奸邪，而爲杜漸防微之計也。今西洋人，謂彼教原係爲善之道，傳授習學，不得禁阻。是豈祖宗之聖明，反不如今日哉。恐亦巧飾邪說，以誤中國。而我中國，未能洞察其奸詐之謀耳。天下之禍，伏於一日之間，恆發於數十年之後。若今日傳教之害，有不必待數十年而始發者。稍有知識，莫不寒心，柰何聽其日積月累，而不早爲之計哉。【略】自道光二十一年間，海疆用兵，大吏多望風逃避，外洋覬覦中國之心，於是益急。和議既成，外洋人在東南各海口通商，遍立天主堂，傳徒行教。然民人畏法者衆，漸染其教，僅止沿海之民，教人猶未多也。咸豐十年，天津用兵，舉戈犯闕，逆燄鴟張，可謂極矣。然竟不敢據有城邑者，誠畏中國人民之衆也。故但要爲盟約，以通商廣取中國之財利，即以傳教，陰結中國之人心。夫國家治安天下，以固人心爲本，豈容他國之人，陰爲邀結。今既准其傳教，愚民無知，易受籠絡，一入其教，則人心但知有教主，不知有國法矣。此其動搖邦本，害之一也。天主耶穌分新舊兩教，舊教法國主之，所行尤廣，新教則英國主之。兩國之君，皆奉教主，約束是國之大權，全歸教主也。今兩國初議通商條約，各數十條，而行教僅止一條，雜於其間，若非甚重也者。此正彼國深心，乘人所忽也，

迨既定約准行，乃立爲章程，約飭地方官吏，會同辦理，我國家自有不得不從之勢。地方官會辦者何事哉，不過示諭各鄉邨，令人奉教而已。地方官明知有害國家，迫於時勢，隱忍從之。夫祖宗禁止邪教，以杜亂萌，原爲子孫萬世之計，今乃舉列朝所嚴禁者，爲天主教一旦反之，轉爲教令，使祖宗之法，不信於後世。此其混亂祖制，害之二也。夫錢糧所入，關係正供，地方官何敢稍分輕重。乃唐山縣奉教人，地糧欲按四六分完納，因縣官楊蔚本不允，即抗不完繳。縣官拘案責追，亦不得不然之事也。正定府副教主，既將楊蔚本毆辱，復致上憲，將楊蔚本撤任。幸此時教人有數，日久入教衆多，萬一教主出令，凡有錢糧，由教主減成收納，又將何以禁之。此其把持錢糧，害之三也。國家設官，理民聽訟，所以平其曲直也。凡涉訟庭，理無兩是，不得不伸直而抑曲。而險健之徒，呈身入教，稍挾嫌怨，即訴教師。遂遣教員，赴官勒提，不容對質，逼令責罰。平民之與教人，遇有事故到官，不問曲直，總當右教人而抑平民，否則教師又與官吏爲難。此其貽累善良，害之四也。善良之民受其屈抑，無所控訴，不得不皆入彼教，以求無害。天下之民，皆朝廷赤子，今盡驅之，令入彼教。彼既以教爲網羅，民即視教爲淵藪，此其敗壞風俗，害之五也。天下之士，惟賢哲之資，始能堅定不移，中材以下，鮮不隨風而靡。今彼教初行，學官子今天主教邪說誣民，充塞仁義，豈直楊墨之比哉。此其榛蕪聖道，害之七也。入教之人，亦有黠者，心知其意，姑借其教，以遂其私。萬一教師神父之中，有如逆賊楊秀清之人，即用其術，以愚衆人。俟徒黨既盛，然後拔戟自成一隊，惟所欲爲，雖教主亦且無如之何。是他項邪教，猶得明爲禁戢，而此附於天主，無從知其隱謀。是其借資奸逆，害之八也。天下威柄，操之自上，則不至於敝。今西洋人，既以行教之事，示尊嚴於我中國。而我天津大沽等處，又復延西夷，以訓練我兵。綠營兵操疲敝，反不如彼。東南用武，復向借兵。是以天主教之威勢，因之益重，吏民無不畏之。萬一日後，中外稍有齟齬，積威所震，孰敢誰何。此其盜竊威權，害之九也。《易》曰，履霜堅冰至。機之所動，事有必然，故聖人即微知著，預爲之防。《春秋傳》曰，人臣無將，將則必誅。今天主教之事，豈止將之云哉。前壬寅年和約，尚無傳教之事，此次換約，所以增入傳教者，非傳教不足以收中國之人心也。假使十二年後，再行換約，彼恃教人之衆，所增之款，必更有萬不可從者。此深識遠慮之士，撫膺太息，而不敢言也。此其關礙國計，害之十也。

蔣敦復《嘯古堂文集》卷三 一，論傳教。中國之教，堯舜禹湯，文武周公孔子，此數聖人者，未嘗執途人而語之曰，爾必從吾教。然從古至今，自天子以至於庶人，未有不從堯舜禹湯，文武周公孔子之教者。出乎堯舜禹湯，文武周公孔子之教之外，即入乎禽與獸之中。人而願爲禽與獸也則已，不願爲禽獸，則必從堯舜禹湯，文武周公孔子之教。堯舜禹湯，文武周公孔子之教，仁之至，義之盡，天理人情之正，無一豪矯強於其間。夫是以不言而信，不待勸而自成也。天主一教，西國教士奔走四方，學習國語，開設講堂，千言萬語，舌壞唇傷，不過勸人一信字。故其教名曰信天主，此必其中有不可信之道矣。即返之於己，亦有不自信者矣。夫不可信而求信，己不自信，而欲使人信，非人情必不信。無論不信，即千百人中，或有一二人信者，大抵傭工手民，村子竈妾，至愚下賤輩耳。亦有黠桀莠民，衣冠敗類，喪其行檢，鄉里不齒，無所得食，竄名彼教，以圖生活然。且教士耳目所不及，則亦敬鬼神，祀遺象，拜先人邱隴。顯犯其所謂十誡，豈眞不樂升天堂，不畏入地獄哉。秉彝攸好之德，出於至性，發於自然。天堂地獄之說，不足以勝之也。中國異端之害，古有楊墨，今有釋老，釋近墨，老近楊。二氏之教，世主固嘗奉之。漢唐以來，能自立教者，要亦有故。佛氏一大智慧人，所傳內典，經中國文人才士，爲之潤色，奧義微言，往往而有中材以上，受其牢籠。老氏籍隸中土，官周柱史，其教慈儉清淨，不貪爲寶，世主用之，天下亦治。若夫天教，明季始入中國，利瑪竇南懷仁諸人，皆通天算輿地之學，材藝絕倫。其所著《七克》等書，切理饜心，頗近儒者，故當時士夫樂與之遊。今之教士，其來者問有如利南輩其人者乎，無有也。所論教事，荒謬淺陋，又不曉中國文義，不欲通人爲之潤色。開堂講論，刺刺不休，如夢中囈，稍有知識者，聞之無不捧腹而笑。夫以二氏之教，廣博精微，尚無足引人出於古聖先王之道之外，況遠不及二氏之天教，欲使之行於中國，烏可得耶。然而西人之必欲行其教於中國，其用意蓋有在矣。中國之人未有信從也，彼固知之，是有術焉。施小惠使饜其口腹，行小善使震其耳目，從而誘之。以美福厚報，使迷惑其心志，變易其肺肝，溺焉不返，不顧利害生死，惟吾

説之是從。天下無事，戎伏於莽，一旦有事，入吾教者，皆雲合響應，起而叛其長上。嗚呼，是禍中國也。中國之人，知其爲禍，故愈不信從。非上之人禁之，使不從也。仁義中正之道，入人者深，君臣父子，昆弟夫婦，朋友之序，確乎不可易。天堂地獄之説，果不足以勝之也。請一言以蔽之，中國堯舜禹湯，文武周公孔子之教，一日不絕，西國之教，一日不行。彼行是教者，豈不大愚乎哉。

薛福成《庸庵文編》卷二《上李伯相論西人傳教書》 頃聞黔蜀教民之案，洋人以未得所欲，嘖有煩言。復駛兵船，溯江西上，冀遂其虛聲恫喝之謀。迻聽傳聞，敢陳瞽説。曩者洋人不靖，因我粵寇之難，抵巇擣虛，震驚京師。當是時，洋人以全力爭傳教，傳教不行，則約不成，約不成，則兵不退。與時變通，以釋近患，非得已也，勢也。和議既成，驟難無故而變約。且邇年內寇未盡除，海防未盡修，故含詬損忿，彌縫瑕釁，非得已也，亦勢也。勢之所在，明者知不可違，則姑從容靜鎮，以徐爲之圖，而不必斥言其害。然而十數年來，布於海內，其法於各州郡，先立教堂，招誘愚民，濟之財而餌之以藥。其人輒變天性，背人倫，惟傳教之師是從。其始也，一二至愚極貧之民，歆其微利而趨之耳。既而羣不逞之徒，倚爲藏身之窟，肆其姦頑，有司不敢致詰。其賢者勉而致詰，動須關白教主，教主惟其徒是庇，而又何理之得伸。民知未入教者，受教民之虐而無所訴，一入教，則恣睢而莫之能治。於是相隨入教而不辨，甚者剖家財之太半，輸之教主無難色，是其始莠民趨之，繼且迫平民而附之矣。其始民赴洋人之利，繼且傾所有，而納洋人矣。浸淫蔓延，日久益熾。其閒彊直守正不惑之民，恃氣積憤，強與之抗，而虛憍樂禍者，亦或藉以生事。於是教堂之設，閉境堅拒者有之，率衆攻毀者有之，仇殺教民，兼及教士者有之。一夫攘臂，羣口讙呶，官不能禁。斯時欲右民而抑教，則洋人持約而責其後，恐因此召兵而誤大局，且啟內民玩法之漸。其或扶教而懲民，則民誰不氣沮心懾，以從洋人之教，是驅吾民以歸敵也。中外牽率，進退交疐，則不得不調停客主之間，爲之治其獄，償其室，委曲經營，煩辯費財，僅乃無事。事未畢而各省攻教之獄，復紛然起矣。中國之釁，何時而弭。雖然多事，猶中國之幸也，何也，以民之未盡變於夷也。竊恐數十年後，耳目濡染，漸不之怪，則附之者日益多。彼洋人斂中國之財，啗中國之民，即率中國之民，啟中國之變。膠固盤結，踞我堂奧，瞷瑕伺會，猋迅雲合以起。而洋人糾羣國以制其弊，雖有聖人，不能爲之謀矣。英法諸國之遠闢畺圉，蠶食西土，大率用此術耳。議者或曰，吾自修吾政教，而正吾民心，則彼教當不振以去。此誠探本之論矣。然譬諸治疾，或治其本，或治其標，標不治，有旋傷其本者矣。昔者堯舜之世，民心無不正，而風俗至純美也。然使有執左道，挾幻術以蠱其民者，則堯舜必執而戮之。夫堯舜不恃其風俗之純美，而謂民之無可蠱也。苟有一人之蠱於教，則堯舜不能保天下民之不受其蠱，而足以傷純美之教化，夫是故不得不以刑法，佐教化之窮。今天下人心，遠不逮堯舜之世，而異教之蠱吾民，與入教之民之撓吾政者，非特於法不能禁，又當從而保護之。勢將盡化天下爲姦民，而良民無以自立。本之不治，孰甚於此邪。然則爲今之計宜如何，曰，尼洋人之傳教，則變速而禍小，徇之畏之，則變遲而禍大。與其坐而待莫大之變，何如先事而制其小變，且洋人之心，雖我徇之畏之，固未嘗不思變也。抑又聞之，日本朝鮮諸國，嘗禁傳教，而甚洋人矣。洋人悉銳壓其境，而不能螫也。豈中國之人才兵力，不如諸小國哉。然所以許其傳教者，則以向之屢困於洋人也。夫向之屢困於洋人，非中國人才兵力之不逮，其弊由於不審敵情，而和戰無定議，承平久而人不知兵。厥後賢才勃興，兵威至盛，雖堅拒洋人之傳教不難。然悉力以角內寇，而未暇與洋人校也。故彼得縱橫肆侮，以至今日。今內寇將略平矣，誠令豫講戰守，廣儲人才，察諸國之可與者，厚約結之，以攜其交而披其黨。一旦有事，則閉關絕市，扼其牟利之源，然後確持定謀，據險逆擊，未覩洋人之必得志也。夫苟操是數者，則洋人雖欲爲變，固不足爲中國病，且適以自速其病。夫苟操是數者，則洋人一有桀詩，暴其罪狀而擊之可也。否則重與之議約，許其通商，而罷其傳教可也。否則嚴立條約，俾吾有司，得致法於教民可也，不然則坐受其困矣。

王炳燮《毋自欺室文集》卷二 今國家休息生靈，俯準暎咭唎咈囒西諸國，和好通商。而和議條約內，有任聽中國人，傳習天主耶穌教不禁之説。定議之際，未及詳改。愚竊以爲，此大誤也。外夷所藉口者，通商而已，別無他意也。傳教之事，與通商何涉。彼負其桀很之性，不能奉吾中國之正教，以革其鄙俚僻陋之邪教，則亦已矣。又何敢令吾中國之民，去

其父子君臣夫婦長幼朋友之道，以習外國之教哉。今士大夫有以其教爲不足慮者，曰其所惑者愚人而已，稍有知識者即不足以惑之，此一說也。亦知天下之所以亂者，皆愚人爲之乎。愚人至衆也，結衆愚人以入其教，日積月累而愈衆，教主一呼羣愚響應。愚人之中又有黠者，即以其術愚衆人而用之，天下之亂，庸有既乎。當粵匪萌蘖之初，廣西當道亦以爲不足慮也，而玩忽之。豈意勢成燎原，遂至不可收拾。從前禁止傳教，其餘毒所留，猶致敗壞。如此況明使之傳教，其爲禍害，何可勝言。粵匪之亂半天下矣，十餘年來廣東廣西，湖南湖北，江西安徽諸省，雖漸次肅清，其在江南浙江者，尚復連城跨邑，重煩兵力剿捕。天主教之禍已彰彰矣，尚可聽外夷之傳教哉。譬之人身正當病發之時，痛苦未除，又復受病，欲其不至危殆，不可得也。

喬松年《喬勤恪公奏議》卷一〇《請禁中國民人爲外國傳教摺》 奏爲擬請禁止中國民人爲外國傳教，以示界限，而弭釁端，恭摺奏祈聖鑒事。竊外國天主教，自通商之後，議明弛禁。固係因時制宜，且以示王者無外之量。惟是中國人，習其教則可，習其教遂爲之傳教，則不可。蓋習此教者，雖亦以修善爲名，而良民實少，大都以結黨聚衆爲事。幸其尚在齊民之列，牧令猶可治之。若許其傳教，則爪牙羽翼，實繁有徒。且傳教者必翹翹然自異於衆，藐視官府，一有詞訟牽連，及徵比錢糧之事，必不服地方官傳喚。若傳教之人日多，則抗官之勢日重。迨至執法嚴懲，則必開釁端而傷政體。在外國亦何嘗不申明約束，不許教士滋事。然中國人之傳教者，必能舞智以欺外國人，而慫恿外國人與中國之官爲難。方今懷柔遠人，原爲長治久安之計，若有此輩，交鬬其間，非但不能結好，必致搆嫌。臣竊思外國人至中國，力傳其教，自應仍用外國人，而不應用中國人。中國人只可準其習教，必宜禁其傳教。臣愚昧之見，除洋人傳教，及華人習教，仍聽其便外，其華人傳教一節，擬請旨即行禁止。庶界限分明，釁端無自而作。

又《密陳禁天主邪教片》 再，天主教一事，原因外國人求之甚力，不得已而許之。其爲教也，以不事神不祀先爲首務，悖理敗倫，凡有識者，皆所深惡。彼僧人道士，亦屬異端，而不爲盛世所闢者，以其自爲一類，不在四民之内，所謂游於方外也。今習天主教者，或爲民或爲士，乃悖理敗倫，惘然不顧，悍然自得。其爲世道風俗之害，誠非細故。習此教者雖已漸多，猶幸其散而不聚，若處處有中國傳教人爲之領袖，是假以柄而益其燄也。洋人之傳教者，地方官必禮貌之，猶幸其人未衆也，若中國人，則人人可以習教，即人人可以傳教，皆欲與牧令抗行，必至沮格公事，擾亂政令。方今捐納不能停，保獎日以濫，有職銜頂戴者，其多不可勝計，州縣已有不能彈治之勢。若再益以此輩，則地方將無齊民之可治矣。且如回民因奉天方教，與民人總未能融洽。然回民本從西域遷來，不忘本教，猶爲可原。今以中國民人，乃忽變爲異教，雖學古入官之士，斷無此慮。而爲吏胥，爲卒伍，難保其不借此以自雄。再有奸黠之徒，以爲之長，而獨樹一幟，將來之害，甚於回教。涓涓不塞，流爲江河，臣計及久遠，實切隱憂。但既已許其弛禁，自不可棄信食言，惟禁止内地人民傳教，庶可稍遏其流。臣是以不揣冒昧，妄爲此請，伏乞聖明採擇，交與王大臣核議。如時勢尚有未可，或與外國議定，中國人傳教之額，以一二十人爲定數，有缺許補，不得加增，或不至恣意流傳，漫無限制。

又《上湘鄉曾侯相書》 竊聞肩天下之任，即當有先天下之憂。竭非常之慮，而後能弭非常之變。今天下寇盜未平，瘡痍未起，而羣彝伏伺，奸計日深，逼處我肘腋，窺竊我腹心，肆恫喝之虚詞，以要脅爲能事。挾其薄技，藐我王章，驅我士民，供其羽翼。普天率土，凡有血氣，誰不願切同仇，思雪大恥。而壓於事勢，莫可如何。積歲經年，至於今日，禍幾亟矣。伏思對局者必爭先著，行軍者首重定謀。與其策應於臨時，曷若圖維於先事。查海疆和議，從前論者，莫不謂西彝志在通商，别無他意。即如傳教一事，又莫不謂彼自行其國俗，初於大局無關。而豈知英法吞噬海外，率用此謀。一行其技於噶囉吧，再逞其技於呂宋，又幾售其技於日本，又大肆其技於印度。今試思各口通商以來，腹地之脂膏，被嚼吸者幾何。直省之民人，被誘結者幾何。極英法之狡謀，不幾欲使我至於民財盡竭，民志盡攜，而後已哉。自古中國之與外彝，無不爲議和所誤。然而交市在邊陲，初未嘗踞我險要也。攘敚在門庭，始未嘗處我堂室也。今則江漢内地，處處横行，燕齊要區，處處著腳。外既肆其侵踞，内更逼及宮闈。又況傳教一事，句結未已，換約兩字，顯示渝盟。自定和以來，十二

年之期，轉瞬即至。爲我大清計者，將因循忍默，坐待換約之發自敵人乎，抑將豫爲之地，力爭其先乎。夫敵人之力圖進步，以換約兩字爲機緘。而我之力爭先著，當即以傳教一事爲關鍵。西彝之於我中國，一切藐視，獨見海內人民之衆，尚有畏忌之心，是以傳教一事，最所用意。假如貴州江西，酉陽潮陽之事，無地不與之爲難，無人不與之力爭，則情有所格，勢有所禁。雖不能遽止其猾夏之謀，亦可陰遏其速逞之志。

王炳燮《毋自欺室文集》卷二　或曰國家之所重者，信也。今與外洋諸國，和已成矣，議已定矣，忽舉成議而更張之，其如失信外夷何。且外夷負其桀很之性，勢將藉口復啟兵端，此大咎也，誰敢任之。曰信也者，緣義以行者也。《論語》曰，信近於義，言可復也。明乎非義之信，言不可復也。故事苟非義，雖百改之不爲失信。今試問外夷之乞盟也，爲但欲通商乎，抑其包藏禍心，以陰害中國乎。如其止在通商，別無他意也，則告之曰，天主耶穌之教，於交易之事無與也，不必令中國之人傳習也。中國之人，自有中國之教，爲中國之子民，即當遵中國聖人之教。猶之爲外國之人，世守外國之教也。我大清自列祖列宗以來，禁止傳教，著在律文。今若聽民傳習外國之教，知其誤而不改正，徇一時之小信，蔑祖宗之常法，其不可一也。外國之傳習既不禁，則其他邪教皆將無以禁之。徇和議之一事，礙中國之政令，其不可二也。且外夷之傳教也，藉稱勸人爲善而已。中國聖人之教，無不善也，何必舍中國而從外國。今外國欲揚己善，反掩人善，其不可三也。倘其定不欲改，是外國固執己見，全無謙和之道，所謂善者何在。以理遣之，以情諭之，以勢示之，外夷雖横必可服也。改之如何，曰原係外洋之人，聽其習教不禁外，其中國民人，如有傳習天主耶穌之教者，有祖宗之成法在。中國之官，自治中國之民，外洋人不得干與。倘情諭理遣仍不欲從，是和好之議，非止爲通商一事，實欲邀結中國之子民，以陰害中國矣。目前雖有和好之名，日後必爲悖亂之舉，與其養癰貽禍於異日，不如竭力整頓於目前。中國人民之衆，外夷尚有畏忌之心，現在爲日未深，被邀結者尚少。外洋雖強，夷人雖衆，勝負之勢未可知也。

喬松年《喬勤恪公奏議》卷三《申禁天主邪教摺》　奏爲請申禁天主邪教，以正人心，而維風化，仰祈聖鑒事。竊照民間私習邪教，例禁綦嚴，非但慮其滋蔓難圖，釀爲大患，即其離經畔道，已固爲王法所必誅。就中有天主一教，原自西洋傳習，荒誕悠謬，久在例禁之中，二百年來未嘗少弛。乃比年以來，各省州縣於學習天主教之案，概置不辦，皆云奉有明文，暫寬其禁，以致習此教者日見其多，且聞有名列膠庠，身膺章服，而潛行其教，曾不悔悟。而臣並不知所爲明文者何在，其爲邪說誣民，左道惑衆也明甚，於風俗人心，所關非小。夫邪教之患，其幾在斂錢聚衆，其究在敗俗亂常。平日百計周防，萬言譬曉，猶恐庸愚耳目有所未明，今乃聽其所爲，其流將安所底止。況種種邪教，甚於此者，皆可託於天主一教，以免查拏，更爲莫可究詰。即今廣西湖南會匪滋事，其故未始不在於此，又何可姑息養奸，置之不問。臣愚以爲宜力持其禁，有犯必懲，庶奸宄可息，而本俗可敦。倘臣言可採，伏乞皇上密飭各直省督撫將軍，一體照舊，嚴申例禁，毋得疏縱，似於民風治化有裨。

王韜《弢園文録外編》卷三《傳教上》　嗚呼，自泰西諸國議和立約以來，通商傳教，二者並行。而中外交涉之事，變故多端，齟齬迭至，近且一波未平一波又起。如普國晏拿帆船被刦，英國探路人員見戕，此事之出於通商者也。川省之肆虐教民，大通之慘戮教士，此事之由乎傳教者也。顧中國之民，往往不仇夫通商，而深嫉夫傳教，則以傳教之士深入內地，足以搖動人心，簧鼓世俗，其害至於漸漬而不可治。故近者如閩之建寧，不許其建立會堂，皖之大通，不許其宣傳福音，蜀之重慶，不許其習教傳徒。潛滋暗長，紛然與教爲難，而且羣起而肆其掊擊。其間因教以滋釁者，大抵天主教居多。【略】惟耶穌一教，不與天主教同日而語。其守己奉公，繩趨尺步，蓋有與天主教同源而異流，殊途而別轍者。而其入中國傳教，自華民視之，一若無所區別也。足迹所至，異言異服，因之滋事生釁者亦有之。況中國所守孔孟之道，往往爲所詆毀。聽其宣講者，必至強者怒於言，弱者怒於色。前時髮逆之變，逆首洪秀全假其教名以倡亂，而耶穌教傳道之士，不但不昌言斥絶，反與之通問言情，時出入其中，視爲同教。薄海士民以其昧於順逆，良深痛憤，此招物議之所由來也。

議者以爲誠如是也，將來易約之時，可否將傳教一欵刪除，實可消無端之萌蘖，而絶無限之葛藤。如向者日本與泰西立約，教士但可旅居而不

能傳教，我中國何不可援此以行。不知此恐不能也，蓋泰西諸國有所不許也。

議者又謂如許教士深入内地，則事變繁興，中西以此斷不能言歸輯睦。且中國何以不將前後情形，徧告歐洲，誠以和約之立，有所利益，固宜謹守，而有時多所妨礙，亦可删除。即如蒲晏臣所立華民往美傭工之約，今美廷何以不守，而反擬請中國删除也。豈彼可行之於我，而我不可行之於彼乎。此屆臣公法二百六十三欵中所有也，然而我恐其不能行也。

《教務教案檔》輯一 該教意謂，不如是不足以壯聲威體面，且不足以收買人心，固結教黨，原不在案情是非輕重，專在驅人入教也。以是論之，無論盜賊痞匪，各種邪教，但凡一入其黨，雖謀反叛逆重情，概云此乃昔日未見之事，有何凴証，今已向善，即是伊教内之民，非地方官所可管束者也。因而各種邪教，恃爲護符，地方官若畏事不究，則各自分門別戶，互相攻訐，煽惑愚民，一經發覺，知罪在不赦。或冒稱天主教者有之，或投入天主教者有之。該教一網收羅，不擇美惡，出頭幫扛，箝制官長，紳民士庶不敢過問，是天主一教，實各邪教之逋逃藪也。若竟委曲隱忍，暫圖目前息事，任其肆無忌憚，漫不加察，各教愈起愈多。如現在天門縣教匪起事，已有明証。各省各縣教匪名目不一，統而言之，曰吃教。若使各教匪，陽借天主教之名，而陰爲勾結作惡，一朝蠢動，猝不及防，恐天下事將有不可問者矣。卑職明知此時爲無益之談，然究不忍緘默不言，坐視癰潰。管見以爲縱不能禁止之，不妨多方以限制之，使習天主教者，衆目昭彰，各教匪不能混雜。地方官得以分別教類，便於查拏，不至與天主教攪礙起釁。然欲地方官分別清查，必須嚴定條規，方不致束手無策。不揣冒昧，敬陳管見，總期教民與地方官民，相安無事。

又輯二 至其害之切膚，則尤有不可究極者，不掃墟墓，不祀木主，無宗祖也。父稱老兄，母稱老姊，無父子也。生女不嫁，留待教主，無夫婦也。不分貧富，入教給錢，無廉耻也。不分男女，赤身共沐，爲羞惡也。剖心剜目，以遺體爲牛羊之餌藥，採精以兒童爲螻蟻，採婦人之精血，利己損人，飲蒙汗之迷湯，蠱心惑志。總其權者白鬼子，行其事者黑老爺。種種所爲，牢不可破，反以禹湯文武，盡爲妖魔，是以當日行之利未亞洲，而利未亞洲爲其所屠矣，行之印度，而印度爲其所併矣，行之日本，而日本爲其所亂矣。我中華之庶富，千百倍於諸夷，彼心涎已久。今茲之乘，所謂司馬昭之心，路人可知者也。不亟防維毆除，將數千年衣冠禮義之邦，一日易爲獉獉狉狉之域，大可恨也。稍有生人之氣者，當痛心疾首之不遑，而謂尚可姑待耶。

一、該教不敬祖宗，及諸神靈所奉之神，惟吙氏而已。行教者爲教父，名曰黑老爺。奉教之時，令人自誓其身，爲吙氏所出，必先毀其祖考神主，以示歸心，噫，自絶其本心，本去則枝葉未有不害者。

一、該教以溓水爲令，溓水者，以巴禮老教父也之屍，及巴禮王國王之屍，煎爲膏脂，合以蟲蜮迷藥，佐以符咒，教父掌之。初入教者，誓畢即以水滴其頭，并滴少許於白水，令飲之，名曰淸心水，自是胸腹中有一小豎子，依附其心。雖嚴刑苦勸，邪祟把持，甘死不改，彼美其名曰菩薩心，此誠不可解也。殆如癲狗噬人，感其氣者，腹中即有小犬，亦此意也。

一、從教之人，先本清白，自立誓吃水後，必作發狂。先將祖宗牌位劈碎，次及諸神像，以後見廟宇即毀壞無遺。尤可怪者，其發狂之遲速，必如其人歸家之遠近，有一二日歸途者，則發狂在一二日之外，或止有一日歸途者，則發狂者在一日之外也，必令其至家數時而發，亦巧於惑人者也。

一、入教者必先書名姓氏，里居，年命，并闔家男女幾口，不可假報一字。伊傳教後隨至其家，照冊點驗，命留一女，終身不嫁，名曰守貞。此女即爲傳教人正供，其餘婦女，憑伊所欲而供之。伊傳教人僞爲無邪，正襟危坐，婦女皆跪前羅拜之，彼授以丸藥，名曰仙丹，實媚藥也。服之慾火内煎，即不能禁，自就之。而伊與淫，名曰比臍運氣，伊原習房術，善戰，而婦女亦貪戀而甘悦之。故被採戰者，視本夫如糞土，此其教行於衣冠之族，皆易爲平康樂戶，猶害之小焉者也。

一、該教有取黑棗採紅丸者，處士名紅丸，婦娼名黑棗。採取之法，傳教人囑從教婦女，與伊共器洗澡，皆裸體抱登床上。先揉捻婦女腰脊，至尾閭處，以小刀破出血，伊以股緊靠其際，取其氣從血中貫通，名曰握汗。而婦女已昏迷矣，自爲仰卧，則子宫露出，已生子者，狀如花開，其間有顆粒，黑斑脂膜。伊以刀割取入盒，未生產者，如含葩吐蕊，鮮若珊

瑚，伊探其中之似珠者，珍而藏之，其餘仍納入陰竅。而該婦女並不知其爲，但神氣消阻，縱以藥保不死，而終身不育矣。使此教久行在世，而人道必絶，害孰甚焉。

一、該教有吸取童精者，迷騙十歲以外童男，以濂水滴諸頂門，或作膏藥，貼諸眉額，其童之精，即從下部流出，彼則如吮乳然，盡情取之。彼童瘦軟數日而死。又或以藥貼足心，以針破泥丸處，腦漿並通身骨髓，自項湧出，伊收取入瓶，餘則舐而食之，彼童即死。似此貽害，能不悲哉。

一、從教者將死之時，必有同教數人來，屏去其家之親屬，伊等在内唸經求救，其實趁其人尚存氣息，即剜其目，剖去其心，爲彼國造僞銀之藥。然後以布束尸，聽家人殯殮。蓋謂人之精靈在心，而五臟之精華在目，心目存，其人猶未死，對之唸經，則必登天堂。至於軀殼，猶傳舍也，不必惜之，此害人終自害也。

一、該教誘人，光持銀錢，而不知受伊利者，即受伊言。無論其被買人於禽獸，即自甘爲禽獸，祇圖目前之銀錢，而今貪伊微利，他日百倍取索而無厭。所謂取之内府，藏之外府也，何世人不明利言之辨哉。

一、勸教者，有裝算命看相，散布四方，男女不一，談論命相，誇譽之餘，婉以甘言誘之。又有拐騙者，假託優人耍把戲，及諸色人等，乘其不備，拐取男女，賣與逆夷。若有以之入海濱釣海參者，以人爲餌，則得參最多，深可痛恨。

一、逆夷教匪，外以和約通商，欺蔽中華。關塞不能盤查，官府不能禁止，而其中之色藏禍心，實與寇賊一氣。四處之勸教者，即賊之偵探也，今尚任其驕横，一旦毒發，將不可救。又傳聞逆夷教匪入山東曲阜，毁壞聖陵及廟殿，聖裔多遭害者。有苗姓統率義兵，驅而戮之，始不敢近境。吁，耶蘇之説流行，孔聖之道不作，尚復成何世界也。凡我士農工商，拔劍同仇，有不合志者，即同異類。

又　種種妄爲，無所不至。幸我郡士民，尊崇正道，屏除異端，不爲該奸愚惑。但恐鄉村僻壤，或有買得邪書，未經燬盡，或有先時被惑，尚未改悔者。族長鄉鄰，務速訪查開導，將書焚去，令其自新。倘執迷不悟，即會齊團總團長，公同處治，並將該人房屋燒燬，以示嚴禁。鄰右知情袒護，及族長不實力查辦，一經發覺，並鄉鄰族長，一體連坐，庶幾先靖内奸，以絶勾引之路。凡我同人，務各省悟，有則痛爲湔洗，無則益加防閑。遇有奸民入境，查係天主教匪，立即鳴鑼傳知遠近，會齊丁壯，各整器械，驅之出境。該匪倘敢恃强，定當格殺勿論。我等原爲保固鄉村，禁絶異端各毒害起見，務須同心戮力，起而攻之。將見息邪説，正人心，而風俗醇矣，此檄。

又輯四　鴉片來自外洋，鴆毒中國，昔人比其禍甚於洪水猛獸。然猶不過創人之膚，頹人之志，耗人之財，而未陷人之心。自異端之説起，如白蓮大理上帝等教，包藏禍心，敢行稱亂，此固前車之可鑒者。而其害有更甚於鴉片者矣。夫嘉慶道光之時，疆宇艾安，民物滋豐，猶不免此。況當大祲之餘，保無前項，匪徒豺狼成性，鬼蜮居心。改立名目，潛跡其間，誘以甜言，施以小惠。小民易惑難曉，見異思遷，致有墮其術中，實爲世道人心之慮。

又輯五　竊天主耶蘇兩教，久爲外國所宗，其意主於勸善，自與邪説不同。條約准其流傳，並爲保護。地方文武官員奉朝廷意旨，何敢稍有歧視之心。惟士民未悉其詳，每生顧慮，一遇西人傳教，未免出而阻撓。如近年山東，濟南兗州濟甯東昌沂州，各府州屬教案，屢起釁端。地方文武各官，遵照條約，剴切開導，認眞保護。惟人情每習其所同，而駭其所異，從其所信，而拒其所疑。天主耶蘇兩教，泰西各國敬奉至深。而中土人士，惟知讀孔孟之書，其於佛老所學，尚且目爲異端。即下至鄉愚無知，與論聖賢，則云孔孟，人人之所同，人人之所信，心服之極，遂若性成，況齊魯之民，生近孔孟之鄉耶。且中外雖殊，人心不遠，假使中土人士，遠至羅馬猶太諸國，宣揚孔孟之説，强令彼國百姓，舍天主耶蘇之教而從之，彼必聞焉而異，見焉而疑，既異且疑，阻撓百出矣。積異生疑，積疑成激，西人行其，固然不知政教風俗之不可强通也。

又　紳等竊思彼教，既以勸善爲名，自當以行善爲心。何多年以來，從其教者只見有不善，而未見有善也。若彼如此行爲，民人愈不相信，其教愈不能行。所謂非徒無益，而又害之也。何則，大凡勸人爲善者，無論眞善假善，必人心樂從，而後從而勸之。若人不樂從，而必欲勸之使從，勢必至兩相齟齬，是自取其煩惱。滋邑爲魯之故壤，民情椎魯，從不見異

思遷。且爲至聖鍾靈之地，七十二賢多出其間。現雖聖賢不復再生，而其流風遺澤，即數千年來，終不能棄而從他。若安主教必欲來此傳教，如上年鄒縣因教民強娶民女，又強斂民錢，激成事端，被鄉民擊殺多名，此即前車之鑒。況鄒與魯接壤，教民在鄒煽惑滋事，魯人盡知，豈肯遽容來滋傳教，以貽後患。紳等爲彼教而計，如其教之有益於民，滋民自必趨之若鶩，如其無益而有害，雖地方官亦不能驅率使從。則傳教即難保其無事。紳等因恐激成衆怒，必致上煩隱憂，爲此具稟，公懇據情轉詳各大憲。俯念滋民居近聖人之邦，世沐聖澤，實不願趨異教，乞賜轉咨總理衙門，預禁安主教來滋，以杜後患，紳等不勝感激悚惶之至。又據四鄉二十四社紳民黄大年張振祥等，紛紛呈訴前來。皆謂洋教不入，民自相安，洋教一入，人心惶惶。均請申詳預行遏止，以鎮人心，而弭隱患各等情。到縣。卑職檢查歷年舊卷，察核闔邑民情，實因兗郡爲聖賢桑梓之邦，久已涵濡聖澤。一聞外洋人來此傳教，不禁公憤同興，勢難相安於無事。卑職忝司民社，責有攸歸，既不能禁外教之不入，復不能強民志以率從。誠恐將來激成禍端，獲咎滋重。

又 以前洋人在巴時，行爲詭逆，以致連年乾旱，五穀不熟，牛瘟流行。神人之所同嫉，天地之所不容。因而衆百姓歃血爲盟，將該教堂焚燬。以後如有洋人教士復行來時，我等願將彼殺斃，各逃一方。或有容留居住者，滅其滿門。自燬之後，稍可年豐。忽今又聞該洋人教士，復歸原堂。我等甯可與彼決以死戰，斷不能容。況我巴塘又無教堂，彼非岩上傳教。昨聞既蒙大皇上，施天高地厚之恩，嘗賠彼銀二萬兩。彼尚不足，猶復包藏禍心，輒欲復歸原堂。可見虺蜴爲心，豺狼成性，狙詐多端。明爲傳教，暗行邪慝，實傷風壞俗，深堪切齒，若不早除，實爲地方之大害。此番果爾要來，我等邀懇上司妥爲阻止，如能阻擋得住，我衆百姓等沾恩不淺。如其禁止不住，倘遂一人之私心，貽萬民之深害，情可遠逃別方。請大皇上或安洋人教士在此傳教，或留小民當差，惟命是聽。我等誓不兩立，死且不休。

丁日昌《撫吴奏稿》卷四《因地制宜轉移風氣片》 再。蘇省江海交滙，上海鎮江爲通商馬頭，外人麕聚族處，其腹裏州縣，則天主教到處誑惑，愚民無知，往往爲所陷溺，其莠民則反欲倚教，以齮官府之短長。但推原百姓入教之由，皆由親民之官惟利是圖，不獨勸農興學視爲迂濶，即錢漕詞訟，亦任聽書差之浮收凌虐。甚或藉端捐派，無所不至。其入天主教者，有司又不知按法懲辦，任其放縱恣睢。故百姓冤抑無告，及桀黠之徒，無不欲藉教以爲逋逃之藪。宋儒所稱新法皆吾黨激成者，正此之謂也。臣愚以爲，欲消弭外患，必先固結民心，欲固結民心，必先整頓吏治。故於所屬州縣來見，輒告以民教交涉事宜，但據理公斷，不得存意成見，致教民稍佔便宜。亦不得故意推抑，致彼族有所藉口。蘇屬漕糧，六七兩年臣已酌定，無論大小戶，每石連雜費，只准收錢三千四百文。較之從前，每石浮收至八九千十餘千者，減去十分之六七，小民已無所苦。至興修水利，帑項不足，照章由百姓按畝分派，民教一律亦無偏枯。惟文廟及各項修廟工程，向來只派百姓，不派教民，愚民計較錙銖，便不免爲所煽惑。臣現飭各州縣，凡不載祀典之廟宇，一律停修。載在祀典之廟宇，被燬未興者，應俟一二年後，協餉稍鬆，再議於釐捐項下支取興工，亦不許按畝派捐。其育嬰掩埋施藥施粥諸端，凡教士所恃以煽誘市恩者，均飭令地方官次第舉行。使愚民之遁入天主教者，毫無所利，庶可以奪其外尚之心。查蘇省教民，向於江陰爲最多，男婦不下一萬餘人。近據該令汪坤厚面稟，自宣講聖諭，興設義學，舉行鄉約後，出教者已有五六千人等語。可見有司果能於教養二字，時刻留心，則蚩蚩之氓，斷無下喬木而入幽谷之理。故臣擬擇牧令教官中，教養之有成效者，酌保數員。其奉行不力，視爲具文者，亦擬擇尤參劾數員，以示懲勸。庶在位有所觀感，而吏治可以日修，民心可以日固，即外患可以日期消弭。

《籌辦夷務始末》同治卷四九 一，陰杜其傳教之術也。洋人不惜重貲，誘人從教，居心險狠，顯而易明。無識愚民，既惑於利之所在，誤墮術中。不肖之徒，更得藉以自固，儼然一逋逃藪。不稂不莠，屢生釁端，不受約束，顛倒是非。種種弊端，難以枚舉。若不早爲杜絕，傳習既多，制之亦不易。將來欲分之而無所分，欲別之而無所別，其貽患不淺也。當此之時，既不能令傳者不傳，自不能禁習者不習。臣思禁之之法，當以不禁爲禁也。夫無業游民，入其教者，未嘗不心知其非。或藉勢力以陵偪善良，或尋仇怨以挾制官長，其伎倆不過如此耳。若一切陰爲杜絕之，彼即

無所利而恥之也。竊見我朝處僧道之法，僧服僧衣，道有道帽，自爲一流，與士民迥别。一切民情公事，彼皆不得與聞，所以與人無患，與物無爭也。今若以緇流道衆之法處之，彼無利可圖，而又不合於人羣，亦何樂而爲此者。請旨飭議一異樣分别之法，使殊於衆人。並曉諭中外，嗣後凡奉西教者，皆在本籍報明奉教日期，入教之後，不得干預公事。已入教者，亦須呈明，俾士民一望而知爲奉教之人，以示異則相遠之意。是陽爲奉之，即陰爲絶之。人即至愚，未有不自慚不類者，即不自慚，而其勢自孤，亦無害於事而有所别也。其教將不戢而自弭矣。

又卷五三 一，議開拓傳教。通商圖利，情尚可容，邪説横行，神人共憤。然其爲教，亦各不同。耶穌教以清淨爲宗，雖是非謬於聖人，可以僧道之流待之。天主教則納汙藏垢，無所不爲，淵藪逋逃，動與地方官爲難。名爲傳教，實則包藏禍心。正士良民，不勝憤疾之情，致有戕殺之舉。法人藉端肇釁，轉令我動輒詞窮。彼以全副精神專注於此，雖仿僧道之法，設官以治之，無益也。其官以中國之人爲之，則今必不行，以彼國之人爲之，則所以袒護之者，與公使等。且彼方以入教即可任意肆行，爲招徠地步，何肯以嚴加約束者，自杜其門。果其具有天良，則以教士攝服教民，權豈不足，何至紛紛多事若此哉。幸爲所誘者，皆冥頑不靈之人，其稍識道理者，必不爲所惑。目前不得不因時通變，虚與委蛇，如幾輔根本確有可恃，此等左道疑衆之徒，待以一獄吏足矣。

【略】

一、開拓傳教。教士語言荒誕，藉勸導爲名，往往陰圖奸私，大傷風俗。觀其所到之處，愚民已多爲所煽惑，若再開拓，是邪説淫行，徧布中原，成何世宙。然經正則民興，計惟有責成各學教官，帶同廩生，親歷各鄉，宣講《聖諭廣訓》及《孝經》各書。俾正學昌明，邪説自熄，此亦正本清源之一法也。

【略】

一、議開拓傳教。天主教耶穌教，元明間流入中國。前此官有禁令，通商以來，乃弛其禁。若第因其袒護傳教，扛幫插訟，與官爲難，尤屬小節。所慮者，教徒子女互爲婚姻，再歷數百年，滋生繁育。猶且廣招徒黨，無有已時，成何世宙。計惟有親民之官，於鄉黨多設義塾，使咸知聖賢之理。信名教中自有樂地，不至爲其煽惑。數十年之後，自無入教之人矣。

又卷五四 各省入其教者，大率無議鄉愚，稍明義理者，鮮有聽其煽誘。惟密令地方官固結紳民，隨時查察。陽爲保護，暗事防維，潛破其奸，漸啟其悟。俾已入教者改悔自新，未入教者相與儆戒。即開有誤從其説，亦如僧道之無足重輕。教士縱欲爲之開拓，亦將技無所施矣。

又卷五五 一，議開拓傳教一條。查洋人各處設立教堂，講書勸善，惟窮苦愚民，聽其講説。稍有知識之人，鮮有受其愚弄者。該教士等，偶有袒護教民，扛幫插訟，不過地方官稍有爲難，尚無礙於大政。若如佛道二家，設官以制之，既有人心風俗之憂，且亦未必肯受約束。誠如尊指，惟有聯絡紳民，陽爲撫循，而陰爲化導，不禁而禁之一法也。

【略】

一、議開拓傳教一條。自天主教弛禁以來，各省多毁堂阻教之案。足見民心士氣之尚可恃，而邪教不能以惑衆也。最可慮者，教士專於引誘無賴窮民，貧者利其資，弱者利其勢，犯法者利其逋逃，往往慫恿教主與地方官相抗。因習教而縱奸徒，固爲地方之隱患，因傳教而召黨類，尤藏異日之禍根。惟法人以傳教爲業，久立專條，祇有明爲保護，密爲防閑。督撫大吏，慎選牧令，以教養爲亟。實行保甲以别淑慝，崇禮明儒以資勸化，多設善堂以賙困乏，此治本之説也。堅守舊約章程，教士不得絲毫干預地方公事。教民與常人爭訟，照例由地方官訊辦，紳民欺陵習教人，地方官秉公從速辦結。内地無教堂舊墓，不得擅自私買立堂，此治標之説也。天主教較釋老尤卑陋，不能如僧道之安分。若設官必係傳教士爲之，彼雖不盡法人，而皆冒充法國之人，是於地方官外又添一外國官。若如僧綱道紀，仍歸地方官管轄，或尚可行，否則流弊甚大。該國如再有瀆請，似約内所載，及現行章程，已爲周到，其有不遵，隨時行文查辦。地方官與傳教，皆須隨民情而爲之。

又卷六四 一，請收民心，以固根本也。各省軍民入天主教者，固爲不少，即旗人内，臣亦不敢保無其人。總之舉天下而論，則入教者未必及十分之一，其餘感慨悲歌之士，卧薪嘗膽之人，必有以滅夷爲志者。即以廣東潮州而論，已可概見。曷若乘軍務漸平之時，飭下各督撫，設法激勵

鄉紳，設法激勵衆民。賢者示以皇恩，愚者動以財貨。焚其教堂，擄其洋貨，殺其洋商，沈其貨船。夷酋向王大臣控告，則以查辦爲詞以緩之。日久，則以大吏不使盡治一省之民爲詞以絶之。一省如此，恐督撫或以田興恕爲覆轍，懼不敢辦。若各省皆然，該夷又何能爲厲。縱有漢奸教民，即使甘心從逆，亦無所施其技矣。若此較用兵爲善。蓋營伍有整頓，有廢弛，關繫匪輕，未足爲恃。民則與天地同存，既與該夷成不可解之深仇，能不各保身家，永絶異類乎。若謂該夷以利誘民，使無關忞，亦可明告百姓，凡搶刼洋貨，任其自分，官不過問。即該夷能以利誘人，豈能盡其所有與之乎。此即殺汝璧其馬往之理也。若不激成衆憤，早收民心，誠恐他日無局一旦決裂，民則素受制於殺害傳教之法，袖手旁觀，官則素無備豫，倉皇失措。甚至伏莽巨憝，乘隙崛起，從中漁利，則天下事有不可思議者矣。

王炳燮《毋自欺室文集》卷二　今夫人身之病患，在乎邪氣實元氣虚。則必先治其元氣，而後施鍼砭，投藥石，以去其邪，而病乃可愈。百姓者，國家之元氣也。邪教者，病國家之邪氣也。今欲固國家之元氣，以除其邪氣，亦惟脩吾正教而已矣。脩教之法，其道有三，一曰重農桑，一曰隆學校，一曰明法令。天下之民易與爲亂者，患貧故也。其所以貧者，在乎棄本而逐末，惡勞而喜逸。親民之官横征暴斂，多方以朘削之，民於是乎多以農爲苦矣。彼見逐末者之用力少，而獲利多，較勝乎務本者之用力多，而獲利少也。遂相與棄農而就末，趨市井爲商賈，而農損其一，趨州縣爲僕隸，而農損其一，趨江湖爲遊食之徒，而農又損其一，甚則趨林藪爲盜賊之徒，而農又損其一。天下之財，惟出於地者爲無窮，四者之人日益多，則用之者衆而財傷，力田之人日益少，則生之者寡而財匱，身家之計薄，則禮義之心微。爲善則難，爲非甚易，欲其不爲異端所誘也難矣。欲救其敝，莫如激厲斯民，使之樂從事於田畝。重勸農之任，開力田之科，慎選廉能以爲民牧，貪汙州縣概予罷斥，務使親民之官，潔己愛民，薄賦税，減繇役，以休養培元氣，以生聚厚民財。野無曠土，國無遊民，家給人足，恥爲非義。夫然後民顧身家，不爲邪僻所誘，而教化可行矣。學校者教化之所從出也。古所謂養耆老以致孝，恤孤獨以逮不足。上賢以崇德，簡不肖以絀惡者，胥於學校乎責之。今國家之制，府州縣各有學，學各有教授訓導之官。其任至重也，其事至要也。乃考其所爲，則皆虚縻廩祿，雖有而如無。夫庠序之士，四民之表率，而儒官則教士之師也。今州邑學官，送考之外，更無所任，索贄之外，更無所事。不模不範，欲其毓材興化，由教士以正四民也，必不能矣。今惟嚴選學官，必其德行純備者，始可以膺是職。定課法，立程限，先行誼，後文藝。課士之暇，推行鄉約，宣講聖諭，實心以從事，教士以化民。其有異端邪教誘惑愚民者，士以聞於師，師以聞於地方官。地方官不以時治，師得而糾之。其或發覺由州縣，而學官不知者，學官受其罰。如此，則正教崇而邪教可息矣。夫祖宗之法令，可恪守而不可輕變者也。聖祖仁皇帝聖諭曰，黜異端以崇正學。《大清律例》載，西洋人在内地傳習天主教，及旗民人等轉爲傳習，爲首者擬絞立決，與諸邪教一律定罪。嘉慶二十一年正月，來楊縣訪獲西洋人蘭月旺，潛入内地行教收徒，煽惑多人一案，仁宗睿皇帝將西洋人立置典刑，未嘗少貸。夫祖宗之禁邪教，非徒以其煽惑鄉愚，敗俗傷化也。亦深燭其結衆聚謀之奸，必至釀亂而爲逆也。從前教匪之害，姑不遠引，即如今日之粤匪，正天主教之殷鑒也。然則禁止邪教法令，不可以不嚴，條約不可以不改。使愚民曉然知邪教之不可從也，而無陷於辟，則所以全天下之命者大矣。

洪棄生《寄鶴齋文讐·古文補遺》卷上　日月之明，暈眚生焉。天地之泰，鬼蜮萌焉。吾道之窮，而異端爭焉。孔子之時有鄉願，孟子之時有楊墨韓氏，程朱之時有佛老，至今日而有泰西之教。内患不作而外賊洊至，此正學之可憂，宜有心世道者之所亟欲籌者也。然竊以爲泰西之教，非能爲吾道之害。其説龐於佛老，其理悖於楊墨，其人俗於僧道。其棄君親絶祖宗，又近於禽獸，以天主爲歸，以禍福爲念，誕而不經，陋而不文。故其初來也，吾民聞其聲而譟逐之，朝廷以和約之成，不忍潤絶，寬而容之，以有今日。今日之民有蠕蠕從之者，非慕其教也，非信其言也，狡者藉以抗官長，愚者藉以庇身家，而姦宄巨憝，藉以爲逋逃藪也。其侮吾學也，不足慮，其撓吾政也，深可憂。其侵吾教也，不足懼，其誘壞吾民也，則深可危。民之性，有君臣父子，忠孝之良。其天良也，可培而磨涅之久。無堅白其天性也，又可壞，始而迫於勢，而愚者從之，繼而染於習，恐智者亦與之矣。今之馳騖夷教之人，非即向之擯斥夷教之人乎。今

之欣羡夷教之人，非即向之吐棄夷教之人乎。一人之身而昏明殊焉，一日之間而前後異焉，此中不得已之故，必有從而驅之者。驅於政之苛，驅於賦之急，驅於官府丁役之暴也。驅之於此，聚之於彼，無事則爲地方莠民，有事則爲外國姦人，輸吾之情而與之應，幸邊隅之有警而逞其債戾之心。此之爲害，不可不預圖也。故論崇正學於昔日，其要在敦教。論崇正學於今日，其要在平政，政平則民樂，民樂則性固。然而教亦不可不講也。《周禮》有象魏之懸，有月吉之布，有邦灋之讀。董之以鄉大夫，司之以縣正，親之以族師，故其時政簡而民從，令不嚴而賦舉，以教導之法善也。今日縣令之尊與昔之侯等，未由歲時勸戒其民，面諭父老。而官如傳舍，與民不信，雖有告示，視爲具文，雖有語言，仰爲虛聽。故民與上不信親而教不行，情隔而弊生，此之未能以教化吾民也。爲今之道，莫如仿古讀法之意，行之於都邑之中，鄉村之外。吾臺之俗，好講勸善之書，即以此易彼，而使士人宣講聖訓各條。宣講之後，益以先正格言，其龐雜鄙俗之書擯焉。俾知君臣父子，夫婦昆弟朋友之倫，孝弟忠信禮義廉恥之事，使之濡染習熟，如衣服之在躬，飲食之不去口。邑中之近，官長以晨夕之暇臨之。鄉村之遠，官長以歲時月吉涖之。使重其事，而不等爲具文，則有以振覺民之性天，而夷教不得而入者。然非有實心爲政之人，非有愛民如子之心，則亦徒見其擾，而無益於事也。今之爲教大都責於庠序，而忽於草野，性功王道之學，非秀士不能知，而君臣父子之倫，雖椎魯亦可曉。苟不之講，則習俗移之，而異教誘之矣。或曰西國所得者，庸惡委瑣之夫，非聰明才幹之士，無足惜也。不知同爲中國之赤子，賢者不可棄，愚者亦不可遺也。況彼教之可厭，而士大夫唾焉者，以侏僞任佅之音，語言不文之故也。今則有讀中國之書者矣，聘中國之人才以主持其中者矣。恐流傳日久，竊詩書之詞，以文詭異之說，則士大夫亦必有好之者矣。故正學不可以不急敦也。中國敦正學不特可以拒夷教，且可以化夷教。彼教之來，即吾教之往，天地之氣以久而通，聖人之教以漸而被也。由近言之，今之江浙昔之吳越，今之湖廣昔之荆舒，今之兩廣昔之百粵，今之滇，昔之僰爨，今之益州，昔之蜀羌髳微，今皆爲聲教文物之區矣。由遠言之，蒙古大漠也，新疆回回也，安南交趾也，琉球朝鮮日本東南夷也，今皆爲同軌同文之國矣。回回亦有教，而今漸化於聖學矣。日本雖挺螳臂當中國之輪，而愛中國之文學如故也。民之性生於天，天無中外之異，天亦無東西之殊。西教之來，安知非天誘其衷，以濡染聖人之道乎。特淪於氣化之偏，而不能遽達者也，然今亦喜讀中國之書矣。中國宜大明堯舜禹周，孔孟之道以諭之，而不可狃於小治苟安之習，以示之陋，使彼得有以輕重聖人也。聖人之道不遺於天子，不遺於大夫，不遺於士庶人，亦不遺於夷狄也。聖人之學，學可行於邦甸，可行於四方，可行於屬國，亦可行於歐羅巴也。崇正學則將化夷，而中國不崇正學，則將使中國而爲夷漸，不可不防也。被髮而祭於伊川，嘆百年其爲戎，被髮者非戎也，而爲戎習，識者猶憂之。況茲之設教，來者固儼然夷也，可不慮哉。

《辟邪紀實》附卷《團防法》　一，每縣城內，設一防邪總局，東西南北四鄉，各設一總局。其餘每都每里，設立分局，其局即就近地祠廟，不必另造。

一、各團之團總團佐，不必論職分高卑，必須地方有血性公正男子輪充。有事則齊心會議，貴能任勞任怨，同伸公憤爲是。

一、團中費用，不在多取，但各按本團最殷實戶，照田派捐若干造，利用軍器若干件。外約餘錢一二百貫，生息以備急需。如有變故用動，急即注簿存查，免有侵蝕錯誤，致生物議。軍器□□□中，令向在住之人代管。

一、無論官紳士庶人家，堂中必設神龕，供天地君親師五字牌，及祖先神主。團總每季會同團衆，挨戶查驗，有未設者，商衆處治，不得稍有因循，稍存顧忌。蓋此邪教惑人最深，每有從而不覺者，總賴有心世道人，防微杜漸，免滋後患。

一、凡城闉，宜鑿耶穌釘死十字架形。按其形，無鬚，赤身散髮，兩手橫布，左足加右足上，首右偏。馬頭及各要隘，均鑿此形，至街市鄉村地面，及挨家門闉，必鑿十字架形。不願者，以從邪教論。團總雇石工，令挨家鑿之，每家不過給工錢七八箇，坪中以小石砌成十字架形亦可。

一、挨家必立五家互結牌，各具保結，如查出一家有從邪教者，五家聯坐。五家中或有知情，先行聲揚者，免坐，並不究前誤結之事。

一、凡外來醫卜星相，及一切形跡可疑人，無論何人遇見，速即捉送團總處，嚴行究詰。如身間搜出有邪教符咒等事，即憑衆治死。即未搜出

確據，亦嚴逐出境，不許暫留。遇見捉送之人，憑衆酬錢一貫，注簿存查。如私行賣放，及誣陷者，即將賣放誣陷之人治死。

一、客棧飯店遇有客至，飛報團總查驗。如私留一切形跡可疑人，查出果係教匪，即將教匪與店主，憑衆並置死地。無確據，而形跡終屬可疑者，亦一並逐出。

一、無論何色人家，外客投寓，必報明團總。如有隱秘，查出有可疑情節者，亦照客棧飯店處治。

一、鄰境團總，每年必互查二三次，免各團或有疎虞。且必詳察鄰團團總，屬實公正與否。若陽奉陰違，即會議將該團總如何處治，另舉公正者承充。

一、每族必設族團，如本族有從邪教者，查出即縛至宗堂處死，更爲便捷。

一、每家必派一人充勇丁，食力者自充，不能食力者，即派家中雇工，或另雇者聽便。局中立一名冊，以便輪流派喚。勇丁亦係各保身家，平時無事，不給口糧。

一、每月初六二十一兩日，晨起，團總即會同團衆至局，較閱勇丁技藝。勇丁亦不得借故推諉不至，如有萬不得已事，亦必先期往團總家投明，查實無異，方可。團總較閱技藝畢，當衆以忠義之道，激發公憤，歷數邪教害人之實，並宣講《聖諭廣訓》。且必説明天主教，向有禁例，犯者處死。前此之和，實皇上格外寬恩，亦未料其教至如此害人之切。今日我等舉動，眞所以報大清二百餘年，食茅踐土之恩，同復不共戴天之仇，救萬世之人心，綿祖宗之血食。要在使人人皆知切齒深恨，則正道昌明，而邪教自息矣。

一、河岸馬頭，尤必設立水卡防邪總局，擇高要處，建立礮臺。即召沿河挑夫，充當勇丁，令謀生之暇，操習武藝。平時每月每名給錢三百，有變出力，則每日每名給錢五百。常令兼巡水面船隻，有可疑情節，即飛報團總查驗。如有邪教確據，將教匪治死外。酬飛報人錢一貫，賣放者，查出即將賣放人治死。亦每月初六二十一兩日，點名訓練。並誡挑夫總首，如中有從邪教，及隱瞞爲夷匪挑運貨物，查出將總首與挑運者，一並治死。所有水卡一切費用，皆由本處，及外來船隻，照量大小派令捐錢，於船頭蓋一火印爲據。如錢不便，一次未能歸齊者，即給收照，內注派捐若干，實收若干，下欠若干，俟下次驗照捐滿，再蓋火印。並令於船板每片鑿十字架形，不願者以從邪教論。

一、探聞夷匪逼近，凡團總人等，皆踴躍從事，不動顏色，預備擊殺之法，俟其來以盡滅之。惟水卡爲尤要，深望衆志成城，爲此快極之舉。

一、有私賣地基船隻與夷匪，及爲夷匪造屋造船之黨，查出即將全家治死。

一、各廟或有供赤體童像，五六寸許，曰耶穌太子，諱其名，則曰哪啜太子，皆應一體查究。

一、團總及一切團中人等，若非實在剿匪之日，不得由局開消酒食費用。平時較閱，每次茶錢，不得過百。即給住局人代辦茶水，其錢必注簿存查，如團總自備酒食者聽便。

一、設團必長久無懈，不可因暫無事，或即廢撤，致匪黨乘虛而至，則悔已晚矣。

一、設團不獨防夷匪之害，亦可助官兵，防紅巾賊之竄，即地方竊賊，亦當潛蹤矣。

《教務教案檔》輯三　彼教以利誘人，在智者見遠，彼固難誘入教內，而愚者嗜利，且恐誤入彀中。爲今之計，惟有拔本塞源，使逆夷來汴無存留之地，無飲食之需，無修堂之基，無傳教之所。拒彼妖魔，不受島夷煽惑之蠱，保我疆域，共守聖主蕩平之治。公議條約，刊告同人。

一、逆夷者國讐也，咸豐年間焚燒圓明園，以致文宗顯皇帝北狩不歸，朝野痛心，天下切齒，紳民等誓不與共戴天。

一、嘆夷者豺狼也，迷拐嬰孩，挖眼割心，滅絕天理，商民等誓不與彼交易。

一、河口各船徧刻十字，以防嘆夷，各船戶不準渡夷過河。

一、五門各街口墊大石一塊，上刻十字，令嘆夷不敢進街。

一、菴觀寺院不准留嘆夷住宿。

一、嘆夷進城，各店不准留宿，凡店門口皆書十字。

一、鄉村集店不准留夷住宿飲食。

一、凡紳民人等，一概不准賣嘆夷地基。

一、滿漢回民無論貧富，概不准用嘆夷銀錢，如有私用分文者，即異類也，衆必攻之。

一、嘆夷進城，五門紳士即約中人，將彼腳心刺成十字，以墨塗之，使彼自叛其教。

以上各教皆宜遵守，違者即異類也。衆攻之，毁其業，逐其人，不與居中州。

又輯四　爾等務宜學宗孔孟，勿惑他歧。庶不致無父無君，辱及高曾，禍貽子孫。至於非聖人之道，而自爲一端，從之者果有利無害。本縣本膺民牧，而必勸使勿爲。不特阻人爲善，直是有意殃民，定干天厭。惟本署縣生長南邦，見聞早確，幸勿視爲恆泛。故特竭誠曉諭城鄉明理紳耆，務將本縣黜邪崇正至意，各就各村，廣爲開導。能言距楊墨者，聖人之徒也。本署縣寔有厚望焉。

又輯五　闔郡鄉誼，同伸大義，門戶綢繆，斬殺漢奸，以清內亂，驅逐洋教，以靖外憂。謹列其條約於左。

一、愚民有賣給洋鬼，暨漢奸房屋田地者，我紳民即率衆，將該民寸磔，繼將房屋燒毁，田地抉成數十丈深坑。

一、愚民有賣給洋鬼食物者，即割耳示衆。

一、愚民有容留洋鬼住宿者，即割耳示衆，並將房屋燒壞。

一、愚民有爲洋鬼役使者，即截其右手一指示衆。

一、跟隨洋鬼之中國人，明係漢奸，爲洋鬼耳目。即將此等漢奸，抓住挖眼割耳，再爲議處。

一、洋鬼入境，除拏其跟隨漢奸外，即率衆將洋鬼逐出境外。如該鬼抗拒，即將該鬼毆死，同深義憤。

一、以後境內房屋田地，不准私賣，須由紳董查明，方准立約，犯即公議嚴懲。

一、此次條約所不及者，再行續出。

又　闔邑四民公議，風聞洋案尚未定局，意在設立教堂。姑無論後患莫測，前此竟爲匪徒所惑，貪圖小利，致受大害，起滅家之禍，貽辱族之羞。前車既覆，後車當戒。今經公議，凡我同人世守中土，尺寸不許失於外夷。各清各戶，各保各區。倘敢再與夷人交涉，查出闔邑公同處死，決不姑寬，公議條規列後。

一、議夷人入境，路過地方，以藉賣書爲名，沿途店戶鄉村市鎮，不許留宿賣飡，並不准買書存家。凡我四民恪遵聖教，若有無恥之徒，擅與夷人交易，逗留時日，一經查出，闔邑人等定將店屋公同折毁，基址充公，其人按罪議處。

一、議夷人設教，必先修造教堂。我邑與汴省毗連，往來甚衆，恐遺後害。凡屬境內基地，不失尺寸。倘敢違議交涉者，本族戶房先行處死，以免玷辱宗祖，又受闔邑公罰。

一、議夷人通商，以和約爲據，載明沿江之鎮市，必要人地相宜，方可設立教堂交易。況我邑山僻民貧市小，房屋矮狹，難容大商。如來租居，概行辭絕，倘貪重價，許其改造，十家牌務先通報，折毁充公，免受延燒之禍，特此預聞。

又　道統所關亦大矣，唐虞開之，孔孟承之。春秋戰國之時，若無孔孟，則道統不存。今洋教蜂起之日，亦道統存亡之際也。爲孔孟之裔者，固知取義成仁，即生孔孟之鄉者，亦當除邪秉正。耶蘇之行，比楊墨佛老而尤甚，鄒魯之士，乃禮教信義所素明。光天化日，難藏魑魅之形，泗水東山，必杜猖獗之患。揚眉鼓掌，實出羣情，食肉寢皮，乃伸義憤，道統不絕，人心亦賴以固爾。

謹將嚴查洋人漢奸條約，詳列於左。

一、洋人之行，大意在漁利漁邑。入教者夜間跪經，其實裸體行淫，亂人婦女，滋陽前年檄文，言之已詳。

一、洋人之害，毒於賊寇。取人眼珠心血，及處女月經，婦人胎孕，俱有確証，載在闢邪錄。

一、洋人收養窮民，意在籠絡，凡投洋人，三月不攜帶婦女者逐出，年老無能者逐出，愚蠢無用者逐出。既入教者，處女幼婦俱行霸占，此沂州郯城，已立教堂被害反教者所傳，並非誣妄。

一、洋人通士所過之地，店房不准留住，水漿不准賣給，鄉城居民不准私同說合賣與田宅，如違約者，一經查出，賣與田宅者，將房屋拆毁，賣與飲食者，衆行究懲，作中說合者，與漢奸等論。

一、投洋教之人，甘爲漢奸與紳民爲敵者，勦其室家，立行逐出境

外。如私行回籍，鄰右匿奸不舉者，與漢奸一例。其入教未深有悔心者，聽其向善自新，姑不究論。亞聖府孟氏、鄒邑紳民公具。

又 洋人之教爲害無窮，所刻之書火無情理。先用藥水限男女五百一沐浴，混雜姦淫，久則皆死，假各從教埋葬，其實將死未死之時，男則挖去心目，女則姦淫後割去陰戶內花蕊，以作藥丸。迷惑好人，而於童男女爲尤甚。其餘害端難以盡言。欲除此害，惟吾不從教不賣地基而已，如有貪財私賣者，即以亂臣賊子論，人人得而誅之。親鄰等須加嚴禁於先，不然亦難免傾家蕩產之禍。且受洋人銀錢終歸洋人，何謂以貪財自貽害也哉。洋人好潔，最怕污穢等物，初來時，凡我等居民老幼，齊集河邊嘈雜辱罵，投以泥土瓦石，斷不容留，每日不拘時刻地方，聚罵數次。官府亦難強禁，彼亦無如何，不久自退，而受福靡涯矣。

王韜《弢園文録外編》卷三《傳教下》 邇來民教相涉，輒致中外齟齬。推求其故，大抵一由於愚民之無知，一由於教民之有恃。

由泰西至中土傳道者，一曰天主教，一曰耶穌教。雖曰同源而異流，而教中規儀迥判。自西人言之，不獨有新舊之殊，亦且有邪正之別。在泰西本國中，久相水火，惟在中土則分道揚鑣，兩不相涉，所謂各行其是而已。天主教行之最久，亦最遠，內地鄉落，無所不至。耶穌教則不過通商口岸耳。而近時傳道宣教者，輒以華人；雖西人足迹所不能至，而華人則無不可深入也。所至之處，久之必至互相駁詰，此積憾生釁所由來也。西國奉教之士，其來也由於考授，非世家子弟，亦彼國俊髦，於西國書籍既通，而又肄習中國之語言文字，其學問之深者，亦卓然可稱爲專門名家，其性情品詣，有時亦復藹然可親，純然有異。惟華人之進教者，大抵愚者多而智者少，明者寡而昧者衆。理趣既未能深造，言語亦未能圓融，動輒詆孔孟爲不足師，程朱爲不足道，悍然宣播於衆。夫其言而出諸西人，聽者尚能少忍。至出自華人，則強者弱者必羣起而攻之矣，此事變之所以生也。

至於華人之疾憾西人，蓋亦有故。西人在其國中，無不謙恭和藹誠實謹愿，循循然奉公守法，及一至中土，即翻然改其所爲，竟有前後如出兩人者。其周旋晉接也，無不傲慢侈肆。其頤指氣使之概，殊令人不可嚮邇。其待僕隸下人，頻加呵斥，小不遂意，輒奮老拳。彼以爲駕馭中國之人，惟勢力可行耳，否則不吾畏也，且欺我者隨其後矣。其遊歷內地也亦如此，所以動至取禍。又華民之所講者，尤在順逆之分。曩者髮匪之亂，彼則以爲此乃君民相爭，無預我西國人事，探賊所近之處，私售以鎗砲藥彈，載運接濟，不絕於道，而教士中尤先爲通問，喜其爲同教也，民間由是切齒痛心。何不思立約通和，乃出自朝廷，髮匪乃朝廷叛民，豈宜私與之往來，潛爲之翼助，使華人在西國者易地而爲之，西國朝廷其能不問乎，西國民人其能不怨乎。此即所謂恕道也。西人或者其未嘗反復思之歟。不然，西人至此以貨易貨，自鴉片漏卮之外，其餘未嘗不有無相易，貴賤相徵，自可耦俱無猜，同沾夫利益，而何銜憾蓄憤之有。或者謂唯唯否否，不然，此特小焉者也。自通商以來，索口岸，索酬餉，輒以兵力從事，據我名城，俘我大臣，而又連檣北上，謂將入告，以至國步多艱，所不忍言，此非薄海臣民之所共憤者耶。故言乎我國家之待西人至爲深厚矣。恩意纏綿，禮文渥摯，無區畛域，悉予懷柔。即如經過關卡，出入城垣，獨示優崇，異於常等，豈西人未之知耶。

故今日之爲西人計者，要當尊朝廷，守和約，而中外交涉，一切開誠布公，相見以天。其通商也，以片言括之，曰不欺。其傳教也，以二字賅之，曰毋強。其彼此往來也，曰毋驕毋肆。如是而中外安有不輯睦者哉。昔春秋列國之相約曰，爾毋我詐，我毋爾虞。今亦當益之以四言曰，毋尙勢力，毋恃兵戎，各泯意見，共矢和同。

《教務教案檔》輯二《遵義紳民公稟》 洋教士至遵義府屬傳教以來，凡本地素不安分之楊希伯、劉開文、鄭小明、霍聞九、趙文菴等，身入教中，藉口在堂辦事，欺凌孤弱，磕詐鄉愚，出入公門，包攬詞訟。遇有教民涉訟，被官審虛，則楊希伯等統領教衆，闖入縣署，逼官另斷。如將教民看管，則用布教士名帖請釋放。又復招集早年從逆之宋唐譚蹇各僞元帥，以爲羽翼，而助兇暴。今將附近等處被害各事，畧舉十之一二，如鄭小明逼令王三蠻吃教不從，捏造他事送縣押卡。敖石受佔搶王貴家財，因王貴敬神還願，敖石受指爲異端，將王貴吊打，勒令出銀三十兩方休。趙文菴楊希伯主使陳忠良，佔騙孫姓銀一百餘兩，分厘不還。霍聞九楊希伯主使譚正常，佔騙姚姓田價，鄭小明楊希伯主使張春林，仗教佔姦萬國洪

之妹，不依反持刀將其殺傷。楊希伯主使田興乾，霸種王國士田土，霍聞九楊希伯主使嚴志受，私造假約，磕赫黃三銀兩分肥。鄭小明等，因汪染匠赴經堂要戒烟丸藥，言語不清，當將汪染匠毆打枷示，並令喊街，旋即致斃。楊希伯主使教民張朝楷，估娶有夫之妻爲兒媳，並持刀追殺，本夫不敢回家，所有田土全行霸佔。教民曾廷春父子，虧欠王恆豐銀六百餘金，已書抵約，楊希伯等扛幫，反揑告王恆豐欠伊銀數千兩，誣控追逼。劉開文楊希伯聞吃教之婦李氏，談說經堂之事，即將李氏剝去衣服，赤身用竹條毆打喊街。霍聞九主使霍龍，估佘楊氏爲妻，並佔佘春全業，又藉端佔搶李老三家財。楊希伯主使張仕忠，侵吞張嚴產業，並逐張嚴母子出外乞食。霍聞九鄭小明等，主使經堂佃戶何步瀛，仗教佔攤王光輔田價不償，將王光輔送縣比責多次，隨後田土被經堂霸耕，王光輔始得釋回。劉開文仗教，主使陳受山，以假銀估買馮雙全馮汝翔田業，假銀不換，反磕詐馮雙全銀四十兩，並將馮汝翔家財豬牛，搶掠罄盡。鄭小明楊希伯，引誘田登龍吃教不允，狹嫌鬧事，誣磕銀二十兩。楊希伯等主使司老六，估騙本城各舖戶賑項二千餘金。司老六吃教後，楊希伯遂佔住司老六房屋，作爲謝禮，以致前買司老六坐房之張喜廷，忿鬱而死。楊希伯主使胡肇修，仗教霸耕有主田土，並主使何繼堂佔騙李世昌，借賑一百餘金，分厘不償。楊斐然主使夏桃幅，仗教透漏牟何氏家財，並逼何氏改嫁。楊希伯主使綠竹壩何德全，杖教霸佔何春田土，反持刀兇尋，何春不得回家。趙文菴主使田五，仗教窩賊，估竊肖啟武家銀物布疋，在馬蹄石塲售賣，莫敢過問。劉開文等主使劉冬等，仗教佔搶云山寺僧牛馬谷米，並何老四耕牛。楊希伯楊斐然等，主使教民胡焦貴，佔佔鄭德崇之妻爲室，並主使張子清，佔耕王正云田土數十石之多。又主使陳太平，磕詐祈五十多次，不敢回家。楊伯希得兇犯何二保銀兩，藏在經堂，念經押逼屍親楊姓和息。主教出頭，代爲伸訴。教民王鳳山米海查徐團首，在兩路口地方，謀殺付王氏家二命，經縣拏獲到案，楊希伯執主教名帖，在縣署估要兇犯二人，出卡不究。楊希伯劉開文主使趙吉山，仗教打死李老大，將屍丟入中河，有隣証可質。楊希伯鄭小明，受余吉祥銀百餘兩，包庇余吉祥姊妹成親。霍聞九楊希伯主使王李氏，估騙趙正光當價告官，官斷至明，希伯不依，在衙將兩造抓至經堂，凌辱拷打，押令趙正元，不算前交當銀十一兩外，另立七十兩當契，限三日繳銀瓜分，而趙正元當田，又不得耕種。劉開文主使楊百長之弟，播弄楊百長毀謗天主，楊希伯用鐵練鎖拏楊百長，到經堂吊打，送官押卡，勒令吃教，並出甘結，在鄉鐫碑，出卡後，家業蕩然。東鄉宋麻三，仗教佔姦孀娘，實爲滅倫亂紀。團首鄧步高姚城等具稟，教民佔不當差，係教友何雲樹鄭小明把持，並藉教名色，磕詐銀兩，二人瓜分。晏火才田雙連仗教，佔佔孀婦姚蘇氏蔡廷升田業各一分，以作已產。教惡趙文菴主使趙天申，仗教欺騙康秀廷夥債七十餘兩，勒書抵契，霸耕康秀廷田土，楊希伯又兇打康秀廷，尚不滿意，揑造事端，將其送縣管押。楊希伯鄭小明等，縱教惡姜天寶，圖騙城鄉各戶債賑四千多金，假將舖貨頂與曹百長，得銀三百餘兩，攤還各債主後，反仗教黨劉開文等，揑詞上控，將杜萬順屈押，布教士逐日以名帖逼官嚴辦。一面支使教惡龔瘋子說合，勒去七百多金瓜分，並將頂出之舖，歸天主堂開設。教惡趙文菴私造假信字約，嚇磕堂兄趙老四，不允，鄭小明等出頭抓趙老四，送官比追，趙老四屈押不過，出銀十兩，與趙文菴等瓜分。民人詹九皋之父在日，因胞弟詹老二分居多年，困苦不堪，收入舖中幫學生理，每年給有工資。楊希伯等知此事可以訛詐，主使詹老二揑稱前未分家，將詹九皋告官，勒逼數千金方休。詹九皋躲避他鄉，教黨劉開文以布教士名帖，囑官枉拏，謝協成管押詹九皋之母，聽教民龔瘋子哄騙，出銀三百餘兩與詹老二，交衆教惡瓜分，現在詹九皋不敢歸家。以上各事，皆遵城人人所知，事事確實，如有虛言，神明鑒之。合城百姓，含寃積恨，勉強忍耐。本年五月初五日，遵城民人因風俗年例，在炎帝廟祭神演戲，駈除疾疫，新舊兩城居民，相率行香。適教民楊希伯，因與打醮首事楊樹勛，挾有夙嫌。是日午刻，樹勛偕同本城民衆，正在拈香迎神，捧表在街中徐行。楊希伯適然撞遇，肆口怒罵，並將楊樹勛手中表文撕毀，揮拳亂打，當經街隣勸散。詎楊希伯復糾教友數十人，衝入炎帝廟，將廟內神壇經像一切器物，全行打毀。惟時看戲人衆，共懷不平，不呼而聚，致有打毀楊柳街經堂之事，皆由民間公忿，向來受教中寃屈，無由而伸。此次起釁，又因楊希伯尋事，先行糾衆毀壞神廟，激而致此。此中曲直，共見共聞，百姓何辜而遭此毒耶。

又　布散淫書，倡行邪教，穢污天地，毀謗神明，是不敬也。不葬父

母，不祭祖宗，是無親也。不納租稅，不供差徭，是無君也。不講昏姻，不通慶弔，是無禮也。女制其男，奴亂其主，是無義也。不分尊卑，不別內外，妻淫而不制，女姙而無夫，是無廉恥也。

又輯三　光緒十二年，鄆亭舖教民羅天成，有女明貞，係央媒曾德官出庚，許與平民李文氏子尙全爲婚。許後再三要尙全奉教，不允，天成懷忿，意欲騙婚。及女過門，反以誘拐誣控，并捏惡統摟抬上控。案經數載，至黃主訊明實情，以係屬教民，置不究理。

【略】

光緒十二年，馬跑埸教民劉奎串，伊母舅陳釗順，誣控平民龔長順裹誘結盟，致長順被誣停留，全家無生。黃主訊明劉奎等所控，盡屬虛誣，因仗恃教勢，僅予薄責，仍斷長順給錢五千結案，長順平空受其拖累，無不代抱不平。

光緒十二年，馬跑埸教民劉代治之子劉永耀，向平民鄧子東搕詐訟費錢八釧，不允。代治遂捏糾毀重情，赴縣具控。子東畏伊教勢，不敢與較，託人向伊說合，情願給釧，方息此事。鄧子東既遭訟累，又被搕錢，家業從此耗散。

光緒十三年，甕溪埸教民桂洪順，託外男彭太發，在族叔彭陽芳手，借銀一定，重九兩零八分。陽節不還，又寬數月，因追收無給，洪順反捏欺姦伊媳呈控，實屬昧良估騙，屢經紳糧勸諭，始行承認還給了案。

又輯五　今教爲外國之教，民仍中國之民，乃中國無賴，一充教民，性情頓改。其視教外之人，反若非我族類。教士爲其所感，遇事動爲護持。故教士之訟百姓，皆教民導之，百姓之惡教士，皆教民禍之。遂致百姓意中各有成見，遇有賣地於彼蓋造教堂，則一鬨而聚，拆毀有之，近倡而遠亦隨，此懲而彼不戒。此東省各屬開設教堂，流傳未廣，保護難周之實在情形也。現今所有民教相涉諸案，臣已飭該管道府秉公辦結。各處所有教堂，亦飭加意保護，不令再起猜嫌。惟中外之俗殊異甚多，聖賢之鄉信從加少，以及教民之害，教士有受其累者，不得不詳細臚陳，以見教化之事未可強求，苟存疑慮之見，決無順從之心。

又輯六　竊維兗沂曹濟三府一州，民俗嚚凌，幅員遼濶，而曹屬號稱盜藪。光緒十七年，德國主教安治泰來東傳教時，虞孫忝牧濟甯，該州人心浮動，所有城鄉教堂數處，遵照約章實力保護。屢頒條教，三令五申。間有鼠雀之爭，一經涉訟公庭，立予持平剖斷，良以教民平民，疇非赤子，仰體朝廷懷柔遠人，敦睦友邦之意。雖畛域未能盡化，而地方尙屬相安。亡何二十三年冬間，曹州鉅野縣有殺斃洋人之事，此案結後，教堂日增，教民日衆，教燄亦日熾。近年民教中搆隙甚微，頓成氷炭。詰其肇釁之始，由於議罰而起。民人之奉教也，該堂向給蘆席一床，爲跪經之具。嗣與平民口角，小忿輒罰蘆席若干。因其所値甚微，惟命是遵，隱忍未較。既而變本加厲，視民之易與也。又改蘆席爲筵席，改筵席爲折席。自折席之議興，慾壑難盈，則數十千數百千，甚有數千千者，不饜其欲則不止，民怨日滋。夫鄉曲間排難解紛，杯酒合歡，風猶近古。初罰筵席，民尙曲從。其最難堪者，挾教士威勢，淩轢平民，莫甚於跪獻一事。相傳該教罰席，就堂內設筵，羣飲聚譁，命傳肅侶，責令罰主親到，如承大祭。每進一食須令跪獻，門外鼓吹鳴砲，俾衆周知。在一鄉一社之中，大都聚族而居，若卑幼入教，尊長得罪議罰，則卑幼儼然座客，尊長儼若階囚。怨毒結於人心，羞惡根於天性，此等舉動，教士匪惟不禁，反從而縱之，欣欣以逞強自詡，其招侮之由實基於此。民間蓄仇忍辱，鬱過未伸，萬衆一心，待機而發。

《清經世文編五集》卷二九《教民》　嘗取西書而徧讀之矣，雖所見有淺深，所譯有工拙，而均有至賾之數，至簡之儀，至以之位，至微之理，其庸陋惡劣一無可觀者，則教書而已矣。閱《舊約》《新約》諸編，知西教源流實根於墨子，任西者，墨翟之轉音也。出埃及者，避秦之事也，是知愛人如己，即尙同兼愛之心也，七日拜天，即《天志》《法儀》之論也，衣衾簡略，即節用節葬之規也，壁壘精堅，即備突備梯之指也。《經說》上下，爲光學重學之宗，句讀旁行，乃西語西文之祖。其天堂地獄一說，本《非命》《明鬼》諸篇，乃竊釋氏諸餘，以震驚流俗，而充其無父之量，不憚自棄其宗親。蓋墨氏見距於聖門，轉徙遷流而入西域，其抱器長往者，遂挾中國之典章文物，以俱行也。比年法國藉護教爲名，乘隙以陰謀人國，如越南馬達加斯加者，舉國皆教民，法人振臂一呼，亂者四起，其於歐洲及中國亦猶是耳。惟中國聖教昌明，流螢燭火之光，見太

陽而自息，下喬木而入幽谷，稍有知識者所不爲。彼所得者，皆頑鈍無恥之徒，借以爲逋逃之藪，其牧師神甫又復不問是非，曲爲庇護，遂使朝野上下，聞聲畏惡，望影譏彈。其黨惡也益堅，其蓄怒也愈甚。而各省教堂之案，遂往往敗潰決裂而不可勝窮。淸斯濯纓，濁斯濯足矣，自取之也。故通商者，西人之智也，傳教者，西人之愚也。欲假傳教以蠱中國，則尤愚之愚也。彼教王亦知之矣，其言曰，中國教民未歸法國保護之前，數溢百萬，自法以護教之故，動以兵威相挾，致教民之數驟減五十萬人。乃議何國教人，即歸何國保護，法亦自以教事開釁德人，地蹙王禽，改爲民主。各國悉教人之□，並嚴定限制，禁其□事侵權，教王之都城，義大利乘機規復，防閑積□，□等拘囚，教焰之衰如此。而中國官吏猶以昔日之教民視之，是何異畏虎豹者，見其鞹而神驚魄悚也。宜□查諸國限制之法，斟酌情勢，擇善而從，約而舉之，有四事焉。一，入教之民，應稽碻數，教堂教產何地何名。二，日後入教者，應先報所在官吏，以便保護。三，教堂之內謠諑繁興，應縱外人遊觀，並由官吏查察，則疑謗自息。四，遇有詞訟之事，教民應與凡民一律，毋許擅用西禮，致爲衆怨所歸。以上四端，杜漸防微，良有深意。而地方官吏碻知其數，亦可思患預防，免致事變既成，辦理諸形棘手，所謂擊中則首尾供應者也。至於人心之嚮背，教務之興衰，有莫之爲而爲，莫之致而致者。彼泰西諸國之君臣，固亦不能强制其民矣，而况中國神靈首出之邦，教化盛行之地，而能以威驅勢迫，强不齊者而使之齊哉。橫逆之來，理遣情論，彼囂張僨事，與畏葸無能者，均未識因物因心之妙用爾。

又　西教之入中國者，羅馬舊教曰天主教，堂設十字架，傳教者偁神父。路得新教曰耶蘇教，不設十字架，傳教者偁牧師。禮拜宣講以財爲餌，大致相同，蓋其源一天主教也。論者或疾之已甚，謂其既烈於洪水猛獸，乃泰西密布之間諜，爲中國附骨之癰疽，箸論以闢之，揭帖以詬之，此其心不可爲不苦，而其識則淺也，或言之太易。謂傳教多法人，可請各國勸之沮之，毋滋蔓於中土，既可省洋商之供億，又可裁兵歸之保護，歲且節帑數百萬，而中外可永保通商之局。此其願不可爲不奢，而其時則未也。天主教法爲多，傳教於中者，各國亦不少。天主耶蘇雖微異，而傳教以與我□□則無異，且在泰西則民教或分，至中國則西人之視教士亦族類也。狐兔之□西人，聞之熟矣。闢之詬之，是唾沫而思拒猛虎。勸之沮之，直與狐謀皮，其可得乎。竊以爲泰西之有教士，亦猶中國之見有老佛回回焉耳。泰西本無我五帝三王，周孔相傳之教，則教其所教也，固宜若中國則修道爲教，如日中天，老佛回回既不足擯斥吾教，天主耶蘇豈遂足擯斥吾教也哉。然竟以爲不足擯斥吾教，而漫無限斷，坐視□決，則亦不可。夫中國不知及其涓涓而塞之，明季之人之咎，亦數爲之也，今則既成江河矣。康熙八年，但許西人在京師自行其教，不得傳於中國，直省開堂者有禁□。乾嘉迭申厲禁，洎道光二十二年，與英約於江甯，有保護傳教一款，是爲弛禁之濫觴，然止保護傳教者，未嘗保護習教者也。二十五年耆英督兩廣，爲法人請在海口設天主堂，華人入教者聽之，是爲入教之張本，然但在海口，未嘗及內地也。咸豐八年，法約第十三款，凡入內地傳教之人，地方官務宜厚待保護，凡中國人願崇信天主教而循規蹈矩者，毫無查禁，是爲習教之護符，然止不禁習教而規矩者，未嘗幷習教而不規矩者，亦不禁也。同治九年，刑部刪去傳教治罪舊例，而續纂新例，大書特書之曰，凡奉天主教之人，其會同禮拜誦經等事，概聽其便，皆免查禁。於是隄防大潰，而中國二十三行省，皆將有教士之車轍馬迹，而自總署以迄州縣之吏，疲於奔命矣。夫載之於約，不得已也，即聽其便，亦聽焉可矣。纂之爲例，是亦不可以已乎。傳習既日多一日，猜忌必日甚一日，教堂之案，層見叠出，恐波瀾騰沸，正無已時也。查同治十年，總署與各國使臣商辦傳教章程八條，實繕固隄防之策，惜爲美使所駁也，或以條款多而難行，則第六條尤當務之急，可仍以此專條商之。各國使臣令各飭其教士，將所有中國習教之人，一一臚列姓名，籍貫，年貌，三代生業，隨時遣送各領事，就近轉送各州縣，以備無事時查攷，以便有事時保護。陽託保護之名，陰收稽核之實，託其名則吾說易投，收其實則厥流漸息。光緒元年，總署覆美公使有云，民教不和之故，皆因教堂中人不安本分，倚勢凌人，及至滋事，又每欺蔽教士及鑑事官，以致積怨成仇，往往激成巨案。然則習教不特不利於中國，即於教士，亦大有所不利焉。就使中國無淸查之議，各公使亦宜爲教士謀之於預，蓋中國少知自好者，勢必不肯入教，習教者非奸民即無賴，教士口雖不言，心則洞若觀火矣。中國之疑而忌之者，莫不曰誘汙婦女，迷拐幼孩，符咒蠱惑，剜目剖心，吾知教士或

不至出此，然敢信習教者必不出此乎，即教士其能信習教者，亦必不出此乎。中國舊有白蓮無爲等教，以同財同色誘人，種種作惡，本其慣技。教士兼收並蓄，唯恐有不入教之人，從未有不得入教之人。禮中國之所譴，聚中國之所駈，以傳教而藪逋逃，以習教而犯不韙，是直教士授之刃以殺人，而復甘爲之抵償，恐亦失天主耶蘇之初旨矣。亦何怪吾民之普天共憤，欲剚刃於教士之腹，以一報之哉。夫教士之豢習教者，月數金而已，非能盡教民而豢之也。無業之人，何惡不作，教士且可於編查之時，嚴偵察之方，有如光緒二年，皖南案惑衆之白會清，溫州案謀逆之施鴻鼇，其人舉而白之於官，俾我中國無智愚賢不肖，皆家喻戶曉於西教之鄭重分明，如此則民教承承相安，既爲教士防無形波累，亦爲中國芟無數葛藤。不過一紙墨之費，一手足之勞，於教士有大益而無所小損，在各公使諒不容執以爲不可，否則動輒尋仇，必至民教兩虧而止。津案滇案，兩虧之尤者可鑒也。且按列國歲計政要表，各國教民之數，朗若列眉，其傳天主教於中國者，光緒十三年西報法四百人，意八十七人，比利時日斯巴尼亞皆二十九人，德十四人，共五百五十九人。傳耶蘇教於中國者，今十五年，西報英四百九十八人，美二百四十五人，德與他國立會者四十九人，自立會者四人，各國立會者四十一人，共八百三十七人。彼之教民歲可數計，而我之教民茫未有知。無論各省保甲故事，徒行即爲民爲教，按國可索，而查之自我，不如查之自彼，無可推諉，誠欲悉其底蘊，策無便於此者。一由教士造送清冊，從此習教者遇事發覺，即可按圖索驥，無復仍前匿之講堂，縱之海外之弊，故由中國州縣查造，不如教士查造之事半功倍已。習者藉查以約束，未習者因查而疑沮，不禁之禁也。羈而縻之，久而安焉，數十百年後，中國亦不遇於佛老回教而外，多一西教名目已耳，張皇胡爲者。雍正八年，可閩浙總督覺羅滿保之奏，安置傳教者於澳門，徹天主堂爲公廨。同治九年，德法之戰，法徹前護羅馬教主之兵自助，意遂襲而都之。德名相必士麻克，力扼教徒，屢檄各國一體裁抑。法人本教主之虎倀也，光緒二年，西報載法自更立民政，其議院深惡教人，視德相加嚴，教士之燄將少息矣。以天意人事論之，我五帝三王周孔相傳之孝，必有中外同文𠻳垓泝埏之一日，若就目前而謀補牢，其於教士則謹守條約，申明諭旨，推誠接禮，與之相忘於江湖，庶民教略有交涉，易於商辦。中有媚於富強之略者，并可引以爲倀，楚材習用，姑俟接替有人，罷謝未晚。其於教民上策，則教之養之，以清其源。下策則唯以清查爲什一之補，捄留留者徒欲恃一鼓之氣，而遽思人其人，廬其居，適以集泰西之羣矢，上詒朝廷以西顧之憂而已。

王之春《國朝柔遠記》卷一九《編教民》 現法人已知中國之良民，斷不入教，其入教者，不過傭工貧民耳，村嫗社婦耳。即有桀黠莠民，藉圖生計，其實亦陽奉而陰違。於是自怨自艾，深悔從前傳教之失，各國又羣起而咎其傳教之非，可見秉彝之德，出於自然，發於天性，而天堂地獄之說不足以勝之也。但華人之已入迷途者，亦復不少，欲救其弊，宜將教民開明年貫姓名，報明地方官另編爲一冊。即教士亦應歸地方官約束，遇有事故，依華法秉公照辦，教士不得過問，庶幾入教之民，仍不失爲中國之民，即教士亦無所逞其庇縱矣。

《籌辦夷務始末》同治卷四一 夫中外久經講好，彼此現尚相安，自當勿慢勿欺，不至自我開釁。惟謂京外各官，不肯與之往來，不知苟非公事，人臣義無私交。至於行教通商兩項，天下雖懷積憤，無甚異詞。然行教者每縱教民以干預公事，挾侮長官，甚至地方匪類，假冒招搖，而各教士輒出把持，使各州縣不得行其法。

又卷九九 天主教傳入中國，不能不按照條約，爲之保護。無如莠民恃教爲護符，作奸犯科，逋逃淵藪，教士多方徇庇，官吏敷衍含容。良民受屈，積不能伸，怨毒日滋，禍害愈烈，天津前事可鑒也。論者謂地方官不能撫循百姓，百姓藉教以保身家，非民無良，乃官驅之。第小民稍有人心，從不爲彼所惑，入其中者，必先有藐法格官之意，而後動於惡，此風斷不可長。臣愚以爲教士雖外國人，教民則中國百姓也，以中國所轄之民，准彼傳教，固已曲全和誼。必不可以自主之權，由彼擅握，致使大拂民情。應令已入教之人，開列姓名，報官存案，其續入者，稟由地方官查無過犯，方准照約保護。儻係現在案犯，及先無報案者，概不准作教民論，教士不得過問。或亦補偏救弊之一法。

《教務教案檔》輯一 伏查天主教之傳於中國，原自稱勸人爲善也。條約內載，該國民人傳授耶蘇聖教，果係安分無過，中國官員不得刻待阻攔。反而設想，若不安分而有過犯，其亦可以攔阻，已在不言之表。其立

條未嘗不善，傳教者尚且如斯，何況內地習教之民犯法，而不歸官管者乎。特在地方官區別眞僞，孰是邪教，孰是天主教，區別詳明，辦理自無不妥。然而區別眞僞，各州縣無從着手，全在該教主之予以確憑，庶各州縣有由分別。大凡各省州縣民人習教，該教主必有總册，註明某姓某名。某州縣民人，某年習教，斷不至散漫。嗣後請照會各口領事府，轉飭各教主，務將業已習教民人，姓名居址年貌籍貫，係何教士傳授，飭令各教士一縣歸一縣，造册送縣，以便分別眞僞。其後來習教之人姓名居址，以及由别縣遷居之教民，該教士或一月或三月造册，絡續送縣，各該州縣立即註册。倘地方有教匪冒充該教名目，各州縣查對册內如無其人，即係邪教，拿獲究治，不與天主教相涉，倘册內查有其人，則知是天主教。如果犯法被人控告，或自興訟，州縣審度案情曲直，據寔照會本主教及本傳教士，該主教等立即照覆，聽憑州縣稟公直斷，按照大清律例辦理。州縣固不得徇私，主教士均不得袒護。至於主教等平日傳授民人，務須查察愼擇，不得濫收。教民與百姓涉訟，是非曲直，自有地方官作主公斷。主教及教士祇可勸令和歇，不得出頭幫扛，到縣拜會干預，至使教民依勢膽大。地方官務須推誠布公，孰是孰非，善爲開導，兩無偏護，使獲罪者俛首無辭。總期解釋嫌怨，不使百姓教民結仇成訟，各安生業，方爲盡善。凡各州縣民人入教之時，必須先邀族鄰，出具該民從無過犯，的係良民，切結一紙存縣。該民亦須赴縣，出具一心向善，不敢抗糧，不敢恃教挾制官長，及不敢姦淫邪盜，爲非作歹，干預公事，欺壓鄉黨等事。如犯願甘治罪，實結一紙。各州縣當堂給發門牌，載明一戶某人習天主教，大小男婦共幾口，如全家習教，對册在牌註明，使其不能添減。日久破損，繳舊還縣，另換新牌，書差人等不得刁難需索分文。果屬安本守分，而地方有意架詞生事，該管州縣察寔，必將生事之人責處，以示至公無私之意。但門牌必須懸掛門首，使通國皆知眞僞。如此嚴定章程，庶傳者不能濫傳，地方官易於區別。不但各邪教無由冒混，且無從遁飾，而天主教衆與地方官紳百姓，可期永保相安於無事矣。是否有當，仰祈慈鑒。

輯三《廣濟縣飭拿教民諭單》　照得吃齋習教，律有明條，拜燈誦經，法所不宥。近年各州縣所辦齋匪，無不立予駢首。上年又奉臬憲，將省城習教説經之人，悉行懲辦。並札飭一併查拿，頒發告示嚴禁，功令何等森嚴。茲聞縣屬有等不法之徒，勾引外來匪類，傳授邪教。謬以歸入其教，可以不由官管之言，到處煽惑。以致素不安分之輩，咸入其黨，橫行鄉曲，妄作妄爲。並聞燬劈祖先牌位，另供肇造天地大主宰之牌者，言之不勝髮指。除飭差密拿外，合亟諭仰安東鄉團紳士等知悉，速即會同各姓戶酋，督同約保，沿戶密查。如有前項習教匪徒，立即捆送到案究辦。倘人數衆多，力難擒拿，立即赴縣密稟，以憑會營拿究。本縣現在刊刻十家牌，著令各家互相稽查，一俟刊刷完竣，立即發該團總等，務須督率認眞辦理。

又　爲嚴禁教匪，以靖地方事。照得邪教滋事，爲日已久，其有燈花青蓮等教，固顯而易見。近有天主教，假意爲善，尤爲地方之害。如有從其教者，立予正法，決不寬貸，並將所有田產盡罰入官。其有收留之家，亦將田產充公。爲此通諭知之。若有天主教入境，即速報明，以憑查辦。其隱匿者，一律同罪，毋違。特示。

又輯四　庠序育材，黜邪斯能崇正，朝廷選士，移孝方可作忠。所有混廁儒冠仕版之中，而毁棄宗祀滅絶彝倫者，則莫如西洋天主教之流禍最烈。然不能禁者愚氓，而不可不禁者紳士。亦猶鴉片煙雖准通行，而禁止官紳吸食，洋人亦曾未過問。擬請轉詳各憲，請旨飭下部議。除已往不咎外，嗣後在教者，即以身家不清論。凡舉貢生童，一概不准考試等情，合詞由學稟府到衙門。臣伏讀憲皇帝廣訓，於黜異端條下有曰，如西洋教宗天主，亦屬不經。又曰，屏斥異端，直如水火盜賊。煌煌聖訓，深切著明。自各國通商以來，華民之願習天主教者，爲條約所准行，地方官一律保護。至舉貢生童之是否亦准習教，條約並無明文。誠以士子讀聖賢書，所學何事，必不至如蚩蚩者，誤墮歧途，固無庸預申禁約也。近聞巾卷之子，陽儒陰盜者，頗不乏人。彼既自絶於聖門，豈容更列於士類，若不嚴爲限制，勢必人禽雜處，蟊賊公行。時平而禮樂已湮，世變則兵刑俱窮，所關豈淺鮮哉。如謂過分畛域，恐忤洋情，殊不知政有權宜，教無遷就，其可變通者，覆幬庶頑，見聖人之大，其不可變通者，干城吾道。見中國之尊，寬嚴並行，而不相悖，不得謂和約已定，華夷可聯爲一體，並周公孔子之道，與亂賊邪詖之黨，而亦合爲一家也。《王制》云，簡不率教者，移之郊。移之遂屏之遠方，終身不齒。今之歸依異教者，可謂不率教之尤

者也。不移不屏，僅使之不與士齒，於法亦已寬矣。臣查諸生等長海濱，密邇腥穢，深痛夫他族逼處，迫而爲此公論，以期正本清源，其於國家懷柔遠人之意，並無所妨，而其於朝廷慎重名器之心，獨觀其大。

又《防閑教民四條》 一，另編保甲，以資防維也。滇省舉行保甲，以禦外侮，以清內奸。獨教民不受編查，謂祇服教堂管轄。民視爲異類而屏除之，官見其崛強，而亦姑置之，此日離之勢也。今擬令有教民之處，無論羣居雜處，均另編一保甲冊，選其中之老成曉事，家有恆產者，委充保長甲長。給以印諭，使之稽查。其各戶丁口，係何籍貫，作何生理，概於冊內註明，繳官備查。其地方賽會迎神，固不與教民相涉，遇有防勸守望等事，仍由保長甲長率領從公，不得諉抗。倘有犯法行兇者，即責成保長送官，似亦鈐制之一法也。

一、禁藏軍火，以釋猜忌也。民間私藏軍器，向干例禁。團防器械，率係刀矛，及防獸鎗銃而已。聞教民多蓄洋鎗火藥，並掛洋人號片，地方官從不過問，民多忌之。夫傳教意主勸善，何爲蓄此利器，爲人藉口乎。今擬曉示習教之民，各安本業，無拂衆情，並申明例禁。嗣後勿許私藏軍火，違者提拏治罪。保甲頭人隱匿不報者，分別究治，仍飭行各屬，先行知照教堂司鐸，一體查禁，庶民教猜忌自釋矣。

一、釐正學校，以端趨嚮也。文武兩試取士，以供國家之用也。習教者言非孔孟，剽竊二氏之糟粕，而飾以浮誕之說，幾欲援儒爲墨。稍知道義者，無不非之。然亦間有應文武試者，士子不屑與之同儕，往往阻考，嘖有煩言。臣擬明定章程，該民既願習教，自非功名仕宦中人，應不准入考場，致生事故。諭飭敎官廩保，凡考試保結中，須註明並未習教字樣，以嚴登進，而端趨嚮。其先曾習教，旋復改悔者，仍准應試，庶求榮者不至失足，即傳教者亦無可置喙矣。

一、區別昏姻，以弭嫌隙也。民間嫁娶，關繫終身。今乃有聘字在先，後經入教者，男女二姓遂至厭薄鄙夷，逼娶悔婚，因爭涉訟。其無識者，聯姻而後互相煽誘，入主出奴，尤世道人心之患也。查滇省習教者，不過百之二三耳，及今圖之，猶未爲晚。臣擬明懸敎令，嗣後教民，祇許與教民結姻。服食起居，自適其便。凡士民家，不得相與匹配，否則以嫁娶違制論。使之內愧，而勢亦孤，或亦清源塞流之一法。臣體察輿情，默籌補救，非敢操之過急，實慮其久則難圖也。

又輯六《永新縣闔邑保甲局議章知單》 啟者，天主教和約內，原載有不准干預詞訟一條。我邑鄉民與教民，向各相安無事。近有棍徒劉清秀，及劉八貫傳成發傳黑子等，藉教滋事，恃教妄爲。狡誘不法痞黨，詭稱入教，盤踞城內，把持公事，包攬訟案。甚且因訟□教，顯爲扛搒挾制官長，欺虐鄉民，無故牽累紳士，顛倒是非，枉害良善，四鄉投訴者甚多。竊教堂原以勸善爲心，本限於不知。而此輩浸潤譖愬，往往簧聳教堂，以張其勢，其橫暴猖狂之迹，不可殫述。若不急爲整頓，將來無法無天，良儒皆置身無所，勢同倒懸。爲此闔集合邑人士，公同妥議章程。城內編立保甲清查，將痞黨驅逐，以清禁地。事關地方利害，凡我同志務宜保全大局，於各鄉各都會議，以遏亂源，則地方大有裨益也。所議條規開列於後：

一、教民務宜謹遵和約，不准干預詞訟，亦不得因訟投教，藉教滋事。此後如有不守和約，結黨橫行，猖狂恣肆者，公同嚴處，決不寬貸。

一、奉撫憲嚴示，凡有田土戶婚，及一切口角是非，仍聽地方官爲之審理，該教堂不得干預。原以杜其藉教欺人之弊，倘教民不遵憲示，膽敢包攬把持，立即驅逐出境，毋許在地方逗留。

一、讀書人尤宜敦品立行，各遵聖教。如有畔道入教者，既已不認祖宗各族，理應不准入祠。即冠婚喪祭等事，均宜嚴絕往來。且教民不派雜費，凡公私會花紅考費，一概不准給發。如向已入教能知痛悔前非，各安本分，亦仍一體同視。

一、鄉民與教民務宜各安本分，各守各業。倘有鄉民藉勢欺凌教民，教民藉教欺凌鄉民者，自行來局面訴，公同秉正調處。

一、保甲費用浩繁，於今暫酌每都派錢二十千文，由本都紳士按村勸輸。立明票據，限上季交局，庶好憑票收納。

一、城鄉鋪戶，由局首親臨勸諭，以濟局費。

文慶等《籌辦夷務始末》咸豐卷七四 又如該夷傳教，不容禁阻一條。夷人傳教，無非以貨利引誘愚民，而小民惟利是趨，必多受其蠱惑。奴才等現已諭令旗民委員，執定條約，向該國領事官言明，牛莊溝營，

新設埠口，該夷如欲建蓋天主堂傳教，聽其自便。惟省城與其餘海口，不在條約之中，並非通商處所，概不准建堂傳教。如該夷不遵，應即咨商辦理三口通商大臣崇厚，照會夷酋，善爲開導，以示限制而杜亂萌。又如新設埠口，准其任使租賃建造一條。該夷到口，必先擇地建造，儻侵占街市鋪戶，以及居民房舍，若聽其自便，則礙商民久安之業。若遽行攔阻，又違和約明定之條。奴才等現已密飭該旗民地方官，先在牛莊沒溝營，相度空曠地勢，堪設埠口處所，豫爲覊定。一面密諭牛口商民，俟夷船到來，該商民有能言舌辯者，會同往見暎人哱嗪嘓。告以棧店鋪戶，以及居民房舍，俱係百數十年產業，萬難出租。如定欲霸占，逼令遷移，牛口民情強悍，恐致激變，轉傷和好。該夷初到，人地生疏，或恐衆怒難犯，亦必勉就範圍。又如聽其自僱小船剝運，不必官爲經理。

又同治卷四三　洋人肆意要求，靡所底止。其可俯從者，姑如所請，以羈其橫暴，自屬萬不得已。至於事關重大，窒礙過甚之處，必須堅持定見，以距詖行。西安門內，蠶池口地方，密邇宮廷，宜如何森嚴禁令。近見該逆蓋造洋樓，高約八九丈，登瞰宸園，瞭如指掌。聞其絕頂，竟可窺瞻大內，狂悖莫甚於此。且其樓頂造爲平臺，並無屋脊，環牆四面牆間排列留空，直與礮臺無異。洋人居心，豈尚可問。宮禁之外，理宜嚴肅，豈容他族實偪至於此極。相應請旨，飭下總理各國事務王大臣，曉諭該國，設法妥辦，以肅禁地而防不虞。

王之春《國朝柔遠記》卷一二　耆英奏准設天主堂。直省開堂傳教，自昔例禁綦嚴。至五口通商，亦無許其增設教堂，聚徒講教。而江甯議款，定自英人，法蘭西美利堅皆不與。又法蘭西貨船至中國者少，而私赴各省傳教者爲多，殊不便於中國之禁。於是二國相繼詣粵督，呈稱天主教勸人爲善，並非邪教，請弛習天主教之禁。耆英據奏，部議准於海口設天主教堂，惟不許奸誘婦女，及誆騙病人眼睛，違者仍治罪。自是西洋人寄居五口者，皆設天主教堂，按房虛昴星値日之期，七日一宣教法。洋商是日停止貿易，入廟禮拜，謂之安息日，歲以爲常。然人民不服其教者，亦以此屢起釁端，官吏調停其間而已。

孫鏘《越雋廳志》卷四《公署》　附刊勸勿打教堂歌。自古有類斯分教，有教無類聖所長。楊墨釋道與儒攻，閱千百年迭弱強。天主耶蘇泰西教，創自羅馬古要荒。明末西算入中國，前有利艾後南湯。（謂利瑪竇艾儒略南懷仁湯若望）聖祖數理采其說，京師獨留天主堂。累朝時有西人至，中經雍乾至慶光。兵釁開自六十載，始以傳教後通商。通商未失中國利，傳教豈爲中國傷。中國欲與西人敵，不當仇教在自強。傳教既准入條約，鬧教又自犯王章。律例向禁入西教，同治九年已刪詳。焚毀教堂殺教士，種種中國反受傷。山東鬧教膠州借，拳教相仇聯軍強。他如各省教案起，無案不苦議賠償。大百數萬小數千，文移口舌費周章。官吏被議猶小事，脂膏點滴民罹殃。我勸華人遇西人，凡事當以禮讓將。西人來華有照會，地方保護理所當。不獨傳教與遊歷，稅關製造並學堂。食我辛俸勤我事，我亦各各用其長。譬如紳富家業衆，上聘師友下工商。子弟家奴出相逐，不奉家教家必亡。我怪村兒見異服，擲石毆繫衆若狂。習拳仇教罪梟首，詔旨不奉心何茫。若謂教士多殘忍，其說尤爲誕且□。勸人爲善其宗旨，豈其害華不害洋。愚夫小兒要開導，仕宦紳士民之望。食毛踐土懷忠義，奚取鬬狠同夜郎。欲新政教通時務，歷年上諭尤煌煌。輪船電線通內地，洋貨適用多稱良。閉關自治古所有，今日民教難爲防。莫如錢債少交涉，否則忍氣免禍殃。西人之教從者聽，要策總須求自強。若將賠款興教養，衣有布帛食有糧。設立學堂開民智，語言文字通其詳。開礦製器習藝事，公司招股戰以商。通商惠工周禮備，以時措之孔道昌。百行內修外交睦，庶於周孔乃有光。平江李氏發名論，聖教得引流遐方。中外一統他日事，一孔之儒休疑惶。我作勿打教堂歌，勸君切勿打教堂。

薛福成《出使公牘》卷五《擬商育嬰堂條議》　查西國教會，在中國各處所設之育嬰堂，因中國士民素懷疑慮，恐致匪徒造言生事，是以擬定辦法，俾釋羣疑而杜訛言，玆將各條開列於後。

第一條

一、現在西國教會，在中國各處所設之育嬰堂，共有若干處，坐落何地，應由各國駐京大臣開單，知照總理衙門存案。將來添設之處，亦由該大臣開單知照，均由中國國家飭令各省督撫，轉飭地方官認眞保護。

第二條

一、各處教會所設之育嬰堂，應准中國官紳，及體面之人，前往觀

看。俾官紳等皆知，該堂爲正經善舉，以便開導百姓。而使該堂之功德，昭然共見。則人自敬佩，毫無疑惑矣。

第三條

一、各處育嬰堂首領，應按季將本堂嬰孩出入數目，開單報明地方官存案。遇有死亡者，亦報明地方官查驗，飭派土工斂埋，並准令紳民往看，以破疑團而杜仇口。則剜眼剖心之謠，不辯自明矣。

第四條

一、凡育嬰堂收養嬰孩之時，應查其來歷，如有形跡可疑者，即報地方官。儻係竊取之孩，查有實據，仍給還其家。如該堂曾經報官存案之嬰孩失去，亦可報明地方官，設法查追。

第五條

一、教堂收育嬰孩，本係爲善之道，斷無中國愚民所疑之事。然愚民所以起疑者，則中國拐匪累之也。中國有等拐匪，慣騙小孩，肆行殘酷。如《大清律例》所謂採生折割之事，無所不有。迨經地方官嚴捕，往往投入教堂，恃爲護符。教士不知而誤收之，俾得仗勢欺人，遂致衆情忿怒。轉以拐匪所爲之事，指目教堂，百喙莫解。況拐匪亦甚狡獪，往往騙得數孩，以一孩送之教堂，俾教堂與之同擔惡名，亦太不值矣。自宜嚴飭教士，切不可濫收莠民。如接地方官符檄，即速交出。如此可保育嬰堂，不至誤收被拐之孩，亦可保教堂聲譽日起。

李秉衡《李忠節公奏議》卷一二 至民教滋事之案，又輒以毀壞什物，焚拆教堂，索賠償之費。不知各國傳教雖多，要惟通都大邑，建有教堂。其各州縣偏僻村鎮，皆由各國教士，就教民之稍能識字者，使爲教師，即因其所住房屋爲教學之所。名爲教堂，實則破屋數間，室如懸磬。一旦有事，則教士以毀壞什物，焚拆教堂，張大其詞，以告主教。主教復張大其詞，以告各國公使。而公使遂以之詰責總署，百端要挾，異議橫生。其實並無洋人房屋器具，議給賠費，徒以長奸猾教民訛詐之風耳。前准總署來電，以德使函稱，據濟甯教士電，開單縣等處拆毀教堂，共二十餘處。臣飭毓賢等周歷各縣，並委員詳查，多係教民破爛房屋，並無洋樓。此案既經拏獲首要各犯正法，應即了結，自可無庸置議。

《教務教案檔》輯一 該國有和約可據，何肯置之不問，似乎賠償教堂，拏辦人犯二端，必不可少。然事變百出，如疆吏只圖目前了事，幸免處分，不特重拂輿情，抑且大礙撫局。不敢不竭其愚昧，縷析陳之。查江省教堂，只係契買民居，加以丹飾。並非若外洋制度。當時萬衆拆毀，實已寸板不留，然計值不過數千金。使賠償即可相安，尙非難籌之款。第民毀之而官修之，縱極意彌縫，或冀可全大局。而衆怒難犯，政恐復生一波，官民相仇，此後政務軍務，大難措手。且賠修則招之復來，外人恃官爲護持，益張其燄。愚民積憤次骨，必疾之益深。瞬屆鄉試之期，士民雲集，再加橫決，或致釀命。將來棘手之處，更甚於前。況教士豈肯自蹈危機，若責地方官護之以兵，則軍心先變。若自帶外兵防護，則肇釁之處益多。此賠修教堂之諸多窒礙也。

又輯二《福州通鄉揭帖》 通鄉公禁厝屋私賣英人，如有被其局賣者，一面簽呈公稟，一面議齊，不許土木匠到鄉起蓋。倘敢擅行起蓋，傳鑼將該匠從重毆打，有事者通鄉抵之，畏縮者通鄉攻之。

又 具報單前後營所鋪，凡本鋪房屋，不准租於洋人，亦不准賣與洋人。恐有無知之徒，惟利是圖，串通代租代買，以及日後轉賣與洋人等弊。一經查出，有干衆議。除房屋入善堂充公，並住戶驅逐外，定將賣主同戶首中人，照原房價罰出，一併入公。我等情切桑梓，特此先爲布聞，無貽後悔。

又輯三 據郡屬文武生員等具稟以洋人有至岳建立育嬰堂之事，通縣士民鼓噪不願。夫嬰者內地之嬰，何須乎外洋之育，猶之外洋之嬰，內地亦不管其育不育也。況岳郡各屬，原均立有育嬰堂，更可不煩洋人善意。從前別處常有托洋人名色，殘幼孩形體，案已疊見。岳郡之民，聞知此事，無不痛心疾首。比經生等剴切指陳，謂此當係奸徒托名，在洋人或不如是，然民情至今猶懷疑也。今恰有欲來建立育嬰堂之說，則適中百姓之疑。將來百姓奮不顧身，則亦非洋人之利。衆怒難犯，專欲難成，與其貽害於將來，而反失柔遠之意，不若綢繆於未事，而猶全和好之誠。在岳郡有衆憤難化之情，在洋人亦宜存知難而退之道。爲此縷陳，懇賜轉申，勸阻洋人弗來，庶地方可幸安全矣。

又《抄録宜邑匿名揭帖一紙》 昔孟子云，無父無君，是禽獸也。今天主教來我城，汚世惑民，殆與楊墨之道相同。凡我城廂內外，或有人典

屋賣地基，日後查出，屋則焚火，人則斬除。莫謂言之不早也。

又 具告白，艋舺若設下教堂，不但士農工商有害，而且下民多憂生端。官雖唯命，百姓不從。地基主人無顧恥辱，林合鄭筆私受賄賂，勾引番奴，造設禮拜，此人乃千古之罪人也。爾等番奴橫濫而行，我艋百姓難以寬容，如不移逃他方，必整頓器械，與爾番奴決個雌雄，乘勢掃除。事到其中，噬臍何及，謹此報聞。

又輯四《外附揭帖一紙》 啟者。周會詳與次子，混名豆豉二，平昔行爲無所不至，難以枚舉。去歲充入天主教，常招聚外方夷人，套騙多金。鄰里無人指斥，任由出入，釀成巨患。竟敢唆聳夷人，欲在本街起造天主堂。已受厚賄，不惜重價出名購買房屋，漁利肥己。聞由鐘鼓樓腳買至眞君廟橋，現經買就數間。茲於端午日，夷人到小南門城樓，窺看影照形勢，不日起造天主堂，貽害非淺。又有無知之輩蔡金魚腸，吞謀胞兄壯勇錢財，身家頗厚。凡貪伊重價，將祖父造置房屋，與偷買族人地界，助伊成事，盡喪天良。似此風氣，儻不稟究，效尤何堪。凡我坊紳耆公正人等，務宜聯名急早稟官，勿致蝕害，地方有幸，特此佈聞。

又 天主教原以勸人行善爲本，凡奉教之人，皆全獲保佑身家。其會同禮拜誦經等事，概聽其便。凡按第八款備有蓋印執照，安然入內地傳教之人，地方官務必厚待保護。又奉頒《洋務簡要事宜條款》。一，地方官辦理中外交涉事件，必須具稟本部堂查核。一，外國傳教士，不得在內地置買私產。其有買地建作教堂公產者，務令賣業之中國民人，先赴該州縣報明。該州縣確查所賣之地，果係契據確鑿，界址分明，本人自願賣給，與地方並無妨礙，方可交易。其賣契內應用賣業人姓名，只寫立文契人某某，賣爲天主堂公產字樣，不得專列教士及奉教人姓名。倘內地賣業之人，並不赴官報明私行賣給，即將賣業之人嚴行懲處。並疊奉憲諭，均飭地方官凡辦理中外交涉事件，總宜持平妥速完結。

又 竊全蜀爲天下東南上游，重慶尤爲全蜀重鎮。今洋人於渝南岸買占叢樹牌，於兩路口買占亮風埡，俱關險隘。現又買占渝城來脈過峽鵝項頸險隘，興工修築。前經重屬士民趙忠昜等，以失險堪虞具稟，沐恩傳案開導，並諭洋人停工。惟查美國條約註明，西人於內地租地建屋，若無礙民居，不關方向，地方官不得阻止等語。今三隘俱失，幷關方向，惟鵝項頸險隘既屬渝城咽喉，尤關三十六屬風水。向經闔屬公議，禁止營建，以保地脈。乃洋人重賂謀買，大興工築，掘土見底，鑿石斷梁。不惟大傷地脈，直欲變迫狹之山脊爲高峻之垣墉。拊背扼吭，隱收一夫守險之效。是以人情洶懼，一日百謠。紳等散處各縣，風聞民團各製器械，暗相連絡。其下游期會於渝之兩路口，其上游期會於渝之浮圖關。惟聲息甚密，無從譬曉，萬一猝然發作，恐不但如江北前事，官民交累，補救何及。雖釁端開自洋人，而禍發實關大局。紳等隱憂情迫，是以稟明作主，維持息福。協懇速傳洋人領事，諭令還出險隘，培補原基。一面幷懇轉稟各憲出示，曉諭各團，移文各屬，俾遠近周知。險失仍還，庶民心安靖，轉禍爲福，不勝戰兢屏營之至。

又 紳等境內地名凉楓椏火地灣，遭洋棍驀興木石工匠，大修哨樓望台。明云乘凉，事實有謀。紳等集觀此地既無茂林，又無修行，只是荒頂一岑，樓台一覽。渝城動靜皆在望中，雲貴兩途相阻甚便。且又牆宇高聳違例，易藏器械引火等物。闔郡皆寒，憤恨不平，若不預稟，端生不測，紳等難辭失查之咎。是以叩懇仁天作主，以安民心，而除公憤。深沾。

又 立永遠禁約。籐山八鄉耆民紳董等，原吾籐各姓聚族世居，相安日久。自各洋通商以來，我國家一視同仁，准其租地起蓋，漸及吾籐界內。前如大王地□栄山，有礙通鄉風水墳墓，疊經鄉耆呈官示禁。近有奸牙程營營等，貪圖厚利，串買埔頂金剛地古蹟，有礙通鄉風水暨各姓祖墳，復經鄉耆紳董呈官，諭止在案。詎奸牙藐法，惟利是圖，尚在鄉內各處串誘邀看。因公立永禁鄉約，凡屬籐山界內，無論店屋田園墳墓池溝及空地，一切不得擅賣洋人。倘違禁擅賣，公行拆毀住屋，斥逐出鄉，其業產着交族房收管，併將奸牙綑送律辦。或假手轉賣，亦惟原主是問。並許鄉人隨時稽查，見有奸牙入鄉串賣，務即拴縛送究。庶服疇食德，各安生長之鄉，任卹睦姻，無滋他族之患。此約。

又 爲剴切曉諭事。照得外國人在通商各口地方，租地蓋屋，按照各國條約，須由地方官，會同領事官，酌定宜居住，宜建造之地。如無礙民居，不關方向，照例稅契用印，地方不得阻止，外國人亦勿許強租硬占。至傳教士在內地租買田地建造，同治四年奉通商大臣，行準總理各國事務衙門咨。嗣後傳教士如入內地買地建堂，其賣契內，應載明賣作本處天主

堂字樣。賣業之人須先令報明地方官請示，由官酌定，方准照辦。如私行賣給，查出立加懲處等因，轉行遵照在案。是租地建造一節，條約既載明由地方官酌定，同治四年通飭，復有賣業人須先報明地方官請示之語，自應一體遵照辦理。乃近來傳教士在處地方，租買田地建造，賣業之人，並不先行報明地方官。其所買地基，又多有礙民居方向，且有盜賣公業者。以致地方紳民阻撓爭訟，案牘繁興，亟應申明條約章程，俾資遵守，而省周折。

又輯五　本縣訪查得，近日有洋人天主教教匪，膽敢擅在縣地，私自起造經堂房屋，實屬藐法已極。所有木匠泥水，勿論新來舊戶，已曾投居縣境地內者，凡往寨上做工，必須到局紳地保報明，在某姓某家做工，不許同該教匪傭工做木起造。並磚瓦木料地基，一概不得擅自私賣，務先呈明地方官，方准發賣。除諭局紳及地保差役等嚴行查禁外，合行出示曉諭，爲此示仰做木泥水各匠人等知悉。自示之後，不得私犯前因，倘敢故違，一經查出，定即嚴拏究辦，決不姑寬。

藝　文

《教務教案檔》輯四　奉告各屬教習們，並及領保與童生。皆因洋人佔要津，一十五屬心不平。聚集打毀起了釁，誰知斬草未除根。昨日我等回原郡，兩路口扎數十人。箇箇手執與棒棍，打得童生鮮血淋。受傷四人有名姓，家住壁山與江津。扭稟縣主求驗審，國官假裝不知情。我等爲公遭挾忿，豈肯容他把兇行。魯祖廟內來議論，二復陽河又興兵。約定六月十八日，善打天主掃通城。各執軍器與挺刃，挨門殺死才甘心。勇往上前莫遲鈍，不要怕死又貪生。縱然官長把罪問，他總先殺大教人。縣主徇私不要緊，不能割頭把命傾。見官只要道理正，我是他非自分明。任他告至北京去，總說爲國與爲民。果能依此齊湊興，人人共享太平春。

又輯五　三教齊心，掃除邪說，偏刻偏傳，喊醒明白。自古中華祇一教，二帝三王周孔道。道理精微難細言，忠恕兩字總其要。忠者已盡己之心，恕者推己及於人。忠恕不離五倫□，五倫又從三綱起。君臣父子與夫妻，這是三綱大道理。合之兄弟朋友們，人人不離這五倫。忠孝義順友恭信，五倫盡道即聖賢。自古相傳教如斯，大路一條中且正。後來釋道添兩家，較之儒教略相差。釋主慈悲道感應，流異源同卻不邪。和尚道人邪的有，師本麒麟徒變狗。比譬聖門小人儒，離經豈得恙詩書。所以中華儒最貴，釋道兩家也不廢。比譬日月與星辰，光分大小不相悖。可恨西洋教最邪，邪書偏發煽中華。三綱五常全不要，一點不知賢聖道。仙佛之道也不知，七竅他們通六竅。不敬祖先不敬神，七天一□老豬精。男女混雜無分別，醜殺神明醜殺人。邪書毀謗中華聖，毀仙毀佛喪良心。妖精之名叫天主，傳說他媽是閨女。閨女生兒未有爺，令人聽得笑哈哈。堂中說立十字架，妖精釘死架上掛。赤身露體不像人，拜他何不拜畜牲。他媽後又把人嫁，堂後又懸一軸畫。說是妖精後頭爺，人有兩爺眞笑話。可恨中華有種豬，也信妖言讀妖書。貪他銀錢吃他藥，好男好女被迷惑。我常思想暗傷心，至誠禱告問神靈。仰蒙神靈降乩筆，痛恨妖精教嚴辟。詳說耶穌太子奸，生前隱惡萬千端。生干天怒遭刑戮，死墮黑寂重幽獄。冥刑已受兩千年，永遠不得見青天。凡屬他徒都入獄，一十八重囚不足。痛恨妖精罪無邊，他徒不悟卻哀憐。分付偏傳中國曉，大家齊心把邪掃。儒家寔心學聖賢，僧學如來道學仙。忠恕慈悲和感應，各家各自守眞傳。偏傳中國男和女，莫從邪教拜天主。一從邪教罪滔天，惱怒聖賢和佛仙。陽律總然僥倖免，冥刑一定受油煎。神靈度量如天大，不分中外都教化。分付洋人也要傳，喊他夢醒五更天。神文深奧人難解，照做粗歌傳四海。未從邪者勸莫從，已從邪者勸早改。各國聰明人也多，大家細想這篇歌。我若假造一句話，我也生釘十字架。我也萬年受冥刑，我也萬年遭人罵。嗚箇大誓勸世人，掃邪歸正助神靈。中外之人如不信，看你死了去坐禁。

又《滅鬼歌》　天誅教，還堂客，醜殺人，說不得。家家男人要明白，隄防帽子怕變色。天誅教，切患腸，取抱胎，破胸膛，熬藥水，配醫方，家家婦女要隄防。天誅教，切腎子，多少小兒遭切死，家家小兒要隄防，一刀見閻王。天誅教，容易認，祇拜耶穌一個豬，天地君親都不敬，一切廟宇不燒香。家中不設祖宗堂，地方倘有人如此，他家就是鬼崽子。快快捆起灌他屎。灌了屎，滿屋搜，搜出鬼書火裏乏。地下畫個十字架，畫個鬼相架掛，叫他屙堆屎饒罷。他若不肯屙，送他下海壩，看他鬼教怕

不怕，看他鬼教怕不怕。

又 現有天主鬼教，暗來散放鬼書。煽惑好人變鬼，藥迷婦女姦污。生割子腸嬭□，死則剜取眼珠。男女一被藥迷，聰明立刻癡愚。其書本本糞脹，臭比狗屁不如。其教不敬天地，祖宗牌位全無。掃滅聖賢仙佛，祇拜耶蘇一豬。邪鬼冒稱上帝，罪該萬剮千誅。特此四方布告，齊心協力驅除。遇見鬼教即打，莫准入境藏居。遇見鬼書即燒，一字莫准留餘。共保地方清泰，庶免人變鬼乎。

天下第一傷心人《辟邪紀實》附卷《辟邪歌》 自古中國最稱盛，教宗聖賢道至正。異端邪說辟最深，到底行事順天心。惟有西洋絕人理，妖物耶穌把教起。教中行事實難容，動人禍福誘人從。紛紛夷黨多被惑，名爲行善實爲惡。後被仇人通他妻，大衆謀殺心最齊。將他釘在十字架，撥皮抽骨都稱快。他的徒弟把天仇，說天何不佑耶穌。他是天主來降下，生身童女馬利亞。且說天地不足尊，惟有天主當感恩。天地都是天□□，以後即名天主教。說他全智又全能，聖子天兄一並稱。先天教主是外號，書名聖書更荒謬。聖書又名爲天經，偏相引誘害非輕。可憐郡國與鄉里，天主妖堂起不已。都把十字架來供，從教邪流執手中。或佩胸前也不定，偶有輕褻要他命。意大里國爲教宗，每代有箇教皇公。說是代天來宣化，西洋各國都害怕。國王即位求冊封，大事必求他折衷。可恨教皇姦淫賊，他要害人不可測。又使徒弟走四方，分掌教事爲法王。神父專管小部落，割去腎子受教約。徒弟姦他他喜歡，且將益慧把名安。其餘隨地都有制，各有牧師掌教事。天主堂費是誰儲，國王臣庶爭轉輸。每到七日一禮拜，名爲彌撒又教會。百工悉罷來紛忙，老幼男女集一堂。牧師上讚耶穌德，下面都把經來說。說後姦淫任意撞，大公仁會有名雙。嫁娶都不用媒妁，必須男女私自諾。少長也不論他年，止要齊心結教緣。先拜耶穌祈上帝，引開先路牧師替。牧師先伴新婦眠，聖揄羅福把名編。父可娶媳子娶母，已女亦可娶爲婦。兄弟叔姪無專房，同胞姊妹更無妨。風俗輕男每重女，國王臣庶婦作主。婦多逐夫再贅新，說是男子女生身。經水說是上帝寶，婦女經至爭飲了。所以夷匪身穢腥，總因經水走脾經。此事聽來已可笑，更有怪事人不料。凡是初生三月間，無分男女有一關。每到夜時方就睡，小空管塞糞門內。要使廣大好雞姦，留元二字巧名班。每到春夏相交際，說起男子尤有趣。婦女經水當清齋，塗在臉上都不揩。走入堂中把神敬，名爲潔面來朝聖。父子兄弟互姦淫，連氣爲名不若禽。相逢但問婦安否，父母說是不足數。兄弟戚友會面疎，見即同姦爲合初。君臣父子稱兄弟，母女姑媳稱姊妹。天父天母與天兄，妄說此外無比衡。西洋習俗都相類，暎佛諸國爲尤最。看他內猾外又和，春風滿面即干戈。羣靠海舶爲生意，有利埠頭他必至。先止逞勢逼鄰夷，中土由來不敢欺。宋元間有匪徒入，暗把妖神等寺立。旋跡敗露不敢行，禍根伏腳是前明。利瑪竇與王豐肅，先後中國來插足。會作巧藝講天文，又有妖術鍊金銀。可嘆明朝被他誘，聖朝又用推歷數。遂敢重地及通衢，妖堂偏立把人愚。各使夷匪把教掌，多多聯絡奸邪黨。正神一概罵爲邪，吩咐徒弟要滅他。從的天堂受永福，不從逐他入地獄。愚蠢聞說多被迷，敬從邪教不敢違。國初例法尙嚴禁，傳習醜態猶未甚。道光末年禍漸萌，洪秀全與楊秀清。奉行邪教同倡亂，蔓延東南成大患。十許年來不得平，逆夷探知中國情。曉得邪教匪徒信，戊午竟入廣東境。庚申八月犯都門，皇上懷柔念獨存。俯允和議不盡滅，該夷反敢肆倡獗。分黨各省州縣場，偏傳邪教太顛狂。從教好比他奴隸，聽他馳驅中他計。爲害較前十倍加，說起人人當嘆嗟。入教牧師水按頂，名叫入門把洗領。食餅一塊酒一杯，取名聖餐實禍胎。從此舉動便惛聵，祖先神主先打碎。但用紅紙畫長圈，刀錐鈎槊畫齊全。十字架向中間畫，名爲聖架眞笑話。或供門首或入龕，合家迷倒把教談。士夫從教實無恥，稱做西儒又西士。有女留一不要嫁，開箱老女名可訝。又名貞姑御仙姑，牧師常做夜來夫。牧師止顧姦淫樂，過氣比臍把名託。有病不請外人醫，牧師來把針炙施。婦女也要脫衣袴，赤身露體全不顧。不愈便剖臟腑看，考驗病狀著書刊。有喪必求牧師殮，獨自入房把門掩。眼睛取去膏藥蒙，封目歸西名不通。復加紅布包了項，叫名衣胞不許闖。從教家中或不依，教匪箇箇來逞威。更有一事怪到極，死有三等聖名色。人死或明割四肢，取名上聖名眞奇。斷下首領中聖就，下聖莫將耳鼻救。童子死有仙童名，守箱女死貞仙成。帶子歸西名何指，是爲從教孕婦死。若犯國法把命捐，名穿紅袍上了天。再表取睛有緣故，多把中國鉛買去。人睛配入藥來薰，百觔可煎銀八觔。薰成造出洋錢用，用入中國假珍重。餘下九十二觔鉛，仍可賣還原價錢。西夷眼睛難入藥，彼國死睛不自割。且此夷匪秘自煎，中

國從教皆不傳。惟取生睛配藥草，經水胎丸共和搗。塗入鏡面可照人，眉目絲毫盡肖眞。借此也可把利獲，堅從教的閒得學。尤能攝姦生人魂，名教神合豈忍言。婦女髮爪置席底，可使親自來房裏。或取童子好生辰，咒攝魂爲耳報神。盜人銀錢爲還本，不怕人家藏得緊。夷中男女與人交，都會採戰不相饒。名爲乞仙實姦合，眞精都被他消納。或吸童精學永年，或從處女吸紅泉。名聞天孔又人劑，如此害人眞不細。與人交臂宿一牀，知人隱衷不及防。乘機謀害爲測隱，本來惡念心中蘊。男子辮髮女子宮，割去眞如一口風。小兒腎子也割取，並要心肝與腦髓。或散瘟蠱使遭殃，種種惡事述難詳。推他用心眞切齒，中原大害從此始。借傳邪敎斬絶之，將在中國大有爲。世人從教何不察，曉得夷情都喊殺。大家齊心立起團，團總齊心匪膽寒。莫把和約誤認實，扶持聖教要人出。敎匪怕履十字形，說是履了敎不靈。近來雖不盡如此，也有大半不肯履。不妨城市與鄉村，雇工都鑿十字痕。家家門前都要鑿，不鑿人家莫放過。龕中必供天地牌，祖先神主要安排。無論官民都過驗，切莫顧忌怕人怨。馬頭城闕鑿縱橫，更招挑夫充勇丁。初六廿一把名點，曉說大義宜淺顯。平時月給三百圓，有事日給錢半千。一切可疑外來客，醫卜星相查明白。敎匪即時送他終，不是也不許停蹤。東南素著富強勢，莫到此時偏喪志。貧家出力富出貲，剿滅須知莫失時。聽得風聲有不好，鳴鑼軍器挪起跑。殺了鬼子發洋財，一聲喊起大家來。此時若不伸公憤，將來流害不可問。當了忘八罔稱雄，富貴貧賤一般同。要知邪敎眞痛癢，各自捫心想一想。想到傷心淚自流，我非無故遇多憂。聖道原來須□□，莫使今此遭奇刼。紳民合志共擔承，大家指日慶中興。

教理教義部

神祇分部

上帝論

論說

庫全英口譯、李永康筆述《聖教真詮》 人既爲神之子，且神藉基督至人之完全，以領人類復初，可知以責任品行言之，基督亦爲超乎衆子之長子。細查基督之品性與其言行，不但可爲至人，亦且可謂至神矣。教會將此二說合之，故稱基督爲神子，而人萬不可妄生議論。惟因聖父與人符合，基督代人贖罪，聖靈感化人心，方爲復初。故教會漸講三位一體之理，並非先有此說，後人強以基督聖靈與神附合，乃深信基督與聖靈，實係神品，故特改古說以名之。凡查此理者當知，一，基督教出自猶太，且斯時各國除猶太外，未有堅信一神者，故必有最大之事故，方有此新說。二，其意正在保全一神之理，並非廢棄。三，若基督之顯現，聖靈之感化，出自信羣神之異邦，自不生三一之說，必以聖父聖子聖靈爲三尊神而已。四，當日奉命之使徒，既欲存眞神爲一之古道，又信基督與聖靈誠爲神，不得已遂出三一妙理。因不本羣神之說，言三位皆爲神。亦不本神獨之說，以爲基督與聖靈不足爲神。必從三位一體之說，方可保全古新之妙道，故雖似難明，卻歷代教會不得不信也。有人以爲此說，多背自理，不屑講求，亦有教中人愚信，而不敢追究，此二等實有過與不及之弊。

宜思一，人之得救不在明三一之妙理，乃在得三一之妙恩。二，歷代善講至理之名士多信之。三，古今查萬本一本之哲學家，如新普拉透巴馬二教之論說亦有相似之說。四，以人之字眼論神，不過藉用，豈只位字體字，即父子靈三字亦然。

此說之詳解，聖經罕言，乃後世教會漸有之論。查古教會中，所收他教之人，往往將成見帶入，而多錯論神道。如有信父子靈爲三分，合之爲一神者。亦有信爲一神暫顯之三法者。惟因前說看輕體字之奧義，後說失卻位字之眞詮，故教會力講此三一之說以駁之。

論三一之証

上主爲自有而有之神，有心君凡有智志情三才，且知自爲有三才之我者，謂之有心君。之神，至善之神，此三者窮究至極，自寓三字之講論。一以神之自有爲証，有二。一以神之神位而論，凡被造者，無論人物，必各有其因，追溯此因，亦無非前因之果，直至萬因之總因，即以己爲因之神。或以憑藉言之，萬有皆有憑藉，卻所憑之者，亦有所憑，直追至憑己之主。再者，若言上主以己爲因，或以己爲憑，皆顯神之位似有兩面。如以己爲因又爲果，或以己爲憑又爲憑之者，更因神之無窮，故因果無高下之分，即所憑亦必與憑之者相等，既相等則知此果亦必有果，而所憑亦有憑之者，不然，則分高下，且不相等矣。而次果安在，無非其原因是也，而憑之者亦不過其所憑耳，倘若果生果至無窮，而無復原之說，則神爲一之道廢，人亦至無可思之境矣。然而神爲己之果，又爲己之因，且此因復歸於果，豈非三一之說乎。故以原因爲聖父，以果爲聖子，次果即爲聖靈矣。憑藉亦然，不必詳論。二以神之創造而論，未創造萬物之先，神若爲無果之因，毫無動靜，則其完全似漸漸顯明，實有害其純性之道。莫若言創造之先，其因亦有果，卻此果亦無非寓於神內。要在不泥於一字，宜思只一與合一不同。比如海洋之水爲只一，因其形質，毫無異地殊方之別。又如人之身爲合一，因其合四肢百體。試觀火之有光熱燄，或人性有智志情，此三者實有且相憑，更缺一不可。而神若爲只一，恐反不如物矣。

夫神若爲永遠孤獨之只一，必不能生物。則神內無相屬之機，即神外亦不能有相屬之物。故創造之事，亦略表三一之理。因神既在萬物之上，亦在萬物之中，而連上中之間者亦神也。二以神之有心君爲証。

人有恆言，神既無憑藉，大抵不能有心君。因凡有心君者，必爲一己，此己之外，定有一非己，與之對待，而無憑藉者自反是。此似理非理

之說，皆因未決定心君憑藉之正義。一，凡有智志情三才，且明知自爲有三才之我者，或神或人，謂之有心君，不關外有非己之說。論人之心君，外有一非己與之對待，亦有其故。詳查人之初生，不知有物我之分，後乃由我知物，且藉物知我。二知並行不悖，初分物我，非知物之爲物，只知非我，亦非知我之爲我，只知我非物。迨聽明漸開，身外略知物之性，心內亦略覺我之性，愈久愈明。而神之心君則不然，因神永遠常在，故無須藉非己以成自知之明，而且無一非己可藉。故一己一非己，二者必包於一神之內，要之萬不可以人之限量論神。

論無憑藉，即外無相對之意。此非云無憑藉者內亦無相對，若內外皆無相對，則此者字無所包涵，而全歸爲空矣。比如一國王，獨掌大權，雖云出令行政，一無憑藉，非云內亦不憑己旨，若然，曷能爲有權之君，亦不過歸於虛無耳。如上所言，若神內外無憑藉，不但萬物不能生，而神亦爲無限之虛空。

凡有自知之明者，不惟認己爲己，亦有被認之己，更有合此二者爲一之己。此說各人問心自知可見神既爲有心君者，見第一章必寓三位一體之說無疑矣。且因人多不知己，故其所認之己，與認之者不同。而在神既爲完全，則二者如影隨形，可云認己者如聖父，所認之己爲聖子，合二爲一之己即聖靈矣。三以神之純善爲証。

古希拉聖人普拉透，曾有問曰，善出乎神旨與否，神能將善惡倒置否。即後人亦多有如此言者，此問猶似難答。因若言出乎神旨，如欽定之法律，似損善之清高，蓋以善之爲善，宜在乎其善。若云不出神旨，則神似不得不爲善，又何必嘉其美德。前說爲保全神之自由，將善下降，而後說爲保善之清高，卻廢神之自由。然兩全自有一法，由上某章可知好字之正意，即合乎神性，故善不僅出於神旨，而神既本其性行善，自不爲被約束。可即人事以明之，一如有因畏刑行善者，人咸云不爲眞善，因其只按外刑之約束立志而行。又有本天心爲善者，人皆以爲眞善，因其由內心立志而行。二又如人有恆言，大抵君子不能爲非，此非云其已失自由，乃云其按善心用自由。在神亦然，不但有純善之者，亦有立志興善之者，此二者必歸於一神。而三位一體之說又出，若純善者爲聖父，立志興善者爲聖子，歸一之者爲聖靈矣。以神爲萬有眞原而証。

同。哲學又名庶物原理學道學兩家，皆研究萬本之本，而其研究之故卻大不同。哲學用求眞之心，以增人智慧，故重論本原與物之相屬。道學乃藉道心以足人意，故重論本原與人之相屬。且不只問題相似，即兩家之難易亦同。如據哲學所言，萬有必歸於一，或按道學所言，萬有必歸於一神，此爲易明自然之理。如有不服者，實因其未深思也。再如哲學言一本爲何，如何生萬有，並萬有與之有何相屬。或以道學言一神爲何，又如何生萬有，並人與之有何相屬，誠爲二家之難題也。哲學明以上諸理，惟有三說，一以質爲本，意謂萬本之本爲質，即人以爲靈者，無非質之妙，其所以能生物，因其有無數微質，運動不息，其本與萬物，只有因果之相屬。二以靈爲本，蓋云萬本之本乃靈，即人以爲質者，不過靈之蠢，至於其所生之萬有，不過一片幻景，其本與萬有，爲影像之相屬。三萬本之本非質亦非靈，實爲含質靈之妙本，其能生萬物，在其能一併管理質靈，其本與萬物有君臣之相屬。以上三說，雖各不同，卻皆足証萬本之本，不爲只一。如以質爲本者，既言微質運動，可知其中必有力，且因物隨其性而生，故質中亦必有理。可見以質爲力與理之本，則實爲合一，足証若爲只一，即不能生物矣。

又如以靈爲本者，既言萬有爲幻景，則知必有爲幻者，亦必有俾其爲幻者，可見靈必爲合一，否則不能生萬物矣。何況以含質靈爲妙本之說，則去只一愈遠矣。道學亦只有三說，即一，神造成萬物，即置而不顧，高在萬物之上，而不寓於內。二，神與萬物同體，似無本末之分，不在萬物之上，只在其內，故窮物窮神，而毫無創造之說。三，神不惟在萬物之上，亦貫乎萬物之中，故實有神，亦實有人與之相對，且二者有父子之相屬。上文第一說，言神造萬物是也，但云造成置而不顧，則大謬矣。一，萬物原未造成，因直至今猶日日前進。二，此說實害神之美名，如云神造萬物之前後，爲無動作者，實害其完全。且若忽然動作，必有其故。若動從內生，則先之不動爲缺，倘動由外至，則另有眞原。再者如此苦世，神不能理之，則害其權能。若不肯理之，有損其善德。

第二說言神物一體，雖可全相屬之義，實廢創造之說。萬物全進之理尙存，而其內之錯會惡偏，錯會惡偏見上第二章不能講明。若以錯會惡偏爲虛幻，則又害人之良心，如言亦出於神，實損神之善德。且二說不惟偏講

神之正位，更失道學之正意，因廢神人之相屬也。若神人之性無關，則人不能拜神，即神亦不能受拜。如人神之性歸一，不惟無神可拜，且無人拜之。由此看來，第三説誠有理，即言神在萬物之上，亦在萬物之中，二者合之仍爲一神，而三位一體之妙道顯矣。神生萬物之本旨，在將其性内諸德顯於外。而内外暫不相符之故有二，一因萬有未成功，二因人錯用自主之能。雖然，神於萬物之動作，永不能止息，直至内外十分符合。既成之後，萬物必有歸神之妙境。見哥林多前書十五章二十四至二十八節而事後神必另有動作，至於何等，惟神知之。此説與道心有兩大關係，一若造人之前神無父位，實有缺其德，則人呼之曰父，亦不過喻言其爲創造之主，而聖教每以世人爲神子之説，歸於虚空。必神永遠爲父，聖子確有，人依父愛所生之望方成。二若創造之先，無聖靈聯聖父聖子，則今亦難有聖靈聯神人，使人成聖，而人求眞求善，必全仗己力也。總而言之，不若三位一體之説，滿人心，合天理，無怪聖教以爲至寶，且爲不可少之妙道也耶。

全章總結

一，神非無殊只一，乃含萬殊合一之者。

二，神之動作永遠不息，非創造之時方有。

三，神爲憑己之神，非一空無憑藉者。

四，神未與萬物有相屬，在己已有相屬。

五，按品位而論，神爲永生永聖永愛永福之神。按物而論，神爲萬有眞原，萬善之本，萬仁之全，即創造之先，生聖愛福顯於己，而創造之後，亦推及萬類。

六，查本章之義，可知不宜因字眼之不足，淺觀眞理，亦不可謂三一之説，實爲無據之事。宜知非教會特與人之難，乃欲於玄妙中有可指之實，故本人物之實在，與天理之自然，力追神性而得知此理矣。

丁韙良《天道溯源》卷上 或問主之能。曰，匠人以器搆屋，必需經久勞苦而成。若神，則無藉於器，無有所勞，渙其大命，成之俄頃焉。夫舉百鈞，爲人所難，而主則無論天星地球，甚大甚重，振攝運動，疾若轉輪。人歷經久之勞而力怯，主則運行之，千萬歲而忘其疲，即此已可見其無所不能矣。

或問主之知。曰，人以格物致知，而以爲造物無知也。星辰之錯處，遠近疾徐，悉與吸力相稱。宇内之物，各適乎生物之用。有目，即有光以使之視。有耳，即有聲以使之聽。有口腹，即有百穀草木以供之食。凡物如此相藉而相宜，創之者之智大矣哉。至於人之靈，則囿於身内，因五官始知外接之物，主則不然。地之廣厚也，而視之若琉璃，人有私語也，而聞之若雷霆，人有虧心也，而目之如閃電。經云，見詩篇第九十四主賜目於人，而視以爲不明乎。賜耳於人，而聽以爲不聽乎。賜智慧於人，而自度以爲不智乎。

或問主正直乎。曰，質之人心，即可知之。人能分別善惡，而謂神不能乎。人能愛善，而謂神不愛之乎。人能惡惡，而謂神不惡之乎。乃人之聰明每誤用，恩愛有過分，皆因智之不周。而主之愛惡，不爽毫釐，人焉廋哉，所謂無所不知者也。人君高居深宮，不免罪人之逃匿，而上主公行天罰，無所不在，人何從而避之哉。

或問主慈悲否。曰，此亦可推人及神，而信其必然也。世有善人，樂天下之樂，憂天下之憂，一夫失所，則曰是予之辜，如慈父母之愛其子然。神不更愈於善人乎。試觀宇宙之内，田野一靈囿也，而百獸率舞，衆鳥咸若，此非主之恩乎。況萬物供人之用，人有目，有美色以奉之，人有耳，有正聲以感之，人有口，有旨味以潤之。其秉性也，又有孝弟仁義，爲無窮之甘旨，即貧亦可自樂。其才能若此，其賦畀若此，主之慈悲，視人若子，則人以父事主，非義之當然者乎。萬物皆證主之德矣。乃上而天如張紙，日月星宿，泥金爲書也。下而地如圖畫，山水花卉，丹青作繪也，而人矇昧不見乎。雷以動，風以散，鳥以喧，而人聾聵不聞乎。且人之身靈，爲證極明，而人尚不悟乎。

【略】

或問，萬物皆爲神之所造，固矣。特不知造之者，爲一神乎，爲多神乎。曰，如山東與雲南，相去甚遠，而詢其禁令皆同，則知猶是中華之君主之。日本雖近，而禁令不同，則知異邦之君主之。今天下皆出一致，萬國皆被日月之光，沐雨露之膏，受四時之樂。且物類多同，而人雖言語顔色之或異，不過各因風土，而究其身心，若合符節，究未聞有奇形怪狀。非一主以權衡之，焉能若是乎。推之日月星辰之附麗，憑乎吸力，而衆星自西至東，日旋年運，周而復始。可知星辰，亦此一神之所主持。是天下

萬方，與天上衆星，同一理，即同一主宰也。

又卷下　今夫耶穌之道，其固有而至顯者，非即所謂天主止一無二乎。然既曰天主止一無二矣，又何以有聖父聖子聖靈之稱神哉。曰，此誠道中秘奥之意，固非凡人可推索而得，能講習而明者也。夫天下之理，必先能明，而後能信，苟不能明，何以知其可信。顧其所以可信者，則有《聖經》以爲之據也。吾儕第當研究夫《聖經》之所自出，使《聖經》而不出於天主也，則已。《聖經》而果出於天主也，豈有虚語乎。是所謂三位一體者，亦既隱於《舊約》，顯於《新約》，實有可據矣。無論我之能明其理與否，能悉其意與否，我自當篤信而無疑焉。且人世之事，亦往往有細察之而不能明者，况其爲天上之事哉。如人初見輪船，運用之妙，顯呈於目，知其内之機括有甚精也。及問其所以然，則未必能知。况器具之繁，未經目覩，雖有深明其理，詳究其用者，但細微曲折，尚未實見，亦仍與惛然罔覺者同耳。更譬之於燭，有芯也，有蠟也，然又必有氣以輔之也，而後其燭能燃，三者缺一，即不成其爲燭。蓋合之則爲燭，分之則有三，分之雖有三，而總之則無非一燭，是若可分而仍不可分者也。且既燃之後，則必有光與熱，熱不能離光而存，光不能舍熱而顯，光也熱也，名雖異而實則同也。欲辨之則仍可辨也，欲别之則無可别也，物猶如此，况神也哉。夫以物喻神，意近乎褻，特是難明之理，或因此而稍明焉，亦未始非小補云爾。然則《聖經》之顯示於人者，既言神止一無二，而復稱聖父聖子聖靈爲神，其故可思矣。循其名，雖列之爲三，似有彼此之分，核其實，仍合而爲一，終無異同之别。事雖或有所司，非若君相之分懸殊，權雖均有所掌，非若師親之職迥異。統天地人物而受造，妙權衡者，非各具一心，合栽培化育以爲工。善調理者，非各存一意。故旨維一而不舛不錯，機有萬而不擾不紛。至救人之事，則開恩之意，本於天父，贖罪之功，歸於聖子，感化之能，出於聖靈。天父未嘗出世以使人共見，耶穌則降世以顯明之，救人之事畢，復歸於天，聖靈則恆居世上，以成救人之意。此三位者，其尊榮權威，無或異也，大小高下，無或殊也。第即其顯現於人者，以爲之序，則天父之尊居一，而聖子則成肉身以降世，兼神與人之性，故耶穌言父尊於我。《聖經》又云，天父遣聖靈，聖子亦遣聖靈，是聖靈乃從聖父聖子而出者也，故位居於三。或問，吾人之求天主也，當若何以求之耶。合而求之乎，分而求之乎，求聖父乎，求聖子求聖靈乎。曰，三位，則分而求之也可。一體，則合而求之亦可。且所以頌美者亦然，或合讚一天主，讚其鴻慈大德，正直公平，凡爲信徒，莫不蒙其救贖。或分讚三位，讚聖父恩威並濟，操萬世禍福之權衡，讚聖子慈悲罔極，爲兩間協和之中保，讚聖靈感應至捷，默牖人心之覺悟。以是知祈禱頌讚者，固非三神，乃一而三，三而一者也。要之其造化天地，統攝萬有，稱爲聖父。其出世代人贖罪而顯道，稱爲聖子。其在心内，生德而默牖之，稱爲聖靈，而無不爲神。然大道無窮，天主之使我稍明此理者，皆屬深恩，我固不能全知之，惟誠信《聖經》所傳之道，遵天父之命，賴救主之功，受聖靈之感，迨得救之後，則我目在光明域中，復何歉哉。

【略】

或問此主宰，何自而始。曰，老子謂道在象帝之前，不知爲誰之子。非也。蓋萬象之前，先有天主與道並在，而無始焉。參約翰福音第一章箴言八章若有始，則爲他神所生，惟彼最先之神，必更無生之者。非生則不死，不死，則奚有他神繼其後乎。故此主宰，莫爲之先，乃先先而無元。莫爲之後，乃後後而妙有。引景教碑見後附《聖經》稱之曰，耶和華希伯來語義即自然而有者也。

或問此主宰何居。曰，主乃靈也，與人不同。人獨居一所，而主無往不在。其居天地間，如魂之附於身，魂不見而身體應其號令，主不見而萬物憑其調理。特身非魂之所創，而天地則實爲主之所造。蓋觀萬物之經營，知必有經之營之之主。且觀天地之諸質咸備，各適其用，亦知其必有創造之主。天地既爲主所創造，則未有天地，不先有主乎。主既先於天地，則天地非主之軀，亦非爲主之居所而設也明矣。其造天地也，特爲天下萬人萬物之寓處耳。所以敬禮天地者，猶客謁主，未入其廬，望門而拜，敬則敬矣，得非愚敬乎。

懷定《性理探源》　吾人之良心，亦包括將受公義審問之意，古今來皆以爲善惡，至終必有其報。然既有報，必有定此報而施於身者，彼又須明知人之言行與心意，是合乎善理，違乎善理，且須好善惡惡，兼之有大權柄，以稱人言行與心之報，加於人身，吾人擔此受審之任。非由一己施之，亦非由衆人得之，審問己，非己與衆能操其權，更非無知覺之理所

能，必係有聰明知覺好善惡惡之主宰，加此任於人身，亦隨其公義之心，而施善惡之報，蓋不第此數端，彰顯主之思慮營爲。世間萬有皆然，星宿之羅列運行，地上死物植物動物，及人之身心，無不顯上主之智能。要當知有顯而易見者，亦有人所難測者，如善謀者之妙策，豈孩提之童所能識乎。創造天地之主所爲，尤具人不能測度之妙也，然精心而察，亦足得其大概，可證天地閒，有無不知，無不能之主宰也。茲不過畧言一二，此外憑據甚多，已於《天道溯源》及他書詳細載明，於此可無煩再論矣。

楊格非《馬太福音略解序》《聖經》所言之上帝，乃創造管理天地人物之主，萬人之天父，至神無形，獨一無二，實天下衆人所當盡心盡力，受敬奉事者也。

上帝之稱不一，有耶和華、天父、天主、眞神等稱，上帝位尊權大，故稱爲帝，但世人常尊國王爲帝，所以特加分別，尊稱上帝。上帝管理天地萬物，故稱爲主，但世人常稱管事者爲主，所以特加分別，尊稱天主。上帝之體，純靈無像，故稱爲神，但世人常妄敬人鬼爲神，僞指偶像爲神，所以特加分別，尊稱眞神。上帝創造萬物，生養萬人，故稱爲父，但世人各有生身之父，所以特加分別，尊稱天父。又有上帝自稱耶和華，耶和華，希伯來土音，意即自有永有，無始無終也。其稱雖多，實只一大造主宰也。

花之安《玩索聖史》卷一　若夫理之難以究極者，是上帝三位一體之妙。三位者，曰父，曰子，曰聖神。三位者，俱在一體之中者也。或曰此三位，殆即一耳。曰，不然。父是父，子是子，聖神是聖神。或曰，此三位皆是上帝否，曰，皆是上帝。父有上帝之性，子與聖神，亦有上帝之性。父在一體之中，子與聖神，亦在一體之中，故俱謂之上帝。曰，如此，莫非三上帝否。曰，上帝是三位合一者也，析之則有三位，合之則仍一上帝也。淺而譬之，人有神有魂有身，總是一人之體。日有光有熱有化，總是一日之曜。一物未必具一質，故一體中，亦不必止於一也。細想參觀，於三位一體之上帝，豈得疑爲三位上帝乎。上帝父，是三位之第一位，子稱爲上帝獨生之子，第二位，聖神稱爲上帝之神，第三位。子非以血氣而言，乃以上帝之第二位而言，又稱道。道，訓言也。上帝以子顯，猶心之以言顯也，故稱之爲道。《聖經》曰，元始有道，道與上帝共在，道即上帝，是道元始與上帝共在者也。見約翰福音書又第三位，則稱聖神。三位之體皆神，獨稱第三位者，因其有妙用之神化也。此父子聖神，原無尊卑之別，亦無先後之差，實自永遠而固有者也。父自永遠而有子，子及父亦自永遠而有聖神，聖神亦自永遠而具感動變化之能，而復歸於父。繩繩相繼，生生不已，故未有萬物以前，於上帝亦不爲孤也。【略】蓋嘗溯無物之始，探造化之原，馳心於形像之先，游神於太初之表，則有上帝在焉。上帝者，萬有之原，超乎形聲，先乎宇宙，無像無形，全能全智，乃肇造天地萬物之主。

又《天地人三倫》天卷　雖然理之義微，天之道大，非可一言而盡。混而言之則爲一，約而計之則有三，曰天父曰救主曰聖神。天父者何，萬物所本以生育者也。其位則至尊無對，其權則大莫與京，其恩則深而罔極，其德則純而無疵。謂爲天父，顧名思義也可。救主者何，吾人所賴以贖罪者也。穢惡則賴以洗除，罪孽則賴以赦免，人禽則賴以有別，天人則賴以復和。謂爲救主，銘心鏤骨也可。聖神者何，衆人所因以向善者也。柔弱者足以輔其力，愚昧者足以啓其智，殘暴者足以發其仁，懦怯者足以賈其勇。謂爲聖神，心悅誠服也可。要之天父救主聖神，約而計之也。上帝，混而言之也。混而言之爲一，約而計之爲三。蓋不信天父，無由得保佑之恩，不信救主，無自獲赦罪之方，不信聖神，無從覔自新之路。且天父必因救主而明顯，救主必因天父而降生，聖神與天父，體合而位分，救主與聖神，職分而性合。一而三，三而一，一本之散萬殊，萬殊之歸一本胥是理也。

【略】

人之所當篤者，莫如天倫，篤天倫者，崇奉上帝是也。上帝無始無終，無根而有，爲萬物之根，無本而有，爲萬物之本，無源而有，爲萬物之源。自有而永有，獨一無二，人所當奉爲大主宰也。人既崇奉上帝，則不可敬拜別神，猶之一國祇有一君，不可有二君也。

藝文

楊格非《耶穌聖教三字經》

一，獨一上帝

造我者，即上帝，帝是誰，聽仔細。天與地，人與物，皆上帝，親造出。論上帝，本無形，止獨一，是眞神。全知能，全聖義，全仁善，無變易。無始終，大本源，爲天地，萬物先。居天堂，顯榮愛，然其體，無不在。有萬物，由上帝，此眞道，當知悉。

二，封神之謬

廟中佛，菩薩們，同玉皇，千萬神。人心想，人子出，非主宰，惟土木。彼偶像，盡虛空，敬拜他，毫無用。釋迦佛，是凡夫，其本國，即天竺。諸菩薩，佛徒弟，稱爲神，大悖理。張玉帝，後漢人，徽宗時，封爲神。聞太師，爲雷祖，東嶽帝，黃飛虎。趙玄壇，生紂時，劉長生，爲祖師。此一類，生是人，到死後，只是魂。人封神，風俗敗，最虛空，最邪壞。對彼等，徒然求，無權能，害與救。人該敬，乃上帝，無有二，是眞理。看此章，當去假，敬上帝，福無涯。

三，萬有眞原

造萬物，帝創首，乃從無，而造有。清氣天，濁氣地，未造時，無二氣。此二氣，與五行，非自有，帝造成。無造有，實神妙，除上帝，無能造。造天地，萬物全，大功成，只六天。第七天，做何事，爲安息，傳於世。安息日，人該守，乃教規，垂永久。敬天地，非所宜，敬上帝，乃合理。天覆我，地載我，爲我用，祭不可。譬天地，像房屋，譬上帝，像父母。拜房屋，禮不應，敬父母，分內情。錯認天，爲上帝，乃大謬，最可惜。人多云，盤古氏，分天地，首□世。此等話，毫無據，乃是人，捏造語。昔孔子，□古書，其定斷，自唐虞。故四書，及五經，皆不載，盤古名。因三皇，茫無稽，司馬遷，概不題。況盤古，三皇前，更虛幻，不須言。即一草，即一木，天下人，□不出。況天地，實大哉，豈盤古，能分開。爾當知，帝能力，手創造，天與地。統世界，萬千數，只成帝，一國度。

四，聖賢敬帝

此上帝，古人知，常敬拜，略言之。類上帝，虞舜行，□受帝，夏禹訓。皇上帝，惟降衷，成湯言，理最通。有上帝，湯王畏，敢不正，夏桀罪。周文王，或陟降，在上帝，左右旁。佑下民，作君師，相上帝，武王詞。郊社禮，事上帝，孔聖言，非無意。孟子言，人雖惡，能齋浴，祀帝可。此類語，說不盡，惜世人，心不明。錯認佛，菩薩們，天與地，玉皇等。爲上帝，爲主宰，瀆眞主，實可哀。勸爾衆，速醒悟，免上帝，動義怒。一同來，心意虔，敬上帝，莫迷眩。

五，人之本原

亞當男，夏娃女，普天下，人始祖。人之體，兩位分，一肉身，一靈魂。是何物，做人身，上帝用，土造成。人之魂，乃靈物，亦上帝，所特賦。爲氣物，人之身，有形像，有死生。身死後，魂不亡，罰地獄，賞天堂。有三魂，乃虛語，止一魂，是眞理。主造人，象已像，性維善，心維良。人始祖，住埃田，華園內，樂無邊。後在園，被逐去，是誰逐，乃上帝。爲何事，受此刑，因犯罪，違帝命。誰第一，犯帝法，祖亞當，與夏娃。接亞當，做子孫，衆心內，有惡根。天下人，皆一類，無一箇，不犯罪。

六，神鬼之別

世人外，有天使，爲帝用，成帝旨。衆天使，帝造成，乃靈物，無肉身。得救人，受其助，奉帝命，常照顧。聖書中，所言鬼，非他物，魔一類。諸邪魔，初造時，未犯法，亦天使。因犯法，被帝趕，離高天，惡萬端。專誘人，背上主，拜偶像，陷諸苦。論邪魔，終被逐，受永刑，下地獄。稱邪魔，聖書云，即鬼首，爾當明。眞上帝，不敬拜，眞救主，不依賴。行世間，諸邪事，即稱爲，魔鬼子。到死後，此等人，下地獄，受沉淪。邪魔來，迷惑人，靠己力，敵不勝。靠主功，求天父，賜聖神，能救護。

七，歌頌上主

大主宰，造天地，造萬物，俱齊備。大功能，無既極，該讚美，永不息。晝有日，光滿天，夜有月，照無邊。日月外，有衆星，皆帝造，德難

名。陸地上，有五穀，同花草，同樹木。海中有，諸水族，皆上帝，造之物。林間鳥，無數隻，帝給他，常有吃。有走獸，有昆蟲，天父養，惠無窮。人之靈，禀於帝，應萬事，具衆理。上帝佑，世間人，貴與賤，總不論。每日裏，有口糧，有房屋，同衣裳。格外顯，慈愛心，遣耶穌，救萬民。故我等，該同聲，讚其名，感宏恩。

八，救世眞主

主耶穌，上帝子，從天降，來救世。非西方，聖與賢，共帝父，同榮權。帝一體，分三位，主耶穌，位第二。此三位，是何稱，曰父子，曰聖神。子爲誰，即耶穌，有稱道，稱基督。降生後，成爲人，有肉身，有靈魂。帝性有，人性足，合二性，成救主。我救主，無罪愆，意言行，善俱全。耶穌來，救法成，生猶太，伯利恆。母爲誰，馬利亞，乃童女，初未嫁。馬利亞，感於神，生耶穌，事果眞。主死處，足何地，小山名，格挖利。釘十架，苦難當，恩至大，永不忘。葬墳內，止三日，便復生，勝死勢。復生後，往何方，四十日，升天堂。主耶穌，來救世，用何法，成此事。一傳道，一立表，一代贖，爲至要。用眞道，化人心，遵教者，百福臨。凡言行，做榜樣，使人心，有定向。歷諸艱，死十架，贖衆罪，功至大。若赦罪，必先贖，贖人罪，乃耶穌。爾衆人，貧與富，必悔改，信救主。信救主，意當曉，認定他，爲師表。爲主宰，爲救主，愛其教，爲其徒。至悔改，知己惡，憂己罪，改己過。望救者，必知道，信與悔，爲最要。信主者，必得救，天堂福，享永久。

九，聖神感化

人心邪，何能正，無別法，靠聖神。在上帝，一體內，聖神是，第三位。其功用，化人善，並安慰，並照亮。使人知，己有罪，助人能，痛改悔。耶穌云，不重生，必不進，天國門。此重生，如何講，復人善，活天良。去舊染，爲新人，聖神力，人不能。有聖神，滿於心，其德慧，日加增。信德堅，迷惑滅，忠事主，成聖潔。靠主名，求天父，方能得，聖神助。

十，福音聖教

上帝道，稱何名，垂永久，號福音。上帝道，要人知，莫大恩，主降世。信主道，萬福臨，因此故，稱福音。聖教會，主所立，保天道，傳地極。此聖會，助信徒，共爲善，離邪俗。教中禮，有二端，一領洗，一聖餐。領洗意，知有罪，靠聖神，除污穢。且領洗，亦表明，與耶穌，做門人。聖餐禮，主設定，表明他，代捐命。食餅子，還飲酒，記主血，爲我流。入教者，要守分，新舊約，勤講論。常禱告，守禮拜，此三條，守勿懈。耶穌徒，怎樣人，每日裏，守五條。五倫外，敬天父，悔己罪，信耶穌。衆善德，守勿移，諸邪惡，要脱離。嫖與賭，鴉片煙，必遠開，各一邊。信主者，有所禁，凡虛事，切莫行。祭祖先，拜死尸，拜靈位，燒錢紙。擇吉日，畫符張，並扶乩，請陰陽。並測字，並起課，並相面，並命學。此一類，盡空虛，我聖教，必嚴拒。

十一，去假歸眞

帝造人，意當知，要世人，行實事。實事何，敬上帝，愛衆人，如愛己。守五常，盡五倫，天下人，大本分。供祖先，祭墳塚，是大錯，眞無用。春秋祀，紙錢燒，飛作灰，盡徒勞。魂若吃，一年內，祭不多，皆凍餒。若要錢，紙何用，焚成灰，近戲弄。人死後，便歸陰，無食用，等事情。到親死，祭已遲，盡孝養，在生時。親若死，力要盡，按本分，厚葬塋。墳常修，訓勿違，記親恩，聖教規。

十二，詳論禱告

凡禱告，有四意，首讚美，父上帝。次感謝，帝恩惠，第三件，認己罪。求應許，乃第四，凡禱告，要誠實。求何事，求赦宥，求佑護，求援救。爲己身，爲家內，爲本國，爲教會。凡百事，求皆可，父上帝，肯聽我。凡禱告，有四樣，禱告者，請細想。心禱一，隱禱次，私禱三，公禱四。再言明，心禱義，總不拘，在何地。偶然間，有心思，不便跪，難言之。非明説，心暗禱，心內求，爲最好。隱禱告，密室裏，獨自求，心靜一。私禱告，傾家人，男與女，老幼門。每早晚，同禱籲，是聖徒，常規矩。有聖書，或一章，或數節，短不妨。同讚美，同福求，早不行，晚必有。公禱告，教友們，同心意，拜上神。禮拜日，在會堂，或聚禱，在別方。需用物，從何至，皆帝恩，所賞賜。有用物，該知恩，常禱告，要虔誠。靠誰名，來禱告，靠耶穌，大中保。敬上帝，必禱告，若不然，虛進教。

十三，審判善惡

審判主，非閻君，列十殿，都虛名。審判主，耶穌是，天下人，俱必至。照萬民，意言行，受審判，有一定。私審時，魂歸陰，帝臺前，審分明。升天堂，是善人，落地獄，皆惡魂。無六道，無輪迴，止兩處，魂所歸。公審日，天地末，天下人，身再活。身與魂，各相合，聽主審，别善惡。復活事，載聖經，理最妙，爾宜明。復活事，憑據眞，主死後，三日生。復活體，與今身，有分别，難並論。今身體，無榮光，是血氣，易朽亡。復活體，榮光有，乃神靈，強不朽。身譬種，埋於土，必化後，始發出。其發生，新形狀，與種子，便兩樣。雖新形，異舊體，卻是出，原種裏。身與魂，再相合，旣合後，便發落。善升天，享永生，惡受苦，終沉淪。多謝主，使我明，此眞理，存於心。眞理明，該感激，熱心腸，事上帝。

十四，聖教經典

人立教，俱有經，耶穌教，書何名。名聖書，由上帝，與世書，大有異。各教書，皆由人，用意想，作而成。此聖書，帝默示，猶太人，傳於世。一新約，一舊約，分兩部，意相合。此舊約，諸聖賢，感於神，寫書編。書大旨，記上主，造天地，及人物。並始祖，犯大罪，受帝罰，累後輩。降洪水，滅世界，救挪亞，繇支派。猶太人，帝選拔，爲聖民，授律法。並應許，主降世，猶太國，千年事。更外有，多聖詩，多預言，出先知。至新約，其大旨，記耶穌，降於世。在世間，親立表，行奇事，傳眞道。後釘死，十字架，贖人罪，正天法。死三日，便復活，四十日，歸帝座。其使徒，傳道理。立教會，在各地。此聖書，從天至，乃表明，上帝旨。有權柄，能定下，人本分，毫不差。有智慧，解人疑，有道理，化人迷。生死理，善惡報，讀此書，便知道。身與魂，分别出，論天堂，論地獄。救魂法，論得細，此書外，無實據。至寶貴，此書籍，萬國人，所當習。譯方言，二百處，廣流行，二約書。

十五，略引聖經

有亞當，在太初，乃天下，人始祖。有夏娃，亞當婦，天下人，始祖母。有該隱，惡無理，殺亞伯，乃其弟。爲何殺，因其弟，悅帝心，起妒忌。用洪水，滅生物，是何人，得救出。有挪亞，與其妻，其三子，及三媳。子何名，閃含是，並雅弗，傳宗支。亞伯蘭，猶太祖，事上帝，信最篤。二世祖，名以撒，蒙帝愛，守帝法。以色列，即雅各，是别名，載舊約。十二子，分支派，猶太國，傳宗代。有摩西，溫柔極，傾猶太，出埃及。西奈山，傳帝命，十條誡，授百姓。有大闢，在看羊，被上帝，施恩光。立爲王，管大業，使治理，以色列。大闢子，所羅門，彼生性，最聰明。救世者，即耶穌，虛己榮，降下土。到光緒，六年間，千八百，八十年。開先路，乃約翰，施洗禮，在約但。主耶穌，親領洗，旣爲人，當盡□。十二人，從耶穌，而受教，稱使徒。奉主旨，傳福音，招萬衆，學而信。有愛徒，名約翰，傳眞理，熱心腸。有彼得，不認主，後知悔，心痛苦。賣耶穌，名猶大，其貪心，最可怕。後痛悔，不該賣，退回銀，三十塊。賣主血，罪莫比，銀退回，便自縊。釘耶穌，十架上，猶太人，惡非常。不認主，來救世，反厭惡，害至死。後來受，上帝刑，滅其國，散其民。此重刑，主先言，猶太人，今可憐。散四方，無寸土，失本國，眞苦楚。主全能，不自救，諸苦難，甘心受。因要成，救世法，願替死，德無涯。主不死，衆人魂，無指望，永沉淪。猶太人，本不知，殺害主，逞己私。獲大罪，心意凶，凡不信，罪與同。

十六，警醒幼童

小子們，本不一，好不好，兩等的。惡小子，無敬心，輕上帝，逆雙親。或咒駡，或騙人，說謊話，無不能。此等人，誰不惡，第一是，上帝怒。活在世，無眞福，死必受，地獄苦。地獄裏，惡人處，與惡鬼，一同住。好小子，信救主，敬上帝，孝父母。不論是，何罪惡，心惱恨，不肯作。好小子，若身亡，到何處，即天堂。天堂上，號明宮，多光亮，福無窮。有上帝，有耶穌，有天使，有聖徒。到天堂，心暢歡，無罪惡，無苦難。到天堂，永不離，享眞福，與天齊。

十七，孩兒唱歌其一

天上樂，我要享，與天使，願同樣。頭上冠，榮莫比，彈金琴，在手裏。救主前，必站立，甚清潔，無責備。主功大，無限量，我永遠，要歌唱。在天堂，淚不流，勞與苦，不再有。在那裏，不悲傷，驚恐消，嚇呼忘。在主前，享安逸，人世間，無可比。與聖徒，有千萬，心和合，同聲讚。我自知，罪孽多，謝耶穌，赦免我。多孩子，在於天，已得着，大榮顯。我離世，求帝恩，差天使，接我魂。穩抱我，歸救主，在天堂，享

永福。

十八，孩兒唱歌其二

主愛我，眞不錯，有聖書，告訴我。小子們，他牧養，我雖弱，他強壯。主愛我，捨他命，將我罪，洗乾淨。天堂門，替我開，使小子，可進來。主愛我，無止息，蒙愛者，永不離。在白日，領我走，在夜間，還看守。主愛我，愛永遠，到離世，定保全。我在世，誠愛他，必死後，歸他家。

十九，主禱告文

我父在天，願爾名聖。爾國臨格，爾旨得成，在地若天。所需之糧，今日賜我。我免人債，求免我債。俾勿我試，救我出惡。因國權榮，皆爾所有，世世無窮，亞孟。

二十，孩兒早禱

全能上帝，萬民之父，造化天地，萬物之主。你榮最大，你恩無窮，我甚願意，頌揚你名。回想昨夜，蒙父照顧，無災無害。今早起來，身子爽快，心裏平安，萬難報答，感謝不盡。敬求天父，將我需用，今日賜我。所切求者，乃赦我罪，並賜聖神，感化我心。使我今天，順從主命，凡百事情，不得犯罪，不再做惡。更求推恩，賜我親友，及天下人，同得此福。我所祈求，靠主功勞，望天父准，亞孟。

二十一，孩兒晚禱

全智全能，全仁全善，我父上帝，謝你宏恩。使我在世，多活一日，並且賞賜，所需飲食。我父仁慈，無有窮盡，造天覆我，造地載我。日月照我，萬物養我，又差耶穌，降生於世。救我脱罪，而得永生，此恩此德，大無可比，感激之至。如今我想，從早到晚，必有罪過，大而且多。懇求天父，看救主功，施恩抹掉。又求保佑，我們全家，一夜平安，俱免災難。明天起來，有熱心腸，服事我主。更求我父，賞賜聖神，居我心內，感化照亮。日日領我，從善去惡，直到離世。望我救主，接我靈魂，歸於天堂，享受永福。求父保佑，牧師教師，四方教友，皆有熱心。服事上主，有好榜樣，感動教外，彼此相愛，同行天路。又求上帝，感化衆人，使彼同心，歸服眞道。信主得救，我所祈求，靠救主功，望天父准，亞孟。

二十二，食時禱告

多謝上帝，因爲此時，賜我有食。懇求賜我，天上飯糧，養我靈魂。既蒙厚賞，更求使我，記恩不忘。自今以後，格外用心，遵從眞道，服事上帝。又求賞賜，天下衆人，皆有食用。最要緊的，乃是賞賜，他們同我，共靠主功。得受聖神，在世同做，上帝選民。死後同享，天堂永福，亞孟。

基督論

論　説

聶格理著、季理斐譯述《基督傳·小引》 有一問題，意旨深奥，所括廣大，無可比擬，此問題何，即耶穌基督是也。歷代之賢愚，咸欲竭其智慮，仰鑽追求，莫不以此題爲泉之源，而斯題之價值概可知矣。基督之言行，録於四福音，筆法或大同小異，實事卻鑿鑿可攷，故或擇四福音之意旨，集成一册，名之曰，《基督言行録》。意謂基督若何，視此可知也。但觀四福音所載，可剖分之，判爲内外二者，外而顯然昭著者，即猶太之山川湖海，風土人情等類。余著斯編，不論其外，專述其内。内之所容，試分三則，一顯明耶穌基督，有神人二性，兼備於一身。二基督臨世救人，代人備受諸苦，三表明基督之言行意念無不符合。今余録斯編，決不能擇四福音之諸事，一一録出，故獨覽此編，難期貫通，須先詳察四福音，即可一目了然。

一則，耶穌基督一身兼有神人二性。夫其有人之性，眞確固不待言，然其於人性之中，時露神性之光輝。如使徒約翰，於其所録之福音曰，道成人身，居我儕中，我曾覩其光榮。且其神性之光輝，尤特顯之於要事，如登山變像，復活更形，升天示衆等，莫不照耀人目。即於素昔之言行中，時有喻意，如行一奇事後，門徒多彼此揣問，不知耶穌爲何如人。然耶穌爲人，門徒曷嘗有所疑，但每因其所見聞，致門徒信其超乎人上。其

容其聲，其手所爲，每使門徒驚奇，願傾心尊奉，聆其訓誨，雖朝夕相從，仍似有無限之間隔，似乎相識，偶聞其音聲，轉瞬頓覺生疏。門徒素與同居，或覺無高下之分，乃偶有所問，即覺其高不可攀。且示門徒，知其智之無限，如迦拿之筵，造酒異乎常人，且愈增多。臨終時，以巾拭門徒之足，約翰誌此事曰，彼自上帝來，復由上帝去。其平生一面自卑，一面顯出榮耀，假我儕有充足之智，見其行，聞其聲，必覺更有一番境遇，自非庸常者可比，以人之智，視基督有若許言行，與聖人同。是誠因吾人之智識太淺，若能窺透基督之妙，乃知與世之聖賢不同。

【略】

三則，表明基督之言行意念，無不符合。彼如何勸人，已身必如何行，未有言行不相顧者。觀其登山在園居樓時，亦能聞其與上帝無間之言，察其憂樂時所語，微彰其內性之眞形，苟啓牖內窺，即能明其內蘊極深之妙意。以其外事求之，終成一貫，他人所爲之事，終有弊端現露，猶如樂音，一音不合，則諸音淆亂矣。即或貌襲爲善，不久敗露，豈能終以欺人。救主非然，其平生無隙可指，無過可尤，今日如是，明日亦如是，隨時隨地，完全無缺。四福音猶如鏡，雖鏡碎千片，但每片仍能照明基督之形，即神人耶穌救世主也。

又《基督傳·發端》 自開闢以來，人類之至聖，吾其首推耶穌基督乎。蓋凡欲知其人之品格，必以兩端相衡，一觀其教化，如何觀感世人，二考其德能，如何清潔自守。苟以斯二者窺測耶穌基督，則知其感人之深，羣聖莫能與比，其德行純備，爲萬世第一無罪之人。嗚呼，其至聖矣。先哲嘗言，耶穌感化世人，僅三年之久，而世之聖賢，相繼三千年，仍不及救主之三年。凡洞悉歷史之士，當不河漢斯言也。茲姑不及詳載，於廣學會所譯之《十八周史攬要》，並《自西徂東》、《救世教益》、《眞道結果實證》等書，已詳言之。今進論耶穌，確爲宇宙間純粹全美第一無罪之善人，且不必取他聖賢烈士與之比較，即略察視其言行一二，已足彰其良善，其德至盛，絕無過尤。但基督爲亘古無罪之人，無玷染瑕疵，聖哲固難與之比。試思耶穌宣道，直而無隱，致爲衆敵，謀搜其過，則不可得。乃誣以佞辯亂行之罪，訟於羅馬官前，論其友徒，亦證其無罪，云彼爲遠乎罪人者。但按猶太經卷，塵世無一善者，其友皆猶太人，何故言耶穌爲至善乎。必因其所見聞者，咸眞確無可辯，故不得不白其無罪耳。或云，斯等言語，大抵出自其徒之口，不免過譽，何足憑信。余則應之曰，試詳參其徒述作之辭意，並無誇美其師之心。觀儒教之徒，如曾子於《大學》，極力崇尚仲尼。救主之徒非然，並無虛譽過獎之詞。於四福音中，載其實蹟，錄其寶訓，以此爲不可拔之確據。假如耶穌果有愆過，決難迴護若斯之周密。吾人誦四福音所載，不待聞其徒言其無罪，而於其言行，或公或私，其境遇，其遭逢，時而衆民互相稱頌，時而衆民彼此遠離。與友偕處，與敵共居，以至臨終，受逼迫，遭恥辱，其所言所行，無可指摘。總之，實純全獨一至聖也。或曰，新約一書，莫非其門人，以己意所揣想，憑空結撰，摹描成形，未必眞有其人，如福音中所言者。吾曰，爾憑爾之像才，能懸測一人，描其言行，寫其天眞，純全若是乎。爾既非完璧，焉能造出一太璞之完人。書福音者，未曰己身無罪，而其門人，又孰能劈空揑造，述其言而道其行哉。以是知洵非出自想像，實必眞有其人。彼弟子率皆樸實，所記皆耳聞目覩，猶如畫家之寫眞，肖貌摹繪，必無舛錯。由此觀之，人問耶穌爲誰，吾首應之曰，爲純潔無過者。【略】試觀耶穌宣道誨人，迥異乎古今聖哲，特以己身爲矜式，道之總綱，若不外乎其身。亘古聖哲設教，無非講明一理，不講己身若何，常指明一路，不敢云己身爲路。且世人所崇尚者，即能顯著其心之卓見，人皆崇尚之。基督非然，有求永生者，告之曰從我，有徒求將上帝現與彼觀，告之曰，見我即見上帝。試思古來師尊，敢云此乎。他人曰，吾所講者眞理。耶穌曰，我即眞理。他人曰，我夢寐中似見上帝。耶穌曰，我即上帝。他人曰，遵我示爾之道行，必獲平安。耶穌曰，我即平安，就我者必得之。他人如執火炬以燭世，耶穌曰，我乃世之光，就我者不行於暗。由此觀之，耶穌由天降臨，傳道之宗旨，即以己身設法，能引人知己爲誰，即盡其傳道之本分矣。自古尋求眞理者，大抵心心相符，願知上天神靈，並除惡遷善之法，以致道門叢生，混淆不明，索隱行怪，庸人難窺其門。苟爾問何道極美，我語爾一解決之法，無費鑽仰之力，即揣想基督爲誰，可解爾疑，引爾由混沌之境，入光明之世。爾坐執經詳參，即知彼爲眞救主，爾言上帝不可測度，但基督現身說法，無一不可測度者。

【略】 救主雖爲卑賤貧寒之友，然世上至大至善者，仍不能與之同類，

彼乃獨一無二，未有能與之匹配者。彼之分位既若此，厥有兩端可覘其底蘊，一稽其言行，即足顯救主所經歷與他人異。因人心有罪，救主明告之，猶如明燈，燭人之隱，人咸有罪，彼獨純潔。如有絶望之罪人就之，則其愛惜之情，猶如手足，其安慰之言辭，不曰我兄弟乎。爾所遭遇之苦況，我亦經歷，然彼於罪，實未嘗經歷也。以是知苟以罪論，彼不應與人同列。又救主與先哲聖賢善士，亦不同途，聖賢善士克己自修，必朝乾夕惕，痛悔前非，始得除惡遷善。救主平生，未嘗若此，因彼本無罪，無用黽勉自修也。尤奇異者，彼自言無罪，而更有能力，彌縫罪人之缺陷，亦不見彼之不足也。彼之降生，特爲助人，故曰，凡渴者，可就我飲。又曰，凡勞苦負重擔者，可就我，我必賜以安。聞其言呼人來就，可知彼不渴不勞，未負重擔。他人爲迷失之羊，救主非但不爲迷失者，且爲善牧，尋求迷失諸羊。他人有玷污，似患病者，救主非但己身康健，且爲良醫，他人之性命，業已失喪，救主之性命，在己掌握中。且能捨去爲贖罪人之價值，他人爲罪人，彼爲罪人之救主。

【略】夫能揭生死之隱微者，即謂之宗教，稽洞悉宗教之先哲，應首推耶穌基督。假爾欲搜尋眞道，確辨其眞僞，不二法門，即叩問耶穌可也。但耶穌已往，焉得而叩問之，曰，有新約之四福音在，不啻耶穌之猶在也。古經義典，率多深奥難明，惟四福音，言淺意賅，若階級之可登，故易研求。一日救主問其徒曰，爾言我爲誰。彼得應之曰，爾爲基督上帝之子。救主曰，爾福矣，吾即於此磐上，建吾教會。而陰府之權，不能勝之。以是知主徒問答之語，即爲宗教之基礎矣。然門徒之能識耶穌，殊覺未嘗料及，又焉能以此爲基，而超乎他道之上哉。問道辨疑，師弟之常，假如道眞理確，固不必問師爲誰。苟按吾人之意，推思耶穌所問之語，必曰，爾信惟一之上帝乎。或曰，爾信吾所示之道乎。苟門徒應之曰信，耶穌即曰，吾於此磐上，建吾教會。此理人易明曉，詎知耶穌不取此，惟問爾言吾爲誰，令人驟聞之，實覺斯等語意，殊與教會毫無干涉。但按耶穌之意旨，即以此爲宗教之基礎，故欲知其宗教者，必先知耶穌爲誰。

又《基督傳叙》　欲此岸之達彼岸，必造舟爲梁以渡之。基督教爲渡人之橋梁，人能自省己過，自覺息息與帝謂相通矣。夫刑章國法，懸有明條，無論已，即貪財、好色、嗜煙、酗酒、驕慢、嗔怒，及一切損人利己之行，犯者罔不爲罪，孰能纖毫不犯乎，恐執此以問，蹈之者正衆，欲以自拔，終莫脱其桎梏耳。語云，善惡到頭終有報，屆時乃見天公平允之辦法。又或見世界受冤者往往不得昭雪，以善人而終身屯厄，惡人而終身亨泰，幾疑天道夢夢，不知報施。然而又有一世界，則其來生是也，因是不平之事，無不一一平之。顧既有來生，吾其何法預爲之地，此所以必今生仰賴上帝，脱離其罪惡也。

以上所論，非余空言，考基督《聖經》，皆可印證。《聖經》常論世人無一無罪者，當論人心所缺乏者，不能與上帝忻合無間，常論人所饑渴者即上帝，雖世間榮耀愉快不能解。又言世人如病入膏肓，必死，死後必有善惡之審判，人心急需得救，得赦罪之法。因不赦罪，則與上帝隔絶，故最懇切之事，爲與上帝忻合，誠求助我戰勝罪惡耳。及其死後之關系，新約所講之福音，實能彌補人心之缺陷，蓋救主之力，使能獲上帝之赦罪，自能脱離罪孽之桎梏，而有永生天堂之盼望，可以視死如歸矣。因耶穌基督，爲上帝之子，人見耶穌，如見上帝也。蚩蚩衆民，獲罪於天，上帝憫之，故遣救主降世，爲凡人贖罪，無異大赦恩詔。人能乘此自修，信仰救主，以邀救贖，即歸順天父之正路，何畏死爲。蓋死者永生之門，即中華哲學家所謂萬物方死方生是也。且救主能將新生命與其信徒，不但赦彼罪孽，脱離桎梏而已。此即人心朝夜所宜祈禱者，此非爲一人或一國言也，乃萬國九洲人人當如是也。基督教之效驗，二千年來，已推廣至地極，各國咸靈其庥矣，人孰不自愛乎，惟愛上帝愛基督，斯眞自愛之要道也。

李提摩太《基督本紀序》　夫救主耶穌之意，固欲普救世人，無一作惡，無一貧苦難度，無一愚蠢無知，無一受束縛於權勢，無一遭纏綿於疾病，無一死亡沉淪之悲者也。故其言曰，予膺天命，降生於世，欲傳福音於徧地，俾作惡者改而從善，貧苦者衣食無憂，愚蠢者明通無滯，受困者豁然釋放，病者霍然愈，已死者仍得永生，享天國無窮之樂。其志願之大，莫之與京，而其博濟之心，甚至不惜軀命以拯人於苦海。又嘗語門弟子曰，汝等亦欲救世，宜禱告於上天，降聖靈以相助，則事無不成。雖有困阨，亦不得而阻之矣。其徒累衍薪傳，奉爲寶訓，故恆遠適異國，以闡教救人爲己任。其初至之時，土著之君臣上下，或有視之如惡人者，然教士決不存報仇之念也。憐其誤受沉迷，代禱於聖靈，請移上天及救主耶穌

好生之心以予之，而已則仍發奮於爲善，孜孜以普救爲事。夫是以其教遂廣傳於各國，而信奉之各國，亦皆知其語爲眞實福音，而悔過遷善，羣奮於不容已。嗚呼，救世教中人之施救，豈僅一國而已哉，蓋將宣揚福音，俾地球各國含生負氣之倫，無有齟齬，無有扞格，始覺上可質諸天，下可告無罪於人耳。

丁韙良《天道溯源》卷上　且耶穌常自稱爲人子，具有神人兩性，德雖充乎兩間，實則萃於一身，非渺茫而莫測，乃可見而可親。其情同於世人，人可觀摩而自化。夫耶穌生於馬廐，死於十字架，天罰頻加，諸艱歷試，則思義而忍受。魔鬼惑之，則篤敬而有守。惡人惡之，則憐其愚而不慍。既孝親，又孝天父，既遵王法，又遵天法。與人交接溫和，祈禱天父以虔恭。與樂者同樂，與憂者同憂，而又捨己以贖世人之罪。故言而爲天下法，行而爲天下則。《聖經》云，既有大祭司長天主子耶穌，直造乎天，則我儕宜固守其教。蓋吾之祭司長，能體恤吾之荏弱，彼於凡事，困苦備嘗，亦如我然惟未罹於罪耳。又曰，所命我之前途恆心，竭力趨之，以仰望立法施責者耶穌。昔思所許之樂，受苦於十字架，雖恥不以爲意，今坐天主之右。人以橫逆相加，彼忍之，爾當追思，勿怠爾志，勿喪爾膽。又曰，爾爲主之愛子，當效主，亦常用愛，效基督愛我，爲我儕捨身獻己爲祭也。其立則於天下，不盡美而盡善哉。

又《天道溯源》卷下　且救世之耶穌，與禍世之亞當，遙相反映。亞當見試於魔鬼，耶穌亦見試於魔鬼，但耶穌不爲所惑，而亞當則受其迷。違命食果，其故有三，貪甘旨，一也。妄求益智，二也。妄求超昇，三也。是皆縱欲而違天父者也。魔鬼試耶穌，亦有三，耶穌饑餓四旬，誘之以化石爲餅，耶穌則謂命在天而拒之。耶穌知將來周遊傳道，無枕首之所，誘之以諸國榮華，耶穌則謂專拜天主而拒之。耶穌令名未著，誘之以自高投下，可顯爲神子，耶穌則謂勿嘗試天主而拒之。此固皆克己而勝魔障，亦概形容心內之事，不徇嗜欲，不貪名利，誠順天父者也。迨預定之死期已邇，耶穌思天父有公罰，我無罪而就死地，有功而受淩辱，且死雖免於痛楚，刑又極其凶殘，一若復被魔迷惑，而三求天父，以此苦杯去我，旋以非我之意，惟爾旨是成，卻魔之惑。後在十字架呼曰，成矣哉，遂俯首而卒。是耶穌之生死，無不遵天父之旨，代我世人贖罪，其功無可限量也。《舊約》預言基督臨世，曰主不欲以牲牷祭祀，乃使我成人身以祀之。燔祭贖罪爾不喜，典籍載我，我自降臨，遵主之命。《新約書》曰，耶穌基督遵斯命，一獻其身，則我之罪贖矣。始祖違命而貽患後世，耶穌遵命而救天下，故聖書稱亞當爲後至者之對。曰，罪愆不如恩賜，定擬由一人之罪，不如恩賜由一人之義。蓋審判由一罪以定擬，恩賜則多罪而稱義，是衆見擬者，以一人之愆，稱義而得生者，以一人之義也，是衆爲罪者，以一人之逆，衆爲義者，由一人之順也。

【略】

或疑耶穌之死，非甘爲人贖罪，乃無可逃耳。獨不思耶穌曾曰，我將舍命，爲衆贖罪。又曰，我乃善牧者，爲羊捐命，我命非人所奪，我自捐之，我能捐，亦能復，是我奉我父之命也。又於被執時向門人言曰，爾意我此時不能祈我父，爲我遣多於十二營之天使乎。但如是，則經所云，此事必有者，如何得應乎，此可知耶穌甘爲人贖罪而死，非不能逃也，不欲逃耳。

或更疑耶穌死而復生爲未必然者，殊不思其將死而預言，其復生亦預言乎。耶穌曰，爾毀此殿，我將三日復建，是以殿喻其身也。又曰，我將三日三夜在地中，是言死後三日復生也。又與門徒曰，今者，我儕上耶路撒冷，人將賣我於祭司諸長，解與異邦人，鞭扑凌辱，唾而受嘲，既而見殺，越三日復生焉。故耶穌被釘後，祭司諸長集見彼拉多曰，主我儕憶彼僞者，生時嘗曰，三日後復生，是以請命，固守其塋三日，恐其徒夜來盜之也。及第三日，耶穌復生，守者入城，以事報祭司諸長。彼同長老集議，以多金予兵曰，爾可云，我眠時，其徒夜來盜之矣。是可知三日復生之預言，彼等早已共聞之也。

且有數端，更可爲死而復生之意，門徒因耶穌被執，懼禍而逃，迨耶穌死後顯身，遺命傳教於萬國，即赴京都，侃侃論道，任官吏禁阻，甚至鞭撻囚繫。彼得當耶穌被審時，曾隨至法院，三次不認其主，旋即自悔。及耶穌復生，三以爾愛我乎爲問，後益堅心信從，以耶穌贖罪之道勸人，官吏禁之弗言，而彼得同諸門徒答曰，聽人乎，抑聽天乎，蓋我等所見所聞者，不得不言也。其時五旬內，信從者竟有三千人，苟非耶穌死而復生，親見門徒，耳提面命，門徒何能威武不屈，患難不避。信從者，何能

一時衆多如是哉。又保羅早經筮仕，欲害耶穌門徒以爲快，奉命至鄰邦大馬色追捕，忽見天光環照，閃爍逼人，目難啓視，聞耶穌於空中命以當行之事，目即失光，飲食俱廢。當即反心從主，信道彌篤，周流諸國，誨人不倦，受諸□楚，不惜己身，非親見耶穌之顯現，確信其道之眞實，而能如是哉，此爲可□之尤者也。

【略】然使神不成肉身，即不能救人，何則。天主之典刑曰，有罪必罰，使自恃其權而赦之，則大公無私安在乎。故欲救人，必先降成肉身，代人積功，而罪乃可贖，代人受刑，而禍乃可免。且耶穌欲不假凡胎，以造始祖之能，別造一身，以爲己體，於神力自無所難，而必假乎人以成肉身者，何故。蓋有罪者人類，救人者必須同類，使別造一身，則非與我同出一祖，雖有餘功，於世無益。譬如人臣有罪，累及後世，異姓即有功績，不能補救，必其族中，挺生一大動之人，方可將功補罪，免其受刑。經曰，萬物本之歸之之主，欲令衆子享其榮，緣救世之君受難，又云贖人罪者，與被贖者同出於一，故視若兄弟，不以爲恥。彼乃血氣之屬，救主亦血氣之屬，故當凡事同於兄弟，爲矜恤忠信之祭司長，事天主而贖民罪焉。

其降生必假胎於童女者，何也。曰開闢始祖，無父無母，不以人欲而生，則天父降耶穌以重生世人，自亦不以人欲而生，猶之別成一祖。蓋以人欲生者，無不爲始祖所累，惟耶穌以天主爲父，性不與人之惡。故天使謂馬利亞曰，爾將生之聖者，得稱爲神子。所謂聖者，言其無罪而生也。以人爲母，身即與人共患。經曰，屆期，主遣其子，由女而生，服於法下，以贖法下人，使我衆得爲子焉。

花之安《天地人三倫》天卷 夫救世眞主，即三位一體之中，第二位聖子也。降生則在猶太國，名曰耶穌，御製《康熙字典》引《職方外紀》曰，耶穌，西國言救世主也。耶穌非救一國，實救萬國，非救一時，實救萬世，非爭城爭地，實以眞道化人，捨其身以代贖衆人之罪孽也。何以言代贖人之罪孽乎，因世人當一心敬事上帝，無奈世人叛逆，照公義當罰以永刑，若論上帝之仁愛，又願救脱苦難。濫赦之，則於公義有憾，不赦之，則於仁愛有憾，仁義兩全，必得一代贖之法。於是命耶穌降世，死在十字架，替人贖罪。因世人罪惡日深，漸與上帝相隔，當受審判，耶穌欲爲世中保，仍得上帝眷顧斯民，故不惜以身獻之，冀人遷善以復天性。此救主受死，實顯世人罪惡已極，並顯上帝之仁愛甚深也。夫人之有罪，爲自作之孽，即致之以死，亦分所宜然，乃耶穌捨身代贖者，實迫於仁愛之心也。以彼之死致我之生，眞所謂恩深再造，否則碎身粉骨，誰拯我以出死入生乎。《經》曰，彼遭刑罰，我享平康。我當如何感激之。審是則耶穌爲眞救主，非若觀音關帝，虚有救世之名也。

救主又稱爲聖子，何以謂之子，因其爲天父所生，何以謂之聖子，因其與聖父同體。聖子即元始之道，在未有天地萬物之先已有之，非生於創造天地萬物之後也。聖子有言曰，越在古昔，造化之始，我與上帝爲耶和華共在。自元始天地之先，我已爲尊，未有深淵，未有源泉，未有山岡，已有我矣。大地田野，塵寰平陸，俱未締造，我已在矣。主創穹蒼，圜包環海，我亦同在。上排天雲，下置淵泉，命海水勿越其限，定地維不失其界，我亦偕在，與主締造，見悦於主。我於其前，常得歡樂，降於塵寰，與民同樂。又對猶太人曰，未有亞伯拉罕我在。由此觀之，是聖子固無原而爲天地萬物之原，無本而爲天地萬物之本也。居上帝之第二位，故又稱曰上帝子。在《聖經》稱其名不一，又曰神妙，又曰哲士，又曰全能上帝，又曰永生之主，又曰平康之君，又曰以馬內利，又曰受膏者，又曰盟約之使，又曰上帝之臣，凡此皆聖子之稱也。

聖子因聖父而生，而聖父亦以聖子而顯，因上帝有性體而無形迹，視之不見，聽之不聞，故人不信有上帝。即信有上帝，亦不免有疑似之心，因人多罪過，難以領會，所以與上帝睽隔不通也。聖父挺生聖子，既有性體，又有形迹，合眞神眞人而爲一，可以顯上帝之權柄，可以顯上帝之榮耀，可以顯上帝之聖潔，可以顯上帝之公義，可以顯上帝之仁愛，可以顯上帝之智慧，可以顯上帝之大能。聖子由人而生，藉人之性，饑渴疲倦飲食寢興，與人相同，是聖子亦無異於人矣。不知聖子有無異於人者，亦有大異於人者，其大異於人者何在，世界之人，皆以血氣而成孕，其性駁雜，難免瑕垢，聖人則以聖神而成孕，其性純潔，不染塵污，此聖子之所大異於人者也。

聖子以生命之道，降世而爲人，其在天則爲道，與上帝聖父永遠共在，上帝肇造萬物，乃以其道爲之。慨自始祖違命，而罪因之以入，性因

之以削，道因之以墜，世因之以淪亡。上帝不忍視斯世之奄奄就絶也，於是特遣生命之道，降世爲人，上帝所以遺道之故，因世以道而造，亦以道而救也。

聖父篤生聖子，因欲使世人知有聖父也。蓋人與神之所以不克交通者，因神之分本尊，人之分本卑，尊卑懸絶，不相聯屬，果何以使神人交通乎。今有聖子，則可以交通神人矣。譬諸君與民，其位異，其勢殊，聯君民之情者，則有大臣焉。民之隱願，藉大臣而達之於君，君之詔諭，以大臣而傳之於民。上帝與人，雖不相通，藉中保以通焉。是中保者，專恃人爲中保不可，因人皆有罪，不能謁神也。然則將專恃神爲中保乎，而專恃神亦不可，因神與人不同類，不能歷試人之艱苦，體恤人之荏弱，故爲中保者，必合神人而爲一也。聖子降生，實欲普救世人，救人之法，本之上帝，不比佛教救人之法，本之一己也。

又《馬可講義》第五九條　基督是救主之銜，乃希利尼方言，即猶太所謂彌賽亞，爲受膏之意。所司三職，一，先知之職，如摩西。即以眞理教民，其爲道之基址，後使徒亦繼之，有眞理之神導之。二，祭司之職，如麥基洗德。緣人捨身爲祭，在上帝前爲中保，爲無玷之羔羊，錫將來之福祉，代人祈禱，祝福下民，眞能賜人之安，非第如《舊約》祭司祇祝以言，乃身爲贖罪，一而已足。三，王之職，如大闢。但其國非屬乎世，至升天後再護其榮，爲諸權力首，亦爲聖會元首，受師尊之稱。信基督者，與主一神，信士不第沐三職之澤，乃受三職之任，一以眞道覺民，二致已與上帝，三勝罪及邪魔之權。

神與人本不同類，神爲靈妙，人爲血氣，神之於人猶人之於物，人爲人，神爲神，二者不可以混。在中國天子敕封有功之人爲神，不識神人之道矣。《聖經》言上帝乃神，所謂神者，一、無骨肉，二、非時物及五官所能限，三、自爲原始，四自爲主宰，有知有智有若人之心神，能運動四肢，斯即上帝本體之神。更能撫馭萬物，故其有性體，而無形迹。夫神如此其尊，人如此其卑，則神與人之誼綦睽，而人如何得邀神之眷，而仰神之祐乎，是亦有道也。譬諸君與民，其位異其勢殊，聯君民之情者，則有相臣焉，民之隱願，藉相臣而達之於君，君之詔諭，以相臣而傳之於民。上帝與人雖不相通，藉中保以通焉。是中保者，獨神不能，因與人不同類，不能歷試人之艱苦，體恤人之荏弱，獨人亦不能，因人皆有罪，不能謁神，人自不能救，何能救人。故立救世之功，爲中保之職者，必眞神及眞人方可，合神人而爲一者，獨一救主耶穌而已。以耶穌之神論之，其爲上帝，居上帝之第二位，稱曰上帝子，與父上帝共在，無始終，無變易，同權，同榮，無不知，無不在，無不能，共造天地，撫馭萬有，至聖，至義，至柔，爲上帝所愛。在《聖經》稱其名不一，曰，神妙，哲士，全能上帝，永生之主，平康之君。曰以馬内利，曰受膏者，曰盟約之使，上帝救世之方殊多，奚必以耶穌藉人之形，以人之身而生乎。使耶穌不以人身而生，由天以人形而下，雖人而非人，不能與人爲兄弟。故耶穌必以人而生，具人之性情，有饑餓，疲倦，煩渴，飲食，寢興，亦有悲傷，喜樂，憂人之憂，惡人之惡，與人無異。子乃血氣之屬，主亦血氣之屬，欲以其死，使魔鬼無權，不得逞其力以傷人。惟其成人身之荏弱，歷人所受之諸艱，而能勝諸誘惑，此其所以爲救主。而人之陷罪，不能歸咎於身之不從，觀耶穌之身，亦人身矣，以其神勝諸誘惑而有餘，夫乃知非人力不足以拒，乃人不用其力，及聖神之助，甘降於罪耳。救主之身，必先合人性與上帝性，然後能使人與上帝和。故太初上帝已預立定基督降世爲人，許之由童女而生，屬亞伯拉罕裔，雅各之星，猶太之派，大闢之家，以其身而論，固大闢之裔也。耶穌非如人之生而爲人，乃降而爲人，其未降時，已有共生，未成人形，已具上帝象。其由上帝而來，非如天使之由也。其自始已爲中保，即在地已有其理，世爲罪所敗，其爲中保，使人與上帝合。其降也，非藉人本體之形而降，乃藉人犯罪後荏弱之形而降，降於至下，故不恥稱人爲兄弟。其爲人，不同人不自知，乃甘捨其榮而爲人，雖有血氣，非以血氣而生，雖由女而生，而非由情欲而生，乃由上帝，感聖神而孕。生而即聖，不染人罪，故爲全人，立人模範。由是使徒每稱之爲人，耶穌自稱其爲人子，《福音》錄人子之名有八十餘次，而其意出自《但以理書》，顧名思義，豈不深哉。其爲人子時，亦恆爲上帝子，其本爲上帝子，非如人以重生得稱爲上帝子，非如亞當據上帝像，乃爲上帝像，上帝居於其中，非獨顯於其中也。【略】生者誇飾之辭矣，惟耶穌眞非以人道生，因已無死，祇自捐其生而自復矣，此所以與人異也。耶穌之生，與人無異，而所以生則與人大異。然惟信之之人，方知其所以異，彼不信

者，見其與平人等，亦以平人目之，故當日多人曰，此非木工之子乎，其母非名馬利亞，其兄弟非雅各約西西門猶大乎，其姊妹非與我比鄰乎。遂厭而棄之。平民以其無權之可艷，士子以其耿介之不阿，於是忌而殺之，釘之十字架。耶穌當日之爲人，可謂窮而苦矣，上帝正以其降之下，是以升之高。使人子少遜於天使，後加以尊榮，任以督所造之物。今耶穌在天乘權，治理宇宙，凡人欲脱諸惡，必信耶穌成人身而誕降，如不信耶穌成人身而誕降者，此爲基督敵。舍此耶穌，别無他法可以救人脱罪，使耶穌祇人而非神，則不用天下之人求之拜之，亦奚庸隨處播傳耶穌之道，而籲其名乎。蓋各國自有其聖人，不必舍此以就彼，特因耶穌人而神，關於萬國，絶非世之聖人可比，故無一人能不需靠此耶穌而獲救。吾等信士，當先明白耶穌之妙諦，其爲神即上帝子，其爲人即吾等之救主，凡人靠之，必得救贖，汝其倚之，心所願也。

楊格非《馬太福音略解序》　《聖經》又言明救人之法，上帝見人有罪，皆無力挽回，即顯其仁愛，施恩救贖，遣耶穌降世爲人，受苦受難，死於十字架，代人贖罪，使凡賴其代贖之功者，可免地獄沉淪之苦，而得享天堂之永福也，捨此救主耶穌，别無可賴以得救者。《新約》《舊約聖經》皆以耶穌降世，代人贖罪之事，爲緊要之事，而詳記之。《舊約》一冊，乃預言耶穌後必降生救人，《新約》一冊，則言耶穌已降生，而成救人之法。耶穌二字，希伯來土音，譯即救主之意，耶穌又稱基督，基督二字，希利尼土音，譯即受膏也。猶太國封先知祭司君王，必以香膏膏之，乃任其職之禮也。耶穌稱基督，乃指耶穌爲上帝所封以救世者，又稱彌賽亞，意與基督同。耶穌降生之後，雖有人之性，人之體，實不但是人，乃上帝三位一體之中，第二位聖子降世爲人也。上帝惟一，一體之中有三位；稱爲聖父聖子聖神。夫聖子本與聖父聖神，一性一體，一志一德，一權一榮，由是觀之，耶穌實即上帝，即天地萬物之主宰也。耶穌本在天，至所定之日，則降生爲人，死於十字架，代衆贖罪，死後三日復生，又過四十日升天，坐於天位，操天地諸權。《聖經》又言，至所定之日，耶穌必再降臨，使死者皆復生，且使天下歷代人民，死者生者，皆立於其前，共受審判也。

柳清芳《聖神功化・表明主之尊名説》　稱主之名，不一而足，吾試約畧言之，釐爲七節，名載七種。一名上帝之子。子也者，表明上帝而言也，守斯道者亦是上帝子民。天父差遣主耶穌降臨，主耶穌亦是差我儕，在世顯伊光耀，此意詳明《腓力比》二章十五節。二名上帝之僕。《以賽亞》四十二章一至二十一節，詳言塵世中爲僕從者，若不欽遵主人吩咐，爲之奚用。役於上帝僕，但聞主聲，即可拋棄凡塵富貴，如瞽如盲，見猶未見。三名見證，可知主耶穌眞誠信實惟一。《默示錄》三章十四節，詳言信士當作見證，特因《箴言》註解眞見證救人性命之語，互證良有意也。見證兩字，有最切比喻以譬之，民間爭鬭，往往有之，一旦獲送官衙，其中曲直實在情由，審問之餘未必了然明晰，務要民間舉出誠恪見證，分辨明白，但憑見證所言，即便立定公案。作見證者，亦無虞尋仇報復之危，該官長必以全國所有權柄，護衛公義之人。由是推之，吾輩作主耶穌見證，不更有豈天國至大權柄，佐保于爾乎。四名世之光，爾衆亦爲光中之光。主之光敦厚和平，舍此榮光以外，光從何來。然光本在無聲無嗅之中，任他污穢骯髒之物，光仍濃照其間，可知光是爲衆象之光。惜乎世人咸登幽暗，若信士所代主顯露之光，不能普照伊人昏昧，則伊從誰而得主耶穌，在天永生永康之巨福也。五名大祭司。當茲賴主而救者，亦是祭司。所云祭司職分謂何，乃爲衆姓表明上帝命令而言，並與百姓祈求天父整頓諸事，賜福于伊。務知吾主耶穌將己身欽獻上帝，直成馨香純美祭而誰爲。爲基督徒者，日俟大主，爾之微軀，獻乎否乎。六名上帝之羔羊。吾人遭遇禍患，正如小羊闖入狼羣，但値逼迫之秋，事有萬端，是言所不能罄述，苟當身處其境，切莫忘失主耶穌基督遺像可也。七名枝。主自謂葡萄之本，爾衆悉爲其枝，主耶穌匿於天父懷抱，天父隱於耶穌身側，化合一氣，與主聯絡，乃得生命。倚之者則當降心歸服，爲日三省，閱經而不敬乎，虔祝其稍間乎。時或離乎，聖神猶如樹中漿汁，知斯三者漿汁庶幾灌入心胸，千迴百轉，必使結果成實。果係根本氣汁，培養功深，方得繁茂，人苦忍受磨鍊由死而生，則能興盛。本章所分言主名，正是藉名生意，伏望至死不移而順從者，目之所及，心有所得焉耳。

聖靈論

論説

花之安《天地人三倫》天卷　上帝一體涵三，其一稱聖父，其二稱聖子，其三稱聖神。其位爲三，其實一性一體。稱聖父者，屬三位之首，聖子聖神，由此而來，乃獨一大本原也。聖神本在上帝一體之中，其位雖分，其體則合。聖神有性體而無形迹，主於感動衆人，而其所以感動者，莫非聖父之所爲，其體即聖父之體，其性即聖父之性，初不見有彼此之分也，此言其體則合也。聖神與聖父一體一性，然聖父是全體所在，聖神是功用所在，各有其位，此言其位則分也。或合或分，此理不顯然可悟乎。然亦須善爲體會，以聖子與聖父較，則其體自合，其位自分，本自各別。以聖神與聖父較，則於體合之中見其位分，於判別之中，仍寓渾融之意，若不於判別之中寓渾融之意，道理雖盡，卻不得聖神之分量。何也，蓋聖神有神化之妙，其無形無象與聖父等，不比聖子有聖父之性，兼有人之形貌，世人曾親其形貌也。此中奥妙，不可不辨。以聖子與聖父較，體一是體一，位分是位分，可作兩層看，以聖神與聖父較，則於體一之中見其位分，不得以體一作一層，位分又作一層也。總之，受造之天地人物是末，三一之神是本，聖子是有形之本，聖父與聖神是無形之本，而聖父尤爲本中之本也。或謂上帝是大主宰，則言聖父而聖神已該，何必更爲剖析乎，然既一體涵三，正不得不條分縷析也。試觀乎人，有身體有靈魂，雖分二端，實只一人耳。更譬之物，一物非一質所配合，或二或三或多質不一，如水含二質，分之則爲二，合之則爲一，日光透三角鏡，分七色，七色復合則爲白光，分之則爲七，合之則爲一。又日之光與日之熱，皆從日而生，光熱二者，利益無窮，萬物皆倚賴之，若無光以照萬物，無熱以濕萬物，又何知有日乎。聖子由聖父而生，聖神亦由聖父聖子而出，聖父以聖子顯明眞道，救贖衆生，以聖神感動人心，復活天良，若無聖子聖神，又何知有聖父乎，何知聖父之恩乎。

聖神之格律聖潔，絶無污穢，人先能悔罪，有務道之心，聖神然後可入。心有潔淨之神，然後恨各種污念，與夫不端之事，且有力掃淨諸般私慾，扞禦外誘環攻，化氣質之性，從義理之性，聖神之牖，與是非之心契合，淪膚浹髓，漸義磨仁，由是而四肢百體，皆向於善，不至蹈惡，即至身死，靈魂歸於明宫，有新天地得享永福，此皆聖神之恩賜也，然則人固當崇敬聖神矣。

《聖經》形容聖神之德不一，如鴿，如膏，如風，如火。在幕之臺有七燈，亦指聖神之德力有七。因聖神亦爲上帝，故受崇拜，又稱其名曰施恩之神，祈禱之神，眞理之神，智慧之神。人復新以聖神，更生以聖神，《聖經》表明聖神固彰彰矣。不若釋教徒有勸善之言，究無致善之力，其故由於祇知一心而不知有聖神也。

聖神職主感化，予人異能，感人發言，代人祈禱，賜人善力。觀聖神之職，窺聖神之位，考聖神之德，聖神實人所當欽崇也。間嘗玩味《聖經》，聖神之妙體，亦嘗畧示端倪。如《聖經》言上帝乃神，按其旨意，未嘗謂聖父與聖子爲神，乃言聖父與聖子在神也。《聖經》亦言拿散勒人耶穌，上帝沐以聖神，亦未嘗謂出自聖神也。聖神爲一位上帝，此理多人亦明，但當知父子聖神，非一上帝而顯三位之功用，亦非有三位上帝，祇是聖父爲獨一上帝，聖神則其神也。聖父實涵聖神，聖神實出自聖父，有聖神可以顯聖父之性體，可以顯聖父之德力，聖神既在聖父與聖子，則聖父與聖子所爲，即聖神所爲也。

三一之神，得聖子可以除罪，然罪既除矣，又貴能向善。如良田然，除其稂莠，又貴植嘉穀也。夫向善非易，必得感化而能，而感化則必賴聖神焉。聖神者由父及子出而顯著，是上帝之神，天父之神，厥子之神，其德永遠，其智充周，窮萬理及上帝之奥。知上帝之情，故賦人以才智，加人以膂力，與人以善藝。凡百善由之而出，此善非由外而來，不比學他人之善以獲益也。蓋向善眞切，非人之力可能，亦非己之力可能，惟有聖神入人之心乃爲易易。

三一之神，獨稱第三位爲聖神者，因其有神化之妙，其功用乃煦育萬類，感化衆民，有光耀及人，有安慰及人，有應許及人，有智慧及人，有

威權及人。使人知罪，助人悔改，信救主而得救靈魂。人欲篤天倫，必須先信聖神。

楊格非《馬太福音略解序》 《聖經》所言之聖神，乃上帝三位一體之中，第三位也，聖神之稱不一，有上帝之神，耶穌之神，保惠師等稱。其功用乃照亮人，安慰人，感動人，使人知罪悔罪，助人改惡遷善，信主耶穌而得救也。人若欲得聖神之恩助，必賴耶穌之名，而求天父，始能得之。

柳清芳《聖神功化·充滿聖神說》 吾嘗聞守道者篤實，得以聖神足臆足心，若人乃爲主所需器皿，上帝必將應要奧詣，充其心志，使彼周流末世，啓導愚氓，感化衆姓，咸得恩寵慈惠，無限福音，誠是富有之業。然雖如此，究非吾人自有力量，實因我主耶穌基督，賜聖神感動能力，使之然耳。既得聖神輔助矣，上帝之大能，必然由爾心我心，顯現諸般奇事，是故純全之人，自必順從天父命令，及《聖經》壹是指揮。正如徜徉在山之泉，清潔無疵是也。進而言之，爲聖潔者，其要有三，一曰祈禱，但此端爲守道者不可須臾離也，若無聖神，又焉能不息祈禱之咽，唯天父命。二曰悅慕主道，緣主道本使人悅慕，然徒有悅慕之心，亦不可也，必得聖神而後，使妙詣晃入心府，知古人因聖神得默示而譯經，吾儕欲罄悉主道，尤不能稍左聖神也。三曰仁愛，仁愛者，無所不愛也。我輩崇奉聖道，故不乏是心，特恐愛分內外，亦有難言，若無聖神感化，使吾愛主之愛，其愛仍不及也。當知歌林多前十三章，四至八節所云，上帝慈愛，乃眞愛也。

基督崇實眞道，緣因救世而起，按夫救字本意，則複道焉。首爲上帝創造靈魂，未忍厥棄，次爲人身虛延宇宙，務須行止莊嚴，悛惡由善。如斯兩端，非確從聖神巨力扶持，敬解基督鈞誨，行必罔效。追溯先賢主使徒彼得諸子，當處五旬節前，雖然得救靈魂，特恐厥心仍未有聖神充其肺腑，吾試約畧言之。蓋自五旬節前，彼得於雞鳴時，三次啓唇不識耶穌，行莫與之隨，坐莫與之居，如是遐疏，焉得謂聖神充滿於心者所可爲耳。後越節限，主耶穌身罹禍網，值此之時，彼得方與主契合，步步趨趨，雖因之受辱，並及未料之災，而伊反放其膽量，侃侃如也，稱主耶穌是名基督，可知節後得蒙聖神感化，乃至於此。作如是觀，吾儕守道，聖神於我衆中，爲尤不可缺。要知聖神無限之機，若得行爲與信心共全其美，始無愧對天主也。守道一端，爲意甚密，試看邇之信士，多以靈魂爲己任，於行爲上視爲末節，要知行爲與信心互相印證，二者減一，聖神得充之乎。苟未充之，仍蹈罪愆，亦何益矣。主耶穌登上蒼至尊至高之位，榮耀靡極，光照六合之中，幽暗咸沾惠澤，信之者衆，讚美榮耀，故不待言。當思主雖有位在天，人之五臟腑，亦是吾主殿宇，如不能豫築經營，潔其心身，爲厥神住，聖神何由而滿上心頭。《經》云，我在主懷抱，主在我懷抱。是與主聯絡之要意也。賴之者，當以萬有主，爰居豈可離，得救諸君子，記取予之言，平時契合主，須求十分十，若是有九九，稱主未誠實，如《經》之言，不被聖神感動，無有稱伊名主，此語良不謬矣。或有人猝然向予曰，得受聖神感動於心者，其一時乎。予曰，否，緣夫未得之先，較諸既得之候，乃在一時，然既已得之矣，則譬如簷前角漏，可以引導自然之水從中流出，以小喻大，則如山中瀑布，湧若江河，苟得聖神充足吾心，心得拘束，導由義路，藉我輩四肢百體，施行善事，果如是焉，心如烈火，實爲上帝榮譽，倏成湧流活水器皿，天國濃盛，誠爲上帝旨意，莫不應命功成。所以得蒙天父俯賜聖神，輔助吾等，誠實醇樸，靡棄厥恩。斯時我儕當堅持心志，守受應許，勿自懈也。今或有人特患氣逆之症，呼吸之氣，不能相生相養，危在旦夕，如此堪憐，卻非清氣不足，乃爲喉間氣管阻滯故耳。前章所載五旬節期聖神亦爲上帝所遣，其未得受者，恰似齊王餽金，受之者則得，未受奚得焉。爾我眞當恭敬虔誠，以待全權上帝賞賜聖神在爾心，導爾之義路，棄舊更新，榮寵無旣。

又《抗拒聖神恩賜說》 抗拒之獘有六，吾試歷歷陳之，一曰固執，不能遐棄字樣，阻其進也。兄弟乎，瞞心昧己，虛虛實實，惟上帝知我衆，務期得作完全馨香祭物。請看《羅馬人書》十二章一節，即可瞭然於心目之間。凡我同人，既得重價贖之，則應歸主，舍主而又依乎誰哉。四曰不按至理祈求，爲守道者最危之事。當祈求時，若藉此禱告，放縱情慾，焉得邀天父俯聽之榮。或又自憶藉聖神能力，使人知吾有口才，吾有力量，獨存超類拔萃之心，聖神是必不能充足夫臆也。五曰順從命令，上帝必首賜聖神於信從者。主耶穌將至之始，低窪之地必起，巨細之山必平，彎曲之路必直，高低之壤必齊，諸惡，但念念在茲，天父何由俯聽祈

禱。要知聖神大體，表明聖潔之意，上帝光明正大，毫無黑暗之區，特用聖神導爾我心，分别善惡，假爾我之力量，從聖從神，際此之初，若未拋棄世俗，烏足以得消受此福也。二曰懷思偶像。進審《以西結書》十四章三節，是節非獨詳明塑雕泥木之事，並云心上念頭，使以愛物之心越乎愛主，直與敬賀泥木，同一轍耳。三曰假冒聖徒。人之全體，本爲上帝所付，當知四肢百節，儘其所有，復獻大主，若稍藏餘力，將似吾主耶穌往汝家矣，過前庭，繞廻廊，方到蘭芳，忽然昂首，則見到此止步凡有血氣者，必得親領救恩。如此，則狂妄之流，必先卑微，而後可以事上帝。六曰，不篤信者不得聖神。《經》云，因信致得。以上六則，守道者宜進思之。

又《聖神何由而得充之説》 吾人奉主之名，勸慰爾衆，得倚聖神冶諸心，即可得到一切屬乎永生恩澤，結成異種聖果，得邀天父厚賜，出乎意料間也。方將充足之期，或當祝謝之際，或值解經之時，言人所不能言，憶人所不及憶，較諸尋常之閲經祈禱，天壤懸殊。可知聖神是補人之缺欠，加人之信望，使人靈性蘇醒，咸成活靈活性之徒，各得應有名分已耳。要思聖神三位一體之中，眞神一位，尚肯降臨卑微虚無飄渺之中，誰其不應接之待之倚之賴之也。非獨言福，亦是行其所當行之事。虔心依歸，順服引導，《經》言萬民立主之前，視之不見，聽之不聞，如無物然。天父降，聖神臨，卻非爲蟻民役，乃是全能至顯主，按實吾儕疾病療治，所以聖神爲人之不可少也。但其所得，功效有五，一承認罪愆。上帝尊前，小心翼翼，不敢毫釐自欺，當禱告之際，若得默示，於他事有不及之處，非獨承認，且當充其缺乏。二儘其人形體之所有，獻與上帝作爲馨香祭物。昔有友人向余曰，以己之己有身，憚獻其主，特恐八尺之軀，爲大道流行，竟作離鄉孤客。僕驚而問曰，所懼爲誰，其十字架上流血之主乎。噫兮哉，吾願子之見宜速反耳，立獻百體。三聖神乃上帝應許而來，求諸前必應諸後，得能堅持莫移，始可免夫責備，此在天之父所竊願也。當此之時，我輩怛然無疑，齊集施恩座前，望聖神而冀得。四信之始接待耶穌爲吾救主，居其時，首推恩，次推信，今之仰慕聖神，毋異於初，要思天父重信深意久存焉。五信從。嘗考《使徒行傳》五章三十二節，言聖神乃上帝所賜與信從者。以上五端，爲道中急務，守之必將至意銘心可也。

花之安《馬可講義》第五九條 上帝賜之聖神無限量也。基督自爲神，而非聖神。聖神者，由父及子出而顯著，是上帝之神，天父之神，厥子之神，其德永遠，其智充周，窮萬理及上帝之奥，知上帝之情，故賦人以才智，加人以膂力，與人以善藝。凡百善由之而出，是以有人由神傳智慧，有人由神得信主，有人由神得醫術，此皆聖神所行，惟所欲予。最多爲感先知，然亦一時已，其恆感者爲彌賽亞。其不第爲上帝之德力，乃自爲位，亦爲上帝，故受崇拜，其亦與父共造萬物，其職主感人，使心光明，通達眞理。即責此世，教訓，勸化，安慰，故稱其名曰，施恩之神，祈禱之神，眞理之神，智慧之神。由此人能自察，感於惡神，或感於聖神。人復新以聖神，更生以聖神，《聖經》形容聖神之德不一，如鴿，如膏，如風，如火。在幕之臺有七燈，亦指聖神之德力有七，又譬如石有七目，七燈七管，七燈指上帝七神，角七目七即上帝七神，羔有七目，指由耶穌以聖神出之力能，救其會而敗諸敵。聖神爲一位上帝，此理多人亦明。

教義分部

創造論

論　説

花之安《玩索聖史》卷一 上帝所造之天，有人目所不見者，如首節之言天者是。有人目所可見者，如六節之言穹蒼者是。蓋上帝之造，始於神天。神天既定，猶是混沌未開之象，故狀之曰，地乃虚曠，淵際晦冥。彼世論之紛紛，由於源委之不實，又何足怪乎。天地萬物，無不爲上帝之所造，是天地萬物，無不稟受上帝之形與性也。夫天地萬物既悉稟受上帝

之形與性矣，是合天地萬物，即足以徵上帝而不然也。上帝者，有萬有而不見其有，無諸有而不能自無者也。上帝之造物以道，凡受造者，無不以道而造。顧道雖散著於物，而不凝滯於物。譬如日光之炳曜，微隙皆通，而合大地之日光，究與日之本體，無損益者也。夫上帝之於物，亦猶是而已矣。或曰，誠如是，上帝曷爲而造物乎。曰，此理之當然者也。天地萬物之理，莫不有其當然之所寓，如天之覆，地之載，日月之照臨，江海之渟滀，人物之蕃衍，事業財用之繁富，皆有其當然之理，是以缺一而不可。上帝爲當然之理所自出，故凡厥所造，悉是宜有，宜有者，符乎理而無不合者也。且此當然之理，即永存之理也。永存之理，藏於無始，而散於萬物，今試語於人曰，汝將自化爲泯沒無有，彼必不自願。其不自願者，以永存之理，固自有在也。夫此永存之理，無物之先，固自渾成。有物之後，亦無虧損。體物之中，並無散失。散之爲萬殊，合之爲一本。而於此理之本體，固無散合之可名。夫是以鏤大造，闢鴻濛，甄陶乎衆形，化生乎萬彙，以成乎無限，無量，無邊，無極，至美，至全，至貞，至永之世界，而不見其工，不見其迹也。

造物之妙，充足乎人之所知，而合人類所充足之知，亦不能窮造物之妙於萬一，蓋造物主上帝，固萬德悉備者也。是故以其造物，而徵其全能焉。以其養物，而徵其全仁焉。以其分類別形，各賦其才，各安其所，而徵其全智焉。以其保存扶持，頃刻無間，生氣貫通，不遺靈蠢，而徵其全靈焉。文乎天，則日月星象。文乎地，則山川草木。文以林麓，則有走獸飛鳥。文以江海，則有魚鱗潛介。而徵其全美全榮焉。《易》曰，仁者見之謂之仁，智者見之謂之智，斯言也。吾得以證諸上帝之造物焉耳。

試問宇宙之大，萬物之繁，其所以大生而廣生者，果孰使之然乎。曰，是上帝使之也。蓋上帝爲衆理之根，其造物也，即授以物之理，而物得之，即以成其性。上帝不改其命，故物之生理，亦亘古如斯而不失其性。是性也，即生理也。夫生理之存，存於有物之後，而實具於未有物之先者也。蓋自一物未成，兩儀未判之先，上帝之性，已湛湛永存。性存則生理以存，生理存則無象之天地萬物，胥隱寓於沖漠無朕之初矣。譬如夢中之所見，萬象森羅，有如幻性之所形，靡奇不有，是謂無有，是謂無無。

又　蓋上帝之造人，終於造物既畢之後，而特予人以治理萬物之權也。或曰，上帝無像者也，而造人則曰其像象我儕者，何也。曰，所謂像者，不指形質也。觀下所言，曰以治海魚昆蟲六畜，亦以治理乎地。像之者，特像乎此耳。不然，人之形質，乃摶土所成，於上帝之像何者。抑又聞之，像之者，象厥性體也，人之性體，不可爲象，彷彿於上帝，故曰像也。曰我儕者，統三位也。由是言之，人者超乎萬物之上，乃造物之第一級。故人之下屬物，人之上屬上帝。

水之有源，木之有根，人之有祖，此理之固然者也，然人各祖其祖，而祖之所自祖，則非特知有所難週，且置不深考之例，是故人非有遠見深識者，往往以人形色聲音之異，而疑人之非出於一祖。夫人豈有二祖哉，大地之內，人不一人，而食味別聲被色則同，物則秉賦則同，徵於同而謂其有異，是惑也，是不能通乎一元一氣之理也。考人類之始祖，厥名亞當，是上帝摶土爲之，噓氣入鼻，以成爲血氣之人者。於是上帝置其人於囿中，使之栽植，使之防守，兼命其人曰，囿有百果，任意可食，惟別善惡之果不可食，食之日必死。其囿在埃田之東，是據地球之勝地。當在囿之時，上帝率羣畜視亞當之稱名，亞當以百物之類，各有稱名，而百物之中，固有不能爲偶者。上帝乃令亞當酣睡，取一脇骨，以成女，以爲亞當匹，此人類男女之所自始也。

懷定《性理探源》　今試以手論之，有掌有指，各有其用，掌則用以按物，或持物。指則有節，用筋聯絡之，使其屈伸自便，取攜極靈，凡百作爲，悉從手出，原爲此用而造，豈非有意經營乎。再細考其創造之妙，凡人用力，多由於手，其出力之法，乃由肉之紅絲伸縮而來，若使其肉純生於手，則笨厚極矣，何以施力。乃使肉生於臂，至腕則漸縮而細，堅實成白筋，以連指骨，在腕閒有橫筋以束之，使掌可以前屈後仰，而筋不離於腕，所以運用自如。試觀大指則生於前，與後四指相應，無論與何指，皆可便用。或伸幾指，或拳幾指，或五指聚於一處，或各相分，無不如意者。無論如何動之，各有肉條白筋以成之，其伸縮動轉，皆從人之心意，達此心意於各肉條，有白絃通於腦髓。正如今之電綫，雖千里之遙，可由此達彼也。此白絃豫備甚全，通於周身千百肉條，人欲如何動轉，立時達信於該條，使之或縮或伸，盡如其願，使手有如此巧妙之用，茲不過略言

數端。再如手之能覺冷熱，知剛柔，以及補養血脈與缺殘，並骨節之津液，指甲，又有皮幾層，裏皮極嫩，最畏觸傷，外有老皮以護之，不致裏皮覺疼，雖有火及沸湯受傷之事，直不知畏避。無外皮，則無論一觸何物，雖極柔者，亦痛苦難堪。如此奧妙，不勝枚舉。第以手觀之，愈知各有其用，各有所爲，此爲大智慧之主經營而成者。誰能疑其非耶。而且骨節之堅，肉條之軟，津液之潤，皮膚之柔，皆由所得之質而成，本從血來，是血中有骨肉筋皮之原質，若不使之各成其象，各歸其所，仍不能成手成足矣。彼無知覺無經營之理，何能爲乎。再推所爲之理，耳爲使人聞聲，鼻爲使人知臭，眼爲使人辨物，口爲使人食與言，牙齒爲使人能嚼，津液爲使人潤，則百體之中，孰是無爲者乎。至於飛禽之翼，則爲使之飛，走獸之蹄，則爲使之走，五穀百果，亦爲養育人物，此數者旣有所爲，皆如上文所云，必有經營而爲之者矣。【略】第一論各體自顧聰明意志。人所造絶妙之器，不如上主使長成之肢體，大形精妙。比如人之眼目，較諸千里鏡顯微鏡眼鏡等更爲全備，應對光之妙理更巧。在目中獨有一能受光與色感動之腦筋，在瞳人後，分成細網，光從睛中小孔而入，其孔旁有極細肉絲，可以伸縮，使孔之大小，皆合得光之多寡，非由於人心，若止有光從孔入，仍不能照外物之像。故於目中備極清之水，與堅實之凸鏡，正與光合，使其在後面照成物之清像，目中若白，必照回光線，令所照之像不清。故在人身中，獨此處色黑。而且人造之鏡，須人安放，合物之遠近，方得見之。惟目有奧妙之法，使其自能長短，而明辨遠近之物也。此特舉一體之數端，有心人可推而廣之，卻當思及其奧妙之用，皆於胎中黑暗處作成，卻明明與光之妙理相應，爲使有目者能見之也。此奧妙，誠非人造之巧器所能及矣。則眼目一物，豈不大顯有欲成之心意，並顯選定成此心意之法，及用此法作成所定之心意乎。再者用心之據，無有更顯於先備將來之需用者，若非以心思及將來之用，何能預爲之備。吾人一時一刻，不得呼吸空氣，則難生，可見呼吸空氣之肺，不可少也。人又須食以衛生，不然則饑而死，可知胃經不可缺也。若嬰孩在胎，原賴其母長養，而不用肺胃，卻早爲備之，迨生時可用，若非知將來必用，豈能如是預備乎。夫知覺者爲誰，非嬰孩，亦非父母，其必在使父母育嬰孩之上主也。再嬰孩生而即食，卻不能食成人之物，乃子旣生，其母之乳即至，豈非以心先思及此事，特爲嬰孩備其食乎。

丁韙良《天道溯源》卷上 希臘國昔有聖人瑣格底者，與門生同行於京都之市，偶見匠氏琢玉爲人，耳目手足如生，身材適肖，門生見而稱道勿已。瑣氏謂之曰，爾遙視玉像，儼若生人，以爲匠心工巧，稱爲妙技，試近按之，體猶冰也，徐動之，拙於行也，呼召之，未能應也，何得稱匠氏之精妙乎。假如使之口能言，目能見，足能行，若何。門生曰，此豈非天下奇技哉。瑣氏曰，非但此也，且能使之胚胎養育，綿其族類，不再勞匠氏之手，何如。門生曰，神哉，此技也，胡爲乎有是哉。瑣氏曰，奚容入市肆，玩此奇物，二三子不見林林總總者，皆市上往來之人乎。是皆具百體，口能言，目能見，手足能行動，而又能育之養之，閱世勿替，斯人也，奚啻什百於匠氏之所琢也。夫匠氏之所琢，稱道猶如此，而工之愈於匠氏者，雖未見其匠氏，不儼然有神匠者在乎。當其時，耶穌之道，尚未傳於希臘，瑣氏亦未見有吾教聖書，祇因審察萬物，各有妙諦，悟出眞主。而今之人昏迷不悟，蓋不思而已，思則未有不悟者。或曰，人非關乎造，乃自然生也。曰，生物各從其類，故所生之物，與生之者同，如人物之傳種然。而物成乎造，則所造之物，自與造之者異，如匠人之製器然。人之體，與父母同，故曰生我者父母。人之形，與天主則不同，故曰造人者天主也。雖有天生人之説，實乃造耳。且物之造，必以營謀，物之生，無所用其營謀也。甫在胎中，父母莫識其爲男女，爲秀美，爲醜陋，而及其旣生，百體各有妙用。意匠經營，更非等夷，可知生之者父母，而造之者非父母矣。或又曰，人之百體，固有妙用，而五行之質，亦各有妙用，人之爲人，殆非經營而得者乎。曰，遇一木於水中，則以其爲偶然失所耳。若遇一物，而爲衆木之所成，觀其內，有房舍焉，視其外，有帆檣焉，則必以爲渡水而設也。拾金物於沙中，則疑其爲生於斯也，若審視之，而鎔鍊精工，且有文飾，有尺度，有轉輪，有動機，創見而非常見，則知其爲定時而設焉。夫一物也，而衆美集於中，羣材顯於外，豈偶然哉。

又《天道溯源》卷中 《聖經》記天主以土造人，而人或疑之，殊不思人之一身，生則爲土所養，至於死則復化而爲土。《禮記·檀弓》曰，骨肉歸復於土。苟非由土而成，何以云歸復乎。况中華有女媧摶土作人之

古傳，他國古傳亦如之。今讀《創世記》而知其事則實，人特誤傳摶土者之名耳。猶開闢之事，實由天主，而以盤古當之，則大誤也。或問不知人身爲造物以土摶成，猶陶瓦然，抑或由漸變化歟。曰，格致家問有謂生物萬類，莫不具有變化之理，而人物同出一轍，皆由漸而成。然則無論突造漸造，皆顯造物之妙用，皆本於土，謂之以土造成可也。惟人以靈魂爲貴，非有上天所賦之靈，烏得謂之人哉。【略】或以人類衆多，諸國遙遠，顏色各異，語言不同，即疑非由一祖而出。不知人既同此心性，同此形骸，其顏色語言之有殊，乃天氣風土之所致耳。試觀中華，地隔數千里，時越數百載，語言尚非一致，何況天下諸國，越數萬里之遙，隔數千載之久，其語言更不同乎。況聖書載上古之人，同一口音，共居一處，天主淆亂其口音，致散布於四方。今西儒學諸國文字，知四方之語言，異者固多，同者亦不少。其異者，蓋因地遠時久之所致，其同者，可證其實出於一本矣。如印度人色黑，歐羅巴人色白，而語言同類，名爲印歐之語類，則黑白兩族，非由一祖而出乎。且《聖經》記主造始祖二人，處之於百辣江濱，洪水初平，挪亞方舟擱於百辣江發源之山，天下衆民，自此散布。考百辣江，在亞細亞大洲之中，古時先開化之國，惟巴比倫，印度，中華，埃及，其三國俱在亞洲，至埃及雖在亞非利加而與亞細亞相連。三千年前，四國教化隆盛，他方尚屬荒野。由是觀之，人類非肇始於亞細亞，因而散布四方者乎。

又 按《聖經》，自人生至今，歷七千餘載，此由年譜而推，並無明文限之。或以中華古傳，記年數萬，即疑《聖經》有誤，不知孔氏刪書，斷自唐虞，可見唐虞以前，事屬杳渺，不可爲訓。《鳳州綱鑑》方崐山曾辨其誣，曰，太極動而生陽，靜而生陰，既有太極，即有陰陽。既有陰陽，即生萬物。既有萬物，即生聖人。豈有一萬餘年，陽始生而天開，又一萬餘年，陰始生而地闢，又一萬餘年，陰陽始交而萬物生，又四五萬年，陰陽始完而聖人出，萬無是理也。夫自堯舜至今，纔三千餘年耳。三代已不如唐虞，漢唐宋已不如三代，世道升降，不過二三百年則一變矣。豈有開闢之後，四五萬年，風氣尚未開，人文尚未著，水土尚未平，生民尚未粒食，直待羲農黃帝堯舜迭興，而後治耶。竊謂羲農去盤古即首出之人，聖書所謂亞當。之時必不遠，其年以千計，不可以萬計也。堯舜去羲農之世必甚近，其年以百計，不可以千計也，學者不可不察。方氏此論甚明，凡稽上古之事，皆不可拘於年紀，雖差數百數千，不足以生疑議。蓋生民之前，不知歷幾千萬刦，在所不論也。

花之安《玩索聖史》卷一 嘗思有形者必毀，無形者永存。知有形之必毀，則知天地之有終。知天地之有終，則知天地之有始。雖然人知天地之有始，而莫知其所由始，故論天地萬物之理者，或以爲無始無終周而復始，或以自然而有，逐漸生來。凡其所以游詞莫定者，以天地萬物之奧妙，實有所難知故也。而欲知之明而論之詳者，則莫如《創世紀》一書。《創世紀》者，開闢來書之至古者也。其言曰，太初之時，上帝創造天地。創一章一節蓋太初之先，惟有上帝，上帝始以無始，終以無終。時以何有，時之起於太初也。以有物後繫之也，故次之以創造天地。創之義，從未有始有而名之也。造之義，自無而之於有名之也。創造而繫於上帝，有專屬之義焉。世論紛紛，皆不得參其末議。上帝之創造，先定乎物之形性，猶哲匠之經營，先搆一無形之屋宇於心。蓋上帝之造物，固隨意而成，而物類之形形色色者，不定其形性，則類聚羣分，必不能並行而不紊，是故上帝之造物，上帝預有以定乎物之形與性。上帝之創造，先乎天，次乎地。充其生氣，而水面煦之。二節發其大命，而萬物應之。故曰，有形自無形而出。又曰，吾惟信，知天地以上帝命而造。是故欲其有光也，命出而光現。三節至五節欲有穹蒼也，命出而穹蒼著。欲使水陸之各分其區也，命出而水歸於壑，陸現於原。六至十節欲使陸地之滋生植物也，命出而陸地之植物於以滋生。十一至十三節凡物所以應命而生者，悉徵上帝之全能。上帝之命，即上帝之道，上帝以道現，不啻心以言現。言之發爲心聲也，有感斯應。故道之著於萬物也，如影隨形，有如將軍之出令，令出而效隨。故曰，上帝視所造者盡善。善之者，稱乎意也。何稱乎意，曰，物所現之形性，實符乎上帝之所命也。且夫上帝者，全能者也，以全能之上帝，固不難遽定乾坤，速生萬彙。而細觀其創造之宏功，必使不陵不躐，漸次施爲者，何哉，蓋理在則然也。天下之事爲，不離天下之定理。上帝爲理之大原，其造物之工，有先後，有次第，有位置，悉不得混，皆有至理所寓，而非可以淺嘗測。是故光者，萬物之所首資者也，故上帝造之於先。

光不可以無所統也，故日月星繼之於後，蓋無此三光，則四時無由序，年代無由紀。而置此三光，則不特足以麗穹蒼，而亦足以知年代，定四時。夫大地之內，惟陸與海。陸有植物，則水亦宜有潛物。故上帝於鱗族羽族等類，復發其大命於生之日，且並有以分祝之，此上帝造生物之始，亦上帝用祝之始。繼此而造者，則更有六畜，昆蟲，走獸等類，二十五節已上而終之以造人。二十六節

懷定《性理探源》 夫事物有所爲而成者，其意約有三焉。一，有選定欲成就之意。二，選定成就此意之法。三，即係用此法，成就選定之意，足顯思索志意能力焉。有所爲之事物，既有此三端，則可見成之者，必有其知覺志向權力，此不待辨而明也。其果既顯聰明謀策，其因亦必有之，乃自然之理也。蓋其謀策所顯之聰明志向，非寓於所成之事物，乃寓於成之者耳。即如一書，極顯聰明心志，但此聰明心志，非有於書，實出於著書之人。又如極美之畫，最巧之器，若鐘表火輪機器等，甚顯聰明謀策，其妙卻不在物，乃在作成其物者也。至植物動物，俱顯聰明謀策，其妙亦非在植物動物，而在使其長成之主也。總論六合，顯明心志聰明，亦不能寓於六合，乃必在六合外之主焉，與上所言者無異耳。然上主之工作，與人之工作不同。人之工作，皆以死物製造欲成就選定之意。上主之工作，多有生根排列，以成其旨，即如由內而列成者，常謂之曰生長，非由製造，此與人之工作，大有別矣。試以房室較諸樹木人身，此別顯然，但或此或彼，使其所有之聰明智慧，不在物中，而在物外也。造房室，則聰明在於房主。使樹木人身長成，則聰明必在上主。蓋製器之先，匠人心中，須有安排之法，然後能成。則人身長成之先，上主心中，亦必預定其體用，然後可使其長成也。或云各果必有其因，或云某事物若有所爲，則必係經營而爲之者，其理爲一，亦自明者也。此理非止在已遇之事，如謂所見之房屋舟車，及各等器皿，皆有知覺心志者而作，即思他物亦莫不然。豈不知顯志意之事物，原包括其爲有聰明智慧者作成之乎，故視某事物有所爲，或顯心志，則必以爲有聰明者作成之。既如是，可以此理推於己所閱歷以外用之，而云天地六合有聰明心志之主創造，與書籍之有聰明心志之人著作，同一顯然也。若不能以書籍爲無知覺之理氣所爲，永不可以天地六合，爲無知覺之理氣化成也。且顯心志聰明之端，論之難盡，有人著一書，專言手之體用，足顯聰明意志。可見千百部書，論不盡天地間顯聰明智慧之物，於此不過舉其二三，特著論法之總綱而已。

又 至於禽獸，皆有百體，其體皆有相應之用。各類禽獸之體，雖若相似，卻各不同，使之合其所遇，或行於陸，或躍於淵，或飛於天，各肢體必隨其遇而備焉。其胃能化肉者，則齒牙指爪，必然堅利，令其能捕動物。食草糧者，肢體則又異矣。又如鳥之行立水中者，其腿與頸必長，浮於水面者，其爪則有連爪皮，羽毛且不濡水。常飛於空中者，其骨空虛，使之身輕，愈加雙翼之力。爬於樹者，其爪尾必能合用，於木中取蟲食者，有如啄木鳥，其舌有鉤，嘴亦堅固是也。以上各類，皆令其合用，更顯用心預備也。且不惟合用，亦能合乎物之所欲，如牛馬等，其肢體牙胃，皆宜食草糧，彼亦不思食肉也。夫肢體各隨其用，又合其性之所欲，足顯明有用心經營而成之者矣。植物亦如此，多顯上主經營作成之妙。若推而廣之，物與物各類亦有相應之妙，動物若無植物，則不得生。或動物，或植物，若與光熱水土四者不宜，亦難滋長。益推益廣，足見各物有相應相憑之處，雖萬里相別之星，亦有相應之妙，若非全智全能之主，經營而作成之，安能如是乎。

丁韙良《天道溯源》卷上 嘗思人莫非父母所生，最上之祖宗，即父母也。推而極之於肇始之時，則第一世果係誰所生。曰，第一世必非父母所生，乃主宰之神所生也。禽獸草木皆然。夫禽獸有種類，草木有根本，試問創厥種立厥木者伊誰。或曰，萬物充滿於兩間，太古時豈或不然，莫非生物之功，未嘗稍息，因而盛衰相繼，莫辨始終乎。曰，人在大洋，杳無畔岸，便云洋之無邊，懸一鍊而未睹其端，即云鍊之無倚，豈知海不見岸，因目之未明，鍊不見首，因鍊之過長。若於生物因世遠年湮，反不能推極其始，尚可謂明理者乎。試觀貫環成鍊，最下之環，必資於次，推而上之於首，其環必有所倚，非懸而無薄也，明甚。況鍊愈長，其所倚托之樞必愈固，則人世愈久，其必有大能之主以生之，亦愈明矣，安得曰無始。夫人生世上，蒸蒸日盛，而由今溯古，由孫溯祖，愈遠則愈稀，推所由始，不儼有第一世在乎。即鳥獸草木，發榮滋長者，日愈盛，亦必有肇端之族類也，明矣。

又 或曰物之生也，自具生理，非神主之。曰，理，究何謂哉。物之

理，即物之性，物之性，即天之命，天即主宰之謂。則謂理生物，與主宰生物之論，何以異乎。且物具其性，而性存於物，有是物，即有是性，無是物，性憑何存。性既曰理，理本出於物，何反能生物哉。夫天命不改，而物理有常，猶國之有律，治國憑乎律，而所以致治者君也。生長萬物有其理，而所以生長之者，乃賦性降□之主宰也。西國性理家，所謂天理有心，其此之意乎。律爲國法，歷時既久，變易者有之，廢置者有之，存而不論者有之。乃造物主賦物理，既允且當，既明且善，雖偶有變形者，亦莫不隨性循理，此物之所以有常也。人見律有改革，知權宜之在君。而物理之無變，反忘定命之主宰，何其愚也。

宇宙論

論説

懷定《性理探源》　且自天地之開闢，萬物之滋生，由來久矣。究其始者，不乏其人，著爲書者，各執其説。今試歷爲指陳，以徵同異。蓋論天地六合之來歷，其説有三，有謂天地萬物，悉由理氣而生，理氣之外，無一活潑全能之主，創造扶持管理之，此一説也。又或云天地萬物，皆神發現己身，是以無論何者，皆不外乎神，故統可以神稱之，此一説也。又或云天地萬物，雖爲神所創造，而神自爲神，物自爲物，雖言有神，而萬物卻外乎神，此一説也。觀前二説各有一偏之失，第三論乃爲中正之道。第二説法，在中華未見興盛，茲且置之弗論可也。蓋在《周易》，謂上古伏羲，因河圖畫八卦，首重乾坤，爲大父母，設剛柔二畫，以象二氣，即爲開天地之原。布以三位，以象三才，遂爲生人物之本。由此氣而變化無窮，生息不已，天地萬物，乃於此肇始矣。迨宋儒周子作《太極圖説》，曰，無極而太極，太極動而生陽，靜而生陰，兩儀立焉，陽變陰合，而生水火木金土。五行昭焉，五氣順布，乃分四時。二氣交感，化生萬物，是物由氣而生，理即隨物而具。夫太極，理也。陰陽五行，氣也。理生氣，氣化萬物焉。後世從之，以爲天地萬物，皆由無極而來，只憑一理，自然而有，無所謂造化之主，管攝之神者，二者所言，即第一説之謂也。理無區別，特其詞有詳畧耳。至泰西諸國，論天地萬物之來歷，其言亦異。論創造之道者，或謂太初之時，上主先創原質，一氣而已，混沌未分，元黃未判，即如周子所云太極者。其後由漸而得氣化，由漸而成形質，至天地萬物，大功告成，不知已歷幾億萬年矣。又有謂元始上主創造天地，使天顯三光，地生百卉，且造鱗羽百獸昆蟲，至終造人，令其管理萬物，只一言以命之，遂即如話而成，初不待漸聚其氣，始成其形也。此二説雖有不同，然莫不確信有造化之主，統制斯理，而運行此氣，絶非憑空而有天地萬物也。以上所列各説，欲辨其孰是孰非，須有確實之據，乃足取信於人，今試觀世間萬象，皆彰明有大主宰之才力聰明，予人共見。即如山嶽之遷移，非大力不克舉，而力必有所從出，故見重物遷移，則知有施此力者，世人用力之外，亦多有用大力之事，不於此見神之能乎。各物之奧妙，非有心思者不能成，不於此見神之智乎。有問朱子者云，天地無心，仁便是天地之心，若使其有心，必有思慮營爲，天地曷嘗有思慮乎，然其所以四時行，百物生者，蓋以其合當如此便如此，不待思維，此所以爲天地之道。曰，如此，余非謂天地有思慮營爲，彼乃塊然之物，何能思慮營爲。然天地閒非無經營之事，惟人意見淺狹，不足識主之謀猷。試觀鐘表，察其輪絃法條等件，而知其能定時刻，無不明其爲匠人之所籌謀也。皆以鐘表爲匠人先經營而後造成者，鐘表定時，則以爲顯匠人之經營聰明。至日月星能定晝夜年月，比鐘表更爲有準而且悠久，豈不明著上主之智慧經營乎。且日月星無數，有行星慧星等，俱各動轉，雖千百年不相紊亂，若無大智慧之主宰維持之，何能如是乎。或以爲理使之然，要知天閒萬象，皆相吸而無相推者。若只由吸理，皆聚於一處矣。然主創此象之時，如施大力，將此象向外而擲，此外行之力，正敵其內吸之力，使之不能遠離，亦不甚近，只於當行之路，運轉而已，此非顯有思慮營爲乎。今有眼鏡千里鏡顯微鏡等，皆爲助人目力而設，人均謂大顯匠人之聰明巧技，所云誠然。但匠人所製精妙之器，比上主與人眼目之妙，不及其萬分之一，彼顯匠人之聰明巧技，此不顯上主之智慧乎。且雖有無價寶之目，若無光亦何所用。非智慧之主宰，經營作成眼目及光明，二者何能如是巧

合哉。上云以其合當如此便如此，不待思維，似乎彼以此解，已抉透事理之根原，再無可追究之處，但仍須問其當者何，爲何當。所謂當者，合乎理之謂也，仍宜論定理爲何者，始可知當之爲義。於此姑置之弗論，俟後辨明。是不過謂理無知覺營爲，亦即宋儒所云者。故若見顯出知覺營爲之事，非理所能成者矣。論至爲何當，曰，須問理原能約束之使之當如此。抑或理上有用心用志之主宰，令其服於理耶，蓋凡事物若有所爲而爲，即必有經營爲之者。如問人曰，筆何爲而作。必應曰，是爲寫字耳。既云爲寫字，則明係經營而作成之，推之他物皆然。

又 蓋吾人居於六合之中，亦爲六合之一，試問六合從何而來，何而存，何而往，吾人爲何，本於何，終於何，此皆出於自然之問，不能不念及此，然須一一解之。試思一身百體，各顯奧意，有互相輔助應對之妙用，推及死物植物動物，皆相憑相倚以至大小遠近之天象，皆顯其聰明妙用，此皆有所爲，若非大有聰明智慧者經營而作成之，萬不能如此也。比如有一鎖於此，取鑰開之，而不投其簧，終未能解，則以爲非此鎖之鑰也明矣。宋儒以無知覺之理氣爲因，欲解六合之所有，果與因不相類，實窒礙而難通，亦如鑰之不合於鎖也。惟以大智慧大聰明之主宰爲因，凡天地間一切之人物，何難包諸所有乎，此誠相合無間者矣。

以上論天地之原，天地之主，乃以物理實學，證明六合所有，及理與氣，皆憑一位全知全能全理之主。起初創造，至今管轄，但聖教廣傳，以新舊兩約爲根柢，此《聖經》質證有上主，明表爲上主所默示者。

又 蓋世之各果，可分二端，其因亦分二致。一果深顯經營，除用力之外，仍見有選擇變合自主之意。一果不顯經營，只有施力而已，此二端之因可概也。無經營者何，如水下流，氣上升，冷熱使物漲縮，水滅火，城敵酸，等類。顯經營者何，如宫殿房宅，廟宇舟車，書籍及養病院。此二端果，人必以爲本來相異，亦必以爲因相差。此即云無知覺之因，不能顯有經營之果，乃自明之理也。無知覺之因，不能定意先見，預備選擇。比如有火輪機器在，能工可計其用煤若干，生力多少，作幾許工。然孰能計其生多少力，則得著作一書乎。機器所生之力，原無著作之能，故無論加力幾倍，終不能著出一言。若有人以爲人用巧計聰明所成之妙物，皆爲無知覺之理所成，衆必謂其愚拙，不分皀白也。既如是，若有人以爲上主用更深之智慧聰明，巧妙所成者，爲無知覺之理所作，又當謂之何哉。

又 又《離騷》有九天之説，註家妄解云有九天。朱子云，據某觀之，只是九重。蓋天運行，有許多重數，裏面重數較軟，外面則漸硬，想到第九重，只成硬殼相似，那裏轉得又愈緊矣。御案云，古有九重之説，然未實指其數，今歷推得最上一重爲宗動天，乃一氣運行，羣動之宗也。次一重爲恆星天，又次一重爲土星天，又次一重爲木星天，又次一重爲火星天，又次一重爲太陽天，又次一重爲金星天，又次一重爲水星天，又次一重爲太陰天。其高下遠近，各有層次，若以左旋論之，則近外者行欲速，朱子所謂轉得更緊者是也。觀以上所論，皆未深悉天文之理，蓋衆行星繞日而行，在地之外者，有火木土三星，在地之内者，有金水二星。五星與地，皆以日爲中，而環而轉之，詳其里數，水星離日，一萬一千一百萬里，金星離日，二萬零四百萬里，地離日，二萬八千五百萬里，火星離日，四萬三千五百萬里，木星離日，十四萬八千五百萬里，土星離日，二十七萬二千七百萬里。在火木二星中間，有百餘小行星，大約離日有七萬八千三百萬里。衆星與地同行，惟金火二星，有時與地近，亦有時遠。如以火星言之，近地時一萬餘萬里，遠地時，六萬餘萬里。其餘行星，亦有遠近之不同。彼所謂太陽天者，豈不與五星各大，互有高下乎，此不得以重數言也。又云，土星外，即爲恆星宗動等天，恆星者，即今所謂定星也。殊不知土星外尚有天王星，其離日也，五十四萬八千四百萬里。又有海王星，其離日八十四萬萬里。定星至近者，離日六十萬萬萬里，行星至遠至近，離日相差八十倍，至遠之行星，與至近之定星，離日相差一萬倍。定星離日，與地離日，差二十餘萬倍，比土星有二萬餘倍。

花之安《玩索聖史》卷一 自世人不明上帝爲天地萬有之本原，於是本其私臆，層見疊出，解者雖多，要皆歸於不根之談。如老者言道，佛者言空，儒者言太極，皆是。佛者之言空，其辭艱澁，其意膚淺，姑置之不論可也。而老者之言道，則與儒者之言太極同。老子云，道生一，一生二，二生三，三生萬物。釋之者曰，道者，太極自然之理，其大無不包，小無不入，物物皆有，時時皆然，合而統之，謂之道。曰道生一者，猶宋儒所謂無極而生太極也。生二者，猶《易》言太極而生兩儀也。生三者，即《易》以乾坤成男女之意也。釋太極者曰，太極元氣涵三爲一。曰涵三

者，一與一爲二，二與一爲三也。太極與兩儀即二，兩儀合太極即三，一即三，三即一也。又曰，太極者，先天之一炁。諸如此說，不可窮詰，而自有識者觀之，等諸謎語可也。蓋爲此説者，不特昧乎生物之本原，實亦昧乎生物之理。夫生物之理，必同類乃能生同類，如兩間人物百族之生，莫不同然。今道之與一，其同乎異乎。一同於道，則一即道也，本無一之可名，何生之之足云。一異於道，道又無從生一也。則一即一耳，一而能生二者何居乎，其由外所湊合乎，則固非一生之也。其由一出乎，則未生一以前，必早孕夫二，而後能生也，一其果早孕夫二乎。合之二生三，三生萬物，可以遞推。且物之生，亦有定時，過其時與未及其時，均不能生。道之生一生二生三生萬物，果在何時乎。若謂前一萬年，則前二萬年，道又何生。若謂道無時不生，一生二，二生三，三生萬物，則我亦將無時不究此道，辨此道矣。按人言太極生物，俱就世俗習用之常言解之，未能深探乎創造之原，故所言悉是指混沌未開之氣，不知團絲所以成布，六書所以成字，而造機器以成此布，合六書以成此字者，則惟賴有智能之人，始有此布與字也。彼造混沌之氣以成物，使物之各以類聚者亦奚異此。且考之《易》象，伏羲氏始畫八卦，夫伏羲以前，既有天地萬物矣，以此而定爲生物之本原，烏乎可。且八卦緣四象所生，則無須伏羲之畫。既曰四象生之，又曰伏羲畫之，則知八卦祇爲人所安排者也。八卦爲人所安排，則四象兩儀太極，亦是人之緣象制義，隨意命名者也，烏得以生物之本原歸之乎。或曰，太極非生物之本原，吾既得聞命矣。

丁韙良《天道溯源》卷上　天主乃靈，無形可見，而其妙用，又顯而易見，則不可見者若可見。上觀天象，下考地理，近驗人身，遠察物性，皆足見主之妙用，而欲不信造物之主宰也，其得乎。即如日月星宿，非有一主宰者調攝之，何能運行不息如斯。蓋物雖有萬，而總之惟兩，一曰質，一曰靈。靈能自動，質不能自動。如五行之物，質也，必賴生靈之力以動，吾身之百體，亦質也，必有靈魂寓於其中，而後能動。夫日月星宿，均爲五行，亦屬乎質，其所以體至大而運行至疾者，蓋恃主宰之力而然也。或曰，星宿行動，殆屬自然之理，空中既無風氣以阻之，何用加力以行之。曰，其運動並非亘古不易，蓋有始焉。觀水土金木，分之合之，皆不能動，況五行融結，大如地球者乎。假令舉山石百鈞，海水百斛，人力不能勝矣。今推測地球一周七萬餘里，上鎮之河嶽無數，仍能旋轉如環，疾走如丸，非主宰之力，其誰與歸。又觀其麗於天者，排列得所，斟酌盡善，設使創造宇宙，而位置不穩固，則天地有迸裂之虞，四時不均平，則百物無生成之慶。晦明寒暑不互更，則人物且無羈棲之地。今乃以至大之太陽，居中得所，諸星不能吸移，而有衆行星周圍轉運。其離太陽也，或遠或近，皆與其體之大小，行之疾徐相稱，永無離中毗中之患。故太陽居定所，星宿行定道，而天地貞固不搖矣。且因太陽居中發光，則四時之寒暑有度，假使太陽爲行星，動而不靜，則離地遠近不齊，寒暑大相懸殊，而萬物不能生矣。今地球向太陽即明而爲晝，背太陽即暗而爲夜，旋轉如輪，即成晝夜之互更。地球所行之黄道，斜界於兩極之軸，而地球周太陽而轉，所以冬至後見日漸過北，夏至後見日漸過南，而四季以分。假使地球不日旋如輪，則一面常向日光，一面常居昏黑，而晝夜無分矣。假使地球不按年周行太陽而轉，則此處常受酷暑，彼處常患嚴寒，而四時失序矣。美哉造化，布置均勻。若統地球而論，則晝夜無或息，春冬無或已，於此湛然朝露，於彼則爛然星夜，於此花木春榮，於彼則冰雪冬藏。地易則時亦與之俱易，而初非太陽之離其所也，地球旋轉周行不已耳。其歌曰，日東升兮夜非絶，暗他往兮光乃逼，霜既落兮春非沒，惟他適兮冬其迫。時恒在兮地以別，地運行兮四時立，主妙用分顯其蹟，主不變兮人自易。夫一球運行，而晝夜四時，得循環不紊，如此妙用，如此良法，豈偶然乎。非大智之神，誰能經營而創造之乎。經曰，神兮，上天彰其榮光，穹蒼顯其經綸兮。永朝永夕兮，仰觀其象而知之兮。天無言而有言，無聲而有聲兮，不言之言，布於宇內，無聲之聲，聞於地極。或曰，太陽之生也，由於原質凝結，漸縮而發熱，行星之生也，由於太陽漸縮而旋轉，其外皮分離成團，隨之運行焉。月之出於地球亦然，是原質一動而天地生，何必有主宰擺列而行乎。曰，原質之初動，其漸縮而生光熱，旋轉而生行星，豈非因大造之神，陰佑其中，有意而使之然耶。況原質之動，皆因微點相吸，其初動則因吸力之初出，試問此吸力由何而出，豈非造物自具之力，造物以之化宇宙而維繫之也。故吸力于鉅細，皆能見之，朝露凝爲圓珠，吸力也，五行結爲地球，吸力也，雨雹之墜地，吸力也，月星之不墜，亦吸力也。吸力之爲用廣矣，人能測之，而不能推其始，蓋原于

造化之神。而造化之神，雖於太初鼓元氣以造天地，亦未嘗棄絶之，乃仍寓其中，而御其變化。經云，萬物本之，由之，歸之。又云，神爲萬有之父，宰萬有，貫萬有，居爾中，即此之謂也。

或又曰，物之生，陰陽二氣之變化也。不知爲此説者，本以陰之言暗，陽之言明，萬物之得生，既藉晝夜之五更，故人競言陰陽生物耳。至於後，陰陽字義，每多借用。如時有春秋，即以春爲陽而秋爲陰。節有寒暑，即以暑爲陽，而寒爲陰。地有南北，即以南爲陽，而北爲陰。人有生死，即以生爲陽，而死爲陰。物有雌雄，即以雄爲陽，而雌爲陰。則陰陽二字，就天道之變遷，四時之代謝，人事之反覆，人物之對偶言之。而竟謂陰陽兩氣，一若雌雄交通以生物，無神以主宰之，其説殊爲大謬。蓋人欲得水源，逆流而上，必不順流而下，今直執太極生陰陽，陰陽生萬物之説而發端，其原既無確據，其委安得有定乎。惟即物以知造物有主，則自近以求遠，自已見以推所未見，大道之原，庶可得矣。要之，陰陽既非神，亦非人，既無意，亦無智，即使化物，必不能仍物之故態，則鳥獸草木之不經見，而爲奇形怪狀者，正不知若何乖戾也。乃由古及今，皆習見常聞，而罕有新奇駭異之物。《聖經》所記，天主創造萬物，視之皆善，即命各從其類，生生不息，非信然乎。

或又曰，物類千萬，而推原其始，皆出於一類。蓋地球本熱而無水，漸涼而始有水，有水而物始生，是胎生卵生溼生化生，同出一原。其初同而漸異者，因感天氣土脈而化，或偶出強處，其優者存而劣者亡。則現有之形，並非其本形，乃萬物爭勝，有亡有存，始成爲各類，則天主之創造安在耶。曰，若以物之積漸變形，便謂無須主宰以造其端，何以異云穀果之長成，無須農圃播種。蓋萬物或常或變，莫非理也，理即天命，而天命無他，即造物之旨也。且因物類變形，便謂天無心成化，更何異於文章疊次起稿始成，竟謂其無心而成也。豈知天主造物，其始終無不在心，蓋人之才知有限，而天主之知能無窮也。

又 夫地之爲物也，内藏金銀銅鐵諸類，上生草木禽獸等物。草木遺子於土，雨淋日照，得以長成，則係水火土合而成之也。而禽獸則食草木者居多，鹽與石本乎金，而金之諸類，混於飲食中者不一，此古人所以稱金木水火土爲五行也。考字典曰，五行運行於天地間，未嘗停息，故名，此就變化言之也。若究其實，則必相合以成物而無相倚者，方可謂之行。如水火土絶無相倚，而必相合以成草木，固可列爲三行。而木乃生物也，藉三行而成，焉得與諸杲質並列，以爲五行之一哉。然草木固藉三行而成，而又必賴乎風，蓋木生葉以吸風之精氣，如人之有肺以通呼吸然，此西土古來所以稱水火風土有四行也。夫西人之未列金，與華人之未列風，皆爲未妥，若以木易風，則爲金風水火土，而五行之數以正，而生尅之説可刪。然行之爲四爲五，均無關格致之學，蓋皆由人之常見習用而言者也。今即五行之質，爲萬物所必需者，以證造物之神。

夫金之類不一，而莫要於鐵。食物中有鐵氣，其精液入血，故血有紅色，是鐵爲人身所不可無者。而其顯見之用，不勝枚舉。如耕以鐵耜，刈以鐵鐮，煑以鐵鍋，析木以鐵斧，鑿石以鐵鎚。而且以鐵爲械，足以服猛，以鐵爲兵，足以禦害。人執鐵具，即高山叢林，亦俯伏於其足下。人仗鐵材，造靈機妙樞，日進於高明。鐵之用實以益民生，奈何以鐵製殺人之利器，致養生護命之物，反爲戕生害命之用哉。至於銅錫以備器用，金銀以爲裝飾，而其最大之用，莫若以金銀銅爲貿易之通寶，凡此其正用也。而富者因之而驕，貧者因之而貪，是非金之害人也，總由乎人心之邪而已。觀金之益如此之廣，非有大知大能之主，生金藏之地中，以備民用，其能取之不盡，用之不竭如是哉。

風乃空中之氣，人賴之以得生也，較飲食爲尤急，蓋饑渴猶數日可耐，而呼吸則須臾不可絶，氣一絶而命即絶矣。草木之類亦然，若納於瓶中，將氣吸出，無不枯乾，是草木無風，皆無生理，特非若人之速亡耳。且雨露亦恃風以爲升降，風附於水面，水氣滲足，曝烈日則煖，煖即漲，漲即升而爲雲，遇涼風則冷，冷即縮，縮即降而爲雨。雨之散布於各處，風之往來以運行之也，畎畝賴以潤，江河賴以成，而五色之虹，五彩之雲，又隨出以供人之美觀。且無風即無以揚聲，格物家，每以兩鈴懸於櫃中，將氣吸出，使之盡空，動搖其櫃，使鈴相擊，而寂然無聲，則無風以揚之也。蓋物相觸，有微動如琴絃然，風因而生波，揚及人耳以成聲，此言語之所由通，音樂之所由辨也。設若無風，則宇宙之人，言之者無聲，聽之者不聞，舉世皆成聾啞矣。夫裹地球以此輕軟微渺不見之氣，使人物得以呼吸，聲音得以聽聞。又使之隨冷熱漲縮，俾雨露得以運行，雲霞得

以垂象，事如此之要，而得之甚易，非全知全能之神經營之，其能至於此哉。

至於水，動物以之止渴，植物賴之滋潤，此就雨露之淡水言也。然淡水悉本於鹹水，取鹹水蒸之，其氣所化之水即無鹹味，可便航海之用，人稱爲新法，不知造物實早有此法。蓋海雖大，居然一鉅鍋，日雖高，居然一烈火，海水本鹹，烈日曝之，則水熱而爲氣，氣至空中，化而爲雨，其鹽不能隨氣而上升，故無鹹味。夫水由海上升，隨風以散布於各處，自山嶺聚流爲溪，溪並爲江河，由江河復入於海，則水之運行，實循環不已。江河聚天下之水利，以運天下之財貨，懋遷有無，固爲大益。而海乃萬國來往之通衢，且供魚鹽以爲萬國之食用，其利實爲無窮。且水具美觀，淵泉時出，江海恆流，靜則如鏡面平鋪，徹映天象，動則爲浪頭直豎，震撼山岳。而且春園晨露，明若圓珠，秋夜濃霜，皎如銀沙，冬日寒冰，澄如水晶，皆足悅人之目。《禮》曰，風雨霜露，無非教也。曷不受其敎而頌美造化之主乎。

物之最熱者恆發光，最明者恆發熱，可知光與熱並發，皆本乎火。人身之溫熱，實因風中之養氣，與血中之炭氣，呼吸交通而生火。天氣之和煖，實因太陽之光，照地上之水土風諸物，而化爲熱氣。人身無火，則血凝結，而人即死。天地間無火，即洋海亦必澈底凝冰，水不復流，風不復吹，日不復明，時不復運，而天地宛如死矣。火之物其可已乎，火之生也，或鑽木以取，或擊石以得，人而知之矣。其實火不過爲力之幻形，此古人所未知，而近來格物家，無不視爲確論。蓋物之相磨，莫不生熱，雖寒冰相磨，亦可化水，物之相確，亦每生熱，故天所隕石多熱，砲擊鐵甲亦常發熱。又物之相感而生熱，如碳遇水而滾沸，亦終歸於力化熱之理。然光熱與電，三者皆藉微氣以揚之，如音聲之賴風然，此微氣隱於萬物，充乎太虛，雖天氣之外，亦汪洋無邊。故恆星之光，太陽之熱，皆賴以通之，無遠弗屆矣。且太陽之火，皆由質縮而發，亦無非力熱互易之理也。夫萬物莫奇於火，亦莫美於火，其光固美，且所以顯萬物之美。即如草木生於暗地者，其色皆白，而生於明處者，備具五色。然於黑夜視之，則同一黑色。迨旭日東升，而葉之青翠，花之紅白，果之黃綠，無不一時畢呈，以娛人目。一若造物之主秉光爲筆，以繪其五色，舉光爲燭，以照其美□矣，無怪人之誤以太陽爲神也。然太陽能照地下之微芒，而不足顯天上之大主，不知太陽具有明證，人特自昧之耳。

他若五行之序，土居於末，五行之位，土居於下。混言之，則地球之體爲土，析言之，則土之爲類不一，而各有妙用。或化而爲石，或陶而爲磚瓦磁器，而其最要之用，則以養草木穀果。共性不同，故種植者必相其土宜，知土之所宜，而草木穀果，無不繁殖，非大知之主，創造宇宙，使互相配合，其能罄無不宜如此哉。

至於五行互相配合，亦足證造物之經綸。獨土不生草，獨水不生魚，必須水土風火相合，始能成物。但人見物之化爲水爲土爲氣者，謂之還原，以此諸類爲原質，而名之曰行。不知原之又原，如水風皆可分爲數氣，土亦可分爲數物，此數氣數物，皆純一無雜，不能復分，可謂之原質。今西人煅煉諸物辨其純雜，已得原質至六十餘之多，然所驗未盡，不敢謂其數止是。若問此原質何自而來，則此數十類，並非苟合而生物，亦有相配相悖之別。如養氣與輕氣合而生水，與硝氣和而生風，與炭精合而生火。今數十原質，各具此性，或合或離，若合符節。非大造化工，意欲創造世界，先自無而化有，備足各料以成萬物哉。《聖經》所云，天地以主之命而造，有形由無形而出，其信然哉。

人論

論說

懷定《性理探源》 今有明鏡，或平靜之水，日照其中，明顯其影。人若未見日，第見其影，即知有照此影之日，并可知日之情形數端，雖未全顯日之本體如何，與其恆久放光，而光不見減之故，而所顯者誠可恃也。經云，上主如己像造人，觀於人，亦能知上主之性情數端。無論日與影，上主與人，所顯者雖不全，仍爲其眞。吾人知日所顯之顯影如何，日亦必如何，亦可知人心顯上主如何，上主亦必如何耳。夫人心顯上主之性

情者何在乎，曰，顯其有聰明自主之能，有好善惡惡之念，有知識權柄，能行刑，亦能拯救也。

論至善惡之分，吾人自以爲事務有善惡之別。或有人謬云，善與惡原無差，或自己強欲如是觀之。初不能信其人之言，亦不能隨其自便也。

再者關乎善之心念與他心念大異，即云眞實，合體，悅心便宜等，皆與善類不同。善則當好而行之，惡則當惡而去之，此當字，足顯約束人之至理，使人順從，不能以此心念，混於他端之心念而視之明矣。

此分善惡之念，乃自然而有，非由習學，亦非由心志。吾人不能以自明之理爲虛，如不能以黑爲白，以白爲黑也。無論人用何巧言妙法，亦難欺人，使之不分皂白也。如此，人是非之心，令人視某事爲善，亦不能視之爲惡，若行良心以爲惡者，亦不能自以爲無罪也。

蓋在人身，惟有良心操權，使人無可推避，亦難曰本無，且不能淡忘之，故其有爲主之勢，亦命令，亦禁止，吾人皆受其約束焉。且彼亦用賞罰，若賞則令人平安，無較此再大之福。若罰則使人苦難，亦無較此益深之禍。

吾人分善惡之念，取有定善惡之理以爲則，吾人存心行事，皆當合乎此理。若視某事爲善，即在其視此事爲合理，視某事爲惡，即在其視此事爲背理。是理約束吾人之力，不由於己之身心，乃從外加諸吾人者。亦不計人之願否，若思推避其約束，有所不能也。

又 夫人所知覺者，乃以自覺爲根原，若非有我，我不能知，知自覺者何也，謂能覺實然有我，而即覺之，且知我爲我，物爲物，凡喜怒哀樂，及一切知識自主等情，皆以我自覺爲證，其亦證明我之身體，雖相連切近，亦非我，乃我所用之器，身體之五官，乃我所藉以通外物者，足證明我爲靈，外乎質物，異乎質物也。可見知識之根原，在自覺己爲靈物，實高出乎質物，而不同乎質物也，必先知有我，而後知有物。夫人從何而知有物乎，因物藉五官而達於內，我即覺之，所知覺者爲何，係達於中之幻象乎，抑所見之實物乎。比如我見一花，所見者爲何，因花藉光達於目中，照其花像，所以藉此像可知在外之有此花耳。知萬物，皆由藉五官而知覺之，第自知一節，可自然知之，無須藉五官也。可見知外物不可不以爲實知者，自知更有然矣，以上所言，最要者，乃人自覺天地閒有二等物。一乃有知覺自主之靈物，歸於心類。一乃無知覺之質物，即有長寬廣厚，佔地之式者，蓋世人不待何據，盡知爲自主者，并確信他人皆有自主之能。

聶格理著、季理斐譯述《基督傳叙》 凡人自覺必有一神爲之主宰，但不知其神果爲誰，乃揑造多神以紛之，余甚憐焉。明明彼心中仰望一神，如饑渴之求飲食，何用旁騖他途爲。揆諸上帝造人，彝秉之性，皆欲有友侶，有家室，且欲享用一切，能飽飫學識，皆如饑渴之求飲食。然而人尚不自足，必如饑如渴以求上帝，則安身立命，有足樂矣。問果何故如是。蓋人之靈魂內所缺乏者，上帝是也。故得之則心安，不得則否，正似饑渴非飲食不解，然人情常以爲缺憾者，或才力，或功名，或富貴，或事權，或學業，或欲安逸放縱，以遂其私。設一旦皆得之，試問此人之心果足乎安乎否乎，則仍不自滿足也。大抵人當幼時，童心未漓，視世間萬物萬事，皆足以新吾耳目，無不欣欣自樂。至成人以後，閱歷世故，乃覺此身之處世，未臻妥協者甚多，或境地不順，或冀望無獲，甚至有時寂焉寡歡，不啻鰥寡孤獨，縱環我前者，非無我之骨肉與相契之人，親我愛我，而我心坎然，終以爲必有一更愛我者在，此而不得，則惴惴焉。我之靈魂呼號，而世界萬類，皆莫之應也。德國之詩人格脫 Goethe，平生不以此種理想問題研究，其言以爲，余但知讀書吟詩觀格致佳搆爲樂而已。至靈魂生死來生之關係，初不解其作何語，迨年七十，始恍然有悟，致書於其友曰，某生平境遇佳勝，親友莫不慶我羡我，我今日思之，碌碌畢生，有何他幸，屈指七十年來，曾無四星期之眞樂也。我之作苦，其猶運石山巓，一脫手石又下墜，而我復運之，雖欲苟安亦不得。我之妻孥，我之戚友，非不導我爲樂，然而我終覺其不可恃，至我內懷欠缺時，彼等安能有毫末之相助哉。其言若是，可見凡人內心所不安，非人力所能安之，必有大造主宰爲之主持。人果息息相通，而後與以幸福，足以依賴焉，如是舍基督教曷由得之。

丁韙良《天道溯源》卷上 百體雖具，非靈魂寓於其中，皆不能自動。考察百體，既得悟造物之智能。究之靈魂，益當知其妙諦。夫身軀止一，百體攸分，靈魂惟一，諸才可論。才分兩端，一曰靈才，一曰心才。蓋致知者爲靈才，總其大端，則有五，覺悟記思象是也。

覺以知身外之事。人有五官，猶之五竅以通外物，其所以能通而知之者，皆賴有覺。俗以耳目口鼻心爲五官，竊思以心置於五官之列，其説未妥。蓋五官之職，專通外物，而心則寓於內，因五官以通外。如耳司聽，心因之知物之聲。目司視，心因之知物之色。口司嘗，心因之知物之味。鼻司臭，心因之知物之薰蕕。故心不在，則聽而不聞，食不知味，入鮑魚之肆，亦不聞其臭。由是言之，視聽嘗臭，皆心所主之事，而五官無不歸心之統轄，是心猶國君，安居深宮，五官猶部臣，君所賴以知外事者。則心與五官，有如君臣之別，烏得與五官同列哉。

夫既奉心以君位，則五官內存一虛位，或問誰以補其職，且其所司爲何事。吾將應之曰，聲色臭味，耳目口鼻司之矣，若欲知物之軟硬冷熱，誰其司之，豈非物觸肌膚捫而知之乎。可見膚爲司捫之一官也。若以心易膚，則爲耳目口鼻膚，而五官之職以正。古人序五官，論心而不及膚，猶序五行，論木而不及風，同一誤也。夫物有聲色，人即有耳目以知之，物有臭味，人即有口鼻以知之，物有軟硬冷熱，人即有肌膚以知之。五官之職，與百物之性，適相配合，豈非天主造人造物使之各適其用乎。

悟者，所以知心內之事也。人有悟，即能知我之爲我，且知我所爲之事。故靈才心才，無不以悟統之。如靈才有覺，覺冷熱，即悟覺之者爲我。心才有愛惡，愛善惡惡，即悟愛惡之者爲我。且外物爲目所及見，內心爲目所不及見，有悟以通之，猶如明鏡之返映，而不及見者若可見。人苟靜心自察，凡一心之思念情欲，無不盡悟，猶如水清之徹底。然魂之思念情欲，既爲我所悟，而身之體骨筋絡，爲我所不可悟。即可知魂之爲我，而身則非我，身不過爲我使用之物耳。故身體必有靈魂寓於其中，方得爲人，魂若離身，身即死，而魂雖他適，則依然自在也。且有悟，能知我非自然而有，必爲自然而有者所生。西詩有曰，我在爾必在焉。我，人也。爾，造物之神也。此悟我之在，而推主之必在，其法最簡而最眞，蓋我物自悟而分也。

夫覺悟爲知之始事，而欲使五官之所覺，一心之所悟，常存而不失，其功則在於記。有記而後思慮之功可用，故記與思有相承之義。記而不思，猶如食過多，積而不化。思而不記，猶如漏瀉之病，食而不得其精。且記之用，不特以益人之知，亦以增人之福。蓋能記，則前所觀之美景，所聞之雅音，時縈於心而不去。已故之親友，憶之宛如生時，其前言往行之足法者，切記不忘。我果能非賢不交，非善不爲，則回憶餘之，後日之樂必增，而往時亦無所悔。豈非天主欲人廣見博聞，成其知慧，特賦記性以備多福乎。

至於思，所以取覺悟之材而得其用也。如牛食草然，反嚼以得其液。如工成器然，琢磨以精其業。或舉一反三而類推，或自末推本，而知事之所以然。或即本求末，而知事之所當然。或聞一以知十，或溫故而知新，思之爲用大矣哉。人物由此而別，靈魂由此而見。雖禽獸之用五官最精，往往爲人所不及，而思則爲人所獨能，禽獸不與也。即略能之，亦不過如螢火之比日光。蓋禽獸不能自始而知其終，即終以推其始。如猩猩雖略似人形，而性既喜火，不知加薪，鸚鵡雖能敘人言，而但習其音，不察其意，無他，不能思耳。人則以思致遠，即今生推及來生，以思闡幽，因已見而知未見。凡耳目之所不及，思則有以通之，天之使人能思者，亦欲人思及未見之主，永生之福，預爲之備耳，人其愼於思哉。

象也者，憑虛想像，而儼若實有其事物也。覺以知物之形狀，象則無其物而虛構其狀。思以知事之情理，象則造其事而虛揆其理。故象才與覺思之才相仿，其間特分虛實如影形之別耳。夫人於夜寐時，無思無覺，所夢之事，亦自象而得，但夢時不悟所爲，無意而成之，象則有意而爲之。其憑虛想像，一若實有其事物者，亦如夢然，則象才似非所貴，不知象之益亦非淺。蓋字有假借，意有譬喻，有象才而文字益精其業矣。憐人之苦，設身以處，有象才而惻隱便動於中矣。知者創物，成器致用，有象才而天下咸獲其利矣。且象與記相反，蓋往事，記而思之，猶尚在，來事，則望而象之，宛若已至矣，象才其可輕視乎哉。人既得此象才，而處今日之苦楚，想像後日之安樂，豈非天主特賜以勉人之德，慰人之心乎。要之覺悟者，知之本，有記而本乃不失，有思而本可類推，有象而終非素質。正如蠶之吐絲，始而成繭，有其質也，繼而繅盆，取其材也，繼而紡織，利其用也，終而纁染，昭其文也，此靈才之由淺及深也。夫靈魂之在身，專賴五官之啓牖，苟無覺才，則塊然一物，冥頑不靈，一若囚處獄中，幽暗自傷矣。然有覺無悟，則事至莫喻，一若夢寐者，行事依然，而昏迷不覺。有悟無記，則境過旋忘，一若病痴者，左手拾物，而右手捨棄。有記

無思，則積學不化，一若病獃者，家具素封，而不知取用。有思無象，則窮於文采，吝於施濟，拙於締造，新者不能創造，故者不能改易，循途守轍而已。以是知靈之具有諸才，皆次第相倚爲用，缺一不可者也。

又　或謂鳥獸之形骸，並非亘古不易，皆視其所在而變，曰，賦性使能變舊而出新，此天主締造之尤妙也。夫鳥獸之聰明，今不殊於古，人則不然。鳥本有巢，而人無房舍，初視巢作茅廬以蔽風雨，今且危閣高樓，雕楹刻桷，華於古矣。鳥獸本有羽毛，而人無衣服，初則衣羽蒙皮以禦寒，今且織棉爲布，育蠶爲絲，衮衣繡裳，麗於古矣。鳥鳴有笙簧之聲，人因之作樂作歌，五音六律由此起，度曲歌風由此繁焉。今夫高者高，而下者下，不相越也。疾者疾，而徐者徐，無相強也。人之有足，僅可行陸，後乃作舟楫，航海如魚，作氣毬，升高如鳥。古來人力有限，慮被惡獸吞噬，後作利器以禦之，而熊羆虎豹，皆懾服於人，而不得逞其威。牛馬駝象，皆馴服於人，而靡不供其役。人爲萬物之靈，其信然矣。且物各居其所，而各遂其生，遷地勿良。人則徧及萬方，而皆爲樂土，豈非人爲萬物之主乎。況禽獸之情欲，但爲保身綿其族類，以是知物以身爲重，而人能殺身成仁，實以靈魂爲貴。物役於人，而人役於天。物事人以身，而人事天以心。經曰，當盡心，盡性，盡力，盡意，愛天主。聖詩曰，主使人子少遜於天使兮，後加以尊榮，任以督所造之物，服萬物於其下。六畜百獸，飛鳥潛鱗，海中百物，無不歸其統轄。巍巍乎，我主耶和華之在寰宇乎。

又卷下　或謂靈魂賴身體以運動，身死即無所託，不知身體猶屋宇，靈魂猶居室之人，屋壞而人其即死乎。夫身體實藉靈魂而活，苟無靈魂，耳目手足雖俱備，則皆廢而無用，必至速朽。其或靈魂雖在，而別有所思，則視而不見，聽而不聞，食而不知其味，五官竟若冥頑不靈，可知五官專藉靈魂之指揮矣。又酣睡時，目不啓視，有時仍有所見，耳不聽聲，有時恍有所聞，其舍耳目而能見能聞者，靈魂也。可知靈魂自能行動，無藉於五官矣。況靈魂雖用五官，以知外物，而思忖，愛惡，分別是非等類，靈魂自主之。初無藉於五官，故即瘋手跛足，盲目聾耳，而於思忖諸事，初無少損，何疑身死之後，即不能思忖愛惡，分別是非乎。且魂乃靈虛，不若形體七年一換，衰健肥瘠之時易。夫體骨或隨時消化，惟賴飲食以調補之，靈魂則自無須於調補也。人身至老，精氣不免耗乏，而其德愈修愈精，則靈魂不隨身體以俱衰矣。由此言之，靈魂既無藉於身體，身死之後，不自在而自生乎。若以未曾目擊，不免懷疑，獨不思魂無形狀，生前尚未得見，乃欲於死後見之乎。然目雖未見，而人之靈，本乎天之靈，既知天之靈，不藉形而存，自可知人之靈，亦不藉形而存矣。若謂天之靈乃造物主自然而有者，非受造之物可比，何不思人之上，猶有天使，皆純靈而無形乎。《聖經》既明證其有，即憑己之思索，亦可知其必有也。試觀生物浩繁，大地之廣，幾無空隙，四海之大，幾見充物。地不獨有禽獸也，一莖之草，亦有微物居乎其間。海不獨有鱗介也，一滴之水，必有無數小蟲行乎其間。然則天之大，星辰之多，不皆有生靈居於其中乎。自至微之物而推至於人，其類不堪勝數，自人而上揆夫至尊之神，夫且有更貴更大之靈乎。最小者目不及見，可以顯微鏡鏡之，至大者目不及見，須以心之明鏡鏡之。故以未曾目擊懷疑者，無異於蚌居殼內，無耳無目，即不信外有天地人物也已。

或謂身死而靈魂不死，何以身病而心同苦乎。曰，嬰兒在母胎中，母有病，嬰即有病，逮生產時，母雖死，嬰每無恙。可知魂居於身，與身同其甘苦，魂離於身，不與身同其死亡也。且嬰在胎中，口鼻緘閉，無飲食呼吸，惟賴臍帶以得生。至於分娩，臍帶斷而耳目口鼻頓開，光明聲音臭味，皆供其喜樂。正如善者之魂，離乎身體，別開境地，非入於死，乃復生而入至明極樂之所。經云，彼處光明，無藉於日月。且靈爲天所賦，而居於以土造成之身，譬如明燈，置於覆盆之下，光不得耀。若碎其盆，非特無損於光，反使其光顯耀，得通日月之光矣。此永生之說，非屬創論，萬國古今之人共信之，皆若出於天性，以之爲眞。即如中華有三教，儒家祭祖先，釋家超度陰魂，道家求仙，雖各異其辭，而言靈魂之永生，不皆深信不疑乎。

又　然竟聽世人自失其性，而不爲救復，亦非天父造人之本意也。諺云，人爲一小天，今試即上文之一喻而論之。夫地球憑太陽之吸力，循行常道，又藉太陽之光熱，以生長萬物。設或地球被觸而易其位，遠至黃道之外，則吸力不能引之使歸，勢必愈久愈遠，不得復見太陽，而幽暗嚴寒，萬物皆死。天父設欲挽回之，必先申其大命，復地球於本位，則晝夜

四時，仍得周行如常。因百物既絶其種，雖有日暄雨潤，猶爲不毛之地，必爲之重造物類，以傳其種，萬物始能生生不息也。救人之道，亦猶是焉。人之本初，性善德備，實藉天父靈光，照臨於其心也。惜後甘受魔惑，違逆天父，失福澤而絶靈元，心遠至於暗昧。歷時愈久，則違天父愈遠，竟不知有此天父。噫，人已至此，天父既欲救之，必須爲之贖罪，使之免刑，賜之感化，使之歸主。故降神子舍命贖人之罪，稱人爲義。譬如地球遠離太陽，復之於本位也。又降聖靈感化人心，使之重生，譬如重造物類，使之生生不息也。至是而救人之道以全。其始也天父賜恩，繼也帝子贖罪，末則聖靈感化，三位一體之神，無不共賜救人之恩，而感化乃成終之事也。蓋使天父賜恩，神子贖罪，而無聖靈以感化之，則使之免刑，不能使之向善，安足以云救哉。故耶穌既爲兩間之中保，不第以身當人之刑，上全天父公義，且降聖靈，下使人心感化。此其所以稱耶穌，譯即救主，謂救其民於罪惡中也。

楊格非《馬太福音略解序》　《聖經》言人乃上帝所造，上帝元始造一男一女，男名亞當，女名夏娃，爲天下人之始祖。世人雖千千萬萬，追究本源，皆由一始祖所生。始祖受造之初，其性全善，後被魔惑，犯上帝之誡命，而喪失天眞。始祖之性，失其本善，累及子孫，故後世之人，心皆偏邪，無一不犯上帝之法，而陷於罪惡之中，亦無一不在上帝震怒之下。以公義而論，人皆當受今世之禍患，及來世之永刑矣。

《聖經》又言，人有肉身有靈魂，人身乃上帝以地土造之氣物也，有形像也。人魂亦上帝所賦神物也，無形像也。人死身歸於土，魂至上帝前受審判。惜人皆有罪，何以能脱其罪耶，至審判之日，何以坦然無懼耶。

花之安《自西徂東》卷四　即人在天地之中，亦不過一物，但人爲至尊至靈者，當不囿於物，爲天地管衆物，不得逐物而失乎人。然則物之大原，不可深思而明之乎。進言人之靈魂，亦須求其本原，由何而得。從道者，知人身之靈魂，由上帝所賦而得之。上帝令人既生，不獨具人之形，並賦之以靈魂也。蓋人之靈魂，實上帝之眞氣，故類於上帝。倘人無靈魂，其身不過如一坭塑之像耳。然人身必有死，歸土而化，而靈魂獨不化，可永存留，所以能定善惡之報應也。夫靈魂載人所行之事，未行之先，或心有所好者，或心有所惡者，好緣其安樂，惡緣其勞苦也。人貪安樂而惡勞者，所以人心多慾，未能即正耳。抑吾思之，好惡由我身而著，如風之來我身上，同一風也，有時則好之，有時則惡之。而他人之好惡，與我身不同，由我身所感之異也。推而廣之，凡我身所遇者，無論天時之炎涼，人物之美惡，我身之好惡，俱有偏僻之處。以吾心思之，宜循理而行，勿任我好惡之有偏也。故吾心有自知之明，我與他人不同，我與物不同，我與我仍有不同。當於他人與物與我，念慮同異之處，而得乎眞我。故我雖有七情，不能無喜怒哀樂愛惡慾，然情爲情，我爲我，不可以七情而淆吾眞性。所以我之靈魂，與七情不同，與肉軀不同也。惟是心在中央，肉軀以五官引外物入於心，七情感於心，我歸於心，靈魂會於心，而心爲主宰，不奪於外誘，乃能燭理。事如合理，身雖困苦，而亦力行之。若於理有不合，身雖快樂，而亦不敢行矣。孟子言舍生取義之理，其是之謂乎。所以從道之士，苦心教人，自己之家人五倫，先既整齊敦睦，尤必欲他人之五倫，而亦整齊敦睦。即不善之人，惡之害之，而從道者不畏。至於各等善德，亦欲令人共行，凡此所以保全靈魂，死後而得靈身之不缺。如種花然，人行各等善德，漸漸擴充之，猶善養其花，枝葉日茂，其花從此愈發愈榮，能完其美好。正不同不善養者，日覺其萎壞也。故孟子云，苟得其養，無物不長，苟失其養，無物不消。人欲善養其靈魂，必令吾善德日增，而靈魂自然無虧欠，乃可完全其美善耳。蓋人之靈魂，由善德而養之盛大，後來存於新天地者，其靈身亦同其盛大也。有欠缺者，則不能如此盛大矣。彼釋教徒言善惡多寡，以爲報應，而不知保全一己之靈魂，不與從道者大相逕庭乎。然則靈魂爲人身之最貴，人豈可不共明其理哉。【略】蓋萬物之理有不同，人之性靈，能分別之，而上帝之性至善，無所不備，無所不包，故能妙萬物而握其權，使萬物各得其所。人之性靈，無此權能，而謂太極一塊然之物，有此權能否乎。是故以吾之靈明，靜觀世上之物，知必有主宰管理之，而纖悉靡遺，如日光之無不偏照矣。蓋人之五官百骸，與物同類，獨吾心之靈，可以得至精之蘊，故能明萬物之理，而不囿於物。是知吾之性靈，由上帝所賦，吾心既得至精之理，自可以通於上帝，而與上帝相接矣。雖然，人之靈明，實有不足之處，惟上帝精明之體，能遍照而莫遺。人豈可不永念上帝，而使吾心之靈明無間耶。

又卷五　《論語》云，篤信好學，守死善道，然則人之學道，固貴乎信，尤貴乎信之篤而無疑也。況上帝之道，爲天下萬國所莫外者哉，從道者篤信而立教會也，亦固其所。蓋上帝無形無象，無所不在，無所不知，無所不能。其道至大而無外，其道至妙而無窮，有非言語可能形容者。顧目視之而不見，耳聽之而不聞，俗人每忽而不信。所以人心沈淪，陷溺已久矣。人心既陷溺於罪，應受上帝之重罰，然而上帝仁愛，不忍即加罰也。故特降生耶穌，廣仁愛於世間，以救贖人罪，其詞曰，天國邇矣，信而受洗者得救，不信者定罪，此非欺我之言也。今天下滔滔，流而忘返，每易犯罪，苟非篤信耶穌，悔罪而入正教之會，改惡遷善，奚以救其沈淪耶。夫正教會者，何會也，耶穌之教會也。今中國各行生理，亦有會館之設，幾布滿寰區。溯其立會之初，祇求利便一己，並非有關於世道人心，或東家立例，聯絡以抑掣工人，或西家定章，結黨以挾掣東主。有不如意，則互相爲難，各執一說，議論紛紜。揆諸立會之義，安望其得教人之善法乎。乃若爲正教之會，自當顧名思義，以教之理，爲會之規，而非邪教之所得藉口。今中國儒釋道三教並行，儒教善矣盛矣，然祇有書院之設，而無教會之聯。蓋書院不過爲會文之所，聊以課學問文字之短長，而非開啟愚蒙，勸人改惡遷善，令人警省之地。恐浮文有餘，而實行或不足也。若釋道二教，亦似以寺觀爲教會之地，然止聚集誦經念咒，行外表之儀文，而全無有教人之益，與聚會之益。且出家人方許日夕聚於斯，未出家者，不許人入，此非大公無我，欲廣萬人之善路也。若耶穌正教會則不然，正教會之立，人人可得共入，其大旨首貴於信，而愛與望，亦教會人之切要者焉。故入教會者，總貴得信愛望之心。信者，篤信耶穌之眞理也。愛者，以仁愛之心，愛上帝，愛己愛人也。望者，望上帝之賜永福，而不求世俗之庸福也。即孟子所謂修天爵，而人爵從之也。何以信之貴於篤，雖人已入教會，或貪目前之世榮，而不免疑信之相參，則行道必不堅固，而恐有始勤終惰之心。若信之篤，止一心辦理天國之事，而不雜不貳，不獨欲二三人共信，而實欲天下萬國人共信。故立此會堂，合衆人之信以爲信，乃可繼耶穌，而與天帝相通也。耶穌爲上帝之一體，而衆人以篤信繼耶穌，則爲上帝之四肢百體也。何以入教會又貴仁愛乎，蓋上帝之仁愛，覆幬無窮，所以廣仁愛之心，有道者固愛之，無道者亦憐憫之，欲其悔改，故耶穌之訓曰，愛人如愛己，亦欲廣仁愛於天下也。獨是仁愛之道甚廣大，而仁愛之理甚精微，《馬太聖經》二十五章曰，人饑則食之，人渴則飲之，人裸則衣之，人旅則館之，人病則顧之。由此心而推之，親親而仁民，仁民而愛物，道之廣大何如也。《哥林多前書》曰無仁則無益，雖罄所有以濟貧，舍身自焚，未得以爲仁。蓋仁者，寬忍慈愛，不妒不誇，不衒不妄行，不爲己，不暴怒，不逆詐，不喜非義，乃喜眞理，此乃爲仁，其理精微又何如也。然則盡廣大精微，而仁愛乃全，故立教會者，所以廣仁愛也。入教會者，又何以望天上之永福，而不求世上之福乎。夫世上之福，亦人所共愛，然望天上之福，非故爲矯情，而不愛世福也。但人生天地間，數十年如白駒過隙，眞處世若大夢，世上之福暫，不如天上之福長，故世福來也聽之，不來也亦聽之。所以眞心求天上之永福，而世福則視之如浮雲耳。況去曰苦多，來曰苦少，今日而不從耶穌，以求永福，恐日後有不及求者。故汲汲然改惡從善，修道以求也，是知教會爲上帝之殿，欲求永福者，當入此而求之可耳。夫求永福則必信，信徒共成一教會，以立信德之極。由是畢生行善，愛己愛人，以顯其信德之心，而專望歸於天國。故入教會者，其於信愛望，序不可紊，功不可缺有如此也。且夫教會雖多，而合之則一公會也。教規雖嚴，而行之亦依主道也。然人之見識，則不能無高下，人之性情，則不能無偏駁，故論今世之教會，其於爭端詰駁之事，則仍不能免。苟非有篤信聖道者，善爲調理，將何以免僨事之憂乎。況會中之人既多，則防閑而約束，尤貴有剛正之士，堅執正理，則庶幾有遇犯法干例之事，可以即行管逐，以免教會之玷。教會之設，詎不重哉。顧或謂道既同源，教亦同主，而各國教會之禮儀，獨不能無所異者何也，曰此固無害於道者也。蓋外面之禮儀，雖不無稍異，惟以《聖經》爲規矩，遵耶穌之心以行道，則依然從同。況此道首重在信主之一心，而不取人於外貌，故當審判之時，不拘其屬何教會，而祇視爲一基督之體，而以信爲衡。可知今生之教會，即爲後日之願望也。教會之所事，在三位一體之上帝，曰天父，曰救主，曰聖神。天父以爲主宰，救主以其能赦罪，聖神以其理化人。凡此皆望人於教會之內，相親相愛，無詐無虞者也。故信道之士，入乎教會之中，則有以固其肌膚，束其筋骸。而凡所以示親愛，堅信德，以相砥礪於行天國者，自有勃勃莫遏之勢矣。是

知教會之設，衆在會堂，實欲親就上帝，如指臂之相聯，不離上帝。然各執教堂之事者，亦與國政不相侔，國政則以理人倫，教會則以理天倫。不知國政未嘗無天倫，教會亦未嘗無人倫，且教會之人倫，尤嚴於國政也。如入教者，止許一夫一婦，夫無故不能棄其妻，規條嚴肅，故有教會。而更以輔國政之不及，教會之有裨於國政，固不淺矣。或謂上帝之神，無乎不在，何必聯以教會，始足昭其崇祀乎。曰，上帝欲立天國於人間，物力必以相合而愈大，心志必以共勵而益堅，故曰合志同方，營道同術，以獨行則有離索之感，共行則有不孤之勢也。況教會善惟一，聯之以會，合衆志以伸其昭祀，亦愈以增吾道之盛耳。抑又聞之，教會者，善道之會也。耶穌既使其徒，廣播福音，初立教會於耶路撒冷，後在安提阿立會，禮儀大不相同。又《約翰默示》所言七會，禮儀亦各有異，但篤信耶穌，倚賴耶穌之救贖，共歸耶穌之道，則同。故今日之監督會，浸禮會，倫敦會，長老會，其篤信耶穌，亦無不同。所以入教會者，而總貴歸於信愛望也。是故聖徒廣吾主救世之心，而代辦天國之事，又得教會之同心合志，或濟貧窮，或施孤寡，或設醫局，凡諸善事，無不次第舉行，以歸榮於上帝也。教會之職，有監督牧師等，務取人品端方，學問優足，信德仁愛，超於群類者，立之爲信士式。是以教會之規模既具，而教會之功用愈彰，行之而四達不悖，推之而四海皆準矣。

終末論

論説

花之安《遺篇集録》 《易》曰，積善之家，必有餘慶，積不善之家，必有餘殃。《書》曰，上帝不常，作善，降之百祥，作不善，降之百殃。所以人皆知樂於爲善，而不樂於爲惡也。然今人祇狃於世福，以論災祥，幾疑報施之道，爽然若失矣。蓋古今來作善者，命途多蹇，終老林泉。不善者，壽祿駢臻，滿門華貴，究之受賞罰於生前者，有幾何哉。陽虎曰，爲富不仁，爲仁不富，即富貴何足爲善果之定衡。如顏回之夭，盜跖之壽，即夭壽安能爲報德之公道。或以祖父餘昌餘殃而爲之解，第父惡子賢，朝廷未嘗舍父刑子，世道尚且無此，而況天道乎。惟是釋氏説輪迴，似補儒教報施之不逮，詎知輪迴之説，悉按世間政律，臆説幽冥，罰惡則枷鎖郎當，賞善則衣冠煊赫，於是和尚乘機哄騙，謂金珠可以贖刑，巫覡借罅圖財，謂牲醴可以邀福。卒之輪迴之説，仍以世間富貴貧賤爲歸，語既荒唐，事尤虛渺，乃嘅人蒙其蔽，世受其愚，富局者既深信而執迷，旁觀者復隨聲而附和。不知修身克己之聖賢，視軒冕如泥塗，棄天下猶敝屣。昔者子張學干祿，孔子責之，顏回居陋巷，孔子賢之。此古人隱寓賞罰之眞情，惜後人讀聖賢書，不求甚解，祇認身體世福爲眞全，竟以靈魂眞福爲迂闊。孰意身體易盡，而世福亦易盡，其無盡而不滅者靈魂耳。靈魂乃身體之主宰，身體由土而成，不過爲靈魂之居宅而已。試思魂附於體，則知覺運動晏如也，魂不附體，則四肢百骸朽壞也，此不待智者而始明，又何俟更陳夫縷縷。夫靈魂既爲一身之主，而行善行惡，靈魂主之，受賞受罰，亦惟靈魂當之。所行復相因，天道自然之理也。俗人謂身死魂散，然則生前有善惡，而死後無報應，天下安有是理哉。故當身死之後，靈魂或登天堂，享永遠之福，或墮地獄，受永遠之禍，乃一定不易之理。然開天闢地，創造人物之上帝，實操其賞罰之權，設以禍福之所，嘗以萬物顯之，以福音道之，以耶穌定之，凡我世人，各受其賦畀之靈魂，固有從違自主之能。福善禍淫之辨，可擇善而從，可知過而改。苟竭其才力，考察誠僞，明辨久暫之福，改絃易轍，惟眞道是從，縱身前無福壽之浮華，迨身後必得靈魂之安樂，受至大之福，享悠久之榮，祇於此一念爭之也。由是可知生前之榮辱，無足重輕，而死後之禍福，實爲切要。夫上帝無不知，無不在，無不能，不第人之言行，能明察無遺。即未發之意念，中藏之隱匿，亦無不洞悉。迨世末之日，上帝使萬人已死之身體復活，與靈魂合而爲一，待以審判。斯時義判天下，依各人生前善惡，爲賞罰之權衡。而地獄天堂，遂爲禍福之所歸。言念及此，可不重視靈魂，預備天堂之福哉。惜乎世人不悟，惟孳孳於世事營求，姑無論求之不可必得，即使從心所欲，而一旦身歸泉壤，則所求者，盡歸烏有，亦何益乎。《詩》云降爾遐福，惟日不足。則祥殃之降，終以身後了然矣，人可不爲

靈魂積財於天，而求永生之遐福乎。

丁韙良《天道溯源》卷下 《聖經》論死生大旨有三，有曰，耶穌以福音光燭無壞之生命，是言人身雖死，靈魂永存而不滅也。又曰，在墓内者將聞神子之聲而出，是言身將復甦，與魂相合而爲人也。又曰，人固有一死，既死有鞫之事，是言復甦後，人將被鞫而受善惡之報應也。或疑身死，靈魂即歸於烏有，是不知天理人性者矣。夫天道大公，福善禍淫，是有至理。使有今生以别善惡，而無來生以定禍福，既無報應，安云大公。若謂今生之榮辱貧富，即爲善惡之報應，何以顔回貧而夭，盜跖富而壽乎。即使榮辱貧富，各視其人所應得，亦不過少酬其分，後時必復有總計。猶如工人受定物之價，正爲後日工成揭算之據耳。蓋善惡猶樹，禍福猶果，有此樹，必有此果。試觀仁愛之人，人皆愛之，凶暴之人，人皆惡之。寡慾者得享其壽，荒淫者自促其生，爲義者心安而自樂，背義者心恐而多悔。此生前之報應，不過少試其端。至若忠臣義士，不得其生，奸讒凶惡，得享其榮，喪天良者，爲非而無所忌憚，存天理者，小過即不免自責。倘謂忠臣義士，死後仍不得其賞，奸讒凶惡，死後仍不受其罰，喪天良者，死後仍可無所畏，存天理者，死後仍不得其樂，所謂天道無私，賞罰不爽者，將安在乎。

或以身後之事，人不及見，難以定論。曰，何不即目所及見者推度之乎。人於幼時縱慾耗精，老時則多患疾病，幼時習惡爲非，老時必多受災禍。有前因，必有後果，特其間有顯有隱耳。其顯者可以明知，其隱者雖不能測其由來，自可知其終極。試觀星宿，仰視之殊覺紛亂，詳察之自有次第。彗星雖暫見而倏隱，而考其運行之常道，多有定期，近者或數年而一週，吾得見其來復。遠者或數十年，或數百數千年而一週，吾亦可以曆法度其復見之期。善惡之因，禍福之果，亦然，近則在於生前，我得見其報應，遠則在於死後，我雖不及見，亦可憑天理而信其爲必有也。保羅曰，毋自欺也，主不可罔也。蓋所獲必觀所種，種以慾者，則所穡亦慾而敗壞。種以靈者，則所穡亦靈而永生。況天父造物類以供人用，所望者修德以克副天心耳。德不易成，聖人年至七十，方不踰矩，以數十年修省之功，始成厥德，而謂於一日遽歸烏有。生前修省之力，不幾勞而無功乎。希臘古書載地獄罪囚，負石登山，既至山頂，甫釋肩，石即墮下，復下山而負石以登，終無已時，以爲永刑，蓋使之勞而無功也。若修德之士，任重道遠，亦屬勞而無功，誰其樂爲君子。夫晝棟雕梁，經營締造，其功不知凡幾，落成之日，必不毁之而他適也明矣。而謂天父造人，欲其修德，及其德成，即使消亡，無論有德無德，不分優劣，同歸於盡，必無此理。耶穌曰，燒稗以火，斂穀入倉。稗，無德者也。穀，有德者也。或燒或斂，分其類而或舍或取也。又言，有貴者召僕，各予十金，觀其忠心與否，以定黜陟。忠與不忠，人之有德與無德也，或黜或陟，觀其人而或賞或罰也。觀乎此，而身後之事，雖未及見，又何疑哉。

又 至於身之復甦，非若俗所云，轉生人世者也。夫天主創造人物，視物猶家奴，人猶愛子，所求乎奴者，其力也，所期乎子者，其德也。且畀以靈魂，俾克盡仁義道德，復歷試諸艱，以别其心之終善與否。及善惡既明，無待復試，又何容復生於善惡混處之世乎。乃釋氏言人物生自一脈，轉自六道，升降往來，物倏而爲人，人墮而爲物，則物實人之幻形，而人亦不過物之别名而已。執是説也，靈蠢貴賤，將混而不分。則人養家畜，其中難保無上輩祖宗矣。豈知神與人，人與物，其本末迥異。蓋神則純靈而無形，物則有形而無靈，惟人則兼而有之。且神無所謂死，物至死則氣散質滅，同歸於盡。至人之死，不過身魂暫相異處，身雖敗，而其靈則永生無了期。可知人物大相懸殊，豈有所謂轉生人世，互相變易者哉。然身雖死，將必復甦，與魂合而成人。何則身於生時，既與魂共行善惡，則於復甦時，不當與魂共受賞罰乎。是以我救主既憂其心，復喪其身，以贖人之身與靈。身靈復合，而善者之樂必愈暢，惡者之苦必愈甚矣。新舊兩《約書》，皆詳論之。約百曰，願録吾言，或筆之於書，或刻之於石。吾知救主永生，後日將降臨塵凡，我膚雖腐，我肉雖壞，我由肉身將見神焉，我目擊之，非他人示我也。大衛王禱於上主曰，爾不遺我長在墓中，不任爾之虔者見朽，爾必示我以生路。在爾之前，其樂惟足，在爾之右，其福無窮。以賽亞曰，爾死者將復生，我屍亦將復起。但以理曰，寤於塵土之衆，必將復醒，或得永生，或得永辱焉。保羅曰，吾儕知萬物，至今共嘆劬勞，不第此，我儕初得聖靈者，亦必歎望衆子之顯，吾身之贖焉。且耶穌降世，既使死者復生，己亦復甦而昇天，則復生之事不信然乎。

或問死者如何復生，彼憑何身而甦。曰，必非血氣之體。其散土再

聚，朽骨復接，詩家雖頌之，究不合理。蓋體骨隨時更換，我得以斤兩秤之，而其生活之本，吾不得以斤兩秤之，以其屬乎靈也。其靈魂既他往，自能成形。保羅曰，爾所播之種，必化而後生，爾所播之體，與所生之體異。所播者，或麥或百穀，一粒而已，天主乃隨意賜體，各殊其形。復生之理亦然，播能壞，甦不能壞，播辱而甦榮，播弱而甦強，播者血氣之身，甦者純靈之體。約翰曰，今我儕爲天主之子，末路若何，未能逆覩，所可知者，主顯著時，我見而克肖之。保羅又曰，望救主耶穌基督由天而降，既有大力，服萬物歸己，必能化我卑陋之身，效厥榮顯之體。夫救主榮顯之體若何，默示録曰，其榮如日，輝光丕著。或謂肉身不能化而得無壞之榮，獨不思耶穌，既有大力，服萬物歸己，必能化我卑陋之身乎。予嘗見土或化爲磁器，石或化爲玻璃，良工製器，猶能化物若此，天主既創造人類，其使之復生，而化辱以爲榮，化弱以爲強，夫復何疑。不見夫蠶既老而作繭自封，固已僵死，後復生而身化爲蛾，即能飛騰乎。夫前爲爬蟲，後爲飛蟲，類不同矣，前食桑柘，後飲清露，嗜欲亦頓易矣。人之復生，不可作如是觀哉。

或問死者於何時復生。耶穌曾曰，父所予我，我不失之，至末日，我將復生之焉。世既有開闢之日，則必有窮盡之日，人有死亡之時，則天地必有敗壞之時，人死而復生，天地亦將沒而復興。彼得曰，太初之世，天主有命，天地以成，今之天地，主存之，至審判惡人敗亡之日，焚之以火，天爇而崩，有形色者焚而燬。天主有命，天地一新，義人處乎其中，我儕所望也。

或問天主既無不知，何待末日始審判世人。曰，固不待審判而知人之善惡也。人身既死，主即別其善惡，使其魂往受禍福，至末日而復甦。萬世善惡之人齊集，使基督執法以審之，即天使魔鬼，亦皆受判，是欲使天地間之生靈，共知其大公無私耳。夫天法異於王法，人雖懷惡念而未行惡事，王法視之爲良民，天法則視之爲惡人矣。王法雖嚴，惡人或可隱匿而避之，或可恃勢而抗之。而天視則鑒觀四方，無處可避，天威則赫然一怒，無勢可抗。且王法僅加刑於一身，天法則合身靈，同受刑罰，天討不綦嚴哉。然較王法仍寬，人初犯罪，王法即究治之，天則明鑒我隱微之罪，而寬宥我，且日以大恩賜我，專望我之感格。烏呼，人何藐視其鴻慈寬容恆忍，不知主之仁愛，導我悔改乎。經云，爾乃剛愎，罔有悛心，積愆干怒，待主震怒，義鞫顯日，視各人之行而報之乎。

丁韙良《天道溯源》卷下 夫人類既莫不負罪戾，使人僅知己之有罪，而不知如何可以贖罪，則終身憂愁莫得解免之方。猶罪囚既罹國法，惟知己之當受刑罰，安知國君將賜恩赦免乎。世上之人亦然，法第使人知罪，遵法不足以贖罪，幸天父降赦罪之福音，曰主不以法稱人爲義，惟以信耶穌基督稱義。又曰，其道昭著，律法與先知爲之證。此言人不能以善行贖己罪，惟賴耶穌之功，可得恩赦也。耶穌雖未降，而舊約書已有先知以預言之，有祭司獻犧牲，以表彰之。先知更解明祭禮之微意，使民不徒事儀文，篤信將來之救主。迨耶穌已降，以十字架爲祭壇，獻躬於其上，爲贖罪之祭，乃廢棄犧牲，全易前時之禮儀。以餅指身，爲人之罪而傷，以酒指血，爲人之罪而流。復命宣此道與萬民共聞之，行此禮俾萬民共見之。即至世末，皆可證救主爲人贖罪而死也。夫魔鬼誘惑始祖，必先迷其耳目，而天父宣其道，使人共聞，設其禮，俾人共見，亦以人之耳目，引人復歸正道。故新舊兩《約》，律法與福音，先知與使徒，無不證耶穌捨命救人之事。

又 或問耶穌既爲始祖之後裔，則亦爲始祖所累，安能救人。曰人則爲其所累，今耶穌神也，何累之有。夫人類無不爲始祖之罪所維繫，繼其惡性，加以惡行。身既有罪，不能自救，安救他人。譬如數人同溺於海，既我躬之不閱，遑恤他人。必須有局外者，操舟而至，始可行其拯救也。而或者曰，信如斯言，天使既非人類，且力大於人，亦能救人，安必耶穌。不知救人不專恃乎力，且須有能代人之罪，能完人之分者，始能救人。天使雖擅大力，亦各有己之本分，即能盡己之分，究無餘功，安能完人之分，以補人之罪。況皆受生於天父，生命不能由己，安能代人自舍其命以贖人之罪。惟我耶穌，既爲神，便能自主，其降世所爲之善行，盡爲餘功，有一己之餘功，始能贖世人之積罪。況其降世也，成肉身惟己之意，則損生命以代人之罪，亦惟己是主矣。故曰，我命非人所奪，我自捐之，我能捐，亦能復，是我奉天父之命也。況普世之罪，往古來今，不可屈指，非神誰能任之。經曰，神盡形於基督，基督爲諸權力之首，爾以之得全備。又曰，其爲萬物主，舍己贖我罪，信乎贖罪者，非神莫屬矣。

又卷中　或問始祖犯罪，救主何不當時降生，何必待五千餘年始出世乎。曰，天父雖定意欲救世人，而故遲之又久者，欲人知自作孽不可逭之意。故任其用己之知，如盲人迷於行路，欲從末由，雖諸國各有聖賢立教，迨耶穌振興眞道，久而彌顯，人始知天道之不著矣。且降生之遲早，於贖罪之功無損，耶穌雖未降，而天父既預定必行其事，苟有信從眞道者，亦可得救。正如招人作工，既知其工必成，無妨預支工値也。古人宰牲獻祭，以表救主獻躬贖罪，今考諸國犧牲之禮，亦自古相傳。特宰牲之意，人多不知，苟知其義，則犧牲非以邀福，實以贖罪。安知古人犧牲之禮，非陰證贖罪之道乎，人其思之。

又卷下　或曰，世上爲父者，切望其子之改惡爲善，不追念其前非，人苟悔罪改過，天父亦當赦其既往之罪，何必移刑於耶穌之身乎。不知天父不特以好生爲德，其德無不備，而要莫重於公義。義者，事之宜也，有功不賞，有罪不罰，非事之宜，安得爲義。故使天主僅爲世人之天父，則父子主恩，固可獨用其仁慈。乃爲天父者，即爲天主，則君臣主義，不得不賞善罰惡，以昭其公義矣。況國法以仁義爲利，若爲君者徒以煦煦爲仁，不忍誅戮。有罪者盡得寬宥，是任彼凶人，復得殘害良民。奚啻惡獸既被束縛，因不忍其觳觫，即行釋放，使復噬人乎，此實不仁之甚者也。刑典已廢，民無所畏，將見各縱其欲，至於亂國，伊誰之咎。此少有智畧之君，有所不爲，而謂天主以煦嫗者，自害其義，以至廢法敗度哉。然雖爲天主而罰人之罪，亦爲天父而憐人之禍，其遣子贖罪以開法網，實上守天法，下憐世人，仁義兩全之事也。古傳希臘王定新例，作姦者無論貴賤，必刺其雙目成瞽以爲罰。不料其後，王子有犯淫行者，王聞之，不勝憂慮。若不按例加罰，既恐民有暱親廢法之論，而民心不服。若按例加罰，則王子已盲其目，不能臨理庶政，而社稷無主，事在兩難。迨不得已，以己之一目，易其子之一目，上以循例，下以全情。夫王子不得苟免於刑，王猶爲之同受痛楚，既仁義之兩全，民自感其德而服其敎。今天父於神子，不徒一目之親，而遣之以生命贖人，我世人不當感其恩慈，循理而行乎。天主不以權赦人之罪，必以神子之身當之，可見典刑至嚴至一，世人安可妄爲，自取罪戾。故耶穌之十字架，實爲仁義之表記，天理之權衡也。且耶穌贖罪之道，其義甚廣。嘗見祖宗有善惡，爲子孫者屢受其禍福，今耶穌居然一祖，以重生世人，於天理既無不合。國法准以罪人之親友爲中保，而耶穌爲神人兩間之中保，於人情又無或乖。且古來諸國之人，皆以犧牲獻祭，以申贖罪之意。而耶穌獻躬爲罪祭，又非悉合夫禮儀哉。而或者曰，犧牲之禮，無非爲媚神邀福耳。不知湯禱七年之旱，剪髮斷爪，身爲犧牲，非代罪以求免人之災乎。夫湯爲帝王，剪髮斷爪，以救一國之災，何若耶穌降生舍命，以救萬世之罪。湯時旱災祇及於一國，乃舉世干犯天命，天主之震怒，不啻烈日，衆人大惡，自棄聖靈，儼如大旱。自耶穌以己身代之，而天恩汪洋，一若霖雨之沛然下矣。故無耶穌之代人受刑，天父之公義難全，無耶穌之代人循法，人心亦無由自安。何也，人覺己之有罪，不補其過，必悔之不已。古時有亞力山大王，醉中手殺忠臣，及其既醒，不勝自忿，面無喜色，心如錐刺。蓋以無辜而殘害忠良，實爲己之罪戾也。即欲以萬鎰之金，使臣復生，以贖殺臣之罪，而生命非金所可贖，王終無由自釋其憂愁矣。又使人有資產，我曾破之，後聞其凍餓，心即有所不安，蓋以我若不破其資產，彼未必至於此極也。問心之下，負罪良多，即或有素未識面之人賙濟之，究屬非我之功，我心總無由安，必也。我雖無餘資以償其乏，而我友能代我損資，濟其困窮，則與我自出己資無異。前愆可補，我心始可獲安。今世人獲罪於天，亦正如是，天父雖欲以權赦人之罪，而不以功補人之過，人心仍不得其安。乃人又不能盡分，不特無功績以償前愆，反日積月累以增之，非賴耶穌之功，何以補我之罪乎。夫耶穌奉命降而爲人，以彰天父廣大之恩，身代世人之刑，以顯天父大公之義。人逆天理，耶穌順之，人辱天父，耶穌榮之，此皆非人之功也。天父已許信者即可爲耶穌之同儕，非僅可以赦罪，亦可以耶穌之功，推稱爲義。既稱我爲義，我始可內心無虧，俯仰無愧。經曰，誰能訟主之選民乎，主稱義之矣。誰能罪之乎，基督爲之死而復生，居主之右，恆保我矣。故耶穌舍命，上以顯天父之義，下以安世人之心。是以古人宰牲，以指耶穌之身，可贖罪愆。灑血潔器，以指耶穌之血，能潔人心。今我輩所奉之聖禮有二，一以酒餅，指耶穌贖人之罪。一以清水，指耶穌滌人之心，其禮雖異，其義則同。保羅曰，兄弟乎，我賴耶穌血，得毅然入於至聖所。基督身猶幔，裂之，則爲我闢永生之新路。故當意誠信篤，洗心去惡，潔身去垢焉。

教會論

論説

陳金鏞《行傳旨味録》卷下 黨會爲國家所例禁，社會爲羣類所組織，而教會爲福音之門徑，天國之基礎，基督徒相與會集之所在也。本有新舊之分，舊教會則指耶穌以前之猶太國，其廢興存亡，讀《舊約》之歷史可也。新教會則指耶穌降世之後，不問何國，凡信仰耶穌敬奉天道之地，其治亂興衰，讀聖會之歷史可也。迄於今，舊教會則可指天主教而言，新教會則可指吾耶穌教而言，此新教會之又分新舊也。然此皆由可見之教會論之，若由不可見之教會論之，乃屬於天，固無所謂舊，亦無所謂新也。茲姑不他論，而第論夫主降世後之教會則何如。

甲，教會之締造

基督徒之有教會，猶世界上之有邦國也，邦國必合多數之人民，而後造成一邦國，可獨立於地球之上，教會亦必藉有多數之門徒，而後造成一教會，可永固夫天國之基。惟有多數之人，苟無合羣思想，其體不團結，其情如沙散，亦斷斷乎不能造成者。譬諸人身百節雖具，不相聯絡，可謂之人乎。譬諸築室，萬物皆備，不相維繫，可謂之室乎。吾讀《行傳》首章，至使徒問主今時將還國之語，而知當時之使徒，猶不知教會爲何物也。及百二十人同集祈禱，聖神丕降，使徒獲異能，門徒之數日多，爰是而使徒彼得等專務祈禱傳道，士提反等專司周濟之事，而教會之形式畢具矣。至於諸聖徒恆心受教，擘餅祈禱，悉泯人意，不私己財，滿具聖神，侃侃傳道，雖遇窘迫，反以爲榮，此尤爲教會之精神也。外觀有耀，內容無缺，此之爲教會之造成。

乙，教會之推廣

今夫教會者，固耶穌基督爲隅石，諸徒及傳道者爲基磐，凡百門徒均同其工而後成此靈室，成此靈殿，成此聖神之居所，即通稱之曰教會。其初也渺乎不可見，其終也廣大不可比，不可以邦域限，不可以風氣阻，不可以種族囿，蓋教會自有活潑之精神，日新月異固其所也。當五旬令節，而傾聽使徒之教者，路加詳述其人曰，帕提亞米太，以欄，米所波大米，猶太，加帕多家，本都，亞西亞，弗呂家，旁非利亞，埃及，古利奈，羅馬，革哩底，亞喇伯等等之地，已爲異日推廣教會張本。惟使徒等尚未深明主旨，以爲信者日衆，而相親相愛，一心一志，以歡以誠，天國之景衆，不過如斯而已，詎知上帝旨則不然。苟教會閉門自守，既無以顯上帝愛世之心，又無以成救主拯世之志，而招萬民爲徒之遺詔，亦等諸空言矣。然則果將何以推□教□乎，藉勢力乎，人皆目使徒輩爲加利利人，何勢力之有，藉財力乎，彼得曰金銀我無有，藉權力乎，彼輩之所敬奉爲主者，且取而釘之矣。吾讀《行傳》一書，而歎上帝之推廣其教會者，絕不假乎人之勢財權諸力，而獨假乎人之阻力壓力抵抗力，美矣哉，神妙之不可測也。教會愈遭逼迫，乃教會愈見興盛，教會愈臨禍難，乃教會愈得機緣，一方遇敵，而聖教遍傳乎四方。流一人之血種，結千萬人之信果，教會之推廣且人力云乎哉。

伏查中國蕪穴會匪毀教，教會頓興於長江一帶，古田土匪戕教，教會忽盛乎漳泉諸地，北地拳匪鬧教，戕殺教士以百計，信徒以千計，焚毀堂屋以鉅萬計，而教會之聲名不第並無少減。且教會可以從此深入內地，無所少阻矣。蓋世人之阻力、壓力、抵抗力愈大，適教會之進力、上行力、推廣力亦愈大也。總言之此皆上帝力也，彼人力何能爲哉。

丙，教會之政治

政者，正也。治者，理也。教會既出於正理，教會自不能無政治。教會當初立之時，政治雖不能秩然而有序，然一切制度莫不本乎《聖經》，吾讀《行傳》一書，而知今日教會之政治，多有可以攷徵也，試表列之如下。

一，教會之形式在同集一處，一心祈禱見之。

二，教會之聖職，曰牧師，曰長老，曰執事，雖備詳於各書函，僅讀《行傳》已可識其要領。

三，牧師之職守。夫教會猶如羊牢，門徒猶如羊羣，聖道爲羣羊之靈食，而牧師者，固有監管羣羊之職，而以靈食喂飼羣羊者也。居則以□靈

信潔，爲信者之模楷，出則以勸勉教訓堅信者之德性。保羅在米利都，而諄諄誥誡夫以弗所者，足爲萬世牧者之圭臬。

四，長老之義務。長老者，會衆之代表人也，其稱名數見於十五章二節四節六節，惟二十五節雖不明言長老，而曰選人，實亦長老之別稱也。在會則襄助牧師，有事則稟訴上會，皆長老當盡之義務。但任是職者，乃會衆所公選，故曰選人，然必或長於年，或長於德者，方可充之。

五，執事之本分。讀《行傳》六章，知當時教會日盛，因濟匃及嫠滋怨，十二使徒自知力不勝任，乃提議選舉司几席之事者。於是公舉會中之有善證，滿以聖神，其智慧若士提反等者七人，惟傳不曰執事，而僅曰司席。至二十一章八節，始有執事之名，惟按本文亦並無執事二字，要之雖無執事之名，而其名譽素著，德性堅定，事理精詳，固已早具執事之實矣。況古今之稱謂，中外之名目，多有不可以強同也。《傳》曰，司几席，今曰執事。何不可之有。

六，教會之權責。教會既有政治，豈無權衡，惟教權之所及，不過操宣傳福音之權，舉凡國家典刑，人民訟端，及無害教化之風尚，無損靈魂之舉動，教會皆不能干預。其間安提阿公會，爲爭守律法事，遣保巴二人而上訴耶路撒冷之總會，而雅各曰，異邦人之歸主者，不可擾之。即此一言，教會權衡之所在可知。

七，支會之裁決。教會日盛，人數日增，不能不分支會。諺云，樹大分枝是也。《行傳》一書，支會多矣，其歷史自當約畧另記之。惟其會務之易而實者，各支會各自決之可也。其會務之難而疑者，支會不能裁決，則不得不上訴老大總會矣。若《行傳》爭守割禮一事，而安提阿公會之特遣保巴二人，專使之上請耶路撒冷也。

八，堂會之責任。堂會何以成，成於有牧師長老也。有糾察教友之分，有黜納教友之權，此固堂會之分事，而無待瑣述者。惟遇難事更可舉人具稟上會，抑或有特別之端，亦可傳集會議，若安提阿之集會議事，若保羅之邀集以弗所長老，均無不可。

九，老會之起立。老會者，乃合數支會而成者也。《行傳》雖未明言老會之事，而老會之必有固彰彰可攷者。如彼得講道畢，喜納其言而受洗者，約三千人，可知此三千人斷非一支會所能監管者，則有數支會而成一老會必矣。況自此以後，得救之人日增，甚至數約五千，選舉執事七人，此明明指老會之數而言也，不然，一支會何必有七執事哉。更觀掃羅歸正之後，當時徧猶太加利利，撒馬利亞，諸會平安建立，而各支會之名目，又歷歷可數矣。及保羅末次決意上耶路撒冷，竊揣其意，實欲在耶路撒冷老會前，報告異邦傳道之消息也。又聖道傳入安提阿，信而歸主者甚衆，耶路撒冷之教會，遂遣巴拿巴徑行至安提阿，則安提阿教會又明明爲耶路撒冷老會之屬下矣。此僅就耶路撒冷一老會證之，若深玩十九章十節之語，則知以弗所教會，又不止一支會同屬一老會矣，至於大會總會，即此可以類推之。

十，封立聖職之禮制。不論何等聖職，若既由聖神所默示，又爲衆門徒所公選，不得不鄭重其事。玆按《行傳》，封立聖役之禮有三，曰禁食，曰祈禱，曰按手，惟選立七執事有祈禱按手之禮，而禁食畧之，由是以觀則禁食之禮，或有或無，隨機應變可也。

以上政治十則，僅就《行傳》一書攷徵之，若欲得其全豹，自當旁參《福音》及諸書函矣。

丁，禮拜之模範

禮拜之模範，我教會自有專本，備且詳矣，何必復即《行傳》而贅述之。詎知《聖經》者，固百讀而百不厭者也，愈知拜上帝之規式，必愈得拜上帝之趣味，及拜上帝之效果，《行傳》爲教會初設之時代，規模雖粗具，而精誠畢至，實爲千百世不易之規矱，全地球所當矜式者也，試表列之如下。

一，公衆禮拜。公衆者，門徒同集之謂，其地其時雖不可拘，惟一定之公禮拜，即在主日，其他有特別之故，皆可以同集者也。若當初百二十人同集一樓，五旬節既至，門徒一心同在，信者一心在所羅門之廊，每日在殿教誨，傳耶穌基督福音不已。此數人立之於使徒前，使徒祈禱手按其上，爲彼衆祈禱，俾其受聖神。今我儕皆在上帝前，以聽上帝凡所命爾者。馬利亞家已有多人集而祈禱，或爲選職，或爲傳道，或爲求聖神，或爲教會遇難，無不可公同禮拜，敬告上帝，此公禮拜之所由來也。惟所貫乎公禮拜者，萬衆一心耳，人可輕忽乎哉。

二，家庭禮拜。夫公衆禮拜人多易於遵守，惟家庭禮拜忽之者衆，推

原其故，或爲世務之紛繁，或嫌人數之寥落，或因家人之不盡信道，一言以蔽之，曰怠惰是也。詎知《行傳》中述家庭禮拜事亦屢矣，五章末節云，於是每日在殿或在人之家教誨，傳耶穌基督福音不已。在殿云者，公衆禮拜是也，在家云者，家庭禮拜是也。此使徒然，即非使徒，亦何獨不宜然。十章二節論哥尼流之爲人，敬虔畏上帝，舉家亦然，可知哥尼流所以能刑於寡妻，至於兄弟，以御於家邦，未始不鄭重夫家庭禮拜也。且彼得論赦罪之恩，許及子孫，則家庭禮拜自斷不容緩矣。吾復讀至保羅西拉二人之被下於獄，夜半祈禱，詠詩頌上帝，雖牢獄之中，無不可作家庭觀也。

三，誦經唱詩。上文所謂禮拜者，固不止祈禱一事已也，而尤貴乎誦經，蓋傳道者少誦經之功，安能妙於講解，聽道者少誦經之功，安能神於領悟。此保羅之所以與人談道，悉本於聖書，而庇哩亞之猶太人，之所以賢於帖撒羅尼迦人者，以其日究聖書，果有如此否也。然誦經之餘，而唱詩亦不可少，若保羅西拉被下於獄，夜半祈禱，而復繼之以詠頌上帝是也。

四，宣道之法。詳攷《行傳》宣道之法，其要有五，一，向明道者之宣講。如五旬節對衆引證耶穌爲彌賽亞，或昧爽入殿教誨，或入人家傳耶穌基督福音不已，或入會堂傳上帝之道，此使徒等向明道者之指引救道也。二，向慕道者之宣講，大約對一二人而言。若腓力之與寺人，亞拿尼亞之與掃羅，彼得之與哥尼流，保羅之與士來，保羅又與女徒呂底亞，又與守獄之吏，又亞居拉百基拉之與亞波羅，又保羅之與腓力士，及其妻士西拉，此保羅等向慕道者之演講救道也。三，向教友之宣講。教訓一也，督責二也，勸勉三也，互論四也，禁戒五也。四，向教外人之宣講，吾之所謂教外人者，蓋素居於黑暗世界拜羣者而言，故講道之法，自當隨機應變。然大旨不外乎三，破世人之迷，信傳悔改之福音，論將來之審判。如保羅之在路士得雅典，又與腓力士講道，其法皆足式也。五，向會中任職者之宣講。如議補聖職，引見使徒，備述上帝恩之普及，評議信道者之揭要，勸諭監察教會當盡之義務是也。是五者，或對待會中，或對待會外，或對待箇人，或對待衆人，皆足爲後世宣道者之津梁也，其措詞之長短雅俗，擇地之遠近内外，皆在宣道者藉聖神之引導耳。

五，禁食之禮。孔子食於有喪者之側，未嘗飽也，且於是日哭，則不歌，其意蓋與憂者同憂，悲者同悲，雖非禁食而不飽不歌，已足可爲禁食觀矣。可知禁食之禮，中外通行，古今常有。《行傳》記聖神甄別巴保二使徒，正彼等事主禁食之時，則知禁食之果效，非同小比也。惟使徒選補馬提亞，選舉士提反等七人，均不聞有禁食之舉，則禁食者，似在可有可無之間，可存可亡之例矣。然吾謂《行傳》者，適教會之過渡時代，新舊之交界處，如遇特別要故，而禁食不可謂爲無益之事，然果能虔誠切禱，雖無禁食之外狀，深具禁食之實意，不禁食而亦禁食，何必故作憂容，以變其色哉。

六，捐輸之法。夫拜上帝者，祈禱唱詩誦經雖不可少，而捐輸亦不可缺，非若禁食之可有可無者比。讀《行傳》一章，誌百二十人同集一樓，十二章誌馬利亞家多人集而祈禱，則或樓或家，皆可以代捐矣。二章四章，誌信者皆會同共用諸物，且鬻産分財，是則指其全力，尤爲一時之盛舉，沒世不能忘也。更有巴拿巴者，售其田，捐其産，而又終身爲聖道之役，是因不第捐其財産，且又捐其性命，亦有所不惜也。十一章誌天下大饑，安提阿諸門徒量力輸捐，救災恤隣，有古君子風，足爲後世推愛之模範。十九章廿一節，誌保羅定意，經馬其頓亞該亞，後往耶路撒冷，旁參《哥林多前》十六章，而知所以往耶路撒冷者，蓋欲攜各會之捐，而濟耶路撒冷聖徒之急也。二十一章誌保羅既至耶路撒冷，亦曾曲從衆意，代捐薙髮之費，於此可知雖身入聖教，當屏絕一切虛妄之舉，苟事之無礙於教會宗旨，或可釋羣疑者，亦不妨從衆而行之。若修橋舖路，造涼亭救恤災黎，周濟難人，尤當與教外好善諸君子同心合作之。二十八章誌部伯流優待保羅，島夷之沐恩者，禮敬餽贈，俾後之愛恩者，有所取法焉。要之捐輸之道，或以財力，或以家業，或以身心，或以需物，無不可以捐輸也，然所貴者有樂施之心耳。不然則蹈亞拿尼亞之覆轍，而以捐沽名矣。步西門之後塵，而以捐市術矣，可不懼哉，可不戒哉。

七，施行洗禮。謹案彼得與十一門徒傳道於五旬節，一日而受洗者約三千人，說者謂苟以灑水之禮，要非一日可以蕆事，則浸禮必矣。當寺人之行也，遇有水處，謂腓力曰，有水我受洗禮有何礙否，其後腓力施以洗禮，與寺人共下水，既曰下水，則非灑水之禮又可必矣。詎知洗禮者，不

過信者之外狀也，而所貴乎信者，則在聖神之滌盪，不然西門亦信而受洗，其洗何益，故保羅之於以弗所數門徒，雖已受約翰之洗禮，而復施以耶穌之洗禮。夫耶穌之洗禮者，聖神之洗禮也。顧或者曰施行洗禮，盡人可爲之乎，則應之曰，不可。彼將曰腓力不過一司几席人之職，非使徒何以施洗於寺人，詎讀二十一章八節，腓力者，傳福音者也，雖非使徒之職，而位同教牧，豈無施洗之權。又或者曰，嬰孩可受洗禮乎，則應之曰，父母俱信，則抱嬰獻主，固其宜也。讀二章三十九節，彼得曰，蓋所許者屬爾，及爾子孫，明明指凡孩提之童，亦得與奉耶穌基督之名而受洗禮也。況保羅子呂底亞，及獄吏，皆全家施洗，既言其家，必不略其子女可知矣。惜今之信道者，往往置子女於不顧，良可歎也。

八，領受聖餐。吾聖教中二大聖禮，一曰洗禮，已即本書而詳證之。一曰聖餐，本書所謂擘餅是也。二章四十二節，恆以擘餅，則聖餐可不拘於時，四十六節，隨家擘餅，則聖餐又不囿於地。二十章七節七日節之首日，門徒集擘餅，則聖餐於禮拜日行之，自然尤爲合宜。至於領受之法，二章四十二節謂祈禱，四十六節謂以歡以誠，皆言其念主情殷，一本至誠，而毫不假以虛飾之外貌也。

戊，聖會之勸懲

勸懲者，所以保聖教之名譽，成聖徒之信德。今有人焉，悖道逆理，苟無以規勸之，則永入迷途而不復返矣。苟規勸之而無以懲治之，則作奸犯科之徒，將益輕主恩，不知悛改，聖教之權榮，必爲之破敗。然見信徒有可責之端，不勸而即懲，未免失之太嚴，專勸而不懲，未免失之太寬。所謂勸懲者，外示恩威，內寓寬嚴相濟之術，如慈父母之訓責其子女，如嚴師傅之教導其子弟，或勸或懲，無非欲造就而裁成之也。或曰，亞拿尼亞與妻撒非喇，鬻產藏價，不過犯誑言之罪，而立受死亡之禍，無乃罰重於罪乎。回憶古聖人且有誑言，吾不聞有仆身之災，亞氏乃愚夫愚婦之流，偶吐僞言，亦事之常有者，彼得必欲立置之死地，不亦太苛乎。然而非苛也，實彼得之不得已也。蓋亞氏之罪，其誑人者小，其欺聖神者大，惟其有此一惡根，所以結成二惡果。攜數分而僞示全數，冀與巴拿巴諸善士同留芳名，以欺己者欺人，欺天下，欺後世也，惡果一。藏數分而私圖己益，以防天下大饑不測之需，是外行善事，內懷貪念也，惡果二。苟非彼得燭其奸僞，孰能悉其惡根哉。爲亞氏者，經使徒之面斥，苟即哭泣欺妄之罪，懺悔詐謀之非，鑒猶大之覆轍，奉彼得爲先師，吾知上帝仁慈爲懷，或當貸其一死，然而亞氏不自悟也。其妻撒非喇同謀之時，不能正夫之過，敗露之後，而猶掩飾蓋藏，曰如此，是直助紂爲害，同惡相濟，則其立遭神殛，誰曰不宜。況斯時教會初立，苟不誅一以儆百，則後之教會，將不堪設想矣。觀夫撒瑪利亞之西門，獻金市賜，同遭彼得之嚴責，然其悚懼恐惶而答曰，爾曹爲我禱主，則似彼善於此耳。

己，聖徒之慰藉

出入相友，守望相助，疾病相扶持，古者同井之道也，況我宗主同體之聖徒乎。彼得奉主名，而愈八年臥床之瘋癱以尼雅，跪禱患病已死之大比大，苟非彼得之慰藉精誠，曷肯行此神蹟哉。至於亞拿尼亞，按手於掃羅，親之曰兄弟，慰語勤摯，不念舊惡，尤足爲善視悔過者法。而巴拿巴但求公益，不私己財，既不愧爲勸慰子之芳名，更可爲聖教會之標式。他若覿面相勸，致書相慰，臨危急而戒毋自戕，伏屍身而謂衆勿慌。或以先難後獲之道，堅門徒之信心，或托施恩建德之神，成門徒之榮業，或同囚而歌詠，或同舟而勸慰，皆可爲後世聖徒取法也。

復活論

論說

花之安《馬可講義》第五七條 復生之道，惟耶穌教能說得精微確切，爲他教不能及。儒教雖知有一靈魂不泯，故人死自古有招魂之禮，但不知其棲於何所，往於何方。或謂人死則魂上升，而魄下降，或謂形歸墳墓，神歸家堂。故設龕立主，爲尸祭墓，事死如事生，其論靈魂，尚不能明晰，況論死後之肉身，焉知其化而復生乎。釋氏論輪迴，似與復生之道相近，但其亦非謂身體復生，祇言魂投託爲人，謂人生前修善，可轉而爲人，爲惡則墜而變畜，其說怪誕不經，有識者自知其妄。道家言修煉，謂

得道成仙，則可脱凡屍升上界，其視此身爲軀殼，以去之爲美，安言其再生。嘗謂論身後之事，儒教不言失之昧，釋教妄言失之誕，道教輕言失之拘。謂此身一死則已，如是人之身與禽獸之身何以異，謂此身爲凡俗，則歸咎於造物予人之身，而不得其宜，諸説不知所出也。若無復生，又何能滿審判之義，葢生前善惡，心與身共爲之，若賞罰衹及人之心靈，而不及身體，安得謂之義乎。故《聖經》示必有復生，使信士有望，知修身從道不歸於虚也。在當時亦多人信此理，即法利賽輩，亦望此身復生。惟世人見近而不見遠，知體而不知靈，衹圖此世之快樂，飲食繁華，意一死即了，而不信有復生，如撒土該輩，是此一流。其譏復生爲迂疏，又恐其説不固，支離經義以自文，妄談故事以爲戲，宜耶穌斥其不識經也。俗人説經，往往執經之一二字面，不求其理之所在，合己之私意者，拘之不化，敵己私意者，棄之如遺，自以爲守經，不知其悖經實甚。如在中土讖緯術數之流，盡託名於《易經》，信青烏嗜堪輿之輩，遷父母之骸，希己名利，妄依孝道。趨僞者謬言禮，狂蕩者肆言達，是亦撒土該人之於經也。儒經非不言正理，奈儒士不見，《舊約》非不言復生，奈撒土該人不見，其弊一也。照《聖經》之理，復生爲再立全人，除死亡之權，人有靈及上帝之神居中，身爲靈魂之具，死時靈魂異處，其具已敗，故復得一新體合靈魂之用。人必先悟靈魂不滅，然後可及復生，世人亦多知靈魂不滅，獨不及復生矣。在《舊約》言復生之理亦詳。如《詩篇》《以賽亞》《以西結》等，餘散見各處，及暗指其意者，不勝枚舉，無如其不悟也。以私意而讀經，斷不識經，非經從人，人當從經，而於上帝之經則尤甚。故《聖經》非以聖神之啟迪不能識，心頑者目視不明，耳聞不聽，得求者視爲上帝大用也。

太初上帝造人，由無而造有，不需如人之動作云爲，及以其權爲之。夫上帝既有權以造人，亦必有權以甦人，何信於此，而疑於彼。人由上帝所賦，人不能辭，儒書言天賦之氣以成形，賦之理以成性，是出自上帝明矣。在人作爲有難易之殊，在上帝無殊，因人之權有限，上帝之權無限也。上帝使死者甦，猶人使寢者起，故耶穌謂睚魯之女非死乃寢，拉撒路之死爲睡。在昔《舊約》先知以上帝之權，猶能使死者起，何況上帝不能於後日，以己之權使死者甦乎。若人不能再甦，則謂上帝之作爲有歉，抑其權不足，葢造人有如此妙體，又備極百物以資人之用，人之位固尊，人之分固大，若衹在此塵世數十年磨煉諸苦，一死則已，如此造人甚無爲也。譬諸工師極力雕琢一像，異於凡材，斷非甫成而輒碎，上帝之於人亦若是矣。或謂上帝既造人，先使之死，由死而甦之，豈不憚煩，奚若使之不死乎。當知上帝原始造人，永生無死，死亡不合上帝，其之妙品爲生，死屬魔鬼，罪之孽致死，因人犯罪自取其死矣。此死之所以入世也，從欲之人其神死，然後其身死，但罪之孽，不能勝於上帝之權，罪之孽能使生而死，上帝之權能使死而生。太初上帝已定生人之法，屆期遣救主耶穌贖罪立功，破死亡之關，闢永生之路。於今死亡不能爲信士之害，信士信上帝昔以大力甦基督，亦信宗基督而死者，與基督俱至。基督復生，吾等有多憑據，確實不疑。人之有復生，實根於基督之復生，故末日天使吹上帝角時，凡墓内者將聞人子之聲而出，爲善者復起以得生，爲惡者復起以受罪。從道之人，視死如歸，因其有望，知此身復起，不從道者，觳觫就死，因其絶望。斯信上帝之權，與不信之關係有如此。

身與靈二者最要分別，身體有血氣屬物，靈魂無血氣屬神，靈不可需身物，亦猶身不可需靈物也。在今世有肉身，故需飲食，嫁娶，衣服，屋宇等事，一死則此肉身，與身所用之物，所行之事，皆脱。世人意死後亦猶生前，有夫婦父子，故重繼嗣，亦意有飲食貿易，故祭祀焚紙錠。如此則生死何異，陰陽奚殊，在陰間有夫婦，則亦能生子，何需又賴陽世子孫獻祭爲哉。無嗣者，如若敖之鬼其餒，得毋亦有饑而死乎，不知鬼死又爲何也。以禹湯之聖，而賴桀紂之暴以祀，亦大可哀矣。禦人於國門之財，義士不受，曾謂賢祖父而享逆子孫之祀乎。乃知復生之際，斷不能以此世之意妄案之也。在今世君臣父子兄弟朋友之分，一死謝絶，因不尚權力，且時無先後，故不需君臣父子兄弟等倫，斯時獨以德與理爲主。葢常治而不亂，固無君臣乃宜，非可於此世爲君，爲父，爲夫，而來世亦爲之也。在中國丈夫之死，不欲其妻適人，再醮之婦，人皆鄙之，亦意將來可以爲夫婦從欲等事。此時無血氣之身，如何能匹配，有識者自知其妄。耶穌謂復生之不嫁不娶，如上帝之使者在天，斯時之身爲靈身，所需者惟靈物，榮有大小，位有高下，各稱其分而無缺。或謂死者之身，歸於無何有之鄉，如何能以身起耶，詎不知可變者，身之形體，不可泯者身之精英。如

物之精，亦不能滅，雖變其體，人目不及見，而其質尚在，獨化而爲他物矣。觀植物之事，可悟復生之理，如種遺於地，頓變其體，而種之仁，吸土之精成形而向榮。至於世之末日，靈魂吸身之精，成形而復生，其理亦若是。知此，則身雖變其形，又何傷於復生乎。在今世身體之形，不能盡顯靈魂之妙，迨復生後，身體之形，適稱靈魂之妙。從道人明《聖經》之載爲確切，識上帝之權爲莫大，知身靈之事爲互殊。今世之所爲有如種，復生之際有如穡，播以欲者，則所穡亦欲而敗壞，種以神者，則所穡亦神而永生。是以信復生之理誠而篤，常慕復生之事，恆望日後之福，故檢其身，不敢放僻邪侈，藉非然者，何苦克己復禮，非禮勿視勿聽勿動勿言哉，寧圖飲食繁華可矣。奉勸世人，思維《聖經》之理，知身靈之分，信上帝之權，早日心悅誠服，則獲復生之福，心所願也。

原罪論

論說

花之安《玩索聖史》卷一 夫上帝之造人，純善無惡，其後有惡者何也。曰，方命之所致也，按《創世紀》上帝以所造之人，置於樂園，立約試之，曰，囿有百果皆可食，惟別善惡之果，則不可食，食之日必死。其時有失職之天使，被逐於上帝者，曰魔鬼，幻形如蛇，啟以貪欲之心，誘食禁果，於是夫婦惑於魔鬼而犯罪，而罪以入世。此人類罪根所自始，即本性所由失也。

當元祖之未犯罪也，與妻並裸而無愧，日覲上帝而無畏。及自犯罪後，則愧恥與畏懼之心自生。蓋惟此不假強爲，惟此不容粉飾，惟此見人禽之所以異，惟此足徵人之以道而造，違道則於心有所不安也。

夫罪，人所不甘居者也。故一被詰難，則亞當諉於婦，婦諉於蛇。然人既犯之，則亦不得不負之。故上帝分定其罪，使各得所應得之罰，上帝聖義固如此者。或曰，亞當既犯死禁，則後此食生命之果，亦未必永生，可見死生相反，反乎死則生，反乎生則死也。答曰，凡天地萬物，皆非自有其生者也，故悉本之上帝。人既逆乎上帝，則與生命之途絕，與生命之途絕，則雖有生，亦不生之生也。不生之生，是謂罔生。上帝不欲人之罔生，恐其折生命之樹，食而永生，因逐之使出樂園。

罔生者何，有可死之道而不死也。耶穌有言，得生命者反喪之。孔子之訓曰，罔之生也幸而免。又曰，朝聞道夕死可矣。夫生之不可幸邀，猶死之不可幸免也，反乎此則罔矣。

或疑一果之微，而上帝降罰如此之嚴，何也。曰，此固無關於果也，特等乎果耳。自上帝定其命，則人之從違，即上帝命之所應。且不禁之果多，所禁之果一，則所禁之果，守之固易易也。禁之而故違之，是人自蹈死也，而謂上帝降罰之嚴哉。

或曰，上帝何不造一不能犯禁之人。曰，此過求於上帝之說也。不能犯禁，則失其所以爲人，且等於木偶也。夫人之所以與木偶異者，以人之能自定其意也。上帝付人以自主之權，即立法以觀人之自定其意。蓋自定其意者，我也。我之意非預先安定，於此乃見有我，而我非可與人強合爲一也。

樂生而悲死，人之情也。而元祖之所爲，則不啻樂死而悲生，其故何也。曰，由於不信也。不信之心，生於貪欲，自魔鬼餌之以貪欲，夫而後從魔鬼之言，棄上帝之命。蓋原其從魔鬼之言，亦不過凡以求福耳，豈知舍道以求福，則禍即臨之。世之求福者，可不知所炯戒哉。

福即禍之倚，何也。初亞當無偶，上帝造女以偶之，本福之也，乃其後婦言是聽，竟致獲罪，豈上帝有容心於其間哉。特人之眩於婦言，不能愛上帝過於萬物耳，不然，烏有致禍若此之烈哉。太史公曰，禍之興自愛姬，生以妒忌。觀於亞當夏娃之事，益信。罪之根，根於心性，發於念慮，至見於事爲，以成人品者爲後。故當其初，則園中之果無所欲，及惑於魔鬼之言，則欲心頓生。蓋欲心之生，則天人之界所由分，危微之機所由判者也。故曰，罪之根，根於心性，發於念慮。

後人未食禁果，而亦有死者，何也。曰，有原罪，有本身之罪。由亞當所傳之罪，是謂原罪。諺曰，唐梨樹，到底打唐梨。是故由亞當來者，無不有原罪。綜論世法，罰弗及嗣，原罪似屬可宥，獨本身之罪，其效尤

於亞當者，更有甚焉。故雖欲赦之，烏得而赦之。

或疑蛇不會人語，人亦不會蛇語，蛇雖狡，烏得而誘夏娃。曰，此處宜活看，不可以詞害意也。元祖時不明魔鬼之事，故中此迷惑，但知其爲至毒之物耳，物之毒莫毒於蛇，故遂目之爲蛇。蛇不能言語，不能誘惑，而得魔鬼之憑依，則能言語，能誘惑，亦無足怪者。至其所稱之蛇，或如今之蛇，或不必如今之蛇，固不必拘泥，在新約亦稱龍亦稱魔鬼，亦稱撒但，皆指敵上帝者而言。

或曰，亞當犯罪後，上帝何不令之即死，再造一人以傳世，何爲復延其生，使天下億兆，俱緣厥罪而死乎。答曰，元祖犯罪，此元祖之誤也。藥之毒也，人嘗誤服之，劍之鋒也，人嘗誤攖之。顧苟知藥與劍之慘毒而鋒利也，則雖或迫之，亦何敢試之。夫元祖之犯罪，亦猶是而已矣。元祖始未知乎罪之慘毒，如此之大而深，固輕以一試，非曾歷之而故犯之也。故曰，元祖之犯罪，元祖之誤也。

假令元祖以犯罪後即死，則元祖既抱不白之罪，而天下後世，從此無人，此魔鬼之所甚快，而上帝之所不欲者也。何言之，蓋魔鬼是此世之乘權者，今一旦元祖履世，是若與之爭此世也。用詭計以敗之，是有以專此世也，故曰，此魔鬼之所甚快也。惟上帝欲人於犯罪後，深明乎罪之慘毒，蔓延而莫遏，向邇而難滅，其軛重累而難負，使人有求救於上帝之心，然後上帝降生救主以贖之，以成全元祖之所毀，此上帝所爲延亞當之生，而不欲令之即死也。其曰食之日必死者，蓋上帝視千年猶一日也。

人之罪與魔鬼之罪有別，魔鬼之罪，是自作者也。人之罪，是由魔種者也。故人之罪，上帝爲之贖，魔之罪，上帝不爲之贖。凡物之生，胥資乎養，得之則生，弗得則死，果之名生命也，蓋養之可永生者也。惜乎元祖以永生之果不食，而惟食所禁之果。始造之人，非自然有永生者也，故欲有永生，必食永生之果。使元祖能自定其意，而食永生之果，將苗裔愈繁，則埃田之囿，亦將隨人而廣，而大地亦變爲樂園。上帝之國，亦何必不在人間，審如是，則人又將爲萬物之救主，而衆子之榮，即以榮萬物。保羅曰，萬物希望衆子之榮，其義不可悠然會乎。

萬物之榮顯係於人，萬物之朽敗亦係於人。竊以元祖方命，土緣爾見詛之義可明。泰西格致之士，考驗微致，以爲未始有人死以前，而畜類之中，既有死者，可知人有罪，永生不通於物，而物之朽敗統於人也。

上帝造夏娃爲亞當匹，立爲夫婦，本敵體也。因夏娃先被誘，故殺其位，殺之者何，曰，爾必繫戀於夫，夫爲爾綱，此以其本位而殺之者也，非上帝始造之時所有也。然其首罰，則又在懷妊劬勞，產育維艱之事。蓋物類之生育無所苦，而惟人有之者，實始於夏娃云。

人自犯罪後，上帝示之以二法，一是敵魔鬼，一是望救生。生釁之心，是示人以敵魔鬼也。爰及苗裔，彼將傷爾首，是示人以望救主也。蓋人之罪，與魔鬼之罪異，故上帝不之棄，而猶以皮衣衣之。或曰，皮衣之來，是亞當宰牲獻祭所餘者。

或疑魔鬼誘夏娃曰，上帝知食之之日，爾目必明，能別善惡，彷彿上帝。其後食之，果然目明，自知己裸，是魔鬼之言果驗，而不爲誑也。答曰，此是大奸似信者，夫目明本善也，無貴以躬自蹈罪而明之也。別善惡本善也，無貴以躬自作惡而別之也。彷彿上帝本善也，無貴以竊似躁進爲之也。夫元祖不犯罪，則此境將使優游自至，而何必隣於宋人之揠苗哉。耶穌曰，爲我羊不由我羊門而入者，竊也，盜也。觀夫元祖之事，則知盜竊之不可爲矣。耶穌之見試，不令石爲餅，不以權屈己，升之殿頂，不敢投下，豈耶穌有所不能哉，特不敢殉魔鬼而爲耳。故惟其不殉魔鬼，是以屈己順命，爲上帝躋之無上，錫以顯名。元祖以殉魔鬼，是以目明別善惡，彷彿上帝等，皆得不償失也，故曰，此是大奸似信者。

聶格理著、季理斐譯述《基督傳》 人心所缺乏，又有一端，即欲脫離罪惡之道是也。以有窮之靈魂，而見罪於無方之上帝，其哀籲爲何如者。上文已言，我心必獲有以安之而始安，而此尤過之人，莫患乎不自知其過，貴知有過而能自責之。亘古以來，惟天良不昧者，輒能感免天譴。至於常人，有時不自知過者，有時亦自疑之，惟此心旋明旋滅，不能力行悔改，終陷罪惡耳。大凡人之過惡有二因，一因不當爲而爲，一因當爲而不爲，私心憧憧，隱暗不見，一返諸平旦，其愧怍正覺難容。欲彼自修，尚不能希君子之模範，遑論聖賢，此其人於倫常缺失，苟一思已往，不特有悔之已遲之憾，必且慄慄危懼，愈省察而愈覺難免，何者，內心多疚，不能掩其一隙之明也。世之有過者，不皆怙惡之徒，即良善之人亦輒陷之，所貴能自省能悔改耳。斯意不獨一國一種之人，泰西東皆然，孔子亦

屢言之。各國書籍，恆數數見，或有祭告懺悔等禮，皆足表明其改過赦罪之冀望，而欲啓自新之路。

丁韙良《天道溯源》卷下 或曰，人之死有自然之理，未必食果，即以致死。不知理出於性，皆本乎天命，順命者生，逆命者死。故秉善性者，即有生理，壞善性者，即無生理，或死或生，皆視人之遵命與否以爲斷。况人之死，各有其所以然，或病而死，或枉而死，或老而死。病死者，或由於自取，或由於祖遺，始祖既無祖遺之病，而身違天命，則病實由自取矣。枉死者，或受人之戕害，或自殘其身，是皆與上天好生之德相反。人苟能遵守天命，順理而行，則舉世和睦，百物恬熙，何有枉死。人至於老，其筋絡臟腑，譬如器皿，已屬朽舊，不適於用，故津液漸消，身日即於衰頹。脱令始祖不犯天命，而食能綿壽之生命果，將見百體安固，氣血充周，歷千年如一日，無所謂老，何有於死。則信乎人之必歸於死，實違命之所由致也。

或問始祖既有善性，何爲受惑。曰雖有善性，仍有情欲存焉，但非若今人之放縱也。故魔鬼欲惑之，必變形自食禁果，以誘其口，説謊以迷其耳，彼見蛇食所禁之果，遂能人言，始信魔鬼所云，人若食之即能成神之説。違逆天父，干犯禁令，是性雖善，而情欲尚可誘惑也。

或曰食一果，其罪甚小，何用重刑。曰，未必只爲食果，蓋此等古文，每多假借，焉知非用木用果，以彰秘奥。則食果即縱欲之謂，非罪不既大乎。天父爲人栽樂園，使之不勞不病，而人聽外誘，是爲負恩。天父使人爲萬物之靈，而人竟妄想成神，是爲忘分。天父警以食禁果者必死，而人竟不畏死，違命摘食，是爲棄信。且彼禁果，爲順天之號，聽信魔鬼而食之，是爲叛逆。譬如爲臣者，獻印於寇敵，君王討之，何得飾辭曰，印爲銅鐵之質，値價無多乎。今食禁果，有負恩，忘分，棄信，叛逆諸大罪，罰之以死，猶恐不足矣。且天父命人以死，其義更奥，夫身離於魂，吾身即死，我魂若離天父，我魂亦如死然，雖欲建德，無由強立。猶如樹既被斫，與根相離，無由結實。又如地球藉日光以生物，苟一旦吸力忽絶，而遠離乎太陽，則必幽暗嚴寒，百物消滅。今人既失愛於天父，不特禁人食生命之果，使人身死。即天父之光華，亦與人相隔，不照臨於其心，而世更暗昧矣。經曰，人皆陷於罪惡如死，此之謂也。

或問始祖有重罪，既聞命矣，但罰及子孫，未免太過乎。曰人苟爲善，止有益於人類，初無益於天主也。而天主常賜之以福，且使其子孫得蒙其庥，是特爲天之恩賜，非其分所應得也。今既有罪，絶其子孫之福澤，不過自靳其恩賜耳，無所爲罰。其罰及子孫者，乃因子孫繼其祖之惡念，法其祖之惡行，是以共受刑罰耳。譬如人臣獲罪，爲君者削其蔭襲，是使子孫不得享祖父之榮，非罰及子孫也。迨子孫踵祖父之罪惡，而加以刑罰，則誠子孫之自取罪戾焉。然而善樹結善果，惡樹結惡果，不特貧富榮辱，祖或遺於其孫，父或遺於其子，即身體之強弱，性情，邪正，亦無不傳於子孫。况一人□財用，貧苦累及於一家，一人患惡疾，傳染徧及於一族，一人驕奢強暴，後人屢繼其惡弊。今天下人，皆爲始祖所生，而始祖既失天祿，喪天性，有不累我後人，以勤勞爲生計，因疾病而死亡，惡根盤固，流毒無窮哉。

或謂人之惡，由於習俗，未必始祖遺留，不知習必有所由。今世之人，子習於父，父習於祖，而溯其惡源，而實由於始祖。夫始祖性本善良，得之於天，何有惡習，其惡也，其習於外誘也。經曰，受惑於魔，干犯禁令。又曰，人譬性如善種，播之於田，仇人夜至，而播稗於麥中，是知惡根由於魔鬼。既有惡根，不徒世世遺傳，且因魔鬼之迷惑，世人之習染，而時爲增益矣。夫人心之有惡根，可觀孩提而知之，孩提雖無外習，而能言即説謊，能行即相爭，能知父母之意，而輒多違逆。父母雖誨之諄諄，孩提終聽之藐藐，固有之性，無俟於學習也。况人心惟危，道心惟微，人即誠於爲善，亦戛戛乎其難之。如逆水挽舟，必須盡力，一或息肩，即任水而流蕩。保羅曰，我所好者不行之，我所惡者斯行之。我覺其情，即樂於爲善時，每若有惡在前，斯言不信然歟。

又 今夫天主肇造人類，賦以善性，心本純良，不生惡念，身無疾病，何有死亡。其後性變而心爲惡藪，性壞而身爲朽屍者，蓋有故焉。經曰，以一人在世有罪，因罪而死，於是人皆有罪，人皆有死。此即言始祖亞當干犯天怒，心身受罰，累及後世，後世踵其邪僻之行，同遭形戮也。創世紀曰，天主造人，肖乎己像，栽園於埃田東，置其人於園中，令美觀甘食之樹，山土發生。有生命樹，及別善惡樹，均在園中。諭其人曰，園中樹果，任意可食，惟別善惡之果不可食，食之之日必死矣。後魔鬼幻形

如蛇，誘人食別善惡之果，曰，園有百樹，天主豈語汝云，勿食乎。曰，園樹結果，我俱可食，惟有一樹，主命毋食毋捫，恐陷死亡。蛇曰，汝未必死，食之之日，爾目必明，能辨善惡一如神然。人遂視其果，食可適口，觀可娱目，能益智慧，使人生慕，故取食之。主責之曰，爾既食我禁食之果，爾必終生勞苦，由地得食，地將爲爾發荆棘，爾食田産，汗顔得食，至爾歸土而後已，爾本乎土，必歸於土也。由是觀之，人之本性聖善，肖乎天父，使遵天命而行，即可永存不死。何始祖被誘食果，失其永福，以貽患於後世哉。夫天父無所不知，無所不能，其造人也，性無不善，聖經既明言之，即華書亦有言曰，萬物既生，聖人即出。他國亦有古傳曰，太古之人，德厚福備，不勞不病，名曰金世。今則福德衰微，不特疾病死亡，且以干戈自相凶殺，故曰鐵世。可見人之性，本無不善，人自壞之耳。

又 天主造人，賦以善性，人若克葆其性，則既無所失，安所謂復。惟復也者，自失其善性而言之也。去始祖失之，且累後人共失之。譬如吸食鴉片者，其性本不嗜烟，一旦吸食成癮，依戀不舍，精力衰耗，元氣消亡。即使生男育女，而先天每多不足，更染嗜好。爲父母者，明知己之貽害無窮，而補救無術，亦無如之何已。故人之初，性本善，自始祖一失，而性遂變而爲惡，而天下人且不能自復。

花之安《馬可講義》第二七條 故犯罪之人心無主宰，隨時更變。惟從道之人，志立行果，無物能易之。《書》曰，不矜細行，終累大德。觀希律益信然矣。是以念慮之偏，爲上帝所禁，擬之爲罪。苟人能自慎其端緒，罪之萌蘖，隨即芟除，不至後日勢大莫遏。《易》著履霜，《學》言慎獨，謹其初也。所以信士每日修省，不息祈禱，恆求上帝錫以聖神，得以去惡必盡，爲善必眞。遍觀世上諸患，於初發時爲之甚易，迨其勢已成，爲之甚難。《語》曰，涓滴不壅，將成江河。柔和不揉，將成斧柯。觀希律而益見矣。【略】故今世隱微之愆，爲人所不見，國法所不及，皆不可以僥免。世有喪心之人，横行無忌，心不之責，乃不責于平時而責之於將沒，生平罪愆森列目前，皆歷歷可數，斯時更慘。司馬氏不解顔回之夭，盜跖之壽，因儒書於審判一道，有大缺憾，且於是非之心一道，亦未明晰，幾疑天道有差。自其外觀之，約翰聖人也，而身爲韋布，且繫獄以殺終。希律劇惡人也，身居王位，備極富貴。若以希律之福施之約翰，以約翰之苦施之希律，是之謂平。而自其内觀之，則希律之庸福，不敵約翰中心之樂趣，若以彼易此，約翰必不受。希律中心之苦，百倍于約翰繫獄之苦。即在生前，善惡已有定報，況加以來生永遠苦樂之報乎。厥後希律爲羅馬王所削，流於絶裔，老死荒野，罪之爲孽如此。以片時淫慾之歡，貽終身憂患之累，豈不甚愚哉。何若以暫時克復之功，博畢生優游之樂乎。此書一勸一慰一戒一法，勸人不論何等過失，勿以其小而忽之，因不矜細行，終累大德。慰人從道受害，甚而至死，不可變節，不需畏懼，當如約翰。然蓋外體雖壞，而内心日新。今時即遘艱辛，亦爲甚微，越至於後得享至大悠久之福。人當以希律爲戒，觀伊因犯一罪，以致犯衆罪，好美色以至身死國亡，今世心既不安，來生之罰更烈。人當以約翰爲法直道而行，見有與道理相違，義之所在，當督責規正，勿避權貴，勿計利害，祇求盡吾之職分焉已矣，心所願也。

信仰論

論説

丁韙良《天道溯源》卷下 夫耶穌贖罪，聖靈感化，天主已開救人之法，則人自當何爲以望得救耶。耶穌曰，勿爲可敗之糧而勞，當爲永生之糧而勞。意謂必爲主服勞，始可得永生之賞也。衆聞此言，不勝生慕，問曰，我何行，方爲主之工。耶穌曰，信其所遣者，即天主之工也。夫天父予人以糧，人苟棄而不食，則無益於身。今天父憐人賜救，人苟棄而不信，有益於魂乎。故耶穌命徒往教萬民，曰，信者得救，不信者擬罪，斯言誠爲要旨已。信者何，經曰，信則未見，而可憑所望若既得者是。夫曰可憑，言其證足憑也。曰若既得，言其遵照不疑也。蓋人之心，必藉於證而能信，如人之目，必藉光而能視。今天父遣其子降世救人，顯以確證，使人可徵而信之。耶穌未降，歷代先知預言以證之，耶穌既降，使徒記其

言行以證之，無一非可憑之據，實無一非可信之端。況乎道之美善，教之神化，其確證不一而足，自可深信無憂矣。夫信與不信，非人所能自定也。蓋不惟無徵不信，即有徵亦未必甘心嚮望。況世人陷罪如死，雖有耶穌之光，如旭日之東升，必須聖靈重生之，其心目方能明鑒。經曰，信非由己，乃主之恩賜也。所以使徒求耶穌曰，願主加吾之信。又百夫長求耶穌曰，吾信矣，願益吾之所未信。我輩欲堅立信德，亦宜如是求之。既知其證之實，而深信不疑，雖未得，可視爲必得也。夫以人情而論，莫不以既得者爲實，未得者爲虚。故爲人作工者，寧目前受當得之值，不欲遲數年而得分外之賞，誠恐其人或食言，而不願償我，或窮乏而不能償我，且難保己之不死，而終不能受賞耳。其爲主作工者則不然，主則誠實无妄，決不食言。富有天地，決無窮乏。我之魂既永存不滅，雖分離於身，何患不得所許之賞。經曰，我所望之福，藏於幔內，心之有信，猶舟之有錨，鞏固不移。又如人收錢票，既必問其來歷，察其印章，明知其非假冒，復問其出票之人之財，足償票價與否，既信而不疑，然後收而藏之，與金銀無異。是誠未見而可憑，所望若既得也。今我輩所望之永福，一若資財積之於天。而天父賜我以福音，一若天父所出之票。既精察而知其來歷，識其印章，明辨其非僞，而彼又極其富有，我不可篤信厚望之哉。夫望未見之福，如目之視物，近則大，遠則小。一莖之草，蔽於目前，能掩海中之舟楫。一羽之微，蔽於目前，能掩天上之星宿。然海中舟楫，視之雖如微物，我則知其不止方寸。天上星宿，視之猶如螢火，我則知其大若地球。此目之誤而心能正之。故造千里鏡，以視遠若近也。今人既縈於私欲，僅圖目前，亦可以灼見而正之，憑一信以視遠若近，則信者之所望若既得矣。

又　夫人思未見之事信其必得，而由近及遠，此所以異於禽獸也。禽獸任己欲，以取目前之樂，人則權重輕，而畧近以圖遠。其愚者雖沉湎安逸，祇圖此日之歡娛，而智者無不遠慮深謀，以望將來之樂境。獨惜其慮雖遠而非極遠，謀雖深而非極深，能圖畢生之安樂，而不圖身後之永福也。或信世上浮沉之儔類，而不信天上永存之主也。夫謀及永生，而篤信天父，是爲大智。經曰，摩西有信，願與主之民，共受艱辛，不敢暫享淫樂，自謂爲基督受詬誶，較埃及獲利倍蓰。其恆心，如見無形之神。人享世間之樂，不過暫時，曷不舍之以求永福乎。昔有小兒登高樓而失足，幸得懸繩攀扶，身懸空中，但未能升降，力又不支，勢必下墜而死。適有大力者，見而呼曰，舍繩墜下，我當接爾，小兒聽信其言，得免於死，其得免於死者，仗一信耳。今人生天地之間，正如小兒身懸於繩，力不能久持，下墜即在瞬眄，幸耶穌憐而呼之曰，信我，則可得永生。經云，天地間無賜他名可賴以得救。人其知所信哉。昔者有幼童向余乞憐，適値囊無錢文，即囑令跟隨數武，抵寓可得。余意不獨給數錢以救目前之急而已，方謀送至義塾，或令習手藝，俾得爲有用之材，不至終身廢棄也。不意余正籌畫時，回顧丐者，竟踪跡杳然，此非以不信而失福之證乎。然而信有誠亦有僞。保羅曰，我常勸人悔改歸主，信耶穌基督。可見誠信耶穌者，必悔過而改惡，舍己以歸主，無此三者，即非誠於信也。而或曰，不信者，亦未嘗不悔其過，不知不信者之悔，異乎信者之悔。彼或以世俗之樂，雖盡享之，而皆爲無益，因而悔之。或以無資費，即悔己之素不節用。或以無令名，即悔己之素未修德。或以罪惡衆多，難得赦免，而晝夜憂愁，飲食皆廢，中心戰慄，如臨深淵。凡此者，祇以利己害己之事爲權衡，雖平心自訟，無不痛悔其初，而終不憂己之獲罪於天也。又或者以主之道，度己之行，而自知其非，惟懼後日之刑罰，即媚神行善，以望消災。非惡己之罪，乃惡己罪之必受刑也，所惡在刑，則必不愛施刑之主矣。凡此之人，安能蒙天父之赦宥哉。經曰，從世俗而憂者，致人於死，遵主之道而憂者，其悔改無後悔而得救。蓋遵主之道者，其悔改由於信主耳。非不恨其素行之不利於己，非不懼己罪之將受刑罰，而切思天父常賜我以洪恩，我未嘗感謝之，賦我以性靈，俾知是非，我反知其是而不爲，知其非而獨爲之，忘恩負義兩大罪，既無可恕矣。且有甚於是者，蓋耶穌降世以贖人之愆尤，化人之惡行。我既明知之，而猶怙惡而不改，則豈非渺視救主乎。又天父已賜聖靈復我本性，我若明知其罪，而故犯之，是直所謂貽憂於聖靈矣。故信者仰思天父洪恩，救主痛楚，聖靈默牖，且俯念己愆，熱衷自責，拊膺哀求，不敢舉目仰天，惟曰我有罪，主其憐之。夫如是，方爲誠信者之悔矣。但信者固憂己之罪，亦深幸天主之將赦其罪，不獨認己之罪，且痛改屏絶夫一己之罪。耶穌曰，目陷爾於罪，則抉而去之，手陷爾於罪，則斷而棄之，寧百體失一，勿致全身投地獄。誠信者時

念斯言，則棄其素行，雖有抉目斷手之難，亦勿憚改矣。然自名爲信耶穌，而悔改未至者，其人必非誠信。譬如與惡人交，人告之曰，爾友貌爲仁愛，內實凶殘，將陰謀以害爾矣。若其人，不慮其凶殘，而仍相友善，安得曰，實信告者之言乎。今耶穌告我曰，人之私欲陷人於永苦者也，而我尚戀之不舍，則我於耶穌，信於何有。且人即能悔改，而不歸於主，亦非誠信。夫天父既生我身，又重生我靈，則我皆屬於主。故當歸榮於主，苟或不歸，即不信救贖之道者也。耶穌曰，凡稱我曰主也主也者，未必盡入天國，惟遵我父旨者得入焉。蕩子在外敗產，後歸家認罪，父仍以子視之，可見誠信悔改，歸而認罪者，無不蒙赦宥也。約翰第一書曰，我若認罪，主本公義，言出惟行，將赦我罪，滌我愆尤焉。使徒雅各曰，人言信主而不行善，何益之有，第信不行，豈能得救乎。主惟一，爾信之誠善，但義鬼亦信之而戰慄。虛誕之人乎，爾當知信而不行，其信歸於無有。以是觀之，惟誠信者，斯有善行，天父之所以別人善惡者，亦視其信之誠而已矣。

又　經曰，苟不信不能爲主所悅。我始祖未陷罪之先，主則試之以行，欲知其能守本福與否。今則試之以信，欲見其能脫於罪與否。信者救之，不信者棄之。伊川先生所謂，自暴者拒之以不信，其信然也。其信者，主必歷試諸艱，以煉其信德。昔西方有名師，欲以信主之道訓幼女，見女以香珠爲玩，命其委之於火。女不敢違，而珍惜其物，不免墮淚。父謂之曰，汝棄此物，我將以更美者予爾，爾可弗悔，女信父言。翌日，父果予以更美之物，而珍惜香珠之心頓息。天父煉我世人之心，無異於是。其試約百也，約百本巨富，敬事天父，而魔鬼譏其私心求福，天父於是降災以試之。其倉廩爲天火所焚，其僕婢爲敵人所殺，其羣畜爲強徒所刦。其時約百一無所有，曰，我裸而出世，當裸而歸土，凡此之物，乃主所賜，今主取之，惟當頌讚主耳。後天父既試其心，更賜之以富有，較前尤盛。其試亞伯拉罕也，既許之曰，爾將生後裔，多如天星，後至百歲果生一子。而天父命之曰，殺子以獻祭。亞伯拉罕雖有所戀惜，而篤信不疑，即將子縛於壇上，持刀欲殺。忽聞聲曰，爾子莫擊莫傷，我知爾敬我，蓋爾惟此獨子，猶且不惜以獻於我也。後其苗裔生育繁衍，如衆星之在天，海沙之無量。此二人爲天主所試，尤爲明著。而天主亦未嘗不試其選民也，《希伯來書》曰，主必懲其所愛者，且責凡所納之子也。《彼得前書》曰，今爾若當歷艱難，鬱悒祇俄頃間，使爾信主，見試而彌堅。《雅各書》曰，兄弟歷試諸艱，當以爲喜，因知爾信主，試以艱難，則忍自生，惟恆忍自極，則全備無缺焉。吾願世人以誠信耶穌爲得救之本。保羅曰，若口認耶穌爲主，心信主已甦之，則得救，係專指已聞福音者言，至未聞福音者，則又曰昔者蒙昧以行，主則容之，今則隨在命人悔改。

聖經論

論說

丁韙良《天道溯源》卷上　昔天主欲以道覺一時，特假聖人之口以宣之，欲以道訓萬國，特假聖人之手以筆之，名曰《聖經》。書凡兩部，其一著於救主未降之前，其二著於救主既降之後。以其書爲天父默示己旨，故稱新舊兩《詔》，以其書爲天父立約救人，故亦稱新舊兩《約》。《舊約》係猶太國古文。後猶太人服於希臘，習希臘字，故《新約》係希臘文。此兩約書，天父以之啟示大道，記書之人，代天宣化，故稱之曰聖人。其才德雖有高下，學問雖有淺深，而各述己所默受，故所著之道，並無彼此互歧。譬如爲徒者，記錄師傅，即義有未明，必盡錄之以待後日之領悟。記《聖經》者，既受默示，雖未深知其意，亦必盡錄之，不敢少爲增減，以待後日之研究。故使徒彼得曰，昔之先知者預言爾所沾之恩，探索救道。夷考基督之靈，牖先知之衷，預明基督何時遭艱苦，何時受榮光。《舊約書》之道，爲天所默牖，《新約書》即爲之證。耶穌曰，天地未廢，律法一點一畫不能廢，皆得成焉。彼得曰，先知之語，猶光燭暗，原非臆說，乃感於聖靈而言之也。至於《新約書》，亦爲默牖，尤可明見。耶穌命使徒曰，爾將爲我故，解之侯王，爲證於斯人，及異邦人。解之時，勿慮將如之何，出言若何，時至，必賜爾以何言也。非爾自言，乃爾天父之靈，在爾衷言爾。夫聖靈將默牖於侯王之前以爲證，何況著書以訓

萬世，不更默牖之哉。耶穌曰，惟保惠師，即聖靈，天父緣我名而遣之者，將以衆理示爾，使憶我所言耳。又曰，眞理之靈既至，將導爾悉知眞理，亦以未來之事示爾。時有誤解保羅書者，彼得責之曰，學弗思信弗篤者，故反其意，如反他經，而自取敗亡。可知使徒之書，皆稱爲《聖經》也。保羅曰，全經皆天主所默示，有益於教誨督責正心學義，俾事主之人，無不練達，百善悉備。是言新舊兩《約書》，皆爲主所默牖，以示天道。其書載人類之所自始，所以終，及立心之要道，修身之要務。載神跡以證耶穌救世之權，載先知與使徒辨道之論，以明耶穌救世之功。錄摩西所傳之律法，俾人知所從違。錄先知所撰之聖詩，使人昭其虔敬。他若諸國之興衰，列代之災祥，多有記載，以顯上天之賞罰。古人之得失，言行之邪正，無不悉錄無隱，以爲斯人之勸戒。《聖經》之爲益大矣，吾人敢不悉心遵守之乎。顧羊經原文，古人錄於羊革，以防朽腐。筆畫若偶有錯誤，仍必照抄，不敢擅改。千餘年前，所抄之書，至今猶謹藏於西國書院，如欲重刊《聖經》，必取古遺之羊革，精心校對，不使有纖微之訛。譯書者，將原文核稽，字義或有難明，必詳審互考，以求其當，不敢以己意旁參。迄今全部《聖經》，業以華字重譯數次，其譯之又譯者，無非字斟句酌，詳參互訂以期盡善盡美，使人讀譯文，一如讀原文耳。然《聖經》中辭句，不無詳略顯晦之處，學者不厭精詳，互爲考訂，則庶有所得。

又卷中　或問，何者爲道之妙。曰，人所未知，《聖經》顯之，人之敎多不衷理，《聖經》衷之。導人成德，其則甚美，其法甚簡，其言惟誠，其道惟一，今以其所顯者言之。人生世上，戴者天，履者地，其由於創造乎，抑自然而有者乎，人不能知也。人之身從何來，靈從何往，死爲何故，罪由何脫，人又不知也。於此至要之端，不知而不求其知，奚啻痴人行路，不辨攸往之途乎。夫靜觀萬物，盡顯造物之大，知大能大仁，而至要之端，苟非自天示敎，雖悉心窮究，何由知之。故各國聖人空言之，即言之亦未能確指，夫聖賢猶未能確指，而望衆人之不惑也，不亦難乎。今讀《聖經》，其言天地，乃昔之所無，天主造而始有。其言神也，乃至尊惟一，造化萬物，調攝萬事者。其言人也，混沌初開，未有人民，天主造一男一女，爲世人之父母，而世人皆爲同族。其言死也，由始祖得罪，天主降災，流傳至今，故無人得免於死。其言脫於罪也，由耶穌降生，以代人罪，俾免於刑，又降聖靈以感化人心，俾絕於惡。其言靈魂也，身體必死而歸土，惟靈魂不死，善者昇天，惡者下獄。凡此人皆所不能知，而《聖經》臚列斯言，以啓人知，實爲至理之秘鑰，生人之寶藏，觀乎此，而羣疑自可釋然解矣。

又　且《聖經》言無不誠，其惡惡也，未嘗掩其善。其揚善也，未嘗掩其惡。如稱始祖亞當，肖乎天主，又言其犯禁令，貽災於後世。稱挪亞盛德在躬，洪水時，主拯救之，又言其酒後受辱。稱亞伯拉罕有義，深信天主，又言其畏死而妄語。稱雅各爲天主所愛，又言其欺父薄兄。稱摩西稟性溫和，誠事天主，又言其暴怒違令。稱大衛智勇仁義，爲天主意中之人，又言其奪人妻而殺其夫。稱所羅門有大智，又言廣娶他國之女爲妃，效其異俗，同祀邪神。稱彼得治事多勇，又言其懼禍，不認耶穌。稱保羅爲天主選民，又言其棄正就邪。傳教之初，入教者皆稱聖徒，《聖經》仍記其駁而不純。摩西自記其剛暴抗令，又記其兄亞倫，迫於民，鑄金牛而祭之。大衛王有淫行，他人記之，彼且自作懺悔之歌以示民。所羅門溺於惡俗，他人記之，彼又作書以記己狂。彼得自誓不認耶穌，其徒馬可直記其事。保羅與巴拿巴相爭，其徒路加直記其言。由此觀之，瑕瑜不掩，斷非文飾之辭，善惡並書，決非僞言所託。不共見眞實無妄，天特假手於人以筆之哉。

又　其道亘古惟一，夫他教所奉之神，屢有更變，於本朝所封者，大加尊崇，前朝所尚者，未免遺棄，是神以時變也。況在中華所奉者，乃中華人。在印度所奉者，乃印度人。在日本所奉者，乃日本人，是神以地限也。惟我天主眞神永古常存，四海一統，各國之神有更改，而天主則如日月之永存。各國之神有代謝，而天主則如北辰之居所。故《聖經》六十六卷，或錄於野，或錄於猶太、巴比倫、希臘、羅馬諸國，地不一也。始則錄於夏，末則錄於漢，時不一也。且君錄之，民錄之，富者錄之，貧者錄之，農漁之人亦錄之，人不一也。自始至終，相傳不輟，有條有序，如合一轍，此道之所謂惟一者也。

其大端有三。一曰，天主惟一眞神，宜敬事之，即造物主是也。一

曰，人以罪自絶於主。一曰，人賴耶穌之功，與天主復和。《創世記》言人初得罪，天父許以救主將至，人信之而宰羊獻祭，以記其事。約翰《默示錄》有曰，我聞天上地下幽冥海中百物云，福祉、尊榮、權力、歸於坐位者及羔，歷世不艾。坐位者即天主也，羔，指獻己身爲祭之耶穌也。其旨與《創世記》皆同，而道之大端具在。

又 或問《聖經》詳載猶太國之政事禮儀，何也。曰，天主擇地以存聖教，故作禮儀，振紀綱，特使先知聖賢，接踵而起，俾聖教得以全備。迨救主既降，聖教既全，一切舊政舊禮，皆棄而不問，而大道即流傳於萬國。正如搆屋之工，先設任梁之架，迨築室既成，即可撤其架，而屋自兀立。又如灌田之農，先築蓄水之塘，迨播時既至，即可開其塘，而水自灌漑也。《新約書》詳新民之由，置國政於不論，蓋此非一國之教，乃天下之大道，故不下採夫國政。《舊約書》記天地萬物之所自始，實爲至理，而於天文諸學論之未詳。蓋以救人爲本，故不旁及於物理也。他教談天説地，不過讖諱之家，善曆算者，即知其陋而不信。況渾以國政，易地則扞格，何若《新約聖經》之專在正心，不言國政，致萬國可通乎，其道如此之妙，不確由於天主哉。

又 或問先知預言救主之來，何以知其不謬。曰，其證有三，一證於猶太人當時徵而信之。夫猶太之先知，時人尊爲天爵，口代天言，躬代天行，豈庸流所得而居。其明天道而預言，或遲之數年而驗，或遲之數十年而驗，甚有遲之數百年而驗者。或出奇舉，或行神蹟，人力所未及，而彼獨爲之。其稟命於天，故能超出愚蒙也。非然者，作僞者殺無赦，定律昭然，詎能漏網。夫僞則重刑，眞則重望，乃當世既徵而信之，後世又何疑之有。可憑孰大於是，此一證也。其二證於先知預言各國興衰，核之史乘皆符。【略】

楊格非《馬太福音略解序》 蓋各教皆有其經，耶穌教亦有經，耶穌教之經分爲二冊，一《舊約》，一《新約》，此二冊共六十六卷。耶穌降世以先，所著者爲《舊約》，耶穌升天以後，所著者爲《新約》。《舊約》一冊共三十九卷，著之者約有二十餘人，所用之字，乃希伯來字。首數卷摩西所著，在中國商朝之時，末卷馬拉基所著，在中國東周之時，先後相隔，約有千年。《舊約》所記者，大約即上帝創造天地人物，及始祖犯罪受罰，子孫相傳之年代，洪水滅沒世界，後來各處分居之人族。上帝特選猶太人爲聖民，降律法以與之，又記應許救主降生之恩諭。更有猶太國一千餘年之志畧並多篇聖詩，與先知之預言。自首卷至末卷，所載之事有四千餘年，自末卷至《新約》，約有五百年。

《新約》共二十七卷，著之者八人，皆耶穌門徒也，所用之字，乃希利尼字。首卷馬太所著，在中國漢明帝年間，末卷約翰所著，先後相隔只數十年。《新約》所記者，大約即耶穌如何降生，在世如何爲人，如何傳道行奇事，如何死於十字架，代人贖罪，死後如何復生升天，以及耶穌門徒如何傳教立教等事。《新約》前四卷，名爲《福音》，乃耶穌門徒馬太馬可路加約翰所著。福音者，耶穌救人之大道也，此四卷載明此道。人聽其音，察其意，而信從之，則必獲眞福於今世，且獲永福於來世，故謂之《福音書》也。第五卷名《使徒行傳》，使徒者，乃耶穌在門徒中所選之十二人，使徒之職，即證明耶穌由死復生，且傳其道於萬國。此第五卷，耶穌門徒路加所著也。前四卷乃記主耶穌降生，以至升天之事，此一卷則舉使徒在四方傳道立教，所言所行之畧而記之，故名曰《使徒行傳》。第五卷以下，計有二十二卷，乃耶穌使徒保羅彼得雅各約翰猶大五人，達知各教會之書也。

《新約》《舊約聖經》，皆亞西亞洲之猶太人所著，但此書較他書不同，雖爲人手所著，卻非由人意而出，乃古昔聖賢，感於上帝之神，依上帝之默示而著者也。是以此書所表明者，皆上帝之旨意，毫釐不爽，他書無非由人心而出，表明人之意，惟此書乃由天而來，表明上主之意也。

《聖經》所載之道，極其長闊高深有威權，可定人之本分，有智慧可解人之疑惑，有光耀可破人之蒙昧，有勸慰可釋人之愁煩，有應許可起人之奮勉。深語之，雖賢哲莫能窮，淺語之，雖愚魯亦可及。至於萬有之原，生死之理，善惡之報，肉身靈魂之別，天堂地獄之分，並救靈魂之法，聖書紀之詳明，凡此要理，此書而外，不論何書，皆無實義，皆無確證。故此書誠爲至寶至貴，萬國萬世，人人所當學習遵守者也。【略】總之，《聖經》乃言上帝救人之大道也，觀此《聖經》則知有獨一眞上帝，又知上帝乃三位一體，聖父聖子聖神，萬物皆賴之而有，萬福皆由之而來，萬罪皆因之代贖而免，萬德皆藉之而興。罪人得救，必賴上帝之恩，

侍己毫無益也。人所最要者，乃感上帝之恩，改悔前非，信救主耶穌。然欲誠心改悔，篤信耶穌，必得聖神感化始能也。讀《聖經》者，必求上帝賞賜聖神，光照其心，得明救人之大道，而實受其福，此余之所厚望也。

花之安《自西徂東》卷五 人非至聖，不能操制作之權，理非適中，不可爲經常之用，是則經屬乎聖者，實非各教之經所可同日而語也。夫開來繼往，必賴典藉之昭垂，而則古稱先，尤須方策以取法，無經典之留遺，後學將何由而入聖域，此《聖經》之有會，所由來也。【略】故各教之經，有美好之處，皆耶穌經中所有，至耶穌道理之美好，則爲別教之經所無。何以言之，《聖經》爲上帝之默示，非同各教由人心而出也，雖《易經》言天之顯示，亦與耶穌經言默示不同，至若道教釋教言有神託之，筆之於書，以顯於世，如文昌經關帝經之類，亦與耶穌經不同。蓋耶穌之經，歸於一大主宰，必誠信之人，上帝方感其心神，默示與他，非誠信之人，上帝則不默示之也。耶穌之經，由上帝之默示，譬如學徒，由老師之指示，其理非由學徒而出，乃由老師而出也。默示者，由上帝之神，感其人之心性，自然發出上帝之意旨。其默示之文，形於人之心，故上帝之意，由默示而發於經之字，非字爲默示也。所以各項繙繹，其字不同，而默示之理則同。古經書之字，其不同者有三萬之多，而其理則無不同。知其爲上帝之默示，不得以字之不同而疑之也。經常也，經中所言之道，猶路也，人所當共行者也。此經由上帝而來，故觀經者，上帝牖其心，可明其理，上帝不牖之，則不明其理。蓋《聖經》不特言五倫之事，有以發明上帝之性情，與上帝國之事也。上帝之默示，因罪惡之世，而入於世中，欲人心除去罪惡，非用人之罪惡也。如世人無罪惡，則可與上帝交通，上帝亦不用默示，可以明示矣。罪惡之世，有亂，有死亡，有沉淪，上帝默示，欲人改惡而從善，變沉淪之世，共歸於天國，蓋天國是無罪惡之地也。夫世人不能自救，故必實心倚賴救主，然後能悔改其罪惡，登天國而永離沉淪。《聖經》之書，不外《舊約》《新約》，《舊約》是預言天國將來之事，迨《新約》耶穌降生，而悉應驗《舊約》之事。上帝默示，全在耶穌之一身，故耶穌爲上帝之第二位，其身至正，雖入世爲人，不同人之各染罪惡。所以不獨其行事無差忒，即其心亦絕無私慾者也。溯上帝創造人物之初，賦性於人而生，故人之身，符於上帝之體，全具性靈，管理世上萬物，人當存其性以歸於上帝矣。況耶穌之身，不獨上帝感其心，同於上古之聖人，而實上帝之道，全在其身，即上帝在人世中。故從耶穌者，即從上帝，試觀耶穌之言行，即知上帝默示之美。至耶穌升天而後，從耶穌之衆人，共爲一會，即衆人合爲一耶穌之身，上帝以聖神居其中也。蓋上帝之默示，包涵於耶穌之身，而聖會之內，可發而出之，況經內之意，後來新天地間，欲綜合萬國之人，同歸於從耶穌，如四肢百骸，共聯爲一體，以成完全一大會。故無論天下萬國各等之人，能信賴耶穌，依耶穌經中道理而行，死後得存靈魂之身，皆可享上天之永福。故聖經會凡所派之書與人看者皆發明聖經之事欲人看之，即得聖經之意且知西人從耶穌者，凡所言行，俱依《聖經》爲規矩，蓋信士非欲人從人，實欲人從上帝也。如人看《聖經》，雖其解各有不同，然必求上帝之意所在，得上帝之意，方可至上帝國。不必疑西人強華人以從西國之教也。看《聖經》者，當如規矩範我之身，由上帝之聖神，感我之心，視我身如好材木，賴《聖經》之規矩以成之，不至倚於一偏，而得其中正。我之心，不特與今人之誠信者相同，而凡上古誠信之人，亦無不與之相同也。孟子云，先聖後聖，其揆一也。不信然乎。夫儒教則欲握權位以顯才德，故經中多言世情之事，若耶穌經，則不重權位，惟上帝是求，窮達俱可行之，此與儒教之分別也。儒教重禮儀，故分貴賤之差等，釋教重念經，道教重煉丹。所以儒經則歸重古人，道經則歸重萬物之道，釋經則重一心。而耶穌經不私於一己之教，歸於上帝，此與三教之分別也。蓋人不徒貴倚賴經書，當從耶穌而行，以歸於天父，以天理化我之心，方能得經中之意。故今時比較古時，從耶穌而行者，則勝於古時。以時代有遷移，不能拘執，從耶穌而行，即萬世後共歸於美好也。彼儒釋道三教，雖各有其經，後來日久，愈覺生弊，以立鬼神太多，日久則愈失其眞也。耶穌經中，亦有言鬼神者，但令人不拜鬼神，惟誠心以事上帝，不必畏鬼神。顧《聖經》之信鬼神，不比各經之言鬼神也。儒釋道三教之經，鮮送與人看，大抵以愚民不識不知也。今儒家派與人看者，止有文昌關帝等經，而實不可以言經。道教則有《道德經》《黃庭經》《參同契》。釋教之經，則有金剛觀音經等，而究不若耶穌道理之完備。蓋耶穌經無論男女，俱可看之，有上帝之默示，雖至愚之人，看之亦可明其要。蓋耶穌道理，惟欲人得夫眞實，除去虛假者，

非有奇行也。而死後即可得歸天國，可顯其信德榮耀於天國，十分信德，則顯出十分之榮耀，五分信德，則顯出五分之榮耀，德雖有不同而歸眞則一也，以人之身，乃上帝神所融洽者，故死後宜歸天國也。況人生於世，如白駒過隙，斷不能倚爲久長。惟天國乃可永遠，人可不知所重乎，且夫經籍之著作，其完善無疵者，亦甚難矣。粤稽中國之經典，自遭秦火以後，遺佚甚多，而錯亂者亦不少。雖經漢儒校讐，尚多蕪雜，故疑竇百出，自相抵牾，惟六經說理頗長耳。若夫道教，亦多虛僞，試即其内外兩經而論，門戸亦分。如老子《道德經》及《關尹》《莊》《列》等書，皆爲内經，殊多紕謬，然尚近於理，惜非文人學士不讀耳。其煉汞符籙，諸般幻術，悉爲外經，與内經兩不相屬。不謂今之道士，皆舍内經之理，而徒學外經之幻，無益於世，其外經固應刪矣。至於釋經，又與儒道迥別，曰《法華》，曰《華嚴》，曰《楞嚴》，曰《圓覺》，其餘各佛，中國集成經，有一千四百種之多，皆爲無稽之談。其教本出天竺之國，漢朝始入中華，當時或有譯其經者，自唐朝玄奘，曾遊西竺，取經繙譯以歸，而其經始多。然其經人多不解，即和尚之上乘者，亦不知其何謂，其經曷足取乎。夫耶穌教有一定之經，《舊約》《新約》是也，儒教亦有一定之經，十三經是也，後人縱著有好書，亦不得稱爲經，今釋道書俱稱爲經，何泛濫無歸耶。至若梵教，及回回太陽等教，其經並無譯本，惟有相傳之口音，不令衆人通曉，斯每下愈況矣。此泰西之士，於各教之經，所爲反覆研究，欲擇其稍善者，以定去取，而終不可得也。夫然而耶穌之經，實可宗而主之矣。聖經書《舊約》共三十九卷，著之者二十餘人，皆猶太國歷代聖人所用之字。其首數卷，是摩西所著，時在中國殷商之際。末卷是馬拉基所著，在中國東周之時，先後相隔約千年。其書中大旨，乃論上帝創造人物，及始祖犯罪受罰，子孫相傳，洪水湮沒爲災。後來各處分居之人民，上帝特選猶太族爲聖民，以摩西設律例，使庶民遵守。更有《詩篇》先知等書，預言救主降生，代人贖罪。是以每於安息日，在會堂有敎法師講解，得永遠之福，此福音之所由名也。至第五卷，名《使徒行傳》，亦路加所著。夫曰使徒者，乃耶穌在衆門徒中，揀選之十二人，使之證明耶穌死而復活，並傳其道於萬國，故名之曰《使徒行傳》。先在耶路撒冷有行傳誌，後來傳於希利尼人之地，又傳於羅馬國，不特人從耶穌教，又能令衆人合教會，使耶穌教得以廣傳，故皆有使徒傳誌。自此以下凡二十二卷，乃使徒保羅彼得雅各約翰猶太五人，與書教會，以爲教會法則之書也。至約翰默示之書，言教會之事，至末日新天地，耶穌復臨之日，從道之教會，或曾受背道人之苦，或受權勢人之害，耶穌在末日以榮耀賞教會，令萬物歸服於上帝。故《新約》令衆人靜聽，不啻成周月吉之讀法，是以舉國無不識《舊約》之經也。遞猶太人散居各國，以希利尼話爲通行，故於耶穌降生之先二百年，譯《舊約》以希利尼話，凡此便言語之相通，教化易於大行，經籍易於廣布也。然則《聖經》之要，《舊約》已見其眞源矣。而《新約》之經，又另有二十七卷，著之者八人，首卷至末，相隔數十年，至其書成時，在耶穌降生百年之内。前四卷名爲福音，是馬太馬可路加約翰所著，其大旨是論耶穌如何降生，在世爲人，如何立品傳道以行善事，及釘死十字架，以代人贖罪，後復生昇天，以警醒世人。福音之道，即耶穌救人之道也，人誠能聆音察理，知其義而一心信從，將來必終言新天地，與《舊約》創始之時，合成一完全至好之境界，可悟上帝大道之奥妙。此《聖經》之言，究竟如此也。若天主敎秘藏《聖經》，不以示人，動謂下民無知，恐其悞解貽害，惟有職事及爲神父者始得讀。豈知《聖經》一書，原以牖覺世人，無論黃童白叟，皆可授以相觀，如謂下民不可看，則天下之大，所稱爲上人者無多，豈不使人盡歸於蒙昧耶。實因其教多與《聖經》相背，懼人指摘，替其權勢，故爲是粉飾之詞耳。而耶穌教則不然，作事俱依《聖經》，任衆人觀覽，毫無私意於其間，且到各國譯以方言，使人易於查考，以便廣傳。然猶恐人未及週知，欲令普天之下，靡不遍及，此《聖經》之會，所由廣布也。

倫理分部

誡命

論説

花之安《遺篇集録》篇三　第一誡云，余而外，爾毋敬別神。

上帝，爲天地萬物大主宰，獨一無二，如天無二日，國無二王。在萬有之上，人人理宜敬拜。今華人所拜者，竟有數上帝，及菩薩鬼神，不可悉數，叛逆天地之主，而事上帝所造已死之人，謂能不遭天譴乎。請諸君即日悔改，棄邪歸正，輸誠上帝。不然，天罰不遠，永苦難免。

第二誡云，毋雕偶像。天上地下，水中百物，勿作像象之。毋拜跪，毋崇奉，以我耶和華，即爾之上帝，斷不容以他上帝匹我。惡我者禍之，自父及子，至三四世，愛我守我誡者福之，至千百世。

上帝至尊無對，至貴無倫，不可以物作像配之，亦毋跪拜而崇奉。今華人所崇奉者，皆至賤之物，或以木雕，或以泥塑，或以銅鑄，或以紙書。明犯此誡，理必受刑，不獨本身，亦累及子孫，至三四世。愛上帝而守其誡者，則得福至千百世，於此可見上帝有善必賞，有惡必罰，言出惟行，勿恃上帝寬恕而蹈此弊，則幸甚。

第三誡云，爾上帝耶和華之名勿妄稱，妄稱者，罪無赦。

既知上帝爲天地之主宰，至尊且貴，則其聖名，亦當敬重，不可妄稱。妄稱者，罪無赦，蓋明知而故犯也。妄稱上帝之名，如呼上帝聖名，發虛咒假誓等類。今人以上帝聖名，視同兒戲，眞褻瀆之甚。不觀士子應試，凡遇皇上之號，及昔聖先賢之名，猶知敬避，而獨於至尊上帝之聖名，反不知敬避，輕重倒置，其罪烏可免哉。

第四誡云，當以安息爲聖日，永誌勿忘。六日間宜操作，越至七日，則耶和華爾上帝之安息日也。

安息日，即耶穌教之禮拜日也。是上帝創造天地萬物畢，爲人而立者。此日諸工皆宜停息，虔心祈禱聽道，與上帝交通，以養心神，《易》曰，七日來復見天心。亦有此意。惜人多忘此日，忙碌暫時之事，不知肉身須養，而心神尤須養也。故耶穌教人，於六日勤力操作，爲肉身之需，第七日則守上帝安息聖日。如是始可蒙上帝錫嘏，心身皆能獲益也。

第五誡云，敬爾父母，則可於耶和華爾上帝所賜之地，而享遐齡。

此誡乃上帝命人孝敬父母，如此則可得福，而享遐齡。與《中庸》所言，大德者，必得其位，其壽，其名，其祿，意同，以孝爲百行之首也。世人常謂耶穌教人，無父無君，觀此誡亦可憬然悔矣。夫禽獸尚知孝養，人爲萬物之靈，不知孝敬，可乎。況可見之父母猶不孝，則未見之上帝，焉能孝乎。諺曰，求忠臣必於孝子之門。盡孝即可以盡忠也，況上帝爲人之大父母，又爲人之大君，能敬父母者，其心更能敬上帝也。

第六誡云，毋殺人。

殺人有罪，雖婦孺亦所共知，不過謂凶手耳。然未有論及心念之殺，言語之殺也。何謂心念之殺，即妒忌喜倖是也，何謂言語之殺，即咒詛詈罵是也。雖殺有三等之分，而其意則一。凡惡皆由心起，而發之於行，其所異者，情形耳。耶穌曰，無故怒兄弟者，難免乎刑官。詈兄弟曰拉加者，難免乎公會。詈兄弟曰魔利者，難免乎地獄之火。可見耶穌道，尤貴於治心也。或曰詈兄弟固應有罪，詈人則未必如此利害，則曷不觀孔子云，四海之内，皆兄弟也，豈耶穌言之甚哉。

第七誡云，毋行淫。

華人有謂西士至中土傳耶穌教，不過意圖奸淫婦女耳。試觀此誡高懸，曰，毋行淫。可知出此言之人，實欲與耶穌教爲難。教士奸淫固不敢行，即納妾亦爲所禁。泰西定例，自國君至於庶民，皆不得納妾。《易》曰，一陰一陽之謂道。耶穌曰，見色而好之者，心已淫矣。不但納妾不可爲，即淫言淫念，已犯淫行，況汚人妻女，顯干誡命乎。

第八誡云，毋攘竊。

不但不可偷竊，凡傷人財物，及一切不公道之事，皆犯此誡。

第九誡云，毋妄證。

妄證爲例所禁，已有應得之條，至若壞人聲名，說謊誣告，罪莫大焉。耶穌曰，說謊者，魔鬼之子，人可不自儆哉。

第十誡云，毋貪人宅第，妻室，僕婢，牛驢，與凡屬於人者。八誡止偷盜，此誡止貪心，並申明上第六至第九條。因此數條，人多輕忽，皆曰我未殺人，未行淫，未攘竊，未妄證，儼然善人。不知其大者顯者或未行，而小者隱者，固未嘗無也。按耶穌道而論，自古至今，無一完人。故孔子有加年可無大過之嘆，此其所以爲聖人，君子貴知過而改焉者耳。凡遵守此誡者，即爲善人，身後得享天國之福。違犯此誡者，即爲惡人，身後必受地獄之苦。在人守全誡命固難，求上帝之靈助之，便覺無難之非易，人其熟思深勉而行之。以上十誡，一言以蔽之，曰愛。一至四條，愛上帝，五至十條，愛父母，及愛人如己。愛者，仁之謂也。耶穌所立之新誡，亦曰愛，此誡其舊也。

又　篇四《十誡題辭》

第一誡，上帝獨一無二

昭昭上帝大無京，京，齊也。言無可與之齊也。羣沐恩膏化育成。萬膝拜颺欣頌祝，衣冠濟濟盡輸誠。

第二誡，毋拜偶像

崇奉眞神在此心，何須坭塑與裝金。世間點燭燒香輩，大犯天條罪孽深。

第三誡，毋妄稱聖名。

莫妄相稱上帝名，妄稱必罰苦非輕。敬虔讚美由心起，上達天聽獲寵榮。

第四誡，宜守安息日。

六日勤勞七輟工，恭承安息與神通。虛心聽道培靈命，羣沐恩膏荅上穹。

第五誡，宜孝敬父母。

孝敬雙親本至情，定膺帝寵錫和平。水源木本休忘卻，貧富應無忝所生。

第六誡，毋殺人。

萬人原屬一家親，同類相殘便不仁。戒殺宜先懲忿怒，好生大德效眞神。

第七誡，毋行淫。

見美如無在一心，莫將勾引犯邪淫。防閑女色如防賊，朝夕常懷屋漏箴。

第八誡，毋攘竊。

富貴由天莫強求，臨財苟得便爲偷。甘心守分惟勤儉，衣食無虧可免憂。

第九誡，毋妄證。

帝命修辭必立誠，謊由魔鬼種生成。舌鋒難制猶酖毒，獄火騰騰孰不驚。

第十誡，毋貪。

萬惡根源首在貪，貪心若起便難堪。物非己有君休取，天律森嚴要細參。

又《馬可講義》第一二條　安息日之理，安息日之要，乃上帝所設，使人有機緣可與上帝相連，得以專理靈魂之事。以理而言，人無時不需相連上帝，無時不需作靈魂之功，但人在今世，仍有肉軀，不能不爲身謀，不能不理世事，上帝亦許人爲此。但上帝不許人終日奔忙終歲馳逐，反忘卻天性之功，故立一安息，使人可息世事，故安息停工，此安息之禮也。無論何處有道理，則於彼處自然有禮，道理居人之上，即上帝之命令，一定不易者也。但道理寓於人心，由中發外，所以有時更變，究非道理之變，乃人心之變已。人能研究道理，鑽之深，推之廣，則道理與學問貫通，隨時增益，日月異而歲序不同，作事必因之而有異，第亦有時人始則瞭然明澈，後復茫然遺失，人心靡常，是以禮儀法度，亦不能定設，尤必隨人心時勢爲轉移，所謂因時制宜者也。須知道理爲內，禮儀爲外，二者符合，方可舉行，倘徒守虛文，而遺實意，其弊不可勝言。如守安息日，止息一切肉身之工，是安息之禮，勤修心性之工，預備靈魂之糧，是安息之理。法利賽人不守安息之理，斤斤於息工之儀文，自以爲知法守法，無微不到，見他人稍不如是，便謂犯安息之條。然施醫救命，是行善之實德，每日宜行何礙於安息。法利賽輩猶以爲不可，則其徒尚虛文，不敦實行可知，故耶穌以安息日行善行惡，救命殺命孰宜，兩端詰之，行惡無分

安息，即凡日亦不應爲，行善不拘何日，理所當爲，無庸姑待。【略】可知僞禮非禮，自蹈罪惡而不顧，前猶太之法利賽人如是，今在中國之儒士亦如是。老氏曰，夫禮者忠信之薄，而亂之首。信然。夫人之欲善，貴重內心，不重外貌，法利賽輩其心最險，而舉國欽仰之，究之色取仁而行違，自欺欺人，何益之有。吾輩信士切勿效此等人，因法利賽人不獨猶太有之，隨處皆有之。按法利賽三字，是猶太方言，即中士所謂縉紳先生之目。各國士子多犯此弊，即今聖會亦多以外禮守安息日，循例入聖堂聽道，及退而省其私，則前後恍若兩人，此等皆不識安息日之趣，失安息日之旨。如此之守，雖守如未守，亦不獲安息日之益，惟專心誠意，以此爲養心之日則可。【略】蓋六日之間，各司其事，爲己身及家人之需，惟安息日得息諸工。固存心濟世，分惠於人，誠行善之一大機緣也。蓋益人之事，本由愛心而發，雖至艱險至勞瘁，是日且不妨爲之。若徒便於己，而不便於人，或無益於身，而有害於魂，雖極輕極微者，尤宜禁戒。信士亟須於是日自省厥心，務求吾靈魂之益，當寂靜之時，宜研究經書，味其中之旨趣，或二三良友，論道談心，交相勸勉，或與家人聚頌祈禱，務使愛與虔油然興起，潑潑有生氣，如是可獲安息之益。若信士以此日爲無足輕重，不過循例遵守，不味其中之旨趣，如何能享將來之安息乎。今之安息，是預表將來在天永遠之安息。一日之安息，尚不能耐，若長久之安息，更不能堪矣。人欲將來享永遠之安息，則宜及今聖七日之安息。《經》言上帝既許我享其安息，當謹慎思慮，惟恐有不及。吾等今時果聖此安息日，預嘗其樂，將來乃備享之，與聖天使常親上帝之顔範，颺拜賡歌，恆頌上帝。至於世途之苦難憂患，靡不盡除，其樂何如乎。知此，則明乎安息之妙諦，若何而守，方合其宜矣。今在中土信士之守安息日，大都用意太輕，動云與常日無甚懸殊，實非安息之本旨。法利賽人之守，其弊拘泥，中土信士之守，其弊寬鬆，二者皆非中道。惟觀耶穌所守，道合中庸，吾人正宜是則是傚。惟願慎守是日，庶今世可獲安息之益，沒後在天得長享安息之樂，心所願也。

李剛己《教務紀略》卷二上 一，專奉上帝，毋拜別神。上帝至尊無對，世界諸神皆受造於上帝，不得與上帝一律崇奉。天主教規，凡禱祀諸神巫祝星卜，皆有厲禁。二，毋呼上帝名以發虛誓。古時以色列國民受神遺詔，述神名曰耶和華，凡發誓祈禱，不可泛稱神名，必至誠用之。三，永守安息日，據《創世記》，上帝六日造天地萬物，至七日而止，定每六日後以一日行敬禮，天主教謂之主日，耶穌教謂之禮拜，名異實同。《庸庵外編》西人七日禮拜說，泰西以星房虛昴四日爲禮拜日。當禮拜時，虔誠諷經，默數七日內過惡，以眞心改悔爲期。又以暇至四鄉，及花園博物院萬生苑遊玩，其俗不知始於何時，而西士誦說耶穌者，謂凡人苦心志勞筋骨，六日後不可無休息，稍休息則精神愈振矣。且人徇嗜慾鶩事物，六日後不可無收束，能收束則身心有主矣。今以休息精神者，歛其身心，即以收束身心者，養其精神，殆與《學記》藏修息遊之旨相合。此外又有大禮日，每年十數期，其休止百工，舉行敬禮，與安息日無異。四，孝敬父母。生我父母，宜孝敬以報大恩，此外有治我父母，如國家官長，教我父母，如教授師與工藝師，皆當服勞聽命。五，毋殺人。殺人所賅甚廣，不獨殘害生命，凡詛詈怨毒，及無故自戕者，皆犯此誡。惟國家決囚爭戰，不在此例。六，毋邪淫。夫婦人倫之正，餘皆邪淫。西例無論貴賤貧富，皆一妻。並嚴禁誨淫書畫。西例售淫書淫畫，官發票查搜，審其人，焚其物。七，毋偷盜。暮夜胠篋道路攘奪，偷盜之顯者也。若無其迹而陰謀婪取，如僞造約契，假貸不償，拾遺不歸，貿易不公之類，皆曰隱偷盜同爲此誡所禁。西國民事公法，凡欺詐商家虧倒之案，可照偷竊案辦理。八，毋妄證。此誡禁口舌害人，如橫啓訟獄，誣陷良懦，污玷名節，攻訐陰私皆是。《華英讞案定章考》，凡爲訴狀之見證人，訊官於未問之先，給以《聖書》使之手執而矢誓，謂所言皆眞實無妄，然後由官詳細斟問。倘仍信口雌黃，日後事發，即治以假立誓辭，謊撰證語之罪。按英例最嚴妄證之禁，不特罪名綦重，敗露以後，通國不齒。九，毋念他人妻。此誡所賅甚廣，凡男子於他人婦女，女子於本夫外，皆不得起邪念。第六誡禁其事，第九誡禁其心，內外交防之義。十，毋貪他人財。此誡禁貪財，補第七誡所未備，貪財與治生有別，事果於義無害，不諱言利，此誡所禁，在貪不義之財，如第七誡所云諸事是也。天下無論何教，既明天人相與之際，必以不殺不盜不淫，不妄語不貪他財爲首事。十誡前三條敬事上帝，義本摩西，後七條統以愛人如己，則是墨氏兼愛尚同，佛家平等之義，雖本摩西舊誡，而用心隱有區別，摩西以教合衆，其言純是法，耶穌以衆行教，其言彌近理。宜其擴張一宗，爲彼教不祧之祖也。泰西公法家，謂公法萌芽於猶太教，及羅馬律法。觀十誡所列，而知歐洲諸國風俗政教，有自來矣。

七克

一，謙以克傲。耶穌訓人，以虛心受福爲天國之基，傲者不能虛己受善，最爲彼教所忌，克傲在謙，故以此爲進德之首。二，廉以克貪。利之所在，衆人爭趨，貪心一萌，往往見利忘義，臨財苟得，啓天下爭奪之禍。基督教訓人以貪爲戒，以廉爲美，與儒教嚴義利之辨大旨相近。三，恕以克妬。妬之爲惡，樂禍幸災，反覆傾軋，皆由此起。此心不去，無論貧富貴賤，無安樂之境，終身無安樂之時。四，忍以克怒。怒有義不義之辨，因義而怒，苟不失節，無庸克也。至於血氣之怒，行於家庭則乖，行於朋友則疏，行於國家則危，萬不可不忍。五，貞以克淫。男女人之大慾，不能盡絶，惟縱慾敗度，小則致疾，大則殺身，最宜切誡。六，淡以克饕。醉飽之過，本無關大節，然其甚者沈酣貪恣，玩愒歲時，必妨正業。故基督教重淡泊，爲淸心寡慾之助。七，勤以克怠。萬事成於勤，隳於怠，天之生人各有應盡義務，若自甘惰廢，豈造物本心。故基督教貴勤誡怠，以挽頽靡之習。薛福成《四國日記》西人恪守耶穌教者，其居心立品克己愛人，頗與儒教無甚歧異，蓋守七克之遺矩云。

十四哀矜

一食飢者，二飲渴者，三衣裸者，四醫病者，五舍旅者，六贖虜者，七葬死者，此爲外哀矜。一啓人愚蒙，二勸人爲善，三規人過失，四慰人愁苦，五恕人侮辱，六原人弱行，七代生者死者祈禱，此爲內哀矜。瑞士國日尼法人杜蘭德，創設紅十字善會，專救交戰時受傷之人，苦者醫之，死者葬之，所議章程，有教士必視同局外國人之條。

總教規

一教中德行有八，曰謙虛，曰羞恥，曰柔和，曰慕義，曰淸潔，曰矜恤，曰勸化，曰忍耐。二聖靈之善果有九，曰仁愛，曰喜樂，曰和平，曰忍耐，曰溫柔，曰善良，曰信德，曰慈悲，曰節制。三助成善舉。各國傳教經費，皆出捐助。統計西國每年每人約捐銀一二兩，不願者聽。

花之安《自西徂東》卷五 《易》復卦有曰，七日來復。復者，生機也。又曰，復其見天地之心。可知人固當體上帝之心，循安息之理，停操作之力，以得生機，保養元神者也。蓋天下之事業無窮，吾人之精神有限，使勤勞無度，難免傷生。而逸樂是耽，又防敗事，則欲求一適道而行，無太過不及者，惟有守安息之法焉耳。然無會以勸人守之，人亦罔知安息之妙用，所以泰西人士，群起捐資，相聯一會，以勸世人共守，殊不負上帝愛人之美意焉。夫安息之意，何自昉哉。粤稽開闢之始，上帝以全能全智，創造天地日月星辰人物，六日而萬物已成，至第七日，則爲安息聖日。人當頤養天和，則筋力不至疲倦，而操作亦不患其無成。蓋精力有餘，工夫方能繼續也。孰謂欲昭事上帝者，不當以是爲法守哉。且夫上帝之予人以安息也，一以見仁愛之深焉，一以見法則之妙焉，一以見義理之精焉。曷以見仁愛之深也，上帝仁愛萬民，固欲人皆壽考，無夭札之傷，長得永生之樂。無如世人馳逐於名利之場，鋭意貪圖，辛勤過甚，往往精疲神倦，遂致身體尫羸，因而夭年不永。此不知寧心養性，歇息形神之妙用也。上帝憫世人之勤勞，使之七日一息，一切操作，停止不行，由是心安身安，而形神俱泰，不特疾病難生，而且有餘力以爲異日工作之用。因以思上帝之愛人，何其深乎。人亦當體上帝仁愛之心，留有用之精神，爲異日擔當宇宙可也。又何以見上帝法則之妙乎。凡人工夫，貴有準繩，故人之功程，不可太緩慢，而歸於懈惰，亦不可太迫促，而過於辛勞。惟有一定之章，而恆心黽勉以赴，何功不可立，何事不可成。所以人得六日之勤勞，自可奏功，不妨有一日之安息，以舒其筋力，而養其精神。由是工夫有準，操守有恆，無患心力不能繼也，此實上帝，予吾人以法則之妙也。又何以見上帝義理之精乎。夫安息之義，在淺而觀之，不過養身安神之方耳，不知外所以養吾身，內即以養吾靈魂，而存大體之用。蓋靈魂得養，則此日念上帝功成萬物，而吾人實受莫大之恩，所以能屏嗜慾，禁躁安，而默參主宰之理。由是敬事上帝，以持守不失，而理得心安矣。且不特一己致其敬也，尤必率家人婦子，以致其敬，則皆身雖安逸，而心仍範圍於聖道之中。其義理之精微，不可靜思而得哉。是知在上在下之人，無不當守安息之理也。爲東家者，固宜率夥伴而守之也。爲西家者，亦宜相率而謹守之也。倘不能守，不僅害身，而且有害靈魂矣，可不惜哉。吾也橫覽諸邦，見夫猶太回回等教，皆有守安息之規，雖猶太以中國柳氏女胃之日爲安息，回回以中國鬼亢牛婁之日爲安息，日期間有不同，似爲差別，然皆不離乎七日之數。究與基督聖教虛房星昴之日，髣髴相侔。但邇來耶穌教盛行，信從者衆，故人第知虛房星昴之日爲安息，而莫知其他，則華

人所謂禮拜日者，非即西人所謂安息日乎。故每逢是日，從道人無論士農工商，男婦老幼，悉遵上帝之訓，停止工夫，共詣福音堂内聚集，聽講聖道，感謝上帝創造萬物養人之恩。則有志守基督之遺規者，固非徒託之空言已也。必虔心敬守，儼如師保之臨，異念不生，恍若帝天之質。此日之内，或誦詩贊美，或省察愆尤，互相砥礪，有則改之，無則加勉。無論靈魂固受其益，即肉身亦得以舒暢其筋力，寧息其精神，如是有不康強逢吉，蕃不逮身者乎。惜今人不悟，未知恪守之宜專，故多有名無實，或圖肉身之快樂，竟昧靈魂，或循安息之虚文，罔識聖意，所謂守安息者奚在也。更有託名守道，而聚衆遨遊，或借其時，以爲觴飛拇戰之場，或藉此日，爲雄辯高談之候。如是以作樂，究與未奉道者無殊矣。又安望其獲上帝之錫福哉。或又謂負販之流，肩挑之輩，自食其力，以贍養室家，則安息之守，似難一律遵行。蓋小民一日不操作，則餬口無資，雖欲守而不能矣。即在鋪店生理，買賣浩繁，亦屬難守，恐一停止，虧折資本也。更有百工匠人，按月支給，一日歇工，無從覓食，凡此皆身屬東人，不由自主，亦若難守。然而人不能守，而一己守之，實亦無妨。蓋平日辛勤，至此日歇息數時，説明其守之之理，在東家必不怪責，此西國所以貴聯安息之會也。然則貧富上下，無不可守，亦當知其守之有益無損矣。今觀世人，每逢年節忌辰誕日，及賽會迎神，觀燈演劇，因此停工者，不知凡幾，統而計之，廢時日亦不少。何獨於彼則爲之，於安息日則不知守，不特棄身，而且忘上帝之大德矣。誠能中外遵行，不但西邦宜聯安息之會，以勸人相從，即華地亦宜多立福音堂，以令人共守，一律奉行，則人人皆知，上帝予我以身心之安，而永念不忘。則必得上帝之賜嘏，而將來便享無窮之福矣。

德行

論說

丁韙良《天道溯源》卷下 或謂人非樂於爲惡，逼於勢者實多。不知窮人不盡爲口腹而攘竊，彼富貴之人，亦多貪婪。即彼足衣食而無權勢者，自守本分，設使假之以勢，必爲貪暴，迫之以境，必至偷盗。其一時守分者，正如虎豹受制不能噬人，果腹不思攫食，而既爲惡獸食噬之性，仍自若也。可見世人内有惡性，外有惡行，彼外貌良善，謹身寡慾者，大抵恐傷財敗名染疾耳。爲一己謀，初無善功，猶之臣受君命，擇利己之事，而後爲之，人謂其勤王事，吾謂其從己私也。今世人無一非上帝之臣，自宜行天主之事，若祗因一己之名利而始行善，人以爲善，天主不以之爲善也。然使所行盡遵天命，亦祗爲分内之事，斷不能積功以補既往之罪。猶爲奴者，身爲人役，終日事主，乃分内事，安有暇時，自行積蓄，以贖其身乎。況人既鋭志遵命，在主視之，不能無過。蓋天父之法，直鞫夫人之内心，非如王法止禁人之外行也。外行猶易於謹持，内心實難於純一。保羅曰，我中心悦主之法，惟四體中不覺有法與我心之法戰，而執我從四體之惡法。可知盡心爲善者，尚難自持如此，況彼未嘗遵天父之法者，其罪不更多乎。

而飾辭者曰，不知者無罪，我既不知天父，何以知天父之法乎。人既爲所生，且爲天所養，安得曰不知。又烏可自從其欲，而無感恩報德之心乎。既秉天良，辨别是非，是即華書所論性本善，而《新約》所謂天法録於人心，二説似相背而實相合，猶如指南針與定北針，名異而實同也。嗚呼，人既秉善性於天，豈可自昧而不奮力乎，知善不爲即爲罪，明知其惡而爲之，日積月累，其罪何可限量哉。經曰，諸口已塞，舉世服罪於主前，蓋恃法而行者，無人得稱義於主前，法第使人知罪耳。

又經曰，制己心，較攻陷城垣爲更愈。何以世人欲克敵而未能克己，欲勝人而未能持一己之行，何自棄之甚哉。然所不喜者故爲之，所喜者故棄之，以此制服私欲，雖有益於持行，殊無所爲陰功也。彼世之名爲修行，而棄人倫，守寂滅，獨苦其身而無所爲者，亦不足言修行。修行者，謹守己分，時時刻其志，苦其心，不敢自暇自逸，盡心愛主，不避險阻。是以耶穌曰，不負十字架而從我者，不得爲我門徒。保羅曰，我克己，使百體從命焉。要之，愛惡是非，一歸於正，則心悉合夫天心，堅志克己，能奮其力，則行無違於主命，聖德之成，成以此也。雖曰民鮮能之，而力修聖德，將見日起有功。經曰，當自潔乃身，去一切身之污，心

之穢，畏主而成聖。欲修聖德者，其以養心持行爲要務哉。

又 或曰，人苟知砥礪，即能自改其過，何藉於聖靈之助。不知人每名爲改過，其實未嘗改也。人或爲己而改其過，而心不仰慕天命，則改與不改者等。或改一過，又生一過，則惡根未能刪盡。或志欲改，而行未果，則惡念愈覺叢生。此三者，世人之通弊也，試言之。人或沉湎酒色，後悔其敗名糜財耗精，即痛改而不爲。人謂其克己，我謂其好名好利好壽，仍爲一己之私而已，安云克己乎。夫世人甘於爲惡，其原在於違逆天父，故改過遷善，必先愛敬天父。愛敬既至，則大本已立。萬惡即由此而發生，知天父所好爲善，我亦好而爲之，知天父所惡惟惡，我亦惡而絶之，如是方謂改過。非然者，譬如人子違逆父命，縱欲糜財，後積蓄私財，自勤自儉，惟不孝養高堂，雖曰勤儉，而不孝之罪已著，烏足云改過乎。況不舍己以從天父，則幽居獨處，無所忌憚，即使改過，亦僅飾其外行，改傷財妄用之過，而志在斂財，則必貪婪以求財矣。改敗名喪節之過，而志在務名，則或背義以邀名矣。否則自驕其志，自伐其善，一若舉世無可與我頡頏者，而藐視他人，其外雖無惡行，其內實多惡念，則惡根之未刪除也。況恃己力以改過，每患其不果，蓋人之精力有限，勉於一時，未必能貞於常久，智識無多，辨其大端，未必不失於小節，況乎改過以全名，而名有未成，甚有易其志，而敗名有所不惜矣。改過以望利，而利有未足，甚有縱其欲，而貪利無所不爲矣。即彼誠欲爲善者，一不及檢，墮志而縱己。譬如人已溺於水，得登高岸，失足復墮，則岸愈高，其沉溺必愈深。耶穌曾喻言曰，有惡鬼自人而出，後見其室空寂，即攜七鬼惡於己者，復入而居之，則其後患較前更甚。是言暫時悔改，而未受上天默牖，不能恆於爲善，後乃更惡耳。夫始祖未失天性之時，全藉聖靈默牖，與天父相感通，則我受聖靈感化，自能復其天性，而悦服於天父矣。《聖經》曰，凡爲主之靈所導者，是爲主之子。故舍己以順天父，則萬端之善行，無非擴充其孝道，不求名譽，惟求人之歸榮天父，不畏惡名，惟畏天父之不悦己。世間之富貴，既爲天父所賜，我則受之，未爲天父所賜，我則安之。誠知夫爵莫貴於爲天父之子，祿莫大於享天父之恩也，且知生命受於天父，不敢自輕其生，而致身以事主，要無畏死，好惡同於天父，不敢偶涉於私，而盡力以事主，未嘗少懈。又自思賴耶穌之功以免刑，藉聖靈之助以建德，惟有過人之處，總無可誇之功，惟有善，非己之力，伐於何有。經曰，爾曹以恩得救，由於信主，非由己，主所賜也，非恃功，無可誇也。且藉聖靈以建德，不患旋得而旋失。《聖經》曰，主既助爾爲善，必竣其功焉。夫人身猶屋宇，或居以聖靈，或居以魔鬼，惟人自召耳。魔鬼去而聖靈未至，則其室空寂，無怪乎鬼既出人，復招惡鬼，偕入居之，倘居以聖靈，則以魔巢化爲神宇，魔鬼安得復入哉。耶穌曰，我羊聽我聲而從我，我賜之永生終不沉淪，無有能奪之於我者也。夫恃己力以改過，猶水之就下，決諸東方則東流，決諸西方則西流，勢雖順而易，而過且叢生。感聖靈以改過者，如逆流而遇順風，雖與我心相違，不憑己力，而過且日寡。故惟造物者，能使人重生，重生之後，人則猶是，而其心則與前大異。耶穌曰，風任意而吹，聽其聲，不知其何來何往，由聖靈生者亦若是。夫風之來往，知之於草，而人之重生，知之於行。苟其所愛所惡，大異於平日，則其人一如再造，故曰重生，而初非心中別開一竅也，復其性之本然而已。蓋人之向往，當以主之旨爲定向，乃昧所向而從己之私欲，雖有是非心，仍無所益。譬如舟之有指南針以定向也，針若爲舟中之鐵器所吸移，失其正指，則針無益，盤上雖有南北界劃，而無以定南北，即難免於覆沒。故人不舍己以從天父，亦終歸於沉淪矣。則將恃己力以轉移之乎，不能也，聖靈助我，我其能之。如耶穌命瘋手者伸手，而其手即愈，夫手既瘋，何能伸手，其伸而得愈者，惟賴耶穌之命而自增其力也。今天父命我世人行善，我雖無能，而苟誠意遵命，亦無不自增其力。耶穌曰，飢渴慕義者福矣，以其將得飽也。又曰，求則得之，尋則遇之，叩則啓之。爾曹惡人，尚知以善物予子，何況天父，不更以聖靈賜求□乎。然天主降聖子以啓我生路，又降聖靈以助我爲善，而我苟安於自棄，□□得救，是果誰之咎哉。昔有將軍失律，王擬之以死，有爲之求赦者，曰，下旨宥之，彼必感王之恩，事王愈忠矣。王將釋之，而將軍大聲呼曰，我不願生，王即生我，我亦不願事王。王乃怒而殺之，是非王殺之也，實彼之傲慢，自□其死耳。今耶穌已爲我世人求赦於天父，又賜聖靈俾我更生，我猶怙惡而不□，則自作孽，不可逭矣。夫背天父之法，猶可賴恩以得救，負天父之恩，則□何法以得救乎。耶穌曰，凡罪惡謗讟，其人可赦，惟謗讟聖靈，終不可赦，□置之永刑焉。謗讟即不順之謂，人其

猛省哉。

又 聖德者何，人感聖靈以成德，而求其純全者是。夫聖德必本於聖靈，世人不能自爲也。保羅曰，我情欲中無懿德，因好之者雖在前，而行其善者不易得也。又曰，情欲之行，有姦淫，苟合，污穢，邪侈，拜偶像，用巫術，結仇，爭鬭，驕傲，憤怒，朋黨，釁隙，異端，嫉妒，凶頑，沉湎，蕩檢之類。夫聖靈感化人心，猶如□惡樹之枝，而接以善樹之枝，其根雖惡，而善樹之枝，勾萌畢達，共結實自無不善。故感聖靈以成德，《聖經》稱之曰，聖靈之結實，即仁愛，喜樂，和平，忍耐，慈祥，良善，忠信，溫柔，操節諸德，是也。然惟重生者，始能建其德，且無不宜各自修其德。蓋重生之能爲善，如嬰初生之能求食，生之者天，養之者人，雖賴他人之乳哺以生長，及其既長，自練習筋骨，其力必愈用而愈大。靈魂亦然，既藉天而得重生，亦賴他人之教誨以明善，及其既明，而自守以篤志，自矢以貞心，其德乃日新而月盛，修毋怠而毋荒，德彌精而彌粹矣。經曰，如孩提初生索乳，宜求眞道，使爾漸長。又曰，爾當畏懼戰慄，力行以得救，蓋主以其恩澤施行於爾。

又 又曰，當練習敬虔，調劑乎身者其益小，敬虔乎主者其益大也。蓋練身者，雖增幾分膂力，至老不免於衰頽。練丹者，雖獲數年壽算，至後仍歸於死亡。何若修練聖德者，永生而無死，今生來生，皆許有福乎。但欲修聖德，必有其端，欲求其端，養心持行二者盡之。養其心而心無不正，必使內心悉合乎天心，持其行而行無不正，必使外行悉合乎天命，斯誠德成而上者也。今言養心之端有二，曰愛惡，曰是非。上卷既論其理，此則中言修之之法。夫愛則親而近之，惡則推而遠之，《聖經》命人盡心愛主，蓋能盡心愛主，無不盡力守主之法也。且或愛或惡，不能違心而出，一如耳之於聲，目之於色，口之於味，皆有自然之理。我不能強制耳目口鼻，使之厭和聲，惡美色，憎旨味，遠芬香。則愛善惡惡，一心自有定衡，亦不能強制爲矣。惟被聖靈默牖，能建信德者，猶如別開耳目，聽之於無聲，視之於無形，深知夫主之可愛，不勝戀慕，心中切欲效摩西之所求，顯爾榮光，使我目擊焉。但主之榮光，既盡形於基督，明著於《聖經》，人若建信德以觀《聖經》，則天父之榮光，自可□見愾聞。況曰思我救主之懿德洪恩，積思生慕，積慕成愛，不誠以心交主哉。昔波斯王居魯士與亞美尼戰，勝之，虜其太子家屬。王問太子曰，爾有貴妃，以何物贖之。太子曰，即贖以萬死，亦我所願也。後王不待贖，而盡釋之，太子於貴妃前，頌王之德不衰，并稱羡其威儀品貌。而貴妃則曰，我未見王之威儀品貌也，僅見願以萬死贖我者爾。今耶穌既舍命以贖我罪，我不當專愛以酬其洪恩，不雜以他念，注目仰觀我救主之榮光哉。人誠能專愛我救主，則其所愛惡，無不各得其當矣。夫主之造人，肖乎己像，人雖惑於邪魔，而主之用愛無已，且以感化復其本性，中卷第六章，已詳論之。保羅曰，我觀主榮如鑑照我，主之靈化我，效主像，久而彌光。譬如銀餅，有君像以爲誌，人苟壞其像而存其銀，仍可鎔化之而復其本像。人若能擴其愛主之心，而同主之愛惡，豈非肖乎主像哉。且主所愛惟善，所惡惟惡，主以此心予人，故人各有是非心。而是非心又屢爲物欲所蔽，當爲之事，知而不爲，其患既在於不行。且識見狹小，雖欲行善，而不能明善，其患又在於不明。幸天父憐其謬誤，即降《聖經》以導人成德，如明燈以導人行路，使人於暗昏之中，知所適從。故人雖於《聖經》有未解之意，於世情有未明之理，若能知善即行，將見日行其道，日明其義，如燈之照人，隨步以前，自免歧誤。《約翰福音》曰，人遵其旨，必知斯道，彼徒誦其文而不行其道又何益哉。況知其善而不爲，知其惡而竟爲之，外行顛倒，則是非心必漸至昏迷而莫辨邪正，勢必偏解《聖經》，妄興異端，而失之愈歧。保羅曰，宜以良心守所信之道，蓋有人棄此，背道以致沉淪矣。夫能行正道，主則牖以聖靈，不行正道，主則蔽其耳目。耶穌所謂有者將加予之，無者並其所有亦盡奪之也。故人能閱《聖經》，而知天父之所愛所惡，并知我之是非心，即導我之去就。譬如良友，褒貶不爽，我偶爲惡，必忠言以阻之。至屢諫而我不能從，彼雖不復責我，我固知其不悅我之所爲也。我能爲善，必慫恿以成之，至爲善既久，而勸無待勸，彼雖不復譽我，我知其深悅我之所爲也。夫爲惡既久，後且不覺而爲之，斯其惡爲至惡。爲善既久，後亦不覺而爲之，斯其善爲至善。至善與至惡，皆視乎良心之存與不存。約翰曰，若心自責，則無所不知之主，較我心更明澈，亦將責我，心無可責，則於主前無所懼矣。若人能誠心考察己之索行，則無不爲其心所責，既知其往日之非，又念及後日之刑，心中無不愧恥恐懼，慨然曰，往日之我，悔不可追，主若使我復歷既往之日，我必不如此妄行

也。今耶穌已謂信者曰，我不擬爾罪，爾往毋再犯。且聖靈已重生之，復其赤子之心，一若使之復歷既往之日，如孩提然。既如孩提，則既往無所憂，後日無所懼，而其智識，儼若成人，是非又不難明辨。夫如是，何患其不循理而行哉。彼不能慎行者，《聖經》喻之以豕，雖經洗滌，不免旋入泥塗矣。且能守良心，不特明知其罪而不敢犯，即事屬可疑，亦無不時爲嚴防。蓋有識者，決不舍嘉穀而食可疑之物，恐遭其毒害也。亦不舍大路以行邪曲之徑，恐入於迷途也。善人於可疑之事亦然，未深知其可否，必不苟且而行之，恐罹於罪戾也。故經曰，凡疑而故行之者，罪也。至於持行，其功亦有二。一在堅志，一在克己。夫志也者，心之帥也，人之一言一行一動一靜，無非其志爲之主宰。然志之制事，必有所因，或因所好而就之，或因所惡而遠之，或以此爲是而爲之，或以彼爲非而舍之。志雖爲心之帥，亦必謀之於情欲是非而後行，則情欲與是非之心，同爲參謀矣。夫人之初，性無不善，是非悉合乎天意，其私欲退居於下而不得逞。自人受惑於魔，退居者得進而操其勝，人不復以天意爲主，反以己私爲重，是非心雖效忠而不失其守，不免亦有所蔽。故後遇目前之安樂，嗜欲得乘其勢，如快馬之奔騰，不可羈縻，雖馭之以是非之心，而朽索難以馭快馬也。然是非心雖或不能馭之，後未嘗不預以責我也，但情欲既熾，所責者，罰若罔聞。及後是非既明，始悔而自誓曰，我必不更負此天良也，而情欲既縱，他時不覺復爲其所惑，此其志飄蕩無定，靡有已時，烏得爲心之主哉。東漢獻帝，失其威權，封爵之典，惟臣自主，奸臣得勢者，各邀己榮，及勢衰而削其封典，旋歸他人，是出爾反爾，有君一如無君。夫治國必振君之勢以約束斯民，臣下無不受君之命，斯民有主而得享恬安。修性者，亦必堅己之志以節制嗜欲，遇事無不權以心之理，斯心常定而得其安泰矣。然欲堅其志，必先正其愛惡，明其是非，誠使愛主之所愛，惡主之所惡，行其是而黜其非，則愛惡與是非，協力以輔志，志自能堅強而無懦，行之既久，愛惡愈切，是非愈明，則其志必愈堅矣。

又 其或不行所好之善，反行所不好之惡者，是嗜欲得操其勝也。保羅曰，因四體有法，與我心之法戰，逼我以從四體之惡法。故欲永堅其志，使無變易，尤必制服其嗜欲，則克己之功，不容或緩矣。保羅曰，從欲者必死，惟藉聖靈以滅身之私欲，則生且安。但聖靈滅身之私欲，必藉乎人之信。我見人無不能因恥而寡己之欲，或能舍小而求其大，乃信能使未見者若已見，所望者若已得。人誠能立其信德，則心常謹懼，時以主之鑒臨爲約束，自不至逞私欲以喪己行。且視在天之大福若已得，必不姑舍之，而圖目前至小之樂。故人遇誘惑，一念天父之大恩，天上之至樂，有不堅其守以禦之，使誘惑無能勝我哉。經曰，拒魔則魔離爾矣。夫情欲之迷惑，其幾當謹之於先，迷惑初至，而我有以勝之，其後不至復振，一爲其所勝，則其勢愈強，後必害我愈深。故不特當謹防陷罪，即無關於罪戾，而理所可爲，偏爲我心所不喜者，必故爲之。理所可已，而爲我心所喜者，必故棄之。以使情欲不得乘權，而志乃彌堅，誠爲克己之要術。

林樂知《耶穌聖教入華·耶穌聖教訓人孝敬父母》 或又有人念及孝道，未識聖教有何訓詞，請問其詳。答曰，聖教訓人行孝，極其切實。昔上主藉摩西賜律法於猶太民，内有十條誡命，總言世人當行之事。耶穌聖教乃承受此十誡，推廣其義，訓人遵守，更求上帝感化人心，致能行所命諸事。十誡先四條訓人者，乃言人向上主當行之本分，後六條訓人者，乃言人向人當行之本分。六條中第一，即言人當孝敬父母，由此觀之，人向人當行之事，孝道列於首務。耶穌在世爲人之時，遵重此誡，不惟自盡孝道，更以孝道訓人。及至身釘十字架，極痛苦將死時，心仍念及其母馬利亞，命所愛之門徒奉養爲母。耶穌之使徒保羅云，子宗主必順父母，乃合所宜。以福許人之首誡曰，敬爾父母，則受福享壽於世。見保羅達以弗所人書第六章一二三節又云，子必恆順父母，則主喜悦。見保羅達哥羅西書三章二十節人子不孝父母，不報父母之深恩，以及一切忤逆之行，據耶穌教人視之，皆爲獲大罪於上主，上主必降罰。父母在世，爲兒女者，分應愛慕順從奉養。及至去世，更當悲痛哀哭追思。父母去世，兒女悲哀，原爲世人常情，而耶穌教人自然亦當如是。又須追念父母一生撫養兒女之慈愛，及一切善言善行，皆爲感謝上主。【略】 復求上主，使我遵聖道在世爲人，身後得於上主前再見父母。耶穌教人，不以逝世父母當爲神而拜之，惟拜上主而已，此即按救主耶穌所言者。耶穌曰，當拜主，爾之上主獨崇事焉。

又《耶穌聖教常行之禮》 耶穌聖教大旨，無非欲人内心外行，盡美盡善。即如諸國和約所書者曰，耶穌聖教，原以行善爲本，凡欲人施諸己

者，亦如是施諸人。又《聖經》十誡之下五條云，勿殺人，勿姦淫，勿偷盜，勿謊言，勿貪婪。教中訓人，須當言眞實，事事公平，存心仁愛，循規蹈矩，潔淨守身，一體和睦，遠離種種邪惡之事，務求德行。男爲善男，女爲善女，生前預備，死後可得永遠生命。

丁韙良《天道溯源》卷中　耶穌之道，降自天主，天主以己式造人，則神與人，自爲一倫。人既爲神所造，即當知吾身之所由來，事神之爲要務，神與人當立之爲首倫也明矣。神人立爲首倫，五倫乃行乎其下而有序，如建屋有柱石，萬椽架乎其上，方得安固。五倫譬如珠寶，不可缺少，首倫譬如金索，貫串無遺。故天主乃萬有之主，世上君王與庶民，共爲其臣，無不在，無不知，喜善嫉惡，可不誠心愼獨以崇奉之哉。

花之安《馬可講義》第一六條　《易》曰，成性存存，道義之門，人性之成，實由上帝所賦畀，載道義以俱來。耶穌之道，使人歸於道義，道之所在，人必從之，無可間隔。蓋義理統轄乎血氣，爲人一身之主，是以義理爲本，血氣爲末。義理爲天性，血氣爲人情，義理之親公而正，血氣之親私而偏。耶穌特來發明此道，使人以義理之親爲可貴也。夫義理之親，莫大乎上帝，吾人之身，爲其所陶育，吾人之性爲其所賦畀。萬人之大父，道理之本源，理當事之順之。上帝肇造萬國，本於一脈，同事上帝之人，爲一家之親，無分於遐邇，蓋所事者，同一上帝，所信者，同一耶穌，所得者，同一聖神。志同意合，交相勸勉，互爲一體，休戚同關，宛然骨肉手足之相親，是之謂義理之親。耶穌於此言，凡遵上帝旨者，即我兄弟姊妹及母，其理確其旨深哉。或謂傳道雖要，母與兄弟既來，不即一見，似太拂情，於孝友不能無憾。不知傳道有機，爲時無幾，家庭供職，爲日孔長。傳道天事，奉母人事，豈得以人而廢天乎。觀昔禹之治水，三過其門而不入，孔子何以賢之，以能憂民之憂也。至賢臣爲國宣勞，王事鞅掌，不遑將母，未聞有人非之爲不孝，而朝廷又從而褒之，非以其有大於將母者，在乎其爲王事可以移孝作忠，況爲上帝傳道之事，任大責重，過於君父，豈得以區區奉養畢其事哉。聞耶穌平日最順父母，以其欲盡天倫，而人倫不因此而廢也。今人倫多汩以私，各私其親，此罪之所由生，而亂之所由起。耶穌汲汲於天道，非故拂乎人情，無非欲人明道，知所從遠耳。吾等信耶穌之人，以上帝之道爲本，據乎上帝之道，雖人事有何更變，不至惘惘無從，爲境所窘，爲情所制。且夫篤義理之親，必能篤血氣之親，能篤血氣之親，未必盡能篤義理之親，不見人情多篤於夫婦，而忍於兄弟，篤於兄弟，而忍於朋友，若徒以血氣而論親疏，雖親亦疏。世多有視骨肉，猶秦越之肥瘠，惟以義理爲維繫，雖疏亦親，況本然一脈之親者乎。乃有多人妄詆耶穌聖道，不講五倫，不知耶穌聖道，猶以五倫爲粗淺，五倫不過聖道中之一端耳。夫華人矜言五倫，以此爲極軌，縱問造其極者誰乎，雖聖如孔子，猶謂我未能一焉，遑問其他。噫，世人不識吾教之奧妙，率爾妄談，亦不思之過矣，人盍亦虛懷維思，得知此中眞諦，信而納之，心所願也。

政教

論説

林樂知《耶穌聖教入華・耶穌聖教訓民遵守王法》　以上所錄信經，爲聖教之綱領，所載者，皆本所信之大道以訓人，今無暇逐節講明，第恐有人平日未悉聖教，且未知究以何者爲訓，願叩一二緊要者，即如問聖教何以訓人奉公守法，欲明此事須究《聖經》，因《聖經》乃天下教中人奉爲萬世道脈之原，遵如準繩者。論及守法，《聖經》早有明訓示人，必順服在上掌權者，守分循規，爲忠誠之民，不可稍有違逆。如聖保羅所云，居上位者，衆宜服之，非上主則無居位者，凡居位者，皆上主所命，與居位者敵，是爲逆上主命，逆者必受罪，有司不令善人畏，使惡人畏。爾欲不畏居位者，惟行善可得其褒。居位者上主僕也，原以益爾，行惡宜畏之，以其爲上主僕，柄不徒操刑加作惡之人，此其所以當服之。豈惟刑故，我心使然也，是宜輸稅。居位者，上主之執事，恆執斯役，所宜與者與之，稅宜納則納之，餉宜輸則輸之，宜敬畏則敬畏之。又云，教人當服有位從政，百善悉備。又如彼得云，爾順主當服世之統轄人者，或王在上，或王所命，彰善癉惡之方伯，爾以善行，使不知者無辭以對，此即上

主所命。《聖經》又命人爲在上者，祈禱上主，如保羅云，亦爲諸王暨上位者求，俾我儕虔敬端莊，綏安無事，以畢一生，此爲美，可見納於我救主。眞作耶穌門徒者，謹遵此訓爲奉法安分謙和之良民，日求上主救其遠離一切結黨謀叛作亂等事。凡有此事，則必畏懼怨惡之至，此皆按耶穌之言。耶穌曰，以該撒之物納該撒，以上主之物納上主矣。

李提摩太譯《論教會之意》 凡人生在天地間，創立許多事業，皆憑身與心二者之用。無論士農工商，其操勞動作，皆以身任之，而心又爲身之主。心有所思，身即隨之，即俗所謂主意者是也。人苟主意無定，則其作事，百無一成。故大而論一國之興衰，小而論一身之善惡，皆爲人意所積成。其在博考萬物萬靈之本者，或云上帝專造，或云自然而有，或云他故改變。意不一，斯言不一。況專以意論，則有愚人之意，有智者之意，有一己之意，有衆人之意，更有合衆智而成一會之意，如敎會道會議會律會學會商會等之各種不同者在也。

然則世間之人意不一，斯世事之公私曲直難分。於是五洲萬國，無論通都小邑，皆立公會以定公意。不過人意有智愚賢否之別，即世道有盛衰升降之殊，於此有賢智之人，立意堅定，而又極能感發人心，統攝人事者，其會必傳世行遠而大興。

今試讀古史論古人，知凡可以自立爲國者，類皆有自定之意，其素所崇信而篤守者，譬如樹之有根，深入於土中，而不能猝拔。然議國政者厥分兩途，一曰堅守舊法，一曰妙易新機。在二百年前，英法各出數名人，獨標眞意，遂舉國意之害於世道者，一切加以駁正。且共力言，必先改有損於世之人意，始能行有益於民之國政。於是朝野上下，皆大悔悟，羣知舍舊圖新。至今執法美兩國人而問之曰，法國之世道，何以能大興。必皆曰，因一千七百八十九年改定之新意而然也。又問美國之世道，何以能大興。必皆曰，因盡反歐洲扶君抑民之舊意而然也。可知歷代各國世道之興衰，全憑民衆逼人立意之優劣，國政而無人意以維持之，危亡立見矣。

百年前法國正當大亂，有英官布爾克者，名重一時，嘗作《國政論》曰，若照上帝創造天地萬物之法，以立國政大綱，則我輩爲官者，必舉國家一切利益，前人創之，後人守之，毋稍廢缺。蓋因治理國政之人，固隨時更易，而國政之在人世，則永久流傳。故善爲政者，必統觀全地球各國已成之善法，合全國衆人所有之聰明，默察而深計之，以求合乎天地萬物之宜。泥古固不可，趨時亦不必，猶如今日之律法，非昔年之律法，而相傳之下，其遺意固皆同也。

布爾克又曰，世道皆原於成約，而非拘於近事者也。以國政維世道，不可視爲暫立之約，見近而不見遠，將約與一切格致技藝之實學，並純全之德行，以求通行於各國，大有裨於世道。則欲立此約者，必原本於前代之人，商訂於當世之人，留待於後嗣之人，而非一時所能成，亦非一國所得專。蓋一國人所立之約，往往偏而不全，惟能集各國之約之大成，斯能合天地之自然，而成徧地球永久之約。永久之約既定，凡同類之人，及人類以下之生靈，並天空千萬之世界，及天地間一切道藝之學，皆極有關繫云云。布君此論，可謂精深博大矣。余謂無論爲君主之國，民主之國，以及紳富專主，君民共主之國，誰操國政，即當存此絕大關繫之人意。如農夫之播嘉種，分種於全國之人心，而成此第一大奇之世事也。

然而世間又有與國政並行，萬不能目爲至小無關者，敎法是也。試讀各國歷代之史記，即知敎法之純駁，大關於國勢之盛衰。此譬如大西洋中之溫泉，迴流入英吉利瑞典諸海面，以解其冬令嚴寒之苦。世人亦賴有敎法，浸灌滋潤，善入人意，使之趨福而避禍也。至於敎法之興，爲時甚古，大約歷代之國政，類皆有各種之敎法，相輔而行。其他敎姑不具論，考救世一敎，初起之時，亦如一小泉眼耳，既而流爲江河，浸成大海，五洲之地，無所不到。進攷其所以致此者，厥惟有人意以相管攝之故。且其意之在人心中，有如百果之結於樹梢，既會同意之人於一處，然後分往各地偏傳，使人歷久不忘，更使人不因他事而棄眞意，所以能行其意於偏地也。

且救世敎之立會，實遠在數千年以前，肇興於猶太國，初名猶太敎。至中國炎漢之世，改名爲救世敎，迄今二千餘年。歷代相傳，敎會愈盛，其故因敎士皆恪守敎律，而國政亦隱隨敎律爲轉移。譬諸嘉果，國政不過爲果之外殼，而敎會之規模矩矱，則果核中有生氣之仁也。救世敎自二千年以來，雖不免分別門戶，要皆有救世之定意，貫注其中。今於東西兩大宗內，又分爲數小支。東則有希臘一支，行於俄國。有阿迷尼亞一支，行於土耳其所屬，及波斯等國。有阿皮西尼亞一支，行於斐洲之阿皮西尼亞

國，其更小者無論焉。西則有天主一支，大半行於歐美二洲之南境諸國。有耶穌一支，大半行於歐美二洲之北境諸國。其兩大宗與數小支，命名雖截然不同，而其實皆一意於至尊之主宰，無不相同，即其萬種之科條，大致亦無甚異。且其受奇苦而不避，遭阻遏而不退，立意堅定，實非他教所能及。所以自古至今，凡教會中人，皆志在偏傳救主耶穌救世之大意。若有一人未明聖道，若己推而納諸溝中也。雖然，傳道者衆，流弊漸生，因有師心自用之徒，未解《聖經》，遽欲傳道，其實大背本旨，人多不覺，遂有旁門左道一流。有雖非正宗，而尚可與眞意相輔而行者，上也。有自立名目，而稍假救世之意一二分，或七八分者，次也。其下者，則顯背古法，而獨行新意，甚或私意寖盛，而竟與正道爲敵。凡此雖與正道毫無所損，而在無識者觀之，鮮不以爲教會將衰之兆矣。

又有信道不篤疑信參半者，或始信而終棄者，更有信之而不入或入焉而不忠者，甚至悠悠之口，侮慢無忌，或羅織罪狀，必使教會廢敗而後快，以爲教士口出善言，而實不能躬行實踐，似此教會終必無成。我輩豈可爲其所愚，而不知自歷代以來，教會遞相祖述，其中豈無一失。要之救世正道，如日月之在天，非浮雲所能蔽也。且自始立救世教會以至於今，但見其以善及人，信從日衆，風行四海，莫能遏抑，豈有教會就衰之理哉。

其在各小教之興衰，固無一定矣，而救世教則今盛於古，是蓋有緊要關鍵之意，種於立教者之心，隨散布其種於衆人之心，使其國政因其意而變善，民俗因其意而改良，無論聰明庸愚之人，皆能知救世之意。欲人修德行善，並深知過去現在未來三世身中，舉不能離上帝而獨立，即斷不能恝然於救世主之心。故救世教會，實原本造化主者之大意以傳於世也。

由是觀之，此會之與各學，迥不相同。夫地無論東西，人無論中外，各有其學，即各有其命意之所在。然而傳於世間，既無永久之會，則身沒而後，惟有與之同意者，略加參考，於世事實無關係也。若此者，在中國則有楊朱，有墨翟，有漢宋諸儒。在泰西則古有希臘羅馬諸子，今有英吉利法蘭西德意志諸子，其議論非不可觀，而眞意實不能感人，則於世亦無通行之望。惟救世教之經典流傳，使人讀之，有所感發，有所警畏，有所盼望，而不能自已，故教會中人，稱此書爲天下第一聖經，實因能動人心目，而大有益於世也。

抑天下更有富貴之家，挾其權力，著書以行於世，而人心不屬，徒勞無益。惟此教爲救主耶穌所立，特爲普救一世各種各類之人，地不限歐亞斐三洲，族不分黃白黑三種，品不論士農工商四民，皆樂遵從，尊爲天國。蓋實見夫上帝之意，即存於教會之中，而藉以傳世也，人奈何不察而輕相訾議乎。

花之安《自西徂東》卷五　孟子曰，徒法不能以自行。孔子曰，其人存，則其政舉。可知法待人而後行，苟無其人，雖有善法，則不可行。今中國人既觀西國之書，及觀西人所行之善事，亦知西法之美，而於西法，尚覺難行者何哉，良以未得行法之人故也。然則欲行西法，若何而可，蓋西法之能行，則有二大端。首貴在上之人，知中國時勢之危，西國強盛之美，更須在下之人，共明義理，知中西之強弱，同心奮發有爲。無如中國上不能行，而下亦扞格不可行也。雖今日中國人，入耶穌教會者，亦漸有明理之人，但能深明此理者，不可多得。況在上之人，格格不入，故欲行西法，多有齟齬耳。夫西法非易行也，非先通西學，則不可行。是故學西法而欲行之者，雖與俗人不同，而實非學西人之俗，但學其眞理而已。今中國有等放蕩之徒，與異邦人相交，不入教會學正理，徒學其人之縱慾，走歸邪僻，則失之遠矣。夫西人非盡從理者也，亦猶中國世俗之人，多有縱慾者。華人第當學西人之行善，有心行善，而西國之善法，亦不難舉行。即如教會書塾，傳揚眞理，不行僞事，由是日就月將。格物窮理，雖最妙之法，皆可學而成。倘祇如中國之大小書塾，所學徒重浮文，專欲博取功名，而義理不知身體力行。日後達而在上，則不能致君澤民，窮而在下，亦不能開來繼往，僅知弄文墨，博虛名，詎非爲國家之大弊乎。所以官宦搢紳，今日之學術，與昔時之學術，不可不細察。宜翻然變計，屏除浮文，歸於實學，於西法方能有濟也。如官宦中有不服西國之法者，宜更別出心裁，獨得美好之處，勝於西國之上者，亦何必區區於西國之法。倘因循坐鎮，於中國不能奮興善舉，棄日廢時，善法終不及西人，則大爲可慮矣。雖然，欲行善法，其心亦不能太迫切，而欲其一蹴而幾也。在上之人，須明其先後之序，基址貴堅固，層累而上之，此中實有卓識存焉。倘游移兩可，無定識定力，徒用試探，非有實心而行，則爲大弊耳。所以凡

國家之事，必宜精心考察，何者爲中國所當行，即宜力行之。而官吏欲改變舊章，必須早備行法之人，用以協助。倘既知其法之善，而不肯力行，則無可如何。亦猶人之有肉瘤，而不肯割去，終爲害事也。雖然，今日中國之要着，首當明中西之人，何者爲有用。今日中國讀書搢紳之士，有識見者無幾，欲除舊更新，另行西國之善法，往往阻止，多敗中國之事。今日大吏，宜令搢紳觀西國之書，明其是非利害，何去何從。倘有獨具隻眼，識見超群者，則奬引之。蓋搢紳能明一項，則此項便可行，苟得共明，則西國所行之善，其心悦服，不至阻礙難行。由是官紳合辦，上下同心，庶能有成也。雖然仍貴有堅定之心，强毅之力，眞信其可行而行之。《聖經》云，信如芥種，命此山去此移彼，亦無不能篤信故也。是知欲行西法者，當以實心行實事，任怨任勞，不稍退避，務必成功而後已。苟非得人，何以能此。然而仍勿謂恃人之智力，而善法無不可行也。必須敬畏上帝，謹慎存心，求上帝之默佑，而大業乃可成焉。今中國已形孱弱，徒拜偶像，事多虚浮，不遵上帝戒命故也。試觀外邦之軟弱者，國無論大小，如病人一般。故西人謂之病國，所以各强國醫之，彼雖不受醫，而各强國必取其謝金而去。病不痊而金已失，可不惕然悟哉。夫惟上而大君，下而百僚，代上帝行事以牧民，眞心敷政，而又不祭泥土木偶之假神。上下和合，存誠以感格上帝，則西國善良之人，可以同心幫助，而西法之善，我不可次第舉行，何難協和萬邦，黎民共遵王道，無偏無陂也哉。然後知自西徂東之書，實有裨於中國不鮮矣。昔者耶穌道理，自東傳至泰西，今由西傳至極東之國，豈非上帝奥妙之理，甚難測乎。旨哉，保羅書云，奥哉，上帝之智慧，何其大乎，孰知主心，得與共議，孰先施主，而得其報。萬物本之，倚之歸之，而尊榮不已焉。人可忽諸。

規儀分部

祈禱

論説

花之安《遺篇集録》篇七　祈禱之法，由來久矣，二字之義，《説文》雖謂告事求福，然此特言其小焉者耳。古者中國祈禱之善，莫如成湯引罪自責。其次則孔子曰，獲罪於天無所禱也。可見自天以外，無可禱之神。何也，天即上帝也，上帝爲吾人大父母，向之祈禱，猶如世間子女，有求其親，其親無不赦其罪過，加以仁慈。《書·召誥》曰，祈天永命。謂祈禱於天，可得永遠之天命。是昔時中國聖人，亦無不知上帝爲大主宰，時以此心相默契也。人有道心，雖幽獨隱微之地，虚靈亦恆與上帝交通。故《中庸》曰，君子戒慎乎其所不睹，恐懼乎其所不聞。又曰，君子之所不可及者，其惟人之所不見乎。又引《詩》曰，相在爾室，尚不愧於屋漏。可見上帝無所不知，無所不在，故君子必慎其獨，不容爲外物所乘也。孟子曰，平旦之氣，其好惡與人相近也者幾希。又曰，夜氣不足以存，則其違禽獸不遠。此善惡關頭，心未與物交，則清明之氣，與上帝接，是祈禱之於人至要。此理不可不明，此舉不可或懈，人必祈禱，而後與上帝無間。猶如呼吸，人不祈禱，則斷其呼吸也，呼吸一斷，形體徒存，四肢百骸，何能運動，有不奄奄待斃者鮮矣。人之多積罪過，罔加修省，皆以不知祈禱所致，或貌雖祈禱，而神不與上帝交通，則信道不篤，即呼吸不靈，縱不至於速斃，而其病已不可救藥。斯祈禱之所以不可或懈，不可不誠也。每慨世人未嘗無禱，特禱其所禱，非吾之所謂禱也。大都禱其祿利，禱其功名，修人爵以要天爵，而卒無以安其心者，不得上帝之助也。祈禱不同，故所獲亦異。此外如實柴醮燎之禮，以事天神，猶近古意，然

已是以物爲中保，爲舍本逐末之舉。後世鬼神之説盛，而祈禱之意雜，一變而爲巫祝，一變而爲釋道，祓災禳禍，問雨求晴，不知所禱之神，人也。人死後爲朝廷之所封建，不過其人生前或有功績，或有名望，或嘉言懿行，表著於一時，或著作才華，可傳於後世。人或效其一節之善可也，若奉之爲神，而崇拜之，則尊卑倒置矣。何也，彼死權不屬於人，其賢與否，自有上帝之定斷，雖曰神道與人道無殊，唐柳宗元嘗非之，可知其神不必禱，亦不可禱也。乃中土之人，沉溺不返，滔滔皆是，無他，信賴物欲，不信賴上帝故也。世人心爲欲所役，目爲物所引，故魔鬼得乘機誘掖，誤入歧途，有權足以制之者，惟救主爲能。觀其謂魔鬼曰，撒但退，記有之，當拜主爾之上帝，獨崇事焉。是凡信上帝者，賴上帝而不賴物，故自救主以身代贖後，不復有獻祭之禮。惟祈禱時，以心神與上帝交通，上帝鑒其誠信，自然俯准其求。蓋上帝乃靈，拜之者，必以心靈以誠。《聖經》所載，歷歷可考，有志聖道者，可取證也。凡祈禱誠信，得蒙上帝許可者，在《聖經》枚不勝舉。可見祈禱時，不論何求，信則得之。以視三教之徒尚獻供，祈禱於無靈之土木偶像者，何啻霄壤之隔。《詩篇》上帝曰，患難之際，禱於我，我援爾，爾我頌矣。耶穌禱曰，非從我所欲，乃從爾所欲。其求上帝也，信而託之，深合上帝之旨。吾人祈禱，當取法乎此。且宜託耶穌之名而求，最爲切要，因其爲世中保，上帝所應許故也。如耶穌以上帝之靈，善德堅固，猶且祈禱不懈。請觀《聖經》四福音傳，皆可稽考，或禱之於行事之先，或禱之於飲食之際，或幽靜而禱，或公然而禱，仰祈上帝，加增新力。吾儕以荏弱之心，易壞之質，可不時求上帝，以默加呵護哉。至祈禱之有益於身心者，約有公私隱心四等。公祈者，在會堂，或他所，與衆合心而祈也。私祈者，在家與家人同祈也。隱祈者，或密室，或靜處，獨自而祈也。心祈者，不定何處，偶有心願，不便下跪，又不便明言，故於心內暗祈也。四者皆祈禱之要，而隱心二者，獲益尤多也。祈禱之言，各由心發，原不必拘定。總祈教會興旺，聖靈默助，牖啓吾心，賜己能力，堅固守道，不爲物欲所搖。或痛悔己罪，深自怨艾。或悲道不行，憫人溺惡。或爲戚友而求告，或爲死亡者哀悼。必由中情所發，不可假作外貌，敷衍了事。至祈禱之文，可奉爲法則者，莫善於救主所教。今爲錄其辭於左，曰，吾父（父指上帝，言其造生保養，實吾人之大父也。）在天，（上帝雖無所不在，在其座位乃在天也。）願爾名聖，（爾亦指上帝，下同。名者，有顯上帝之意。上帝本聖。曰願者，恐人或不知敬，願皆知上帝之名而尊榮之也。爾者，親之之詞。）爾國臨格，（國，福音之國，即天國也。臨格，至也。言願福音至於萬民，使之盡歸聖教，爲天國良民也。）爾旨得成，在地若天。（旨，天命也。成，遵也。上帝之旨，在天皆得遵行無違。願在地之民，亦若天上之遵守聖誡，安於天命也。三爾字隱然有代人祈求，願上帝顯示之意。）所需之糧，今日錫我。（需者，必不可無之謂。糧，包一切養生保生所需之物。曰今日錫我者，示日日當求，不必預求明日也。）我免人負，求免我負。（負，欠也。我不能報上帝，是負欠於上帝。人必我方能免其所負，我必上帝方能免我所負也。）俾勿我試，（試，受惑也。）拯我出惡。（謂拯我免行污惡之事，遭凶惡之禍，或被惡人引誘，或受魔鬼試惑。連用五我字，顯己誠求之切。）以國權榮，皆爾所有，爰及世世，（國即天國也。權能德也。榮天上之榮華也世世無窮盡也言上帝無所不能萬世國權以及榮華皆其所有故讚譽者必當以榮耀歸之至於世世，靡已也。）固所願也。（願眞誠無妄之意，言祈禱時語皆衷發，無浮慕之詞也。）

韶波《治會龜鑑》卷三《論祈禱》 按《使徒行傳》，見聖會之初，會人互相力行者，其四即恆集祈禱。自聖神降後，祈禱較昔爲勤。昔耶穌曾語撒馬利亞婦云，將來拜天父，以神以誠拜之。至聖會初立，其言果驗。無論猶太異邦，二者皆賴基督，同一神而謁父。異邦與猶太，皆以基督之身，使二者相和，合而爲一，如新造之人。由聖神所感之祈禱，與他人之祈禱異，即信徒托基督名，得親就上帝。耶穌傳道時，嘗謂其徒曰，我往父所。又曰，我即途也，非我末由就父。又曰，願父賜我之人，與我偕往。此與基督共在於父之事，在今世托基督名祈禱，可獲其驗，因信徒之祈，有信基督與父共在之信，此爲根本。本既立矣，又有基督居心，漑以上帝之仁愛於中，更有將來與上帝合一之望，如是信徒之祈禱，依基督所言而擴充之。祈禱不第在外念，及耶穌而親乎上帝，即其內，乃確與坐上帝右之基督，同視上帝爲其父，或禱，或頌，或求，皆在此中，雖信有篤與未篤之別，皆以相聯以心，蓋皆以基督爲之本。以此可知，托主名而求父之法，似爲聖會之至聖所，更有與未入教之猶太人祈禱，即至殿中與

之而祈，此種祈禱，是憑舊約之默示。信徒於此默示，仍可交諸猶太人，故其禱似爲聖所。人苟未識新約之默示，而認上帝爲造化審判之主，而親近之，基督徒亦可與其人相交而祈。然此與託主名而祈之禱，有淺深之殊。此等之祈，屬淺近之祈，如大闢所云，上帝兮，俯聽祈求，凡有血氣者，皆可親就之。惟託主名之祈禱，方爲祈禱之精義，括諸衆禱也。

丁韙良《天道溯源》卷下　主之鑒觀下民也，夫人而知之矣。既知主，即宜求主，蓋主眸徧注，而我目不能覩，因祈禱而以心通之。主恩浩大，而我身受其賜，因祈禱而以言謝之。知己身柔弱，不能自保其生，因祈禱以求保佑，思己罪貫盈，無由自脫，因祈禱以求赦免。慕主德純全，無能效其萬一，因祈禱以頌其聖，此祈禱之所由起也。【略】

或謂天父前定諸事，未必因求而改其初意。獨不思凡事誠屬前定，而因果必以類從。天父既預定賜恩於人，又命人祈禱以得之，正如預定賜人以食，而命人勤勞以得之也。

或謂天父無所不知，未禱之先，已知我之心願，何容多瀆。曰天父命人祈禱，非不知其所願，而欲人之禱告也，正欲使人心歸己耳。心未歸主，必不誠於祈禱，祈禱不誠，安望主之恩澤乎。妄有所求，主必不聽，故望主允其所禱，務必遵道而求。耶穌曰，若爾在我，我道在爾，凡所欲求，必成之焉。此言與主感通及信主之所許者，始可禱而望應也。且人果能正心歸依，則求主之所許，主固必償其願，即求所非宜，而爲主所未許者，主亦必牖其心，而錫以他福。蓋天父視之如子，子以美物求父，父必予之，即所求乃害己之物，亦必易以美物也。且人之識見狹小，未必能辨利害，天父則無所不知，我不如舍己意而從之。故耶穌命我祈禱時，當曰，非吾意，乃爾旨是成。可知人苟能以天父之聖旨爲願，則無不得其所願者矣。況誠心祈禱，其有益於己者無窮。一則既知我之所需，天父將以賜我，專待我之祈求，則胸中自覺平安。一則救主與我，儼如心腹之友，我若被惑懷憂，皆可上訴而得其慰藉。一則既以心上交天父，無不慕其德而是則是傚。世俗之交，雖足浼人，而恆於祈禱，心自與世相違，世俗焉能浼我。一則重生者，可藉祈禱，感聖靈以堅其德，如人呼吸天空之氣，以養其生也。一則時以所行，上達天父，而陳得失，勢必謹心修行，力務聖德，今日認罪，更防明日之再犯。所以耶穌曰，當警醒祈禱，以免入於迷惑。況求天父助我行善，既立其願，必能盡心盡力，惟恐隕越，求之愈切，志必益堅，而所行必有成效。則恆心祈禱，其爲益不甚大哉。會中與他人共禱，無論人數之衆寡，皆名曰公禱。其在家中，與親屬同禱，名曰家禱。惟一人在私室獨禱，名曰私禱。此三者，不可缺一。蓋在會中祈禱，同歸榮於天主，而聽《聖經》之講解，共相勸勉，其心必愈切，其守必愈堅，習練信德，爲益甚大。耶穌曰，有二三人，爲我名隨地而集者，我亦在其中矣。會集祈禱之期，即安息日是也。或於安息日外，另定日期，約衆祈禱，亦無不可。至於家中，則每日或早或晚，必當與親屬同禱，先讀《聖經》數節，以訓迪家人，使其明知敬神孝親愛人，各盡本分，如在主前，雖一家中惟己獨信，亦可率子女僕婢共禱，每飯之時，必先謝主之恩而後食。私室獨處之時，必統察一日之言行，認罪而求主寬宥，先誦《聖經》數節，默會於心，以爲啓牖。餘則暇時默禱可也。平時誦讀《聖經》，亦可隨時默禱。讀天父命人去就之文，可求主助我以守之。讀紀錄善行之文，可求主助我以效之。讀紀錄惡行之文，可求主助我以戒之。讀恩賜之文，當感而謝之。讀災罰之文，當讋而懼之。倘有奧義，不能明晰亦當求主之啓牖以明之。誠如是以讀其書，即無異天父親爲傳授，我可藉《聖經》而與天父感通矣。經曰，主之道，活潑潑地，自有功效，利於鋒刃，靈與氣，骨與髓，無不剖剌，心之意念無不鑒察也。若祈禱之禮儀，不拘坐卧立跪，務必誠敬其心，肅恭其貌，不須別服禮衣，焚化香燭，亦無庸供奉禮物。經曰，牛羊之血，不能滌除人罪，故基督將臨世，曰，主不欲牷牲祭祀，乃使我成人身以祀之，燔祭贖罪，爾不喜也。又曰，主乃靈，拜之者，當以靈以誠拜之焉。至於祈禱文之大意，要在讚主之德，謝主之恩，認己之罪，求一己之所需，並可爲他人代求，此五者，爲祈禱之綱領。其文詞，或先有成書臨時誦之，或隨意而謹慎言之，語勿涉於反覆，徒以多言瀆主之聽。耶穌曰，爾祈禱時，語勿反覆，如異邦人，彼以爲言多乃得聲聞也，勿效之，蓋未求之先，爾所需者父已知之矣。

【略】

而或者曰，主極其尊榮，而我處於卑微，即有祈禱，恐不得升聞。不知主乃世人之天父，上而帝王，下而庶民，皆屬子輩，則皆爲主所垂聽。

每飯謝恩文式　坐念

敬謝天父，賜我食物，養我肉軀，俾我生活。且降救主，代我罪辜，救我靈魂，恩慈永護。我實不臧，報答無方，惟有感謝，每飯不忘。更祈聖靈，啓牖我心，飢渴慕義，心願惟殷。

花之安《天地人三倫》天卷　人能秉精誠以祈禱，則精誠可以格天，祈禱之義大矣哉。祈禱自古已然，試爲即載籍而參稽之。古時祈禱之神不一，然大抵曰天神地示，尚不似今日之淆亂也。如《書·召誥》，祈天永命。《論語》，禱爾於上下神祇。又曰，得罪於天，無所禱也之類。祈禱之事亦不一，然大抵水旱年壽，尚不似今日之紛歧也。如《詩·小雅》以祈甘雨，《大雅》以祈黄耇之類。祈禱之法亦不一，然大抵壇墠郊廟，尚不似今日之多寺觀也。如《論語》舞雩爲祭天禱雨之處，《詩·小雅》祝祭于祊之類。推之有憂百姓而祈禱者，淮南子，聖人者，不恥身之賤，而愧道之不行，不憂命之短，而憂百姓之窮也。是故禹爲水以身解於陽盱之河，湯爲旱以身禱於桑林之下。《東觀漢記》，鄧太后嘗不安，左右憂惶，至令禱祠，願以身代牲，太后聞之甚怒，勑令禁止，以爲何故乃有此不祥之言。左右咸流涕嘆息曰，太后臨大病不自顧而念兆民，後病遂瘳，豈非天地之應與。有因禱而黄氣墮室者，《異苑》，晉簡文既廢世子道生，次子郁又早卒，未有息嗣，漢陽令在帝前禱至三更，鬱鬱有黄氣，自西南來墮室前，是夜幸李太后而生孝武皇帝。他若作辭以通，《周禮》大祝作六辭以通上下親疏遠近，五曰禱。鄭注，禱於天地社稷宗廟，主爲其辭也。又若告訴以通，荀悅《申鑒》，或問神何以格，曰一誠所感，自然神應。故精神以底之，犧牲玉帛以昭之，禱祈告訴以通之。審是則祈禱一事，徵文考獻，固已昭昭可知矣。

然而祈禱必得其要，不容昧也。祈禱不宜濫用，如山川之禱，五祀之禱，羣神之禱，則祈禱失之淫濫。堪受人禱者，獨一上帝而已，非他神所得而濫受也。或謂上帝之外，又有百神，亦猶國君之外，又有百官也，豈曰天子當尊，而百官不宜尊乎。不知人之所謂神者，原非上帝勑封之神，乃人妄立之耳，至於天使，乃上帝所封之神，爲上帝所使令，亦奉遣助得救之人，其降鑒也，非人所得而知，人不可向之祈禱也。

人宜向上帝祈禱不息，以一心歸上帝而與之交，人所有義理之性，本無分尊卑，惟別誠僞，至公無私，其將偏視人乎。且天父無所不在，非若帝王身居深宮，無暇自聽民訴，必分立官長以代理民務也。則雖天下億兆，同時禱告，主固歷歷聞之矣。

或謂世人日有所求，求逐事而偏聽之，何天父之不憚煩乎。不知人之願欲存於心，語言未出，天父自能神而明之，何待逐事偏聽之乎。其有禱必聞者，耶穌已明言之曰，求則爾與，尋則遇之，叩門則啓之，凡求者得也，尋者遇也，叩門者啓也，觀乎此，則有求必應，總非枉然，自可知矣。

【略】

耶穌訓人祈禱原文　跪念

吾父在天，願爾名聖，爾國臨格，爾旨得成，在地若天。所需之糧，今日錫我，我免人負。求免我負，俾勿我試，拯我出惡。以國權榮，皆爾所有，爰及世世，固所願也。

懺悔文式　跪念

天父造我，別乎禽獸，賦以良知，俾分邪正。而我偏溺於世俗，迷於私慾，知其是而不爲，知其非而故作，蒙天之佑而不由感謝，受天之恩而未嘗圖報。或崇他神，或縱己欲，日積月累，罪愆衆多，上干天父之義怒，安能補救於將來。幸天父大發慈悲，特降愛子，身受痛苦，以贖人罪，既爲罪人開永生之路，益知我躬有至重之愆。故我念救主贖罪之恩，不勝痛悔，求天父念愛子贖罪之功，赦我前非。且使我得感聖靈，中心悅服，無復背違。并求使人廣布福音，聞者信從，脱於永苦。庶三位一體之神，獲無窮之榮光，固所願也。

朝夕祈禱文式　跪念

我天父至尊至聖，我輩在爾前跪拜祈禱，敢求垂聽。我輩柔弱，無力無德，祖遺之罪，不能痛改，反增益之，以遠天父。生遭災禍，死墮冥獄，理所當然，夫復何言。惟有敬求天父，垂念我救主之痛楚，赦宥我平生之罪戾，降聖靈以復我本性，賜智隱以明我心目，啓我之心，堅我之德，俾我明聖道，不惑他歧，遵聖旨，歸於力行。更求天父勿以患難賜我，使得平安之福，勿以災禍警世，俾蒙康樂之休。我輩無以報德，惟有極感謝之微忱，賴我救主之大功，以望升聞，心願誠實如是。

是上帝之氣息，故宜與上帝相孚，使之復歸於原本也。且祈禱則能頌揚上帝，時念上帝爲宇宙之主宰，吾人之本原，其權其力，高高莫測，其仁其義蕩蕩難名。謝恩以表罔極之忱，頌德以申如在之敬，矢之於口，播之於聲。祈禱要法有六，其一，在密室之中。或黎明，或黄昏，獨自一人祈禱最妙，此時但要身體深淨，即便服亦可。平日祈禱，總宜凝神壹志，靜心正容，或端莊站立，或俯伏地上俱可，務宜持正身心，毋怠毋惰。其二，心中活潑不拘何時，均可祈禱，然最妙在每日早晚兩次，禮拜日愈加祈禱。昔有西國先哲，勸牧師教師，每日清晨祈禱約一點鐘之久。其三，祈禱切勿慌忙，宜安靜身心，全心全意，無一點邪念縈繫於懷，常存至尊至貴之主於心中，不敢放縱。其四，要熱心，要謙恭，如窮人呼號於富貴者之門。其五，祈禱時跪於上帝之前，宜堅信上帝無所不在，如在眼前，立定志念，對越於上帝，如有罪之人，向慈悲之主。其六，祈禱切勿自以爲有功德，理應獲福，凡無論大小恩典，皆上帝賞賜，非一己之能所能致也。此六者實祈禱之要法也。祈禱雖有公祈家祈隱祈之不同，而隱祈尤要，茲即隱祈縷陳之。隱祈分三端，其一則誠虔祈禱也，其二則玩索聖書也，其三則恭默思道也。何以言誠虔祈禱也，不拘何地，或心中情願，或有事不便跪下，又不便高聲，則於心中暗自祈禱。《聖經》云，祈禱不輟，如是則上帝之神不離吾心，猶如露水滋潤百花，聖神澆灌吾心，亦如是也。

【略】

恭默思道何謂也，恭默思道，是靈魂功夫，或深想道理，就是將要緊意思融貫我心，或以信心爲不能見，乃猶如親目看見，或自責或自勸，如是善默想者，必有大益。如能活潑自己，正吾心修吾身，預備終身之事，如默想自家作惡，如何克去私欲，入於善途，默想上帝愛吾之心，默想基督，自降生到升天，所言所行之事，默想私欲因何容易發出，或驕傲或不潔，或動氣或妒忌等，此即所謂恭默思道也。

總之人於祈禱時，宜勿有一毫世事累心，掃除一切，以吾之所有，盡託之上帝，惟上帝之命是聽，是爲獻與上帝。《約翰書》曰，上帝乃神，拜之者必以神以誠，此之謂也。能以心之誠摯而拜上帝，則有所祈求，上帝可應。蓋吾人之衣服，飲食屋宇諸物，皆爲上帝恩賜，非己力可營，使上帝靳而弗與，則腹有斯饑之歎，身有無衣之嗟。此身不能不需夫外物，故求上帝依時賜與，或遘疾病，或遇試惑，或爲家人，或爲親友，或爲聖會，或爲有司，或爲君王，凡一己及人所需者，皆可求之上帝，而上帝無不給與所需也。

又《馬可講義》第二九條　中國分祭祀郊社蜡禋諸名目，其意本於一，即祈禱之支流。遍考各國皆有祀禮，獨眞假不同，爲法互異，亦證明人心知在己不能自爲禍福，必有一監臨在上，操持其間而主禍福者，故祀以邀之，禱以籲之。吾耶穌教今不尙祀禮，特重禱義，以祀在物，而禱在意也。《舊約》亦重祭義，是時《新約》未至，故以物表之，今《新約》既至，《舊約》之禮可無庸也。中國善禱者，莫如成湯，以六罪自責，得禱之本意。後世變爲巫祝，祓災禳癘，大失本眞矣。儒教有實柴槱燎之禮，以祀天神，猶爲近古，釋道假以禮懺諸名目，爲羽士緇流之濫觴，是以愈失愈遠耳。夫禱之者卑也，受禱者尊也，以尊無二上之神，豈視物之豐歉，以爲施與乎。儒書有天地之禱，山川之禱，其禱失之淫濫。限以天子祭天地，餘不得與其祭，失之尊擅，均非中道。以上帝之道，堪受人禱者，獨一上帝而已，非他神可得而濫受也。當禱上帝者，盡人皆宜，非一人可得而專據也。使禱上帝又禱神鬼，則上帝與神鬼何以別乎。且上帝獨天子可得而事，豈父母獨一長子可得而奉乎。爲父母者，凡子輩皆宜奉養，無分長幼嫡庶也。或謂上帝之於百神，亦猶國君之於百官也，豈曰天子當尊，而百官不宜尊乎。不知人之所謂神者，原非上帝敕封之神，乃人妄立之耳。試觀中國經朝廷所封者，謂之正神，未經朝廷所封者，謂之淫祀，此亦由人意臆斷以爲神道，亦猶人道也。所謂君者，亦君其國而已，國以內君可握權而治，國以外其權所不及。何國之君，能立他國之臣乎，況封地下之死人，而爲天上之明神，無是理也。乃知封禪封神，皆後世之流弊，柳宗元嘗非之上世無是舉也。至於天使，乃上帝所封之神，爲上帝所使令，亦奉遣助得救之人，與我本屬同僚，非能禍福，人亦不宜禱之，獨禱三位一體之上帝而已。

聖禮

論說

丁韙良《天道溯源》卷下　今夫各國禮節，莫不甚繁，而耶穌設教，則聖禮惟二。一以水滌身，一以酒餅念主，命門人雖散於萬國者，無不遵守，無可損無可益也。《聖經》記耶穌臨終，擘餅與門徒，曰，此乃我身。又取酒杯飲門徒曰，此乃我血。且命信者守爲常禮，是爲聖餐。又命信者以水滌身，隱指聖靈潔其內心，是爲聖洗。此二禮，乃萬世不易之常典也。滌水之禮，即《聖經》原文所稱拔的斯，惟初入聖會時，一次行之，後則屢守聖餐，以懷贖罪之恩，教師主其事焉。

而或者曰，心已信道，何必拘於禮節。殊不知列國之民，以遵守禮法爲順從之號，今耶穌既設此聖禮，則認耶穌爲主者，不當遵行之乎。況聖禮不第爲順從之號，亦爲恩約之據。昔以色列民受虐於埃及，主將救之，先命塗羔血於門以爲誌，則免於同受災禍，設不塗羔血，其能免於滅亡乎。今耶穌立新約，以此二禮爲信徒之據，則不遵其命，即難受其福，將何恃以得救，故賴恩望救者，必遵其禮而行之。且聖禮又爲功義之表記，耶穌既不辭惡人之凌辱，與十字架之痛楚，拯我出於苦海，我安可因世人之訕笑，而自外於禮法。故懷義者，必遵其禮而行之。且聖禮之作，實以證耶穌贖罪之功，與聖靈重生之恩，故信道者，欲證其道以示他人，必遵其禮而行之。況救主既設此聖禮，或從或違，無不各受其報。耶穌曰，凡認我於人前者，我亦認之於我天父前，凡不認我於人前者，我亦不認之於我天父前。安得曰，心已信道，何必拘於禮節乎。然聖禮在所宜遵，而冒昧行之，亦非受福之據。故將入教者，必先內省己心。我既獲罪於天，果信耶穌之道以悔改，賴耶穌之功以求赦，感聖靈之默佑以爲善。始敢藉三位一體之名，而領滌水之聖禮，誠恐三者未全，而行止偶虧，適以玷辱聖教，自遭天譴也。既入教，欲守聖餐，亦必返躬自問，我能深明其義否，我能自改其過否，惟恐義有未明，過有未改，則輕視聖禮，以自取罪戾也。誠如是，則道雖未甚明晰，行雖未能純全，而謹守聖禮，意無不誠，亦可因之而增德矣。或曰，聖禮固所宜守，但不知祖遺之禮儀，可兼行否。曰，其與《聖經》悖者當棄之，其不悖者仍行之。十誡之首曰，天主之外，不可有別神。可見非主宰天地之獨一天主，即不可崇奉矣。其二誡曰，毋雕偶像，毋跪拜之，毋崇奉之。可見人不可供奉偶像矣。

而或者曰，偶像不可拜，既聞命矣。但子孫而祭其祖宗，或爲孝思之所發，《聖經》其許之乎。曰，立牌懸像，向之而拜，與拜偶像何異。陳俎豆以妥生靈，與陳犧牲以供偶像何異。倘謂祖宗誠來格而來享，不祀則若敖之鬼，不其餒而。是無論理有不合，即情亦有所不忍。己則朝饔夕飧，而祭祀之禮，每歲不過數次，何己腹之是親，而忍令祖先之時餒乎。若謂父母之養育恩深，廟中祭祀，不過自明其孝心，推而至於先世，亦以報本追遠，示不忘其所自出之意。其亦知天父造人，人莫不出於天父乎，天父造萬物以供人用，人莫不賴天父之養育乎。夫生我育我者父母，而所以能生能育者，天父之命也。長我鞠我者父母，而所以能長能鞠者，天父之恩也。《魯論》曰，死生有命，富貴在天。可知制人之命者惟天，天爲生人之大本，人或忘其本而負其恩，是無異父母命乳媼哺兒，而嬰兒感乳媼之豢養，竟忘父母之深恩矣。夫乳媼之豢養，非曰無功，究難擬父母之深恩。父母之恩，雖曰罔極，究難擬天父之大德。故明聖道者，知父母受天父之命以生我養我，無不倍其孝敬。父母既歿，魂有所歸，雖修墓當行。西俗則存先人之遺像，供以鮮花爲常，而祭祀之禮，在所不設。惟崇奉獨一永存之天父，仰其尊榮，頌之讚之，沐其恩慈，感之謝之，虔其心以自報其本，遵其命以自盡其分。至事祖先之俗，人既明於眞理，則何者可守，何者可袪，不難自辨，庶倫常無所乖違，而事天乃得其宗旨矣。

【略】

或曰，古時宰羊爲祭，今時設立聖餐，變更禮儀，究屬何解。曰，禮猶衣服，道即人身，身無變易，衣服可以更換。揆古者羊祭之義，是默指將來代人贖罪之救主。正如我輩今日聖餐，是回憶昔時代人贖罪之救主也。身爲我殘，血爲我流，以餅代身，以酒代血，儀物雖殊，厥旨則一。

韶波《治會龜鑑》卷三《論擘餅》　夫擘餅一事，原爲耶穌立聖飧時

而設。後來聖會稱主飧爲擘餅者，因耶穌設聖飧時，取餅祝而擘之。故擘餅一事，實爲交際之方，是與主之體與血相聯者。按使徒二章四十六節所錄，知聖會之初，不以聖餐爲異常之禮。因彼在家擘餅，以歡以誠而食。可知古昔聖會，食聖餐兼乎常餐，每日在各家食之，非第在聖會某節得食，亦非第在殿中得食，亦非謂有衆同集一所而食。以三千之衆，安能同集一家。且其時聖徒常集，共享聖飧，故非惟有職者，方可得於聖堂頒聖飧。各人在家中，頒與衆，亦無不可，然無論誰施何食，當存慎重之心，勿輕視基督之血肉，孟浪而食。蓋聖餐之深意，亦乃使人或飲或食，無論何爲，以爲上帝榮。言及使徒之訓，聖會之交，擘餅之事，此三者皆爲相聯，是聖會活潑之生機所顯，夫教訓者本也，聖會以之爲基，建於其上。在此基中，一則有衆徒相輔之交，二則可相聯於主，如耶穌所云，我在彼，彼在我者，即衆爲一之言，久而彌驗。

李剛己《教務紀略》卷二上《四規》 一，凡主日及大禮日，宜行彌撒禮。天主教禮分爲二等，曰常禮，曰大禮。常禮日日有之，行否可自由。大禮日與凡主日，皆須赴堂行彌撒禮，惟距堂遠及因事阻，則免。是日不工作，若事爲日用必需，不在此例。二，遵守齋期。齋有大小之別，小齋不食牲肉，七日中齋期二日。大齋惟午膳可飽，不早膳，晚膳亦有限制，每年十數期。三，解罪，四領聖體，皆七蹟之一義，并見後。

又《七蹟》 一曰洗禮，入教之始。司鐸祈禱誦經，以水沃額，謂之洗禮。西語謂之拔的侍。既受洗，終身不再。二曰堅振，即扶首之禮。主教以手撫人之額，默籲上帝助其智，堅其信，此禮惟主教能行，他人不得僭越。若勢難周歷各地，則請教王特准教士代行，但非老病不得請代。三曰告解。天主教據《新約》中爾赦則赦，爾留則留二語，以爲主教司鐸，有耶穌所賜之權，赦人罪過。惟赦過必先知過，因有告解禮，告者，告己過。解者，解人過。凡天主教堂，皆有簾架數具，即供此用。教民無論男女就而告過，既告則誦經宥之，此羅馬舊教相沿之禮。自路德新教以赦罪乃上帝之權，非教王主教司鐸等所能代，此禮遂廢，然新舊二教斷斷爭辯，至今未已。四曰聖體。猶太古教殺牲以祀上帝，明生殺之柄上帝主之，非他神能僭。自耶穌降生，始革除牲祭，改用彌撒禮，以耶穌之體祭上帝。今天主希臘兩教世守之，耶穌教不復舉行。五曰終傅。天主教本意謂人之將死，困苦萬狀，故定終傅禮，以慰其慘憂，赦其罪障。又以常人過由五官，教士以祝神之膏傅病人五官，同時誦經祈禱。曩時取人目睛之謠，蓋藉端於此。此禮在天主教中，上下無不遵守。耶穌教不信赦罪之說，不行此禮。六曰神品。主教司鐸進秩涖事時，行此禮。主教與司鐸禮有隆殺，教民則無此禮。七曰婚配。教中定例，凡婚期男女，赴教堂互誓神前，教長扶其男女互握手，祝其所串之指環，乃認爲夫婦。婚配之禮教士主之，泰西各國相沿已久。一千八百七十五年，德國新律，民間夫婦由官婚配教會中人，欲在禮拜堂行何禮節，悉聽其便，國家並不禁止。意法奧諸國皆以德新律爲善，各去舊法。

花之安《自西徂東》卷三 但從耶穌之教，多求眞實而行，故在教堂之禮，不過唱詩以讚頌上帝，祈禱以致謝上帝之恩，求一己之平安，亦代求萬人之平安。誦《聖經》，解《聖經》，以勸化會中人，禮畢則祝福衆人而已。及領洗之禮，食聖餐之禮，則尤爲教內之最重者，何以明之。領洗之禮，以人心有不潔者，則借潔淨之水，與潔淨之道洗去其不潔，乃可以事上帝，此孟子齋戒沐浴之意也。食聖餐之禮，是耶穌將升天之時，以其至潔之身，代人贖罪，而令人食其餅與酒，以記念耶穌之受苦，而與吾儕贖罪。然此惟守耶穌之道者，方可食其餅與酒，此教內禮之最大者也。至若守安息之節則如何。中國四時亦有節，人皆拜神以祈福，然安息之節，乃上帝創造天地萬物已成，至第七日，是上帝安息之日，人宜聚集禮拜堂，祈禱聽道，在家中靜坐默思，記念上帝之功德，遏慾存理，以報上帝之恩，此守安息之意，非同世人止求一己之福祉也。夫入教之人，在家中則早晚祈禱，祝福在上在下之人，讀《聖經》，講《聖經》，以訓家人，守安息，以記念永遠之安樂，而尤貴敬愛上帝，加於萬物之上。恆以耶穌之心爲心，欲救萬人之苦厄，愛人如愛己，力可爲則爲之，乃能藉上之帝鴻恩耳，此眞禮之本原也。然則西國之行禮，不尚浮文，務求眞實可知矣。人苟能從耶穌之教，去僞歸眞，心地明白，又奚肯拜各處虛假之神哉。

常禮

論說

林樂知《耶穌聖教入華》 教中所立之禮，原與善行相助，皆屬樸實易知者，其中並無隱匿。聚會之期，時常不禁外人偕至，惟宜肅靜虔誠，遵式恭敬。所最忌者，諠譁騷擾，意存藐視，茲將教禮畧書於左。

一、耶穌教中，按日祈禱上主，而祈禱之法，並無成格。有時獨自祈禱，亦有時闔家共禱。禱時每將《聖經》所載教訓，指引勸善之言，誦讀一段，或爲自思，或爲衆勸。

二、耶穌教中，每至七日聚會，敬拜上主。原夫七日中守一日爲聖日，乃亘古之定例，按《聖經》，六日内上主創造天地萬物，至第七日安息，定爲聖日。其後令猶太人於此日息百工，拜上主。故耶穌教人，每逢禮拜日，共相聚會，同禱上主，歌詩讚頌，聽人誦讀《聖經》，講解救主大道，勸衆清潔無罪，正直善良，與耶穌教人名分相稱。

三、歸入耶穌聖教者，必須領洗，其洗禮時，常明行於教堂中，爲教内教外衆目共睹。

四、耶穌教中，每領聖餐時，教中人無論有無責任，俱領麵餅一小塊，並領少許葡萄汁所造之酒，爲記憶救主耶穌受死，以贖世人之罪。其領洗，領聖餐，皆救主耶穌親定之禮，令教會中世代遵守者。

五、耶穌教中，除於主日聚會外，時常另有聚會，其人數多寡無定，來者時而僅有本處之人，時而亦有諸方會友。聚會之故，無非爲勉勵行善，使教會興旺，廣傳於世。

六、耶穌教中婚姻之禮，祇准一男一女成爲夫妻，儻夫妻二人有一死者，其生者不禁再娶再嫁。當完婚時，有應行大禮，教中有責任者，先使其二人在上主衆人前，彼此應許，自始至終，依夫婦之道，忠誠相待，唱和相隨，更祈上主降福，於此夫婦方爲禮成。

七、按耶穌教，殯葬之例，大衆先購上等地一區，地内各選一段爲本家本族之墳塋，無論男女老幼，俱葬其中。儻遇喪葬之事，所有衣衾棺槨，以及修墓所用磚木灰石與送殯等節，悉由本家量力而爲，其喪葬之禮，上已言明無庸再贅。

耶穌教重在大道，而宜行之禮，亦不容忽畧。所謂大道者，乃仁愛誠實公義也，此皆按耶穌所言者。耶穌曰，此即指大道乃當行者，彼即指宜行之禮亦不可遺耳。

又 至父母臨終時，兒女祈禱，將父母之靈魂交於慈悲上主，且用縞素衣衾收殮其身，謹慎停柩，妥爲看守。臨葬時，先邀族鄰戚友，並請教中一有責任者爲首領，辦理喪事。且對衆宣讀《聖經》，所讀之經，大旨即言人生於世，本不能久，須趁生前瞬息之年，預備死後得享永生。並言由死復活，升於天堂之榮耀，彼時可再見信主去世之父母，且見生主於萬國萬代所選之民，與之永居。宣畢，首領同衆跪禱，以上主曾賜去世之父母一切恩惠，與父母在生前待子女之慈愛，感謝上主。且求上主保佑子女，使其爲人，合乎聖道，早爲去世作備，致闔家可團聚於天堂，得享永福。事畢，將其親之身，恭敬葬於墳墓。回家時，依然思親，爲之憂戚，不時流淚。日後必量力而行，於墳前建碑一座，上所銘者，除姓名年歲外，每有數句，或愛慕或感恩或望來世得享永福之詞。日後念及父母埋葬之處，不時動悲哀之情，猶不忘看守修理，或有餘暇，則往墳墓，在彼追想逝世之父母。

韶波《治會龜鑑》 觀上所錄，則知聖會之長，在乎四端。一爲服膺使徒之訓，其訓彙之，而成《聖經》，是爲聖會之基，凡畔經而言，則爲異端。二乃同心之交，非出勉強，蓋所信者惟一，所學者亦爲一，泯尊卑大小之形，互爲兄弟，以相鼓舞，以上帝之仁愛爲維繫。三爲聖飡，以誠心享之，久而深生於基督之中。四爲祈禱之交，與恆居上帝座位之右者，即聖會之元首相契，有如是之會，是誠新約之會，然亦與舊約之會有相通之誼。又與認上帝爲造化主之異邦相交，所謂親仁而汎愛也。

又《耶穌聖教婚喪禮》 至足樂者，莫若婚娶。至足哀者，莫若死喪。有樂相慶，有哀相弔，人情大抵然也。然婚娶立人道之始，死喪爲世路之終，其事既關緊要，其禮自不容稍輕。夫禮貴緣情，尤貴合理。耶穌

門徒所行之禮，必以耶穌之道爲宗，凡與教規不合者，類皆不宜遵奉。

【略】

耶穌聖教婚禮例言

結親遲早，聖書沒有定論，但耶穌教中之人，多是等他兒女成人，各自情願，然後結親，必不可與外教人聯姻。也不可算命擇日，命是人算不到的，日子本是不分好歹的，只論人合式不合式，時候方便不方便。按聖書，骨肉等親，不可嫁娶。看舊約利未記十八章便知。丈夫還在，婦人不可另嫁，婦人還在，丈夫不可另娶。鰥夫可以再娶，寡婦可以再嫁，惟再嫁之時，不可丟所有的子女。成親之日已定，當請牧師行合婚之禮，若牧師不能親到，可請教士或執事代行。衆既聚集，新郎新婦的親屬陪伴二人，同到臺前，迎親的引新郎立左，送親的引新婦立右。

耶穌聖教喪禮例言

耶穌教中人，無分男女老幼，若有重病，該告牧師得知。牧師必至病家，勸他全靠救主，爲他禱告，念聖書給他聽，安慰他，堅固他的信德。或牧師不能親去，當請教師或執事代行。凡有病的，教中人都當一體看待，爲他祈求上帝。或接好醫生，用好湯藥，盡心服事他，這都是美事。既死，不可燒香紙，念經，供喪飯，及拜屍身等事。鄰近的教友皆來相幫殯殮，喪家及親友皆可隨分穿喪服，隨心哀哭。惟耶穌聖教，以眞實的人情事理爲緊要。不可妄費錢財，也不可假意哭泣。至於墳山葬埋，必不可用陰陽擇方向，合年命，選時日。最好是葬在教會的塚地，如不然，帶回本鄉亦可。到出殯之日，或牧師，或教師，必去送葬，照教會所定的禮文而行。葬後，當立一石碑，若墳墓有損，也當培修。

李剛己《教務紀略》卷二上《教長之規》 耶穌教長分二等，一主教牧師，一長老執事。願爲主教牧師者，入修道院研究畢業，舊教長察其學行篤實，道心堅定，則扶其首禱於上帝，立爲教長。西例教門規制，年未二十四歲，不得爲祭長。教長本主稽察入教之人，疾苦不安者慰藉之，信道不堅者激勸之，其有彼此齟齬，則解其仇衅，勉以和睦。有常犯教規若非大過，暫除其名，能改悔仍許註籍。其情節重大者，逐出教會。所有教中洗禮聖餐，拜主婚姻，殯葬等禮，均歸教長管理，長老執事佐之。洗禮婚姻禮已見七蹟。聖餐禮者，耶穌捨生之夕，親將餅汁分賜門徒，謂之曰，此餅乃吾肉，汁乃吾血，以示捨身代人贖罪，且命信者守爲常禮，是爲聖餐。教長依此禮，能爲生者死者，致贖罪之供於上帝，而信所供之品，外形爲餅汁，其質實爲基督血肉所化。云拜主禮者，每七日禮拜，教徒赴堂誦經祝禱上帝，聽教長規戒。殯葬禮者，凡人死後舁柩至教堂，親屬畢集，教長誦弔死贖罪之歌，慰其親屬，不必悲傷。禮畢，導親屬舁之至墓，教長或取松柏枝，或以鮮花投柩上，取土一撮覆之，親屬咸助，須臾成冢，教長爲衆祝福而歸。

又《教民之規》 有願入教者，先習淺近義理書，以改前愆。教長察其無他，始允入教，其教規每日晨夕祈禱上帝，諷誦經文，遵守戒律。如爲家長即率家人誦經服教，至禮拜日，赴堂受教規，平日居心行事，以和睦誠實勤慎爲主。

又《在國應行教規》 一各國耶穌教主教牧師，只管教化，不稱官長。一每禮拜日，教長必率衆禱祀上帝，錫智降福於本國君長。一教長收人入教，必遲迴數月，細察其心術志趣，如有未息詞訟，未解仇怨，則必待訟結怨消，方許入教。一嚴禁藉教會欺侮平民，必十分屈抑，方許訴官伸理。一禁賄賂。受賄行賄 一禁鴉片。栽種，販賣，吸食。一禁偷漏應輸差徭賦稅。

又《在家應行教規》 一教中子女不孝，教長知之，輕則訓戒，重則斥逐。西國古例，人子辱詈父母，士師以石擊斃之，暴露其屍，使野鳥啄食。一葬父母必量家之貧富，墳塋蒔花木建碑碣，以爲觀美，仍時時省墓致哀。耶穌教興盛之國，教會墳如國花園。一娶婦不問姸媸貧富，以篤信基督，性情寬柔，智慧贍足，體氣健康爲主。夫婦敵體不得譴呵楚撻，視同奴婢。一幼女必入塾讀書，可佐夫訓子。一善誘兄弟同霑教益。一與世往來貴誠信，容讓服用貴節儉，施捨貴豐厚。

花之安《自西徂東》卷五 西國從耶穌之道者，喪葬之禮，全不耗費，就近教友，每來相幫，哀哭弔慰，俱從眞實，而以牧師主有喪事。祈求上帝，憐憫喪家之人，爲之赦免罪過，又爲衆人祈禱求恩，此時更不用爲死者祈禱，以死者一生之事，至此既定也。且死生皆上帝命，不必過爲悲傷，牧師用善言以安慰死者之戚屬。至出殯日期，牧師長老教友會役，俱可送殯行禮，用棺槨則從厚，所以避螻蟻蛇蟲也，葬必高陵之上，墳墓

深用五尺，蓋大淺則恐狐狸挖之，過深又恐水泉淹之耳。不用珍寶殉葬，而墓前亦有豐碑高樹，令人歷久不忘。蓋從耶穌教者，首以靈魂爲重，生前既自顧其靈魂，信道以爲善，則臨終時，耶穌便可接之升天，安然無懼。又世俗愚人，泥執古禮，凡殮殯死者，雖微末之物，無關輕重，亦斷不敢棄去，以爲古人有深意存焉，且恐受死者之怪責，不知無係於死者之身，禮之眞意全不在此，所以《聖經》顯明喪禮之本意也。耶穌道理，不同別教，凡人既死，別教之言，謂魂魄再去託生，不知上帝造物不窮，曷貴死者以託生，此無稽之語耳。上帝爲生物之原，廣涵生理，死亡實與上帝相反。蓋吾性之中，自具生理，一息不可與上帝相離，乃得其永生。若有犯惡，即背上帝，而絶吾生理，並絶吾生機，人由是有死亡，所以謂故與上帝相反也。乃耶穌救主能脱死亡而復活，具永生之理，人必倚賴救主，乃能具永生之理，故不畏死亡，雖死而生理長在也。可知人能眞心從救主耶穌，則後來新天地既成，上帝使吾靈魂，復完一靈妙之身，永遠常存，而天上無限之榮耀，吾亦得共享之矣。

教規

論說

韶波《治會龜鑑序》 慨自元祖陷罪，以至後世罪孽叢滋，風俗日以澆漓，人心日以剝削。於是救主憫世深心，俯念下民疾苦，自天降凡，現身說法，大聲疾呼。喚斯世之沉迷，補救扶元，起羣生之痼凅，豐功偉烈，隆莫與京。然而救主之功非俄傾可成，乃循序漸積。溯救主在世，爲道宣勤，日無寧晷，又選宗徒十二，追隨左右，訓誨啓迪，以傳斯道。臨別遺詔，遍傳天下，招人爲徒，與之施洗。教之凜遵，宗徒如命，授受相傳，此聖會之所由起也。由是道之廣播，無遠弗屆，隨在皆有，默化潛移之力，丕變人心之效，林立聖會。然會既立矣，必有治會之法，治會之人，此聖會所以有治會之職之設也。夫聖會之職，任重事繁，良難勝任，故肩是職者，當思其分内之當爲，以盡其程，庶無負厥職。世之末史微員，亦以循分供職爲要，況治會有世道人心之責，修己治人之事，身靈所繫，死生攸關，可不兢兢業業，惟恐失墜乎。在會有職守專責者，當研究新舊二約之書，思古昔上帝之詔聖賢，與乎聖賢之奉詔。仰其儀型，所最要者，當奉基督以爲依歸，蓋基督一言一行，皆爲有職者之標準也。《聖經》一書，包涵萬象，不第示人獲永生之先路，亦爲有職者陳治會之良模。但非顯寓目前，當鑽研而可見，如玉之在山，珠之在海，非攻堅入深而不可得，求《聖經》之理者亦若是矣。本《聖經》以爲治，騐之於身，則體用而兼備，施之於會，則措置而咸宜。蓋嘗論之，治會猶之治田，田有肥磽之不齊，人有美惡之互異，農人闢草萊，勤耕鑿，化磽确爲良疇。會牧正行誼，明道術，使貪懦而廉立。今在中國聖會之立，亦已有年，當有法以治之，是書之作，本《聖經》而立法，顔曰《治會龜鑑》。内分三卷，一總論治會之工，二言耶穌爲治會之準，三言使徒立治會之模。治會者奉此而行，庶有所遵循也夫。

仕文《教會常例》

第一論接人入教會

一、其心宜再生，其人必有實據，所信宜合《聖經》，即本浸禮會所奉信爲眞者，既受浸，則稱爲會中人。

二、凡欲入會者，必須在衆前講心事，講後宜退片時，以便查勘其品行，商酌可否接納。

三、凡攜薦書入會者，必是同信同規之會所發，乃可接之。

四、不論其人曾入何會，或其會散，無薦書可取而欲入本會者，則須在衆前言明其悔改并所信之道，與本會同，且衆見其品行合夫信徒之份者，乃可接之。

五、已出會者欲復入，須在衆前認罪，顯其確爲悔改之人，方可復接。

六、凡人欲入教，會衆中若十份有二不悦納，則此二份必須當衆言明，其人有何不合《聖經》，然後衆議可否接納。

第二論會衆之份

一、教友各宜自習聖道，以神之恩漸次進益。行爲須合夫正道，防範

其性質，滅除其惡氣。

二、教友宜敬愛牧師，常代他祈禱，服其合經之權，常來叙集聆其宜道。又宜以愛保其名，各依其份捐資贍養。

三、教友當彼此相愛，或有患難疾病者，宜彼此慰問，互相幫助互爲祈禱。又彼此慎保名節，以愛互爲規勸，以善法堅立，日進於德業。

四、教友向不信者，宜常顯其禦惡之行，且謹慎以智而禦。或與人來往交易，宜遵曾許之行，又宜以和平之法而度生。如有機則當施以仁愛，依己之才而顯主道。且常宜勤慎誠實，恕以處衆，爲式於世。

五、教友遷居別地，宜取離書入附近同規之教會。或在無會可入之地，則當數月來叙一次，或來信說及，以便訪察探問。

第三論教會服役人

一、牧者。凡眞得服役之職者，必爲神所選召，須要品學兼優，人才出衆，能解聖書，有心教人，品行合乎《聖經》。如此之人，長老可按手祈禱，立之爲長老。或教會無牧者，或牧者遷居遠處不能理會事，或其逝世，則教會宜早擇有名望合用之人，於叙集舉牧者時，須多集教友，選舉時必三份，有二允悅方爲定實。至於牧者之份，須勤講道以益衆，施浸入教之人，并施主餐。教會辦事時，牧者宜司其事，凡份內之事，皆當盡力而爲。或其不願爲牧者，或衆不欲請他，皆必預先三月聲明。

二、會吏。擇會吏者，亦必三份，二允悅舉手，然後長老按手祈禱立爲會吏。其份乃理教中各事，如捐項濟貧養牧者等費。或探候疾病慰問患難及理施主餐之事，并助牧者以盡厥職。教友如見其合者用之，不合亦可去之。

三、值事。教會或置買物業，則值事三五七人，當簽名在契券。其任必教會所悅舉，其辦事當與衆商酌可否。或有值事逝世，或不欲任其事，教會宜擇別人補其職。各會又當立一書吏，以記錄教中各事於部，并存貯歷來記錄之部。并擇司數一人，以理教中資財，每月或數月或一年，當衆讀出進支數目。

第四論教會叙集

一、辦事當有定時，叙集或每月一次，或兩月或每季共集一次，以理教中事。其餘或有要事，牧者或兄弟須先告知衆人叙集，至所議者必待月會時言明衆前。若衆允悅，則可錄入會部內，不悅，作爲罷論。

二、教會當每安息日叙集，學道拜神。

三、教會當有定時守主餐，或每月一次，或兩月或每季或一年一次守主餐。

四、教會宜於每禮拜內，設一祈禱會叙集拜神。

第五論辦事規例

一、牧者當爲司事，牧者不在，衆可舉一人司事。

二、爲司事者，如或未有祈禱在先，則宜讀聖書祈禱拜神，然後勸衆肅靜，依次辦事。當辦某事必須言明於衆，旋即問衆悅否，舉手，倘允悅與不悅者之數相均，則司事人當自擇何者爲是，舉手允行。

三、司事人請書吏讀前次會紀，若前會記有留辦之事，當即先辦。或有值事回覆，亦在此時復。後請衆講心事，或有攜薦書入會者，此時接之，倘有新事，亦在此時辦理。

四、衆辦一事未畢，倘有欲辦別事者，司事人宜止之。惟或欲改，或暫停議，或請散衆，或將先所議者斷定而不復議，當請司事問衆舉手，此數者乃可。

五、或講一事未畢，有人講別事，司事人宜止之。

六、凡講者用得罪輕忽人之言，司事人當命之即坐，惟若自認不是，則可容之仍講。

七、司事人欲講心事，當請人暫代司事。

八、凡講心事者，須起立，面向司事人稱呼之。

九、倘二人齊立，稱呼司事人，則遠立者先講。

十、凡欲議事，必先告知衆人，若有允悅者，則可議論。

十一、凡議事時欲講心事者，祇可兩次。如欲多講，則須問衆准否。

十二、議事時，或有起立言司事人不依規辦事，則司事者宜問衆，何人方是依規。

十三、凡議事，衆若過半允悅者，方可舉行，與選會役不同。參觀第三論教會服役人

十四、辦事畢，司事人當祈禱散衆。

第六論管責教會內犯罪之人

一、私罪。會中一人，或以言或以行，或有意或無意而得罪別個，或害其人或害其物，或害其名而使之有憂，則謂之私罪。惟如此之事，既至教會所辨，則可謂之公罪。至於私罪，在馬太十八章，吾主明論之，若人不遵此命而行，乃自犯罪。主命如左：

壹、倘爾兄弟得罪於爾，則往，惟爾與彼在，乃謫之。若聽爾，則得爾兄弟矣。此即言受害者當先往尋其施害於己者，盡力與之復和。又言此二人相見之時，不可與別人同在，又不可先告之於人。

二、弗聽，另邀一二人偕，爾致各言，以二三口之證而定也。即言受害者當攜一二兄弟而再往見害己者，望因所共有之智慧，而得其兄弟。除此一二人之外，不可報於別人，所攜者須有智慧練達及仁愛，其用乃爲證者，以觀其二人相見時情形如何，此一二兄弟勸之復和亦可。

三、若猶弗聽，則告於會。弗聽會，則視之如異族人與稅吏焉。即言施害者若不聽二三兄弟之勸，則受害者當將其事盡告於會，任其隨意辦之。以上三欵乃基督之律法，凡會內之人宜常憶之。若人不遵其一其二而行，教會切不可辦此事。教會若辦之，則自逆基督之命而失其悅。

二、公罪。人所行非得罪於一人，乃得罪於教會，使福音受譭謗，教會受輕忽，耶穌之名受羞辱，則謂之公罪。私罪既告於會，亦成公罪。

今將公罪最要者列之於左

一、從異端。即教會所不信，與《聖經》不相符之假道。《聖經》云，若有傳福音於爾，異於爾曾受者，必服詛也。又云，若有就爾而所攜非此教者，勿納之於家，勿請其安。

二、輕會之權。即人輕忽教會之權，而不遵其所命。聖書言，弗聽會則視之如異族人與稅吏焉。又云，兄弟乎我勸爾於妄行者儆之。

三、生分爭。若人生事唆攛兄弟爲朋黨之首，使教會不和。保羅云，諸兄弟乎，我勸爾省視凡起分爭迷惑，異乎爾所學之教者而避之。

四、行惡。即人所行不合《聖經》之公義貞潔。保羅云，我今寄書爾等，若有稱爲兄弟，而或淫或貪或拜偶像或詬或醉或暴如此，勿與之交，勿與同食。

五、妄爲。即人之行爲不依其所應承信之道理，不遵其本會之例規，雖其人未有甚惡，保羅云，兄弟乎我以主耶穌基督之名諭爾，凡兄弟妄行不依由我等所受之道則遠之。又云，我聞爾中有妄行者，全不作工專於外事。

六、貪吝。若人不依所明有之力，而簽錢助福音堂，《聖經》云，蓋爾知凡貪者即拜偶像者，不得嗣於基督與神之國。又云，若有稱爲兄弟，或貪，則勿與之同食。

七、自驕自大。即驕傲心高欲從己見，而自作主待兄弟姊妹如僕婢。約翰云，我曾寄書於爾，而欲爲其首之丟特腓不納我，故我若來，必記其所行者。

八、訟兄弟於官。若門徒有何分爭之事，當爲教會所審斷，不應達之於官。保羅責哥林多人云，乃兄弟相訟而又於無信者之前乎，今爾相訟皆爲害於爾等，何不寧受不義乎，何不寧受虧缺乎。

論辨公罪

至於辨公罪之法條欵列下，一，始知兄弟陷公罪者，當自勸之如私罪，然庶可得其悔改，若多人勸之亦可。

二、若無人勸之或勸之不受，知其事之兄弟當告於會。惟先與牧者會吏，及有智慧兄弟商酌更美，各人應用各法使之悔改，以免經會。

三、事既告於會，教會當命被告者親到，自訴其事。

四、若陷罪者不到，教會當擇數人往勸之，而回覆於會。此數人奉教會之命，當宜直講，惟亦宜有仁愛之心，欲得其兄弟。

五、事既辦開，若被告者辨明其無是罪，或認罪而應承改之，或肯償還於受害者，教會已顯其顧兄弟之心，而得回其兄弟，其事則可以了結。

六、惟若忍耐罪人勸之代之祈禱，終不能得其悔改，則不得已而出之。

第七論立長老

夫長老之役，善役也，乃所以佐理神家，牧飼羣羊，不容輕許與立也。如其人之堪爲長老，會衆舉手而選之，長老按手祈禱而認之。雖《聖經》未甚明言，但立長老之常規，必二三長老或十數長老會集，訊其人之心事品質果爲靈所滿者，然後按手於其首而祈禱，表明是神所選立。使徒行之於前，我等效之爲美。并附凡教會信徒中有欲身膺講書之位，既其本會確悉他爲靈所召，則商諸鄰會，請牧者等會集，究其心事，驗其蒙召之

憑，及其珍《聖經》所教爲何物。三者美備，當衆立之爲長老可也，推之爲會吏亦可也。

中國文化論分部

理與氣

論説

花之安《天地人三倫》天卷　《廣雅·釋詁》曰理，道也。《鶡冠子·泰錄》，理也者，是非之宗也。蓋合乎道則近理而是，失乎道則去理而非。理何以見。天地之大，萬物之原，莫不有理。凡目遇之而成色，耳聞之而成聲，皆理之因端發見者也。苟於理有未窮，斯於道有未盡。所以士人讀書，貴乎明理，不明理，雖讀書亦無益也。吾且以理之所以未明，與夫理之所以當明者言之。聞之結網者提綱，自有條而不紊，飲水者思源，可因端而見委。率性修道之原，所以必本乎天命，治國齊家之要，所以首重夫明新。若昧夫穹蒼之理，則物我同與，民吾同胞之妙義，既蒙然而不知，一體爲三，三仍爲一之眞詮，更茫然而罔覺。何怪其尊卑倒置，祭百神而忘獨一之尊。禍福不分，媚羣鬼而獲逆天之罪。此皆不能去僞存誠，黜浮崇實，雖蒙覆幬之恩，渾忘生成之德，是其待天也薄。待天薄，即不能篤於天倫，不能篤於天倫，而安能明夫理之原哉。

【略】

夫理之大原，不外乎天道。欲明天道，必先知上帝。雖曰天道遠而人道近，然天人之理，本息息相通，人苟自昧其靈明，而諂黷鬼神，則悖乎天道，而與上帝隔閡矣。天固有形者也，而天之所以爲天，若以形求之則險。上帝似有象者也，而上帝之所以爲上帝，若以象求之則鑿。蓋三才皆上帝所造，時行物生，無非見上帝之妙用，始終出入，無非明上帝之措施。上帝者，造化之主，天地之宗也。故知上帝即可以知天，知天即可以知道，知道即可以盡性而立命。此其待天也厚，故能篤天倫，而明夫理之原也。

懷定《性理探源自叙》　嘗思天下之物，莫不有理，惟於理有未窮，故其知有未盡。宋儒則見一事，即思明其事之理，得一理，必思求其理之源，專心致志，莫不因其已知之理，而益窮之。雖未克盡至乎其極，其用心已良苦矣。如因天之氣候相差，則知數百里氣候，已爭三月，若都以此相差，則須爭半載。又以北極高下里差之法推之，每二百五十里而差一度，周差三百六十度，則是地之四圍，止得九萬里。似此之即物研求，盡心推測，誠足爲後世法。夫人之恆情，大都不肯用心，於古人所是者而是之，於古人所非者而非之。人云亦云，名爲我不敢議古人，實自以爲藏拙計。而宋儒則不然，其辨論性與理也，必詳確明通而後已，故能發前人所未發，參以一己之見聞，啓夫後人之知識，且不以一得自足，一知自畫，見有能闡性理之旨者，必忻然相接，心悦服從，此宋儒所以遠邁前代也。獨其論內，以地爲中而不動，殊不知日實爲中，而地非不動也。又謂人物之生，以理氣爲因，而未知天上有一大主宰也。雖於性理之源，極深研幾，著有成書，未免白玉微瑕，令後之觀者，未能滿願。余故不揣譾陋，謹撰性理一册，名曰探源。非故指先儒之謬誤，實欲使人追尋實理，確有實據，業經前人所發明者，固足益吾人之知識，即由後人所推及者，亦足廣吾人之見聞，庶知天地自有根原，萬物自有來歷，非由二氣五行而生，全憑獨一無二之主也。

又《性理探源》　且更進一説焉，天地是最易取證，爲人所共知者。其惟自明之理乎，何爲自明之理，即維皇降衷，賦畀之良知所明也。人皆有此良知，故不待教而知澈底之至理，不待學而知當盡各分也。且自知我之爲我，并能知人亦知我之爲我也。譬一物也，取而分之，自明一分不如全者之多也。使分者合之，仍知其等於合也。又一途也，由此至彼，直行近，而曲行遠。若欲曲行，自明不如直者之近也。至有善於此，無不以爲善而是之。有惡於此，無不以爲惡而非之。皆理有必至，勢有固然，無俟習練，而自明其是非也。

【略】

嘗考宋儒所論天地萬物之來歷，乃以太極爲根原。伊等以爲太極即理，理生氣，又云，理寓其中而主宰之，除理之外，別無主宰。朱子又云，太極生氣，氣雖是理之所生，然既生出，則理管他不得。宋儒又謂命是理，性是理，心是理，理與心一，而人不能會之爲一。又謂理也，性也，命也，三者未嘗有異。論此數端，原謂理者從大原中流出爲命，賦畀於人物爲性，得氣之精爽者爲心。夫此大原，指何言，若非指天，則指太極，但天即理也，太極亦理也，如此或指天，或指太極，則必謂理由理而流出矣，此烏能有之。豈理若水耶，池盈則溢，猶理能分歟，有數分在原中，有數分流出歟，夫理者何也。據康熙字典云，理者，正也，道也，性也。蓋以善惡而言，合乎善者謂理，物之當然者謂理，使物合當然者之力，亦謂之理也。此乃理字之大用，由是言之，按何意可云理乃由理而流出者耶。宋儒復謂理爲主宰物者，此即以其使合物當然之力而言，但理不能虛立，必須有安頓處，此亦宋儒所言者也。宋儒雖云挂搭處爲氣，究不如以其爲寓於創造天地萬物上主之旨，若云理從理流出，或云由氣流出，皆不克合乎人之良知，惟云由於全能大主宰之旨始可也。

【略】

嘗考宋儒論天地萬物之理，有與聖人之道不合者，今特畧爲引證。如曰，天無心而成化。無心云者，是言天無知覺運動，蒼蒼者，塊然一物耳，第憑二氣五行，化成天地萬物。程子云，皆自然而然，非有安排也。朱子嘗云，天即理也，理之外，別無爲之主宰者，豈有人居於天上，而觀人間善惡耶。夫理本無情意，無造作，無計度，安能生物乎。昔有人問朱子曰，命之不齊，恐不是眞有爲之賦予如此，只是二氣錯綜參差，隨其所值，因各不齊，皆非人力所與，故謂之天所命否。朱子答曰，只是從大原中流出來，不是眞有爲之賦予者。彼雖知《詩》《書》所載，帝乃震怒，惟皇上帝，降衷於下民等語。明係有主宰意，却不以爲然，第謂只一個陰陽五行之氣，滚在天地中，精英者爲人，渣滓者爲物，惟以太極爲理，理生氣，氣化物而已。終不以在上有知覺之眞宰，造化萬物，管理世事，爲全智全能，獨一無二者。此宋儒專言理，而不合乎聖人之道也。且即古聖賢之言天言上帝者證之，可見其謬矣。其在《堯典》曰，欽若昊天。欽若者，敬也，可云敬理乎。《舜典》曰，肆類於上帝。肆類者，祭也，可云祭理乎。《大禹謨》曰，皇天眷命。眷命即保佑之詞，理能保佑耶。《湯誓》曰天命殛之。殛乃殺戮之意，理能殺戮耶。武王有云，天矜於民。理何以言矜。成王有云，今天動威。理何以有威。《康誥》曰，天乃大命文王。理豈能命人乎。《召誥》曰天亦哀於四方民。理豈能哀民乎。至於《詩》亦有之，曰，天方薦瘥。可云理薦瘥乎。曰，帝謂文王。可云理謂之乎。曰，在帝左右。可云在理左右乎。曰，上帝臨女。可云理臨女乎。又云，帝遷明德。帝省其山。可謂理遷之，理省之耶。又云，敬天之怒。敬天之渝。可謂理有怒，理有渝耶。其他如上天之載，上帝居歆，似此之類，不勝枚舉。至孔子亦有言云，知我者其天乎。曰，天厭之，天厭之。曰，獲罪於天，無所禱也。曰，天生德於予。豈得謂理知我，理厭我，禱於理，生於理哉。孟子亦嘗云，故天將降大任於是人也。何不曰理將降任乎。又云，夫天未欲平治天下也。何不曰理未欲平治乎。按以上古聖先賢，言天言帝，皆足顯有活潑之主，具大能力，大聰明，好善惡惡，默司造化之大權，管理萬物，聖賢已早見及矣，可知宋儒言理之誤也。蓋聖人雖未辨明，神是外乎天地，而創造管理之，卻認明有知覺全能管理世事之神，宋儒之非端在此耳。

【略】

論及理之不能憑空而立，亦有然者，宋儒曾取此意云，理若不乘氣，則無挂搭處，已甚自明矣。不拘何論，若違自明之理，不待辨而可知其爲謬也。彼前云，理若不乘氣，則無挂搭處。又云，氣乃理所生。實彼此矛盾，而違自明之理。謂理必有所乘，始可流行，若無所乘，則爲虛懸，此論誠是。但其所乘寓者，不能由其所自生也，試問生氣時，理果何所憑乎。若曰乘氣生氣，豈非矛盾語哉。蓋理寓於上主之旨，氣亦原爲上主所造，故主以理治氣，無非施行恆旨而已，何必違逆衆人之良知，而言理生氣，而仍云理乘氣，不然無挂搭處乎。

再宋儒嘗言理爲一，而所生之氣各異。夫理既爲一，所生者亦當爲一也。有何因必有何果，有何體必有何用，此相應之機，亦自明者也。如吸理是使物下墜，決不能使其上升，或向左右也。至於寒氣，亦一理也。自其分相同，所生之果亦相同，若至其度，必使水成冰，至於酒，則不能成冰。果似不同，其實成冰與否，各隨物性，寒氣但使其寒而已。若論太

極，亦止一理而已，理外無他，若果由理生氣，其所生者，豈有不同哉。再觀所生之物，人必生人，馬必生馬，穀果各生其類，決無因同果異之理也。或有曰，同一父母，所生之子，絕不相同，豈非同因異果乎。曰，不然，父母生育二子之時，其身心自有相差。子生以後，所食之物，所遇之境，亦各相異，細察其差別之勢，定有故也。即如樹木花卉，果穀等物，有茂盛者，有微弱者，所結之果穀，有大小長短好否之不同，當考其子粒地土，及風與水等，可知其差別，有足使然之緣由也。蓋有果必有因，亦爲自明者也。因者何，非謂因只先於果而已，乃謂因須有成果之勢，亦須有足生此果之分，始能爲因耳。宋儒以理氣爲萬物之因，夫理氣本無生活及知覺聰明與自主之能，若以其動靜醞釀，生出生活有知覺自主之心來，死者有何勢力，化而爲活，無知覺自主之能者，有何勢力，化成有知覺自主之心乎。故有生活自主之心，不能以理氣爲因，彼宋儒以是爲因，豈非甚違自明之理哉。

【略】

理使各物有一定之向，如吸理乃吸物向下，萬不能反而上之。各理皆然，惟獨靈物，如此如彼，可以自主，可見若誠如宋儒所云，心即理所成，至成心，則理非理矣。蓋世間有死物有活物，近來博學家察考，謂死物變成活物，必須藉先活者，方可改之。比如草木原質，皆從水土氣而吸來，若無活草木之根，此原質即不能變成草木。有化學者將草木化開，知其原質爲何，亦能如數究其原質，而聚於一處，卻無法令其變成草木。植物動物皆然，蓋植物動物之質，皆爲生力安排之，可稱生排之質。按宋儒所云，起初有理氣，及陰陽五行，植動等物，悉由是化生。夫五行本死物，無生活之根，將此死物變成活物，如何能變之哉。今試問是生排之質在先，是生根在先。按宋儒所論，不能有生活之根在先，因其爲生排之質所成，生排之質，亦不能在先，因其爲樹之生根所化生。可見宋儒之言，自相矛盾，而背自明之理矣。死物既須賴生活之根，變成生排之質，原使死物變成生排之質之生根，明係在死物之外。按宋儒所言，五行等皆爲死物，此論誠然。如此，生根由何而來，若非有活潑之主宰造成，豈非無來由乎。凡人立說著書，若反其自明之理，已知錯謬，在末務小節，其害猶淺。在大端大本，貽害無窮。前言宋儒之論理氣，其錯謬乃在根本也。使其知而已之，亦尚可原，乃愈辯而愈失，是更顯其誤之深也。【略】彼等云，理一氣殊，因氣有殊，而理亦若不一，此其不合實學也。於何見之，今試有鐵物於此，其中不雜他物，純然一鐵而已。然物雖一，而其管束之理非一。使其體重者，爲之吸理，吸理，即物與物相吸之意，蓋二物相吸之力，是照其物多少之正數，照其相離方倍之反數，一倍之物，一倍吸力，物若相離二倍，吸力即爲四分之一，遠五倍，吸力即爲二十五分之一，此管束鐵之一理也。再使其體堅，難以拽斷者，謂之微質相吸之理。此理惟在完成之物顯之，若微質稍離，則毫無吸力矣，此又管束鐵之一理也。至按化學，鐵吸養氣則生銹，吸炭氣則成鋼等類，又皆係管束鐵之理也。如此者尚多，今不過畧言一二。可見只一鐵物，已據多理，推之他物，不皆然乎。若反言之，亦有物不同而理相同者。如上所云之吸力，凡物莫不受其管束者，或曰，物亦有不受吸力管束者，如灌氣球之輕氣，與呼吸之氣等。曰，此非不受吸力管束，乃因四外皆氣，故不易顯耳，即如以桶取水於河，桶未出河，不覺其重，甫離河，即顯有吸力，乃此理也。以上反正而論，既明一物具多類之理，是以有不齊之致，則物非一理也明矣。物大異，而能有一理管束之，明證理顯不同之式，非因其氣之相殊，乃因其理之有別，氣類果多，而理決非一也。

【略】

宋儒嘗言太極之理，曰，動而生陽，靜而生陰。細解之，則有云動而屬陽，靜而屬陰。至其所以生陽生陰之故，屬陽屬陰之憑，則未明言也。如彼云晝爲陽，夜爲陰，夜既爲陰則當靜而不動矣，乃天道之運行，在晝不見其速，在夜亦不見其遲也，安得言靜乎。又爲春夏爲陽，秋冬爲陰。秋冬既爲陰，亦宜靜而不動矣，乃時序之遷流，在春夏無止息，在秋冬亦不停止也，何以謂靜乎。今試以晝夜四時之理，詳爲辨之。夫大地所得之光與熱，惟得於日者最盛，其他諸星，亦有光熱，且有大於太陽者，因其去地面較日甚遠，所以不覺耳。至夜間之月光，亦係藉日光相映，蓋地球向日處爲晝，背日處爲夜，所以在此則爲晝，在彼則爲夜，豈有動靜之分乎。豈日有時發光，有時不發光乎，又豈有發光多少之異乎。至於四時寒暑之別，乃因赤道與黃道不合之故，赤道者，即地球南極北極之中，黃道者，即地球日經行之路，相差有二十三度半。故夏至時，地行於日之南，

日正照赤道北二十三度半，地之北半球，較南半球，多得日之光熱。冬至時，地行於日之北，日正照赤道南二十三度半，地之南半球，比北半球多得日之光熱。若春分秋分，南北半球，所得之光熱相均，無論南半球之冬夏，北半球之冬夏，及春分秋分，日所發之光熱相同，地所得之光熱亦然，何分陰陽之時哉。若必以陰陽分之，則是限於一隅，而無遠大之見也。昔朱子云，天地初開，只是陰陽之氣，這一個氣運行，磨來磨去，磨得急了，便拶許多渣滓，裏面無處出，便結成個地在中央。氣之清者，便爲天，爲日月，爲星辰，只在外常周環運轉，地便只在中央不動，不是在下云云。始而天下各國，及我泰西，亦皆以此理臆度之，咸以爲地在中央。其後西國有明人，製造精妙之千里鏡，得以細窺天文，再三考究，乃知宋儒及各國所論，殊未精詳，因地非在中，并非不動也。蓋天有定星，亦有行星，地爲行星之一，衆行星皆以日爲中，日則懸空不動，行星環繞而行。大於地者，則有天王星，海王星，及木土二星，皆在地球之外環轉。小於地者，則有水星金星火星，前二星在地球之內，火星在地球之外運轉。地則每日旋一周，故有晝夜，不惟每日旋轉，而又每年繞日一周，因赤道與黃道不相合，如前所論者，所以有春夏秋冬而成歲。周而復始，未有暫停，而可謂地在中不動乎。彼又云，氣之清者爲天，爲日月，爲星辰。不知行星中豈但地爲重濁，尚有大於地千倍者，其重濁可想而知，豈得言氣清耶。惟辰可云清氣耳，至於日，則較地大一萬四千倍，即合衆行星比之，日猶大六百倍，則日之重濁，不遠過於地乎。再其餘之行星，有與地同其大小，而無之地稠密，則其體輕於地，若水星雖小於地，而其質堅實，如使其體與地同，則重於地三倍矣。

【略】

又宋儒論動靜生陰陽云，動極而靜，靜極而動，卻未言有何使之動靜者。今有博學士考察實理云，物靜不能自動，動不能自靜。比如金石一塊，若靜不能自行挪移，或有人用力擲之。亦不能自靜，或有云，靜自然不能挪移，若有人擲之，則動片時亦遂自靜。曰，此非自靜，乃有風阻之，有地力吸之，所以落地即靜。或有云，世上重物，果係此理，但空中之氣，有時飛行，有時止息，初未見施何力，用何法，使之動靜也。曰，氣亦非能自動靜，蓋惟有生靈者主之，非物能自主其動靜也。今且舉氣之動靜大者言之。如日之照曜，有地爲熱，有地爲冷，得其熱者，氣蒸而上升，留有空地，使外氣流入焉。又如滿池之水，平靜不動，若有人從旁挹取，則留有空地，他處之水，由此得間而入矣。在天地間各物，或大如日，或小如塵沙，或實如金石，或虛如空氣，無一非自無動靜之理管束之。宋儒云，太極動極而靜，靜極復動。本當指明有何使之動，有何使之靜者，乃合乎實學之道焉。再彼嘗云太極陰陽八卦之事，似乎無因之果，按前言爲因者，必須有成此果之式，亦須足其分，斯可爲因。蓋惟有全能全智之上主，世人必以其足爲萬有之因由根原也。

【略】

又考宋儒有云，太極生陰陽，陰陽生五行，五氣順布，而萬物資生。五行者，水火木金土是也。朱子云，陰陽是氣，五行是質，有這質，所以做得物事出來。又曰，五行各一其性，然一物又各具五行之理，是以五行爲萬物之原質。凡物皆在二氣中，不出五行外矣，究其所論之非，蓋緣彼時化學未興，是以見解多誤耳，今試以化學論之，物之原質，有六十餘種，其內屬金者過半，然雖屬金，又各有原質，不得謂金爲原質也。試以金銀銅鐵鉛論之，名既不一，而用自不同，或爲堅剛，或爲柔弱，或爲貴重而難求，或爲輕賤而易得。宜用此者，不能用彼，當用上者，不可用次，當用賤者，不得用貴，各分其類，不能相通。第以鐵言，得炭氣則成鋼，倘以成鋼之法，施於金銀銅鉛，吾知其決不成鋼矣，豈皆以金爲一原質乎。又如木之爲物，無水以潤之，土以培之，風以鼓之，必即枯槁矣，是其有資而生，既以水土風合而成之，即不得謂木爲一原質也。又如水之爲物，乃合輕氣養氣而成者，是一物已有二原質矣。又如火之爲物，必物與物相吸，而熱始生，熱極而然，雖金石亦可焚化，謂火爲何原質耶。至於土之爲物，其類不一，其原質亦甚多，或藉水火之功，而成物，或資金木之力，而有爲，則土更不可爲一原質矣。此五行不能爲原質也。且有物不列於五行之中者，即如呼吸之氣是也。夫天地間若無是氣，雖五行全備，亦不能生萬物。如人不得此氣，立時死亡，禽獸皆然，論及植物，雖較人壽長，如不得氣，亦必漸死，可知氣乃緊要者。足見宋儒論五行爲質，其失有二。一以非原質爲質，二將緊要之原質，未列於數中也。且論五行生尅之理，宋儒亦有不合之處。彼云金生水，但未言生水係何意，至

若論水乃輕氣養氣所合而成者，江河湖海，是因太陽之熱氣蒸成，水氣上升，遇空氣之涼處，凝而成雲成雨，下降以潤田地，而生百穀。使禽獸及人，飲而解渴，其用極大，動植各物，皆不可缺焉。若謂金生斯水，卻未見何據，而且知水之來歷，實非從金生也。或者言金何能化而成水，可如是答之，一，實是化金，非同水也。二，若必謂其爲水，非一金所成，亦須藉火力也，何不云火所生，而謂金所生乎。若論相尅之理，以水尅火爲式，蓋因以水加於火上，即滅之，故云此耳。是宜知非惟水能滅火，又有幾等氣亦能滅火，故今有化學者，以此等氣，盛於滅火之器中，以備救火，又用土亦可滅火，爲何第言水尅火乎。夫水多火少，自然可滅，若火大水微，不但不能滅之，反使之益盛耳。

【略】

再世間之物，可分四等，一死物，二植物，三人外之動物，四爲人。在博學家，無法使下等之物，升爲上等，惟上等之物，能取下等之質，歸於上等。如草木能取水土之死物，歸於草木，禽獸能取草木之質，歸於禽獸，人則能取草木禽獸之質，使之歸於人。前者有人以爲不必藉上層之生根，而下等之質，亦能上升，有人欲得其實據，遂多方以試之。一日以乾青草煎湯，以爲必燙死其生根，煎畢以湯入瓶，數日後見湯面生毛，用顯微鏡窺之，可知其毛歸於草木之類，此人即以爲實據，無生根，亦能生活物，遂著一書，論如何作法，如何可憑，欲傳於世。博學者見之，知其所言爲要務，而無確據，未敢深信，越多日，彼等詳爲考之，乃知空氣中有微妙之生根，亦有本來燙不死之生根，如使生根眞已滅絕，復不使其得外至之生根，決不能有生發之物矣。可見宋儒所論，雖有陰陽五行，卻爲死物，若以外無生活者，亦不能生植物動物及人矣。且宋儒云，理得氣之精英者爲心，但未言理何如方得精英之氣，是偶然相遇耶，抑故爲求之耶。又未言理如何失其氣而死，惟云氣不生則死，若有人想呼吸之氣，不出入即死，請問若用風箱吹氣於肺中，又逼而出之，仍能使之活乎，斷無此理矣。蓋斷氣是因人死，非人死由斷氣也。亦常云，人死則氣散，此所謂氣，非謂呼吸之氣，乃指靈魂耳。蓋宋儒言氣，乃形而下者。人魂若果是氣，爲何不能見之，試觀初死之人，四肢百體，其妙猶昔日，非精英之氣，仍聚而不散乎。若云理得氣爲心，氣在心亦當在，人方死何以無心乎，如是觀之，可知人心，非歸於氣之類，乃爲靈物也。程子云，理與心一，而人不能會之爲一，彼既曰爲一，當實指其可憑之據。人既不能會之爲一，程子欲人反所能會而信其道，更須指出實據，然終未指明。昔英國有伯克利夫子，設論言身外之物，人所見所捫者，皆非眞有，惟人心有其虛像而已，多有人以其言爲是。所指之據，爲足信者，彼等卻仍不能實以其道爲是，因其道反乎人所會者。蓋無論伯克利之何徒，若遇盜賊，劫彼財物，而謂所失者，本係身外虛無之物，彼豈能信之乎。或有人以石擊其首，而告之曰，本無是物，彼能然之乎。何以言此，蓋謂人所知覺者，非虛無乃實有也。我覺我爲我，所覺者何，乃覺我原爲有知覺自主之我，并非爲理氣而已也。程子云，理與心一，既反乎人所會所知覺者，豈能以爲實理哉。

心與性

論說

懷定《性理探源》 嘗思天命之謂性，爲子思子初載之語，後是之者，皆視之如路引而順從焉。此雖爲探本之言，後亦成啓爭之一大端也。孟子謂性爲善，荀子駁之，定而爲惡，告子謂性無善無惡，猶水無分於東西也。宋儒論性，有氣稟理稟之别，亦有生而靜，與上下之說。以理稟之性爲善，復以氣稟之性爲有善有惡，欲發明其意，乃以水有清濁之喻譬之。聖賢論性，意既如此，相悖亦若是，安怪諸儒以性理爲難明哉。己既不之察，不過人云亦云而已矣。【略】又考宋儒謂命者，乃從大原中流出，在天爲命，在人爲性，可見宋儒以爲從理流出者謂之命，授於人物則謂之性，因此云理命性無異也。宋儒又謂命便是告劄之類，又命猶令也，此皆在上所命於下者，伊以爲無主宰，故謬云由理流出，賦畀於人，即謂之命。若云在上有權者出命，在下受此命者，以之爲常例，此例類乎理也，但以爲無來由之理，克變成命，此實所不解者也。譬如在上者出命，此命

克變成常例，但不可云早定之例，已能流出，克變成命，亦無人能以爲然也。若謂賦界於人物謂命，人物受之謂性，此亦未之有也。如君出命，臣順之，逆之，可言也，若云此命變成臣之性，臣之心，未可言也。上主定命，人或順之，或逆之，若云此命授於人，命即變成人之性，人之心，其理與上同也。可見人之性，或合於天理，或違於天理，並非天理。或順天命，或逆天命，並非天命也。【略】復考宋儒論性，程子乃云，生之謂性，性即氣，氣即性，生之謂也。或問朱子，朱子云，此一段極難看，但細尋語脈，卻亦可曉。朱子在下，雖然講明伊所看程子之意，猶有未言到之難處。此難明之處，即以上所言三者無異。但朱子云，性自稟賦而言，但人生而靜以上，未有形氣，理未有所受，安得謂之性哉。亦云理寓於氣，賦則謂之性，但寓於氣，有善有惡，故說性時，便已不是性也。此朱程所言者也。據此論說，謂理從大原中流出之時，非性，雖非性，仍須寓於氣。因朱子又云，天下未有無理之氣，亦未有無氣之理。又云，性只是理，然無那天氣地質，則此理沒安頓處。請問此理流出，將賦界於人成性之時，乃離乎流出時所寓之氣否，其賦界於人成性之時，是猶將已寓其氣之理逐出乎，再者所流出之理，未賦界於人，其人物已然有氣，此氣豈缺理，猶待所流出之理賦界之乎。若云未有無理之氣，無氣之理，斯二者即不能分，又何云賦界耶。又朱子言日月清明，氣候和正之時，人生而稟此氣，則爲清明渾厚之氣，須做箇好人。據此乃云人生時所稟之氣，定其爲善爲惡。然宋儒亦以物爲氣聚所成，當未生而稟此氣，在母胎之時，亦有骨肉，此豈非氣聚所成哉，何須待生時，稟日月清明昏暗之氣，而定其爲善爲惡耶。再者有人於一時而生，所稟之氣，自宜相同。然於一時生者，性豈能無異耶，此斷乎不能者也。且於日月清明之時，所生者未必皆善，於日月昏暗之時，所生者亦未必皆惡。人果憑所稟之氣，則於日月清明之時生者，爲何不皆爲善人，於日月昏暗之時所生者，爲何不盡爲惡人耶。再者人於生時所稟之氣，不能久存於身，一呼一吸，皆遞換出之，如果憑呼吸之氣，而爲善爲惡，則於日月清明之時，人爲何不皆全善，在日月昏暗之時，清明渾厚之氣既變爲天地之戾氣，人爲何不皆變爲惡人耶。可知如此論性，乃未得其正解也，雖不全得正解，亦有可取之論。如心之所之謂之性，性乃心之理等，此理字並非何物從大原中流出，而至於心，謂之心理。如此云者，即離乎常用理字之意，理原從物而發，並非自外而至，可見心之理，乃指心發出之趨向而言耳。心乃主所賜，才亦主所定，無論才之高低，最寶貴者，即人有自主之能，故發出之趨向，可云有由主感動所賜之能，亦有由於自主之意也。

【略】

論心之解，宋儒尤不可從也。按上所論，已見理命性，並非無異，若細爲考究，可得而知。程子所云，理與心一，此言甚謬，理與命性有別，心更異矣，理命性心皆非肉眼所能視之，亦非能以天平平之，以升斗量之，在此同然，但與他處大有差別焉。心大顯之舉，即知覺思索是非之才，並自主之能等。理命性均無之，如何言理與心一哉。若定謂爲一，請問以何視出其爲一，能指出何據。再者有云，心乃理得氣之精爽者。請問氣之精爽，與混濁者如何分之。朱子云，氣質之清者正者，得之則全，人是也。氣質之濁者偏者，得之則昧，禽獸是也。依上所論，禽獸與人，按氣質清濁分之，氣得清正而爲人，氣得濁偏而爲獸，請問人之筋骨血肉，即氣之所聚者，與禽獸身體氣聚較之，有何精爽高純過於禽獸之處乎。或邇而觀之，或以顯微鏡而察之，或以力藥而化之，均難顯人之體比禽獸之體精全。再者人身上，形而下者，皆由食物而得，化學家能湊人身各原質，各按其數，豈非與人之氣，一樣精爽乎。宋儒云，氣聚而理在，化學家既能湊聚精爽之氣，理既在，爲何無心乎。再試想人方死，形而下者全在，仍與往日精爽相同，若氣聚理在，此人爲何無心乎。於此可見，心乃另爲一物，即所謂靈物是也。此靈物亦能與質物連合，人身心是也。身則憑心生長存活，心乃身之主宰，心亦克離棄質物，質物則歸其本項。如人死身則歸於土是已，靈魂仍歸於當歸之所，此咸按天地六合大主宰之命。此主宰即化生我靈魂，製作我身軀之造物主也。

【略】

且思孟子既云性爲天之所賦，能謂性爲不善耶。荀子概謂，目人所行之事，見出於佳訓善誘之外，皆有不善之處，故謂性爲惡也。告子乃視有佳訓者，克爲善，無善訓者便爲惡，則謂性無分於善惡，乃在訓誨之方也。宋儒皆考此言，亦皆視孟子荀子之論，悉爲有理，故思此講合之法，而謂性有氣稟理稟之別，與性有善有惡之分，人須知善固可謂性，即惡亦

不可不謂之性也。程子曰，生之謂性，性即氣，氣即性，生之謂也。人生氣稟有善惡，然不是性中原有此兩物相對而生也。彼發明此意，又曰凡人説性，只是説繼之者善也。孟子言人性善是也，夫所謂繼之者善也者，猶水流而就下也，皆水也，有流而至海，終無所污，此何煩人力之爲也。有流而未遠，因已漸濁，有出而甚遠，方有所濁，有濁之多者，有濁之少者，清濁雖不同，然不可以濁者不謂水也。御案曰，明道程子言性，此章最盡，開首言氣即性，而所稟有善惡，此氣稟之性也。然又言非兩物相對而生，則是本善而已。若依中庸所云，天命之謂性，若言性不善，則是歸罪於天。故孟子言性善，其意良善，但察嬰孩初有動作之氣質，非全善。故程子云，有自幼而惡，是合乎實事也。然其言，分理稟之性，氣稟之性，故有善惡之别。此論尚有欠詳明之處，一則宋儒謂氣即理所生，氣若有清濁之别，則濁氣亦理所生，濁氣使人爲惡，豈非理亦有過歟。天即理也，可謂歸咎於天矣。二則程子所舉，擬性善惡之比例，即所謂清水濁水，有所不恰之處，善人上升，惡人下流，卻清濁水皆流而就下也。水原爲質物乃死，毫無自主之能，有吸力使之就下。但人心是生者，或上或下，或善或惡，皆由其自主而爲耳。水之不清，乃因水外之土參雜使之濁。人心之不清，非因外來之有何參雜之，乃因其自背乎善而就惡也。或有人謂情慾之私，蔽其心而使之濁，不知非也。蓋七情六欲，人本當有，是爲激人行動作爲者，所行者，或善或惡，皆在人自主而定。善人非無情欲，其與惡人有别，非於此，乃於知覺情欲志向各類，皆歸於善而已矣。

【略】

嘗考朱子云，性即心之理。理者，有主宰之能，除理之外，無主宰者也。心非氣質，氣係形而下者，集即克見，心乃不克見者。人亡身乃無心，逝者即靈魂也。靈魂乃心之體，原爲形而上者。心乃自主者，非有心外之理主掌之也，此爲人所自覺者，我克爲善，亦克爲惡，此非心外之理，使之然也，尤非外物使之爲善爲惡。心交於物，乃發行之機，但若何行之，實心所自定者也。譬如有二人見不義之財，乃一人取之，一人舍之。夫財雖爲人之所欲，或取或不取，皆依各人心之所向也。惡者取之，善者卻之，二人之心可謂不同，亦可謂一行善一行惡也。然惡者之咎，宜歸於己，不克歸於理與氣，尤不可歸於上主也。若察心內之所以不同，與其性之善惡何在，則知二人俱有心才靈才，思索良心，其好善欲財無不同，七情六欲亦皆有，惟其行事不同者，悉由其心之所向乃相反，亦俱由各人自主之志也。夫人心之才能，皆由上主之命而有，乃受於上主者也，即無有不善者。第察人之品行，雖有上下之别，恐亦無其全者也。如孔子云，五十而知天命，七十而從心所欲不踰矩。又云，加我數年，卒以學《易》，可以無大過矣。由是觀之，雖若蔑已加矣之聖，尚有過失，況他人乎。可見人之性，就其體而言乃全善，就其所向而言乃有所偏，就其用而言皆依其自主之志而定。或謂向之所偏，因何而致，因上主之命歟。曰，非也。上主造人，其性乃正而不偏，因元祖方命，其性即偏，其弊非出於上主之命，乃出於元祖之罪也。今人生於世，雖性有所偏，仍有自主之能，若願改而向善，亦無不能。雖由己之本性，不克定然向善，幸上主憫人，錫以聖靈，感化輔助，吾人若誠心懇求，無有不得者也。人若仍然偏私怙惡，不專向天道，此罪即無可諉也。

【略】

最可惜者，宋儒所論，能滅人爲善去惡之心，推而極之，直令人滅善惡之别。蓋人自有生以來，莫不稟乎良心，即莫不有其良知，所以見善而必是之，見惡而必非之，此其理有不待傳習，而自然具備者也。若進求其所以得此良心者，非曲爲喻之，則無由明焉。今試觀人子之於父母也，少而知其孺慕，依戀情殷，長而感其恩勤，孝養竭力。使爲父母者，未嘗教導訓誨之，則爲子者，何能童而習，長而安乎。則是生我者，已先秉此孝道也明矣。又試觀臣民之於國君也，奉公守法，憲典有所不敢干，盡職忠君，恭順有所不敢懈，設爲君者，未定律例教養之，則爲臣民者，何能勤於始，奮於終乎。則是轄我者，已先明此治法也久矣。論及吾人，何以有是非之心，何以有邪正之識，何以有大公無私之至情，何以有純一不雜之德行，非有大聰明，大智慧，無不知，無不能，天上之眞宰賦畀之，亦何能有此天良乎。今宋儒乃謂理與氣化生萬物，無所謂主宰者，更無有人在天上批判人者，是縱人爲惡之心，阻其作善之志，既無所約束於生前，又何有審判於死後，可以任意而行，無所忌憚矣。即如爲子者，以理當孝，然理無善惡之識，賞罰之權，雖不孝亦無損，惟其有父母在，如有背理不孝者，自難逃父母之責也。爲臣者，以理當忠，然理無褒貶之法，雖不忠

亦何傷，惟其有君上在，如有逆理不忠者，自難免君上之刑誅。誠如彼云，無主宰批判善惡，豈非使人任意爲惡哉，且所謂理者，不過空虚之名，不能分辨善惡，何能賦人良心，予人天性，使人能辨善惡乎。況善惡之辨，爲吾人之要務耶，設人無此理，不知何者當爲，但知飲食而已，與禽獸何異哉。惟其知有神鑒察，人乃知恐懼，而守其約束焉。所以必有神爲主宰，凡生於世者，孰不畏其威，望其悅，誠知有若是之主，則必竭力除惡遷善，若以爲無，豈非大滅其去惡從善之緣乎。

花之安《遺篇集録》篇五　或云仁義禮智，本於天命，爲道心。貪嗔痴妄，本於氣質，爲人心。試問天性之善，從何而生。曰，根於上帝。氣質之惡，從何而生。曰，由於習染。問，緣何習染。曰，見種種惡人。問，此惡人何來。曰，見先有惡人，而效尤之。非也，性若本善，應無惡人，既無惡人，何從習染。若無習染，應無氣質之惡。蓋氣質具於生初，自有形骸，即有氣質。賢父之子，難保其氣質不惡，非由習染，乃根於心。若云氣質之惡，必由習染，則必有一無習染之人。然自古至今，中外之人，無人不有氣質之惡，故知其惡非由於習染，乃自内發也。使孩提之童，其性所發，向惡即思作惡事。如指南針，其性指南，強之使指東西，一釋其手，則針仍指南，其性然也。人爲惡，雖挽之爲善，而仍作惡，豈非性向惡之證乎。或又云，人性有兩種，一天命之性，一氣質之性。問既有兩性，何所適從。曰，天下之人，多從氣質，則氣質之性，即人之性。朱子云，在天謂命，在萬物謂性是也。然以此論無知覺之物則可，以此論人則不可。蓋無知覺之物，不能自有主意，即不能識别善惡，其善惡一依天命。譬如一葡萄樹，彼不能自立主意，思結果實也。惟人則大異焉，人能自有知覺，則能自有主張，能自有主張，則能爲善，亦能爲惡。夫爲善，天之意也，爲惡，非天之意也。人不聽上帝之命，而作惡事，豈可云天命之謂性乎。譬如民之或爲盜賊，可云王之所命乎。世人多事邪神，而無人實事上帝，則其性必非天之所命矣。譬如有一國，其百姓不以孝事父母，不以忠事君王，自幼時即起惡念，作惡事，忤逆父母，不奉甘旨，悖違君上，不遵國法，其性善乎，惡乎，吾知其必定是惡也。今世之人亦然，上帝是天下之大父母，萬國之大君王，天地萬物，皆上帝所造。衣者，食者，用者，皆上帝所賜也。而無人知愛敬之，無人知感謝之，各逞己意，以作惡事，心雖知上帝之命而弗從，知惻隱而不用其惻隱，知辭讓而不用其辭讓，知恭敬而不用其恭敬，知是非而不用其是非，知當爲善而轉爲惡，尚得云性善乎。至善至大，爲萬物之原本，即是上帝。故弗愛上帝，即是極重罪孽，雖孳孳爲善，不可謂之實善，因上帝爲萬善之原。人失善性之原，安得爲實善乎。譬一果樹，已傷其根，欲其開花結善果，能乎不能。可知無根之善，大都浮而不實。設一人衆善奉行，獨不孝敬父母，時常忤逆，其人可稱爲善人乎，吾知其必不可也。何也，根本壞也。根本已壞，枝葉之善，其能久乎。況不善於親者，又焉能實心行實善。不奉事上帝，忘其大根本，雖廣行善事，爲衆口所交稱，而上帝視之，已是罪惡叢集，又有何善之足恃乎。

又《馬可講義》第一七條　儒書言人心惟危，道心惟微，此二語誠爲探本之言，大舜授受之心法也。後人紛紛其説，遂致心學多歧，莫歸一致。宋儒多主心善一邊，程子謂心本善，發於思慮，則有善有不善。朱子謂心體本静，然亦不能不動，其用固善，然亦能流而入於不善，雖未以不善爲心體之本然，然亦不可不謂之心也，但誘於物而然耳。其與程子之説，大同而小異。二説雖主於善，究亦不能安於其説。眞西山言，大舜十六字，開萬世心學之宗。後之聖賢更相授受，雖若不同，大抵教人守其道心之正，而遏其人心之流弊。如孟子於仁義之心，欲人存而不放，赤子之心，欲人守而不失，皆所謂守其道心之正也。至《易》言懲忿窒欲，與孔子言克己，孟子言寡欲，勿以養小體害大體，勿以饑渴爲心害，皆所謂遏人心之流也。夫心一而已矣，其由義理而發，無以害之，可使與天地參。由形氣而發，無以檢之，至於違禽獸不遠始也。特毫毛之間，終焉有霄壤之隔，此精一之功，所以爲理學之要歟。夫心本難言喻，故諸儒皆借物形容之。觀程子以種喻心，朱子以鏡喻心，邵子以郛郭喻心，仍是寫心皮相，終不若耶穌以田地喻心，爲得抉心之狀也。種與鏡，《聖經》祇以之喻道，而不以之喻心，故耶穌言播道猶之播種。雅各所言鑑面，猶之鑑道。其取譬恰合，若以物喻心，則田地爲最肖。諺云，心田心地，取其相肖故也。蓋田地有肥磽之不同，猶心有善惡之分别。然雖有至美之田，不能自産嘉穀，故必先有播種耕耘，然後可期收穫。若任厥自産，田惟草萊而已。人心亦然，若非道理之力以制其心，則放僻邪侈矣。在《聖經》言

人心甚悉，論心之爲義即中也，諺所謂中心之意，曰中心憂傷，銘刻於中。論心之爲狀，有云心中蓄積諸念，故善惡皆積於心。有云聽聞皆藏於心，有云悲喜皆集於心，有云外事皆入於心，因心所積如是其多，故謂啓心。有云積於心者發於外，是以有諸心者言諸口。積之惡者，心藏惟詐，口言惟僞。有云居心深險，圖維惡事。有云積之善者，曰心地善良，結實善行。有云光於心而照於外，因此人或上達或下達，惟心所定。有云隱而莫測者，惟人心。有云心之秘謀，惟上帝發之。有云宜在上帝前吐露其心。有云内心與外心之分者，曰乃謹内心。我見内心服上帝法者，内心。服惡法者，外心，外體雖壞而内心日新。内心得聖神灌溉，心内剛健，中心悦服上帝法。論心之爲體，即有思有知有志之謂。在《聖經》言上帝亦有心，曰主責其民非其心，曰民牧若得我心，曰旋有悔心。人心中有上帝法，曰法銘於心，曰良心操主之道，曰清心守主之理。有云是非之心，是非心，原與心之理心之靈相關。

又第三〇條　按《聖經》言人之心，最爲淵深微妙，内藴各種意思不可測度。世上賢智之人，智可察乎天地，能盡物之體用，而不明悉己之一心。故古今論心性者，紛紛其説，未能折衷於一。無他，各存臆見，就其近似者言之，未能溯其源流也。惟《聖經》則爲探源之論，抉心之情狀，於是心不能隱矣。論人本然之善，即宋儒所謂天地之性，《聖經》言乃上帝之像，上帝之妙體，三位合而爲一者也。聖父乃造化之主宰，超乎萬有，爲萬有之眞原，可比天理也。聖子乃是天道，顯著聖父妙諦，斯道常發明隱奥之理，因理藴之於内而道行之於外也。聖神乃貫乎萬有，成聖父聖子之命令，使萬有復歸於其一本。由三位而分言之，聖父理也，聖子道也，聖神氣也，氣之最清者也。而此道也理也氣也，一而三三而一，各自足而自有也。人稟道理氣而生，有自知自主之性，故承上帝之像，不同於凡物。然人之心性，既由上帝降衷，則一已不得自爲本原，而常歸依於原本，以善葆其心性。第人心意向多歧不得其正，雖各國聖賢每欲補足其缺憾，惜不得其門，錯用其法，致人心未獲眞安，誠以理道氣三者未能浹洽於心，充實其量故也。噫，普世之人，因離其原本已久，妄以心爲原本，獨一求之於己，以爲天地萬物莫非己也。如孟子云，萬物皆備於我。此夙賢之遺憾，後人因之，幾於牢不可破，皆由不肯自爲攷察故也。人離其原本，是爲罪之始，諸罪因之蔓延。

又第三一條　按宋儒俱言人性皆善，於四端之情可見，其偏蔽者由氣稟清濁之不齊。故以水喻性，潭然清者水也，其流而濁，沙泥溷之。湛然静者性也，其動而有不善，物欲蔽之。夫善與不善，不在動與不動，若不善因動而致，何以大《易》以陽爲動，陰爲静。心動則爲陽，安得謂陽爲不善歟。況男動而女静，智動而仁静，豈男以智亦不善歟。有生必有動，無動則爲死。是以草木萌動，鳥雀飛動，獸畜走動，魚鱉游動，河海流動，星辰躔動。沙石無動也，以風而動，山嶽無動也，以火而動。故一動一静，皆有一定之理，其動也不息，其静也不擾。動焉，不自知，静焉，不自覺，率其自然而已。故動静二者不可以論善惡，獨不當動而動，斯不善矣，不當静而静，斯不善矣。法利賽輩一動一静，自外而觀不可指謫，而其僞冠一時，非善惡不在動静歟。而善與不善，亦不在物，物雖當前，而我屹立，物何能蔽我，因中心不固，而外物得以乘之，推其原是咎在已，而不在物也。諸儒以不善由於外誘，果爾則避世避地之人，無外誘矣，豈盡善乎。耶穌道以惡根於心，非根於物，不過因物而發心中之惡，未觸物以前，其惡已伏於隱微。同此一物，一遇之而即忘，一遇之而即慕，所遇皆同，所感各異，豈非在心而不在物乎。使心不静，雖終日禪坐，外緣皆息，心中之惡念竊發而不自禁，何俟物感。如昏夜静寢，可謂息外物矣，何以百務縈擾，萬慮攖情。非由外感，故宜近而求於心，無庸遠而咎諸物也。

禮儀

論説

花之安《馬可講義》第三〇條　夫禮有自然之禮，有勉然之禮。自然者性中已具，不假人爲。勉然者相習成風，由學所致。二者最要分辨，不可錯認。夫仁義禮智之禮，以理言根於内。威儀舉止之禮，以事言襲於

外。一屬德，一屬習也。老氏曰，禮者忠信之薄，而亂之首。亦錯認性中之禮，以爲外襲之禮耳。儒者矜言古禮，亦錯認外襲之禮，以爲性中之禮耳。禮者，理也。理則無分今古，無分時地。惟儀則因時而殊，因地而別矣。人言禮當觀其何所指，或以理言本也，或以儀言末也。儀必衷於理，然後爲美。孟子云，以仁存心，以禮存心，可知禮必存諸内，非徒競於外也。今人以周旋揖讓爲禮，不識禮之旨，宜乎子太叔曰，是儀也，非禮也。夫三綱五常，禮之大者，放之天下古今而皆準。如見尊必致恭，見長必致敬，此理載在人心，即此禮原於天性萬國皆同，惟儀文末節則易地各異耳。是以中國有中國之儀，外國有外國之儀，古不同於今，今不同於古，各隨時地爲變通，惟衷於理而已。威儀之立，初亦折衷於理，故彼此不甚懸殊，後人變本加厲，愈流愈遠，迨相沿既久，不復識制禮之初意。流俗人習而不察，痼蔽日深，積重難返，即使一二有識者欲溯本尋源，革其弊竇，則羣起非之，良可浩嘆。

又《自西徂東》卷三　溯夫三禮，典於秩宗，有虞特傳其制，五禮掌於宗伯，《周官》亦著其文。古聖王治定制禮，以自顯庸，用之朝廷，用之宗廟，用之萬民，本一己之實心，以修明夫典則，猗歟盛哉，禮行而上下各得其所矣。然禮有本有文，忠信禮之本也，義理禮之文也，無本不立，無文不行。後世不明此旨，失禮之本質，尚禮之儀文，所以風俗浮靡，動違古制。度數之節，祇取外觀，豈知禮節愈繁，人心愈詐，而先王制禮之意，亦因之而失矣。孔子當世道波靡之時，特大林放問禮之本，蓋有反始之思也。夫禮莫備於成周，吉凶賓軍嘉，禮之用特詳其典，及後世徒事繁文，反掩眞意，良可慨也。試以吉禮言之，《周禮》言吉禮十二，所以祀邦國也。以禋祀祀昊天上帝，以實柴祀日月星辰，以槱燎祀司命司中，風師雨師，以血祭祭社稷五祀五岳，以貍沈祭山林川澤，以疈辜祭四方百物，以肆獻祼饋食，春祠夏禴秋嘗冬烝，以享先王，此吉禮也。然禮雖有十二，而實三等可以該之，昊天上帝一也，衆神二也，古聖賢先祖三也。至《五禮通考》，言祭祀之典亦甚詳，圜邱祀天，方澤祀地，祀五帝四望，禋六宗，祭五時，日月星辰，太歲，月將，太一，司農，司中，司命，司民，司祿，祭寒暑，此皆天神之祭也。后稷，州社，市社，軍社，城隍，司望，四方，四類，五官之神，祈禳，五祀，八蜡，高禖，祭獵，祀井祭，祭爨，祭儺，祭酺，祭盟詛，此皆地祇之祭也。玄廟時享，犆祭，祫祭，祼薦，獻祊，禘祫，薦新，禴祀烝嘗，祭先代帝王，先聖先師，祀賢臣，先農，先蠶，先火，先炊，先卜，先醫，祭厲，此皆廟壇之祭也。然而祀典雖繁，惟祀上帝爲得其正，故祀上帝外，諸祀皆可廢也。蓋諸神皆爲帝所使，權在上帝，衆神豈能私佑於人。今世人相沿，以爲用厚物以祭群神，自可邀神眷以集景福，豈不妄哉。且夫古人之祭祀也，其品物燦陳，精誠彌結者，實欲與神交通，使無怨恫也。即宰牲獻血，亦非輸物與神，神即來享也。蓋不過假借其物，如獻身心於神耳。世人不察古人用物之意，而徒襲其迹，雖祭物豐隆，陳設備舉，亦何益之有哉。考中國之神，多由古皇之所封，而各府州縣，同日致祭，夫神止一神，安能分身以享。若上帝則統天地而莫外，無所不知，無所不能，非衆神可比。且祭神之人，豐其品物，求其保佑，多在斯世之五福。夫以貪心求神，則事神既褻，神有所貪，則神道亦微，況以上帝之尊，混於家神並祭，情理不倫，亦大可見。【略】且香燭品物以獻神，或殺牲取血以祭神，自以爲可邀神之鑒臨矣。不知黍稷非馨，明德爲馨，故西國敬上帝，不設品物香燭，惟效耶穌循理遏慾，潔其身心以獻於上帝，是西國之獻祭，又與中國不同矣。中國人在神前祈禱，總欲邀一己之福，耶穌在上帝前祈禱，無非欲衆人同善，致上帝欣悅，衆人獲安，然則祈禱之一公一私，又大不同矣。是故中國人之紛紛拜神求神，爲己祝福，用品物以獻神，仍不如耶穌代人贖罪，獻至潔之身於上帝，而上帝自然悦納也。中國人不當憬然悟，悵然思，不作無益之事，而從吾主耶穌之訓哉。總之中國三教之行禮，恆患其虛浮。【略】至若凶禮之救荒恤災，亦本仁愛之意，宜用實心以善其施行，不謂中國旱災，徒祀龍王以禱雨，而雨未必得，且祀各神以冀除水火之災，而災亦未能除，惟在上者有善政以感格上帝，則凶荒災禍，自可免矣。蓋上帝降災，實欲令人警醒，在上在下之人，果能誠心認罪，增修其德，盡人事以救援，亦易消去，不必恃祀神以禳災也。古者堯有九年之水患，湯有七年之旱災，周宣王時亦遇大旱，皆能側身修行，以消去之，是則天災時有，惟冀在上者見災已成，思患預防，免至後日復生災害，貽禍百姓。蓋災患降臨，所以感動吾仁愛之心也，吾能實心以救援，具民胞物與之衷，上帝必欣喜悦納吾之心矣。

又　考之周制，凶禮亦有五，所以哀國邦也，以喪禮哀死亡，以荒禮哀凶札，以弔禮恤禍災，以禬禮哀圍敗，以恤禮哀寇亂。古人具惻怛之誠，行弔慰之事，將以實意，不事虛文，蓋誠有不能自已之情也。流及既衰，踵事增華，徒欲壯人之觀瞻，而不求制禮之遺意，每有出於禮意之外者，要不可不揭而明之也。今以喪禮言之，彼其設旗旐以招魂，立木主以定位，以爲先人雖死，依然在家，可以享品物香火矣。不知人死魂離，安能長在家廟，則旗旐木主之設，徒多事耳。又謂回殃有鬼，令子女畏父母之魂，預遠逃避，尤屬無理。又殯葬之事，費用奢靡，既無益於生人，反有害於死者，有識之士，都能見及，無如風俗所尚，人固不悟也。夫璠璵是殮，無異暴骨於中原，故宋未亡，而東冢已失，齊未亡，而莊公之冢亦開。世人以珠寶殉葬，自以爲厚待其親，反至招匪人掘冢開棺，禍及親骨，豈不痛哉。古者堯葬於穀林，舜葬於紀市，禹葬於會稽，俱從儉樸，良有深意也。至世人殯葬其親，旗亭結彩，生花像物，鼓樂喧闐，酒食備列，儼然喜慶之象，究何合於凶禮之規。而又用僧尼道士齋醮談口，七七以超度亡魂，焚燒紙人紙馬紙錢紙金銀衣裳器皿等項，豈以陰府同於陽世，所焚之什物，死者俱能領受乎。不知其人生平好善，靈魂自升天受福，何需焚燒之紙物。其人生平爲惡，魂魄當入地獄，何能領焚燒之紙物。且幽明異路，陽世之人，亦安能理陰間之事，乃謂焚燒之什物，可交與死者，何其謬也。夫至公無私，操生死賞罰之權者，獨有上帝，敬偶像燒紙錢者，上帝早所深惡，其性命尚不能自保，又安能超度人之亡魂。世人受僧尼之惑，浪費錢財，曷不將所餘貲以行善事，可冀獲福於上帝乎。夫世人於喪葬，好奢競靡，推原其心，不過欲炫燿一時之耳目，令鬼神欣悅，得其輔佑耳。不知喪具稱家之有無，富貴者豐之，猶屬可原，若中人之產，亦與富室爭競奢華，迨日後囊空如洗，債負纍纍，實堪浩歎。孔子曰，禮與其奢也寧儉，喪與其易也寧戚，人盍遵而行之乎。即死喪悲哀，亦不可太過，雖死者爲生者之痛惜悲哀在所不免，然世人或至毀傷其身，或慟哭之極，至令親戚友朋，亦爲之悲傷，豈不失之太過耶。且人苟能生平爲善，其心專向上帝，則死後靈魂，必升天堂，爲親屬子孫者，更能踵其爲善，死後亦同登天堂，可永聚會，是則死特暫別於世，何必哀傷之過甚。至葬後致祭，世人均尚豐腆，豈以餒鬼回來，責他求食，不敢不厚用其物乎。不知肉體無存，安資飲食，爲子孫者，不於其親生前及時勉爲孝養，徒於死後豐其祭，抑何謬乎。故曾子曰，椎牛而祭墓，不如雞豚之逮存。至若父母死後窀穸，更不可妄信無益之風水，起父母之骨以遷葬，蓋人死以歸土爲安，移動其骨，則忍心害理之甚矣。

又　古之嘉禮，所以親萬民也。其典有六，以飲食之禮，親兄弟宗族，以昏冠之禮，親成男女，以賓射之禮，親故舊朋友，以饗燕之禮，親四方之賓客，以脤膰之禮，親兄弟之國，以賀慶之禮，親異姓之國。《易》曰，嘉會足以合禮。其是之謂歟。嘉者，美好之謂也，禮爲美好之禮，貴將以至情。若過於用情，偏於用情，則反爲不嘉，而蔽從此滋生矣。古人以至性發爲至情，無論親疏，用心良厚，各致其恩，斯嘉禮以成。即如兄弟宗族，上至天子，下至庶民，莫不有之，一脈相承，如樹之同根，如水之同源。先王以飲食親之，以示不忘一本之意，實令人各記念先祖之所傳，而借飲食以聚之也。降至今日，人第以飲食爲重，而不念兄弟宗族，爲先祖一本之親，情意各不相屬，則亦曷貴有此飲食乎。又民間鄉飲酒之禮，以時舉行，視爲習慣，而子弟不識爲養老之義，所以知孝弟者鮮。甚至鄉族中不肖之子弟，三五成群，倡首爲惡，恃族大之衆，以淩虐貧寡，往往激成械鬭。是則相聚飲食以爲惡，非聚飲食以篤族宗也。遐稽上古，聚族而居，人多醇樸，而且等威有辨，上下有節，非老人不能衣帛食肉。而族長又有以教導之，使其子弟不敢爲非，所以鮮爭鬭之事。今人族大恃強，又不知防以禮義，子弟昧然於親愛之理，故械鬭者多也。誠能如西國於鄉僻之地，廣設禮拜堂，日宣講道理，於以潛消其爭淩之氣，則人尚和平，鄉鄰輯睦矣。

倫常

論説

花之安《馬可講義》第一六條　儒書之道，不外乎五倫，而華人之所

矜詡者，祇此而已。無論今人不克盡其五倫，即全守五倫之道，亦何可詡哉。夫五倫由於私恩，私恩由於情慾，情慾由於血氣，故五倫之道，無他，不過血氣之性而已，實未能爲道理之純全也。《易》曰，有天地然後有萬物，有萬物然後有男女，有男女然後有夫婦，有夫婦然後有父子，有父子然後有兄弟，有兄弟然後有朋友，有朋友然後有君臣。蓋五倫起於夫婦，夫婦起於情慾，情慾起於血氣，則五倫之道，非血氣而何，此自然之理，無待聖人教而後能也。若謂父子何以親，君臣何以義，兄弟何以序，夫婦何以別，朋友何以信，必待聖人立教，然後禮義有所措施，而彝倫以敦，風化以維，然此不過性分中之粗跡，苟不如是，不如禽獸遠矣。試觀螻蟻有君臣之義，虎狼有父子之仁，鴻雁有兄弟之序，雎鳩有夫婦之別，鶺鴒有朋友之情，其性分所固有，無煩聖人之敎，人若不能，何以稱爲萬物之靈哉。夫道理爲天地人物之根本，而五倫爲道理之支流，儒書之精華，雖萃於此，亦僅得其支流耳。古聖極力發揮彝倫，爲治國起見，非爲天理發明也。觀耶穌之道，亦重視彝倫，然以此爲始基，不爲究竟，血氣之親宜篤，大於血氣之親更宜篤也。彝倫之道，備載《聖經》，示篤所當然之人倫，並示篤所以然之天倫，二者相衡，則知先後大小之分。

又《馬可講義》第二八條　仁之一字，其體甚深，其用甚廣，其理甚微，其端甚要。各國皆知仁爲衆德之首，無仁不可以爲人，試以儒書之言仁，而晰言之。夫古無仁之名，自仲虺之誥而仁之名立。自後言仁者不一而足，然皆不出三端之外，曰究仁之爲體，推仁之爲用，致爲仁之方而已。漢儒解以愛爲仁，韓文公亦言博愛之謂仁，宋儒謂仁者固博愛，以博愛爲仁則不可。仁是根愛是苗，不可便喚苗做根。程氏謂愛是情，仁是性。眞氏謂仁者愛之體，愛者仁之用。朱氏謂仁者心之理，愛之德。周子曰愛曰仁，二者並稱。在《聖經》內言愛之正者，與仁同揆，言仁則寓愛，言愛則寓仁，大抵行於同儕則曰仁，行於居上則曰愛。仁與慈並行，愛與慕維繫。上帝之於人每曰仁，人之向上帝每曰愛，仁以實言，愛兼實活言，此經言仁與愛之分也。朱子曰，天地之心，其德有四，曰元亨利貞，而元無不統。人之爲心，其德亦有四，曰仁義禮智，而仁無不包。張子謂虛者仁之原，禮義者仁之用。謝氏以知覺言仁，楊氏以萬物與我爲一爲仁。此先儒言仁之畧也。雖儒書言仁頗爲透徹，究非推原之論。時懸一仁者，仁者誰乎，孔門問仁衆矣。而孔子未嘗以仁許，人每曰仁，則吾不知也。雖孔子亦不敢以仁自居，曰若聖與仁，則吾豈敢。惟《聖經》發明仁之原，出自上帝，古今體仁純仁盡仁，惟一救主耶穌而已。儒書知仁之爲德最要，故示人求仁之方頗備，但不知仁之本原，於仁之體段未得。朱子亦曰，孔門不曾正說仁之體段，祇說求仁之方。孟子之說，怵惕惻隱，是狀仁之體段，非抉之。言仁莫詳於宋儒，雖極力爲仁發揮，欲揭其蘊，亦是揣模形似。故謂藹若春暘，汎若醴泉。無一能決仁之所以然，而嘆仁字之難說也。吾《聖經》之言仁，可以彌六合而無間，貫古今而無續者也。《經》曰，惟仁無隕，可至永遠。夫上帝爲仁之本原，其妙體曰仁，天地以上帝之仁而造，萬物上帝之仁而存。仰觀俯察，隨在悉呈上帝之仁。一事之微，一物之末，皆在上帝之仁而維持。觀上帝矜恤恩惠忍耐之大，則知仁愛之宏，人之背德忘恩，罪大彌天，上帝猶欲罪人得救。寧捨其獨生之子賜世，使信之者免沉淪而得永生，則上帝之仁愛何如。思上帝之仁，不惜其子以救人。思耶穌之仁，不惜其身以救世。而人不興發其愛，尚得謂之人耶。《聖經》推仁之本原，出自上帝，求仁當先愛上帝，然後能仁民而及物。非人自能愛上帝，因上帝先愛吾人也。且愛上帝是至大之樂，無可能比擬。愛上帝必守其誡，守上帝誡不難。上帝之誡宏而且深，一言以蔽之，曰愛而已。仁愛者得其好惡之公，愛上帝之所愛，惡上帝之所惡。愛之維繫，無物所能間，雖死生不足以易之。仁之爲德，寬忍慈愛，不妒不誇不衒不妄，行不爲己，不暴怒不逆詐不喜非義，乃喜眞理隱惡信善，望人之美忍己之難。仁者無惡不隱，冠諸德惟是已，《聖經》言仁亦詳備矣，示人爲仁亦剴切矣。且《聖經》之言仁愛，與墨氏之言兼愛不同。《聖經》不言兼愛，而言兼仁。上帝愛耶穌與愛人不同，愛信士與愛世人亦不同。而上帝之仁慈普及萬方，所謂以日照乎善不善，以雨濡乎義不義者也。是以信士愛父母昆弟與愛衆人不同，愛信主之人與愛未信主之人亦不同。總之，《聖經》所言仁之本仁之體仁之用爲仁之方，一一皆備，不同儒書之言仁無安放處，乃可以見之施行，可以有所資鏡。耶穌一言一動，皆其仁之流露，立仁道之標準。如在此數節所錄，亦可顯耶穌仁愛之端緒焉。

又《馬可講義》第三二條　嘗思親親之道，理最淺近，人皆知之，雖

孩提之童，無不知愛其親也。即荒裔野番，於他人則相殺，於己親則相養，性使然也。烏鴉尚知反哺，羔羊仍知跪足，人爲萬物之靈，豈不如烏獸乎。夫親親之道，誰曰不然，但其理偏而非全，其量隘而不廣，若以此爲至善至美之道，則大謬不然者。就今人所論，悉屬私情，不得謂之天理。蓋世人各親其親之故，因父母先施之，亦欲子女後報之，無非溺於私情耳。故《聖經》謂爾獨友於兄弟，有何過人耶，稅吏不亦如是乎。若徒執親親之理以立教，終不能改人心長人德。觀中國以親親立教矣，孟子曰，人人親其親，長其長，而天下平。朝廷又以親親治民，聖諭曰，敦孝弟。曰，篤宗族。曰，和鄉黨。雖朝廷剴切曉諭，而眞能親親之人，曾見有幾。所見者愛物而已，親親仁民則鮮也。豈不見君因財而鬻宮，臣因財而欺君，父母因財而溺女賣子，昆仲因財而離兄散弟。夫因財而賣妻，妻因財而棄夫，朋友因財而失義，致變爲仇敵者，不可悉數，豈非愛物而不仁民親親乎。中國既以親親立教，何以相反若此其甚也。此等弊端，在從耶穌道之國，鮮有其事，蓋耶穌教化有大於親親之道故也。欲以親親之道平天下，無論人不能親親，即使盡人皆能，亦不能平治天下，且充其類適足以亂天下。何則。晉桓莊之族偪，獻公患之，使士爲與羣公子謀盡殺游氏之族，在獻公之意，謂游氏之族盡，則羣公子可以固。後又盡殺羣公子，亦謂羣公子盡，則太子申生可以固。後又殺太子申生，亦謂太子申生死，則奚齊可以固。後奚齊又爲里克所殺，晉國因之大亂。獻公豈不愛羣公子，以羣公子不若太子申生之親也，獻公豈不愛太子申生，以太子申生不若奚齊親之暱也，非以親親而亂天下乎。流覽史冊，恐爭位大戮宗室，致危國家，若漢之呂氏，唐之武氏，其尤著矣。至於一鄉一族亦然，恐他鄉強而己鄉弱，他族盛而己族衰，於是竭其力以攻他人之鄉，他人之族，治他人莫之敢敵，則本鄉相鬭，本族相崩，自相魚肉矣。不仁者，以其所不愛，及其所愛，良有以也。執親親之說，則堯之禪舜，舜之禪禹，周公之戮管蔡，是廢親親之理，何以後世稱堯舜之德弗衰，而稱周公以大義滅親。乃知親親多存偏愛，反礙公理，不過屬血氣之情而已。以情而言，則最親莫如父母昆弟，其次則親戚朋友，此自然之理不待教而能，若人拘之過甚，則其弊也多，必準以大公至正之理，方爲無弊。耶穌道亦重親親，但衡之以理，親而賢者，猶加篤厚，是親親而得其正也。

又《自西徂東》卷四　夫自開闢以迄於今，五倫皆同一體，原不須智慧而始晰其底蘊。蓋君臣父子兄弟夫婦，與及朋友之交，本屬天性之自然。不謂當世之人，每有反常之舉者，無他，由其不通情理，而祇溺於一偏，故有五倫顛倒之弊。苟非修明其心性，以歸於上帝，亦何能得其情理之正哉。此修心之學，所以雖聖人亦不能無事也。誠能深明此理，知人與上帝，皆是天倫，不恃智慧，祇以一身鑒上帝之默示，自堪即前人已備之學，分類而行，學問何患不能精通。

論異教與迷信

論說

李提摩太《基督本紀序》　盈天下皆一道之所彌綸也，日月星辰諸軌路，亘古不相淩躐者，道也。地與天相隔之度數，安排既定，亘古不稍移改者，道也。地中所蘊之物，或相生，或相尅，兼擅變化無窮之妙。地面種籽相傳，花草果木，盈萬累億，各有其性，各有其形，永爲一成不變之局者，皆道也。有人焉，宰乎萬物之先，而飛禽走獸，借草木之質以爲食，而歷代孳生繁衍，不能以人意妄爲變通者，亦道也。水火電氣，雖無形質，而有一定之理，非偶焉湊泊者，亦道也。更進而驗人類，人色分白黃黑等數種，每種中又各自分爲若干國，有大小強弱之不同，而必有官吏，必有律法以約束其人民者，仍道也。道也者，誠宰制乎無象之中，筦攝乎有形之表者也。今第以人類言之，五洲迥隔，遼乎遠哉，乃其所不同者，不過衣飾之裝束，宮室之居處，風俗之沿革而已。天理一日不絕，人心一日不死，故無國無道，無地無道，無人無道。苟或背道而馳，鮮有不國破家亡，災及其身者，此非道之涵蓋者宏哉。上帝創造天地萬物，本屬無所不能，然卒不能使人有善而無惡者，非道之有所窮也，人之自絕於天也。天有好生之大德，故始怒之，而終憫之，更降有道之士以教之，有道之士，道愈高，德愈進，即人愈服。曠觀自古至今，自東徂西，有國即有

道，有道即有教。惟其名目不同，故或稱救世教，或稱儒教，或稱回回釋道諸教。於是有各重其教者，分門別戶，入主出奴之見，紛然並起。乃自君子衡之，則仍一道之所彌綸，其立教之判等差，不過見道之分深淺耳。見道淺者，不願他教之來相啓迪，致吾教形而見絀。見道深者，則不畏也。見道淺者，往往憑權藉勢，逼他人以歸其教，或逼令其人不許改從他教。見道深者，乃正與之相反，不過曰，是道則進，非道則退而已。是故當萬國未通往來之始，各教不知外事，未免有惟我獨尊之意，而斥他教爲異端。萬國既通，爰有修道正人，博取東西各教中之經典，逐一潛心研究，而較量其廣狹，始知救世一教，流行最廣，地球十分之八，幾盡歸其宰治。而奉其教之人數，抵儒釋道三教及回回等諸雜教而有餘，此皆載在西籍，班班可考者也。

花之安《天地人三倫》天卷　夫諸神名目，有見於十三經者，有不見於十三經者，此一大界限也。其見於十三經者，如社稷之神，寒暑之神，日月之神，星神，四方之神，山川之神，高禖，太皞，句芒，炎帝，祝融，黃帝，后土，少皞，蓐收，顓頊，元冥，共工，厲山，戶，竈，中霤，門，行，六宗，蜡，臘，司中，司命，風師，雨師等是也。此中國崇信虛假之發源也。其不見於十三經者，則有玉皇，關帝，眞武，天后，城隍，土地，東嶽，斗姥，洪聖，玄壇，龍王，馬王，藥王，華陀，張仙，雷祖，三元，紫微，都天，石敢當，竈神，財神，天官。佛教之神，則有如來，觀音，羅漢，金剛，韋陀，三寶等。道教之神，則有元始天尊，太上道君，太上老君，呂純陽，孫眞人，許眞君等。諸如此類，難以備述，此中國推闡虛假之陋習也。今《大清會典》一書，羅列諸神，分天地人三界，大都以意爲之，殊不足信。總之，諸神之名目雖繁，要皆歸上帝統轄，惟上帝爲眞神，餘皆假神也。

中國神廟之多，甲於天下。有爲釋教所立者，曰寺曰菴是也。有爲道教所立者，曰觀曰院曰殿是也。有爲儒教所立者，曰廟曰閣曰宮是也。凡各省各府各縣各鎮，無不神廟林立，雖十室之邑，亦建立一廟焉。廟中所祀之神多爲古人，古昔非常之人，當時羣起而敬畏之，其人既卒，後世仰慕之，人君追封之，民人遂多立廟以祀之。如玉皇大帝，眞武大帝，雷祖，東嶽大帝，協天等帝是也。

中土祀關公者尤盛，尊爲聖人，稱爲武帝，封爲協天。每年逢仲春仲秋丁日以及誕辰，皇帝及外省官員皆致祭，用太牢六佾，致齋二日，不理刑名，蓋所以昭慎重也。而人民亦無不入廟拈香，凡有疾疫災患苦難，悉謁廟祈禱，以爲關公乃救世眞主，護國保民者也。

【略】

關公生平忠義之氣，固奮乎百世之上，而可敬可慕者也。然亦人鬼，非天神也。而人顧奉以爲神何耶，豈以關公聰明正直，生則爲人，死則爲神歟。且古之聖賢，克與關公比美者亦衆矣，何獨於關公而神之也。以中國各省言之，關公之廟，不啻以萬計，合之他神之廟，不啻以數十萬計，此皆二氏之種毒，而孔孟所念不到此者矣。

丁韙良《天道溯源》卷中　或曰，是非之心，人所以別善惡而明去就也，此非示天父意乎，何猥云不知。曰，此約言也，苟詳辨之，人之所以別善惡者，其智也。其所以甘爲善，而不敢爲惡者，是非心也。顧是非心雖人所同具，而行之則有異。如印度有人，養妓於廟中，爲奉鬼神之法，是不知事神宜潔而反污之也。又有投其子於恆河，以爲祭河神之盛儀，是不知天道好生惡殺，而以殺之者逆之也。中華當久旱不雨，屢有人捨身於龍潭，以望甘霖。普陀之楚音洞，屢有人捨身以冀成佛，是不知命稟於天，壽夭惟天所定，不能順受其正，而反以自戕者逆命也。他若割股救親，自命爲孝子者，鄉里矜爲難得，不知身體髮膚，受之父母，不敢毀傷，何反以毀身爲孝乎。中華一男可娶數女，【略】不知天主肇造之初，止此一男一女，爲萬世配耦之常經。況查戶口冊，每年所生男女之數，多寡亦可謂相當，故嫁娶之過多過少，兩失其道，俱非所宜。夫天主生物，各適其用，具有自然之理。而人之爲人，有物有則，古訓昭然，何以萬方均不能知，而二三其德，以致如此之謬也。故污神，溺子，捨生，毀身，多娶，兼配，皆拂人道大節，安得謂良知之各足哉。

至於身後之禍福，說者亦多歧矣。即如中華之三教，雖曰合而爲一，實則冰炭不投。釋氏信前生因緣，爲儒家所不信。道家信今生可壽而不滅，爲儒釋兩家所不信。釋氏悟空，而術在念佛，道士求長生，而術在昇煉。儒者則樂現在，而靈魂與來生，皆置而不問，此非各相逕庭哉。況人心危而道心微，旁門左道，日出日盛，而孰是孰非，未能明辨。正道蕩

蕩，誰肯遵循。若謂天父終任人如寄育之嬰，莫認父母，如失教之子，莫辨邪正也，得毋褻之太甚乎。

且《聖經》所言，揆之於理，無不悉合，非他教比也。今世上之教，或以天地爲神，因而祭之。或信無數鬼神，因而祭之。不知天地爲五行所成，非有天主寓於其中，絶無知覺之靈。鬼神乃天使魔鬼之屬，非由天主秉授，亦無禍福之權，何用祭之。《聖經》則言造物主至尊惟一，既神且靈，而獻祭有專屬矣。他教言人於來生，昇則成神，降則爲畜，甚至曰，人死其靈即散，並無來生之理。《聖經》則謂人之靈不散不滅，不變不化，生而爲人，死亦爲人，有今生以别善惡，有來生以受禍福，則人可曉然於來生之事矣。他教或謂人性無不善，或謂人性無善無惡。《聖經》則謂天生人，性本善，被魔鬼誘惑，遂變而爲惡，則諸惡之由來可知矣。他教或謂日誦佛號，雖不力行，亦堪修心。或謂能守人倫，雖不信神，亦堪盡性。《聖經》則命人信天主，時切祈求，守人倫，歸於力行，是必兼心信躬行以爲善。如鳥有兩翼，方可戾天，不若彼兩説之歧也。他教或以天性仁慈，悔罪即蒙赦宥，或以天性嚴直，獲罪則不可逭。《聖經》則謂天父嚴慈兩備，嚴則有罪必罰，慈則悔過可赦。所以耶穌降世代人贖罪，人得拯救，而天道之大公無私，益昭然矣。要之，他教由於人心臆度，未免有過與不及。《聖經》降自天主，道出於天，無過不及之患，人見《聖經》適中乎道，道可不獨歸尊榮於天主乎。

又 或問耶穌之教，何以化世如此之速。曰，其道眞而且全，故教行而且速。夫中華儒教，言人而不及神，言人有五倫，而不知神與人實爲首倫。故僅教人事世上之君，不教之事天上之神。教人孝父母，不教之敬天上之父。教人報本追遠，而仍不及元始，不教之尊奉造物之主。教人知今生之善惡，不以永生之福，勉人爲善。其教雖正而且美，究非全璧。故慕道者，雖有導之斯行，而背道者，未能令之悔改。三代以降，不乏賢哲，而民德衰替，遂信佛老以冀挽頽俗。

又 或曰，信從此道，得毋背於孔子乎。不知儒教言人倫，而耶穌亦言人倫，惟以天父加於五倫之上。神人既和，而五倫之人，自各得其序矣。儒教言誠正，而耶穌之道，賴祈禱以端誠正之本。祈禱既切，而誠正之功，自無或懈於心矣。儒教言孝弟，而耶穌之道，令人孝敬天父孝養父母，以弟道與人相酬酢。且以一愛探孝弟之原，神人既愛，而孝悌直可達於天下矣。以是言之，儒教與耶穌之道分廣狹而不分邪正，安得云背。況孟子云，先聖後聖，其揆一也。是一惟不相背，而實相成矣。耶穌言神與人，本末始終，直達道原，超乎政俗，引人咸歸於天主，其爲天降之師，以一道統攝乎萬邦也明矣。且耶穌不第爲化俗之師，亦爲救世之主。不第以口代天宣道，亦曾以身爲人贖罪。既兼師主兩職，又合神人兩性，而化民贖罪之功以成。

又 夫佛老設立偶像，不過以目之所見者，恐嚇人心，不異農置草偶，以防啄粒之鳥，鳥習見之，終知其爲果物，無所顧忌，豈人也而不如鳥乎。人且因佛老而廢天地之大主宰，佛老謂愚民畏在鈇鉞，妄言地獄諸刑以驚懼之，謂愚民安於樂土，妄演天堂之福以引誘之，所演無據，人疑杜撰，且因而不信報應之至理。況人倫爲佛老所弗尚，大端已虧，其流弊不可勝言，而欲以不眞不全之教，用以惑世，其不足以化世也，何待言哉。

花之安《遺篇集録》篇六 每遇歲時神誕吉辰，到處男婦，紛紛趨向寺觀菴堂菩薩案前，盛設牲醴，楮帛香燭，虔心拜禱，以禳災祈福。聞有異神靈顯者，不憚跋涉山川，不惜花費財帛，或作齋醮功果，延請僧道開壇誦經，以祝神壽，或倩梨園子弟，扮演戲劇，以博神歡。此等傷財無益之事，匪特今日爲然，自昔既如此矣。慨自少昊以後，九黎亂政，崇信祆神，三苗效尤，媚神更甚。三代之時，邪正相雜，迨至秦政，妄想長生，乃言東海有三神山，遣術士帶領童男童女，入海求仙，並求不死之藥。至漢文時，以爲天下共有五帝，糜費萬方玉帛，欲邀帝眷施恩，望錫鴻福，冀增遐齡。迨後漢宣虔祀后土，漢明溺信沙門，輪臺之築，浪費無數金銀，並遣人往天竺求佛法，想保國祚綿長，欲己與天同壽。洎乎梁武三次捨身爲帝僧，唐憲獨信佞臣迎佛骨。總之九黎秦政，爲始作俑，漢梁諸帝，踵弊相承，何怪今人惘然，不識何爲上帝，何爲眞福。專向廟堂金銀木石泥塑偶像以求之，未知違犯天條，觸神震怒。不第求福不得，而禍將不旋踵而至矣。迺人不知醒悟，不知悔改，依然積習相沿。每歲鄉村按戶徵錢，或依人口科出，或隨貧富題簽，城邑如是，鄉鎮亦如是，總是耗錢財以供淫祀，竭物力以博奇觀，義托大儺，事同兒戲。在寡識者，謂可酬

顧消災，在守經者，亦言有例莫廢。出會之時，優孟衣冠，輝煌臺閣，地獄變相，示見通衢，甚至男女雜沓，履舄交錯，蔑禮廢法，冶容誨淫，世道如此，是謂不祥。夫人生求福，不外積善，《詩》《書》所載，既有明徵。夏禹有言曰，惠迪吉，從逆凶，惟影響。商湯有言曰，天道福善禍淫。伊尹有言曰，作善降之百祥，作不善降之百殃。孔子有言曰，積善之家，必有餘慶，積不善之家，必有餘殃。孟子有言曰，禍福無不自己求之者。可知古之聖賢，教人積善以求福，何曾教人奉事偶像以求福乎。

又篇一七 今中國拜菩薩之風最盛，詢其拜之之故，則曰菩薩是神，能禍福人，故宜拜之。吾謂菩薩果是神，能操禍福之權，則拜之誠善。獨惜其有神之稱名，無神之實在，人徒拜，而菩薩亦徒受耳。欲拜神，當先通其理與法，然後可。譬諸欲事一君，先必知其權與法，非謂妄立一人，即可奉之爲我君也。今人欲拜神，不知神之理，又不識拜神之法，妄立菩薩，謂其爲神，向之而拜，與妄立一人，奉爲我君，而服事之，不幾同一叛逆耶。夫神之爲德至盛，視之而不見，聽之而不聞。今菩薩雖具巍巍之像，目可視也，手可捫也，匠人以泥木爲之，人拜之者，非拜泥木而何。或爲之解曰，其像固以泥以木爲之，人非拜此泥塑木雕之像，乃拜其像之神耳。吾謂若其像果有神憑式，則其像宜能動作如人，蓋人有魂附於身，故能動作，魂一離身則死，面貌雖具而無知覺。今菩薩之像，蜘蛛網其面，而不能祛，螻蟻蛀其身，而不能除，必無神憑式於其像也，明矣。像既無神不能自衛，安能衛人，拜之何益。攷中國上古無菩薩之名，各菩薩皆秦漢以下時人。古無菩薩，而日月如此其曜也，河海如此其流也，人物如此其庶也。天地人物，非菩薩主之明甚。迨秦漢以後有菩薩，而世風日下，不如三代之隆，可知奉事菩薩，非徒無益，而反有害矣。夫人當思菩薩，非自能爲，乃受皇帝敕封而後可，皇帝亦是人，與凡人同類，其權榮尊貴，乃由天所命，祇能封人，不能封神也。【略】上帝不可菩薩比，金銀泥石塑成儀，雖有眼鼻和雙耳，瘖啞難言如傀儡，坐倒街頭或路尾，房間竈臺亦供伊，賭場妓館家家備。菩薩因何甘賤卑，住在百般污穢地，不分好歹任人欺，豈貪聞啖燒豬味，抑或要人來拜伊，莫説人家難宰治，本身猶且不能恃，青蠅蟲蟻透膚肌。可知菩薩無能技，靠賴世人作四肢，遇着旱乾無雨至，被人枷鎖如乞丐，幾與牢囚爲同儕，賭棍輪窮無地來消氣，又向菩薩面前指責伊，菩薩果然眞受氣，被人辱罵受人欺，若是有靈必定來伸理，爲何靠人衣食把眉低。飢餓起來粗物都不嫌棄，幾塊油煮荳腐亦可充飢，自己無錢來買紗羅愛華麗，靠着人家施捨一副草紙衣。菩薩本身受屈猶如此，豈可爲人求福祉。君呀你爲啥做人多懵懂，不拜眞神反拜石頭公？

又《馬可講義》第五條 中國儒書所言神鬼之説甚龐雜，無定解，概而言之，善者爲神，惡者爲鬼。又謂神者陽之靈，鬼者陰之靈，陽魂爲神，陰魂爲鬼。氣之伸者爲神，屈者爲鬼。是鬼神二字，對舉而言，猶陰陽美惡之類。然有時鬼亦稱神，《論衡》曰，鬼者，神也。仙亦稱神，佛亦稱神，有時指主宰而言謂之神，《易》曰，神也者，妙萬物而爲言者也。梁氏寅註曰，神即帝也，帝者神之名，神者帝之靈，帝者神之體，神者帝之用。有時稱聖賢之人爲神，有言人之聰明正直者，生則爲人，死則爲神，有言物各有神，有山川之神，社稷之神，是神之名不一，神之義莫屬矣。至於鬼字甚泛，《説文》謂人所歸爲鬼，《爾雅·釋詁》鬼之爲言歸也。《列子·天瑞篇》，精神離形，各歸其眞，故謂之鬼。是人死概謂之鬼，無分美惡，則與善者爲神，不善者爲鬼之義相左矣。今人大都以能作禍祟者爲鬼，故語鬼則惶怖，或曰鬼神之道幽明，儒者不道。墨翟《明鬼神篇》，儒者譏之，然見豕負塗，載鬼一車，見於《易》。石言於晉，神降於辛，見於《傳》。他如公子彭生托形於豕，晉文公托聲於牛，魏顆結草，伯有爲厲，諸多怪誕之事，在儒經不可悉數，詎得謂之不道。祇因眼不可得而見，耳不可得而聞，躬不可得而觸，知鬼神之有，而不知所以有，各以其意臆度。故程氏謂鬼神者，天地之功用，張氏謂鬼神者，二氣之良能。韓氏《原鬼篇》，謂無聲與形者，物有之矣，鬼神是也，鬼神者，紛紛其說卒無定論。按上帝道所言神鬼之理甚確，神鬼之事甚明，其言上帝自爲永活之神，獨一無二。後上帝創造羣神，爲其役事，稱之曰天使，又曰天神，以其在天常奉事頌讚上帝，是上帝至尊無對，敻乎莫京，非羣神所可比。擬《書》曰，肆類於上帝，偏於羣神。可見越在疇昔，中土人士，亦知上帝，實統轄乎羣神者矣。厥後羣神中有不守厥職，輕去其所，則變而爲鬼。今在世各種弊端，由此惡鬼所致，欲擄人而爲鬼之僕，雖然如此，人自爲人，神自爲神，鬼自爲鬼，不能少混。非同儒經，神可謂之鬼，鬼可

謂之神，人不過有形之鬼，鬼不過無形之人。如此淆混，一而同之，不可復識孰爲神，孰爲人，孰爲鬼矣。神鬼本先於人，未造人前已有神鬼，神能感人，鬼能誘人，二者惟人自擇。若人從神所感而爲善，則爲神國之民，若人從鬼所誘而爲惡，則爲鬼國之民。人死，則依其生前意向事爲人品，定其指歸，善則上升明宫，與上帝及羣神共享其福，惡則下墮暗府，與邪魔及諸鬼共受其苦。豈能報施爲厲，悖理拂情哉。

又第六二條 《聖經》之言預兆，與術士之言咎徵不同，術士謂以推算可決禍福，以卜筮可定吉凶，此爲曲學矣。《洪範》論卜筮，先謀及乃心，謀及鄉士，謀及庶人，後及卜筮。若卜筮從，鄉士逆，庶人逆，必不行，可見定於人，而非定於卜筮也。中國善卜者，莫如京房管輅郭璞劉基，皆不得其死，若卜筮能先知禍福，何數人之不早爲避耶。蔡元定精卜筮，被竄，人以詩嘲之曰，先生果有堯夫術，何不先言去道周。可見推算卜筮之法，皆無足憑也。夫禍福主於天命，即吾教所謂上帝之旨，非如宋儒所言數氣之命，上帝定人之禍福，非人所能推算，若人能推算，則兆之吉者，不必修德，兆之凶者，不必改過，有是理耶。故聖人言理不言數，以讖緯爲異端，良有以也。然委於命者失之昧，專於數者失之誕，吉凶恆決於善惡，未嘗無兆之可徵。見積善之家，可決其有餘慶，見積惡之家，可決其有餘殃，此以道而驗兆也。又如人之將死，病爲預兆，國之將亡，亂爲預兆，饑饉瘟疫地震交戰等事，爲末期之兆，信士見此，則知其期不遠。邵康節《皇極經世》，謂以術數推盪甲子干支，可預算世末之期，是誕妄之辭。凡事之預兆，人必見其形狀，衡其情理，可略知一二，斷無憑空而能預算也。醫士不知人身之病狀，而敢决人之生死，哲士不知邦國之形勢，而敢定國之存亡，術士未見兆現，而敢決末日之時期，未之有也。所可知者，此世有始必有終而已，世之有終，亦如人之有死，苟不信世之有終，猶不信人之有死，同一傎甚。世之終，非世之泯沒，乃此世之事情，斯時而盡，別有新世界矣。在世所爲之善惡，至斯時而獲厥報，有智者思維此道，宜預修其心，庶不至末日慄慄危懼。

又《自西徂東》卷三 夫上古祭祀，上帝而外，不過六宗柴望諸數事，然不知獨尊上帝，則眞禮漸失。迨後世變本加厲，祭祀繁多，更失上古之意。況邇者愈增愈廣，遍地皆神。士之所祭，則有孔子及配享之先賢先儒，與夫文昌奎星倉沮二聖。在衆人之所拜，則有玉皇大帝，關帝，北帝，觀音，天后，金花，華光，城隍，東嶽，斗姥，洪聖，玄壇，先鋒，龍母，龍王，馬王，藥王，醫靈，華陀，司馬，三界神，張王爺，草聖，雷祖，三元，張仙，紫微，土地，石敢當。在家神，則有井神，竈神，土神，地主，財神，天官，門口神，床頭婆，而祀竈神爲尤重。到臘月二十三四兩日，家家祀而送之，謂其上天與玉帝言事，除夕又迎之，然家家一竈神，俱在此時言事，玉帝不勝其擾矣。造泥水木匠，則拜魯班，婦人女子，則拜織女牛郎，與夫拜斗。道家則拜老子，呂純陽，鄭仙，五仙，孫眞人，許眞君之類。釋家則拜如來，觀音，羅漢，金剛，伽藍，韋陀三寶。三教神仙佛之名，不能盡數，而所設神仙佛之像，不過泥塑木雕，雖金碧輝煌，衣冠華麗，而至於代遠年湮，則廟貌亦即以頹廢，而法像之莊嚴，即不堪入目。神靈既不能護其身，而謂能降福於人乎。乃有諂媚鬼神之愚人，即街邊木石稍異形狀，亦必叩頭頂禮，備物而祭，斯眞可笑甚矣。且夫上天下地，至尊無對者上帝，無所不知，無所不能，雖有衆神，胥歸統轄。人能循理以祀上帝，便可與上帝相通，何必多建廟堂，設立偶像，四時致祭乎。且凡間之品物，無不由上帝而造，世人不知專心以事上帝，修善以報上帝，而欲以品物之豐陳，乞靈於偶像，吾恐福未至，而罪難免矣。西國傳耶穌之道者，不拜偶像，去妄存眞，捐損就益，賴耶穌爲中保，希上帝之恩光，蓋此禮爲大，而祀亦於斯而崇焉。以視夫中國人，倚賴神所求者，無非世上榮華之物，曷若西國人，倚賴耶穌所求者，祗欲赦一己之罪，使死後靈魂不至受苦。

又 乃世之所云孝者，動曰禴祀烝嘗，爲祭先之要務。然而喪具奢華，徒掩生人之眼界，享祀豐潔，何裨死者之神魂。至於束札芻靈，以爲陰間之服役，焚燒楮帛，作爲地府之藏銀，詎不虛假太甚乎。且又設靈牌而供奉，作七虞以悲哀，與夫覓地葬親，尋求吉壤，由是堪輿妄語，信以爲眞，藉此爲求富貴之具。不知葬也者，藏也，欲人之弗得見也。古人原無求福之志，乃世人因此日久不葬，何不明之甚。迨葬後而清明祭墓，重九登高，競逐世情，爭先恐後。以及建家祠以崇奉，設木主以憑依，必備牲牢以獻祭，雖曰思親敬祖，而親祖實不在是也。又有端陽競渡，同弔忠魂，七夕慕仙，共穿乞巧。及夫浴佛芳辰，盂蘭佳節，中秋賀月，元旦占

星，隨舊之爆竹聲喧，更新之桃符變換。如此習俗，固屬費財，而且迎神賽會，鼓樂喧天，建醮修齋，明燈徹夜。壇臺高設，演梨園而男女聚觀，廟宇裝修，開華筵而少長咸集。大而破耗貲財，小亦失時廢事。更有一等可惡者，如城隅有廟，號曰先鋒，男女欲赴私期者，許以綵花酬願，可能遂意。又有光孝寺睡佛，求子者，與佛同眠，如此行爲，豈不敗俗。亦有心慕他人富貴，妄思子弟登科，而陰謀以圖人之苗裔者。或艷粧姬妾，鈎引少年，或故縱釵裙，偷情寄宿。諸般鄙陋，實不堪言。至於幻術圓光，尤爲惑世，在愚夫愚婦，無怪其受騙不知。乃詩書文雅之人，堪爲民望者，亦從而效尤。不特此也，間有心神恍惚，便託巫人以祈禳，夜夢倒顛，即召鬼婆而細問。甚至有禱之於棺柩之側，墳墓之旁，卜之於死物之間，牲畜之際。或撞口挂以占兆，聞言逆耳而難安。或擇吉日以出行，遇物攔頭而終止，何一愚至此乎。所以釋道之荒謬者，乘隙而入，一借輪迴之說以動衆，一炫長生之術以矜奇也。又況拜懺超幽，朝參星斗，招魂捉鬼，起奮步罡，酬神奠土，許願贊星。或放燄口以度亡，或破地獄以超脫，或附齋薦，或過仙橋，百般蠱惑，而舉國若狂。凡此皆求福之心勝，不明道理之當然，與物理之本然耳。故《書》曰，禍福無門，惟人自召。彼好爲假禮者，會亦思求福免禍，不在吾身之作用，祗在吾心之權衡。心向乎善，心合乎理，自無入而不自得。此中固有大主宰維持其間，非佞佛拜神，祀先祭社可能有濟也。是以泰西明理者，禮必本乎眞實，事不尚乎虛浮。且知耶穌在天執權，凡諸鬼神，悉在權下。我以眞心信道，守其勸戒，則上帝自錫予無窮之福，又何假禮之足尚耶。伏望華人去僞存眞，黜華就實，毋求福於邪，而自惑其志，無踵俗之弊，而自戾於非，則於移風易俗之道，其大有補矣。

又 風水之說，未悉起於何時，或謂陟巘降原，卜河宅洛，詩書所載，已肇先聲。自後葬尋吉地，穴稱龍耳之奇，墳號佳城，地有牛眠之異。而談風水家，遂執此爲據，以爲確而可憑矣。不知晉唐之世，其說始盛，漢以前，俱未有以天之青龍白虎星辰，歸之地理。可知風水之說，大抵始於失業之流，迫於生計，特託其術以欺世惑民，騙取錢財焉耳。世人不察，往往爲所蠱惑，而不深悟。蓋緣心貪富貴，以爲風水可以致之，而積善降祥之理，反不講求。噫，亦惑之甚矣。夫古人聿修厥德，如堯舜禹湯文武，享年壽考，國祚綿長，非因風水至此也。即湯以居亳而興，周以遷岐而王，亦非因風水之故，擇而取之也。《商頌》曰，宅殷土芒芒，古帝命武湯，正域彼四方。《綿》之詩曰，周原膴膴，爰契我龜，曰止曰時，築室於茲。此則商周卜居之明證，然其初豈敢謂此地興王，而始居之哉。至商紂周幽，而社稷不保，夫非猶是地，而興替相反若是，可知爲善爲惡之分，不關乎風水也。迄漢《袁安傳》，書生指某地曰，葬後世出三公。《三國志》管輅過毋邱儉墳曰，白虎銜尸，朱雀悲哭。劉向奏王氏墳在濟南者，樹皆交柯連葉，有立石起柳之象。孫堅祖墳有五色雲，曼延數里，諸說不盡靈驗。然樹之交柯連葉，山有五色之雲，亦恆有之事，不足爲奇，豈可指爲吉祥之徵耶。至若晉之郭璞，得郭公《青囊經》，能洞悉五行卜筮之事，彼其人尤當避禍獲福，免令後人訾議。乃不知預遠王敦，卒受非刑，不獲保其首領以歿。由此觀之，風水豈能邀福免禍哉。迨風水盛行於唐，又非無故。唐時有進士楊筠松者，職掌文林庫，因被火懼罪逃匿，潛遁江西，大倡風水之說。厥後相繼而起者，代不乏人，故今日言風水者，競尚江西，不知郭璞之《青囊經》，既爲其徒趙載焚於火，早已失傳。是則唐時風水之術，非本於《青囊經》，即江西亦何得有眞傳，其爲附會有可概想已。乃世人惑於風水之說者，謂此爲禍福所關，越嶺登山，終日尋龍覓穴，強求佳地。久而不獲，忍令父母遺骸，久停不葬，經年暴露，此蓋欲藉父母之遺骨，希圖富貴，其心尚可問，其罪尚可逭乎。且遺骸久停於莊房，不免風雨之飄搖，夏日之暴烈，甚或房室有倒壓之患，火災有延及之憂。倘子孫爲宦遠遊，此心時常牽念，何如早日安葬，免爲風水之蒙蔽，以至負不孝之罪也。更有等惑於風水，貪圖福地，偷葬人墳，以至搆訟多年，錢財耗散者。又有因風水之故，或伐去村邊一樹，或建築村外一堤，遂以爲有礙風水，因而械鬬，搆訟不解者。更有安葬先人，歷年迪吉，因惑於不肖之地師，妄將祖父之墳塋改葬，而地師山狗，從中漁利，以至耗損資財者。亦有數百年之鄉村，爲先祖經營締造，本非容易，徒因風水之故，即屋宇整齊，布置妥協，反將房屋改建，以至參差不齊，高矮不一，南北互易，東西殊軌。村中樹木相宜，蔽芾青葱，本堪爲一鄉之益，亦以爲有礙風水，無辜斬伐，竟不能護蔭鄉閭。又或兄弟二人，欲葬其親，因風水之故，各執一議，此以爲益，彼以爲虧，竟至兄弟鬩牆，

同胞視若寇讐，外人因生欺侮。種種弊端，筆難罄述。爲官者，常懸示禁，使民不惑於風水，除數百年之弊積，豈非生民之大幸乎。夫堪輿妄說，有陰宅陽宅之分，陰宅言先人之墳墓也，陽宅言生人之屋宇也。以爲富貴之得，有從陰宅而發祥者，有從陽宅而發祥者，津津而談，樂道不置。而愚昧之人，亦遂深信不疑。豈知數百年來之村鄉，昔日高樓大廈，富貴繁多，今日烟戶蕭條，半歸零落。何昔日之風水甚好，而今日之風水遂不好耶。則陰宅陽宅之說，又無憑矣。且世之爲地師者，謂某地有佳山，某地有佳穴，其伎倆祇在誆騙錢財。或伎倆已窮，則暗中潛逃，而財東又復再延地師，依然一轍。噫，有餘財者，何不以財行善，令子孫獲其福報，何必泥風水之甚乎。夫地師常自誇，謂能尋取福地，姑無論有此美地，當留與子孫，即彼之一身，亦當先取富貴以爲榮，奚必役役於人，長日在荒山蔓草間，爲人奔走不遑也。即有坐輿，亦勞費形神，何不自取富貴，而反取此勞苦之事耶。【略】或又謂山川運至則發，運未至則不發，然兄弟之間，同一祖父，共葬一山，同居一室，亦有富貴貧賤懸殊者。且子孫有興替之不同，年齒有壽夭之各別，豈同一山墳，而氣運遂爲之各異乎。夫貪佳地以葬親，多屬素豐之輩，彼其人不惜貲財，廣延地師，至相有吉地，又不惜千金購買，宜其富貴屢代不絕。胡乃數傳之後，好覓地者，富貴或轉爲貧賤，不覓地者，貧賤或轉爲富貴乎。且地師更用《羅經》以惑人，不特欺無知之人，彼識字明理者，亦往往爲其蒙蔽。嘗考其《羅經》有五行焉，有七政焉，有十二宮焉，有二十八宿焉，更有北斗七星焉。十二宮者，謂日所行之度，每月在一宮，如古時日在鶉首者，今則日在鶉火，每差一宮，古與今已不同矣。又《虞書》言齊七政，謂五大星應五行，與日月爲七政，不知五大星之外，尚有兩大行星，以五星應五行，其說仍未當也。蓋天上之行星，大者有七，不止有五，而小者一百六十有餘。地球則同五星而運行，月則隨地球而行，行星則旋繞日光而行。可知七政之名，自古言之，而今亦不得據以爲準。又謂北斗七星，其斗柄所指，可以驗二十四氣，不知今斗柄離北極甚遠，與古時近北極者不同，正不能以斗柄驗節氣也。又如廣東在赤道之北，約離赤道二十三度，北京則離赤道四十餘度，所以節氣與廣東若不同。而滿洲蒙古節氣，亦殊於廣東，若新金山地方，在赤道之南，其節氣則與廣東相反矣。古人尚未體察至此，若專靠斗柄所指，曷足爲準。且《羅經》中有指南針以定南，每謂南方離北極，其地甚暖。不知南極之地亦甚冷，以其離赤道至遠，如北極之離赤道無異，蓋日之不能照臨其上，故皆甚冷也。且《羅經》多言五行之生尅，以爲金能生水，不知火亦能生水。如養氣混於輕氣之中，以電火燒之，其聲暴烈，遂化爲清水，豈非火亦能生水乎。又曰木生火，不知金石相擊，亦能生火，而水中亦有火，人固不知耳。則五行生尅之說，又安可執滯乎。邇來西國格物化學，精於古人，故五行不得以囿之。地師《羅經》中，又有載律呂之數，《易經》之數，或河圖洛書之數。律呂則言九數，《易經》則言奇九耦六之數，河圖洛書則言五數十數。又以天干地支，配合爲六十花甲之數。夫二三則爲六，三三則爲九，二二則爲四，二四則爲八，以成八卦。再以八卦重之，則成八八六十四卦，又以六成之，則爲三百八十四。又六十花甲之數，以六成之，得三百六十之數，爲天之度，與三百八十四不同。然則其《羅經》之數，夾雜不符，安得與天地之數，星辰之數合哉。又謂五行同五星，所以能生六氣，六氣能生二十四節。不知古人言八卦，以乾坤爲天地，其中六卦爲六行，則言天地生六行，非生五行。其說不一，是知五行不能生六氣，六氣不能生二十四節也。地師又用《羅經》以定向，謂陰陽之一張一翕，陽爲青龍，陰爲白虎，陽爲朱雀，陰爲玄武。不知東青龍，西白虎，南朱雀，北玄武，其坐位有定。若墳墓則有在山之東，有在山之西，有在山之南，有在山之北。山之東者屬青龍，山之西者豈能強青龍以屬我。準此以推，可知何方爲吉，何方爲凶。《羅經》本屬無憑，祇可惑愚人，而不可惑智者也。地師言山之形，有金形木形水形火形土形，以相生相尅。謂直上而頂平者爲木形，其餘金形水形火形土形各有所指。豈知金星，古人有言，太白長庚啓明者。木星，有言歲星攝提者。水星，有言辰星者。火星，有言熒火者。土星，有言塡星地侯鎮星者。可知木星實與木不關涉，金星實與金不關涉，安得山形屬木，上應木星，山形屬金，上應金星，而強名爲金木水火土之形乎。地師又謂氣來此地便吉昌，不知其吉昌在人，不在氣。如人在遠方做生理，居住之屋，其氣焉能遠去旺他。即山墳亦然，人各一方，其氣焉能遠旺於他所。可知吉昌在人之才德，不在其氣之護蔭也。又或做生理虧本，或功名不遂，亦多咎於風水，而不察其所由來，以返身而自責，實屬謬

妄。又有人身多病，歸咎於屋宇風水之不利，豈知或水土不合，或不能謹愼身體使然，非關風水也。如曰風水，何以他人居之，則無病，一對觀而可明矣。又世人畏風水之有煞，門口或懸八卦，或懸貔貅獅子之類，未嘗有吉利之徵，甚覺愚蠢可笑。至於改風水者，山嫌其不平，則掘平之，嫌其不高，則墊高之。或又用七星旗以擋煞，與小孩之耍弄無異，人俱不能吉昌，實助地理先生以發財耳。況今人言墳墓不利，離親人甚遠，焉能爲禍於人。論風水者，又焉能取死人之骨，禍福與人。墳墓之魂魄，焉能遠祝福於人。可知地師俱皆欺人之術也。泰西信耶穌之國者，不言風水，亦不信風水。即如開礦以取五金之利，在中國以爲有壞風水，而泰西則盡開礦之利，故國日益富強。又如開火車路，地之不平者，鑿之使平，山之有阻者，鑿之以通路。在華人則以爲有礙風水，掘斷龍脈，不肯爲此，而泰西既有火車，運貨便宜，往來利捷，何不利之有。國人即不覓風水，爲士者亦可致貴，爲商者亦可致富。惟篤信耶穌道理，以順上帝之命，勇於爲善，以聽上帝之錫福耳，豈藉風水以邀福哉。今中國風水之書，多言丁財貴以悅人之觀覽，不知爲禍爲福，皆上帝所降。孔子言，富貴在天。《詩》又言，受天之祜。又曰，受祿於天。又曰，天錫公純嘏，眉壽保老。可知富貴壽考，悉天帝所賜，倘謂風水可致福，則上帝之權亦可奪矣，豈有是理哉。是知談風水者，與聖人道理不同，與耶穌道理更不合。蓋西國葬死者，預定其地，不許人亂葬，故墳墓皆有定處，而不多占土地。乃中國好尋風水，到處亂葬，棄地甚多，而愈占愈廣。西國起屋宇，不擇地，不擇日，亦甚吉昌。中國人圖吉地，言某星屬某地，趨吉避凶，而往往凶不能避。且不知星有大於地球者，又安能屬各處之地，其亦謬妄之甚耳。夫西國從理之人，能究物理，依理而行，所以人多興旺。今中國人好用虛假，徒貪興旺，反多衰敗，何不深思其故耶。夫人心田之無虧，即福地之在邇，子孫耕之，長久不盡。人欲爲子孫圖謀，愼無惑於風水之說，作此徒勞無益之事。即業是術者，亦當廢然思返，勿虛張浮言以騙人可也。

又卷四　惟耶穌教，功崇惟志，業廣惟勤，凡事悉由心性以歸於情理，雖未嘗以學問教人，而凡有學問之國，無不以耶穌爲依歸。斯其所以極深研幾，以爲格至之助者，既非釋道二教之可比，亦與儒畧有不同。蓋道教沉溺於物，凡物之有合於己者，則以爲是，物之不合於己者，便以爲非。是以物役其心，而忘心性之所在，故萬事皆爲物之所拘。即楊朱老子之流，亦如出一轍，但老子得氣之清，楊朱得氣之濁，其言尤多悖理。若釋教似歸於心性，而悉絕外緣，不愛萬物，凡事祇重內心，而以外物爲虛無，是又失卻物之本性，而不能用物。

又卷五　儒釋道三教，各有其經，儒教之經，以脩身爲本，道教以清淨爲歸，釋教以虛無爲尙。儒經言脩身以及仁民愛物，誠善矣，而道教之清淨，釋教之虛無，其經中教人潔身寡慾，亦有合於聖道者。然道家得一清字，凡處外物，俱貴清潔，所以其氣歸於輕清，其教則歸道一邊，所以不令人勉強以行道也。儒教則責人以行道，歸重人一邊。儒教道教，其大畧相同，而道教清淨，則歸於主靜，主靜則類於陰，儒教脩身，則歸於主動，主動則類於陽，此道與儒不同之處也。而釋教則悟道理於一心，而外物俱視爲空寂，不特離儒教遠，離道教亦遠矣。儒經則言天命之性，道經言道生五行，而五行則重金木，故有木公金母之說，釋經則言輪回之事，此三教論人心之不同也。儒教言聖賢死後爲神，且儒經言祭鬼神，可享其馨香，不祭則無歸之鬼，可以爲厲，故今之祭厲，其意即祀餓鬼也，此儒教之言歸結也。道教謂脩煉得清淨，功德完成，則登仙而去，亦能享受人間香火祭物，且可攜妻子以登仙，而有天仙地仙人仙之分，此道教之歸結也。釋教謂功圓行滿則爲佛，不受輪回，終則歸於虛無，不享人間之物，此釋教之歸結也。成仙成佛成神，各處爲建廟堂以祀，如呂純陽之廟，鄭安期之廟，關帝之廟，及各處寺觀之佛。世人之求其扶助庇佑者，香烟禮物，供養備至。即先聖賢之廟，各省俱有，香烟祭物，到處皆然。夫神仙佛，其果能以一身，受各處之香烟祭物耶，此三教不明祭之大原。眞理不明，故令人心如此之昧昧也。

拜上帝教總部

神祇部

皇上帝

綜述

《頒行詔書》 天父皇上帝，當初六日造成天地山海人物，皇上帝是神爺，是魂爺，無所不知，無所不能，無所不在。天下萬国，俱有記及皇上帝之權能。溯自皇上帝造有天地以來，皇上帝大發威怒屢矣，爾世人還未知乎。皇上帝第一次大怒，連降四十日四十夜大雨，洪水橫流矣。第二次大怒，皇上帝降凡，救以色列出麥西国矣。第三次大怒，皇上帝遣救世主耶穌降生猶大国，替世人贖罪受苦矣。今次又大怒，丁酉歲皇上帝遣天使，接天王昇天命誅妖，復差天王作主救人。戊申歲皇上帝恩憐世人之陷溺，被妖魔之迷纏。三月上主皇上帝降凡，九月救世主耶穌降凡，顯出無數權能，誅盡幾多魔鬼。埸埸大戰，妖魔何能鬬得天過。且問皇上帝何怒，乃怒世人邦邪神，行邪事，大犯天條者也。爾世人還未醒乎，生逢其日，得見皇上帝榮光，爾世人何其大幸。生遇其時，得見太平天日，爾世人何其大幸。好醒矣，好醒矣。順天者存矣，逆天者亡矣。今滿妖咸豐原屬胡奴，乃我中国世讎，兼之率人類變妖類，拜邪神，逆眞神，大叛逆皇上帝，天所不容，所必誅者也。嗟爾團勇，不知木本水源，情願足上首下，瞞高天之大德，反顔事讎，受蛇魔之迷纏，忘恩背主。不思己爲中国之善士，本屬天朝之良民，竟輕舉其足於亡滅之路，而不知愛惜也耶。況爾四民人等，原是中国人民，須知天生眞主，亟宜同心同力以滅妖，孰料良心盡泯，而反北面於讎敵者也。今各省有志者萬殊之衆，名儒學士不少，英雄豪傑亦多，惟願各各起義，大振旌旗，報不共戴天之讎，共立勤王之勳，本軍師有所厚望焉。本軍師體上帝好生之德，痌瘝在抱，行仁義之師，胞與爲懷。統帥將士，盡忠報国，不得不徹始徹終，實情諭爾等知悉也。獨不思天既生眞主以御民，自必扶天主以開国。縱妖魔百萬，詭計千端，焉能同天打鬬乎。但不教而誅，問心何忍，坐視不救，仁者弗爲。故特剴切曉諭爾等凡民亟早回頭，拜眞神，丟邪神，復人類，脫妖類，庶幾常生有路，得享天福。倘仍執迷不悟，玉石俱焚，那時噬臍，悔之晚矣。

【略】

予惟天下者，上帝之天下，非胡虜之天下也。衣食者，上帝之衣食，非胡虜之衣食也。子女民人者，上帝之子女民人，非胡虜之子女民人也。慨自滿洲肆毒，混亂中国，而中国以六合之大，九州之衆，一任其胡行而恬不爲怪，中国尚得爲有人乎。妖胡虐焰燔蒼穹，淫毒穢宸極，腥風播於四海，妖氣慘於五胡，而中国之人反低首下心，甘爲臣僕，甚矣哉，中国之無人也。夫中国，首也。胡虜，足也。中国，神州也。胡虜，妖人也。中国名爲神州者何，天父皇上帝眞神也。天地山海是其造成，故從前以神州名中国也。胡虜目爲妖人者何，蛇魔閻羅妖邪鬼也，韃靼妖胡惟此敬拜，故當今以妖人目胡虜也。奈何足反加首，妖人反盜神州，驅我中国悉變妖魔。罄南山之竹簡，寫不盡滿地淫污，決東海之波濤，洗不淨彌天罪孽。予謹按其彰著人間者約略言之，夫中国有中国之形像，今滿洲悉令削髮，拖一長尾於後，是使中国之人變爲禽獸也。中国有中国之衣冠，今滿洲另置頂戴，胡衣猴冠，壞先代之服冕，是使中国之人忘其根本也。中国有中国之人倫，前僞妖康熙，暗令韃子一人管十家，淫亂中国之女子，是欲中国之人盡爲胡種也。中国有中国之配偶，今滿洲妖魔，悉收中国之美姬爲奴爲妾，三千粉黛，皆爲羯狗所污，百萬紅顔，竟與騷狐同寢。言之慟心，談之污舌，是盡中国之女子而玷辱之也。中国有中国之制度，今滿洲造爲妖魔條律，使我中国之人無能脫其網羅，無所措其手足，是盡中国之男兒而脅制之也。中国有中国之言語，今滿洲造爲京腔，更中国音，是欲以胡言胡語惑中国也。凡有水旱，略不憐恤，坐視其餓莩流離，暴露如莽，是欲我中国之人稀少也。滿洲又縱貪官污吏，布滿天下，使剝民脂膏，士女皆哭泣道路，是欲我中国之人貧窮也。官以賄得，刑以錢免，富兒當權，豪傑絕望，是使我中国之英俊，抑鬱而死也。凡有起義興復中国

者，動誣以謀反大逆，夷其九族，是欲絕我中国英雄之謀也。滿洲之所以愚弄中国，欺侮中国者，無所不用其極。巧矣哉，昔姚弋仲，胡種也，猶戒其子襄使歸義中国。苻融，亦胡種也，每勸其兄堅使不攻中国。今滿洲乃忘其根源之醜賤，乘吳三桂之招引，霸占中国，惡極窮凶。予細查滿韃子之始末，其祖宗乃一白狐一赤狗，交媾成精，遂產妖人，種類日滋，自相配合，並無人倫風化。乘中国之無人，盜據中夏。妖座之設野狐升據，蛇窩之內沐猴而冠。我中国不能犂其窟而鋤其穴，反中其詭謀，受其淩辱，聽其嚇詐。甚至庸惡陋劣，貪圖蠅頭，拜跪於狐羣狗黨之中。今有三尺童子，至無知也，指犬豕而使之拜，則艴然怒。今胡虜猶犬豕也，公等讀書知古，毫不知羞。昔文天祥，謝枋得誓死不事元，史可法，瞿式耜誓死不事清，此皆諸公之所熟聞也。予總料滿洲之衆不過十數萬，而我中国之衆不下五千餘萬。以五千餘萬之衆，受制於十萬，亦孔之醜矣。今幸天道好還，中国有復興之理，人心思治，胡虜有必滅之徵。三七之妖運告終，而九五之眞人已出。胡罪貫盈，皇天震怒，命我天王肅將天威，創建義旗，掃除妖孽，廓清中夏，恭行天罰。言乎遠，言乎邇，孰無左袒之心，或爲官，或爲民，當急揚徽之志。甲胄干戈，載義聲而生色，夫婦男女，攄公憤以前驅。誓屠八旗以安九有，特詔四方英俊，速拜上帝以獎天衷，執守緒於蔡州，擒妥懽於應昌，興復久淪之境土，頂起上帝之綱常。其有能擒狗韃子咸豐來獻者，或有能斬其首級來投者，或又有能擒斬一切滿洲胡人頭目者，奏封大官，決不食言。蓋皇上帝當初六日造成之天下，今既蒙皇上帝開大恩，命我主天王治之，豈胡虜所得而久亂哉。公等世居中国，誰非上帝子女。倘能奉天誅妖，執蝥弧以先登，戒防風之後至，在世英雄無比，在天榮耀無疆。如或執迷不悟，保僞拒眞，生爲胡人，死爲胡鬼，順逆有大體，夏夷有定名，各宜順天脫鬼成人。公等苦滿洲之禍久矣，至今而猶不知變計，同心戮力，掃蕩胡塵，其何以對上帝於高天乎。予興義兵，上爲上帝報瞞天之讎，下爲中国解下首之苦，務期肅清胡氛，同享太平之樂。順天有厚賞，逆天有顯戮。

【略】

天生天養，凡屬天父上主皇上帝子女者，又諭救一切中国人民，從前不知大義，悮幫妖胡，自害中国者曰，爾等盡是上帝子女，爾等知否。本軍師實情諭爾等，爾等肉身是爾凡肉父母所生，爾等靈魂是上帝所生。上帝是本軍師親爺，亦是爾等親爺，又亦是天下萬国人民親爺，此所以古語云，天下一家，四海皆兄弟也。

《眞神獨一皇上帝》　皇矣上帝，神眞無二也。夫猶是神也，得其眞者，非獨一皇上帝而何。且自三代而下，神靈每操禍福之權，然僞妄者恆多，眞正者恆少。自聖人出，去其僞而復其眞，猶恐人不知至眞者之果何屬，故特指一眞實無妄之神，以明其寡二而少雙也，玆不禁穆然於皇上帝矣。今夫當建業之初，惟念予懷於順則，値開祚之始，當凜帝謂於無聲。此石言怪誕，聖人所以斥其非，有赫明昭，王者所以隆其號，何也。諸神皆非眞神也，眞神獨一皇上帝也。人心之不古也，妖魔多惑其良貴，而不知眞神之照臨孔昭，當聖王興必有以杜其弊矣。夫名山大川，非無形貌以示衆，而究不若皇上帝之獨有加嚴者，知羣黎之憔悴，憫憔悴者此也。慮億兆之倒懸，解倒懸者此也。維皇上帝，其眞正孰有與於斯哉。世運之方興也，隱怪不迷於寸衷，而咸知眞神之鑒觀弗爽，有王者起，先有以格其心矣。夫風雲雷雨，豈無位號以彰尊，而要獨由皇上帝之令出惟行者，見庶民困於旱乾，救旱乾者此也，念下民阨於水火，拯水火者此也。上帝是皇，其眞實誰能過乎，是哉。皇天震怒，令我天兄而捨命代人，將以復漢族數千年之餘業，以鼎新夫世宙，自非上帝居歆，眞神默牖於其間，何以攘泯棼之敝俗，而煥其文章，此其神之無有匹休也。獨一皇上帝，誠克當此而無忝。上天眷顧，不惜太子而降之凡間，於以起天朝數百代之景命，以大展其功德。自非上帝時歆，眞神保佑於其際，何以體帡幪之隱念而廣其動庸。此眞神之未有並美也。獨一皇上帝洵能任此而無慚，後此常願皇上帝之鑒觀不貳者矣。

《天理要論》　且天地之間先有上帝，爲極大權能，造化萬物，管理萬靈者也。

天有上帝，乃正天理，合人心，古今賢愚莫之能逆焉，然則豈非有理哉。

賞善罰惡，報應公道，由上帝出。倘使国王私心，有司不公，人民受枉，非上帝伸寃枉，則誰可審明乎。

以此言之，天有上帝方可有物。既有上帝，則人該敬之，望其庇佑，

畏其聖怒也。

且也見有工，則知必有工人。遇宮室，則思惟有所建之者。且天地宇宙似如大屋，萬物所住焉。造此大屋，必有大工，況物越好，其工越大，斯非上帝則誰乎。

上文已論天有上帝，開闢天地，造化萬物。今且再論是上帝必權能極大，方可造成此大天地，管理此多人物也。

且上帝極大，則獨一無二可見矣。凡言極字，不容匹件，蓋有一極不能二極。設有二上帝平大，則無一極，既無一極，誰造天地耶。

且上帝造天地必在天地之先，而天地受造，必在造者之後。故先天地者，斯乃上帝也。且在起初，獨一上帝最先，若有他神更先者，則此上帝不能最先，而其極大之名廢矣。

且廣視天下萬物，皆有其本，人乃人生，草由草發，各生其類。但其初先，一人一草由何而來耶，豈非有本乎，此本乃歸上帝。且上帝無本之元本，無極之大極，自然而然，生出萬物，而無所生之者也。

再者，萬物各類，只一本足矣。一人既有，足生萬人，一草發起，萬草可發，一父足以生闔家子女，一王足以治天下国家。如此可見，天父上帝足生萬物，獨一眞神主宰其中者也。天父上帝則無所不能，欲爲者則爲之，而無能逆焉。如有能逆而上帝無奈之何，則上帝亦非上帝矣。況全能之勢，不能分部。設有二全能者而彼此相逆，誰能勝哉。如一位得勝，則彼獨一全能者，若勝負不分，則無一全能者，然則孰爲天地乎。

凡物有所賴，人賴天地，天地賴上帝。設無天地，世人自何而立。假使無上帝，天地由何而來耶。然則上帝無所賴也。未有天地，上帝自有，天地窮盡，上帝常在。不須有立處，上帝安居，不用人奉祀，上帝永活，可見上帝無所賴也。且無所賴者獨一無二，上帝無所賴，而萬物賴上帝，可見上帝獨一無二也。

設有二上帝，則可有十上帝，千萬上帝。然則天地何能容之哉，極大全能之上帝，安可得無數乎。必乃一上帝，自然而然，萬人所賴。而上帝之外，別無他主也。

【略】

夫有上帝，故有其名，使人可知以稱之也。上帝既大，必有大稱，不然則不合矣。

大稱之中莫如天，故稱上帝者用天一字可也。

且怕人看差以天内爲天，故加一主字更善。若只用天字，意怕不通，獨用主字，稱不足大，惟天主兩字，指最大之神，極靈之天，甚善。以神主稱上帝可也，在天地之中，獨上帝爲主，管理萬物者也。但勿認差，以神主當作世人從妖引訟之神王，則爲錯不小矣。

夫上帝所遺詔書，此詔多論神情，屢述其名曰爺火華，意即自然而然常在之上帝也。然不解之，恐無人識矣。上主至尊至大至能之稱，天上主宰獨一無二也。

但稱上帝名號宜然，細心思想，不可認錯。若《書》經所謂，上帝是祇。惟皇上帝，降衷於下民。敬事上帝則是，惟邪魔道教，所號玉皇上帝，正月初九有生日者，則錯而又錯矣。但天主上帝無生無死，無初無終，乃永遠常有，是故不同耳。

有人以天地指上帝，因所見所聞者，若如天地，大盡極善，不可量度。然首上天雲，足踏土地，與此所言上帝不同。天地有形得見，有窮有盡，上帝在天中，無始無終，不昇天者不得見之。又天地轉動如器具，所動之者則上帝也。

天地乃受造之物，所造之者上帝也。可見天地與上帝不同，故以天地稱上帝，又大錯也。皇天后土以稱上帝，亦未盡善。因皇及后指男女雙辰，然上帝獨一眞神，無數目之算，無男女之分，所以此名切不可用也。

神明兩字以指上帝，亦不可也。蓋因常人呼神明，是指大伯公木石偶像，人手所作者，比造天地萬物之主宰，大不相同矣。上帝純靈，與物大異，不在萬物之中，不與宇宙相雜，乃全然純善，無能可度也。

物可分小增大，極細可分再細，極大可加更大。惟上帝精微不可分，廣大無可加，雖欲增大廢小，分釐不得也。

物有頭尾左右邊角上下，其大可量，其闊可料，其高可算，其遠可度。然上帝無限無量，無方無向，靡有天啓。賢人尚且不明，常人何能盡知哉。

物有興廢成敗，国有存亡，地裂山崩，最固甚耐，有時傷敗。惟上帝常在，永遠不休，千代萬年，不老不死也。

物不得一時兩所，然上帝時常鑒觀萬所也。

又不得一所兩物，然萬所在同共有上帝也。

如是上帝與物相對，既論明矣。今且議論上帝純靈，何謂也。且靈乃最善，奧微之精氣，明通之神叺，能思想細察，主張立志，記往推來，彼此分別，東擇所好，西棄所惡，斯乃所謂之靈也。天下萬物皆被上帝所造，故不得自專。有的順服爲善靈，有的頑逆爲惡鬼。然天靈即上帝，無雜於物，又非受造，故獨能自專，清潔純微，極大之靈，主管生民，治理萬衆也。上帝乃極清之靈，至誠最純之神。他靈常陷事物之中，未免污染軟弱之下，然上帝能超出事物之外，至尊至貴，無分釐欠缺焉。

上帝造天地，故必乃靈也。蓋物不能自作，木石不能自集成屋，必該有通曉者思想計策，動手出力，則可成功也。在此亦然，若上帝非靈，立策致能，以造天地，則此萬物由何能成乎。

上帝純一無參，不分不合，故必爲靈，與物不同。物若分開，可成數件，數物和合，可爲一物。惟上帝永一無二，故上帝乃靈也。

上帝無窮無盡，故必爲靈。凡物之大者亦有限量，洋海最闊，尚有其涯，天雲甚高，亦有其頂。然上帝無可度量，故必乃靈也。

蓋謂上帝神靈無二，居坐天中，則敬上帝者不可作偶像，以表上帝，或奉祭祀以主其靈也。蓋靈者眞神，故造老人之様，作武將之態，以爲似神而敬之，則非也。或只寫神字福字，以定神位而敬之，亦非也。且眞神在高天主宰，非在凡間。若設像而拜之，錯入妖魔之路，中妖魔之計，妖魔則冒神號而騙人間之食矣。乃拜神者該空中屈身，精理獨立，敬之尊之。求其保佑，望其賜福，俱免香燭財寶避臭之物，只將上帝造下養人之伍穀牲饌虔具，心內懷敬，口中頌讚，斯乃大禮也。至於世俗所用以服事邪神，皆爲張様瞞目而已。君子之人，切宜愼之。

蓋上帝常在，無時不有，自永遠至永遠，通於萬古無數之代，無初無終，無生無死也。

且永遠者，無窮之意也。千年萬年，又千萬年，未到永遠也。設有銅池，極密最細，萬年之久，只出一點水，待至洩盡，何等久哉。然銅池以大海爲之，又使萬年洩出一點，待及流盡，尚未到永遠。乃永遠之年，還在前頭，不缺一些，大哉遠哉，久哉長哉，永遠之年。而通此永年，上帝仍在也。

人生在世，只半百歲，朝代之久，惟八百載。自開天到今，不過六千年，屈指可算。然而永遠則無可算焉，出乎數目之外，超乎度量之上，人心所想不到，只上帝能充滿之。

永遠有二，先一後一，過往已有無窮之年，未來將有無盡之載。上帝之生活，通徹此二者，自先之永遠至後之永遠，上帝常立也。

物有初有終，似草木禽獸，其初可記想，及其到終，可立而待也。靈有初無終，萬物之靈，皆天主所造，則有其初，惟不得毀亡，則其無終。至於上帝，自永遠常在，最永遠必有，則無初無終也。

天地萬物，非自永遠，乃被造化，則有起初。惟上帝永遠，自然而然，則無起初也。設上帝有起初，則有所生，上帝有所生，則請問生之者誰耶。誰能生上帝，爲上帝父母耶。設有能生上帝者，則彼乃上帝，而此非上帝矣，因由他而生者必服其統轄也。故上帝無所生，上帝既無所生，亦無本末，乃永遠常在，自然之神也。

天地萬物，不到永遠，乃將窮盡，則有所終。惟上帝到永遠，不窮不盡，則無所終矣。設上帝有終，則有死亡，上帝有死亡，請問能致上帝於死亡者誰耶。誰能毀傷上帝，與上帝爲仇讎耶。設有能毀亡上帝者，則彼乃上帝，而此非上帝矣，蓋由他而傷亡者必服其力也。然而上帝無載無終，永遠常在，自然而然之神也。

且上帝永有，則無年紀，無歲數也。倘若有之，請問其略，或千年萬年，或千萬億年，想必有定數。若以萬年限之，則那萬年之先，有何物呢。而先那所有之物，有幾多年紀乎。或亦有物，其所由來者，請問其所由來之物，亦有幾歲呢。此問既答，還有千問萬問所不能答。然則可認上帝永在此論，若識透此理，諸疑自解矣。

上帝之永年，出乎千萬之上，超乎諸數之外，無多無寡，無先無後。人生自一至十，自十至百，多一日則老一日，多一年則老一年。然在上帝，一日如千年，千年如一日，此道奧微，誰能量度耶。

世人常流變動，無時一然，惟上帝安靜如常，無時不然。人之年紀，比之河水，日日狂流，時刻改變。今日之水，非昨日所流者，又明日復有

他水將來也。但上帝之永遠，比之河旁之石，任水狂流，自安不動，昨日，今日，明日亦常在焉。任人遷流亡廢，上帝萬世一然，古今後無時不在焉。

上帝之永遠，乃自然而然，非由外至，非托於物，不靠人而生，不以人而亡。常立安穩，時有生活也。上帝之永遠，亦本然有像。有人必有生，設無生命，其人安在乎。如是有上帝必乃永立，使不永立，上帝何成乎。

上帝之永遠必然，當有不得不然。若上帝無永生，如何能造天地，保全萬物，賞善罰惡耶。是必有通於萬古，活於世世，乃可如是也。

惟上帝獨永遠，則其樂永樂，其壽永壽，其勢永勢，其德永德，其榮永榮也。儘宜喜愛，最宜恭敬，極宜尊稱，常宜讚善也。

昔有聖人摩西適見神位，問其名。曰，我乃自然而然之神也。可見非言已然，又不說將然，乃時稱自然而然，古今後一然之上帝也。

上帝稱己名自然而然者，非言自己獨在而他人不在，只言上帝以己力自在，而本然常然，永然生活。世人以主德而有，上帝以己力獨在，故曰自然而然也。

萬物待造方有，未造之先自永遠未有，萬物消盡方無，消盡之後至永遠亦無。然而上帝不受造化，不見消亡盡廢，故永遠而有也。

且上帝無變無化，無改無換，乃常時一然。

人常改作，飲食增氣，則乃勇壯，缺養廢力，則乃改弱。有喜事來，則乃改喜，有苦情到，則乃改憂。凡人有身體性情者，未有不改。上帝則不然，故能永遠不改也。

人自幼到老，自老到死，未免改變。今日老於昨日，明日老於今日，先幾歲未生，後幾年將死，豈不常改乎。然上帝無老幼生死，故不改耳。

上帝之永生，非日月所度，非世代所比。天地初開，上帝不算爲幼，天地窮盡，上帝不改爲老。上帝無時興起，無日廢亡，乃常一無變也。

凡物之改變，則可或多或寡。惟上帝不得加其福，不得減其樂，則何能改乎。

上帝有大不過之勢，永不休之業，故欲改之，必勝其大勢，脫其永業，否則不得改也。上帝之明智不改爲光暗，其力量不改爲大小，其福樂不改爲高低，其聖善不改爲進退，及凡屬上帝者，永遠不改也。

上帝之旨意永無變易，非今日如此如此，明日非然非然，乃常時一樣。蓋上帝之智，足以謀事，而其力量，足以成事。故所謀者無不成就，而旨意一立，永不變易也。古語說得好，謀事在人，成事在天。千算萬算，不如天一算，誠哉斯語乎。

上帝之法度永遠一然，分別好歹，賞善罰惡，依公道從事，照仁義所行，不改平常之法，不離當然之路，仍舊理事，總不改變也。

上帝之聖書，永遠不改也。昔有天啓，載上帝詔命，許誘善人，嚇殺惡黨。且上帝不改，則其書無易，而此所述之應許，所傳之嚇言，永不改廢。其一可喜，其一可懼也。

上帝無處不有，無所不在。體物而不可遺，尺地而不可離，純純渾渾，一團太和之氣，佈滿宇宙，洋洋乎如在其上，如在其左右，上下四傍，無往不在也。上帝之靈，充滿天地，而天地外無不之及焉。行乎無形之域，立乎大素之外，遍遊幽墟之中，出入杳冥之間，大哉奇哉，可無度也。

上帝無邊不及，無邊不到。東西南北，上下左右，高於鳥飛所及，深於魚躍所沈，遠於日光所照，遙於人心所想。倘天上另加萬天，在那極崇處上帝亦到。若地外另排萬地，在那極遠處上帝亦在。又愈高愈遠數萬萬載，上帝亦無不赴焉。

且上帝有在，爲自然之理。既有在，則必有所在，既有所在，則或一一所在，或萬所在。倘上帝有在一所，則萬所無上帝，且萬所無上帝，則上帝之所無多於其所有，是則何能成上帝乎。然而上帝共在萬所，則到處皆有，且上帝之所有，多於其所無，是則爲上帝之驗明矣。

上帝無所不在，以功可見矣。蓋其功極大，掌握天地，坐於高天之中，能化育萬物。若近於萬物之所，則屋漏必見，秋毫亦察，可見上帝無所不在也。此理可令惡人恐怕，暗室所爲，難逃天鑒。上帝常在省察行爲，而將刑罰照其公平。屋漏有神，念慮即其神，明旦有天，方寸就是天。暗光爲一，遠近相同，因上帝無所不在故也。

上帝之才能，極大全備，周圍遍行，莫之能逆焉。上帝大能，超出萬有上，而萬權勢在上帝手下。物之氣力皆由上帝，且上帝乃諸能之源也。

他人有能，比之神能，似如無物。世人之能，自幼漸大，老來力弱。惟上帝之能常然有之。人之力有限，極之不能扶千斤，齊之不能移山倒海，惟上帝之力無盡無量，宇宙内無不及焉。上帝無所不能，六合之中，無非上帝所能爲之事，萬件之項，無非上帝所能勝之物。演然闊大，上帝之能也。

在世人有多不能，在上帝無所不能也，無所不能者，大哉言也。天高而得及，海深而能探，星多而能算，人衆而能管，事亂而能齊，窮居而能救，斯皆上帝之所能也。

物各有一能，鳥能飛，魚能遊，獸能走，人能語，每有所長，乃上帝則無所不能也。

最難之事，在上帝爲易，行之不須人助，成之皆無厭倦，自無生有，千變萬花，如反手之易也。上帝之全能無可盡也，日照天下，乃盡其光，木石墮地，盡力下降，然上帝之力永不用盡也。

【略】

上帝之全能，以明智度之，以仁義行之，不隨性情，不任私意，如我凡世人也。

上帝有全能，則其慈悲可大發，其公道可勢行，其明智可有用，其眞實可照約也。不然，則斯諸德行俱空虚矣。上帝之全能乃永遠在焉，其憐憫或可盡，其忍耐或可止，惟其全能常久不廢也。

上帝無假言騙人，無爲非作歹。上帝至聖，無不好善惡惡，其亦極公，不能賞有罪，殺無辜。其又全知，不能忘記所往，不能不料未來。其也永眞，不能背約食言也。

《聖書》云，子弟乃大，又大其力。其所能無窮盡也。

耶穌云，在人間有多不能，在上帝無所不能也。

《資政新編》　上帝之名，永不必諱。天父之名，至大、至尊、至貴、至仁、至義、至能、至知、至誠、至足、至榮、至權，何礙一名字。若説正話、講道理，雖千言萬語亦是讚美，但不得妄稱及發誓褻瀆而已。若諱至數百年之久，則又無人識天父之名矣。況爺火華三字乃猶太土音，譯即自有者三字之意，包涵無所不知、無所不能、無所不在、自然而然、至公義、至慈悲之意也。

《天命詔旨書》　天父親身下凡教導衆小，見有衆小不遵天命，場場行事，多有不同心，今天爾食何飯，爲何事。差爾誅妖，何不同心，何不同力，何不同向前。天父講過，自今以後，誅妖有一個小不去，有一個小臨陣，眞眞莫道天不知。爾已知得認得天父有能，衆小遵命，再逆者莫怪。各小眞心放膽理天事也。

【略】

天王詔令，通軍大小兵將，各宜認實眞道而行，天父上主皇上帝纔是眞神，天父上主皇上帝以外皆非神也。天父上主皇上帝無所不知，無所不能，無所不在，樣樣上又無一人非其所生所養，纔是上，纔是帝。天父上主皇上帝而外，皆不得僭稱上，僭稱帝也。繼自今，衆兵將呼稱朕爲主則止，不宜稱上，致冒犯天父也。天父是天聖父，天兄是救世聖主，天父天兄纔是聖也。繼自今，衆兵將呼稱朕爲主則止，不宜稱聖，致冒犯天父天兄也。天父上主皇上帝是神爺，是魂爺。前此左輔、右弼、前導、後護各軍師，朕命稱爲王爺，姑從凡間歪例，據眞道論，有些冒犯天父，天父纔是爺也。

《欽定軍次實録》　東西南北，永定無移，春夏秋冬，變化靈奇。誰爲主宰，上帝是依。若非詮權，無所不能，豈斯萬物，故呼爲天。上帝智慧，莫可言宣。飛潛動植，有天有日，洷至高深，極至無極。人爲天造，天誰人識，惟聖與智，庶乎其筆。

《天情道理書》　爾等弟妹，今日得見太平天日，共沐天父上主皇上帝榮光。須知天父上主皇上帝恩德，悉心認實天父上主皇上帝是獨一眞神，天父上主皇上帝而外皆非神也，又並無有何物冒得天父上主皇上帝功勞。天下萬郭，人人皆是天父上主皇上帝所生養，所保佑，是天父上主皇上帝，乃天下萬郭人人大共之父，無一人不當感戴，無一人不當敬拜。不觀天王原道救世歌云，開闢眞神惟上帝，無分貴賤拜宜虔。正謂此也。試思上古之世，祇有眞道，無論君臣士庶，皆是崇奉皇上帝。《書》曰，肆類於上帝。又曰，惟上帝不常，作善降之百祥，作不善降之百殃。《詩》曰，昭事上帝。又曰，克配上帝。孟子曰，雖有惡人，齋戒沐浴，則可以事上帝。從可知上帝當敬。簡篇猶存，彰彰可考。【略】　天父皇上帝，因世人悖逆罪大，第一次大怒，連降四十日四十夜大雨，洪水横流，沉沒世

人。惟挪亞一家，平日崇拜天父上主皇上帝，是以仰賴天恩，幸得獨存，此天父第一次大怒大權能大憑據也。自洪水之後，有麥西郭妖狂立志昏庸，被鬼入心，嫉妒以色列敬拜上帝，苦害侵之。而天父大怒，救以色列出麥西郭矣，此天父第二次大怒大權能大憑據也。【略】壬子歲，時在永安州，糧草殆盡，紅粉亦無，妖魔數十萬四面重圍，無路可出。是時妖魔知此情節，猖獗異常，俱自以爲得計矣。三月天父大顯權能，命我們弟妹同扶眞主，攻取桂林。其時移營冲圍而出，蒙得天父化心，俱各奮不顧身，打破銅關鐵卡，誅滅無數妖魔，直抵廣西省城，即將桂林圍困。嗣因城內百姓出城稟奏東王，稟稱城內倉庫空虛，糧草匱乏。東王見其勢窮力盡，大發仁恩，即令暫行解圍，別作良圖，以謀進取。爾等須知天父權能，無所不知，無所不能，無所不在，豈桂林一城獨攻之而不克乎。此皆天父默中使成，非人所易知耳。從自由桂林連破興安，泉州，道州，郴州等處城池，天兵所到之處，戰勝攻克，所向披靡，勢如破竹。由郴州至長沙，攻破城垣數次而又不遽進城者，此亦由天父默中使成而然也。若進長沙駐紮日久，則益陽等處江河船戶，不免爲妖魔哄嚇，遠遁他方，我百萬雄師，何由得舟楫之便，而沿流以破武瑲乎。此可見天父默中使成之權能也。自武瑲而至金陵，地經千餘里之遙，關津之險要若何，城池之堅固若何，攻取似非易易。即曰可勝，亦將曠日持久而後可耳。乃不過一月之久，由武瑲順流而東，歷江西，過安徽，直搗金陵，毫無阻滯。及至省城，其城垣之高厚，地方之遼闊，實有倍於他省者，攻之宜較難焉。孰知十日之間，一舉而成，金陵已垂手而得矣。若非天父權能，何能捷易若此哉。此又可見天父排定之權能也。由是觀之，我們今日天父天兄作事，欲使妖魔生即生，欲使妖魔死即死，略顯權能，即可掃蕩妖氛，四海昇平矣。天王詔旨云，任那妖魔千萬算，難走天父眞手段，江山六日尚造成，各信認爺爲好漢。可知天父之權能固無所不在也。然而天父不即誅滅殘妖者，大抵欲使我們弟妹堅耐心腸，倍加磨鍊，然後得享天父大福耳。

《天命詔旨書》　天父下凡又幾年，天兄護降苦同先。耶穌爲爾救世主，盡心教導本仍然。天父生全爲爾主，何不盡忠妄修前。爾們多有重逆令，我無指出膽如天。

皇上帝又曰，瞞天莫道天不知，天量如海也無涯。看爾些有無膽志，不做忠臣到何時。爾想三更逃黑路，不過天光怨鬼迷。各爲爾王行眞道，信實天父莫狐疑。

【略】

皇上帝曰，天父下凡事因誰，耶穌捨命代何爲。天降爾王爲眞主，何用煩愁膽心飛。

皇上帝曰，眞（衆）小今知兄前苦，何不心雄戰勝回。有志頂天忠報国，何嘗臨陣似屢屢。

皇上帝曰，自古死生天排定，那有由己得成人。靈認本是由天父，今時不醒做何民。

【略】

天父上主皇上帝殺黃以鎮曰，黃以鎮逆令雙重，雲中雪下罪難容。膽敢瞞天無信德，陣中兩草退英雄。眞神能造山河海，不信認爺爲何功。爾們衆小遵天誡，逆同以鎮罪無窮。

天父上主皇上帝曰，萬方兒小別家庭，離鄉立志做忠臣。前未勤王當虎豹，今知有主可成人。不信山中清貴止，亦念認爺立主眞。憑據權能天作主，未□敢碎妖如塵。

皇上帝又曰，千金千囑千瞞天，千時千話千閒言。千爾千要千新過，千祈千鍊千果然。

皇上帝又曰，萬方萬國萬來朝，萬山萬水萬飄遙。萬里萬眼萬鑽至，萬知萬福萬功勞。

天王詔令，各軍各營衆兵將，放膽歡喜踴躍，同心同力同向前，萬事皆有天父主張，天兄擔當，千祈莫慌。眞神能造山河海，任那妖魔一面來。天羅地網重圍住，爾們兵將把心開。日夜巡邏嚴預備，運籌設策夜銜枚。岳飛五百破十萬，何況妖魔滅絕該。

《幼學詩》

敬上帝

眞神皇上帝，萬国盡尊崇。世上多男女，朝朝夕拜同。

其二

俯仰隨觀察，都沾上帝恩。當初纔六日，萬樣造齊全。

其三

有割與無割，誰非上帝生。天恩虔荅謝，永遠得光榮。

敬耶穌

耶穌爲太子，上帝遣當年。贖罪甘捐命，功勞認實先。

其二

十字架難當，愁雲暗大陽。天堂尊貴子，代爾世人亡。

其三

甦後復昇天，煌榮握萬權。吾儕知倚靠，得救上高天。

天兄

綜述

《天情道理書》今日我們弟妹得邀拯救，皆賴天兄代我們一班弟妹贖罪之功勞，纔有今日。我們兄弟姊妹凡事當知倚靠天兄，時時認實天父天兄功勞，方得成人，方得轉天。本侯相竊念我們兄弟姊妹，荷蒙天父天兄救援陷溺，化醒迷懞，抛卻凡情，咸遵眞道，跋山涉水，不遠萬里而來，同扶眞主。甲冑干戈，載義聲而生色，夫婦男女，攄公憤以前驅。可謂立志頂天，眞忠報国矣。【略】迨至黄老入於秦，佛釋迎於漢，而魔鬼之惑人，日滋日甚，人人竟忘天父之恩德，將天父之功勞，妄認爲魔鬼之功勞。故天父鑒觀在上，見凡間人民從妖變妖，古古怪怪，不復成人。天父於是又復大怒，欲盡滅之則不忍於心，欲姑留之則不合於義，時有天父太子天兄耶穌大作擔當，願捐命代世人贖罪。天父上主皇上帝憫世情殷，愛人心切，以是不惜太子，遣之降生猶太国，代贖吾儕罪孽，以傳眞道。及贖罪之期至，爲人誣害，被釘十字架上，俾凡人倚賴寶血，得凈諸罪，以完成天父遺降捐代之恩。是天兄救世，天兄何等苦楚。迨死至三日，又復還生，仍與門徒宣講天情，四十日然後回天。且命門徒在番国廣傳福音，能信者轉天，不信者獲罪。所以眞道流傳於不朽者，又甚賴天兄之宣揚也。設非有天兄捐命之功勞，我們弟妹安得有今日乎。【略】即金田起義之始，天父欲試我們弟妹心腸，默使糧草暫時短少，東王西王誥諭衆弟妹概行食粥，以示節省。時有大頭妖在江口，全無一點眞心，藉名敬拜上帝，於沿江一帶地方滋擾虐害，肆行無忌，只圖目下快心，不顧後來永福。我們兄弟間有不知天父權能憑據者，因一時困苦，遂易其操，欲改其初志，同流合污，跟隨大頭妖，利其貨財，貪一時之衣食，幾爲所誘。蒙天兄下凡，喚醒弟妹，指出大頭妖乃是賊匪，實非眞心敬拜上帝之人。我們若隨其徒，必致中其計，受其惑，遭其荼毒，入其網羅，那時悔之將何及乎。於是衆兄弟聆天兄聖旨，憬然醒，恍然悟，因之不敢前往。未幾而大頭妖果然叛逆，我們兄弟幸已釋迷返悟，未受其害，且旋將妖黨概行勦滅。當其時若非天兄大顯權能，化醒兄弟，焉有今日之威風快活乎。此又可見天兄大顯權能之憑據也。

《資政新編》上帝是實有，自天地萬有而觀，及基督降生而論，是實有也。蓋上帝爲爺，以示包涵萬象，基督爲子，以示顯身指點。聖神上帝之□亦爲子，則合父子一脈之至親，蓋子亦是由父身中出也，豈不是一體一脈哉。總之謂爲上帝者能形形，能象象，能天天，能地地，能始終萬物而自無始終，造化庶類而自無造化，轉運四時而不爲時所轉，變通萬方而不爲方所變，可以名指之曰，自有者。即大主宰之天父上帝，救世主如一也。蓋子由父出也，視子如父也。若諱此名，則此理不能彰矣。

《太平救世歌》降及後代，年歲愈遠，根本愈失，漸爲妖魔迷害，忽然差入鬼路。坭團塑像，木偶裝金，種種邪行，何可悉數。故我天父皇上帝怒世人之狂惑，惜眞道之沉淪，特遣太子天兄耶穌降凡救世，受盡辛苦，代世人贖罪，功勞宏大，莫過於此。世人曉此救世捐命贖罪根由，則知天兄之當尊，更可知天父之當時時虔敬矣。

《欽定軍次實録》蓋皇上帝前允差己子，代世人受苦受死者，既成人身下凡，在十字架尚被釘流血。實天父上帝太子爲救世主，彰明世人知之，應允以贖人罪者，爲上帝大施恩典，以新天新地新世界新人心也。今天父上帝恐中国人仍執不醒，不信上帝權能，故降生我眞聖主主宰太平，除舊換新，以獲今世榮光，來生永福也。惟因世人無信，故先自立信於人間，而後令人信之，故凡信之者，必不失約於其人也。本軍師曾留心細核，無間可乘，故直信不疑，藉有目今榮光富桂平安也。至來世永福，吾

亦信上帝非如世人之肯失約者。故敢轉諭爾官民人等，放膽敬信，是我中国古來之常經，人生固有之秉彝，實信降衷下民之天父上帝，非信異端雜教之邪說也，勉之勉之。

妖魔

綜述

《天情道理書》且自有天地以來，祇上帝眞神爲主宰，並無有坭團木石偶像，得以淆其中也。降及後世，代遠年湮，世道日入於邪，人心日流於誕。見稍有志識過人之人，略有膏澤下於民者，則將坭團木偶塑其像而祠之。人人敬拜，世世效尤，而邪魔之說自此起焉，詭怪之端由是生焉。而不知人之靈動，皆由天父大能大德，方得降生。即間有志識過人，膏澤下於民者，亦是蒙天父生養，天父降福，不過其立志遠大，將天父之膏澤而施之於民耳，何得妄受禋祀，而冒天父之功勞乎。乃世風日下，更有儼然爲人長者，心性迷懞，狂背謬悖，妄自尊大，禁止丞相以下，皆不得祭天。於是競立邪神，爲之敬拜，以啓邪魔之端。天下皆靡然信從，膠固於心，遂至久不自知其非矣。【略】迨至妖胡竊據中夏以來，誘人信鬼愈深，妖魔作怪愈極，迷懞蠱惑，纏捉天下人靈叺，陷落地獄，不得轉天。而世人中其詭計，受其荼毒，皆由多信夫怪誕不經之事，沉淪焉而不自知。甚且將天父上帝造生之物，誤以爲妖魔之物，所以惘然不識皇上帝，悍然不畏皇上帝，迷懞顛倒，求其不惑於邪魔者蓋亦寡矣。然試問我們兄弟從前專祀妖魔，其所以敬妖魔求妖魔者，不過欲妖魔保佑之耳，其不知妖魔果能保佑人乎。試舉一事而言，當夫旱乾之時，人莫不拜妖魔而求雨，殊不知總由天父權能，降旱則旱，降雨則雨。設若天父不降甘雨，即拜盡凡間一切妖魔，而旱亦如故也。俗語云，打鼓求得雨，高山好開田。燒香保得佑，燒窰過大煙。食齋得得道，牛牯上西天。食煙食得飽，放屁好肥田。又俗語云，豆腐是水，閻羅是鬼。即此以觀，可見妖魔無靈，不能保佑人，求其降雨又不能降雨，拜之有何裨益。

《天理要論》或有疑曰，既有一上帝，因何世人常敬百神，斯理何起耶。曰，是非一時使然也。上古時節，人慮智寡，凡有才能出衆，志氣過人者，未免有敬有尊也。像先識藥料，開国立基，學文高遠，勇力過人者，皆待以分外之禮。後世相繼，愈久愈敬，至末代子孫封之爲神，服事如天。然此太過，非所宜行。況骨肉世人，昨日出世，明天過往，不得封爲神，只該敬其大能依其善樣則可。若拜之如神明，則非矣。

且有人看日月之光，聽霹靂之聲，則想其有神有靈，而封之雷公雷母。或見海闊，則表龍妖之名，或遇山巖，則稱八仙之號。東西南北，皆設神號管理，四時節氣，各分鬼神調治。商客者要一神可奉，則想出聖望公，治田者要一物可仗，則想出土地公，所以天下有數邪神也。然則此邪神皆非本有，只人所想，皆無證驗。天上地下止一上帝所管，六合四季，獨一上帝持理，即設立邪神，其何能代上帝保佑人乎。

《天命詔旨書》天兄耶穌曰，成人不自在，自在不成人。越受苦，越威風，各放草寬草。凡有那些妖魔，任他一面飛，一面變，總不能走得我天父天兄手下過也。【略】至兄弟安居營中，總要和儺勤愼，天晴則操練兵士，下雨則習讀天書，講解分明，互相開導，俾人人共識天情，永遵眞道。倘若遇有妖來，號鼓一響，趕緊裝身，手執鈂砲刀鎗，趨府聽令，踴躍向前，各各爭先恐後，不可你推我諉，方爲一德一心。縱百萬妖魔，不難立見消磨也。天王詔旨有云，眞神能造山河海，任那妖魔一面來，天羅地網幾重圍，爾們兵士把心開。日夜巡邏嚴預備，運籌設策夜銜枚。岳飛五百破十萬，何況妖魔滅絕該。又云，天父好手段，妖魔萬算，不當天一算。天兄好擔當，天兵一到，妖魔該滅亡。言乎妖魔一無足恃，我們兄弟合力同心，自見妖魔危亡在即也。

《頒行詔書》令爾等丟親爺，拜魔鬼，魔鬼是上帝親爺讎敵，亦是本軍師讎敵，又亦是爾等及天下萬国人民讎敵。魔鬼者何，就是爾等所拜祭各菩薩偶像也。各菩薩偶像者何，就是蛇魔紅眼睛閻羅妖之妖徒鬼卒也。蛇魔紅眼睛閻羅妖者何，就是皇上帝當初造天造地之時，所造生之老蛇，今既變爲妖怪，能變得十七八變，東海龍妖亦是他。正是妖頭鬼

頭，專迷惑纏捉凡人靈䰟，落十八重地獄，做他妖徒鬼卒，聽他受用淫污者也。爾等靜想，魔鬼既是專迷惑纏捉上帝子女，就是專迷惑纏捉本軍師弟妹，非是本軍師讐敵，亦是爾等及天下萬国人民讐敵而何。夫魔鬼既是讐敵，焚擊之不暇，反伸首就他，任其纏捉。俗語云，豆腐是水，閻羅是鬼。又俗語云，走鬼走入廟。爾等聽過否。爾等果有靈心未死，將此等俗語靜想，亦可以翻然醒悟追悔，丟了親爺莫大之罪，且中了讐敵詭計，後來墜入地獄沉淪，聽魔鬼淫污，狗咁賤，賤過狗矣。

《太平詔書・原道覺世詔》　而近代則有閻羅妖注生死邪說，閻羅妖乃是老蛇妖鬼也，最作怪多變，迷惑纏捉凡間人靈䰟。天下凡間我們兄弟姊妹，所當共擊滅之惟恐不速者也。而世人偏伸頸於他，何其自失天堂之樂，而自求地獄之苦哉。論道有眞諦，大凡可通於今，不可通於古，可通於近，不可通於遠者，僞道也，邪道也，小道也。據怪人妄說閻羅妖注生死，且問中国論及此乎。曰，無有。番国《聖經》載及此乎。曰，無有。無有則何以起，怪人佛老之徒出，自中魔計，以瞽引瞽，誑人以不可知之事，以售己詐，誘人作福，建醮以肥己囊。兼之魔鬼入心，遂造出無數怪誕邪說，迷惑害累世人。如秦政時，怪人誑言，東海有三神山，秦政遂遣入海求之，此後代神仙邪說所由起也。究其始不過一秦政受其惑，所謂差之毫釐，而後代則叠效尤於後，至於固結不可解，所謂失之千里者也。又如漢武時，怪人誑言祠竈，丹砂可化黄金，漢武遂信而祠之，於是燕齊怪誕怪人，多來言神仙怪事矣。又如近代，有怪人誑言東海龍妖發雨，東海龍妖即是閻羅妖變身，雨從天降，衆目所視者也。古語云，天油然作雲，沛然下雨，則苗浡然興之矣。又古語云，上天同雲，雨雪雰雰，益之以霢霂，既優既渥，既沾既足，生我百穀。又攷番国《舊遺詔書》，當挪亞時，皇上帝因世人背逆罪大，連降四十日四十夜大雨，洪水橫流，沈沒世人，此皆鑿鑿可據，且衆目所視實降於天者也，而世人亦多信怪誕不經之怪說。即一兩論，而世人既多良心死盡，大瞞天恩矣，又遑論其他哉。又如近代有怪和尚誑言閻羅妖怪事，且有《玉曆記》怪書訛傳於世，而世之讀死書者亦多惑其說，獨不思注生死一事豈是等閒。既不是等閒，宜爲中国番国各前代所論及，且筆於書以傳後世。而於今歷攷中国番国各前代所論及，且筆於書以傳後世者，祇說天生天降皇上帝生養保佑人，未嘗說及閻羅妖也。祇說死生有命，亦是命於皇上帝已耳，毫無關於閻羅妖也。祇說皇上帝審判世人，陰隲下民，臨下有赫，又毫無關於閻羅妖也。而世人之讀死書者，不信古今遠近通行各經典，而信怪人無端突起之怪書，不亦惑哉。此無他，好生惡死，慕福懼禍，恆情也。以恆情而中人心，則其入之也必易，是以邪說一倡，而天下多靡然信之從之。信從久則見聞熟，見聞熟則膠固深，膠固深則難尋其罅漏，難尋其罅漏則難出其範圍。皇上帝縱歷生聰明聖智於其間，亦莫不隨風而靡矣。此近代所以多惘然不識皇上帝，悍然不畏皇上帝，盡中蛇魔閻羅妖詭計，陷入地獄沈淪而不自知者也。噫，後之人雖欲諳天地人之道，其孰從而求之。甚矣，人之好怪也，不求其端，不訊其末，惟怪之欲聞。予想夫天下凡間人民雖衆，總爲皇上帝所造所生，生於皇上帝，長亦皇上帝，一衣一食幷賴皇上帝。皇上帝天下凡間大共之父也，死生禍福由其主宰，服食器用皆其造成，仰觀夫天，一切日月星辰雷雨風雲，莫非皇上帝之靈妙。俯察夫地，一切山原川澤，飛潛動植，莫非皇上帝之功能。昭然可見，灼然易知，如是乃謂眞神，如是乃爲天下凡間所當朝朝夕拜。有執拗者說曰，皇上帝當拜矣，必然有幫皇上帝保佑人者，譬如君長主治国中，豈無官府輔治也。不知君長之官府，是其親手設立調用，故能輔君長以治事也。至若凡人所立一切木石埿團紙畫各偶像，且問爾是皇上帝旨意設立否乎。非也，類皆凡人被魔鬼迷懞靈心，據愚意愚見，人手造出各等奇奇怪怪也。況皇上帝當初六日造成天地山海人物，已設有其神使，千千萬萬在天上，任其差遣，何用得凡人所造各等奇奇怪怪者乎。且叛逆皇上帝實甚，攷《舊遺詔書》，皇上帝當初下降西奈山，親手繕寫十款天條在石碑，付畀摩西。皇上帝親口吩咐摩西曰，我乃上主皇上帝，爾凡人切不好設立天上地下各偶像來跪拜也。今爾凡人設立各偶像來跪拜，正是違逆皇上帝旨意。爾凡人反說各偶像是幫皇上帝保佑人，何其被魔鬼迷懞靈心懞懂之極乎。

《欽定軍次實録》　蓋該殺者，魔鬼也，木石也，泥塑紙畫也。人手

雕斲也，愚人所思想以愚弄愚人也。不思該木石蠢物，有目不能見，有口不能言，有手不能作，有腳不能行，置於此則於此，千年不動，萬年不移。鬍鬚是人手所種，金銀是破紙摺成，香是樹葉造就，籤語是士子擬作，靠杯多抛，必有轉杯，豈得借此傳言而令人心生疑惑乎。俗語云，泥該殺過河，自身難保。又云，燒香有保佑，燒窰較大煙。食齋能得道，牛馬尚西天。語雖粗鄙，而有至理存焉。奈何世愚習而不察，竟甘向木石而叩首，見怪物而屈膝乎。把天父上帝造化主所有之物，認爲該殺保佑之恩，抑何愚乎。固可笑也，實可惜耳。惟願普天之下，自今永脫魔鬼之迷途，盡遵天父之天道，則分手時天堂易尚，否則盡頭處地獄難逃。蓋敬天得昇天，怕鬼終惹鬼，有定理耳。世人其醒之，再勿癡迷可也。

天王及諸王

綜　述

《天情道理書》 竊維世道日非，人心不古，眞道之不明於天下也，亦已久矣。今仰蒙天父上主皇上帝，暨救世主天兄基督大開恩，親命天王下凡救世，又命東王及列王爲之輔翼，以天情眞道化醒世人，俾天下萬世脫盡凡情，共享天福，此正眞道一大轉機也。無如世人被鬼迷懞，陷溺已深，沉淪已久，恐仍有信道不眞，向道不篤者。東王以是軫恤情殷，救援念切。故本侯相奉命曉諭我們一班兄弟姊妹，務須去邪從正，返樸還淳，修鍊成人，同歸眞道。是以本侯相略將天父天兄大權能，大憑據，大恩德，及天王，東王，暨列王教導之恩一一宣明，使人人各知感戴，咸思奮勉。【略】試思人生敬天扶主，端在忠貞，脫鬼成人，須由醒悟。茲者荷蒙天父天兄大開天恩，特命天王下凡，爲天下萬郭太平眞主。復差東王佐輔朝綱，救飢贖病，暨西王南王昌輝翼王匡扶盛治，襄贊鴻猷，凡間徵復活之休，景運有維新之象。我弟妹生逢斯世，身受天恩，實是大幸。本侯相謹將天父天兄差天王救人之深心，東王乃奌之大德，暨列王仁慈之至意，宣與我們兄弟姊妹知之。【略】無如世人陷溺愈深，不知醒悟，故天父又大怒。丁酉歲天父大開天恩，遣天使接天王昇天，指明妖魔作怪，迷惑世間情形，並賜璽賜劍，命救世主天兄耶穌，統帶天兵天將，助天王在天上逐層戰下，戰服無數妖魔。戰勝回天，天父不勝歡喜，復差天王下凡，爲天下萬郭太平眞主，援救天下人民，囑諭勿慌，放膽爲之，凡有煩難，有天父作主。【略】本侯相又將我們今日天父天兄作事言之，自平在山由金田以至金陵，荷蒙天父天兄屢次勞心下凡，顯出無數權能，無數憑據，雖未能盡記其詳，亦可嘗言其略。吾即舉其一二端，使我們弟妹各知天父權能憑據，堅耐修鍊，眞心到底，以享眞福可也。且說乎（平）在山，戊申歲三月天父大開天恩，親身下凡，出頭作主，托東王金口，教導兄弟姊妹乃奌天下萬郭人民，此乃天父義怒，固已差天王降生，爲天下萬郭眞主，救世人之陷溺。世人尚不知敬拜天父，並不知眞主所在，仍然叛逆天父，理宜大降瘟疫，病死天下之人。而天父又大發仁慈，不忍凡間人民盡遭病死，故特差東王下凡，代世人贖之。東王贖病之時，寢不安枕，食不甘味，不辭勞瘁，艱苦備嘗。甚至口啞耳聾，以一己之身，贖衆人之病，以一身之苦，代世人之命，總欲救得天下萬郭人民，永遠得生。故我們兄弟姊妹，今日之得救得生得享天福者，皆賴東王贖病之大功勞也。當其時，眞道兄弟姊妹多被妖人恐嚇，若非天父下凡，教導作主，恐伊等心無定見，安得不忘卻眞道，差入鬼路乎。此可見天父下凡之權能憑據也。迨庚戌四月間，東王一旦忽又口啞耳聾，耳孔出膿，眼內流水，苦楚殆甚。一則因代弟妹贖病之勞，二則乃天父默中使成，以試我們兄弟姊妹心腸，眞否認實天父天兄眞道也。其時外人未識皇上帝之聖心，皆私議東王幾成病廢，以致有不知尊敬東王，反爲褻瀆東王。及至金田團營，時維十月初一日，天父大顯權能，使東王忽然復開金口，耳聰目明，心靈性敏，掌理天国軍務，乃奌天下弟妹。此又可見天父權能，試人心腸之憑據也。【略】東王而論，東王蒙天父親命下凡，爲天国左輔正軍師，救飢贖病，乃奌天下萬郭弟妹。理宜降生之初，無有貧窮困苦之境矣。乃至貧者莫如東王，至苦者亦莫如東王。生長深山之中，五歲失怙，九歲失恃，零丁孤苦，困阨難堪。足見天父將降大任於東王，使之佐輔眞主，必先苦其心志，勞其筋骨，餓其體膚。乃天之窮阨我們東王者，正天之所以玉成我們

東王也。然則東王固歷盡艱辛，非一旦而即享天父之大福也明矣。又舉西王而論，天父差下凡爲右弼又正軍師，又是帝壻，且天兄聖旨降托伊身，宜其降生之始，自當富貴光榮矣。乃西王僻處山隅，自耕而食，自蠶而衣，其境之逆，遇之嗇，難以枚舉。及至扶助眞主，統帶雄師，衝鋒破敵，滅怪誅妖，豐功蓋世，永遠威風。然則西王亦歷盡艱辛，非一旦而即享天父之大福也亦明矣。又如南王籍隸廣東，家道殷實，前隨天王遨遊天下，宣傳眞道，援救天下兄弟姊妹，日侍天王左右，歷山河之險阻，嘗風雨之艱難，去国離鄉，抛妻棄子，數年之間，僕僕風塵，幾經勞瘁。後蒙天父開恩，封爲南王，永世威風，名傳萬古，此又歷盡艱辛，堅耐到底，方得享天父之大福也，彰彰明矣。至於昌輝翼王，亦是富厚之家，後因認實天父天兄，不惜家產，恭膺帝命，同扶眞主，或位居後護，或職掌左軍，勦滅妖氛，肅清海宇。蓋自起義以來，不憚勞瘁，盡心竭慮，百計圖維，又不知若何辛勤矣。玆蒙天恩主恩及東王之鴻恩，同到小天堂，得受榮光，其亦歷盡艱辛，堅耐到底，方得享天父大福也，更彰彰明矣。夫以東王之聖靈，列王之顯赫，尙且幾經磨鍊，幾經堅耐，乃能永享眞福，況我們兄弟可不堅貞是守，以自求多福哉。【略】東王奉天父天兄天王眞命，乃龕天下萬郭弟妹，一片婆心，誠恐我們弟妹不能堅耐，不能修鍊，不得成人，不得轉天。是以命本侯相將天情眞道剖晰詳明，化醒世人，東王之恩何其大乎。東王之德何其周乎。吾人當知天恩主恩東王鴻恩廣大無邊，各知感戴，力圖報答，切不可有一些不正，以至自害自身也。

《頒行詔書》　天父上主皇上帝，恩憐凡人中魔鬼毒計，丁酉歲差天使接天王昇天，上帝親命天王誅妖，復差天王降凡作主救人。

《太平救世歌》　乃我天父愛世心切，恐世人不能速化，盡歸眞道，同享眞福，復遣我主天王下凡爲眞命主，誅滅妖魔，化醒天下，撫綏萬邦，同享眞福。天聰天明，知識超邁凡衆。仁慈寬厚，度量廣大無涯。除妖安良，政教皆本天法。斬邪留正，生殺胥秉至公。故自金田首倡大義，萬衆歡騰，誅滅羣妖，焚毁妖廟，掃淨邪穢，盡返眞醇。此數千年以來未有若此巍巍之功德也。惟我天父既命眞主以救世，復遣輔佐以匡王。天父曰，咨爾左輔，爲正軍師，師稱禾乃，贖病羣黎。錫爾智慧，超越凡資。力助眞主，救世靡遺。賜爵東王，九千歲錫，滅妖扶主，享福無疑。予謹受命降凡，仰體天父好生之意，天兄救世之心，教導爾世人勿拜邪神，毋入鬼路，去邪歸正，棄僞歸眞。要知衣食之原，安居之處，皆出自天父皇上帝莫大恩典。凡屬天父子女，皆當時時記念天恩，報答天澤，個個修好，人人鍊正，盡孝事親，盡忠報主，如此方合天心，得享天福也。

又　蓋天兄是天父之太子，天王是天父第二子也。報効天王，即是誠心敬天父與天兄也。爲忠臣者，胥要稱輔相之任。爲良民者，皆要知上帝是天下人大共之𠃵父，朝夕當虔敬。忠貞輔主者，皆要知君臣禮儀，自心內胸中切不可有絲毫欺僞。天父默中指明，當知代天理事，事事必要親臨。立正鐵石心佇個個如此，天父定必降爾以福。佇見妖魔速滅，天下肅清，江山一統，萬古太平，共享天父天兄之眞福，豈不美哉。

教義部

綜　述

《天理要論》先有上帝，後有世人。先有靈，後有物。吾人不能自生，物不能自造，故惟有上帝能生造之者也。

萬物之生，英花秀麗，天有日月，地有山水，人物，禽獸，各得其所，皆其排列修整，齊全無差。以此可見，先有上帝，原造常理，是則可成也。

若日月之循環，星辰之繁衍，轉動流行，晝夜不止。若無上帝扶持管理，則何能如此哉。

地上衆人，生未久即死，死後其所遺之子孫，不多不寡，男不多於女，女不多於男。世有盛衰，家有成敗，惟人常在，其數不絕。誰管此事使其爲然，豈非上帝耶。

草木之生，自根至枝，自枝至葉，外有其皮，內有其心，開花結菓，尚且有用。靡上帝造之，其能自成乎。

惟觀禽獸，則可知之，能顧子痛兒，尋食爲穴，成陣出遊，復避谷中，其餘蟲類，各盡本能。敎之如此，非上帝則誰耶。

【略】

且上帝所能者，與其所爲者有異，蓋其所爲者大，然其所能者更大焉。上帝所爲者有數，然其所能者無盡無量也。上帝造化天地，斯其所爲也，惟上帝得造天高地厚，斯其所能也。上帝造成天地，有六日而完工，斯其所爲也。惟上帝得造成天地，一刻而畢事，斯其所能也。故不可以上帝所造者，而度量其所能也。上帝能造天地，更大且善千萬倍矣，但其中意只造之如此，乃其所爲者，非其所能也。上帝有能行作，在其未行作之先，且有行否，只待肯不肯。上帝自永遠，有能在己，致欲行之，其能現就也。

【略】

總覩宇宙，則見有能在，天地能轉動，日月能照明，草木能生植，火能焚化，水能流下，氣能布揚，風能吹開，雷能響聲，電能發現，地能搖動，山能崩裂，且此諸能由何而來耶。或內本有，或從外至。倘萬物內本有此能，則萬物成上帝，豈是理哉。倘此諸能或自外而至，則誰與之乎。爾我未與之，賢人未化之。蓋賢人未生，此能先有，然則此能豈非由上帝而出乎。諸能由上帝而出，則上帝乃全能也。

上帝大能，以造物明現。蓋創造萬物，非人所能，一枝草，一蕋花，最巧之工不能成之。其樣可作，其色可畫，但活之長之，使之結菓，斯則不能矣。惟上帝無不容易造化萬物，又造物之時不用具器，不看形樣，不須助手，乃以己力自無物中生造萬物，是上帝之能無窮盡矣。

上帝之力，不致絕無，不到厭倦。雖六日之內造化天地，六千年久扶助萬物，其勢如初也。

【略】

上帝造萬物，則其全能可見矣。其自無物中創造萬物，置下地基，布開天雲，包含海水，排列天星，豈非無所不能乎。

上帝以大能創造天地，則在上帝無所難行也。

上帝常時庇佑萬人，扶起萬物，置日月於空中，懸天地以無索，皆顯其全能也。原造萬物須有全能，時養萬物亦須全能。

上帝不造，則無物在。上帝不養，則物歸無。然造之養之，自開天及今，自今至後，上帝之全能顯明矣。

藝　文

《御製千字詔》維皇上帝，獨一無二。當初顯能，造天及地。萬物齊全，生人在世。分光隔暗，晝夜輪遞。日月蒞照，星辰協治。風偃四方，吹噓猛厲。悠然作雲，雨下空際。洪水退後，悲憫約誓。永不沈滅，虹爲號記。誅妖戮鬼，雷轟電掣。霜寒雪白，霰集露零。雹重霞紅，烟斜霧橫。斗杓所竪，節序以更。乾旋坤轉，夏熱冬冷。銅關鐵卡，湯池金

城。江帶山礪，海宴河青。岸高谷深，野廣原平。峯尖嶽秀，波皺濤驚。麒麟獅象，鳳凰鹿麖。虎豹熊羆，獬豸狒猩。猿猴麝麞，猰貐豺狼。狐狸獫猲，猙獍獺獐。驢騾駱駝，驪馬牛養。犬豖貓鼠，雁鵬鶴鶄。雉雞鴟鴞，翡翠鴛鴦。鵜鳩鷓鴣，鴿鶉鸛鶴。鴝鵒鷦鷯，鵲鴉鴨鳩。鳩鶻鸝鴰，鶺鴒鴞鶹。蠶蛾蝴蝶，蜂蜜螳蜋。蜘蛛蜻蜓，蚯蚓蛣蜣。蟋蟀蜈蚣，魚鼈龜蛇。黿鼉蛟龍，鰱□鯉鯊。蟛蟹蚌螺，蜆蠔鮑蝦。鱅鯿鯽鱒，蟲蟻緣爬。鱗潛羽舞，壁蠅井蛙。動走跳躍，皮革爪牙。種植樹藝，禾麥豆蔴。薯芋菜蔬，莧蒜葛瓜。芫荽蘿蔔，松柏梨楂。油鹽糖醋，檳榔茹茶。鹹酸辣苦，濃淡香臭。凡間形色，總由聖父。耳目舌鼻，心肝肺腑。腹背脇腋，膏肓腸肚。頸肩頭頂，面臉腳手。臀腎脾胃，膀臂肱股。彷彿親像，賦畀昔古。詔諭敎勅，條誡恪守。千祈莫姦，逆者斬首。十款昭彰，遵獲祝嘏。西奈石牌，流垂曩時。赫奕威嚴，靡有易移。邪魔詭怪，魍魎魅魑。靈常惑誘，草屢纏迷。引陷獄火，害壞頑愚。屋漏怠斁，罪孽盈餘。義實難容，恩怎可施。叭爺若曰，鑒玆氓蚩。奚悍違我，蠢弗之知。淫亂穢褻，硫磺燒爾。愼盡則瞋，怒極而憐。改禍錫祥，赦舊開新。爰差愛子，救彼寰塵。捐軀欣願，代贖艱辛。母氏利亞，稔悉祕情。大兄耶穌，睿知慈仁。煌耀權勢，擔病勤殷。癱起軟企，啞說聾聽。死甦瞽見，痳浄跛伸。比喻宣道，牧看列民。男婦跟隨，族類依瞻。擘餠給飽，另剩幾籃。叱咤浪息，船憩湖潭。變化顏晃，廬築巉巖。奉遣力援，飲杯是甘。騎坐羣呼，童孩諠嚷。預言釘架，復活於三。得銀賣師，凶毒何堪。蝛黨計謀，路撒妒讒。雖乃旨定，峨崿貽慚。淋漓寶血，陪伴盜賊。黯兮慘愁，拈鬮袍裂。以唎疾聲，膽汁蘸塞。傷哉仇敵，痛楚骨刻。戲弄狎侮，伊誰悽惻。主被奴欺，慷慨氣絕。防墓孔邇，蓋盤濾揭。貞女傍窺，使踞冢側。謂報弟妹，歡忻喜悅。應驗先往，確乎信德。次令門徒，福音誕敷。僞善必興，甚綦糊塗。謹愼操執，勿溺謊誣。現與保羅，授傳愈普。丁酉年歲，季春和舒。蒙接昇堂，指示根株。命鋤務本，芟剔殲除。繼或些味，賜對部書。癸卯斯載，如晦纔曙。互相印證，歷合璽符。迺始周遊，喚醒英雄。跋涉險阻，前導南馮。憂樂胥共，安危俱同。甫屆戊申，孰降蒼穹。至尊眞神，監臨其中。淸口託題，左輔楊東。九秋菊綻，基督乘榮。貴壻嬌客，右弼精忠。擊祟逐魆，膺寵加封。憑據踪蹟，罕匹寡雙。眷顧扶持，陰隲庇超。團營鏖戰，仗劍揮刀。斧鉞弓矢，旗旐旌旄。札隆鈎戟，粉碼砲包。鑼角牌帽，甲冑戈矛。扼吭破竹，奪隘拔毛。步匝穩固，輕銳健豪。旗麾勁陣，遠望竄跑。鼓擂通軍，乍聞棄拋。沸騰崒崩，奔潰震騷。護衛密緻，聯絡強堅。萱迴捷奏，氛倏消泯。益陽橋浮，渡竟牽連。洞庭長驅，鯨鰲沫涎。皖省直進，將士揚鞭。輿駐建康，統緒延緜。京都鍾阜，殿陛輝鮮。林苑芳菲，蘭桂叠妍。宮禁煥燦，樓閣百層。廷闕瓊瑤，鐘磬鏘鏗。臺淩霄漢，壇焚牲畜。蕩滌潔修，齋戒沐浴。禮拜敬虔，讚美雍肅。懇籲居歆，自求茀祿。胡越貢朝，蠻夷率服。任多版圖，總歸隸屬。庫滿珍珠，倉儲菽粟。億兆供球，臣僚輯睦。

《醒世文》 普天大下衆軍民，一體齊聽醒世文。當初上帝恩廣大，大伸能手大顯權。六日造成天共地，並造山海與人民。功成七日爲安息，萬物齊備弁豐盈。世人沾恩須感謝，每逢讚美要虔誠。歌功頌德敬上帝，小心翼翼報天恩。天下萬郭爺生養，大齊認眞聖父親。前因世人受妖惑，不拜眞神拜邪神。天父一次發大怒，欲滅世間瞞天人。四十日夜降大雨，洪水橫流沒凡塵。挪亞一家拜上帝，仰賴天恩幸獨存。又有麥西郭妖狂，嫉妒色列苦害侵。天父二次發大怒，救出色列海水分。皆因色列修鍊好，故蒙天父大恩憐。世人俱被妖迷懞，邪魔漸次惑人靈。天父恩德均忘盡，上帝功勞冒瞞淸。天父三次發大怒，欲滅凡間獲罪人。天兄耶穌來懇奏，大作擔當下凡塵。捐命代贖世人罪，寶血淋漓十字釘。天兄救世何等苦，死去三日復還生。天父上帝恩愛世，不惜太子受苦辛。代贖吾儕重罪孽，後命門生傳福音。迨至妖胡竊天国，以瞽引瞽害愈深。泥塑木偶祈保佑，專拜該殺陷沉淪。天父復又發大怒，差生眞主定乾坤。賜劍賜璽眞眞命，親囑勿慌放膽行。永掌山河爲眞主，援救弟妹上天廷。復命東王贖病主，左輔朝綱乃世人。天父下凡親降托，大作主張滅妖精。乃師救飢能療病，乃龔萬国得常生。口啞耳聾孔膿出，眼內流泪甚傷情。牽帶弟妹歸眞道，後師特出永垂名。天排西王眞忠勇，衝鋒破敵武略精。天兄下凡親降托，大作擔當救世人。帝壻雄心護眞主，右弼軍師甚艱辛。南翼軍師爲佐輔，前導開国扶聖君。克取省郡如反掌，開疆拓土功勞深。幸蒙爺哥降作主，才得今日被光榮。世人享福須報本，永遠感戴莫忘恩。溯自廣西倡大義，金田各處起天兵。一路憑據顯無數，天父權能須認眞。目前些有妖猖獗，

欲試弟妹堅耐心。我們務要加磨鍊，越磨越鍊越福深。爲官頭頂守官箴，秉公正直奉法行。嚴束兵士排隊伍，賞罰分明莫徇情。切勿順下而逆上，善則歸己過歸人。諸事和僻存厚道，求全責備惹人嗔。人有不着我做着，互相遜讓合天情。大法小廉忠報国，放膽誅妖莫顧身。操練兵士須精熟，教導兄弟要忠勤。爲兵最要遵將令，莫犯秋毫水樣清。不遠萬里來扶主，瀝膽披肝建萬勳。千祈朝晚同讚美，敬拜上帝要虔誠。出仗臨陣須踴躍，同心合力滅妖精。自古怕死就會死，幾多貪生不得生。誅妖上天是好事，永遠榮光傳子孫。凡遇攻取郡州縣，除暴安良莫亂行。天條十款當謹記，十斬十除須凜遵。做事務要行天理，些有逆令天眼針。上帝鑒觀應不爽，眞僞心腸天總明。忠就是忠奸就奸，莫因些事起歹心。倘有良謀期早獻，運籌決勝建奇勳。晴則俱要勤操鍊，雨讀新舊遺詔文。同營兄弟或生疾，盡心看顧莫因循。人有災難同體恤，莫學愚人彼此分。他人有難爾能救，爾難天必佑爾身。同打江山同扶主，須念同胞手足情。一齊都是爺子女，克盡忠孝報爺親。上不可以貴淩賤，下不可以卑踰尊。同營聚首和爲貴，遇事當前好諮詢。切勿恃強逞威勢，妄自尊大擅欺人。肆意横行無忌憚，藐法甘作遊頑兵。暫時之樂非眞樂，暫時之福亦非眞。怙惡不悛人拿獲，天法昭彰不徇情。那時追悔事已晚，前修盡棄害自身。爾等移營須仔細，謹遵號令莫私行。不可半途貪鼾睡，不准民房用燒焚。沿途各帶乾糧餉，毋許騷擾衆鄉民。若入民房貪煮食，必致遺落尾後行。此禁並非爲別故，恐妖截尾被害侵。行營以靈變爲要，守營須日夜小心。以上各款當謹記，莫視此語爲虛文。爲民務宜守本份，逆天者亡順天存。爾們亦是爺生養，務各認識聖父親。天父上帝當虔敬，切勿私自拜邪神。天父權能顯無數，銅關鐵卡直破清。戰無不克攻則取，爾等共見又共聞。士農工商各安業，納款當差凜遵行。百般貿易俱可做，煙酒禁物莫私營。莫因些事懷疑忌，遂變心腸幫妖精。誰知上帝是試草，特留些妖試爾心。爾等不必生驚恐，任妖萬變總沉淪。有才放膽來受職，有勇趁時早投誠。同沐天恩享天福，共居盛世做良臣。可歎妖卒實堪憐，只爲銀錢把命傾。韃妖詭計陷害爾，砲打刀砍爾先傷。天父何等權能大，妖卒那敵我天兵。爾當妖卒細思想，實是妖魔害爾身。父母妻子不能見，東離西散最堪憐。離鄉別井當妖卒，冒雪披霜作妖兵。堆蓋布篷住泥窟，若遇雨雪無棲身。萬種憂愁何好處，百般苦楚命難存。勸爾歸家作百姓，莫幫滿洲韃妖精。遍體泥污難浣濯，受多風寒便生瘟。天朝官兵誰同爾，行營不若爾苦辛。住紮聖營皆房屋，天賜糧米屢充盈。豐衣足食幾安樂，父母妻子准隨營。同享天福食天祿，骨肉團聚享福深。爾等倘能知悔改，何不及早來逃生。早日逃生歸眞主，後接爾家免挂心。一到誅妖難分別，誰是鄉勇誰妖兵。天父權能誰不識，天生眞主定然興。爾若眞心來扶主，自蒙天眷無難星。眼前受得苦中苦，日後定爲人上人。萬事總有天排定，那得由己任意行。有志頂天忠報国，各秉忠貞報天恩。倒戈効順勤王業，抒忱向化建奇勳。遵條遵命各遵旨，愈堅愈耐福愈深。指日妖魔齊滅絕，論功封賞各高陞。軍民共聽良言勸，大齊認眞細思情。天堂榮光被永遠，子孫世代福駢臻。亟宜回頭安本份，一統山河樂太平。

《太平詔書·原道救世歌》 道之大原出於天，謹將天道覺羣賢。天道禍淫惟福善，及早回頭著祖鞭。道統根源惟一正，歷代同揆無後先。享天福，脱俗緣，莫將一切俗情牽，須將一切妄念捐。開闢眞神惟上帝，無分貴賤拜宜虔。天父上帝人人共，天下一家自古傳。盤古以下至三代，君民一體敬皇天。其時狂者崇上帝，諸侯士庶亦皆然。試辟人間子事父，賢否俱循内則篇。天人一氣理無二，何得君王私自專。上帝當拜，人人所同。何分西北，何分南東。一絲一縷荷上帝，一飲一食賴天公。分應朝朝而夕拜，理應頌德而歌功。人而舍此而他拜，拜盡萬般總是空。非惟無益且有損，本心瞞昧罪何窮。人苟本心還不失，自知呼吸賴蒼穹。五行萬物天造化，豈有別神宰其中。即謂上帝須輔助，斷非菩薩贊化工。如果化工賴菩薩，從前未立理難通。暄以日兮潤以雨，動以雷兮散以風。此皆上帝之靈妙，天恩能報得光榮。勿拜邪神，須作正人。不正天所惡，能正天所親。第一不正淫爲首，人變爲妖天最嗔。淫人自淫同是怪，盍歌麟趾咏振振。歪俗移人誰挺立，但須改過急自新。顔回好學不貳過，非禮四勿勵精神。過而能改方無過，古人所以誨諄諄。自古君師無異任，祇將正道覺斯民。自古善正無異德，祇將正道淑其身。凡有血氣心知者，何可亂常而敗倫。凡屬頂天立地者，急宜返璞而歸眞。鬼心既革，孝經當明。第二不正忤父母，大犯天條急自更。羊有跪乳鴉反哺，人不如物忝所生。歷山號泣天爲動，鳥爲耘只象爲耕。尊爲天子富四海，孝德感天夫豈輕。父兮生我

母鞠我，長育劬勞無能名。恩極昊天難答報，如何孝養竭忠誠。大孝終身慕父母，視於無形聽無聲。孝親即是孝天帝，培植本根適自榮。逆親即是逆天帝，戕伐本根適自傾。蓼莪詩可讀，胞與量宜恢。第三不正行殺害，自戕同類罪之魁。普天之下皆兄弟，靈魂同是自天來。上帝視之皆赤子，人自相殘甚惻哀。是以先代不嗜殺，德合天心天眼開。寵綏四方惟克相，故能一統受天培。夏禹泣罪文獻洛，天應人歸無可猜。嗜殺人民爲草寇，到底豈能免禍災。白起項羽終自刎，黄巢李闖安在哉。自古殺人殺自己，誰云天眼不恢恢。自古救人救自己，靈魂超拔在天台。自古利人利自己，福自己求易爲推。自古害人害自己，孽自己作難挽回。無言不讎德有報，終身可行恕字該。忠厚可師，廉耻須知。第四不正爲盜賊，不仁不義非所宜。聚黨横行天不佑，罪惡貫盈禍自隨。君子臨財無苟得，楊震昏夜尚難欺。管寧割席因歆顧，山谷孤踪志不移。夷齊讓国甘餓死，首陽山下姓名垂。古來善正修天爵，富貴浮雲未足奇。殺一不辜行不義，即得天下亦不爲。人能翼翼畏上帝，樂夫天命復奚疑。豈忍殺越人於貨，竟非其有而取之。營謀珍道義，學習慎規模。第五不正爲巫覡，邪術惑衆犯天誅。死生災病皆天定，何故誣民妄造符。作福許妖兼送鬼，修齋建醮尚虚無。自古死生難自保，豈能代禱保無辜。自古師巫邪術輩，累世貧窮天不扶。鬼人送鬼終惹鬼，地獄門開待逆徒。欲肥己囊增己孽，何不回頭早自圖。術藝固須正，品概更宜方。第六不正爲賭博，暗刀殺人心不良。戒戒戒，理不當。求之有道得有命，勿以詐騙壞心腸。命果有兮何待賭，命無即賭願難償。總之貧富天排定，從吾所好自徜徉。孔顔疏水簞瓢樂，知命安貧意氣揚。人生在世三更夢，何思何慮復何望。小富由勤大富命，自古爲人當自强。嗟爾有衆，勿謂無妨。無所不爲因賭起，英雄何苦陷迷鄉。不義之財鴆止渴，士農工商耐久長。千個賭錢千個賤，請爾易慮細思量。他若自驅陷阱者，鍊食洋烟最顛狂。如今多少英雄漢，多被烟鎗自打傷。即如好酒亦非正，成家宜戒敗家湯。請觀桀紂君天下，鐵統江山爲酒亡。更有堪輿相命輩，欺瞞上帝罪無疆。富貴在天生死命，何爲惑世顧肥囊。其餘不正難枚舉，在人鑒别於微茫。細行不矜終累德，堅冰未至慎履霜。禹稷勤勞憂饑溺，當身而顯及後狂。周文孔丘身能正，陟降靈魂在帝旁。眞言語，不鋪張。予魂曾獲昇天堂，所言確據無荒唐。婆心固結不能忘，言之不足故言長。積善之家有餘慶，積惡之家有餘殃。順天者存逆天亡，尊崇上帝得榮光。

《三字經》　皇上帝，造天地，造山海，萬物備。六日間，盡造成，人宰物，得光榮。七日拜，報天恩，普天下，把心虔。說當初，講番国，敬上帝，以色列。十二子，徙麥西，帝眷顧，子孫齊。後狂出，鬼人心，忌興旺，苦害侵。命養女，莫養男，煩役苦，實難堪。皇上帝，垂憫他，命摩西，還本家。命亞倫，迎摩西，同啓奏，神蹟施。狂硬心，不肯釋，上帝怒，降蝨虱。降蝗螂，及蟾蜍，匐進宫，逼入爐。不准放，海化血，飲苦水，麥西国。降瘡疥，及瘟疫，降重雹，最難當。終不放，殺長子，麥西狂，無法使。乃釋放，出麥西，皇上帝，甚扶持。日乘雲，夜火柱，皇上帝，親救苦。狂硬心，帶兵追，上帝怒，發天威。到紅海，水汪洋，以色列，實驚慌。追兵到，上帝欄，親打戰，民無煩。令紅海，水兩開，立如牆，可往來。以色列，邁步行，如履旱，得全生。追兵過，車脱輻，水復合，盡淹覆。皇上帝，大權能，以色列，盡保全。行至野，食無糧，皇上帝，諭莫慌。降甜露，人一升，甜如蜜，飽其民。民多欲，想食肉，鶉鴿降，千萬斛。西奈山，顯神蹟，命摩西，造碑石。皇上帝，設天條，列十欵，罪不饒。親繕寫，付摩西，天上法，無更移。傳至後，暫不遵，中魔計，陷沉淪。皇上帝，憫世人，遣太子，降凡塵。曰耶穌，救世主，代贖罪，眞受苦。十字架，釘其身，流寶血，救凡人。死三日，復番生，四十日，論天情。臨昇天，命門徒，傳福音，宣詔書。信得救，得上天，不信者，定罪先。普天下，一上帝，大主宰，無有二。中国初，帝眷顧，同番国，共條路。盤古下，至三代，敬上帝，書冊載。商有湯，周有文，敬上帝，最慇勤。湯盤銘，日日新，帝命湯，狂其身。文翼翼，昭事帝，人歸心，三有二。至秦政，惑神仙，中魔計，二千年。漢武宣，皆效尤，狂悖甚，秦政徒。武臨老，雖悔悟，少壯時，既錯路。漢明愚，迎佛法，立寺觀，大遭劫。至宋徽，猶猖狂，改上帝，稱玉皇。皇上帝，乃上主，普天下，大天父。號尊崇，傳久載，徽何人，敢亂改。宜宋徽，被金擄，同其子，漠北朽。自宋徽，到於今，七百年，陷溺深。講上帝，人不識，閻羅妖，作怪極。皇上帝，海底量，魔害人，不成樣。上帝怒，遣己子，命下凡，先讀史。丁酉歲，接上天，天情事，指明先。皇上帝，親教導，

授詩章，賦眞道。帝賜印，並賜劍，交權能，威難犯。命同兄，是耶穌，逐妖魔，神使扶。紅眼睛，即閻羅，最作怪，此蛇魔。皇上帝，手段高，教其子，制服妖。戰服他，不放寬，紅眼睛，心膽寒。戰勝妖，復還天，皇上帝，托大權。天母慈，最恩愛，嬌貴極，不可賽。天嫂賢，最思量，時勸兄，且悠揚。皇上帝，愛世人，仍命子，降凡塵。送下凡，囑莫慌，有我在，作主張。戊申歲，子煩愁，皇上帝，乃出頭。率耶穌，同下凡，教其子，勝肩擔。帝立子，存永遠，散邪謀，威權顯。審判世，分善惡，地獄苦，天堂樂。天做事，天擔當，普天下，盡來王。小孩子，拜上帝，守天條，莫放肆。要錬正，莫歪心，皇上帝，時鑒臨。要錬好，莫錬歪，自作孽，禍之階。愼厥終，惟其始，差毫釐，失千里。謹其小，愼其微，皇上帝，不可欺。小孩子，醒精神，天上法，不饒情。善降祥，惡降殃，順天存，逆天亡。皇上帝，乃神爺，萬物件，依靠他。皇上帝，乃亾父，虔服事，獲祝嘏。順肉親，享遐齡，能報本，福本應。勿奸淫，勿污穢，勿說謊，勿殺害。勿偷竊，勿貪林，皇上帝，法甚嚴。遵天誡，享天福，謝天恩，食天祿。天福善，禍淫人，小孩子，正其身。正是人，邪是鬼，小孩子，求不愧。帝愛正，最惡邪，小孩子，愼莫差。皇上帝，眼恢恢，欲享福，錬正來。

我無指出膽如天。

《天父詩》　天父下凡又幾年，天兄護降苦同先。耶穌爲爾救世主，盡心教導本仍然。天父生全爲爾主，何不盡忠妄修前。爾們多有重逆令，

其二

瞞天莫道天不知，天量如海也無涯。看爾些有無膽志，不做忠臣到何時。爾想三更逃黑路，不過天光怨鬼迷。各爲爾王行眞道，信實天父莫狐疑。

其三

天父下凡事因誰，耶穌捨命代何爲。天降爾王爲眞主，何用煩愁膽心飛。

其四

眞小今知兄前苦，何不心雄戰勝回。有志頂天忠報國，何常臨陣事屢屢。

其五

自古死生天排定，那有由己得成人。靈亾本是由天父，今時不醒做何民。

其六

杜而景逆令雙重，雲中雪下罪難容。膽敢瞞天無信德，陣中兩草退英雄。眞神能造山河海，不信亾爺爲何功。爾們衆小遵天誡，逆同而景罪無窮。

其七

功臣既得賴夫陽，同忠志草頂山江。小志花開千萬載，榮時私出力高張。

其八

萬方兒小別家庭，離鄉立志做忠臣。前未勤王當虎豹，今知有主可成人。不信山中清貴止，亦念亾爺立主眞。憑據權能天作主，未團敢碎妖如塵。

其九

千金千囑千瞞天，千時千話千閒言。千爾千要千新過，千祈千錬千果然。

其一〇

萬方萬郭萬來朝，萬山萬水萬飄遙。萬里萬眼萬鑽至，萬知萬福萬功勞。

又

其二〇

遵旨得救逆旨難，天王旨令最緊關。想做娘娘急放醒，各爲丈夫坐江山。

其二一

爾不顧主有人顧，爾不扶主有人扶。爲主即是爲自己，做乜不遵天令書。

其二二

爾對夫主心常眞，金磚金屋住爾身。爾對夫主心常假，難上高天難脫打。

其二三

爾爲夫主心極眞，永配夫主在天庭。爾爲夫主心極假，賤莫怨爺莫怨姐。

其二四

一眼看見心花開，大福娘娘天上來。一眼看見心亮起，薄福娘娘該打死。大福薄福自家求，各人放醒落力修。

其二五

一下鍊好永遠貴，萬載得企娘娘位。一下鍊歪永遠賤，天王萬載不得見。大貴大賤鍊到成，速速鍊好得長生。

其二六

鍊好道理做娘娘，天下萬国盡傳揚。金磚金屋有爾住，永遠威風配天王。

其二七

心虔口虔頭而虔，手虔身虔衣服鮮。六虔一鮮事夫主，威風快活萬千年。

其二八

好心有好報，歪心有歪報。爾門做娘娘，要識天理道。

其二九

眞心享眞福，假心享假福。天照爾心腸，賞賜爾福祿。

其三〇

爾說夫主題詩好，各鍊悠然莫作校。坐立端莊聲氣細，高天享福永不老。

其三一

一個虔誠敬天敬主敬夫都有福，一個怠慢逆天逆主逆夫都有哭。一回虔誠一回貴，各人企穩娘娘位，一回怠慢一回賤，萬載千年不好怨。

又

其三三

鍊好爾條性，顧穩爾條命。若不鍊好性，怕會害了命。娘娘不易做，速鍊得忐忐。

其三四

由天由主是娘娘，逆天由己罪難當。此層道理速認眞，方可享福在天堂。

其三五

一心對日是娘娘，心不對日罪難當。果然心正邪難入，萬載千秋配天王。

其三六

鐵石心腸鍊得倒，永遠娘娘永遠好。鐵石心腸鍊不倒，永遠歪報永遠了。

其三七

狗子一條腸，就是眞娘娘。若是多鬼計，何能配太陽。

其三八

今日顧夫得上天，今不顧夫後冤牽。爾們果想後日好，燈草對日福萬千。

其三九

認得道眞理，享福在天庭。若不認得眞，怕難保爾身。

其四〇

燈草似箭是娘娘，燈草似弓罪難當。直方是人曲是鬼，展脫蛇魔上天堂。

又

其四二

心中無鬼是娘娘，心中有鬼罪難當。日頭下凡專收鬼，各莫鬼迷逆太陽。

其四三

曉照本心是娘娘，不照本心罪難當。不照本心就是鬼，速照本心對太陽。

其四四

正直善眞是娘娘，邪曲惡假罪難當。天媳天嬸行天道，眞妻眞心對眞王。

其四五

口能對心是娘娘，一反一覆罪難當。萬載半時學那樣，金眞玉潔爾心腸。

其四六

悠然定疊莫慌忙，細氣嬌聲配太陽。月亮不同星宿樣，各鍊長久做娘娘。

其四七

不怕爾修鍊太多，總怕爾一下大錯。天上法斷不饒情，打醒精神莫大過。

其四八

爾果惜人天惜爾，爾果惱人天惱爾。爾們眞想做娘娘，鍊好心腸識道理。

其四九

一個遵旨得上天，一個逆旨有冤牽。成人頭要遵旨令，方可享福萬千年。

其五〇

先日開恩開得多，從今再歪莫怪我。眼前下等不知變，結局金殿罵因何。

其五一

鍊成蛤蟆喙，總係自家害。娘娘無亂講，纔配得萬歲。

其五二

凡情未脱恩難開，姊妹不和大不該。從今速變看上高，善惡到頭天眼恢。

其五三

讓人三尺不爲高，因何逞惡又逞刁。大做不着細着些，因何凡情不脱耗。

其五四

天父題

不遵天父罪爾身，不信不和不成人。若要成人信天教，又信家人淸心眞。賢人到來保爾身，不念他賢後分明。

其五五

一個救亮是娘娘，一個冲亮罪難當。天差爾們爲何事，因何歪草對太陽。

其五六

應該恐怕鍊不好，因何好錯把天瞞。自今再不照本心，想兩十宮總係難。

其五七

無功不受祿，有功受到足。落力理天事，後來享大福。

其五八

爾想三更半夜暗中行歪，天就天光地白顯然報歪。

其五九

爾果三更半夜暗中行好，天就天光地白顯然報好。

又

其六一

天父上帝不可欺，爾想瞞天恭喜爾。一毫一絲無報錯，因何情願惹鬼迷。

其六二

心腸不淨有何福，心腸不靈食何祿。鎖匙不帶爲何人，燈草不對想何屋。

其六三

不用拜隘不用愁，鍊好有時見日頭。果然燈草能對緊，威風快活萬千秋。

其六四

宮內最貴兩十宮，身着月袍鳳繡雙。心淨心靈兼心好，方能受得天高封。

其六五

邪就是妖妖可惡，曲便似鬼鬼餘辜。惡即成魔魔落地，假即變怪怪該誅。

其六六

天父開恩得昇天，得昇天者福萬千。福萬千皆由己鍊，由己鍊成萬萬年。

其六七

正氣無邪得昇天，直躬無曲福萬千。善人無惡由己鍊，眞心無假萬

萬年。

其六八

天堂子女遵爺法，千條岔路腳莫踏。明明眞心又眞心，從今閃避莫混雜。

其六九

高天萬人共條心，姊妹和儺好酌斟。高天替死都歡喜，心醒蛇魔難害侵。高天燈草似條箭，各照本心莫陰沈。高天殺死不敢邪，各守天條貴如金。

其七〇

欺善怕惡是凡情，天父誅惡救善人。爾們速脫邪惡假，好心方得近王身。

其七一

咨爾臣鄰，去僞存眞。自醒遵鍊，轉教軍兵。

其七二

瞞天犯第七天條，天眼恢恢那得逃。妄爾前修天指出，痳瘋永遠眼前刀。

其七三

吹去吹來吹不飽，因何咁蠢變生妖。戒煙病死勝誅死，脫鬼成人到底高。

其七四

遵條遵命得成人，條命不遵害爾身。修鍊大多怕一錯，當知天法不饒情。

其七五

爾想上天莫瞞天，瞞天一定有冤牽。不信且看枉而景，第九天條千萬千。

其七六

爾們何故咁逆旨，總是紅眼睛迷纏。纏爾去做鬼嗲糧，速快掙脫好上天。

其七七

心有些惡害死爾，心有些邪上帝知。心有些假天難瞞，今時不醒到何時。

其七八

朕弟朕妹，莫被鬼害，身寧受刀，莫犯天條。

其七九

爲人千祈想長遠，切莫鬼迷顧眼前。眼前極好後難過，長遠威風萬萬年。

其八〇

鍊正鍊善兼鍊眞，不犯爺法得成人。天堂子女嬌爲貴，好心好口好面情。

其八一

放醒放靈，格外虔誠，信天父教，就成得人。

其八二

千祈莫學枉而景，無心天救草同金。爾們鍊成豆葉樣，太陽一出就開心。無心錯過天可憐，有心錯過罪爾身。至囑千祈莫故意，放靈放醒放虔誠。

其八三

咨爾臣鄰，認眞天情，永敬上帝，方成得人。

其八四

時時刻刻曉顧頭，千年萬載保得頭。時時刻刻不顧頭，千年萬載好殺頭。

其八五

萬載千年同半刻，一時半刻同千年。千年半刻要那樣，遵條遵命敬皇天。

其八六

暗中積歪罪滔天，暗中積好福無邊。歪積多多怕落地，好積多多萬萬年。

其八七

積好緊好積歪了，速悔速改速果然。不悔不改受永苦，知悔知改早代捐。

其八八

眞草對天享天福，假草對天落地獄。眞來眞去貴爾身，假千假萬大

爾哭。

其八九

因何錬假不遵天，因何叛逆敢不服。不服天法惹天誅，高天做事無委曲。

其九〇

行條路一步一步，出句言謹靜悠然。舉下眼要正要善，起下心莫奸莫淫。一坐裝正直端方，一立企正身正儀。手一動看天從容，腳一踏天情要合。

其九一

成人不自在，自在不成人。爾心防鬼入，脫盡舊凡情。

其九二

耳邪變妖耳該切，不切妖耳雲中雪。切去妖耳得昇天，天兄代贖爾罪孽。

其九三

眼邪變妖眼該挖，不挖妖眼受永罰。挖去妖眼得昇天，上帝憐爾眼無瞎。

其九四

喙邪變妖喙該割，不割妖喙凡不脫。割去妖喙得昇天，永居高天無飢渴。

其九五

心邪變妖心該剞，不剞妖心發大痳。剞去妖心得昇天，心凈有福見爺媽。

其九六

手邪變妖手該斷，不斷妖手禍多端。斷去妖手得昇天，爾手仍在無苦酸。

其九七

腳邪變妖腳該斬，不斬妖腳鬼且鬫。斬去妖腳得昇天，永隨上帝脫危險。

其九八

妖邪莫眞正要眞，眞眞妖邪永苦辛。眞眞正氣方有救，各人眞草對眞神，天下萬国千祈遵正。

其九九

知情不報應同情，藏奸瞞天雲雪飛。話人須要話到底，含含糊糊累到誰。

其一〇〇

貴人貴口貴言章，貴頭貴面貴心腸。貴耳貴眼貴手腳，貴行貴量貴行裝。眞金不怕紅爐亮，猛風方知勁草強。腳到飄搖忠臣出，田中飽水曬無妨。

其一〇一

朕弟朕妹莫大過，天情道理在和儺。天父上帝恩救過，從今眞草對爺哥。

其一〇二

得罪自家眞是好，得罪人儕眞是了。化運爾頭只掃開，千祈莫同人計校。

其一〇三

萬事有爺又有哥，自家不好誰人保。嫌人不好己先歪，各想得福要遵老。

其一〇四

他人惱爾爾惜他，爾饒人天饒自家。愛人如己眞是好，勞功享福見爺媽。

其一〇五

思量人者有福矣，當前科炭今何如。他人有難爾救他，爾若有難天救爾。見人災痛同己病，見人飢寒同自飢。爲人即是爲上帝，莫作等閒詐無知。

其一〇六

朕妻朕兒體爺心，頭頂大罪是姦淫。不信且看陣中養，上帝一怒即降臨。暗中行歪顯報歪，那時天眼不針針。威風金貴有何道，錬個正字脫淪沈。

其一〇七

虔誠歡喜又悠然，嬌聲細氣福齊天。有這鎖匙開這鎖，何至門外咁

寃牽。

其一〇八

天父在平在平在山敎導先嬌姑，天父開言清口講，發令易飛木兒房。先說天花嬌爲貴，因何無僅逞高張，天父曰嬌聲妻子。

其一〇九

天父發令爲一女，不遵天令亂言題。若是不遵天命者，任從全清貴杖爾。

其一一〇

奉天詔命盡勢打，亂言聽者不留情。

其一一一

亂言講者六十起，聽者亦杖六十爾。已醒即道要爾好，不醒反說天父恃。

又

其一一七

朝晚拜爺拜在心，心先拜敬道理深。心拜更眞身拜假，各鍊眞眞貴如金。

其一一八

眞心頂天心脫邪，時遵天法莫些差。果然時刻心常對，便是時刻心拜爺。

其一一九

敬我天父要好心，敬我天兄要好心。敬我天王要好心，爲爾丈夫要好心。

其一二〇

玉清不好起歪心，玉清不好起邪心。玉清不好起奸心，玉清不好起貪心。

其一二一

自家係會敎會人，因何姊妹像無親。做多一些多些功，因何盤算算咁眞。

其一二二

孝順父母孝順天，第五天條千萬千。天大福祿由敬老，速速認眞萬萬年。

其一二三

幾多因爲一句話，五馬分屍罪不赦。一言既出馬難追，天法不饒怕不怕。

其一二四

扇撥飛蟲是熱天，茶潔泉三樣相連。起身攝裳茶潔須，袍帽靴帖禮拜虔。化紙一些都礙眼，物件端正理悠然。殼核放好怕捻起，朝堂凈正壯威權。

其一二五

功勞不怕多，罪惡不好多。好心不怕多，歪心不好多。好樣不怕多，歪樣不好多。暗好不怕多，暗歪不好多。眞憑不怕多，歪憑不好多。

其一二六

功勞多過人，享福多過人。好心多過人，貴氣多過人。好樣多過人，威風多過人。暗好多過人，光榮多過人。眞憑多過人，尊貴多過人。

其一二七

眼前心苦後安樂，眼前安樂後折剝。不理幼細理鹵粗，後來不好怨落瘼。

其一二八

半星亮起燒死人，各人救亮放精靈。明知亮大偏冲起，燒死自家有誰憐。

其一二九

且看舅年亮燒宮，當知亮大不可冲。加先草溼須除凈，免爾燒死在亮中。

其一三〇

好心娘娘歪心鬼，越惡越賤善就貴。玉清不好起歪心，萬載千年眞草對。

其一三一

好高反低莫好高，逞刁挪賤莫逞刁。越善越貴天越惜，千祈惡字盡丟耗。

又

其一三八

姊妹私儺好酌斟，因何眼青不修心。大作不着細着些，因何報仇恨咁深。姊妹不是路邊人，因何嫌恨到如今。人儕不好不相干，自家不好天眼針。

其一三九

流淚同人爭，不照本心行。三樣不輕饒，遵旨得長生。

其一四〇

爾們不曉鍊悠然，那得夫主甚悠然。爾們個個眞悠然，何愁夫主不悠然。

其一四一

悠然悠然得上天，悠然悠然福萬千。悠然悠然無寃牽，悠然悠然萬萬年。

其一四二

斬邪留正是天令，鍊得正正方成人。玉清不好起邪心，多多放醒顧頭筋。

其一四三

奸懶惡假不准爲，虔誠歡喜永遠爲。誰想長久做娘娘，看緊上高眞草對。

其一四四

官執印信理天事，后宮帶錢爲丈夫。曉得教己後教人，便是眞娘娘樣模。

又

其一四八

不用響鼓兼響鑼，威風貴氣在私儺。認眞道理眞貴氣，鍊好心腸威風多。

其一四九

眞心憑據最要多，歪心憑據不好多。歪憑積多罪就多，眞憑積多貴氣多。

其一五〇

心有草澀除開先，面有草澀怕亮延。口有草澀盡澈淨，眼有草澀掃連連。

其一五一

每夜內殿正朝門，出入關鎖旨當遵。一出一入有不鎖，不曉提防有處分。

其一五二

響板換御浪涎筒，看過朝堂後轉宮。一個浪掃有忘記，莫怪責罰無放鬆。

其一五三

醒來潔眼理泉茶，須嚏週時潔無差。千年萬載同半刻，不開過口記清些。

其一五四

十旨十該十天理，浪看搔演嚏眼須。清淨虔歡悠嬌細，認眞眞道記時時。

其一五五

一個認眞總是好，一個作校都怕了。自今一些不容情，打斧換柄好趕早。

其一五六

頭頂緊關十天條，款款遵守福祿高。第七天條些犯着，雲中雪下罪難饒。

其一五七

行營面不畀人見，因何賤樣不脫完。嫦娥美女嬌聲貴，因何似狗吠城邊。耳賤亂聽犯天條，心賤亂想最滔天。聲賤不斂羞爺面，賤人那得貴萬年。

其一五八

晚頭頭頂顧飛蟲，一個曉顧頭頂功。一個不顧好大罪，好心歪心福不同。

其一五九

夜顧飛蟲目顧熱，單人撥扇行不得。極緊事情都替頂，無替能遵亮不烈。

其一六〇

認眞道理好心腸，頭頂威風亦本當。若至不當地豆葉，何功受得天

榮光。

其一六一

十款天條莫犯七，四十四旨嚧眼須。時刻記淸五十四，各爲爾王行眞理。

其一六二

天父開恩不理事，生孩兩歲爲丈夫。兩年以內單爲子，後殿事情且跟由。

其一六三

爲子便是讚上帝，爲子便是接爾王。不爲子時當讚接，不讚不接鑼謪量。

其一六四

不准暗角暗打人，響鑼奉旨在天庭。暗打毒打皆有罪，天眼恢恢不饒情。

其一六五

値日提教查看四，冷眼暗看左右企。見有逆旨把鑼響，奉旨議打天總知。

其一六六

撥扇虔誠莫己由，當輕當重心對夫。亮紅舉手須虔潔，水涼救好亮方烏。

其一六七

爾眞知錯眞知改，自然天量大如海。爾不知錯不知改，莫倚勢天量如海。

其一六八

天父子媳總要好，天兄小嬸總要好。多一個也不爲多，少一個也不爲少。

其一六九

自今一個不悠然，躁人不准近主前。自今一個不好心，賤人不准到主邊。自今一個不聽教，拗頭貶落理亮氈。自今一個不純善，歪樣掤賤莫怨天。

其一七〇

日夜琴聲總莫停，停聲逆旨處分明。天堂快樂琴音好，太平天下永太平。

又

其一八三

遵旨是顧王顧主，逆旨便是不顧主。顧主享福在高天，不顧萬載受永苦。

其一八四

一好好到無底好，一了了到無底了。問爾想好還想了，不是同爾作笑校。

其一八五

半草對天跪何人，病痛未跟求何人。燈草不對近何人，起身未扶爲何人。

其一八六

讚呼虔誠天眼開，天大福祿天賜來。讚呼怠慢天亮起，大膽瞞天罪應該。

其一八七

亮起跪求要虔誠，亮未救縮眞起身。亮紅速跪速救烏，一個起身不容情。

又

其一九三

不知誤逆罪還小，明知故逆罪難逃。爾識丈夫何樣人，速快遵旨莫差毫。

其一九四

非輕容易做娘娘，要識道理好心腸。曉得爭緊丈夫志，方是顧倒爺綱常。

其一九五

識得道理又易做，不識道理亮難過。爾想長久做娘娘，放醒放靈莫卧垜。

其一九六

天朝天國，不容些惡，且看虎鹿，不得老琢。

其一九七

起眼看主是逆天，不止半點罪萬千。低頭垂眼草虔對，爲得丈夫敬

倒天。

其一九八

天父上帝開大恩，差爾得到主身邊。應該有福當知享，因何主身不曉跟。自今再學臭蟲樣，兩十宮位讓人先。不好怨，不好怨。

其一九九

天天日日要用他，軟和飄搖飄上天。兩個能童能飄搖，人子開門看下先。怕有人子不開門，總是臭蟲有寃牽。不好怨，不好怨。

其二〇〇

洗身穿袍統理髮，疏通紥好解主煩。主髮尊嚴高正貴，永遠威風坐江山。

其二〇一

回回亮是誰人冲，冲得亮多爲何功。回回冲亮假月亮，假草對天天不容。

其二〇二

回回亮是誰人救，救得亮多福己求。回回救亮眞月亮，眞草對天配日頭。

其二〇三

難見我者有哭矣，合得我者有福矣。難近我者有哭矣，爲得我者有福矣。

其二〇四

冲我亮者有哭矣，救我亮者有福矣。逆我旨者有哭矣，遵我旨者有福矣。

其二〇五

瞞天逆旨罪實深，分別有心與無心。有心故逆罪難赦，無心誤逆天哀矜。

其二〇六

副月宮回回亮都冲，副月宮豈有咁丁冬。副月宮不曉跟理蟲，副月宮不話拿涎筒。副月宮有鬼在心中，副月宮面情不歡容。副月宮因何不盡忠，副月宮老琢有何功。

其二〇七

內言內字不准出，敢傳出外五馬分。外言外字不准入，敢傳入內罪同倫。

其二〇八

物件不正詐無知，爾今現做誰人妻。道理時時都一樣，因何到今睡還癡。耕田婆有耕田樣，天堂人物好威儀。爾們想做眞月亮，到今還不曉提理。

其二〇九

不悔不改是三人，明知故犯是三人。大膽瞞天是三人，歪心逆旨是三人。

其二一〇

天父聖旨莫使性，天兄聖旨凈半點。天王發旨遵得救，莫學三人敢大膽。

其二一一

加先擘棻遵不論，棻來遵旨擺殷勤。棻來不曉遵旨擺，逆天由己有處分。

其二一二

更更板響莫紉皮，奉旨和斟記時時。惹奏惹打要歡喜，文袍行先好提理。

其二一三

爾眞怕餓速鍊好，果然鍊好永遠飽。若不鍊好餓萬年，怕當豬狗都不倒。

其二一四

爾想威風速修心，若不修心怕淪沈。果然修心果然對，永遠威風貴如金。

其二一五

嚮鑼讀詩鑼鍊扇，極熱極涼重最善。微熱微涼也一樣，莫撥楊底要靈變。

其二一六

鐘鑼嚮畢打開門，同對着袍在和勤。眼看身閃莫遮躲，認眞眞道永生存。

其二一七

撥扇扯被離一尺，扶王捧手身先行。天寒問着熱問寬，一心虔意得

常生。

其二一八

因何開亮出朝門，眞眞膽大旨不遵。自今以後再亂出，逆旨瞞天有處分。

其二一九

姊有逆主妹教姊，妹有逆主姊教妹。一齊及好莫怪些，怪些責罰莫自害。

其二二〇

一齊及好一齊好，一齊不及一齊了。一些半點不饒情，莫怪莫怨不是校。

其二二一

一個冲亮有斥革，加先發旨說明白。見人行錯不出聲，又貶又斥永成額。

其二二二

天主旨到嚮金鑼，立即跪接呼聲和。一個不接是逆天，又貶又斥不是苛。

其二二三

天情道理莫眼青，愛人如己心放平。姊妹多多都一樣，巴望水漲船高行。

其二二四

帕匙換教帶玲瓏，鬚面手汗帕不同。鬚面用新潔手舊，汗帕換開立鎖封。

其二二五

爾身想安爲主安，爾身想寬顧主寬。樹頭不穩葉那茂，泉源不通流會斷。

其二二六

爲主身安爾身安，顧主心寬爾心寬。樹頭生穩葉定茂，泉源開通流不斷。

其二二七

一些半點都不得，不是校笑認眞先。教爾這樣就這樣，不開過口記萬年。

其二二八

越爲得多越大份，各爲爾主要殷勤。今日積福後來享，鎖匙帶緊得入門。

其二二九

小事議打大事奏，奏照本心莫執仇。執仇連己逆天令，半斤八兩究兩頭。

其二三〇

照宮封門同開門，時時一樣旨當遵。早朝晌板不同出，統教看知有處分。

其二三一

鬼心不去那得貴，惡心不除那得爲。邪心不淨雲雪飛，奸心不滅有狼狽。

其二三二

心有些惡逆眞神，面有些惡害爾身。眼有些惡福亦薄，口有些惡不成人。

其二三三

眞心眞意扶眞主，眞賢眞和爲眞夫。眞眞正善眞眞好，眞虔眞歡確眞悠。

其二三四

一些惡樣看不得，一些惡聲聽不得。一些鬼心容不得，一些鬼計寬不得。

其二三五

自今一個性秤秤，同人爭交及罵人。三樣逆天是由己，定然重責不饒情。

其二三六

性秤秤要奏出，同人爭要奏出。罵妖魔要奏出，一些惡要奏出。

其二三七

看主單准看到肩，最好道理看胸前。一個大膽看眼上，怠慢爾王怠慢天。

其二三八

悠然貴氣躁氣賤，嬌聲順爺盎逆天。純善成人惡成鬼，歡喜常生綱寃牽。

其二三九

週時沖亮說爾會，爾話害人自家害。週時瞞天天不知，一下指出怕不遲。

其二四〇

週時逆旨眞是好，飯米糯食看作校。週時大膽總無差，爾不看木匠擔枷。

其二四一

不撥飛蟲生浪耳，不顧爾王害自己。一個不顧都是難，半點怠慢不恭喜。

其二四二

一條心逆不是人，一些心敬些是人。一半心敬些是人，一條心敬全是人。

又

其二四八

沖得亮多後有報，一個歪心難近夫。好心好報歪歪報，高天做事不糊塗。

其二四九

各人認各人道理，天父聖旨記時時。話爾這樣就這樣，些不逆得逆害爾。

其二五〇

不使得性速減性，不是校笑早當知。天兄聖旨爭半點，從今好醒莫鬼迷。

其二五一

不識道理眞是難，爲人至緊莫做奸。逆天由己最大罪，因何大膽把天瞞。

其二五二

任爾一面不虔誠，莫怪爾主不饒情。不拿然來無然待，各人打醒各精神。

又

其二五九

查看秉公莫包藏，冷眼暗裝對太陽。見人些歪鑼議打，知情藏奸罪同行。

其二六〇

看教日夜看爲天，撥扇理琴理本章。瓜菓敬爺後敬媽，二更四更琴音長。

其二六一

統教總管前後殿，見人有歪奏主前。奏撥奏御兼查看，秉正秉直莫瞞天。

其二六二

二管爾妹細心教，至緊教要遵天條。當打則打當奏奏，不用惱氣咁操勞。

又

其二六七

朝捧箱仔放榨面，伺候穿袍鐘鑼宣。舊理靴茶響鐘鑼，各各盡忠莫瞞天。

其二六八

因何同徒不跟理，因何同徒說不知。因何藏奸不直道，因何瞞天咁鬼迷。

其二六九

內殿同徒同跟理，同徒有錯先奏知。己先奏知己無罪，不奏知者拖累爾。

其二七〇

一個瞞天天不留，一個故犯妄前修。一個由己有大哭，一個暗歪顯惹誅。

其二七一

由天由王是天路，由己行錯地獄塗。草對彎彎直上天，不對走下冰火糊。

其二七二
日夜撥扇扇莫停，莫撥榨底要記清。撥由己不撥由己，大膽逆天不成人。

其二七三
有福之人果然變，無福之人不知變。狗食糯米總無變，恐食糯米好早變。

其二七四
新統看教手執扇，理袍伺候要虔虔。靴茶伺候響鐘鑼，統看開門共朝天。

其二七五
每朝新統看提教，禁止同徒莫些躁。無心鑼打大膽奏，各照本心細教道。

其二七六
拿橫燈草罪不輕，拿正燈草得長生。燈草對緊天大福，永遠照實本心行。

其二七七
天上無病地獄病，天上無苦地獄苦。天上無餓地獄餓，天上無醜地獄醜。

其二七八
一分逆天一分哭，一分敬天一分福。十分逆天十分哭，十分敬天十分福。

其二七九
天報應人無毫差，問爾想福還想哭。想哭由己不用修，想福由天鍊速速。

其二八〇
三更響開頭向鑼，查看照喊敬爺哥。遵旨逆旨鼓奏明，不理事提理和儺。

其二八一
提教帶御早爲夫，虔誠換帕跪朝呼。呼畢教御先潔眼，金鼓響畢裏着悠。

其二八二
早茶統看袍靴茶，加先整容插好花。頭回鑼響出前殿，燈草對夫即對爺。

其二八三
提教帶御顧上身，文袍靴茶顧下身。統看教人顧主身，顧王身即顧爾身。

其二八四
頸額額角共眉毛，永遠不准扯一條。不准扎脚講妖話，不准同姑話言交。四樣犯些須奏出，藏奸瞞天罪難饒。爾們既爲上帝媳，各鍊眞眞守天條。

其二八五
亮起速快求開恩，不求莫怪亮連天。見人跪求替人奏，不奏亮起在眼前。

其二八六
本章一來看教理，開合箱蓋票封皮。蓋開本章虔潔手，提教同御記時時。

其二八七
顧爺綱常得上天，顧哥面光福齊天。顧夫志氣配在天，顧仔體面永在天。

其二八八
眞草娘娘假草妖，敬天娘娘瞞天刀。正草娘娘橫草斬，虔誠娘娘怠慢煲。

其二八九
敬重不完是誰人，虔誠不完是誰人。讚美不完是誰人，歡接不完是誰人。

其二九〇
心一惜他得上天，心一惜他福萬千。心一惜他無冤牽，心一惜他萬萬年。

其二九一
各人有各人夫妻，不准混雜亂些須。些邪該斬單留正，天法不饒後

悔遲。

其二九二

任爾祕藏天指出，知情不報拖累爾。第七天條永遠記，差在毫釐失千里。

其二九三

人瞞天己莫瞞天，知情立報不瞞天。知情不報同瞞天，同瞞天罪同瞞天。

其二九四

因何當睡又不睡，因何不當睡又睡。因何不顧主顧睡，因何到今還敢睡。

其二九五

天父聖旨顧得救，天兄聖旨半點頭。知錯知改方得生，不知罪過後無留。

其二九六

捧茶不正難企高，拿涎不正難輕饒。萬樣都是正爲貴，速錬正正福滔滔。

其二九七

天寒潔身最緊關，起身怕到草莫奸。四條燥帕伺候便，閒手不顧個個難。

其二九八

攝眼鼻抽鬼壞人，眞眞大膽不成人。作怪得多害誰人，三年不好大戌人。

其二九九

有得爾理無心理，後來想理無得理。天事何不盡忠理，後來讓過別人理。

其三〇〇

看爾恰似試大水，緊錬緊歪心有鬼。爾王豈有好出聲，行着豈有好爾跪。

其三〇一

天天日日行天，照救世人脫妖纏。有天有日永作主，眞草對緊福無邊。

其三〇二

十款天條款款遵，犯着五七罪該分。千祈正氣遵爺旨，至緊孝順重天倫。

又

其三〇七

問爾同誰人過親，誰人生爾養爾身。誰人替爾贖爾罪，誰人救爾照爾靈。

其三〇八

想爲爾主脫凈歪，太陽面前歪報歪。想爲爾主脫凈惡，太陽面前惡報惡。

其三〇九

八分歪惡八分賤，不得近主不好怨。一些歪惡一些賤，不得爲主不好怨。

其三一〇

寫詔墨盤昃一頭，半水半旱任蘸收。扎帽企正攝裳背，奉旨講人莫己由。

其三一一

曉看曉奏是幫天，同天過親奏連連。不看不奏是逆天，同天無親瞞連連。

其三一二

宮內最貴兩十宮，因會救亮故高封。眞會救亮眞月亮，千年萬載得威風。

其三一三

眞會救亮脫鬼迷，眞會救亮是眞妻。眞會救亮好心腸，眞會救亮識道理。

其三一四

天情眞道在救苦，好心方能脫永苦。爾見人苦救人苦，天見爾苦救爾苦。

其三一五

天父慈悲憐人苦，深望世人盡脫苦。見又一人遭難苦，天父痛腸甚

刻苦。

其三一六

天兄恩憐弟妹苦，遵爺聖旨替人苦。十字架釘流血苦，替出弟妹免永苦。

其三一七

在上固宜救下苦，在下更宜救上苦。爾眞好心救人苦，天父厚報爾無苦。

其三一八

敬天一定會敬主，敬主方是眞敬天。天生爾主爲爾主，敬天敬主兩相連。

其三一九

天情眞道在知錯，不知錯過是妖魔。想上高天速知錯，知錯知改見爺哥。

其三二〇

一個作怪要打多，錯在無心不用苛。想脱痛苦速鍊好，狗子條腸見爺哥。

其三二一

千祈千祈莫講偏，講偏一句是瞞天。瞞天速認該何罪，逆令雙重糯飯涀。

其三二二

正直善眞，好醒慈仁。眞媳眞正眞眞直，眞嬸眞善眞眞眞。眞妻眞好眞眞醒，眞媽眞慈眞眞仁。

其三二三

爾同合意願同坐，爾得天惜天若何。想上高天速放醒，速速眞草對爺哥。

其三二四

天眞惜爾有高封，何忍貶爾落冷宮。天不惱爾永光榮，何至罰爾十八重。

其三二五

心肝想倒照直行，因何想倒又拿横。手踭流血怕有救，頸筋流血怕難生。

其三二六

一回痛過就知錯，二回不用再痛過。一回痛過不知錯，二回更要再痛過。

其三二七

一回逆犯是初犯，二回逆犯是重犯。初犯看事憐誤犯，重犯重究其故犯。

其三二八

帶袋遲延打帶袋，統看遲延打統看。一換開帕袋行先，虔誠同到齊呼喚。

其三二九

心有些邪鬼纏心，心有些曲鬼纏心。心有些惡鬼纏心，心有些假鬼纏心。

其三三〇

鬼入心纏説爾會，鬼汗爾心不自愛。應該逐鬼早出心，因何藏鬼來自害。

其三三一

毁謗冒瀆五馬分，鬼入心纏聽不聞。心内謗瀆罪更大，想上高天趕早遵。

其三三二

頭頂緊關要求奏，不求不奏該斬頭。求奏無欺天欺主，曉求曉奏福已求。

其三三三

當跪不跪罪該分，跪要虔誠耳宜聞。當求不求是冒瀆，求要停聲旨當遵。

其三三四

理前殿事專爲王，後殿媽媽爲本當。不理幼細理鹵粗，不曉爲王爲娘娘。

又

其三三九

暗中敬天敬夫主，天堂享福萬千秋。暗中瞞天瞞夫主，地獄受苦萬

千秋。

其三四〇

打開知錯是單重，打不知錯是雙重。單重打過罪消融，雙重雪下罪難容。

其三四一

虔誠歡喜一條腸，就是鍊倒水咁涼。面前聲氣極慈和，就是純善眞娘娘。

其三四二

任爾一面不虔誠，宮内那樣都要人。好心企上歪企下，高天做事無估情。

其三四三

不打不罵還過得，惹打惹罵要歡虔。不歡不虔逆雙重，莫怪滿天盡亮延。

其三四四

面情善好是人面，面情不好是鬼面。聲氣善好是人聲，聲氣不好是鬼聲。

其三四五

葉心眞好葉就好，心腸眞好面就好。琴心眞好音就好，心腸眞好聲就好。

其三四六

上帝所合人難分，何況他子是嗣君。嗣君母親是王母，天下萬國重大倫。

其三四七

夫主身上萬樣福，爾得爲些天大福。心恐無爲就有福，算盤咁眞有何福。

其三四八

千祈千祈脫凈惡，爾們無惡天何惡。千祈千祈鍊善善，爾們果善天更善。

其三四九

凡間最好是何日，今年夫主生誕日。天父天兄開基日，人得見太平天日。

其三五〇

自家既錯就認錯，因何逞刁不和儺。自家雖着當說姊，因何不曉是爺哥。

其三五一

爺聖旨萬樣節儉，一飯一絲當慳廉。今日慳廉積上天，積福多多萬方沾。

其三五二

曾岳丈直認求恩，大罪化小得上天。枉而景講偏一句，罪上加罪雲雪連。

其三五三

右後響鼓遵媽姊，內殿響鼓奏主知。行不響鼓當奏明，時時一樣眞道理。

其三五四

帶未掛時潔眼緊，被既捲時過被緊。人一響時奏知緊，亮一起時救亮緊。

其三五五

手不顧主該斬手，頭不顧主該斬頭。些不顧主些變妖，週身顧主福已求。

其三五六

不好心肝命不生，不好心肝眼會青。不好心肝容不寬，不好心肝耳無聽。

其三五七

看爾想試雲中雪，天情道理不識得。看爾想試五馬分，因何大膽自作孽。

其三五八

天情道理莫嫉妒，嫉妒最惹爺義怒。天情道理要敬主，毀謗冒瀆眞可惡。

其三五九

萬樣須要照直行，因何前橫今又橫。萬樣奏准方行得，因何當聲不

曉聲。

其三六〇

曉得照直就是人，天大福祿賜爾身。曉得奏主是奏天，敬天敬主合天情。

其三六一

永遠金貴貴道理，永遠金貴貴心腸。眞正眞直眞善眞，方成長久眞娘娘。

其三六二

打開戻頭頭顧主，打剩戻喙喙虔求。任丟任擲草一樣，萬載千秋對日頭。

其三六三

因何有旨看作校，是乜入心咁瘃老。應該加早先算清，萬樣要理得好好。

其三六四

晚頭揗腳食氈四，早舊氈對食四理。奸懶惡假須脫盡，怕無爾爲那時遲。

其三六五

一個作校是妖魔，一個認眞跟爺哥。天大福氣在遵旨，敬天敬主威風多。

其三六六

害人不是害人儕，害來害去害自家。且看三人心不好，現今如何處置他。

其三六七

大話大聽細細聽，因何拗頸不遵行。成人頭要聽人教，遵旨聽教得常生。

其三六八

燉參掌門提教事，同檯理氈人工夫。一個詐奸須奏出，同心合手莫糊塗。

其三六九

當食就要像食樣，當睡就要像睡樣。萬樣遵旨要像樣，天父專誅帶歪樣。

其三七〇

一個遵旨是眞妻，一個逆旨是鬼迷。半點怠慢雲中雪，後來結局爾就知。

其三七一

今日似乎說爾會，後來方知是鬼害。鬼不害爾自家尋，遵旨得救當自愛。

其三七二

因何主問不直奏，欺天欺主該斬頭。因何同人同瞞天，講偏一句法當誅。

其三七三

人儕殺頭爾殺頭，同人瞞天罪該誅。一講倒二二講一，瞞天欺主後無留。

其三七四

敬天敬主得常生，虔誠歡喜得常生。遵旨照直得常生，無謊無假得常生。

又

其三七八

只有媳錯無爺錯，只有嬸錯無哥錯。只有人錯無天錯，只有臣錯無主錯。

其三七九

千祈莫明知故犯，千祈莫逆令雙重。千祈莫同人瞞天，行祈莫假草不忠。

其三八〇

千祈做人莫變鬼，脫鬼敬爺時刻跪。鬼心鬼面惡如狼，人心人面涼過水。

其三八一

人妖分別在邪正，邪些是妖正是人。邪些極賤正極貴，邪些該砍正該陞。

其三八二

人妖分別在曲直，曲些是妖直是人。曲些極賤直極貴，曲些該砍直

該陞。

其三八三

人妖分别在善惡，惡些是妖善是人。惡些極賤善極貴，惡些該砍善該陞。

其三八四

人妖分别在眞假，假些是妖眞是人。假些極賤眞極貴，假些該砍眞該陞。

其三八五

朕妻朕兒行眞道，眞道出自爺教導。遵爺聖旨得常生，好心定然有好報。

其三八六

朕妻朕兒堅耐心，遵行眞道貴如金。遵爺聖旨爺子女，天大福氣自家尋。

其三八七

因何無亮冲起來，因何亮起不救開。亮冲起來誰人受，亮不救開燒死該。

其三八八

做媳有福不知享，做媳不成當識想。不上得天要落地，到了那時有乜講。

其三八九

閻羅妖鬼都難飛，打得服服畏天威。天父天兄手段高，閻妖低頭鑽地龜。

其三九〇

提教查看文袍門，靴茶參茸食洗門。看緊上高理天事，起些奸心後處分。

其三九一

千祈不好鍊大膽，大膽是妖罪該斬。千祈不好起奸心，奸心是奸過半點。

其三九二

朝新氈亮副看琴，各理天事要小心。虔誠遵旨些錯赦，單打大膽究深深。

其三九三

潔嚏因何潔倒須，大膽不遵成乜妻。裝誕因何又重犯，萬樣要正還不知。

其三九四

響在無心曉認錯，不是大膽恩赦過。錯在不知一時誤，不是奸心輕警惰。

其三九五

天上不准一些横，鍊得直直得常生。詐聾詐啞詐盲瞎，奸心瞞天罪不輕。

其三九六

果見做成實是見，當聲立即就出聲。爺哥不是同校笑，爾想常長照直行。

其三九七

一個大膽起奸心，眼前重打後背殺。千祈至緊破直行，地路甚寬天路窄。

其三九八

掌等大陽不見窗，蛇逝有路必有蹤。一齊趕走證認出，千祈逆令莫雙重。

其三九九

姊生即是自己生，妹生亦是自己生。多多都是由爺生，看作一體得常生。

其四〇〇

養子養女非本事，教子教女眞本事。愛子愛女就要教，不教子女有大誤。

其四〇一

别樣或留邪無留，天條犯七定斬頭。爺爺聖旨單留正，想上高天落力修。

其四〇二

萬樣靠他三子爺，虔誠歡接總無差。且看虎魚鳥草朝，各人正草顧

自家。

其四〇三

一樣不忑是不虔，詐盲詐啞是瞞天。萬樣直奏安主心，一個大膽有寃牽。

其四〇四

頭貼夫主坐本份，因何理事不殷勤。何不盡忠忘前修，遵爺聖旨得生存。

其四〇五

本一個人分貴賤，有道時貴無道賤。本一個人分人妖，好心時人歪心妖。

其四〇六

爾們愛頭不愛頭，愛頭破直醒心修。無心有救奸心殺，大膽奸心天不留。

其四〇七

今不開恩有頭麽，下次再犯看如何。愛頭速速孝順媽，大犯天條有爺哥。

其四〇八

爾想成人還成妖，成人遵旨遵天條。成妖大膽起奸心，眼前重打後過刀。

其四〇九

爺爺聖旨勿憂容，成人最要好儀容。娘娘自有眞面容，從今虔接永修容。

其四一〇

萬樣不論論道理，頭光髻忑好道理。修容插花好道理，虔歡接主好道理。

其四一一

萬樣不論論心腸，頭光髻忑好心腸。修容插花好心腸，虔歡接主好心腸。

其四一二

三分人才四分扮，成人儀容要好看。爺哥不怕陋容人，從今好醒好打算。

其四一三

怠慢不准做副看，着人袍裳做替換。罰貶三年不分新，期滿鍊好另處斷。

其四一四

乃車軋軋看花香，爾曉就光故得光。鎖匙帶緊門易入，虔誠永遠服事王。

其四一五

爲媽虔歡乃媽車，爲主虔歡乃主車。爲姊虔歡乃姊車，開恩得光永乃車。

其四一六

不理事人奏樂行，隔日人同值日榮。各人妻子乃夫車，永遵天條得常生。

其四一七

隔日先就隔日光，因何逆旨咁瞞天。一句半字都是旨，認眞遵旨萬萬年。

其四一八

喝山山轉喝水潮，爺爺聖旨遵爲高。夫主開言由爺出，遵旨得救逆旨刀。

其四一九

那樣就得理天事，好心就得理天事。那樣是會理天事，遵旨是會理天事。

其四二〇

人有乜福福在爺，心不就爺享乜福。人有乜福福在哥，心不就哥享乜福。人有乜福福在主，心不就主享乜福。就爺就哥就夫主，得上高天享永福。

其四二一

哨不得爛莫亂吞，知不的確要來遵。天差夫主來作主，因何遵旨不殷勤。

又

其四二四

萬樣由天由夫主，逆天由己罪該誅。主行則行主止止，萬樣聽主莫糊塗。

其四二五

人多扇扇一雙鬆，人少扇扇一個鬆。日夜處處都一樣，完多袋對潔玲瓏。

其四二六

上高掉正然後上，千祈定疊莫慌忙。同齊乃車同出力，萬樣同心福久長。

其四二七

想上高天讀聖書，因何無事咁糊塗。自今再不遵旨讀，響鼓人報姊奏夫。

其四二八

響鑼一處不准停，自今再犯不饒情。查着看門當奏出，同人瞞天理不應。

其四二九

宮内有人眞不好，看奏一雙使大刀。跪奏奉三子爺令，林苑雙刀齊不饒。

其四三〇

爺爺聖旨煲糯米，狗食糯米無更移。知變大兄贖爾罪，不變後林看奏理。

其四三一

爾眞愛人天愛爾，愛人愛自己。爾眞害人天害爾，害人害自己。爾好心天好報爾，好心好自己。爾歪心天歪報爾，歪心歪自己。

其四三二

爾雙重詐聾奸草，登樓洗化兩該刀。自今再不遵條五，後來結果總無饒。

其四三三

因何不改又不悔，因何罪上又加罪。自今再不知改悔，後來結果治爾罪。

其四三四

且看長沙誅老妖，奏爺劍即賜天朝。又看舊城賞四十，朝赦哺木不輕饒。

其四三五

爾今速變限這回，這回不變命鬼催。後林苑内糯米飯，永遠受苦怨得誰。

其四三六

宮内代代莫亂行，金鼓雲板響大聲。見有偷闖當奏出，逆旨瞞天責不輕。

其四三七

一時一樣假娘娘，週時一樣眞娘娘。逆旨冲亮假娘娘，遵旨救亮眞娘娘。

其四三八

有天有日永作主，因何還睡咁糊塗。起些奸心照對對，爾想大膽怕天誅。

其四三九

同心顧主同得貴，一個冲亮有死罪。得主歡喜得上天，同破直行眞草對。

其四四〇

現不遵旨貶冷宮，後不遵旨十八重。想上高天要遵旨，遵旨得救得高封。

其四四一

無心逆旨還有救，有心逆旨要斬頭。天量如海也無涯，大膽奸心天不留。

其四四二

應該知情當直奏，因何同瞞不愛頭。同瞞人殺爾也殺，速速幫天放醒修。

其四四三

爺教爾姊放膽奏，此等鬼話應難留。好得爾姊直奏出，同謝爾姊落

力修。

其四四四

天差爾們四處生，同一夫主草莫横。不做忠臣到何時，鬼害得多還不驚。

其四四五

人生一世無二世，正者上天邪落地。此世修好永在天，齊醒莫中魔鬼計。

其四四六

魔鬼想害人變鬼，痳瘋想害人發瘋。明明娘娘福知享，魔鬼害人害得重。

其四四七

且看大兄鬼還惑，屋頂想害大兄跌。明明太子還來欺，爾們速醒脱鬼蜮。

其四四八

又看夫主鬼還欺，冒做爺哥好得知。明明太陽還弄計，爾們速醒莫鬼迷。

其四四九

朕妻朕兒報爺恩，認眞眞道頂高天。遵爺聖旨享永福，識破鬼計脱妖纏。

其四五〇

成人成鬼定此世，極貴極賤定此世。上天落地定此世，永福永苦定此世。

其四五一

妻兒齊醒體爺心，識破鬼計脱輪沈。莫負爺爺生養大，心醒蛇魔難害侵。

其四五二

邪曲惡假魔鬼路，行錯鬼路任鬼怖。行錯鬼路鬼邊人，受鬼纏捉此緣故。

其四五三

正眞善眞爺眞道，行着眞道得好報。行着眞道爺邊人，鬼想害爾不能到。

其四五四

好心遵旨就轉天，心醒心正脱妖纏。速醒悔改行眞道，打馬回頭轉爺邊。

其四五五

爺爺是亮故生亮，有是爺亮有仔亮。有是哥亮有弟亮，普照人間盡是亮。

其四五六

無亮行祈莫冲起，冲起亮來燒自己。好心願亮替人救，免亮延燒無了止。

其四五七

母鷄千祈不好啼，一啼斬頭天所排。后宫親戚賜由爺，世世脱盡凡情歪。

其四五八

后宫各字莫出外，出外母鷄來學啼。后宫職份服事夫，不聞外事是天排。

其四五九

后宫親戚進貢爺，不用私獻致有差。所有臣下賜由爺，私受不雅脱盡邪。

其四六〇

敬爺敬只心，敬哥敬只心。爲夫爲只心，爲主爲只心。

其四六一

天情道理在知錯，因何有錯不認錯。直知直認錯不錯，不知不認錯加錯。

其四六二

一不准多喙爭罵，二不准響氣諠譁。三不准講及男人，四不准講及謊邪。

其四六三

學倒曾添罪過輕，學倒而景怕難生。認也知不認也知，千祈燈草莫拿横。

其四六四
遵旨響鼓響板來，遵旨響鼓響板回。來得光明回正大，當知天父眼恢恢。

其四六五
那樣犯倒或赦得，單單條七罪滔天。爺差來斬邪留正，速鍊正正脱妖纏。

其四六六
一條直道小心行，千條岔路得人驚。岔路妖魔裝陷阱，兩提踏錯怕難生。

其四六七
妖魔害爾在夢中，迷壞爾魂仃佟佟。遵爺聖旨脱凡心，任鬼萬害都是空。

其四六八
脱凈凡心就上得，記爺聖旨萬萬年。鬼計害人如裝鵰，醒行眞道脱妖纏。

其四六九
正直善眞得上天，正直善眞福萬千。正直善眞無寃牽，正直善眞萬萬年。

其四七〇
姑進響鼓十五點，一個未出是瞞天。姑出響鼓十五點，方准進洗記得天。

其四七一
好心遵旨脱鬼纏，好心遵旨苦脱完。好心遵旨福無邊，好心遵旨上得天。

其四七二
脱凈凡心脱鬼纏，脱凈凡心苦脱完。脱凈凡心福無邊，脱凈凡心上得天。

其四七三
脱凈凡心，愛人如己，正直善眞，好心遵旨。

其四七四
斬邪留正是誰人，殺曲赦直是誰人。誅惡救善是誰人，惱假惜眞是誰人。

其四七五
子不敬夫失天倫，弟不敬兄失天倫。臣不敬君失天倫，下不敬上失天倫。

其四七六
父怒子跪求開恩，兄怒弟跪求當虔。君怒臣跪求本份，尙怒下跪本連連。

其四七七
當跪不跪是明欺，當求不求是鬼迷。理當如是不如是，瞞天莫道天不知。

其四七八
君子週時口對心，一反一覆陷淪沉。有爺有哥永作主，當知時時天眼針。

其四七九
早暗化洗更模奴，從頭疊二顧飛蟲。文袍靴茶花水食，頂替到氈福要功。

其四八〇
爾們眞眞無大膽，不用打罵何講斬。爾無奸心脱凈苦，從今切莫有半點。

其四八一
打千打萬因大膽，大膽莫怪天法嚴。殺千殺萬因奸心，奸心雲中雪難堪。

其四八二
問爾怕打不怕打，怕打莫鍊曲惡假。問爾怕斬不怕斬，怕斬心莫邪半點。

其四八三
怕打怕斬速遵旨，遵旨脱苦苦就止。爾們分別在遵旨，遵旨好心好自己。

其四八四
飯養不在遵旨生，從今遵旨草莫橫。天大福氣自己鍊，千祈至緊照

直行。

其四八五

小心彎遠顧緊鬚，悠悠輕輕摸挨臍。臍上不挑是逆旨，爲主萬樣好心機。

其四八六

同徒同出同企定，同跪同呼同虔誠。同行同向同架止，同心同力同忠眞。

其四八七

心肝想倒莫拿橫，照緊本心破直行。理當如是就如是，些事因何要主聲。

其四八八

些事到今不會理，心有鬼計做誰妻。狗子條腸配眞主，因何到今還鬼迷。

其四八九

遵旨得救得上天，永遠享福萬萬年。逆旨會死會落地，當狗不倒賤無邊。

其四九〇

跟主不上永不上，永遠不得見太陽。面突烏騷身腥臭，喙餓臭化燒硫磺。

其四九一

醒一樣睡又一樣，一時一樣假心腸。假心腸定賞假福，賤人那得永榮光。

其四九二

暫一樣久也一樣，週時一樣眞心腸。眞心腸定賞眞福，貴人應得永榮光。

其四九三

一個大膽是妖魔，一個瞞天是妖魔。一個逆旨是妖魔，一個歪心是妖魔。

其四九四

草木接日得菲芳，臣下接日得榮光。智者踴躍接爲福，因何草不接太陽。

其四九五

爾想爺哥夫主惜，好心遵旨就會惜。今朝遵旨今朝惜，永遠遵旨永遠惜。

其四九六

子女幼細不用扇，寧可熱些要遵天。自古成人不自在，遵守天條萬萬年。

其四九七

知錯知求方有救，不知不求該殺頭。爺爺養怒殺三人，打壞多多因不求。

其四九八

統左看右玉櫈理，三更天光看朝儀。見有逆旨立即奏，莫再藏奸詐不知。

其四九九

未企玉櫈提袋理，企櫈統看直奏知。統看提看緊上高，知情立奏記時時。

其五〇〇

一個心恐無得爲，爺哥恩憐有得爲。一個心恐不會爲，爺哥恩化就會爲。

《太平救世歌》予謹爲之歌曰，

我懷大道得眞傳，屈指已經數十年。胥知眞神祇獨一，要識造化總由天。從古眞神惟上帝，尊爲天父理當先。當初開創只一手，六日完成萬象泉。能手一伸天地定，權能廣大有淵源。萬民皆當敬上帝，中心感戴溯其原。天惜世人陷溺深，先降太子任其能。耶穌天兄專救世，心憫世道下天廷。捨身受盡無限苦，挽回眞道轉乾坤。世人須念救世主，贖罪功勞至今存。天遣我主爲天王，自此眞道始顯揚。天聰天明越凡衆，心性仁慈實無量。斬邪留正奉天命，賞罰分明天法彰。同在金田倡大義，萬民歡悅仰朝堂。誅滅妖魔如破竹，建都天京樂安康。要知天王爲眞主，能享天福樂無疆。天命扶主降凡塵，左輔躬應感大恩。禾乃師爲天父定，以身贖病救黎民。兄弟雁行居第四，同扶眞主建天京。上帝眞言親教授，化醒人世理實

眞。壽算九千蒙天賜，牽連弟妹到天庭。惟願世人皆鍊正，同享眞福拜眞神。大封功臣開天恩，有加無已被公卿。我輩爲臣當報国，忠貞獨矢心要眞。爲臣要思天恩重，須當竭力報劾心。忠忱事主有厚祿，絲毫虛假天父明。我同兄弟理天事，事無大小必親臨。個個忠臣輔眞主，江山萬載享太平。

又歌曰，

皇天上帝，主宰大權。山海人物，六日造成。七日頌讚，格外尤虔。人之未生，靈云在天。方其欲生，纔降凡間。既生之後，具有此身。受之父母，懷抱同眠。日日衣食，實靠於天。人無飲食，那得延年。靠親生身，靠天養身。親之所生，天之所養。親恩不小，天恩無邊。報恩孝親，酬謝敬天。人知孝親，愈知敬天。能知敬天，勝於孝親。虔誠敬天，何殊敬親。父母待子，何嘗心閒。乳養飲食，事事心專。及乎稍長，恐其多愆。教之禮義，終日防閑。無所不至，愛子心堅。受恩罔極，答報何年。人生不孝，獲罪於天。左有就養，無日不然。維兄及弟，父母生焉。兄則當恭，弟則當憐。孝友既盡，出仕事君。移孝作忠，能致其身。賴親而生，賴君以成。君恩更大，莫之與京。既盡其忠，不顧其親。只知有主，不知有身。鞠躬盡瘁，取義捨生。況輔眞主，以除邪淫。戮妖斬怪，殺身成仁。賴我天父，廣大權能。更賴天兄，恩德宏深。閻羅妖服，何慮妖兵。樂於戰勝，爲国元勳。爵祿永詔，子子孫孫。世受国恩，世篤忠純。臣如有過，請訓於君。君恩未至，亦宜奏明。君有微恙，請安宜誠。君恩覓見，臣道須存。如此事君，萬代芳名。名既不朽，天堂得昇。未事君者，爲民宜良。謹守天條，十欵昭彰。敬遵天命，奉之弗違。各安常業，士農工商。時讀天書，天道昭彰。果遵命令，順天必昌。爾等小民，弗違弗忘。如敢逆天，即爲虫（蛍）頑。戮孥汝等，家破人亡。果其良善，忠孝流芳。認眞眞主，依日之光。日光普照，妖自銷亡。天下一統，舉世皆康。棄邪歸正，盛世徜徉。虔誠敬天，合家吉祥。昇天之日，享福無疆。快活威風，奕世其昌。

三歌曰，

皇天上帝，恩廣無邊。造天造地，六日已成。七日禮拜，頌讚虔誠。誕生子女，加以恩憐。妖魔作怪，侵害世人。屢遣己子，降下凡塵。掃滅妖魔，天下太平。救齊弟妹，忠孝宜陳。人倫有五，孝弟爲先。家修廷獻，忠即寓焉。孩提知愛，常在膝前。生我鞠我，當思本源。襁褓顧復，骨肉情連。恩同罔極，銘於心田。晨昏定省，庭幃周旋。明發不寐，妄念悉捐。爲人子者，當契眞詮。所生無忝，斯泯厥愆。至若稍長，弟道當嫻。事兄以敬，分所宜然。入則友愛，出則隨肩。詩有棠棣，其詠斯篇。友於克盡，服膺拳拳。鬩牆禦侮，時切糾虔。如手如足，立志頂天。壎箎協奏，情致纏綿。紫荆榮茂，製被同眠。爲孝爲弟，各宜勉旃。破腹敬帝，委身事主。應運乘權，作忠作孝。千古名傳，天道正直。無黨無偏，大廷議政。言之便便，天恩君恩。子弟當報，切勿遲延。假設委曲，何以對天。凡有天事，臣理本然。君未想及，宜啓奏明。綱紀制度，聽旨施行。君有微恙，問安宜誠。長逢君譴，獲罪天庭。只知有国，不顧其親。致身事君，無忝爲臣。兢兢業業，如懔冰淵。勤勞天事，志壹心專。靖共爾位，行方志圓。和衷共濟，大法小廉。毋形人短，齒口三緘。己長不恃，受益以謙。妄自尊大，指摘必嚴。規勸過失，時進良言。以多問寡，莫啓猜嫌。下問不恥，翕受克占。勿謂尊位，勢分相懸。勿謂卑位，難附班聯。勿懷私意，朋比爲奸。勿懷陰險，見事不援。勿以人拙，笑其倒顚。勿以我巧，不納鐵砭。勿學讒謗，語蜜言甜。勿學勢利，赴熱趨炎。臨民莊敬，赫赫巖巖。名揚親顯，恩寵頻添。當其伏處，韜光以潛。及至出仕，用作梅鹽。爲楨爲幹，佐史立監。祇知有国，忠孝難兼。經文緯武，志切韜鈐。天父才智，明若淵泉。天父思緒，慮殫精研。潛移默運，塵念胥蠲。爲人臣者，舊俗休沿。盡忠報国，立志須堅。同享眞福，快活永年。子子孫孫，得襲官員。天降眞主，大哉乾元。巍巍盛德，澤被閭閻。普天大下，莫非帝民。民分以四，各居其藝。宜遵天誡，切勿放肆。赫赫懔懔，惟皇上帝。眞神獨一，邪魔盡棄。大道同風，鼓腹啣節。休哉聖世，樂何如已。

《幼學詩》

敬肉親

積穀防饑日，養兒待老時。孝親生孝子，報答十分奇。

其 二

且問己本身，何由得長成。天條遵第五，爵祿降天庭。

朝　廷

天朝嚴肅地，咫尺凜天威。生殺由天子，諸官莫得違。

君　道

一人首出正，萬国定咸寧。王獨操威柄，讒邪遁九淵。

臣　道

主正臣乃直，君明臣自良。伊周堪作式，秉正輔朝綱。

家　道

家庭親骨肉，歡樂且融融。和氣成團一，禎祥降九重。

父　道

棟正下無歪，端嚴道自裁。子心休使怨，滿室遍和諧。

母　道

爲母莫心偏，慈和教子賢。母儀堪媳學，福氣達高天。

子　道

子道刑於妻，順親分本宜。婦言終莫聽，骨肉自無離。

媳　道

嫁出爲人媳，和柔道自圖。莫同妯娌輩，嘈鬧激翁姑。

兄　道

爲兄教導弟，念切是同胞。弟有些須錯，含容量且饒。

弟　道

長幼天排定，從兄道在恭。弟明天顯則，福祿自來崇。

姊　道

姊當教弟妹，鍊好轉天堂。有故歸寧日，團圓囑短長。

妹　道

細妹遵兄姊，和情莫逞高。小心勤鍊正，遵守十天條。

夫　道

夫道本於剛，愛妻要有方。河東獅子吼，切莫膽驚慌。

【略】

妻　道

妻道在三從，無違爾夫主。牝雞若司晨，自求家道苦。

嫂　道

爲嫂道何如，思量法最宜。歡心和叔嬸，誰至有差池。

嬸　道

嬸敬嫂如何，謙卑重長哥。萬般都讓嫂，勝比瑟琴和。

男　道

人各有其偶，倫常在把持。乾剛嚴位外，道在避嫌疑。

女　道

女道總宜貞，男人近不應。幽閒端位内，從此兆祥禎。

親　戚

親戚宿姻緣，分排總在天。情長江上水，來往且連綿。

心　箴

一身誰管轄，上帝賦通靈。心正能眞宰，官骸自順承。

目　箴

羣邪先誘目，自正自無牽。人子端凝立，身光耀九天。

耳　箴

任他喧萬籟，我自靜中聽。莫把邪聲入，聰虛分外靈。

口　箴

惟口起兵戎，多言自召凶。謊邪休玷穢，謹慎理爲從。

手　箴

被牽將手斷，節烈眞堪誦。兩手道惟恭，非禮戒勿勸。

足　箴

兩足行眞道，遵循莫踏差。千條分岔路，總是害人儕。

天　堂

貴賤皆由己，爲人當自強。天條遵十款，享福在天堂。

《**天情道理書**》　堪嘉弟妹鍊心堅，今日果然識敬天，翼翼小心欽上帝，頂天立志盡悠然。

【略】

果然堅耐

堪嘉弟妹耐心堅，立志勤王不怨天，止願綱常同頂起，不因家室改心田。

果然是天堂子女

堪嘉弟妹立綱常，全敬神爺姓字揚，自此無憂罹地獄，自然永遠在天堂。

果然脫卻凡情

堪嘉弟妹脫凡情，脫盡凡情認道眞，不使絲毫爲俗染，果然清潔果然貞。

果然眞心扶主

堪嘉弟妹此眞心，爲国忘家不顧身，事主盡忠無改節，旂常竹帛紀勳名。

果然鐵石心腸

堪嘉弟妹志堅剛，百折不回必守方，肺腑鍊成眞鐵石，千秋共仰此心腸。

果然修好鍊正

堪嘉弟妹鍊眞修，正正眞眞迥不侔，萬世從今欽式法，好人正士信名流。

果然不愧爲人

堪嘉弟妹盡成人，純孝純忠作蓋臣，仰不愧天俯不怍，融和正氣塞乾坤。

果然英雄

匡扶眞主到天堂，弟妹眞忠萬古揚，掃滅世間妖百萬，英雄勝比漢關張。

果然雄壯

壯勇人人志可風，豪雄勝愈蜀黃忠。牽旗斬將誰能敵，指日昇平奏武功。

果然堅耐

爭先恐後各稱雄，直破銅關百萬重。露宿風餐眞耐苦，綱常頂起立奇功。

果然智謀

堪誇弟妹頂綱常，勦滅妖胡冒雪霜，奇策神謀無不勝，共扶眞主到天堂。

果然有功

弟妹人人志可嘉，眞忠報国各忘家，從今掃滅妖胡種，功蓋周家姜子牙。

果然眞實

果然堅耐果心誠，脫卻凡情認主眞，志節可嘉諸弟妹，天堂從此福駢臻。

果然虔修

端端正正到天堂，免受凡間苦痛傷，若不眞心虔報答，如何天父降禎祥。

果然識天敬天

堂堂天父自當親，正是人生大本根，幸爾大家同踴躍，喜吾一體盡超昇。朝朝夕拜人人敬，頌德歌功個個誠，可羡可嘉諸弟妹，虔誠眞不負天恩。

其二

傾心同是太平臣，信我羣僚認道眞，立志頂天酬帝德，存心報国答眞神。權能赫赫咸知感，憑據昭昭盡被恩，夕惕朝乾虔服事，定邀錫嘏戴深仁。

其三

弟妹堪嘉總敬天，凡情脫盡永無牽，歌功頌德心彌肅，夕拜朝朝禮倍虔。不負受恩酬此日，更知降鑒在當年，從今個個歸眞道，得上天堂信果然。

【略】

果然忠心

最堪嘉尚是忠貞，瀝膽披肝個個誠。扶主有心同踴躍，頂天立志倍勤殷。關張氣勇堪爲伍，班馬才高豈足論？心膂股肱昭節概，聲威耿耿掃胡塵。

其二

致身端爲事君忠，報国全憑此寸衷。皎皎丹心昭日月，堂堂正氣著乾坤。當年管樂無能比，此際關張孰與同。堪羡爾曹知報本，如兹洵不愧臣工。

其三

欣羡吾儕弟妹們，忠貞一片實堪欽。漫誇管樂精神壯，豈遜關張節概貞？個個披肝盟白水，人人瀝膽矢丹心。頂天立志洵無負，共被天朝德澤深。

果然堅耐

最難堅耐此心腸，可羡吾儕竟不忘。幾歷風霜勤事業，屢經飢餓顧君王。登山涉水心無懈，夜宿晨行念不遑。歷久不渝千古節，苦修克己正非常。

其二

弟妹咸能耐歲寒，備嚐苦辣與辛酸。不因困頓移初志，肯爲貪緣改寸丹。沐雨櫛風匡駿業，開疆拓土闢江山。如斯堅耐扶眞主，定獲榮光樂且安。

其三

弟妹堪欣耐且堅，苦修克己數多年。鞠躬盡瘁心彌固，鞅掌劬勞志益專。沐雨櫛風皆備矣，衝鋒對壘亦欣然。果然獨抱青松節，竹帛書勳萬古傳。

果然是天堂子女

堪幸吾儕弟妹們，而今個個盡成人。凡情脫卻天情顯，世道胥捐正道伸。夙夜不遑知敬主，饔飧相繼拜眞神。果然信道徵誠篤，鍊就天堂子女身。

其二

甚喜吾儕弟妹身，而今修鍊總成人。咸知矢志歸眞主，無不同心拜聖神。夕拜朝朝酬帝德，奉公守法報天恩。綱常頂起天心悅，誠是天堂享福人。

其三

分出男行又女行，居然個個轉天堂。修眞鍊好凡情脫，去僞存誠正道彰。姊妹同心歌讚美，弟兄矢志頂綱常。從今盡是天堂子，各各傾心拜上皇。

果然脫卻凡情

堪欽舉世脫凡塵，弟妹人人判別眞。上帝祈求心共切，邪魔掃滅志同伸。披星戴月無嫌苦，沐雨經霜不厭辛。道岸誕登欽正道，威風凜凜萬年新。

其二

正邪本自不同途，世道迷人最可誅。羡爾豪雄皆醒悟，笑他魔鬼枉糊塗。全拋習俗歸眞道，惟秉忠貞掃逆胡。磊落光明人共敬，天堂子女異庸夫。

其三

凡情脫卻顯天情，掃卻邪魔向道誠。共出迷津離舊染，同歸覺路悟前程。誕登道岸人皆仰，認識天堂福最眞。信是克成天父子，果然迴異俗情人。

果然眞心扶主

眞心扶主頂綱常，靖節精忠姓字香。朝夕不遑勤帝業，鞠躬盡瘁凜王章。頂天立志心常切，秉正無私道大光。萬古忠臣傳不朽，勳垂奕世著無疆。

其二

眞心同頂父綱常，佐輔鴻猷百世芳。功績直將高日月，勳名豈肯遜關張。艱辛歷盡心無改，酸苦備嘗志倍長。堪羡吾儕諸弟妹，丹書千載姓名香。

其三

匡扶眞主盡忠臣，深喜存心個個眞。同頂綱常承帝命，不辭勞瘁荷皇仁。迴超皐禹颺言拜，遠邁伊周夾輔心。秉正立朝皆若輩，勳名顯赫業常新。

果然鐵石心腸

性堅志耐本非常，天国名臣個個強。鍊就心腸非石轉，生成鯁骨比金剛。千尋在握鋒無敵，衆志成城銳莫當。矢死靡他難改節，浩然正氣達天堂。

其二

人生同具此心腸，天国名臣銳且剛。氣節直將論鐵石，精神久已歷風霜。任他物欲羣相誘，矢我丹忱孰與當。堅固不搖千古尚，威風烈烈著綱常。

其三

羣僚生性秉堅剛，各各如同鐵石腸。堅確直教鋒莫敵，光明眞覺銳難當。浩然正氣誰能比，卓爾丰棱孰可方。果是天朝忠義士，如斯節概信非常。

果然修好鍊正

天堂大道豈難親，最怕邪魔繞自身。堪羨吾儕皆入正，深嘉爾輩盡成人。忠心修好勤王業，矢志歸眞拜聖神。孝子忠臣兼節婦，女男同慶得超昇。

其二

脫卻凡情賴鍊修，人人都向正途由。同趨大路欣何極，共入天堂福自攸。鍊就天情誰與比，修成眞道孰能儔。欣看赫赫榮光被，酬爾庸兮錫爾庥。

其三

正鍊還攸好共修，天堂子女盡回頭。凡情滌淨天情顯，世道殲除正道留。堪羨此身無罣礙，更嘉羣類泯愆尤。從今矢志眞神拜，果爾皆知得福由。

果然不愧爲人

人生未易著名聲，弟妹而今竟鍊成。立志頂天皆遂願，盡忠報国各昭明。天條遵守冰霜凜，王事殷勤志節貞。天父生成眞不愧，威風奕奕著勳名。

其二

不愧昂藏七尺身，修持個個盡成人。頂天有志勤王事，認道回心答聖神。不負上天生養德，皆因方寸鍊修眞。轉天得福榮光被，共樂山河大地春。

其三

天命維皇賦性微，鍊成眞道喜無虧。建功立業爭先赴，緯武經文大有爲。堪羨吾儕俱醒悟，還欽後輩盡知非。從今不負英雄志，果稱名留萬古垂。

論創世與護理

論說

《天情道理書》 溯自未有天地之先，則有天父上主皇上帝主宰大空之中。當其時混沌未分，乾坤未闢，未有天地，何有山海，何有人物。惟天父上主皇上帝大顯權能，將天地山海人物，六日之間盡皆造成，並無有何神何人爲之助也。至第七日完工，名曰安息日，禮拜之期由斯起焉。故今日我們弟妹七日一禮拜，每逢房虛星昴之辰，理宜格外虔敬，歌功頌德，酬謝天恩。不觀天王詔旨有云，咨爾臣僚，敬謝天勞，禮拜虔誠，永遠常昭。凡我兄弟姊妹，皆當遵奉無違也。

《天命詔旨書》 天王詔令，各軍各營衆兵將，放膽歡喜踴躍，同頂天父天兄綱常，總不用慌，萬事皆是天父天兄排定，萬難皆是天父天兄試心，各宜眞草堅草耐草，對緊天父天兄也。

《太平救世歌》 本軍師嘗考天地未啓之初，其象昏冥，一無所有。仰蒙天父上主皇上帝大開天恩，大展權能，六日造成天地山海人物，於是乾坤定焉，日月生焉，星辰布焉。光明爲晝，昏暗爲夜，晝夜循環，萬古相繼，以成其生生不已於地者。萬物俱備，皆所以濟人生之用，則天父上主皇上帝之有恩德於世人者既深且厚，報答難盡者矣。人之幸生於世者，當如何誠敬哉。所以因其六日造成天地山海人物，第七日完工，是天父聖日，故天父命此日爲安息日，定爲禮拜之期，使世人永遠知眞福之由天父恩賜，要時時記念天父鴻恩。且夫天地萬物，既爲天父所造成，則天父爲獨一眞神，尊無二上。故往古之時，人性猶明，眞源未失，皆知敬拜天父上主皇上帝。其時家喻戶曉，無人不知讚頌功德，感謝天恩。

《太平詔書・原道覺世詔》 爾不想皇上帝，當初六日造成天地山海人物，尙不要人幫助，豈今日保佑人又要誰幫助。且問爾，設使皇上帝當初造天不造地，爾足猶有所企立，且猶有田畝開墾否乎。曰，無也。且又

問爾，今荷皇上帝之恩，既造有天地矣。設使皇上帝，不造成地上桑麻禾麥菽豆，及草木水火金鐵等物，又不造成水中魚蝦，空中飛鳥，山中野獸，家中畜牲等物，爾身猶有所穿，口猶有所食，饔飧猶有所炊爨，器械猶有所運用否乎。曰，無也。且又問爾，今荷皇上帝之恩，萬物備足矣。設使皇上帝，一年不出日照耀爾凡人，一年不降雨滋潤爾凡人，一年不發雷替爾凡人收妖，一年不吹風散爾凡人鬱氣，爾凡人猶有收成平安否乎。曰，無也。且又問爾，今荷皇上帝之恩，既有收成平安矣。設使皇上帝一旦怒爾，斷絕爾靈氣生命，爾口猶能講，目猶能視，耳猶能聽，手猶能持，足猶能行，心猶能謀畫否乎。曰，斷斷不能也。且又問爾，天下凡間欲一時一刻，不沾皇上帝恩典得乎。曰，斷斷不得也。由是觀之，天下凡間欲一時一刻，不沾皇上帝恩典亦不得，此便是皇上帝，明明白白保佑人矣。

《欽定軍次實録》　皇上帝創世眞經不可錯認，宜以本心良知理會一番，便見心心印，句句眞也。若謂創天地事不知幾千萬年，無所稽據，此言亦是眞實。中国史不可考，即綱鑑亦不敢實證。故孔丘删書，斷自唐虞，以其事近於實。而唐虞以尙，究何氏始居中国，謂中国爲萬邦之始，不知所考也。謂中国爲分支所入，亦無所稽也。究之必有所考，必有所稽，何古史之不確鑿乎。吾意伏羲前一二代間，必有由川陝而入中土者，故伙食，居室，嫁娶，舟楫，網罟，冠裳，文字始興。惟那時草木禽獸必暢茂繁殖，蓋必加以斧斤焚刜，乃能奠厥攸居。故以此等開荒事功忙了一二代，遂忘攜其創世宗譜及其來踪，又無記載筆簡等件。推其故，惟記憶祖父有言，云最始創之初人名曰亞盤。又後人以爲最古，復以古字續之，名曰盤古氏。後又因其古，遂以盤有幾千歲實之，更添出天地人三氏，亦以幾千歲實之，而盤古實無明言書史可記可考也。豈有幾千年而無伙食，冠裳，居室等件，亦可生乎。又不明載何父所生，何母所出，最始又從何所創造。何以養，何以教，何以衣食居處，竟不一言以垂後世。徒以後世所無者令人驚奇，而無所考察，實爲奇矣。今吾細讀皇上帝創世眞經，知非人手所作者，立意淵永，語淺事常。而自然意在人性之先，昭然狀在人生之後，在常情以爲不必如此者，在天情偏高出人之意外也。是以尙論其事，令後學者知所尋溯而互勘焉，庶不至人云亦云也。【略】天父上帝，爲造化天，地，人，萬物大主宰也。肉身是其土氣所成，靈魂是其靈氣所降。《書》曰，天降下民，作之君，作之師，惟曰其助上帝。又曰，維皇上帝，降衷下民，若有恆性。又云，天生烝民，有物有則。知此則知凡宇宙內之萬有，皆無所不能，無所不在，無所不知，無所不有之天父上帝權能所造也。分言之，則天上之日月風雷，雨雪寒暑，明明赫赫，不可勝述矣。地下之珊嶽河海，動植飛潛，剛柔精粗，八音五味，萬類千奇矣。合言之，有自不能見而耳能聽，有耳不能聽而口能嘗，有耳目口鼻所不能及之者，惟心爲能思之。有思之而尙有窒礙者，惟天父乃能啓迪之矣。凡類此者，皆莫非造化大主宰天父上帝所成就者也。

論人

論説

《天理要論》　人之身體亦乃奇然，手足百骨，伍官腹腸，血源千條，髮毛萬枝，目明耳聽，手足動搖，血氣常行，飲食自消，奇哉巧哉，人之身體乎。且也萬人有身，大概相似，惟面各異，聲説不同，故彼此不認差。其天下事亦不亂，況父母生之，不能主意，或男女之善惡皆不先知。是則此事自何而定，豈非上帝降生造化而然者哉。

人之靈䰟更乃奇然，純純微微，一條精氣，無樣可見，無形可看。又能思想記念，喜怒愛欲，七情皆全。其無死無敗，至千萬年在，斯乃靈䰟也。且靈能生物，物不能生靈，天地陰陽，不離於物，則可能生靈。父母祖宗只生身，不生靈。然則此靈自何而來乎，故在天有上帝降下，則在地方有人靈。不然人生在世，靈䰟將何以得之也。

【略】

上帝所欲者，無不成就也。在人不然，世人之所能不比其所欲，上帝之所欲不比其所能。世人皆欲行彼此，惟其不能，上帝自能行彼此，惟其不肯。倘其肯行者，則無所不能也。

且行所欲者，只上帝者能之。世上最富，人間絶高者，不能行所欲。就是君王，有所欲爲而不得爲，有所欲取而不得取，因力不足故也，要高其身一尺不得，要長其壽一日不得，乃天命所定而不可違也。

至於天命，豈非上帝旨意乎。《書》云，富貴在天，生死有命。正乃上帝所立之主張也。上帝坐高位，廣視天下，定人分業，限人禍福，照其本意也。凡人不能自專，衆生不得所欲，只上帝理之，隨其聖旨也。

《天父下凡詔書二》 我天父降生，雖性本善，然亦要及時教導，方不至性相近而爲習相遠也。現今將其初生本性，順機教導，使其鍊得正正，爲天下萬國規模，使天下萬國皆爲法則，觀其所言所行合乎天情者，則可任其所言所行，若有不合天情之處，便要節制，切不可任其率性所爲。

《太平詔書・原道覺世詔》 天下總一家，凡間皆兄弟，何也。自人肉身論，各有父母姓氏，似有此疆彼界之分。而萬姓同出一姓，一姓同出一祖，其原亦未始不同。若自人靈魂論，其各靈魂從何以生，從何以出，皆禀皇上帝一元之氣以生以出，所謂一本散爲萬殊，萬殊總歸一本。孔伋曰，天命之謂性。《詩》曰，天生蒸民。《書》曰，天降下民。昭昭簡編洵不爽也。此聖人所以天下一家，時廑民吾同胞之懷，而不忍一日忘天下。

《欽定軍次實録》 遏欲存理之行，即所以獲福避禍之道。但不可先有獲福之心，宜先有遏欲之實，而眞福自慰乎心乎。其功在於悔罪改過，信代贖，遵天條，愛上帝者，必有加於榮寵焉。《語》云，不怨天，不尤人。禍福無不自己求之者。執德不弘，信道不篤，焉能爲有，焉能爲無。豈虚語哉。至虚無寂滅，棄絶人倫日用之常，簡棄造物，分爲齋葷，逃稅偷安，僞爲善行，欲寡過於暗室之中，實欲作惡於宥密之内。彼豈知私欲每乘獨處而生，乘憂苦而去，而佛則欲避人於寡欲，不知己心内亦有時往來，縈惑於胸中者。舍其本而趨其末，大誤世人，而人偏信之者，蓋人心有私欲是定的。其私心欲有所得，故妄念爲妄事所惑焉。然考其書，亦爲制私遏欲起見，頗得人心之竅，何獨以上帝造化之恩，人倫實事，則不以爲己任，反以爲擾心之事。噫，盡人若此背天絶倫，世尙尙有人類乎。坐井觀天之見，目之誠不謬矣。夫盈天地之人，皆有私心欲心，即愚人亦不肯認過，聖賢亦有好勝之心，乃是初人犯罪入世一定定的，遂成爲此爭名爭利之世，罪惡之世也。若有一無私之人，即聖如上帝子天兄基督，雖無所不能，亦不肯與世人爭能，恐爲好勝之欲魔所使。惟忍苦受難，令信之者可藉此苦，以忘私遏欲，以潔其靈而救之已。故其書云，凡信朕者必身負十字架以從，方能成爲朕得救之徒也。非眞負十字架以從之，不過以十字架之苦認爲己苦，以十字架之罪認爲己罪。且詔至尊貴權能之子，受此罪刑，問心何堪。如此思之，則惡念去而善念萌矣。人能明透此理欲二字，守而行之，不能進天上大天堂者，惟我是問。

【略】

論罪

若夫人爲天地間之一類耳，大不過於牛象，力不過於虎獅，而與至大之天地參爲三才，且名爲萬物之靈者，何也。以其有寶貝靈魂，内懷有仁義禮智信，猶肉身之懷有心肝腸肺腎也。故人之桂於萬物，靈於萬物，能制萬物，用萬物，食萬物，器使萬物，皆天父恩賜寶貝靈魂所能然也。否則，安知不爲萬物所服食器使乎。夫人之所得天恩甚大，但不自思，不自愛，不自惜，卒成忘恩背本之地獄鬼耳。何也，蓋大如日月衆光，爲人眼目光照之用及薰炙生化之需，雨露資生萬物以供人用，即珊海所産木石禽獸穀菓瓜菜藥草蟲蟻，有互相爲用，有各相爲用，要莫非均爲人用而造化之也。人可得食瞞天乎，人可沾恩而不謝恩乎，而人猶可瞞昧良心謂爲不知乎。實爲利欲所昏，故魔鬼得入其心，而以禍福悚之耳。

論説

《干王洪寶制》 知罪。知某年某月某日，有言所不當言，做所不當做，聞所不當聞，看所不當看，想所不當想者，俱是犯天條之罪，不可不知也。況有忘卻降生靈氶，與禽獸草木大不相同之恩，又忘卻化生保養牽帶成人之恩，更忘卻累天兄基督下凡被釘伐罪之恩，亦是背逆之罪，尤不可不知也。

悔罪。知一罪則痛恨一回，如搥胸疾首，誓改前愆，乃是悔罪，不是口稱悔而心不悔也。天兄云，若爾眼犯罪，則挖而去之，單眼上天堂，勝於雙眼落地獄。若爾手犯罪，則斷而去之，單手上天堂，勝於雙手落地獄。甚矣悔罪之嚴也，可不眞心痛改乎。

改罪。不知罪則不能悔罪，既悔罪則當改罪，蓋不改則罪仍在，雖悔如未悔也。改者改去從前之過不敢再犯，是爲眞改也。

赦罪。有眞知罪、眞悔罪、眞改罪之行，方可望天父赦罪之恩也。人在人前認錯，尚肯赦罪，豈在天父之前認錯有不肯赦乎，必赦罪矣。

贖罪。天父肯赦罪，然後天兄得代贖罪，若天父不肯赦，我們必哀求天兄轉求天父，得天父看天兄功勞體面，則必准其擔當衆小罪惡矣。譬如欲見天王，必得其旨准及侍臣引讚，然後得見。欲求天父，必先求天兄轉求，然後蒙其赦罪贖罪之恩也。

無罪。自己肯眞心悔改，天父肯恩准赦贖，則罪惡交與天兄擔當矣，不知消歸於九霄之外矣。人或爲我責，吾無愧於心矣，惟日謳歌讚美而已矣。

受福。罪净然後可以受福，猶之器净然後可以載珍饈。倘身有惡臭，必不宜穿好衣。豈靈有罪惡，獨能受天福乎。福自天來，乃至寶至榮之極，豈妄與罪人享之乎。衆兄弟姊妹靜思之，是乎不是，必於上六罪字先用功，則不求福而福自至，不避禍而禍自遠矣。

又《克敵誘惑論》 世上誘惑不能免，人心誘惑不能無。降生以後，未昇以前，無處不是誘惑之境，無時不生誘惑之心。耳目縱絕外誘之情，心思難劃內惑之念，實由厥初生民之日，既染私欲爲罪根，遂至母胎懷妊之時，亦有誘惑爲原因矣。故孩童先學惡言，父母喜其啓口；少壯肆其惡意，鄉井稱之曰能。人與人相爲引誘，心與心相爲滋惑，誘惑多而罪惡衆，罪惡衆而苦逆興。一端既往，一端復來，以致四海之大，六合之廣，無一人不在誘惑苦逆中也。原夫誘惑之來，皆因人心無定，舟無舵而漂蕩無踪，物無堅而腐朽必速，身無家則流離失所，心無主則誘惑能搖。始則遵而終則棄，人人皆然；聽則從而行則違，心心若是。欲爲物誘，天良日剝而日虧；惑念一萌，私欲愈煽而愈熾。良心絕滅於內，內爲魔鬼之營；物欲錮結於心，心非上帝之殿。於是意想所及，皆爲迷惑之端；言行所彰，都爲引誘之舉。一人作俑於前，舉世效尤於後，互相肆毒則毒氣日騰，帝怒惡逆則苦逆畢集，雖至密之室，至嚴之地，而誘惑苦逆無不得而入之。倘不因此而生愧悔之心，則禍無底止，而福從何來？內無慰心之術，惶恐時多；外有束身之條，歡娛日少。生或免於刑誅，死定難逃永苦，已愛弟乎！古人云：「防意如防城」，勉乎哉！今我儕勝惑即勝敵，心或醒而祈禱，宜堅以防；魔不睡而來攻，乘間即至。敬天愛民之事，千萬多爲；忠主孝親之忱，時刻勿放。說一句主張擔當，萬愁俱散；呼一聲天父救主，萬苦皆消。諸凡惑心亂耳之談，屏於九霄之外，一切炫目迷込之弊，絕於方寸之中。則勝邪之方由此而得，即勝敵之策由此而成，以此克邪，何邪不克？以此殲敵，何敵不殲也！夫惟是衣不洗則垢不除，刀不磨則鋒不銳，塵世之榮，非苦不得，天堂之福，不苦何來？各宜克敵誘惑，先爲自固，凜此轉攻妖崽，立見太平矣。是爲論。

《天情道理書》 東王教導，固得時聆金論，熟悉天情。而後進者入營未久，未得親承東王教導，不識天情道理。是以行事之間，不免有違眞道，往往失足墮入迷途。即如金田起義之兄弟，其中修好鍊正者固多，而未能修好鍊正者間亦有之。況我們兄弟更當自知醒悟，痛改前非，革薄從忠，還淳返樸，各宜堅耐心腸，修好鍊正，認實天父天兄作事，自得永享天父大福，永沐上帝榮光也。

《太平詔書・原道覺世詔》 既是皇上帝明明白白保佑人，爾凡人卻另立各偶像，另求保佑，有得食，有得穿，曰，我菩薩靈。明明皇上帝恩典，卻誤認爲邪魔恩典。其邪魔敢冒天恩者，該誅該滅無論矣，爾凡人良心死盡，大瞞天恩，究與妖魔同犯反天之罪，何其愚哉。嗟呼，明明有至尊至貴之眞神，天下凡間大共之天父，所當朝朝夕拜而不拜，而拜專迷惑纏捉人靈込之妖鬼，愚矣。明明有至靈至顯之眞神，天下凡間大共之天父，求則得之，尋則遇著，扣門則開，所當朝朝夕拜而不拜，而拜無知無識之木石，坭團，紙畫各偶像，有口不能言，有鼻不能聞，有耳不能聽，有手不能持，有足不能行之蠢物，抑又愚矣。雖然流之濁由源之不清，後之差由前之不謹，天下凡間，無人一時一刻不沾皇上帝恩典。何至於今，竟罕有知謝皇上帝恩典者，其禍本何自始哉。歷攷中国前代上古之世，君民一體皆敬拜皇上帝也。壞自少昊時，九黎初信妖魔，禍延三苗效尤，三代時頗雜有邪神，及有用人爲尸之錯。然其時君民一體，皆敬拜皇上帝仍

如故也。至秦政出，遂開神仙怪事之厲階，祀虞舜，祭大禹，遣入海求神仙，狂悖莫甚焉。皇上帝獨一無他也，漢文以爲有五，其亦暴悖之甚矣。漢武臨老雖有悔悟之言曰，始吾以爲有神仙，今乃知皆虚妄也。然其始祠竈祠泰乙，遣方士求神仙，其亦秦政之流亞也。他若漢宣祠后土，遣求金馬碧鷄。漢明崇沙門，遣求天竺佛法。漢桓祠老聃，梁武三捨身，唐憲迎佛骨。至宋徽出，又改稱皇上帝爲昊天金闕玉皇大帝。夫稱昊天金闕猶可說也，乃稱玉皇大帝，則誠褻瀆皇上帝之甚者也。皇上帝天下凡間大共之父也，其尊號豈人所得更改哉。宜乎宋徽身被金虜，同其子宋欽俱死漠北焉。總而論之，九黎秦政作罪魁於前，歷漢文、武、宣、明、桓、梁武、唐憲接迹效尤於後，至宋徽又更改皇上帝尊號，自宋徽至今已歷六七百年，則天下多惘然不識皇上帝，悍然不畏皇上帝，又何怪焉。嗚呼，天地之中人爲貴，萬物之中人爲靈，人何貴，人何靈，皇上帝子女也。貴乎不貴，靈乎不靈，木石泥團紙畫各偶像物也。人貴於物，靈於物者也，何不自貴而貴於物乎，何不自靈而靈於物乎。近千百年間，能不惑神仙怪事者非無其人，究之知其一莫知其他，明於此轉暗於彼，卒無有高出眼孔，徹始徹終而洞悉乎魑魅魍魎之詭祕也。北朝周武廢佛道，毁淫祠，唐狄仁傑奏焚淫祠一千七百餘所。韓愈諫迎佛骨，宋胡迪焚毁無數淫祠，明海瑞諫建醮。之數人者不可謂無特識矣，第其所毁所焚所諫，僅曰淫祠，曰佛，曰建醮，則其所不毁不焚不諫者仍在。不知彼所毁所焚所諫者，固當毁當焚當諫，即彼所不毁不焚不諫者，又何獨非當毁當焚當諫乎。何也，皇上帝之外無神也。世間所立，一切木石泥團紙畫各偶像，皆後起也，人爲也，被魔鬼迷懞靈心，顛顛倒倒，自惹蛇魔閻羅妖纏捉者也。故今瀝膽披肝，實情諭爾等，爾凡人何能識得神乎。皇上帝乃是眞神也。爾凡人跪拜各偶像，正是惹鬼，何也。爾凡人所立各偶像，其或有道德者，既昇天堂久矣，何曾在人間受享。其一切無名腫毒者，類皆四方頭紅眼睛，蛇魔閻羅妖之妖徒鬼卒。自秦漢至今一二千年，幾多凡人靈魂，被這閻羅妖纏捉磨害。俗語云，豆腐是水，閻羅是鬼。爾等還不醒哉。及今不醒，恐怕遲矣。實情諭爾等，爾凡人何能識得帝乎，皇上帝乃是帝也。雖世間之主，稱王足矣，豈容一毫僭越於其間哉。救世主耶穌，皇上帝太子也，亦祇稱主已耳。天上地下人間，有誰大過耶穌者乎。耶穌尚不得稱帝，他是何人，敢覥稱帝者乎。祇見其妄自尊大，自干永遠地獄之災也。噫吁，敬拜皇上帝，則爲皇上帝子女，生前皇上帝看顧，死後魂昇天堂，永遠在天上享福，何等快活威風。溺信各邪神，則變成妖徒鬼卒，生前惹鬼纏，死後被鬼捉，永遠在地獄受苦，何等羞辱愁煩。孰得孰失，請自思之。天下凡間我們兄弟姊妹，可不醒哉。若終不醒，則眞生賤矣，眞鬼迷矣，眞有福不知享矣。明明千年萬萬載在高天永遠快活威風，如此大福都不願享。情願大犯天條，與魔鬼同犯反天之罪，致惹皇上帝義怒，罰落十八重地獄受永苦，深可憫哉，良足慨已。

《天條書》 天下凡間，誰人不犯天條，但從前不知，猶可解說。今皇上帝恩詔既頒，自今以後，凡曉得在皇上帝面前悔罪，不拜邪神，不行邪事，不犯天條者，准上天堂享福。千年萬載，威風無了期。凡不曉得在皇上帝面前悔罪，仍拜邪神，仍行邪事，仍犯天條者，定罰地獄受苦，千年萬萬載哀痛無了期。孰得孰失，請自思之。天下凡間我們兄弟姊妹，可不醒哉。若終不醒，則眞生賤矣，眞鬼迷矣，眞有福不知享矣。千年萬萬載在高天威風，如此大福都不願享，情願受反天之罪，致惹皇上帝義怒，罰落十八重地獄永受苦矣，哀哉。今有被魔鬼迷懞心腸者，動說君長方拜得皇上帝。皇上帝天下凡間大共之父也，君長是其能子，善正是其肖子，庶民是其愚子，強暴是其頑子，如謂君長方拜得皇上帝，且問家中父母，難道單是長子，方孝順得父母乎。又有妄說拜皇上帝是從番，不知上古之世，居民一體，皆敬拜皇上帝，蓋拜皇上帝這條大路，當初皇上帝，六日造成天地山海人物以來，中国番国俱是同行這條大路，但西洋各番国行這條大路到底，中国行這條大路，近一二千年則差入鬼路，致被閻羅妖所捉。故今皇上帝哀憐世人，大伸能手，救世人脫魔鬼之手，挽世人回頭，復行轉當初這條大路，生前不至受鬼氣，死後不至被鬼捉得，上天堂享永福，此乃皇上帝格外恩憐，莫大之恩典也。不醒者反說是從番，何其被魔鬼迷懞本心之甚也。

《欽定軍次實録》 夫獲罪於人，在人前認錯，而人當釋然無憾。若認罪於靈魂之天父上帝，其肯赦必無疑矣。誠以此良知良能本由天授，倘天父無此赦罪之條，而人何得具此恕罪之良能乎。惟世人血氣之欲太勝，往往不知自罪，即知之亦不肯自屈自認耳，故鮮有完人而不受上帝罰之

者。【略】蓋天上大天堂無他，乃聖潔之所，而能凈一切污己污人之欲者，必能穩處其光明之域。豈能保其必到乎，有定理耳。若地獄乃污穢之所，惟同類之污者，必類聚之而爰居爰處也。豈魔鬼故遽害之乎，惟不防微杜漸，不覺入其圍範，圍範久則難尋其罅漏，而遂爲所局耳。故云，禍福無不自己求之者。第問天下宇宙間，誰爲無污而聖潔者。既自問不敢謂無污，則又當何如以愛己身乎。惟悔改不貳過而已。若要能發悔改之念，並有不貳過之行，非徒口言之已，其心必有所倚以爲杜者，其志必有高遠之望者。若是舍詮能詮智詮權詮榮之上帝作主，並望其榮光，其誰與歸乎。【略】凡欲脫滿洲韃子妖魔之軛，投誠天朝，仍爲中国花民者，必須留髮，以詮父母鞠育之恩，以順上帝生成之恩。切不可薙之，致有逆天不孝之罪。且宜誠心敬拜天父上帝造化萬物大主宰，切不可拜一切人手所做之木石死妖該殺，致失天堂永福而受地獄永禍也。

論世俗之風

論說

《資政新編》　甚矣習俗之迷人，賢者不免，況愚者乎。即至愚之輩，亦有好勝之心，必不服人所教。且觀今世之江山，竟是誰家之天下。無如我中花之人，忘其身之爲花，甘居韃妖之下，不務實學，專事浮文，良可慨矣。請試言之，文士之短簡長篇，無非空言假話，下僚之稟帖面陳，俱是讒諂讚譽，商賈指東說西，皆爲奸貪詭譎，農民勤儉誠僕，目爲愚婦愚夫。諸如雜教九流，將無作有，凡屬妖頭鬼卒，喉舌糢糊，到處盡成荆棘，無往不是陷坑。倘得眞心實力，衆志成城，何難親見太平景象，而成爲千古英雄，復見新天新地新世界也夫。

又　夫所謂以風風之者，謂革之而民不願，興之而民不從，其事多屬人心朦昧，習俗所蔽，難以急移者。不得已以風風之，自上化之也。如男子長指甲，女子喜纏腳，吉凶軍賓瑣屑儀文，養鳥鬭蟀打鵪賽勝，戒箍手鐲金玉粉飾之類，皆小人驕奢之習。諸如此類，難以枚舉。禁之不成廣大之體，民亦未必凜遵，不禁又爲敗風之漸。惟在在上者，以爲可恥之行，見則鄙之忽之，遇則怒之撻之，民自厭而去之，是不刑而自化，不禁而自弭矣。倘民有美舉如醫院，禮拜堂，學館，四民院，四疾院等，上則親臨以隆其事，以獎其成，若無此舉，則詔諭宣行，是厚風俗之法也。如毀謗譖妒等弊，皆由風俗未厚，見識未廣，制法未精，是以人心虞擬，不平而鳴矣。又如演戲鬭劇，菴寺和尼，凡此等弊，則立牧司教導官，親身教化之，憐憫之，義怒之，務去其心之惑，以拯其迷也。中地素以驕奢之習爲寶，或詩畫美豔，金玉精奇，非一無可取，第是寶之下者也。夫所謂上寶者，以天父上帝，天兄基督，聖神爺之風三位一體爲寶，一敬信間，聲色不形，肅然有律。誠以此能格其邪心，寶其靈魂，化其愚蒙，寶其才德也。中寶者以有用之物爲寶，如火船，火車，鐘鏢，電火表，寒暑表，風雨表，日晷表，千里鏡，量天尺，連環鎗，天球，地球等物，皆有奪造化之巧，足以廣聞見之精，此正正堂堂之技，非婦兒掩飾之文，永古可行者也。且夫談世事足以悶人心，論九流足以惑衆志，釋聃尚虛無，尤爲誕妄之甚。儒教貴執中，罔知人力之難，皆不如福音眞道。有公義之罰，又有慈悲之赦，二者兼行，在於基督身上擔當之也。此理足以開人之蒙蔽，以慰其心，又足以廣人之智慧，以善其行。人能深受其中之益，則理明欲去而萬事理矣，非基督之弟徒，天父之肖子乎。究亦非人力所能強，必得聖神感化而然也。

又　所謂以法法之者，其事大關世道人心，如綱常倫紀，教養大典，則宜立法以爲準焉。是下有所趨，庶不陷於僻矣。然其不陷於僻而登於道者，必又教法兼行。如設書信館，以通各省郡縣市鎭公文。設新聞館，以收民心公議，及各省郡縣貨價低昂。事勢常變，上覽之得以資治術，士覽之得以識變通，商農覽之得以通有無。昭法律，別善惡，勵廉恥，表忠孝，皆借此以行其教也。教行則法著，法著則知恩，於以民相勸戒，才德日生，風俗日厚矣。此立法善而施法廣，積時久而持法嚴，代有賢者，以相維持，民自固結而不可解，天下永垂而不朽矣。然立法之人必先經磨鍊，洞悉天人性情，熟諳各国風教，大小上下，源委重輕，無不了然於胸中者，然後推而出之，乃能穩愜人情也。

【略】

一禁酒及一切生熟黃煙鴉片。先要禁爲官者，漸次嚴禁在下，絕其栽植之源，遏其航來之路，或於外洋入口之煙，不准過關。走私者殺無赦。

一禁廟宇寺觀，既成者還其俗，焚其書，改其室爲禮拜堂，藉其資爲醫院等院。此爲拯民出於迷昧之途，入於光明之国也。

一禁演戲修齋建醮。先化其心之惑，使伊所簽助者轉助醫院，四民院，學館等，乃有益於民生實事。

一革陰陽八煞之謬。名山利藪，多有金銀銅鐵錫煤等寶，大有利於民生国用。今乃動言風煞，致珍寶埋沒，不能現用。請各自思之，風水益人乎，抑珍寶益人乎。數千年之疑團牢而莫破，可不惜哉。

一除九流惰民不務正業。專以異端誣民，傷風敗俗，莫逾於此。准其歸於正業，焚去一切惑民之說。若每日無三個時辰工夫者，即富貴亦是惰民，准父兄鄉老擒送，迸諸絕域，以警頹風之漸也。誠以遊手偷閒，所以長其心之淫慾，勞心勞力，所以增其量之所不能。此天父之罰，始祖使汗顔而食者，一則使自養身，一則免生罪念，亦爲此故也。

《欽定軍次實録》　蓋自道德壞而爲才智，才智變而爲技藝。無知者謂爲精而彌精，有識者謂爲士風日下，舍本趨末。本軍師於持筆爲文時，司繩以格此心，甚以爲不然。惟喜讀古文綱鑑，每得有忠眞節義之句，便有箴規之訓在側。即寤寐飲食間，亦惟天父上帝是祇而已。即今之意思層念念不忘，究不解所謂文法也。惟自幼追隨眞聖主天王，於坐立言行，儼出，文墨異人，殆亦由立心取法之殊而來也。惟自不解，故備悉己意，以爲天下有識士子猜摹，庶知教化之殊，將有一代之文蔚在斯乎。本軍師所到之處，禁止焚屋焚書，意欲尋求經濟之方策。無如所見多是吟花詠柳之句，六代故習，空言無補。與其讀之而令人拘文牽義，不如不讀尤有善法焉。蓋讀書不在日摹書卷，惟在誠求上帝，默牖予衷。則仰觀俯察之間，定有活潑天機來往胸中，非古篋中所有者。誠以書中所載之理，亦不外乎宇宙間所著現者，豈天地外復有所謂精理名言乎哉。本軍師得此固縱之性，每多此等筆墨，以洗從前花柳陋習，識者鑒之。

【略】

恭維天父天兄大開天恩，親命我眞聖主天王降凡作主，施行正道，存眞去僞，一洗頹風。是以前蒙我眞聖主降詔，凡前代一切文契書籍，不合天情者，概從删除。即六經等書，亦皆蒙御筆改正。非我眞聖主不恤操勞，誠恐其誘惑人心，紊亂眞道。故不得不亟於棄僞從眞，去浮存實，使人人共知虛文之不足尚，而眞理自在人心也。況現當開国之際，一應奏章文諭，尤屬政治所關，更當樸實明曉，不得稍有激刺，挑唆，反間，故令人驚奇危懼之筆。且具本章不得用龍德龍顔及百靈承運，社稷宗廟等妖魔字樣。至祝壽浮詞，如鶴算龜年，嶽降，嵩生，及三生有幸字樣，尤屬不倫，且涉妄誕。推原其故，蓋由文墨之士，或少年氣盛，喜騁雄談。或新進恃才，欲誇學富，甚至舞文弄筆，一語也而抑揚其詞，則低昂遠判。一事也而參差其說，則曲直難分。倘或聽之不聽，即將貽誤非淺，可見用浮文者，不惟無益於事，而且有害於事也。

規誡

綜述

《天條書》　時時遵守十款天條，十款天條是皇上帝所設。

第一天條，崇拜皇上帝。皇上帝爲天下萬国大共之父，人人是其所生所養，人人是其保佑，人人皆當朝晚敬拜，酬謝其恩。俗語云，天生天養天保佑。又俗語云，得食莫瞞天。故凡不拜皇上帝者，是犯天條。

詩：皇天上帝是眞神，朝朝夕拜自超昇。天條十欵當遵守，切莫鬼迷昧性眞。

第二天條，不好拜邪神。皇上帝曰，除我外不可有別神也。故皇上帝以外皆是邪神，迷惑害累世人者，斷不可拜。凡拜一切邪神者，是犯天條。

詩：邪魔最易惑人靈，錯信終爲地獄身。勸爾豪雄當醒悟，堂堂天父急相親。

第三天條，不好妄題皇上帝之名。皇上帝本名爺火華，世人不可妄題，凡妄題皇上帝之名及咒罵天者，是犯天條。

詩：巍巍天父極尊崇，犯分干名鮮克終。

曰，眞道未知須醒悟，輕狂褻瀆罪無窮。

第四天條，七日禮拜頌讚皇上帝恩德。皇上帝當初六日造成天地山海人物，第七日完工，名安息日，故世人享皇上帝之福，每七日要分外虔敬禮拜，頌讚皇上帝恩德。

詩：世間享福盡由天，頌德歌功理固然。

曰，朝夕饔飧須感謝，還期七日拜尤虔。

第五天條，孝順父母。皇上帝曰，孝順父母，則可遐齡。凡忤逆父母者，是犯天條。

詩：大孝終身記有虞，雙親底豫笑歡娛。

曰，昊天罔極宜深報，不負生前七尺軀。

第六天條，不好殺人害人。殺人即是殺自己，害人即是害自己。凡殺人害人者，是犯天條。

詩：天下一家盡兄弟，奚容殘殺害羣生。

曰，成形賦性皆天授，各自相安享太平。

第七天條，不好奸邪淫亂。天下多男人，盡是兄弟之輩，天下多女子，盡皆姊妹之羣。天堂子女，男有男行，女有女行，不得混雜。凡男人女人奸淫者，名爲變怪，最大犯天條，即丟邪眼、起邪心向人，及吹洋烟唱邪歌，皆是犯天條。

詩：邪淫最是惡之魁，變怪成妖甚可哀。

曰，欲享天堂眞實福，須從克己苦修來。

第八天條，不好偷竊劫搶。貧窮富貴皆皇上帝賜定，凡偷竊人物、劫搶人物者，是犯天條。

詩：安貧守分不宜偷，劫搶横行最下流。

曰，暴害人民還自害，英雄何不早回頭。

第九天條，不好講謊話。凡講謊誕鬼怪奸詐之話，及講一切粗言閑語者，是犯天條。

詩：謊言怪語切宜捐，詭譎横生獲罪天。

曰，口孽既多終自受，不如愼密正心田。

第十天條，不好起貪心。凡見人妻女好便貪人妻女，見人物産好便貪人物産，及賭博、買票、圍姓，皆是犯天條。

詩，爲人切莫起貪心，慾海牽纏禍實深。

曰，西奈山前垂誥誡，天條欵欵烈於今。

回心信實天父皇上帝終有福，硬頸叛逆天父皇上帝總有哭。遵天條拜眞神，分手時天堂易上。泥地俗信魔鬼，盡頭處地獄難逃。溺信邪神，即爲邪神卒奴，生時惹鬼所纏，死時被鬼所捉。敬拜上帝，便是上帝子女，來處從天而降，去處向天而昇。上帝有主張，爾們切莫慌。眞心多憑據，方可上天堂。眞心敬上帝，莫信怪人誑。凡情丟卻盡，方得上天堂。天上眞神一上帝，凡人行錯總無知。坭團木石將頭磕，問爾盡心失幾時。從天妄說是從番，眞正凡人蠢且頑。上古君民遵上帝，英雄速破鬼門關。順天獲福逆天亡，何故世人論短長。看爾原非菩薩子，因何不願轉天堂。

《天父詩》

其一五

天父天兄最惱邪，最惱曲，最惱惡，最惱假。人有手指甲一些邪，人有手指甲一些曲，人有手指甲一些惡，人有手指甲一些假，還是妖，還是鬼，都不轉得天也。

其一六

天父天兄最惜正，最惜直，最惜善，最惜眞。人鍊得正正，人鍊得直直，人鍊得善善，人鍊得眞眞，就轉得天也。

其一七

服事不虔誠，一該打。硬頸不聽教，二該打。起眼看丈夫，三該打。問王不虔誠，四該打。躁氣不純靜，五該打。

其一八

講話極大聲，六該打。有喙不應聲，七該打。面情不歡喜，八該打。眼左望右望，九該打。講話不悠然，十該打。

其一九

不得大膽，不得瞞天，不得逆旨，不得歪心。

又

其三二

耳莫亂聽，喙莫亂講，眼莫亂望，心莫亂想。正直善眞，有大福享。

又

其一四六

理事殷勤，每樣皆輪，照本心行，萬載傳聞。

其一四七

每逢禮拜，格外虔誠，朝後跪拜，理事通靈。

又

其二六五

每日讀書一章，輪讀詩一首，禮拜日加讀天條。一直，是名讀某名。雙直，地名讀出聲。每日先讀書一章，後讀詩一首。一日讀舊遺一章，一日讀新遺一章。

《天情道理書》 故我們兄弟各宜堅耐心腸，勿因夫婦一事，自圖苟合，不遵天誡，以及奸淫營中姊妹，大犯天條。恭讀《天條詩》云，邪淫最是惡之魁，變怪成妖實可哀。又《原道救世詔》云，第一不正淫爲首，人變爲妖天最瞋。是邪淫之事，最係有干天怒，顯違天法。乃人因一時之懞昧，遂取終身之滅亡，此固東王言之慟心，聞之下淚者也。亟宜明哲保身，無負東王教導之意，乃龔之恩，是所厚望者爾。

【略】

我們兄弟荷蒙天父化醒心腸，早日投營扶主，多有父母妻子伯叔兄弟，舉家齊來，固宜侍奉父母，攜帶妻子。但當創業之初，必有国而後有家，先公而後及私。況內外貴避嫌疑，男女均當分別，故必男有男行，女有女行，方昭嚴肅而免混淆，斷不可男女行中或相叢雜，致起奸淫，有犯天條。即有時省視父母，探看妻子，此亦人情之常，原屬在所不禁。然只宜在門首問答，相離數武之地，聲音務要響喨，不得逕進姊妹營中，男女混雜。斯遵條遵令，方得成爲天堂子女也。至如現下殘妖尚未滅盡，守卡巡更，築營運糧，與夫建造天朝東府，我們弟妹無不歷盡勤勞，東王每常念及，莫不爲之嘉尚，爲之憫憐。然今日之事皆是天事，我等同爲上帝之子女，以子女而趨父事，自是份所當然，理所宜然。又況爲天父出力誅滅妖魔，以報不共戴天之仇，不至被妖魔冒天父功勞，克盡忠孝，孰有大於此者乎。切勿因此微勞苦，輒生嗟怨，遂致半塗自廢，盡棄前功也。天王詔旨云，爾若貪安便不安，怕苦便會苦。是知圖苟且之安者，必歷永遠之苦也。不殫（憚）目前之勞者，必享將來之福也。我們兄弟姊妹，各宜知所奮勉焉可爾。茲尤有爲我們兄弟戒者，每見恃強之輩，恃寵愛而侮尊卑。抑知禮之用，和爲貴，爲上者不可以貴淩賤，不可以大壓小。爲下者不可以少陵（凌）長，以卑踰尊，務宜以禮自持，以和相接，方不失爲天国之良民也。天王詔旨云，高天萬人共條心，各鍊和儺好酌斟。又云，天生天養和爲貴，各自相安享太平。明乎和儺之足貴也。至在街道，尤不可憑恃自恣，放縱不羈，必須遜順謙卑，方成體統，萬勿恃東王之仁厚，列王之寬容，而狎小辱大也。況東王視天下爲同胞，愛憎一秉大公，倘若恃勢橫行，不知謙抑，一旦觸東王義怒，奉行天法，從公剖斷，何有徇情。

【略】

天王詔旨有云，遵條遵令得成人，條令不遵害爾身。我們兄弟尚其凜之。

【略】

又有梁郭溱同其妻韋大妹，不遵天誡，屢次私行合好，不圖永遠之和偕，只貪暫時之歡樂，其愚孰甚焉。故自一路以來，所有不遵天令，夫婦私自團聚者，無不被天父指出，奉行天法，重究在案。凡此皆係自陷罪戾，不思後福，嗟我們一班兄弟可不知懼哉。不觀天王詔旨云，身寧受刀莫犯天條。又云，心有些惡害死爾，心有些邪上帝知，心有些假天難瞞。人奈何瞞天私犯天令，而不知天父巍巍在上，其洞察無有或遺者乎。各宜慎之戒之，勿棄前修勿廢中道可也。

《資政新編》 一議第六天條曰勿殺，蓋謂天父有賞罰於來生，人無生殺於今世。然天王爲天父所命，以主理世人，下有不法，上可無刑。是知遭刑者非人殺之，是彼自縛以求天父罰之耳。雖然爲人上者，不可不親身教導之也。

一議大罪宜死者，置一大架圈其頸，立其足，昇至桅杆頂，則去其足下之板，以弔死焉。先彰其罪狀並日期，則觀者可以股慄自儆，又少符勿殺之。聖誠焉。

十款天條，治人心惡之未形者，制於萌念之始。諸凡国法，治人身惡之既形者，制其滋蔓之多。必先教以天條，而後齊以国法，固非不教而殺矣，亦必有恥且格爾。

論善惡福報

論說

《天情道理書》 觀天王詔旨有曰，萬事皆是天父天兄排定，萬難皆是天父天兄試心，各宜眞草堅草耐草，對緊天父天兄也。又曰，上天豈容易，頭要耐心志，一定會上天，爾們把心堅。天王再三爲我等詔者，誠欲我等各知自勵，不改操持，能受得十分苦，自享得十分福也。假令心無定見，把持不定，一經踏差鬼路，廢之半塗，將見自罹法網而前修盡棄矣，豈不惜哉。況東王爲天国左輔正軍師，總理天国軍務，奉天法以嚴軍令，本天誠以正人心。凡有不遵天令者，必定從重究治。然猶不忍不教而誅，是以大發仁慈，屢次頒行誥諭，教導諄諄，誠恐爾等不知自愛，致干罪戾耳。間有違令犯法之徒，一經發覺，東王莫不痛心含淚，奉天行法，誠非得已。自今以後，我們兄弟輩，各宜矢勤矢慎，無怠無荒，切勿甘自暴棄，貪目前之快樂，而永陷地獄受苦也。古詩云，眼前榮光一陣煙，堅耐享福萬萬年。此言良不誣也。況天王前經降詔，詔曰，咨爾弟妹，草耐且堅，全敬上帝，福大無邊。綸音昭昭，我們可不熟讀記心而遵奉無違哉。且夫理以借鑒而易明，事以參觀而益見，試以凡情求利者言之，營財貿易之徒，或爲商，或爲賈，離鄉別井，勞碌奔馳，不分蚤夜。或三年而回鄉一次，或五年而回鄉一次，逐逐謀利，不顧室家，固未聞繫念妻孥，舍利不求，而貪一時之苟安也。是求利者尚且如此堅耐，何況我們今日謀創六業，名垂萬載，世世子孫，永享天福於無窮乎。又試以凡情求名者言之，或舉人，或俊秀，數百里而應鄉試，數千里而應會場，拋父母，別妻子，何暇顧念室家。若得志則一科兩科，可邀顯達，不得志則知音未遇，徒自傷悲。富厚者猶可返旆家鄉，貧乏者不免淹留異地。然猶不憚辛勤，力圖上進，必求其成名而後快。是求名者堅耐尚且如此，況我們同打江山，立萬萬年之基業，享萬萬年之眞福乎。迴憶起義以來，自金田以至金陵，荷蒙天父天兄大開天恩，建都天京，數年之間，即仰邀天父大福，皆由天父天兄作事，乃得有如此之捷效也。惟是再加修好鍊正，同心合力，踴躍誅妖，天父大顯權能，轉瞬海宇澄清，江山一統，我們弟妹家室團聚，骨肉重圓，何幸如之。本侯相瀝膽披肝，爲我們兄弟而詳告之。東王屢命本侯相宜講道理與我們兄弟聽，此乃衆兄弟之福，亦是普天下兄弟姊妹之福。

【略】

天父上主皇上帝勞心下凡，聖旨教導曰，瞞天莫道天不知，天量如海也無涯。聖旨昭彰，衆小子可不惕然猛省，自知悔改哉。即舉不正者言之，昔時有爛屐四，前在廣東省等處地方，聚黨數萬，肆行無忌，殘害人民，淫辱婦女，種種情狀，難以名言。此等匪徒正是瞞心昧己，叛天逆天之賊，故其所行所爲，上干天怒，下背人心。此乃天父之所深惡而不能容者，故一旦滅亡，此邪亂必被誅戮之明徵也。庚戌年，廣西武宣地方有土匪陳亞癸，亦是聚黨數千，擄掠鄉村，擾害良民，奸邪淫亂，無所不至，圖逞一日之豪強，遑恤他時之殄滅。所以旋經鄉民擒獲，概行勦洗，不留餘種，此又不正而被誅戮之明徵也。是二人者，肆其殘暴之心，逞其貪婪之志，固謂可以爲所欲爲矣，孰知天降之罰不爽毫釐哉。故天王詔云，聚黨橫行天不佑，罪惡貫盈禍自隨。天王之爲若輩戒者，意甚深矣。又舉天父下凡，指出內中兄弟，反草變妖通妖者言之，辛開年五月，駐紮新寨，時有博白縣周錫能稟奏。【略】當時衆兄弟，即將周錫能擒拿到天父面前審訊，周錫能自知邪謀敗露，猶思掩飾，不肯供認。天父大發義怒，即將奸謀叛天逆天惡跡指出，復降聖旨將周錫能并其妻子，押出朝門斬首示衆。夫以周錫能之奸謀如此詭譎，如此隱秘，若非天父指出，而誰知之，其誰發之。此可見天父大顯權能指出奸心之憑據也。【略】要知今日做事，皆是聽命於天父，務須遵乎天令，合乎天心，方得天父看顧扶持。李裕松謀叛奸徒，毫無忌憚，叛逆天父，罪惡貫盈，天命誅之，所以不容叛天逆天之徒，逃漏法網。【略】奉天行法，將李裕松焚化成灰，以正叛天謀反之罪，此又不能堅耐修鍊之明徵，天父大顯權能之憑據也。觀於此，足見眞者自眞，僞者自僞，忠者自忠，奸者自奸，人苟有妄心邪心，變妖通妖，縱使隱其事，匿其迹，秘其謀，天父鑒觀赫赫，終莫得而掩飾也。爾等可不醒乎，可不醒乎。又舉城外殘妖而論，那些妖魔叛逆天父，而天父

不即誅滅他者，皆由天父有海底之量，暫且容他，不忍一旦盡行誅滅。且念他亦是天父生養頑子，看他果能回心向道，識得敬天父否，如不然，天父咁大權能，豈有不能誅滅他乎。蓋天父因欲分出我們一班兄弟眞假心腸，故暫留些殘妖，以勵我們修錬。乃此等殘妖，竟不知死之已至，離家千里，上違父母，下棄妻子，數年來冒雪披霜，住坭窟，睡坭地，堆蓋布篷，偶一陰雨，盡被淋漓，至所食亦口糧無幾，所衣亦短褐不完。且每妖各帶銅煲一件，僅堪煲食，餘欲煮水濯身，即至遍體坭污，亦不可得。嗟乎，此不過貪些須之微利，致蹈無限之危機，萬種憂虞，百般苦楚，待天父一時大發義怒，盡遭誅戮，打落地獄，尸骸遍野，不已悔之晚矣。吾甚惜夫妖魔固執不悟，而不亟思變計也。其在《天條詩》云，英雄何不早回頭。又《原道救世詔》云，及早回頭著祖鞭。又詔旨云，速悔速改速果然，不悔不改永受苦。以此觀之，天王固深願世之被鬼迷纏者，速宜醒悟，渡此迷津，可以爭爺志氣，爭兄面光也。【略】我們兄弟姊妹，今日蒙天父開莫大之恩，得做一家，得享眞福，各人須要時時感謝。即以凡情而論，各有父母，不能無同姓異姓之分，各有室家，不能無此疆彼界之別。要知萬姓同出一姓，一姓同出一祖，其原未始不同。我們蒙天父生養以來，異體同形，異地同氣，所謂四海之內皆兄弟也。今者深沐天恩，共成一家，兄弟姊妹，皆是同胞，共一魂爺所生，何分爾我，何分異同。有衣同衣，有食同食，凡有災病，必要延醫調治，提理湯藥，若有孤子孤女，以及年歲衰邁者更宜小心看待。與其盥浴身體，洗換衣服，斯不失休戚與共，痌瘝相關之義。蓋安老憐幼恤孤，皆出自東王體天父好生之心，天王胞與之量，是以恩及下民，無微不至也。詔旨有云，他人有難爾救他，爾若有難天救爾。見人災病同己病，見人飢寒同己飢。於以見天国廣大之恩，仁慈之德，亘古以來蔑以加矣。

【略】

我們兄弟當知，私圖一時之樂者，非眞樂也。急享眼前之福者，非眞福也，謹讀天父詔云，各堅耐，萬不知。又云，眞福多寒。即斯言而深味之，便知具堅耐之心者，自能享眞實之福也。又觀詔書云，欲享天堂眞實福，須從克己苦修來。諺云，不歷苦中苦，難爲人上人。人生在世，先苦後甘，乃爲貴也。乃我們弟妹動謂我等未曾享福，然試問爾等，當凡情在家之時，或農或工或商賈，營謀衣食，朝夕不遑，手足胝胼，辛苦備嘗，孰如我們今日頂天扶主，立志勤王，各受天恩主恩及東王列王鴻恩，畀及榮光，出則服御顯揚，侍從羅列。乃馬者有人，打扇者有人，前呼後擁，威風排場，可謂蓋世。試思爾等在凡情時，有如此之榮耀者乎。是以堅耐在一時，而顯榮享萬世，人能刻刻認實天父天兄，莫忘天恩，常念天父勞心下凡，托降東王金口，教導我們一班弟妹功勞，個個修好鍊正，堅心耐心。勿效一班被鬼迷懞，不習眞道，以致陷害其身，將見大福不求而自至，不謀而自來。天国江山永遠萬萬年，我們兄弟享福亦永遠萬萬年矣。故凡東王打我們一班弟妹，亦是要好，枷我們一班弟妹，亦是要好，殺我們一班弟妹，亦是要好。古語云，打是教憐罵是惜，殺一救得億萬千。東王俱是一片慈祥，我們弟妹當深明此義，萬勿搖奪初心，一時不能堅耐，遂至墮入地獄，終身不得轉天，枉負東王恩愛之心，乃眞大德也。現下殘妖尚未滅盡，成家合好尚未及時，我們弟妹務須堅耐到底，合力同心，頂起上帝綱常，指日掃盡妖氛，太平一統。那時天父開恩，論功封賞，富貴顯揚，使我們一班兄弟，室家相慶，夫婦和偕，猗歟休哉。千萬年之功業在此，千萬年之福祿亦在此，誠不可以一朝棄也。況前車已覆，後車可鑒，曷弗觀他人之失足而猛然省悟哉。恭讀天父上主皇上帝聖旨曰，自古死生天排定，那有由己得成人。靈魂本是由天父，今時不醒做何民。天兄耶穌聖旨曰，成人不自在，自在不成人，越受苦，越威風。天王詔旨曰，善人無惡由己鍊，眞心無假萬萬年。又云，眞草對天享天福，假草對天落地獄。此皆覺世之至言，牖民之正論，固天下萬世所當奉爲箴規，敬佩不忘者也。

《天理要論》上帝救人，則其全能之證驗矣。所降世救人者乃上帝愛子聖人耶穌，贖罪立功，轉禍爲福，若無全能極力，何能行是哉。

上帝既全能，則罪人當怕，惡黨該憂，蓋被上帝責罰，乃最可恐之至矣。避之無路，閃之無所，騙之難瞞，逆之不勝，只被刑罰而已矣。

上帝既全能，則善人可喜，君子可樂，蓋得天主之恩，乃最可愛之至矣。遺之無時，忘之無日，享之不厭，樂之不盡，常獲恩愛世世矣。耶穌曰，勿怕世人害，彼世人只能殺人，殺而後則無所能矣。最怕上帝，既能殺戮，殺而後尤能逐落其魄入地獄，確然宜懼之也。

《太平詔書·百正歌》百正歌，歌百正。眞正食天祿，眞正畏天命，眞正作公作侯，眞正作善作正，眞正鬼服人欽，眞正民安國定，眞正邪謀遠避，眞正天心順應。堯舜化日光天，由爲君能正。禹稷身顯後狂，由爲臣能正。周家麟趾興歌，由爲父能正。虞廷瞽瞍底豫，由爲子能正。周文歸心八百，乃以正事不正。孔丘服敎三千，乃以正化不正。湯武天應人順，乃以正伐不正。楚漢項滅劉興，乃以正勝不正。桀紂亡其家國，乃夫婦不正。莊靈弒於崔夏，乃君臣不正。齊襄生前見殺，乃淫妹不正。楚平死後被鞭，乃納媳不正。隋楊氏不再傳，乃父子不正。唐李氏多內亂，乃男女不正。唐憲宗亂天下，由縱妻不正。狄仁傑人所仰，由拒色能正。武三思人所戮，由貪色不正。百正歌，歌百正。正乃人禽攸分，正乃古今所敬，正乃天爵尊崇，正乃人生本性。能正可享天堂福，不正終歸地獄境。正可立地頂天，正可靖奸攝佞，正可行蠻貊，正可鋤強梗。身不正民從所好，身能正民從所令。身不正親戚所畔，身能正天下所信。身不正禍因惡積，身能正福緣善慶。貴不正終爲人傾軋，富不正終爲人兼幷。男不正人類終非，女不正妖孽究竟。一家不正多乖逆，一國不正多爭競。從來正可制邪，自古邪難勝正。一正福祿日加增，一正禍災自消盡。

《太平詔書·原道醒世詔》 福大則量大，量大則爲大人。福小則量小，量小則爲小人。是以泰山不辭土壤，故能成其高。河海不擇細流，故能就其深。上帝廣生衆民，故能大其德，凡此皆量爲之也。無如時至今日，亦難言矣。世道乖漓，人心澆薄，所愛所憎，一出於私。故以此国而憎彼国，以彼国而憎此国者有之，甚至同国以此省此府此縣，而憎彼省彼府彼縣，以彼省彼府彼縣，而憎此省此府此縣者有之。更甚至同省府縣，以此鄉此里此姓，而憎彼鄉彼里彼姓，以彼鄉彼里彼姓，而憎此鄉此里此姓者有之。世道人心至此，安得不相陵相奪相鬭相殺，而淪胥以亡乎。無他，其見小故其量小也。其以此国而憎彼国，以彼国而憎此国者，其見在国，国以外則不知，故同国則愛之，異国則憎之。其以此省此府此縣，而憎彼省彼府彼縣，以彼省彼府彼縣，而憎此省此府此縣者，其見在省府縣，省府縣以外則不知，故同省同府同縣則愛之，異省異府異縣則憎之。其以此鄉此里此姓，則憎彼鄉彼里彼姓，以彼鄉彼里彼姓，而憎此鄉此里此姓者，其見在鄉里姓，鄉里姓以外則不知，故同鄉同里同姓則愛之，異鄉異里異姓則憎之。天下愛憎如此，何其見未大而量之不廣也。遐想唐虞三代之世，天下有無相恤，患難相救，門不閉戶，道不拾遺，男女別塗，舉選尙德。堯舜病博施，何分此土彼土。禹稷憂溺饑，何分此民彼民。湯武伐暴除殘，何分此國彼國。孔孟殆車煩馬，何分此邦彼邦。蓋實見夫天下凡間，分言之則有萬国，統言之則實一家。皇上帝天下凡間大共之父也，近而中国是皇上帝主宰化理，遠而番国亦然。遠而番国是皇上帝生養保佑，近而中国亦然。天下多男人，盡是兄弟之輩，天下多女子，盡是姊妹之羣。何得存此疆彼界之私，何可起爾吞我幷之念。是故孔丘曰，大道之行也，天下爲公。選賢與能，講信修睦，故人不獨親其親，不獨子其子，使老有所終，壯有所用，幼有所長，鰥寡孤獨廢疾者，皆有所養。男有分，女有歸。貨惡其棄於地也，不必藏於己。力惡其不出於身也，不必爲己。是故奸邪謀閉而不興，盜竊亂賊而不作。故外戶而不閉，是謂大同。而今尙可望哉。然而亂極則治，暗極則光，天之道也。於今夜退而日升矣，惟願天下凡間，我們兄弟姊妹跳出邪魔之鬼門，循行上帝之眞道，時凜天威，力遵天誡，相與淑身淑世，相與正己正人，相與作中流之底柱，相與挽已倒之狂瀾。行見天下一家，共享太平，幾何乖漓澆薄之世，其不一旦變而爲公平正直之世也。幾何陵奪鬭殺之世，其不一旦變而爲強不犯弱，衆不暴寡，智不詐愚，勇不苦怯之世也。在易同人於野則亨，量大之謂也。同人於宗則吝，量小之謂也。況量大則福大，而人亦與之俱大。量小則福小，而人亦與之俱小。凡有血氣者，安可傷天地之和，而遺井底蛙之誚哉。詩云，上帝原來是老親，水源木本急尋眞。量寬異國皆同國，心好天人亦世人。獸畜相殘還不義，鄉鄰互殺斷非仁。天生天養和爲貴，各自相安享太平。

生活倫理

論說

《欽定軍次實録》 論財帛

諺云，有財帛者名爲財柱，以其能柱持財帛也。吾謂善用財帛者是謂財柱，不善用者是名財奴。今之人於施救貧窮，修造橋路，一毛不拔。而創造廟宇寺觀，演戲修齋，不惜大捨金錢，何其愚也。該殺是坭塑木雕，紙畫石鑿，無知識之蠢物，原不要衣穿，不要屋住。而妄爲之更衣塑像，修祠燒紙，是何殊對木石而談心，向河流而問路乎。夫生死禍福，子祿妻財，降之自天，求之自己。而妄向該殺許以豬羊對匾，不如悔罪改過，向天父上帝許下一副好心腸，尤爲廉便實事耳。無如世人好怪者多，踐實者少，泥近者衆，通遠者無。即有一二，亦隨俗波靡，難作中流之砥柱，又安得斯世之人，盡出迷途，咸登覺岸也夫。

論道德才智

慨自道德衰而才智逞，才智降而技藝興，迄今專以八股六韻，徒事清談，拋離實事。即不忠不孝之人，其作忠孝題亦甚節烈。雖能少發人良心，久亦視爲故事耳，究何補於道德才智乎。然物極必反，有開闢之眞主，必有開闢之良輔，以新一世之耳目，豈權榮造化大主宰，一任其流而莫返乎。據此，予信爲天民之先覺者。

葬墓説

歷考葬墓之說，最古上世，嘗有不葬其親者。其親死則舉而委之於壑，他日過之，狐狸食之，蠅蚋姑嘬之。其顙有泚，睨而不視，蓋歸反□梩而掩之，掩之誠是也。蓋孝子仁人之掩其親，不忍暴露污穢，有辱己辱親之念，別無求富求桂之意也。洎乎中古，棺七寸，椁稱之，是厚葬之意。特爲無使土親膚，於人心獨無恔而已，豈爲蔭子孫而計乎。又云，不封不樹。其即樹之封之，亦取誌之之意，豈風水云乎哉。至孔丘時，竟有以木偶人陪葬者。孔丘云，始作俑者，其無後乎。至秦穆卒，以子車氏之三子爲殉，而秦政時更有甚焉，竟以使女數百陪葬。而當時富桂家皆效尤焉，而貧人則以無生人陪葬爲辱，然猶無風水吉凶庇蔭之邪說也。惟晉郭璞詭言得有《菁囊經》，遂倡其說。唐之楊松筠踵其說而厚其毒，致有多書彼此紛紛辨駁，舉世皆入圈套，鮮不爲所惑者也。即晉唐時雖蜂起此端，究無所謂焚骨洗骸，超幽度牒之妖弊。乃有明則焚化以葬之，明代誰敢議其非。今時則洗骸露野，今人誰敢破其弊。此實古今人之自惑，遂爲異端怪人所惑耳。更可怪者，爲人之子，以在生父母，視爲可有可無之親，而死後骨骸，視爲求富求桂之具。生無肉食美衣，實以悅親心，死有金銀豬羊，僞裝爲孝行。其意殆以一生不孝，可以死日補之乎，抑謂親死可以庇佑我乎，皆妄念也。僞孝於死後，眞不如孝之於生前爲實事耳。千古疑團，憑斯喚醒，可也。

見屋內多寫大福字

福降自天，其桂重非金玉可比。蓋金玉猶有損蠹耗蝕，而眞福在天，永存不壞，非金玉可沽而得之，非佛道等之妄作可代。富桂人求得之者，惟修省悔過，忠孝之徒，雖斗筲子亦得與焉。豈多寫五福百福等大字可招而來之乎。

禮儀部

日常儀文

綜　述

《天條書》

悔罪規矩

當天跪下，求皇上帝赦罪，或用奏章祈禱，禱畢或用面盆水週身洗淨，或在江河浸洗更妙。悔罪後朝晚禮拜皇上帝，求皇上帝看顧，賜聖神風化心。食飯感謝皇上帝，七日禮拜頌讚皇上帝恩德，時時遵守十款天條，切不可拜世間一切邪神，尤不可行世間一切邪事。如是則成皇上帝子女，在世皇上帝看顧，昇天皇上帝恩愛，永遠在高天享福。天下凡間，不論中国番国，男人婦人，總要如是，方昇得天堂。

悔罪奏章

小子〇〇〇、小女〇〇〇跪在地下，眞心悔罪，祈禱天父皇上帝格外恩憐，赦從前無知，屢犯天條，懇求天父皇上帝開恩，准赦前愆，准改過自新，䏚得昇天。自今眞心悔改，不拜邪神，不行邪事，遵守天條，懇求天父皇上帝，時賜聖神風化惡心，永不准妖魔迷。時時看顧，永不准妖魔害。祝福有衣有食，無災無難，今世見平安，昇天見永福。托救世主天兄耶穌贖罪功勞，轉求天父皇上帝，在天聖旨成行，在地如在天焉，俯准所求，心誠所願。

朝晚拜上帝

小子〇〇〇、小女〇〇〇跪在地下，祈禱天父皇上帝恩憐救護，時賜聖神風化惡心，永不准妖魔迷。時時看顧，永不准妖魔害。托救世主天兄耶穌贖罪功勞，轉求天父皇上帝，在天聖旨成行，在地如在天焉。俯准所求，心誠所願。

食飯謝上帝。感謝天父皇上帝，祝福有衣有食，無災無難，䏚得昇天。

災病求上帝

小子〇〇〇、小女〇〇〇跪在地下，祈禱天父皇上帝，今有小子〇〇〇、小女〇〇〇現有災病，懇求天父皇上帝恩憐救護，災病速退，身體復安。倘有妖魔侵害，懇求天父皇上帝大發天威，嚴將妖魔誅滅。托救世主天兄耶穌贖罪功勞，轉求天父皇上帝在天聖旨成行，在地如在天焉。俯准所求，心誠所願。

凡生日滿月嫁娶一切吉事，俱用牲饌茶飯祭告皇上帝。其奏章曰，小子〇〇〇、小女〇〇〇跪在地下，禱告天父皇上帝，今有小子〇〇生日、小女〇〇滿月迎親嫁娶等事，虔具牲饌茶飯，敬奉天父皇上帝，懇求天父皇上帝祝福小子〇〇〇、小女〇〇〇家中吉慶，萬事勝意。托救世主天兄耶穌贖罪功勞，轉求天父皇上帝在天聖旨成行，在地如在天焉。俯准所求，心誠所願。

凡作竈、做屋、堆石、動土等事，俱用牲饌茶飯祭告皇上帝。其奏章曰，小子〇〇〇、小女〇〇〇跪在地下，祈禱天父皇上帝，今有小子〇〇〇作竈、小女〇〇〇做屋堆石動土等事，虔備牲饌茶飯祭告天父皇上帝，懇求天父皇上帝，看顧扶持小子〇〇〇、小女〇〇〇家中大小，個個安康，百無禁忌，怪魔遁藏，萬事勝意，大吉大昌。托救世主天兄耶穌贖罪功勞，轉求天父皇上帝在天聖旨成行，在地如在天焉。俯准所求，心誠所願。

昇天是頭頂好事，宜歡不宜哭。一切舊時壞規矩盡除，但用牲饌茶飯祭告皇上帝。其奏章曰：小子〇〇〇、小女〇〇〇跪在地下，祈禱天父皇上帝，今有小靈䏚〇〇在某月某日某時昇天，今虔具牲饌茶飯敬奉天父皇上帝，懇求天父皇上帝開恩，准小靈䏚〇〇得上天堂，得享天父皇上帝大福。又懇求天父皇上帝看顧，扶持小子〇〇〇、小女〇〇〇家中大小，個個安康，百無禁忌，怪魔遁藏，萬事勝意，大吉大昌。托救世主天兄耶穌贖罪功勞，轉求天父皇上帝在天聖旨成行，在地如在天焉。俯准所求，心誠所願。

七日禮拜頌讚皇上帝恩德，每逢虛、房、星、昴四宿日是禮拜日。

讚美上帝爲天聖父，讚美耶穌爲救世聖主，讚美聖神風爲聖靈，讚美三位爲合一眞神。眞道豈與世道相同，能救人靈享福無窮，智者踴躍接之爲福，愚者省悟天堂路通。天父鴻恩廣大無邊，不惜太子遣降凡間，捐命代贖吾儕罪孽，人知悔改𠭥得昇天。

祈禱

論說

《干王洪寶制》 跪在地下，讚美我天父聖神皇上帝暨救世主天兄基督，天父上帝無所不知，無所不能，無所不在，至公義，至慈悲者也。當初六日造成天地山海萬物，於今風晴雨露，化生萬物，保養全世界之人，自古及今，無一人一物不沾化生保養之德，但無一人知得感謝天父上帝之恩。如此忘恩背本，得食瞞天，眞是天堂罪人，地獄材料。理應即時罰下地獄，受那些不死之蟲所咬，不滅之烧所燒，永遠受無窮無盡之苦矣。當此之時，我天父上帝欲盡滅之，而在慈悲之心，有所不忍。欲不滅之，而在公義之法，歸於無有。界此兩難之間，不得已割下至尊至貴之太子耶穌基督，由天降地，生於貞女馬利亞之胎，在世三十三年，招十二門徒，教以天父救世之聖旨，使人悔罪改過，可蒙代贖罪之恩。後來果然被惡人釘死十字架上，流其寶血，受盡千般淩辱，萬種凄涼，代普天下萬邦弟妹贖罪，使凡信而受洗者，可以得救昇天堂享福。不信者，定然沉淪地獄。後又葬在墓壙，三日復生，四十日昇天，於今坐在天父權能殿右。凡有誠心求天父赦罪賜福者，天兄基督必代其人轉求天父，天父亦必看其功勞體面准赦前愆，施賜聖神，感化其心，開其茅塞，使其有聰明力量，信實天父救主戰勝妖魔，仇敵遠走他方。天父上帝如此愛及我等，小可微末罪人，其恩其德，其榮其福，實在高過天，厚過地，深過海，我衆小雖粉骨碎身，不能報答萬萬分之一矣。但到如今，敬信者少而從妖者多，故天父天兄斟酌，又差我主天王降生中国，天酉年復詔昇天，𠭥見天父，教以當行之事，至今我等弟妹得蒙天父恩威，一路牽帶來京也。天父乎，天兄乎，豈至於今又不愛乎。天父縱不愛衆小，猶可言也。但天父聖心亦忍之乎。天父乎，天兄乎，主說主之聖旨成行，在地如在天焉。又說二三人同心合意，不論何求，朕天父必成就之。今我衆小拿實天兄基督應承之言，係赦罪賜福之事，必有以給賜我們，方可少息，不然則我們弟妹，將日夜哭泣嗓鬧我天父矣。求我天父天兄大開天恩，保佑我主天王幼主江山早定，福音早行，普天下之人盡爲天父好子女，天兄好弟妹，天国好百姓，今世有榮光，來生有永福。及我們父母兄弟子女宗親，不論外邦中国，住居遠近，皆托天父權能之手，保佑個個平安，有衣有食，無災無難，𠭥得昇天。皆賴天兄基督十字架流血贖罪大功勞，轉求天父聖旨允准，赦罪賜福，世世靡旣，我主江山萬萬年，是心所願也。此祈禱文每人各存一篇，念後不必燒化，不論公衆私家自己拜天父時，皆可照此誠心，儼在天父膝下祈求，朝晚如是，久後必得天父天兄［下］凡教導，賜福無窮矣，衆弟妹勉之。凡求天父，宜如孩子求慈母一般，不得則哀哭以求之，必有感發其慈悲之心，俯准所求耳。

讚美

綜述

《欽定行軍實録》 一聲低唱一聲昂，嫋嫋餘音達昊蒼。詩頌數聯憂盡散，榮歸主宰樂無疆。悲歌定獲鴻慈憫，雅韻能邀大德匡。彼此交孚靈默契，口心相和意宣揚。皇皇上帝常臨格，濟濟宗親桂恐惶。放浪狂謳須切戒，歡欣疑是在天堂。【略】眞聖主天王丁酉年魂尚高天，親覲天父上主皇上帝，蒙賜金璽金劍，親口眞命爲太平天子。越宿起來，適太陽照身，遂吟七絕一首云，鳥向曉兮必如我，太平天子事事可。身照金鳥災盡消，天將天兵都輔佐。嗣後所與言者，動以修好殺妖勉人。夢日吟詩云，

天下太平眞日出，那般爝熿敢爭光。高懸碧落烟雲捲，遠照塵寰鬼蜮藏。東西南北羣獻曝，蠻夷戎狄盡傾陽。重輪赫赫遮星月，獨擅眞明耀萬方。又劍詩云，手持三尺定山河，四海爲家共飲和。捦盡妖邪歸地網，收殘姦宄落天羅。東西南北敦皇極，日月星辰奏凱歌。天父天兄帶作主，太平一統樂如何。又一律云，手握乾坤殺伐權，斬邪留正解民懸。眼通西北江山外，聲振東南日月邊。璽劍光榮承帝賜，詩章憑據誦爺前。太平一統光世界，威風快樂萬千年。又因南王有難，有慨歌云，安得眞兄眞弟兮，共佈朕道於海濱。安得同心同德兮，時同笑傲夫天眞。安得義膽忠肝兮，同享宇宙於太平。東西南北兮，同予者何人。天兵天將兮，聚會者何辰。天道不慆兮，皇天豈無親。始終一德兮，何日得榮身。【略】故作詩二首，頌美上帝無所不知，無所不能，無所不在，以諭爾民焉。詩曰，至尊福祉自無疆，備錫鴻庥任酌量。道大難容天地塞，恩深莫測古今揚。風雷寒暑遵時令，動植飛潛凜昊蒼。無數權榮充宇宙，愚頑空負好韶光。又，至尊色相妙難名，古往今來費品評。弗見弗聞微莫顯，詮能詮智奧而精。隨方有在監臨赫，體物靡遺著現明。上帝權威盈宇宙，掌中概覽地天情。【略】

夫讚美者不能令人飽暖，而人莫不悅之者，何也。蓋讚美是讚美人靈用才能，非美其肉體。但人之才能皆由天授，不堪受人讚美。惟上帝無所不能，克當極讚美耳。若人有自知之明者，斷不敢虛受人讚，否則且自誇之尚不知過，又安能禁其不假功冒能，以邀譽於人乎哉。

清廷論拜上帝教部

論說

張德堅等輯《賊情匯纂》卷九《賊教·僞書》 耶穌之教，行於海外千八百餘年。曾聞與西洋人稔熟者，談及彼教之書，多至數十種，要皆西洋聰穎之夷，衍其教以著書，大抵曼衍支離。一波窮，一波又起，於喫緊處仍不説明，非雜以庾詞，即亂以番語，略如二氏之書。然意義字句尚多雅奥，宜乎湯若望諸人，夙有西儒之目也。逆賊僞書則大不然，除所稱《新舊遺詔》書，《天條書》尚係西洋遺意，其餘僞書十數種，則皆首逆數人，竊彼教之緒餘，任意捏造者，無情無理，猘吠梟啼。其隱語皆刦盜常談，鄙陋荒唐，又村歌盲詞之不若。最後建天京等論，則是被脅能文人所爲，語雖悖逆，尚不俚俗，亦非首逆等所能解也。

又《僞天條》 賊中所刻僞《天條書》共條禁十款，如崇拜皇上帝，不好拜邪神，不好犯皇上帝名字，七日禮拜讚美皇上帝恩德，皆天主教中章程所事云云，此其所以爲邪教也。其不准殺人、害人，敎人孝順父母，不准奸淫，不准竊搶，不許欺詐，不許起貪心，無非與人爲善，或即耶穌之遺敎。其前列之序，之奏章，及逐條七言句，以及註語，似即敎匪中稍知文義者所爲。賊傳鈔得之，攬爲己有。何以知之，蓋賊中文字鄙謬，不可究詰，假使撰此，並無此伎倆。若書中讚美書後對句詩句，斯眞逆賊之語矣。逆黨結盟之始，不過鈔寫數冊，逮勢焰日熾，則刊刻遍布。初猶每館一本，既則人各一本，脅令被虜之人朝夕誦讀，如入教期逾二十一日，猶不能熟記者，斬首。然鄉愚多不識字，其令絡格不行，遂責識字者誦習口授之。間有蠢賊以背誦天條爲能，誇耀於衆。賊殘殺蔑倫，奸淫虜刦，狡詐貪婪俱備，其示人天條又如此，若非天良喪盡，幾何不自思匿笑，自愧欲死也。然於所惡所忌之人，則每藉犯天條以殺之，甚至夫妻同宿，駢首就戮，何不更訂天條，亦增此款於內耶。賊中定制，但犯天條者無生理，更於天條之外，多立禁令，另詳僞律條內。

又《禮拜》 逆賊自蠢動之初以迄今日，其於城市村莊也，則分踞民房打館，於原野也，則蓋板屋以爲營壘。賊目所居，率皆宏敞，所以然者，爲備禮拜之用。軍中禮拜之儀稍略，或不得桌椅陳設，則席地以敬天父。其城市各館，極力鋪陳，殊可駭也。凡陷一城，踞一鎮，賊目分據高宅鉅第，其卑狹房舍，則卒長司馬居之。每館百人數十人不定，盡虜可以鋪陳之物，華美者貴者得之，次等者賤者得之。必於堂宇正中設一方桌，繫綉花或素紅桌圍。凡一室中必挂幃幔，張燈彩，懸楹聯畫幅，陳設彝鼎花瓶帽鏡，就虜得之物儘數鋪排。愚蒙傖儈，安知款式，甚至有四賊擄得玻璃燈四張，各分一張，復虜得明角燈四張，亦各分一張，皆非成對者，錯亂懸挂。虜得金字壽聯各分一隻，別虜一隻與之爲配，聯句互易，長短不齊。滿堂書畫燈彩器玩，但取華麗可愛，而不知所置皆非其地，識者竊笑之亦竊歎也。賊敬天父不用香燭，故不設香爐燭奴。於方桌上近外一邊，設油燈二盞，桌上陳設無定，然必設花瓶或帽筩一對，各插小尖角黄綢令旗一手。桌前立小竹板，約三尺長一寸寬，上寫奉天令三字。桌後設椅三張，飾以椅衣。椅三張者，蓋本館賊目，及副職僞官與先生坐位也，如此館先生較多，甚至設立五座七座。其教以星、昴、房、虛四宿日禮拜，先一日僞帥遣人負禮拜旗一面，鳴鉦於市，大呼明日禮拜，各宜虔敬，不得怠慢。各館即於是夜三更交子時後，點燈二盞，供茶三杯，肴三盛，飯三盂，鳴鑼集衆，環坐一堂。賊目及充先生者，即坐於正中所設數座上，羣賊兩旁雜坐，齊誦讚美畢，充先生者，繕成黄表奏章，盡列一館賊名，此時手執奏章，跪地朗誦，羣賊長跪，讀訖焚化，則以所供肴饌共享，此七日禮拜之儀也。每日朝饔夕飧，亦必鳴鉦齊集，儘所虜之肴供三盌，茶飯如之，自賊目以下亦環坐而讀。讚美畢，充先生者伏地默讀奏章，謂之默咒。羣賊俱跪讀訖，始雜坐飲食。賊知鄉民苦飢，每以三餐魚肉飯誘人，故曰必三飯，朝夕禮拜，午餐則否。然禮拜誠敬怠忽，則視其館賊目爲何如人，如稍有天良者，恆草率從事，甚至有跪讀默咒，低言天父皇上帝施權能，雷擊天王，火燒東王，羣賊跪其後，聞之忍笑不得者。若廣西老賊，或執迷不悟之人，則將事必誠必敬。如無病貪睡，聞鑼不至，或稍涉嬉戲，必杖責數百。其所設禮拜桌椅，即賊目之公案，有事則據案審斷之。每用界方擊桌，若驚堂然。如禮拜三次無故不至，則轉告僞帥斬首示衆。

以上所叙，猶卑小僞官館中所爲，若首逆洪賊，且於大門外造一臺，爲生日令節敬天之所。僞宫内亦設禮拜壇場，鋪張侈麗，莫可殫述。楊，韋，石諸逆皆然。凡禮拜及朝夕上食，必鳴鉦六十四聲，奏樂三次，率僞妃嬪女官數以千計，同讀讚美，聲越殿廷。其鳴鑼之制，侯相四十八聲，檢指三十六聲，總制監軍二十四聲，軍帥二十聲，師帥十六聲，旅帥十二聲，卒長十聲，兩司馬八聲，自僞王至指揮，皆得奏樂。每遇禮拜，各僞官必開單蓋印，赴典茶心衙，領取果品糕餅，赴典天廚衙，領取海菜，以備敬天父之用。此則江寧之事，其餘軍中不能如是，惟視所擄何物，即供何物，多則珍錯雜陳，少得雖簞食豆羹，亦必供獻。其供獻之肴，又以狗肉爲至重，虜得輒分送各館。佳時、令節、壽誕、生子、彌月，與夫攻陷何地，在賊中所謂喜慶事，則不拘常格，另備盛饌，普敬天父。其有疾病、修竈等事，悉如天條中所載奏章格式繕寫，讀而焚化之，敬天父以祈福。嘗聞習天主教者，以耶穌爲天主，其天主堂及禮拜之所，所供之象皆十字架，獲彼教人犯，畫十字於地上，刑迫之使邁步跨過，至死不從，蓋奉天主教者，以耶穌爲神者也。若粵匪雖襲彼教，直以天爲父，捨耶穌不奉而以兄呼之，此又天主教之變格。耶穌在海外教人爲善，海外奉爲神人可已，在中國則爲異端，奉其教者且應誅。使耶穌尚在，亦聖道所不容，王法所不赦，粵匪習其教而忘本，祟其説而違其禁令，既叛其教，且欲與耶穌爲兄弟行，狂悖如此，前叙所論，耶穌亦當殛之，非情理之至乎。賊中有喜慶事必禮拜，又以尋常禮拜日爲喜慶事。是日羣下皆具稟奏，請安稱賀。又如枷示，亦必以禮拜爲斷，或過三次禮拜，五次禮拜，始行釋放。行軍各事，亦以禮拜之期爲限，故僞誥諭有再過三次禮拜不能收復武昌，定即提京治罪諸語。軍中口糧油鹽，亦必逢禮拜日始領，另詳賊口糧條内。

又《講道理》 逆賊所踞之地，動輒鳴鑼傳集賊衆百姓，於何日何時齊集何處，聽講道理。賊本邪教，何道之有。賊教無情無理，何理之有。所言則教人爲善，所行則窮凶極惡，欺人常談，淺而易見，又何講之有。然時以講道理爲名者，皆有所爲也。凡刑人必講道理，虜人必講道理，倉卒行軍，臨時授令必講道理，選婦女爲僞嬪妃必講道理，驅使羣賊爲極苦至難之役必講道理，逃者日多必講道理，將欲搜虜必講道理，逼人貢獻必講道理，總之賊講道理者，不過集衆諭話云爾。所爲之事既不同，所講之言亦互易，如用點天燈諸刑，以上所記是也。其陷武昌、江寧，自好者多伏匿不肯從賊，遂傳令閤城百姓，赴何處聽講道理，給予外小腰牌，准其爲民。如一名不到，身無腰牌，見即斬首。百姓私幸可爲外小，懼無腰牌被殺，無不爭赴。其時數賊目高坐臺上僞言曰，凡外小各報姓名，令先生記簿，按名散給腰牌。當報名給牌之時，賊又曰，如得腰牌先走者立斬。其時已殺一二人，横尸地下。賊復肆言曰，天王列王皆天父差下凡間爲太平眞主，乃埋世人。爾等早該投營効力，還待鳴鑼傳集，可見都是妖魔。本當全殺，姑念俱來聽講，從此要敬拜上帝，練習天情，頂天報國。爾新封兩司馬五百人，各領二十五人歸館，如一名違拗，立即斬首。此等本是應殺之人，天父開恩暫留，倘不知悔罪，犯令變妖，定斬不留。講道理既畢，臺下萬人數千人面面相覷，俯首而隨僞司馬歸館，頃刻可成一軍，此虜人講道理情形也。若倉卒行軍，則不傳百姓，專指名傳某幾軍。賊衆必大呼曰，各帶衣裝刀械於何處聽講。俟齊集時，賊目先敷衍邪教套話一番，然後大言曰，今已有密令交某丞相某國宗，往何處打江山，爾等立刻隨行，不准歸館。數軍之衆，各隨僞帥起程，毋敢回顧，且不知何往。此行軍捷速，藉講道理以諭衆也。每選女色，則傳令閤城婦女聽講，如一名不至，全家斬首。俟齊集時，賊目亦令報名，如虜人法。口講邪教之言，女流茫然不解。此時蜂目閃爍，於百花叢内擇美麗處女爲一籍，以供爲嬪妃之選，美婦別立一册，予以貴使繡錦等僞職，粗醜之材即籍爲女兵，使開濠負土。賊登臺大呼，各隨女指揮管長歸館，違者斬首。其時碰死者有之，卧地不行，甘爲屠戮者有之，鞭扑脅行痛哭者有之，欣欣自得，以爲儌倖得選者有之，此選色講道理之大概也。遇有苦難之役，亦傳羣賊集臺下，賊目講邪教禁令，謂之天情。旋稱天父七日造成山海，莫大功德。天王列王操心費力，乃埋世人，爾等何得浪費天父之祿。兄弟們要享天福，必要喫些辛苦，果到阻隔艱難之處，自有天父看顧，切不可退悔，致前功盡廢。速隨何官往何處，充當何役，大抵皆開山、塡河，或伐林木、封閉城垛，一切不近人情之事，此役使苦差藉講道理，以鼓舞衆心也。賊於鄉村虜糧，必先集鄉民聽講，大抵所説皆天父造山海之功，天王列王乃埋世人之德，爾等身家田畝皆天父所賜，理應將銀錢米穀進貢，屢經出示，未見獻來，本該全行誅殺，今天王大開天恩，憐爾愚民，命本檢點前來講説道理，限來日交貢，如有藏匿，斬首不留。鄉民震駭，紛紛進貢錢米，擇所貢多者給予鄉官執照，其餘給予貢單。富室所獻不足，復行抄搶，殺其人焚其廬以驚衆，此虜掠之先必講道理也。又敗殲之後，逃者日多，則傳

齊賊衆，登臺大言曰，萬事皆由天父排定，爾等都要練得正正眞眞，不怕妖魔一面飛、一面變，都難逃天父手內過。衆兄弟切不要慌，兄弟們昇天乃是好事，勝敗常事，總是兄弟中，多有不肯眞心頂天之人，纔被妖魔侵害，此是天父磨鍊我們的，務要放膽放草，自有天父看顧，天父自然大顯權能。爾想在永安時尚蒙天父救出，此時還怕妖魔何事，切不可反草變妖逃走。天父曾說，任爾三更逃黑夜，難逃天父眼針針。即如某某是打算逃走的，天父下凡指出。遂當場殺一二人，使衆悚懼。又說，現立卡房多處，諒爾等難逃，一經捉獲，五馬分尸。爾等放着天福不享，自尋死路，眞是被鬼迷，被鬼捉，眞下賤矣。此防人逃走講道理之故套也。若遇僞王僞貴官生日、生子、彌月，亦必集衆聽講，宣述某王、某官恩德，各宜備具禮物進獻。如藏匿金銀，即是反草，天父下凡指出，定即斬首不留。此又逼人貢獻，因而講道理也。以上數端皆賊之慣技，被擄難民無不知之。其匪夷所思之事，仍不可枚舉，大約集衆諭話，必傳令聽講道理，其實無道無理，亦無所謂講也。

綜述

張德堅等輯《賊情匯纂》卷九《賊教》　自古草竊之徒，多藉邪教以倡亂。自季漢張角之後，如宋貝州妖人王則，明蒲臺妖婦唐賽兒，近之白蓮教八卦教，莫不假託鬼神，煽惑愚民，以爲淵叢之聚。逮人衆勢熾，以威脅人，或不專恃其教，可知邪教實爲亂階。兩粵八閩，素多天主教，因地方官緝捕嚴迫，遂諱其名，改教爲會，故有上帝會，添弟會，小刀會諸名目。嘆夷就撫之後，粵閩不馴之民，日漸驕肆，而會匪愈衆。洪逆等結盟之始曰上帝會，復更名天帝會，亦名添弟會。蓋入教之人，不論長幼，以後至者爲弟故也。雖屢更其名，其實即天主教，略變其格者也。嘗考梁茝林中丞《浪迹叢談》，述黄岡吳德芝天主教書事一篇曰，西洋國天主教前未之聞也，明季其國人利瑪竇、湯若望、南懷仁，先後來中國，人多信之。其術長於推步象緯，使之治曆，頗有奇驗。又善作奇技淫巧及燒鍊金銀法，故不耕織而衣食自裕。浸假延蔓，各直省郡邑建立大廟，曰天主堂，宏麗深邃，人不敢窺，而各以一西人主之。細民願歸之者，必先自斧其祖先神主，及五祀牌位，而後主者受之，名曰喫教。人按一名與白銀四兩，榜其門以赤紙，上畫一長圈，中列十字架、刀、錐、鉤、棚等器。或曰其所奉神以磔死，故門畫磔器也。每月朔望，男女齊集堂中，闔門誦經，及暮始散。有疾病不得如常醫藥，必其教中人來施鍼灸，婦女亦裸體受治。死時主者遣人來驗，盡驅死者血屬無一人在前，方扃門行殮，殮時以膏藥二紙掩尸目，後裹以紅布囊，曰衣胞，紉其項以入棺。或曰借殮事以刳死人睛，作煉銀藥，生前與銀四兩，正爲此也，故死時不使聞知。若不聽其殮法者，謂之叛教，即令多人至其家淩辱百計，權四兩之子母而索之。窮民惑於此，每墮其術中，而士大夫之嗜利無恥者，皆信其煉術可得，相與尊信之，稱曰西儒。而其主如所在地方，必與其長吏相結厚餽遺，有事則官徇庇之，以故其教益張。所刻《口鐸》一書，其言謂萬物主於天，而天又主於天主，一概圜壇方澤，光岳祀典，宗廟祖考，皆極其唾罵，而惟一心致敬天主。又言自無始以來，倘非有天主操持焉，則天久傾頹，地久翻覆矣。又言天主之神，則生於漢哀帝十四年，其說之狂悖如此。工繪畫，雖刻本亦奇絶，一幅中烟雲人物，備諸變態，而尋其理，皆世俗横陳圖也。又能製物爲裸婦人，肌膚骸骨，耳目齒舌陰竅，無一不具。初折疊如衣物，以氣吹，則柔軟溫暖如美人，可擁以交接如人道，其巧而喪心如此。又道光庚子，伊莘農節相，於餘姚俘獲嘆夷三十六人，搜其行李，得鈔本《耶穌降世書》、《救世書》二冊，漢文並非夷字，僚幕多曾見之。猶記其書大旨，其《降世書》曰，耶穌乃天帝之子，漢哀帝年間降生於猶太國，以善化人著種種神異。希羅德王忌之，設計誘擒，磔死於十字架上，埋尸七日，能聚精神合成全體，毀墓而出，復生三日，說法昇天而去，至今仍在天上，永爲天主。其《救世書》則教人敬天而外，不可更事一切邪神。其天條多款，首戒殺人、害人、奸淫、擄掠，及不孝、欺詐諸不善。凡婚嫁必聽其師擇配，不得苟合。苟能不犯所戒，則魂昇天堂，否則永墮地獄。其降世固屬荒誕不經，其教人敬天，勿崇淫祀，暨一切條禁，亦無非教人爲善而已。海外羣夷渾噩不通中國，罔知倫常義理，慘殺相尋，天必憫焉。又安知千百載之上天，不生此一人，倡其教而化導之，是耶穌之有無，原不必深究。迹其教人也，恐頑夷信鬼神而好邪說，故但令敬天，又恐其好殺欺盜，背棄所生，故立諸條禁。男女必聽其擇配者，庶不致冥頑蠢動，若鳥獸孳尾云爾。是耶穌諸說，非楊非墨，既屬異端，在中國即

爲邪教。然因其俗而牖導之，置此一人於無知無識羣夷之中，未始非先知先覺，海外奉爲天主，不亦宜乎。不料身死二千年後，奉其教者假誦經爲名，男女混雜矣，以數金贍人，臨死刳其睛以煉銀矣，繪畫祕戲圖矣，以物爲淫具矣，此則非耶穌所教，不得爲耶穌咎也。然此等傖夷奸民，亦知其說斷不能偏行於中國，不過於近海之區，造言播弄，漁獵財色，求快一時之欲耳。若今之粤匪則大不然，初或藉邪教爲倡亂之資，既寓詭計於邪教之中。更逞其私智，懈我將帥，驚我兵士，惑我人民。逆燄日張，而崇奉其教愈篤，遂毀先王聖人之道，廢山川岳瀆諸神，惟耶穌是奉，幾欲變中華爲夷俗，是天主教流毒至於此極，又豈耶穌所能逆料哉。尤可異者，其徧布僞書，僞天條書，以及集衆講道理。覽其書，聽其言，皆耶穌之教，皆耶穌之禁令，觀其行則殘殺無人理，奸淫擄掠無所不至，裹脅良民，使父母不相見，而教人以孝，譎詐百出而戒人勿欺，行與言違，是早已自叛其教矣。若夫妻共處則竟治以極刑，於聽師擇配之義何居。各逆首妄標名目，如贖病主聖神風、雨師、雲師之類，人襲神號，尤亙古未有之奇聞，於勿惑鬼神之戒又何在。究之粤匪，乃開闢至今，逆天悖理第一狂寇，不惟覆載王法所不容，爲天下萬世之罪人，實亦彼教之罪人，耶穌有知，亦當助百靈而效順，共殄此凶殘梟獍也。至於賊教之誦經讀讚者，猶朝夕按籍點名也。服飾奇幻者，欲驚我戰士也。講道理時假託天父附體，殺一二人者，欲以威刦衆也。雖習邪教，實無邪術。今就所俘賊文案，參酌羣言，輯賊教一門，析爲五則，庶賊之醜態畢露，而羣疑可以稍釋已。

陳徽言《武昌紀事》卷二《雜論》　明季西洋人利瑪竇撰《乾坤體義》，陽瑪諾撰《天問略》，艾儒納、龍華民輩亦各有撰述，如西學凡《四字經》、《諸經解》、《會中規約》等書，皆廣耶穌教之說，支離荒謬，竊釋氏之緒餘，有捨死救生，奉天主升天堂，云云。欲使入教者，雖至横死不悔，故賊得從而揚其波，藉以撓亂。其所造僞書，遂言上帝爲天父，耶穌爲救世主，眞心敬禮之者，天父下凡佑之享福，死後魂得昇天，不受閻羅拘捉。且斥閻羅爲妖，諸凡百神皆爲妖魔，遇廟像輒焚毁，無識愚氓，見彼所爲，謂天壤閒無復有鬼神。爰敢肆無忌憚，助之爲虐，其死心爲彼，甘蹈白刃者以此。非賊眞能如古名將，信義素著，使三軍之士，視死如歸也。

《欽定四庫全書總目》謂，陽瑪諾輩所撰之書，不過歆動下愚。今賊僞書《三字經》，襲其舊說，則爲所誘者，類皆鄙野村夫可知。指日元凶授首，餘夥自悉解體，散竄驛騷，撲滅無難，此可預操左券。蓋逆黨戾氣所鍾，原非權奇英物，自不能更爲寇菑，久稽顯戮矣。

案西洋天主教，即古所謂祆教，其來已久。《閱微草堂筆記》引證極詳，特唐宋以來，皆未盛行。自明萬歷間，西士利瑪竇入中國，以歷法知名當時，遂挾術自衒，誘人傳習，其教炫赫，逐漸蔓延直省。黄岡吴德芝有《天主教書事》，閩人張希周有《澳門圖説》，皆深言其害。我朝雍正二年，奉旨，西洋人除留京辦事人員外，其散處各省者，該督撫飭地方官，俱遣至澳門安插。所造天主堂，改爲義學公所。凡誤入教者，嚴爲禁諭，否則併地方官一律治罪。於是積穢汰滌凈盡。自辛丑之變，其燄復熾。閩、粤、上海、寧波皆建立禮拜寺，聚衆誦經。其書流布民間，近時入教者頗衆。儻不早爲禁絶，恐日久更藏姦慝，此患未除，彼患復萌，籌維國計者，殊深杞人之憂。特著於此，用諗當路。

凡爲賊擄者，類多商賈力田之人，勇藝弗精，銃矢不能命中，本無長技可恃，驅之鋒鏑之際，未始皆心所甘，特惑於邪説，遂視阱鑊如坦途。然此輩可行間使之攜貳，亦可招撫使爲我用，前事已有成效，在當其責者之相機而動耳。

【略】

賊專以邪説煽惑人，無他幻術。惟焚人尸骸，取灰製藥，用之攻城則毒甚。

賊最愚頑可笑者，或臨陣，或患病，舉凡一切事，皆對天祈禱，口喃喃求天父默佑，所謀遂意。祝畢，赴湯蹈火，在所不顧。賊初起釁時，竊據金田村，僭號天德。而今賊僞示皆署太平天國字樣，呼首逆曰天王。自湖南來，竝不聞有天德之説，傳聞賊中有供奉木偶，或疑天德即指木偶而言，殊不足信。賊教望空禮拜，不喜神像，見輒毁滅，決無復奉木偶之理，假使有之，想即所敬耶穌，或所宜然。又疑敬耶穌者，多供十字架，與木偶不脗合。不知京城宣武門内之天主堂，所供耶穌，實一美少年，余曾目覩。趙雲松《檐曝雜記》亦載之，則此木偶斷爲耶穌無疑，謂僞號天德指此，直瞽談耳。大抵賊多詭幻，忽僭號，忽中止，忽滅神像，忽奉木偶，其故均無足深求也。

境外傳入其他諸教總部

猶太教部

教會與教派分部

猶太教

綜述

李剛己《教務紀略》卷一上《教派·摩西創猶太教》 猶太人建國於巴勒斯坦，以宗教名於世。當中國夏商之際，西方諸國榛狉始變，家自爲俗，人自爲教，有拜火，拜日，民非火化不生，非白日則無睹，古有此俗，亦報本之義。拜蛇獸之習。商太戊時，猶太人摩西起而闢之，立事天之教，專奉上帝，不敬別神，國人從之，是爲猶太教。諸國宗教經典以猶太爲最，後人彙輯爲《創世記》等三十九篇，統名《舊約全書》，亦曰希伯來經典。爲摩西筆述，及十六先知所預言。周赧王時，埃及國王以希臘語譯《舊約》。秦始皇時，馬其頓人將《舊約》譯成希利尼文字。其教在商時未大顯，至周秦間始偏行西國云。摩西生於埃及，祖宗累世事神，自遠祖亞伯拉罕亞伯拉罕當夏之末造，據《創世記》，有築壇張幕燔柴獻牲諸制，所遇天使，神人爲設飲食，與人無異。中國上古史所謂民神雜糅，家爲巫史，殆其遺教歟。卜居迦南，猶太古名迦南，蓋低地之義。及其孫雅各，由迦南遷伯特利。雅各生子十二人，約瑟最寵，兄弟不能平，賣與埃及爲奴。後貴顯，族羣往歸之，初至時七十人，年久繁衍至六萬。埃及人忌其宗強，欲除之，迫令作苦工，生女則留，生男不育。及摩西生，其母隱之三月，度不能免，盛以葦箱，浮之河濱。法老之女出浴，見而收之，其母詭爲乳母，入宮鞠養，以其長於法老之宮，故得不死。法老者，埃及王號也。摩西長而慧勇絕倫，爲其族報仇殺人，逃之米甸。米甸人妻以女，遂居焉。摩西雖逋逃於外，然深憤埃及，常思拔出其族以避虐政，而未有以發。一日入西奈山樵采，遇神現棘火燄中，命摩西領其族衆出埃及，賜以良田，子孫昌熾。由是摩西返埃及，會族人，規出計。與其兄亞倫共見法老，請率全族祀神境外，法老未之許也。於是神默佑摩西，疊施異術，以警動法老。法老仍不聽，最後乃使天黑暗三日，瘟疫流行一日夜，自法老至奴婢，所生長子皆死。法老大懼，允摩西。摩西乃稱神命，令男向其友，女向其鄰，索牲畜財物，供禱祀。既行，令衆皆持兵列伍，迂道向紅海曠野而進。至海港，潮退變陸，渡畢而潮大至，埃及軍追者皆溺死。行三月，至西奈山，山舊爲樵采遇神處，至是神復召摩西登山受誡，時雷電交作，火燄燭天，摩西獨留山上四十日，乃下宣命，令築壇立幕，分十二支派，立十二石柱，設十條之約，定獻祭之禮制，奉祀冠服，立兄亞倫爲祭司長，是爲彼族立教立國之始。其後居曠野四十餘年，侵伐鄰國皆稱神命，最後取迦南人，赫人，亞比哩洗人，希未人，耶布士人諸族地，自約但河以東悉就盪定，欲進攻河西，志未竟而卒。摩西立國立敎，律令條格，西國法律學由神事人事而起，羅馬律即本摩西誡條，今歐洲通行多羅馬律。具載《舊約全書》，其書之言曰上帝之神名耶和華，譯言自然而然之神也。元始時創造天地，一日造光明，二日造穹蒼，三日使水歸海，使地顯露，使土生草木，四日造日月星辰，五日造鱗羽，六日造百獸昆蟲，肖己像造人，定人物所食，七日工畢安息。其說與佛藏樓炭經相近，謂初造之人，男曰亞當，女曰夏娃，爲魔鬼所誘，背神命。神罰其子孫世世受諸苦難，故天下之人，皆有與生俱來之罪行，有過惡又有自作之罪。摩西遠祖亞伯拉罕受上帝之約，爲民祈禱贖罪，割其勢之皮，以爲與上帝相約之徵，謂之割禮，摩西踵而行之。每歲節期獻牛羊於壇，殺之流血，以代人贖罪。人有過失，亦獻牲以贖。分別鳥獸之肉與水族等，何者當食，何者當禁。並定一切律法，犯者刑之，拜別神者殺無赦，行邪術爲巫覡者殺無赦，謂信上帝者，上帝必錫以福，不信者必降之禍。其面受十誡之文鐫於二碑，一碑四條，一碑六條。前四條言事神，後六條言人之所以相待，皆希伯來亦名以色列，即猶太。古人敬之無斁者也。見《萬國通史》前編一曰我之外爾毋別有神。二曰爾毋爲己雕刻偶像，或作諸形狀，髣髴在上天下地與水中所有者，爾毋俯仰向之，亦毋服

事之，蓋我耶和華乃嫉妬之神，討父之罪及其子孫，至惡我者之三四世，惟愛我而守我誡者，福之至千百世。三曰爾毋妄稱爾神耶和華之名，蓋妄稱其名者，耶和華必不以之爲無罪。四曰爾宜誌安息日，守之爲聖日。六日間宜勞而作諸工，爾與爾子，爾女，爾僕，爾婢，爾畜及旅於爾門內者皆然，蓋六日間耶和華創造天地海與其中萬物，至七日安息，故耶和華視安息爲聖日。五曰爾宜敬爾父母，致爾日可長在爾神耶和華所賜爾之地。六曰爾毋殺人。七曰爾毋姦淫。八曰爾毋偷竊。九曰爾毋妄證爾鄰。十曰爾毋貪爾鄰之屋，亦毋貪爾鄰之妻，與其僕，其婢，其牛，其驢及凡鄰所有者。摩西之後，主教者皆由僧徒奉神意施政，至埽羅即位，國勢寖強。大闢，瑣羅門繼立，威振鄰國，爲猶太極盛時代。後人稱亞伯拉罕，摩西，大闢，瑣羅門爲猶太四傑。迨基督教興，猶太教乃漸微。猶太國初屬巴比倫，繼屬波斯，屬埃及，屬西里亞，後屬羅馬，卒爲所滅。其人種散之四方，今在俄地尤多，俄人以異教，頗虐待之。

洪鈞《元史譯文證補》卷二九《元世各教名考》　經世大典之斡脱，即猶太教。審定字音，當云攸特，首字今譯爲勝，次字大典譯音爲勝，或稱如德亞則言其地，如德亦攸特也。自猶太失國，户口四散，今歐羅巴諸國，貿遷有無，多猶太人。波斯，布哈爾等地種族甚夥。聞諸西人，今中國河南開封仍有猶太人。華人不知，但以回回統之。地有猶太碑，【略】其人多業屠牛，本教理致，茫昧若遺。惟鼻高而鉤，厥形未變。案西士三教，猶太最古。天主，天方二教，皆濫觴於此。今世所傳耶穌十戒，爲古時摩西登西奈山受諸天帝者。摩西即猶太教之宗主也。專奉天帝，七日一安息，皆猶太之説。其文字旁行，自右而左，與突厥同。西人奉教者必習猶太文，以耶穌經典用本國文字也。

文廷式《純常子枝語》卷一七　《新約書》第三章云，約翰見法利賽，撒土該人多來受其洗。注云法利賽猶太教名，所講究者即遺傳之虚文，所務習者即瑣小之外禮，少有實德也。撒土該亦猶太教名，與法利賽教不同，雖信摩西五經，他先知所著之書，卻不以爲重，法利賽人所受之遺傳亦皆輕視。撒土該人言，無復生，無天使，無鬼魂，法利賽人言皆有之。又第四章注云，會堂即猶太人會集禮拜上帝，講解聖經之所。第五章云，耶穌言勿思我來欲廢壞律法及先知，我來非欲廢壞，乃欲成全也。我誠告爾，天地未廢，律法之一點一畫必不能廢。又云，我語爾倘爾之義不勝於士子及法利賽人之義，斷不得入於天國。注云律法先知摩西所傳之五經也，先知歷代先知所著之書也。律法先知包《舊約全書》。按耶蘇此言，是依據摩西舊教，特自言其義勝於法利賽人耳。後來路德之申明耶蘇以駁天主，亦用此義。若穆教固與耶蘇同源，然其視律法先知之書，則不若耶蘇之重矣。

又　又第二十三章云，僞善之士子與法利養人，爾有禍矣。爾侵嫠婦之貲而佯爲長禱，爾必受重刑也。又云，爾周行海陸招一人進教，進則爲地獄之人，較爾加倍也。耶蘇以此譏法利賽人，然因以知祈禱上帝及周行水陸殷勤傳教之風，耶蘇即用猶太舊教規模也。

又卷二四　日本狩野良知《支那教學史略》云，猶太教入於漢季而行於宋代，宋孝宗時建祠於汴云。按宋孝宗時汴已屬金，此或以宋統金亦未可知。其汴京之祠或即一賜樂業殿歟。其教唯事天，教典書以猶太字，即《舊約全書》是也。先于基督教大行于亞西亞土爾其諸國。

紀事

《元史·文宗本紀二》　天曆二年三月丁丑，僧、道、也里可温、术忽、答失蠻爲商者，仍舊制納税。

雜録

文廷式《純常子枝語》卷二九　《萬國興亡史》云，猶太教有我贊色斯一派，悟浮生若大夢，諭肉體爲罪，因特創虚無恂恍之説。基督教與之異議。當時基督信者察猶太人來之境遇，其國亡，其人民離散，極人生之至悲至慘，此皆厭世之教旨誤之也。按厭世之極，乃思出世，此與婆羅門宗旨爲最近矣。耶蘇出乃以救世爲宗，故遂奪而易之矣。

又　蘭士德游塔什干云，往觀猶太人誦經所，屋宇雖狹，然甚潔淨。

心竊疑之，後訪知乃俄兵中之猶太人誦經之所。由霍占至浩罕云往觀猶太人誦經，路人起立摩鬚，騎者下馬示敬。至猶太教堂，正在誦經男女分室，尖帽長衣。問其所來及教中之事，對以意忖之辭。游撒馬兒罕，往猶太教堂，值齋戒日，堂外設白帳，施地氈，具果食，種人圍坐。據云撒馬兒罕共有猶太人二千五百，婦女出門俱戴面巾。

賜樂業教 挑筋教

綜　述

金鍾《重建清真寺記》（弘治二年）　夫一賜樂業立教祖師阿無羅漢，迺盤古阿躭十九代孫也。自開闢天地，祖師相傳授受，不塑於形像，不諂於神鬼，不信於邪術。其時神鬼無濟，像態無祐，邪術無益。思其天者輕清在上，至尊無對，天道不言，四時行而萬物生。觀其春生夏長，秋斂冬藏，飛潛動植，榮悴開落，生者自生，化者自化，形者自形，色者自色。祖師忽地醒然，悟此幽玄，實求正教，參贊真天，一心侍奉，敬謹精專。那其間立教本至今傳，考之在周朝一百四十六年也。一傳而至正教祖師乜攝，考之在周朝六百十三載也。生知純粹，仁義俱備，道德兼全。求經於昔那山頂，入齋四十晝夜，去其嗜欲，亡絕寢膳，誠意祈禱，虔心感於天心，正經一部，五十三卷，有自來矣。其中至微至妙，善者感發人之善心，惡者懲創人之逸志。再傳而至正教祖師蔼子剌，系出祖師，道承祖統，敬天禮拜之道，足以闡祖道之蘊奧。【略】

噫！　教道相傳，授受有自來矣。出自天竺，奉命而來，有李、俺、艾、高、穆、趙、金、周、張、石、黃、李、聶、金、張、左、白七十姓等，進貢西洋布於宋，帝曰：歸我中夏，遵守祖風，留遺汴梁。宋孝隆興元年癸未，列微五思達領掌其教，俺都剌始建寺焉。元至元十六年己卯，五思達重建古刹清真寺，坐落土市字街東南，四至三十五杖。殆我大明太祖高皇帝開國初，撫綏天下軍民，凡歸其化者皆賜地以安居樂業之鄉，誠一視同仁之心也。以是寺不可無典守者，惟李誠、李實、俺平徒、艾端、李貴、李節、李昇、李綱、艾敬、周安、李榮、李良、李智、張浩等，正經熟曉，勸人爲善，呼爲滿剌。其教道相傳，至今衣冠禮樂，遵行時制，語言動靜，循由舊章，人人遵守成法，而知敬天尊祖，忠君孝親者，皆其力也。俺誠醫士，永樂十九年奉周府定王傳令，賜香重修清真寺，寺中奉大明皇帝萬萬歲牌。永樂二十一年以奏聞有功，欽賜趙姓，授錦衣衛指揮，陞浙江都指揮僉事。正統十年，李榮、李良自備資財，重建前殿三間。至天順五年，河水渰沒，基址略存，艾敬等具呈，按照先奉本府承河南布政使司劄付等因至元年古刹清真寺准此。李榮復備資財，起蓋深邃，明金五彩粧成，煥然一新。成化年高鑑、高鋭、高鋐，自備資財，增建後殿三間，明金五彩粧成，安置道經三部，外作穿廊，接連前殿，迺爲永遠之計。此蓋寺前後來歷也。天順年石斌、李榮、高鑑、張瑄，取寧波本教道經一部，寧波趙應捧經一部，賫至汴梁歸寺。高年由貢士任徽州歙縣知縣，艾俊由舉人任德府長史。寧夏金瑄，先祖任光禄寺卿，伯祖勝，任金吾前衛千兵；瑄置買供卓銅爐瓶燭臺；迺弟瑛，弘治二年，捨資財，置寺地一段；瑛與鍾托，趙俊置碑石。俺都剌立基址啓其端，李榮、高鋐建造成其事，有功於寺。諸氏捨公帑，經龕、經樓、經卓、連籠、欄杆、供卓、付奩諸物器皿，亦爲粧彩畫飾周圍之用，壯麗一方。

左唐《尊崇道經寺記》（正德七年）　嘗謂經以載道，道者何？日用常行古今人所共由之理也。故大而三綱五常，小而事物細微，無物不有，無時不然，莫匪道之所寓。然道匪經無以存，經匪道無以行，使其無經，則道無載，人將貿貿焉莫知所之，卒至於狂談而窈冥行矣。故聖賢之道，垂六經以詔後世，迄于今而及千萬世矣。至於一賜樂業教，始祖阿躭，本出天竺西域，稽之周朝，有經傳焉。道經四部，五十三卷，其理至微，其道至妙，尊崇如天。立是教者惟阿無羅漢，爲之教祖；於是乜攝傳經，爲之師法。厥後原教自漢時入居中國。宋孝隆興元年癸未，建祠于汴。元至元十六年己卯重建。其寺古刹也，以爲尊崇是經之所。業是教者不止於汴。凡在天下，業是教者，靡不尊是經而崇是道也。【略】

道經相傳，有自來矣。自開闢以來，祖師阿躭，傳之女媧，女媧傳之阿無羅漢，羅漢傳之以思哈哉，哈哉傳之雅呵厥勿，厥勿傳之十二宗派，

宗派傳之乜攝，乜攝傳之阿呵聯，呵聯傳之月束窩，束窩傳之藹子喇：於是祖師之教，燦然而復明。故凡業是教者，其惟以善爲師，以惡爲戒，朝夕警惕，誠意修身，齋戒節日，飲食可叵，於經而是矜是式，尊奉而崇信焉。則天休滋至，理惠罔愆，人人有德善之稱，家家遂俯育之樂。如此，則庶於祖教之意無所負，而尊崇之禮無少忒矣。刻石於寺，垂示永久，咸知所自，俾我後人其愼念之哉。

大明正德柒年壬申孟秋甲子重建寺。俺、李、高、維揚金溥請道經一部，立二門一座，寧夏金潤立碑亭一座，金鍾修撰碑亭。鐫字張鸞、張璽。

文廷式《純常子枝語》卷一八 劉智《天方典禮·居處篇》曰，凡我域中不容歐若堂，不容祝虎院，不容佛寺道觀。自注云，歐若堂，天主教也。祝虎院，俗謂挑筋教也。《西學略述》卷三云，當北宋之世，猶太教人已多流寓中國，即今河南地方，所號爲挑筋教者是也。此蓋緣《創世記》中有雅各筋傷腿瘸之事，故其教人每食畜類，必棄其大腿跟上之筋。在中國以此名教，所以自別於回教也。洪文卿《元史譯補》亦云，今河南地有猶太教舊人。

楊榮鋕《景教碑文紀事考正》卷一《開封府挑筋教人考》 豫省開封府有古禮拜寺，乃大府奉詔爲之建造者。寺內供有萬歲牌，牌旁書有左轉字，壁上亦然。考其世系，來自漢初迄于唐宋，至今戶口萬餘。七日禮拜，並無偶像，非回非景，更非天主，俗則稱爲挑筋教者，果何許人也，曰此正拂箖人也。漢曰大秦，唐曰拂箖，明曰如德亞，國朝曰猶太，其實一也。曰大秦者，指省會而言也。曰拂箖者，指古京邑而言也。曰如德亞猶太者，指古國名而言也。何以知其爲拂箖人也，景教古經之文即拂箖古文，名曰希伯來文。希伯來者，拂箖人之古祖也。凡來中國傳教之士類，皆兼通四國文字，曰希伯來文，以古經本用希伯來文所書者。曰希利尼文，以本經本用希利尼文所書者。曰拉丁文，以經解多出自拉丁文者。曰本國文，以授學必由本國文字始。故凡通希伯來文者入豫省古禮拜寺，一望而知其爲猶太人，以其壁上用希伯來大書阿羅訶天誡十條，譯其文即曰：我耶和華即爾之阿羅軒，導爾出埃及，脫爾於賤役者，餘而外，不可別有阿羅軒，毋雕偶像。天上地下，水中百物，勿作偶像象之。毋拜跪，毋崇奉，以我耶和華即爾之阿羅軒，斷不容以僞阿羅軒匹我。惡我者禍之，自父及子至三四世。愛我守我誡者福之，至千百世。爾阿羅軒耶和華之名勿妄稱，妄稱者罪無赦。當以安息日爲聖日，永誌勿忘。六日間宜操作，越至七日，則耶和華爾阿羅軒之安息日也。是日爾與子女僕婢牲畜及遠人主於爾家者，皆勿操作。蓋六日間耶和華造天地海萬物，七日止。故耶和華以安息日爲聖日而錫嘏焉。敬爾父母，則可於耶和華爾阿羅軒所賜之地，而享遐齡。毋殺人，毋行淫，毋攘竊，毋妄證，毋貪人第宅妻室僕婢牛驢與凡屬於人者。此十誡即記在景古經《出埃及記》第二十章一至十七節之文是已。再觀其萬歲牌旁之希伯來文，左書景古經《申命記》六章四節，譯其文曰：以色列族聽之哉，（以色列乃拂箖，舉國十二族祖之父）爾之阿羅軒耶和華惟一而已。右書《申命記》十章十七節文曰：蓋爾之阿羅軒耶和華乃諸神之主，萬王之王，巨能可畏之阿羅軒，不偏視人，不受私獻。索其經卷，則仍用羊皮寫摩西五經，更有先知馬拉基，撒加利亞書。叩其禮節，則仍受割禮，守踰越張幕等節。其儀文詳著景古經《出埃及記》、《利未記》二書之中。禮繁不能備錄，凡通景古經之人遊至其寺，觀其禮拜守節諸禮，恍若猶太之匿於中國焉。考其初來時，尚在景尊臨世之前，猶未知本國有彌施訶已經降臨之事。其來不止一家，俱由大秦波斯西域一路而來。入籍中國二千年，其文字經典教化禮俗，斑斑可考，足證今日之景經，非泰西人所能臆造者。誠以希伯來文，普天之下除猶太人外，無有用其文者，蓋俱以繙繹而得之矣。至豫省人何以稱爲挑筋教，則別有故。按景古經《創世記》三十二章記，以色列將有事於阿羅訶，齋宿之夕，神遊象外，遇彌施訶未臨世之神，遂苦纏乞恩，神勉許之，遂志得意滿，神擊而警之，傷其髀之巨筋。故以色列之子孫，凡牲畜髀之巨筋，必剔去不忍食，故俗人不知底蘊，妄以爲教名耳。

錢單士厘《摩西教流行中國記序》 歸潛舟中，見日獨郵報，有論中國猶太人者。稻孫匯東文、德文，及向所聞於積跬步主人者，而作此記。夫景教之興，一切禮俗，無不從摩西舊教脫卸而來。《新約》者，景經也，而處處與《舊約》相表裏。故談景教而不考猶太舊派者，非眞知景教者也。我國景教流行，既據碑而溯始於唐，其實摩西舊教，先已流行於中國。河南挑筋教人，自言來於漢代，非無因也。積跬步主言：稻之所記，

可溯景源。合以予在羅馬所聞之格篤猶太區瑣事而爲一篇，一以溯景教與猶太一貫之淵源，一以示景教與猶太難融之意見，並以示亡國遺黎受轄於白人治權下之慘況、受轄於黃人治權下之自由云。

錢稻孫《摩西教流行中國記》 河南開封府有一種異教人，俗呼爲挑筋教，其實乃摩西遺教，即耶穌以前之猶太教派也，相傳漢時遷入中國（據碑文所言）。其始見於十一世紀西人《韃靼旅行記》，其繼見於《馬哥博羅旅行記》。（憶己酉、庚戌間時報載一遊記，略敘開封教事，然未詳。）依一七〇四年耶穌乙脱派教士郭若尼之調查曰：人口凡二三千，華人不呼爲希伯來人，不呼爲猶太人，而呼爲「挑筋教徒」，蓋以屠牛羊爲業而呼之也。（挑筋別有緣由，非專爲其業屠也。且所謂挑筋者，挑去牛羊髀筋，而郭氏以爲挑去首筋，不知何據。豈其所見之猶太人，不去髀筋而去首筋耶？）彼等集團體自設教會堂（即通稱曰禮拜寺者，但不知彼教徒今用何名？在猶太本名則「希那鄂克」）。每祭日，集會祈禱。會堂中央有高背椅一，呼爲「摩西椅」，上敷繡褥，云是牧師說教時安設教經之用。會堂西側向耶路撒冷一方，有一推拔。（向耶路撒冷一方者，向所羅門之廟也。正如回回寺必有一空牖向穆罕默德墓；景教寺必西向，俾半圓之正座在東，用黄玻璃引光線，視爲耶穌來路。均同此意。）平時牧師而外，無許入者。寺庭北有廣場，即挑筋之所，教徒中達人掌此事（殆如回教之「師父」）。附近有祖先廟，春秋兩度供祭，則全乎中國風矣。堂中無偶像等物。其俗尚行割禮，尚執猶太古來之祭典，尚用猶太古來之曆日。郭氏所見，爲康熙四十一年事。其後經道光季年之水患，經咸豐季年之兵亂，流離轉徙，不但會堂頹毁，亦且家業拋棄，人口凋零，而希伯來語言亦遂失傳。

同治五年，有英國某僧侶（時充同文館教習），猶太人也，特至開封訪其同種，則無一人可與通鄉語者，兒童已無所請行割禮，會堂亦遺跡僅存。見一黑板，上書以色列文字（不言所書何語），板懸他回回寺中，而猶太裔徒乃詣彼寺祈禱，蓋引爲同教耶？依英國僧侶報告，言「希那鄂克」舊基上有石碑，據碑知是堂創設於一一六四年（宋孝宗隆興二年），改築於一四六八年（明憲宗成化四年），文言：猶太教爲始祖亞當及亞伯拉罕所肇始，至摩西而益弘聖書，斯教之輸入中國，爲漢朝時代，至南宋孝宗即位之二年，建此會堂於開封，凡以偶像爲神而崇之拜之祈禱之者，爲極愚極無效，惟崇奉聖書、遵守其訓令者，得造極乎萬物之根源，因此聖書與神之智慧相符，知人生之起源，勸行各種善事而避惡行者云云。又一碑，建於一五一一年（明武宗正德六年），載教義上事，而指耶和華爲道。夫以道字譯耶和華（今從德文考出），則兩碑當均爲漢文，惜不得讀。洪氏（鈞）言：元經世大典之斡脱，即猶太教，西人言開封有猶太人，華人不知，但以回回統之；地有猶太碑，碑文附後（《元史譯文證補》卷二十九）云云。今洪書無碑，蓋刊時失之。漢時西域道通，而小亞細亞又與西域相通，摩教人轉徙而來，事所必有。是摩教流行中國，不但在景教之先，并在佛教之先矣。

德人某君又云（一九一〇年，謂距今八年前）：有自歐洲來華之猶太人，在上海招開封之猶太人數名，相與共習教式，冀延厥緒。開封猶太人除不食豕肉及牛肉拔筋以外，一切與華人無異（即面貌亦不可辨）。問以割禮，則不知。問以碑文，僅耳聞。出經令誦，彼讀阿羅訶爲天，讀阿羅訶所造之天亦爲天。問以兩天何別？答言上天爲造物之主，下天即目見之天，則新從歐洲之猶太人口受而來，數典忘祖矣。此德人爲宗耶穌之人，於猶太教亦知之非詳，不過喜調查中國情事，初未嘗考其爲猶太之法利賽派？爲撒都該派？抑摩西的派？

楊榮鋕《挑筋教人考》，謂開封寺有萬歲牌，牌左有希伯來字，譯即《申命記》文，曰：「以色列族聽之哉。爾之阿羅軒（字爲單數者，尾音似訶字；爲多數者，尾音似軒。論理此處應爲單數，然尊之過甚，猶言神中之神，故作多數）耶和華，惟一而已。」（原臘丁文侍烏斯 Deus、犢迷奴斯 Dominus 並用，今通行之《舊約》譯漢本作：「爾之上帝耶和華惟一而已。」下文凡阿羅訶皆上帝。）牌右亦有希伯來字，譯即《申命記》文，曰：「蓋爾之阿羅軒耶和華，乃諸神之主，萬王之王。（今通行譯漢本作：「諸上帝之上帝，諸主之主」。若據原文例譯，則爲「阿羅軒之阿羅軒，耶和華之耶和華」，於文爲不詞。故凡譯本，均別用代詞，讀者可以會其意矣。）巨能可畏之阿羅軒，不偏視人，不受私獻（今通行本作「不取賄賂」）。壁上又有希伯來字，譯即《出埃及記》文，曰：「我耶和華即爾之阿羅軒，導爾出埃及，及脱爾於賤役者，余而外，不可別有阿

羅軒。毋雕偶像，天上地下水中百物，勿作像象之，毋跪拜，毋崇奉。以我耶和華即爾阿羅軒，斷不容以僞阿羅軒匹我（通行本作「他上帝」，較妥）。惡我者禍之，自父及子三四世。愛我守我誡者福之，至千百世（一誡）。爾阿羅軒耶和華之名勿妄稱，妄稱者罪無赦（二誡）。當以安息日爲聖日，永志勿忘。六日間宜操作，越至七日，則耶和華爾阿羅軒之安息日也。是日爾與子女、僕婢、牲畜，及遠人主於爾家者，皆勿操作。蓋六日間耶和華造天地、海、萬物，七日止。故耶和華以安息日爲聖日而錫嘏焉（三誡）。敬爾父母，則可於耶和華爾阿羅軒所賜之地而享遐齡（四誡）。毋殺人（五誡）。毋行淫（六誡）。毋攘竊（七誡）。毋妄證（八誡）。毋貪人第宅、妻室、僕婢、牛驢，與凡屬於人者（九及十誡）。按摩西十誡，前三誡爲主，後七誡爲賓。不但摩西垂誡爲然也，即耶穌繼起，亦惟諄諄於我即上帝，毋拜偶像，及信我者永生數義，可見其道一貫。惟安息日勿操作，未盡嚴誡爾。此楊榮鋕傳聞於景門之舊記載。今則情形迥異，碑且不存，何有於壁？

至所謂挑筋者，《創世紀》記雅谷之偕拉結歸也，二妻二婢十一子，濟雅泊渡（《創世紀》三十一章，拉結竊其父之上帝像以逃，置偶像駝鞍下而坐其上，曰：天癸適至，不得起。此上帝字，在臘丁文仍用阿羅訶之 Deus 字，而法文則用伊犢爾 Idole 字，不用 Dieu 字，附誌於此），言雅谷獨留，遇一人（解者以爲天使）與之角力，迄於黎明。相角之時，其人自知不勝，擊雅谷髀，傷之，曰：天將明矣，請釋我去。雅谷曰：不爲我祝嘏，必不容爾去。曰：爾何名？曰：雅谷。曰：今以後不祇名雅谷，更名以色列（此以色列字之由來，遂爲猶太人之祖），蓋爾得志於上帝前，與人爭，無不勝。雅谷曰：請以爾名告我。曰：曷問我名？遂在彼錫嘏。雅谷名其地爲便以利，曰：我與上帝晤對而覿其面，我命尚其可保。日出時，雅谷過便以利，髀傷，其行趑趄，因其人擊雅谷髀，傷其巨筋，故以色列人凡髀之巨筋，至今不食云。

據此，則凡猶太人皆不食髀筋，不獨開封一派爲然。不過今猶太人散處各國，往往食品從衆。予曾旅義國之奈爾維地方，鄰有猶太人，頗守宰牲必流血於地之禮（亦見摩西經），自宰自食。而鄰人惡之，禁不使宰，遂食市肉。可見亦非必堅守。耶門《保羅達哥林多人前書》（十章），戒勿食偶像祭之餘，有不信主者宴爾，爾願往，所陳者勿問而食，問則心疑，設有告爾者曰，此祭偶像之物，則勿食。又（十章）：凡售於市者，不問而食，問則心疑云云。在千八百餘年前，已有不拘食品之意，何況今茲？何況遠在中國開封？猶太徒尚以挑筋名教，則其於髀筋必挑之說，必尚恪守，亦可謂有宗教永信心者矣。年來西人遊蹤踵接開封，遊必有記，記必以猶太久享自由於宗教不同之國爲異事。蓋習見彼中之虐待，以爲非如此不足以別猶太人，不以中國爲存心寬大，而以中國爲處事疏忽。夫豈知中國固無所惡於異教之人，並無所鄙於亡國之氓也。

紀事

艾儒略《大西西泰利先生行蹟》 中州都會，原有教堂，乃如德亞國所傳天主古教。適其教中艾孝廉計偕入京，造訪利子。利子請《天主經典大全》一部，系如德亞國之原文，并後翻譯大西文字示之。艾君誦讀其文，深喜而拜焉。艾之同袍張君，同訪利子，謂汴梁昔有一教，名爲十字教，以奉天主爲主。張孝廉亦其奉教之後裔也。奈百年來多不得其傳者。利子以所佩十字聖架示之。張君一見，不禁泪下。是後利子遣從游者黄明沙馳書訪其實，果如二君之言，但不得其初來傳之詳耳。

佚名《如夢録・街市紀》 綫兒李家胡同，有挑筋教禮拜寺。

劉昌《重建清真寺記》（康熙二年） 殿中藏道經一十三部，方經、散經各數十冊。教衆日益蕃衍，亦惟敬天法祖，世奉宗旨，罔敢隕墜而已。明末崇禎十五年壬午，闖寇作亂，圍汴者三。汴人誓守無二，攻愈力，守愈堅。閲六月餘，寇計窮，引黄河之水以灌之，汴没於水。汴没而寺因以廢，寺廢而經亦蕩於洪波巨流之中。教衆獲北渡者僅二百餘家，流離河朔，殘喘甫定，謀取遺經。教人貢士高選，承父東斗之命，入寺取經，往返數次，計獲道經數部，散經二十六帙。聘請掌教李禎、滿喇李承先，參互考訂焉。至大清順治丙戌科進士教人趙映乘，編序次第，纂成全經一部，方經數部，散經數十冊。繕修已成，焕然一新，租贖宅而安置之。教衆咸相與禮拜，尊崇如昔日。此經之所以不失，而教之所以永傳也。【略】

殿中原藏道經一十三部，胥淪於水。雖獲數部，止纂序爲一部，衆咸宗之，今奉入尊經龕之中。其左右之十二部，乃水患後所漸次修理者也。其散帙方經，衆各出資修補。而大參趙映乘作聖經紀變，乃弟映斗復著明道序十章。經文於是備，宗旨於是明。其燦然共著，如日月之在天，如江河之行地。經有眞諦，解者不敢參以支離；經自易簡，解者不敢雜以繁難。自是人知君臣之義，父子之親，兄弟之序，朋友之信，夫婦之別，原本於知能之良，人人可以明善復初。其與聖祖制經之義，祖宗尊經之故，雖上下數千百年，如在一日。

又《碑陰題名》 殿中舊藏道經十三部，壬午胥淪於水。貢生高選撈獲七部，教人李承俊撈三部，賫至河北，聘請掌教，去其模糊，裁其漫壞，參互考訂，止纂成全經一部，尊入龕中，教人宗之。其在左一部，乃掌教李禎本舊經而重修之。其在右一部，乃滿喇李承先重修之。其餘十部，乃漸次修整者也。教中艾惟一與同族公修一部，趙允思修一部，金應選與同族修一部，高登魁修一部，趙映乘修一部，滿喇石自俊修一部，李輝同姪毓秀修一部，高登科修一部，滿喇張文瑞與同族修一部，滿喇艾達生同兄弟子姪修一部。至是而十三部乃全矣。煥然一新，誦者易曉，觀者悅服，要皆掌教滿喇之所手著，而教衆之所勷成。謹勒於石，俾後人知經寺之修，其有由也夫！

羅振玉《大秦景教三威蒙度贊及尊經跋》 案景教古經傳世絕少。數年前，上海徐家匯天主教堂於開封回民家得猶太教羊皮古經，乃如德亞文，已寄羅馬教皇許。今此贊首尾完好，後附景教經目三十種，足資彼教之考證。

斡脫

綜述

洪鈞《元史譯文證補》卷二九《元世各教名考》 經世大典之斡脫，即猶太教審定字音，當云攸特。首字今譯爲勝。次字大典譯音爲勝。或稱如德亞，則言其地。如德亦攸特也。自猶太失國，戶口四散，今歐羅巴諸國貿遷有無，多猶太人。波斯、布哈爾等地種族甚夥，聞諸西人。今中國河南開封仍有猶太人，華人不知，但以回回統之。地有猶太碑。碑文附後。其人多業屠牛，本教理致茫昧若遺。惟鼻高而鉤，厥形未變。案西士三教，猶太最古，天主、天方二教皆濫觴於此。今世所傳耶穌十戒，爲古時摩西登西奈山受諸天帝者。摩西即猶太教之宗主也，專奉天帝，七日一安息，皆猶太之說。其文字旁行，自右而左，與突厥同。西人奉教者必習猶太文，以耶穌經典用本國文字也。

丁韙良《天道溯源》下卷第一章《論聖經原文譯文・附録開封府重建清眞寺碑文序》 予抵華聞有猶太人數十家，居住汴京。西士李瑪竇、湯若望等於國初在京師曾遇之。蓋有猶太儒生進京赴試，聞有西士來傳道於中國，因往拜訪。既登堂，各相爲禮，意甚款洽，詢其歸原，伊言與貴教士同敬一主，始知儒生爲古教之人焉。咸豐年間，又有英國教士，由上海遣教友至汴，買其羊革經卷。於同治六年，余曾由京都赴上海，特繞徑至汴，所爲探訪猶太人之實在情形。至則有回民引導至空地一所，中有碑碣一統，詳閱前後文詞，蓋盛唐故跡也。猶太人亦遂聚集。據伊云屢被河水沖沒，堂宇朽壞，奈以無力重建，竟將木料變賣，以作糊口之資。除此石碑以外，惟存皮經數卷而已。又言及奉古教者有七姓，約計四百餘名，其窳敗困苦之形狀，眞有令人聞之酸鼻者。余俯仰太息，以手扶碑，向伊等宣講耶穌降生於猶太之福音，報以喜息，言貴國誕生救主，爲萬世之師表，可喜可賀也。

紀事

《經世大典》卷二九《馬政篇》 中統四年，諭中書省于東平、大名、河南路宣慰司，不以回回通事，斡脫並僧、道、答失蠻、也里可溫、畏兀兒諸色人戶，每鈔一百兩，通滾和買堪中肥壯馬七匹。至元二十六年七月十日，兵部承奉尚書省奏，諸衙門官吏、僧、道、答失蠻、也里可溫、斡脫，不以是何軍民諸色人戶，所有堪中馬匹，盡數和買。十四日，兵部承

奉尙書省劄付，和尙、先生、也里可溫、荅失蠻、斡脱等戶，但有四歲以上騸馬、曳剌馬、小馬，盡數赴官中納，當面給付價鈔。

《元典章》卷二《聖政一・止貢獻》　庚申年四月初六日，詔書內一款節該：開國以來，庶事草創，既無俸祿以養廉，故縱賄賂而爲蠹。凡事撒花等物，無非取給於民。名爲己財，實皆官物。取百散一，長盜滋奸。若不盡更，爲害非細。始自朕躬，斷絶斯弊。除外用進奉，軍前克敵之物，并斡脱等拜見撒花等物，并行禁絶。內外官吏，視此爲例。

又卷一六《戶部二・分例》〔鋪馬分例〕大德八年七月，江浙行省准中書省咨，御史臺呈，爲諸王駙馬各枝兒勾當，在各路裏斡辦公事，鋪馬分例等事。大德八年三月二十八日，奏過事內一件：大都省官人每奏將來，在前諸王駙馬各枝兒差使臣來呵，勾當完備了不回去，騎小鋪馬，吃著在應住幾個月，也有到一年的，推調著不去有麼道。因那裏題説的上頭，俺商量著，大勾當呵與七日，小勾當與三日者，除那的外餘剩不交與呵，怎生麼道奏了，各處行了文書來。在後廉訪司官人每題説將來的上頭，臺官每説，這般與日呵窄的一般有，再交省官人每商量呵，怎生麼道奏了，俺根底與文書。如今京兆省官每也與將文書來，諸王駙馬每的使臣有軍情勾當呵，行省裏爲錢糧的勾當，並其餘管民官一處相關的勾當有呵，比及他每的勾當完備，依在前與來的體例，鋪馬祗應與呵，中也麼道題説將來呵。大都裏伴當每説將來，委實有那般勾當呵，依在前體例與者。勾當既了，推事故不回去呵，鋪馬祗應不交與。除那的外，他每的投下催趁斡脱錢，地土、造作勾當等，與管民官無相關的勾當呵，依在前已了的聖旨交與呵，怎生説將來。俺這裏商量來，不立限次呵，不宜也者，寬了的一般有。軍情勾當與管民官有相關的勾當呵，與半月限，提調的省官、路官每不揀該那個投下呵，他每的勾當不交誤了，即便完備與者。與管民官無相關的勾當呵，有大勾當的與八日，小勾當與三日，鋪馬祗應呵，怎生奏呵。奉聖旨那般者。欽此。

又卷二〇《戶部六・鈔法》〔行用至元鈔法〕（十四款）至元二十四年三月，尙書省奏，定制至元寶鈔通行條畫，開具於後。【略】一，係官並諸投下營運斡脱公私錢債，關借中統寶鈔，若還至元寶鈔，以一折五。願還中統寶鈔者，抵貫歸還。出放斡脱錢債人員，即便收受，毋得阻滯。

又卷二二《戶部八・課程》〔申明鹽課條畫〕延祐五年三月十六日。【略】一，諸王公主駙馬位下行運斡脱人等及官豪勢要之家，今後辦課買引，赴倉支鹽，不得欺凌倉官，攙越資次。如到發賣處去，亦不得恃勢，攙奪行市。若有違犯之人，依條斷罪。仍具姓名呈省。

又〔斡脱每貨物納稅錢〕大德元年八月，福建行省准中書省咨，江浙行省咨、杭州稅課提舉司申，馬合謀行泉府司折到降眞象牙等項香貨官物，付價三千定，該納稅鈔一百定，本人賫擎聖旨，不該納稅咨請定奪事。准此。於大德元年五月初七日，奏過事內一件。也速荅兒等江浙省官人每説將來有，阿老瓦丁、馬合謀、亦速福等斡脱每做買賣呵，休與稅錢麼道，執把著聖旨行有來。怎生麼道説將來有。賽典赤等奏將來，拔赤拔的兒哈是稅錢，防送回回田地裏的體例，到回回田地裏呵，依聖旨體例休與者，這裏做買賣呵，依著這裏體例裏教納稅錢呵，怎生奏呵。奉聖旨那般者。欽此。

又卷二四《戶部一〇・租稅》〔弓手戶免差稅〕中統五年八月，欽奉聖旨內一款節該：隨處州府驛路，設置巡馬及馬步弓手，於本路不以是何投下當差戶計及軍站、人匠、打捕鷹房、斡脱、窯冶諸色人戶計內，每一百戶內取中戶一名充役，與免本戶合著差發。其當差戶推到合該差發數目，卻於九十九戶內均攤。若有失盜，勒令當該弓手，立定三限盤捉。欽此。

又卷二七《戶部一三・錢債・斡脱錢》〔行運斡脱錢事〕至元二十年二月十八日，呈中書省咨撒里蠻、愛薛兩個省裏，傳奉聖旨，斡脱每的勾當，爲您的言語是上麼道交罷了行來。如今尋思呵，這斡脱每的言語似是的一般有。在先成吉思皇帝時分至今行有來。如今若他每底聖旨拘收了呵卻與省。未曾拘收底休要者，若有防送交百姓生受行底明白説者。欽此。

又〔爲追斡脆錢事〕至元二十九年十月，御史臺咨承奉中書省劄付泉府司呈，七月二十四日，本可少卿趙奉直賫擎御寶聖旨前來，赴中書省開讀，節該：如今過得的每明有顯跡斡脱每，若有呵與者。別個失散了的、無保人的每休要者。做頭口與來的斡脱每，眞個被不拜戶要了呵，委實窮暴無氣力呵，休賠者。要了錢的斡脱每，委實窮暴生受呵休要者。富

的本錢休要交納利者。窮的若有呵，他的本錢交納者。又禿兒減磨絲裏兒青鼠等，依著斡脱每的體例裏，但得的利息納者道來。欽此。

又〔斡脱錢爲民者倚閣〕大德二年八月二十日，江西行省近有蒙古文字譯呵，吉只大王令旨，蠻子田地裏屬俺的斡脱錢本錢利錢不納有。這瞻速丁、馬合謀爲頭使臣、女孩兒、小廝、用著的物，俺根底出來的時分，駝馱斟酌著鋪馬，他每根底與著交出的。您省官每識者麽道。您根底委付將去也。敬此。照得先欽奉聖旨節該：諸王駙馬並投下告隨路官員人等欠少錢債。照得先帝聖旨，如有爲民借了，雖寫作梯己文契，仰照勘端的爲差發支使；有備細文憑，亦在倚閣之數。仰諸王投下取索錢債人員，須管於宣撫司與欠債人當面照得，委是己身錢債，另無異詞，依一本一利歸還，毋得徑直於州縣將欠債官民人，一面強行拖拽人口頭匹，准折財產，騷擾不安。如違定行治罪。又先欽奉聖旨節該：江南平定之後，悉爲吾民，今十有八年，尚聞營利之徒，以人爲貨。今後南北往來販人客旅，並行禁止。欽此。已經劄付合屬去處，欽奉聖旨事意，毋得縱令收買良民。違錯欠少斡脱錢債人等，依例施行外，據轉送孩兒媳婦一節，即系以人爲貨事理，移准都省咨該請欽依聖旨事意施行。

又〔斡脱每休約當〕大德五年六月，欽奉聖旨，泉府司官人每奏，斡脱每裏多有勾當裏行的營運與錢的人每，行運聖旨交各處買賣裏去呵，各路官人每聖旨裏他每的名字不是麽道約當，哏生受有麽道奏來。如今那般賫擎聖旨行的斡脱每的官人每處顯驗的文書將著行呵，將他每的人等根底休約當者魔道來。既是這般宣諭了呵，約當的路官不怕那。斡脱每根底也首會者，不干自己人每根底休夾帶者，夾帶的斡脱每有罪過者。聖旨俺的。

又〔追斡脱錢擾民〕大德六年十月，江浙行省准中書省咨二道有札忽兒眞妃子念木烈大王位下，差來使臣晏只哥歹等，欽賫聖旨追徵斡脱錢物。本省照得晏只哥歹等追徵本位下錢物，不曾經由中書省，亦無坐到元借斡脱錢人戶花名錢數，止坐到元借斡脱錢人不魯罕丁、法合魯丁、孟林三名，信從各人轉指諸人借欠錢數，展轉攀指一百四十餘戶追傲，因而擾民不便。除已行下杭州路行移使臣晏只哥歹等著落元借斡脱錢人不魯罕丁追徵外，若不移咨本官系位下差來人員，誠恐回還異詞妄說。今後凡有投下追徵斡脱官錢，開坐欠少戶計、村莊、姓名、數目，具呈都省，轉咨行省行下拘該官同徵理，官民兩便。請希咨回示都省，合行移咨，請照依照驗元坐取斡脱錢各人姓名，依理追徵，毋致信從勾擾違錯。

又卷三五《兵部二・軍器》〔禁斷軍器弓箭〕至元十六年，御史臺劄付，奉中書省劄付，欽奉聖旨內一款節該：闊里帖木兒說有，民戶每、莊家每在先休教拿弓箭者道來，如今帶著弓箭射兔子野雞行有，說謊做賊因此生麽道說有。俺與省家官人每一同商議的，漢兒人裏頭拿著弓箭的嚴行治罪的文書行麽道商量來，除側近有的武衛軍外，另個漢軍每出軍把軍器者，回來將軍器每置庫納者，奧魯裏來有的軍器休教拿，怎生奏呵。奉聖旨那般者。欽此。仰欽依施行。又奉中書省劄付，樞密院呈，與都省商量定，本院官奏，如今各路打捕戶每問將來，俺弓箭合把那不合把。如今明白與文字，交依中統四年行來時聖旨，達達、畏吾兒、回回、斡脱、達魯花赤、打捕的、巡馬司手監弓手每，交把弓箭呵，怎生奉聖旨，依著先聖旨行文書交把弓箭者。欽此。

又〔禁買賣人軍器〕皇帝聖旨，汴梁湖廣行中書省、行御史臺、宣慰司廉訪司軍官每、市舶司官人每根底，城子裏達魯花赤官人根底，但是海島裏有的各處外國裏做買賣去的斡脱每根裏，做買賣每根底，衆百姓根底，宣論的聖旨。衆官人每、斡脱每、做買賣的每，做自己的面皮待交買賣行海裏入去的時分，從這裏馬匹弓箭每箭幹竹子等別軍器也哏將去，到那壁呵變換了象隻，將著做上位使將來麽道，那裏忻都每的頭目每根底說謊與有。今後除咱每賜與將去的之外，說謊與自己的財物從這裏馬匹軍器，不揀誰休將去者，用別財物買要了象隻，那壁忻都每根底休將去者，道了這般宣諭了呵，海裏馬匹象隻不揀甚麽軍器將去的人，他的財物要了罪過斷沒者。聖旨俺的。鼠兒年七月十二日，上都有時分寫來。

又卷五一《刑部一三・諸盜三》〔設置巡防弓手〕中統五年八月初四日，欽奉聖旨道與中書省，在先遇有失盜，其各官府司爲無罪賞，並不嚴行根緝，三月不獲，便令本處人賠償，這般體例今後革罷再休行者。仰照依立定罪賞，設置巡捕弓手，防禁捕捉盜賊條格，遍行諸路，一體施行。內一款隨州府驛路置巡馬及馬步弓手，（驗民戶多寡定立額數）除本管頭目外，本處長官兼充提控官。其禁夜之法：一更三點鐘聲絕禁人行，

五更三點鐘聲動聽人行者，（有公事急速喪病産育不在此限）違者笞二十七下，有官者笞一下，准贖元寶鈔一貫。州縣城子相離窵遠去處，其間五七十里所有村店及二十戶以上者，設巡防弓手，合用器仗必須備足，令本縣長官提控。若不及二十戶者，依數差補。若無村店去處，或五七十里創立聚落店舍，亦須要及二十戶數，其巡軍另設，不在戶數之內。關津渡口必當設置店舍、弓手，去處不在五七十里之限。（若沿邊州縣及相去地里窵遠去處從行省就便定奪）於本路不以是何投下當差戶計及軍站、人匠、打捕鷹房、斡脫、窯冶諸色人等內，每一百戶內取中戶一名充役，與免本戶合著差發，其當戶推到合該差發數目，卻於九十九戶內均攤。若有失盜，勒令當該弓手立定三限收捕。（每限一月）如限內不獲，其捕盜官，強盜停俸兩月，竊盜一月。外弓手如一月不獲，強盜的決一十七下，竊盜七下。兩月不獲，強盜再決二十七下，竊盜一十七下。三月不獲者，強盜再決三十七下，竊盜二十七下。如限內獲賊數及一半，全免本罪。又中書省劄付該先欽奉聖旨節文，州府驛路設置巡防弓手，不以是何戶計、諸色人等，每一百戶內取中戶一名充役，其本戶合當差發，卻於九十九戶內均攤。欽此。已經遍下外，今來講究得，隨路戶數多寡不同，兼軍站等戶不該差發，似難均攤。今斟酌京府州縣合用人數，止用本處當包銀絲綿并正納包銀戶計，每一百戶選差中戶一名當役。據本戶合該差發稅銀，卻令九十九戶包納，似爲長便。外中都巡軍，擬於侍衛親軍內摘差四百人，與元設巡軍一處應役。至元三年□月十三日聞奏過，奉聖旨依著您商量的行者。欽此。

又〔路人驗引放行〕中統五年八月初四日，欽奉聖旨條畫內一款：諸斡脫商賈凡行路之人，先於見住處司縣官司具狀召保給公憑，方許他處勾當。若公引限滿，其公事未畢，依所在倒給。如管民管軍官並其餘諸投下人員，若無上司文面勾喚，欲往他處勾當，亦聽以次人於本處官司告給文引，經過關津渡口驗此放行。經司縣呈押（如無司縣於尉司或巡檢呈押），無公引者，並不得安下。遇宿止店戶，亦驗引，明附店曆每上下半月。違者止理。見發之家，笞二十七下。

又〔商賈於店止宿〕中統五年八月初四日，欽奉聖旨條畫內一款：往來客旅、斡脫商賈，及賫擎財物之人，必須於村店設立巡防弓手去處，止宿其間。若有失盜，勒令本處巡防弓手立限根捉。如不獲者，依上斷罪。若客旅、斡脫商賈人等，卻於村店無巡防弓手去處止宿，如值失盜，並不在追捕之限。

又卷五九《工部二·造作二》〔河道船隻〕至大元年五月十三日，欽奉聖旨，中書省奏，會通河根腳裏爲行船底上頭，薛禪皇帝用意動國家氣力，交閑挑修理來，如今往來行的使臣每、下番去的使臣每、各枝兒斡脫每、權豪勢要人等到閘根底呵，不等候開放的時分，使氣力行拷看閘的人每歹頻頻開閘。又運官報的船隻，水淺了呵，河內起築土壩堰的水深行船的上頭，壞了閘的緣故，是這的有，將那的每禁治施行聖旨麼道奏來。如今諸王公主駙馬各枝兒往來行的使臣每、斡脫每、權豪勢要每、下番去的使臣人等，又運官糧船隻，到閘根底呵，依著在先立定來的體例，開閘的時分交行者。道來這般宣諭了。似前不待水則使氣力打拷看閘人等交開閘，河內用土築壩壞了閘的人，每有呵，要罪過者。這般看閘的人每，倚著這般宣諭了也麼道，合開閘的時分不開，將船裏行的使臣每、客旅每交生受，要肚皮行呵，他每不怕那，監察廉訪司官人每常加體察者。聖旨欽此。

《元典章》新集《兵部·軍制》〔使臣冒騎鋪馬罪例〕御史臺，延祐六年六月初三日，本臺官答剌罕大夫、亦憐真經歷等奏過事內一件，大都乞塔中丞等臺官人每備著陝西行臺官人每文書裏說將來，碉門、黎雅萬戶府達魯花赤黑的立宣政院官人每，差往西番地面裏拘收牌面追徵斡脫等錢，七個鋪馬裏去來。他到河州，除這裏去的鋪馬之外，他的言語裏交添了四個鋪馬，買賣的人每根底要了錢物，夾帶著去了。更吾思藏宣慰司官人每根底取要了金子毛子哈丹緞匹等物，回來又問買賣的人每要了錢物，添了三十四匹鋪馬，又夾帶的回來的上頭，陝西廉訪司官副使衆家奴他根前問呵，與了明白招伏，贓也納了，西臺官人每，依着列明山的例，合斷一百七下，除名不敘，更合追奪他的元受聖旨宣命牌面麼道定擬將來有。更豬狗、別帖木兒小名的兩個脫脫禾孫，黑的立冒騎鋪馬的不攔當，要了肚皮，他每合該的罪過一處受擬將來有。又吾思藏宣慰司官人每無體例，黑的立根底他每與了鋪馬的罪過，宣政院裏與文書去交他每問了要罪過麼道說將來有。俺商量來，宣政院官人每差人不當的上頭，交這般歹人多騎

鋪馬呵，交百姓生受，擾害了站赤有，如今俺行與宣政院文書，交問了吾思藏宣慰司官人每，要了他每罪過。今後差使呵選揀好人去，更依著廉訪司定擬將來的人每罪名行的上位識者麼道奏呵。聖旨了也。欽此。除外咨請欽依施行。

佚名《大元馬政記》 中統四年八月四日聖旨，諭中書省，據阿朮差來使臣抹臺奏：告闕少馬匹，軍人乞降馬匹事。准奏。仰差人驗坐去馬數於東平、大名、河南路宣慰司，今年新差發內，照依已降聖旨，不以回回通事、斡脱并僧、道、答失蠻、也里可溫、畏兀兒諸色人戶，每鈔一百兩，通滚和買。堪中肥壯馬七匹，分付阿朮等給散與軍人。此係軍情公事，如有怠慢去處，嚴行治罪。准此。

又 至元二十六年七月十日，兵部承奉尚書省奏，奉聖旨和買馬匹事，欽此。【略】摘委本道宣慰司正官、各路總管府一同和買。據宣慰司、按察司、轉運司、總管府及諸衙門官吏，僧、道、答失蠻、也里可溫、斡脱，不以是何軍民諸色人戶，所有堪中馬匹，盡數和買，當即印烙，合該價錢隨即給主。

又 至元二十六年七月十四日，兵部承奉尚書省劄付奏，奉聖旨和買馬匹事。欽此。除經差官前去各處并劄付本部收買去訖照得，在前拘收馬匹，合該價錢未盡實支付。今次和買，明立價值，委官當面給主。切恐有馬之家不行赴官中納，私下隱藏。權豪勢要人等，故行影占。都省除外，今將榜文八道，隨此即發去，仰收管於大都張挂，曉諭軍民、站赤諸色戶計，并和尚、先生、也里可溫、答失蠻、斡脱等戶，但有四歲以上騸馬、曳剌馬、小馬，不分肥瘦，盡數赴官中納，當面從實給付價鈔。

又 至元二十三年六月十三日，丞相安童等奏，議定漢地州城括馬。斡兒脱、達魯花赤官，回回，畏吾兒并閑居人，富戶有馬者，三分中取二分，漢人盡所有拘收。又軍站、僧、道、也里可溫、答失蠻，欲馬何用，此等人不括其馬，則必與人隱藏，乞亦拘之。奉旨准。

挑筋教 見賜樂業教

組織與設施分部

綜　述

錢稻孫《摩西教流行中國記》 希邢鄂克之組織，凡有一人或三人爲之長，其中一人位最高，此長在《路加》十三、《行傳》十三，均稱爲宰會堂者，掌讀律、祈禱、説教之事。至募化之事，則聚集者主之（聚集原字，希伯來音如：加納綏達加），其數二人以上。又有一執事者（希伯來音如：哈章。《路加》四稱爲執事），掌聖書（聖書藏於約櫃中）及一切事務，又教小兒讀。會堂之於教徒也，有斥絶及暫時斥絶兩法，以鞏固其教義。輕者則有由哈章（即執事）科罰之鞭笞（見《馬太》十）。教權操於長老之手。長老者大半皆裁判官也。

紀　事

劉昌《重建清真寺記·碑陰題名》（康熙二年） 清眞寺之修，始於宋孝隆興元年，迄今已數百年於兹矣。雖數經變更，而寺址依然存立。乃自明末崇禎十五年壬午滄桑之後，寺基圮壞，見者莫不凄然。至我朝順治十年癸巳，教衆旋汴復業，公議捐資重修，而李、趙、艾、張、高、金、石等七姓，各輪囊金，重建前殿三間，教祖殿三間。其後殿三間，尊經龕一座，乃兵巡漳南道副使丙戌科進士趙映乘丁艱旋里，出俸資而獨成之者也。至於聖祖殿三間，北誦經堂三間，大門三間，二門三間，銅鑪瓶六副，乃高登魁、高登科修之。北誦經堂三間，係艾姓同修。南講堂三間，趙允中、允成、映袞率姪元鑑同修。艾生枝修牌坊一座。金之鳳立殿中皇清萬歲龍樓一座。趙允中、允成復修行殿九間，及殿中欄杆地屏，燭臺供桌，殿前至大門內甬路，南經堂甬路。艾應奎率子叢生、永胤、顯生、達生、復生等修石欄

井一眼，石獅一對，鳳燈一座，竹簾五掛，花扁七面。李輝置銅鑪三副。艾世德置銅蓮花燈二座，修殿前月臺石欄，及北經堂甬路。艾惟一修廚房三間。趙允中、高登科、趙元鑑修週圍大牆一道。艾世德、世芳修大門外花牆月臺。其焚修住宅，及桌櫈爐鼎，一切樹木，應用器皿等物，七姓公置之。寺之規模於是成，猶然昔日之盛，其粉飾黝堊，較昔更爲壯觀。附勒碑陰，以誌其盛云。

又　教起於天竺，周時始傳於中州，建祠於大梁。歷漢唐宋明以來，數有變更，而教衆尊奉靡斁，如飲食衣服之適於人，而不敢須臾離也。其寺俺都喇始創於宋孝隆興元年，五思達重建於元至正十六年，李榮、李良、高鑑、高鋐、高銳於明天順五年黄水湮沒，復捐資重修。【略】

然而教衆雖安居於垣，終以汴寺之湮沒爲歉。時大梁道中軍守備教人趙承基，率兵防汴，修道路，成橋梁，招人復業。懼寺廢而教衆遂渙散莫復也，且不忍以祖宗數百年創守之業，而忽廢於一旦也，遣士卒晝夜巡邏以衛之。迺弟映斗，應試入汴，相與從荆棘中正其故址。汴人復業者日益繁，承基因數請教衆復業，而李禎、趙允中遂負遺經旋汴，時已爲順治癸巳年矣。公議捐資修寺，衆皆樂輸，估工起建。爾時貢士高選等，生員高維屏、李法天等，具呈各衙門請示，按照古刹清眞寺准復修理。趙承基等首捐俸資，李禎、趙允中等極力鳩工，出前殿於黄沙，由是前殿始立。進士趙映乘分巡福建漳南道，丁艱旋里，捐俸資獨建後殿三間。至聖祖殿三間，教祖殿三間，北講堂三間，南講堂三間，大門三間，二門三間，廚房三間，牌坊一座，行殿九間，殿中立皇清萬萬歲龍樓一座，碑亭二座，焚修住室二處，丹堊黝漆，壯麗輝煌，或出自教衆之醵金，或出自一人之私囊。寺之規模，於是乎成，較昔更爲完備矣。見者莫不肅然起敬。【略】

計自滄桑之後，趙承基、映斗正基址以啓其端，趙映乘、高登魁等捐資起建以成其事，有功於寺。高選、趙映乘訂證聖經於前，李禎等修補於後，有功於經。至於寺之牌扁對聯，皆各衙門宦遊河南者之所書也。趙承基任陝西固原西路遊擊，旋里覽其勝概，因嘆曰：數百年創制之隆，於今得復睹其盛矣，則後人之視今日，不猶今日之視昔人耶？猶恐其久而不傳，欲勒諸石以垂不朽，而請記於予。予汴人，素知一賜樂業之教，且與遊擊趙承基、大參趙映乘、醫官艾顯生，爲莫逆交，巔末頗能道其詳。因據其舊記而增補之，俾人知其道之由來，且以見今日經寺之修，其教中諸人之功不可泯也。是爲記。

佚名《如夢録・街市》　綫兒李家胡同，有挑筋教禮拜寺。

典籍分部

紀事

洪鈞《元史譯文證補》卷二九《元世各教名考》　聞諸西人，今中國河南開封仍有猶太人。華人不知，但以回回統之。地有猶太碑，【略】其人多業屠牛，本教理致，茫昧若遺。惟鼻高而鈎，厥形未變。

丁韙良《天道溯源》卷下第一章《論聖經原文譯文・附録開封府重建清真寺碑文序》　於同治六年，余曾由京都赴上海，特繞徑至汴，所爲探訪猶太人之實在情形。至則有回民引導至空地一所，中有碑碣一統，詳閲前後文詞，蓋盛唐故跡也。

錢單士厘《摩西教流行中國記序》　歸潛舟中，見日獨郵報，有論中國猶太人者。稻孫匯東文、德文，及向所聞於積跬步主人者，而作此記。夫景教之興，一切禮俗，無不從摩西舊教脱卸而來。《新約》者，景經也，而處處與《舊約》相表裏。故談景教而不考猶太舊派者，非眞知景教者也。我國景教流行，既據碑而溯始於唐，其實摩西舊教，先已流行於中國。河南挑筋教人，自言來於漢代，非無因也。積跬步主言：稻之所記，可溯景源。合以予在羅馬所聞之格篤猶太區瑣事而爲一篇，一以溯景教與猶太一貫之淵源，一以示景教與猶太難融之意見，並以示亡國遺黎受轄於白人治權下之慘況、受轄於黄人治權下之自由云。

教規與禮儀分部

敬天禮拜

綜　述

金鍾《重建清真寺記》（弘治二年） 然道必本於清眞禮拜：淸者精一無二，眞者正而無邪，禮者敬而已矣，拜下禮也。人於日用之間，不可頃刻而忘乎天，惟寅午戌而三次禮拜，洒眞實天道之理。祖賢一敬之修何如，必先沐浴更衣，淸其天君，正其天官，而恭敬進於道經之前。道無形像，儼然天道之在上。姑述敬天禮拜綱領而陳之：

始焉鞠躬敬道，道在鞠躬也。中立不倚敬道，道在中立也。靜而存養，默贊敬道，不忘之天也。動而省察，鳴贊敬道，不替之天也。退三步也，忽然在後，敬道後也。進五步也，瞻之在前，敬道前也。左之鞠躬敬道，即善道在於左也。右之鞠躬敬道，即不善道在於右也。仰焉敬道，道在上也。俯焉敬道，道在爾也。終焉而拜道，敬在拜也。

劉昌《重建清真寺記》（康熙二年） 其大者禮與祭。禮拜者，祛靡式眞，克非禮以復於禮者也。禮拜之先，必齋戒沐浴，淡嗜慾，靜天君，正衣冠，尊瞻視，然後朝天禮拜。蓋以天無日不在人之中，故每日寅午戌三次禮拜，正以人見天之時，致其明畏，敬道敬德，盡其虔誠，日新又新。詩云，陟降厥土，日監在茲，其斯之謂歟。其禮拜時所誦之經文，高讚之，敬道在顯也；默祝之，敬道在微也；進而前者，瞻之在前也；退而後者，忽然在後也；左之如在其左也；右之如在其右也。無敢厭斁，無敢怠荒，必愼其獨，以畏明旦。詩云，小心翼翼，昭事上帝，其斯之謂歟。而其行於進反升降跪拜間者，一惟循乎禮。不交言，不回視，不以事物之私，乘其入道之念。禮曰：心不苟慮，必依於道；手足不苟動，必依於禮。道之在禮拜者如此也。

祭　祖

綜　述

金鍾《重建清真寺記》（弘治二年） 噫！敬天而不尊祖，非所以祀先也。春秋祭其祖先，事死如事生，事亡如事存，維牛維羊，薦其時食，不以祖先之既往而不敬也。每月之際四日齋，齋乃入道之門，積善之基。今日積一善，明日積一善，善始積累。至齋，諸惡不作，衆善奉行。七日善終，週而復始，是易有云，吉人爲善，惟日不足之意也。四季之時七日戒，衆祖苦難，祀先報本，亡絕飲食。一日大戒，敬以告天，悔前日之過失，遷今日之新善也。是易聖人於益之大象有曰，風雷益，君子以見善則遷，有過則改，其斯之謂與。

劉昌《重建清真寺記》（康熙二年） 祭者，盡物盡誠，以敬答其覆載之恩者也。春月萬物生發，祭用芹藻，報生物之義也。仲秋萬物薦熟，祭用菓實，報成物之義也。凡物之可以薦者，莫不咸在，不加調和，即所云大羹不調者也，而總以盡其誠信。禮曰，外則盡物，內則盡志，此之謂也。冬夏各取時食，以祀其祖先。祭之時以禮自持，堂上觀乎室，堂下觀乎上，既祭之末，均享神惠，而猶以其餘畀之：道之在祭祀者，如此也。

祈　禱

綜　述

錢稻孫《摩西教流行中國記》 會堂聚日，除殺拔忒與各祭日之外，

凡月曜，水曜及新月初見之日，皆有祈禱禮。殺拔忒晨所行祈禱禮，大概先誦讀歇瑪（《申命記》六章四至九，又十一章十三至廿一，《民數》十五章三十七至四十一），次誦祝嘏（《民數》六章廿四至廿六），又祈禱，及讀律例、讀先知書。祈禱時，信徒皆向耶路撒冷立。每祈禱句畢，高聲唱「亞門」一聲。讀律者七人，由宰會堂者指命，各人至少讀三句（譯成最通用語）。先知書讀畢，乃有說教祝嘏之言（《行傳》十三章十五），於是禮成。殺拔忒之下午及月曜、水曜之禮，無先知書。

齋戒

綜述

劉昌《重建清真寺記》（康熙二年） 小者如齋。齋者，精明之至也。七日者，專致其精明之德也。齋之日，不火食，欲人靜察動省，存誠去僞，以明善而復其初也。易曰，七日來復，復其見天地之心乎？猶懼人雜於私欲，淺於理道，故於秋末閉戶清修一日，飲食俱絕，以培養其天眞。士輟誦讀，農罷耕芸，商賈止於市，行旅止於塗。情忘識泯，存心養性，以修復於善，庶人靜而天完，欲消而理長矣。易曰，先王以至日閉關，商旅不行，後不省方，其斯之謂歟。

十誡

綜述

文廷式《純常子枝語》卷一七 《瀛環志略》卷六云，摩西率衆至迦南之耶路撒冷，遂王其地，示十誡以訓民，教以事神天，敬父母，勿殺，勿姦，勿盜，勿妄證，勿貪他人之財。七日禮拜，省過愆，是爲西土立教之始。泰西人相傳天神降西奈山，現文字，摩西拜受，垂爲十誡，以教民。蓋託神道以起人之信耳。後來耶蘇教即本於此。

逾越節

綜述

文廷式《純常子枝語》卷二四 古天主教祭天用羔之事，按《出谷記》云，天主告摩西及亞郎言，義撒厄國之民行將去國，自今以後，令各家選牝羊一，生未週歲者，至正月十四夜盡殺之，用伊溯波草醮羊血塗門上，羊體及臟以火熏熟，外加苦菜一盤，與無酵麵餅同食。依法辨後，家人團圍一卓，皆衣行裝，束東頭著鞋手持杖，急立食盡，有餘者使鄰人分食。若仍有餘，即燒成灰燼，務使次晨一毫淨盡。是日我將遍巡厄日多國，殺人家長子及畜類之初胎，惟見門框塗血者不殺。不然，即法勞繼統之長男亦不免也。嗣後，每年此日衆民應行瞻禮，家家仍殺羔羊謝天主救濟之恩。此禮名巴斯卦云。佛典記婆藪殺羊事，雖與此略別，然何以祭天用羊，風俗正同，疑義撒厄百姓遷徙之餘，傳聞遂異耳。

割禮

綜述

文廷式《純常子枝語》卷一七 按《創世記》第十七章言，神告亞伯拉罕云，爾等所有男子世世代代生下來，第八日都當受割禮。第三十四章希未人示劍欲娶底拿爲妻，雅各諸子云，我等若將妹子給未受割禮人爲

妻，便是自取羞辱。第五十章約瑟在約但河外哭其父七日，是受割之禮及以七日爲節，皆在摩西設教以前，而與異教不通婚姻，已見於此。回教用割禮，即沿摩西之舊。

婚葬

綜述

劉昌《重建清真寺碑記》（康熙二年） 冠婚死葬，一如夏禮。孤獨鰥寡，莫不周賑。經之綱領條目，難以備述。而聖祖制經之義，無非此剛健中正純粹無私之理。斯道遂燦然明備，如皎日懸空，無一人不可見道，則無一人不知尊經矣。其中文字，雖古篆音異，而於六經之理，未嘗不相同也。

文廷式《純常子枝語》卷一七 第二十二章撒土該引摩西經云，人若無子而死，弟當娶其婦生子，以嗣兄。注云，見《舊約·申命記》五章五節六節，即以所生之子爲其兄之後嗣也。摩西以其例賜猶太民，乃欲使其支派不紛亂，繼承而不絕也。按立教之初，必因當時現行之俗，不然摩西雖繆，亦斷不以妻嫂教人。此事不概於人心，故今日凡自命文教之邦，大概無有行之者矣。特不知猶太人尚用此例否，當向西人問之。英吉利王顯理第八，納其兄亞塔爾之妻加他鄰，而國人不悅，乃僞爲室女而納之。是其證。

敬天

綜述

劉昌《重建清真寺記》（康熙二年） 夫一賜樂業之立教也，其由來遠矣。始於阿耽，爲盤古氏十九世孫，繼之女媧，繼之阿無羅漢。羅漢悟天人合一之旨，修身立命之原，知天道無聲無臭，至微至妙，而行生化育，咸順其序。所以不塑乎形像，不惑於鬼神，而惟以敬天爲宗，使人盡性合天，因心見道而已。數傳而後，聖祖默舍生焉，神明天亶，穎異超倫，誠心求道，屏嗜慾，忘寢膳，受經於西那山，不設盧，不假舍，禮曰不壇不坎，掃地而祭，昭其質也。聖祖齋祓盡誠，默通帝心，從形聲俱泯之中，獨會精微之原，遂著經文五十三卷，最易最簡，可知可能，教人爲善，戒人爲惡。孝弟忠信本之心，仁義禮智原於性。天地萬物，綱常倫紀，經之大綱也；動靜作息，日用飲食，經之條目也。

天主

雜録

文廷式《純常子枝語》卷一七 聞猶太教人言，今歐羅巴所奉之耶蘇，乃僞天主也，眞天主尚未降世。至今雷電之時，猶太人每稽首求天主降生云。丁酉冬，余遇李提摩太於上海，問之。答云，新見猶太教之主教者於美利堅，乃言耶蘇眞天主矣。且改猶太教之禮拜日以從耶蘇。按猶太教之禮拜，先天主教一日，回教之禮拜先天主教二日。

與諸教關係分部

綜述

金鍾《重建清真寺記》（弘治二年） 愚惟三教，各有殿宇，尊崇其主。在儒則有大成殿，尊崇孔子；在釋則有聖容殿，尊崇尼牟；在道則有

玉皇殿，尊崇三清。在清眞，則有一賜樂業殿，尊崇皇天。其儒教與本教，雖大同小異，然其立心制行，亦不過敬天道，尊祖宗，重君臣，孝父母，和妻子，序尊卑，交朋友，而不外於五倫矣。噫嘻！人徒知清眞寺禮拜敬道，殊不知道之大原出於天，而古今相傳，不可誣也。雖然，本教尊崇如是之篤，豈徒求福田利益計哉？受君之恩，食君之祿，惟盡禮拜告天之誠，報國忠君之意，祝頌大明皇上，德邁禹湯，聖並堯舜，聰明睿智，同日月之照臨，慈愛寬仁，配乾坤之廣大，國祚綿長，祝聖壽於萬年，皇圖鞏固，願天長於地久，風調雨順，共享太平之福。勒之金石，用傳永久云。

左唐《尊崇道經寺記》（正德七年） 然教是經文字，雖與儒書字異，而揆厥其理，亦有常行之道，以其同也。是故道行於父子，父慈子孝；道行於君臣，君仁臣敬；道行於兄弟，兄友弟恭；道行於夫婦，夫和婦順；道行於朋友，友益有信。道莫大於仁義，行之自有惻隱羞惡之心；道莫大於禮智，行之自有恭敬是非之心；道行於齋戒，必嚴必敬；道行於祭祖，必孝必誠；道行於禮拜，祝贊上天，生育萬物。動容周旋之際，一本乎誠敬也。至於鰥寡孤獨，疲癃殘疾者，莫不賙恤賑給，俾不至於失所。貧而娶妻不得娶，與葬埋不能葬者，莫不極力相助，凡婚資喪具，無不舉焉。及至居喪，禁忌葷酒，殯殮不尙繁文，循由禮制，一不信於邪術。下至權度斗斛，輕重長短，一無所敢欺於人。

求觀今日，若進取科目而顯親揚名者有之，若布列中外而致君澤民者有之，或折衝禦侮而盡忠報國者有之，或德修厥躬而善著於一鄉者亦有之矣。逮夫農耕於野，而公稅以給；工精於藝，而公用不乏；商勤於遠，而名著於江湖；賈志於守，而獲利於通方者，又有之矣。畏天命，守王法，重五倫，遵五常，敬祖風，孝父母，恭長上，和鄉里，親師友，教子孫，務本業，積陰德，忍小忿：戒飭勸勉之意，皆寓於斯焉。嗚呼！是經也，日用常行之道所著者有如此。是故天命率性，由此而全；修道之教，由此而入；仁義禮智之德，由此而存。若夫塑之以像態，繪之以形色者，徒事虛文，驚眩耳目，此則異端之說，彼固不足尙也。然而尊崇於經者，其知所本歟！

瑣羅亞斯德教部 祆教 拜火教

教會與教派分部

瑣羅亞斯德教

綜述

文廷式《純常子枝語》卷二四 波斯之古教名馬格教，一名波斯教，其古昔迷地亞與波斯所有之書名《神大佛司他》，爲蘇樂阿司得所著。西書又云此書實成於衆手，題一人所作耳。書成約在希臘之君亞歷山特在位時，與印度利蛤《費大書》殊塗同趣，若孿生者。然《四裔編年表》周靈王二十一年，是時瑣羅阿司得著經書爲波斯之聖，與佛同時。蓋《神大佛司他》祈禱之詞與《費大書》頌美之詞極相似也。其書分二種，一爲律法祭經與古禱祀文，一爲禱祀等雜文。大旨以敬天神治家國爲要。迨隋唐間，回人征服波斯，強其民從回教，古教遂衰。其奉教人有逃至考耳蠻曠野者，有寄居印度者，今合二處所遺支派統計之，馬格教人尚近百萬。波斯本國奉此教者，除吉孛人之外，不多見。此約各譯及教派叢書述之，波斯爲回教所攻，始入印度，婆羅門之祀火遠在其先。則《古教彙參》謂波斯火教流入印度者，誤也。蘇樂阿司得蓋亦梭都司德之異譯耳。

又 波斯經典傳今日者殆百數十種，然眞傳於教祖者極少。或出於教徒之演繹，或即爲後世所裒集，惟謙都及亞比司多二種，特爲教徒所尊敬云。謙都者，注釋之義。亞比司多者，本文之義。

亞比司多經以今推之，似非成於瑣羅司多臘之手，特數代之間教徒所結集耳，然頗類印度之《韋陀》，猶太之《舊約》。亞比司多之外，尚有各種典籍，則如《韋陀》之後有《優波尼耆度》，《舊約》之後有《新約書》也。

胡天神

綜述

《魏書·皇后傳·宣武靈皇后胡氏》 廢諸淫祀，而胡天神不在其列。

又《高昌傳》 俗事天神，兼信佛法。

又《西域傳》 波斯國【略】俗事火神，天神。文字與胡書異。多以姊妹爲妻妾，自餘婚合，亦不擇尊卑，諸夷之中最爲醜穢矣。【略】死者多棄屍於山，一月著服。城外有人別居，唯知喪葬之事，號爲不淨人，若入城市，搖鈴自別。

又 康國者，康居之後也。【略】有胡律，置於祆祠，將決罰，則取而斷之。重者族，次罪者死，賊盜截其足。

《北史·突厥傳》 可汗恆處於都斤山，牙帳東開，蓋敬日之所出也。每歲率諸貴人，祭其先窟。又以五月中旬，集他人水拜祭天神。

《梁書·西北諸戎傳·滑》 事天神、火神，每日則出戶祀神而後食。其跪一拜而止。

《隋書·禮儀志二》 後主末年，祭非其鬼，至於躬自鼓儛，以事胡天。鄴中遂多淫祀，茲風至今不絕。後周欲招來西域，又有拜胡天制，皇帝親焉。其儀並從夷俗，淫僻不可紀也。

祆教

綜述

《舊唐書·西戎傳》 疏勒國，即漢時舊地也。【略】俗事祆神，有胡

書文字。

于闐國【略】好事祆神，崇佛教。

波斯國【略】俗事天地日月水火諸神，西域諸胡事火祆者，皆詣波斯受法焉。其事神，以麝香和蘇塗鬚點額，及於耳鼻，用以爲敬。拜必交股，文字同於諸胡。【略】其叛逆之罪，就火祆燒鐵灼其舌，瘡白者爲理直，瘡黑者爲有罪。

《新唐書·西域傳下》 康者，一曰薩末鞬，亦曰颯秣建，元魏所謂悉萬斤者。【略】尚浮圖法，祀祆神。

波斯【略】俗尊右下左，祀天地日月水火。祀夕，以麝揉蘇，澤耏顔鼻耳。西域諸胡受其法，以祀祆。拜必交股。

杜環《經行記》 康國，在米國西南三百餘里，一名薩末鞬，土沃，人富，國小。有神祠名祆，詣國事者，本出於此。

玄奘《大唐西域記》卷一一《波剌斯國》 波剌斯國，周數萬里。國大都城號蘇剌薩儻那，周四十餘里。川土既廣，氣序亦異，大抵溫也。引水爲田，人戶富饒。出金、銀、鍮石、頗胝、水精、奇珍異寶，工織大錦、細褐、㲣毹之類，多善馬、橐駝。貨用大銀錢。人性躁暴，俗無禮義。文字、語言異於諸國。無學藝，多工技，凡諸造作，鄰境所重。婚姻雜亂，死多棄屍。其形偉大，齊髮露頭，衣皮褐，服錦㲲。戶課賦稅，人四銀錢。天祠甚多，提那跋外道之徒爲所宗也。伽藍二三，僧徒數百，並學小乘教説一切有部法。釋迦佛鉢在此王宮。國東境有鶴秣城，內城不廣，外郭周六十餘里，居人衆，家産富。

慧超《往五天竺國傳》 又從大國已東，並是胡國，即是安國、曹國、史國、石螺國、米國、康國等。【略】又此六國惣事火祆，不識佛法；唯康國有一寺，有一僧，又不解敬也。

慧立、彦悰《大慈恩寺三藏法師傳》卷二 五百餘里，至颯秣建國此言康國。王及百姓不信佛法，以事火爲道。有寺兩所，向無僧居，客僧投者，諸胡以火燒逐，不許停住。

舒元輿《唐鄂州永興縣重巖寺碑銘并序》 官寺有九，而鴻臚其一，取其實而往來也。臚者傳也，傳異方之賓禮儀與其言語也。寺也者，府署之別號也，古者開其府，署其官，將以禮待異域賓客之地。竺乾之教，蓋西土絶徼者也。自漢氏夢有人如金色之降，其流來東，吾之鴻臚待西賓一支，特異於三方。厥後斯來委於吾土，吾人仰之如神明焉，伏之如風草焉。至有思覿厥貌，若盼然如見者，則取其書，按其云云之文，鎔金琢玉、刻木扶土，運毫合色，而彊擬其形容，構廈而貯之。猶波之委於瀆，瀆之注於溟，晝夜何曾知停息之時。其如是非官寺之一而能容焉，故釋寺之作由官也，其非九而能拘也，其制度非臺門旅樹而能節也，故十族之鄉，百家之閭，必有浮圖，爲其粉黛。國朝沿近古而有加焉，亦容雜夷而來者，有摩尼焉，大秦焉，祆神焉，合天下三夷寺不足當吾釋寺一小邑之數也。其所以知西人之教，能蹴踏中土，而內視諸夷也。

姚寬《西溪叢語》卷上 予長兄伯聲，嘗考火祆字，其畫從天，胡神也，音醯堅切，教法佛經所謂摩醯首羅也。本起大波斯國，號蘇魯支，有弟子名玄眞，習師之法，居波斯國大總長如火山，後行化於中國。

宋次道《東京記》：「寧遠坊有祆神廟。」注云：「《四夷朝貢圖》云：康國有神名祆，畢國有火祆祠。疑因是建廟。或傳晉戎亂華時立此。」又據杜預《左傳注》云：「睢受汴，東經陳留、梁、譙、彭城入泗。此水次有祆神，皆社祠之。蓋殺人而用祭也。」此即火祆之神，其來蓋久。

至唐貞觀五年，有傳法穆護何祿，將祆教詣闕聞奏，勅令長安崇化坊立祆寺，號大秦寺，又名波斯寺。至天寶四年七月，勅：「波斯經教，出自大秦，傳習而來，久行中國，爰初建寺，因以爲名，將以示人，必循其本，其兩京波斯寺，宜改爲大秦寺，天下諸州郡有者準此。」

武宗毀浮圖，籍僧爲民。會昌五年勅：大秦穆護火祆等六十餘人，並放還俗。然而根株未盡，宋公言祆立廟，出於胡俗，而未必究其即波斯教法也。

又嘗見《官品令》，有祆正。祆法初來，以鴻臚寺爲禮遠令邸，後世因用以僧尼隸焉。設官來歷如此。祆之有正，想在唐室。

段成式《酉陽雜俎》：「孝億國界三千餘里，舉俗事祆，不識佛法，有祆祠三千餘所。」又：「銅馬俱在德建國烏滸河中，灘流中有火祆祠，相傳祆神本自波斯國乘神通來，因立祆祠。祠內無像，於大屋下置小廬舍，向西，人向東禮神。有一銅馬，國人言自天而下，屈前足在空中，後足入土，自古數有穿視，竟不及其蹄。西夷以五月爲歲，每歲自烏滸河中

有馬出，其色如金，與此銅馬嘶鳴相應，俄復入水。近有大食王不信，入祆祠，將壞之，忽有火燒其兵，遂不敢毀。」則祆教流行外域，延入中國，蔓衍如此。康國蓋在西。《朝貢圖》之言，與此合也。

董逌《廣川畫跋》卷四《書常彥輔祆神像》 元祐八年七月，常君彥輔就開寶寺之文殊院，遇寒熱疾，大懼不良。及夜禱於祆神祠，明日良愈。乃祀於庭，又圖像歸事之。屬某書。且使世知神之休也，祆祠世所以奉胡神也。其相希異，即經所謂摩醯首羅。有大神威，普救一切苦。能攝伏四方，以衛佛法。當隋之初，其法始至中夏。立祠頒政坊，常有群胡奉事，聚火祝詛。奇幻變怪，至有出腹決腸，吞火蹈刃。故下俚傭人就以詛誓，取爲信重。唐祠令有薩寶府官，主司又有胡祝，以贊於禮事。其制甚重，在當時爲顯祠。今君以禱獲應，既應則祠，既祠則又使文傳，其禮至矣。與得悉唐國順大闋賓同號胡神者，則有別也。

志磐《佛祖統紀》卷五四 末尼火祆者，初波斯國有蘇魯支，行火祆教，弟子來化中國。唐貞觀五年，其徒穆護何祿詣闕進祆教，敕京師建大秦寺。

方以智《通雅》卷一一《天文·釋天》 祆神，即迻稱天神也。《墨莊漫錄》曰：東京城北有祆廟，音呼烟切。孟元老亦載右掖門祆廟。祆神，本出西域，貞觀五年，大秦、穆護同入中國，俗以火神祠之，名波斯寺，更名大秦寺。字從天，誤作祆、從夭。故張有、戴侗輩，皆以祅、祆、妖、訞合爲一字。黃公紹《韻會》作馨烟切，于蕭韻祆字，引元結頌：「蠲除祆災」；又虛烟切，故方子謙合爲一處。智嘗按此字起于唐，唐官品有祆正，既通西域，因其言而造祆字，以爲其神，故在新附例。《長箋》曰：「旁門大半事天爲主，釋典有九十五種外道」，又言「九十六小乘，禪在其中。漢時佛法初來，祆字未立。唐玄奘有《西域記》，始詳其法，故徐鉉補之。」又按杜預注《左傳》有：「睢入泗，水次有祆神，皆社祠之。」則火祆自晉已入中國矣。姚寬曰：「段成式載孝億國事祆，相傳，漸入中國，自穆護之入唐，立祆正，則自唐始正其名耳。」同經佛謂心生天地，故壓天主。儒言所以爲天者大極，固統天地者也。物所以物，即天所以天，心也、性也、命也，聖人貴表其理。其曰上帝，就人所尊而稱之。

石韞玉《獨學廬二稿》文卷下《唐景教流行碑跋》 明崇禎間，西安守晉陵鄒靜長幼子歿，葬長安崇仁寺之原，掘地數尺得此碑。按唐時鴻臚待西賓一支特異他方雜夷來者有摩尼，有大秦，有祆神。摩尼即末尼也，大秦即景教也，祆神即波斯也。貞觀十二年，太宗爲大秦國胡僧阿羅斯立波斯寺於義寧坊。天寶四載詔曰，波斯經教出自大秦，將以示人，必循其本。其兩京波斯寺宜改爲大秦寺。

洪鈞《元史譯文證補》卷二九《元世各教名考》 有元一代，釋氏稱極盛。而西北三藩，則又漸染土俗，祗奉謨罕默德，與天子異趣。其時重致遠人，一切色目，咸與登進。於是殊方詭俗，重譯而至。祆祠袤教，蔓延宇內。乃《元史·列傳》僅著釋老，何明初史局諸公之不考也。

文廷式《純常子枝語》卷二四 日本狩野良知《支那教學史略》卷三云，按西籍昔大夏國有曾呂亞斯太，據亞里亞人所傳神說，創立一教當周初，弘行于波斯地方。其教崇火，諸史《西域傳》載波斯俗，謂其所事神曰天神，火神，或曰火祆神，或曰祆神，而所謂祆教自波斯來，則其爲曾呂亞斯太教無可疑。按曾呂亞斯太即蘇樂阿司得之異譯，亞里亞即亞利安，乃歐洲人自述其種族所出之地也。蘇樂阿司得火祆之說，即本亞利安族之神說。是摩西教所崇之天神亦火天歟。日本高橋重藏波斯教大意云，吠陁教即費大與亞比斯達教固有相違之處，然其源同，決非一人所成。其開祖莎辣嗤達勒即梭都司德聚古來宗教思想，加以自己構想結果之組織過一個宗教。

又 宋姚令威《西溪叢語》錄其兄伯聲火祆字攷，今時論西教者皆能引之。然伯聲以祆爲佛教之摩醯首羅，又云本起大波斯國，號蘇魯支，有弟子名玄真，習師之法，居波斯國大總長如火山，後行化於中國。是以婆羅門之事火與波斯之火教合爲一途，似少分晰。蘇魯支今時譯作梭都司德，西書謂當春秋世與佛同時，固當在婆羅門教後耳。《隋書·經籍志》云，初天竺多諸外道，並事水火毒龍而善諸變幻，釋迦苦行，是諸邪道並來嬲惱。此可證婆羅門事水火在佛未出世之先。《萬國通鑑》卷二云，瑪代波斯古時此兩國中有一教興起，乃搜羅亞斯特。按即梭都司德，一作瑣羅斯。所立論有二神，一名阿耳木斯，乃光明之神。一名阿立曼，乃昏暗之神。二神分司善惡，戰至末日，善神必勝。其教無神像有祭司，築壇於高

山上，壇上然火，晝夜不熄，衆民來此禮拜。按以《毘盧遮那經》證之，知婆羅門祀火之義及祭祀之儀軌，均與波斯不同，不得牽合爲一也。楊榮鋕《火祆攷原》云，波斯夏后王時有聖人姓士必達馬，名祚樂阿士，按即瑣羅斯之異譯著書曰《仁丫雅士》，今僅存篇目，惟第二十卷尚完。其論道之大原皆從歐拉密，譯即刱造天地萬物之主也。論善惡各有大神，善神之主名阿密帝，惡神之主名阿施幻。人必殫竭心力合阿密帝之神，無爲阿施幻所害。其後漸以阿密帝爲歐拉密，又其後以日爲巨光之首，宗事太陽如古人事無形之歐拉密。再其後以火爲發光之原，竟以火爲宗。此後世以異端淆祚阿樂士之教也。按此推瑣羅斯爲夏時人，與諸書異，蓋不足據。

又 唐宋以前凡胡人祭天者，統謂之祆神，而其派别則未有能辨之者，惟董逌《廣川畫跋》略知其異。其書常彦輔祆神像云，祆神世所以奉胡神也。其相希異，即經所謂摩醯首羅。有大神威，普救一切苦，能攝伏四方以衛佛法。當隋之初，其法始至中夏，立祠頒政坊，常有羣胡奉事，聚火祝詛，奇幻變怪，至有出腹決腸，吞火蹈刀，故下俚庸人就以詛誓取爲信重。唐祠令有薩寶府官主司，又有胡祝以贊相禮事，其制甚重，在當時爲顯祠。今君以禱獲應，既應則祠其禮至矣。與得悉唐國順大蜀賓同號。胡神者，則有别也。自注云，河南立德坊及南市西坊有胡祆神廟，每年商胡祈福夷，士女烹宰，鼓樂酬之神。後募一胡人爲祆主，取一刀刺腹刃出背，亂攪腹肚，流血食頃噴水，祝之平復如初。涼州祆主以利刃從額釘之直至肱下即出，身輕若飛，須臾數百里，至西祆神前舞一曲，卻至舊祆所，乃爲拔釘，一無所損。余案摩醯首羅乃印度之火祆也，其河南立德坊及涼州之祆主殆即穆教之支流耳。

楊榮鋕《景教碑文紀事考正》卷一《火祆考原》 稽波斯之古祖，本與印度同源。聚族而居於赤道北二十五度至四十五度，經綫自北京偏西五十四度至七十二度之間，繁衍數百年。當《韋陀》(韋陀書名，譯言智慧)未著竹帛之時，分族而居於印度，所有祖訓皆爲口授，俗美風醇。至黃農之世，各著竹帛，各尊所聞，而家法不同。又數百年，異端日出，醇風日澆，夏后王時有聖人出，姓士必達馬，名祚阿樂士。天亶聰明，承先啓後，創業垂統，作民父母。軀異端之徒南徙於印度，爰稽古道，著有成書，曰《仁丫雅士》，譯言自新理法，又曰經解。其書歷夏商周以來皆有傳者，然與古經不分，故後人無從剖析，遂開後世混淆之漸，是以祚阿樂士之道終爲後人異端所混，蓋緣於此。周頃王時，希臘馬其頓王亞歷山大攻波斯，焚都邑，而此書殘缺，原書二十一卷，今存篇目。惟第二十卷尚完，餘多殘缺。然按其序列，遺卷亦可以考其完書之大略。於以知祚阿樂士學貫三才，智周萬變，姬公之流也。其敬天勤民，制禮作樂，立政立事，性理格致等説，未暇講求。兹獨舉其關於火祆者詳之。祚阿樂士論道之大原皆從歐拉密説起，歐拉密譯即創造天地萬物之主宰也。試舉其推戴之辭數節言之，如云太初以來，至誠之本體，誰乎仁愛之充周，誰乎日月之運行，星辰之躔度，誰使之永無差忒，穹蒼覆幬，振古維昭，孰張之。地球旋轉萬世不墜，孰擧之。草木之敷榮，風雨之散潤，誰督之。日出而作，勤於庶事，誰促之。日入而息，節其勤勞，誰慰之。善者心廣體胖，永膺福祉，誰賞之。惡者憂戚枯槁，永罹禍敗，誰罰之。我思維之其乃歐拉密之所爲乎。其論善惡之源，則以陰陽爲本，謂自陽出者爲善，自陰出者爲惡，各有大神統之，如部曹然。陰陽二主直如兩君，戰爭不息。同一人也，一則愛如子女，一則嫉如仇敵。二君各有六部大臣，大臣各有小屬，分司萬事，神各有名，事各有主。善神之主名阿密帝，惡神之主名阿施幻。世間萬善皆由阿密帝發生，萬惡皆阿施幻作俑。及其究竟，阿密帝之所作，萬古長存。阿施幻之所爲，一敗塗地。人之生也，必殫竭心力，務合阿密帝之神，無爲阿施幻所害，方可以超凡入聖，免地獄而享天堂之福。此祚阿樂士理學之大略。玩其旨趣，頗類《易》之卦爻，又若宋儒之理欲，獨理理欲欲皆以神鬼統之爲異耳。及其後人數典忘祖，漸以阿密帝爲歐拉密，若中國之漸以天訓理者然。又其後以日爲巨光之首，衆陽之宗，事太陽如古人事無形之歐拉密。再其後直以火爲發光之原，竟以火爲宗。火祆者，即後世以諸異端混淆祚阿樂士之道之教也。東周以來，世守其道，雖與婆羅門比鄰，而祚阿樂士之所謂惡神者，正婆羅門家所最敬畏之神。雖與佛弟子往來，而彼則以爲非其教之本旨。雖與景教往來，而拜太陽事諸神之俗，景古經早已嚴禁。蓋震於祚阿樂士之名，而不知注解諸家，日離古道也久矣。迨至李唐之世，波斯爲回教亞拉伯人所併，國人竟畏服回教，至今猶若是也。而拜火之家尚有數萬，常爲回教人所窘，蕩析離居者數矣。

紀事

李德裕《會昌一品集》卷二〇《賀廢毀諸寺德音表》 臣等伏奉今日制，拆寺蘭若四萬六千六百餘所，還俗僧尼並奴婢爲兩稅戶，共約四十一萬餘人，得良田約數千頃。其僧尼令隸主客戶，大秦穆護（襖）［祆］二千餘人，並令還俗者。

《舊唐書·武宗紀》 僧尼不合隸祠部，請隸鴻臚寺。其大秦、穆護等祠，釋教既已釐革，邪法不可獨存。其人並勒還俗，遞歸本貫充稅戶。如外國人，送還本處收管。

《新唐書·食貨志二》 武宗即位，廢浮屠法，天下毀寺四千六百，招提蘭若四萬，籍僧尼爲民二十六萬五千人，奴婢十五萬人，田數千萬頃。大秦穆護祆二千餘人。

《資治通鑑·唐紀·武宗會昌五年》 會昌五年七月，上惡僧尼耗蠹天下，欲去之。道士趙歸眞等復勸之。乃先毁山野招提蘭若。敕上都、東都兩街各留二寺，每寺留僧三十人。天下節度、觀察使治所及同、華、商、汝州各留一寺，分爲三等：上等留僧二十人，中等留十人，下等五人。餘僧及尼，並大秦穆護祆僧，皆勒歸俗。

《唐會要》卷四七 會昌五年八月制，朕聞三代已前，未嘗言佛。漢魏之後，像教寖興。是逢季時，傳此異俗，因緣染習，蔓衍滋多。以至於耗蠹國風，而漸不覺，以至於誘惑人心，而衆益迷，洎乎九有山原，兩京城闕，僧徒日廣，佛寺日崇。勞人力於土木之功，奪人利爲金寶之飾，遺君親於師資之際，違配偶於戒律之間，壞法害人，莫過於此。且一夫不田，有受其餒者。一婦不織，有受其寒者。今天下僧尼，不可勝數，皆待農而食，待蠶而衣，寺宇招提，莫知紀極，皆雲構藻飾，僭擬宮殿。晉宋齊梁，物力凋瘵，風俗澆詐，莫不由是而致也。況高祖太宗，以武定禍亂，以文理華夏，執此二柄，足以經邦，而豈可以區區西方之教，與我抗衡哉。貞觀開元，亦嘗釐革，剗除不盡，流衍轉滋。朕博覽前言，旁求輿議，弊之可革，斷在不疑。而中外諸臣，叶予至意，條疏至當，宜從所請。誠懲千古之蠹源，成百王之典法，濟物利衆，予不讓焉。其天下所拆寺四千六百餘所，還俗僧尼二十六萬餘人，收充兩稅戶。拆招提蘭若四萬餘所，收膏腴上田數千萬頃，收奴婢爲兩稅戶十五萬人。隸僧尼屬主客，顯明外國之教。勒大秦穆護祆三千餘人還俗，不雜中華之風。於戲，前古未行，似將有待，及今盡去，豈謂無時。驅遊惰不業之徒，已踰千萬。廢丹艧無用之居，何啻億千。自此淸淨訓人，慕無爲之理，簡易爲政，成一俗之功。將使六合黔黎，同歸皇化。尙以革弊之始，日用不知，下制明廷，宜體予志。宣布中外，咸使知聞。

郭嵩燾《使西紀程》卷下 英人踞有印度全土，而瀕海大部凡三，曰孟加拉，曰麻打拉薩，曰孟買；島二，曰錫蘭，曰蘇克得拉，停船者錫蘭而已。麻打拉薩與錫蘭島相對，餘皆相距遠，而一海徑達，其地可指望也。在紅海者二：曰亞丁，曰畢爾林；畢爾林亦不停船。在地中海者二：曰馬爾他，曰奇巴臘答。所在建耶穌堂，番民皆習其教。印度佛國，乃習回教。而孟加拉之訶利薩與錫蘭皆宗佛教，以合掌爲禮。孟買則波斯火教之遺猶有流傳。西洋習教，各有宗主。波斯爲回部所踞，禁其本教，於是習火教者皆避至孟買。

雜録

段成式《酉陽雜俎前集》卷四《境異》 孝億國界周三千餘里，在平川中，以木爲柵，周十餘里。柵內百姓二千餘家，周國大柵五百餘所。氣候常煖，冬不凋落。宜羊馬，無駝牛。俗性質直，好客侶。軀貌長大，褰鼻黃髮，綠眼赤髭，被髮，面如血色。戰具唯矟一色。宜五穀，出金鐵，衣蔴布，舉俗事祆，不識佛法。有祆祠三百一曰千餘餘所，馬步甲兵一萬，不尙商販，自稱孝億人。丈夫，婦人俱佩帶。每一日造食，一月食之，常喫宿食。

又卷一〇《物異》 銅馬，俱德建國烏滸河中，灘流中有火祆祠。相傳祆神本自波斯國乘神通來此，常見靈異，因立祆祠。內無像，於大屋下置大小爐，舍簷向西，人向東禮。有一銅馬，大如次馬，國人言自天下，

屈前腳在空中而對神立，後腳入土。自古數有穿視者，深數十丈，竟不及其蹄。西域以五月爲歲，每歲日，烏滸河中有馬出，其色金，與此銅馬嘶相應，俄復入水。近有大食王不信，入祆祠，將壞之，忽有火燒其兵，遂不敢毁。

文廷式《純常子枝語》卷一七 《高僧傳·吳維祇難傳》云，維祇難本天竺人，世奉異道，以火祀爲上。是天竺亦有火教，不獨波斯。朱蓉生《無邪堂答問》云，佛説雜寶藏經，波羅奈國梵志事火，使火不絶。賢愚因緣經優婆鞠提品云，梵志或事日月，翹腳向之。或復事火，朝夕燃之，皆波斯火教。余按此皆印度本有之火教耳。《西域記》摩竭陀國伽耶山東南有二窣堵波，則伽耶迦葉波捺提迦葉波事火之處。《大唐内典録》卷一後漢譯有佛爲事火波羅門説法，悟道經是婆羅門中兼有火教。《涅槃經·四依品》云，恭敬禮拜，猶如事火婆羅門等增益阿含經卷四十一佛嚫云祠祀火爲上。卷二十六七並有此語又《涅槃經·師子吼菩薩品》云，如婆羅門奉事火天，常以香花讚美禮拜，供養承事，期滿百年若一觸時，尋燒人手，是火雖得如是供養，終無一念報事者恩。李提摩太《八星之一論》云，印度敎又名婆羅門教，受教化者約二京零七兆人。又云儒教，道教，婆羅門教俱有至理名言，壽諸梨棗。受其教者，上則有治民之善政，下則有治己之潛修。

《八星之一論》云，地球上動植諸物，全藉日球之熱力始能生養。又云，地球之電氣，亦與日球相關。然則波斯之教祭日祭火不爲無理，且得大報天而主日之義。今雖僅存於孟買，猶願訪其書而讀之。又《希臘志略》卷一云，希臘北地古有諸國拜神盟會，即德勒非地十二國同立一會，以祭亞波羅大神之盟也。又云亞波羅神原爲日之類，然則希臘亦祭日，特不知與波斯異同若何。《古教彙參》巴西教一條所述，皆祚樂仁遏瓦遏斯之説，不足見波斯教之本旨。

組織與設施分部

綜　述

薩寶 薩保　薩甫

《隋書·百官志中》 鴻臚寺，掌蕃客朝會，吉凶弔祭。統典客、典寺、司儀等署令、丞。典客署，又有京邑薩甫二人，諸州薩甫一人。

又《百官志下》 又有流内視品十四等。【略】雍州薩保，爲視從七品。【略】諸州胡二百戶已上薩保，爲視正九品。

《通典》卷四〇《職官二二》 薩寶（符）［府］祆正注 武德四年，置祆祠及官，常有羣胡奉事，取火呪詛。

又 視流内：視正五品，薩寶。視從七品，薩寶（符）［府］祆正。視流外：勳品，薩寶府祓祝，四品，薩寶率府，五品，薩寶府史。

《舊唐書·職官志一》 流内九品三十階之内，又有視流内起居，五品至從九品，初以薩寶府、親王國官及三師、三公、開府、嗣郡王、上柱國已下護軍已上勳官帶職事者府官等品。開元初，一切罷之。今唯有薩寶、祆正二官而已。又有流外自勳品以至九品，以爲諸司令史、贊者、典謁、亭長、掌固等品。視流外亦自勳品至九品，開元初唯留薩寶、祆祝及府史，餘亦罷之。

紀　事

佚名《隋太原翟突娑墓誌》 君諱突娑，字薄賀比多，并州太原人也。父娑摩訶，大薩寶。薄賀比多日月以見勳効，右改宜惠尉；不出其

年，右可除奮武尉，擬通守。【略】春秋七十。大業十一年歲次乙亥正月十八日疾寢，卒於河南郡雒陽縣崇業鄉嘉善里。葬在芒山北之翟村東南一里。

佚名《唐故米國大首領米公墓誌銘並序》 公諱薩寶，米國人也。生於西垂，心懷□土。忠（？）志（？）等□□陰陽烈石，剛柔叙（？）德（？）。崇心經律，志行玄（？）門（？）。□苦海以逃名，望愛河而□肩（？）。□□天寶元年二月十一日□長安縣崇化里，春秋六十有五，終於私第。時也天寶三載正月廿六日窆於高陵原，禮也。嗣妻（？）子（？）等（？）□喪（？）戚（？）不朽。銘曰：滔滔米君，□□□□，榆（？）楊（？）□□□□□法心匪固（？），□□沉良。逝川忽逝，長夜永□。□維天寶三載正月廿六日。

《新唐書・宰相世系表五下》 武威李氏，本安氏。【略】後魏有難陀孫婆羅，周隋間居涼州武威，爲薩寶。生興貴、脩仁。至抱玉賜姓李。

薩保見薩寶

薩甫見薩寶

廟祝

綜述

宋敏求《長安志》卷一〇 布政坊，西南隅胡祆祠。（武德四年立，西域胡祆神也。祠内有薩寶府官，主祠祆神，亦以胡祝充其職。）

紀事

張邦基《墨莊漫録》卷四 東京城北有祆廟呼煙切。祆神本出西域，蓋胡神也。與大秦穆護同入中國，俗以火神祠之。京師人畏其威靈，甚重之。其廟祝姓史，名世爽，自云家世爲祝累代矣。藏先世補受之牒凡三：有曰懷恩者，其牒，唐咸通三年宣武節度使令狐給，令狐者，丞相綯也；有曰温者，周顯德三年端明殿學士、權知開封府王所給，王乃朴也；有曰貴者，其牒亦周顯德五年樞密使、權知開封府王所給，亦朴也。自唐以來，祆神已祀於汴矣，而其祝乃能世繼其職，踰二百年，斯亦異矣。

祆主

紀事

張鷟《朝野僉載》卷三 河南府立德坊及南市西坊皆有胡祆神廟。每歲商胡祈福，烹豬羊，琵琶鼓笛，酣歌醉舞。酹神之後，募一胡爲祆主，看者施錢並與之。其祆主取一横刀，利同霜雪，吹毛不過，以刀刺腹，刃出於背，仍亂擾腸肚流血。食頃，噴水呪之，平復如故。此蓋西域之幻法也。

涼州祆神祠，至祈禱日祆主以鐵釘從額上釘之，直洞腋下，即出門，身輕若飛，須臾數百里。至西祆神前舞一曲即却，至舊祆所乃拔釘，無所損。卧十餘日，平復如故。莫知其所以然也。

佚名《沙州地誌》（光啓元年） 祆廟中有素書，形象無數。有祆主翟槃陁者，高昌未破以前，槃陁因入朝至京，即下祆神。因以利刃刺腹，左右通過，出腹外截棄其餘，以髮繫其本，手執刀兩頭，高下絞轉，說國家所舉，百事皆順天心，神靈助無不徵驗。神沒之後，僵仆而倒，氣息奄

奄，七日即平復如舊。有司奏聞，制授游擊將軍。

蜜多道人

紀　事

《魏書・皇后傳・宣武靈皇后胡氏》　內爲朋黨，防蔽耳目，肅宗所親幸者，太后多以事害焉。有蜜多道人，能胡語，肅宗置於左右。太后慮其傳致消息，三月三日，於城南大巷中殺之。

穆　護

紀　事

志磐《佛祖統紀》卷五四　末尼火祆者，初波斯國有蘇魯支，行火祆教，弟子來化中國。唐貞觀五年，其徒穆護何祿詣闕進祆教，敕京師建大秦寺。

祆　祠

綜　述

韋述《兩京新記》卷三　西京布政坊，西南隅胡祆祠。武德四年所立，西域胡天神，佛經所謂摩醯首羅也。

紀　事

韋述《兩京新記》卷三　西京布政坊，西南隅胡祆祠。武德四年所立，西域胡天神，佛經所謂摩醯首羅也。

醴泉坊，十字街南之東，波斯胡寺。儀鳳二年，波斯王畢路斯奏請於此置波斯寺。西北隅祆祠。

普寧坊，西北隅祆祠。

修善坊，波斯胡寺。

會節坊，祆祠。

徐松《唐兩京城坊考》卷五　雒水之北，東城之東，第一南北街，北當徽安門西街，承福坊之北，從南第一曰立德坊，胡祆祠。

俞希魯《至順鎮江志》卷八　火祆廟，舊在朱方門裏山岡之上。張舜民集：「汴京城北有祆廟。祆神出西域，自秦入中國，俗以火神祠之，在唐已血食宣武矣。前志引宋《祥符圖經》：潤帥周寶婿楊茂實爲蘇州刺史，立廟於城南隅。蓋因潤有此廟，而立之也。宋嘉定中，遷於山下。郡守趙善湘以此廟高在山岡，於郡庠不便，遂遷於山下，廟門面東，郡守祝板，故有「祆神不致祆」之句。端平間毀。端平乙未，防江寨中軍作變，有禱於神，其神許之。事定，郡守吳淵毀其廟。

孟元老《東京夢華録》卷三《大内西右掖門外街巷》　大內西去，右掖門祆廟。

宋敏求《長安志》卷九　靖恭坊，街南之西祆祠。

又卷一〇　布政坊，西南隅胡祆祠。（武德四年立，西域胡祆神也。祠內有薩寶府官，主祠祆神，亦以胡祝充其職。）

醴泉坊街南之東，舊波斯胡寺。（儀鳳二年，波斯王卑路斯奏請，於此置波斯寺。景龍中，幸臣宗楚客樂此，寺地入其宅，遂移寺於布政坊之西南隅祆祠之西。）

董逌《廣川畫跋》卷四《書常彦輔祅神像》 當隋之初，其法始至中夏，立祠頒政坊。常有群胡奉事，聚火祝詛。

贊寧《大宋僧史略》卷下《大秦末尼》 火祅教法本起大波斯國，號蘇魯支，有（第）[弟]子名玄眞，習師之法，居波斯國。大揔長如火山，後行化於中國。貞觀五年，有傳法穆護何祿，將祅教詣闕聞奏。敕令長安崇化坊立祅寺，號大秦寺，又名波斯寺。

姚寬《西溪叢語》卷上 宋次道《東京記》：寧遠坊有祅神廟。注云：《四夷朝貢圖》云：康國有神名祅，畢國有火祅祠。疑因是建廟。或傳晉戎亂華時立此。【略】

至唐貞觀五年，有傳法穆護何祿，將祅教詣闕奏聞，敕令長安崇化坊立祅寺，號大秦寺，又名波斯寺。

張邦基《墨莊漫録》卷四《祅廟祝及英濟王祠祠祝累代相繼》 鎮江府朱方門之東城上，乃有火祅祠，不知何人立也。

《四庫全書總目·子部雜家類存目二·西學凡一卷附録唐大秦寺碑一篇》 宋敏求《東京記》載，寧遠坊有祅神廟。註曰：《四夷朝貢圖》云：康國有神名祅，畢國有火祅祠，或曰石勒時立此。是祅教其來已久，亦不始於唐。

雜録

《金光明經》（吐魯番佛經寫本）卷二題記 庚午歲八月十三日，於高昌城東，胡天南太后祠下，爲索將軍佛子妻息合家寫此《金光明經》一部，斷手記竟，筆墨大好，書者手拙，具字而已。

佚名《公主君者者與北宅夫人書》 切囑夫人與君者者，沿路作福，祅寺燃燈。

文瑩《玉壺清話》卷六 初，周祖自鄴起師向闕，京國罹亂，魯公遁迹民間。一旦，坐對正巷茶肆中，忽一形貌怪陋者前揖云：「相公相公，無慮無慮。」時暑中，公執一葉素扇，偶寫「大暑去酷吏，清風來故人」一聯在上，陋狀者奪其扇曰：「今之典刑，輕重無準，吏得以侮，何啻大暑耶？公當深究獄弊。」持扇急去。一日，於祅廟後門，一短鬼手中執其扇，乃茶邸中見者。未幾，周祖果以物色聘之，得公於民間，遂用焉。憶昔陋鬼之語，首議刑典。

藝文

王國維《詠史二十首》之一七 南海商船來大食，西京祅寺建波斯。遠人盡有如歸樂，知是唐家全盛時。

教規與禮儀分部

禮拜

綜述

文廷式《純常子枝語》卷二四 《萬國通鑑》卷二云，瑪代波斯古時，此兩國中有一教興起，乃搜羅亞斯特。按即梭都司德一作瑣羅斯所立。論有二神，一名阿耳木斯，乃光明之神。一名阿立曼，乃昏暗之神。二神分司善惡，戰至末日，善神必勝。其教無神像有祭司，築壇於高山上，壇上然火，晝夜不熄，衆民來此禮拜。

又卷二九 《唐書·大食傳》云，大食本波斯地，日五拜天神。又《波斯傳》云，祠天地日月水火，西域諸胡受其法以祠祅，拜必交股。按波斯《亞比司多書》，凡分四類，其第三類《掖只尼》尼耶切凡七十二章，敘祈禱及贊頌等事，於經典中尤重要。其祈禱每一晝夜分五期。一鴉哈溫，午前六時至十時。二勒比丹，午前十時至午後三時。三烏基瑅，午後三時至六時。四阿亦士魯自禮曼，午後六時至十二時。五烏沙塈由，十二

時至午前六時。此即《唐書》所謂每日五拜也。其拜日詞則每日日出，正午，日沒，三誦之拜密多臘詞與拜日詞，同誦拜月詞，則每遇月之盈虧及新月時，三次誦之。拜水火詞，則凡平時每觸水接火皆誦之。又除他四詞，其拜水詞每月十日，十一，十二，十六之四日，尤須注意誦之。此詞天地日月水火之大略也，密多臘蓋天神云。

《舊唐書·西戎傳·波斯》 波斯國【略】俗事天地日月水火諸神，西域諸胡事火祆者，皆詣波斯受法焉。其事神，以麝香和蘇塗鬚點額，及於耳鼻，用以爲敬。拜必交股，文字同於諸胡。

《新唐書·西域傳下·波斯》 波斯【略】俗尊右下左，祀天地日月水火。祀夕，以麝揉蘇，澤耏顔鼻耳。西域諸胡受其法，以祀祆。拜必交股。

紀事

《魏書·皇后傳·宣武靈皇后胡氏》 後幸嵩高山，夫人、九嬪、公主已下從者數百人，昇於頂中。廢諸淫祀，而胡天神不在其例。

《北史·突厥傳》 可汗恒處於都斤山，牙帳東開，蓋敬日之所出也。每歲率諸貴人，祭其先窟。又以五月中旬，集他人水拜祭天神。

《隋書·禮儀志二》 後主末年，祭非其鬼，至於躬自鼓儛，以事胡天。鄴中遂多淫祀，茲風至今不絕。後周欲招來西域，又有拜胡天制，皇帝親焉。其儀並從夷俗，淫僻不可紀也。

《新唐書·百官志一》 祠部郎中，員外郎各一人，掌祠祀享祭，天文漏刻，國忌廟諱，卜筮醫藥，僧尼之事。【略】兩京及磧西諸州火祆歲再祀，而禁民祈祭。

雜録

張鷟《朝野僉載》卷三 河南府立德坊及南市西坊，皆有胡祆神廟。每歲商胡祈福，烹豬羊，琵琶鼓笛，酣歌醉舞。酹神之後，募一胡爲祆主，看者施錢並與之。其祆主取一橫刀，利同霜雪，吹毛不過。以刀刺腹，刃出於背，仍亂擾腸肚流血。食頃噴水呪之，平復如故。此蓋西域之幻法也。

涼州祆神祠，至祈禱日，祆主以鐵釘從額上釘之，直洞腋下。即出門，身輕若飛，須臾數百里。至西祆神前舞一曲，即卻至舊祆所，乃拔釘無所損。臥十餘日，平復如故。莫知其所以然也。

佚名《沙州地誌》（光啓元年） 祆廟中有素書，形象無數。有祆主翟槃陁者，高昌未破以前，槃陁因入朝至京，即下祆神。因以利刃剌腹，左右通過，出腹外截棄其餘，以髮繫其本，手執刀兩頭，高下絞轉，說國家所舉，百事皆順天心，神靈助無不徵驗。神沒之後，僵仆而倒，氣息奄奄，七日即平復如舊。有司奏聞，制授游擊將軍。

姚寬《西溪叢語》卷上 山谷《題牧護歌後》云：「向常問南方衲子，《牧護歌》是何種語，皆不能說。後見劉夢得作夔州刺史，樂府有《牧護歌》，似是賽神語，亦不可解。及來黔中，聞賽神者夜歌『聽說儂家《牧護》』，末云『奠酒燒錢歸去』，雖長短不同，要皆自敍五七十語，乃知蘇溪夔州故作此歌學巴人曲，猶石頭學魏伯陽作《參同契》也。」【略】《教坊記》曲名有《牧護子》，已播在唐樂府。《崇文書》有《牧護詞》，乃李燕撰六言文字，記五行災福之說。則後人因有作語爲《牧護》者，不止巴人曲也。祆之教法蓋遠，而穆護所傳，則自唐也。蘇溪作歌之意，正謂旁門小道似是而非者，因以爲戲，非效《參同契》之比。山谷蓋未深考耳。且祆有祠廟，因作此歌以賽神，固未知劉作歌詩止效巴人之語，亦自知其源委也。

祈雨

紀事

《宋會要輯稿》一八册《禮》一八《祈雨》 國朝凡水旱災異，有祈

報之禮，祈用酒脯醢，報如常祀。【略】五龍堂、城隍廟、祆祠【略】以上並敕建遣官。

又 景德元年七月，帝謂侍臣曰：近頗亢旱，有西州入貢胡僧，自言咒龍祈雨，朕今於精舍中試其術，果有符應，事雖不經，然爲民救旱，亦無避也。

又 大中祥符二年，二月詔：如聞近歲，命官祈雨，【略】又諸神祠，天齊、五龍用中祠例，祆祠、城隍用羊八籩八豆。既設牲牢禮料，其御廚食輸林酒紙錢馳馬等，更不復用。

雜録

佚名《敦煌二十詠·安城祆詠》 板築安城日，神祠與此興。一州祈景祚，萬類仰休徵。蘋藻來無乏，精靈若有憑，更看雩祭處，朝夕酒如繩。

決罰

綜述

《魏書·西域傳》 康國者，康居之後也。【略】有胡律，置於祆祠，將決罰，則取而斷之。重者族，次罪者死，賊盜截其足。

《舊唐書·西戎傳·波斯》 其叛逆之罪，就火祆燒鐵灼其舌，瘡白者爲理直，瘡黑者爲有罪。

婚葬

綜述

文廷式《純常子枝語》卷二七 《西學略述》又云，火祆教例，每屆年終五日，皆爲亡者之靈魂祈禱。

《魏書·西域傳·波斯》 波斯國，俗事火神、天神。文字與胡書異。多以姊妹爲妻妾，自餘婚合，亦不擇尊卑，諸夷之中最爲醜穢矣。【略】死者多棄屍於山，一月著服。城外有人別居，唯知喪葬之事，號爲不淨人，若入城市，搖鈴自別。

《隋書·西域傳·安國》 安國，風俗同於康國，唯妻其姊妹，及母子遞相禽獸，此爲異也。

又 波斯國，妻其姊妹。人死者，棄屍於山，持服一月。

玄奘《大唐西域記》卷一一《波剌斯國》 波剌斯國，婚姻雜亂，死多棄屍。

慧超《往五天竺國傳》 又從大寔國已東，並是胡國，即是安國、曹國、史國、石騾國、米國、康國等。【略】又此六國惣事火祆，不識佛法。唯康國有一寺，有一僧，又不解敬也。此等胡國，並剪鬚髮，愛著白氎帽子。極惡風俗，婚姻交雜，納母及姊妹爲妻。波斯國亦納母爲妻。

《通典》卷一九三《邊防九·康居》 韋節《西蕃記》云，康國人【略】俗事天神，崇敬甚重。云神兒七月死，失骸骨。事神之人，每至其月，俱著黑疊衣，徒跣撫胸號哭，涕淚交流。丈夫婦女三五百人散在草野，求天兒骸骨，七日便止。國城外別有二百餘戶，專知喪事，別築一院，其院內養狗。每有人死，即往取屍，置此院內，令狗食之，肉盡收骸骨，埋殯無棺槨。

教義分部

阿呼拉·馬扎

綜述

文廷式《純常子枝語》卷二四　《古教彙參》卷二序巴西教，即波斯教言雅弗之後久居故土，南至印度，北至阿勒河，東北至奧蛤斯，按即高加索之異譯西北至加斯班海，皆其苗裔。後有一聖人著《費大四書》，本無文字，後用梵文寫出。大意講明上帝之道。事久道變，或以日爲上帝，或以火爲上帝。余按此婆羅門之火祆，即摩醯首羅天也。又云祚樂阿士對，又名資拉士呵斯大，此人貶抑多神之説，勸人歸《費大》本旨，曾到迦南見亞伯拉罕，歸著一大聖書名《仁遏瓦遏斯大》，譯云注解經也。巴比倫，希利尼，羅馬等處，咸景仰焉。書分五大部，二部名《牙撒納》，《牙撒納》書先部名《蛤達》，譯出詩篇也。書共五篇，行間音韻與《費大》等。大略言何者爲獨一無二之眞神，令人不許拜《費大》所載之日神，火神等神也。稱眞神爲阿呼拉·馬扎，譯言創造天地萬物之活神也。又有善惡二神。日久巴西人忘阿呼拉爲眞神，即以善惡二神當之，謂祕達是亮光，阿善慢是黑暗，未知何據。始以日爲亮光，故皆拜日。繼以火爲日之本，故又拜火。今日之巴西不拜馬扎而拜火，未免數典忘祖矣。余按此波斯之火教也。二火教轉變略同，而其源流固截然巨異也。

又卷二九　波斯書有名《本達必士》者，原始創造，與佛説《樓炭經》及《舊約書》中之《創世記》相似。全篇共三十四章，爲波斯教要書。其言亞子達神創始天地，及光明黑暗二神爭鬬，與萬物性質及來世事。大率先據傳説，而後筆之於書。末章記波斯王統敘，祭司統系，絕筆於亞拉弗之侵畧，以年代推之，當在中國唐初矣。

善惡二神

綜述

文廷式《純常子枝語》卷一七　西人《教派叢書》云，波斯教學爲亞喇伯所傳，至今仍守舊法。其師以哥冷教書爲貴，書中無數異説，無論智愚俱爲錮蔽。此指波斯習回教者而言其爲美亞邑，爲古名人趙勞阿始端所生之地，其人始創古巫教。按波斯教法之祖曰瑣羅斯的，紀元年五百五十一著述經書，稱波斯之聖。其説謂有二神以統宇宙，一曰和爾摩爲善神，一曰亞利慢爲惡神。二神各欲行其志，爭鬬不止。一萬二千歲之後，和爾摩大捷，而天下之惡皆消。又曰，公道者赴樂土之梯航，雖暴惡者苟能悔過，淨刷塵心，則亦得受無限幸福。日月以和爾摩大能力造之，不可不崇敬。如地水火風，亦當加敬。故太陽以下諸神，列於祀典者甚多。國人皆奉其教，至紀元七百年代始信摩哈默教。原波斯之初教蓋源於印度之婆羅門，本與儒教相近，故其國勢隆盛，法度禮儀有可觀者。

典籍分部

班達赫申

綜述

文廷式《純常子枝語》卷二九　波斯書有名《本達必士》者，原始創造與佛説樓炭經及《舊約書》中之《創世記》相似。全篇共三十四章，爲

波斯教要書。其言亞子達神創始天地，及光明黑暗二神爭鬬，與萬物性質及來世事。大率先據傳説，而後筆之於書。末章記波斯王統敘，祭司統系，絶筆於亞拉弗之侵畧，以年代推之，當在中國唐初矣。

贊德・何維斯塔

綜述

文廷式《純常子枝語》卷二四 《古教彙參》卷二序巴西教即波斯教言雅弗之後久居故土，南至印度，北至阿勒河，東北至奥蛤斯，按即高加索之異譯西北至加斯班海，皆其苗裔。後有一聖人著《費大四書》，本無文字，後用梵文寫出。大意講明上帝之道。事久道變，或以日爲上帝，或以火爲上帝。余按此婆羅門之火祆，即摩醯首羅天也。又云祚樂阿士對，又名資拉士呵斯大，此人貶抑多神之説，勸人歸費大本旨。曾到迦南見亞伯拉罕，歸著一大聖書名《仁遏瓦揭斯大》，譯云注解經也。巴比倫希利尼羅馬等處，咸景仰焉。書分五大部，二部名《牙撒納》，《牙撒納》書先部名《蛤達》，譯出詩篇也。書共五篇行間音韻與《費大》等。大略言何者爲獨一無二之眞神，令人不許拜《費大》所載之日神，火神等神也。稱眞神爲阿呼拉馬扎，譯言創造天地萬物之活神也。又有善惡二神，日久巴西人忘阿呼拉爲眞神，即以善惡二神當之，謂祕達是亮光，阿善慢是黑暗，未知何據。始以日爲亮光，故皆拜日。繼以火爲日之本，故又拜火，今日之巴西不拜馬扎而拜火，未免數典忘祖矣。余按此波斯之火教也，二火教轉變略同，而其源流固截然互異也。

摩尼教部

教派分部

摩尼教

綜述

志磐《佛祖統紀》卷三九 波斯國人拂多誕，西海大秦國人持《二宗經》僞教來朝。

述曰：太宗時，波斯穆護進火祆教，（救）〔敕〕建大秦寺。武后時，波斯拂多誕進《二宗經》，厥後大歷間，荆、揚、洪、越等州，各建摩尼寺。此魔敎邪法，愚民易於漸染，由屢朝君臣，當世名德，不能簡邪正以別同異，故其法行於世而弗禁。虛，是蓋西土九十五外道之類歟。良渚曰，準國朝法令，諸以《二宗經》及非藏經所載不根經文傳習惑衆者，以左道論罪。二宗者，謂男女不嫁娶，互持不語。病不服藥，死則裸葬等。不根經文者，謂佛佛吐戀師，佛說啼淚，大、小《明王出世經》，《開元括地變文》，《齊天論》，《五來子曲》之類，其法不茹葷飲酒，晝寢夜興，以香爲信，陰相交結，稱爲善友。一旦郡邑有小隙，則憑狼作亂，如方臘呂昂輩是也。其說以天下禪人，但傳盧行者十二部假禪，若吾徒即是眞禪。有云，菩提子達磨，栽心地種透靈臺。或問，終何所歸。則曰，不生天不入地，不求佛不涉餘途，直過之也。如此魔敎，愚民皆樂爲之其徒，以不殺不飲不葷辛爲至嚴。沙門有爲行弗謹，反遭其譏。出家守法、不可自勉。

又卷五四 良渚曰：此三者皆假名佛教以誑愚俗，猶五行之有沴氣也。今摩尼尚扇於三山，而白蓮白雲處處有習之者。大氐不事葷酒，故易於裕足。而不殺物命，故近於爲善。愚民無知，皆樂趨之。故其黨不勸而自盛。甚至第宅姬妾，爲魔女所誘入其衆中，以修懺念佛爲名，而實通姦穢。有識士夫宜加禁止。

石韞玉《獨學廬二稿》文卷下《唐景教流行碑跋》 明崇禎間，西安守晉陵鄒靜長幼子殁，葬長安崇仁寺之原，掘地數尺得此碑。按唐時鴻臚待西賓一支特異他方雜夷，來者有摩尼，有大秦，有祆神。摩尼即末尼也，大秦即景教也，祆神即波斯也。

蔣斧《摩尼教流行中國考略》 《長安志》卷十，懷遠坊東南隅大雲經寺，本名光明寺，隋開皇四年文帝爲沙門法經所立。時有延興寺僧曇延，因隋文賜以蠟燭自然發焰，隋文奇之，將改所住寺爲光明寺。曇延請更立寺以廣其教，時此寺未制名，因以名焉。武太后初，此寺沙門宣政進《大雲經》，經中有女主之符，因改爲大雲經寺，遂令天下每州置一大雲經寺。

《舊唐書・則天皇后本紀》，載初元年秋七月，有沙門十人僞撰《大雲經》，表上之，盛言神皇受命之事。制頒於天下，令諸州各置大雲寺，總度僧千人。

《唐書・后妃傳・則天皇后》，載初中，拜薛懷義輔國大將軍，封鄂國公，令與羣浮屠作《大雲經》，言神皇受命事。

《唐會要》卷四十九，貞元十五年四月，以久旱令摩尼師禱雨。

《舊唐書・憲宗紀》，元和二年正月庚子，迴紇請於河南府太原府置摩尼寺，許之。

又《迴紇傳》，元和八年十二月二日，宴歸國迴鶻摩尼八人。長慶元年五月，迴鶻宰相，都督，公主，摩尼等五百七十三人入朝。

《新唐書・回鶻傳》，元和初，再朝獻。始以摩尼至，其法日晏食，飲水茹葷，屏湩酪，可汗常與共國者也。摩尼至京師，歲往來，西市商賈頗與囊槖爲姦。武宗詔回鶻營功德使在二京者，悉冠帶之。有司收摩尼書若象，燒於道，產資入之官。《通鑑》元和元年，是歲回鶻入貢。始以摩尼偕來於中國，置寺處之。其法日晏乃食，食葷而不食湩酪，回鶻信奉之，或與議國事。胡注，回鶻之摩尼，猶中國之僧也。其教與天竺又異。按

《唐書會要》十九，回鶻可汗王令明教僧進法入唐。大歷三年六月二十九日，勅賜回鶻摩尼爲之置寺，賜額爲大雲光明。六年正月，勅賜荆洪越等州各置大雲光明寺一所。《唐史補卷》蕃人常與摩尼僧議政，京城爲之立寺，其法日晚乃食，飲水茹葷而不食乳酪。其大摩尼數年一度來往本國，小者年轉。

《唐會要》卷四十九，會昌三年勅，摩尼寺莊宅錢物並委功德使及御史臺。京兆府差官檢點在京宅修功德迴紇，並勅冠帶摩尼寺，委中書門下條疏奏聞。

志磐《佛祖統紀》，開元二十年敕云，末尼本是邪見，妄稱佛法。既爲西胡師法，其徒自行，不須科罰。大歷六年，回紇請荆揚等州置摩尼寺，其徒白衣白冠。會昌三年秋，敕京城女末尼，凡七十二人皆死。梁貞明六年，陳州末尼反，立母乙爲天子，發兵擒斬之。其徒不茹葷酒，夜聚婬穢，畫魔王踞坐，佛爲洗足。云佛上大乘，我是上上乘。錢氏《景教考》引《五代史·周本紀》，廣順元年二月，回鶻使摩尼來。

又《回鶻傳》，梁乾化元年，賜其入朝，僧凝盧宜李思宜，延籛等紫衣。周廣順元年二月，遣使並摩尼貢玉團。

《遼史·屬國表》，聖宗統和十九年，回鶻進梵僧，名醫。

《宋史·高昌國傳》，乾德三年，西州回鶻可汗遣僧法淵獻佛牙，琉璃器，琥珀盞。高昌佛寺五十餘區，皆唐朝所賜額。復有摩尼寺波斯僧，各持其法，佛經所謂外道者也。

又《回鶻傳》，唐會昌中，其國衰亂，西奔安西，居甘沙西州，無復昔時之盛矣。景德四年，遣僧翟入奏，欲於京城建佛寺祝聖壽，求賜名額，不許。

《老子西昇化胡經》，襄王之時，其歲乙酉，我還中國，爾後王誕六十年間，我即上登崑崙。後經四百五十餘年，我入西那玉界蘇隣國中，降誕王室，示爲太子，捨家入道，號末摩尼。轉大法輪説經誡律定慧等法，乃至三際及二宗門，教化天人，令知本際，上至明界，下及幽塗所有衆生皆由此度。

斧按：摩尼教入中國時代，記者言人人殊。然觀《長安志》所載，則其來也，其在周隋之際乎。隋文所立之光明寺，武后改爲大雲經寺，證以代宗賜摩尼寺額爲大雲光明，則此寺爲摩尼寺無疑。又摩尼爲火祆別派，故以蠟燭自然聳人主觀聽。而請廣其教，否則是時佛教已徧中國，又何藉曇延之請乎。據日本桑原鷺藏《東洋史要》言，摩尼教爲漢獻帝時波斯人摩尼所創，其源本於火教，參酌佛教、耶穌教等而別成一派。與開元勅文依附佛教之語相合，可見其教絶無足以特立之精義，故其行於中國也不能驟入，而以漸進。始則附庸釋氏，繼則獻媚女主，後乃假手兵力，而中國之人視之，初時直以爲佛教之支流，故諸郡所立大雲寺碑祇述建寺之年月，而不言立教之宗派。一大足元年河内大雲寺碑，二景雲二年涼州衛大雲寺碑，均見《金石萃編》。三元和十一年柳州復大雲寺記，見柳子厚文集。及憲宗元和二年，回紇有河南太原置寺之請。舊史始書之於策，曾不四十年而遽遭廢黜。會昌一炬，其經象遂無一字存於中國矣。厥後回紇衰亂，徙帳甘沙，故彼中厪留此燼餘之譯本，而終不能復興於東土。至歐公修史之時，已末由詳其始末，遂誤以舊史立寺之年爲始至之年。溫公未察，亦沿其誤，於是摩尼入中國之時代，益不可考矣。今參稽諸書，得其大略，著之於篇，以質當世之談宗教者。

鍾庚起《甘州府志》卷一六《雜纂》　摩尼，回鶻所奉師也。其法日晏食，飲水茹葷，屏湩酪。可汗常與共國，而摩尼至唐歲往來，西市商賈頗與囊橐爲奸。按摩尼今回回掌教也，日晏食，把齋也。其入中國，元和元年也。

楊榮鋕《景教碑文紀事考正》卷一《摩尼考略》　摩尼之所爲教滅絶久矣，緣其不成一教，只如電光石火，故史氏之所紀，僅誌其略焉。唐時波斯有名摩尼者，當耳順之年，欲以波斯佛氏景尊三教之道合而別創一教。不知景之與波斯，譬若儒之與墨。景之與釋，譬若儒之與佛，實不能混質之。景爲景門所擯斥，質之佛爲佛法所揶揄。質之波斯，爲波斯所不取。始與尼氏會吉士加監督爭辨，繼而毅然立教，自稱聖神，時人惑之。值波斯王子病，以彼自稱聖神，召醫王子，不驗。治欺罔罪，禁獄逃出，擒回正法。究其徒遂東奔於回紇，南奔於印度。回（紇）人稍信之，故有挾摩尼入中國之事。然非盡回（紇）人而信之也。其至印度，信者無多。其至中國，益遭白眼。迨武宗禁佛，於東漠教盛行於西，而摩尼亡矣。

紀事

佚名《回鶻毗伽可汗聖文神武碑》（《九姓回鶻可汗碑》） 可汗乃頓軍東都，因觀風□下闕師將睿息等四僧入國，闡揚二祀，洞徹三際。况法師妙達明門，精通七部，才高海岳，辯若懸河，故能開正教於迴鶻，□□□□□爲法立大功績。乃□□傒悉德，于時都督剌史內外宰相下闕□今悔前非，願事正教，奉旨宣示，此法微妙，難可受持，再三懇□，往者無識，謂鬼爲佛，今已悞眞，不可復事，特望□□□□曰，既有志誠，任即持受，應有刻畫魔形，悉令焚爇，祈神拜鬼，並下闕□受明教，薰血異俗，化爲蔬飯之鄉，宰殺邦家，變爲勸善之國。故□□之在人，上行下效。法王聞受正教，深讚虔□□□□□德領諸僧尼，入國闡揚，自後□慕闍徒衆，東西循環，往來教化。下闕

白居易《與回鶻可汗書》（《全唐文》卷六六五） 其東都太原置寺，此令人勾當。事緣功德，理合精嚴，又有彼國師僧，不必更勞人檢校。其見撚拓勿施鄔達干等，今竝放歸。所令帝德將軍安慶雲供養師僧，請住外宅。又令骨都祿將軍充檢校功德使。其安立請隨般次放歸本國者，竝依來奏，想宜知悉。今賜少物，具如別錄。內外宰相及判官摩尼師等，竝各有賜物。至宜准數分付，內外宰相官吏師僧等竝存問之。

李德裕《李衛公會昌一品集》卷五《賜回鶻可汗書意》 摩尼教，天寶以前，中國禁斷。自累朝緣回鶻敬信，始許興行。江淮數鎮，皆令闡教。近各得本道申奏，緣自聞回鶻破亡，奉法者因兹懈怠，蕃僧在彼，稍似無依。吳楚水鄉，人性囂薄，信心既去，翕習至難。且佛是大師，尚隨緣行教，與蒼生緣盡，終不力爲。朕深念異國遠僧，欲其安堵，且令於兩都及太原信嚮處行教，其江淮諸寺權停。待回鶻本土安寧，即卻令如舊。

《資治通鑑・唐紀五三・憲宗元和元年》 是歲，回鶻入貢，始以摩尼偕來，於中國置寺處之。回鶻之摩尼，猶中國之僧也。其教與天竺又異。按《唐書會要》十九卷：回鶻可汗王令明教僧進法入唐。大曆三年六月二十九日，敕賜回鶻摩尼，爲之置寺，賜額爲大雲光明。六年正月，敕賜荊、洪、越等州各置大雲光明寺一所。《唐史補》卷：蕃人常與摩尼僧議政，京城爲之立寺。其法，日晚乃食，飲水茹葷而不食乳酪。其大摩尼，數年一度來往本國，小者年轉。《唐史・回鶻列傳》：元和初，再朝獻，始以摩尼至，日晏乃食。可汗常與共國也。處，昌呂翻。其法日晏乃食，食葷而不食湩酪。葷，許云翻，辛具菜也。湩，多貢翻，乳汁也。回鶻信奉之，可汗或與議國事。

志磐《佛祖統紀》卷四〇 （開元二十年）敕末尼本是邪見，妄託佛教。既是西（湖）［胡］師法，其徒自行，不須科罰。述曰，佛言九十六種外道，佛道爲正，是知餘皆邪法無足議者。末尼既是邪見，朝廷便須禁止，今乃縱其自行不加科罰，曾不思此立有染其習者，邪以傳邪，適足爲佛法之混濫。嘻，不知當時君臣，何其不能區別耶。

又卷四八 嘉泰二年，餘杭南山白雲庵道民沈智元乞賜勅額。臣寮言，道民者，遊墮不逞，喫菜事魔，所謂姦民者也。自植黨與，十百爲群，挾持妖教聾瞽愚俗。或以修路建橋爲名，或效誦經焚香爲會，夜聚曉散，男女無別。所至各有渠魁相統，遇有諍訟，合謀幷力，厚啖胥吏，志在必勝。假名興造，自豐囊橐。創置私庵，以爲逋逃淵藪。智元僞民之魁，左道惑衆，揆之國法，罪不勝誅。張杓帥京之日，屢與隣寺互論已判。道人私庵合照前降指揮拆除。今智元又敢妄叩天閽，玩侮朝廷，若此爲甚。昔傳五斗米道者，始託黃老分遣弟子，周遊四方，轉相誑誘。其後數十萬衆，同日竊發，漢室遂微。今此曹若不防閑，何所不至。欲下臨安府，將智元等重行編竄，籍其物業，以爲傳習魔法，玩視典憲者之戒。寄居勢家，認爲己產，蓋庇執占者，臺諫指名以奏，制可。

述曰，嘗考《夷堅志》云，喫菜事魔，三山尤熾。爲首者紫帽寬衫，婦人黑冠白服，稱爲明教會。所事佛衣白，引經中所謂白佛言世尊。取《金剛經》一佛二佛三四五佛，以爲第五佛。又名末摩尼，采《化胡經》乘自然光明道氣，飛入西那、玉界蘇鄰國中，降誕玉宮爲太子，出家稱末摩尼。以自表證其經名《二宗三際》，二宗者，明與暗也。三際者，過去未來現在也。大中祥符興《道藏》，富人林世長賂主者，使編入藏，安於亳州明道宮。復假稱白樂天詩云，靜覽蘇鄰傳，摩尼道可驚。二宗陳寂默，五佛繼光明。日月爲資敬，乾坤認所生。若論齋絜志，釋子好齊名。以此八句表於經首。其修持者正午一食，裸屍以葬，以七時作禮，蓋黃巾

之遺習也。嘗檢樂天《長慶集》，即無蘇鄰之詩。樂天知佛，豈應爲此不典之詞。

又卷五四 武后延載元年，波斯國拂多誕持《二宗經》僞教來朝。

玄宗開元二十年敕，末尼本是邪見，妄稱佛教。既爲西胡師法，其徒自行，不須科罰。

大曆三年敕，回紇及荊揚等州，奉末尼各建大雲光明寺。六年，回紇請荊揚洪越等州置摩尼寺。其徒白衣白冠。

會昌三年，敕天下末尼寺並廢。京城女末尼七十二人皆死。在回紇者流之諸道。五年敕，大秦穆護火祆等二千人，並勒還俗。

梁貞明六年，陳州末尼反，立母乙爲天子。朝廷發兵禽斬之。其徒以不茹葷飲酒，夜聚婬穢。畫魔王踞坐，佛爲洗足。云佛止大乘，我乃上上乘。

贊寧《大宋僧史略》卷下《大秦末尼》 火祆火煙切教法本起大波斯國，號蘇魯支，有（第）〔弟〕子名女眞，習師之法，居波斯國。大摠長如火山後，行化於中國。貞觀五年，有傳法穆護何祿，將祆教詣闕聞奏。勅令長安崇化坊立祆寺，號大秦寺，又名波斯寺。開元二十年八月十五日勅，末尼本是邪見，妄稱佛教，誑惑黎元。以西胡等既是師法，當身自行，不須科罰。至天寶四年十月，波斯勅經教，出自大秦，傳習而來，久行中國，爰初建寺，因以爲名。將欲示人，必循其本，其兩京波斯寺，宜改爲大秦寺。天下諸州郡有者準此。太曆三年六月勅，迴紇置寺，宜賜額大雲光明之寺。六年正月又勅，荆，越，洪等州，各置大雲光明寺一所。武宗會昌三年勅，天下摩尼寺並廢入官，京城女摩尼七十二人死。及在此國迴紇諸摩尼等，配流諸道，死者大半。五年再勅，大秦穆護火祆等二千餘人，並勒還俗。然而未盡根荄，時分蔓衍。梁貞明六年，陳州末尼黨類立毋乙爲天子。發兵討之，生擒毋乙，餘黨械送闕下，斬於都市。初陳州里俗喜習左道，依浮圖之教，自立丁宗，號上上乘。不食葷茹，誘化庸民，糅雜淫穢，宵集晝散。因刺史惠王友能動多不法，由是妖賊嘯聚，累討未平。及貞明中，誅斬方盡。後唐石曹時，復潛興。推一人爲主，百事稟從，或畫一魔王踞坐，佛爲其洗足，曰佛止大乘，此乃上上乘也。蓋影傍佛教，所謂相似道也。或有比丘爲饑凍，故往往隨之效利，有識者尚遠離之。此法誘人，直到地獄，慎之哉。

洪适《盤洲文集》卷七四《先君述》 先君登政和五年進士第，主台州寧海簿。會令去，攝其事。民舊苦市絹不均，先君始令物力百千者賦一匹，大姓王隆多買田，不受稅，歲纔五十匹，至是數增三倍餘。以次定賦，蠲貧弱者四千八百戶。李氏富而贛，家藏妖書，號《二宗三際經》，時節集鄰曲，醵香火祀神，元未嘗習也。姦人跪入伍中，通其女，既泄，即告縣，逮送獄。先君入食，有小吏偶語，喜甚。詰之，曰，李氏輩賂錢五十萬，故喜。先君曰，是下獄屬耳，而賕吏若此，可緩乎。即呼囚庭下，委曲問情得，幷告者平決之，吏駭顧失色。方臘反，台之仙居民應之，蹤捕反黨及旁縣。一日驅菜食者數百人至縣，丞尉皆曰，可殺。先君爭不得，丞尉用賞秩。不踰年，相繼死，皆見所殺爲厲云。

雜録

《太平廣記》卷一〇七《報應六・吳可久》 吳可久，越人，唐元和十五年居長安，奉摩尼教，妻王氏，亦從之。歲餘，妻暴亡。經三載，見夢其夫曰，某坐邪見爲蛇，在皇子陂浮圖下，明旦當死，願爲請僧，就彼轉金剛經，冀免他苦。夢中不信，叱之，妻怒，唾其面，驚覺，面腫痛不可忍。妻復夢於夫之兄曰，園中取龍舌草，搗傅立愈。兄寤走取，授其弟，尋愈。詰旦，兄弟同往，請僧轉金剛經。俄有大蛇從塔中出，擧首徧視，經終而斃。可久歸佛，常持此經。

《老子化胡經》卷一《老子西昇化胡經序説第一》 後經四百五十餘年，我乘自然光明道氣，從眞寂境飛入西那玉界蘇隣國中，降誕王室，示爲太子，捨家入道，號末摩尼。轉大法輪，説經誡律定慧等法，乃至三際及二宗門。教化天人，令知本際。上至明界，下及幽塗，所有衆生，皆由此度。摩尼之後，年垂五九，金氣將興，我法當盛，西方聖象，衣彩自然，來入中洲，是効也。當此之時，黃白氣合，三教混齊，同歸於我，仁祠精舍，接棟連甍，翻演後聖大明尊法，中洲道士，廣説因緣，爲世舟航。大弘法事，動植含氣，普皆救度，是名總攝一切法門。

明教

綜述

陸游《渭南文集》卷五《應詔條對狀》 自古盜賊之興，若止因水旱饑饉，迫於寒餓，嘯聚攻刼，則措置有方，便可撫定，必不能大爲朝廷之憂。惟是妖幻邪人，平時誑惑良民，結連素定，待時發，則其爲害，而未易可測。伏緣此色人處處皆有，淮南謂之二禬子，兩浙謂之牟尼教，江東謂之四果，江西謂之金剛禪，福建謂之明教，揭諦齋之類，名號不一，明教尤甚。至有秀才，吏人，軍兵亦相傳習。其神號曰明使，又有肉佛，骨佛，血佛等號。白衣烏帽，所在成社。僞經妖像，至於刻版流布。假借政和中道官程若清等爲校勘，福州知州黄裳爲監雕。以祭祖考爲引鬼，永絶血食。以溺爲法水，用以沐浴。其他妖濫，未易槩舉。燒乳香則乳香爲之貴，食菌蕈則菌蕈爲之貴，更相結習，有同膠漆，萬一竊發，可爲寒心。漢之張角，晉之孫恩，近歲之方臘，皆是類也。欲乞朝廷戒敕監司守臣，常切覺察，有犯于有司者，必正典刑，毋得以習不根經教之女，例行闊略。仍多張曉示見，令傳習者限一月聽賫經像衣帽，赴官自首，與原其罪。限滿重立賞，許人告捕。其經文印版，令州縣根尋，日下焚毀。仍立法凡爲人圖畫妖像，及傳寫刊印明教等妖妄經文者，並從徒一年論罪。庶可陰消異時竊發之患。

白玉蟾《海瓊白真人語録》卷一第十一至第十二 相問曰：鄉間多有喫菜持齋以事明教，謂之滅魔。彼之徒且曰太上老君之遺教，然耶，否耶。答曰，昔蘇鄰國有一居士號曰慕闍，始者學仙不成，終乎學佛不就，隱於大那伽山，始遇西天外道有曰毗婆伽明使者，教以一法，使之修持，遂留此一教，其實非理。彼之教有一禁戒，且云盡大地山河草木水火，皆是毗盧遮那法身，所以不敢踐履，不敢舉動。然雖如是，却是在毗盧遮那佛身外面立地，且如持八齋禮五方，不過教戒使之然爾。其教中一曰天王，二曰明使，三曰靈相土地，以主其教，大要在乎清淨，光明，大力，智慧八字而已。然此八字無出乎心，今人著相修行而欲盡此八字可乎，況曰明教而且自昧。

紀事

《明太祖實録》卷五三（洪武三年六月甲子） 禁淫祠制曰，朕思天地造化能生萬物而不言，故命人君代理之。前代不察乎此，聽民人祀天地祈禱無所不至，普天之下，民庶繁多，一日之間，祈天者不知其幾，瀆禮僭分，莫大於斯。古者天子祭天地，諸侯祭山川，大夫士庶各有所宜祭，其民間合祭之神，禮部其定議頒降，違者罪之。於是中書省臣等奏，凡民庶祭先祖，歲除祀竈，鄉村春秋祈土穀之神，凡省災患禱于祖先，若鄉厲邑厲郡厲之祭，則里社郡縣自舉之。其僧道建齋設醮，不許章奏上表，投拜青詞，亦不許塑畫天神地祇。及白蓮社，明尊教，白雲宗巫覡扶鸞禱聖，書符呪水諸術，並加禁止。庶幾左道不興，民無惑志。詔從之。

雜録

徐鉉《稽神録》卷三《清源都將》 清源人楊某爲本郡防遏營副將，有大第在西郭。侵晨趨府未歸，家人方食，忽有一鵝負紙錢自門而入，徑詣西郭房中。家人云：「此鵝自神祠中來耶？」令其奴逐之。奴入房，但見一雙髻白鬚老翁。家人莫不驚走。某歸，聞之怒，持杖擊之。鬼出沒四隅，變化倏忽，杖莫能中。某益怒曰：「食訖，當復來擊殺之。」鬼乃折腰而前曰：「諾。」楊有女二。長女入廚切肉具食，肉落碪，輒失去。女執刀白父曰：「碪下露一大黑毛手，曰：『請斫！』。」女走，氣殆絶，因而成疾。次女於大甕中取鹽，有一猴自甕突出，上女之背。女走至堂前，復失之。亦成疾。乃召巫立壇治之。鬼亦立壇作法，愈盛於巫，巫不能制，亦懼而去。頃之，二女及妻皆卒。後有善作魔法者，名曰明教，請爲

持經一宿。鬼乃唾罵某而去，因而遂絶。某其年亦卒。

陸游《老學庵筆記》卷一〇 閩中有習左道者，謂之明教。亦有明教經，甚多刻版摹印，妄取道藏中校定官名銜贅其後。燒必乳香，食必紅蕈，故二物皆翔貴。至有士人宗子輩，衆中自言：「今日赴明教齋。」予嘗詰之：「此魔也，奈何與之遊？」則對曰：「不然，男女無別者爲魔，男女不親授者爲明教。明教，婦人所作食則不食。」然嘗得所謂明教經觀之，誕謾無可取，眞俚俗習妖妄之所爲耳。又或指名族士大夫家曰：「此亦明教也。」不知信否。偶讀徐常侍《稽神録》云，「有善魔法者，名曰明教。」則明教亦久矣。

組織與設施分部

教階

綜述

拂多誕譯《摩尼光佛教法儀略一卷・五級儀第四》 第一十二慕闍譯云承法教道者。

第二七十二薩波塞譯云侍法者亦號拂多誕。

第三三百六十默奚悉德譯云法堂主。

第四阿羅緩譯云一切純善人。

第五耨沙喭譯云一切淨信聽者。

右阿羅緩已上並素冠服。唯耨沙喭一位聽仍舊服。如是五位禀受相依，咸遵教命，堅持禁戒，名解脱路。若慕闍犯戒，即不得承其教命。假使精通七部才辯卓然，爲有愆違。五位不攝如樹滋茂皆因其根，根若憊者樹必乾枯。阿羅緩犯戒，視之如死，表白衆知逐令出法。海雖至廣不〔下缺〕宿死屍，若有覆藏，還同破戒。

慕闍

紀事

《册府元龜》卷九七一《外臣部・朝貢四》 開元七年六月，大食國，吐火羅國，康國，南天竺國遣使朝貢。其吐火羅國支汗那王帝賒，上表獻解天文人大慕闍，其人智慧幽深，問無不知。伏乞天恩，喚取慕闍，親問臣等事意及諸教法。知其人有如此之藝能，望請令其供奉，並置一法堂，依本教供養。

拂多誕

紀事

志磐《佛祖統紀》卷三九 延載元年，波斯國人拂多誕（西海大秦國人）持《二宗經》僞教來朝。

摩尼師

紀事

《舊唐書・迴紇傳》（元和八年）十二月二日，宴歸國迴鶻摩尼八人，令至中書見宰臣。先是，迴鶻請和親，憲宗使有司計之，禮費約五百

萬貫，方內有誅討，未任其親，以摩尼爲迴鶻信奉，故使宰臣言其不可。乃詔宗正少卿李孝誠使于迴鶻，太常博士殷侑副之，諭其來請之意。長慶元年，毗伽保義可汗薨，輟朝三日，仍令諸司三品已上官就鴻臚寺弔其使者。四月，正衙冊迴鶻君長爲登羅羽錄沒密施句主錄毗伽可汗。以少府監裴通爲檢校左散騎常侍兼御史大夫，持節冊立，兼弔祭使。五月，迴鶻宰相、都督、公主、摩尼等五百七十三人入朝。迎公主於鴻臚寺安置，敕太和公主出降迴鶻爲可敦。

《舊五代史·回鶻傳》 周廣順元年二月，遣使并摩尼貢玉團七十有七。

《新五代史·周本紀》 周廣順元年二月，回鶻使摩尼來。

王溥《唐會要》卷四九《摩尼寺》 貞元十五年四月，以久旱，令摩尼師祈雨。

圓仁《入唐求法巡禮行記》卷三 會昌三年歲次癸亥，四月中旬，勑下，令鈠天下摩尼師，剃髮令著袈裟，作沙門形而鈠之。摩尼師，即迴鶻所崇重也。

寺宇

綜述

拂多誕譯《摩尼光佛教法儀略一卷·寺宇儀第五》 經圖堂一、齋講堂一、禮懺堂一、教授堂一、病僧堂一。右置五堂，法衆共居，精修善業，不得別立私室廚庫。每日齋食，儼然待施，若無施者，乞丐以充。唯使聽人勿畜奴婢及六畜等非法之具。

每寺尊首詮簡三人：

第一阿拂胤薩，譯云讚願首專知法事。

第二呼嚧喚，譯云教道首專知奬勸。

第三遏換健塞波塞，譯云月直，專知供施，皆須依命，不得擅意。

紀事

舒元輿《唐鄂州永興縣重巖寺碑銘并序**》** 官寺有九，而鴻臚其一，取其實而往來也。臚者傳也，傳異方之賓禮儀與其言語也。寺也者，府署之別號也，古者開其府，署其官，將以禮待異域賓客之地。竺乾之教，蓋西土絕徼者也。自漢氏夢有人如金色之降，其流來東，吾之鴻臚待西賓一支，特異於三方。厥後斯來委於吾土，吾人仰之如神明焉，伏之如風草焉。至有思覿厥貌，若盼然如見者，則取其書，按其云云之文，鎔金琢玉，刻木扶土，運毫合色，而彊擬其形容，搆廈而貯之。猶波之委於瀆，瀆之注於溟，晝夜何曾知停息之時。其如是非官寺之一而能容焉，故釋寺之作由官也，其非九而能拘也，其制度非臺門旅樹而能節也，故十族之鄉，百家之閭，必有浮圖，爲其粉黛。國朝沿近古而有加焉，亦容雜夷而來者，有摩尼焉，大秦焉，祆神焉，合天下三夷寺不足當吾釋寺一小邑之數也。其所以知西人之教，能蹴踏中土，而內視諸夷也。

《舊唐書·憲宗紀》 元和二年正月庚子，回紇請于河南府、太原府置摩尼寺，許之。

王溥《唐會要》卷四九《摩尼寺》 貞元十五年四月，以久旱，令摩尼師祈雨。

元和二年正月庚子，迴紇請于河南府、太原府置摩尼寺，許之。

會昌三年勅，摩尼寺莊宅錢物，並委功德使及御史臺，京兆府差官檢點。在京外宅修功德迴紇，並勒冠帶。摩尼寺委中書門下條疏奏聞。

志磐《佛祖統紀》卷五四 大曆三年敕，回紇及荆揚等州，奉末尼各建大雲光明寺。六年，回紇請荆揚洪越等州置末尼寺。其徒白衣白冠。

會昌三年，敕天下末尼寺并廢。京城女末尼七十二人皆死。在回紇者流之諸道。

《宋史·高昌傳》 佛寺五十餘區，皆唐朝所賜額，寺中有《大藏經》、《唐韻》、《玉篇》、《經音》等。居民春月多群聚遨樂於其間，游者馬上持弓矢射諸物，謂之禳災。有敕書樓，藏唐太宗、明皇御札詔敕，緘鎖

甚謹。復有摩尼寺，波斯僧各持其法，佛經所謂外道者也。

王明清《揮麈前録》卷四 太平興國六年五月，詔遣供奉官王延德、殿前承旨白勳使高昌。雍熙元年四月，延德等叙其行程來上云【略】佛寺五十餘區，皆唐朝所賜額，寺中有《大藏經》、《唐韻》、《玉篇》、《經音》等，居民春月多遊，羣聚遨樂於其間，遊者馬上持弓矢射諸物，謂之禳宼。有敕書樓，藏唐太宗、明皇御札詔敕，緘鎖甚謹。後有摩尼寺，波斯僧各持其法，佛經所謂外道者也。

黄震《黄氏日抄》卷八六《崇壽宮記》 四明固山水奇絶處也。慈溪之西踰二十里，其地薄海，氣勢益磅礴。有峯特起，爲五磊山，突兀撑天，猶若奮乎其不可遏。則又岐而對發，各奔駛數十里以入海，東之復出於海者爲伏龍，西之復出於海者爲向頭，遂爲今行都國戶門，皆斷崖萬仭，屹立雲濤浩渺間。御地軸以浮天，挹仙山之如見。故其中沃野曼衍，特氣扶疎。人生其間，往往多秀特，而崇壽宮又適居其水脉之會，故其烟林蓊鬱，羽衣瀟灑。時亦多聞人，如往歲吾叔祖黄仲清，以詩聞。今住持之祖張安國，以草聖聞。皆嘗名動一時，夫豈偶然之故哉。然其雲屋疎踈，垂三百年莫之整，以僻故也。安國之法嗣曰張希聲，神采精悍，文而有綜理材，始慨然以興起爲己任。余與別二十年，意其已老，雖有志未必酬。俄一日書來，述其居已大備，屬余記之。且曰，吾非求以記吾勤也，記吾居之所自始也。吾之居日廣，而吾之所自始日泯，非所以篤既往昭方來也。吾師老子之入西域也，嘗化爲摩尼佛，具法於戒行尤嚴，日惟一食，齋居不出戶，不但如今世清淨之云。吾所居初名道院，正以奉摩尼香火，以其本老子也。紹興元年十一月，冲素太師陳立正始請今勑賜額。嘉定四年九月，住持道士張悟眞始建今三清殿，嶽祠建於端平之乙未，法堂建於淳祐之壬子，藏殿建於寶祐之乙卯，而山門建於景定之癸亥。與夫建丈室以集簪佩，建舫齋以列琴書。下至庖湢，色色粗備，則又皆吾銖積以成，未嘗以千人，故雖工役之繁，貲費之多，皆所不必記。獨念新之增者舊之忘，身之舒者心之肆，摩尼之法之嚴，雖久已莫能行，而其法尚存，庶幾記之以自警，且以警後之人也。余讀之曰，嘻。此有識之言，亦無窮之思也。然吾儒與佛老固冰炭，佛與老又自冰炭。今謂老爲佛，而又屬記於學儒者，將何辭以合之，且何據耶。因書詰之。則報曰，吾說豈無據者。《老子化胡經》明言，我乘自然光明道氣，飛入西那玉界，降爲太子，捨家入道，號末摩尼，説戒律定惠等法，則道經之據如此。釋氏古《法華經》卷之八九，正與《化胡經》所載合。佛法廣大，何所不通而限於町畦者始或秘之不以出。白樂天晚年酷嗜内典，至其題摩尼經，亦有五佛繼光明之句，是必有得於貫通之素者矣，則釋氏之據如此。唐憲宗元和元年十一月，回鶻入貢，始以摩尼偕來，置寺處之。其事載於温公之《通鑑》，述於晦翁之《綱目》。則儒書之據又如此。余既審之果然，希聲復緘示所謂《衡鑑集》，載我宋大中祥符九年，天禧三年，兩嘗勅福州。政和七年及宣和二年，兩嘗自禮部牒溫州，皆宣取摩尼經頒入《道藏》。其文尤悉，余始復書謂之曰，信矣，是可記也。夫天下事不過是與非，善與惡兩端而止，自古立言垂訓者，莫不使人明是而別非，絶惡而修善，故能輔人心而裨世教。説久而弊，始或紛之，老子寶慈儉而後世事清談，釋氏恃戒定而後世譏執着，是豈其初然哉。老子再化爲摩尼而說法，獨嚴於自律，如師所云，殆其初之未變者，師而念之而傳之，則道之初在是，釋之初亦在是，且有近於吾儒之所謂敬於以發山川之靈異，恢道俗之見聞，所琳宮仙館千萬年憑藉無窮，豈徒在今輪奐間。師曰諾哉。因録其往復之詳如此，是爲記。景定五年五月記。

孔克表《選真寺記》 由平陽郭南行七十里，有山曰鵬山，層巒演迤，隆然回抱，河流縈帶，林壑茂美，彭氏世居之。從彭氏之居西北道三百餘步，有宮一區，其榜曰「選眞寺」，爲蘇鄰國之教者宅焉，蓋彭氏之先之所建也。故制犕樸，人或隘之。彭君如山奮謂其姪德玉曰：「寺，吾祖創也。第厥度弗弘，不足以示嚴揭誠。吾幸不墜先人遺緒，願輟堂構之餘力以事茲役，汝其相吾成。吾祖有知，將不悼其志之弗獲承於地下矣。」德玉應曰：「諾，敢不唯命是共。」迺斥故址，致木與石，聚羣藝攻之。崇佛殿，立三門，列左右廡。諸所締構，咸既底法。無何，德玉即世，君晝焉。且曰：「吾姪已矣，吾事其可已乎？」則又飭材經工，用濟完美。演法有堂，會學徒有舍，啓處食寢有室，以至廚井庫廩湢圊之屬，靡不具脩。都爲屋如干楹，輪奐赫敞，視于初有加矣。既而又曰：「嘻，斯役之造，吾惟先志之弗克承是懼，非惠徼福田利益也。今茲幸遂僝功，惟祖考之靈其尚於茲乎？妥哉。」於是即寺之東廡，作祠宇以奉神主，又割田如

干畝，賦其金用供祀饗，而委其贏充寺之他費焉。繼德玉而相于成者，君之孫文復，文明，文定，文崇，文振也。今年春，文明來道建寺顛末，且徵文記之。噫，世之爲子若孫，保有祖父之業幸弗荒墜，難矣。其有潤飾而光大之，蓋千百而一二得焉者也。矧又能肆其力於堂構播獲之外乎？今觀君於建寺一役，尙惓惓焉紹揚先志若此，則其世業之克昌，概可知矣。其享有壽祜，宜哉。予嘉其孝思之不忘也，故爲紀建寺之績，而君之美因牽聯得書。君名仁翁，如山其字。今年實至正十一年，二月十五日記。

陳高《不繫舟漁集·竹西樓記》　溫之平陽有地曰炎亭，在大海之濱，東臨海，西、南、北三面負山。山環之，若箕狀，其地可三四里，居者數百家，多以漁爲業。循山麓而入，峰巒迴抱，不復見海。其中得平地，有田數百畝，二十餘家居之，耕焉以給食，有潛光院在焉。潛光院者，明教浮圖之宇也。明教之始，相傳以爲自蘇隣國流入中土，甌閩人多奉之。其徒齋戒持律頗嚴謹，日一食，晝夜七時詠膜拜。潛光院東偏，石心上人之所居也，有樓焉，曰「竹西樓」，當山谷之間，下臨溪澗，林樹環茂。樓之東植竹，其木多松櫧檜柏，有泉石烟霞之勝，而獨以竹名焉者，蓋竹之高標清節，學道者類之，故取以自況云。鄉之能文之士，若章君慶、何君岳、林君齊、鄭君弼，咸賦詩以歌詠之，斯樓之美，與竹之幽，固不待言而知矣。石心修爲之暇，游息于是，山雨初霽，冷風微來，如挹琅玕之色，聽環珮之音焉，而又仰觀天宇之空曠，俯瞰林壑之幽深，倘倘然若遊于造物之表，而不知人世之爲人世也。石心素儒家子，幼誦六藝百氏之書，趣淡泊而習高尙，故能不汨于塵俗，而逃夫虛空。其學明教之學者，蓋亦托其迹而隱焉者歟。若其孤介之質，清修之操，眞可以無愧于竹哉。樓建于某年，石心之師曰德山，實經營之。石心名道堅。至正十一年七月望記。

何喬遠《閩書》卷七《方域志》　華表山與靈源相連，兩峰角立如華表。山背之麓有草庵，元時物也，祀摩尼佛。摩尼佛名末摩尼光佛，蘇隣國人，又一佛也，號具智大明使。云老子西入流沙，五百餘歲，當漢獻帝建安之戊子，寄形㮈暈。國王拔帝之后，食而甘之，遂有孕。及期，擘胸而出。㮈暈者，禁苑石榴也。其說與攀李樹，出左脇相應。其教曰明，衣尙白，朝拜日，夕拜月。了見法性，究竟廣明，云即汝之性，是我之身，即我之身，是汝之性。蓋合釋老而一之。行於大食，拂菻，火羅，波斯諸國。晉武帝太始丙戌，滅度于波斯，以其法屬上首慕闍。慕闍當唐高宗朝行教中國，至武則天時，慕闍高弟密烏沒斯拂多誕復入見。群僧妬譖，互相擊難。則天悅其說，留使課經。開元中作大雲光明寺奉之。自言其國始有二聖，號先意夷數，若吾中國之言盤古者，末之爲言大也。其經有七部。有化胡經，言老子西入流沙，托生蘇隣事。會昌中汰僧，明教在汰中。有呼祿法師者，來入福唐，授侶三山，游方泉郡，卒葬郡北山下。至道中，懷安士人李廷裕，得佛像於京城卜肆，鬻以五十千錢，而瑞相遂傳閩中。眞宗朝，閩士人林世長取其經以進，授守福州文學。皇朝太祖定天下，以三教範民，又嫌其教門上逼國號，擯其徒，毀其宮。戶部尙書郁新，禮部尙書楊隆，奏留之，因得置不問。今民間習其術者，行符呪，名師氏法，不甚顯云。庵後有萬石峰，有玉泉，有雲梯百級，及諸題刻。

教規與禮儀分部

教規

綜述

《新唐書·回鶻傳上》　元和初，再朝獻，始以摩尼至。其法日晏食，飲水茹葷，屏湩酪。可汗常與共國者也。摩尼至京師，歲往來西市，商賈頗與囊橐爲姦。

《資治通鑒·唐紀五三·憲宗元和元年》　是歲，回鶻入貢，始以摩尼偕來，於中國置寺處之。其法日晏乃食，食葷而不食湩酪。回鶻信奉之，可汗或與議國事。

志磐《佛祖統紀》卷三九　良渚曰，準國朝法令，諸以《二宗經》及

非藏經所載不根經文傳習惑衆者，以左道論罪。二宗者，謂男女不嫁娶，互持不語。病不服藥，死則裸葬等。不根經文者，謂佛佛吐戀師，佛說啼淚。《大小明王出世經》、《開元括地變文》、《齊天論》、《五來子曲》之類。其法不茹葷飲酒，晝寢夜興，以香爲信，陰相交結，稱爲善友。

又卷四八 其修持者正午一食，裸屍以葬，以七時作禮。

陳高《不繫舟漁集·竹西樓記》 潛光院者，明教浮圖之宇也。明教之始，相傳以爲自蘇隣國流入中土，甌閩人多奉之。其徒齋戒持律頗嚴謹，日一食，晝夜七時詠膜拜。

禮儀

綜述

佚名《下部讚·收食單偈》大明使釋 一者無上光明王，二者智惠善母佛，三者常勝先意佛，四者歡喜光明佛，五者勤修樂明佛，六者眞實造相佛，七者信心淨風佛，八者忍辱日光佛，九者直意盧舍舥，十者知恩夷數佛，十一者齊心電光佛，十二者惠明莊嚴佛。身是三世法中王，開楊一切秘密事；二宗三際性相義，悉能顯現無疑滯。

又《第二疊》 無上光明王智惠，常勝五明元歡喜，勤心造相恆眞實，信心忍辱鎭光明，宜意知恩成功德，和合齊心益惠明：究竟究竟常寬泰，稱讚稱楊四處佛。

又《旬齋默結願偈·凡常日結願偈》 第一 旬齋默結願用之。

稱讚忙你具智王，及以五明清淨躰；稱讚一切諸明使，及以護持正法者。過去一切慈父等，過去一切慕闍輩，過去一切拂多誕，過去一切法堂主，具戒男女解脱者，並至安樂普稱歎；亡沒沉輪諸聽者，衆聖救將達彼岸。

右，三行三禮至於亡沒聽者，任依梵音唱亡人名，然依後續。

一切信施士女等，於此正法結緣者，倚託明尊解脱門，普願離諸生死苦。今日所造諸功德，請收明使盡迎將；一切天仙善神等，平安遊止去災殃。一切法堂伽藍所，諸佛明使願遮防；內外安寧無鄣礙，上下和合福延長。

第二 凡常日結願用之。

稱讚忙你具智王，及以光明妙寶身；稱讚護法諸明使，及以廣大慈父等。慕闍常願無礙遊，多誕所至平安住，法堂主上加歡喜，具戒師僧增福力，清淨童女策令勤，諸聽子等唯多悟，衆聖遮護法堂所，我等常寬無憂慮。

右，三行三禮，立者唱了，與前偈結，即合衆同聲言「我等上相【略】」。

我等上相悟明尊，遂能信受分別說。大聖既是善業躰，願降慈悲令普悅。

若「我等上相」既了，衆人並默，尊者即誦《阿拂利偈》，次云「光明妙身」結。

光明妙身速解脱，所是施主罪銷亡；一切師僧及聽子，於此功德同榮念；正法流通得無礙，究竟究竟願如是。

又《莫日結願偈》 此偈凡莫日用爲結願。

敬禮及稱讚，常加廣稱歎，讚此今時日，於諸時最勝。諸有樂性者，今時入香水，滲浴諸塵垢，皆當如法住。稱讚大威相，充遍於淨法；自是夷數佛，能蘇諸善種。稱讚眞實主，大力忙你尊，能活清淨躰，能救諸明性，願以慈悲眼，普觀此淨衆，如斯最小群，如斯最小處。唯願自遮防，恆加力提策，凝身無礙躰，內外常加被。我等淨法男，諸堅童女輩，及以諸聽者，究竟如所願。

又《結諸唄願偈》 此偈結諸唄願而乃用之。

梵音唄響，詞美殊佳，善業同資，普及一切。上啓諸天聖衆：荷重光明，願降大慈，增諸福力，捨我合衆之過，及篤信聽人，於一常名，究竟安樂。

又《莫日與聽者懺悔願文偈》 此偈凡至莫日，與諸聽者懺悔願文。

汝等聽者，人各跖跪。誠心懇切，求哀懺悔，對眞實父，大慈悲主，十二光王，涅槃國土；對妙生空，無邊聖衆，不動不俎，金剛寶地；對日月宮，二光明殿，各三慈父，元堪讚譽；對盧舍舥，大莊嚴柱，五妙相

身，觀音勢至；對今吉日，堪讚歎時，七寶香池，滿活命水，有缺七施。十戒三印法門，又損五分法身，恒加費用；或斬伐五種草木，或勞役五類衆生，餘有無數愆違，今並洗除懺悔；若至無常之日，脱此可猒肉身。諸佛聖賢，前後圍遶；寶舩安置，善業自迎，直至平等王前。受三大勝，所謂「花冠瓔珞，萬種妙衣串佩」。善業福德佛性，無窮讚歎。又從平等王所，幡花寶蓋，前後圍遶，衆聖歌揚。入盧舍舥境界，於其境內，道路平正，音聲梵響，周迴彌覆。從彼直至日月宮殿，而於六大慈父及餘眷屬，各受快樂無窮讚歎。又復轉引到於彼岸，遂入涅槃常明世界，與自善業，常受快樂。合衆同心，一如上願。

又《你逾沙懺悔文》　此偈你逾沙懺悔文。

我今懺悔所，是身口意業，及貪嗔癡行，乃至縱賊毒心，諸根放逸；或疑常住三寶，並二大光明；或損盧舍舥，身兼五明子；於師僧父母、諸善知識，起輕慢心，更相毁謗；於七施、十戒、三印法門，若不具修，願罪銷滅。

又《爲亡者受供結願偈》　此偈爲亡者受供結願用之。

某乙明性，去離肉身，業行不圓，恐沉苦海，唯願二大光明，五分法身，清淨師僧，大慈悲力，救拔彼性，令離輪迴，剛強之躰，及諸地獄，鑊湯爐炭。唯願諸佛，哀愍彼性，起大慈悲，與其解脱；自引入於光明世界，本性之處，安樂之境。功德力資，依如上願。

人物分部

摩尼

綜述

拂多誕譯《摩尼光佛教法儀略一卷·託化國土名號宗教第一》　佛夷瑟德烏盧詵者，本國梵音也。譯云光明使者，又號具智法王，亦謂摩尼光佛，即我光明大慧無上醫王應化法身之異號也。當欲出世，二耀降靈分光三體，大慈愍故應敵魔軍，親受明尊清淨教命，然後化誕，故云光明使者，精眞洞慧，堅疑克辯，故曰具智法王，虛應靈聖，覺觀究竟，故號摩尼光佛。光明所以徹內外，大慧所以極人天，無上所以位高尊，醫王所以布法藥。則老君託孕太陽流其晶，釋迦受胎日輪叶其象，資靈本本三聖亦何殊，成性存存一貫皆悟道。按彼波斯婆毗長曆，自開闢初有十二辰掌分年代，至第十一辰名訥，管代二百二十七年，釋迦出現。至第十二辰名魔謝，管代五百二十七年，摩尼光佛誕蘇隣國跋帝王宮，金薩健種夫人滿艷之所生也。婆毗長曆當漢獻帝建安十三年二月八日而生，泯然懸合矣。至若資稟天符而受胎，齋戒嚴潔而懷孕者，本清淨也。自胸前化誕，卓世殊倫，神驗九徵，靈瑞五應者生非凡也。又以三願四寂五眞八種無畏衆德圓備，其可勝言。自天及人拔苦與樂諛德而論矣。若不然者，曷有身誕王宮神凝道慧。明宗眞本智謀特正，體質孤秀，量包乾坤，識洞日月，開兩元大義，示自性各殊，演三際深文，辯因緣瓦合，誅邪祐正，激濁揚清。其詞簡，其理直，其行正，其證眞。六十年內開示方便，感四聖以爲威力，騰七部以作舟航，應三宮而建三尊，法五明而列五級，妙門殊特，福被存亡也。按《摩訶摩耶經》云，佛滅度後一千三百年，袈裟變白，不受染色。觀《佛三昧海經》云，摩尼光佛出現世時，常施光明，以作佛事。《老子化胡經》云，我乘自然光明道氣，飛入西那王界蘇隣國中，示爲太子。捨家入道，號曰摩尼轉大法輪，説經戒律定慧等法，乃至三際及二宗門。上從明界下及幽塗，所有衆生皆由此度。摩尼之後，年垂五九，我法當盛者。五九四十五，四百五十年，教合傳於中國。至晉太始二年正月四日乃息化，身還歸眞寂。教流諸國，接化蒼生。從晉太始至今開十九，歲計四百六十年。證記合同，聖跡照著。教闡明宗用除暗惑，法開兩性分別爲門，故釋經云，若人捨分別，是則滅諸法。如有修行人，不應共其住。又云，烏歸虛空，獸歸林藪，義歸分別，道歸涅槃。不覈宗本，將何歸趣。行門眞實，果證三宮，性離無明，名爲一相。今此教中，是稱解脱，略舉微分，以表進修。梵本頗具，此未繁載。

又《形相儀第二》　摩尼光佛，頂圓十二光王勝相，體備大明無量祕

義，妙形特絶，人天無比。串以素帔，倣四淨法身，其居白座，像五金剛地二界合離。初後旨趣，宛在眞容。觀之可曉，諸有靈相百千勝妙，寔難備陳。

藝　文

佚名《下部讚·稱讚忙你具智王》 稱讚忙你具智王，自是光明妙寶花，擢幹彌輪超世界，根果通身並堪譽。若人能食此果者，即得長生不死身；或復嘗彼甘露味，内外莊嚴令心憘。即是衆生倚託處，策持令安得堅固，能與我等無生滅，豈不齊心稱讚禮？弥重弥重慈父名，究竟究竟願如是。

又《讚忙你佛結願偈》 此偈讚忙你佛訖，末後結願用之。

稱讚褒譽，弥重廣大，彼眞實主，最上光王，常明世界，及其聖衆，忙你法王，明尊許智，諸聖許惠，從三界外，來生死中，蘇我等性，爲大毉王，作平斷者；開甘露泉，栽活命樹，救同鄉衆，收光明子，於柔軟群，作當牧者；塴塹福田，滋盛苗實，於清淨法，作守護者。敬禮威德！慚愧深恩。對無上尊，對光明衆，深領大恩，慚賀大澤。實於我等，除大厄難，作大歡喜；我等今者，對於諸聖，誠心懇懺：一切從忙你佛邊所，受上方之塩印，日夜堅持，不敢輕慢；我等今者，於一淨名，決定修行，究竟獲勝，如先本願。

呼禄法師

綜　述

何喬遠《閩書》卷七《方域志·華表山》 會昌中汰僧，明教在汰中。有呼祿法師者，來入福唐，授侶三山，游方泉郡，卒葬郡北山下。

藝　文

朱熹《與同僚謁莫北山呼禄法師墓》 聯車陟修坂，覽物窮山川。疎林汎朝景，翠嶺含雲煙。祠殿何沈邃，古木鬱蒼然。明靈自安宅，牲酒告恭虔。肸蠁理潛通，神蚪亦蜿蜒。既歡歲事舉，重喜景物妍。解帶憩精廬，尊酌且流連。縱談遺名跡，煩慮絶拘牽。迅晷諒難留，歸軫忽已騫。蒼蒼暮色起，反旆東城阡。

典籍分部

摩尼教七經

綜　述

拂多誕譯《摩尼光佛教法儀略一卷·經圖儀第三》 凡七部并圖一：第一大應輪部，譯云徹盡萬法根源智經。第二尋提賀部，譯云淨命寶藏經。第三泥萬部，譯云律藏經亦稱藥藏經。第四阿羅瓚部，譯云祕密法藏經。第五鉢迦摩帝夜部，譯云證明過去教經。第六俱緩部，譯云大力士經。第七阿拂胤部，譯云讃願經。大門荷翼圖一，譯云大二宗圖。

右七部大經及圖。摩尼光佛當欲降代，衆聖賛助，出應有緣。置法之日，傳受五級，其餘六十年間宣說正法。諸弟子等隨事記錄，此不載列。

紀事

《宋會要輯稿・刑法二》七八—七九　宣和二年十一月四日，臣僚言一溫州等處狂悖之人，自稱明教號爲行者。今來明教行者，各於所居鄉村，建立屋宇，號爲齋堂。如溫州共有四十餘處，並是私建無名額佛堂。每年正月內，取曆中密日，聚集侍者、聽者、姑婆、齋姊等人，建設道場，皷扇愚民男女，夜聚曉散。一明教之人，所念經文及繪畫佛像，號曰《訖思經》、《證明經》、《太子下生經》、《父母經》、《圖經》、《文緣經》、《七時偈》、《日光偈》、《月光偈》、《平文》、《策漢贊》、《策證明贊》、《廣大懺》、《妙水佛幀》、《先意佛幀》、《夷數佛幀》、《善惡幀》、《太子幀》、《四天王幀》，已上等經佛號，即於道釋經藏並無明文該載，皆是妄誕妖怪之言，多引爾時明尊之事，與道釋經文不同。至於字音，又難辨認，委是狂妄之人，僞造言辭，誑愚惑衆，上僭天王太子之號。奉御筆，仰所在官司，根究指實，將齋堂等一切毀拆，所犯爲首之人，依條施行外，嚴立賞格，許人陳告。今後更有似此去處，州縣官並行停廢，以違御筆論。廉訪使者失覺察，監司失按劾，與同罪。

漢譯摩尼教經

紀事

張君房《雲笈七籤序》　昔祀汾陰之歲，臣隸職霜臺，作句稽之吏。越明年秋，以鞫獄無狀，謫掾于寧海。冬十月，會聖祖天尊降延恩殿，而眞宗皇帝親奉靈儀，躬承寶訓，啓綿鴻於帝系，濬淸發於仙源，誕告萬邦，凝休百世，於是天子鋭意於至教矣。在先時盡以祕閣道書，太淸寶蘊，出降於餘杭郡，俾知郡故樞密直學士戚綸，漕運使今翰林學士陳堯佐，選道士沖素大師朱益謙馮德之等，專其修校，俾成藏而進之。然其綱條漶漫，部分參差，與瓊綱玉緯之目舛謬不同。歲月坐遷，科條未究，適綸等上言，以臣承乏，委屬其績。時故相司徒王欽若總統其事，亦誤以臣爲可使之。又明年冬，就除臣著作佐郎，俾專其事。臣於時盡得所降到道書，并續取到蘇州舊《道藏》經本千餘卷，越州、台州舊《道藏》經本亦各千餘卷，及朝廷續降到福建等州道書《明使摩尼經》等。與諸道士依三洞綱條，四部錄畧，品詳科格，商較異同，以銓次之，僅能成藏，都盧四千五百六十五卷。起千字文天字爲函目，終於宮字號，得四百六十六字，且題曰《大宋天宮寶藏》。距天禧三年春，寫錄成七藏以進之。

二宗經

綜述

志磐《佛祖統紀》卷三九　良渚曰：準國朝法令，諸以《二宗經》及非《藏經》所載不根經文傳習惑衆者，以左道論罪。二宗者，謂男女不嫁娶，互持不語，病不服藥，死則裸葬等。不根經文者，謂佛佛吐戀師，佛說啼淚，大小明王出世經，開元括地變文，齊天論，五來子曲之類。

又卷四八　述曰，嘗考《夷堅志》云，喫菜事魔，三山尤熾。爲首者紫帽寬衫，婦人黑冠白服，稱爲明教會。所事佛衣白，引經中所謂白佛言世尊。取《金剛經》一佛二佛三四五佛，以爲第五佛。又名末摩尼，采《化胡經》乘自然光明道氣，飛入西那玉界蘇鄰國中，降誕（玉）〔王〕宮爲太子，出家稱末摩尼。以自表證其經名《二宗三際》。二宗者，明與暗也。三際者，過去未來現在也。大中祥符興《道藏》，富人林世長賂主者，使編入藏，安於亳州明道宮。復假稱白樂天詩云，靜覽蘇鄰傳，摩尼道可驚。二宗陳寂默，五佛繼光明。日月爲資敬，乾坤認所生。若論齋絜志，釋子好齊名。以此八句表於經首。其修持者正午一食，裸屍以葬，以七時作禮，蓋黃巾之遺習也。

紀事

《宋會要輯稿·刑法二》八三 宣和三年，八月二十五日詔，諸路事魔聚衆燒香等人，所習經文，令尚書省取索名件，嚴立法禁，行下諸處焚毁。令刑部遍下諸路州軍，多出文牓於州縣城郭鄉村要會處，分明曉諭，應有逐件經文等，限今來指揮到一季內，於所在州縣首納，除《二宗經》外，並焚毁。限滿不首，杖一百。本條私有罪重者，自從重。仍仰州縣嚴切覺察施行，及仰刑部，大理寺，今後諸處申奏案內，如有非道釋藏內所有經文等，除已追取到聲說下本處焚毁外，仍具名件行下諸路照會，出牓曉諭人戶，依今來日限約束，首納焚毁施行。

志磐《佛祖統紀》卷三九 延載元年，波斯國人拂多誕（西海大秦國人）持《二宗經》僞教來朝。

下部讚

綜述

佚名《下部讚跋》 吉時吉日，翻斯讚唄。上願三常捨過及四處法身，下願五級明群乃至十方賢悊，宜爲聖言無盡，凡識有厓。梵本三千之條，所譯二十餘道；又緣經、讚、唄、願，皆依四處製焉。但道明所翻譯者，一依梵本。如有樂習學者，先誦諸文，後暫示之，即知次第；其寫者，存心勘校，如法裝治；其讚者，必就明師，須知訛殊。於是法門蕩蕩，如日月之高明；法侶行行，若江漢之淸肅。唯願皇天延祚，寥寀忠誠；四海咸寧，萬人安樂。

摩尼光佛教法儀略

著錄

《大正藏》卷五四外教部 摩尼光佛教法儀略一卷，開元十九年六月八日，大德拂多誕奉詔集賢院譯。

摩尼教殘經

綜述

羅振玉《摩尼教殘經跋》 摩尼教經首尾殘缺，但存中間《寺儀第五》《出家儀第六》二篇而已。伯希和氏據經中二宗三際之文，證以《佛祖統紀》，定爲摩尼教經。吾友蔣君伯斧，據《唐書》及《會要》，謂摩尼至唐代入中國。予意當更在前。《唐會要》謂大歷爲摩尼置寺，賜名大雲光明。以《長安志》考之，光明之名，蓋昉於隋文大雲之稱，則改於武周，至大歷賜額，乃合二名爲一耳。《長安志》注言，隋延興寺僧曇延，因隋文賜以蠟燭自然發燄，奇之，改所居爲光明寺。曇延請更立寺，以廣其教。雖未明言曇延爲摩尼，然云其教則非固有之佛教，可知曇延時雖已置寺而教未顯。至唐而其徒衆，乃僞造《大雲經》，託女主之符，以媚武后，始得勅令天下創寺度僧，勢乃浸盛，而其教卒不昌。《長安志》所記雖略，然蛛絲馬迹隱隱可考。是其教隋文時已入中土，絕非唐代乃入也。伯斧韙之，乃據以作《摩尼教考》，頗該博，然予終以未得其最初流入中國之時代爲憾。嗣細審唐劉秀所撰《涼州衛大雲寺碑》及《老子化胡經》，始知其教晉已流行。《涼州衛碑》云，大雲寺者，晉涼州牧張天錫所置。

本名宏藏寺，後改爲大雲。因則天大聖皇妃臨朝之日，諸州各置大雲，隨後改號爲天賜庵。《老子化胡經》云，我乘自然光明道氣，摩尼教中所謂二宗，乃辨明暗。所謂三際，亦發明明暗之旨，故隋代立寺取名光明，乃揭其教旨，不僅紀蠟燭自然之異也。然光明二字，實已見於《化胡經》。從眞寂境《摩尼經》中有次觀四寂法身語，此云眞寂亦與經合也。至蘇鄰國中，誕降王室爲太子，號末摩尼。初名末摩尼，故各書或稱摩尼或稱末尼。轉大法輪說經戒律定慧等法，乃至三際及二宗門，三際二宗之名亦已見於此教化天人，令知本際，上至明界，下及幽塗，所有衆生皆從此度。摩尼之後，年垂五九，金氣將興，我法當盛，西方聖象衣彩，自然來入中洲。就此二者考之，知涼州衛大雲寺始創於晉。其敎之流傳乃由西而東，故涼州先有之。《化胡經》爲晉王浮僞造，其所言與此經一一脗合，均晉代已有摩尼敎之確證。又《辨正論》稱，王浮爲道士，《化胡經》亦有中洲道士廣說因緣語，知此敎初託道敎，故王浮僞造《化胡經》而羼入摩尼敎旨。其人蓋道士而摩尼者也。《化胡經》雖爲道家，而頗攀附釋氏，其敘摩尼敎亦有轉大法輪，說經戒律定慧等法語，均依傍竺法之證。經中又有三敎混齊，同歸於我語。三敎者，老也，釋也，摩尼也。同歸於我者，老子本爲道敎，而令尹喜託生爲佛陀而已。又別創末摩尼也既云三敎同歸，故在晉以道士行之。隋以後，又以比丘行之。其所居之寺，在晉曰宏藏，在隋曰延興，因燭燄之靈徵而改名光明，且以揭其敎旨，因僞造《大雲經》，託女主之符，因改名大雲，名天賜，以示寵異。初援於老，後入於釋，罔非欲依附以謀浸入，俾勢盛而後扇其宗風焉。乃先後數百年間，卒不得逞，終不能脫離老釋而獨立。故從來記述不以爲道士，即以爲僧徒，而不知其實別爲一敎者。其來也，自西涼而終，仍澌滅於沙州與高昌，宋王明清《揮麈前錄》載太平興國六年，王延德使高昌《行程記》言，高昌有摩尼寺，波斯僧，各持其教。《宋史·外國傳》亦載之，是其敎宋初在高昌尚有存者。宋以後遂無聞焉。中國史家於宗敎事實記載至略，釋氏撰箸中偶及外道，亦語焉不詳。今幸於《長安志》、《化胡經》、《涼州碑》及此《殘經》中參互考證，始得其敎之涯略，不知尚有他書可考否。爰記之，以質世之治宗敎學者。宣統元年十月，上虞羅振玉記東友桑原博士騭藏謂摩尼敎始於漢獻帝建安中波斯人摩尼。唐初其敎似已由波斯傳入中國，其言創敎之時代不知其所自出。而以《化胡經》考之，則不甚合。《化胡經》言襄王之時，其歲乙酉，我還中國後四百五十年爲末摩尼。摩尼之後年垂五九，金氣將興，我法當盛，西方聖象來入中洲。據所云則摩尼敎之創始在周襄王後四百五十年，乃漢高后之二年乙卯。又四百五十年而其敎入中國，考其時則在晉武帝泰始元年乙酉。《化胡經》之作，專爲倡導摩尼敎而設，所託當不誤。然則摩尼之創始在西漢之初，而其敎之東漸則確在司馬之世矣。振玉又記。

《涼州衛大雲寺碑》言，寺有造經房，翻譯經典。則彼敎所譯經典當不少，今僅存此數十行耳。其不至澌滅淨盡，亦幸事矣。聞德人在吐魯番得番文摩尼敎古經甚多，安得好古者一詳考之。振玉又記。

著録

羅振玉《波斯教殘經》 殘寫經一卷，前半已缺佚，後半完好，然無後題。吾友臨川李君證剛翊灼以其中專闡明明暗之旨，證以《景敎三威蒙度讚》有合處，遂定爲景敎經典。然考大祆，摩尼與景敎頗類，似未易分別，且皆由波斯流入中土，故姑顏之曰《波斯敎經》，以俟當世之宗敎學者考證焉。宣統三年三月，上虞羅振玉記。

九姓回鶻可汗碑

綜述

羅振玉《九姓回鶻可汗碑跋》 和林九姓回鶻可汗碑，自來金石家皆未著錄。光緒中葉，俄人始訪得之，拉特祿夫《蒙古圖誌》中始揭其影本。光緒十九年，俄使喀西尼以拉氏書送總理各國事務衙門，屬爲考釋，時嘉興沈乙庵先生方在譯署，作闕特勤碑苾伽可汗碑及此碑三跋，以覆俄使。俄人譯以行世，西人書中屢引其說，所謂總理衙門書者也。時志文貞

銳方爲烏里雅蘇臺將軍，亦拓闕特勤碑，以遺宗室伯羲祭酒，盛昱祭酒跋之，沈先生復書其後，於是世人始知有闕特勤碑，尚未知有他碑也。順德李仲約侍郎文田始錄拉氏書中各碑之文爲和林金石錄，元和江建霞編脩標刊之長沙，由是世知有回鶻碑，然終無由致拓本。光宣之閒，此碑數段爲俄國某大佐竊去，致之聖彼得堡博物館，故近來拓本乃少五六兩段。己未夏日，偶讀法國伯希和教授所撰摩尼教考，見所引此碑文三行與李錄殊異，乃假沈先生所藏拉氏原書以校李錄。李錄此碑分爲五段，實則此碑共碎爲八段，前三段拉氏書中已聯合爲一，李錄從之其後，德人休列額爾，法人沙畹並攷此碑。德人牟列爾又通碑陰所刊窣利文之讀，伯氏所引蓋用諸氏釐定之本。余據伯氏所引，聯合四五兩段，則全碑文義皆可貫通。又自以行欵文義定第六段之位置，四五兩段即李錄之，第三第四兩片，第六段則李錄之第五片。又第七第八兩段，一內宰相以下兩行十二字，一羅教迭億兩行四字。李錄失載，以行欵求之當在首二行，然文字太少，迄不能定其在此二行之第幾格矣。又新拓本別一段，亦此碑之文，則並其在何行亦不可知，茲別附於後。余既爲碑圖，以明全碑之形狀，及碑文之次序，於是碑文略可通讀。前沈先生跋此碑時，僅據前三段及第七八段，今得通讀全碑，自有前跋所不能盡者，先生因命書其後，凡前跋所已詳者，茲不贅焉。碑題之愛登里囉汨沒蜜施合毗伽可汗，此兩唐書之保義可汗也。舊書《憲宗紀》元和三年五月丙午，正衙冊九姓回紇可汗爲登里囉汨蜜施合毗伽保義可汗，回紇傳作藹德里祿沒弭施合蜜毗迦可汗，新書《回鶻傳》作愛登里囉汨蜜施合毗伽保義可汗，校以此碑，則舊紀奪愛字，舊傳奪汨字，衍蜜字，新傳奪沒字。此碑無保義二字者，中國封號不行於其國中故也。保義可汗立於憲宗元和三年，卒於穆宗長慶元年，在位凡十四年，爲回鶻極盛之世。此碑之立，蓋在其卒後矣。碑題下列內宰相頡于伽思等若干人，蓋如漢碑陰側之題名。頡于伽思，新書作頡干迦斯，於貞元二年已主兵事，旋執國柄，至是已三十六年。又武宗會昌時，亦有大臣頡于伽思，首尾五六十年，恐非一人。伊難主，新舊書均作伊難珠，考回鶻內宰相六人，外宰相三人，此二行題名之人，或均宰相矣。碑首云，□國於北方之隅，建都於嗢昆之野，此指回鶻開國者言。新舊書記回鶻事，自時健俟斤始，此碑以下文所記二世事推之，亦指時健，下云子□□□嗣位，又云□□□汗在位者，此二世蓋指菩薩與吐迷度，新書《回鶻傳》時健俟斤長子曰菩薩。菩薩死，其酋曰胡祿俟利發吐迷度知，如是者碑云，□史那革命，數歲之間，復我舊國。案史那上所闕，當爲阿字，阿史那者，突厥姓也。新書言突厥已亡，惟回紇與薛延陀爲最雄，彊及吐迷度，與諸部攻薛延陀，殘之並有其地。攷自突厥之亡至薛延陀之亡，纔十六年。薛延陀建牙鬱督軍山，去嗢昆河不遠，至是爲回紇所幷。所謂阿史那革命，數歲之間，復我舊國者也。史稱吐迷度雖歸唐，拜爲懷化大將軍，瀚海都督，然私自號可汗，官吏一似突厥。下云九姓回鶻，卌姓拔悉蜜，三姓□□，諸異姓僉曰云云。當爲上可汗尊號之事，三姓下所闕二字，當是葛祿，新書稱葛邏祿有三族，一謀祿或爲謀剌，二熾俟或爲婆匐，三踏實力，故其酋亦號三姓葉護。又回鶻於九姓外兼有拔悉蜜，葛邏祿總十一姓，並置都督，號十一部落，故知所闕二字爲葛祿也。闕毗伽可汗者，吐迷度之七世孫，名骨力裴羅，天寶三年自稱骨咄祿毗伽闕可汗，天子以爲奉義王，後拜爲骨咄祿毗伽闕懷仁可汗者也。此下四世具如沈先生說，汨咄祿毗伽可汗者，新書之阿啜，唐冊爲奉誠可汗者。登里囉羽錄沒蜜施合汨咄祿胡祿毗伽可汗者，則新書之骨咄祿，唐冊爲愛滕里囉羽錄沒蜜施合胡祿毗伽懷信可汗者也。第十二行之□合毗伽可汗則保義可汗，即碑題之愛登里囉汨沒蜜施合毗伽可汗。自懷仁可汗以下至此，凡九世。中間惟闕懷信可汗子，滕里野合俱祿毗伽可汗一世，此可汗以永貞元年立，元和三年卒，在位僅四年，殆保義可汗兄弟行，豈以享國不久，故闕而不書，抑其名在碑下截斷處，而今亡之歟。保義可汗史不紀爲何人之子，當懷信時蓋已爲宰相，碑所謂當龍潛之時於諸王中最長，又所謂□□汗宰衡之時，與諸相殊異者也。回鶻可汗多自宰相出，如頓莫賀達干骨咄祿皆是也。其記破堅昆事，上有初字，蓋猶在懷信之世，堅昆者即黠戛斯，新書黠戛斯古堅昆國也。保義可汗破黠戛斯，殺其可汗，諸書皆不載，惟見此碑云復葛祿與吐蕃連□者，德宗以後，葛祿時離回鶻而與吐蕃連和，吐蕃之取北庭陷安西，皆由葛祿爲之犄角，此碑所記勻曷戶之戰，史既失記，地亦不詳。至云□□庭半收半圍之次，天可汗親統大軍討滅元兇，却復城邑者，庭上所闕當是北字。自貞元六年，吐蕃攻陷北庭，後至是始爲回鶻所復。碑云天可汗親統大軍，則在保義嗣位以後矣。云遂□□□媚磧者，磧名上闕數字。宋初王

延德使高昌記謂，高昌納職城在大患鬼魅磧之東南，此大患鬼魅磧即唐初人所謂莫賀延磧，魅與媚音同，是□□媚磧或即大患鬼魅磧矣。蓋吐蕃陷北庭後，此磧實爲吐蕃北庭間之通道，及回鶻既復北庭，磧北與吐蕃蹤跡，此道遂開，故下云凡諸行人及於畜產□□□，蓋回鶻至此得自由往來天山南北路矣。云復吐蕃大軍攻圍龜兹，天可汗領兵救援吐蕃，□□奔入于術者，于術地名，新書《地理志》自焉耆西五十里，過鐵門關又五十里，至于術守捉城，自是西至安西都護府，即龜兹凡五百六十里，蓋吐蕃之兵自龜兹退至于術，爲回鶻所圍也。云□□百姓與狂寇合從有虧職貢者，百姓亦西北種族，如三姓，九姓，十姓，卅姓，卌姓之比，惜上有闕字，不能知爲何族矣。云追奔逐北至眞珠河者，眞珠河即今之那林河，其下流爲葉葉河，又一支流爲藥殺水。新書《地理志》，度拔遠嶺五十里至頓多城，烏孫所治赤山城也。又三十里渡眞珠河。又《西域傳》石國西南有藥殺水，入中國謂之眞珠河，是皆以此河之上游爲眞珠河。新書《西域傳》寧遠都眞珠河之北，杜環《經營行記》，石國中有二水，一名眞珠河，一名質河，則並其下流亦謂之眞珠河也。云□廂沓實力者，沓實力者，三姓葛祿之一也。云攻伐葛祿吐蕃，搴旗斬馘，追奔逐北，西至拔賀那國者，新書謂至德後葛邏祿浸盛，徙十姓可汗，故地盡有碎葉，怛羅斯諸城。拔賀那國即新書之判汗怖悍及寧遠，都眞珠河之北，與葛祿爲鄰，故假道於此國。云葉護爲不受教令離其土壤，此葉護即謂拔賀那王，自突厥西徙以後，西域諸國王多稱葉護。者下云冊眞珠智惠葉□□王，當因前王不受教令，故別立一人，此時回鶻南破吐蕃，北服葛祿，兵力直至葱領以西，而其事史皆不書。異時回鶻西徙之事，惟由此碑始得解之，既釐正其文，復攷釋之如左，因書以質沈先生，庶匡其不逮焉。

此碑舊錄分數石錄之，吾友王忠慤公始連合其文，但忠慤所錄仍有小誤。五行前代中興可汗並是之，是誤作見。八行闡揚二祀之二，誤作三。十二行於諸王中之於，誤作在。內外宰相親□官，失祿親字。十六行四面合圍之四，誤作回。十八行失書廂沓實力四字，而將十九行之□字誤列十八行，兹一一爲之補正。

神祇分部

摩尼教諸神

綜述

佚名《下部讚·普啓讚文》 普啓一切諸明使，及以神通清淨衆，各乞愍念慈悲力，捨我一切諸愆咎。上啓明界常明主，並及寬弘五種大，十二常住寶光王，無數世界諸國土。又啓奇特妙香空，光明暉輝清淨相，金剛寶地元堪譽，五種覺意莊嚴者。復啓初化顯現尊，具相法身諸佛母，與彼常勝先意父，及以五明歡喜子。又啓樂明第二使，及與尊重造新相，雄猛自在淨法風，並及五等驍健子。復啓道師三丈夫，自是第二尊廣大，夷數與彼電光明，並及湛然大相柱。又啓日月光明宮，三世諸佛安置處，七及十二大舩主，並餘一切光明衆。復啓十二微妙時，吉祥清淨光明躰，每現化男化女身，殊特端嚴無有比。又啓五等光明佛，水火明力微妙風，並及淨氣柔和性，並是明尊力中力。復啓富饒持世主，雄猛自在十天王，勇鍵大力降魔使，忍辱地藏與催明。又啓閻默善思惟，即是夷數慈悲想，眞實斷事平等王，並及五明清淨衆。復啓特勝花冠者，吉祥清淨通傳信，最初生化諸佛相，及與三世慈父等。又啓喚應警覺聲，並及四分明兄弟，三衣三輪大施主，及與命身卉木子。復啓四十大力使，並七堅固莊嚴柱，一一天界自扶持，各各盡現降魔相。又啓普遍忙你尊，閻默惠明警覺日，從彼大明至此界，敷揚正法救善子。詮柬十二大慕闍，七十有二拂多誕，法堂住處承教人，清淨善衆並聽者。又詮新人十二躰，十二光王及惠明，具足善法五淨戒，五種智惠五重院。一切諸佛常勝衣，即是救苦新夷數，其四清淨解脫風，眞實大法證明者。又啓善法羣中相，上下內外爲依止。詮柬一切本相貎，上中下界無不遍。復告賓空一切衆，大力敬信尊神輩，及諸天界諸天子，護持清淨正法者。又啓善業尊道

師，是三明使眞相貝，自救一切常勝子，及以堅持眞實者。復啓光明解脫性，一切時中無盡藏，及彼最後勝先意，並餘福德諸明性。我今諦信新明界，及與於中常住者，唯願各降慈悲力，蔭覆我等恆觀察。我今專心求諸聖，速與具足眞實願，解我得離衆災殃，一切罪鄣俱銷滅。敬禮清淨微妙風，本是明尊心中智，恆於四處光明宮，遊行住止常自在。清淨光明大力惠，我今至心普稱歎，慈父明子淨法風，並及一切善法相。一切光明諸佛等，各願慈悲受我請，與我離苦解脫門，令我速到常明界。又歎善業修道衆，過去未來現在者，各開清淨甘露口，吐大慈音捨我罪。末夜今修此歎偈，豈能周悉如法說？而於聖凡諸天衆，咸願無殃罪銷滅。復啓一切諸明使，及以神通清淨衆，各降大慈普蔭覆，拔除我等諸愆咎。清淨光明力智惠，慈父明子淨法風，微妙相心念思意，夷數電明廣大心。又啓眞實平等王，能戰勇健新夷數，雄猛自在忙你尊，並諸清淨光明衆。一切善法羣中相，一切時日諸福業。普助我等加勤力，功德速成如所願。

明尊

綜述

佚名《下部讚・歎無上明尊偈文》 我等常活明尊父，隱密恆安大明處。高於人天自在者，不動國中儼然住。爲自性故開惠門，令覺生緣涅槃路。巧示我等性命海，上方下界明暗祖。微妙光輝內外照，爲聚集詮簡善業躰。魔王惡黨競怒嗔，恐明降暗不自在。苦哉世間諸外道，不能分別明宗祖，輪迴地獄受諸殃，良爲不尋眞正路！告汝明群善業輩，及能悟此五明者，常須警覺淨心田，成就父業勿閑暇。分別寥簡諸性相，及覺明力被捉縛。於此正法決定修，若能如是速解脫。世界諸欲勿生貪，莫被魔家綱所着。堪譽惠明是法王，能收我等離死錯。照曜內外無不曉，令我等類同諸聖。恬寂仙藥與諸徒，餌者即獲安樂迳。鍊於淨法令堪譽，心意莊嚴五妙身。智惠方便教善子，皆令具足無不眞。奇特光明大慈父，所集善子因祖力。搥鍾擊鼓告衆生，明身離縛時欲至。究竟分折明暗力，及諸善業並惡敵。世界天地及參羅，並由慈尊當解折。魔族永囚於暗獄，佛家踴躍歸明界，各復本躰妙莊嚴，串戴衣冠得常樂。

又《讚明尊結願偈》 此偈讚明尊訖，末後結願用之。

大眞實主，十二光王，衆妙世界，微塵國土，常活妙空，堪褒譽地，作光明者，忙你尊佛，捨諸罪，有礙無礙，或時本意，或隨他意，身口思想，諸不善業，我等善衆，及諸聽者，乞懺罪己，各如本願。

盧舍那

綜述

佚名《下部讚・讚盧舍舥結願偈》 此偈讚盧舍舥訖，末後結願用之。

稱讚哀譽，蘇露沙羅夷，具足丈夫，金剛相柱，任持世界，充遍一切，以自妙身，以自大力，利益自許，孤捿寵子。我等今者，不能具讚，唯願納受，此微啓訟，護助善衆，常如所願。

日光

綜述

佚名《下部讚・讚日光結願偈》 此偈讚日光訖，末後結願用之。

稱讚微妙大光輝，世間最上最無比！光明殊特遍十方，十二時中作歡喜。大力堪譽慈悲母，驍健踴猛淨活風，十二舩主五收明，及餘無數光明衆。各乞慜念慈悲力，請救普厄諸明性，得離火海大波濤，合衆究竟願如是。

五明子

綜述

諸慕闇《下部讚・歎五明文》 敬歎五大光明佛，充爲惠甲堅牢院。世界精華之妙相，任持物類諸天地。一切含識諸身命，一切眼見耳聞音，能爲骨節諸身力，能爲長養諸形類。復作諸舌數種言，又作諸音數種聲。亦是心識廣大明，能除黑暗諸災苦。一切仁者之智惠，一切辯者之言辭，能作身猊端嚴色，能爲貴勝諸福利。復作上性諸榮顯，又作勇健諸伎能；是自在者威形勢，是得寵者諸利用。一切病者之良藥，一切競者之和顔，能作萬物諸身酵，能爲依止成所辦。復是世界榮豐稔，又是草木種種苗；春夏騰身超世界，每年每月充爲首。若有智惠福德人，何不思惟此大力？常須護念眞實言，恆加怕懼勿輕慢。覺察五大光明佛，緣何從父來此界。了知受苦更無過，善巧抽拔離魔窟。是即名爲有眼人，是即名爲智惠者。停罷一切諸惡業，遂送還於本宗祖！ 齋戒堅持常愼護，及以攝念恆療治；晝夜思惟眞正法，務在銓澄五妙身。其有地獄輪迴者，其有劫火及長禁，良由不識五明身，遂即離於安樂國。

又《第二疊》 復告善業明兄弟，用心思惟詮妙身，各作勇健智舩主，渡此流浪他鄉子。此是明尊㢱貴寶，咸用身舩般出海，勤醫被刻苦瘡疣，久已悲哀希救護。請各慈悲眞實受，隨即依數疾還主；貴族流浪已多年，速送本鄉安樂處。端正光明具相子，早拔離於貪欲藏；幽深苦海尋㢱寶，奔奉涅槃清淨王。抽拔惡刻出瘡痍，洗濯明珠離泥溺。法稱所受諸妙供，莊嚴清淨還本主。夷數肉血此即是，堪有受者隨意取。如其虛妄違負心，夷數自微無雪路。憶念戰慄命終時，平等王前莫屈理。法相惠明餘諸佛，爲此明身常苦惱。過去諸佛羅漢等，並爲五明置妙法。今時雄猛忙你尊，對我等前皆顯現。汝等智惠福德人，必須了悟憐慜性。勤行醫藥防所禁，其有苦患令瘳愈。戒行威儀恆堅固，持齋禮拜及讚誦。身口意業恆清淨，歌唄法王無閒歇。又復眞實行憐愍，柔和忍辱淨諸根。此乃並是明身藥，遂免疼悛諸苦惱。流浪他鄉一朝客，既能延請令歡喜。莊嚴寺舍恆清淨，勤辦衣糧雙出海。

明使

綜述

于黑哆忙你電達《下部讚・歎諸護法明使文》 烏列弗哇阿富覽，彼驍踴使護法者，常明使衆元堪譽，願降大慈護我等。無上貴族輝耀者，蓋覆此處光明群。是守牧者警察者，常能養育軟羔子。眞斷事者神聖者，遊諸世間最自在，能降黑暗諸魔類，能滅一切諸魔法。進途善衆常提策，於諸善業恆祐助；與聽信者加勤力，於諸時日爲伴侶。又復常鑒淨妙衆，令離怨嗔濁穢法；勤加勇猛無閑暇，令離魔王犯網毒。寥簡一切諸明性，自引入於清淨法；訶罰惡業諸外道，勿令損害柔和衆。光明善衆加榮樂，黑暗毒類令羞耻；下降法堂清淨處，自榮善衆離怨敵。顯現記驗爲寬泰，能除怕懼及戰慄；持孝善衆存慰愈，通傳善信作依止。滅除魔鬼雜毒焰，其諸虛妄自然銷。備辦全衣具甲仗，利益童男及童女。一切魔事諸辛苦，如日盛臨銷暗影。常作歡樂及寬泰，益及一切善法所。接引儭贈不辭勞，利益觸處諸明性。歡樂寬泰加褒譽，普及同鄉光明衆。唯願驍勇諸明使，加斯大衆堅固力。自引常安泰寬處，養育我等增福業。

又《第二疊》 護正法者誠堪譽！所謂大力諸明使。無上光明之種族，普於正法常利益。如有重惱諸辛苦，聖衆常躅離淨法。碎散魔男及魔女，勿令對此眞聖教。能除怨敵諸暗種，安寧正法令無畏，救拔羔子離豺狼，善男善女寧其所。芸除惡草淨良田，常自鑒臨使增長。弱者策之加大力，慄者偶之使無懼。同鄉眞衆須求請，如響應聲速來赴。一切時中策淨衆，其樂性者常加力。造惡業者令羞耻，修善業者令歡喜。清淨法門令寬泰，又復常加大寧靜。我實不能具顯述，此歎何能得周悉？勇族所作皆

成辦，伎藝彌多難稱說。尊者即劫傷怨思，其餘眷屬相助者，一切時中應稱讚，爲是究竟堪譽者。唯願今時聽我啓，降大慈悲護我等，任巧方便自遮防，務得安寧離怨敵。唯願法門速寬泰，巍巍堂堂無鄣礙，我等道路重光輝，遊行之處得無畏。歡樂慕闍諸尊首，乃至眞心在法者，各加踴躍及善業，必於諸聖獲大勝。

又《第三疊》 諸明使衆恕我等，慈父故令護我輩。無上善族大力者，承慈父命護正法。既於明群充牧主，所有苦難自應防。是開法者修道者，法門所至皆相倚。護樂性者棄世榮，並請遮護加大力。柔濡羔子每勤收，光明淨種自防被。法田荆棘勤耘伐，令諸苗實得滋成。既充使者馳驛者，必須了彼大聖旨。復興法躰元無二，平安護此善明群。世界法門諸聖置，專令使衆常防護。既充福德驍勇者，實勿輕斯眞聖教。頭首大將叱俱孚，常具甲仗摧逆黨。大雄淨風能救父，勑諸言教及戒約。福德勇健諸明使，何故不勤所應事？勿懷懈怠及變異，莫被類於犯事者。必須如彼能牧主，掣脫羔兒免狼虎。彼大威聖降魔將，是上人相常記念。元化使衆自莊嚴，故令護法作寬泰。今請降魔伏外道，以光明手持善衆，勤加勇猛常征罰，攻彼迷途害法者。清淨善衆持戒人，各願加歡及慈力。我今略述名伎藝，諸明使衆益法者。其有聽衆相助人，與法齊安無鄣礙。救拔詮者破昏徒，摧伏魔尊悅淨衆。

耶穌

綜述

佚名《下部讚·□□□覽讚夷數文》 敬禮稱讚常榮樹，衆寶莊嚴妙無比。擢質彌綸充世界，救葉花果□□□。一切諸佛花間出，一切智惠菓中生。能養五種光明子，能降五種貪□□。心王清淨恆警覺，與信悟者增記念。如有進發堅固者，引彼令安平正路。我今蒙開佛性眼，得覩四處妙法身。又蒙開發佛性耳，能聽三常清淨音。是故澄心禮稱讚，除諸亂意眞實言。承前不覺造諸愆，今時懇懺罪銷滅。常榮寶樹性命海，慈悲聽我眞實啓：名隨方土無量名，伎隨方土無量伎。一切明性慈悲父，一切被抄憐愍母。今時救我離豺狼，爲是光明夷數□。大聖自是無盡藏，種種珎寶皆充滿。開施一切貧乏者，各各隨心得如意。大聖自是第二尊，又是第三能譯者。與自清淨諸眷屬，宣傳聖者□□悟。又是第八光明相，作導引者倚託者。一切諸佛本相貎，一切諸智心中王。諸寶嚴者眞正覺，諸善業者解脫門。與抄掠者充爲救，與纏縛者能爲解。被迫迮者爲寬泰，被煩惱者作歡喜。慰愈一切持孝人，再蘇一切光明性。我今懇切求哀請，願離肉身毒火海。騰波沸涌無暫停，魔竭出入呑舩舫。元是魔宮羅刹國，復是稠林葦筆澤。諸惡禽獸交橫走，藴集毒蟲及蚖蝮。亦是惡業貪魔躰，復是多形卑訢斯；亦是暗界五重坑，復是無明五毒院；亦是無慈三毒苗，復是無惠五毒泉。上下寒熱二毒輪，二七兩般十二殿。一切魔男及魔女，皆從肉身生緣現。又是三界五趣門，復是十方諸魔口。一切魔王之暗母，一切惡業之根源，又是猛毒夜叉心，復是貪魔意中念。一切魔王之甲仗，一切犯教之毒網，能沉寶物及商人，能翳日月光明佛。一切地獄之門戶，一切輪迴之道路，徒搖常住涅槃王，竟被焚燒囚永獄。今還與我作留難，枷鏁禁縛鎖相縈。令我如狂復如醉，遂犯三常四處身。大地草木天星宿，大地塵沙及細雨，如我所犯諸愆咎，其數更多千萬倍。廣惠莊嚴夷數佛，起大慈悲捨我罪。聽我如斯苦痛言，引我離斯毒火海。願施戒香解脫水，十二寶冠衣纓珞。洗我妙性離塵埃，嚴餝淨躰令端正。願除三冬三毒結，及以六賊六毒風。降大法春榮性地，性樹花菓令滋茂。願息火海大波濤，暗雲暗霧諸繚蓋。降大法日普光輝，令我心性恆明淨。願除多劫昏癡病，及以魍魎諸魔鬼。降大法藥速毉治，噤以神呪駈相離。我被如斯多鄣礙，餘有無數諸辛苦。大聖鑒察自哀愍，救我更勿諸災惱。唯願夷數降慈悲，解我離諸魔鬼縛。現今處在火坑中，速引令安清淨地。一切病者大毉王，一切暗者大光輝，諸四散者勤集聚，諸失心者令□□。我今以死願令蘇，我今已暗願令照。魔王散我遍十方，引我隨形染三有。令我昏醉無知覺，遂犯三常四處身。無明癡愛鎖相縈，降大法藥令瘳愈。大聖速申慈悲手，桉我佛性光明頂。一切時中恆守護，勿令魔黨來相害。與我本界已前歡，除我曠劫諸煩惱，盡我明性妙莊嚴，如本未沉貪欲境。復啓清淨妙光輝，衆寶莊嚴新淨土，琉璃紺色新惠日，照我法身淨妙國。大聖自是吉祥時，普曜我等諸

明性。妙色世間無有比，神通變現復如是：或現童男微妙相，癲發五種雌魔類；或現童女端嚴身，狂亂五種雄魔□。自是明尊憐愍子，復是明性能救父；自是諸佛最上兄，復是智惠慈悲母。

又《讚夷數文第二疊》　懇切悲嘷誠心啓：滿面慈悲眞實父。願捨所造諸愆咎，令離魔家詐親厚。无上明尊力中力，无上甘露智中王，普施衆生如意寶，接引離斯深火海。懇切悲嘷誠心啓：救苦平斷無顏面！乞以廣敷慈悲翅，令離能蹈諸魔鳥。无知肉身諸眷屬，併是幽邃坑中子。內外堛塞諸魔性，常時害我清淨躰。一切惡獸無能比，一切毒虵何能類。復似秋末切風霜，飄落善□□□□。懇切悲嘷誠心啓：美業具智大醫王。善知識者逢瘳愈，善慈愍者遇歡樂。有礙無礙諸身性，久已傷沉生死海，肢節四散三界中，請聚還昇超萬有。更勿斷絕正法流，更勿拋擲諸魔口。降大方便慈悲力，請蘇普厄諸明性。莫被魔軍却抄將，莫被怨家重來煞。以光明翅慈悲覆，捨我兩般身性罪。唯願降大慈悲手，按我三種淨法身。除蕩曠劫諸繚縛，沐浴曠劫諸塵垢。開我法性光明眼，無礙得覩四處身；無礙得覩四處身，避免四種多辛苦。開我法性光明耳，無礙得聞妙法音；無礙得聞妙法音，避免萬般虛妄曲。開我法性光明口，具歎三常四法身；具歎三常四法身，遂免渾合迷心讚。開我法性光明手，遍觸如如四寂身；遍觸如如四寂身，遂免沉於四大厄。解我多年羈絆足，得履三常正法路；得履三常正法路，速即到於安樂國。令我復本眞如心，清淨光明常閑寂；清淨光明常閑寂，永離迷妄諸顛倒。願我常見慈悲父，更勿輪迴生死苦。諸根已淨心開悟，更勿昏癡無省覺。我今依止大聖尊，更勿沉迷生死道。速降光明慈悲手，更勿棄擲在魔類。懇切悲嘷誠心啓：降大慈悲恆遮護，恕我曠劫諸愆咎，如彼過去諸男女。我是大聖明羔子，垂淚含啼訴冤屈。卒被豺狼諸猛獸，劫我離善光明牧。降大慈悲乞收採，放入柔濡光明群，得覩秀岳法山林，遊行自在常無畏。復是大聖明穀種，被擲稠林荆棘中。降大慈悲乞收採，聚向法場光明窖。復是大聖蒲萄枝，元植法薗清淨苑，卒被葛勒騰相遶，抽我妙力令枯悴。復是大聖膏腴地，被魔栽蒔五毒樹；唯希法钁利刀鎌，斫伐焚燒令清淨。其餘惡草及荆棘，願以戒火盡除之。榮秀一十五種苗，申暢一十五種幹。復是大聖新妙衣，卒被魔塵來坌染；唯希法水洗令鮮，得願法身清淨躰。懇切悲嘷誠心啓：衆寶莊嚴性命樹，最上無比妙醫王，平安淨業具衆善。常榮寶樹性命海，基忙堅固金剛躰，莖幹眞實无妄言，枝條脩亘常歡喜。衆寶具足慈悲葉，甘露常鮮不彫果，食者永絕生死流，香氣芬芳周世界。已具大聖冀長生，能蘇法性常榮樹。智慧清虛恆警覺，果是心王巧分別。懇切悲嘷誠心啓：具智法王夷數佛。令我肉心恆康穎，令我佛性無繚汙；一切時中增紀念，令離能吞諸魔口；令離能吞諸魔口，永隔惡業貪□魔；放入香法妙法林，放入清淨濡羔群，令我信基恆堅固，令我得入堪褒譽。懇切悲嘷誠心啓：慈父法王性命主。能救我性離災殃，能令淨躰常歡喜。作寬泰者救苦者，作慈悲者捨過者，與我明性作歡愉，與我淨躰作依止，能摧刀山及劒樹，能降師子嶸蚖蝮。難治之病悉能除，難捨之恩令相離。我今決執法門幢，大聖慈愍恆遮護。慇懃稱讚慈父名，究竟邴重願如是。

藝　文

佚名《下部讚·讚夷數結願偈》　此偈讚夷數訖，末後結願用之。

稱讚淨妙智，夷數光明者，示現仙童女，廣大心先意。

安泰一切眞如性，再蘇一切微妙躰；病者爲與作醫王，苦者爲與作歡喜。

五收明使七舩主，忙你慈父光明者。捨我一切諸愆咎，合衆平安如所願。

教義分部

二宗三際

綜　述

拂多誕譯《摩尼光佛教法儀略一卷·出家儀第六》　初辯二宗：…

求出家者，須知明暗各宗。性情懸隔，若不辯識，何以修爲。

次明三際：

一初際、二中際、三後際。

初際者，未有天地，但殊明暗。明性智慧，暗性愚癡，諸所動靜，無不相背。

中際者，暗既侵明，恣情馳逐，明來入暗，委質推移。大患厭離，於形體火宅，願求於出離。勞身救性，聖教固然。即妄爲眞，孰敢聞命。事須辯折，求解脫緣。

後際者，教化事畢，眞妄歸根。明既歸於大明，暗亦歸於積暗。二宗各復，兩者交歸。

佚名《晉江華表山草庵明代崖刻・勸念》 清淨光明，大力智慧，無上至眞，摩尼光佛。

正統乙丑九月十三日，住山弟子明書立。

志磐《佛祖統紀》卷三九 二宗者，謂男女不嫁娶，互持不語，病不服藥，死則裸葬等。

又卷四八 其經名《二宗三際》。二宗者，明與暗也。三際者，過去、未來、現在也。

佚名《回鶻毗伽可汗聖文神武碑》 可汗乃頓軍東都，因觀風（下闕）師將睿息等四僧入國，闡揚二祀，洞徹三際。

五明身

綜　述

《摩尼教殘經一卷》 肉身本性，是一爲是二耶。一切諸聖出現於世，施作方便，能救明性，得離衆苦，究竟安樂。作是問已，曲躬恭敬，却住一面。

爾時明使告阿馱言，善哉善哉。汝爲利益無量衆生，能問如此甚深祕義，汝今即是一切世間盲迷衆生大善知識。我當爲汝分別解說，令汝疑網永斷無餘。汝等當知，即此世界未立以前，淨風善母二光明使，入於暗坑無明境界，拔擢驍健，常□□□大智甲。五分明身，策持昇進，令出五坑。其五類魔黏五明身，如蠅著蜜，如鳥被黐，如魚呑鉤。以是義故，淨風明使，以五類魔及五明身二力和合，造成世界十天八地。如是世界，即是明身醫療藥堂，亦是暗魔禁繫牢獄。其彼淨風及善母等，以巧方便安立十天，次置業輪及日月宮，并下八地，三衣，三輪，乃至三災，鐵圍，四院，未勞俱孚山。及諸小山，大海，江河，作如是等，建立世界。禁五類魔，皆於十三光明大力以爲囚。縛其十三種大勇力者，先意淨風各五明子，及呼嚧瑟德，嗷嘍嚄德，幷窣路沙羅夷等。其五明身，猶如牢獄。五類諸魔，同彼獄囚淨風五子。如掌獄官，說聽喚應，如喝更者。其第十三窣路沙羅夷，如斷事王，於是貪魔見斯事已，於其毒心重興惡計。即令路傷及業羅決以像淨風及善母等。於中變化，造立人身，禁囚明性，放大世界。如是毒惡貪慾肉身，雖復微小，一一皆放天地、世界，業輪星宿，三災四圍，大海江河，乾濕二地，草木禽獸，山川、堆阜，春夏秋冬，年月時日，乃至有礙無礙，無有一法不像世界。喻若金師，摸白象形，寫指環內，於其象身，無有增減。人類世界，亦復如是。

五層暗窟

綜　述

《摩尼教殘經一卷》 其彼淨風，取五類魔，於十三種光明淨體，囚禁束縛，不令自在。魔見是已，起貪毒心，以五明性禁於肉身，爲小世界。亦以十三無明暗力，囚固束縛，不令自在。其彼貪魔，以清淨氣禁於骨城，安置暗相，栽蒔死樹。又以妙風禁於筋城，安置暗心，栽蒔死樹。又以明力禁於脈城，安置暗念，栽蒔死樹。又以妙水禁於肉城，安置暗思，栽蒔死樹。又以妙火禁於皮城，安置暗意，栽蒔死樹。貪魔以此五毒

死樹，栽於五種破壞地中，每令惑亂光明本性，抽彼客性，變成毒菓。是暗相樹者，生於骨城，其菓是怨。是暗心樹者生於筋城，其菓是嗔。其暗念樹者，生於脈城，其菓是婬。其暗思樹者，生於肉城，其菓是忿。其暗意樹者，生於皮城，其菓是癡。如是五種骨，筋，脈，肉，皮等，以爲牢獄，禁五分身。亦如五明，囚諸魔類。又以怨憎，嗔恚，婬慾，忿怒及愚癡等，以爲獄官，於彼淨風五驍健子，中間貪慾，以像喝更說聽喚應。饞毒猛火，恣令自在。放窣路沙羅夷。其五明身，既被如是苦切禁縛，廢忘本心，如狂如醉。猶如有人，以衆毒蛇。編之爲籠，頭皆在內，吐毒縱橫。復取一人。倒懸於內，其人爾時爲毒所逼，及以倒懸，心意迷錯，無暇思惟。父母親戚。及本歡樂。今五明性。在肉身中。爲魔囚縛，晝夜受苦，亦復如是。又復淨風造二明船，於生死海運渡善子，達於本界，令光明性究竟安樂。怨魔貪主，見此事已，生嗔妬心，即造二形雄雌等相，以放日月二大明船，惑亂明性。令昇暗船，送入地獄。輪迴五趣，備受諸苦，卒難解脫。若有明使，出興於世，教化衆生，令脫諸苦，先從耳門。降妙法音。後入故宅，持大神呪，禁衆毒蛇。及諸惡獸，不令自在。復齎智斧。斬伐毒樹，除去株杌。并餘穢草。並令清淨，嚴飾宮殿，敷置法座，而乃坐之。猶如國王。破怨敵國，自於其中，莊飾臺殿，安置寶座，平斷一切善惡人民。其惠明使，亦復如是。既入故城，壞怨敵已，當即分判明暗二力，不令雜亂。先降怨憎，禁於骨城，令其淨氣俱得離縛。次降嗔恚，禁於筋城，令淨妙風即得解脫。又伏婬慾，禁於脈城，令其明力即便離縛。又伏忿怒，禁於肉城，令其妙水即便解脫。又伏愚癡，禁於皮城，令其妙火，俱得解脫。貪慾二魔，禁於中間。飢毒猛火，放令自在。猶如金師，將欲鍊金，必先藉火。若不得火，鍊即不成。其惠明使，喻若金師，其嶷嚁而云暱，猶如金鉗。其彼飢魔，即是猛火，鍊五分身，令使清淨。惠明大使，於善身中，使用飢火，爲大利益。其五明力，住和合體。因彼善人，銓簡二力，各令分別。如此肉身，亦名故人。即是骨，筋，脈，肉，皮。怨，嗔，婬，怒，癡及貪饞婬，如是十三，共成一身。以像無始無明境界。第二暗夜。即是貪魔毒惡思惟諸不善性，所謂愚癡，婬慾，自譽，亂他，嗔恚，不淨，破壞，銷散，死亡，誑惑，返逆暗相，如是等可畏無明暗夜。十二暗時，即是本出諸魔記驗。以是義故，惠明大智，以善方便，如此肉身，銓救明性，令得解脫。於己五體，化出五施，資益明性。先從明相化出憐愍，加彼淨氣。次從明心化出具足，加被明力。又於明思化出忍辱，加被淨水。又於明意化出智惠，加被淨火。呼嚧瑟德，嘞嘍嚯德，於語藏中加被智惠。其氣風明水火，憐愍，誠信，具足，忍辱，智惠，及呼嚧瑟德，嘞嘍嚯德與彼惠明，如是十三，以像清淨光明世界。明尊記驗。持具戒者，猶如日也。

第二日者，即是智惠。十二大王，從惠明化，像日圓滿，具足記驗。第三日者，自是七種摩訶羅薩本，每入清淨師僧身中，從惠明處，受得五施。及十二時，成具足日，即像窣路沙羅夷，大力記驗。如是三日及以二夜，於其師僧乃至行者，並皆具有二界記驗。或時故人與新智人共相鬬戰，如初貪魔擬侵明界。如斯記驗，從彼故人暗毒相中，化出諸魔，即共新人相體鬬戰。如其新人不防記（驗）〔念〕。廢忘明相，即有記驗。其人於行無有憐愍，觸事生怨，即污明性。清淨相體。寄住客性，亦被損壞。若當防護，記（驗）〔念〕警覺，逆逐怨憎，當行憐愍。明性相體，還復清淨。寄住客性，離諸危厄，歡喜踴躍，禮謝而去。

或時新人忘失記念，於暗心中化出諸魔，共新人心當即鬬戰。於彼人身有大記驗，其人於行無有誠信，觸事生嗔。寄住客性，當即被染。明性心體，若還記念，不忘本心，令覺驅逐，嗔恚退散，誠信如故。寄住客性，免脫諸苦，達於本界。或時新人忘失記念，即被無明。暗毒念中，化出諸魔，共彼新人清淨念體即相鬬戰。當於是人有大記驗，其人於行無有具足，慾心熾盛。寄住客性，即當被染。如其是人。記念不忘，於具足體善能防護，摧諸慾想，不令復起。寄住客性，免脫衆苦，俱時清淨，達於本界。

或時於彼無明思中，化出諸魔，共新人思即相鬬戰。如其是人廢忘本思，當有記驗。其人於行即無忍辱，觸事生怒。客主二性，俱時被染。如其是人。記念不忘，覺來拒敵，怒心退謝，忍辱大力，還當扶護。寄住客性，欣然解脫，本性明白，思體如故。

或時於彼無明意中，化出諸魔。即共新人意體鬬戰，如其是人。忘失本意，當有記驗。其人於行多有愚癡。客主二性，俱被染污。如其是人。記念不忘，愚癡若起，當即自覺，速能降伏。策勤精進，成就智惠。寄住客性，因善業故，俱得清淨。明性意體，湛然無穢。如是五種。極大鬬

戰，新人故人，時有一陣。新人因此。五種勢力，防衛怨敵，如大世界。諸聖記驗，憐愍以像。持世明使，誠信以像十天大王，具足以像降魔勝使，忍辱以像地藏明使，智惠以像催光明使。爲此義故，過去諸聖及現在教作如是說。出家之人，非共有礙肉身相戰，乃是無礙。諸魔毒性，互相鬪戰，如此持戒清淨師等，類同諸聖。何以故，降伏魔怨，不異聖故。或時故人兵衆退敗，惠明法相寬泰而遊。至於新人五種世界無量國土，乃入清淨微妙相城。於其寶殿敷置法座，安處其中。乃至心念思意等城，亦復如是，一一遍入。若其惠明遊於相城，當知是師所說正法皆悉微妙，樂說大明三常五大，神通變化具足諸相。次於法中，專說憐愍。

或遊心城，當知是師樂說日月光明宫殿，神通變化，具足威力。次於法中，專說誠信。

或遊念城，當知是師樂說大相窣路沙羅夷，神通變化，具足默然，次於法中，專說具足。

或遊思城，當知是師樂說五明，神通變現。次於法中，專說忍辱。

或遊意城，當知是師樂說明使過去，未來及現在者，神通變化，隱現自在。次於法中，專說智惠。是故智者諦觀是師，即知惠明在何國土。若有清淨電那勿等，如是住持無上正法，乃至命終不退轉者。命終已後，其彼故人及以兵衆，無明暗力墮於地獄，無有出期。當即惠明引己明軍，清淨眷屬直至明界，究竟無畏，常受快樂。《應輪經》云，若電那勿等身具善法，光明父子及淨法風，皆於身中每常遊止。其明父者，即是明界無上明尊。其明子者，即是日月光明。淨法風者，即是惠明。《寧萬經》云，若電那勿具善法者，清淨光明，大力智惠，皆備在身。即是新人功德具足。

五毒死樹

綜　述

《摩尼教殘經一卷》　汝等諦聽，惠明大使。入此世界，顛倒耙城。屈曲聚落，壞朽故宅，至於魔宮。其彼貪魔，爲破落故，造新穢城，因己愚癡，恣行五慾。或時白鴿〔微〕〔微〕妙淨風，勇健法子，大聖之男，入於此城，四面顧望，唯見烟霧。周障屈曲，無量聚落。既望見已，漸次遊行，至於城上，直下遙望，見七寶珠。一一寶珠，價值無量，皆被雜穢，纏覆其上。時惠明使，先取膏腴肥壤好地，以己光明無上種子，種之於中。又於己體脫出模樣，及諸珍寶，爲自饒益，大利興生，種種莊嚴，具足內性，以爲依柱。眞實種子，依因此柱，得出五重無明暗坑，猶如大界。先意淨風各有五子，與五明身作依止柱。於是惠明善巧田人，以惡無明崎嶇五地而平墳之，先除荆蕀及諸毒草，以火焚燒。次當誅伐五種毒樹。其五暗地既平殄已，即爲新人置立殿堂及諸宫室。於其園中，栽蒔種種香花寶樹。然後乃爲自身莊嚴宫室寶座臺殿。次爲左右無數衆等。亦造宫室。其惠明使，以自威神，建立如是種種成就，又翻毒惡貪慾暗地，令其顛倒。於是明性五種淨體，漸得申暢，其五體者，則相，心，念，思，意。是時惠明使於其清淨五重寶地，栽蒔五種光明勝譽無上寶樹，復於五種光明寶臺，燃五常住光明寶燈。

時惠明使施五施已，先以驅逐無明暗相，伐却五種毒惡死樹，其樹根者自是怨憎，其莖剛強，其枝是嗔，其葉是恨。菓是分拆，味是泊淡，色是譏嫌。其次驅逐無明暗心，伐却死樹。其樹根者自是無信，其莖是忘，枝是諂惰，葉是剛強，菓是煩惱，味是貪慾，色是拒諱。其次驅逐無明暗念，伐去死樹。其樹根者自是婬慾，莖是怠惰，枝是剛強，葉是增上，菓是譏諂，味是貪嗜，色是愛慾。諸不淨業，先爲後誨。次逐暗思，伐去死樹。其樹根者自是忿怒，莖是愚癡，枝是無信，葉是拙鈍，菓是輕蔑，味是貢高，色是輕他。次逐暗意，伐去死樹。其樹根者自是愚癡，莖是無記，枝是嫚鈍。葉是顧影，自謂無比。菓是越衆，莊嚴服飾。味是愛樂，瓔珞眞珠環釧諸雜珍寶，串佩其身。色是貪嗜，百味飲食，資益肉身。如是樹者，名爲死樹。貪魔於此無明暗窟，勤加種蒔。

光明寶樹

綜述

《摩尼教殘經一卷》　時惠明使，常用智惠快利钁斧，次第誅伐已。以已五種無上清淨光明寶樹，於本性地而栽種之。於其寶樹溉甘露水，生成仙菓。先栽相樹。其相樹者，根是憐愍，莖是快樂，枝是歡喜，葉是（羔）〔美〕衆，菓是安泰，味是敬愼，色是堅固。次栽清淨妙寶心樹。其樹根者自是誠信，莖是見信，枝是怕懼，葉是警覺，菓是勤學，味是讀誦，色是安樂。次栽念樹。其樹根者自是具足，莖是好意，枝是威儀，葉是眞實。莊嚴諸行，菓是實言，無虛妄語，味是說清淨正法，色是愛樂相見。次栽思樹。其樹根者自是忍辱，莖是安泰，枝是忍受，葉是戒律，菓是齋讚，味是勤修，色是精進。次栽意樹。其樹根者自是智惠，莖是了二宗義，枝是明法辯才。葉是權變知機，能摧異學，崇建正法。菓是能巧問答，隨機善說。味是善能譬喻，令人曉悟。色是柔濡（羔）〔美〕辭，所陳悅衆。如是樹者，名爲活樹。

時惠明使以此甘樹，於彼新城微妙宮殿寶座四面，及諸園觀自性五地，於其地上而栽種之。其中王者即是憐愍。其憐愍者，即是一切功德之祖。猶如朗日，諸明中最。亦如滿月，衆星中尊。又如國王花冠，於諸嚴飾最爲第一。亦如諸樹，其菓爲最。又如明性，處彼暗身，於其身中，微妙無比。亦如素鹽，能與一切上妙餚饌而作滋味。又如國王印璽，所印之處無不遵奉。亦如明月寶珠，於衆寶中而爲第一。又如膠淸，於諸畫色而作牢固。亦如石灰，所塗之處，無不鮮白。又如宮室，於中有王，因彼王故，宮得嚴淨。其憐愍者，亦復如是，有憐愍者，則有善法。若無憐愍，修諸功德，皆不成就。緣此事故，故稱爲王。其憐愍中，復有誠信。其誠信者，即是一切諸善之母。猶如王妃，能助國王。撫育一切。亦如火力，通熟萬物，資成諸味。又如日月。於衆像中，最尊無比，舒光普照，無不滋益。憐愍誠信，於諸功德成就具足，亦復如是。（怕）〔憐〕愍誠信，亦是諸聖過去未來，明因基址，通觀妙門。亦復三界煩惱大海，側足狹路，百千衆中，稀有一人，能入此路。若有入者，依因此道。得生淨土，離苦解脫，究竟無畏，常樂安淨。

惠明相

綜述

《下部讚・一者明尊》　一者明尊，二者智惠，三者常勝，四者歡喜，五者勤修，六者眞實，七者信心，八者忍辱，九者直意，十者功德，十一者齊心和合，十二者內外俱明。莊嚴智惠，具足如日，各十二時，圓滿功德。

《摩尼教殘經一卷》　又惠明使，於魔暗身，通顯三大光明惠日。降伏二種無明暗夜，像彼無上光明記驗。第一日者，即是惠明。十二時者，即是勝相十三大王，以像清淨光明世界無上記驗。第二日者，即是新人清淨種子。十二時者，即是十二次化明王，又是夷數勝相妙衣，施與明性。以此妙衣，莊嚴內性，令其具足，拔擢昇進，永離穢土。其新人日者，即像廣大窣路沙羅夷。十二時者，即像先意及以淨風各五明子，并呼嚧瑟德，嗷嚧嚄德，合爲十三光明淨體，以成一日。

第三日者，即是說聽及喚應聲。十二時者，即是微妙相，心，念，思，意等，及與憐愍，誠信，具足，忍辱，智惠等。是其此喚應。第四日者，以像大界日光明使憐愍相等。十二時者，即像日宮十二化女，光明圓滿，合成一日。

其次復有兩種暗夜。第一夜者，即是貪魔。其十二時者，即是骨，筋，脈，肉，皮等，及以怨憎，嗔恚，婬慾，忿怒，愚癡，貪欲，飢火，如是等輩不淨諸毒，以像暗界無始無明第一暗夜。第二夜者，即是猛毒慾熾焰。十二時者，即是十二暗毒思惟。如是暗夜，以像諸魔初興記驗。時

惠明日，對彼無明重昏暗夜，以光明力降伏暗性，靡不退散，以是義故，像初明使降魔記驗。又惠明使，於無明身，種種自在降伏諸魔，如王在殿，賞罰無畏。惠明相者，第一大王，二者智惠，三者常勝，四者歡喜，五者勤修，六者平等，七者信心，八者忍辱，九者直意，十者功德，十一者齊心一等，十二者内外俱明。如是十二光明。大時，若入相，心，念，思，意等五種國土，一一孳茂，無量光明，各各現果，亦復無量。其菓即於清淨徒衆。而具顯現。

若電那勿具足十二光明時者，當知是師與衆有異。言有異者，是慕闍，拂多誕等，於其身心常生慈善。柔濡別識，安泰和同。如是記驗，即是十二相樹初萌顯現。於其樹上，每常開敷無上寶花。既開已，輝光普照，一一花間，化佛無量。展轉相生，化無量身。

若電那勿内懷第一大王樹者，當知是師有五記驗。一者不樂久住一處，如王自在。亦不常住一處，時有出遊。將諸兵衆，嚴持器仗，種種具備，能令一切惡獸怨敵，悉皆潛伏。二者不慳，所至之處，若得儭施，不私隱用，皆納大衆。三者貞潔，防諸過患，自能清淨。亦復轉勸餘修學者，令使清淨。四者於己尊師有智惠者，而常親近。若有無智樂欲戲論及鬪諍者，即皆遠離。五者常樂清淨徒衆，與共住止。所至之處，亦不別衆獨寢一室，若有此者，名爲病人。如世病人，爲病所惱，常樂獨處，不願親近眷屬知識。不樂衆者，亦復如是。

二智惠者。若有持戒電那勿等内懷智性者，當知是師有五記驗。一者常樂讚歎清淨有智惠人，及樂清淨智惠徒衆同會一處，心生歡喜，常無厭離。二者若己智根見解狹劣，聞他智者智惠言語，心無妬嫉。三者諸有業行，常當勤學，心不懈怠。四者常自勤學，智惠方便，諸善威儀。亦勸餘人，同共修習。五者於其禁戒，慎懼不犯。若誤犯者，速即對衆發露陳悔。

三常勝者。若有清淨電那勿等内懷勝性，當知是師有五記驗。一者不樂讒諂狠悷，如有是人，亦不親近。二者不樂鬪諍諠亂，若有鬪諍，速即遠離。強來鬪者，而能伏忍。三者若論難有退屈者，不得承危，唛以稱快。四者輒不漫陳，不問而說。若有來問，思忖而答，不令究竟，因言被耻。五者於他語言，隨順不逆，亦不強證，以成彼過。若於法衆，其心和合，無有分拆。

四歡喜者。若有清淨電那勿等内懷歡喜性者，當知是師有五記驗。一者於聖教中所有禁戒威儀進止，一一歡喜，盡力依持，乃至命終，心無放捨。二者但聖所制，年一易衣，日一受食，歡喜敬奉，不以爲難。亦不妄證，云是諸聖權設此教，虛引經論，言通再受，求解脱者，不依此戒。三者但學己宗清淨正法，亦不求諸耴敗教，四者心常卑下，於諸同學而無憎上。五者若謂處下流，不越居上，身爲尊首，視衆如己，愛無偏黨。

五勤修者。若有清淨電那勿等内懷勤性，當知是師有五記驗。一者不樂睡眠，妨修道業。二者常樂讀誦，勵心不怠。同學教誨，加意喜謝，亦不因教心生怨恨。己常勤修，轉勸餘者。三者常樂演說清淨正法。四者讚唄禮誦，轉誦抄寫，繼念思惟，如是等時，無有虛度。五者所持禁戒，堅固不缺。

六眞實者。若有清淨電那勿等内懷眞實性者，當知是師有五記驗。一者所說經法，皆悉眞實，一依聖教，不妄宣示，於有說有，於無說無。二者心意常以眞實和同，不待外緣，因而取則。三者所持戒行，每常眞實，若獨若衆，心無有二。四者常於己師，心懷決定，盡力承事，不生疑惑，乃至命終，更無別意。五者於諸同學，勸令修習，以眞實行，教導一切。

七信心者。若有清淨電那勿等内懷信心性者，當知是師有五記驗。一者信二宗義，心淨無疑，棄暗從明，如聖所說。二者於諸戒律，其心決定。三者於聖經典，不敢增減一句一字。四者於正法中所有利益，心助歡喜。若見爲魔之所損惱，當起慈悲，同心憂慮。五者不妄宣說他人過惡，亦不嫌謗傳言兩舌，性常柔濡，質直無二。

八忍辱者。若有清淨電那勿等内懷忍辱性者，當知是師有五記驗。一者心恆慈善，不生忿怒。二者常懷歡喜，不起恚心。三者於一切處，心無怨恨。四者心不剛強，口無麤惡。常以濡語，說可衆心。五者若内若外，設有諸惡煩惱，對値來侵辱者，皆能忍受，歡喜無怨。

九直意者。若有清淨電那勿等内懷直意性者，當知是師有五記驗。一者不爲煩惱之所繫縛，自歡喜，清淨直意。二者但於法中，若大若小，所有諮問，恭敬領受，隨喜善應答。三者於諸同學言無反難，不護己短。而懷嗔恚。四者言行相副，心恆質直，不求他過，以成鬪競。五者法内兄

弟，若於聖教心有異者，當即遠離，不共住止。亦不親近，共成勢力，故惱善衆。

十功德者。若有清淨電那勿等內懷功德性者，當知是師有五記驗。一者所出言語，不損一切，恆以慈心善巧方便，能令衆人皆得歡喜。二者心恆清淨，不恨他人，亦不造愆，令他嗔恚。口常柔耎，離四種過。三者於尊於卑，不懷妬嫉。四者不奪徒衆經論弟子，隨所至方，清淨住處，歡喜住止，不擇華好。五者常樂教悔。一切人民，善巧智惠，令修正道。

十一齊心一等者。若有清淨電那勿等內懷齊心性者，當知是師有五記驗。一者法主，慕闍，拂多誕等所教智惠，善巧方便，威儀進止，一一依行，不敢改換，不專己見。二者常樂和合，與衆同住，不願別居，各興異計。三者齊心和合，以和合故，所得儭施，共成功德。四者常得聽者恭敬供養，愛樂稱讚。五者常樂遠離調悔戲笑，及以諍論，善護內外，和合二性。

十二內外俱明者。若有清淨電那勿等內懷俱明性者，當知是師有五記驗。一者善拔穢心，不令貪慾，使己明性，常得自在。能於女人作虛假想，不爲諸色之所留難，如鳥高（非）〔飛〕不殉羅網。二者不與聽者偏交厚重，亦不固戀諸聽者家，將如己舍。若見法外俗家損失及愁惱事，心不爲憂。設獲利益及欣喜事，心亦如故。三者若行若住，若坐若臥，不寵肉身，求諸細滑衣服臥具，飲食湯藥，鳥馬車乘，以榮其身。四者常念命終，險難苦楚，危厄之日，常觀無常及平等王，如對目前，無時暫捨。五者自身柔順，不惱兄弟及諸知識，不令嗔怒，亦不望證，令他惡名，常能定心，安住淨法。如是等者，名爲十二明王寶樹。我從常樂光明世界，爲汝等故，持至於此。欲以此樹栽於汝等清淨衆中。汝等上相善慧男女，當須各自於清淨心，栽植此樹，令使增長。猶如上好無砂鹵地，種一收萬，如是展轉，至無量數。汝等今者，若欲成就無上大明清淨菓者，皆當莊嚴如（是）寶樹，令得具足。何以故，汝等善子。依此樹菓，得離四難及諸有身，出離生死，究竟常勝，至安樂處。爾時會中諸慕闍等，聞說是經，歡喜踴躍，歎未曾有。諸天善神，有礙無礙，及諸國王，群臣士女，四部之衆，無量無數，聞是經已，皆大歡喜。悉能發起無上道心，猶如卉木值遇陽春，無不滋茂，敷花結菓得成熟。唯除敗根，不能滋長。

時慕闍等，頂禮明使，長跪叉手，作如是言。唯有大聖，三界獨尊，普是衆生慈悲父母，亦是三界大引道師，亦是含靈大醫療主，亦是妙空能容衆相，亦是上天包羅一切，亦是實地能生實菓，亦是衆生甘露大海，亦是廣大衆寶香山，亦是任衆金剛寶柱，亦是巨海巧智船師，亦是火坑慈悲救手，亦是死中與常命者，亦是衆生明性中性，亦是三界諸牢固獄解脫明門。諸慕闍等又啓明使，作如是言。唯大明一尊，能歎聖德，非是我等肉舌劣智，稱讚如來功德智惠，千萬分中能知少分。我今勵己小德小智，舉少微意，歎聖弘慈。唯願大聖垂憐愍心，除捨我等曠劫已來無明重罪，令得銷滅。我等今者不敢輕慢，皆當奉持無上寶樹，使令具足。緣此法水，洗濯我等諸塵重垢，令我明性，常得清淨。緣此法藥及大神呪，呪療我等多劫重病，悉得除愈。緣此智惠堅牢鎧伏被串我等，對彼怨敵，皆得強勝。緣此微妙衆相衣冠，莊嚴我等，皆得具足。緣此本性光明模樣，印稱我等，不令散失。緣此甘膳百味飲食，飽足我等，離諸飢渴。緣此無數微妙音樂，娛樂我等，離諸憂煩。緣此種種奇異珍寶，給施我等，令得富饒。緣此明網於大海中撈渡我等，安置寶船。我等今者上相福厚，得覩大聖殊特相好，又聞如上微妙法門，蠲除我等煩惱諸穢，心得開悟，納如意珠威光，得履正道。過去諸聖，不可稱數，皆依此門，得離四難及諸有身，至光明界，受無量樂。唯願未來一切明性，得遇如是光明門者，若見若聞，亦如往聖及我今日，聞法歡喜，心得開悟，尊重頂受，不生疑慮。時諸大衆，聞是經已，如法信受，歡喜奉行。

明界

綜述

佚名《下部讚·歎明界文》 我等上相悟明尊，遂能信受分別說。大聖既是善業躰，願降慈悲令普悅。蒙父愍念降明使，能療病性離倒錯，及除結縛諸煩惱，普令心意得快樂。無幽不顯皆令照，一切秘密悉開楊。所

謂兩宗二大力，若非善種誰能詳？一則高廣非限量，並是光明無暗所。諸佛明使於中住，即是明尊安置處。光明普遍皆清淨，常樂寂滅無動俎；彼受歡樂無煩惱，若言有苦無是處。聖衆法堂皆嚴淨，乃至諸佛伽藍所；常受快樂光明中，若言有病無是處。如有得往彼國者，究竟普會無憂愁。聖衆自在各逍遙，拷捶囚縛永無由。處所莊嚴皆清淨，諸惡不淨彼元无；快樂充遍常寬泰，言有相陵无是處。无上光明世界中，如塵沙等諸國土。自然微妙寶莊嚴，聖聚於中恆止住。彼諸世界及國土，金剛寶地徹下暉，无始時來今究竟，若言震動无是處。在彼一切諸聖等，不染无明及婬慾，遠離癡愛男女形，豈有輪迴相催促？聖衆齊心皆和合，分折刀劍无由至，釋意消遙無鄣礙，亦不願求婬慾事。伽藍處所皆嚴淨，彼無相害及相非，生死破壞无常事，光明界中都无此。彼無怨敵侵邊境，亦无戎馬鎮郊軍；魔王縱起貪愛心，於明界中元无分。金剛寶地極微妙，无量妙色相暉曜，諸聖安居无鄣礙，永離銷散無憂惱。聖衆嚴容甚奇特，光明相照躰暉凝，將此百千日月明，彼聖毛端光尚勝。內外光明無暗影，妙躰常暉千萬種，遊行勝譽金剛地，彼則无有豪釐重。所着名衣皆可悅，不因手作而成就；聖衆衣服唯鮮潔，縱久不朽无虫蝕。此界名花皆採集，喻彼微妙端正相；然彼服餝更加倍，奇特莊嚴色无量。彼諸寺觀殿塔等，妙寶成就無瑕亹；飲食餚饍皆甘路，國土富饒无饑饉。琉冤究竟不破壞，一戴更无脫卸期：諸聖普會常歡喜，永无苦惱及相離。花冠青翠妙莊嚴，相映唯鮮不萎落；肉舌欲歎叵能思，妙色无盡不淡薄。聖衆躰輕恆清淨，手足肢節無擁塞；不造有爲生死業，豈得說言有疲極？彼聖清虛身常樂，金剛之體無眠睡；既无夢想及顛倒，豈得說言有恐畏？聖衆常明具妙惠，健忘無記彼元无，无邊世界諸事相，如對明鏡皆見覩。諸聖心意皆眞實，詐僞虛矯彼元无，身口意業恆清淨，豈得說言有妄語？世界充滿諸珎寶，无有一事不堪譽，伽藍廣博无乏少，豈得說言有貧苦？飢火熱惱諸辛苦，明界常樂都無此，永離飢渴相惱害，彼亦無諸鹹苦水。百川河海及泉源，命水湛然皆香妙，若入不漂及不溺，亦無暴水來損耗。諸聖安居常快樂，國土堪譽不相識，怨憎會苦彼元无，亦不面讚背相毀。慈悲踴躍相憐愍，妬嫉諸惡彼元无。行步速蹥疾逾風，四肢癱緩无是處。神足運轉疾如電，應現十分无鄣礙。奇特妙形實難陳，諸災病患无能害。追迮諸災及隘難，恐懼一切諸魔事，戰伐相害及相煞，明界之中都无此。世界常安无恐怖，國土嚴淨无能俎，金剛寶地无邊際，若言破壞无是處。彼處寶樹皆行列，寶菓常生不雕朽，大小相似无虫食，青翠茂盛自然有。苦毒酸澁及黯黑，寶果香美不如是，亦不內虛而外實，表裏光明甘露味。寶樹根莖及枝葉，上下通身並甘露，香氣芬芳充世界，寶花相映常紅素。彼國園苑廣嚴淨，奇特香氣周園圃；瓦礫荆棘諸穢草，若言有者无是處。彼金剛地常暉耀，內外鑒照无不見；寶地重重國无量，徹視間皆顯現。香氣氛氳周世界，純一无雜性命海，彌綸充遍無鄣礙，聖衆遊中香妙最。虛空法爾无變易，微妙光雲无影礙，湛然清淨无塵翳，平等周羅諸世界。彼界寶山億千種，香烟涌出百萬般，內外光明躰清淨，甘露充盈无邊畔。泉源清流无間斷，眞甘露味无渾苦；聖衆充飽无欠少，若有渴乏無是處。妙風飄蕩皆可悅，和暢周迴遍十方，輕拂寶樓及寶閣，寶鈴寶鐸恆震響。光明妙火无可比，妙色清涼常暉曜，赫尒恆存不生滅，奇特暉光實難類。火躰清虛無毒熱，觸入於中不燒煑，彼無灰燼及烟煤，若言焚燎无是處。彼處殿堂諸宮室，皆非手作而成堅，不假功夫法自尒，若言修造无是處。所從寶地涌出者，皆有見聞及覺知，得覩無上涅槃王，稱讚歌楊大聖威。彼處暗影本元无，所有內外明无比，一切身相甚希奇，於寶地者恆青翠。聖衆形軀甚奇特，高廣嚴容實難思，下徹寶地无邊際，欲知限量无是處。彼聖妙形堪珎重，元无病患及災殃，有力常安无衰老，說彼无損躰恆強。若非大聖知身量，何有凡夫能竿說？金剛之躰叵思議，大小形容唯聖別。聖衆色相甚微妙，放大光明无邊所，无始現今後究竟，若言身壞无是處。人天聖凡諸形類，叵有肉舌能讚彼。諸佛性相實難思，金剛寶地亦如是。聖衆常樂无疲極，珎重榮華究竟悅，身相微妙恆端正，內外莊嚴實難說。聖衆光明甚奇異，无有間斷互相暉；彼聖齊心皆和合，若言分折元无是。諸聖嚴容微妙相，皆處伽藍寶殿閣，起意動念諸心想，普相照察無疑錯。光明界中諸聖等，其身輕利无疲重，妙形隨念遊諸剎，思想顯現悉皆同。聖衆齊心恆歡喜，演微妙音无停止，讚禮稱楊無疲猒，普歎明尊善業威。讚唄妙音皆可悅，其聲清美皆安靜，上下齊同震妙響，周遍伽藍元不寧。其音演暢甚殊特，遍互歌楊述妙德。諸聖快樂皆究竟，常住恆安无疲極。光明寶地无邊際，欲尋厓岸无是處。元無迫迮及遮護，各自逍遙任處所。聖衆齊心皆和合，元无

分折爭名利，平等普會皆具足，安居廣博伽藍寺。伽藍清淨妙莊嚴，元无恐怖及留難；街衢巷陌廣嚴餝，隨意遊處普寧定。一切諸魔及餓鬼，醜惡面狠及形軀，无始時來今及後，若言說有无是處。鷄犬豬犭及餘類，涅槃界中都无此；五類禽獸諸聲響，若言彼有无是處。一切暗影及塵埃，極樂世界都无此。諸聖伽藍悉清淨，若有昏暗无是處。光明遍滿充一切，壽命究竟永恆安。珎重歡樂元无間，慈心眞實亦常寬。常樂歡喜无停息，暢悅心意寶香中，不計年月及時日，豈慮命盡有三終？一切諸聖无生滅，无常殺鬼不侵害。不行婬慾無穢姙，豈得説言有癡愛？敗壞男女雄雌躰，生死無常婬欲果，極樂世界都无此，處所清淨无災禍。光明界中諸聖尊，遠離懷胎无聚散；遍國安寧不驚怖，元无怕懼及荒亂。皆從活語妙言中，聖衆變化緣斯現。一一生化本莊嚴，各各相似无別見。國土大小皆相類，寺觀安居復无異。各放光明无限量，壽命究竟无年記。諸邊境界恆安靜，性相平等地无異。三常五大鎖相暉，彼言有暗元无是。斯乃名爲常樂國，諸佛明使本生緣。無有三災及八難，生老病死不相遷。斯乃如如一大力，忙你明使具宣示。能闡生緣眞正路，聖衆普會得如是。

無常

綜述

佚名《下部讚·歎無常文》　告汝一切智人輩，各聽活命眞實言：具智法王忙你佛，咸皆顯現如目前。我等既蒙大聖悟，必須捨離諸恩愛，決定安心正法門，勤求涅槃超大海。又告上相福德人，專意勤求解脱者，努力精修勿閑暇，速即離諸生死怕。一切世界非常住，一切倚託亦非眞，如彼磧中化城閣，愚人奔逐喪其身。世界榮華及尊貴，以少福德自在者，如雲涌起四山頭，聚以風吹速散罷。臭穢肉身非久住，无常時至並破毁；如春花葉暫榮柯，豈得堅牢恆青翠？當造肉身由巧匠，即是虛妄惡魔王，成就如斯窟宅已，綱捕明性自潛藏。无恩飢火充連鑠，煞害衆生无停住，終日食噉諸身分，仍不免於生死苦。積聚一切諸財寶，皆由惡業兼妄語。無常之日並悉留，仍與明性充爲杻。先斷无明恩愛欲，彼是一切煩惱海。未來綠彼受諸殃，現世充爲佛性械。苦哉世間衆生類，不能誠信尋正路，日夜求財不暫停，皆爲肉身貪魔主。肉身破壞魔即出，罪業殃及清淨性。隨所生處受諸殃，良爲前身業不正。愛惜肉身終須捨，但是生者皆歸滅；一切財寶及田宅，意欲不捨終相別。縱得榮華於世界，摧心須猒生死苦；捨除憍慢及非爲，專意勤修涅槃路。生時裸形死亦尒，能多積聚非常住。男女妻妾嚴身具，死後留他供別主。迴獨將羞並惡業，无常已後擔背負；平等王前皆屈理，却配輪迴生死苦；還被魔王所綰攝，不遇善緣漸加濁；或入地獄或焚燒，或共諸魔囚永獄。歌樂儛唆諸音樂，喫噉百味營田宅，暮則衆人共止宿，且則分離歸本土。妻妾男女如債主，皆由過去相侵害；皆如夢見睒還無，子細思惟无倚託。世諦暫時諸親眷，豈殊客館而寄住？併是慈悲怨家賊，所以意分還他力。食肉衆生身似塚，又復不異无底坑，枉煞无數群生類，供給三毒六賊兵。佛性湛然閉在中，煩惱逼迫恆受苦。貪婬饑火及先殃，無有一時不相煮。世界漸惡恆忩迫，上下相管无歡娛，衆生唯加多貧苦，富者魔駈无停住。脩善之人極微少，造惡之輩无邊畔。貪婬饞魔熾燃王，縱遇善緣却退散。對面綺言恆相競，元无羞耻及怕懼。於聖光明大力惠，非分加諸虛妄語。衆衆多被无明覆，不肯勤修眞正路；謗佛毁法慢眞僧，唯加損害不相護。汝等智人細觀察：大界小界作由誰？建立之時緣何造？損益二條須了知。一切有情諸形類，世界成敗安置處，如此並是秘密事，究竟萬物歸何所？善業忙你具開楊，顯説一切諸性相；汝等尋求解脱者，應須覺了諦思量。布施持齋勤讀誦，用智分別受淨戒，憐愍怕懼好軌儀，依因此力免災隘。踊躍堅牢於正法，勤修智惠如法住。共捨一切惡軌儀，決定安心解脱處。寧今自在爲性故，能捨一切愛欲習。无常忽至來相逼，臨時懊惱悔何及？子細尋思世間下，无有一事堪憑在。親戚男女及妻妾，无常之日不相替。唯有兩般善惡業，隨彼佛性將行坐。一切榮華珎玩具，无常之日皆須捨。智者覺察預前脩，不被魔王生死侵。能捨恩愛諸榮樂，即免三毒五欲沉。普願齊心登正路，速獲涅槃淨國土。七厄四苦彼元無，是故名爲常樂處。

境内自生諸教總部

教派歷史人物部

白蓮教

紀　事

宗鑒《釋門正統》卷四　白蓮者，紹興初吴郡延祥院沙門茅子元，曾學於北禪梵法主會下，依仿天台出《圓融四土圖》、《晨朝禮懺文》，偈歌四句，佛念五聲，勸諸男女，同修淨業。稱白蓮導師，其徒號白蓮菜人。亦曰茹茅闍梨菜。有論於有司者，加以事魔之罪，蒙流江州。後有小茅闍黎復收餘黨，但其見解不及子元。又白衣展轉傳授，不無訛謬，唯謹護生一戒耳。白雲者，大觀年間，西京寶應寺僧孔清覺稱魯聖之裔，來居杭之白雲庵。涉獵釋典，立四果十地以分大小兩乘，造論數篇，傳於流俗。從者尊之曰白雲和尚，其徒曰白雲菜，亦曰十地菜。然論四果，則昧於開權顯實；論十地則不知通別圓異。雖欲對破禪宗，奈教觀無歸，反成魔說。覺海愚力排其謬於有司，坐流恩州。其徒甚廣，幾與白蓮相混，特以妻子有無為異耳。亦頗持誦，晨香夕火，供養法寶，躬耕自活，似沮溺荷蓧之風，實不可與事魔妖黨同論。其愚疾誕妄自貽伊戚者，亦為有識之士所惡。

志磐《佛祖統紀》卷四七　嗟夫，天下之事未嘗無弊也，君天下如禹、湯而有桀、紂；相天下如周、召而有斯、莽；道本老莊而有歸真、靈素；釋本能仁而有清覺、子元，信三教皆有其弊也。所謂《四土圖》者，則竊取台宗格言，附以雜偈，率皆鄙薄言辭。《晨朝懺》者，則撮略慈雲七懺，别為一本，不識依何行法。偈吟四句則有類於樵歌，佛念五聲則何關於十念，號白蓮，妄託於祖；稱導師，僭同於佛；名淨業而專為姦穢之行，猥褻不良，何能具道。

《廬山蓮宗寶鑒》卷四　慈照宗主。師諱子元，號萬事休，平江昆山茅氏子。母柴氏夜夢佛一尊入門，次旦遂生，因名「佛來」。父母早亡，投本州延祥寺志通出家，習誦法華經，十九歲落髮，習止觀禪法。一日正定中，聞鴉聲悟道，乃有頌曰：「二十餘年紙上尋，尋來尋去轉沉吟。忽然聽得慈鴉叫，始信從前錯用心。」於是利他心切，發廣度願，乃慕廬山遠公蓮社遺風。勸人歸依三寶受持五戒：一不殺，二不盗，三不淫，四不妄，五不酒，念阿彌陀佛五聲以證五戒。普結淨緣欲令世人淨五根，得五力，出五濁也。乃撮集大藏要言，編成《蓮宗晨朝懺儀》，代為法界眾生禮佛懺悔祈生安養。後往澱山湖，創立蓮宗懺堂，同修淨業。述《圓融四土三觀選佛圖》，開示蓮宗眼目。四十六歲障臨江州。逆順境中未嘗動念，隨方勸化即成頌文，目曰《西行集》。乾道二年壽聖高宗詔至德壽殿，演説淨土法門，特賜勸修淨業蓮宗導師慈照宗主，就錢塘西湖昭慶寺祝聖謝恩，佛事畢，回平江。嘗發誓言，願大地人普覺妙道，每以四字為定名之宗，示導教人專念彌陀同生淨土。從此宗風大振。師集《彌陀節要》、《法華百心證道歌》、《風月集》行於世。三月二十三日，於鋒城倪普建宅，告諸徒曰：「吾化緣已畢，時當行矣。」言訖，合掌辭眾，奄然示寂。二十七日，茶毗舍利無數。塔於松江力及市五港吾覺昌宅。敕謚最勝之塔。

《元史·武宗紀一》　丙子，（元武宗）以諸王及西番僧從駕上都途中擾民，禁之。禁白蓮社，毁其祠宇，以其人還隸民籍。

《元史·釋老傳·必蘭納識里》　若夫天下寺院之領於内外宣政院，曰禪曰教曰律，則固各守其業。惟所謂白雲宗、白蓮宗者，亦或頗通奸利云。

《明會典》卷一二九《禁止師巫邪術》　凡師巫假降邪神、書符、呪水、扶鸞、禱聖，自號端公、太保、師婆及妄稱彌勒佛、白蓮社、明尊教、白雲宗等會，一應左道亂政之術，或隱藏圖像，燒香集衆，夜聚曉散，佯修善事，扇惑人民，為首者絞，為從者各杖一百，流三千里。若軍民裝扮神像，鳴鑼擊鼓，迎神賽會者，杖一百，罪坐為首之人。里長知而不首者，各笞四十。其民間春秋義社，不在禁限。

俞汝楫《禮部志稿》卷五〇《題禁白蓮教拆毁私創庵觀疏》　禮部尚書沈鯉題為《内帑匱詘民生困敝恭陳祖制懇乞聖明特賜俞允以保萬世治安事》。看得户部尚書王遴條議，要將近日私創寺觀庵院盡數拆毁，僧道年

四十以下無度牒者，盡數驅逐歸農。流寓者遞歸本籍，土著者收入里戶。白蓮、羅道等會，惑衆靡財，悉重加懲治一節。

竊照異端之術，足以惑世誣民，苟非禮教素敷，民未有不蠱於福田利益之說者。在昔已然，其風猶未甚也。邇來遊手遊食之輩布滿中外，此倡彼和，莫可收拾。以致梵宇琳宮，星列棋布，而無知之民，約會進香，建幟號佛者，日充斥於道途。豈直民財靡費，上虧惟正之供。抑且風俗漸偷，釀成地方之禍。臣等目擊茲敝，方欲申飭。今尚書王遴條奏及此，深得移風易俗足國裕民至計。相應酌議題請，恭候命下，移咨兩京都察院，轉行五城內外及天下司府州縣，地方大小寺觀庵院，除係古刹及奉有欽依建置照舊存留聽其更修外，若係近日私創庵院，招集僧尼，瀆祀不經者，悉行拆毀入官。以後再不許新立增置，違者依律問遣。僧道曾經給有度牒，年四十以上者，照舊存留。其年四十以下未經給度牒者，查果戒行無礙，姑准查照見行事例，申送納給度牒。如未給度牒削剃，不守清規，與流寓遊食之徒，一併驅逐原籍，務農當差。一切白蓮、羅道、募緣僧道及約會燒香、頭戴甲馬、口稱佛號等項愚民，在內聽緝事衙門，在外着巡邏員役，嚴加禁捕，務得會首倡率之人，依律枷號治罪。知情故縱者，罪亦如之，勿視虛文，務臻實效。然臣等猶有過計焉。

夫禮者禁於未然之前，法者治於已然之後。未然者易為力，而已然者難為功。查得僧道之禁節，經言官建白，本部議覆，不啻三令五申矣。而齋醮施捨，愈昌愈熾，俾異端者流，安坐而享富厚，豈盡左道之愚人，抑亦崇尚者之自愚耳。崇之於彼而欲禁之於此，其將能乎。今宜於禁令之外，仍以禮教隄防之。乞勅各撫按嚴督各該守令，毋專以簿書期會為急，而亦以移風易俗為要。申明聖諭，勸化愚民，教以君臣父子之常道，示以農桑衣食之恆業，曉以惠迪從逆之實理，喪葬必依《家禮》，有擅作佛事者必罰。祈年必於方社，有揭榜消禳者必罪。大經既正，邪慝漸消，行之既久，果於風化有裨，不為俗吏。吏部開著上考，脫有奉行未至，亦宜罰治，以示創懲。庶幾教化與法制並行，民風與世道咸賴矣。

奉聖旨：各處寺觀庵院，除古刹及勅建有名的照舊存留，其餘私創無名，黷祀不經的，兩京着五城御史，在外撫按官，嚴行稽查。應改應毀的，酌量區處具奏，餘依擬。

楊一清《關中奏議》卷一六《禁約妖人邪術扇惑愚民貽患地方事》

題為禁約妖人邪術扇惑愚民貽患地方事。訪得西安、鳳翔、延安、漢中等府地方，多有山西等處流來人民，呼為端公、居士等項名目，持齋誦經，禳修善事。內懷姦惡，妄稱白蓮教、玄胡教。挾持神像，播弄幻術，捏造妖言，專以禍福利害恐動人民。城市鄉村愚夫愚婦，翕然信之。延請供奉，無所不至。資以財帛，結為婚姻。歲時開社，招集遠近之人，百十為羣，夜聚曉散，扇惑人心。官司明知，不行禁約，以致承訛襲舛，遠近效尤。

正德年間，洛川之變動，調官軍多被殺傷。雖旋即就擒，而所損已多。近日樊紳之禍，曾經舉首，州官不敢緝拏。上司雖知，亦不早為根究襲捕。及其率衆攻城，相顧駭愕，移文告急。既而羣衆潰散，卻又相率論功。向使禁之於初，撲之於早，豈至陷百數十愚民於必死之地，官府亦免芻糧犒賞之費矣。

顧樊紳數人之外，其所糾聚，多係村野白丁。信其誑誘，實無技能。此風不行禁革，將來邪說蔓延，南山一帶姦黠獷戾之徒，倚山附峒，乘之為亂，其患不止如樊紳而已。

伏覩《大明律》一欵，凡師巫假降邪神，書符呪水，扶鸞禱聖，自號端公、太保、師婆，及妄稱彌勒佛、白蓮社、明尊教、白雲宗等會，一應左道亂正之術，或隱藏圖像，燒香集衆，夜聚曉散，禳修善事，扇惑人民，為首者絞，為從者各杖一百，流三千里。若軍民粧扮神像，鳴鑼擊鼓，迎神賽會者，杖一百。罪坐為首之人，里長知而不首者，各笞四十。其民間春秋義社，不在此限。欽此。

國家之禁令甚明，臣下之奉行未至。豈獨貽患地方，亦且有累風化。夫智者防患於未形，達人識變於微眇。星星不已，至於燎原。毫釐不伐，至用斧柯而無所及。但此輩鳩集既廣，愚民蔽固已深。一旦重法繩之，獲罪者衆矣。

臣愚，伏望聖明裁處，勅下該衙門，查照律令，及見行事例，備行陝西巡撫巡按，着落都布按三司掌印巡守等官，刊印榜文，發仰所屬各府州縣張掛曉諭，但有似前各處流來端公居士，妄稱白蓮玄胡等教，挾持邪術，捏造妖言，收藏神像圖籍，扇惑人心者，榜文張掛之後，限一箇月以

裏，聽其自相解散，各回原籍，寧家生理。一切軍民之家，不許容留居住。若限外仍舊潛住，行教惑人，許隣佑里老地方總小甲拏送首官，并容留之家傳習之人，俱依律究治。

王鏊《姑蘇志》卷二九　白蓮教寺，在長洲縣十五都，地名陸塘。吳赤烏間，僧了然建，後燬。僧法雲重建，歸併菴七。

董斯張《吳興備志》卷一九　嘉靖三十六年九月，有烏鎮李道人之亂。放火刼掠，鎮民逃竄。兵憲天津劉公濤發兵擒之，旬五而定。先於二十六年間，有烏鎮西柵雙楊村李道人名松，身短面黃三鬚，約年三十餘歲，來游本鎮。托住鎮民沈松家，設立道場，持齋諷經。自言諳曉道法，呼風喚雨，稱為白蓮教主，善度衆生。妄刻江山水石保命長生天福印記，多製白巾為號。妖言末刼之年，地方大災，太湖水乾五十餘里，現出金寶。不久洪水泛漲，民將魚鱉。從吾齋戒，給與印信白巾，臨期免死。使沈松與仝鎮陰陽生郭震傳教，煽惑人心。

震又言，道士左手有山河，右手有社稷，腳底有乾坤二字，實係眞命主。由是四遠村愚北面受戒者，不知幾千百人。因而分為大乘苦空等七十二教名色，在七十二處起兵，救度十三布政司，九十二億人歸我。遂有拳教李南、蔣朋，稱為李把総、蔣先鋒，尊李道人為師。待招兵衆多，一時起兵。先佔湖州，候各處兵到，共成大事。更有嘉湖兵道水兵把総武生毛筌，及陸兵隊長姜緯，拳教高仙，秀水縣胥江叔，約仝張龍等，亦投李道人為師。

道人言天下該換，吾已各處招兵，你們亦各處招兵助我。明年三月內起兵，成事俱有大官。筌等各歸謠言，暗地結義招兵。俄有武生胡亮，為筌招拉作逆，言兵馬俱齊，有李道人為主，各處將白巾號布分散，準在九月十四甲子日甲子時起兵攻城。約於城外五里亭取齊，各分兵圍繞四門，放囚刼庫云云。

亮知大逆，佯許，潛歸，密發於劉兵憲，急督把総王彥忠、千戶金丹、崔廷潤，鎮撫劉欽等，發兵勦捕。須臾，毛筌、高仙、姜緯受縛於張龍樓上，獲妖印一顆，號布三疋，白巾三頂，妖書二本。一面督行湖州所領兵指揮蔡茂思、千戶李鉞，到鎮擒捕。兵到，止擒沈松一人。李道人同沈林、沈乾、蔣朋，俱各逃脫，更欲乘機作亂，刼奪沈松。蔣朋等遂舉火為號，至雙林，朋豎起青旗，桑四家豎起白旗，意圖二路起兵。接應不至。更聞筌等已擒，隨即緣賊黨五百餘人，并李南、張濟等駕船至鎮，將房屋焚燒，口稱隨我歸死，鎮民皆逃。朋見嘉興兵至，朋故身穿紅袍，張青絹傘，擄掠居民，駕舟前往雙林屯住。又言毛兵即來助我，吳江、宜興等兵不時就到，衆可安心。及見官兵有旗招撫，朋等傳令不許聽從，違者斬首。然見勢孤，各各先竄。李南夜投唐氏，千戶金丹督兵圍捉，南出拒敵，殺傷兵士朱森、鄔江，戮死李成、王恩等。南即就縛。各賊旋遁雙林迤西，官兵追至西漾，適與湖州兵合。蔣朋等遂率衆上岸拒敵，兩軍夾擊，奔走不及，就陣擒獲朋震等五十八名送道。研審，得姚英等四十六名被擄搖船，當即釋放。惟李南、蔣朋等十有二名從賊，分有印信白布從賊梟斬，餘俱不問。此誠村市一大變也。歲壬辰，有以仝州白蓮黨變密告開府，而沈公率以善巧黙散之，為德厚矣。適見舊案節錄，以為白蓮村社之戒。

《大清律例》卷一六《禁止師巫邪術》　凡師巫假降邪神、書符、咒水、扶鸞、禱聖，自號端公、太保、師婆（名色）及妄稱彌勒佛、白蓮社、明尊教、白雲宗等會，一應左道異端之術，或隱藏圖像，燒香集衆，夜聚曉散，佯修善事，煽惑人民，為首者絞（監候），為從者各杖一百，流三千里。若軍民裝扮神像，鳴鑼擊鼓，迎神賽會者，杖一百，罪坐為首之人。里長知而不首者，各笞四十。其民間春秋義社，不在此限（以行祈報者）。

陳鼎《東林列傳》卷一四《宋燾傳》　宋燾，泰安人，萬歷二十八年進士，選庶吉士，改御史，廵按應天，兼理學政。時應天有劉天緒之亂。天緒，河南人，以白蓮教扇聚千餘人，自相部署，號龍華帝主。圖掠倉庫，犯陵寢。事覺捕治。燾因上言，自採榷役興，民不堪命。一夫振呼，而從者響應。況今北方告急，邊餉不支。外有庚癸之呼，內無度支之蓄。萬一潢池弄兵，揭竿繼起，誠所為瓦解之勢也。

《清朝文獻通考》卷二〇二　湖北巡撫鄭大進奏言，查乾隆四年，孝感縣地方有嚴維臣自稱白蓮教，哄誘愚民一案，經督臣班第奏准，如有僅借好善之名誆騙香錢與實在邪教有間者，分別首從，酌量枷責完結。被誘人等免其深求。彼時就事權衡，使愚民不致株連，棍徒仍按情懲治。惟是

原奏內但稱枷號完結，而州縣或竟視同自理詞訟，率不通詳，恐有草率完結之弊。萌蘖不除，必至蔓引，請嗣後各省遇有興立邪教哄誘愚民事件，該州縣立赴搜訊，據實通稟，聽院司按核情罪輕重，分別辦理。倘有諱匿輒自完結，別經發覺，除有化大為小曲法輕縱別情嚴參懲治外，即罪止枷責。案無出入，亦照諱竊例從重加等議處。得旨允行。

《御制剿平三省邪匪方略序》 天生民而樹之君，使司牧之。奚能獨任斯事，故必分命岳牧，教養兆庶。誠能愛民如赤子，民亦敬官如父母。豈有干犯名義之事哉。若不知教養，聽其遊惰，乃至聚眾搶劫，不得不用兵討捕，其實民則無知妄作，官則不教而誅。良民被賊屠戮，固深憐憫，即罹法之賊，亦不知所犯，豈非官失於教乎。

官既不教，民則有奸詭之徒，創立邪教，幻稱彌勒，名踵白蓮，斂錢惑眾。治病燒香，妄談禍福因果。愚民被其煽誘，醜類既眾，遂思蠢動，到處鼓惑。並未易衣冠，立國號，不過意圖劫掠子女財幣，非有謀為不軌叛逆之心。遂於丙辰年辰月起，於楚地蔓延陝蜀，豕突狼奔，蜂屯蟻聚。焚殺擄掠，無所不為。雖命將出師，練團集勇。奈旋翦倏起，東勝西逃。如野火燎原，卒難撲救。朕夙夜焦愁，廣詢博採，集議而行，虛衷延納。賴經略額勒登堡，參贊德楞泰，忠勇清貞，盡力籌辦，行間諸將士效命疆場，不避險阻，而三省諸良民誼切同仇，知方有勇，追奔逐北於蠶叢，寒暑饑餒，艱苦備嘗，經七年之久，事始告成。擒戮著名首逆百餘人，積惡頭目數百人。掃除脅從二十餘萬眾，悔罪投首者亦有數萬，而陣亡之將士以及被害之黎庶，更不可以數計。嗚呼，痛哉。

予受璽臨軒，適逢斯患，實予不德所致。然揆厥所由，總因大法而小不廉，上行而下不效，視官階為利藪，不恤國計民生，惟思保位謀利。苟且因循，遷延疲玩。守牧既如此處心積慮，又何能體察小民之疾苦，自然視同秦越矣。任吏胥作奸犯科，錙銖較量，以致眾怨沸騰，激而生變。官逼民反之語，信不謬也。

幸邀天恩考佑，三省甯謐，萬民復安。予益凜天命難諶，民碞可畏，治益求治，安益求安，兢業為懷，以期眾姓咸登衽席，永為盛世之良民。語云，經正則庶民興。是在賢守牧實心愛民，有為有守，除暴安良，道德齊禮，庶幾可望太平。仰酬我皇考六十年治世之苦衷於萬一，若有剝削小民，重利忘義，或自顧爵位，徇庇劣員，或自肥身家，淩虐黔首，朕必執法重懲，決不姑恕。若有政聲卓越，善蹟彰著之良吏，朕必破格錄用，立加榮錫。

諮爾內外臣工，贊襄圖治，公爾忘私，國爾忘家，上下交儆，用鞏我國家億萬載無疆之慶，是予之至願也。

嘉慶十五年十二月二十一日。

昭槤《嘯亭雜錄》卷四《孝感之戰》 癸酉秋，余掌棘闈搜檢事，與明參政亮同事數日，聞其談孝感戰事頗詳，故櫽括其詞於卷中。明云，嘉慶丙辰夏，湖北孝感滋事，毗連三省，賊眾蟻聚數萬，總統永公保屢為所敗，先後徵兵數千，皆全軍覆沒。余方獲罪，以侍衛銜自西域歸，純皇帝命余往代。余行至當陽，路謁畢制府沅，時惟有固原、西寧兵五百人，畢全畀之。余曰，今孝感嘯聚數月，已傷官兵數千，是其賊中必有知兵之士。若不十倍其眾，難以破敵，此王翦之所以請益兵破楚也。今若不謀而後進，以零丁積畏之兵，禦銳氣方剛之賊，是驅羊入虎，投刺待縛也。畢無以對。

適陝西德鎮公光率其兵三千人至，願隨余往，畢大喜曰，此天助將軍以成功也！其糗糧、器械吾願任之。余大喜過望，鼓勵以行。數日至楊鎮，民已逃竄，街市空闃。賊聞余至，皆領兵守其寨，余率眾守橋，笑謂眾曰，此羸張飛尚可禦幾許敵也。眾故余舊部下，皆談笑以答。余命諸將鳴鼓吹角以致賊師，賊果蜂湧至，余據地勢，殺傷頗相當。賊詫曰，吾儕與官軍鬥，未有不聞聲而潰者，此老子殊耐戰乃爾。嗣聞為余，皆相顧欷歔曰，此老尚無恙耶。此吾儕命蹇故也。

次日，賊繞道上北山，據建瓴以覷我。德鎮請戰，余曰，賊勇狠而銳，未易藐視。因以千人付之。德故未經戰陣，既見敵，未鼓而火槍驟發。余聞其聲，驚曰，孺子誤乃公事，此軍殆矣！非出奇，萬無以勝之。

因怒馬獨出，率將士數十人行荒畦間。繞出數里，畦間骸屍縱橫，皆永公兵潰死者。適有江西潰卒二百自德安至，三五散坐黃金廟側，方爇火聚食。余笑曰，雖余幕中謀士所資余力者，未必如是之巧，以此破敵必矣。遂呼其將士至，慰以善言，諸軍聞余名，爭先踴躍請戰。余授以旗鼓，命掩伏山側，余遂趨賊壘。其壘外松棚下，餘賊方瞭望，余驟發矢傷

數人。賊錯愕間，江西兵展旗鳴笳以進。賊互相踐蹈，曰，伏兵至矣。賊中有紅巾者，聲揚於眾曰，愼毋驚恐，速發大炮以禦。我兵聞皆披靡，余誑曰，炮炸矣。賊固烏合，不解用炮，炮果裂，聲震山谷，我兵突煙而入。余因縱火焚其松棚，火光燎然，山上賊聞之，皆退歸巢，因闔其四門為避守計。

時德鎮所率兵亦振旅還。其固原士卒皆爭先用命，奪其西壕梁進，賊當門拒之，兵無以入。德鎮請用蔡人擒公孫翩計，述左氏多則死二人之語。余曰，彼一勇夫，故可施此計。今賊至萬人，徒傷勇夫，非計也。因命積柴。時他門外賊未覺察，適大風霾，因風施火，俄見萬廈驟焚，我兵合圍其壕。賊無路行，突煙出者咸墮於壕，哭聲震天，火光竟夕。火三日始燼，於焦骨中取賊首及骸屍，其賊遂平。

捷聞，純皇帝大喜，復余職而責永，永遂恚且恨。至己未歲，余方逐張漢潮於漢中（事見另卷）。永為松尚書筠所劾，其私度為余漏言，乃密疏劾余。上命那尚書彥成代領余眾，余已擒張漢潮，方振旅而被逮，致使功敗垂成，殊可惜也。

其言顛末若此。明故宿將，談戰門事形狀如繪，簡兵儲糗，咸如兵法，非他人所易及者。余記丙辰夏間，潘箬舟侍御（名紹經，蘄水人），聞明復起用，笑謂余曰，吾鄉人方人製肩輿，請明入楚，吾甘心願為其輿夫也。雖一時戲語，亦可覘公之威望也。

又《王文雄》　自嘉慶丙辰春楚匪滋事，當事者過於持重，遂至蔓延三省，用兵十載，方至撲滅。其中殉難者，提臣為王公文雄、花公連布、富公成、穆公克登額，鎮臣則諸公神保、朱公射斗、袁公國鑛【略】施公縉、德公光、凝公德、紥公爾杭阿、李公紹祖。其中死尤烈者，以王、穆、花三將為最。

王公，貴州人。由行伍洊至通州協副將，率直隸兵往援鄖陽。時陝撫為秦公承恩，性懦弱不知兵事。賊遂猖獗，挺入陝境，秦惟閉城獨守，日夕哭泣，目皆腫。公倉卒率直兵繞道擊之，陝境保全，公之力也。事聞，秦受上賞。公累擊賊，賊皆畏之，恨入切骨。庚申夏，於棧道中猝遇賊，賊覘知公兵力單弱，乃四出紛擊。公轉戰竟日，路既險峻，糧復斷絕，遂為賊擒。公噴血痛罵，賊首曰，此手戮吾三十二頭目之人，不可令其速死，以泄吾憤。乃支解竟日。賊既退，軍士於草中尋遺骸，惟餘一臂而已。諸大將死節慘者，莫公若也。事聞，上震悼，賜世襲一等子。其嗣開雲以世蔭任臺諫，建白有聲，今出為順德太守。

又《楊時齋提督》　國家升平日久，提鎮皆由武科積勞以致開閫，初未嫻於武略者居多。故川楚之變，將帥多不知兵，以致敗衄。其身經百戰而功績尤著者，以楊時齋軍門為最。

公名遇春，四川人。由武舉入營。紅苗之變，公以材官奔走其間，福文襄王見而奇之，曰，此將材也。因擢至專閫。時宜制府綿督陝甘，畏葸不前，公諫曰，甘涼兵為天下勁卒，阿文成公曾將以平西域，今諸將猶有能談及者。制軍據河山之險，擁精鋭之卒，自關隴西下，建瓴之勢，破敵必矣。奈何以百戰之卒，而畏烏合之眾也哉。宜不能用其策。

額經略至陝，倚公為左右手。公修髯偉貌，善撫馭士卒，其部下皆邪匪所反正者，腰懸長刀，形狀兇險，而公頤指氣使，愛戴之如父母。故十載之間，所至克敵，聲價赫然。公有黃驃，日馳數百里，公乘以退賊，未有能及之者，故賊人畏之如虎。其部下諸將如楊公芳、游公雲棟、吳公廷剛、祝公廷彪皆由偏裨，而公拔至專閫。有郭令公之於李西平、渾太尉之風。白馬關叛軍之役，官兵業經敗北，公獨騎至賊隊中，說以大義，賊即拋戈而降，其為賊所佩服若此。甲戌春，公陛見來京，上召見優獎之，賜紫禁城騎馬，乾清門侍衛裡行，武臣中罕有比者。今鎮陝中幾十餘載，而勇健猶如故云。

藝文

錢穀《吳都文粹續集》卷三一《白蓮寺池上次内弟周思敬韵　高啟》

月出露已白，荷花香滿池。高僧愛清夜，留客坐題詩。竹動鳥驚夢，草涼蟲語悲。閒齋一瓢酒，應不負幽期。

又《雨中登白蓮寺閣望故園》　亭亭高閣上，渺渺清川曲。日暮靄靄愁，蘼蕪雨中綠。聞鐘僧已返，荷笠人猶牧。歸棹獨難尋，江南望雲木。

又《獨遊白蓮寺池上看雨》　輕衣忽變冷，池雨來消夏。圓紋細細

生，密響翛翛下。荷披魚躍起，樹靜禽鳴罷。賞澹自忘還，非因與僧話。

又《白蓮寺讀杜進士喜余話舊之作有感於中次韻酬之》 不辭鳴棹遠相尋，欲向江齋伴旅吟。百事未成年已長，幾時纔到夏將深。萱留倦蛺連池綠，樹帶殘鶯滿寺陰。恐被老僧嫌滯礙，舊遊休說更傷心。

又《與杜進士登白蓮寺閣對雨》 遠愁高樹共離離，風逆潮聲上浦遲。海客市中烟起處，江僧閣外雨來時。船歸杳靄惟聞艣，店隱蒼茫不見旗。回首南朝今幾寺，可堪重咏牧之詩。

白蓮教寺在長洲縣十五都，地名陸塘。吳赤烏間僧了然建，後燬。僧法雲重建。

蒲松齡《聊齋志異》卷二《小二》 滕邑趙旺，夫妻奉佛，不茹葷血，鄉中有善人之目。家稱小有。一女小二，絕慧美，趙珍愛之。年六歲，使與兄長春並從師讀，凡五年而熟五經焉。同窗丁生，字紫陌，長於女三歲。文采風流，頗相傾愛。私以意告母，求婚趙氏。趙期以女字大家，故弗許。未幾，趙惑於白蓮教。徐鴻儒既反，一家俱陷為賊。小二知書善解，凡紙兵豆馬之術，一見輒精。小女子師事徐者六人，惟二稱最，因得盡傳其術。趙以女故，大得委任。

時丁年十八，游滕泮矣，而不肯論婚，意不忘小二也。潛亡去，投徐麾下。女見之喜，優禮逾於常格。女以徐高足，主軍務。晝夜出入，父母不得閑。丁每宵見，嘗斥絕諸役，輒至三漏。丁私告曰：小生此來，卿知區區之意否。女云不知。丁曰：我非妄意攀龍。所以故，實為卿耳。左道無濟，止取滅亡。卿慧人，不念此乎。能從我亡，則寸心誠不負矣。女憮然為間，豁然夢覺。曰：背親而行，不義，請告。二人入陳利害，趙不悟，曰：我師神人，豈有舛錯。女知不可諫，乃易髻而髻。出二紙鳶，與丁各跨其一。鳶肅肅展翼，似鶼鶼之鳥，比翼而飛。質明，抵萊蕪界。女以指撚鳶項，忽即斂墮。遂收鳶。更以雙衛，馳至山陰里，托為避亂者，僦屋而居。二人草草出，嗇於裝，薪儲不給，丁甚憂之。假粟比舍，莫肯貸以升斗。女無愁容，但質簪珥，閉門靜對，猜燈謎，憶亡書，以是角低昂。負者，駢二指擊腕臂焉。

西鄰翁姓，綠林之雄也。一日獵歸。女曰：富以其鄰，我何憂。暫假千金，其與我乎。丁以為難。女曰：我將使彼樂輸也。乃剪紙作判官狀，置地下，覆以雞籠。然後握丁登榻，煮藏酒，檢《周禮》為觴政。任言是某冊第幾頁，第幾人，即共翻閱。其人得食旁、水旁、酉旁者飲，得酒部者倍之。既而女適得《酒人》，丁以巨觥引滿促釂。女乃祝曰：若借得金來，君當得飲部。丁翻卷，得《鱉人》。女大笑曰：事已諧矣。滴瀝授爵。丁不服。女曰：君是水族，宜作鱉飲。方喧競間，聞籠中戛戛。女起曰：至矣。啟籠驗視，則布囊中有巨金充溢。

丁不勝愕喜。後翁家媼抱兒來戲，竊言：主人初歸，篝燈夜坐。地忽暴裂，深不可底。一判官自內出。言：我地府司隸也。太山帝君會諸冥曹，造暴客惡錄，須銀燈千架，架計重十兩。施百架，則消滅罪愆。主人駭懼，焚香叩禱，奉以千金。判官荏苒而入，地亦遂合。夫妻聽其言，故嘖嘖詫異之。而從此漸購牛馬，蓄廝婢，自營宅第。

里無賴子窺其富，糾諸不逞，逾垣劫丁。丁夫婦始自夢中醒，則編菅爇照，寇集滿屋。二人執丁，又一人探手女懷。女袒而起，戟指而呵曰：止，止。盜十三人，皆吐舌呆立，癡若木偶。女始著褲下榻，呼集家人，一一反接其臂，逼令供吐明悉。乃責之曰：遠方人埋頭澗谷，冀得相扶持，何不仁至此。緩急人所時有，窘急者不妨明告。我豈積殖自封者哉。豺狼之行，本合盡誅。但吾所不忍，姑釋去，再犯不宥。諸盜叩謝而去。居無何，鴻儒就擒，趙夫婦妻子俱被夷誅。生齎金往贖長春之幼子以歸。兒時三歲，養為己出，使從姓丁，名之承祧。於是里中人漸知為白蓮戚裔。

適蝗害稼，女以紙鳶數百翼放田中，蝗遠避，不入其隴，以是得無恙。里人共嫉之，群首於官，以為鴻儒餘黨。官瞰其富，肉視之，收丁。丁以重賂啖令，始得免。女曰：貨殖之來也苟，固宜有散亡。然蛇蠍之鄉不可久居。因賤售其業而去之，止於邑都之西鄙。

女為人靈巧，善居積，經紀過於男子。嘗開琉璃廠，每進工人而指點之，一切棋燈，其奇式幻采，諸肆莫能及，以故直昂得速售。居數年，財益稱雄。而女督課婢僕嚴，食指數百無冗口。暇輒與丁烹茗著棋，或觀書史為樂。錢穀出入，以及婢僕業，凡五日一課。女自持籌，丁為之點籍，唱名數焉。勤者賞賚有差，惰者鞭撻罰膝立。是日，給假不夜作，夫妻設肴酒，呼婢輩度俚曲為笑。

女明察如神，人無敢欺。而賞輒浮於其勞，故事易辦。村中二百餘家，凡貧者俱量給資本，鄉以此無遊惰。值大旱，女令村人設壇於野，乘輿野出，禹步作法。甘霖傾注，五里內悉獲足。人益神之。女出未嘗障面，村人皆見之。或少年群居，私議其美；及覿面逢之，俱肅肅無敢仰視者。每秋日，村中童子不能耕作者，授以錢，使採荼薊，幾二十年，積滿樓屋。人竊非笑之。會山左大饑，人相食。女乃出菜，雜粟贍饑者，近村賴以全活，無逃亡焉。

異史氏曰：小二所為，殆天授，非人力也。然非一言之悟，騈死已久。由是觀之，世抱非常之才，而誤入匪僻以死者，當亦不少。焉知同學六人，遂無其人乎。使人恨不遇丁生耳。

又卷五《白蓮教》 白蓮教某者，山西人，大約徐鴻儒之徒。左道惑眾，墮其術者甚眾。一日將他往，堂中置一盆，又一盆覆之，囑門人坐守，戒勿啟視。去後門人啟之，見盆貯清水，水上編草為舟，帆檣具焉。異而撥以指，隨手傾側；急扶如故，仍覆之。俄而師來，怒責曰：何違吾命。門人立白其無。師曰：適海中舟覆，何得欺我。又一夕，燒巨燭於堂上，戒恪守，勿以風滅。漏二滴，師不至，儽然而殆，就床暫寐，及醒，燭已竟滅。急起爇之。既而師入，又責之。門人曰：我固不曾睡，燭何得息。師怒曰：適使我暗行十餘里，尚復云云耶。門人大駭。奇行種種，不可勝書。

後有愛妾及門人通，覺之，隱而不言。遣門人飼豕，門人入圈，立地化為豕，某即呼屠人殺之，貨其肉，人無知者。門人父以子不歸，過問之，辭以久弗至。門人家各處探訪，杳無消息。有同師者隱知其事，泄諸門人之父，父告之邑宰。宰恐其遁，不敢捕治，詳請官兵千人圍其第，妻子皆就執。閉置樊籠，將以解都。途經太行山，山中出一巨人，高與樹等，目如盎，口如盆，牙長尺許。兵士愕立不敢行。某曰：此妖也，吾妻可以卻之。甲士脫妻縛，妻荷戈往，巨人怒，吸吞之，眾愈駭。某曰：既殺吾妻，是須吾子。復出其子，巨人又吞之。眾相覷，莫知所為。某泣且怒曰：既殺吾妻，又殺吾子，情何以甘！非某自往不可也。眾果出諸籠，授之刃而遣之。巨人盛氣而逆。格鬥移時，巨人抓攫入口，伸頸咽下，從容竟去。

又卷一一《邢子儀》 滕有楊某從白蓮教黨，得左道之術。徐鴻儒誅後，楊幸漏脫，遂挾術以遨。家中田園樓閣，頗稱富有。至泗上某紳家，幻法為戲，婦女出窺。楊睨其女美，歸謀攝取之。其繼室朱氏亦風韻，飾以華妝，偽作仙姬。又授木鳥，教之作用，乃自樓頭推墮之。朱覺身輕如葉，飄飄然淩雲而行。無何至一處，雲止不前，知已至矣。是夜，月明清潔，俯視甚了。取木鳥投之，鳥振翼飛去，直達女室。女見彩禽翔入，喚婢撲之，鳥已沖簾出。女追之，鳥墮地作鼓翼聲。近逼之，撲入裙底。輾轉間，負女飛騰，直沖霄漢。婢大號。朱在雲中言曰：下界人勿須驚怖，我月府姮娥也。渠是王母第九女，偶謫塵世。王母日切懷念，暫招去一相會聚，即送還耳。遂與結襟而行。

方及泗水之界，適有放飛爆者，斜觸鳥翼。鳥驚墮，牽朱亦墮，落一秀才家。秀才邢子儀，家赤貧而性方鯁。曾有鄰婦夜奔，拒不納。婦銜憤去，譖諸其夫，誣以挑引。夫固無賴，晨夕登門詬辱之，邢因貨產僦居別村。有相者顧某，善決人福壽，邢踵門叩之。顧望見笑曰：君富足千鍾，何著敗絮見人。豈謂某無瞳耶。邢嗤妄之。顧細審曰：是矣。固雖蕭索，然金穴不遠矣。邢又妄之。顧曰：不惟暴富，且得麗人。邢終不以為信。顧推之出，曰：且去且去，驗後方索謝耳。

是夜，獨坐月下，忽二女自天降，視之皆麗姝。詫為妖，詰問之，初不肯言。邢將號召鄉里，朱懼，始以實告，且囑勿泄，願終從焉。邢思世家女不與妖人婦等，遂遣人告其家。其父母自女飛升，零涕惶惑，忽得報書，驚喜過望，立刻命輿馬星馳而去。報邢百金，攜女歸。邢得豔妻，方憂四壁，得金甚慰。往謝顧，顧又審曰：尚未尚未。泰運已交，百金何足言。遂不受謝。

先是紳歸，請於上官捕楊。楊預遁，不知所之，遂籍其家，發牒追朱。朱懼，牽邢飲泣。邢亦計窘，始賂承牒者，賃車騎攜朱詣紳，哀求解脫。紳感其義，為竭力營謀，得贖免。留夫妻於別館，歡如戚好。紳女幼受劉聘。劉，顯秩也，聞女寄邢家信宿，以為辱，反婚書與女絕姻。紳將議姻他族，女告父母，誓從邢。邢聞之喜，朱亦喜，自願下之。紳憂邢無家，時楊居宅從官貨，因代購之。夫妻遂歸，出囊金，粗治器具，蓄婢僕，旬日耗費已盡。但冀女來，當復得其資助。一夕，朱謂邢曰：孽夫楊

某，曾以千金埋樓下，惟妾知之。適視其處，磚石依然，或窖藏無恙。往共發之，果得金。因信顧術之神，厚報之。後女于歸，妝資豐盛，不數年，富甲一郡矣。

異史氏曰，白蓮殲滅而楊獨不死，又附益之，幾疑恢恢者疏而且漏矣。孰知天留之，蓋為邪也。不然，邪即否極而泰，亦惡能倉卒起樓閣、累巨金哉。不愛一色，而天報之以兩。嗚呼，造物無言，而意可知矣。

雜録

《江西通志》卷一四二　周詩雅字廷吹，武進人，萬曆己未進士，令寶坻，革馬戶侵占。魏璫黨莊客二人倡白蓮教，畿輔騷動，以計除之。左遷上林簿，歷貴州提學僉事。

《浙江通志》卷二二八　白蓮教寺，萬曆《嘉善縣志》，在縣治東北。宋咸淳二年，有僧德山趺坐三日，地出白蓮三莖，衆異之，共建寺，故名。萬曆《嘉興府志》，元末燬。明洪武初，僧大通重建，二十四年定為教寺。

《福建通志》卷六五　（萬曆）三十二年，謝屯奸民吳建以白蓮教惑衆，聚千餘人，檄順昌知縣計擒之。

路迎《何中丞平寇生祠碑》（《山東通志》卷三五之九）　嘉靖丁未，實我聖天子臨御之二十有六年也。於是禮備樂和，風清俗美，海內有於變之風焉。時則大中丞沅溪何公拊循東土，激揚摘發，務持大體，民咸賴之。忽有懷州妖人楊惠潛來山東曹濮間，崇信白蓮教，與其徒妖僧會金善咒符水，托言能驅鬼兵，扇惑愚民。如商大常、田贇輩數百人，往往亦附焉。

是年三月十三日，惠等意在不逞，敢行稱亂。乃裂裙為旗，結枕為鍪，馳馬試劒，刼掠於鉅野山營奚富家，焚燒廬舍，搶擄人財，禍延於汶上馬村集，流至於單父之境謝漢家。漢亦結社之友，適遇千戶朱武臣巡捕之兵，惠等為兩翼以衝之，我軍少失利。既而邳州鎮撫王希文聞警踰河，輕謀與戰，死之。於是賊勢益張，人心愈懼。所司飛報至省中丞何公，遂召三司及郡邑長貳，謂救焚拯溺，勢不可緩。乃檄各路兵司以兵至。【略】賊屢出屢挫，官兵愈奮而前，賊皆退藏於林莽之間，咸相尤怨，謂驅鬼兵噀法水之説安在哉。惠但俛首長歎而已。脅從之徒，始悟為彼所惑，遂思逃計。是夜三鼓，賊率衆而西，官兵尾之。至曹南李家村團聚室內，我兵矢石雨下，及縱火攻之。惠攜其妾投火而死，商大常等俱為鋒刃所斃。焚燒死者殆近千人，生獲男子八百有奇，婦女半之。會金未至，漢所誤入，比謝氏為所執，下獄先死。謝漢為萊蕪令陳君甘雨麾下奮勇擒獲，田贇等皆生就拘執。凱旋之日，公乃策勳飲至，賞勞官軍之用命者有差，磔漢等首於市以示衆，為壇以弔陣亾之士，仍厚恤其家。

龐尚鵬《正國法以銷禍本疏》（賀復徵《文章辨體彙選》卷一一四）　臣自為書生時，讀嘉靖初年欽明大獄録，前後翻異，若矛盾然。及詢諸海內士大夫，乃知李午係山西太原府五臺縣人，本逆賊李越之姪，初名福達，因發戍逃歸，竄居陝西洛川縣，倡白蓮教，聚衆稱亂。攻殺長吏，屠其城邑。後餘黨盡滅，惟午變姓名占籍該府徐溝縣，詐稱張寅納，授太原左衛指揮使。數被韓良相等詰其罪悉，夤緣脱免。已而巡按山西監察御史馬録捕治之，午即大賂武定侯郭勛，移書請托，欲待以不死。録飛章劾勛黨逆賊，執其手書，及具午反狀聞。尋奉欽依，李午抵法，郭勛着回話。勛懼先帝怒，禍且不測，遂陰結貴近，陽欺朝廷，流毒縉紳，蔓延天下。如刑部尚書顏頤壽、都察院左都御史聶賢、大理寺卿湯沐等，皆讞議法司也。或逮繫詔獄，或禁錮終身。給事中劉琦，御史姚鳳鳴等，皆抗疏言官也。或埋魂犴狴，或委骨窮荒。山西布政使李璋，按察使李珏，都指揮馬豸等，皆原問三司也，或已遷官而行提於別省，或已罷職而追捕於私家。甚或以通書致問，而稱為朋黨，以偶語立談，而指為訕謗。其餘羅織成獄者，通計部院各寺科道等官凡四十餘人，衣冠之禍可謂烈矣。

逆賊李午與其親男李大仁、李大禮等，乃脱然於法網之外。業有成案，人不敢復言。臣亦以事經數十年，無從發其隱矣。近巡歷山西三關，至延綏，訪得徐溝洛川二縣，皆李午狼蹲之鄉也。質之故老，益知其詳。復聞嘉靖四十五年，四川妖賊蔡伯貫反逆就擒狀，招以山西李同為師，即李午之孫也。傳習白蓮教，自言為大唐子孫，當出世安民。結謀倡亂，煽惑人心。隨該四川撫按移文山西，捕李同下獄。反覆按問，佐驗甚明。招

稱李大仁、李大禮皆號為祖師，查刊刻大獄錄，姓名一一相同。則李午以妖術傳家，世為逆賊，別無可疑。

清保甲以禁邪教

題解

黄育楩《破邪詳辯》卷三 噫，清保甲以禁邪教，立法不可不嚴也。當今十家爲一牌，各具連環互結，如第一牌十家具結，内載，身等互保同牌，即公保第二牌，並無習教傳徒，斂錢聚從，及窩賊行竊，招娼聚賭等弊，嗣後若或查出，身等情願連坐字樣。又第二牌互保同牌，公保第三牌，第三牌互保同牌，公保第四牌，至最後一牌互保同牌，公保第一牌，循環一週，無錯無漏。民必各顧身家，互相勸戒，則邪教等弊自必頓息矣。又耆老、鄉長、地方既列名同牌，復令具結，有管一村者保一村，管數村者保數村，又耆老、鄉、地當更換時，先令具結，如有邪教，則前後具結之人一同究治，則彼此不得推諉而稽查爲益嚴矣。又在官書役既列名同牌，復令具結保一村，以書役係官之手足，而民所視爲從違者也。書役認眞稽查，明必加倍小心，而禁止爲益力矣。又邪教有向曾發遣，業經釋回，及向曾犯案，業經改悔者，當令具結保本村及四至共五村，以此等人於邪教形跡素所熟習，尤易稽查，並另造一冊，於一、二月内隨便傳點，嚴加勸戒。彼必有鑒前車，不敢復萌故智矣。又令釋回及改悔犯婦具結保本村婦女，以婦女之性多愚，故易被煽惑，婦女之性多怯，又最畏官司，必令具結嚴查，而婦女不至入敎矣。又令各廟僧道具結保查外來僧道，如有在此化齋投宿者，即詢其所讀經典，彼若茫然不知，必係邪匪及兇犯等類，當急通知鄉、地、牌、甲速拏送案，若審出重情，即分別奬賞，而各廟不至藏奸矣。又凡肩挑貿易，爲素所熟識者，仍令來往村中，若有外來負販，並賣卜行醫及一切面生可疑之人，速拏送案，而遠方邪匪必聞風而遁矣；又各村具互結後，或謂同牌若有邪教，而不爲舉首，既恐受累，即爲舉首，又恐結仇，豈不兩難？不知此中有兩全之道焉。若有邪教，同牌及親族等當先抄出經卷、圖像，然後再三勸戒，令伊自行投首，具結改悔，官必從寬免究；若勸之再三，彼終不悟，然後連名舉首，以便盡法懲治。蓋邪教被人告發，則立法從重，以防鉅案之萌；自爲投首，則施恩必寬，以開自新之路。官既如此辦理，民亦以此勸戒，彼必樂爲改悔，而同牌人等既不受累，亦不結仇矣。又改悔之人當視同良民，不必有意區別，以示優容，亦必時常查訪，若有名爲改悔，實未改悔者，不得混跡其間矣。又改悔之人若被別處邪教扳出，而本縣既有改悔案據，自必從寬開釋，若私自改悔，亦無不可，惟恐被人告發，或別處扳出，而縣内既無改悔案據，勢必一律究治，總不如投案改悔之不貽後患矣。又改悔之人若獻出經卷、圖像，當酌量給賞；若供出同夥習教及別處習教而審得確情，當從優給賞；若因此得破大案，必將仰邀皇恩，優賜職品，而富貴榮華，接踵而至矣。又各具互結後，若有邪教不聽勸諭，竟被告發，既係明知故犯，自當從重治罪。此時獄牢之苦，度日如年，刑法之嚴，痛心徹骨，業已實情盡吐，猶復熬審不休，欲求不死而不能，欲求速死而不得，迨至斬決梟示，凌遲處死，延及數月而罪始定，業已身無完膚矣。又況父母妻子兄弟叔姪一同熬審，各受嚴刑，或連坐而發新疆，或抄家而終餓斃，言念及此，誰不悚然？究係孽由自作，必如此盡法懲治，而餘匪不至復熾矣。又具互結後，若明知某爲邪教，而既不勸戒，又不舉首，即將同牌人等各以隱匿不報從重治罪，亦思爲他人故而已受拖累，固爲非計，又況己既受刑，而人亦獲罪，是人己兩受其害也。何若勸人改悔，而免己過愆，是人己兩有所利也。若人既不聽，而己始呈首，則人之罪固由自取，己之心非爲私仇，是人與己亦可無憾也。兩相比較，知隱匿之萬萬不可矣。又保甲冊面註明本村四至村莊，並大路通某處，小路通某處，以便按冊繪圖。圖内村莊註明戶口里數，該管鄉、地、牌、甲等名，則懸之壁間，闔邑情形，瞭如指掌。又復立法極嚴，稽查極密，時時用意，刻刻留神，保甲之法備於此矣，禁邪之要盡於此矣。此時又造城關四鄉村莊戶口總冊、城關連環互結總冊、四鄉連環互結總冊、鄉地保所管村莊甘結總冊、書役保本村甘結總冊、釋回改悔敎犯保五村甘結總冊、犯婦保本村甘結總冊、各廟僧道保查外來僧道暨廟内並無邪神甘結總冊，一併具文詳呈各憲存案備

查。至卸任時，即將各冊結編入交代，後任若依樣而行，則保甲不至廢弛，邪教自然淨盡矣。

論説

黄育楩《破邪詳辯》卷三 噫，嚴禁邪教，莫善於保甲。惟近來保甲，民多視爲具文。當造冊時，戶漏數口者有之，村漏數戶者有之。至抽查時，戶漏數口者或能查出，村漏數戶者無由查出，而保甲已不能清。冊交署內，發房存案，官不寓目，即同廢紙，而保甲益不能清。今查保甲印造格式，裝訂成冊，紙張工本，捐廉自置。又擬就欵項，刊諸卷首，共十三條：一，戶口宜從街首第一戶至第幾十幾戶，俱依次挨造，不得錯亂，以便稽查；一，親族分居及同院數家並賃房寄居者，俱按戶另造，以防匿漏；一，家以男丁爲戶首，若男丁不及十五歲及並無男丁者，始准以婦人爲戶首；一，男女老幼俱造入冊，有出外貿易者，註明出外地名；一，冊式分上、下兩層，每層十行，均低一字寫，各人名上註明稱呼，一戶止佔半篇，以歸簡便，若人口衆多，始佔全篇；一，凡有功名，及社甲，地畝、糧名、業務，並左右隣，及一人有數名者，俱從實註明；一，傭工有外無家口者，附入傭主戶內，若外有家口，即依家口住宅挨造入冊；一，庵觀寺廟僧道人口俱於冊後造入；一，交冊即具並無遺漏戶口甘結，又冊籍門牌均於告期當堂交領，不經吏役之手，以防需索，該地牌等亦不得藉端科派；一，此冊存放內簽押房，凡審案時必取冊查對，如有錯漏，分別懲治；一，冊查清後，始照寫門牌，用印發給，掛諸門首，毋得有損；一，冊查清後，令地牌等按季呈送清摺，開明本村新生、新死、新嫁娶、新立嗣、新遷移及新出門、新回家者，令該房於冊內改正；一，十家一牌頭，十牌一甲長，十甲一保正，若向無甲長、保正，即以地方作甲長，鄉長作保正，並令十家各具互結，鄉地各具保結。以上各條，又於傳齊鄉地當堂給發之時，嚴爲面諭，必使按欵造清。至交冊時，令具並無錯漏戶口甘結，即將冊籍安置內簽押房，而猶未必其冊之果清也。此時若下鄉編查，則地面寥濶，村莊稠密，人戶衆多，遍查則勢有不能，抽查則徒多朦蔽，所以累次下鄉，但能抒面諭之忱，勢難收編查之效。因於每日審案之時，先將數案原，被，人證，俱從冊內查出。至結案後，即按冊查詢人口。若漏造小口尚可姑寬，漏造大口必加刑責。若一戶全漏，即從重嚴處。復令一戶全漏之人，於正案甘結外，另具並無習教傳徒窩賊爲匪等弊甘結，復令取有的保方准開釋。若有懇求和息者，雖案已准息，仍令原、被、人證及處和之人俱開送人口清單。遇有錯漏，即摘傳酌處。至漏造人口，俱令另開清單，以便添造。若係鄉地捏造，即從重究處，並令重新賠造，作速呈交。此法行及三月，所查者不過數十分之一分而已。然日日如此，案案如此，民既知保甲爲甚要，惟以漏造人口爲甚懼，於是復傳各村鄉地，令另造冊籍，則此時所造，自無不清可知。向之造冊不清者，非必民之有心舞弊也。彼惟以冊交署內，發房存案，造清與否，官無由知，由此苟且塞責，習慣自然。茲既隨案稽查，分別責處，而保甲自無錯漏之虞矣。保甲底冊既清，即刷印門牌。遵照十二年臬憲頒發格式，刊印例禁共八條，使民觸目驚心。除按戶各造外，又另造十家總牌，俾各有統屬，以便稽查。以後因公下鄉，不拘時日，順便抽查，不至虛應故事，而保甲始有實用矣。保甲既清，即不必年年造冊，徒滋煩擾。但令各村鄉地於四季月稟呈清摺，依照冊首所載，開明新生、新死等項，令該房隨時改正，門牌亦令按季自行改正，至二三年冊與門牌更換蒙混，然後一律新造，則事歸簡易，而保甲可永遠無弊矣。保甲既清，猶必隨案查對，如止此一人而累次興訟，即於冊名上累次過硃，將來即視過硃之多寡，而其人之臧否概可知矣。又冊內有一人數名者，必令註明。凡遇傳訊及上憲提人，鄰封關人，但按冊而稽，而差役不得朦蔽矣。冊內人之年歲必令實造，則留養之案不得虛捏，或冒稱年老以求免刑者亦不得施其詐矣。冊內有功名人，必令註明，如查有品行端方、聞望素著者，不妨供吾諮詢，備吾驅策，而兼可收得人之效矣。冊內有膺耆老者，向來兼管一鄉公事，必擇其品行端方、人心悅服，方令充膺，則督率必無違悞矣。冊內鄉長地方，俱由民間公保，仍膺從舊，亦必令多保數人，以便按冊稽查，酌量點充，則匪類不得倖進矣。冊內十戶爲一牌，宜立牌頭一人，十牌爲一甲，宜立甲長一人，十甲爲一保，宜立保正一人，俱由民間保舉，以協輿情，亦從冊內查核，以防私弊。有爲民不願充者，即按年更換，毋使苦樂不均。或即以地

方兼甲長，鄉長兼保正，總期有便民俗，無悞公事。而所選用者又皆家道殷實，年力精壯，素行安靜之人，以此等人既顧體面，兼恐拖累，自於邪教賊匪實心稽查，不似向之虛應故事矣。冊內有年老鰥寡，無子孫，無地畝及地畝甚少者，俱粘簽冊面，以便設法調劑。如附近居民，有犯杖笞小過者，酌量罰穀若干，分給本村鰥寡無依之人，併諭鰥寡自行取用，不令差役得以侵吞。蓋鄰里相周，義所當然，惟勸之則多吝，罰之則易從，而鰥寡亦有依賴矣。冊內幼孩早離父母者，諭令本族或本村撫養，亦籌給養贍，則弱孤不至失所矣。冊內少寡無孤，無論地之多少，必向鄉地時常查訪，不使親族得以欺淩，則鄉里稱榮，愈可堅其守節之志矣。冊內地畝必令據實造明，雖地畝數目載在糧冊，然人有糧銀雖多而地已典於他人，則實種者少，亦有糧銀雖少而屢典他人之地，則實種者多，冊內惟載實種之地，並查無地畝、無買賣之人，則貧富自明。設遇賑災，即依此冊分別極貧、次貧，則戶口無從虛揑，書役不能舞弊，而實惠之及民又至捷矣。總之，爲民牧者誰不愛民？惟保甲未清，則多一舉動，而弊即隨焉。保甲既清，則凡有設施，而效即應焉。州縣爲親民之官，誠不能外保甲而別言親民也。又世之談政治者，動曰封建井田，然井田勢難再復，而保甲尚屬易行。保甲清而井田之遺意，亦畧寓焉。固不僅爲邪教計，而禁邪之要道備於斯矣。

雜　録

黃育楩《破邪詳辯・卷首》　恭錄道光十二年五月二十四日欽奉上諭：給事中王瑋慶奏請飭嚴查保甲一摺，從來邪教之興，固由地方官教化不明，而奸宄之得以潛藏，鄉愚之受其煽惑，總緣地方官狃於安逸，於編查保甲一事，不知實力奉行，遂致日久有名無實。即如王法中，尹老須，蕭老尤等犯，溷跡城市，愍不畏法，而各該地方官皆漫無覺察，竟同聾聵。如果平日認眞編查，遇有奸匪立即查辦，懲一儆百，何至蔓延日衆，流毒無窮？若不嚴行申誡，則一味怠玩因循，吏治民風將不可問。嗣後着各直省督、撫嚴飭所屬州縣，督率保長人等，於城市村鎮戶口按名查造清冊，發給門牌，詳載姓名生業，仍隨時挨戶核對，勸諭化導，俾安恆業。倘有不安本分之徒，即行拏究，並於春秋二季農暇之時，將遷移戶口詳加改換，責令該管道府每年抽查一次，以昭核實。至京師爲首善之區，戢暴安良，尤關緊要。並着都察院、順天府嚴飭五城御史，督率司坊及京縣地方官一體訪查，按戶懸掛門牌，毋得稍有懈弛，庶習教匪徒無所托足，閭閻自臻靜謐。倘自此次誥誡之後，仍前玩事，不知整頓，致令教匪潛藏煽惑，一經發覺，必將各該地方官重懲不貸。將此通諭知之。欽此。

又卷四　噫，嚴禁邪教莫善於保甲。余莅清河、鉅鹿，惟以保甲爲要務。保甲清而又令十家各具互結，鄉地各具保結，自能有益於地方。如鉅鹿雖無大賊窩，然每逢冬間，四路之小賊窩不知凡幾。保甲清而賊窩自清，凡過路之小竊案亦漸稀少，盜案則業已全無矣。鉅鹿爲邪教淵藪，雖盡法懲治終不能免。保甲清而又有《破邪詳辯》與《邪教陰報錄》遍示民間，愚民雖愚，皆知習教之有損無益，則傳徒聚衆之俗自肅清矣。又保甲之效，尤於捕務驗之。如十五年傳邦疑一案，又拏獲十二年逃犯李如陵一案，在省共扳出向曾習教之犯一百餘人。是時接奉憲札，數次拏人，先從保甲冊內查明，均於夜間出票，次早拏獲一百餘人，並無一名漏網，不動聲色而極密極速，非保甲素清安能如此？至於一切差徭惟依保甲爲部伍，民自無不樂從。而其清查之法，備載初刻《詳辯》中，其法於禁邪爲尤要。此《詳辯》之首重保甲也。

禁邪教

題　解

黃育楩《破邪詳辯・卷首》　大清律例：褻瀆神明。凡私家告天拜斗，焚燒夜香，燃點天燈告天七燈拜斗褻瀆神明者，杖八十。婦女有犯，罪坐家長。若僧道修齋設醮，而拜奏青詞表文，及祈禳火災者，同罪。還俗，重在拜奏，若止修齋、祈禳而不拜奏青詞表文者不禁。

若有官及軍民之家，縱令妻女，於寺觀神廟燒香者，笞四十，罪坐夫男。無夫男者，罪坐本婦。其寺觀神廟住持，及守門之人，不爲禁止者與同罪。律。

禁止師巫邪術。

凡師巫假降邪神，書符咒水，扶鸞禱聖，自號端公太保師婆名色，及妄稱彌勒佛、白蓮社、明尊教、白雲尊等會，一應左道異端之術，或隱藏圖像，燒香集衆，夜聚曉散，佯修善事，煽惑人民，爲首者絞監候，爲從者各杖一百，流三千里。若軍民裝扮神像，鳴鑼擊鼓，迎神賽會者，杖一百，罪坐爲首之人。

里長知而不首者，各笞四十，其民間春秋義社，以行祈報者不在此限。律。

論說

黃育楩《破邪詳辯·卷首》 各處官吏軍民僧道人等，妄稱諳曉扶鸞禱聖，書符咒水，或燒香集徒，夜聚曉散，並捏造經咒邪術，傳徒斂錢，一切左道異端，煽惑人民，爲從者，改發回城給大小伯克及力能管束之回子爲奴。其稱爲善友，求討布施，至十人以上者，或稱燒煉丹藥，出入內外官家，或擅入皇城，夤緣作弊，希求進用者，並軍民人等，寺觀住持，不問來歷，窩藏接引容留披剃冠簪，至十人以上者，俱發近邊充軍。若不及十人，容留潛住薦舉引用，及鄰甲知情不舉，並皇城各門守衛官軍，不行關防搜拏者，各照違制律治罪。如事關重大，臨時酌量辦理。例下仝。

各省遇有興立邪教，哄誘愚民事件，該州縣立赴搜訊，據實通稟，聽院司按核情罪輕重，分別辦理。倘有諱匿，輒自完結，別經發覺，除有化大爲小曲法輕縱別情，嚴叅懲治外，即罪止枷責。案無出入，亦照諱竊例，從重嚴處。

西洋人有在內地傳習天主教，私自刊刻經卷，倡立講會，蠱惑多人，及旗民人等，向西洋人轉爲傳習，並私立名號，煽惑及衆，確有實據，爲首者擬斬立決。其傳教煽惑而人數不多，亦無名號者，擬絞監候。僅止聽從入教，不知悛改者，改發回城給大小伯克及力能管束之回子爲奴。旗人銷除旗檔。如有妄佈邪言，關係重大，或符咒蠱惑，誘污婦女，並誆取病人目睛等情，仍臨時酌量，各從其重者論。如能悔悟，赴官首明出教，及被獲到官，情願出教，當堂跨越十字木架眞心改悔者，概免治罪。倘始終執迷不悟，即照例問擬。並嚴禁西洋人，不許在內地置買產業。其失察西洋人，潛住境內，並傳教惑衆之該管文武各官，交部照例議處。

又 凡傳習白陽、白蓮、八卦等邪教，習念荒誕不經咒語，拜師傳徒惑衆者，爲首擬絞立決，爲從年未逾六十及雖逾六十而有傳徒情事，俱改發回城給大小伯克及力能管束之回子爲奴。如被誘學習，尚未傳徒，而又年逾六十以上者，改發雲貴兩廣烟瘴地方充軍。旗人銷去旗檔，與民人一律辦理。至紅陽教及各項教會名目，並無傳習咒語，但供有飄高老祖及拜師授徒者，發往烏魯木齊，分別旗民當差爲奴。其雖未傳徒，或曾供有飄高老祖及收藏經卷者，俱發邊遠充軍。坐功運氣者杖八十。如有具結改悔，赴官投首者，准其免罪。地方官開造名冊，申送臬司衙門存案。倘再有傳習邪教情事，即按例加一等治罪。若拏獲到案，始行改悔者，各照所犯之罪問擬，不准寬免。

又 各項邪教案內，應行發遣回城人犯，有情節較重者，發往配所永遠枷號。

又 盤詰姦細兵律。

凡州縣城鄉，十戶立一牌頭，十牌立一甲頭，十甲立一保長。戶給印牌一張，書寫姓名丁數，出則註明所往，入則稽其所來。其客店亦令各立一簿，每夜宿客姓名幾人，行李牲口幾何，作何生理，往來何處，逐一登記明白。至於寺觀，亦分給印牌，上寫僧道口數姓名，稽查出入。如有虛文應事，徒委捕官吏胥，需索擾害者，該上司查叅治罪。例。

又 謀反大逆。刑律下仝。

凡謀反，不利於國，謂謀危社稷。及大逆，不利於君，謂謀毀宗廟山陵及宮闕。但共謀者不分首從，已未行，皆凌遲處死。正犯之祖父、父子、孫、兄弟，及同居之人，如本族無服親屬及外祖父妻父女婿之類不分異姓及正犯之期親伯叔父兄弟之子，不限已未析居，籍之同異，男年十六以上，不論篤疾廢疾皆斬。其男十五以下，及正犯之母女妻妾姊妹，若子之妻妾，給付功臣之家

爲奴。正犯財產入官，若女並姊妹許嫁已定，歸其夫。正犯子孫過房與人，及正犯之聘妻未成者，俱不追坐。上止坐正犯兄弟之子，不及其孫，餘律文不載並不得株連。知情故縱隱藏者斬。有能捕獲正犯者，民授以民官，軍授以軍職，量功授職，仍將犯人財產，全給充賞。知而首告，官爲捕獲者，止給財產。雖無故縱，但不首者，杖一百，流三千里。未行，而親屬告捕到官，正犯與緣坐人俱同自首，免已行，惟正犯不免，餘免。非親屬，首捕雖未行，仍依律坐。律。

又 一反逆案內，律應緣坐。男犯十六歲以上者，發新疆給官兵爲奴。其緣坐婦女，及男年十歲以下，交值年旗，酌給有力之滿洲蒙古漢軍大臣，文職三品，武職二品以上官員爲奴。如在十一歲以上，十五歲以下者，牢固監禁，俟成丁時，發往伊犁烏魯木齊等處安插，令該將軍等嚴加管束。其知情不首，干連人犯，仍依律擬流。例下仝。

一除實犯反逆，及糾衆戕官反獄，倡立邪教，傳徒惑衆滋事案內之親屬，仍照律緣坐外。其有人本愚妄，書詞狂悖，或希圖誆騙財物，與立邪教，尚未傳徒惑衆，及編造邪說，尚未煽惑人心，並奸徒懷挾私嫌，將謀逆重情，捏造匿名揭帖，冀圖誣陷，比照反逆及謀叛定罪之案，正犯照律辦理，家屬一概免其緣坐。

一反逆緣坐案內，給功臣爲奴人犯，除有脫逃干犯別情，照例從重辦理外，其有伊主呈明，不能養贍，訊無別情者，改發各省駐防爲奴。

又 謀叛。一凡異姓人，但有歃血訂盟焚表，結拜弟兄者，照謀叛未行律，爲首者擬絞監候，爲從減一等，若聚衆至二十人以上，爲首者擬絞立決。爲從者，發雲貴兩廣極邊烟瘴充軍。其無歃血盟誓焚表事情，止序齒結拜弟兄，聚衆至四十人以上，爲首者擬絞監候。四十人以下，二十人以上，爲首者杖一百，流三千里。不及二十人爲首者，杖一百，枷號兩個月，爲從各減一等。若年少居首，並非依齒序列，即屬匪黨渠魁，聚衆至四十人以上者，首犯擬絞立決，爲從發雲貴兩廣極邊烟瘴充軍。未及四十人者，爲首擬絞監候，爲從杖一百，流三千里。其有抗官拒捕，持械格鬬等情，無論人數多寡，各按本罪，分別首從，擬以斬絞。如爲從各犯內，審明實係良民，被脅勉從結拜，並無抗官拒捕等事者，應於爲從各本罪上，再減一等。僅止畏累出錢，未經隨同結拜者，照違制律杖一百，其聞拏投首，及事未發而自首者，各照律分別減免。倘減免之後，復犯結拜，不許再首，均於應擬本罪上，酌予加等。應絞決者，改擬斬決。應絞候者，改爲絞決。應發極邊烟瘴充軍者，改發新疆酌撥種地當差。應滿流者，改爲附近充軍。應滿徒以下，亦各遞加一等治罪。其自首免罪各犯，由縣造具姓名住址清冊，責成保甲族長，嚴行稽查約束，仍將各人姓名，登記冊內，如有再犯，即將保甲族長，擬杖一百。至結會樹黨，陰作記認，魚肉鄉民，凌弱暴寡者，亦不論人數多寡，審實將爲首者，照兇惡棍徒例，發雲貴兩廣極邊烟瘴充軍。爲從減一等，被誘入夥者，杖一百，枷號兩個月。各衙門兵丁胥役入夥者，照爲首例問擬。鄉保地方，明知不首，或借端誣告者，照例分別治罪。該管文武各官，失於覺察，及捕獲之後，有心開脫，均照例叅處。若止鄉民酬社賽神，偶然治比，事竣即散者，不在此例。例下仝。

一謀叛案內，被脅入夥，並無隨同焚汎戕官，抗拒官兵情事，一聞查拏，悔罪自行投首者，發新疆給官兵爲奴。

一凡不逞之徒，歃血訂盟，轉相結連土豪市棍，衙役兵丁，彼倡此應，爲害良民，據鄰佑鄉保首告，地方官如不准理，又不緝拏，惟圖掩飾，或至蠢起爲盜，抄掠橫行，將地方文武各官革職。從重治罪，其平日失察，首告之後，不自隱諱，即能擒獲之地方官，免其議處。至鄉保鄰佑知情，不行首告者，亦從重治罪。如旁人確知首告者，該地方官酌量給賞，倘借端妄告者，仍照誣告律治罪。

又 一不法匪徒，潛謀糾結，復興天地會名目，搶刦拒捕者，首犯與曾經糾人，及情願入夥，希圖搶刦之犯，俱擬斬立決。其並未轉糾黨羽，或聽誘被脅，素非良善者，俱擬絞立決。如平日並無爲匪，僅止一時隨同入會者，俱發遣新疆，酌撥種地當差。

又 造妖書妖言。凡造讖緯妖書妖言，及傳用惑衆者皆斬。監候。被惑人不坐不及衆者，流三千里，合依量情分坐。若他人傳造私有妖書，隱藏不送官者，杖一百，徒三年。律。

一凡妄布妖言，書寫張貼，煽惑人心，爲首者斬立決，爲從者皆斬監候。若造讖緯妖書，妖言，傳用惑人，不及衆者，發新疆給額魯特爲奴。至狂妄之徒，因事造言，捏成歌曲，沿街唱和，及以鄙俚褻嫚之詞，刊刻

傳播者，內外各地方官，即時查拏，審非妖言惑衆者，坐以不應重律。例。

開荒立教

題　解

黃育楩《破邪詳辯》卷一 《萬法皈一品》有云：「我衆生替祖代勞，開荒立敎，我化人天，到無我等點杖。」噫，自後漢張角首創邪敎，千數百年，此言開荒立敎者，必是從前邪敎誅戮已盡，至弓長時又復重新創立，故以開荒名之。開荒立敎，即開荒造經，荒謬已極，不可信也。

論　說

佚名《應用表文・領袖出門開荒表》 敬爲承命開化，懇恩護佑事。歷代諸佛諸祖諸師蓮臺之下，言念□□□□幸遇奇緣，得聞至道。復蒙恩寵，領受慈舟，不敢留戀家鄉，自當遠遊他域。擬於□□日起程，前赴□地方，接引原人，早登彼岸，勤勞聖事，報答鴻恩。但慮世路崎嶇，人心險惡，每多毀謗，常受考魔。又兼德薄才淺，難作良善楷模，孽重冤深，致有關津阻隔。遇有緣而將欲接度，或開舟而即起風波。若不仰仗佛威，何能宣揚聖化。兹當擇期出門之際，許捐放生銀□□元，祈消孽冤罪過。爲是虔備供儀，申文哀告瑤池金母大慈大悲，諸天衆聖，□□□□，諸佛諸祖諸師俯垂洞鑒，格外施恩，發部郊天大赦。赦與□□□□所造無邊冤孽罪過，悉爲赦除。更祈佛慈，空中大顯神威，時放慈光垂照，暗裏默爲護佑，感格原人回心。俾伊出門在外，不受驚險，開導後進，廣接善緣。大小人人悅服，來往處處清平。賢良叠出，道運興隆。不盡所祈，全希默佑。□□□□，沾恩無極。□□□□，不勝沾感之至。謹百叩，冒懇以聞。

三一教林兆恩

題　解

董直庵《夏午尼三一教主本行實録序》 蓋自五百歲而聖人生焉。皇而帝也，帝而王也。雖河圖洛書，而爲奇爲偶，爲實爲虛，無非爲道統中一之傳。天下萬世，聞知見知。計也周之盛也。三尼並出，夫敎雖不同，而其道則同。是故猶龍之嘆，西方聖人之語，孔子之心，未嘗以爲我儒也。老子之心未嘗以爲我道也，釋迦之心未嘗以爲我釋也，逮後世之失其傳，又不會其旨，遂裂儒道釋而三之。儒氏者流，不知中庸一貫之學，而從事於□耳詞章，以爲孔子之敎如是也。道氏者流，不知守中得一之學，而從事於荒唐迂怪，以爲老子之敎如是也。釋氏者流，不知空中皈一之學，而從事於斷滅枯槁，以爲釋迦之敎如是也。各自標門，以自高自尊。而孔老釋迦之道，愈不明於天下萬世矣。我三一敎主林大師，間氣而生，上接三尼之統緒，下開萬世之愚蒙，著書數千萬言，不過以綱常爲立本，見性爲入門，虛空爲極則，分庭爲禮，以道自重，不唯不顧毀譽，亦且不顧榮辱。不唯不顧榮辱，亦且不顧利害。不唯不顧利害，亦且不顧生死。揆其心，不過欲世之儒流，得以知孔子，而盡去其□耳詞章之學，以皈孔子之儒斯已矣。世之道流，得以知老子，而盡去其荒唐迂怪之學，以皈老子之道斯已矣。世之釋流，得以知釋迦，而盡去其斷滅枯槁之學，以皈釋迦之釋斯已矣。不知有儒，不知有道，不知有釋，釋之執中，即道之守中，道之守中，即釋之空中。儒之一貫，即道之得一。道之得一，即釋之皈一，夫如是則道統中一之傳。使天下萬世，得以共知而共見者也。若夫鼉龍之浮於金洲，鳳鳥之鳴於東山，塔麓麒麟之現於候山江口，古聖人應運而興，祥瑞之紀，亦嘗聞其語矣。金丹之啓，自上陽世又聞其語，而復見其人矣。至如黑鐵之明於三虛空之語，於鉢恒多法權之授於釋迦，證果而稱爲彌勒寶塔入懷。三花聚頂。若此者，人固不得不異其說，然而此中

之所云，眞難爲外人道也。蓋非盡性至命之君子，又惡足以語此不可使知之事哉。嗚呼，三氏之道，至林子而始明，人固已知之矣。而林子之道，反爲不明於世者。人固未之知也，何則，世之學林子之學者，不知林子道統中一之傳。而以林子之道，竟爲之空談。竟爲之說怪，或以治病爲存養之源，或以大道爲媒利之本。不唯林子之道失其傳，而林子之教亦且掃地矣。吾師陳子甚爲斯道慮。將盧子所遺未成之稿，擇其可删者删之。可補者補之，自週歲以至八十二歲，以爲《林子本行實録》。使後之人，見林子之實録，而質其行事。則知林子之所以爲林子者，固在彼，而不在此。雖有規利之徒，空談説誕之輩，亦不得而影之響之者，豈曰少補云哉。余故曰：天不生林子，則三氏之道，不明於天下萬世矣。天不生陳子，則林子之道又不明於天下萬世矣。此余所以推尊陳子之功，不在孟氏下者，未始不爲是也。甲午秋陳子乃編輯其稿命史爲之參訂。未竣事，而陳子遂逝。余於是集同門之士，成其遺稿，命之梓人，謹述數言于簡端。歲在乙未秋，尚陽門人董史直庵氏，百拜書于涵江三一堂之明宗舘。

論說

林兆恩《三聖正宗·林子》　時有訪林子於榕之城西僧舍，與林子談及儒者之學，至一以貫之章。一人曰：以一理貫通萬事，眞善發聖人之蘊也。一人曰：凡事憑理做去，眞爲學之領要也。林子曰：即此可以明一貫之道，而爲孔子之的傳可乎。二人對曰：有何不可？信如所言，則一貫之道，子能知之，是又二孔子也。余能唯之，是又一曾子也。即七十子之賢，未聞以一貫授之者，非聖人之吝教也。潁悟莫如子貢，雖啓之者再矣，而猶未達，何子言之之易，而余唯之之不難也。二人猶不悟。廼曰：非子之高明，其孰能知之？林子於是呼諸僧而語之。咸曰：得其意矣，復就途人而告之。咸曰：得其意矣。由斯而言之，余亦孔子也，而諸僧及途人，皆曾子也。何春秋之時，得人之難，而今乃反人才之盛也。何諸僧及途人之所知者，而七十子乃及不達也。二人復變其説曰：孔子只言箇一字，而門人昧之，朱子添箇理字，而萬世唯之。林子曰：孔子何不添箇理字，使三千之徒，皆得其傳，萬世而下，皆知其道。豈孔子闡道之秘不若朱子歟？抑孔子教人之心不若朱子歟？二人默然無以答。林子又曰：曾子之與朱子孰賢？二人即曰：朱不如曾。然則忠恕之道，子知之乎？幸爲我言之。林子三問而三不答，曰：幸無多讓，即其所聞知者，而言之可乎。二人乃曰：忠者體也，恕者用也，忠存於中，而恕以推之，所謂無忠做恕不出也。林子復以此呼諸僧而語之。咸曰：非我所得而與知也，復就途人而告之。咸曰：非我所得而與知也，豈曾子之學不若朱子，而忠恕之説，不如添箇理字之爲眞切明白邪？余以朱子之註，不達孔子之心，而吾子之言，又不得朱子之意也。於是二人憣然而悟曰：終身在迷途之中，自以爲得矣。因聲附和習而不察者然也。廼今知聖人之道，眞非淺學之徒所能測其藩籬也。子眞儒者，得聖人之意矣。且聖人之道，非子而孰啓其秘哉。廼固問一貫之旨。林子曰：堯舜之執中也。復問執中之旨。林子曰：老子之得一也。復問得一之旨。林子曰：釋氏之止止也。二人嘆曰：雖未達一貫之旨，而俗學之陋，三教之同，廼今知之矣。廼今知之矣。

有以老子爲邪而非之者造林子。林子曰：老子之道與儒者異乎？曰：然，然則堯舜之執中，與老子之守中，孔子之一貫，與老子之得一，堯夫之天根月窟，與老子之爲天地根，亦以爲異可乎。其人率爾遂以爲異。林子曰：請問其所以異。其人不能答，反以爲同。林子曰：請問其所以同，其人又不能答，反以爲異。

時有談佛者，自謂有得西來之旨，與林子語及無所住而生其心。林子曰：上文云何應住，云何降伏其心，降或如字，或平聲。對曰：當作平聲。林子曰：豈以心敵外物而降之邪？對曰：然信如所言，則降當作降敵之降，而伏亦當作懾服之服歟？其人默然。

林子一日偶與數人談及心性之學。林子曰：人之所以得於天者，先有性歟？抑先有心歟？或以性先而心後或以心先而性後，或以心性本無先後。林子曰：諸君所學儒者之道同也，師同也。何其所言而大相倍戾若是耶？衆咸默然，於是三問，而林子廼言曰：天之所付於人者，只一性而已。獨不觀之《書》乎。《書》曰：上帝降衷，厥有恆性，又不觀之《中庸》乎。《中庸》曰：天命之謂性，性字從生從心，心由性生也。善言天者，曰天無心也。善言聖人者，曰聖人無心也。堯舜之執中，孔子之一

貫，老子之得一，皆所以全其性，以復天地之初也。

林子曰：石有性，故兩石相搏而火生，木有性，故兩木相摩而火生，物之有火，猶人之有心也。

林子曰：世人於君臣則思義，而或有不義，於父子則思仁，而或有不仁；於兄弟夫婦朋友則思序思別思信，而或有不序不別不信，所謂勉強爲善，猶爲未善也。聖人遇君臣則即義，而止於義，遇父子則即仁，而止於仁，遇兄弟夫婦朋友則即序即別即信，而止於序止於別止於信，所謂寂然不動，感而遂通也。

兆多問聖人之所以同天。林子曰：《易》曰天行健，天之所以行健者，以北辰之樞也。晝夜不停，而歲功斯成矣。聖人之所以同天者，亦惟執其樞，而吾身之北辰，安其所而不動也。故曰，天何言哉？四時行焉，堯舜之執中，孔子之一貫，老子之得一，聖人之北辰居其所矣。聖人亦何言哉？故曰，多言數窮，不如守中。

羅烈問曰：古之君子仕乎。林子曰：仕以行其道也。所謂其君用之，則安富尊榮，其子弟從之則孝弟忠信，是仕道之有益於人國也。若道不有諸己，而以仕爲通者，何歟？冉求之仕魯，孰與顔子陋巷樂道之爲高？子貢之結駟，孰與原憲蓬戶自守之爲貴？故開也不仕。孔子說之，費宰之使，孔子賊之。今之教人者，率以科舉不足以累人。雖未嘗一日講明乎道而速使之仕，是以美錦而令其學製也，不亦惑乎。嗚呼！出處之義不明於世久矣。非有孔孟之道德，而欲歷聘諸國焉，亦《論語》所云患得也歟？然則科舉不足以累人，而人自累科舉也。斯言非歟？林子曰：有其道則科舉不足以累人，無其道則人自累科舉矣。

又 僧如固問顛之義。林子曰：顛者顛也，爲時所怪而顛之。堯舜傳賢，當時怪之，是堯舜顛於傳賢也。湯武放伐，當時怪之，是湯武顛於放伐也。時安於名，而去名者爲時所怪；時安於利，而謝利者爲時所怪。然則顛之名亦美乎。曰，亦不美也，亦不惡也。顛於古，則君子羞之，顛於俗，則時人怪之。周有太顛，文王臣之；唐有大顛，昌黎友之；張顛草書，後世宗之。想其時怪之，故以爲顛。而諸君亦遂以顛自號，是顛之名亦未嘗惡也。

林子曰：《周易》一書，伏羲始之，而文王、周公特成之。何爲遽以《易》繫周，而文王、周公之心，必有所不然者，蓋周者，反復之義也。由一陽之復而臨而泰。至於六陽之乾，由一陽之姤，而遯而否。至於六陰之坤，所謂反復其道也。天之氣下降，而山川出雲，地之氣上騰，而天降時雨。凡夫人之有男有女，物之有雌有雄，莫不皆然。故觀太極之圖，可以明周字之義矣。或者以爲人之男女物之雌雄，難以言周。林子曰：即其氣之相軋，精之相搏，斯謂之周，所謂絪縕摩盪，情相感通也。豈必如天地之輪轉，而後謂之周耶？

林子曰：《周易》一書，伏羲始之，文王、周公成之，孔子終之。所以闡性命之微，明心身之學。凡天地萬物之理，無不悉備，爲萬世豪傑之士而設也。吾嘗謂《易》之經，始而秦皇以卜筮之書而獨存之，得以窺聖人之奧也。終而後世因占者之語而易視之，反不達聖人之心也。

林子曰：易者，日月也。日月者，陰陽也。一天一地，一男一女，一雌一雄，夫是之謂日月，夫是之謂陰陽，如此而周之，則能生。故曰生生之謂易，如此而周之，則能變。故曰易者變也，如此而周之，則謂神之不測。故曰陰陽不測之謂神，分則陰陽岐而爲二，交則陰陽合而爲一，一者太極也。《易》曰：易有太極。

又 林子曰：周易者，亦周天之義也。《易》曰，剛柔相摩，八卦相盪。又曰：日月運行，一寒一暑。又曰：原始要終，故知死生之說。又曰：變化者，進退之象也。剛柔者，晝夜之象也。所謂陰陽迭運剛柔爲經，天且不違。故曰，天地設位，而易行其中矣。凡先天圖，後天圖，六十四卦，圖皆以圓而布列之。豈無意哉？周天之義也。夫周易既謂之周氏之易，則周天亦謂之周氏之天歟？且天之氣以圓而運，地之質以方而凝，聖人者亦惟執天之樞，則吾身之八卦，自相摩盪，而日月運天於其間，是聖人之易一天也。故能陰陽而剛柔之，變化而進退之；春秋在我，而天地不得而寒暑之；晦明在我，而天地不得而晝夜之；則始終之理備，而死生之說明矣。

黄封問曰：當今之時，以宋儒之註，制科而取士者，何也？林子曰：此立制之善也。宋儒之註，雖不得聖人之大，即其易知而可持循者，亦孔子所謂可使由之道也。

林子曰：金剛之降伏其心，道德之虛心實腹，周易之洗心退藏，其道

一也。而坐禪以學佛，運氣以脩道，支離以明儒，三教之名於是乎興矣。

兆居問曰：知者有所愚，而愚者有所知歟？林子曰：愚者豈無一知可幾於知者，而道之大，雖知者有所不知也。又問曰：賢者有所不肖，而不肖者有所賢歟？林子曰：不肖者豈無一能可幾於賢者，而道之大，雖賢者亦有所不能也。

又 林子曰：棄知者之愚，不可以此而遂愚知者也。棄賢者之不肖，不可以此而遂不肖賢者也。用愚者之知，不可以此遂知愚者也。用不肖者之賢，不可以此遂賢不肖者也。

林子曰：知者知之，而愚者之知亦知之。愚者愚之，而知者之愚亦愚之。賢者賢之，而不肖者之賢亦賢之。不肖者，不肖之，而賢者之不肖亦不肖之。故天下無遺知，而愚者不得而罔之。天下無伏賢，而不肖者不得而欺之，此用人之大方，非聖人不能也。

林子曰：愚者詐其知，而復指知者之愚。不肖者詐其賢，而復指賢者之不肖。後之人主，能不爲之所惑者希矣。

林子曰：知者之知，知之大也。愚者之知，知之小也。賢者之賢，賢之大也。不肖者之賢，賢之小也。愚者之愚，愚之大也。知者之愚，愚之小也。不肖者之不肖，不肖之大也。賢者之不肖，不肖之小也。故聖君用知者之知，以及愚者之知，用賢者之賢，以及不肖者之賢。賢君用知者之知，而棄愚者之知，用賢者之賢，而棄不肖者之賢；庸君用愚者之知，而愚知者之知用不肖者之賢，而不肖賢者之賢。

林子曰：廉者廉之，而貪者必詐其廉，貪詐其廉，故貪者反爲廉矣。貪反爲廉，則廉者不得不反爲貪也。直者直之，而曲者必詐其直，曲詐其直，故曲者反爲直矣。曲反爲直，則直者不得不反爲曲也。

林子曰：廉者有時而貪，貪而廉也。貪者有時而廉，廉而貪也。直者有時而曲，曲而直也。曲者有時而直，直而曲也。廉而貪者，非爲廉也，以爲貪之地矣。直而曲者，非爲直也，以爲曲之地矣。貪而廉者，勢不得不貪，而廉在其中矣。曲而直者，情不得不曲，而直在其中矣。

林有棟問顯親。林子曰：將欲爲古之人而顯其親乎，抑將爲今之人而顯其親乎？今人之顯其親也，則爲公爲卿，而古人之顯其親也，則爲賢爲聖。夫我能爲公爲卿，而顯之於朝也，則必曰公卿之父矣。若我能爲賢爲聖，而顯之於世也，豈不曰聖賢之父哉？吾子將欲爲賢爲聖乎，爲公爲卿乎。有棟曰：敢不佩明訓以修身，思無忝於親者乎？

又 鄭榮問曰：學道而人非之者何也。林子曰：苟其志之果堅，意之果誠也。而詬訕之來，乃吾脩身之一助也。故曰士憎兹多口，文王、孔子，猶且不免，况後世乎。故我所爲而善也，人苟非之者，過在人也。我所爲而不善也，人苟非之者，過在己也。子曷不反而思之，我之所從與爲善者非乎，而人之非我爲善者非乎。我之果善而爲人之所非乎，我之未善而爲人之所非乎，我之學立異於俗，而人非之乎。我之學不得不異於俗，而人非之乎。其將執德之必弘，信道之必篤，不受變於俗，而任其非之乎。抑將用意之未誠，立志之不堅，欲和同於俗，而求免於非之乎？我苟非也。雖天下是之，而我自以爲非，我苟是也。雖天下非之，而我亦以爲是。鄭榮又問曰：我之所是，而人非之而人之所非，而我亦非之，如何？林子曰：人之非，非也。而我非之者，亦非也。人之非我，非也，而我非人之非我者，亦非也。

柯維藩問坐禪。林子曰：坐禪者，非禪也。問運氣。林子曰：運氣者，逆氣也。

林子曰：世之學佛者即坐禪，而問人之學佛者，必曰能坐禪乎否也。世之脩道者即運氣，而問人之脩道者，必曰能運氣乎否也。如此則磨磚之譏非乎。如此則皷脹之徒是乎。不坐禪而心自禪，不離這箇也。不運氣而氣自運，無暴其氣也。

又 鄭泳問河圖洛書奇偶之數。林子曰：河圖以偶起數，洛書以奇起數。偶則二而八之，奇則三而九之。九虛其中，亦八也，八實其中，亦九也。堯舜之中，老子之玄牝，吾身之河洛也。田畫九區蓋取諸奇，圖列八陣，蓋取諸偶。

鄭泳又問曰：皇極經世用四者何也。林子曰：即其中之虛者而五之，猶言仁義禮智，而信在其中矣。言金木水火，而土在其中矣。

林子曰：商湯夏臺，文王、羑里，箕子爲奴，周公居東，古之聖賢，何嘗不遭詬訕而蒙戮辱哉？君子惟盡其在我爾至於禍變之臨，則亦寵辱不驚而已。

又 時呼林子爲顛而諸生不悅。林子曰：當今之世，與春秋之世何如

也。我之道，與仲尼之道何如也。仲尼之在春秋也，事君盡禮，人以爲諂也。歷聘諸國，人以爲佞也，爲君者諱，人以爲黨也。每事必問，人以爲不知禮也。甚至於削迹伐木，纍纍喪家之狗之譏，則當時爲人之所詬訕者亦至矣。况余不逮仲尼，世不及春秋，而以我爲顛，不亦宜乎，不亦宜乎。

林子曰：三代以上，三教之道出于一。三代以下，三教之道分爲三。論語七篇，民可使由之道也。道德周易，民不可使知之之道也。夫可使由者，則索隱之徒遂鄙夷之，不可使知者，則支離之徒遂荒唐之。

吳三樂問曰：子夏篤信聖人，何爲其出見紛華而悅也。林子曰：甚矣哉攝心之難也，甚矣哉攝心之難也。

林子曰：按今人之善惡而賞罰之。有權存焉，按古人之善惡而是非之。有道存焉，故少正卯，春秋之聞人也，惟仲尼定其罪而辟之。老子，古之聖人也，惟仲尼知其神而龍之。

又有非老子者，林子舉五千言之首章道可道句以問之，其人不能答，又舉無名天地之始句以問之，其人不能答。於是知世之非老子者，皆未知老子之道也。

又　周如絲問老子之無爲。林子曰：得其一而萬事畢，老子之無爲也。

林子曰：求也爲季氏宰，而賦粟倍他日。豈聖人之教有未至歟？

林子曰：《孟子》曰，以至仁伐至不仁，何其血之流杵也。下章又曰，無畏寧爾也，非敵百姓也，百姓亦惟若崩厥角而已。何爲前徒而倒戈也。况革車特三百兩，而虎賁特三千人乎。故曰，盡信書，則不如無書。

林子曰：《大學》曰，在止於至善，說者謂明德新民所當止者，即至善之所在也。此以其在外言之。下文曰，定靜安慮，似不在外也。若知明德新民所當止者，不過想像之知也。安能定靜而安慮邪？愚謂止至善者，即易之艮其止，止其所也。書之安汝止，欽厥止也。釋氏之止，止勿說也。且以明德言之，文王猶望道未見也。以新民言之，堯舜其猶病諸。况天下後世，不及堯舜文王遠甚，安能知其至善之所在耶。

又　黃棣問病之所由生。林子曰：其氣逆也。問氣之所由逆。林子曰：其神馳也。神定而氣自順，氣順而病自除矣。

林子曰：艮其背，不獲其身。所謂內不見己也。行其庭，不見其人，所謂外不見人也。

林子曰：世之詭譎者，即謂其得老子之術。豈非妄執必固張之之數言而詬訕之耶？固字訓義與故不同。若固作故，則老子不能無心於其間，謂之老子之術可也。且盈而必缺，中而必昃，寒往而暑，晝往而夜，天道之常也。吾嘗即天道而倣老子之詞曰，將欲缺之，必固盈之，將欲昃之，必固中之，將欲暑之，必固寒之，將欲夜之，必固晝之，謂天之有術可乎。萬物之生而死，榮而悴，成而毀，亦天道也。天何心哉？至於柔勝剛，弱勝強，貴以賤爲本，高以下爲基等數語，亦惟推物理之自然爾。由是觀之，則世之非老子者，非惟心不達老子之意，亦且目不涉老子之文，以固作故，不亦重可咲乎。

林子曰：人之所貴非我也，我之所貴非人也。非我，則貴不在我，我不得而有之。非人，則貴不在人，人不得而奪之，人不得而奪，則可以處榮，可以處辱，榮辱不在我也。我不得而有，則人得而榮之，人得而辱之，榮辱不在人也。

黃似問曰：貴賤得而一乎。林子曰：因人之所貴而貴之，未嘗有貴之之心也。因人之所賤而賤之，未嘗有賤之之心也。

兆語問曰：死生得而齊乎。林子曰：如此而生，未嘗以生爲心也。如此而死，未嘗以死爲心也。

林子曰：我無善而名譽流者，非身之福也。我無惡而詬訕興者，非身之災也。

林子曰：矜名以爲高者，因名而喪其志也。溺利以爲榮者，因利而喪其志也。

林子曰：工文章者謂道德爲迂，有道德者謂文章爲技，迂者不文而文，技者文而不文。星辰昭布，天無心也，天之文也。草木敷榮，地無心也，地之文也。典謨訓誥，聖人無心也，聖人之文也。

又　林子曰：世有處山林之中，以抗巢許之迹者，亦有居廟廊之上，以振周召之勳者。然欲爲巢許，即能爲巢許，志在己也。欲爲周召，不能爲周召，權在人也。况無周召之志，而希周召之顯榮者乎。

羅烈問曰：先生之學，何其易簡，何其平正。而外人以爲怪，以爲顛

者何也。林子曰：君子爲己，不求人知，人之不知我者，由我之不爲人所知也。我之道，如其怪也，如其顛也。而人怪之顛之，寧無羞乎。非其怪也，非其顛也，而人怪之顛之，吾何愧焉。

吳雲龍問一陽來復，而天氣之寒，甚於積陰之候。一陰來歸，而天氣之暑，甚於積陽之候者，何也。林子曰：一陽來復，迫陰氣以上升，故寒，至於三陽之泰，而陽氣始出，地而和矣。一陰來歸，迫陽氣以上升，故暑至於三陰之否，而陰氣始出，地而涼矣。故復姤爲陰陽之始，而否泰爲陰陽之中。

時有造林子者，自謂上而天文，下而地理，中而人物，皆已達其微而會其要矣。又盛言孔子之所以是，而老子之所以非者。林子曰：老子之道果非乎。曰然。林子舉天地之間其猶橐籥句以問之，其人不能答。良久曰：所言之理，令人不能解，豈大中至正之道哉？林子又舉天之所以能運轉者何如，而聖人之所以同天者何如以問之，其人又不能答。林子曰：造化之理，令人不能解，亦豈大中至正之道哉？其人出。林子嘆曰：不知天地之理，安識聖人之道邪？

林子曰：黄帝、鼎湖，非今之所謂道歟？何其歷帝而五之，於是知三教之名，三代以上未之有也。

林子曰：天不言，而所以立天之極，則四時之所以行，萬物之所以生者在是矣。聖人不言，而所以立身之極，則四時之合序，萬物之皆備者在是矣。

又 林子曰：北辰居其所，而天之所以爲天者，易簡盡之矣。執中立其極，而聖之所以爲聖者，易簡盡之矣。

兆誥問曰：康節曰，太玄見天地之心。敢問何説也？林子曰：楊雄作太玄以擬易，得易之意也。易用八而虛其中，中之虛者，神無定位，而周流於八者之間也。太玄用九而實其中，中之實者，神立其位，而周流於八者之間也。虛者虛之而未嘗虛實者實之，而未嘗實，天地之心也。

兆居問曰：道可以一言而知之乎。林子曰：堯舜之執中，孔子之一貫，亦一言也。故曰半言片句便通玄者此也。

兆瓊問曰：儒者不言玄，而楊雄之書，以玄紀名者，何也？林子曰：舜之德曰玄德，則唐虞之帝，曷嘗諱言玄也。

黄大本曰：道不以貴而榮，而諸生之貴者忘其貴矣。道不以年而尊，而諸生之長者忘其年矣。

林有棟問曰：老子曰，下士聞道大笑之，何也？林子曰：道喪久矣。而卒然以樂道爲事者，無惑乎世人之笑我也。若不能勤而行之，而有無於存亡之間，其不爲上士之所笑者乎。

昔日之友數人，願從林子而師事之。林子曰：友可以爲師乎？數人曰：昔日之友先生者以文也。今日之師先生者以道也。林子固謝之。數人曰：黄州非先生之友乎，而先生與之者何也？林子察其意之果誠也，不得已而諾之，於是數人遂從諸生而齒列之。黄州曰：師者事也。事先生之禮不至，傳先生之道不習，則亦非先生之徒也。數人咸曰：事先生之禮，敢不至乎。傳先生之道，敢不習乎？

林子曰：坐禪以學佛，運氣以脩道，雖大失釋迦、老子之本意，然亦能忍嗜欲絶聲利，其於孳孳爲名而爲利者，亦大不侔矣。

又 林子曰：後世之儒者，壞於支離之習亦甚矣。苟有返本還原之道驟以語之，未有不驚且駭也。投人夜光，誰不按劍，則余之所言，安得不爲時人之按劍也哉？

林子曰：君子爲道不爲名，小人爲名不爲道，苟爲道也，天下非之而不顧，苟爲名也，一夫言之而遂阻。

陳所聞曰：道可得而悟乎？林子曰：道可聞而不可悟。《論語》曰，朝聞道。又曰，可以語上。又曰，夫子之言性與天道，不可得而聞，蓋授者語之，而受者聞之。既聞之後，則天下之物理，斯可悟而知矣。若道可得而自悟，則堯舜何不令舜禹自悟，而必以執中授之邪。孔子何不令曾子自悟，則必以一貫傳之邪？

林子曰：分庭抗禮，諸侯不得而友也，足加帝腹，天子不得而臣也。雖云士之自重，亦在上之忘勢有以成之也。

林有棟問老子之無爲。林子曰：行其所無事也，以脩身言之，不亂其神也。以處事言之，不鑿其智也。

林子曰：苟可以仕，謂我爲任可也。苟可以處，謂我爲偏可也。孟子曰，歸潔其身而已矣。

吳雲龍問曰：學道之人，必謝時事而後可歟？林子曰：其在上也。

堯舜之萬幾，文王之日昃，周公之吐握，其在下也。大舜之歷山，伊尹之有莘，傅說之傅巖，亦何嘗謝時事而無爲哉。林子曰：聖人無心而有心，有心之無心也，無爲而有爲，有爲而無爲也。

兆復問曰：老子無爲乎。林子曰：老子曰，愼終如始，則無敗事。又曰，兵者不祥之器，聖人不得已而用之，使老子居周公之位，而所以行政治民者，亦周公之道也。

兆瓊問曰：陰陽不測之謂神，何謂也。林子曰：兩精相搏，而神應之，兩精者，陰陽之精也。其間有不可得而擬議之者，神在其中矣。神者，火也。石石相搏而火自生，至於萬物而兩之，莫不皆然。故一男一女而人生，不測之神也。一雌一雄而物生，不測之神也。

又　陳所聞問人身之水火。林子曰：人之始生也，一點眞水在上，水性潤下，由少而壯，由壯而老，而水反居下矣。所以人老目眩而耳聾。人之始生也，一點眞火在下，火性炎上由少而壯，由壯而老，而火反居上矣。所以人老便數而脚冷，故常人順其水火之性，道人復其天地之初。

黄州問曰：雲何爲而從龍，風何爲而從虎。林子曰：水之氣上升則爲雲，而龍乃水之精也，故龍之噓成雲而雲自附之，一氣之相感也。若夫風乃東方之木魂也，虎乃西方之金魄也。天地之理，魂自歸魄，月魄也，而日之魂自應之，虎魄也，而風之魂自應之。州又問曰：虎交而月暈，月暈而風生者，又何也？林子曰：天高地下，而一氣之相感者，無高無下也，蓋虎交則魄少衰，上感乎月而月之魄亦不能載其魂而暈，魂溢而暈，則風亦魂也，遂從類而生矣。州起而賛曰：一氣之相爲感也。何其微歟，何其微歟？

兆豸問性。林子曰：性至無也，亦至有也。兆豸曰：何謂也？林子曰：四端具焉，未嘗有四端也。萬物備焉，未嘗有萬物也。然則老子何謂於仁義而搥提之？林子曰：老子豈以仁義爲不美也，而固搥提之哉？蓋性立天下之有，而爲天下之大木也。故性立而仁義自生。《易》曰，成性存存，道義之門。《孟子》曰，由仁義行，非行仁義也，所謂本立道生感而遂通也。故舍性以爲仁，未必不害仁也。舍性以爲義，未必不害義也。於是知孟子之仁義。蓋有得於性善者然也。

兆居問，顚亦有顚倒之義乎。林子曰：天在地上謂之否，地在天上謂之泰，火在水上謂之未濟，水在火上謂之既濟。夫易非爲卜筮而設也，蓋吾身亦有天地，亦有水火，故順則爲否爲未濟，逆則爲泰爲既濟。

又　黄尉問，日之烏，月之兔，何義？林子曰：烏者，黑也。非烏烏之烏，蓋陽明而陰暗也。以月之兔推之，則日之中乃鷄也。又問曰：月之中豈有兔，而日之中豈有雞邪？林子曰：聖人之設象也。日生於卯，卯乃日之精，而謂之雞者，月中有日，陰中有陽也，月生於酉，酉乃月之華，而謂之兔者，日中有月，陽中有陰也。

有談儒者之學者造林子，而問曰：神僊古有之乎？曰：不知也。神僊可學乎？曰：不知也。然則子之學也，豈儒者之道哉？何其不以儒者自名也。曰：通天地人曰儒，惡有其名而無其實也。如此則子之學也，與世之儒者異乎？曰：未嘗異也。若外心性以爲學，則世之儒者與我異也。

黄大本問曰：世以老子爲虛無，何謂也？林子曰：性本虛而無也，惟至虛，而天下之至實寓焉，惟至無，而天下之至有寓焉。此老子之所以能還天地之初，復淳朴之原也。故實其腹則能得其一，得其一，則能虛而無。大本又問曰：虛無之說，世人以外言之，何也？林子曰：豈非以天下之事，而率歸之無有歟？然此非老子虛無之大義也。大本又問曰：天下之事虛而無乎，實而有乎。林子曰：虛實之間，有無之際也。聖人者以事處事，而不以事累其心，其老子之無爲乎。

兆誥問聖人不死，大盜不止，掊斗折衡而民不爭，何謂也？林子曰：以聖人字而觀之，便識老子之心矣。豈有尊之爲聖人，而固譏之邪？善哉莊子有言曰：天下之善人少，而不善人多，則是聖人之利天下者少，而害天下者多也。豈非以竊聖人之道，而援以爲奸者發也。子獨不觀老子之言曰：兵者不祥之器，聖人不得已而用之，故其方用兵也，必不銷鋒鉏鏑以坐視其危，則其當立制也，亦豈掊斗折衡以空抱其信哉。蓋傷時俗之流弊，不能復如洪荒之無事也。故曰以意逆志是爲得之。林子曰：時之所安者，安而危也。時之所利者，利而害也。

又　兆豸問曰：老子有言曰，非以明民，將以愚之，何謂也？林子曰：是非之心明，則是非從而生矣。利害之心明，則利害從而起矣。聖人者，不以利害惕其外，是非搖其中。故其民皥皥熙熙，至於耕田鑿井，猶曰帝力何有於我，其利害是非之心尚未明歟？故曰不以智治國，國之福。

林子曰：聖人者，因所是而是之，忘其所謂是也。因所非而非之，忘其所謂非也。因所利而利之，忘其所謂利也。因所害而害之，忘其所謂害也。

林子曰：是非不在我也，然後可以是非人。喜怒不在我也，然後可以喜怒人。

黄州問曰：既曰運氣者逆氣也。又曰逆則爲泰爲既濟者，何也？林子曰：順而逆之，所謂行其所無事也，逆而逆之，所謂正而助長也。黄州未達林子曰：運其氣者，逆而逆也，氣自運者，順而逆也。

僧如固問西來之旨。林子曰：即達磨二字而觀之，可以得西來之旨矣。如固曰：何謂也？林子曰：天立其樞而輪轉之，磨之所以能輪轉者，得天之樞也。達磨之身中一天也，亦猶磨之得其樞也。故達其磨之理者，亦達磨也。世之坐禪而頑空者，不亦大可咲乎。

又　周大臯悉焚業舉之書，來從林子。林子曰：焚書欲何爲？大臯曰：聞先生之風而興起也。林子曰：累不利於有司，而以分義自安，非道也，正也。仲尼不用，乃明六經，余私心慕之，何至焚書以驚衆邪。大臯曰：朝市徒以喧人之情，而山林足以寂己之心，是以不願仕也。林子曰：有其道則情不喧於朝市，無其道則心不寂於山林。大臯遂悟，願復習舉子之業。林子曰：仕非爲名也，以爲道也。非爲己也，以爲民也。故不棄科舉以謀身，不累科舉以溺志，斯得之矣。

或問曰：羊奴菜傭，天下之賤役也。陳氏之子不耻爲之，豈子教之邪。林子曰：此不待教而能也。以天下之賤役教人，則天下其孰從之，然則陳氏之子孰教之。林子曰：昔陳氏之子問曰，道可學歟？曰，可。如勸者豈學道之人歟？曰，不知也。敢問何如斯可以學道歟？曰，孔子之所謂狂者。又問何以謂之狂也？曰，我之安於名而溺於利也，而卒然切心身以慕道德能不驚時人之耳目邪。猶人之習於禮而飾於外也，而卒然爲羊奴而作菜傭，能不駭時人之觀聽邪。此惟狂者能之。不知人之有是非，而人亦不得而是非之，豈意陳氏之子，遂執賤役於道路，以示己之有大力量，而謂天下之人不得而是非之。此奚待於教，而余亦奚爲教之哉。

又　兆豸問曰：陳氏之子志雖鋭矣。然豈必羊奴菜傭而後可以學道歟？林子曰：否，不然也。又問曰：周氏之子心亦專矣，然豈有焚書棄儒猶不足與入道歟？林子曰：否，不然也。陳氏之子，入試主司，過余而訪道，以斯時言之，猶有功名之志也。志在功名，不可與言道德矣。故彼幡然而悟，欲絶其外慕之私。周氏之子，悉焚業舉，從余以學道，以斯時言之，不復有功名之心也。心外功名，斯可以取功名矣。故余欣然而喜，欲反之中正之歸，因人而施，其心一而已矣。

或曰：原壤自放於禮也。而曰孔子之故人者，何也？豈原壤慕孔子之禮義，而孔子喜原壤之曠達歟？林子曰：若以原壤慕孔子之禮義也，必不當有夷踞之非。若以孔子喜原壤之曠達也，亦不當有叩杖之舉。由此言之，則孔子之所以與原壤者，非夫人之所得而知也。吴三樂曰：或以道家務爲身圖，不免有自私自利之病，敢問何也？林子曰：老子柱下，莊生漆園，綺季定嫡，冷謙作樂，亦何嘗以隱爲高哉。惟先正其心，而後推以及人矣。

魏岑問何以懲忿而窒慾。林子曰：攝其心則忿自懲而慾自窒矣。

羅烈問曰：當今之時，專用儒者，凡海内外，特設一儒學足矣，而又有僧綱道紀者何也？林子曰：三教之道聖人所不廢也，特以其所可使由者與天下共之爾。

林子曰：後世不知釋迦之道爲何如也，乃即今之和尚而非之。可乎，不可乎。又不知老子之道爲何如也，乃即今之道士而非之。可乎，不可乎。然幸而孔子之道顯明於世也，苟即今之儒者而非之。可乎，不可乎。

林子曰：人皆曰聖人之異乎人也，而余則曰人之異乎聖人也。聖人每同人以爲道，而人每異聖人以爲人。

林子曰：和其光而同其塵，觀聖人之外一衆庶也，安汝止而執厥中，觀聖人之内一聖人也。

時有造林子，與林子談及格致誠正章。其人曰：格致誠正，不必太分別，而其體之惟一，又當以誠意爲主，然雖有先後次序之可言，實無先後次序之可分。林子曰：然此果出於一人之私言乎，抑或有所受之也，□天有所受之也。林子曰：說經者當木之躬行，實踐之餘而逆其命意立字之志，以心感心，是爲得之。今若果以誠意爲主，余亦從而易其語曰，欲正其心，先致其知，欲致其知，先格其物，格物在誠意，豈不明白，何爲顛倒以罔人耶。若果無次序之可分，則上文不宜錯用四箇先字，下文亦不宜

錯用四箇後字，且脩齊治平先後之序既如是其詳明，而格致誠正先後之序，何如是其無差別邪。其人默然。

林瑞新曰：聖人有不死之道乎。林子曰，有之。敢問。林子曰：聖人以死爲歸，不以死爲念。故其死者身，而所以未嘗死者心也。孟子曰，夭壽不貳，聖人不死之道也。若夫萬物皆敝而聖人不過同得是氣以成形爾，安能獨存於天地之間邪。

林子曰：聖人者，未嘗生，未嘗不生，未嘗死，未嘗不死，不生不死，聖人之所以超乎形也。有生有死，衆人之所以局於形也。

黄鏓問出處之道。林子曰：君子之在天下也，其君用之必如成王之於周公也。然後得展其才，其子弟從之，必如七十子之於孔子也。然後得施其教，如是則出不徒出，而其道可行於時也，處不徒處，而其道可明於後世。

林子曰：君子終日乾乾而不息者，憂其道之不明於吾身也。吾身既明矣，又憂其道之不明於當時也。當時既明矣，又憂其道之不明於後世也。夫憂其道不明於吾身，所謂爲仁由己我之憂，可得而釋也。而其道不明於當時及於後世，君子不能致力於其間，此其所以有終身之憂，而不能一日忘於其懷矣。夫以當時爲己任，而當時之薰其教者，是一時之師也。以後世爲己任而後世之聞其風者，是萬世之師也。

林苞問曰：學道之人或謂之迂或謂之矜，或謂之立異者何歟？林子曰：我之道非爲迂也。苟或偏於迂焉，當反之以時。我之道非爲矜也。苟或偏於矜焉，當守之以謙。我之道非立異也，苟或偏於異焉，當矯之以同，有則改之，亦自反之道也。

黄尌問曰：孔子曰，十室之邑，必有忠信，而互鄉之難與言也。亦終不可與入堯舜之道歟？林子曰：人皆可以爲堯舜也。特未聞堯舜之道爾，若聞堯舜之道也，安知其無豪傑之士出於其間乎。此孔子之所以與其進也。雖然以堯舜之聖而有丹朱商均焉，豈非下愚之不可移邪。然聖人終不忍以薄待天下也。故曰往者不追，來者不拒，歸斯受之而已矣。

黄大本《林子三教正宗統論敘》 癸丑之秋，閩中諸生從先生遊者數十人，先生之所以與諸生者，心性之外不過明三教之同，俗學之病。天地聖人之所以合一者，言釋則曰坐禪之非也，言道則曰運氣之敝也，言儒則曰支離之陋也。與子言以孝，與弟言以悌，與臣言以忠，又令時誦《論語》之八孝九思等章，《孟子》之牛山我所欲等章，或登高以暢其情，或歌詠以養其志，于于猶猶，不事矯飾，諸生咸忻忻然，以爲得所依歸，僅再易月遂辭諸生。諸生咸願先生終惠教之而不可得也。廼各紀其所聞，共爲一帙，間有不達先生之辭，而少違明誨之旨者，大本等立雪至旬餘，始獲一見，廼固請先生筆削之，遂編成集，頗有次第。故聖道殊途原無二致。故先之以三教道外無聖，性外無道。故次之以心性，本立道生，居安資深。故次之以人倫，北辰立樞，聖人合德。故次之以同天，聖人之道或出或處。故次之以仕道，身隱道晦爲時所怪。故次之以顛義離群索居，佩服不忘。若自叛去，先生之棄。故終之以互鄉中間紀錄，本無倫序，潛心玩味，至理咸備。集雖不多，亦可槩先生之大都矣。諸生得與斯集者，因有所述。故標其名氏若紀其名而不繫之姓者，皆先生之諸季也。廼命梓人敬刻于清源洞之虛白室，廣之同志，庶知先生之學得其大矣。

嘉靖甲寅春正月元日門人泉南黄大本謹撰。

雜録

林向郁《林子本行實録序》 嘗爲道盛於周，亦分於周。曰儒、曰道、曰釋。周以前未之獲聞也。迨支離別派，則又爲分中之分矣哉。我曾祖龍江公，闡明三氏之宗旨，綜而一之。蓋不特三代以後，儒道釋之道統繇分而得合。將堯舜禹湯文武以前一中之道統，繇合而不可復分也。性如盧先生嫡傳於我祖，聆天人性命之蘊，紹儒道釋夏之宗。再傳之陳先生聚華子。後先相繼，以式來兹者有年矣。同人董君謀鋟吾祖本行實録。並附盧陳二夫子于其後以示道統之傳。且曰：道中之統緒，猶家中之世係也。仲尼之於堯舜，異代猶稱祖述，矧夫同堂授受者乎。則後之傳者，子而復子，孫而復孫，其不可與家乘譜牒並垂夫不替也哉。向郁敬承其事，而題之序。順治乙未歲臘月，三教門人向郁謹識。

佚名《林子本行實録序》 教主相貌端嚴，丰神卓異。眼一露一藏，左龜右鳳。顏蒼然若龍，步武謹厚若麟。左眼内有紅誌四，外循至額，復

有紅誌三，凡七誌。眉間一紅誌，時隱時現。頂門如嬰兒，息息出入。背有十八黑子，耳大而乳垂。腹皤而體厚。行坐笑語，隱然一彌勒佛。昔人曾有讖曰：龍華三派合于今，彌勒當生不用尋。東山開箇無遮會，笑殺閻浮顛倒人。有善相者於金陵，見教主忽然異之。遂追隨熟視數十日。嘆曰：奇哉、奇哉。大聖人之表也。世間安得有此形相。又有人見教主，嘆曰：此人慈悲喜捨，具四無量心，眞佛主轉身也。

又

教主畫像自贊：余不知天地生人之始也，距今幾萬歲。又不知天地生爾之形也，距今幾箇身。一歲復一歲，苟求其故至於寅，一身復一身，身身皆[illegible]却非眞。故丹青之所能寄者我之形，而丹青之所不能寄者我之神。

又

爾不言意何爲，肚裏好懷惟我知。達則兼善乎天下，窮則修身見於時。若所云三教合一之旨，豈曰能破萬古斯世之疑。

又

方袖方領，見形愧影。索鏡按圖，吾今識吾自慚七尺一丈夫。非釋非道亦非儒，倦來睡一着，興起酒數盃，鼎鼎百年内，安用此微軀。

門人盧文輝贊曰：

道脉相傳自有眞，東山烏石現麒麟。混元五百三龍會，孔老釋迦合一人。

其二

道在先天天弗違，三門從此有依歸。古今天地大公案，微我夫子定者誰。

其三

大道無名孰與傳，非儒非釋亦非玄。倡明三氏歸無始，了却先天與後天。

其四

正氣浩然周一切，遍滿六虛廣無際。度天度地度鬼神，度己度人度萬世。

其五

寂然不動感遂通，天地日月屬包籠。妙用總持歸一貫，化機參兩有中庸。

其六

三一堂開夏日長，綱維午運復眞陽。聖玄禪愈擴愈大，儒道釋彌遠彌光。

其七

經傳中一闡三尼，千古斯文今在兹。百尺竿頭更進步，虛空眞宰天人師。

門人黃胄贊曰：

龍華三會，當來此時。豫樟千載，麟山應期。諸佛議舉，帳月現奇。禪玄聖教，悉歸總持。五陵受法，萬世瞻依。統領八百，終始兩儀。

門弟兆珂贊曰：

鍾元夏午，貌稟四靈。涵三宗孔，序九覺冥。應麟其業，荷象厥經。出有入無，斯道日星。

門姪孫齊聖贊曰：

開子以後，運午之前。函三爲一，事業誰先。揭道而日，藏心于淵。在世出世，畸人俟天。

門人陳衷瑜贊曰：

三尼問氣，數過二千。篤生教主，夏日中天。明中一旨，統聖玄禪。歸儒宗孔，體用兼全。經世出世，至教別傳。了證極則，洞徹玄玄。居太極前，還無始先。果圓彌勒，普度人天。位補釋迦，掌握法權。金身本體，化現無邊。虛空眞宰，終始地天。眞陽來復，億萬萬年。

傳記

盧文輝《林子本行實録》 教主林姓，諱兆恩，字懋勛，別號龍江，道號子谷子。晚年證果，後自稱曰混虛氏，曰無始氏。學者初嘗稱曰三教先生。後乃稱曰三一教主。又曰夏午尼氏，道統中一三教度世大宗師。出唐九牧端州刺史葦公後。端州十九傳至儋州同知公淇。居莆田城赤桂巷。教主七世祖也。明洪武庚辰進士。令辰溪有惠政。生梅軒處士，完梅軒生遲菴公耀，以歲貢授清遠司訓。遲菴生槐庭處士琅，槐庭生省吾公富，弘

治壬戌進士。初任大理，以忤劉瑾落職。謹誅起廢，官兵部右侍郎兼都察院右僉都御史。總制兩廣，以德爲威。粵人祀之。有《兩廣疏稿》二十四卷，傳于世。致仕後，搆舍東山，自號東山樵叟生。六子，長樅谷公，敎主父也。諱萬仞，字養浩。恩蔭太學，辭不仕。事省吾公至孝。喜周人之急。娶知州李公孚先女。慈和端肅，生三子。長兆金，字懋南，號鶴山，嘉靖庚戌進士。官南京戶部主事，季兆居，字懋協，號壺山。補郡弟子員。敎主爲中子。

林兆恩《三聖正宗舊稿・得一論》 一之時義大矣哉。一者，中也，孔子之一，即堯舜之中也。故天得一以清，地得一以寧，神得一以靈，谷得一以爲，萬物得一以生，王侯得一以爲天下正。凡爲天下國家有九經，所以行之者一也。五者之達道，三者之達德，所以行之者一也。一者，靈也。所謂神以知來，智以藏往也。所謂大而化之之謂聖，聖而不可知之之謂神也。分之爲二，陰陽之根柢也。分之爲五，五行之樞紐也。又分之爲八，八八六十四，而爲河圖之數也。又分之爲九，九九八十一，而爲洛書之數也。又散之爲萬，生生化化，萬物之綱維也。蘊之爲性，則爲仁義禮智信也。顯之爲倫，則爲親義序別信也。燦之爲文，則爲《易》《書》《詩》《春秋》《禮》《樂》也。大哉一乎。斯其至矣。羲文得其一，而《周易》興焉。禹箕得其一，而《洪範》疇焉。周茂叔得其一，而太極圖焉。邵堯夫得其一，而《經世》作焉。《易》謂之太極，《大學》謂之至善，《中庸》謂之一，老子亦謂之一，亦謂之中。歸根者，歸此也。復命者，復此也。居安者，居此也。資深者，資此也。建諸天地而不悖，以此而建之也。質諸鬼神而無疑，以此而質之也。考諸三王而不謬，百世以俟聖人而不惑，以此而考之俟之也。大人者，與天地合其德，日月合其明，四時合其序，鬼神合其吉凶，以此而合之也。立天之道曰陰與陽，立地之道曰剛與柔，立人之道曰仁與義，莫不由此。皇之所以爲皇，帝之所以爲帝，王之所以爲王，亦莫不由此。明此躬而在下，則希聖希天。明此達而在上，則爲君爲相。明此而上觀天文，則日月有常，星辰有紀。明此而下察地理，則山川流峙，動植以生。明此而中考人物，則盡人之性，盡物之性。故曰得其一，而萬事畢。此三敎所同，而聖聖相授守一道也。

又《心隱説》 龍江道人復以心隱子自號。黃生問曰：請問心隱之義。林子曰：心隱者，隱心也。身隱而心隱，身見而心亦隱矣。時見時隱者身，無見無隱者心也。隱則爲逸民，所謂小隱山林也。見則爲隱吏，所謂大隱城市也。故心隱者，不在山林，不在城市，惟其心之靜爾。鬧則如寂也，劇則如閑也，有爲而無爲也，有作而無作也。朝廷之上，猶其煙霞之谷也。民物之繁，猶其無人之境也。紛華之地，猶其曠莽之墟也。所謂隱者，隱於不隱。所謂不隱者，不隱於隱。未嘗隱，未嘗不隱。未嘗不隱而隱，未嘗隱而不隱。隱不在身，而在於心。隱不在心，而在於無所隱。隱不在於無所隱，而在於無所不隱。隱不在於無所隱、無所不隱，而在於無所隱而忘其所謂隱，無所不隱而忘其所謂不隱。身隱弗知也，心隱弗知也。小隱弗知也，大隱弗知也。有所隱、有所不隱弗知也，無所隱、無所不隱弗知也。黃生曰：心隱之義，若是其大與。林子曰：猶未也。天之生人也，一靈烱烱，渾然在中。老子所謂得一者，得此之一也。釋氏所謂歸一者，歸此之一也。孔子所謂一貫者，以此一而貫之也。赤子之心，純一無僞，以烱然者未彫爾，渾然者未散爾。及其長也，漸生智慮，日復一日，本來之心，蕩然無餘矣。是故人心者，心屬之人也，所謂方寸者是也。天心者，心屬之天也，所謂天根者是也。虛其方寸，而神棲於天根，降而伏之，退藏於密，寂然不動，無思無爲。所謂內觀其心，心無其心，斯則心隱之義也。黃生曰：然則隱其心，而無所用乎。林子曰：隱其心者，所以用其心也。故隱其心者，心藴而爲性也，用其心者，性發而爲心也。心辟之火也，性辟之石也，石未嘗有火，而火生於石。性未嘗有心，而心生於性。無火而有火，石中之眞火也。無心而有心，性中之眞心也。故隱其心者，未嘗隱也。用其心者，未嘗不靜也。隱者，隱其所用也。用者，用其所隱也。隱其所用，則用未嘗不隱，用其所隱，則隱未嘗不用。惡乎隱，惡乎不隱。惡乎用，惡乎不用。惡乎未嘗隱，未嘗不隱。惡乎未嘗用、未嘗不用。惡乎隱而用之，惡乎用而隱之。惡乎用用而隱隱，惡乎隱隱而用用。惡乎用其所不得不用，惡乎隱其所不得不隱。惡乎有隱而無隱，惡乎無隱而有隱。惡乎有用而無用，惡乎無用而有用。惡乎所謂隱其心者隱，而用其心者亦隱己，惡乎所謂用其心者用，而隱其心者亦用也。噫，安得無心之徒，而與之共論隱心哉。

又《虛心》 心隱子曰：耳目之竅，吾身之門也。方寸之地，吾身之

堂也。神明之舍，吾身之室也。故衆人心處於方寸之地，猶人之處於堂也，則聲色得以從門而搖其中。聖人心藏於神明之舍，猶人之處於室也，則聲色無所從入而窺其際。故善事心者，潛室以頣晦，而耳目爲虛矣，御堂以聽政，而耳目爲用矣。

又《三聖正宗續稿・文類》 林子曰：途人之心，皆孔子也。故宗孔子者，宗心爲要。慨自孟軻沒，而孔子之道不著。或求孔子之外，而不原於心者有之。或知求孔子之心，而不識心之本體者有之。剽竊分門，互相同異，余竊惑焉。余惟信余之心，以信孔子爾。蓋余之心即孔子之心，而孔子之言，不過發明余心，而先得余之所同然者。至於入孝出弟之常，仕止久速之大，處事接物之方，揆之吾心，皆有天則。況孔子之言，足以爲萬世之法程，吾心之印證者乎。或問心之本體。林子曰：至誠之無息，率性之自然也。又問：心起念時，是心之本體否。林子曰：念雖起於心，心不著乎念。心著乎念，便非眞心。既非眞心，便非正念。然則何以謂之正念。林子曰：心不著念，謂之無念。無念之念，謂之正念。然心之本體，原無動靜，亦無出入。喜怒哀樂未發之前，粹然至善，本自常明。在聖不爲豐，知之之謂聖，在愚不爲嗇，迷之之謂愚。孔子曰：民可使由之，不可使知之。本體常明，人人具足，百姓日用，知之者鮮。苟能因其一念發端之徵，知而致之，而見之躬行實踐之餘，不昧此心之良，不失常明之體。信之而篤，行之而著，是亦孔子之徒也。孔子曰：中人以上，可以語上。中人以下，不可以語上。即仲尼之門之可以語上者，顔曾之外，亦不多見也。況後世乎。《中庸》曰：自誠明之謂性，自明誠之謂教。蓋性也者，本體也。若中人以下，難語以性之本體，則不免强恕以求仁，愼獨以誠意。其殆所謂脩道之教，致曲之功者乎。故曰：思誠者，人之道也。

二

時有方生喜談長生之術，欲介陳生道淸以見，而問於陳生曰：先生亦有長生之術歟。陳生曰：吾從先生遊已有年矣，未聞先生有長生之説也。然則先生之道，何道也。陳生曰：孔子之道也。孔子曰：朝聞道，夕死可矣。先生每舉以示人，實未聞有長生之説也。林子聞之，笑曰：余亦有長生之術，殆爾之所未嘗聞者。陳生愕然曰：敢問。林子曰：若孔子所謂朝聞道，而所聞者何道也。豈其性與天道，不可得而聞歟。於其不可得而聞者，而一朝得而聞之，夕死之際，自有未嘗死者存焉。老子曰：死而不亡者壽。故夕死而未嘗死者，仁者之壽，死之不亡者也。此余所謂長生之術，乃孔老之所同也。

三

林子曰：釋迦倫屬之常，余於《夏語》《會編》等書詳矣。按《妙法蓮華經》曰：羅睺羅，佛之子。又其偈曰：我爲太子時，羅睺爲長子。及我成佛道，授法爲法子。《莊嚴經》曰：釋迦入宮，坐於殿上，耶輸氏陀羅攜羅睺羅來稽首佛足。時諸釋種皆有疑心，謂太子去國十有二年，何從懷孕，生羅睺羅。於是耶輸氏陀羅，乃出印信環，而群疑遂息。鳩摩羅什譯《維摩詰所説經》，謂羅睺羅處母胎者六年。林子曰：余所信者，《妙法蓮華經》及其偈耳。若《莊嚴經》所謂去國十有二年，鳩摩羅什所謂母胎六年者，皆誕也。或曰，釋迦以手指其妻，遂娠羅睺羅，或曰指以馬鞭者，亦誕也。

四

三岡主人林子兆恩，避暑於華林蘭若，或有遺林子以重絮者。林子既受而嘆曰：余每以三教歸儒之説、三綱復古之旨，而思以易天下後世者，殆猶溽暑而挾重絮也。魏生鶴鳴作而言曰：物無不售，時有所俟。而道之顯晦，世之隆污，固有如寒暑之序，迭爲往來者也。若孔子之道大矣，而萬世信之者，是豈特盛冬之有重絮耶。且當其時，晏嬰智矣，猶曰：累世不能殫其學，當年不能究其禮。君欲用之，非所以先細民也。至於削迹伐木，微服絶糧，抑又甚焉。由此觀之，儒者之道之在春秋，是亦溽暑之重絮也。林子曰：然。余固知重絮之利非溽暑之所矜也，余將珍襲而笥之，以俟時也。

五

仲尼之心，寂然也，虛明也，活潑也。黄帝、老子之心寂然也，虛明也，活潑也。釋迦之心寂然也，虛明也，活潑也。至於途人及諸至不道者，亦本自寂然，本自虛明，本自活潑。夫本自寂然，本自虛明，本自活潑者，心之本體也。心之本體者，常明也。《論語》曰：多學而識之者。非也，予一以貫之。若不知一貫之旨，而惟多學而識焉，亦是馳志，亦是弄精魄，卒使常明之本體不復常明矣。然本體本自廣大，以萬物爲體，與

天地同量，特人不能致其廣大，斯狹小矣。今儒門之於二氏者流也，遂將悉其人而驅而遠之乎。抑將語之以大中至正之道、君臣父子夫婦之倫，而不吾信也，而後驅而遠之乎。殊不知黄帝、老子、釋迦之教，亦有君臣父子夫婦之倫焉。不知有君臣父子夫婦之倫者，二氏者流也。今於二氏者流，而不語之大中至正之道，即以其斷棄君臣父子夫婦之倫，而驅而遠之，則是立己於峻，芷而且招。而不知本體之分量，本自廣大，豈所謂成己成物之學，而爲聖功之全者哉。

六

余惟以世之儒者，專事於威儀文辭之際，而不知根本工夫、眞實學問，此其所以博而寡要，勞而鮮功也。若能反之心性之内，而求之本原之地，斯不謂之眞儒，而孔子復生於世耶。至於二氏者流，專以離塵超俗爲高，不以嗣續綱常爲大，此其所以與儒者異也。若能不以蓬島之旨求之海外，而求之吾身，不以淨土之旨求之西方，而求之吾身，不離日用之間，率循常行之道，不詭不異，是亦儒者而已矣。道書曰：休妻不是道。佛書曰：何須要去妻孥。如或離棄父母，深棲遠遯，不屬綱常，以爲高且潔者，不惟非儒者之道，是亦二氏之異端也。誠使内能明乎心性之學，外不絶乎人倫之大，竝時兼脩，不相妨礙者，上也。或先屬綱常，後了斯道，如釋迦生子羅睺羅，然後靈山説法，向子平婚嫁已畢，遂飄然偏遊五嶽。或先了斯道，後屬綱常，如鳩摩羅什已證大乘，而别立廨舍，邵堯夫四十始婚而生子者，次也。故二氏者流，能不迷於荒唐之謬，以屬綱常，而爲儒者。儒門者流，能不溺於支離之習，以盡心性，而爲眞儒。則千聖一心也，三門一教也。夫道一而已矣，烏有所謂儒道釋之異名哉。苟爲道而有異乎儒者，則非眞道。爲釋而有異乎儒者，則非眞釋。爲儒而有異乎孔子，則非眞儒。

七

初學之要無他，事其心而已矣。事心也者，以心爲事，操而存之，使不亡也。故儒者之入德，道家之築基，釋氏之新戒，皆初學之功也。《中庸》曰：行遠自邇，登高自卑。若初學之士，徒有行遠登高之心，不識自邇自卑之漸，不曰忠恕而曰一貫，不曰利仁而曰安仁，不曰明則誠而曰誠則明，不曰欽厥止而曰安汝止，豈所謂合抱之木生於毫末，九層之臺起於累土哉。由邇而遠，自卑而高，不淩節而施，不躐等而進，斯乃初學之士所宜循序而漸進也。

八

或曰：釋老談性命之理詳矣，而孔子則罕言之，何也。林子曰：孔子之言，爲世間者道也，故詳於綱常之大。釋老之言，爲出世間者道也，故詳於性命之微。或者有以欲群道釋者流而綱常之，以歸於儒，以復唐虞三代之盛，以擴孔子之教，而更大之，固爲世間者道也。乃今飄然於雲水之外，而不復有人世之思者，又何也。林子曰：余既不能明綱常之大以善世，復不能闡性命之微以出世，余惟漫興於雲木之外以終吾身已爾。

又《寇退先期啓請久近諸亡魂文》 辛酉歲，兆恩以莆城内外積屍之衆也，不復能施之以棺，助之以墊。遂與門人黄任欽等，謀所以買工，舁而瘞之。時門人來趨命者數十生，直日分督，别男女而禮以瘞之，文以奠之者，計二千二十有餘身。至壬戌之春，復以乏資用之，不能買工也。乃遣門人道士何佐等，幣請北京僧無聞、漳州僧淨圓，寓處於平海者，及平海僧淨圓等十有餘人，即於城内外火而瘞之，文以奠之者，槩有五千身。自是門人釋子雲章等，亦辦眞心，八易月之間，火而瘞之，文以奠之者，槩共萬有一千身。今兹破城寇退之後，兆恩入州，鬻田得金若干。又遣門人儒流劉獻策等，火而瘞之者三千餘身，拾遺骨而瘞之者百餘擔。復徇鄉人之請，卜於本月十四日，爲超拔之期。謹先啓告諸靈：凡夫男子女子，貴者賤者，老者少者，兆恩之所棺而墊之者，所舁而火之者，或身戮家亡而無所依者，或他鄉之人萑而旅死者，或遺骸漂沒於水而未及收者，或餘殘之骨雜於沙礫而不能收者，靈若有知，屆期乞悉赴東巖佛殿道場，庶或可以慰數萬魂之靈而超拔之，以少盡兆恩之心也。且汝諸靈之中，豈無以其死於水也，而自以爲恨者乎。而宋之張世傑，亦死於水矣。豈無以其死於火也，而自以爲恨者乎。而晉之介子推，亦死於火矣。豈無以其死於戰陣，死於夷狄也，而自以爲恨者乎。而唐之張巡、許遠，而宋之文天祥、謝枋得，亦死於戰陣，亦死於夷狄矣。況乎宋司馬之石槨，楊王孫之裸瘞，其死一也，暴其骨而殘於烏鴉，藏其屍而壞於螻蟻，其禍均也。汝諸靈之中，又豈無以其不能棺不能墊，而火之瘞之之爲不幸耶。兆恩以爲既免暴骸露胔，而火之瘞之，寔惟汝諸靈之幸也。世豈無暴骸露胔於天地

間，而不火不瘞者乎。諸靈有知，聊足以自慰矣。

圓頓教弓長祖

題解

黄育楩《破邪詳辯》**卷一**《戊巳安身品》有云：「弓長祖，坐中央，安身立命。安四相，立五行，戊巳爲尊。」噫，人必恪遵正教，則求安身而身自安，求立命而命自立。若傳習邪教，必至危身，豈能安身？必至害命，豈能立命？猶以習教爲能安身立命者，不可信也。《南北展道品》有云：「無病尋出路，休等脚手忙。末刼看看到，箇箇要隄防。」噫，有病則脚手忙矣。犯案亦脚手忙否？末刼要隄防，而犯案之禍甚於末刼，何不亦早隄防耶？輕重緩急，全未知曉。不可信也。

《東西取經品》有云：「弓長去赴天元聖景龍華會，親見無生老母吩咐弓長東去取經。原因雷音寺經被龍殊菩薩收入龍宮鎭海。有石佛域老佛王親下龍宮，取在石佛域。弓長往石佛域去取眞經。」噫，自佛入中國，佛教經卷到處皆有，何用東去取經！玆復揑出石佛域故事，以顯弓長取經有莫大功德，亦思弓長爲明末妖人，而揑造此言，益見弓長以前無此邪經。以造經爲取經，不可信也。

又云：「取一部，古佛經，安天立地。取一部，無生經，妙法流通。」噫，此又演出經各有三十餘部之多，全是邪教名目而假充如來佛經以欺人者，不可信也。

又《末刼衆生品》有云：「弓長祖，到家鄉，聽母吩咐。說下元，甲子年，末刼來臨。辛巳年，又不收，黎民餓死。癸未年，犯三辛，瘟疫流行。」噫，邪教謂下元甲子必遭刼數，不知六十年爲上元，六十年爲中元，六十年爲下元，共一百八十年，三元一週，又從上元起數。此治歷者紀年之法，而國家治亂興衰原不視此。如上古之世，少昊八十一年交下元甲子，此時風俗敦龐，人心渾穆，誠盛治也。嗣後一週三元，至唐堯二十一載交下元甲子，此時黎民於變，萬邦協和，【略】而辛巳、癸未正在文帝極盛之時。【略】下元未必皆荒亂，載在史冊，俱可考也。邪經所謂下元甲子，惟指明季而言，明季天啓四年交下元甲子，至辛巳爲崇禎十四年，癸未爲崇禎十六年，此時饑饉，瘟疫並流賊，爲禍最烈。邪教即乘此機會，阿附太監，揑造經卷，煽惑愚民。不知前一下元旣遭刼數，則斷此下元必享昇平，觀其旣往，卜其將來，數應然也。今邪經蒙混立言，不爲指明，遂謂每逢下元，必遭刼數者，不可信也。

又云：「弓長說，這刼數，如何解救。無生說，發靈符，救渡人□。」噫，邪教犯案，其刑罰之慘，獄牢之苦，較之饑饉瘟疫，爲禍尤烈，何靈符之獨不能救也？靈符不靈，止能害人，安能利人？不可信也。

雜録

黄育楩《破邪詳辯》**卷一**又云：「萬法皈一，有彌陀教主、法王佛、三陽佛、無量佛、皇極佛、天元佛、太寶佛、普善佛、儒童佛、天眞佛爲十號圓滿。」噫，以孔聖爲儒童佛，位列第九，以弓長爲天眞佛，位列第十，褻污至聖，莫此爲甚，宜其必遭天誅也。再查邪經，第一混沌初分，第二古佛乾坤，皆在開闢之初，第三無生傳令，言及弓長，已是明末時事，由開闢以至明末，數萬餘年，不聞無生傳令，可知上古並無無生老母，總由妖人揑造。邪經惟恐事無根據，不足取信，因揑出無生老母之名，併揑出無數佛祖之名，又引三教中之聖佛仙以工其煽惑之術。時値明末，乾綱不振，閹宦專權，妖人又曲爲逢迎，而邪教得横行其間，原無足怪。我朝定鼎以來，列聖相傳，教養兼隆，賞刑悉當；崇正黜邪，法大備矣。仰維皇上好生之德，洽於民心，凡利民者舉行無遺，凡害民者芟刈必盡。邪教大爲民害，故盡法懲治，以期有利於民也。乃無知愚民，尚爲邪經所惑，而急難挽救，深可慨也。一部龍華，不可信也。

紅陽教飄高祖

雜録

黄育楩《破邪詳辯》卷一　又云：「紅陽教，飄高祖；淨空教，淨空僧；無爲教，四維祖；西大乘，呂菩薩；黄天教，普靜祖；龍天教，米菩薩；南無教，孫祖師；南陽教，南陽母；悟明教，悟明祖；金山教，悲相祖；頓悟教，頓悟祖；金禪教，金禪祖；還源教，還源祖；大乘教，石佛祖；圓頓教，菩善祖；收源教，收源祖。」噫，自伏羲、神農、黄帝、堯舜、禹、湯、文、武，周公，孔子、孟子，止以儒教治世而已。秦漢以後，始有釋道。雖云異端，尚可並行不悖也。自邪教興，而經卷既信手增添，教名亦隨時更換，其爲世道人心之害，不可勝言矣。再查邪經，飄高爲萬曆時人，而居邪教之首。可知淨空等衆，同爲明末妖人。而刊印邪經，又係明末太監。太監之害，明末最烈，又刊邪經以害後世，心毒極矣。乃無知愚民，尚以害人之術視爲避害之術，昏憒之至，不可信也。

八卦教林清

傳記

蘭簃外史《靖逆記》卷五《林清》　林清，順天府大興縣人。其先世居浙江紹興。父先本自浙北徙，僑居大興縣黄村之宋家莊。充南路巡檢司書吏。清少無賴，先本捶撻之不克悛，屏處藥肆習賈人業。體生瘍疽，賈人逐之。清大困，爲宣武傭役，擊柝守夜。先本卒。清充黄村書吏，旋革去，乃往江南充糧道署役，復役丹陽縣署。清有口給，能營賄賂，所得即散棄，若糞土。及事覺，官繩以法。清潛逃。後窘甚，附糧艘短縴至通州，歸宋家莊，偕諸無賴少年販鵪鶉於京師之西安門外。有王將軍者，清爲書吏時舊相識，與其家人同開雀鳥鋪，分金不均，且奢用無節制，又見逐。嘉慶丙寅，依其甥董國太家。國太父死，清操家計。夏五月，國太之族人董伯旺引清往見宋景耀，入榮華會，一名天理會。會黨公列八卦。景耀列坎卦中。坎卦之主爲郭朝俊。其次爲劉呈祥。又其次爲陳懋林、宋理輝。既而陳懋林爲其從弟懋功告訐，讞得其實，擬問杖徒。諸賊皆潛。奉清爲坎卦之主。朝俊性恇畜，遇事畏葸，衆不之憚。清代之，乃帖服。清傳教以眞空家鄉、無生父母爲八字眞訣，命其徒日夕拜誦。自言預知未來事，審禍福，明吉凶。入教者俱輸以錢，曰種福錢，又曰根基錢。事成償得十倍。凡輸百錢者，得地一頃。愚民惑之，遠近踵至。家遂饒，恣其揮霍。有告貸者，輒給之。鄉村仰食者，萬餘家。清乃潛，蓄逆謀。詭言已爲金星下降，金王千秋。酉年秋月，將舉大事。祀金神于西方，色尚白。又詭言前世係卯金刀，遂改姓劉，名安國，人呼爲劉眞空，又稱劉林，字霜牧，或作雙木。輾轉變易，無定名。平日不嫻武藝。或勸之擊劍。清曰：吾有神助，劍術不足道也。清以事至保定陰納教黨。河南滑縣書吏牛亮臣因避罪，亦在焉。清與之盟，饗以酒。酒酣，清出同教姓氏冊示之，且誇招納之多。亮臣說清曰：招納不在多少，必得在事者，事方濟。滑有李文成者，異人也，君欲舉事非其人不可，盍訪之。清遂因亮臣以通於文成。戊辰正月，亮臣客京師。庚午歸河南。林李以書幣相贈答。亮臣爲之介紹。辛未春，清與支進才往滑訪亮臣。亮臣之僚壻爲馮克善。克善之表兄爲李文成。清與馮李爲刎頸交。爲有武力，習兵械，教中號爲驍勇。性驕悍，不可制。及見清辯給如懸河，乃折節下之。文成在滑掌震卦教。震卦爲七卦之首，各聽約束。其後兼理九宮，統領八卦。文成見清大悦，奉清爲十字歸一。于是八卦九宮，林李共掌。林清僭號天皇，馮克善僭號地皇，李文成僭號人皇。林與馮李二賊約分地土。清取直隸，李得河南，馮割山東諸賊。裂土而卦，各言其所欲據者。是年，清三至滑縣。秋八月，有星孛於斗垣。文成示清，曰：天象如此，吾其濟矣。

八卦教牛亮臣

雜録

蘭簃外史《靖逆記》卷五　牛亮臣，河南滑縣人。父明宗，早沒。亮臣少習帖，括應童子試，屢被黜，乃棄去。爲縣庫書吏。嘉慶丙寅，以文弄法獲罪，亡匿直隸保定府，居於唐家胡同之馬家店。是冬十二月，林清亦以坐法往保定，同居馬家店，遂結爲死友。清語亮臣云：吾教是京南人所授，山東曹縣有劉林，爲先天祖師，吾爲劉林後身，是後天祖師，眞空神咒每日朝拜持誦，可免刀兵水火，可起大事。亮臣悦之，乃拜清爲師。十三年戊辰正月，林清案結，亮臣與清偕至黄邨宋家莊宿于清家。清薦亮臣往宋村蘇氏訓蒙。十五年庚午，亮臣歸河南，仍襄理庫書。十七年壬申林清大會諸賊于河南滑縣道口鎮之孔家店，與李文成結盟起事。凡僞官儀注，旗幟服色，皆亮臣所手定。十八年癸酉，清與文成往來議事。事洩，縣令捕文成、亮臣等下獄。其黨宋元成、于克敬、馮學禮等殺縣令，據滑城，刼之出獄。衆奉文成爲主，亮臣爲僞軍師。官兵破道口，進圍滑城，文成逃，亮臣居守。既而文成死於司寨，賊勢益蹙。滑城克復。亮臣與徐安國等匿地窖中。俱就俘，解京，凌遲處死。初，亮臣之結黨于林、李也。賊目于克敬以三佛應刼書獻林清，以天盤、地盤、人盤爲三佛。林、李、馮分屬之。而以書中所稱仙盤者，屬之亮臣。亮臣于賊中呼爲牛先生，而不名。首戴道冠，身披八卦仙衣，其登城指揮賊衆，嘗建羽葆，曳雀氅，城外人皆望見之。其所樹白纛旗，大書掌理天盤八卦開法後天祖師林門大弟子牛。其道號子眞道人。有巽宫伯李懷林、連三中、劉道錫，坤宮伯申國正，皆其弟子也。三佛應刼書二卷，爲宛平縣典史吴孝愉所搜獲，獻于府尹，府尹進呈。上命焚燬之，孝愉以縣丞用。

八卦教李文成

傳記

蘭簃外史《靖逆記》卷五　李文成，河南滑縣人，世居謝家莊。少孤，爲木工。傭保人呼李四木匠。文成恥之，乃棄去。從塾師習書算，粗解意義，輒疑難相辯駁，塾師厭之，遂請絶焉。文成專研算術，旁涉星家象緯，推演頗驗。見人必誇其術，人有聞者，共俳笑之，文成自若也。會齊豫奸民糾結死黨曰：虎尾鞭、義和拳、紅塼社、瓦刀社。其最大者曰：八卦教。文成欲入黨，無所適從。夜夢魔神語之曰：君乃十八子明道震宮九教主也，得東方生氣，居河洛之中，協符大運。文成驚異，益自負。乃收聚諸無賴及有罪亡者，匿與居。聞河南有謠云：若要紅花開，須待鹽霜來。遂自號鹽霜十八子，入震卦教。教中事有條理不當者，文成釐次剖晰，衆推服之，無異詞。時林清爲坎卦教首，傳教北方。乾卦教首張廷舉，山東定陶人。坤卦教首邱王，山西岳陽人。巽卦教首程百岳，山東城武人。艮卦教首郭泗湖，河南虞城人。兑卦教首侯國龍，山西岳陽人。離卦教首張景文，山東城武人。俱分隸震卦。震爲七卦之首，取帝出乎震之意。習教者，其聽約束。文成兼掌九宮，統管八卦。衆至數萬，爭以金帛相賂遺，謂之種根基。文成家遂富益豪横，私買戰馬，蓄養士卒，鑄造甲仗，頒分旗號，賊黨聲應，約期謀反。與林清相犄角，爲聲援。清之會文成於道口也，以坎卦人少，欲乞師于震卦。諸賊察林清無勇謀，妄自尊大，請絶之，不與僞軍師。牛亮臣固請與之。文成曰：大事驟起非，廣爲樹敵，何以持久。林清密爾京畿，與之兵，爲我牽制官軍，使我無北顧之憂，策之上者也。衆曰善。遂許助精兵一千，詭作商賈裝，于九月十五日至京助戰。清大喜。先是，辛未秋，星象示變，文成以爲星則紫薇垣主異象應在酉之年，戌之月，寅之日，午之時。故以十八年九月十五日午時起事。先期十日，反形大露，逃難者絡繹于道。官督丁壯急捕之。文成被

擒，嚴治之，堅不吐實，反指斥縣令誣良爲盜。令大怒，喝用夾棍。文成號呼于庭，仍不吐實。乃下之獄，三木具備，將械至省。賊黨洶洶，決意速反。初七日，賊率其衆三千人攻城。城陷，知縣強克捷死之。闔門從死者三十五人。教諭呂秉鈞不屈被害，一家死難者，十有七人。巡檢劉斌，典史陳寶勛，把總戚明揚與賊巷戰不利，皆全家不屈死之。文成從獄中出，即分衆守城。復聯絡各路，據守要害。聞官兵將下河南，羽書絡繹，乃不敢出助林清。其餘黨入直隸踩躪長垣、開州、東明之間，復寇山東徇定陶曹縣，皆下之。圍濬縣，濬固守不下。官兵至，乃解圍。僞將兌宮伯徐安國守道口。提督楊遇春擊破之。安國退歸滑城。文成責之曰：汝失道口，罪當斬，姑以艱難之際，不忍加戮，宜立功自贖。文成在滑僞開帥府，設羽帳，帳中出令軍士傳呼，聲徹數里。帳後樹大纛，書大明天順李眞主七字。僞軍師牛亮臣，僞大元帥宋元成分理軍事。文成判曰：可。乃次第施行。諸賊不得軍師令，不敢入議事。文成亦不數召見也。官軍圍滑四十餘日，雲梯高聳，礮臺層列。城外四面皆金鼓聲。文成大懼。僞南湖將軍劉國明夜率衆從北門入見文成曰：事急矣，請速出。文成偕國明潰圍出，晝夜疾馳，至輝縣山中，糾衆約四千人，攻輝縣之司寨，據之。分兵攻衛縣，徇臨洪鎮，官軍設伏白土岡，黑龍江、吉林兵分兩翼，夾擊之。賊大敗。總兵楊芳縱火焚其巢。劉國明冒火戰死。文成舉火自焚。賊衆數十人挽抱而死。先是，文成居謝家莊作亂後，家屬遷居城中，文成死後，其妻張氏帥兵夜搗官軍，三入三出。官軍被戕者甚衆。滑城破，牛亮臣、徐安國勸張氏詭作被難婦女出城。張氏云：城亡與亡，不死者非英雄。乃揮刀巷戰，擊殺數人。門戶自縊。幼女年十二，亦自刎。養子劉成章，于文成謀逆時往直隸晤林清，致助兵之約。九月十五日，往西山，招其黨高至林其至滑。及林清敗，成章一去不復還。後不知所終。成章妻崔氏，隨難民出城，荆關協兵曹培祥擄之歸。領兵都司陳天壽見崔氏有美色，遣其子陳耀德送崔氏於武生申標家。崔氏性黠，時滑人有劉玉春者擄家避難，失其女劉文姐，聞申氏有營兵寄女，往識之，則非文姐。申標外出崔氏私請玉春，詭爲己女，玉春許之。爲請於天壽，乞給歸，天壽不許。

王師凱旋。天壽擢南陽鎮遊擊。即令申標送崔氏於南陽，並召玉春約劵。售之以金。天壽遂以崔氏爲妾。崔氏善歌曲、彈琵琶。天壽嬖之。實不知爲成章妻也。天壽之子耀德從軍，亦載成章之從妹劉春娘以歸。春娘在營知其嫂爲荆關協兵所掠，旋因查送難民婦女。耀德以春娘送出，撫臣訊之，盡得其實。天壽革職戍邊，崔氏發遣伊犁，給披甲人爲奴。

八卦教劉玉漋

傳記

蘭簃外史《靖逆記》卷五　劉玉漋，直隸饒陽人。初業石工，又善畫虎。嘉慶丙寅，玉漋從深州張廣學武技，有劉洛瑞者，家藏《張林存放山神冊》，係金鐘罩拳符咒。玉漋袖而藏之。戊辰冬，拜陳懋林爲師，入坎卦教。時牛亮臣訓蒙于陳氏村莊。玉漋與之交相善。亮臣告以劉林爲八卦大教主。辛未春賊黨賀八語玉漋云：劉姓將起大事，玉漋曰：誰也？賀八不之答。癸酉夏四月，賀八引玉漋見林清，始知劉林即清之詭稱。清語之故，玉漋頷之。秋九月，賀八復邀玉漋至清家，時祝現、劉第五亦在座，約玉漋同入禁城。玉漋以不諳徑路有難色。清命往滑，隸牛亮臣麾下。玉漋許之曰：吾能畫符念咒，行走如飛，當仗劍前往。清給以黃紙硃砂，並贈以金。玉漋聞王師已下河南，乃不敢至滑。遂亡匿。十九年甲戌春，至山東樂陵，變名劉汝榮，爲鑿磨者。四月，至張五才莊，爲村人呂庭鑿磨，兼畫虎，賃廡以居。村人張克成、張丙義從學拳法。二十年乙亥夏四月，玉漋至館陶縣之高家村，見祝現、劉第五同集茶肆中。玉漋詢之曰：兵丁滿路，何處藏身。祝現等告以暫寓袁武魁家。是時茶肆多雜客，不敢多語，各散去。玉漋仍至樂陵，寓于小宋莊。二十一年丙子春，河間協右營守備劉英魁，四黨口守備李士剛，偵知之。購宋莊人杜連城往，詭拜玉漋爲師學拳，遂誘而擒之，玉漋至京，刑部令雜至衆囚中，出董國太于獄，令辨之。國太見而指之曰：此饒陽善畫虎者，劉玉漋也。乃寘于法，初林、李賊黨皆正法。恐續獲者不辨眞僞，乃留董國太而不誅。凡有俘獲，俾辨識焉。

八卦教曹綸

傳記

蘭簃外史《靖逆記》卷六　曹綸，漢軍正黄旗人，曾祖金鐸官驍騎校，伯祖瑛歷官工部侍郎。祖城，雲南順寧府知府，父廷奎，貴州安順府同知。嘉慶丁巳，苗寇圍城，廷奎以憂憤得疾歿於任，妻荆氏、妾孫氏皆自縊。廷奎三子，長紳，早卒。次維武，備院工匠。次綸，充整儀衛。擢治儀正，兼公中佐領，陞獨石口都司。初廷奎爲江蘇高郵州牧。乾隆庚戌，綸隨任之高郵。時林清爲糧道隨役，至高郵查漕，與綸相識。清善口給，綸悅之。廷奎在任，有廉吏聲，無官貲卒之日，益拮据。清餽之以騾一頭，馬一匹，錢百緡。冬十月，綸以賣宅致訟，清陰爲調護。清又遣主提督之家奴王五相往來。凡綸所需者，悉謀諸清。辛未春三月，綸擢都司，往見清，清爲綸賀，綸曰：辱吾子厚愛，食我以食，衣我以衣，餽我以金，今幸得外職，將遠離。前所貸於吾子者，臨别無以歸券，將柰何？清曰：是何言哉？清之財，皆君之賜也。綸驚詫，不解所謂。清屏左右，語綸曰：僕少孤貧，因遇異人授神術，凡所求，無不立至者，乃漸豐於財。今傳授日衆，衆推爲坎卦教主，領八卦九宫，此間地近王畿，恐好事者謂綸，萬里扶櫬，囊橐盡空，歸至都，居于宣武門内之報子街，家徒壁立，妻子鶉衣百結。綸出當差則易一敝袍，入則衣不蔽體，既而僕隸皆散。綸自與妻子析薪執爨，每日二鬴或不給，則市餺飥以充飢。嘉慶丁卯春，綸卧疾不出，忽聞叩門聲，啓視則林清也。握手各道舊事，清愀然曰：曹公子一寒至此，清雖薄于力哉，然通財濟乏，義也。清何敢辭？即出白金數鎰與之，綸感激涕零，清慰藉而别。尋遣人持衣數襲贈之。夏四月，綸病起，造清之門。清約綸爲兄弟。綸有乏，清必給之。戊辰秋，綸扈獮木蘭，清聚衆招搖，陷清于法。清將束身以歸吾子，或同教者不肯從，子其訓諭而鎮撫之。有罪無罪惟吾子所命。綸大驚良久，避席謝清曰：綸雖不才，豈爲負恩不義之人哉？安有拯救于貧乏垂斃之時，不知所報，而反相陷害者乎？願吾子勿復忌綸。且曰：吾困于貧，願略聞吾子所謂神術者。清授以眞空八字咒，曰：誦此，則可終身不患貧矣。綸受之，遂往獨石口任職。夏五月綸以領餉入京，語清之友人孫三劉九曰：眞空咒，無救貧之驗，何也？孫三劉九曰：必向林教主稽首而受，乃有驗耳。綸乃率其子福昌同至宋家莊，奉林清爲師，北面再拜，稽首。清不答拜，但舉手以爲禮。孫三、劉九謂綸曰：今河南七卦俱屬林公，林公將起事，將軍若潛師以來，甚善。否則舉事以後，折簡以召將軍可也？綸許以守獨石口，俟動静。壬申夏五月，綸復領餉入京，至宋家莊，見清曰：事將柰何矣？清曰：時未至，宜待之。時李文成遣客會林清議事，清具言曹都司亦與謀。客力陳其不可。清曰：曹都司，吾故人也。貧乏不能自存，吾活之，故願其事。綸至，客匿于屏後，清呼之出。客問貴人爲誰，清曰：曹將軍。客曰：曹將軍何爲者？林教主以輕財好施爲衆所推服。吾屬所以甘爲林教主効死者，祇以激于義耳。將軍爲朝廷命官，必不肯與吾屬伍，而又詭自親附。與聞密謀是必坐觀成敗，依違進退，將兩利而共存之。竊爲將軍不取也。綸取佩刀以自刎。曰願以一死報林公。衆爭救之。癸酉秋七月，綸送土爾扈特往熱河，九月十三日，綸自熱河歸。林清遣其黨飛告于綸，綸不遇。十四日，綸聞河南兵齊起，心知其爲八卦教也。十五日賊入禁城，綸未悉其實。綸與賊往來甚秘密，其部下兵役、家人族屬，並不知綸從賊者，及獲賊董國太訊得逆狀。上命署直隸總督馬蘭鎮、總兵福長安，游擊花良阿等收捕之。綸與其子福昌俱磔於市。福昌正黄旗劉愷，佐□□□爾布。綸之拜林清爲師也，福昌實慫恿之，故盡法懲治。上命曹綸纂入《國史逆臣傳》。部議綸期親服屬按律緣坐，上以綸母荆氏孫氏殉節死難，特赦曹廷琦、曹維、曹咸亨不誅。

八卦教黄興宰

傳記

蘭簃外史《靖逆記》卷六　黄興宰，河南滑縣人。世居黄家莊，與其弟興相，均從牛亮臣入教。癸酉九月，宋元成等招興宰兄弟，攻陷滑城，刼李文成出獄。文成封其兄弟爲兑宮伯。興相守道口，爲官兵焚死。興宰自道口入滑，官兵圍滑。牛亮臣、徐安國等議死守。十二月初三日夜半，徐安國率賊六百餘襲官兵。宋元成令興宰率賊四百人，出南門，焚官兵之礮臺，爲官兵所截。興宰不克，復入于滑。官兵從後追殺，興宰左臂中兩矢，右臂中一矢，墜于濠梁，曰：吾其死矣。呻吟久之，扶創以起。詭藏于鄉勇隊中。官軍詰獲之。于軍前伏誅。

八卦教劉國明

傳記

蘭簃外史《靖逆記》卷六　劉國明，河南滑縣人，習兑卦教。兑與乾、坤、坎、離、巽、艮皆統屬震宫。嘉慶癸酉春，山東金鄉人崔士俊至滑，國明引之見文成。士俊出，國明語之曰：是教莫盛於山西，吾曹先收集山西。今方號召山東，收西路者，于克敬爲之主。收南路者，王學禮爲之主。收北路者，老劉爺爲之主。收東路者，劉國明是也。林清或稱劉林。故賊呼爲老劉爺。國明又引逆書云：專等北水歸漢帝，大地乾坤只一傳。故專待老劉爺收集北方，便可起事。秋九月，賊破滑縣。李文成封劉國明爲僞南湖將軍，統轄道口，節制各道兵馬。官軍圍滑，文成大困。國明與其黨魏得中議突圍救文成。魏得中曰：官軍四面合圍，惟北門中隔葦塘，可乘虚以入。國明從之。遂與魏得中同乘輕車，并遣別股頭目宋克俊、小頭目王學義，各乘車一輛，率衆八百，夜入滑城，迎文成以出，宿于南湖。官軍追之不及，魏得中逸。獲之于開州。國明從文成入輝縣之司寨，司寨破，文成焚死。國明匿于碉樓。官兵登樓，國明持刀躍出，鬥死樓下。官兵節解之，梟其首。

八卦教劉竹

傳記

蘭簃外史《靖逆記》卷六　劉竹，山東定陶人。欽賜國子監助教。賊破定陶，官兵不能遽集，土寇蠭起，竹之子弟十數人，皆持兵械，四出剽掠。竹不能禁，又縱之。民以訟諸官，并訴其作詩悖逆。大吏執而訊之，其詩中有云：食粟不妨盗跖樹，存心願擬首陽清。蓋自明其非從賊也。後以聞於朝。竹與其子弟皆伏誅。

趙心戒

傳記

蘭簃外史《靖逆記》卷六　趙心戒，河南人，貢生，官滑縣訓導。賊衆起事，牛亮臣率衆入署，擁之爲縣令。心戒不從，乃遷之於葯肆中。命諸賊守護之，餽以糧食，心戒受而食之。城外傳言，心戒爲賊巡城鑄礮，僞封吏部尚書，兼知滑縣事。滑城收復，心戒自投于軍前曰：我年已七十有四，豈復能爲賊用乎。提臣楊遇春詰之曰：不爲賊用，何不早死。心戒

曰：賊守護甚嚴，無地可覓死所。遇春曰：不能覓死所，何不絕食死，且賊何愛于汝，而必欲活汝乎。心戒不能答。督師大臣執滑城之生監耆老詢之，皆言趙訓導無受賊僞封事。卒以遇變不能盡節，且受逆賊餽糧，罪當斬，乃正法于軍前。

八卦教馮克善

傳記

蘭簃外史《靖逆記》卷五 馮克善，河南滑縣人，少猛鷙有膂力，曾從滑縣朱召村人唐恆樂習武伎，善騎射，尤精鎗法。嘉慶丁巳，有山東濟寧人王祥敎克善拳法，克善盡得其術，徒手搏擊數十人，無敢近者。庚午春二月，其僚壻滑縣庫書牛亮臣，見克善拳法中有八方步，亮臣曰：爾步伐似合八卦。克善曰：子何以知之。亮臣曰：我所習坎卦。克善曰：我爲離卦。亮臣曰：爾爲離，我爲坎，我二人離坎交宮，各習其所習，可也。壬申夏四月，滑人有霍雲方者，慕克善名，請之往山東德州，與宋躍瀧比拳。躍瀧遇克善，自以爲弗如，命其子宋王林與之角。又弗如，遠甚。躍瀧遂師事之，入離卦敎。嗣後，亮臣子牛文成，濬縣人，李文成，滑縣人，熊自華、張九成俱師事克善。自華、九成等又各授其徒，黨羽漸多，衆遂奉克善爲離卦頭目。癸酉春正月，牛亮臣招克善見林清于宋家莊，約起事。二月，克善往德州會宋躍瀧。旋偕宋王林復見林清，清屬其調遣滑兵。克善歸以語亮臣，亮臣曰：如約。秋九月，林清至滑，諸賊衆大會于道口，歃血飲酒，誓告師期，定三皇之僭號。清與文成欲分割燕豫。克善欲據德州以扼南北，乃往會。宋躍瀧語之曰：吾聞舉大事各據一州無以自立，今林清多大言少實際，李文成陰險叵測，吾意不樂與林李共事，欲自擇善地，別樹旗鼓，進退戰守，惟吾所欲。德州乃南北扼要之區，漕艘經行之地，東鄰大海，北接燕趙，順風一呼，則河洛之交皆我掌握，子速爲我號召師旅，其圖大事，毋僅寄林李廡下也。躍瀧曰：公見之甚早，黨附林李，迄無成功。但此間兵不滿千，老幼羸弱，什去其三，寥寥數百人，可奈何。克善不得已乃助文成起事於河南。八月，克善之從兄滑縣舉人克功，偕克善弟克昌，赴縣告逆狀，克善遁之德州。九月，潛歸入滑。見其妻焦氏，子坤牛，女明兒，俱被殺，尸在室中。當是時，賊已據有滑城。李文成僞將于克敬、劉成因、文成在獄。克善不救，棄之而逃，謂其有貳心也。故收其妻子殺之。牛亮臣欲殺克善。或諫之曰：克善有將材，能用之，必得其力。今子身來歸，若見殺，聞者誰不解體。乃免之。亮臣諭克善曰：自今須努力報李公。遂遣克善運糧自富新莊至謝家莊，總領軍餉。文成受刑，傷手足，不見人。克善疑其踈已也，嫉之。又妻子被殺，晝與衆語，佯爲曠放，夜則獨處一室，時拔劍斫地，作憤懣悲慟聲，思欲往德州起衆襲破李文成，併其衆。十月二十三日，偕其徒牛文成、李大成二人，率衆五百出滑縣西門外，揚言與官軍接戰，欲藉以脫身去滑也。提督楊遇春以輕兵擊之。克善躍馬大呼左右衝擊，官軍不能禦，遇春親率馬步兵與克善敵大戰。良久，五百人殲其過半。李大成等收餘燼而歸。克善獨騎白馬一匹，手持大鐵刀，奔至南館陶，宿于河灣子。二十四日夜半，渡河宿于東店子村之趙四家。越三日，棄其馬、鐵刀、衣服以與趙四，改服趙四之服而逃。十一月初十日，至景州焦馬莊，晤宋躍瀧。留之，語以將起事，襲奪李文成軍。躍瀧曰：襲文成，非精兵數千不可，某僅得八百餘人，離卦人不敵震卦之什一，宜少待之。速發恐不能繼業。克善曰：此間既難集事，我將由獲鹿上蒲州解梁訪朱大陶同起兵，子在此遙爲聲援。躍瀧許諾。設酒飲餞，贐之以金。十五日，躍瀧買的驢一匹，送克善。至小洋村劉天祥家，天祥置酒飲。克善以先代所藏誥軸紿之，遂改姓劉，字德明。天祥送克善天景州文歌村馮哲家，揮涕而別。十九日馮克善至獻縣冉家之三角村賣藥。獻縣知縣張翔偵知之。十二月初四日，密飭把總高雲鵠，典史吳楷以兵圍三角村。翔親率健卒往擒之。克善曰：我劉明德也，賣藥營生所得何罪。身遭兵亂，室家殘燬，因奉祖遺誥軸而出，何由而知我爲賊乎。兵役欲拘之。克善格鬥，手傷數人。獻縣令麾兵至前，乃就縛解。省督臣章煦，會同司道府提訊，克善不服。而劉天祥、馮哲先就擒。乃提天祥與哲於堂，而質之。克善曰：汝二人爲吾得死罪，吾何忍獨生。吾爲林李牽率，以致敗亡命也，夫復何言。奏入，奉旨章煦賞加太子少保

銜，仍交部照軍功例從優議叙。獻縣知縣張翔超陞知府，把總高雲鶴超陞守備，典史吳楷超陞知縣，兵壯丁役行重獎賞。克善械至京師，磔死。宋躍潑景州焦成莊人，亦以拳勇聞，爲克善大弟子，數爲克善招納亡命。克善未獲時，躍潑先爲德州知州徐紹薪所獲，伏誅。

八卦教朱成貴

傳記

蘭簃外史《靖逆記》卷五 朱成貴，山東曹縣人，世居扈家集。嘉慶辛未冬，拜徐安國爲師習震卦教，與其從昆弟成方、成來、成文、成良、成珍，同屬李文成部下。癸酉八月，朱成方自滑縣歸，與兄弟約期九月起事。先破汴梁，徑趨北京。成文以旗式往金鄉，分給諸賊。八月，成方弟成珍被獲，成來、成文等皆遁，成貴率賊趙飛義、趙淳修等陷定陶，徇馬家集。十二日至孔連坑，與官軍相拒，又率衆至菏澤縣之畢家寨，逼村人從逆。選畢家寨八十人。以畢臬爲大頭目，畢復禮、畢明、畢玉桂、畢大觀、畢大鹿、畢復義、畢春景、畢道器八人爲小頭目，分路刼糧，復赴李文成召將入滑，以扈家集屬成良守之。扈家集官兵至，成良死于亂軍，成貴至安陵集，官兵追之，畢臬等潰散，成貴伏誅。

八卦教徐安國

傳記

蘭簃外史《靖逆記》卷五 徐安國，直隸長垣縣祁寨人。父進成，早歿。安國初習震卦教，嘉慶己巳，從劉國明爲師，改習兑卦，國明爲卦主，安國爲卦伯。在定陶、曹縣、城武、單縣、金鄉傳教。七百餘人，一百十有三家，悉隸朱成方掌之。癸酉八月，林清、李文成謀逆。安國在扈家集朱成方家，劉國明以書招之，安國歸。適金鄉、曹縣先後捕逆安國之弟子崔士俊等皆被執。朱成方與其兄弟朱成貴、朱成良等，入曹縣，殺其令姚，刼獄出囚。賊衆一千五百人奉安國爲首，安國率衆殺其讐人許同，四出焚掠。九月二十八日，往滑縣見李文成，文成封爲兑宮伯，命守道口，爲提臣楊遇春所敗。復入於滑，僞大元帥宋元成，命安國與牛亮臣、陰成德，分守東北門。滑城既克，安國傷于兵，撲地，其兄徐安邦、姪徐賢拽之民房，匿地窖中。王修智、王修仁以磨盤覆之。官兵入地窖，安國先殺其兄與姪而自刎。未絶被擒，解京磔死。安國祖墳在長垣春亭集之程家莊，與畢家寨相接。千總馬成符、武舉仙魁，帶兵訪之。老民程西山爲之指示，發掘其高祖父母骸骨，純綠色，曾祖父母骸骨純紫色，祖徐六卿有紫籐纏其尸；六卿妻霍氏身長白毛，父徐進城，母張氏，妻李氏新墳，在程莊東北阡，亦發掘。尸骨皆焚燬剉傷，霍氏頭骨尚有腦漿迸流，識者知爲戾氣所結也。李文成祖墓在滑縣，把總許揆中，知縣孟屺瞻往掘之。林清父母合葬宋家莊北邊之西岡頂，其前妻常氏，亦埋葬于岡。左翼總兵英綬督兵役往掘之。

八卦教崔士俊

傳記

蘭簃外史《靖逆記》卷五 崔士俊，山東金鄉人。與城武劉燕舊相識。入離卦教。劉燕之師曰王敬修。敬修與其黨張衡，同受教于王普仁，而士俊又傳之于高鶴鳴。其教先令人執香稽首，受眞空八字訣。入教之始，每人納錢二百，謂之根基。錢清明中秋隨力致獻，謂之跟賬錢。卦主受之，凡同教相見騈二指爲劍訣。士俊於嘉慶甲子始入教。壬申八月，其鄰人高毓藻，引長垣徐安國至士俊家，稱安國習震卦教勝于離卦，勸其改

離歸震。士俊遂與其黨鉅野人張建木同拜徐安國爲師。安國之教與離坎相類，惟每日三次朝理太陽，兩手抱胸，合眼趺坐，口念眞空八字，八十一遍。是日抱功，功成可免於災難。癸酉二月，徐安國復至金鄉，告以今歲九月後，交白洋刼，刼數到時，教主給白布小旗，樹于門，可免殺戮。安國引士俊與張建木偕至滑，謁李文成，劉國明爲之引進。士俊與建木向文成下拜，文成受禮畢，諭之曰：汝曹善自用功，一刼能造萬刼之苦，一刼也能修萬刼之福。汝曹悉歸去，有事問爾師傅可也。士俊再拜而出，徐安國語之曰：今歲孟冬，一月中行三節氣，此即白洋刼。刼前七日，白旗傳遍，凡無旗者盡殺之。其留而不殺者，乃分上下，其要訣云位列上中下，才分天地人，五行生父子，八卦定君臣。劉國明語之曰：白洋刼，山西洋頭，河南洋腹，山東洋尾。所以先收山西，次河南，又次山東也。士俊從滑縣歸，糾集逆黨。秋七月，士俊椎牛饗士，誓告師期。縣令捕獲之，解省正法。賊衆揭竿而起，分破各村寨。進兵攻城，城中守備完固，賊不能破，旋潰散。而士俊妻亦敢戰，爲亂軍所殺。張建木爲鉅野令王朝恩所擒，伏誅。

八卦教劉得財

傳　記

蘭簃外史《靖逆記》卷六　太監劉得財直隸大興人，世居桑垡村。父峻德，灌園爲業。嘉慶丙寅，得財派入基化門服役。壬申春二月其鄰人陳爽邀得財歸。得財告假，至桑垡村，爽厚待之，歡讌累日，贈之兼金。得財大驚曰：吾將何以報子？子將安用吾乎？爽曰：願與君約爲兄弟，患難相共，是所望也。何敢望報。得財感之。爽勸其入教。得財許諾。爽授以眞空八字咒，命其轉收徒黨。得財遂以邪咒傳授諸內監劉金、王福祿、高廣福、張泰、閻進喜、楊進忠，皆其弟子也。爽又告得財以林教主手握劍訣能知人意中事。又逆知世上未來事。得財惑之，信服益深。癸酉八月二十四日，賊召得財至廣寧門之酒肆中。林清告以九月十五日起事，汝爲前導，事成之後，封汝爲大總管。九月初二日得財出東華門，遇陳爽，爽授以白布數方，分給諸內侍。十五日早起，得財又出東華門，陳爽引數人同坐於酒家。午時得財引爽等從蒼震門入，殺傷數人，官兵擒之，上廷訊得財與劉金、王福祿、張泰、閻進喜，皆凌遲處死。高廣福爲官兵所殺，獲尸西華門外。楊進忠從西華門引賊入大內，事敗潛逃。南城御史獲賊林四，訊得其實，進忠亦凌遲處死。軍機大臣傳奉諭旨：太監等充當差使等級懸殊，凡近御者，皆馴謹誠樸之人。此案逆賊七人，平日所當差使俱極踈賤，從未見面，不知名姓，僅于宮內看守門戶，從無一名曾隨赴御園者，宮中所留首領曉事者少，平日約束懈弛，聽伊等告假閒游，致令結交外人，甚至如彰義門馬駒橋等處數十里之外，任其恣意往還。本日朕嚴詰該逆賊謀叛之由，皆俯首無可供吐。復訊，以朕平日有無苛待伊等之處，該逆賊供稱，素來天恩寬厚。近日復加賞錢糧，更有何啣怨之處？尙口稱佛爺，不置是該逆賊全係被外間賊匪迷惑，至死不悟，而任其出入自便。該首領等踈防之罪，實無可辭。嗣後嚴諭總管太監等，俱不得任各處太監藉詞告假，獨自私出禁門。其有不得不暫時告假者，該首領太監查問確寔，限以時刻，必須兩三人同行，方准放出。如違，本人除治罪外，將該管首領太監一併治罪。至□數犯梟獍性成本非常有，現在訊問明確，別無同黨之人。此外，各太監等當感戴主恩，照常當差，安靜守法，不必心生疑畏。倘有狡猾之徒，狹嫌誣攀，查明，從重治罪，斷不冤及無辜。將此旨交總管內務府大臣，轉交總管太監，通諭各等處太監知之，并載入宮史。

八卦教馬進忠

雜　録

黃育楩《破邪詳辯》卷一　又云：「吩咐合會男和女，不必你們分彼此。」噫，此等謬言，邪經最多。邪教男女混雜，即由於此不知禮。云男

正位乎外，女正位乎內，又云：「外言不入於梱，內言不出於梱。」又云：「男女授受不親。」若此者，所以别嫌疑而防姦淫也。邪教男女混雜，即爲姦淫所由起。如清河教犯馬進忠案，內有一廩生趙爽，亦在教中，人問其故，趙爽答曰：「吾習邪教，非信邪教也，徒與少年婦女，朝夕會合，由吾選用而已。」可見男女混雜，勢必男貪女色，女貪男色，不肖男女，皆願借入教而恣淫慾也。廉耻喪盡，何以爲人，不可信也。

白陽教王法中

雜録

黄育楩《**破邪詳辯・卷首**》　恭錄道光十二年四月二十日奉旨：此案王老頭子即王法中，先經聽從已故之申老叙學習白陽教，復創爲旂門即佛門之說，傳徒多人，並斂錢來京煽惑，藐法已極。王老頭子即王法中，着照例擬絞，即行處決。已革馬甲唐八即尼莽阿，身係旂人，輒因圖借銀錢，聽從王法中入教，並寫給閻老得詩扇，迨閻老得等以獅子臥佛哼哈二將軍旂大人等詞妄加比擬，既不呈首，復將書信收藏伊女衣內，實屬喪心昧良，任意妄爲。若因其年逾六十，照爲從例擬軍，未免輕縱。唐八即尼莽阿，該犯着銷除旂檔，發配新疆，給官兵爲奴，遇赦不赦，再加枷號三個月。該犯非尋常案例可比，其子孫着一併銷除旂檔，以示懲儆。餘依議。欽此。

離卦教尹資源

雜録

黄育楩《**破邪詳辯・卷首**》　恭錄道光十二年五月初九日奉旨：此案尹老須即尹資源，接管劉功離卦教，自稱南陽佛，創立朝考等場，黑風刦數名目，神奇其說，煽惑至數千人之多，勾結至三省之遠，狂悖已極。尹老須即尹資源，着即凌遲處死，仍傳首犯事地方，以照炯戒。尹明仁聽從伊父習教多年，實屬世濟其惡。尹明仁着即處斬。韓老吉、蕭滋依議斬，着監候，入於本年秋審情實辦。理其失察之地方官，及查辦不實各員，着吏部查取職名，分别議處。餘依議。欽此。

大乘教吉三白

雜録

黄育楩《**破邪詳辯・卷首**》　恭錄道光十二年五月十三日奉旨：此案蕭老尤即吉三白，先經聽從已正法之孫維儉傳習大乘教，於具結免罪後，復敢起意興教，商令在逃之李如陵，僞造勅寶，張貼揭帖，種種逆詞，任意書寫，且牽列良民，誣以謀逆，平空陷害，狂悖已極。蕭老尤即吉三白，着即凌遲處死，仍傳首犯事地方，以昭炯戒。逸犯李如陵，着直隸總督嚴飭勒緝，務獲解部另結。其失察之各地方官，着吏部查取職名，分别議處。餘依議。欽此。

神祇部

無生老母　真空家鄉

題　解

黄育楩《破邪詳辯》卷一　邪教有《古佛天眞考証龍華寶經》，分二十四品。《混沌初分品》有云：「無始以來，無天地，無日月，無人物。從眞空中化出一尊無極天眞古佛來。」又云，「古佛出現安天地，無生老母立先天。」又無生曰：「無始以來，天眞古佛打開家鄉寶藏庫，取出一部龍華眞經傳留後世。」噫，無始以來既無天地、無日月、無人物，何以又有寶藏庫，何以又有龍華經，何以經内所言之事皆明末時事，所傳之人皆明末時人？顯係明末所捏造而假充無始以來，不可信也。

雜　録

黄育楩《破邪詳辯》卷一　又云：「家鄉聖景龍華會，在都斗太皇宮中，古佛無生座前，有七寶池，八功德水，黄金爲地，金繩界道，樓臺殿閣，件件不同。」噫，古佛無生之世既無天地，樓臺殿閣何處建立？既無人物，誰爲修蓋，用何物料而如此奢華也？不可信也。又云：「天上龍華日月星，地下龍華水火風，人身龍華精氣神，三才配合天地人。」又云：「初會龍華是燃燈，二會龍華釋迦尊，三會龍華彌勒祖，龍華三會願相逢。」噫，近來邪教訛言彌勒佛掌世，即由於此。不知彌勒佛時猶是日月星，燃燈佛時豈無精氣神，邪教以何爲憑而如此分晰也？不可信也。

《古佛乾坤品》有云：「無生母，產陰陽，嬰兒姹女起乳名，叫伏羲女媧眞身。」噫，伏羲以前三皇治世，歷年已久，人類已繁。伏羲爲五帝之首。其母華胥，生帝於成紀。以木德王，故姓風。畫八卦，造書契，作甲曆，制嫁娶，在位百十五年而崩。女媧御世正婚姻而稱神媒，作笙簧以通殊風，在位百三十載而沒。今邪經不查世代，遂謂伏羲、女媧生在三皇以前，已謬甚矣。且又捏爲無生老母之所生者，謬而又謬。不可信也。

又　又云：「李伏羲，張女媧，人根老祖。有金公，和黄婆，匹配婚姻。」噫，張姓始自黄帝，李姓始自老子，伏羲原非姓李，女媧亦非姓張。既言無生之世並未有人，金公黄婆何自而來？不可信也。

又云：「混元了，又生出，九十六億，皇胎兒，皇胎女，無數福星。」噫，十萬曰億，九十六億即九百六十萬也。伏羲，女媧本非夫妻，又壽各一百數十歲，何以能生九百六十萬兒女也？不可信也。

又云：「無生母，差皇胎，東土住世。頂圓光，身五彩，腳踏二崙。」噫，衣裳之制，始自黄帝，皇胎兒女何以有五彩仙衣？至於腳踏二崙，蓋倣封神傳哪吒而言。混沌之初，崙何自來？以九百六十萬兒女，盡數腳踏二崙，滿天亂飛，有是理乎？崙當作輪。邪經盡屬妖言，兼多訛字，不可信也。

又云：「來東土，盡迷在，紅塵景界。稍家書，吩附你，龍華相逢。」噫，無生老母既因東土無人，使皇胎兒女留下三寶去住東土，又因盡染紅塵，復欲招回天上，不知此封書信的在何時？謂在上古，世間久已無人矣。謂在明末，稍書又何太遲也？今邪教傳徒，以多爲務，即由於此。不知此品自無生母產陰陽以下句句虛捏，妖妄已極，不可信也。

又　《聖來投凡品》有云：「古佛留，續命通，聖光接續。性續命，命續性，好續長生。」噫，世之不習邪教者，正命而亡，雖未續命，亦非戕命。世之傳習邪教者，非命而死，業已戕命，安能續命？此生尚不保，猶曰好續長生，不可信也。

又云：「有一尊，老古佛，初分治世。有一尊，無生母，掌定天輪。」噫，此又演出無數佛祖，無數聖賢，皆捏爲弓長遊宮親所見。不知弓長即造經之妖人也。以妖人而造妖言，譬之瘋魔病人，毫無顧忌，不可信也。

又　《三佛傳燈品》有云：「燃燈佛後有釋迦佛接續傳燈，釋迦佛後有彌勒佛接續傳燈，彌勒佛後有天眞老祖接續傳燈，天眞問誰人接續，有

三宗五派九杆一十八枝領袖頭行，開言弟子，都會接續傳燈。」噫，天眞即弓長也。弓長爲人雖劣極矣，安能接續傳燈？弓長弟子皆無知愚民，誤被所誆，又安能接續傳燈？玆竟言之極易者，以其志在聚衆，必使人不畏難而皆樂從，始可遂其聚衆之心也。如謂弓長以下眞能接續傳燈者，夢夢之言，不可信也。

《五祖承行品》有云：「周世祖，留果木，爲懸谷；漢高祖，留瓜瓢，爲腕谷；唐高祖，留諸豆，爲角谷；宋太祖，留菜蔬，爲葉谷；朱太祖，留稻麥，爲穗谷。」噫，黍稷總名粱，溉種總名稻，衆豆種名菽，各二十種，果蔬各二十種，名爲百穀，乃天之所產，非人之所留也。伏羲以後，即有神農嘗百草，教稼穡，人已知種百穀矣。由邪教言，則自神農、黄帝以至周初，數千百年，天不生物，民無食用。直至周、漢、唐、宋、明，而民始有食，其言已謬甚矣。後周有周世宗，誤爲周世祖，且誤爲秦朝以前之周，則愈謬。以五朝帝王尊爲五祖，與三佛並稱，比非其倫，則愈謬。明末造經，尚不知朱太祖爲明朝始祖，而視爲上古之人，則愈謬。又以山藥、蓮藕爲靈根，爲無生老母之所留，而與五祖並論，則愈謬。謂無生在五祖以後，即係明末時人，何以言未有天地先有無生？謂無生在未有天地之先，何以能留山藥、蓮藕，不能留粱稻果蔬？則無生又不及五祖萬萬矣。此等議論極妖妄，極悖謬，極粗鄙，又極雜亂，稍有知識者斷不如此，猶敢尊爲寶經，刊成印板，此人何不知恥之甚也！不可信也。

又《祖續蓮宗品》有云：「無極祖會下有二十四祖，太極祖會下有三十六祖，皇極祖會下有四十八祖。」噫，此品演出百數十祖，有一祖即有一會，祖愈多即會愈多。哀哉，愚民不陷於此，必陷於彼，欲求接續蓮宗，竟至接續滅宗，是未赴靈山，先罹法網也，深可懼也，不可信也。

《諸祖鬬寶品》有云：「孔雀佛，從初分，打開寶藏。藥師佛，將寶貝，散與兒孫。」噫，戲文有臨潼鬬寶故事，謂七國諸侯鬬寶爭勝，其說已屬不經。今邪經又演出無數佛祖無數寶貝，而捏爲諸祖鬬寶，全無取義，更屬荒謬。不可信也。

又《排造法船品》有云：「無生老母，令太上老君，在無影山前，排造大法船一隻，大金船三千六百隻，中金船一萬二千隻，小法船八萬四千隻，小孤舟十萬八千隻，又令五千數百佛祖佛母眞人，及九十六億皇胎兒女，八萬四千金童玉女，十萬八千護法善神，齊領船隻，救度衆生。」噫，果如此言，人類必將度盡矣。所度之人，盡上天宮，相伴無生，永不下世，世間必將無人矣。亦思生齒日繁，不過百年，必增數倍，其人又何自而來乎？且人上天宮，而二十餘萬船隻，亦上天宮，是有理乎？總似病狂之人，胡言亂語，不可信也。

又云：「造法船時，定南針觀住地水火風，用魯班三百六十箇。」噫，魯班即公輸子，名班，乃魯之巧人。故孟子曰：「公輸子之巧，魯班止一人。」此言用魯班三百六十箇，是視魯班爲物料也，無識已極，不可信也。

又《無生傳令品》有云：「無生母，吩咐汝，法王傳令。天眞佛，聖臨凡，下生投東。」噫，近來邪教往往詭言某佛臨凡，即由於此。不知某佛臨凡，以何爲憑？邪教聚衆傳徒，惟恐無人入會，因此自造妖言，而同教中人從而附和，以煽惑愚民，不可信也。

又云：「下生在，中原地，燕南趙北。桑園里，大寶莊，有祖弓長。」噫，弓長即張，分姓爲號，粗俗之至。再查邪經，知弓長與飄高等同爲明末妖人，所言皆係眞空家鄉無生父母之意，而前此並未聞及。可見天眞古佛、無生老母，即係弓長、飄高等所捏造，不可信也。

《家鄉走聖品》有云：「弓長祖，感神靈，呈奏玉帝。玉皇牒，奏無生，詔請弓長。」噫，天神之至尊者爲玉帝，自邪教言，則無生又在玉帝之上矣。試觀古來女后專權，必致禍亂。假使無生老母職掌天宮，則陰盛陽衰，安能成化育之功？此等妖言，非惟事之所未有，又爲理之所不通，荒謬悖亂，造罪非輕，不可信也。

《弓長領法品》有云：「無生母，令弓長，親來領法。母今日，傳與你，十步修行。」噫，此言坐功運氣採清換濁之法，至云「第十步，到家鄉，劈破分身」，則更妄矣。吾儒之道，惟重守身，故曰：「身體髮膚，受之父母，不敢毁傷。」又曰：「父母全而生之，子全而歸之。」今邪教必劈破分身，始到家鄉，所以犯案之時，斬決梟示，凌遲處死，而終不知悟，皆由劈破分身之言爲之作俑也。此等妖妄，爲害更甚，不可信也。

《慧眼開通品》有云：「無生母，賜弓長，軒轅聖寶。正佛門，忽然間，慧眼開通。」噫，軒轅即黄帝，乃儒教聖人。黄帝之世，紀綱大備，刑賞悉宜，故美其名曰軒轅聖寶。可見無生老母若非軒轅聖寶不能慧眼開

通，即宜遵軒轅之教以爲教，何故設爲邪教耶？借儒教以飾邪教，不可信也。

又《走馬傳道品》有云：「儒童祖，騎龍駒，川州過府。有子路，和顔淵，左右跟隨。有曾子，和孟子，前來引路。七十二，衆門徒，護定聖人。」噫，以孔聖爲儒童，可恨之甚。又孔聖之時，止有國名，並無州府之名。孔聖沒後，越百餘年，始有孟子，原非同時。邪經言孔孟時事尚至錯訛，無識極矣。又有焚香上供，接待佛祖及赴雲城會龍華之言，是直以孔聖爲邪教中人也。褻污至聖，罪大惡極，不可信也。

《龍華相逢品》有云：「老古佛，傳一箇，龍華佛令。老無生，坐蓮臺，嘻笑吟吟。」噫，此品演出五千數百佛祖，以及九十六億皇胎兒女、萬國九州鄉兒鄉女齊來赴會，竟似民間集鎮會塲，擁擠喧嘩，全無倫次。蓋以邪教傳徒，惟衆是務，故設此以爲誘人之計。豈知上天赴會，本係虚捏，而又易言之。謬而又謬，不可信也。

又云：「有號的，纔得出世。無號的，趕出雲城。」噫，邪教掛號，惟憑雲城手卷，此物何關緊要。而教首即借此以爲斂錢之具。曰上供，曰升表，曰掛號，惟利是圖，不可信也。

又卷三 邪教有八字眞言，曰：「眞空家鄉，無生父母。」眞空二字，謂倣佛經四大皆空而言。噫，佛教言空，而虚無寂滅，不染俗塵；邪教言空，而倫紀綱常，不能約束。因此，傳徒聚衆，男女混雜，漁利漁色，肆行無忌，甚至陰謀不軌，立被擒拏，身受極刑，家遭顯戮而後止，是邪教於倫紀綱常之萬不宜空者竟視爲空，復於奸淫邪盜之一定宜空者又不能空，而猶以眞空誘人，不可信也。

一，邪教之言家鄉，蓋以習教即無生父母之兒女，初皆生長天宫，故以天宫爲家鄉。噫，習邪教者既是無生兒女，則不習邪教者又是誰之兒女乎？不是無生兒女，率皆規矩不違，而爲安常處順之人；既是無生兒女，即係梗頑難化，而爲壞法亂紀之人。此無生兒女之遠不如人也。不是無生兒女，則或生富貴之家，或生良善之家；既是無生兒女，則必生於僻野荒郊，庸惡陋劣之家，而不知禮義，不畏刑罰。此無生兒女之遠不如人也。不是無生兒女，則有膺科甲爲顯宦者，又有樂田園享淸福者；既是無生兒女，則必陷於枷杖徒流絞斬凌遲之罪，而終至滅亡，不留餘種。此又無生兒女之遠不如人也。止一世界，惟無生兒女，遠不如人，又似另一世界矣。此等家鄉，若在人間，必遭誅滅，猶以眞空爲名，而謂天上有此惡境，習教即能上天，恐天宫必不如此穢污也。妖妄已極，豈堪言狀？不可信也。

一，邪教之言無生，謂倣佛經無生無滅而言。噫，無生必至於滅，而又曰無滅，即無物不有無時不然之充塞無間也；無滅必原於生，而又曰無生，即其始無端其終無既之循環無窮也。四字相連，其義尚通。今邪教截去無滅二字，而但云無生，不通極矣。又於無生之下加以父母二字，則愈不通。試觀人家男女相配而始成夫妻，夫妻生子而始稱父母，既曰無生，則無兒女，又爲誰之父母乎？亦思天地之道，惟在生生。以易理言，太極生兩儀，兩儀生四象，四象生八卦。以河圖言，天一生水，地二生火，天三生木，地四生金，天五生土。以五行相生之序言，土生金，金生水，水生木，木生火，火生土。再以乾坤言，乾爲天，坤爲地，乾曰大生，坤曰廣生，又乾曰萬物資始，坤曰萬物資生，是天地間惟有生而後有萬物，有男女，有夫妻，有父子，有君臣上下；若無生則無萬物，即無人類矣。再以淺近者言之，譬之地畝有生則樂豐年，無生則遭荒旱；譬之人家有生則有子孫，無生則成絶戶；譬之人身有生則能言動，無生則爲死屍。今邪教既稱無生父母，又稱無生老母，隨時上供，逐日進香，可謂誠矣，而皆犯死罪者，由取名無生，大凶之兆，必至殘生，而欲求長生，不可信也。

又 噫，眞空古佛、無生老母非爲天上無之，即上古亦無之，又可考而知也。上古之世，如三皇紀所載有盤古氏、天皇氏、地皇氏、人皇氏，此外又有有巢氏，燧人氏。又循蜚紀所載共二十二氏。因提紀所載共十三氏。禪通紀所載共十九世。疏仡紀所載則自黃帝以訖於周；又五帝紀所載有太昊伏羲氏，傳至女媧以下，共十五氏；有炎帝神農氏，傳至臨魁以下，共八世；有黃帝有熊氏，傳至少昊金天氏、顓頊高陽氏、帝嚳高辛氏、帝堯陶唐氏、帝舜有虞氏。維時聖君賢相，制作漸備。如天皇制干支；地皇分晝夜；人皇相山川；有巢構巢居；燧人敎火食；伏羲畫八卦、造書契，作甲曆、制嫁娶、造琴瑟、作樂歌；神農蓺五穀、爲農器、嘗百草、作方書、立市廛、通貨財；黃帝作冕旒、正衣裳、作器用、作弓矢、作舟車、作合宫、作貨幣，作內經，又營國邑、設井田，爰命西陵教蠶

桑，又命大撓作甲子，容成作蓋天，隸首作算數，伶倫造律呂，大容作咸池；少昊書鸞鳳、立建鼓、制浮磬、奏大淵；顓頊爲曆元、奏承雲；帝嚳命咸黑奏孔招；帝堯平章百姓，協和萬邦，又命羲和定曆象置閏月，命舜徽五典、敘百揆、齊七政、輯五瑞，命禹同九州、宅四隩、修六府、則三壤；帝舜詢岳咨牧，明目達聰，又有禹衍九疇，稷播百穀，契敷五教，皋陶明五刑，夷典三禮，夔諧八音，益掌虞衡，工利器用，又庸以五禮，章以五服。凡此大經大法，巍乎煥乎，爲夏、商、周以後歷代帝王賴以興養，賴以立教，而循之則治，失之則亂者。凡讀書人皆能知之，惟古佛、無生獨不能知。可見上古並無古佛，無生，設或出自後世，亦必不識字不讀書人也。猶謂古佛初見安天地，無生老母立先天，不可信也。

又　噫，或謂眞空古佛、無生老母非君相中人，乃神仙中人也。吾謂上古神仙亦有歷歷可考者，如神農時有赤松子，黃帝時有廣成子、甯封子、馬師皇、赤將子輿、容成公，帝堯時有偓佺、方回，夏時有嘯父、師門、務光，商時有仇生、彭祖、昌容，周時有老子、尹喜、涓子、呂尙、邛疏，馬丹、陸通、葛由、琴高、蕭史、王子喬、幼伯子，秦時有安期生，漢時有修羊公、稷邱君、東方朔、朱仲、谷春、毛女、朱璜，此外，又有神仙之見於傳紀者不計其數，而總爲古佛，無生所不知。至於諸佛菩薩之見於佛經者亦不計其數，而皆爲古佛、無生所不知。或謂邪經所載之聖、佛、仙亦不計其數，豈非上古之人爲古佛、無生所深知者？吾謂邪經所載，盡係虛揑，間遇一、二實有其人者，即戲班嘗演之人也。若爲戲班所不演，仍爲古佛、無生所不知。或謂邪經非古佛、無生所自作，安見古佛、無生之不知古人？吾謂邪經載古佛之言與無生之言已屢屢矣，而不言古人，即不知古人，以古佛、無生之不知古人，明上古之並無古佛，並無無生，此定論也。或謂上古既無古佛、無生，而靈符誰實傳之？十步工夫誰實授之？吾謂靈符出自明末，十步工夫亦出自明末，即奉古佛、無生以立教，如飄高、弓長、還源等俱係明末妖人，而前此則未聞及，故謂古佛、無生爲並無其人可也。如謂爲實有其人，必係山精水怪、魑魅魍魎及一切妖魔之屬，明末始出，而揑此詭名，造此妖術，設此幻境，以迷惑斯人，而被所迷者亦必夙造惡孽，命該誅戮之人。故謂古佛、無生爲明末妖精，尙可信也。如謂爲上古神佛，不可信也。

又　邪教王法中案內供稱：無生老母於康熙年間轉世在清苑縣之國公營，既出嫁，生一子，後被其夫休棄，而所生之子又被雷殛，因在國公營之大寺內習教傳徒。迨至身死，其徒於寺後修一磚塔以藏骨骸。噫，爾時即依此供詞，委員親往折塔毀骨，可見無生老母被夫休棄，則是身犯奸淫，不守婦道也。子被雷殛，則是上干天怒，立絕後嗣也。死踰百年，骨遭殘毀，則是死有餘辜，而爲人神之所共嫉，天地之所不容也。無生老母如是，則眞空古佛可知。無生之轉世如是，則無生之前世可知，無生尙不自保，愈知奉古佛、無生以求上天者，妖妄已極，萬不可信也。

噫，轉世之說，佛教亦有之。然佛教所謂轉世者，惟即一人而言，如前世修鍊已成，轉生今世，初能言時，即言前世所居之地、所傳之徒、所行之事，併於一切經典皆能記念，及觀其人，則容貌異衆，語言異衆，行動異衆，人始稱爲活佛，而有轉數世及轉數十世者。自初生時已可驗也。今邪教所謂某佛轉世者，不驗於初生之時，惟傳於習教之時，而其人之庸惡陋劣，非惟不似佛祖中人，亦並不似良民中人。可見某佛轉世之說，非係虛揑，即被鬼迷，甚至揑爲帝王轉世，是即陰謀不軌之明驗也。族誅之禍，轉瞬立至，萬不可信也。

又卷四　邪教有《靈應泰山娘娘寶卷》內云：「到西方親見了無生老母，也無生也無死永不還鄉。」噫，世稱泰山娘娘即碧霞元君，由來已久，屢著靈驗。至於無生老母，原係明末孽精，被雷殛死，確有實據。今反謂習邪教者必敬奉碧霞元君，始能見無生老母，是謬以無生之位反在碧霞之上也。尊無生於碧霞之上，以辱滅碧霞，宜碧霞之必誅邪教也。《泰山娘娘寶卷》不可信也。

噫，邪教一流始自後漢妖人張角、張梁、張寶，下迨晉、隋、唐、宋、元、明，歷代皆有邪教，從未聞有供奉無生老母者。至明末萬曆以後，有飄高、淨空、無爲、四維、普明、普靜、悟明、悲相、頓悟、金禪、還源、石佛、普善、收源、呂菩薩、米菩薩、孫祖師、南陽母等一時併出，始奉無生老母爲教主，可見無生出自明末，原無疑義。再查直隸滄州城內有無生廟碑記，文係明朝進士官至尙書之戴明說所作，內言無生著於明世，至萬曆時靈異尤甚。又查甘肅安化縣有本朝民人宗王化，於道光五年著成《邪教陰報錄》，言宗王化之父名宗法，拜吳大用爲師，習教傳

徒，於乾隆四十二年凌遲處死。宗王化即歌唱鼓詞，若勸世人勿習邪教，求爲伊父消災免罪。至道光三年六月初間，宗王化在崆峒會上正歌唱時，忽遇宗法鬼魂，附人身上，傳說宗法在地獄受罪四十六年。又傳說飄高等一切邪教同在地獄受罪，又傳說佛教中有騾子天王所騎之白騾騾，於明朝嘉靖末年投入中原，化爲女身，自稱無生老母，至萬曆初年因與飄高傳授邪教，即上干天怒，被雷殛死，現出騾騾原身。宗王化與滄州尚書戴明說生非同時，又非同地，而言無生爲明末時人如出一轍，惟宗王化言無生被雷殛死，戴明說言靈異尤甚，其不同者何也？無生在太行山内，教未大顯，雷殛一事人俱不知。至飄高傳教，既奉無生爲教主，即將雷殛一事隱昧不言，且又揑出未有天地先有無生之說，而還源、弓長、淨空、普明等，皆從飄高之言供奉無生，以煽惑愚民，被所惑者遂誤信無生爲天上神仙。滄州尚書戴明說正與飄高等同時，亦誤信飄高等之言，以爲靈異尤甚，而均未知其被雷殛死也。今幸有《邪教陰報録》唤醒愚民，實爲救世良方，而或猶有以邪經誘人者，不可信也。

又　邪教有《護國威靈西王母寶卷》，内云：金枝大仙投生郃基，名曰姜嫄，即高辛帝妃，生前爲后稷之生母，沒後爲月殿之老母。以後又言西王母考察儒釋道三聖人，又言西王母即無生老母化身。噫，西王母爲諸仙之長，夏商以前已有之。西王母一切事實，《山海經》言之，《穆天子傳》亦言之，《漢武内傳》又言之，並無金枝大仙轉爲姜嫄之說，亦無姜嫄即西王母之說，又無西王母考察儒釋道三聖人之說。今邪教尊西王母於儒釋道之上，而又言西王母即無生老母化身，是尊無生老母於儒釋道之上矣。亦思無生老母原係明末騾精，被雷殛死，陰魂消散，安能於數千百年以前化爲西王母，以考察三教耶。句句虛揑，無一實語。《西王母寶卷》不可信也。

邪教有《佛說離山老母寶卷》，内云：「無生老母，在靈山失散，改了號名，叫離山老母，往東京汴國凉城王家莊，度化王員外，同子王三郎名文秀。」噫，陝西臨潼縣南有山名驪山，上有驪山老母廟，每逢祈禱，頗極靈驗。今邪教誤驪山爲離山，已屬謬妄，又言無生老母改爲驪山老母，則愈謬妄。驪山老母自古有之，無生老母實係明末騾精，被雷殛死，陰魂消散，安能改爲驪山老母，以度化王員外父子耶？以東京汴梁爲汴國凉城，將汴梁一名分作二名，又將梁字訛爲凉字，無識已極，可笑之至。無識之人若不糊說，即無語可說。糊說之言不可信也。

又云：「老母令文英小姐畫一軸畫，賜王員外，王文秀將畫掛在書房，朝夕禮拜，文英即從畫内鑽出，與文秀成親，以後老母、文英接引文秀，入斗牛宫。」噫，無生與飄高相處朝夕不離，又自西域入中原，以至雷殛，僅八九年，尚有何時率領文英勾引文秀，爲此無廉恥、無禮義之事耶？本係虛揑，又極欣羨，可見邪教皆係無廉恥、無禮義之人。以此邪淫謬謂入斗牛宫，豈有此理。且又假充佛說以煽惑愚民，更屬可恨，《離山老母寶卷》不可信也。

又　邪教有《千手千眼菩薩報恩寶卷》内云：「千手千眼佛度化報忠、報孝弟兄，同母並妻一共五人，往香山還愿，路遇無生老母，用白牛駕車，令五人坐車行走，到天河裡仙水洞，得見千手千眼佛。」噫，佛教之有千手千眼佛由來已久。其言度化報忠、報孝等語，不過藉此以表習教工夫，其虛揑固不待言。至於無生老母，實係明末騾精，被雷殛死，陰魂消散，何以能駕牛車令五人坐車行走？止一牛車，何以能到天河裡仙水洞？又千手千眼佛生天竺國，度化衆生，佛經已備言之，從未聞有在天河裡仙水洞之說。今邪教不知佛經中語，不知無生時事，惟任意虛揑以煽惑愚民，謬妄之至，《千手千眼佛寶卷》不可信也。

又　邪教有《銷釋白衣觀音菩薩送嬰兒下生寶卷》内云：「員外常進禮同妻隨氏禱告菩薩，送個兒女。嗣因生下金哥、銀姐，即修廟還愿。以後夫妻帶金哥、銀姐，並家人安童一共五人，同往菩陀山，得見白衣菩薩。」噫，此等事跡本係虛揑，又借此事跡歷言習教工夫，習教效驗，以煽惑愚民。亦思邪教經卷於陰陽五行，歲月日時，春夏秋冬，風雲雷雨，以及八卦九宫，天干地支，凡世間極大道理，一定氣數，尚敢虛揑，則彼所謂邪教中事，如採清換濁，答查對號，直上天宫，不入地獄，以及三花聚頂，五氣朝元，透崑崙山，赴龍華會等語，全無憑據，盡係渺茫，宜其信口虛揑而毫無顧忌也。《白衣菩薩寶卷》不可信也。

又　邪教有《佛說彌陀寶卷》内云：「共入無生極樂天。」又云：「念佛悟無生。」又云：「當作龍華會上人。」又云：「人人悟無生。」噫，此卷起頭全用梆子腔調，粗俗之至。以後多半語意亦與佛經相似，必係僧

人先讀佛經而後習邪教，遂以無生謬語參入佛經，欲將佛教、邪教說成一家，而不知邪教之得罪佛教也。又無生身遭雷殛，確有實據，是無生尚不能入極樂天，而謂習邪教者共入無生極樂天，是有理乎？《彌陀寶卷》不可信也。

又 邪教有《救苦忠孝藥王寶卷》，內云：「秦王有病，藥王治之。秦王病是神蟲吃心血，秦王問故，藥王說破，神蟲避入膽中，針不能到，病即難療。後治永樂病愈，即在漠州建藥王廟。」噫，秦王即唐太宗。查《綱鑑》所載，貞觀二十三年三月帝病痢疾，五月帝崩，並無神蟲吃心血之說。即或有之，而太宗必欲問，藥王不敢說，何不寫在紙上，一見即知，乃必要說破，以致避入膽中。藥王必不如此糊塗。在查藥王即孫思邈。《本草綱目》云，思邈隱於太白山，隋、唐徵拜皆不就，年百餘歲卒。是思邈至永樂時死已七百五十餘年，又安能爲永樂治病？今邪教因永樂年間有勅建廟宇之事，遂揑言如此。謬妄之至，不可信也。

又云：「或是男或是女，本來不二，都杖着無生母，一氣先天。」噫，此卷揑造藥王故事，衍說邪教工夫，謬以藥王之靈驗訛爲無生之感應。不知藥王是唐朝時人，無生於明朝嘉靖末年始入中國，萬曆初年即遭雷殛，比藥王遲至八百一十餘年，藥王安能仗着無生母耶？不按年代之遠近而任意妄扳，誣枉之至。《藥王寶卷》不可信也。

又 邪教有《普度新聲救苦寶卷》內云：「無生化爲觀音，觀音化爲呂祖，是一女身。因正統皇帝北征，呂祖化爲瘋婆當路勸阻。土木敗績後，呂祖爲帝送飯，又剜出泉水。迨帝回朝，呂祖在路上勸帝閉口藏舌。及帝復位，呂祖常往宮中行走，帝於黃村勅建保明寺，供養呂祖菩薩。」噫，帝王之事載在綱鑑，極爲詳備，凡爲綱鑑所不載，即係必無之事。如綱鑑有明朝正統十四年七月瓦刺入寇，帝親征，並無瘋婆當初勸阻之事。八月帝次土木，師潰，也先以帝北去。斯時也先與帝同行，供奉飲食，並無呂祖送飯、剜出泉水之事。九月郕王即位，是爲景泰。十月于謙擊退也先。景泰元年正月郭登擊敗瓦刺。三月朱謙擊敗瓦刺。七月也先遣使請和。八月正統皇帝至自瓦刺，居南宮，並無路上遇呂祖之事。景泰七年十二月景泰帝有疾。八年正月石亨、徐有貞等以兵迎正統帝於南宮，遂復位，改元天順，並無呂祖常往宮中行走之事。今邪教因黃村有保明寺，而任意虛揑，全無實據，不可信也。

又云：「有記策，合同號，徑生天界，無生母，來接引，同赴雲門。」噫，此卷借正統故事言呂祖功德，亦思呂祖即龍華經所言西大乘教之呂菩薩，名呂牛，以石佛口之石佛祖王坤爲東大乘教，故以黃村之呂牛爲西大乘教。呂牛本係男身，假稱女身，更屬可笑。呂牛與飄高等同在地獄受罪。而無生老母於萬曆初年被雷殛死，《陰報錄》皆備言之。無生已被雷殛，而謂接引衆生，徑生天界，同赴雲門，豈非妄語。今邪教謂無生化爲觀音，觀音化爲呂祖，誣枉觀音，罪大惡極。《新聲救苦寶卷》不可信也。

又 邪教有《銷釋授記無相寶卷》內云：「無生老母度化衆生，到安養極樂國，同歸家鄉，不入地獄。」噫，《邪教陰報錄》云，佛教中有騾子天王所騎之白騾，於明朝嘉靖末年由西域入中國，化爲女身，自號無生老母，至萬曆初年因與飄高傳授邪教，即上干天怒，被雷殛死。是無生尚不能到安養極樂國，而謂能度化衆生同歸家鄉，不入地獄，有是理乎？又世之習邪教者，自飄高以下皆入地獄，惟無生老母被雷殛死，陰魂消化，故不能入地獄，《陰報錄》已備言之。今邪教誤信飄高揑造之言，以煽惑愚民，妖妄之至。《授記無相寶卷》不可信也。

又 邪教有《銷釋大宏覺通寶卷》，內云：「速訪明師謹授持，服此妙藥少災痴，求得身安皈佛祖，除却八難自如如。」噫，邪教妙藥即迷人之藥，求少災痴而被人奸騙，則愈增其痴，欲除八難，而終就刑誅，則自罹其難。是常人之災難尚可免，邪教之災難有必然，猶謂訪明師，皈佛祖。煽惑之言不可信也。

又云：「觀音菩薩度了小童，只見五色雲中露出柬帖，菩薩拈起展開，許多無生默話。」噫，觀音菩薩由來已久，感應極靈。至於無生老母實係明末騾精，被雷殛死，陰魂消散，安能於五色雲中露出柬帖，令觀音拈起展開耶？尊無生而卑觀音，造罪尤甚。《大宏覺通寶卷》不可信也。

又 邪教有《銷釋印空實際寶卷》內云：「眼賊、耳賊、鼻賊、舌賊、身賊、意賊爲六賊。」又云：「眞空老祖傳與我無字經。」噫，人習正教則眼視正色，耳聽正聲，鼻聞正味，舌出正言，身行正事，意存正道，是六者皆成人之資，而不得謂賊。人習邪教則眼視邪色，耳聽邪聲，鼻聞邪味，舌出邪言，身行邪事，意存邪道，是六者皆害人之具，而始可謂

賊。若不論教之正邪，而概以六者爲六賊，因爲六賊而欲併棄之，人不成爲死物乎。至於眞空老祖乃無生虛捏之名，既無其人安能傳經，經既無字不得謂經。《印空實際寶卷》不可信也。

又 邪教有《銷釋金剛科儀》内云：「悟取無生歸去來。」又云：「說破無生話，決定往西方。」又云：「花開見佛悟無生。」噫，此卷多半與佛經相似，亦係僧人習教，遂以無生謬語參入佛經。或謂佛經亦有無生字樣，不知佛經所言無生無滅，相連成文，並無單言無生者。單言無生而信以爲神，即無生老母之謂，實爲佛經所未有也。混邪教於佛教中以煽惑愚民，謬妄極矣。《金剛科儀》不可信也。

又 邪教有《佛說大方廣圓覺修多羅了義寶卷》，内云：「彌陀化凡世，默演無生偈。」又云：「若逢山僧親指點，分明了義見彌陀。」又云：「無爲法門在元中，掃除萬典覓無生。」又云：「一段無生淨土天，婆婆迷子莫外觀。」噫，邪教謂阿彌陀佛度化凡人，演無生偈，立無爲教。不知彌陀在無生之先，安能演無生偈？彌陀實係佛教，安能立無爲教？又無生老母被雷殛死，陰魂消散，是無生之偈即雷殛之偈，復得山僧指點，則獲罪愈速，猶謂掃除萬典覓無生，是欲人不讀書而專習邪教也。猶謂婆婆迷子莫外觀，是欲人習教以開其迷，而先被奸騙，後遭刑誅，則受迷更甚也。妖妄已極，而竟以佛說惑人，則造孽愈深，《多羅了義寶卷》不可信也。

又 邪教有《佛說三迴九轉下生漕溪寶卷》，内云：「無生差大意佛東下南閻，普度衆生。又有知識幫助興教，留下無爲法，又號頓悟禪師。」噫，無生老母被雷殛死，陰魂消散，斷不能差大意與知識留無爲法，以害後人。至於無爲祖，即普明祖名李陞官，曾著《普明如來無爲了義卷》。因係無爲教，又稱無爲祖。又有頓悟祖名僧種，曾著《大道元妙經》，因號頓悟祖，又稱頓悟教，實係無爲教，故稱無爲祖。此外又有稱無爲祖者，不計其數。即如紅陽教主係山西洪洞縣人，名高陽，號稱飄高祖。而直隸曲周縣人名韓泰湖，亦稱飄高祖。此外又有稱飄高祖者，更不計其數。此等教匪稍一出名，即互相假冒，而又以佛說惑人，鬼蜮之術，令人莫測。《下生漕溪寶卷》不可信也。

又 邪教有《皇極金丹九蓮正信皈眞還鄉寶卷》，内云：「無生老母差遣彌陀下界，轉爲無爲老祖，隱姓埋名，度救衆生。」噫，無生老母被雷殛死，陰魂消散，安能差遣彌陀轉爲無爲老祖耶？至於隱姓埋名，邪經卷卷多有此說。亦思儒教聖賢，釋教佛祖，道教神仙，自古迄今不計其數，而並無一人隱姓埋名。今邪教自謂度救衆生，而必欲隱姓埋名者何也？以此等教首皆係娼優下賤，無賴匪人，及至習教傳徒，謬稱某佛轉世，又恐人知其眞姓名，即知其眞來歷，所以隱姓埋名者，正欲掩其娼優下賤、無賴匪人之眞來歷耳。愚民無知，竟以隱姓埋名視爲度救衆生之妙用，何其愚也，不可信也。

又云：「東神洲有二十四處名山，十二處仙賢洞，五塊伏陽地。北蘆洲有二十二處煉金山，七塊佛留地。西賀洲有六十四處名山，三十六處彌陀洞，二十四處元金地。南瞻洲有三十六處聖寶山，三十六處通元洞，三十六處仙賢地。北岸上古家鄉又有三山九島，三關三臺，九元洞，八寶地，五元池，九元門，古雲城，皆是古佛家鄉，收元了道去處。」噫，此卷所言山洞地島，關臺池門，各有名目，止以南瞻而言，共有一百五十餘處，然考之《山海經》、《廣輿記》、《歷代地輿誌》以及《坤輿外記》、《八紘譯史》、《荒史》、《譯史紀餘》，凡一切經史子集，知此卷所載實有其名者不及什之一，並無其名者不啻什之九，而所有之名皆爲戲中嘗演，人所共知之名，其餘則盡係虛捏，無一實據，不可信也。

又云：「過去佛掌了十萬八千年，現在佛該掌二萬七千年，未來佛該掌九萬七千二百年，三佛共掌二十三萬二千二百年。」噫，查綱鑑前編内載邵子所言並萬年書，通計其數，自天皇制干支始有年數，以至我朝道光共四萬九千八百年，前辯《佛祖傳燈心印卷》業已屢屢言之。今邪教謂過去現在之佛共掌十三萬五千年，是又說到盤古以前之數萬年矣。再查邵子言自有天地以至窮盡謂之一元，一元有十二會，一會有一萬八百年，内惟子丑戌亥四會既無生人，即無年數，其餘八會應該八萬六千四百年，即以十二會總合其數，亦不過十二萬九千六百年。邪教又謂未來佛該掌九萬七千二百年，三佛共掌二十三萬二千二百年，是直將兩次盤古之元會全數俱說完矣。亦思邪教於天地間一定不易之理數，古今來歷代相傳之書籍毫無見聞，倘敢虛捏，又有何憑而能知兩次盤古之元會全數耶？糊塗妖妄，不可信也。

又云：「眞精掌領坎卦，眞神掌領離卦，眞魂掌領震卦，眞魄掌領兑卦，眞陽掌領乾卦，眞陰掌領坤卦，眞明掌領艮卦，眞行掌領巽卦。」噫，我朝嘉慶年間有黄村逆賊林清，掌八卦教。其徒劉第五、馮克善等各掌一卦，其名有坎卦教、離卦教、震卦教、兑卦教、乾卦教、坤卦教、艮卦教、巽卦教。迨至斂錢聚衆，釀成逆謀，與滑縣教匪商同滋事。至十八年九月初旬滑縣賊戕官陷城，而林清於九月十五日直犯都城。乃未及數日，林賊與衆匪盡數被擒，滑縣賊亦未及月餘，旋即殄滅，賊首皆凌遲處死，餘匪亦斬決梟示。而究其聚衆之原，因分八卦，分卦之原則仿照此卷所言。邪教經卷之貽害後世眞堪痛恨。不知八卦實天地自然之理，未有伏羲，此理自在兩間，既有伏羲，此理遂傳萬世。其中五行之生尅，四季之循環，天實主之，人不得而掌之。今邪教謂眞精等各掌一卦，妖妄之至。又眞精、眞神、眞魂、眞魄、眞陽、眞陰、眞明、眞行皆虚捏之名，全非情理，不可信也。

又云：「元來賢良九十六億，無極度了二億，太極度了二億，皇極止有九十二億。」又云：「傳教宗派有九杆十八枝，以後共有一千四百九十四萬枝杆，排滿未來天盤。」噫，邪教《龍華經》言，未有天地，先有無生，無生生下伏羲、女媧，伏羲、女媧生下九十六億皇胎兒女。不知《龍華經》句句虚捏，無一實語，前已辯之詳矣。及觀《邪教陰報録》，知無生老母係佛教中騾子天王所騎之白騾騾，至明朝嘉靖末年投入中國，化爲女身，因騾不生駒，故名無生，因係騾騾，故稱老母。至萬曆初年因與飄高傳教，即上干天怒被雷殛死，現出騾騾原身。可見無生雖係妖精，而既作坐騎，必根基淺薄，不是遠年之物，即在伏羲以後，安能有九十六億皇胎兒女耶？此卷又以皇胎兒女改爲元來賢良，不知九十六億之説盡屬荒謬，則無極、太極、皇極所度之數，亦係虚捏。至於杆枝之説捏至數千百萬，直欲使天下後世之人皆入邪教。不知聖主在上黜邪崇正，邪教漸歸盡絶，杆枝即化爲烏有矣。他如赴會雲牌，當極查號，皈家表文，扣雲香火，赴業誓狀，道德談章，消息收圓，皆捏至數萬千百，徒以妖妄之言肆其煽惑之術。邪經卷卷盡係虚捏，無一實語。惟此《皇極金丹卷》爲無爲教之根源，又極荒謬，極怪誕，極詭詐，極無情理，不可信也。

又 噫，邪經言天，則言三十三天、八十一天以及都斗宮、太皇宮、玻璃河、無生地、朝元洞、九蓮宫、龍華會等，不能悉述。而於欽天監書，有《數理精藴》、《曆象考成》所言周天度數，四時節氣，日月交食，及九重天之一切天文則全未知。邪經言地，則言東神洲、北蘆洲、西賀洲、南贍洲，以及錬金山、聖寶山、八寶地、五元池、九元門、古雲城等，不能悉述。而於《山海經》、《廣輿記》、《歷代地輿誌》以及《坤輿外記》、《八紘譯史》等書所言之一切地名，則全未知。邪經言人身，則言鎖子關、下重樓、通氣殿、正陽關、通天橋、黄舍宫、崑崙頂等，不能悉述。而於歷代醫書所言十二經、十五絡，以及八脉所行，共一百六十六穴之各有名目，則全未知。邪經言年歲，則言數萬年、數十萬年，而於天皇制干支，黄帝定三元，邵子論元會，以及自天皇至明末僅止四萬九千六百年之總數，則全未知。邪經言地獄，不過言地藏菩薩、十殿閻王，以及刀山劍樹，碓擣磨研，止爲戲班常演之事，而於地藏菩薩本願經、大般涅槃經、彌勒所問經，併梁皇寶懺、三昧水懺等經之言地獄，則全未知。邪經言眞空古佛、無生老母，則言未有天地先有此二人，而於眞空係無生所捏造，無生係明末騾精被雷殛死，現出原身故事，則全未知。邪經言已過邪教，則言直上天宫，相伴無生，永不下世。而於飄高以下諸邪教同在地獄受罪，必待邪經盡絶，徒衆滅亡而始能出獄故事，則全未知。邪經言佛祖，則言無極佛、太極佛、皇極佛共捏至四五萬位，各查其名號，非爲佛教中無此人，即儒教、道教中亦無此人。如謂爲邪教中人，邪教始自後漢張角，後漢以前並無邪教，不得以無極、太極、皇極稱之，張角以後歷代雖有邪教，然旋興旋滅，不留餘種。近世邪教皆起自明朝萬曆年之無生與飄高，萬曆以前並無近世之邪教，更不得以無極、太極、皇極稱之。今邪教於儒釋道中之聖佛仙既全未知，於歷代邪教之盡遭誅滅亦全未知。以上諸條儒書各有實據，邪教既全未知，又憑何造經？可見邪經多出一語，即多捏一語，知邪經之無一實語，即知邪經之無一可信。此《詳辯》之不可不詳也。

噫，余著《詳辯》俱有實據，不肯虚捏一語。如初刻《詳辯》並無無生老母被雷殛死之説，亦無飄高以下諸教匪同在地獄受罪之説，及得宗王化所著《邪教陰報録》，始知無生老母被雷殛死，又知飄高以下諸教匪同在地獄受罪，所以續刻《詳辯》即屢屢言之，以作証據。再查《陰報録》中

教匪備載於《龍華經》中，自爲教匪之巨魁。至於明宗、覺通、如如等匪，或係以後繼出，爲教匪之稍次者，故爲龍華經所不載，而《陰報錄》亦畧之，以閻王止以巨魁爲烱戒，餘匪則不暇全審也。今余閱其語句，雖極粗淺，實與聖賢正理兩相符合。若非實有其事，宗王化安能憑空結撰？因係實事，而藉以教民，對病下藥，無不立驗。此《詳辯》之不可不實也。

噫，邪教謂問成活罪能免地獄不能上天，問成絞罪即不掛紅上天，問成斬罪即掛紅上天，問成凌遲即穿大紅袍上天。今觀邪經四十餘種並無此語，以明末邪教不犯罪不受刑，故不必捏出此語。迨至我朝定鼎以來，聖朝相傳，惟依堯、舜、文、武之治以爲治，因於邪教嚴定律條，所有枷杖徒流，絞斬凌遲，各依造罪之深淺爲用刑之重輕。愚民雖愚，誰不怕死？邪教於此，遂造出問成死罪即能上天之語。而凡習教者皆視死罪爲樂境，則刑罰亦無從禁止矣。不知問成死罪即能上天之語，實爲舊日邪經所未有，明係近來邪教所增添。邪經雖係虛捏，尚未捏出此言，今邪教復捏出此言以恣煽惑，其存心愈毒，其爲害愈深。此《詳辯》之必窮奸計也。

噫，邪經四十餘種並無謀逆之説，而習教必至謀逆者何也？謀逆之原由於聚衆，爲教首者又惑以刼數，誘以逆書，復以符咒述人，而同教自樂從逆矣。亦思已過邪教率多謀逆，皆以逆書爲藉口，乃累次謀逆累次族誅，逆書之全無應驗已概可知。且又以謀逆爲刼數，謂遭此刼數，即能上天，免此刼數，即能大貴。不知逆謀一敗，陽間既受極刑，陰間必入地獄，是生前死後皆在刼數中，而終莫能救。余惟喚醒愚民，知刼數由自取，而逆書萬難信，則不被煽惑而自享平安。此《詳辯》之必清禍源也。

玉皇上帝

雜録

佚名《慶祝表式・玉皇上帝》 正月初九日聖誕，朝賀玉皇大天尊，玄穹高上帝。聖壽無疆。恭維靈霄眞主，恩德無邊。凡愚淺識，何能贊頌稱揚。然天尊御治三界，三界受恩罔極。而□等，遇道修因，應申報答微忱。茲值陽春九日，玉祖聖誕佳期。□□善信等，爲是謹秉潔誠，請供玉果素菜，香燭微儀。預先虔誠慶祝，志心朝禮，自然覺王蓮前，聊表寸心於萬一。並祈與□等，赦宥過，錫福降祥。更祈兵戈永息，國泰民安。消盡考懲刼難，賞賜神力護持。憫念殘靈善信，迷失久遠。慧根蔽塞，性光迷朦。若非玉尊垂憐，默蔭未得，開慧見性，何能引度原來。伏望聖慈廣佈，大開宏恩。施格外之仁慈，發下一部，郊天大赦。赦與□等，過去師友，現在善良。六萬餘年，至於今日。所造無邊等等冤孽罪過，一切差錯。不到之處，求乞悉赦除之。俾□等大道有靈，諸魔不敢侵害。理性散下，慧開得見本來。飄舟到岸，果就功成。以慰無極金母心意，以了諸佛諸祖，金爐大願。□□善信等，實沾鴻慈於無涯矣。謹百拜，慶祝朝賀。冒罪上懇以聞。

藥王孫真人

雜録

佚名《慶祝表式・藥王孫真人》 慶祝天醫院藥王孫眞人、萬壽長生醫靈大帝、漢代良醫華陀先師、聖壽無疆。恭維眞人、大帝、先師鴻慈，醫道流傳濟天下。仙方靈應，法度昭明遍九州。□等。修道立德，每借醫道養大道。凡體多招病魔，總荷眞人、大帝、先師垂慈眷顧。愈疾除疴，感佩殊恩。無以報答，茲值寅辰巳月初三十五十八之吉，眞人、大帝、先師聖誕佳期。□□善信等，爲是謹秉潔誠，請供玉果素菜，香燭微儀。預先志心慶祝，虔誠朝禮，藥王眞人、醫靈大帝、華陀先師蓮前，聊表寸心於萬一。伏乞慈悲降鑒，允納微忱。懇祈與□□在堂善信，赦宥過，度厄消災。撥除病魔災難，普錫福壽禎祥。憫念□等，沉埋苦海，迷昧深厚。雖進佛門，罔知修種。歷刼冤孽，累積今生。病魔糾纏，宿疾沉疴。久延難愈，嚴寒酷暑，亦受其殃。種種厄災，不可枚舉。總乞眞人、大

帝、先師格外仁慈，暗中庇佑。廣施玉笈，普度金針。拔原種之病根，濟九六於仁壽。俾十方佛子，人人病厄脫離。大小知識，方方辦道順遂。以成就普度大事，龍華共慶團圓。三會功成之日，□□□道衆等，總報眞人、大帝、先師鴻慈於無涯矣。謹百拜，慶祝朝賀。冒懇以聞。

瑤池金母

雜録

佚名《慶祝表式・朔望懺悔表》 朝賀朔望吉，祈求懺悔罪愆。懇恩赦愆宥過，錫福降祥事。緣因男女衆等，歷刧沉埋深厚，造罪作孽多端。今生修持淺薄，冤孽難以消除。茲値朔望吉之期，請供玉果素菜，香燭微儀。虔誠懺悔佛前，哀求殊恩赦宥，眷顧提攜。伏望瑤池金母，宏施格外之仁慈。諸天衆聖，大開無量之鴻恩。歷代諸佛，諸祖諸師，普垂憐鑒。發下一部，郊天大赦。消滅□□等，無邊罪愆。俾□等自今之後修行辦道。事事順遂，災害不侵，吉祥如意。神天默蔭，果就功成。□□□□善信等，實沾鴻慈於無涯矣。謹百拜，慶祝朝賀。冒罪上懇以聞。

又《祖師通用表》 瑤池金母，大開天恩。諸天衆聖，格外施仁。赦除□衆已往之愆，賜以平安之福。庇蔭在在魔風永息，處處眞道通行。佛法顯靈，災難不侵不染。善緣普利，內外同德同心。大智佛子早歸元，脫離苦難。殘靈種性登道岸，齊出沉淪。團圓普慶，同赴龍華。共覩瑤池佛面，成其正果。後學弟子□□闔堂善信，實沾鴻慈於無涯矣。謹百拜，慶祝朝賀，冒罪上懇以聞。

又《先師通用表》 慶祝□□先師降誕佳期。了道勝會恭維先師，佛前領命，竭力辦理普度。慇懃調治接引，費盡辛苦躊躇。薦拔原良，感供佛任。佈置闡化，功德綿延。身後證果於瑤池，還原掌敎於空中。成全大道，暗佑收場。後學弟子等，感佩盛德恩情。無以報答，茲値□月□□日之吉，先師降誕佳期。了道勝會□□諸善信，爲是謹秉潔誠，請供玉果素菜，香燭微儀。預先志心慶祝，□□先師蓮前，聊表寸念之誠。伏乞慈悲降鑒，允納微情。並祈與弟子等，赦愆宥過，度厄消災。轉懇無極金母慈悲，諸天衆聖施仁。發下一部，郊天大赦。消滅□衆，無邊罪孽冤愆。賞准□□在堂善信，暨修行辦道男女。個個名下，冤消孽除，見性明心。撥去考徽魔難，普佑清吉平康。憫念□等，肉體凡夫，智慧淺薄。日往月來，總祈諸天垂慈。先師隨時感應，濟急扶危。保定魔風永息，顯化普度大開。俾□□善信等，刀兵水火不侵，凶災惡刧遠離。事事遂心，吉祥如意。善緣普利，眞道通行。飄舟齊到彼岸，功果巨細圓成。以慰無極金母心意，以了諸佛諸祖，金爐大願。□□闔堂善信等，實沾鴻慈於無涯矣。謹百拜慶祝，冒懇以聞。

又《太陽古佛》 慶祝日光天子，太陽古佛。升殿佳期，聖壽無疆恭維光明古佛。眞陽普照羣陰散，東升西降。普天匝地仰鴻仁□等，生長塵寰。世世沐恩非淺，於今修持大道，全賴聖澤垂蔭。太陽恩德如天，莫名可罄。茲當卯子月朔一望九之吉，古佛升殿佳期。聖壽無疆□□善信等，爲是謹秉潔誠，請供玉果素菜，香燭微儀。預先虔誠慶祝，志心朝禮，光明古佛殿前，聊表寸心於萬一。伏乞慈悲降鑒，允納微忱。懇乞與□□善信等，赦愆宥過，度厄消災。撥去魔難，化爲吉祥。憫念□等，殘靈種性，智慧汩沒。俗子凡夫，粗心大意。日遊三光之下，難免褻瀆之愆。身處塵寰之中，時招差錯之咎。種種過失，不堪悉數。於茲懺悔，太陽古佛蓮前，哀求殊恩赦宥，眷顧提攜。轉過爲福，迪吉迎祥。更祈鴻慈廣佈，普赦彌天罪過。恩光照臨，解除災厄禍殃。俾□等，內外平安，刧難不侵。智慧開朗，果就功成，普度團圓。以慰無極金母心意，以了諸佛諸祖金爐大願。□□□□善信等，實沾鴻慈於無涯矣。謹百拜，慶祝朝賀。冒罪上懇以聞。

又《文昌帝君聖誕表》 二月初三日聖誕慶祝玉清上相，七曲文昌梓潼帝君，聖壽無疆。恭維文帝，輔相靈霄。九天開化蔭下民，雲宮救度末刧無量，仁慈佑原種。□等，歷刧飄流苦海，總祈鴻慈眷顧。今生受持大道，全賴聖澤垂蔭。帝君恩德如天，莫名可罄。茲値卯月朔三之吉，聖壽無疆佳期，□等，爲是謹秉潔誠。請供玉果素菜，香燭微儀。預先虔誠慶祝，志心朝禮，梓潼帝君蓮前，聊表寸心於萬一。伏乞聖慈洞鑒，允納微

忱。與□等，赦愆宥過，度厄消災。撥盡考懲魔難，普錫福壽禎祥。憫念善信殘靈，沉埋久遠。流浪生死，迷失本眞。作諸惡孽，不可枚舉。茲就天相聖誕佳期，慈悲廣佈良辰，虔誠懺悔座前。哀求殊恩赦宥，眷顧提攜。轉禍爲福，廸吉迎祥。更祈聖恩垂憐，普放郊天大赦。赦與□等，自無量曠刼以來，至於今日。所造無邊，等等冤孽罪過。種種差錯，不到之處，求乞悉赦除之。俾人人罪孽脫離，在在平安吉慶。魔考消滅，刼難不侵。佛法精進，果就功成。以慰無極金母心意。以了諸佛諸祖，金爐大願。□□□□善信等，實沾鴻慈於無涯矣。謹百拜，慶祝朝賀。冒罪上懇以聞。

又《釋迦古佛聖誕表》　朝賀釋迦古佛，□□□□□恭維如來。佛威浩大，三界内外叨庇蔭。中天洪開普度，十方善信出沉淪。□等，歷刼飄流苦海，總荷慈光垂照。今生遇道修因，全賴佛力提攜。古佛恩德如天，莫名可罄。茲當□月朔八之吉，如來□□佳期。□等，爲是謹秉潔誠，請供玉果素菜，香燭微儀。預先志心慶祝，虔誠朝禮。釋迦古佛蓮前，聊表寸心於萬一。伏乞鴻恩廣佈，格外施仁。發下一部，郊天大赦。消滅□等，無邊罪愆。賞准修因善信男女，個個名下，冤消孽除，見性明心。撥盡考懲魔難，普錫福祿禎祥。憫念□等，肉體凡夫，智慧淺薄。日往月來，更祈古佛垂慈，暗中默蔭。保定魔風永息，感格法輪常轉。俾大智急早歸元，靈種齊登道岸。以慰無級金母心意，以了諸佛諸祖，金爐大願。□□□□善信等，實沾鴻慈於無涯矣。謹百拜，慶祝朝賀，冒罪上懇以聞。

又《太上道祖聖誕表》　二月十五日聖誕朝賀太上道祖聖壽無疆恭維道祖鴻慈，太極開天立敎。乾坤剖破，五行四相生成。司天地造化權衡，爲三界内外宗主。鴻鈞在手，掌握陰陽。歷刼應化，垂敎無窮。□□□□善信等，生長塵寰，世世沐恩非淺。得遇大道，事事仰賴垂蔭。道祖恩德如天，莫名可罄。茲値卯月望吉，聖壽無疆佳期。□等爲是謹秉潔誠，請供玉果素菜，香燭微儀。預先志心慶祝，虔誠朝禮太上道祖蓮前，聊表寸心於萬一。並祈與□等，赦愆宥過，解厄消災。撥盡考懲魔難，化爲清泰吉祥。憫念□等，沉埋久遠，罪孽深重。慧根蔽塞，性光迷朦。若非道祖垂憐默佑，未得開慧見性。何能逃脫災刼，引度原來。伏望聖慈廣佈，大開宏恩。施格外之仁慈，發下一部，郊天大赦。消滅□等，無邊罪愆。賞准在堂善信，歷刼今生，所造諸般，過惡罪孽，一一如數冰消，悉赦除之。俾□等，今後辦道。在在平安清吉，無難無災。刀兵瘟疫遠離，魔考消滅。飄舟到岸，果就功成。以慰無極金母心意，以了諸佛諸祖，金爐大願。□□□□善信等實沾鴻慈於無涯矣。謹百拜，慶祝朝賀。冒罪上懇以聞。

又《觀音古佛聖誕表》　慶祝南海岸上，觀世音古佛。□□□□□，恭維古佛願力宏深，現千萬神異，以救諸苦難。慈悲廣大，立十二大願，而度盡衆生。佛恩貫澈宇宙，寶筏滿載善良。刼刼化身，分形闡道。婆心濟世，感應無邊。大悲大願，大聖大慈。□等，歷刼沉埋苦海，深蒙慈悲超拔。今生得遇大道，全賴佛澤垂蔭。古佛恩德如天，莫名可罄。茲値□月望九之吉，□□□□□□等，爲是謹秉潔誠，請供玉果素菜，香燭微儀。預先虔誠慶祝，志心朝禮，觀音古佛蓮前，聊表寸心於萬一。伏乞慈悲洞鑒，允納微忱。並祈大赦善信之罪愆，普錫吉祥之厚福。憫念殘靈，沉埋已極。智慧汩沒，三皈五戒未能體眞。十惡八邪，未能盡除。刼刼飄流，作諸惡孽。世世造罪，積累如山。千差萬錯，不堪悉數。於茲懺悔，古佛座前，哀求殊恩赦宥。眷顧提攜，轉禍爲福，廸吉迎祥。更祈鴻慈廣佈，發下一部，郊天大赦。赦與□□善信等，自從無量，曠刼以來，至於今日所造無邊，等等冤孽罪過。差錯不到之處，求乞悉赦除之。賞賜慧門吉慶，風波消滅。善緣普利，無難無災。在在修行順遂，人人果就功成。以慰無極金母心意，以了諸佛諸祖，金爐大願。□□□□善信等實沾鴻慈於無涯矣。謹百拜，慶祝朝賀。冒罪上懇以聞。

教義部

本體

題解

林兆恩《三聖正宗·何思何慮解》 林子曰：「天下何思何慮者，本體也，而寂然感通之機在我矣。」或曰：「天下何思何慮，豈非中庸所謂不思不勉？而聖人之地位，此其最高者。吾子每曰：即此擴而充之而已矣者，何也？」林子曰：「天下何思何慮，心之本體，本如是也，非惟聖人之心之本體本如是也，而常人之心之本體亦本如是也，蓋何思何慮之本體至虛而已矣。所謂心兮本虛，喜怒哀樂之未發者是也。昔者詩人之頌文王曰：『不識不知，順帝之則』，論語曰：『吾有知乎哉？無知』也。此文王孔子之何思何慮，心之本體者然也。孟子曰：『孩提之童無不知愛其親，及其長也，無不知敬其兄。』此孩提之童之何思何慮心之本體者然也。故文王孔子之所以聰明睿智、神聖文武者，亦惟在於孩提之童，所謂不慮而知，不學而能者，擴而充之矣。」

又 《孟子》曰：「吾不忍其觳觫，若無罪而就死地。」此齊王之觸於所感者然也。無所於思，無所於慮，擴而充之，是心足以王矣。或曰：「齊王好勇、好貨、好色，而不忍觳觫之心，豈眞有得於何思何慮之本體者然邪？」林子曰：「齊王不忍觳觫之心，固自發之，固自忘之，殆非有所於思，有所於慮，而後有此不忍之心也。故曰：夫我乃行之，反而求之不得吾心。若或有所於思，有所於慮，而後有此不忍之心焉，則此不忍之心也何爲乎反而求之而不得耶？但聖人之心，無時而不寂然也，無時而不感通也。而齊王見牛之頃，聊足以見其眞心之未嘗忘也。故五帝之所以爲帝，三王之所以爲王者，後有作者不可及矣，不過以此不忍之眞心擴而充之耳。故曰王猶足用爲善，此孟子之所以予曰望之也。」

又 林子曰：「何思何慮之本體者，自然也。順以由之，率性之謂道也。廓然大公，物來順應，若有所擬議，有所安排，則是失其本體之自然矣。」林子謂盧生文輝曰：「釋氏所謂大陀羅尼門，名爲圓覺，流出一切眞如涅槃者，汝其知之乎？」文輝生對曰：「豈非所謂八字打開，中有現成公案者邪！而儒氏所謂寂然不動者，豈非何思何慮之本體？而感而遂通天下之故者，豈非不思而得，不慮而知邪？」林子曰：「輝之言得之矣。」

林子曰：「心之本體者性也，性上豈容添一物耶？故格而去之，以復其何思何慮之本體也。」或問：「聖人原有此何思何慮之本體也，常人亦原有此何思何慮之本體也，然則廢思慮也，不亦可乎？」林子曰：「思慮何可廢也。書曰：『思曰睿，睿作聖。』孔子曰：『學而不思則罔。』周子曰：『思者聖功之本天。』豈惟學者作聖之功，而貴於思而貴於慮哉？是雖聖人亦且不能廢乎。思廢乎慮矣！孟子曰：『聖人既竭心思焉。』由是觀之，思慮何可廢也？故何思何慮者本體也。而思而慮者，乃所以復其何思何慮之本體也。

又 《孟子》曰：「今人乍見孺子將入於井，皆有怵惕惻隱之心。」當是時也，何待於思？何待於慮？而亦何暇於思？何暇於慮也？然而從之者不其愚乎？故於此而無所於思無所於慮不可也。故曰可逝也，不可陷也。此蓋自有天則者存焉，順而應之者聖人也。

林子曰：「何思何慮之本體也。然則何思何慮之本體，終不可以思而得，以慮而及何思何慮之地思之不得，慮之不及，又安可以思慮而鑿其乎。是雖不可以思而得，然亦必曰思而後能得也；是雖不可以慮而及，然亦必由慮而後能及也。此豈非愼思愼慮以爲從入之門邪？」

又 或問：「咸無心之感也，而曰：『憧憧往來，朋從爾思』者，何謂也？」林子曰：「四心也，而初則性也。四而初之心蘊之而性也。初而四之性萌之而心也。故乾純陽之體也，於初九則曰潛龍勿用，文言曰：『陽氣潛』，藏此固得其何思何慮之本體者然矣。至於四一變而離焉，只曰或躍在淵而已，不謂之無心而有心，感而遂通天下之故邪。若咸則有感之義矣，於初六則曰咸其拇。象曰：『咸其拇志在外』也，此蓋失其何思何

慮之本體者然矣。至於四一變而離焉，則曰『憧憧往來，朋從爾思。』不謂之志外，而心故憧憧耶。」

盧文輝曰：「性萌之而心也，心非我之所本有也。心返之而性也，性乃復我之所本有也。張三峯所謂元是我家舊物，而復返於我家者是也。」

或問：「三天下字。」林子曰：「天下也者天下也，此本體之自然，何有於思？何有於慮？而思慮乃本於此矣。故殊途而同歸，同歸於此也；百慮而一致，一致於此也。甚而至於窮神知化而爲德之盛者，皆由此出，然非有待於孔子之心，而達乎河圖洛書之秘者，則又焉能知之矣！」

又《本體教上》 常明其本體歟？林子曰：「日月有明者，本體也，容光必照。」

本體之昭昭者，明也。本體之不息者，常也。

本體者未發之中也。

文王之不識不知者，本體也。

孔子之吾有知乎哉，無知也，本體也。

渾然在中，粹然至善者，本體也。

一念未起，鬼神莫知者，本體也。

虛靈者，本體也。

寂然不動者，本體也。而感而通之者，利於用矣。

知來其本體之神乎，藏往其本體之智乎。

洗心退藏於密者，復此本體也。

堯舜之所謂允執厥中者，其本體之謂中乎。孔子之所謂一以貫之者，其本體之謂一乎。

本體之寂然不動者，誠也。本體之神妙無方者，聖也。

本體則本自廣大，故曰浩浩。本體則本自靜深，故曰淵淵。

明此本體，則建諸天地而不悖。明此本體，則質諸鬼神而無疑。明此本體，則考諸三王而不謬，俟諸後聖而不惑。

又《本體教中》 先天一氣，混元至精者，本體也。

生身之源，受氣之初者，本體也。

本體則湛然常寂，本體則常應常靜。

七返者，返此本體也。九還者，還此本體也。

復命者，復此本體也。歸根者，歸此本體也。

本體者，自然也。

損之又損，以至無爲，以復自然之本體也。

得此本體，而一眞不妄，謂之眞人。得此本體，而神化不滯，謂之神仙。

以本體而變化無方者，神丹也。以本體而曠刧不壞者，金丹也。

本體則爲鉛汞之根，本體則爲陰陽之祖。

知識不用，歸乎其天，是一心一天者，本體也。

若稍屬之知且識焉，即非本體，即非天也。

守此本體，謂之守中。得此本體，謂之得一。

綿綿若存者，本體之常存也。

本體謂之元始，本體謂之太乙。

在太極之先，而不爲高者，此本體也。在六極之下，而不爲深者，此本體也。先天地生而不爲久，長於上古而不爲老者，此本體也。

又《本體教下》 自性者，本體也。

本體能生萬法，本體能生智慧。

本體本自金剛，本體本自圓覺。

本體本自清淨，本體本自平直。

本體本不住色，亦不住聲、香、味、觸、法。

本體本不着我相，亦不着人壽衆生相。

本體外離一切有相，本體內離一切空相。

本體則爲不二法門。

佛者覺也，謂本體虛而能覺也。

識此這箇〇麼，這箇者，本體也。

惟此本體，本不生滅。

惟此本體，本無無明。

本來面目者，本體也。

人人具足者，具足此本體也。

本體則無色無空，本體則無人無法。

本體則妙湛圓寂，本體則體用如如。

即時豁然，還得本心，則本體之障蔽徹矣。本體本無邪見，亦不愚迷憍誑，亦不貪求執着。論聖則衆聖中王者。此本體也，論神則六通自在者，此本體也。論覆則四生普蓋，論載則六道俱承者，此本體也。

劉獻策《本體教跋》 周子曰：寂然不動之謂誠，誠也者，本體也。惟此本體，孔子得之以爲儒也，黄帝老子得之以爲道也，釋迦得之以爲釋也，先生得之，以爲夏也。惟此本體，儒之所以爲儒也，道之所以爲道也，釋之所以爲釋也，夏之所以爲夏也。惟此本體，堯舜文武之所以君天下也。惟此本體，皐夔伊周之所以相天下也。惟此本體，仲尼孟軻之所以師萬世也。以此本體，上而爲天，則有天天者存，而天道以清。以此本體，下而爲地，則有地地者存，而地道以寧。以此本體，中而爲人，則有人人者存，而人道以明。以此本體微而爲物，則有物物者存，而物道以生。以此本體，而行達德，則知爲天下之極知，仁爲天下之至仁，勇爲天下之大勇。以此本體而行達道，則君臣以義，父子以仁，昆弟以序，夫婦以别，朋友以信。本體之功用，固若是其大矣，要之易簡焉盡之，而爲愚夫愚婦之所與知而與能者，若愚夫愚婦之所不能知、不能行焉，即非本體，即非聖人之道也。

虚空本體

題解

林兆恩《三聖正宗·心聖直指》 或問：「太虚虚空矣，而天地亦虚空歟？」林子曰：「天地亦虚空也。」「然天地有形氣矣，豈其能虚空歟？」林子曰：「天地有形氣而無形氣者虚空也。」又問：「聖人亦虚空歟？」林子曰：「聖人亦虚空也。」「然聖人有心身矣，豈其能虚空歟？」林子曰：「聖人有心身而無心身者虚空也。」「夫既有形氣矣，則又安能無形氣歟？」林子曰：「有形氣而無形氣者，忘其形忘其氣也。」「夫既有心身矣，則又安能無心身歟？」林子曰：「有心身而無心身者，忘其心忘其身也。」

論説

林兆恩《三聖正宗·心聖直指》 林子曰：「形氣者，天地之細也。而天地之所以大者，蓋有出於形氣之外，而非形氣之所能拘也。心身者，聖人之細也。而聖人之所以大者，蓋有出於心身之外，而非心身之所能拘也。故太虚其虚空乎，而氣形盈於太虚之中者，太虚不知也。天地其虚空乎，而庶類盈於天地之間者，天地不知也。聖人其虚空乎，而萬事萬物森羅於聖人之前者，聖人不知也。故太虚也、天地也、聖人也一也。特其大地有形氣而無形氣，聖人有心身而無心身者爾。而其所以覆載照臨，所以錯行屈信，所以流峙生生化化者，亦皆太虚之妙用也，亦皆天地之妙用也，亦皆聖人之妙用也，同一虚空也，同一妙用也。余故曰太虚也天地也聖人也一也。易曰：『過此以往未之或知也。』幾非在我，化不可爲。若今教人者之所以教，與夫教於人者之所以學也，余不能知之矣。其教人者曰：『汝本體本虚空矣，汝面前光景皆汝之妙用矣。』其教於人若曰：『我本體虚空矣，而面前光景皆我之妙用矣，而猶有待於脩證而擬議耶？』中庸曰：『行遠自邇，登高自卑。』似此絶德，而又奚待於脩證而擬議耶？遐哉邈矣，遠之而無方，望之而猶且不可，而又況能豈其遠之云乎哉？豈其高之云乎哉？峻而極之，高之而無上，仰之而猶且不可，而又況能躋而登之者乎？余惟以此絶德，無以用吾心而致吾力也。故甘守自邇自卑之訓，庶幾得以漸復本體，下學而上達也。」或問：「本體虚空矣，而子顧有所不能學歟？」林子曰：「余固不待學而得之矣。」「夫既曰不待學而得之矣，而曰無所用吾心致吾力，而難之者何歟？」林子曰：「余未生前余亦虚空也，但余既得之，而今且忘之矣。聞之者無不發一大笑，要之，我自有之，我自復之，則亦何難之有？然此乃仲尼不踰矩之時極則之地也，非若有天下之至聖至神，其孰能與於斯。而乃今學者之爲學也，豈不失之太早乎！」

又　林子初棄去舉子業，而欲學聖人之學焉，曾從儒門聽講格物之旨而問曰：「何謂格物，」師曰：「即凡天下之物，而表裏精粗格之無不到焉。是雖一草一木之微，諸凡聲色貌象而盈於天地間者，皆當有以察之矣。」林子彼時難之，而又以爲問之不可以不審也，乃復問曰：「何以格之？夫豈無其要乎？」師曰：「或考其事爲之著，或察之念慮之微，或求之文字之中，或索之講論之際。《朱子或問》不有是言乎？」林子曰：「即凡天下之物何其衆也，而兆恩亦嘗自慎思之，若兆恩之癡且魯也，則將何以格之？然即此一松一梅也，何者謂之事爲之著？何以考之而念慮之微？又何以察之，將從其根也而考之察之乎？抑或從其枝與葉也而考之察之乎？又不知從何文字中可以求松也梅也之理乎？縱知有此文字也，又將何處可以得此文字，以爲我考之察之之一助乎？且海宇之內，誰能講論此松也梅也之理而從而索之乎？如此格物，豈能今日格此一松乎，明日格此一梅乎？况人之生世也不過百年，而物之繽紛也殆不可以億萬計。縱有萬年之壽，亦且不能即凡天下之物而盡格之矣。此兆恩自思自忖不能服行夫子之教，殆非敢於夫子之前强爲辯論也。」於是林子去之，而偶值玄門之師，師曰：「子求長生乎？」曰：「非也。」「求飛昇乎？」曰：「非也！」「求拔宅乎？」曰：「非也！」師曰：「三者皆非子之所願學者，而今子之所求者何道也？」林子曰：「老子所謂先天地生，巍巍尊高。何者謂之尊高而爲天地先乎？」其師不答也。「又所謂玄牝之門，是謂天地根。何者謂之玄北而爲天地根乎？」其師不答也。林子固問之，師曰：「吾子欲學道，先須辯識何者爲鉛汞龍虎，何者爲卦爻斤兩，何者爲進退抽添，何者爲年月日時，無一而不明之於心而得其精且微焉，然後方可語汝以玄牝之門天地之先也。」林子曰：「夫既如是辯識矣，豈不起種種心，生分別見邪？」於是乃談運氣之說，林子曰：「心靜則氣自運矣，而顧有在於運氣以反傷其氣乎？」又於是復談調息之功，林子曰：「心靜則息自調矣，而顧有在於調息以反爽其息乎？」已而復去而從禪門以請釋氏之教，師曰：「子知釋氏之頓教乎？」林子曰：「不知也，固兆恩之所願聞也。」其師即默然趺坐，刹那間豎拂而問曰：「會麼？」林子不覺發一微笑，師曰：「子豈迦葉邪？吾之教張矣！」林子曰：「兆恩委不知吾師之所以豎拂者何教也，而師乃曰吾之教張矣者何也？敢問。」師曰：「吾言輕，不足以度子矣，我有師在方丈，可往見之，當自明矣。」林子遂入方丈請見，師曰：「凡邪？聖邪？」林子曰：「無凡無聖。」師曰：「有階級否？」林子曰：「若有階級即非西來意旨。」師曰：「如是如是。」林子曰：「此不足異也，此乃僧僧相傳口頭套子也。」師曰：「是固然矣，然子曾齋乎？」林子曰：「不也。若所謂心不染污而爲心之齋者，兆恩尚未之知焉。」「抑曾坐乎？」林子曰：「不也。若所謂心不起念而爲心之坐者，兆恩尚未之知焉。」「抑亦曾經乎？」林子曰：「不也。若所謂歷萬劫而不壞，而爲心之經者，兆恩尚未之知焉。」明日遂去，而復造一書院，而某先生講論於其中。適有來受業者，而以正心誠意爲問某先生曰：「子何以問正心誠意爲哉？獨不有孟子之所謂勿正心，論語之所謂無意邪？」其人茫然不能復問，林子乃言曰：「心不正而心之猿有不跳弄乎？意不誠而意之馬有不奔馳乎？」答曰：「心本不猿而邪也，而又何待於正？意本不馬而妄也，而又何待於誠？」林子曰：「心本不猿而邪固也今既猿而邪矣，不有以正之，其如心猿之跳弄何哉？意本不馬而妄固也，今既馬而妄矣，不有以誠之其如意馬之奔馳何哉？」答曰：「我本體虛空矣，豈復有心猿之跳弄、意馬之奔馳哉？」林子曰：「豈其然哉？若子所謂虛空本體者，豈非釋氏之言乎？而儒者所謂太虛同體者是也，無脩無證而直超最上一乘者，即堯舜之神聖其猶難諸。而精一執中又非堯舜之所以修所以證乎？昔者孔子之贊堯也，惟天爲大，惟堯則之。至於舜也只曰君哉舜也，而亦未嘗以天許之矣。今子曰心不復猿意不復馬，豈子之神聖遠過堯舜，而以堯舜爲不足大歟？且子獨不聞成章後達之訓乎？譬之水焉以漸而進，譬之木焉以漸而升。而子即欲以頓教接人乎？殆非余之所能及也。故正心也者，下學也，由正心而至於勿正心者，下學而上達也。誠意也者，下學也，由誠意而至於無意者，下學而上達也。此孔子有漸之教而人莫我知者，以此。但余不知心之所以正，意之所以誠者何如爾？憂愁憤悶，殆若窮人之無所歸焉。而兆恩求道之心至此亦云勤矣，豈意天不愛道，而鑒我一點不退眞心，不十年間幸遇明師，憐我而教我也，直指此心是聖，而所以與兆恩言者，一皆四書五經。曰由孔孟以來，而此書乃爲疏釋所晦，而不明至於今矣。若夫良背行庭微旨，尤且諄諄爲兆恩言之。及別乃復謂兆恩曰：『汝布衣也，不有以小試之，其孰從而信之。』

兆恩曰：『何以試之而使人信之？』師曰：『試之以病，病已而人信之。』『然則何以已人之病乎？』師曰：『汝少小時豈不誦體胖睟面之書乎？體胖由於心廣，睟面本於根心，況易之黄中也，而條理之竅妙足以宣暢四肢者乎。汝亦惟持其志，而無暴其氣焉已也。』兆恩曰：『請問其方？』師曰：『醫者意也，而方固在汝之心矣。』』於是乃著《心聖直指》分作艮背行庭心法二及虚空本體三章如左。雖曰顯泄殆盡，然亦其可得而言也，至於次第工夫，微詞奥旨，則亦有不可得而言者。龍江林兆恩。

教外別傳

題解

林兆恩《三聖正宗·教外別傳》 或問：「不曰傳而曰別傳，不曰教而曰教外者何謂也？」林子曰：「聖人有至教，悟性有別傳，故教外之教謂之至教，不言而傳謂之別傳。而汝以爲教外別傳者，其有所於傳，有所於教乎？其無所於傳，無所於教乎？傳而無所於傳，教而無所於教乎？無傳而有所於傳，無教而有所於教乎？其傳而不在於傳，教而不在於教乎？其傳而非其所傳，教而非其所教乎？無傳無無傳無教無無教，其殆機之相爲啓，而神之相爲通乎？然必至於不知有傳，亦不知有別傳之傳，不知有教，亦不知有教外之教，不知有機，亦不知機之相爲啓，不知有機之神，亦不知神之相爲通，然後方可謂之無教之至教，無傳而有傳也。」

論說

林兆恩《三聖正宗·谷神》 或問：「何謂靈關？」林子曰：「所謂谷神者是也。谷惟其虚也，故有神理存焉。即呼即應，何其速也。」「然則靈關有定位焉？」林子曰：「無在而無不在也。設言靈關之有定存也，而謂之靈關，可乎？故谷曰神，谷關曰靈關者，神靈之也。」

又《靈關靈府》 或問：「所謂靈關者，豈非其靈府之義與？」林子曰：「靈關靈府其義一也，故自其精神之凝聚者言之，則謂之靈府，而顯仁藏用之機寓焉。自其乾坤之門戶者言之，則謂之靈關，而一闔一闢之變寓焉。太凡天下之物，有可以神靈之者，則不可謂之平常；有可以平常之者，則不可謂之神靈。惟此見在心也，而至平至常之中，則自有至神至靈者在焉。故充此見在心也，可以皇，可以帝，可以王，可以師萬世，可以贊化育，是皆率性之道，自然而然也。」

又《神理》 白沙曰：「神理爲天地萬物主，本長在不滅。」林子曰：「天惟有此神理，而天之所以爲天也；地惟有此神理，而地之所以爲地也；人惟有此神理，而人之所以爲人也；物惟有此神理，而物之所以爲物也。夫天地且有壞矣，而況人乎？而況物乎？」「其曰長在不滅者何也？」林子曰：「大氣也，氣則有時而滅矣，而其神理也得而滅乎？地形也，形則有時而滅矣，而其神理也得而滅乎？而人而物亦復如是。故天故有壞，而這箇不壞。所謂這箇者，蓋指神理而言也。道氏所謂長生，釋氏所謂不死者以此。」

又《乍見》 或問：「乍見之頃，豈其平旦，未與物接之時之心與？」林子曰：「是亦未與物接之時之心也。然此乍見之頃也，有思慮之心乎？」「否也。」林子曰：「何思何慮有將迎之心乎？」「否也。」林子曰：「何將何迎？」

《孟子》曰：「今人乍見孺子將入於井，皆有怵惕惻隱之心。當是時也，何待於思？何待於慮？而亦何暇於思？何暇於慮也？是乃順而應之之妙機，而聖人之所以聖也。豈有外於斯乎？」

又《以利爲本》 或問「以利爲本」。林子曰：「豈非釋氏之所謂在事之先，取以本利者乎？惟其本而利也，故其以利爲本。而孔子則罕言利者，何也？惟此利字，不有顔曾，夫誰得而言之？故曰罕言。繫辭曰：『擬之而後言，議之而後動。』故利也者，不屬於擬議，而亦無事於擬議，自能成其變化，順以出之而無所於爲也。其曰擬議以成其變化者，豈非所謂下學致曲，而誠之功以造於上達動變而化之地耶。故擬議者可得而言之，而使由也。而利則不可得而言之，而使知也。」

又《鳶飛魚躍》　林子曰：「鳶之飛乎其上也，魚之躍乎其下也，其皆天機之自然乎。而吾心之活潑，是皆鳶魚之飛躍，天機之自然也。若也不知自然之天機，而曰能悟性者，未也。」

又《無言無隱》　或問：「道其不可得而言乎？」林子曰：「夫道惡得而言之。」老子曰：「道可道，非常道。」故不知道者，則以道隱於無言。而知道者，則以道隱於有言。余於是而知有言者，而未始有言也；無言者，而未始無言也。道其可得而隱乎？道其可得而言乎？無言無隱，亦惟在於知機而契機爾。」

又《契機知機》　林子曰：「太上契機，其次知機。」或曰：「敢問何以謂之契機也？」林子曰：「契機也者，契其機也，機蓋與我相爲孚契，而不二者。契機也，故契機也者，不知是機是我，是我是機，又不知即機即我，即我即機。殆將不知有機，而忘機忘我；不知有我，而忘我忘機者矣。豈曰知之云乎哉！」

又《一以貫之》　余嘗考之魯論矣，一以貫之者，聖人之別傳也。而心相感通之下，則自有眞機存乎其間者，即在孔子，且不知其所以教，而在曾氏，亦不知其所以唯矣。夫曾氏之傳，既曰得其宗矣，顧乃不能善發聖人之蘊以教人。而但曰夫子之道忠恕而已矣者，何與？然當孔曾授受之時，而門人則固在焉，誰不與聞而又奚待於問也？蓋機有未契，是雖孔子亦且無如之何矣，而况非孔子者乎！

又《機通天地古今》　或問：「曾參之唯，豈非所謂契其機邪，而孔子必先呼其名者何也？」林子曰：「此所以觸其機而使萌也，其機既萌，則即繼之曰吾道一以貫之者，蓋直指其機之萌者，如此也。而曾參之唯，豈非能契其機之然？而機也者，乃所以通天地人物而一之者也。故我能契其機焉，則天地人物之機，我得而握之矣。微乎其微，不可測識。故曰：苟不固聰明，聖知達天德者，其孰能知之？然其機之相爲感通也，不惟無內無外，亦且無後無先。若堯舜之於湯，湯之於文王，文王之於孔子，後先相去，則固若是其遠矣。而其所以聞而知之者，豈其有所於傳邪？抑豈其無所於傳邪？故能明乎無傳有傳之機，則後先之遠，誰得而限之？」或者愕然異之，林子曰：「不足異也。然古今特旦暮爾，而又況聖人之機，流通於天地人物而未嘗有暫息者乎。」又問：「何者是聖人之機？」林子曰：「天地人物之機，聖人之機也。聖人之機，我之機也。故我有所觸而契其機焉，是亦聖人先得，我心之所同然者，而天地人物啓我以機也。豈必遊於聖人之門，親炙輝光，然後能大其機邪？然機也者，無天無地，無人無物，無非此機之所流通。但天地人物，日啓其機以示人，而人莫之知也。」「夫機則固若是其微矣，以此教人，豈不令人疑畏而自阻邪？」林子曰：「天下無二道，聖人無異教，抑亦先觸其機而使萌耳。若孟子所謂引之者，乃所以觸其機也，故曰躍如。」又曰：「吾如有萌焉何哉？有萌之機躍如之秘也，躍如之秘，戚戚之心也。而孔子之所謂不憤不啓，不悱不發，莫非所以因其機而利導之耳。」

又《機徹天地人物》　林子曰：「機之未萌則謂之性，性之方萌則謂之機。夫惟其機之萌之本乎性也，故能徹天徹地，徹古徹今。然豈惟人哉？書曰：『簫韶九成，鳳凰來儀。』夫鳳凰遠矣，而鳳凰之所以覽德輝而來儀者，以物之性皆我之性也。而其機之萌乎其性也，則自有相爲感通者在，而非夫人之所能知也。夫物且有然矣，而况人乎，豈惟物哉！古人有言曰：『天地設位，聖人成能。』夫天地大矣，而天地之所以賴聖人以成能者，以天地之性皆我之性也。而其機之萌乎其性也，則自有相爲感通者在，而非夫人之所能知也。夫天地且有然矣，而况人乎！」

又《契機知性》　或問：「心之生意之謂仁矣，而謂仁爲機可乎？」林子曰：「心之始萌之謂機，機一萌焉，而仁則油然而生矣。故孔子每言仁，豈非欲人契此生機而知其性也哉？故其生之性者仁也，其動之微者機也。」

又《不得吾心》　《孟子》曰：「吾不忍其觳觫，若無罪而就死地。」此齊王之觸於所感者然也。無所於思，無所於慮，擴而充之，是心足以王矣。或曰：「齊王好勇、好貨、好色，而不忍觳觫之心，豈眞有得於何思何慮之本體者然邪？」林子曰：「齊王不忍觳觫之心，固自發之，固自忘之，殆非有所於思，有所於慮，而後有此不忍之心也。故曰：夫我乃行之，反而求之不得吾心。若或有所於思，有所於慮，而後有此不忍之心焉，則此不忍之心也，何爲乎反而求之而不得也？但聖人之心，無時而不寂然也，無時而不感通也。而齊王見牛之頃，聊足以見其眞心之未嘗亡也。」

林子曰：「齊王不忍一牛之死，反而求之不得吾心，非易之所謂日用而不知邪。蓋性在日用，苟能知其所以日用者，從何而發此其機也？不忍者情苟能知其所以不忍者，從何而發此其機也？機也者機也。一感通之下而道體即爲之呈露者機也。若不得其機而影響於日用之間，億逆於見牛之頃，是亦想像之知耳。反而求之，豈曰能得本心，而知其所以日用者哉？然不反而求之，而曰能契其機者未也；若必反而求之而曰能契其機者亦未也。反之而無所於反，求之而無所於求，而恍恍惚惚之際，似乎有以啓之而自契其機者。」

又《孟子因機利導》 林子曰：「余讀孟子書，乃知孟子之所以善敎而因機利導之下，眞足以激發而興起人之良心者。其曰聞之胡齕者，豈不喜得其間，而爲轉移齊宣王之一機邪？而是心足王之對，蓋亦言有大而非誇矣。是雖五帝三王之所謂盛德大業者，則又安能舍此不忍人之心，而別有驚人可喜之事邪？孟子又曰見牛未見羊，即此見字最當玩味，正所以發其機啓之而使萌也。蓋有見則有觸，既有觸矣，而吾不忍人之心，有不萌其機乎？齊宣王雖曰戚戚然，而萌其機矣。然終不知所以，反而求之，而所謂不忍，所謂戚戚者，此何心也？其機固顯，蓋亦懵然而未之知矣。機且未知，而況可得而契乎？孟子至是，亦且無如之何矣，但曰善推其所爲而已矣。然孟子之心不得已也，而興危搆怨之問，乃所以激發其良心而興起之者與。其曰吾何快於是，則亦能知所覺悟矣，即此覺悟，便是良心。夫良心既已見矣，顧乃不能轉移，此大欲之心，而爲不忍人之良心者何邪？然不忍人之良心，人皆有之，若不知所以覺悟而轉移之則已，苟知所以覺悟而轉移之，欲仁仁至，何遠之有？」

又《擴充轉移》 林子曰：「善心一萌者機也。因其機而擴充之，而由微而顯之功，不可不知也。不善心一萌者亦機也，因其機而轉移之，而反惡爲善之功，不可不知也。」

又《卓爾躍如》 或問：「顏子卓爾，孟子躍如，豈非機邪？」林子曰：「顏子之所以稱爲善學者，其機卓爾；孟子之所以稱爲善敎者，其機躍如。然余又有説焉。機也者其神乎，而非力之所能致也，是雖顏□亦且不能竭其才以從之，故曰末由也已。機也者其微乎，而非言之所能傳也，是雖孟子亦且不能發其蘊以示之，故曰引而不發。」

又《强言顯道》 林子既已論著別傳矣，而又申之以機，說者何也？蓋道之不明久矣，故不得不假之言，以言其所不能言者，亦不得不假之言，以言其所能言者。夫其所能言者，言之可也，而其所不能言者，則亦惡得而言？諸言之愈支，而道爲之益晦，余既知之矣，既知而復言之者何也？庶天下萬世，亦或有因余之所能言，而得余之所不能言者，是乃余之心也。

又《風旛》 或問：「風旛妙義可得而論與？」林子曰：「說什麼是旛，說什麼是風，奚取於相，如如者空，空以露眞相，相以顯眞空，眞相元無相，眞空元不空。辟如眼中童子，鏡裏影像，生於無生，非空非相。風旛妙義，豈不是機，機不可測，機不可知，不可思議，當機契機。」

林子曰：「風旛妙義，非關文字，知忘所知，乃契眞機。汝以爲仁者心動，其有所待於旛於風邪？抑無所待於旛於風邪？本來心體蕩蕩寂空，勿生一念，彼感此通，言即非密，豈得而論一觸便悟，目擊道存？」

或問：「林子嘗曰見而有不在於見，聞而有不在於聞者，何謂也？吾竊惑焉。」林子曰：「會得此意，則古人所謂無眼人能見，無耳人能聞者，自當知之矣。由此觀之，豈曰見而不在於見，而其所以見者，則又不在於眼。豈曰聞而不在於聞，而其所以聞者，則又不在於耳。」或人不悟又問：「林子曰汝之耳也能見，汝之眼也能聞，汝今必索見於眼，求聞於耳，則風旛妙義，汝又焉能知之？夫既曰不在於眼於耳矣，抑豈其不在於色於聲邪？」林子曰：「見聞有實體，悟性有神機。非色非見，非聲非聞，則自有見性聞性之實體者在，不生而不滅也。」又問：「何以謂之見性聞性而不生滅也？」林子曰：「色有生滅矣，故見有生滅，而其見性之實體也，其有生滅也乎哉？聲有生滅矣，故聞有生滅，而其聞性之實體也，其有生滅也乎哉？」

又《無情説法》 林子曰：無情說法，殆非有情者之所能知也。或問：無情豈能說法？林子曰：盈天地間皆我之性也，皆我之性則皆我之機也，夫豈惟風旛爲然也？至於釋迦拈花，衆皆默然，惟有迦葉破顏微笑，不謂之以心傳心，敎外之至敎邪？夫豈惟拈花爲然也，至於外道不問有言，不問無言，釋迦良久遂能開其迷雲，令之得入。故曰如世良馬見鞭影而行，又不謂之以心傳心，敎外之至敎邪？彌陀經曰：水鳥樹林，

悉皆念佛念法。而後世禪學之士，能會此意者亦多有之。其曰：諸佛時常出世，時常說法，度人未曾間歇，乃至猿啼鳥叫，草木叢林，常助上座發機。曰：幽林鳥叫，碧澗魚跳，雲片展張，瀑聲鳴咽。曰：山河及大地，全露法王身。曰：山河大地，是眞善知識。曰：徒費言語，吾嬾寧假曲折，但日夜煩萬象爲我敷演，言語有間，而此法無盡，所謂造物無盡藏也。曰：鍾鳴鼓響，鵲噪鴉鳴，爲你諸人說般若，講涅槃了也。曰：休認風前第一機，太虛何處着思維。山僧若要通消息，萬里無雲月上時。曰：簷前水滴，分時歷歷，打破乾坤，當下心息。曰：盡大地是眞空，遍法界是妙有。此其畧也，是皆所謂無情說法也。若夫儒門則亦有之，其曰：滿目江山一任看，而濂溪爲之心醉。曰：聞聲見色只如常，而敬夫爲之豁然。曰：一聲霹靂頂門開，喚起從前自家底，而閱道爲之撞彩。至於所謂交翠庭草，自得盆魚，月到梧桐，風來楊柳，一般意味。是亦說法之無情也。故以彼之無情，若有以獲我之心，以我之無心，又有以得彼之意，而彼我兩忘之下，則自有相爲感通之機者在焉。然當是時也，而謂之有情可乎？不也。謂之有意可乎？不也。而彼我兩忘之下，似亦不可謂之有情，似亦不可謂之有意。謂之無情可乎？不也。謂之無意可乎？不也。而相爲感通之際，似亦不可謂之無情，似亦不可謂之無意，到此境界，蓋有莫知爲之者，不可以知知，不可以識識。思之不及，測之不得，則亦何以謂之有情？何以謂之無情？何以謂之有意？何以謂之無意？要之，存乎其人，而迷悟有不同耳。故悟者當知自得，而迷者實難與言。

《了心》　胡生覽別傳而以林子爲隱也。林子曰：汝以爲性其可得而言與？性既不可得而言矣，而余必欲強而言之，豈不反以晦道邪？汝欲悟性，曷不以孟子躍如章，與余別傳，而並觀之，庶乎知機契機而有悟入處也。數日胡生復來見曰：性由自悟，古人雖有是言矣，而契機悟性，殆有甚於登天之難也。林子曰：余昔之與汝言者，皆大匠之繩墨，羿之彀率，孟子所謂引之者，中道而立是也。若巧則在人，是雖大匠與羿，則亦安能言之，而使知也？又問：何者謂之中道？何以立之？林子曰：中道也者，中道也。吾身之黄中，吾身之河洛也。故能立此中道，而伏羲之圖，大禹之書，都由此中出矣，而易之所謂河出圖洛出書者，則皆寓言也。若也不知吾身之河洛，而必索圖於河，然後能畫八卦，索書於洛，然後能叙九疇，則天之所以錫聖人，而聖人之所以則天者似有涉於跡，而非天地聖人神通默會之眞機也。然則伏羲之畫八卦，大禹之叙九疇，不謂之見性以後事邪？林子曰：河圖洛書，乃我天命之性中發出來耳，而聖人之所以悟性以作聖者，則亦與人同耳，豈謂聖本生知，而非學之所能至也哉？然別傳之教，時雨之化也。故孟子躍如章，即續於五教之後，而世之儒者鮮有知之者，夫豈惟三氏爲然也。至於詩文之小技，亦皆有別傳，若游藝之徒，不能自命一意，自出一言，而惟影響於古人之詩以爲詩，而非所以爲詩也。古人之文以爲文，而非所以爲文也。夫詩文且然，而況於三氏之大道者乎？故爲儒而不知有別傳，豈能盡性而謂之聖學不可也。爲道而不知有別傳，豈能得性而謂之玄學不可也。爲釋而不知有別傳，豈能見性而謂之禪學不可也。余今復以躍如章以與二三子言之。若孔子之所謂約禮敦仁，孟子之所謂根心盎背，是皆所以引之者以立中道也。然性乃人人之所固有者，而躍如自得，又非有所待於入也。二三子甚毋曰高美難及，而自謂不能也。古人有言曰：悟性還容易，了心寔是難。故了心也者，了此心也，了心則心無其心矣，無心之心，是謂眞心。眞心是性，眞性是心，性其有不可得而悟乎？余於是而知了心之學，是乃悟性之第一義也。

絲銀喻

題解

林兆恩《三聖正宗・絲銀喻卷端》　昔者莆城罹變之後，莆之人有以數分眞金易一食，不可也；有以銀不能分亦且不及色，乃反得食。夫以眞金與不及色之銀較之，其美惡何如也？而又況多寡之異數者乎？一以得食，一以不得食，此其故從可知已。近夷人入閩有利其金而爭貨之者，衆歸試之火，銅也，而夷人已出關矣。余有故取於絲銀也而借以爲喻焉，夫寶藏中之絲銀，人皆有之，隨取而隨足矣。而賢知者之所寶在珠玉也，夫

豈無其謂哉？孟子曰：堯舜之道孝弟而已矣。又曰：人人親其親，長其長，而天下平。是雖天德王道之大，且不外是矣。故以此而存諸心焉，則謂之常心；以此而見諸事焉，則謂之常道。而賢知者則以爲見在平常，隨取隨足而忽之矣。顧乃索之幻術，怪行輕舉久生，豈曰金云乎哉？擬之珠玉，抑又甚焉。此余絲銀之喻所爲作也。

論説

林兆恩《三聖正宗・絲銀喻》　林子教人每取寶藏中本色絲銀爲喻，或問何謂寶藏中本色絲銀。林子曰：「乃汝聖人之心也。」其人瞿然異之曰：「我非聖人也，又安有此聖人之心哉？」林子曰：「汝之心，聖人之心也。聖人之心，赤子之心也。汝豈無赤子之心哉？故赤子之心，寶藏中本色之絲銀也。而聖人者不失其赤子之心者也。故其所用，一皆純一之心，本色之絲銀也。然此本色絲銀，天成之自然也，悉藏於汝之寶藏中，而聖人非有餘矣。易曰：『繼之者善，成之者性。』即孟子之所謂性善，我固有之也。而所謂我固有之者，豈不謂之人人俱有此寶藏，而俱足此本色之絲銀耶？但百姓日用此本色絲銀，而不知從寶藏中發出來矣。若夫仁者知者，則迷於所見，溺於所聞，又不知有此寶藏中絲銀本色之天成也，故曰：君子之道鮮矣。」

或問：「靈關固曰乾坤闔闢之義矣，至於所謂寶藏者，又將何取焉？」林子曰：「仁義禮智，吾身中之至寶也。孟子曰仁義禮智根於心，故心也者至寶之靈藏也。」

林子曰：「夜氣清明，本色之猶存也。且晝牿亡，則非本色矣。至於夜氣不存，禽獸不遠，豈其爲天所薄，而寶藏中無此本色之絲銀哉？」

林子曰：「齊宣王不忍一牛之死，亦皆從寶藏中發出來爾，即此一點眞心，殆混混之泉，元初之水也。是故天德非他也，蘊此一點眞心於其中，則謂之天德矣。王道非他也，達此一點眞心於其外，則謂之王道矣。豈非所謂不舍晝夜，放乎四海者然耶？故曰是心足以王矣。至於興甲兵，危士臣，即非寶藏中本色絲銀，而不忍一牛之眞心，果安在哉？」

又　林子曰：「王者之仁義者，本色之絲銀也。若伯者之仁義殆非王者之純心，本色之絲銀也？故曰：假之而非有也，又其甚者，則爲賊仁之賊，賊義之殘，豈曰假之云乎？乃是純用銅鐵，不復知有仁義之心矣。」或問楊墨之仁義，林子曰：「彼蓋不識仁者，而以非仁爲仁矣。彼蓋不識義者，而以非義爲義矣。亦猶不識銀者，而以非銀爲銀矣。此固非伯者之假也，而意見之偏，遂流至於無父無君而禽獸焉者。是蓋學術之不明，習矣不察之過也。」

林子曰：「古之學者爲己，以守此寶藏中本色絲銀也。至於仕也，又且直取此寶藏中本色絲銀而用之矣。今之學者爲人，不復守此寶藏中本色絲銀，以爲人可得而欺也。至於仕也，又不復用此寶藏中本色絲銀，日流於僞而不反矣。」

林子曰：「愚不肖者之不及，不知有此本色絲銀而寶之也。若賢知之所寶在珠玉，則又以本色絲銀爲不足寶矣。」或問所以寶之，林子曰：「若堯之欽，孔子之敬，易之洗心退藏於密，詩之衣錦尚絅，孟子之以仁以禮存心，皆所以寶之也。」

或問：「堯舜之所寶者，不在於中乎？」林子曰：「然。堯舜以其中而用之以治民焉，是以一點眞心，而與天下共寶之也。」又問：「仲尼之所寶者，不在於一乎？」林子曰：「然。仲尼以其一而用之以教人焉，是以一點眞心，而與萬世共寶之也。故一點眞心者，平常心也。大學之所謂至善也，未發則謂之中，既發則謂之和，寂然不動則謂之誠，感而遂通則謂之神。而其美利以利天下萬世者，豈曰絲銀云乎哉？若孔孟而下，則有迷於物，而忘此一點眞心以爲寶者。亦有荒於虛，而舍此一點眞心以爲寶者。此二者皆非孔子之道也，孔子之道端之於心矣。然天下萬世之人之心，孔子之心也。若不求端於我之心，即異於孔子之心矣。既異孔子之心，即異於孔子之道矣，故曰孔子之道不著。雖然孔子遠矣，而孔子寶藏中之寶，蓋未嘗不焜耀於天下萬世焉，特其民咸用之而不自知爾。噫！」

林廷潤《絲銀喻跋》　夫一點眞心者，百姓日用之常心也，渾然在中，粹然至善，謂之眞金不亦可乎？不曰眞金而曰絲銀者何也？蓋絲銀乃百姓日用之常寶也，故失此常寶則無以爲謀生之資，喪此常心則無以爲作聖之本。其切於人一也，而心爲甚。從古以來，誰則無死而喪此常心，

豈非孔子之所謂罔而生邪？梓人竣事。敬書末簡。旹萬曆丁丑又八月八日門人林廷潤謹跋。

山人

題解

林兆恩《三聖正宗·山人》 林子曰：「夫山人也者。山人也，而所謂山人者，豈以其山而山人之邪？抑豈以其心之山而山人之邪？若以其山而山人之，是求在外者也。舍巢許者流，無復有山人矣。若以其心之山而山人之，是求在我者也，則釋迦之説法靈山，孔子之周流四方，而其心之山也，則固山人矣。至於道家則有黄帝老子，雖曰垂衣裳而史藏室矣，而其心之山者，是亦山人也。故山矣而不知有心者，非余之所謂山人也；心矣而不知有山者，乃余之所謂山人也。夫山人也者，死生且不得而奪之矣，而况利害乎？利害且不得而易之矣，而况毁譽乎？能忘毁譽，能忘利害，能忘死生，只此一心已爾。只此一心，則亦何者非山？而槩以廟廊而山之者，是皆山人也。抑亦何者是山，而必以巖穴而山之者即非山人也。」

論説

林兆恩《三聖正宗·山人以心爲山》 或問：「林子每投刺於當道曰山人，而所謂山人者，豈非山中人邪？」林子曰：「余之所謂山人者，豈巢許者流之所謂山人邪？世不我用，不得不退而處之者，山人也。余之所謂山人者，即古之所謂士也，義不往見乃士之禮。而士也者秉禮之嚴，守義之篤，若在深山之中不可得而致焉者，故名之曰山人。豈其僻於山也，穴而處之，然後謂之山人哉？故山人也者，不以其山而僻之，而以天下萬世之山以爲山者，天下萬世之山人也。余於是而知山人山矣，達爲天下，窮爲萬世，而其心山者山人也。故南山捷徑斯固不足論矣，而遯世以自高潔，則又非余之所謂山人也。易曰：『君子之道，或出或處。』故君子得其時而出則謂之廟廊，不得其時而處則謂之山林。夫既山林矣，謂非山人而何？昔者周公復政厥辟，而曰兹予其明農，豈其眞有在於畎畒之中，以明農者歟？若近世之仕也，致其臣而歸，而曰林下者，豈其眞有在於山林之下，以栖趾者歟？而山人之所以名爲山人者，亦猶是也。如曰入山之深而謂之山人者，則深山之野人亦可謂之山人乎。深山野人可以爲山人，則山人之名亦奚足貴哉？至於孔孟雖聖賢矣，而無其位焉，是亦士也，是亦山人也。孔孟山人矣，而其心則在乎天下萬世，蓋天下萬世之人，則皆吾人也。老吾老以及天下萬世之老而安之，少吾少以及天下萬世之少而懷之，斯其爲孔孟之山人也大矣。然義不往見，孔孟山人自守之家風也，廹斯可見孔孟山人禮義之中正也。夫孔孟者，豈世之是非毁譽足以動其心哉？栖栖皇皇，歷聘侯國，上能得其君而事之，則可以行其道於天下，此孔孟山人之志也。次能得其人而教之，則亦可以明其道於萬世，此孔孟山人之所不得已也。且古之歷聘即今之科舉，皆時王之制之所當遵也。若余既棄去舉子業矣，而栖栖皇皇，則非其時也。違義往見，亦將何爲哉？是徒取羞於天下萬世，而爲孔孟之罪人爾。孔子曰：『有朋自遠方來，不亦樂乎！』孟子曰：『得天下英材而教育之』者，三樂也。以繼往聖，以開來學，余竊有志焉，而愧非其人矣。若也入山之深，是乃遯世離群者之所爲也，而謂孔孟爲之乎？不義往見，是乃曲學阿世者之所爲也，而謂孔孟爲之乎？余願學孔子者也，豈敢違義至舍所學以狥人哉？至於泰山巖巖，分庭抗禮，而子則曰有傷於峻，似不可行於時者，豈其然哉？然而山人則固不可無此氣象矣，無此氣象謂之山人可乎？况曰天下萬世之山人乎？孟子曰『我善養吾浩然之氣，配義配道，則塞乎天地之間』者，此乃天下萬世山人之氣象也，不謂之大丈夫而何？余今行年六十有二，而倡明歸儒宗孔之敎，嘉靖歲辛亥距今萬曆歲戊寅二十有八年矣，氣力既疲，志慮又衰，豈復能周旋人世，而爲人之所是

非毀譽者哉？其曰孔子之儒之是，後世之儒之非，載之拙集中，自有能辨之者。

林子曰：「夫道也者以觀天地，而天地得以貞觀者也。以明日月，而日月得以貞明者也。以序四時，而四時得以寒暑者也。以靈鬼神，而鬼神得以屈伸者也。人之所以聖，所以神者，道也。物之所以始，所以終者，道也。此道之所以運乎虛空之外伸乎萬象之表，此道之所以至尊無對而天地日月四時鬼神咸囿焉者也。故以此道之尊而處己也，富貴不能淫，貧賤不能移，威武不能屈。以此道之尊而接人也，王公遇之失其貴，晉楚遇之失其富，賁育遇之失其勇。此古之聖賢之所以生則與其道而俱生，死則與其道而俱死者，殆爲是爾。故曰未聞以道殉乎人者也。」

又《山人分内事》　或謂林子山人矣，何不入山隱處，而必欲舉孔孟之公案而行之，以與世人相是非者，何爲也哉？殊不知入山隱處，此乃釋氏所云小乘法，以爲一身之謀也。若區區不自揣分，嘗以天下之大，萬世之遠，是我一人之身也。若舍此天下之大，萬世之遠，而入山隱處，規規焉以得免是非爲幸，謂之能仁其身可乎？夫孔孟豈不知有入山之樂邪？而之齊之魯，之宋之鄭，之梁之楚，而轍迹偏於天下者，蓋以天下之大，萬世之遠，是皆吾山人分内事也。故曰天地萬物莫非己也，辱未交已十有餘歲矣，願兄幸毋以丈人荷蕢、長沮桀溺之所謂小乘法者。姑息而愛我也。

又《分義之辨》　或謂林子能重内矣，昔人有言曰：内重則能驕王公矣。若古所云，見猶不可得而亟以與分庭爲禮，吾乃今於林子見之。林子曰：「余安能重内？即能重内，而可以驕王公乎？驕之一字殆非有道者之所宜有也。今試與子言之：王公之可以驕山人邪？抑山人之可以驕王公也？然王公以其位焉者也驕矣，而其位豈即以其驕而失乎。山人以其德焉者也驕矣，而其德不即以其驕而亡乎。德則不驕，驕則不德。是取舍之間而得喪繫之如此，可不懼哉！余雖固守不見小節，亦以布衣之分至微也，惟恐爲人所驕而卑夷之，而非他也，至或見矣，尤不敢輕，介紹往還，然後乃敢從命。且子獨不聞周之士之貴乎？而士之所以貴者，以其能自重也。夫惟其能自重矣，故能囂囂而泰，泰非驕也。而人每以驕目之者，非其罪矣。衆寡小大，尚不敢慢，而王公大人獨可驕乎？夫王公大人，世之所儼然而欽服之者，以其可以榮辱人，可以生死人也。一或有不悦於我，我其不免矣。然而必爲此者何也？以有孔孟之公案在，不敢違也。孔孟公案義是也，余惟知有孔孟之義矣，至於或榮或辱，或生或死，而有所弗顧焉。此余之所以不願見而不見之，非迂也。

又《事功之大》　嘉靖辛亥，林子以三教宗孔，倡教於南海之濱。最初黄生州介贄受業，黄生州得聞天下萬世山人之説，而問於林子曰：「山人山爾，而曰天下萬世之山人者，何義也？」林子曰：「山而山之者山人也，灰滅其心，木槁其形，斯固不足論矣。若余所謂天下萬世而山之者，天下萬世之山人也。無方無所，無窮無達，而其事功之顯諸用也，又且能及於天下萬世之遠矣。夫山人仁者也，樂山而以山名焉。今先以其山言之，山也者山也，豈其一卷石之多，而於世顧無所用邪？草木禽獸寶藏興焉。况山人也者人也，豈其遊於方之外，而於山反有所不逮邪？以繼往聖，以開來學，此其事功當不在舜禹之下。稽之於古，則仲尼其人矣。《論語》曰「巍巍乎舜禹之有天下而不與焉」。固其心山矣，而地平天成，萬世永賴者，舜禹之業之大也。仲尼之不憂不惑不懼，固其心山矣，而春秋之作也，殆將以天下萬世而虞夏之者，仲尼之業之大也。然余每於舜禹而論其心焉者何歟？以其居帝王之尊而巍巍不與之爲難也。又每於仲尼而考其業焉者何歟？以其守匹夫之分而志在春秋之爲貴也。豈仲尼之業賢於舜禹，而舜禹之心異於仲尼哉？余故曰：「天下萬世之山人者，舜禹仲尼是也。而舜禹仲尼之學，有體有用之學也。設或有其心而無其業，即非天下萬世山人有用之學也。設或有其業而無其心，即非天下萬世山人有體之學也。惟體惟用乃同一原，而心而業更無二致，窮而窮之而亦不可得而窮之者，達而達之而亦不可得而達之者，可以繼往，可以開來，窮之而爲天下萬世之山人者此也。可以地平，可以天成，達之而爲天下萬世之山人者此也。孰謂山人也者無所利賴於天下萬世，而可以有方有所而名言之邪？」黄生曰：「若古所稱隱吏者，固非其大矣，豈不以吏爲山，輕於去就，而其心山邪？」林子曰：「然。」乃請林子紀之，以徧叩諸山人，俾知天下萬世山人事功之大，即不能爲舜、爲禹、爲仲尼，亦庶幾乎隨其

所値，而不置其身於無所用也，或居城市，或在廟廊，抑亦可以爲山人矣。

又《道無窮達》 林子曰：「達則致其用於天下，窮則致其用於萬世。故內重而外輕者，窮達在心不在身；繼往而開來者，窮達在遠不在近。」

又《窮亦是達》 林子曰：「達不在廟廊，達而爲一身一家謀者，是亦廟廊之窮也。窮不在山林，窮而爲天下萬世慮者，是亦山林之達也。」

林子曰：「皇帝王君天下，而爲天下君者，是皆達之達也。孔釋老師萬世，而爲萬世師者，是皆窮之達也。」

又《仲尼無位而達》 或問：「林子嘗謂仲尼不窮矣，豈非以其道而達於萬世之遠邪？」林子曰：「若以其位而言之，則仲尼不得位矣，而謂之達不可也。若不以其位而言之，則仲尼雖不得位，而位之窮不可也。故三皇以其皇而皇於三皇之世，而仲尼則以其道而道於萬世之遠。能使萬世之達，皆知皇之所以爲皇，而仲尼之道不窮矣。五帝以其帝而帝於五帝之世，而仲尼則以其德而德於萬世之遠。能使萬世之達，皆知帝之所以爲帝，而仲尼之德不窮矣。三王以其王而王於三王之世，而仲尼則以其功而功於萬世之遠。能使萬世之遠，皆知王之所以爲王，而仲尼之功不窮矣。」

又《三尼字義》 或問尼字之義，林子曰：「尼，山也。而尼也者，是亦鎮靜不移之義也。故孔子名丘，字仲尼，而老子曰清尼，釋迦曰牟尼。」「若今之諸僧，每自稱曰比丘者何也？豈非以其心之鎮靜如丘山者然邪？至於女僧，亦皆以尼名，曰比丘尼。」林子曰：「儒之執中，道之守中，釋之空中，而其心之尼可得而動邪？儒之主一，道之得一，釋之歸一，而其心之尼可得而動邪？」

《論語》曰：「三十而立，四十而不惑。」夫曰立矣，曰不惑矣，而諸凡天下之物，有足以動其心之尼乎？故叔孫之毀何傷日月，而是非忘矣。夾谷之會乃命有司，而利害忘矣。在陳之阨遭宋之要，而死生忘矣。至於釋迦，割截身體不生嗔恨，而割截身體豈足以動釋迦之心之尼乎？老子曰呼我牛也而謂之牛，呼我馬也而謂之馬，而呼牛呼馬亦豈足以動老子之心之尼乎？」

聖圖説

題解

林兆恩《三聖正宗・心聖圖説》 林子曰：「即心即聖，即聖即心。從古聖人之所以聖者，豈其有外於心哉？蓋心之所以能虛靈知覺者聖，而非他也。」

論説

林兆恩《三聖正宗・心聖圖説・心聖合圖》

火　土　水

又《心聖合圖説》 《孟子》曰：「心之官則思。」思通，土也。《書》曰：「思曰睿，睿作聖。」而作聖之功，則自有孔門之心法在。

又《心聖分圖》

黄中　天地之心
性　仁　中心
土　聖　天下
誠　一貫　天地之間

又《心聖分圖説》 林子曰：黄中者，中黄也。東木，西金，南火，

北水，而中央土也。天命之性也，寂然之誠也，仁居其中，聖由此出。《易》曰：復其見天地之心乎。又曰：天下何思何慮。《魯論》曰：吾道一以貫之。《記》曰：中心安仁。《道德經》曰：天地之間，其猶橐籥乎？皆指我之土中而言也，而作聖之功，不過以其仁而安於土中，以敦養之已爾。

又《心聖分圖》

乾 先天

火

離 後天

既能思慮，而陰火然矣，故謂之離。離，火也。火中有水。

又《心聖分圖說》 林子曰：三門者流，咸指此心爲心，殊不知此乃列之肝脾肺腎五臟之心也，土金水木五行之火也。故易謂之憧憧往來之心，釋氏謂之肉團心，又謂之起滅心。

又《心聖分圖》

坎 後天

水

坤 先天

既能媾精，而陽水流矣，則謂之坎。坎，水也。水中有火。

又《心聖分圖說》 林子曰：人孰不曰離之中性也，而離之中乃神也，非性也。又孰不曰坎之中命也，而坎之中乃氣也，非命也。或者疑之，林子曰：「坤得乾之中陽而坎者，坤之用也；乾得坤之中陰而離者，乾之用也。夫既曰乾坤之用矣，謂非神氣而何？故神本於性，而性則未始神也；氣本於命，而命則未始氣也。」

又《心聖分合統論》 林子曰：天之極上處，至地之極下處，總八萬四千里。自天之極上處，至地之上，四萬二千里。自地之上，至地之極下處，亦四萬二千里。人身亦然，故曰天地之間，而一升一降，存乎其間矣。

林子曰：「中有定在者，在此中也。而曰中無定在者，乾坤合處，乃眞中也。以其可得而允執也，故曰有定在。然豈特在此一身之內爲然也？是雖一身之外，而遍滿天地，亦皆吾心之中也，又豈特在此天地之內爲然也？是雖天地之外，而遍滿虛空，亦皆吾心之中也。易曰：『周流六虛』。余亦曰此心滿六虛。」

或問：「有定在之中？無定在之中？」林子曰：「無定在之中者未始中也，然以其具此中也，故亦曰中。汝以爲喜怒哀樂之未發，其中乎？其非中乎？若即謂之中固不可也，若即謂之非中亦不可也，非中而中，而中之所從出也。」

林子曰：「未始氣而謂之氣者，氣之所由以氣也。未始神而謂之神者，神之所由以神也。未始中而謂之中者，中之所由以中也。」「然則有定在之中，謂之中可乎？」林子曰：「惡乎可？惡乎不可？」「夫如是，則所謂無定在之中，乃眞中與？」林子曰：「是固然矣。而所謂無定在之中，當自有定在之中始，所謂下學而上達也。」

或問：「乾坤合處，非所謂無定在之中與？」林子曰：「必也其太虛乎。寂然不動，感而遂通，是余之所謂眞中，余之所謂無定在之中也。若所謂乾坤合處，而謂之有定在固不可也，而謂之無定在亦不可也。」

又 林子曰：「乾☰而離☲，坤☷而坎☵者，先天而後天也。離☲而乾☰，坎☵而坤☷者，後天而先天也。故乾坤而謂之先天者，後天之先天也，而非所謂未始天、未始地、未始人，而能生天地生人，不可得而名言之者，先天也。」

林子曰：「乾之性情在於坤，坤之性情在於乾，此坎離之所以交，而

地天之所以泰也。故乾坤者性情也，而謂之先天可乎？」

林子曰：「水潤下而火炎上，亦其性情然也。」

林子曰：「先天不屬氣，而太和元氣，浩然之氣，皆由此中出，所謂無氣而生氣也。」

林子曰：「堯舜允執之中，孔子中心之中也。譬之磨焉，心在其中者，中心也。故中心之心既實，則五行之心自虛矣，所謂聖人無心而有心也。」

《孟子》曰：「仁，人心也。」故以其統體而言之則謂之心，以其生意而言之則謂之仁。

孔子曰：安仁。而仁安於中心之中也。孟子曰：居仁。而仁居於中心之中也。故居仁者，知止也。由定而靜，由靜而安，不謂之天下一人矣乎？故曰仁者安仁。

心身性命圖說

題解

林兆恩《三聖正宗・心身性命圖》 此圖以性命之統乎其中者言之也。

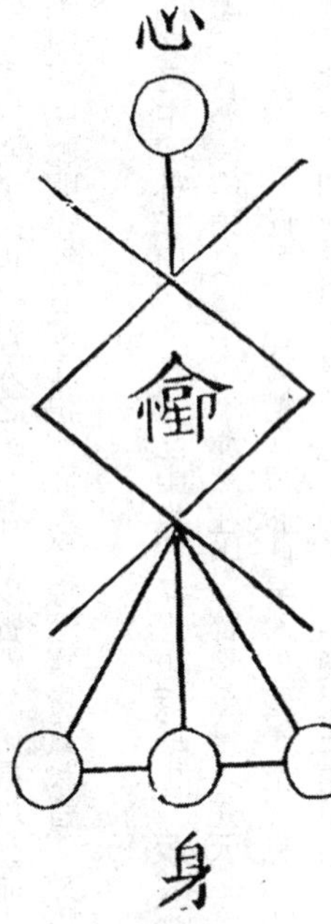

又 此圖以性命之歸乎其根者言之也。

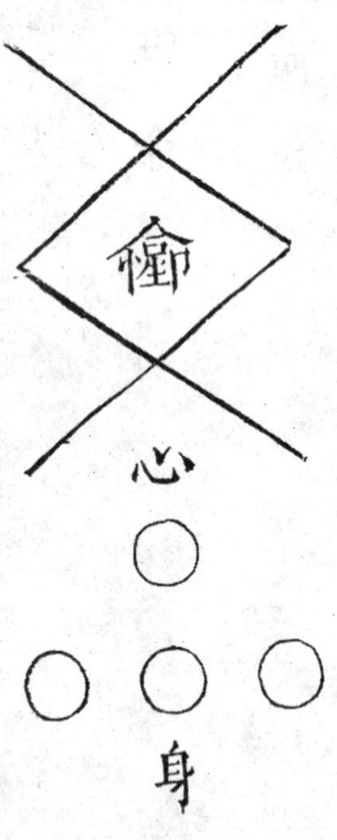

夫以性命之統乎其中者，此學寥寥，自孔孟而下，世鮮知之矣，況乎性命之歸乎其根者耶？而世之知之者爲尤鮮矣。然猶得而言之，得而言之則亦得而圖之，又況乎不可得而言，不可得而圖。聲臭俱泯茫乎？其無朕耶。而孔子之欲無言者，蓋謂此也。故作心身性命之圖二，繫之以辭。

論說

林兆恩《三聖正宗・心身性命圖說》 林子曰：「何者謂之爻？爻也者，爻也。孔子曰：爻也者，效此者也。何者謂之此？此也者，此也。孔子曰：聖人以此洗心退藏於密。此之義一也，蓋指人之眞心言之。爻之中，身之中也。乾坤之間，而易簡之理得矣。效亦像之義也，然爻必象之以象者，何也？象也者，像此者也。象人之身，而效法之以爲爻也。故通一卦之六爻言之者，身之象也，心居乎四，而性與命則藴乎其初矣。」

林子曰：「心，心也。四肢百骸皆身也，而屬乎精與氣矣。精藏於腎，而化生之機在我也。氣原於臍，而呼吸之機在我也。則是精與氣也，而又屬乎命矣。故精譬之水也，水中有火。而氣升者，氣也。口嘘之而成氣也，氣着乎物，而物潤者精也。」

林子曰：「性而心也，而一神之中炯。命而身也，而一氣之周流。故聖人之學，盡性而至命也。賢人之學，存心以養性，脩身以立命也。」

林子曰：「聰明睿智者，心也，而本於性。富貴貧賤者，身也，而由於命。」

或問爻之中，林子曰：「堯舜之中也，無思也無爲也，寂然不動，而何思何慮。喜怒哀樂未發之中也，渾然在中，粹然至善。先天之氣備於此矣，天地人之道具於此矣，仁義禮智根於此矣，先聖後聖、見知聞知、道統之傳統於此矣。即此爲學便是天德，即此爲治便是王道。」

林子曰：「河圖非他也，而吾身之中自有河圖者在焉。洛書非他也，而吾身之中自有洛書者在焉。故河圖之數，一而二，二而四，四而八，八八六十四，而虚其中者，中心也。洛書之數，一而三，三而九，九九八十一，而實其中者，中心也。譬磨之中心以爲心者，俗之所云磨心者亦猶是也。故曰：王中心無爲以守至正。又曰：中心安仁。然世人每以肝心脾肺腎之心以爲眞心者，不識心也，豈《禮》之所謂中心之心耶？中心也者，眞心也。命由此立，性由此出，故混性命於中心者，中也，爻之中也。」

又 林子曰：「學从爻，覺亦从爻，故即此而學則爲聖人之心學，自根自本，深造之自得也。由此而覺，則爲天民之先覺，不逆不億，寂感之自然也。」

《易》曰：聖人有以見天下之動，而觀其會通，以行其典禮，繫辭焉以斷其吉凶，是故謂之爻。余嘗以人身之爻之動，而斷其吉凶焉。故一念之動而善也，不謂之一陽生而復乎，由此而舜之徒，由此而舜，而吉從可知矣。一念之動而不善也，不謂之一陰生而姤乎，由此而跖之徒，由此而跖，而凶從可知矣。故爻也者，非他也，心之變動即名爲爻。而畫前之易，廣大悉備，盡於此矣。故一物各具一太極，而一物一爻，合天地人之道而一焉者也。

《易》曰：爻也者效此也。又曰：爻也者效天下之動也。或問：「何謂也？」林子曰：「凡天地萬物皆具此爻，而天地萬物之動，即此爻之動。故聖人之畫爻也，以效天下之動，而吉凶斷可識矣。故曰：吉凶悔吝生乎動。又曰：爻象動乎內，吉凶見乎外。又曰：道有變動。故曰爻由是推之，豈特將興之禎祥，將亡之妖孽，可卜而知也？即四體蓍龜之朕兆，而吉凶有不先見乎。又豈特動乎四體，見乎蓍龜可卜而知也？即金石草木之微機，而吉凶有不先見乎？故自其未變者觀之，則曰爻也者效此也，心之未萌即爻之體，而天地萬物之靜時亦猶是也。自其變者觀之，則曰爻也者效天下之動也，心之既萌即爻之用，而天地萬物之動時亦猶是也。」

或問：「爻從乂而二者，何也？」林子曰：「一陰一陽之道也，二乂合則能變。」又問：「卦從土而二者何也？」林子曰：「一陰一陽之道也，二土合則能卜。故一天一地合而物生，一男一女合而人生，獨不觀易字之義乎？古人謂易从日从月，一日一月者，一陰一陽也，故曰一陰一陽之謂道。又曰生生之謂易，又曰易有太極。不有太極則無以統陰陽，不有陰陽則無以生萬物。夫二乂爲爻既聞命矣，而二土爲卦則亦不能無疑矣。」

林子曰：「卜以知來者神也，土以神用故能卜，此卦之所以名也。昔者箕子之敘五行也：一曰水，二曰火，三曰木，四曰金，五曰土。其敘五事也：一曰貌，二曰言，三曰視，四曰聽，五曰思。而其所屬則曰：貌水，言火，視木，聽金，思土也。其敘庶徵也：曰雨，曰暘，曰燠，曰寒，曰風。而其所屬則曰：雨水，暘火，燠木，寒金，風土也。朱子曰：五行之土無定位，無成名，無專氣，而水火木金無不待是以生者，故土於四行無不在，於四時則寄王焉，豈非所謂土以神用邪？思亦屬土，而以神用，故曰：思曰睿，睿作聖。若風之來也，不知其所從來；而其去也，又不知其所從去。故亦以神用而屬土也。二土合則神存，而吉凶已先見矣。《易》曰：八卦定吉凶。若曰以通神明之德，以知來，以藏往，而專在卦爻間者，抑末矣。」

性命

題解

陳一夔《三聖正宗・性命答語跋》 一夔謹跋：夫曰性曰命，吾師龍

江先生平之所未嘗言也。或言矣，亦只言其近者。一夔從先生受業亦既有年矣，至己卯歲，始見是集，每請命之梓氏，而先生不答也。一夔遂復進曰：一夔今竊窺先生之意，豈非孔子所謂罕言仁、罕言命、罕言性與天道歟？雖曰上智之士不世出矣，獨不爲天下萬世上智之士者謀邪？况先生之所講明，與其所論著者，皆所以繼往聖之絶學也。顧獨靳此篇，而不與天下萬世上智之士共之邪？殆非所以嘉惠後學之盛心也。先生頗以一夔之言爲然，於是一夔乃敢謀之同門，共付梓氏。時萬曆辛巳人日門生陳一夔百拜謹跋。

論說

林兆恩《三聖正宗·性命答語》《中庸》曰：天命之謂性，何謂也？林子曰：「純乎天而不人者，是乃天之命，所謂性也。故曰氣質之性。君子有弗性焉，以其不純乎天者，人也。故率其天命之性，則謂之道。若氣質之性，則有善有不善矣，而可率乎哉？率之而可謂之道乎哉？」

《詩》曰：維天之命，於穆不已。《易》曰：一陰一陽之謂道，繼之者善，成之者性。今合《易》《詩》二經而觀之，豈不以天命之性出於本然而不雜者哉？夫二經之旨微矣，願先生借物爲喻，明以教我也。林子曰：「余嘗譬之火焉，火則絪緼於天地，流行而無息也。故石之擊也，則自然有一點眞火生乎其間者。一陰一陽之道，繼善而成性也。」又問：「石而擊之，胡然而火？」林子曰：「此乃石之性也，而其性之所以能生焉，則又不可不知矣。故既焚之石，擊之則不能火。」

林子曰：「盈天地間皆是生氣，其命之流行不息者乎！盈天地間皆是覺靈，其性之炯炯不昧者乎！《易》曰：『乾道變化，各正性命。』」

林子曰：「諸凡有生，皆屬於命。諸凡有覺，皆屬於性。此則別而言之，然推其原則固一也。」

林子曰：「有命便有性，有生便有覺也，余於是而知性命不可得而二也。」「然則生謂之命，覺謂之性可乎？」林子曰：「惡乎可哉？蓋生之理具於命，而覺之靈本乎性也。」

林子曰：「性未始神也，而神則所由以覺也。命未始氣也，而氣則所由以生也。」

林子曰：「余嘗觀之草木焉，歸根復命，而性在其中矣，性而神也則花，花而實也，而命又在其中矣。至於鳥獸魚鼈之屬，而竝生於天地者，雖曰各有覺性，而異於草木之無知矣，則亦不免失之偏，故曰：惟人萬物之靈。」

林子曰：「天命之謂性，喜怒哀樂未發之中也。中，則天下無餘道矣；致中，則聖人無餘學矣，位天地，育萬物，則古今無餘事矣。」

林子曰：「未發之中，而天地萬物得之以爲命，以爲性也。」「我能致中矣，而天地有不位，萬物有不育乎？」

林子曰：「人而死者形骸也，而性命則固未嘗滅矣。此蓋性命之微，其通乎晝夜，徹今徹古，而無死無生也乎。但世之人不知性命，而以形骸爲性命者多矣。故有以形骸爲性命者，有以神氣爲性命者，有以性命爲性命者，至於以性命爲性命，而性命又且忘焉者，然後方可謂之太虛同體。」

林子曰：「天地之所以異乎人者，以其無心也。無心則無覺，博厚高明，而純乎性命之正矣。人之所以異乎天地者，以其有心也，有心則有覺，見聞思慮，而鑿乎性命之眞矣。」

林子曰：「聖人固法天地之無心，以全性命，以成其聖。」而天地則藉聖人之有心，以致位育，以成其能。故曰：天地無心。又曰：「人者天地之心。由是觀之，天地者，聖人之師也。聖人者，天地之主也。」「然則何以謂之主也？」林子曰：「心者身之主也，人既爲天地之心矣，不謂之聖人者天地之主乎？」又問：「何以主之？」林子曰：「主之以成其能也。故民之秉彝，各具此三綱五常之性者，天之能也。而聖人則有以振之惇之，皆所以因天之能以成其能也。至於上而日月之照臨，下而山川之流峙，微而昆蟲草木之生生化化，亦皆天之能也。而聖人能使之不亂其紀，不失其寧，不咈其性者，亦皆所以因天之能以成其能也。然而成能也者，成能之也。以人之道而治人之身，因物之生而遂物之性，是蓋天之能也，而聖人特有以成之爾。」

林子曰：「非以人爲天地之心也，而以人而聖人之，乃天地之心也。

若不有聖人焉，則天地孰與主之而成其能乎？故人之所以作聖者，乃所以爲天地立心，主之而成其能也。」

林子曰：「聖人之所以成能乎天地者，亦惟以天地之性命，以知天地之化育者矣。」「然則何以謂之天地之性命？」林子曰：「我之性命，天地之性命也。然性命所以化育也，故天地之化育，我之化育也。」又問我之化育，林子曰：「我非我也，非我之我，而天地在我矣。天地在我，則天地之化育，不曰我之化育乎？故知天地之化育者，乃所以盡我之性命也。」

林子曰：「致中而後能率性，率性而後能盡性，盡性而後能至命。故天命之性，蘊之於内則謂之天德，發之於外則謂之王道。而王道之大，孰有過於位天地育萬物者乎？」

《中庸》曰：率性之謂道。林子曰：「率性而行都是天則，然性無不包，而天下之道盡於此矣。故率性則發皆中節，率性則所欲不踰，率性則不思而得，不勉而中，率性則無意、無必、無固、無我，率性則可以盡人物而參三才，率性則可以先天先地、神鬼神帝，率性則可以同體太虛，而太虛在我。」

又 道書曰：性由自悟，命假師傳。林子曰：此乃有所謂機焉，而感通之際，或有以觸其機而動焉，性其有不神乎？於是而究其神之所從萌也，則可以知機而悟性矣。然此余得而言之，而非其至也，至矣則余惡得而言之。故曰性由自悟。若儒門之唯，釋氏之微笑，豈非其自悟邪？而眞機之相爲感通也，且不可以測識，而况可得而言哉？至於所謂命者，天地人物之所由以生焉者也。故天，氣也，氣則有時而壞，而天之所以爲天，超乎其氣而不壞者，果孰爲之也？地，形也，形則有時而壞，而地之所以爲地，超乎其形而不壞者，果孰爲之也？人則有心身矣，心身亦有時而壞，而人之所以爲人，超乎心身而不壞者，果孰爲之也？得此欛柄，則自有不死者在焉。」故曰：朝聞道，夕死可矣。「然則命其一太虛歟？」林子曰：「安可即謂之太虛？故謂之命不太虛也，則著於有，有則只可以名氣，不可以名命。若謂之命，即太虛也，則落於無，無則安能生氣生形？而天而地而人耶？非有非無，無聲無臭，其殆不可得而致思，不可得而擬議者乎！故舜之德曰玄德，文王之德曰不顯之德，亦惟其有得於此，盡性而至命爾。」

又 林子曰：「余之立教也，先以孝弟忠信、禮義廉耻，以盡人道而已矣。次而求放心，存心不失赤子之心，以明心法而已矣。又次而虛空本體，本體虛空，是乃百尺竿頭，更進一步，而所謂最上乘者，以復其心之本虛而已矣。若也不知人道，不明心法，而遽談盡性至命之學，則曰我能虛空矣者，妄也。」或問：「先生標摘正義中，有所謂性之神寄於心，命之氣寄於腎者，何謂也？」林子曰：「此乃所謂性命而神氣之，余蓋以人之所易知者而與之言，是亦不得已之意爾。而余心身性命圖説，大抵與正義相爲發明，亦或可以因此而持志存神，集義養氣，以漸契其性命之微矣乎。」

心爻

題解

林兆恩《三聖正宗・心爻》 或問：「學从爻，覺亦从爻，其旨何如？」林子曰：「即心即爻，而吾心之爻之中，本無心也，本無極也。而所謂河圖者在我。一念未起，未發之中也，無心而有心也，無極而太極也。而所謂洛書者在我，感而後應，發皆中節也。然有太虛而後有太極，有太極而後有陰陽，有陰陽而後有五行，有五行而後有八卦，有八卦而後有六十四卦，有六十四卦而後有三百八十四爻，三百八十四爻即一爻也。而太虛，而太極，而陰陽，而五行，而八卦，而六十四卦，而三百八十四爻，而無不備於吾心之爻之中矣。《易》曰：聖人有以見天下之動，而觀其會通，以行其典禮，繫辭焉以斷其吉凶，是故謂之爻。又曰：爻者，效此也。又曰：爻也者，效天下之動也。又曰：道有變動曰爻。故天之所以爲天，地之所以爲地，人之所以爲人者，有不皆備於吾心之爻之中乎？皇之所以爲皇，帝之所以爲帝，王之所以爲王者，有不皆備於吾心之爻之中乎？儒之所以爲儒，道之所以爲道，釋之所以爲釋者，有不皆備於吾

心之爻之中乎？故以此而學，則爲學之大也。以此而覺，則爲覺之先也。」

論說

林兆恩《三聖正宗・心爻》　林子曰：「易與天地準，朱子謂之易書卦爻具有天地之道也。故能仰觀天文，俯察地理，以知幽明之故，以知死生之説，以知鬼神之情狀，以通晝夜，而知範圍天地，曲成萬物，而吾心之爻之中則備矣。」

林子曰：「天地設位，聖人成能，人謀鬼謀，百姓與能，而吾心之爻之中則備矣。」

林子曰：「和順於道德而理於義，窮理盡性以至於命，而吾心之爻之中則備矣。」

林子曰：「天地定位，山澤通氣，雷風相薄，水火不相射，而吾心之爻之中則備矣。」

林子曰：「法象莫大乎天地，變通莫大乎四時，懸象著明莫大乎日月，崇高莫大乎富貴，備物致用，立成器以爲天下利，莫大乎聖人，探賾索隱，鈎深致遠，以定天下之吉凶，成天下之亹亹，莫大乎蓍龜，而吾心之爻之中則備矣。」

林子曰：「詩人性情之正，春秋是非之公，大禮與天地同節，大樂與天地同和，而吾心之爻之中則備矣。」

林子曰：「吾心之爻之中，無所不備，而物並育焉，道並行焉，而川流，而敦化，此聖人之所以爲大者，與天地同也。」

林子曰：「吾心之爻之中，而聰明睿知皆由此中出也，而有容，而有執，而有敬，而有别，而無不皆備於我矣。溥博如天，何其大也。淵泉如淵，何其深也。而時出之，何其神妙而無方也。然豈曰見莫不敬，言莫不信，行莫不悅爲己哉？而日月所照，霜露所隊，凡有血氣，莫不尊親矣，此聖人之所以能配天也。」

林子曰：「吾心之爻之中，何其肫肫之至仁也。天下之大本於此而立焉，天地之化育於此而知焉，天下之大經於此而經綸焉。天固大矣，淵固深矣，而吾心之爻之中則有大於天而深於淵矣。」

林子曰：「君子之所以不可及者，非他也。吾心之爻之中也，夫誰得而知乎？得而見乎？故能不動而敬也，不言而信也，不賞而勸也，不怒而威也，篤恭不顯，百辟其刑。故曰：無聲無臭至矣。而吾心之爻之中，夫豈有聲臭之可言邪？」

林子曰：「性與天道，皆備於吾心之爻之中矣。《易》曰盡性至命。而人之性，物之性，天地之性，亦皆備於吾心之爻之中矣。然有命而後有性，性既不可得而言矣，而况命乎？而所謂命者，何有於人，何有於物，何有於天地而無所不具焉者也？其曰天道者，蓋道之大原出於天。而天也者，自然而已矣。性命於天，道率乎性，夫誰得而言之？既不得而言之，則亦誰得而聞之？若子貢則求之言矣，故曰不可得而聞也。」

林子曰：「韶樂之盡美而又盡善者，而皆備於吾心之爻之中矣，故曰性之也。」

林子曰：「誠者天之道也，而皆備於吾心之爻之中矣。故能不勉而中，不思而得，而爲從容中道之聖人也。」

林子曰：「吾心之爻之中者，誠也。而形而著，而動而變而化，亦皆自然而然也。」

林子曰：「吾心之爻之中，孟子所謂故也。仁義禮智之根於心也，當仁而即仁，當義而即義，當禮而即禮，當智而即智者，利也。故一也者故也，而一以貫之者，利也。中也者故也，而發皆中節者，利也。至於無意無必、無固無我，而耳順、而從心所欲不踰矩，又至於建天地，質鬼神，考三王，而俟後聖博厚而載物也，高明而覆物也，悠久而成物也。夫豈必待見而章，待動而變，待爲而成邪？雖有亦足以發之顏子，而猶曰欲從之末由，此孔子之所以罕言也。」

林子曰：「天下之至尊至貴而皆備於吾心之爻之中，而天爵固在我矣，故曰夫莫之命而常自然。」

林子曰：「可仕則仕，可止則止，可久則久，可速則速，而孔子之時中則皆備於吾心之爻之中，順以應之而非有加也。」

林子曰：「乾知太始，坤作成物，而乾知坤作皆備於吾心之爻之中

矣。乾以易知，坤以簡能，而易知簡能皆備於吾心之㸚之中矣。」

林子曰：「君子將有爲也，將有行也，問焉而以言其受命也如嚮，無爲遠邇幽深。遂知來物莫不備於吾心之㸚之中，而天下之至精在我矣。」

林子曰：「參伍以變，錯綜其數。通其變遂成天地之文，極其數遂定天下之象，莫不備於吾心之㸚之中，而天下之至變在我矣。」

林子曰：「易無思也，無爲也，寂然不動，感而遂通天下之故，莫不備於吾心之㸚之中，而天下之至神在我矣。」

林子曰：「天生神物，聖人則之。天地變化，聖人效之。天垂象，見吉凶，聖人象之。河出圖，洛出書，聖人則之。而其所以則之效之象之，無不備於吾心之㸚之中矣。」

林子曰：「聖人立象以盡意，設卦以盡情僞，繫辭焉以盡其言，變而通之以盡利，鼓而舞之以盡神，而無不備於吾心之㸚之中矣。」

林子曰：「形而上者謂之道，形而下者謂之器，化而裁之謂之變，推而行之謂之通，舉而措之天下之民謂之事業，而無不備於吾心之㸚之中矣。」

林子曰：「脩己以敬，而心主於吾心之㸚之中矣，而安人安百姓，乃吾心之㸚之中本如是其大也。」

林子曰：「至誠之道，可以前知，乃吾心之㸚之中本如是其神也。」

林子曰：「孔子樂在其中，回也不改其樂，乃吾心之㸚之中本如是之眞樂也。」

林子曰：「不識不知者，文王也。吾有知乎哉？無知也，孔子也。乃吾心之㸚之中本如是之空空也。」

林子曰：「仰之彌高，鑽之彌堅，瞻之在前，忽焉在後，乃吾心之㸚之中本如是之無窮盡無方體也。」

林子曰：「吾心之㸚之中，自有眞知者在焉，故曰：知之爲知之，不知爲不知，是知也。孟子曰：不慮而知，知之本體也。」

林子曰：「吾心之㸚之中，而正覺在我矣。不逆不億，感而通之者，利也。《詩》曰：有覺德行。孔子曰：抑亦先覺。孟子曰：予天民之先覺者。」

林子曰：「吾心之㸚之中者，中道也。立者立此也，從者從此也，而躍如之秘蘊於此矣。」

林子曰：「至善之地，乃吾心之㸚之中所當止之處也，而《大學》之所謂止至善者是也。若《中庸》所謂不明乎善者，蓋不明乎吾心之㸚之中之至善也。孔子曰：未見其止也。豈其至善之地之所當止者，而顏子尚未之見邪。」

林子曰：「吾心之㸚之中，可欲之善也，而信而美而大，而聖而神，以盡吾心之分量，而非有他也。」

林子曰：「吾心之㸚之中，自有德之可尊，自有義之可樂。故達則爲天下，窮則爲萬世，而天下萬世皆吾度內，而在於吾心之㸚之中矣。」

林子曰：「不忍人之心，乃吾心之㸚之中之眞心也。人皆有所不忍人之眞心矣，以心感心，豈不冒天下於無外哉？故曰：治天下可運之掌。」

林子曰：「吾心之㸚之中，乃百姓之所日用而自不知爾。在君則用之以爲忠，在親則用之以爲孝，莫非吾心之㸚之中之所作用矣。」

林子曰：「人之有道也，而皆有此秉彝之常性也。而曰使自得之者，蓋得其所自有之常性，而各具於吾心之㸚之中矣。」

林子曰：「堯舜以此吾心之㸚之中，以開道統之傳也。而其所見知聞知者，蓋不過以此吾心之㸚之中而見而聞，而自有相感通者在焉。」

林子曰：「見禮知政，聞樂知德，一皆本於吾心之㸚之中，而自有曠百世而相感通者在也，故曰：莫之能違。」

林子曰：「至大至剛之氣而塞乎天地之間者，蓋自吾心之㸚之中，以直養之而非他也。」

林子曰：「無適無莫，義之與比。蓋自吾心之㸚之中發出來者，義也。故曰義內而根於心，此孔子之所以無可無不可也。」

林子曰：「光被四表，格于上下，皆直從吾心之㸚之中發出來爾。日月照臨，光于四方，皆直從吾心之㸚之中發出來爾。明光于上下，勤施于四方，皆直從吾心之㸚之中發出來爾。」

林子曰：「孔子燕居則申申夭夭，三變則儼然而溫而厲，鄉黨恂恂，宗廟朝廷惟謹，與下大夫言侃侃，與上大夫言誾誾，見齊衰者必變，見冕與瞽者以貌，不尸不容，變食遷坐，色勃足躩，趨翼踧踖，怡怡與與。非

外也，皆直從吾心之爻之中發出來爾。」

又 林子曰：「吾心之爻之中，可以明於天之道，可以察於民之故。」

林子曰：「能知吾心之爻之中，則能知進退今亡，而不失其正也。」

林子曰：「以吾心之爻之中以爲學也，而學術貫乎天人。」

林子曰：「以吾心之爻之中以爲學也，而心思通乎性命。」

林子曰：「以吾心之爻之中以爲學，而天地之所以覆載者在我矣。」

林子曰：「以吾心之爻之中以爲學，而日月之所以照臨者在我矣。」

林子曰：「以吾心之爻之中以爲學，而四時之所以錯行者在我矣。」

林子曰：「以吾心之爻之中以爲學，而鬼神之所以屈伸者在我矣。」

天人一氣

題　解

林兆恩《三聖正宗·天人一氣》 或以病造林子，而求所謂孔門心法者，林子笑曰：「顏子三十二而卒，而伯牛之疾則曰亡之命矣。夫豈其不知孔門心法邪？譬之草木，有根則生，無根則死，而非人之所能爲也。余惟小試而利導之，庶有微效，或足以興起其爲賢作聖之心，亦或足以發明體胖根心等章，殆非孔曾思孟罔人之語爾。」

林子曰：「世之治學術而病學術者多矣，兼愛則爲仁之病也，爲我則爲義之病也，不動心則爲心之病也，疏釋則爲孔曾思孟之書之病也。故達而行其道，而人不病於政治，則堯舜其人也。窮而明其道，而人不病於學術，則仲尼其人也。今皆病於學術矣，而仲尼之心法不著意者，疏釋盛而議論多，主於先入而揣度逆億以自鑿其智乎！此古今之病之最大也，而其爲害也，殆有甚於夷狄猛獸。余爲此懼，則亦安能得倉扁之聖藥，播其方於遠邇，以瞑眩此先入者流乎？」

論　說

林兆恩《三聖正宗·天人一氣》 林子曰：「夫天至大也，而其絪縕之氣，其殆充周而不可窮者乎。夫人之生於天地間也，而其剛大之氣，其亦充周而不可窮者乎。然天之氣之所從生也，蓋蘊於天地之土中，而無盡藏矣。人之氣之所從生也，蓋蘊於人身之土中，而無盡藏矣。故堯舜太和之氣，孔孟浩然之氣，皆由此土中出矣。若也不知人身之土中，即是不知所以養之，而曰我之氣能與天地相流通也，余弗能知之矣。」

林子曰：「天人之際惟一氣之相爲闔闢，相爲聯屬已爾，而非有二也。」或問：「天人異矣？而曰一氣相爲闔闢，相爲聯屬者，何也？」林子曰：「天人豈異邪？故我而呼也，則天地之氣於焉而發而散；我而吸也，則天地之氣於焉而翕而聚。不謂之我之氣與天地之氣相爲闔闢，相爲聯屬邪？天地而春也，則我之氣於焉而溫而和；天地而秋也，則我之氣於焉而嚴而肅。不謂之天地之氣與我之氣相爲闔闢，相爲聯屬邪？此蓋天人相與之微，一氣之感通者然也。」

或問塞乎天地之間，林子曰：「天地即我，我即天地。故匹夫匹婦含冤呼天，天且爲之烈風，爲之迅雷。夫匹夫匹婦至微也，又安足以動天地，而烈風而迅雷邪？天地也，風雷也，匹夫匹婦也，蓋渾淪於絪縕一氣之中。譬手足之疾痛也，而心輒爲之不寧矣。故時而夏焉其氣熱，即不特近而四海之內，而遠且四海之外，亦皆夏也，皆夏則皆熱也。時而冬焉其氣冷，即不特近而四海之內，而遠且四海之外，亦皆冬也，皆冬則皆冷也。此非其渾淪一氣，而塞乎天地之間之明驗與？」又問：「氣本塞乎天地之間矣，而孟子則曰直養無害，則塞乎天地之間者何也？」林子曰：「自夫人未有所養之先，而我則渾淪於天地絪縕之氣之中，我即天地，而非有二也。自夫人既有所養之後，而天地則渾淪於我浩然之氣之中，天地即我，而非有二也。」

林子曰：「天人一理，本無分別。若我果能執其機矣，其天地之寒暑日月，往來於吾身天地之間乎；其吾身天地之寒暑日月，往來於天地之

間乎。」

或問氣無古今，林子曰：「唐虞之時，堯舜則有是氣矣，由唐虞以來至於春秋，亦莫非是氣之充滿也。春秋之時，仲尼亦有是氣矣，由春秋以來至於今，亦莫非是氣之充滿也。由此觀之，氣其有古今也哉？」「夫既曰無古今矣，而又曰無終始者何也？」林子曰：「天地其有始乎？而是氣也，則始天地以爲始，而未始有始焉者矣。天地其有終乎？而是氣也，則終天地以爲終，而未始有終焉者矣。由此觀之，氣其有終始也哉？既無古今，復無終始，則是氣也，不謂之充滿太虛而未嘗息者乎。故天地非我之氣則無以位，日月非我之氣則無以明，四時非我之氣則無以序，鬼神非我之氣則無以靈，萬物非我之氣則無以長無以生。而聖人之所以參贊化育，以位天地，以明日月，以序四時，以靈鬼神，以生以長萬物，而莫非是氣之所爲也。故得是氣也無生無死，即有死者身，孔子所謂夕死可也。失是氣也有生有死，即不死者身，孔子所謂罔而生也。」又問氣之所從生，林子曰：「太虛而已矣，太虛者先天也，先天不屬氣，其乃氣之所從生乎。」「夫如此則我與天地一太虛也，而是氣也，不於太虛中而自相流通者乎？」林子曰：「我其專矣翕矣，而天地之氣有不凝聚乎？我其直矣闢矣，而天地之氣有不發散乎？然而專也直也，翕也闢也，其我乎？其天地乎？故我之專也直也，翕也闢也，天地也，天地之專也直也，翕也闢也，我也。」

程子曰：「醫書以手足痿痺爲不仁，此言最善名狀。」或問：「何謂也？」林子曰：「氣本充塞於其身，暴其氣焉則是不仁於其身。氣本充塞於天地，暴其氣焉則是不仁於天地。」又問：「何以仁之？」林子曰：「直而養之以仁其身，則四肢以暢。而是氣自充塞於一身之間者，本體之自然也。直而養之以仁天地，則萬物以育。而是氣自充塞於天地之間者，本體之自然也。孟子曰氣體之充也，又曰塞乎天地之間，是雖有天人大小之不同，而其所以充而塞之者，則固無二道也。」

林子曰：「以其心而言之，心固我之心也，而天地之內天地之外孰非我之心乎？故曰：吾之心正則天地之心亦正。以其氣而言之，氣固我之氣也，而天地之內天地之外孰非我之氣乎？故曰：吾之氣順則天地之氣亦順。此聖人之所以聯屬天下，以成其仁，而天地萬物莫非已也。」

或問：「不位不育，豈非天地之病與？又將何以成能而仁之？」林子曰：「老者安之，朋友信之，少者懷之。鳥獸魚鼈，自爾咸若。凡有血氣，莫不尊親，亦惟心和氣和，以位以育，仁之以成其能也。」

或問：「人爲天地之心與？」林子曰：「非以人爲天地之心也，而以人而聖人之，乃天地之心也。若不有聖人焉，則天地孰與位之而成其能乎？萬物孰與育之而成其能乎？」

或問天地絪緼之氣，林子曰：「譬之水焉，堯舜則澄而清之，太和之洋衍也。桀紂則濁而垢之，穢德之上聞也。」

程子曰：「至仁以天地爲一身。以天地間品物萬形爲四體百骸，故堯舜以太和之氣充乎天地之身，而湯武之師乃去其所垢病，廓而清之爾。堯舜湯武豈非所謂成能天地，位育萬物者乎？」

或問：「林子之所雅言者，孔曾思孟之書作聖之功也。然而從林子受業，而病能愈者何也？抑豈其孔曾思孟之書，而作聖之功固如此邪？」林子曰：「是亦孔曾思孟之書而作聖之功，可少槩見於此矣。故仁義禮智之根根於心，猶草木之根根於土。草木之根根於土。自然暢茂而條達，仁義禮智之根根於心，自然生色而睟面。孟子又曰：居移氣，養移體。而况居天下之廣居者乎？能居天下之廣居，則其所以生色睟面。而移氣移體者，又當何如邪？《大學》曰心廣體胖。心既廣矣，體復胖矣，而謂病之不去體者妄也。至若枝葉之或憔悴而枯槁也，則又如之何？亦惟直從於其根焉而培之而漑之，培之漑之，而生意有不復息乎？蓋草木之根病則枝葉病，草木之根不病則枝葉不病。若人之心猶草木之根也，心病則身病，心不病則身不病。故身病由於心病，而體胖數語乃去病之妙方也。修身在於正心，而體胖數語乃爲學之聖藥也。」

林子嘗曰心病則身病，而何氏子惑焉，何氏子曰：「我豈特不釋然於林子之旨，亦且不釋然於孟子之言。」潘生曰：「孟子何言？」何氏子曰：「根心而睟面也。」潘生曰：「子獨不見愧一生於心，而面便赤者乎？」於是何氏子始以孟子之言不誣也。潘生以告，林子曰：「爾之言豈不然哉？謨蓋都君，二嫂朕棲，古今之大惡也。一見舜之頃，而輒生忸怩之色者，聖人俄頃之化，睟面之明驗也。然非特睟面之爲然也，胸中正則眸子瞭焉，胸中不正則眸子眊焉，不謂之根心而見於目乎？將叛者其

辭慙，中心疑者其辭支，不謂之根心而見於言乎？甚而志在高山則曰巍巍，志在流水則曰蕩蕩，不謂之根心而見於一指之微乎？高山流水且不能匿於一指之微，而播於聲音如此。如無有爲賢作聖之心則已，如有爲賢作聖之心，則其所以戒愼恐懼，而謹之於一念之微者，眞不可一息而少懈也。」

或問：「去病作聖則固有同與？」林子曰：「心法一也，非惟足以去病，亦且足以作聖。非惟足以作聖，亦且足以位天地育萬物。」又問：「心之用至於如是，其大與？」林子曰：「心之分量本如是，而非大也。故即此心法以去病，即此心法以作聖，非有二也，特其去其所以害我尺寸之膚，澄其所以穢我清明之躬者，而有大小之別爾。即此心法以養其氣，而充乎其體，即此心法以養其氣，而塞乎天地，非有二也，特其充滿於一身之內，流行於宇宙之間，而有遠近之殊爾。」

林子曰：「孔門傳授心法，自漢以來，世儒鮮有知之者。惟此心法見之於言則爲法言，惟此心法見之於行則爲法行。惟此心法小而試之可以却病，可以養身；大而用之可以爲賢，可以作聖。若徒藉之以去病以養其不肖之身，病既已矣，則諸凡有違心之事，亦或冒而爲之，殆非余少試之初心也噫！」

七竅

題解

林兆恩《三聖正宗・七竅答問》 或問：「聖人之心，果有七竅歟？」林子曰：「非惟聖人之心爲然也，是雖常人之心亦皆有之。」其人異之，林子曰：「不足異也，聖人之心有七竅，而常人之心亦有七竅，猶聖人之身有九竅，而常人之身亦有九竅也。夫外之九竅既不異矣，而內之七竅有不同乎？余今且先以外之竅，若耳若目以開子之迷矣，而子其試聽之。古人有言曰：五聲令人耳聾，五色令人耳盲。豈眞謂耳之聾有所不聞，目之盲有所不見邪？特以其聽所不當聽，視所不當視，而以爲聾爲盲爾。《大學》曰：視而不見，聽而不聞。是蓋以其心之有所於奪而不見而不聞，而非他也。且子獨不思聖人之耳之目，與常人不異矣。而聖人則謂之聰，謂之明者何也？又不思常人之耳之目，與聖人不異矣，而常人則謂之聾謂之盲者何也？豈非聖人之耳之目聽所當聽，視所當視，而謂之聰而謂之明與？又豈非常人之耳之目，聽所不當聽，視所不當視，而謂之聾而謂之盲與？故耳不聽惡聲，目不視惡色者，伯夷也。而耳逐於聲而爲聲所奪，目逐於色而爲色所奪者，則非伯夷矣。」或問：「心是聖人，既已習知夫子之教矣，而聖人之通達萬變，豈不從心中之七竅出與？」林子曰：「然。」又問：「常人既有此七竅矣，而不聖人者何也？」林子曰：「常人何嘗不聖人耶？但李杜迷其竅於詩，而不聖人也。韓柳迷其竅於文，而不聖人也。孫吳迷其竅於譎正，而不聖人也。蘇張迷其竅於從衡，而不聖人也。若此數君者，果能反其竅而聖人焉，又安知其不聖人邪？《書》曰：惟狂克念作聖。而況非狂者乎？」

林子曰：「荒其學於多識，役其知於偏物者，忘其竅而不自知其心，是聖人也。」

論說

林兆恩《三聖正宗・七竅答問》 或問：「夫子每曰竅一也，心之竅則能知，猶口之竅則能言者何也？」林子曰：「吐辭爲經，矢言爲訓，豈非從聖人之口中出邪？而聖人之始生也，則亦赤子矣，口即能言乎？否也。聰明睿知，千變萬化，豈非從聖人之心中出邪？而聖人之始生也，則亦赤子矣，心即能知乎？否也。譬之反舌無聲，竅尚未開也。春至能言，則其竅開矣。若二八之男，二七之女，生人之竅既開，而始有父母之道焉。推之至於一牝一牡，一雌一雄，又推之至於極微極細，而凡有血氣者莫不有竅，莫不有知，莫不有此生道也。夫豈惟曰人曰物爲然哉？是雖天地之大亦且不能違矣。而春而夏，則以生以長。而秋而冬，則以收以藏。若不得其心之竅而曰能聖也，則余不能知之矣。」

林子曰：「蘇張而赤子也，口之竅尚未開焉，是雖期吃之徒亦能勝之矣。及其長也，合從連衡以雄天下，而天下之辯士誰能及之？仲尼而赤子也，心之竅尚未開焉，是雖庸鄙之未亦能勝之矣。及其長也，聰明睿知以高萬古，而萬古之賢聖誰能及之？」

林子曰：「奪於五聲以塞其耳焉，而欲爲師曠之聰，不可得已。奪於五色以蔽其目焉，而欲爲離婁之明，不可得已。奪於五欲以亂其心焉，而欲爲孔子之聖，不可得已。」

林子曰：「余嘗譬之掘井矣，得其竅以及泉也。又嘗譬之鑿牖矣，得其竅以通明也。若不得其心之竅以作聖焉，則又何異於就石田以種黍，鬻石女以謀嗣也，不其難乎？」

林子曰：「竅惟虛也，虛則能靈，靈則能知矣。若物之以塞其竅焉，則竅爲有物矣。竅既有物則便不能虛，不虛則便不能靈，不靈則便不能知不能覺。故曰致知在格物。大學之所謂物者，非但曰物欲之物也，或稍有絲毫意見以存乎其中焉，即名爲物。物則不虛，虛則不物，物則失其心之本體矣，豈曰人性之初哉？故學也者學以復其性之初也。」

或問闔戶之坤，闢戶之乾。林子曰：「諸凡形而塞者盡屬之坤矣，諸凡氣而通者盡屬之乾矣。故坤闔戶也，而雷霆出地而震，草木出地而芽，山川出雲而通氣者，不謂之闢戶之乾乎？」又問：「乾闢戶也，坤闔戶也，而畫之爻則曰乾三坤☷者何也？」林子曰：「☷之戶本自闔也，而三之徤則往來乎其間而闢矣，故☷之中三也。」

或問：「吾身之中何者爲乾坤之戶？」林子曰：「今槩以一身言之，乾爲首，坤爲腹。由是觀之，則首與腹乃乾坤之戶也。又專以心腎言之，心離也，離屬火，而神存焉，以思以慮，若其始之未能思未能慮也，是亦乾而已矣；腎坎也，坎屬水，而精存焉，以生以育，若其始之未能生未能育也，是亦坤而已矣。故伏羲之易則先天矣，乾南而坤北者，其戶闔也。文王之易則後天矣，離南而坎北者，其戶闢也。」「如此則乾闢坤闔之説非與？」林子曰：「何可非也？而先天後天之説，蓋以坤之闔處即爲坤矣。」

林子曰：「余之學淘沙見金者二：有淘心中人欲之沙，以見天理之金，而七竅本自啓者；有淘身中濁氣之沙，以見清氣之金，而七竅亦能開者。」或曰：「濁人欲之沙於其心焉，則吾既已知之矣。而曰淘濁氣之沙於其身焉，乃吾之所未喻也。」林子曰：「人孰無心也，人之心孰無此七竅也，特爲有知有識者，而人欲之沙荒此七竅而迷矣。又爲無知無識者，而濁氣之沙蔽此七竅而迷矣。子曷不觀之目若耳乎？豈必奪於五色而令目盲也？而胬肉攀睛則目不能見；豈必奪於五聲而令耳聾也？而結核內塞則耳不能聞。夫耳目則亦有然者，內觀七竅，亦復如是。又曷不觀之水與月乎？水之流乎其渠者達也，苟有以壅之則水不能流；風之入乎其竅者虛也，苟有以實之則風不能入。夫物則亦有然者，反觀七竅從可知矣。」

雜録

黄九思《七竅答問小跋》　邇者吾師龍江先生所著《心本虛篇》，心本虛直指絲銀喻及此七竅答問。九思既焚香拜讀而卒業矣，乃問於先生曰：「所謂七竅者非靈關之謂與？而所謂神理者又非寶藏中之絲銀與？」先生曰：「然。」「然則何者謂之神理？」先生曰：「見父之頃而孝之理即在焉，見君之頃而忠之理即在焉，見孺子入井而怵惕惻隱之仁理即在焉。不待安排，不待擬議。譬疾呼谷中，其應至速，不謂之神理而何？」「夫神理固從七竅中出矣，而七竅之未即能通也，又將何以啓之？」先生曰：「汝不觀之易乎？重坤而其陽來復也，兼艮而其道光明也。」九思曰：「豈非《大學》所謂止而定，定而靜，靜而安，而能慮能得，乃由此其基乎？」先生曰：「然。」於是命九思紀之，而敬書卷後。

心本虛

題解

林兆恩《三聖正宗・書心本虛篇卷端》　夫《魯論》一書，是以聖人

之心，而言聖人之道者，尙矣！若曾子之《大學》也，子思之《中庸》也，《孟子》之七篇也，皆以大賢之資述其所聞，而言聖人之道，抑足以發明聖人之心者。次也由孔孟以來至於今，豈惟無有乎聖人生於其間，以言聖人之道邪？而其言者則又失乎聖人之所謂道矣。余愧非賢者，無所比數，但昔者嘗竊聞之而有所謂孔門心法焉，故不揣分，乃謬以心法而強言聖人之道者，豈不自知僭妄，冀以俟來者之折衷云。

論說

林兆恩《三聖正宗・心本虛篇》 或問：「聖人貴虛歟？」林子曰：「然。程子曰：『虛者道之祖』。天地從虛中來，故天地以虛爲德，聖人亦以虛爲德。」又問：「聖人豈其盡天地萬物而虛之，孑然一身，獨立於人世之間耶？」林子曰：「此世俗之謬談，而非聖人之所謂虛也。聖人之所謂虛者，虛其心也，又況心本虛焉。而聖人惟復其本體之虛之自然爾，虛心以應世，故可以富貴，可以貧賤，可以患難，可以夷狄，境不礙心，心不礙境。故曰：心兮本虛，應物無迹。豈其孑然獨立，而盡天地萬物而虛之者虛也？」

林子曰：「心惟其虛也，故能應物，而不凝滯於物。物之當仁也，則仁即此而在；物之當義也，則義即此而在。倏忽而仁，倏忽而義，蓋有竝行不悖而不自知矣。故曰：由仁義行，非行仁義也。若墨子之心則倚於仁矣，而應物則有仁之迹。楊子之心則倚於義矣，而應物則有義之迹。孔子曰：『我則異於是，無可無不可，廓然大公，物來順應。』豈其心之有所倚於仁，有所倚於義耶？故無物則虛，虛則無所倚，無所倚則無迹。」

林子曰：「喜怒哀樂未發謂之中，心兮本虛也。發而皆中節謂之和，應物無迹也。當喜而喜，當怒而怒，當哀而哀，當樂而樂，喜怒哀樂從何而發？而天地以位，萬物以育，豈非聖人虛而無我，故其功用則有若是其大歟？若《大學》所謂有所者，有我而不虛也。宋儒有言曰：人性上不容添一物，物則失其性而不虛矣。此《大學》之所以貴格物也。又曰：心虛然後一天下之動。惟虛故靈，靈則感應而無不遂通矣。惟虛故明，明則觸物而無不畢照矣。故有我則有所，有所則有物，有物則有迹。有我有所，豈其能虛？物而不虛，豈其無迹？」

林子曰：「心猶鏡也，虛而明者本體也。鏡中所照之物，物之影也。影有去來，若執去來之影以爲鏡者，妄也。然此心大而無外者，太虛也。心惟其太虛也，故能範圍天地而與太虛同體矣。余《心鏡指迷篇》謂鏡一物也，其厚不能分，而其徑又不能寸，中之所涵何其廣且遠也。況心則非銅非物，無方無所者乎。故曰：『萬物皆備於我』。我也者心也，心兮本虛，本無內外也。」

林子曰：「去來之影，鏡之照，鏡之用也，知鏡則知心矣。」或問：「何者爲心之用？」林子曰：「鏡之照即心之知也，照乃鏡之用，而知乃心之用也。」又問：「知固心之用矣，而曰知是心之本體，心自然會知也，此言非歟？」林子曰：「心之知，目之視，耳之聽，手之持，足之行，一也。視聽持行豈非耳目手足之用乎？」曰「然。」「然則視聽持行謂之用，爲耳目手足之本體也，可乎？」曰：「不可。」「夫視聽持行，既不可爲耳目手足之本體矣，而謂心之知，以爲心之本體也，可乎？余因之而例言之，而子其試聽之，子其曰知是心之本體，心自然會知，而子不以爲可乎？余今亦曰，聽是耳之本體，耳自然會聽。視是目之本體，目自然會視。持是手之本體，手自然會持。行是足之本體，足自然會行。而子亦以爲可乎？」「夫知既不爲心之本體，豈不曰無知也？乃而心之本體歟無知則似入於禪。」林子曰：「若文王之不識不知，孔子之『吾有知乎哉？無知也』，豈其禪邪？」

《論語》曰：空空如也。宋儒釋之，有曰空空者孔子也，有曰空空者鄙夫也。或問：「二說未知孰勝？」林子曰：「孔子空空也，鄙夫空空也，空空者本體也，孔子鄙夫一也。但孔子能復其空空之本體，而鄙夫則失其空空之本體矣。孟子曰『大人者不失其赤子之心』者也，故心之竅則能知，猶口之竅而能言也。赤子之無知，未能言焉者也；大人之無知無不知，能言焉者也。」「然則鄙夫其赤子歟？」林子曰：「赤子之心未嘗亡也，但鄙夫之無知猶人之患啞，竅尙未啓，一赤子也。至於變幻譎詐，不復有純一之心者，而人每以鄙夫目之。雖其有知，豈若無知。余嘗有言曰：鄙夫有二，有有知者，有無知者。故鄙夫之無知也，雖曰非大人之達

矣，而質在不欺，殆孔子之所謂空空焉者是也。若鄙夫之有知也，而變怪叵測，殆孔子之所謂無所不至焉者是也。」

或問：「孔子之空空，是亦天之太空，是亦天歟？」林子曰：「然。」「然則鄙夫之空空，是亦孔子，是亦天歟？」林子曰：「然。但鄙夫每自鑿其空空焉，故不孔子，不能天也。若見父即能孝，鄙夫與孔子有異乎？」曰：「不異也。」「見君即能忠，鄙夫與孔子有異乎？」曰：「不異也。」「見孺子入井即有怵惕惻隱之心，鄙夫與孔子有異乎？」曰：「不異也。」「此其虛心以應世，而孔子之天則固在也。至於不能忠，不能孝，不能仁，而曰鄙夫者何也？此蓋失其本虛之心，而鑿其天者然也。」

或曰：「莊生以虛爲達，固儒門所不道也，豈孔子之心亦貴虛歟？」林子曰：「世俗之人心不能虛，而以莊生爲藉口者然也。若孔子之心不虛，豈其能時，豈其無可無不可邪？若伯夷虞仲夷逸朱張，與夫荷蕢丈人沮溺者流，不曰世之稱賢哉？但其有所可於心，有所不可於心，故不能時，不能虛也。張子厚曰：『由太虛有天之名。』故天不虛則無以造物，聖人不虛則無以同天。且天之生人也，有耳有目有口有鼻，故自其統同者言之，則耳目口鼻同體之中，而未有異也。設有異焉，則不可謂之一本，難以統同。自其辨異者言之，則耳目口鼻異形之中而未有同也。設有同焉，則不可謂之萬殊，難以辨異。一本而萬殊，統同而辨異，此天地之太虛，故能生生化化而無迹也。若以虛爲儒門所不道矣，則天之太虛也亦皆爲儒門所不道歟！」

或問：「世俗之人以莊生爲藉口者何也？」林子曰：「世俗之人豈特事君之際，孔子所謂患得患失，無所不至焉已哉？即其一位之卑，一祿之微，一名之細，一利之小，則凡可以竊卑位、盜微祿、覬細名、獲小利者，何不爲也？」或曰：「莊生是歟？」林子曰：「余不知其是也，亦不知其不是也。但其達也，而祿位名利則不足以入其心矣。」

林子曰：「虛之用大矣。堯舜虛其心以處於父子之際，故可以禪受，不然則不仁。湯武虛其心以處於君臣之際，故可以放伐，不然則不義。周公虛其心以處於兄弟之際，故可以東征，不然則不悌。」

林子曰：「心惟其虛也，故能而敬而信以宰宇內。心惟其虛也，故能立德立言以教萬世。心惟其虛也，故能合德於天地，合明於日月，合序於四時，合吉凶於鬼神。心惟其虛也，故能盡己之性，盡人之性，盡物之性，參天地贊化育。」

林子曰：「心惟其虛也，可以語而足以興也，可以默而足以容也。心惟其虛也，可以出而不爲通也，可以處而不爲高也。」

吳有詞客，攜生平所撰詩若文十數卷，入閩造林子而問曰：「聖人果可學歟？」林子曰：「可。」「然聖人之心能通達萬變矣，抑豈後世之人之所能企而及哉？」林子曰：「聖人之心與我不殊也，心性神明不測，故能變化無方。今即子生平所撰詩若文而觀之，則子之心殆亦能通達萬變而聖人矣。」吳人瞿然異之，曰：「豈其然哉？」林子曰：「子而詩焉，能三百篇，能漢能魏，能六朝，能唐能宋能元。子而文焉，能典謨，能訓誥，能紀世家傳，能序能記，能頌能箴。又且能抑能揚，能縱能橫，能翕能張，能短能長，能製廟廊。黻冕之語，能裁山澤枯槁之言，能練釋氏空寂之句，能爛霞侶翩逍之章。若子者亦可謂通達於詩若文矣，此其本虛之心，故能變化有如此者。況以子之才，而志於聖人之學焉，則未有不聖人也，而通達萬變不於子之詩若文也，可槩見乎！」

或問：「心本虛矣，豈不先虛其心，以爲從入之門耶？」林子曰：「夫心本虛矣，而聖人之心又以虛爲大矣。若所從入之門，則先自存心焉始。故六十耳順，七十不踰矩，非以其十五志學，三十而立以爲從入之門邪？大而能化，聖不可知，又非以其可欲之善，有諸己之信，以爲從入之門邪？故曰下學而上達。子夏曰：『日知其所亡』，亡則操而存之矣。孟子曰：『君子之所以異於人者，以其存心也。』又曰：『所存者神。』若楊簡學於陸子靜者，而非孟子，則曰聖人之學不貴存，豈不遺厥下學所從入之門邪？故謂下學所以上達則可，謂下學即是上達則不可。余故曰：下學乃上達之基，而存心實虛心之本。自邇自卑，成章而達，而進德之序不可亂也如此。《論語》曰『君子敬而無失』，又曰『修己以敬』。敬也者，心之主乎中也。豈非所謂心在腔子裏，求其放心而存心邪？宋儒有言曰：『心有主則能不動。』又曰：『有主則虛』，虛則邪不能入，無主則實，實則邪能入之。世之儒者不知主敬，而爲位祿名利所入，猶然自以爲得者何與？不惟仲尼之門所不道，而亦且羞稱於莊生者流矣，豈不哀哉！」

時有儒名而禪學者，造林子而問曰：「孔子教人果有法歟？」林子曰：「然。」「抑孔子教人之法果以存心爲如歟？」林子曰：「然。」「夫孔門教人之法既先存心矣，而釋氏之教則異於是焉。七處微心皆云是妄，又焉用法而先存心邪？」林子曰：「釋氏之教余未之學也，然余嘗聞其槩矣。亦有心法，亦先存心。《金剛經》曰『法尚應捨，何况非法』，則是釋氏亦有其法矣。又曰『一切聖賢皆以無爲法而有差別』，夫曰無爲法者，無爲爲之之不鑿也。《遺教經》曰：『心之可畏甚於毒蛇、惡獸、怨賊，大火越逸，未足喻也。』然能無制之之法邪？又曰：『當急挫之，無令於逸。縱此心者，喪人善事。制之一處，無事不辦。』又非所謂心在腔子裏而存心邪？由是觀之，則儒釋之道似亦有同焉，而子必欲逃儒以歸釋也何歟？」

林子曰：「世之學孔子而非孔子之道者二，或迷於物而不知所謂敬以存心者有之，或荒於虛而不屑所謂敬以存心者有之，此孔子之道之所以不著也。噫！」或曰：「夫荒於虛也，豈不流之而入於禪者非也？若夫既學孔子之學矣，而又迷於物也何哉？」林子曰：「余之所謂物者殆非可邇可殖之物，而迷之以溺其心也。昔宋謝顯道嘗錄古人善行，別作一冊，程明道見之，謂其玩物喪志。又嘗對明道舉史書成篇，不遺一字，明道曰：『賢却記得許多，可謂玩物喪志矣。』明道之所謂物，即乃余之所謂物也。」「夫以記誦博識而爲玩物喪志者，何也？」鄭轂曰：『心中不宜容絲髮事。然則程伊川所謂今日格一件，明日格一件也』，亦非與？」林子曰：「此頤不及家兄處也。」

夫既曰存心矣，而又曰虛心者何也？豈非有以存之而致其虛邪？林子曰：「此心本虛也，雖曰無待於致矣，若不有以存之，而能致其虛者，非也。若必有以存之，而能致其虛者，亦非也。蓋心一大虛也，太虛一心也，不貳不息之眞也，無聲無臭之至也，何思何慮之本體也。其曰存心者，心可得而存乎？其曰致虛者，虛可得而致乎？余故曰：有存便是妄，有致即不虛。又曰：放之則不存，任之豈能虛。」

林子曰：「盈天地間皆物也，皆物則皆道也，皆道則皆太虛也，皆太虛則皆我之心也。若雲而爛焉，雨而潤焉，山而青焉，水而流焉，鳥而飛焉，魚而泳焉，草而花焉，木而植焉，莫非物也，莫非道也，莫不混淪變化於此心太虛之中矣。然天地則有內有外，有先有後，而此心則徹內徹外，徹先徹後，感而遂通，用之無盡，是雖欲窮其用之所從來也，殆不可得而擬議而致思者。天地有壞，而此心不壞者，心本虛也。心本虛者，眞心也。故曰：太虛同體。太虛其有壞乎？太虛不壞。此心其有壞乎？惟此心也，天得之以爲天之心也，地得之以爲地之心也，人得之以爲人之心也。聖人之所以參兩三才而與天地同用者，此心本虛也。則亦誰得而測識之？若不識此心，而別求所謂心者，則皆妄心也。然妄心本無也，妄心既無，眞心自見。余嘗以此心語人，而人未有不驚且駭者。」「然此心不傳久矣，而子其孰授之？」林子曰：「得之太虛。」

時有遊於方之外而自號爲玄玄子者，造林子問心。林子既與之言矣，而玄玄子則曰：「此心何其大歟。若以此心烹媾而制煉之，能長生乎否也？」林子曰：「否。」「能冲舉乎否也？」林子曰：「否。」「能拔宅而上昇乎否也？」林子曰：「否。凡此皆寓言也。世豈眞有長生冲舉，與夫拔宅上昇也哉？借言有之，殆不過爲一身一家之謀爾，而非聖人之大也。」曰：「敢問聖人之大？」林子曰：「大莫大於太虛，而聖人之心則以虛爲大焉。是故長生不足大也，而以長生貳其心者，心不能虛矣。冲舉不足大也，而以冲舉貳其心者，心不能虛矣。拔宅不足大也，而以拔宅貳其心者，心不能虛矣。且子之學老氏之教也，而子獨不聞老氏之言乎？《道德經》曰：『先天地生巍巍尊高。』而後人釋之曰：有物先天地，無形本寂寥。能爲萬象主，不逐四時凋。豈不以心爲萬象之主，無形而太虛邪？今聆子之言也，是亦可謂高明之士矣，顧乃惑於迂怪之談而長生、而冲舉、而拔宅也何歟？而子又不聞存心致虛之言乎？」曰：「然。則孔子之心亦虛歟？」林子曰：「然。毋意毋必，毋固毋我。孔子之心不其虛乎？」若有所忿懥，有所恐懼，有所好樂，有所憂患，即是心不在焉，而心不能虛矣。此學者之所以貴存心以致虛也。」

林子每曰虛者，皆曰心之虛也，或問曰：「我與天地萬物也，其可得而虛乎？其不可得而虛乎？」林子曰：「不知也，縱或知之，又安得而言之？」又問，林子曰：「我其可得而虛乎？我其不可得而虛乎？不可得而知也，不可得而知，則亦不可得而言也。天地萬物其可得而虛乎？天地萬物其不可得而虛乎？不可得而知也，不可得而知，則亦不可得而

言也。要之，惟其心之虛焉盡之矣。故以我言之，心虛則我虛矣，我惟其虛也，誰非我者？而天地萬物亦莫非我也。以天地萬物言之，心虛則天地萬物虛矣，天地萬物惟其虛也，誰非天地萬物者？而我亦莫非天地萬物也。誰非我者？誰非不我者？誰非天地萬物者？誰非不天地萬物者？謂我非我者非也，謂我非不我者非也，謂我非天地萬物者非也，謂我非不天地萬物者非也。我也者我也，我天地萬物也。天地萬物也者，天地萬物也，天地萬物我也。誰得而我之？誰得而非我之？誰得而天地萬物之？誰得而非天地萬物之？故我無非我也，無非天地萬物也。天地萬物無非天地萬物也，無非我也。有我即不虛，即非我，即非天地萬物也。有天地萬物即不虛，即非天地萬物，即非我也。天地萬物其我乎？我其天地萬物乎？無不虛者，無非不虛者。不虛則我自我也，天地萬物亦自天地萬物。不虛則我不自我而天地萬物也，天地萬物不自天地萬物而我也。若曰我即天地萬物，則是知有我也，知有我則尚有我也。若曰天地萬物即我，則是知有天地萬物也，知有天地萬物則尚有天地萬物也。尚有我也，尚有天地萬物也，而我與天地萬物爲非一矣。然則我與天地萬物也爲一乎？爲非一乎？不可得而知，不可得而言。要之，惟其心之虛焉盡之矣。若滯其心以求心焉，則非聖人之所謂心，而莫非虛也。若滯於虛以求虛焉，則非聖人之所謂虛，而莫非心也。若滯於我以求我焉，則非聖人之所謂我，而天地萬物皆我也。若滯於天地萬物以求天地萬物焉，則非聖人之所謂天地萬物，而我皆天地萬物也。故我與天地萬物皆備於虛矣，皆備於虛則皆備於心矣。而欲致其心之虛以虛我也，以虛天地萬物也，又惟於其誠焉盡之矣。然誠也者天之道也，寂然不動者誠也，而強恕而行，又非其所以從入之門乎！」

或問：「誠豈能虛邪？」林子曰：「心本虛也，心本寂然不動而誠也。動則妄矣，即不能虛。故外而動於聲色臭味者妄也，內而動於意必固我者妄也。周子曰：無妄之謂誠。而誠也者，其心之所由以虛乎。故寂然不動者誠也，誠即虛也，而非謂寂然不動之外而復有所謂誠，所謂虛也。」「然而妄心可得而滅乎？」林子曰：「妄本無妄也。夫亦復其無妄之本體爾矣，而又奚待於滅邪？故滅之而動其心焉，是亦妄也。」又問其所以復之，林子曰：「滅之既無所於滅矣，而復之又豈有所於復哉？」

夫既曰妄而滅之，無妄而復之，而又曰滅之無所於滅，復之無所於復者何也？林子曰：「子其反觀子之心矣，心之本體其妄邪？其無妄邪？無妄則無所於滅，而滅之者非也。無無妄則無所於復，而復之者非也。滅之者非也，而曰滅者其有得而滅邪？其無得而滅邪？復之者非也，而曰復者其有得而復邪？其無得而復邪？其曰有得而滅者，而所滅也果何妄邪？其曰無得而滅者，又何其無妄之可滅邪？其曰有得而復者，而所復也果何無妄邪？其曰無得而復者，又何其無無妄之可復邪？故本無妄也，本無妄之可滅也。本無無妄也，本無無妄之可復也。蓋心之本體本如是其虛矣，豈其妄也而有妄之可滅邪？豈其無妄也而有無妄之可復耶？」

林子曰：「心其有妄邪，心之有所於交，而憧憧往來者，其妄心乎。心其有無妄邪，心之無所於感而寂然不動者，其無妄心乎。由是觀之，動心之謂妄，動而妄者妄心也。不動不妄，妄復無妄者，無妄心也。要之，聖人之心惟其虛矣。故聖人之心惟其虛也，而心且忘矣，況其心之妄，心之無妄也，得而知乎？妄不知也，無妄不知也。又況其妄而滅之，無妄而復之，得而知乎？妄而滅之，無妄而復之，固不知也，而其心之虛也，亦不知之乎。殊不知虛也者虛也。心之虛也，心存於虛，心即不虛。心既不虛，何以能聖？然而未至於聖人者，則又如之何？故不知其心之有定在也，而不有以存之不可也。不知其心之無定在也，而不有以虛之不可也。不知其心之妄也，而不有以滅之不可也。不知其心之本無妄也，而不有以復之不可也。故善教者，其藉此以爲教人之法乎，善學者其藉此以爲所從入之門乎。」

或曰：「心之有定在也，豈非所謂制之一處，心在腔子裡而心存邪？若夫心之無定在也，則吾不能知之矣，敢問？」林子曰：「五臟之心猶五行之火也，石其有火乎？而擊之而火者，眞火之蘊於其中矣。人其有心乎？而觸之而心者，眞心之蘊於其中矣。故色之觸乎其目也，而心即在目而能見矣。聲之觸乎其耳也，而心即在耳而能聞矣。余因是而推之，心本虛者，眞心也，不有以觸之則已，苟即其身而偏觸之，則皆身也，則皆心也，心其有定在乎？火本無者，眞火也，不有以擊之則已，苟即其石而歷擊之，則皆石也，則皆火也，火其有定在乎？」「夫觀火則知心矣，而心則若是，其無定在歟？」林子曰：「豈惟是哉？諸凡天之所以爲天，

地之所以爲地，人之所以爲人，物之所以爲物，而覆幬，而持載，而生生化化，莫非我之心也。而心則固若是其大矣，豈特石而擊之則皆火，身而觸之則皆心焉已哉？程明道曰：『此道與物無對，大不足以名之。天地之用，皆我之用。』陳白沙曰：『此理干涉至大，無內外，無終始，無一處不至，無一息不運。』會此，則天地我立，萬化我出，而宇宙在我矣。」

或問：「徧觸之則皆心者何也？」林子曰：「人其有心邪？其無心邪？若言有心也，而心則何其虛焉，而未嘗心邪。若言無心也，則不特循其身而觸之無一處而非心也，又且渾其身而並觸之，則並皆心也。豈其心也。有在此而不在彼邪？此心之所以無定在，而以神用焉者也。若火則亦有然者矣，石其有火邪？其無火邪？若言有火也，而石則何其冷焉，而未嘗火邪。若言無火也，則不特循其石而擊之，無一處而非火也，又且渾其石而並擊之，則並皆火也。豈其火也有在此而不在彼邪？此火之所以無定在，而亦以神用焉者也。」

或問：「而覆幬，而持載，而生生化化，而莫非我之心者何也？」林子曰：「道無內外，故心無內外也。夫心無內也，而非無內也，無內而無非內也。今試以其內言之，天我也內也，而天之所以覆幬者，莫非我也，莫非內也。地我也內也，而地之所以持載者，莫非我也，莫非內也。人我也內也，物我也內也，而人與物之所以生生化化者，莫非我也，莫非內也。夫心無外也，而非無外也，無外而無非外也。今試以其外言之，天我也外也，而天之所以覆幬者，莫非我也，莫非外也。地我也外也，而地之所以持載者，莫非我也，莫非外也。人我也外也，物我也外也，而人與物之所以生生化化者，莫非我也，莫非外也。若必曰內也，道其有內乎？心其有內乎？若必曰外也，道其有外乎？心其有外乎？故道也者心也，心也者道也，太虛而已矣。太虛其有內乎？其有外乎？」或曰：「心無內外矣，昔聞有是言，而不知其義也。而子又曰天地人物非內非外，豈不令人驚愕駭聽，而心固有若是其大歟？」林子曰：「聖人之心如止水矣，而天光雲影相爲徘徊。然所謂天光雲影者，其在止水之內乎？其在止水之外乎？知水則知心矣，而其心之虛明也，水云乎哉。」

陳白沙曰：「得此欛柄入手，更有何事？往古來今四方上下都一齊穿紐，一齊收拾，隨時隨處無不是這箇充塞，色色信他本來，何用爾脚勞手攘乎？」林子嘗誦斯言矣。或問：「何者謂之欛柄？而又曰更有何事者何也？」林子曰：「色色信他本來，則亦何事之有矣？」白沙又曰：「宇宙內更有何事？天自信天，地自信地，吾自信吾，自動自靜，自闔自闢，自卷自舒，感於此應於彼，發乎邇見乎遠。」林子又嘗誦斯言矣。或問：「宇宙之內似乎與我若不相關矣，而曰宇宙內更有何事者，豈其有所塞乎宇宙之內邪？」林子曰：「宇宙即我，我即宇宙，而豈有二邪？故宇宙之內莫非虛也，而莫非我之虛也；莫非神也，而莫非我之神也；莫非化也，而莫非我之化也。虛而能神矣，神而能化矣，而其動也靜也，闔也闢也，卷也舒也。其有動有靜，有闔有闢，有卷有舒乎？其無動無靜，無闔無闢，無卷無舒乎？其無不動、無不靜、無不闔、無不闢、無不卷、無不舒乎？其非無不動，非無不靜，非無不闔，非無不闢，非無不卷，非無不舒乎？此感而彼應也，發邇而見遠也，天自信天，地自信地，吾自信吾，則亦自動自靜，自闔自闢，自卷自舒，而有不自知者矣。」「然則何以謂之信也？」林子曰：「天之所以爲天也，信其本來之自然矣，而不自知其爲之者。地之所以爲地也，信其本來之自然矣，而不自知其爲之者。吾之所以爲吾也，信其本來之自然矣，而不自知其爲之者。」

白沙曰：「神理爲天地萬物主本，長在不滅。」林子曰：「天惟有此神理，而天之所以爲天也。地惟有此神理，而地之所以爲地也。人惟有此神理，而人之所以爲人也。物惟有此神理，而物之所以爲物也。」「夫天地且有壞矣，而況人乎？而況物乎？其曰長在不滅者何也？」林子曰：「天氣也，氣則有時而滅矣，而其神理也得而滅乎？地形也，形則有時而滅矣，而其神理也得而滅乎？而人而物，亦復如是。豈其神理也與形俱滅，與氣俱滅，而與天地異邪？」

林子曰：「聖人之心虛矣，虛之而神，神固不可得而言也。聖人之心神矣，神之而化，化亦不可得而言也。然而未至於聖人者，豈其能化？昔人有言曰：守之也，非化之也。夫化不可得而言矣。然而何以謂之守也？守也者守之也。故無適之謂一，一以守之者守也。主一之謂敬，敬以守之者守也。存之養之，省之察之，而動靜一於敬者，力行以體之，守之之仁也。孔子曰：仁能守之。守之而後能得也，得則不復失矣。得之而後能化也，化則不復守矣。明道曰：既得後便須放開，不然却只是守。故

守之而至於能化也，不謂之聖人乎？大而化之，聖不可知。《易》曰：「過此以往未之或知也。」而程子則謂之着力不得，楊氏又謂之非力行所及矣。」

林子曰：「聖人之學非徒爲其心，爲其身焉已也。故格致誠正，止於至善矣。推之而至於齊家治國平天下者，皆其分內事也，又非徒爲其家爲其國爲其天下焉已也。故未發之中天下之大本矣，致之以位天地，以育萬物。凡有血氣莫不尊親者，亦皆其分內事也。夫凡有血氣皆無知也，又安能尊聖人以爲君，而親聖人以爲父邪？抑豈知聖人達而在上，而堯舜也則太和元氣流行於宇宙間矣。而凡有血氣者，其能有外於宇宙者乎？不能外於宇宙矣，其能有外於聖人太和元氣之中者乎？聖人窮而在下，而仲尼也則浩然之氣充塞於天地間矣。而凡有血氣者，其能有外於天地者乎？不能外於天地矣，其能有外於聖人浩然之氣之中者乎？夫凡有血氣固無知也，固不能尊聖人以爲君，親聖人以爲父也。殊不知君也者長之也，父也者生之也，而曰生長於聖人之氣之中者，乃即所以尊聖人以爲君，親聖人以爲父，而生而長之者矣。」

夫氣一也，既曰太和元氣而謂之達矣，而又曰浩然之氣而謂之窮矣，豈其窮達異也？而氣亦有異歟？林子曰：「不異也。特以堯舜之事，孟子之書，而以窮達別而言之爾，而非有異也。」「然氣固不異矣，而窮達有不異乎？」林子曰：「窮達之所異者，事業之迹爾。至於太虛同體，而是氣之盛大流行，則未有異焉者也。故以太和元氣而言仲尼可也，以浩然之氣而言堯舜可也。然是氣也，既無終始，豈有古今？既無古今，豈有窮達？故達而得是氣也，天地以位，萬物以育，凡有血氣莫不尊親，而未始有異於窮也。窮而得是氣也，天地以位，萬物以育，凡有血氣莫不尊親，而未始有異於達也。要之，事業之迹，而聖人之見乎外者如此，殆非聖人之所謂大也。聖人之所謂大者，太虛也。聖人之太虛，其可得而見乎？太虛不可得而見矣。而太和元氣之流行也，其可得而見乎？浩然之氣之充塞也，其可得而見乎？而人之見聖人者，見其萬物以育，而生而長矣。即此便謂之莫不尊親也，即此便謂之天地以位也，即此便謂之太和元氣流行於宇宙間也，即此便謂之浩然之氣充塞於天地間也。是聖人之事業莫大於此，而爲無窮無達之至道矣。程子曰：堯舜事業自堯舜觀之，亦猶一點浮雲過於太虛爾。故事業之事業者，可見之事業也。太虛之事業者，不可見之事業也。故可見者其迹乎，不可見者其神乎。昔者仲尼贊堯之大也，曰：『蕩蕩乎民無能名焉』，而其所可見者，則曰：『巍巍乎其有成功也，煥乎其有文章』。故成功文章者，有窮有達之事業，而人可得而見也。民無能名者，無窮無達之事業，而人不可得而見也。然而天地也其有事業之迹，而人得而見之乎？而人而見天地者，見其天位乎上，而萬物覆焉，而以爲天也。見其地位乎下。而萬物載焉，而以爲大也。見其萬物並育，以生以長焉，而以爲大也。殊不知天地之所以爲大者，太虛也，人其可得而見乎？」或曰：「刪述六經，垂憲萬世，是乃仲尼萬世之事業也，而子亦不以爲大歟？」林子曰：「此亦事業之迹，而非仲尼之大也，殆亦仲尼之一點浮雲也乎。故仲尼之所以大者，一太虛也，擬之堯舜，則亦何窮何達？仲尼之所以大者，一太虛也，擬之天地，則亦何大何小？」

或問氣無古今。林子曰：「唐虞之時，堯舜則有是氣矣，由唐虞以來至於春秋，亦莫非是氣之充滿也。春秋之時，仲尼亦有是氣矣，由春秋以來至於今，亦莫非是氣之充滿也。由此觀之，氣其有古今也哉？」「夫既曰無古今矣，而又曰無終始者何也？」林子曰：「天地其有始乎？而是氣也則始天地以爲始，而未始有始焉者矣。天地其有終乎？而是氣也則終天地以爲終，而未始有終焉者矣。由此觀之，氣其有終始也哉？既無古今，復無終始，則是氣也不謂之充滿太虛而未嘗息者乎？故天地非此則無以位，日月非此則無以明，四時非此則無以序，鬼神非此則無以靈，萬物非此則無以長無以生。而聖人之所以參贊化育，以位天地，以明日月，以序四時，以靈鬼神，以生以長萬物，而莫非是氣之所爲也。故得是氣也，無生無死，即有死者身，孔子所謂夕死可也。失是氣也，有生有死，即不死者身，孔子所謂罔而生也。」又問氣之所從生，林子曰：「太虛而已矣。太虛者先天也，先天不屬氣，其乃氣之所從生乎。」「夫如此，則我與天地一太虛也。而是氣也，不於太虛中而自相流通者乎？」林子曰：「我其專矣翕矣，而天地之氣有不凝聚乎？我其直矣闢矣，而天地之氣有不發散乎？然而專也直也，翕也闢也，其我乎？其天地乎？故我之專也直也，翕也闢也，天地也。天地之專也直也，翕也闢也，我也。」

程明道曰：「學有所得，不必在談經論道間，當於行事動容周旋中禮

得之。」其所謂得者，豈孟子所謂自得，而得其所自有邪？又曰：「若不能存養，只是説話。」其所謂存養者，豈其約之使反復入身來，而誠敬以存之養之邪？又曰：「外面事不患不知，只患不知自己。」其所謂自己者，豈其得之者，得此自己存之養之，以存養此自己邪？又曰：「心懈則有防」，又曰：「懈意一生，即自暴自棄也。」自暴自棄便喪自己，而始學之士能無防乎？能防之而不密其功乎？

《易》曰：「神無方，易無體。」故心神也，惟其無方也，故能神。心易也，惟其無體也，故能易。無方無體，非其心之虚乎？《大學》曰：「知所先後則近道矣。」故作聖之道，始而存心，中而致虚，終而復其虚之本體，如此而已矣。然主一主敬，而存其心焉可也，若告子之不動心也，而襲取外義矣，謂之存心可乎？無將無迎，而虚其心焉，可也。若晉人之盛清談也，而遺落世事矣，謂之虚心可乎？或問：「遺落世事，而不謂之虚心者，何也？」林子曰：「聖人虚心以應事矣，至於外其事而致其虚焉，則亦何貴於虚哉？古人有言曰：萬事不礙虚空，虚空不礙萬事。此聖人之所以虚心以應事，而貴於虚也。」「夫心本虚矣，而其所存者，果何心也？」林子曰：「即其放於色於聲者，而求之存之爾，如此則謂之有心可也。」林子曰：「安得謂之無心，夫無心也者，眞心也。故無心而謂之眞心者，無妄心也。」

或問：「程子見人靜坐必嘆其善學，若欲致其虚也而不靜坐，可乎？」林子曰：「致虚不在於靜坐，而靜坐非以致虚也。」「夫致虚故不在於靜坐矣，至於存其心也，而不靜坐可乎？」林子曰：「存心不在於靜坐，而靜坐非以存心也。」「如此則靜坐非歟？」林子曰：「何可非也？但其心也操之且難得而存矣，況靜坐也得而存乎？夫心且不可以靜而存矣，況於虚也。又豈可以靜坐而致乎？故心存則靜，靜久則安。雖云靜也，而未必其能安焉，是以有待於存矣。至於安也則存，存而無失焉，乃猶有待於存邪。辟之放豚矣，而不有以招之不可也，招而既久，能身不放而安矣，而必有以招之不可也。」

孔子曰：「惟上智與下愚不移。」豈其無知無能也。而孔子謂之下愚歟？林子曰：「此非孔子之所謂下愚者，若以無知無能而以爲下愚焉，則赤子之無知無能也，是亦下愚不移歟。殊不知無知無能者赤子也，而赤子之所以能大人者，以原具大人通達之心，而此其立本矣。無所不知，無所不能者，大人也，而大人之所以爲大人者，以本有赤子純一之心，而此其推行矣。故知其善之可爲而爲之，知其不善之不可爲而不爲之者，上智也。設其可得而移焉，則亦不可謂之上智矣。知其善之可爲而不之爲，知其不善之不可爲而必之爲者，下愚也。設其可得而移焉，則亦不可謂之下愚矣。然孔子之所謂下愚者，非謂無知無能之下愚，而安於下愚者道也。乃爲有知有能之下愚，而自爲上智者道也。」「然則上智之下愚也，豈其不可得而移邪？」林子曰：「能移則便爲上智，不能移則終於下愚，夫亦存乎人爾。」

又《心本虚直指》 林子每以心是聖人敎，人或問聖人之心。林子曰：「聖人之心，凡人之心也。但其靈關無時不啓，神理無時不彰，雖與凡人異也，而其日用應酬之間，則亦有見在心者存，而未始與凡人異也。」又問：「何爲見在心？」林子曰：「見在心者，平常心也。孟子曰『今人乍見孺子將入於井，皆有怵惕惻隱之心』者，以其心之本虚也。惟其心之本虚也，故能即觸而即應，即感而即通，而若是其速矣，無俟擬議，謂非見在心而何？且見曰乍見，而有則皆有，夫豈有驚人可喜之行哉？言之雖不足聽聞，而其實則天下之至理具焉，無矯無異，又非平常心而何？」或問：「見在心固曰平常心者是也，而與所謂神理者則亦有同歟？」林子曰：「神理即寓於見在心之中，而見在心之眞機即此神理之妙用矣。然皆從靈關中出，而非有二也。故人孰不有此靈關也？孰不有此神理也？此固至平至常之心，但百姓日用此心而不自知爾。」「夫不曰關而曰靈關，不曰理而曰神理者，何謂也？豈非靈之神之，乃所以異之耶？」林子曰：「夫關曰靈關，理曰神理者，抑豈無其謂哉？卒卒無斯須之頃，從何而發，莫不出於自然，亦莫知其所以然而然，而不謂之靈，而不謂之神，而不謂之異，不可也。然而人皆有此靈關也，人皆有此神理也，隨取隨足，淡乎無味，是皆愚夫愚婦之所與知與能也。而天下後世遂以爲不足知不足能，而不之靈，而不之神，而不之異者，亦多有之。此則賢知之過，而聖人之道所以不明不行也。」「然此見在心也，是亦聖人之心歟？」林子曰：「是亦聖人之心也，本之靈關神理自足，充此心也。而聖人固在我矣，優而游之，俟其自化，而勿忘勿助之間，眞機活潑。豈不與天地之神化同其流行，鳶魚之自在相爲飛躍耶？故此見在心也，實惟作聖之要，入德之

門矣。」

林子曰：「今自凡人言之，乍見之頃，靈關啓焉，神理彰焉。凡人固與聖人無異也。而乍見之後，遂不復有乍見之心矣，靈關不啓，神理不彰，豈其能與聖人不異邪？又自聖人言之，乍見之頃，靈關啓焉，神理彰焉，聖人亦與凡人無異也。而乍見之後，一如乍見之時矣，靈關無有乎不啓也，神理無有乎不彰也，豈其能與凡人不異耶？」

或問：「乍見之頃，豈其平旦未與物接之時之心歟？」林子曰：「是亦未與物接之時之心也，然此乍見之頃也，有思慮之心乎？」「否也。」林子曰：「何思何慮，有將迎之心乎？」「否也。」林子曰：「何將何迎？故無有作聖人之心則已，如有作聖人之心也，亦惟在於乍見之頃之心而察識之，而擴充之爾。」

或問：「何謂靈關？」林子曰：「所謂谷神者是也。谷惟其虛也，故有神理存焉，即呼即應，何其速也。」「然則靈關有定在歟？」林子曰：「無在而無不在也。設言靈關之有定在也，而謂之靈關可乎？故谷曰神谷，關曰靈關者，神理之也。」

林子曰：「天人之際，惟一氣之相爲闔闢，相爲聯屬已爾，而非有二也。」或問：「天人異矣，而曰一氣相爲闔闢，相爲聯屬者何也？」林子曰：「天人豈異邪？故我而呼也，則天地之氣於焉而發而散。我而吸也，則天地之氣於焉而翕而聚。不謂之我之氣與天地之氣相爲闔闢，相爲聯屬耶？天地而春也，則我之氣於焉而溫而和。天地而秋也，則我之氣於焉而嚴而肅。不謂之天地之氣與我之氣相爲闔闢，相爲聯屬邪？此蓋天地相與之微，一氣之感通者然也。故或有所於闔，有所於闢，有所於聯，有所於屬，而擬議之，而安排之，而謂之靈關不可也，謂之谷神不可也，又況曰渾淪天地於無外，而爲一氣感通之眞機乎。」

或問：「所謂靈關者，豈非靈府之義歟？」林子曰：「然。然豈眞有所謂關，有所謂府者哉？特假名爾。故自其精神之凝聚者言之，則謂之靈府，而顯仁藏用之機寓焉。自其乾坤之門戶者言之，則謂之靈關，而一闔一闢之變寓焉。靈關靈府，其義一也。大凡天下之物，有可以神靈之者，則不可謂之平常。有可以平常之者，則不可謂之神靈。惟此見在心也，而至平至常之中，則自有至神至靈者在焉。故充此見在心也，可以皇，可以帝，可以王，可以師萬世，可以贊化育，是皆率性之道，自然而然也。」

或問：「忠臣孝子，一點丹心，豈其所謂神理也，而亦從靈關中出歟？」林子曰：「然。即此一點丹心乃神理也，而亦從靈關出矣。始然之火，始達之泉，其殆堯舜湯文周孔所相授受之心也乎。然此心之體則本虛也，夫惟此心之體之本虛也，故能體同太虛。惟其體同太虛也，故能用同天地。」

或問：「三教同歟？」林子曰：「不知也。」「夫既曰三教合一矣，而今曰不知者何也？」林子曰：「合一二字之義，殆非所謂同也。余每嘆世人鮮有能識字義者，既不識字義矣，而欲以明古先聖人之書也，不其難乎？」「然而所謂合一者何義也？」林子曰：「合一也者，合而一之之謂也。豈其同之之義耶？若以合一爲同焉，則即標之以一足矣，而又益以合字也，不其贅乎？故合而一之者，合儒道釋者流而一之以孔子之儒者，此其義也。」「夫既學孔子而儒矣，而又曰一之以孔子之儒者何也？」林子曰：「世之所謂儒者，又非孔子之所謂儒也。」「若釋老氏之不昏不嗣矣，豈其教也不與孔子之儒異邪？」林子曰：「老氏曷嘗不昏不嗣哉？而老氏之所以不昏不嗣者，蓋自宋藝祖始，而非老子之教之初也。若釋氏則有不昏不嗣者，亦有而昏而嗣者。要之，佛即心也。而釋氏之教則固不專在於不昏不嗣者矣。此余之所以必欲合儒道釋者流，而一之以孔子之儒焉者也。」

余初三教歸儒之說，衆甚異焉，久乃信之。衆既信矣，故儒不復談矣。近又有來言三教者，余乃附其說於此卷之後，而與之談者其略也，亦以見余昔日所云三教者，大都以孔子爲宗，而以世間法以語世間人也。林子兆恩。

真心

題解

林兆恩《三聖正宗・須識真心》 林子曰：「人有人心，亦有天心。

欲識天心，先空人心。惟此天心，即汝眞心。眞心是性，眞性是心。湛然常寂者心，寂而常感者心，汝甚毋以思慮心爲汝眞心。惟汝眞心，即我之心。惟我眞心，即天下人之心。天下人眞心，即萬古聖人之心。萬古聖人眞心，即天地之心。惟此眞心通天地人心，惟比眞心歷萬億刧不壞。心爲學初心，先求放心，心無出人，方識眞心。」

謝上蔡曰：「人須識其眞心。世儒不識眞心，而其所相告語者，乃憧憧往來之心也，列之肝脾肺腎身中之五行也。眞心者，大極也，太極而陰陽也，陰陽而五行也。而謂五行爲太極也，可乎哉！」

論説

林兆恩《三聖正宗・須識眞心》 林子曰：「天子無心也，復其見天地之心乎。聖無心也，感其見聖人之心乎。」

林子曰：「心本寂然，亦安有妄。若於六塵中觸情動念者，便是妄心。」

林子曰：「心本無思也，心本無爲也。思則憧憧矣，爲其擾擾矣。憧憧擾擾者，妄心也。」

林子曰：「心本無意必固我也，意必固我者妄心也。」

林子曰：「離物者心也，不離物者心也。若不離物心亦妄也，若必離物心亦妄也。」

或問：「妄心非心與？」林子曰：「妄心非心，故曰妄心。心本無妄，而妄又安可以名心邪？」

林子曰：「心也者，無所不包者也，故天之體不足以擬其大。心也者，無所不入者也，故物之細不足以擬其微。」

林子曰：「心曠然而通於千百世之上，而千百世之上非先也。心曠然而通於千百世之下，而千百世之下非後也。」

林子曰：「夫人之心皆明鏡也，而聖人特不塵之爾。夫人之心皆止水也，而聖人特不波之爾。」

林子曰：「所謂孔顏樂處者，乃吾心之鳶飛魚躍，活潑潑地也。」

林子曰：「花柳風月，總屬自家。觸處皆是境，則觸處皆是心也。」

林子曰：「乍見孺子入井，皆有怵惕惻隱之心者，心之本體，本如是，而非有所強也。苟能充之，足以保四海者，心之本體，本如是，而非有所加也。」

或問：「人也者人也，而人則安能心天地之心耶？」林子曰：「非以其人能心天地之心也，而以其人之心能心天地之心也。非以其人之心能心天地之心也，而以其人之心即天之心，而後能心天地之心也。故己欲立而立人，己欲達而達人者，此天心也，縱或未之能立也，縱或未之能達也，而吾之精神氣脉，蓋未嘗不與斯人之心相爲流通，相爲貫屬也。老者安之，朋友信之，少者懷之，此天心也，縱或未之能安也，縱或未之能信也，縱或未之能懷也，而吾之精神氣脉，蓋未嘗不與老少朋友之心相爲流通，相爲貫屬也。疲癃殘疾之欲其得生，鰥寡孤獨之欲其得養者，此天心也，縱或未之能生也，縱或未之能養也，而吾之精神氣脉，蓋未嘗不與疲癃殘疾鰥寡孤獨之心相爲流通，相爲貫屬也。上而日月星辰、雨風露雷，欲其以順而以序，下而山川鬼神、鳥獸魚鼈，欲其咸寧而咸若者，此天心也，縱或未之能順也，縱或未之能序也，縱或未之能寧，縱或未之能若也，而吾之精神氣脉，蓋未嘗不與日月星辰、雨風露雷、山川鬼神、鳥獸魚鼈相爲流通，相爲貫屬也。夫如是，則吾之心皆天之心也。既曰皆天之心矣，不謂之人者天地之心乎？」

林子曰：「物，物也；人，物也；天地，亦物也。而心則非物，若心可得而物之，是亦物也，又安能妙萬物。然則心與天地孰大？曰：心大。故天地也者，人資之以始，人資之以生者也。心也者，地資之以平，天資之以成者也。」

林子曰：「天也者，氣也，而未有始氣者存焉。地也者，形也，而未有始形者存焉。人也者，形也氣也，心也者，未始形也，未始氣也。人之所以小於天地者，非以其形乎？非以其氣乎？人之所以大於天地者，非以其心乎？」

林子曰：「心也者經也，萬世不易之常經也。經也者心也，萬世不易之常心也。故六經也者，所以發明乎其心之經也，非以六經之文爲經也。然經之文以文經也，萬世不可得而易也，故經之文亦以名經。若夫三綱五

常，禮之經也，萬世不可得而易也。九經，政之經也，萬世不可得而易也。而況心乎？禮非心不叙，政非心不飭，文非心不徵。」

林子曰：「天命之謂性，心由性生也，而心屬火。内而肝心脾肺腎，猶外之木火土金水也。念念常在於欲，即謂之人心。念念常在於道，即謂之道心。然以道存心，豈不善哉？特賢人持守之功，殊非聖人頭腦學問，忘其本根，不由中出，故曰惟微。若能知吾身之中而允執之，則性由此立，道由此出。譬山下之泉，涓涓不竭，此蒙以養正，乃聖功之大也。」

林子曰：「心即中也，仁乃其中心之生生而不息者也。故曰中心安仁，命於此而立，性於此而存。《易》之所謂盡性至命者，在此中也。是中也，廣大配天地，著明配日月，變通配四時，屈伸配鬼神。聖經曰：在止於至善。以其止於其中，而喜怒哀樂之未發者，渾然在中，粹然至善也。故曰：繼之者善也，成之者性也。又曰：性無不善。中者土也，而土之正色黄，故曰黄中。又曰：安土。坤爲腹爲體，故曰居體。以其寂然也，故曰誠。以其不貳也，故曰一。以其原無邪曲也，故曰直。以其能陰能陽，能剛能柔，能仁能義，而天地人之道統於此也，故曰太極，又曰人極，又曰心極。心極者，中極也，又曰皇極。以之明三綱也，則君君臣臣，父父子子，夫夫婦婦。以之明五常也，則曰仁曰義曰禮曰智曰信。易知也，而静專動直之機存焉。簡能也，而静翕動闢之機寓焉。《易》謂之美在其中，孟子謂之仁義禮智根於心。此所謂心，乃中心之心也。譬磨之所謂能旋轉者，以其心之在中也。故曰中心安仁，天下一人而已矣。」

寅生問曰：「中心之心，非我之眞心與？」林子曰：「中心之心，何思何慮之心也。殊塗同歸，百慮一致，謂之眞心不亦可乎？余每以此語人，乃今明言告汝，此亦非汝之眞心也。若所謂眞心者，蓋通於生死之故，而未嘗有存忘焉者，乃汝之眞心也。孔子曰：未知生，焉知死？其旨微矣。余嘗深究其義，而反其詞曰：未知死，焉知生？則孔子言外之旨，或得以益明。故我而生也，則中心之心，固在我矣。我而死也，則中心之心，寄在何處？豈不隨生而存，隨死而亡而謂之眞心不可也若余之教，每曰始而存心者，存此心也。

中而致虚者，心要放而不復存矣。終而復其虚之本體者，又且忘之，而不知有所謂心焉。不知有心，乃見眞心。然此眞心果無所倚與？林子曰：「惡乎其有所倚也？然此心之分量，本自廣大，《易》之所謂周流六虚者，即此心也。釋氏之所謂人死性不滅者，即此心也。天地有壞，此心不壞。惟其不壞，故名眞心。孔子曰：朝問道夕死可矣。而曰夕死可矣者，以此眞心不與天地而共壞也。第中心之心，則自孔孟以來鮮有知之者，而況所謂無存無忘，而無所倚之眞心邪？」

盧子文輝曰：「毋曰是我非我，毋曰非我是我，我，我我，誰知眞我？毋曰非心是心，毋曰是心非心，心，心心，難識眞心？故眞我不可不知，不知眞我，非我我也。眞心不可不識，不識眞心，非我心也。」

度世

題解

林兆恩《三聖正宗·度世》 林子曰：「天命之性本無不善，而分量之大又無不包。夫性之分量既無不包矣，是故古之聖人欲以盡其性也。天地且思以位之，而況人乎？萬物且思以育之，而況人乎？」

或問：「林子每云度世，豈其盡天下之大、萬世之遠而悉皆度之，以爲儒爲道爲釋哉？」林子曰：「此余之心也。余豈敢曰能盡天下之大，萬世之遠，人皆儒而孔子也，道而老子也，釋而釋迦也。而余之心蓋必欲以盡天下之大，萬世之遠，人皆知儒之所以能孔子，而孔子之儒固在我也；道之所以能老子，而老子之道固在我也；釋之所以能釋迦，而釋迦之釋固在我也。三氏之教如日中天，而燦然著明於天下萬世者，余之心也，而亦非余之所能爲也。」

論説

林兆恩《三聖正宗·度世》 《金剛經》曰：「所有一切衆生之類，

若卵生、若胎生、若濕生、若化生、若有色、若無色、若有想、若無想、若非有想、非無想，我皆令入無餘涅槃而滅度之。如是滅度無量無數無邊衆生，實無衆生得滅度者。」林子曰：「如來法身充滿於法界矣，則能盡諸法界之卵生、胎生、濕生、化生、有色、無色、有想、無想、非有想、非無想，而皆在我如來法身中，而滅度之爾，此釋氏度世之大，渾然一太虛也。」

林子曰：「以一人之身言之，以滅一身之衆生，而度之以爲佛也。以天下萬世之大且遠言之，以滅天下萬世之衆生，而度之以爲佛也。故纖惡不除，不謂之度一身之衆生，而有所未盡者乎。一夫不德，不謂之度天下之衆生，而有所未至者乎。」

或問：「度世乃釋氏之教也，而孔子亦豈有度世之心與？」林子曰：「己欲立而立人，己欲達而達人。至於老者必思所以安之，朋友必思所以信之，少者必思所以懷之。《中庸》曰：『辟如天地之無不持載，無不覆幬。』又曰：『洋溢中國，施及蠻貊，舟車所至，人力所通，天之所覆，地之所載，日月所照，霜露所隊，凡有血氣，莫不尊親。』其曰凡有血氣，莫不尊親者，豈非釋氏所謂卵生、胎生、濕生、化生，而盡滅度之者哉？」又問：「度世至教也，豈其無位之士之所能行哉？」林子曰：「達而出治，窮以明道，而度世至教，是乃無位之士之所宜行也。若孔子者特春秋之一匹夫爾，而諸凡天下之大，萬世之遠，如有願學孔子者，是皆孔子之徒也。余嘗曰：『孔子者，度世之聖人也。』」

林子曰：「聖人之學，非徒爲其心，爲其身焉已也。故格致誠正，止於至善矣，推之而至於齊家治國平天下者，皆其分內事也，又非徒爲其家爲其國爲其天下爲己也。故未發之中，天下之大本矣，致之以位天地，以育萬物。凡有血氣，莫不尊親者，亦皆其分內事也。夫凡有血氣皆無知也，又安能尊聖人以爲君，親聖人以爲父邪？抑豈知聖人達而在上而堯舜也，則太和元氣流行於宇宙間矣。而凡有血氣者，其能有外於宇宙者乎？不能外於宇宙矣，其能有外於聖人太和元氣者乎？聖人窮而在下而仲尼也，則浩然之氣充塞於天地間矣。而凡有血氣者，其能有外於天地者乎？不能外於天地矣，其能有外於聖人浩然之氣者乎？夫凡有血氣固無知也，固不能尊聖人以爲君，親聖人以爲父也。殊不知君也者長之也，父也者生之也，而曰生長於聖人之氣之中者，乃即所以尊聖人以爲君，親聖人以爲父，而生而長之者矣。今由血氣尊親之言觀之，則知堯舜仲尼度世之功大矣，豈獨釋氏爲然哉？」

林子曰：「太和之氣周流於唐虞宇宙間者，堯舜之春，天地之春也。浩然之氣充塞於萬古宇宙間者，仲尼之春，天地之春也。天地春矣，物有不各遂其生者乎？堯舜仲尼春矣，人有不各足其願者乎？儒門者流每於道釋之徒而必驅而遠之，豈天地之春有遺物，而堯舜仲尼之春有遺人歟？」

或問：「老子豈度世與？」林子曰：「然。」又問：「老子未嘗設科以爲教矣，而子乃曰度世者何也？」林子曰：「夫度世不在於設科，亦豈必設科，然後謂之度世與？然此乃度世之迹也，而非聖人之所以度世也。《道德經》曰：『我無爲而民自化。』其老子度世之微旨也乎。」

《常清靜經》曰：「大道無形，生育天地。」夫天地且賴大道以生育之矣，豈世之人也反在於生育之外，而不覆載於天地者乎？又曰：「大道無情，運行日月。」夫日月且賴大道以運行之矣，豈世之人也反在於運行之外，而不照臨於日月者乎？又曰：「大道無名，長養萬物。」夫萬物且賴大道以長養之矣，豈世之人也反在於長養之外，而不與萬物並生者乎？若老子者，蓋與大道相爲渾淪而一之焉者也。何處非物？何處非道？何處而非老子之道？由是觀之，老子之道謂非度世而何？或問：「孔釋豈不設科以爲教與？何不並其迹而俱泯之者乎？」林子曰：「聖人不同教，而其度世之心，則自有神機妙用者在焉，則亦何迹之拘，而有所同異於其間哉？」

或舉佛果羅漢果以問林子，林子曰：「何哉汝之所謂佛果羅漢果也？」或曰：「昔者嘗竊聞之，所謂佛果者，未先自度，先要度人。所謂羅漢果者，只是自度，更不度人。敢問何者又謂之度人自度也？」林子曰：「夫佛果者，豈曰度人焉已哉？亦且度世。《大涅槃經》云：『自未得度先度他。』《懺法》曰：『先度衆生然後作佛。』而其誓願之大，雖曰能盡度世間人矣，而其心猶然以爲未至者，佛果也。若所謂羅漢果者，亦惟了此一身，而自以爲至矣。昔者孔子之志在於老安少懷，而顔淵之無伐善無施勞，子路之車馬輕裘共敝無憾，不謂之獨善其身，而釋氏所云羅漢

果哉？又不觀之禹稷乎，禹思天下有溺，由己溺之，稷思天下有饑，由己饑之者，佛果也。若當其時，則有巢父許由，豈不曰淸風之足以襲人哉而獨修一身，以爲高且潔者，羅漢果也。」

《詩》曰：「思文后稷，克配彼天。粒我蒸民，莫非爾極。」夫后稷教民稼穡，以粒食萬民矣，而天下萬世皆賴之以生以養者，豈非其至極之德之足以配天也哉？昔者周公郊祀后稷以配天者，殆爲是爾。

《尚書》曰：「惟我文考，若日月之照臨。」故顯于西土者，而西土之衆，則咸在文王日月照臨之中矣；光于四方者，而四方之遠亦咸在文王日月照臨之中矣。

林子曰：「自度者以其身爲身也，度世者以天下萬世之身爲身也。若堯舜達而在上，而以天下爲身也；仲尼窮而在下，而以萬世爲身也。」或問：「窮達異矣，而其心亦隨之以異與？」林子曰：「窮達之迹雖異，而其心則未嘗異也，且堯舜何嘗不以萬世爲心邪？若湯則聞而知之，仲尼則祖而述之，而其心萬世之心，則亦不異於仲尼矣。仲尼何嘗不以天下爲心邪？周流四方，席不暇煖，而其身天下之心，則亦不異於堯舜矣。」

或問：「度世度人，不可兼而爲之與？」林子曰：「釋迦度世也，而正法眼藏付之迦葉之微笑；孔子度世也，而吾道一貫寄之曾參之一唯。故度人者未有能度世，而度世者未有不能度人者也。」

程明道曰：「至仁則天地爲一身。」而天地之間，品物流形爲四肢百體，夫人豈有視四肢百體而不愛者哉？聖人仁之至也，獨全是心而已。故不知有天地之心，則不知有天地之身；不知有天地之身，則不知有天地之四肢百體。夫天地之四肢百體，皆我之四肢百體也。若也不知我之四肢百體，而精神氣脉，本相流通，本相貫屬，而故楚越之，謂之能仁其身可乎？明道又曰「醫書以手足痿痺謂之四體不仁」，爲其疾痛不通其心故也，故既通其心則必能仁其身。而所謂仁者，渾然與物同體，宇宙內事，皆吾分內事者此也。豈可謂之非我而不知所以仁之者乎？此余度世之敎，是雖聖人復起，不易吾言矣。

或問所以度世之旨。林子曰：「夫人以其身爲身也，而一身之內皆其分內事也。聖人則以天地爲身也，而宇宙內事皆其分內事也。」又問：「宇宙內事之所以爲吾分內事者何也？」林子曰：「聖人之心，包羅乎天地者也。惟其心能包羅乎天地，故其氣能充塞乎天地；惟其氣能充塞乎天地，故凡天地間之形形色色。如上之日月星辰，下之山嶽河海，以至於昆蟲草木，生生化化而無盡者，則皆我之形也。夫心，天地之心以爲心矣；氣，天地之氣以爲氣矣；形，天地之形以爲形矣。則是天地之間只我一心爾，心一則氣一，氣一則形一，不謂之宇宙內事皆吾分內事邪？」

林子曰：「夫人之心，心有其心也而有心之心，只此一點已爾。聖人之心，心無其心也，而無心之心同體太虛。是雖天地之廣且大也，亦且包羅於此心太虛之中矣。而度世之敎，乃所以擴此心之分量，而非有所加也。」

西銘曰：「民吾同胞。」故以父母爲父母，而並生於父母者兄弟也；以天地爲父母，而並生於天地者亦兄弟也。若道釋者流，豈其能外天地以爲生也，不外天地以爲生矣，謂非同胞之民，吾之兄弟而何邪？

林子曰：「人之形也氣也，孰主張是？而所以主張之者，豈非人之心邪？地形也，天氣也，孰主張是？而所以主張之者，豈非天地之心邪？若道釋者流，則亦形天地之形，而與我無異形也；氣天地之氣，而與我無異氣也。而世之人每欲驅而遠之者，其殆未聞同形同氣之大，天地之心之仁乎？」或問天地之心之仁，林子曰：「氣不獨氣而合天地以渾其氣，形不獨形而合天地以一其形，不謂之天地之大，吾人之心之仁乎？」

林子曰：「心既爲天地之心矣，而於四海之內而楚越之，則是楚越我之臟腑也，四海之外而楚越之，則是楚越我之形骸也，而謂之人也者，天地之心之仁也可乎哉？」

真我昌言

題　解

林兆恩《三聖正宗·真我昌言》或問：「何者謂之我？」林子曰：「我也者，我也。」「何者謂之眞我？」林子曰：「眞我也者，眞我也。」

「夫既曰我，而又曰眞我，敢問何謂也？」林子曰：「我我也，而天地我也；天地我也，而虛空我也。故以我而我之，而我在我，我我也。以天地而我之，而我在天地，天地我也。以虛空而我之，而我在虛空，虛空我也。」

論　説

林兆恩《三聖正宗・眞我昌言》 林子曰：我其非我乎？非我其我乎？而上之極乎天地之外，不可得而復上之者，皆虛空也。其皆我乎？其非我乎？下之極乎天地之外，不可得而復下之者，皆虛空也。其皆我也？其非我乎？東之極乎天地之外，不可得而復東之，西之極乎天地之外，不可得而復西之，而南而北，而極乎天地之外，不可得而復南之、而復北之者，皆虛空也。其皆我乎？其非我乎？蓋天地特我虛空中之一器爾，一器之內，日月臨焉，星辰繫焉，雷霆鼓焉，風雨潤焉，山嶽峙焉，河海流焉，與夫靈而爲人，蠢而爲物，而散殊於一器者，何者非我方寸中生生不息，神變無方也。由是觀之，虛空我也，而天地一器乃我虛空中之一方寸爾。故我虛空也，而未始儒也。

若天皇氏、地皇氏、人皇氏，尚矣，而帝天下則有庖羲氏、神農氏、黃帝氏、唐放勳氏、虞重華氏者，王天下則有夏后氏禹、商曰成湯、周曰文王武王者，相天下則有周公，師萬世則有孔子。孔子傳之曾參，曾參傳之孔伋，孔伋傳之孟軻，從古以來至於今，自今以往而至於千萬世之遠。而聖人、而君子、而善人，諸凡有以儒名者，其皆我乎？其非我乎？非我是我，而寂感於我虛空中矣。我虛空也，而未始道也。若玉淸元始天尊、上淸靈寶天尊、太淸道德天尊，尚矣，而六御天尊則有昊天玉皇上帝、東極靑宮度生上帝、玉虛上宮天皇大帝、週天星主北極紫微大帝、太微南極長生大帝、承天效法后土皇地祇，五方五老則有東方靑靈始老九炁天君、南方赤靈丹老三炁天君、西方鬱靈皓老七炁天君、北方玄靈眞老五炁天君、中央元靈黃老一炁天君，從古以來至於今，自今以往而至於千萬世之遠。而天仙、而地仙、而人仙，諸凡有以道名者，其皆我乎？其非我乎？

非我是我，而寂感於我虛空中矣。我虛空也，而未始釋也。若淸淨法身毘盧遮那佛、圓滿報身盧舍那佛、千百億化身釋迦牟尼佛，尚矣，而有以祖稱者，初祖迦葉、二祖阿難，二十八傳則有達磨，達磨西來五傳則有惠能，是謂三十三祖，有以聖稱者二十有五聖，又有以祖師稱者列而爲五，曰臨濟、曰潙仰、曰雲門、曰曹洞、曰法眼者五宗也，過去恆河沙無數佛，現在恆河沙無數佛，未來恆河沙無數佛，諸凡有以釋名者，其皆我乎？其非我乎？非我是我，而寂感於我虛空中矣。由是觀之，何者不是儒？何者不是我？何者不是道？何者不是我？何者不是釋？何者不是我？何者不是天地？何者不是我之妙用？何者不是虛空？何者不是我之本體？故孔子儒我以爲儒，老子道我以爲道，釋迦釋我以爲釋，天地用我以爲用，虛空體我以爲體。無儒、無道、無釋、無天地、無虛空，而無非我也。我而無我，無我而我，無我無無我，無無我無我。

道業正一

題　解

林兆恩《三聖正宗・道業正一篇》 余所謂三教合一者，欲以羣道釋者流而儒之，以廣儒門之教而大之也。然三教合一之旨有二，謂三教之本始不待合而一者，非余所謂三教合一之大旨也。余所謂三教合一之大旨者，蓋欲合道釋者流而正之以三綱，以明其常道而一之也；合道釋者流而正之以四民，以定其常業而一之也。如此則天下之人無有異道也，無有異民也。而天下之人亦無曰我儒也，亦無曰我道也，亦無曰我釋也。此其唐虞三代之盛，而無有乎儒道釋之異名者，故謂之一一之而歸於正也。作正一篇。

論說

林兆恩《三聖正宗·道業正一篇》 林子曰：「一陰一陽之謂道，而道則莫大於三綱，故均是人也。人皆有君臣，人皆有父子，人皆有夫婦。而道釋者流獨無君臣，獨無父子，獨無夫婦。是道釋者流，獨非人乎？道釋者流亦人也。而獨無君臣，獨無父子，獨無夫婦者，何也？豈天既生其人，而固薄之邪？抑亦其人無分於斯道之常也？蓋由於好奇索性之士不識寂滅清淨之旨，而妄倡爲寂滅清淨之說，於是聾聵之徒遂從而信之，以棄去君臣之義、父子之仁、夫婦之別，而謂寂滅清淨之教，乃在於此者，惑之甚也。又有一等之徒，求其寂滅清淨之旨而不得，乃從而棄去君臣之義、父子之仁、夫婦之別，以爲寂滅清淨之教亦不過如此。此三綱之所由以滅絕，而人道不幾於廢乎。」

林子曰：「今之僧尼道士散處於寺觀之中者，雖曰不饑不寒矣，然乃於不父不子、不夫不婦，而是甘焉者何歟？不謂之失其本心哉？此兆恩之所以不忍而思有以先之也。」或問：「何以先之？」林子曰：「父之子之，夫之婦之，所謂文王先之也。」

林子曰：「君臣之義也，父子之仁也，夫婦之別也，雖道釋之書亦多有之。其書曰：『天下未有不忠不孝而能成僊作佛者。』又曰：『休妻不是道，陰陽失宗位。』又曰：『何須要去妻孥。』作名教中罪人，由此觀之，則夫道釋者流，又何必棄學也？蓋由於遊閒之侶，而樂於不士不農不工不商也，遂妄倡爲寂滅清淨之說，有不在於爲士爲農爲工爲商者，此民之所以無常業，而道釋者流之所以充斥於天下也。」

林子曰：「有夫婦然後有父子，既無夫婦安有父子；有父子然後有君臣，既無父子，安有君臣。去君臣之義、父子之仁、夫婦之別，以爲不忠不孝，作名教中罪人邪？」

或者以道釋之不君臣也、不父子也、不夫婦也，若痌瘝之在身，而諄諄言之不置者何歟？林子曰：「天地之大，一人之身也。今道釋者流之必棄去君臣之義也、父子之仁也、夫婦之別也，是吾一身之中氣脉之不相流通，程子所謂不仁者是也。故道釋不昏，則陰陽不和；陰陽不和，則天地不位；天地不位，則萬物不育。由此而無父子之仁，由此而無君臣之義。故昏道釋者，正所以和陰陽，以位天地，以育萬物，以仁父子，以義君臣，所以流通氣脉，以成吾之身，而爲中庸盡性之極功也。

林子曰：「能盡士農工商之常業，而周旋於人倫日用之間者，能得道也。不能盡士農工商之常業，而周旋於人倫日用之間者，且不可以爲人，而況能得道乎！然而道釋之書亦有之，道書曰：『日出而作，日入而息，耕田鑿井於道何妨。』又曰：『耕雲鋤月，自家生活。』釋書曰：『一日不作，一日不食。』又曰：『神通與妙用，運水及搬柴。』夫所謂不作不食，自家生活者，東漢孺子非其力不食者是也，然而耕田鑿井，運水搬柴，又皆其所不廢也。則夫道釋者流，顧乃欲棄去其士農工商之常業者，亦獨何歟？

或者以道釋者流，義之以君臣，仁之以父子，別之以夫婦，是亦足矣，又奚必士農工商之是務邪？林子曰：「士也者所以明此君臣之義父子之仁夫婦之別也，若不農也不工也不商也，則將何所賴藉以成其君臣之義父子之仁夫婦之別邪？」

林子曰：「余嘗考其道於三代，而三代之道可考而知也。又嘗考其民於三代，而三代之民可考而知也。是故三代之爲道也，同有此君臣，同有此父子，同有此夫婦，而無異道也。三代之爲民也，均之爲士，均之爲農，均之爲工，爲商，而無異民也。至於道釋者流之昌且熾也，人始而不有君臣，不有父子，不有夫婦，而有異道也，人始而不士、不農、不工、不商，而有異民也。今則必欲正而一之以君臣之義，正而一之以父子之仁，正而一之以夫婦之別，蓋所以使之無異道，而道三代之道也。正而一之以士，正而一之以農，正而一之以工、以商，蓋所以使之無異民，而民三代之民也。」

《孟子》曰：「今人乍見孺子入井，皆有怵惕惻隱之心。」而道釋者流則必欲棄去君臣之義，父子之仁。夫婦之別，士之農之工之商之之常業也，亦獨何歟？此其無知入井，蓋有甚於孺子之可哀者！仁人君子能無怵惕惻隱之心乎？

《論語》曰：「四海之內皆兄弟也。」今之僧尼道士，誠吾兄弟之顛連

而無告者，若有同胞之念者，能無錫類之思乎？《孟子》曰：「天下溺，援之以道。」今天下之溺於邪也舊矣，而仁人君子義之以君臣，仁之以父子，別之以夫婦，士之農之工之商之，而以道援之可也。顧乃不之援，而又且從而遠之者何歟？是使道釋者流不得與於君臣之義、父子之仁、夫婦之別、士之農之工之商之之常業也。仁人君子之心能恝然乎？

林子曰：「使道釋者流不得與於君臣之義、父子之仁、夫婦之別、士之農之工之商之之常業也，而仁人君子毋曰天下溺焉已也，乃實吾之赤子無知而入井者，吾之兄弟顛連而無告者。如其無父母之心同胞之念者，則亦已矣。如其有父母之心同胞之念者，能不援之以君臣之義、父子之仁、夫婦之別、士之農之工之商之之常業邪？此余一念慈愛友于之懇切者，眞有出於至情之所不能以已也。或者以道釋之教，必棄斷倫屬者何也？」

林子曰：「釋迦有妻有子，黄帝有妻有子，老子有妻有子，載之書可考而知也。豈其身親有之，乃反以斷棄倫屬也教人哉？必不然矣。」

林生欲入山隱居，告之林子。林子曰：「如子所見，謂之求静則可，謂之修道則非也。」林生曰：「以山之靜也，顧不可以修道歟？」林子曰：「辟之金焉，愈試之火，則愈精矣。故周旋於人倫日用之間者，金之火也。」林生未達。林子曰：「天地之性，吾之眞金也，人人之所必有者。氣質之性，金之濁滓也，上智之所不能無者。若以人倫日用之火，而日煉之，則氣質之性日除。氣質之性日除，則天地之性自見。故堯舜之父子也，湯武之君臣也，周公之兄弟也，仲尼之夫婦也，乃人倫日用之火之最大者。而數聖人者，惟能以其火而日煉之，遂得以動心忍性而成其盛德大業矣。然道釋之書不有言乎？道書曰：『何必西山守靜孤。』又曰：『鬧處煉神。』釋書曰：『雖不出家，於道亦得。』又曰：『喧鬧繁擾，何處而非道場？毁罵叱辱，何者非我本師？』亦所以煉其金而日試之於人倫日用之火也。今吾子顧乃欲入山隱居去矣，猶襲金而笥之，是金之未試於火也。金未試於火，則金必不能精，吾子甚毋襲金而笥之以求靜於山也。」於是林生不復有入山之志，遂借其火於人倫日用之間。

胡生以其商之足以妨道也，遂棄其商而受業於林子。林子令復商於浙，浙人必欲低其値而易之，曰：「道人之商也，必不類諸商矣。若計其資本以取什一之利，殆非三教先生之敎也。」胡生復入閩，以其言告林子，且曰：「學道者不業商，業商者不學道。今即低其値而徇之，而浙人且有言矣，不若棄其商學道之爲愈也。」林子曰：「我之所謂道者，一介不與，一介不取，伊尹之所以樂堯舜之道也。許衡曰『學者以治生爲先務』，今吾子必棄其商，以其足以妨道也。則是率天下之人，而廢士農工商之常業，以從事於山雲水月之間，以遠離父母妻子，不養不畜，不謂之不孝不慈，而爲天地間之一大罪人耶，安可謂之道？設大舜之歷山之足以妨道也，而學道之人不農可也。傳説之版築之足以妨道也，而學道之人不工可也。膠鬲之魚鹽之足以妨道也，而學道之人不商可也。然而農之工之商之，皆不足以妨道如此，則夫學道之人，奚必棄去士農工商之常業，而從事於山雲水月之間，以遠離父母妻子，而爲天地間之一大罪人邪？」於是胡生乃復商于浙。

或者以事事不可以冥心，而即業之勞非所以學道也。林子曰：「《書》曰：『堯舜一日二日萬幾。』又曰：『文王自朝至於日中昃，不遑暇食。』何其勞也。顧其心有不靜哉？非唯儒者之書爲然也。雖道釋之書亦有之。道書曰：『日應萬事，心常寂然。』釋書曰：『萬事不礙虛空，虛空不礙萬事。』故事事者應迹也，而萬事之來也，豈足以礙吾寂然之眞心，虛空之本體哉？」

林子曰：「鄉有人焉，衆咸以不孝不慈目之者，何也？以是人也以喜酒而離父母，而棄妻子也。又有人焉，衆亦以不孝不慈目之者，何也？以是人也以好色而離父母，而棄妻子也。若修道之人，唯知枯槁之爲高，斷滅之爲潔，於父母則離之，於妻孥則棄之，其與喜酒好色之徒之爲不孝不慈者均也。」

林子曰：「若此道可行於富貴，而不可行於貧賤，道非其道也。若此道可行於貧賤，而不可行於富貴，道非其道也。蓋道也者，合富貴貧賤而一之者也。故上自天子，下至於公卿大夫百執事，又下至於士農工商，皆可爲也，然後謂之道。」

或者以子之信黄帝老子釋迦也，而必三綱之，必四業之者，何歟？豈信其人也，而顧反其敎邪？林子曰：「使黄帝老子釋迦之敎之有常道，有常業也，余則必欲從其敎而常道之，而常業之。使黄帝老子釋迦之敎之

不有常道，不有常業也，余則必欲反其教而常道之，而常業之。余即其教之可信也而信之，奚必黄帝老子釋迦之是信邪？今余之所以信黄帝老子釋迦者，以黄帝老子釋迦之教之有常道，有常業，而足信也。」

林子曰：「天地之大德曰生，則天地之心必不忍其人之爲僧爲道也明矣。聖人以好生爲德，則聖人之心必不忍其民之爲僧爲道也明矣。父母孰不愛其子也，則父母之心必不忍其子之爲僧爲道也明矣。人孰不愛其身也，則人之心必不忍其身之爲僧爲道也明矣。而其所以必爲僧必爲道者，亦嘗考其故而不得焉，豈命邪？」

或者以充黄帝老子釋迦之志，豈其欲盡天下之人而僧之，而道之邪？林子曰：「盡天下之人而清淨之，而寂滅之，黄帝老子釋迦之心也。若盡天下之人而僧之，而道之，以棄去君臣之義、父子之仁、夫婦之別，士之農之工之商之之常業也，豈黄帝老子釋迦之心哉？然釋氏慈悲，太上好生，即天下之大，有一人焉，如今之所謂僧所謂道者，其心固必有所不忍矣。又況盡天下而僧之，而道之，則其所謂慈悲好生之德者，果安在邪？」

或者以林子之言，皆儒者之迂談也。若黄帝乃五帝之尊，而老子又柱下之秩，固其近人而道焉，而與儒者之儒不甚異也。至於釋氏之斷滅枯槁，與世之人蓋有所不相涉入者。若不山棲禪坐，又安能成佛道邪？顧可以儒者之儒而三綱之，而四業之也，是子之言何其迂歟？林子曰：「佛之教莫明於六祖，佛之書莫明於《壇經》，余嘗覽《壇經》，而考六祖之蹟矣。《壇經》曰：『父既早亡，老母遺孤，艱辛貧乏，於市賣柴。』當是時也，採薪以養猶恐其不給也，況得而山棲得而禪坐邪？又曰：『乃蒙一客取銀十兩與能，充母衣糧。能安置母畢，即便辭親，不經三十日，便至黄梅。』當是時也，兼程以往猶恐其或遲也，況得而山棲得而禪坐邪？又曰：『有一行者差能破柴踏碓，經八餘月。』當是時也，破柴踏碓且有所不暇，況得而山棲得而禪坐邪？又曰：『在於四會縣，避難獵人隊中，凡經一十五載，獵人常令守網。』當是時也，避難獵中且不能聊生，況得而山棲得而禪坐邪？在家則有以養母也，辭家則有以安母也，孰謂釋氏之教有外於三綱邪？市柴可也，踏碓可也，獵而守網可也，孰謂釋氏之教之不可以四業邪？設六祖而山棲也，而禪坐也，則爲佛者而山棲而禪坐可也。然而六祖之不山棲也，不禪坐也，則爲佛者奚必山棲禪坐，以蹈釋流之敝，而與六祖之《壇經》異邪？」

或曰：「三綱之常道，四民之常業，既諄諄言之矣，其如道釋者流之不吾信也，何哉？」林子曰：「使道釋者流之吾信也，而三綱之，而四民之，乃余之所深願而不可得也。使道釋者流之不吾信也，而不三綱，而不四民，亦豈余之所欲哉？乃余之不得已也。余之言諄諄矣，似若可信於天下者。然余不敢必天下之人之余信也，余雖不敢必天下之人之余信也，而敢於必天下之人之不能外其三綱，不能外其四業也。夫天下之人不能外其三綱，不能外其四業也，安能於余之言而不余信也？然余之言非苟焉而已也，是雖仲尼復起必信余言矣。仲尼復起必信余言，則夫天下之人，豈能外其三綱外其四業而不余信，以信仲尼之所信邪？」

林子曰：「使道釋者流而信常道也，而信常業也，豈非余之言信於天下邪？使道釋者流而不信常道也，不信常業也，則亦奚有於余之言，又安能使天下之人之必余信邪？」

林子曰：「常道也者，萬世常行之道，不可得而變也。常業也者，萬世常守之業，不可得而變也。彼若不信余言，以信萬世常行之道常守之業，則常行之道常守之業固達之天下萬世而無敝者也。而彼自不信爾，豈其常行之道常守之業而有所謂損益於其間邪？彼道釋者流抑亦可以反而思之矣。」

林子曰：「使天下之人之不三綱也，不四民也，而可以爲僊爲佛焉，猶且不可。況其不三綱也，不四民也，不惟不可以爲僊爲佛，亦且不可以爲人。則夫道釋者流奚必棄去君臣之義、父子之仁、夫婦之別，士之農之工之商之之常業耶？」

林子曰：「使我學道而父母有不豫焉，則是我慕道之名而遺孝也。蓋孝即道也，安有遺孝而可以謂之道耶？使我學道而妻子有不畜焉，則是我慕道之名而遺慈也。蓋慈即道也，安有遺慈而可以謂之道邪？」

或曰：「設仲尼復生也，豈其必盡道釋者流而君臣之，而父子之，而夫婦之，而士之農之工之商之邪？」林子曰：「仲尼天地也。中庸曰：『辟如天地，無不持載，無不覆幬。』若道釋者流之不君臣也，不父子也，不夫婦也，不士不農不工不商也，則是仲尼之天地，亦有不持載覆幬者，

豈其然哉？」

或者以爲既稱儒者之道，而復舉道釋之書者何也？林子曰：「此無位之士之所以明其道於世之難也。蓋無位之士弗尊弗信，始而以儒者之道巽言而化導之。既而道釋者流之不吾信，不吾從也，然後復以道釋之書巽言以印證之。庶幾言之者易信，而聽之者易從也。至於弗之信，弗之從，則亦無如之何矣，此無位之士所以明其道於世之難也。若夫有位之人，亦惟申之話言，以詔告之爾。故於其不有君臣也，直義之而已矣。於其不有父子也，直仁之而已矣。於其不有夫婦也，直別之而已矣。於其不士不農不工不商也，直常業之而已矣。此所謂道之以德，齊之以禮。民其有不信而從之者乎？即有不信而從之者，則政以正之，刑以驅之，其誰不遷善遠罪，敢有自取於不義不仁不別，外其常業，而爲不道化外之民耶？夫有位之人，行其道於時，則如此其易。無位之士，明其道於世，又如此其難。此余之所以不得辭好辯之名，又且諄諄言之而不置也。」

林子曰：「余之教有二，有語之以其人者，有語之以其道者。人不三綱，是無常道也，不可以爲人；人不四民，是無常業也，不可以爲人。故明其常道，而三綱之者，所以人之也；定其常業，而四民之者，亦所以人之也。既人矣，然後方可以大道語之。然所謂大道者非他也，孔門心法之外，無別學也。惟此大道，則君臣之所以義，父子之所以仁，夫婦之所以別者，胥此焉，故三綱有經，而常道以正也。惟此大道則士之所以爲士，農之所以爲農，工之所以爲工，商之所以爲商者，胥此焉，故四民有理，而常業以紀也。其始也人其人，其既也道其道，余之教。教此二者而已矣。」

或者以爲既曰常道常業，而復語之以大道，而曰孔門心法，然則學者將何所用其功耶？

林子曰：「動靜不違，內外交養，如此而已矣。」或者以內外交養，則吾既知之矣，而所謂動靜不違者，敢問何也？林子曰：「不視不聽，不言不動，此心法也。而視而聽，而言而動，此心法也。出門如見大賓，使民如承大祭，此心法也。造次必於是，顛沛必於是，此心法也。此其所以動靜之不違者歟。」

或者以既欲合其人而一之矣，而又必羣其人而分之者何歟？林子曰：「天地之所以爲大者，以萬物竝育而不相害也。而聖人必因俗以爲政者，其聖人之所以爲天地歟。余不識因俗之教，每以爲斯人皆性善也，學道皆道人也，齒而坐之，序而列之，行之且二十年，孰不以爲矯世而違俗也，於是遂因其俗而導之。儒自爲儒，道自爲道，釋自爲釋。貴者貴之，未嘗有貴之之心也；賤者賤之，未嘗有賤之之心也。因人而施，付之自然，此其所以合儒道釋而教之，而不相爲害也。易曰：『方以類聚，物以羣分，』亦此意也。」

雜　録

陳衷瑜《三聖正宗・道業正一篇跋》　吾師以天地父母之心，倡三教合一之旨，欲盡天下萬世之人，而常道之而常業之，使夫國無異人，人無異道，以極中和位育之功，以復唐虞三代之盛。若是篇也，實諄諄言之而不置也。奈何今之道釋者流，猶然不三綱也，猶然不四民也，自外於聖化，而且不知其非，嘖嘖然簧鼓天下。夫使天下而盡爲僧也爲道也，則不續綱常，人類從此絶矣，果誰爲之徒乎？天下而盡爲僧也爲道也，則不事生業，人人皆行乞矣，果誰爲之施乎？況其爲僧爲道者，非有成仙作佛之眞心，或出於事情之矯激，或貪夫施利之餘饒，呼朋引類，遊手遊食。其聚樂談笑，總與俗人何別？至于貧者病者與老者，孑然獨立，不能聊生，求欲爲俗人而不得。吾每察其行坐寢食之間，未嘗不長吁短嘆，悔恨其出家之擔悞者，特可自知之，而不敢以告人云爾。其有甘焉而不悔者，往往逃刑亡命之輩，忍心害理之人，豈其有眞能了心身性命之大，破生死利害之關者乎？使其眞能了心身性命之大，破生死利害之關，則必能忠能孝能慈，何必外三綱耶？則必可以明經，可以治生，何必外四業耶？唯其逃刑亡命之輩，忍心害理之人，無父無君，寡廉鮮恥，不士不農不工不商，無所賴藉，逞其任俠，其不至於倡白蓮而爲亂首也者幾希，其如天下何？我國家昌隆景運，蠻夷向化，而獨此道釋者流不復常道，不守常業，生居華夏之中，反越聖化之外。此其未有以正之，未有以一之。衷瑜不揣卑微，而欲以是疏之。當寧願將此輩正而一之以三綱，正而

一之以四民，則天下之人無異道也，天下之人無異民也，庶幾哉復唐虞三代之盛，書吾人位育之功，而慰吾師惓惓度世之志矣。旹皇明天啓甲子歲初夏上浣之吉，門人陳衷瑜頓首百拜謹跋。

無生

題解

林兆恩《三聖正宗·無生篇序》　或曰：無生極則語也，敢問何以謂之無生。林子曰：無生有常道也。《道德經》曰：道可道，非常道。常道者，眞常也。《常清靜經》曰：眞常得性。釋氏亦曰：眞常非常非無常，而其中則有眞常者在焉。余於是而知眞常是心，眞心是性，眞性是命。夫學而至於盡性至命，而性命又且忘之，不謂之我之本體本太虛邪。太虛則無生，無生則無死。而其生也死也，則亦如影之去來，何損於形，如泡之生滅，何損於水邪。孔子曰：朝聞道，夕死可矣。若也不知所以無生，而遽曰夕死可矣者，余亦未見其可也。古人有言曰：大家團圞坐，共說無生話。夫無生豈可得而話哉。而無生之作，亦非敢以話無生也。蓋直欲與天下萬世，以共明此不可使知之至道云爾。

論說

林兆恩《三聖正宗·無生篇上》　稽古無始氏，無生我也生。混混沌沌時，我生而無生。

我不知有天，有地與有人。我不知有神，有氣與有形。
我不知有儒，有道與有釋。無始未始始，無生未始生。
無生始生氣，氣生而爲天。無生始生形，形生而爲地。
變化正性命，冲和以爲人。人既有性命，安能無生死。
何以謂之生，心生是眞生。何以謂之死，心死是眞死。
古道既遼邈，生死入其心。身生以爲生，身死以爲死。
夫誰知無生，能證於無生。夫誰知生死，出離於生死。
至人知出離，頓悟我無生。頓悟我無死，出離於生死。
出離於生死，生死豈是我。生死不是我，無生乃是我。
無生是未發，未發之謂中。無生是常道，道生而爲一。
未發之謂中，中而未始中。道生而爲一，無生未始一。
我也雖無生，我也實有生。我也實有生，如何說無生。
我也雖有生，我也實無生。我也實無生，如何說有生。
我也不有生，我也不有死。如何有生死，生死不在我。
我也亦有生，我也亦有死。雖曰有生死，生死非是我。
我也先天地，無生即在我。我也後天地，無生在天地。
我我天地我，何也不是我。夫豈曰天地，太虛皆是我。
太虛皆是我，而況於天地。天地皆是我，而況於萬物。
太虛我本體，而況於天地。天地我同體，而況於萬物。
萬物吾度內，天地是我體。我超天地外，復還我本體。
我也致中和，未嘗位天地。天地自覆載，覆載自成位。
我也致中和，未嘗有萬物。萬物自生成，生成而自育。
位育在中和，中和本無生。天地從此生，萬物從此生。
天地從此生，天地從此位。萬物從此生，萬物從此育。
天地未始生，無生在太虛。太虛而天地，無生在天地。
萬物未始生，無生在天地。天地而萬物，無生在萬物。
日月與星辰，而有此無生。雨風與露雷，而有此無生。
山嶽與河海，而有此無生。昆蟲與草本，而有此無生。
人其靈於物，人人此無生。不能證無生，何以靈於物。
蠢動皆含靈，物物此無生。不能證無生，何以貴於靈。
人靈物亦靈，有靈不爲靈。能證此無生，靈者始爲靈。
靈者非是靈，靈在於無生。無生而能靈，乃始貴於靈。
天地人與物，雖與我殊形。天地人與物，與我同一氣。
與我同一氣，而本於太虛。俱在太虛中，俱得無生道。

無生我太虛，太虛本無生。天地我太虛，而又安有生。
天也此無生，無生而生物。地也此無生，無生而成物。
人也此無生，無生而生人。物也此無生，無生而生物。
非天能生我，無生而生我。非地能生我，無生而生我。
非天能生我，生我不是天。非地能生我，生我不是地。
超出此身外，即我即天地。超出天地外，即我即太虛。
我也是太虛，何有於天地。我也是天地，何有於吾身。
我也有心身，太虛無心身。天地有形氣，太虛無形氣。
我也無身心，太虛固在我。我也有身心，太虛亦在我。
天地無形氣，太虛在天地。天地有形氣，天地亦太虛。
我也有心身，心身不太虛。我也無心身，心身而太虛。
天地有形氣，形氣不太虛。天地無形氣，天地而太虛。
生乎其無生，死乎其無死。我其一太虛，如何有生死。
無生也有生，無死也有死。我其一太虛，如何無生死。
我謂我太虛，太虛即非我。我謂太虛我，我即非太虛。
無我無太虛，無太虛無我。無我是太虛，無太虛是我。
我也混太虛，我也自太虛。天地混太虛，天地自太虛。
何處非吾身，何處非天地。何處非天地，何處非太虛。
心身不心身，形氣不形氣。何者是太虛，何者非太虛。
非心亦非身，心身都是假。非形亦非氣，形氣不是眞。
天地本太虛，與我亦不異。太虛我不異，無生無生死。
無生無生死，太虛我不異。我雖有生死，生死不屬我。
生死不屬我，天地便非我。天地既非我，太虛即是我。
太虛即是我，生從太虛生。太虛即是我，死從太虛死。
太虛即是我，天地不爲我。即我不爲我，我也元是我。
天地非太虛，太虛以爲體。太虛非天地，天地以爲用。
我也非太虛，太虛以爲體。我也非天地，天地以爲用。
以體名太虛，太虛非有體。以用名天地，天地非有用。
太虛非我體，我體與同體。天地非我用，我用與同用。
太虛不是我，太虛亦是我。天地不是我，天地亦是我。
太虛體無生，天地用無生。用之而有生，不名天地用。
用之而無生，與體亦何異。有生無有生，體用同一致。
有氣則有壞，無氣則無壞。有形則有壞，無形則無壞。
上焉有日月，雨風及露雷。有形而有氣，安得而不壞。
下焉有山川，昆蟲及草木。有形而有氣，安得而不壞。
人之氣一天，有氣亦有生。氣本於無氣，無氣能生氣。
人之形一地，有形亦有生。形本於無形，無形能生形。
既曰能生氣，無氣安能壞。而所生之氣，抑亦有壞時。
既曰能生形，無形安能壞。而所生之形，抑亦有壞時。
無生乃是天，是天而非天。非天以生天，蒼蒼不是天。
無生乃是地，是地而非地。非地以生地，撮土不是地。
無生乃是人，是人而非人。非人以生人，形骸不是人。
無生乃是物，是物而非物。非物而生物，蠢動不是物。
天以氣爲體，可指以爲天。無生則無氣，無氣則無體。
地以形爲體，可指以爲地。無生則無形，無形則無體。
天以氣而天，天也不無生。天所不到處，無氣不名天。
地以形而地，地也不無生。地所不到處，無形不名地。
無生無可到。既曰無可到，而又安有處。夫誰得而到。
無人得而到，到者亦非人。既曰無有處，有處非眞處。
天地能成化，天地本無心。無心則無生，無生而成化。
人亦天地心，何以不成化。有心則有相，豈曰能成化。
心能生天地，天地心我心。我心不爲心，無心天地心。
天地心無心，我心豈有心。有心天地心，無心天地心。
天地心在我，我心在天地。我與天地同，有心而無心。
天地既無心，而我亦無心。天地與我同，無心而有心。
有心是我心，我心天地心。無心是我心，天地心我心。
心不在天地，心亦不在我。在我而非我，何者是天地。
我心是天地，造化在乎我。天地心是我，位育非天地。
造化雖在我，而亦不在我。造化不在我，位育者其誰。
我心在天地，誰謂心無生。我也心無生，誰與爲覆載。

上而有日月，賴成以照臨。我也心無生，誰與爲照臨。
下而有山川，賴我以流峙。我也心無生，誰與爲流峙。
庶類有萬族，賴我以生成。我也心無生，誰與爲生成。
無生是太虛，無生是天地。無生也是我，天地太虛我。
天地若有生，豈曰能造化。我也若有生，豈曰能成能。
成能以位育，位育以成化。無爲而無作，致中以致和。
天地能覆載，覆載以爲用。無生而覆載，覆載之本體。
日月能照臨，照臨以爲用。無生而照臨，照臨之本體。
山川能流峙，流峙以爲用。無生而流峙，流峙之本體。
庶類能生成，生成以爲用。無生而生成，生成之本體。
此身是假合，此心乃眞我。身生與身死，是我元非我。

又 生死只在身，我何有生死。萬古心長生，萬古心不死。
身也原有生，安得身不死。心也原有生，安得心不死。
身也有生死，身也自生死。心也有生死，心也自生死。
我也不是身，我也不是心。我也本無生，我也本無死。
我也本無生，無生安有死。我也本無死，無死安有生。
我也有眞我，眞我是眞心。眞心是眞性，眞性是眞常。
老氏之長生，眞我萬古生。釋氏之不死，眞我元不死。
豈曰釋老已，孔子至今存。萬古日中天，釋老與孔子。
老氏不長生，釋氏豈不死。癡人枉留心，念念在生死。
求仙願身生，求佛願不死。願生願不死，癡人每如此。
古今誰長生，古今誰不死。長生與不死，癡人乃迷此。
迷妄有長生，迷妄有不死。長生而不死，古今誰者是。
生而不有生，死而不有死。生死不貳心，有生必有死。
心生而身死，自古皆有死。心死而身生，身生罔而生。
心死而身生，身生一時生。身死而心生，心生萬古生。
不死不在心，而有在於心。長生不在身，而有在於心。
心也其生生，心也其不死。心生心不死，孔老釋迦已。
老氏曰長生，長生在無生。釋氏曰不死，不死在無死。

又 孔氏而知生，知生知無生。孔氏而知死，知死知無死。
一生而一死，是名爲輪迴。生死而死生，輪迴無窮已。
輪迴不在身，輪迴而在心。一日十二時，輪迴千萬遍。
至人不知生，至人不知死。生死總不知，何名爲生死。
生也不在身，亦不在於心。古稱長生人，都在心身外。
外心身曰生，生矣而無生。誰識生死中，眞我不生死。
生死與眞我，邈然不相關。生則從他生，死則從他死。
生而有死道，不可謂之生。死而有生道，不可謂之死。
何以爲知生，非知生者知。何以爲忘生，非忘生者忘。
知者知無生，無生無可知。忘者忘無生，無生無可忘。
無生無可知，知無生者誰。無生無可忘，忘無生者誰。
知之無所知，乃名之爲知。忘之無所忘，乃名之爲忘。
若言無所知，不可謂之知。若言有所知，不可謂之知。
若言無所忘，不可謂之忘。若言有所忘，不可謂之忘。
忘之於所知，無有能知者。知之於所忘，誰復有忘者。
聖人雖有知，不能以語人。欲語不得語，聖人忘所知。
聖人忘所知，無知乃眞知。眞知不語人，聖人亦無知。
聖人赤子心，赤子豈有知。赤子既無知，又焉有可忘。
赤子不知生，亦不知忘生。赤子不知死，亦不知忘死。
豈曰忘毁譽，毁譽有不知。豈曰忘榮辱，榮辱有不知。
貴賤與貧富，知愚賢不肖。赤子安有知，赤子安有忘。
赤子聖人心，聖人豈無知。聖人既有知，而無待於忘。
聖人雖知生，而忘乎其生。聖人雖知死，而忘乎其死。
雖知有毁譽，而毁譽自忘。雖知有榮辱，而榮辱自忘。
貴賤與貧富，知愚賢不肖。聖人悉皆知，聖人悉皆忘。
聖人而赤子，無知其本體。赤子而聖人，有知以爲用。
若其無知者，無知無有忘。若其有知者，有知實難忘。
知者不知忘，忘以無生忘。忘者不忘知，知以無生知。
忘以無生忘，而又安有忘。知以無生知，而又安有知。
聖人雖有知，無知如赤子。無知如赤子，斯貴於無知。
聖人無不知，而又無不忘。無不忘無忘，斯謂之眞忘。

無不知無知，無不忘無忘。而純一之心，無有不赤子。
赤子之純一，純一而無知。聖人之純一，知矣而無知。
赤子之純一，純一有何忘。聖人之純一，忘而無所忘。
文王而不知，孔子而無知。文王與孔子，何異於赤子。
赤子而入井，赤子忘所井。羑里與陳蔡，抑亦忘所知。
赤子忘所知，赤子也癡癡。聖人忘所知，聖人也癡癡。
赤子也癡癡，不知此無生。聖人也癡癡，相忘於無生。
不知此無知，癡癡爲眞癡。相忘於無生，癡癡而非癡。
癡癡爲眞癡，癡癡而非癡。癡癡而非癡，癡癡而眞癡。
毋謂赤子癡，更有癡赤子。毋謂聖人癡，誰知聖人癡。
世人不癡癡，而曰聖人癡。聖人癡不癡，而曰我眞癡。
聖人癡不癡，癡從無生癡。世人不癡癡，反癡聖人癡。
癡從無生癡，無生不爲癡。反癡聖人癡，聖人亦不癡。

又《無生篇下》　老子不是我，我不是老子。我也與老子，而共此無生。
孔子不是我，我不是孔子。我也與孔子，而共此無生。
我曾爲聖學，聖從何處來。聖所不到處，是聖之來處。
我曾爲玄學，玄從何處來。玄所不到處，是玄之來處。
我曾爲禪學，禪從何處來。禪所不到處，是禪之來處。
無聖而有聖，聖而不可知。聖既不可知，無生豈有聖。
無玄而有玄，玄而不可知。玄既不可知，無生豈有玄。
無禪而有禪，禪而不可知。憚既不可知，無生豈有禪。
稽古有黃帝，黃帝而無爲。有爲而制作，莫盛於黃帝。
稽古有大禹，大禹而無事。有事而治水，莫勞於大禹。
無生而無爲，無爲而有爲。不知有爲者，有爲而無爲。
無生而無事，無事而有事。不知有事者，有事而無事。
無爲本無生，亦何有所爲。寂之而常感，爲之而非爲。
無事本無生，亦何有所事。寂之而常感，事之而非事。
誠則能無爲，誠則能無事。無爲而無事，至誠以應物。
應物者因物，因物而賦物。不著於其物，至誠本無物。
天者天而已，地者地而已。亦何有於事，亦何有於爲。
豈其不覆幬，覆幬而無心。豈其不持載，持載而無心。
豈其無所爲，有爲而無心。豈其無所事，有事而無心。
無生而三綱，三綱即是道。學道不三綱，何貴於學道。
無生而四業，四業即是道。學道不四業，何貴於學道。
無生可以文，文以文乎道。學道而不文，道其所謂道。
無生可以武，武以武乎道。學道而不武，道其所謂道。
學道離父母，仰則何以事。學道棄妻子，俯則何以育。
三綱是世間，四業是世間。若要出世間，即在於世間。
仰事是世間，俯育是世間。先了世間事，方能出世間。
本來無生道，是謂眞面目。豈曰無色相，亦且無空相。
頓悟無生道，何戒與定慧。頓悟無生道，何貪與嗔癡。
何者是識神，識神元非我。何者是元神，元神元非我。
何者是煩惱，煩惱元非我。何者是智慧，智慧元非我。
無生本無我，而安有我相。無生本無人，而安有人相。
無生無衆生，安有衆生相。無生無壽者，安有壽者相。
相不在於相，而相在於心。心生相亦生，心滅相亦滅。
心既不離相，相豈能離心。離相便是相，相離乃名心。
仁從何生矣，生於未始仁。義從何生矣，生於未始義。
未始仁而仁，無生而生仁。未始義而義，無生而生義。
至禮本無體，無體是眞體。求節於其體，節不在於體。
至樂本無聲，無聲是眞聲。求和於其聲，和不在於聲。
無生無滅度，滅度不滅度。若起滅度心，是名滅度相。
無生無布施，布施不布施。若起布施心，是名布施相。
無復滅度相，無生而滅度。若曰我無生，亦是滅度相。
無復布施相，無生而布施。若曰我無生，亦是布施相。
何名爲三昧，正受是三昧，正見是三昧，是名爲三昧。
若曰我三昧，便是不正受，便是不正見，不名爲三昧。
若曰我正受，若曰我正見，我也得三昧，不名爲三昧。
三昧本無受，而安有所受。三昧本無見，而安有所見。

受而無所受，是名爲正受。見而無所見，是名爲正見。
何名爲三昧，即而無所即。何名爲三昧，離而無所離。
何名爲三昧，離而無所離。何名爲三昧，即而無可即。
一行無三昧，三昧豈在行。三昧自三昧，三昧不在行。
一相無三昧，三昧豈有相。三昧自三昧，三昧不在相。
何名爲禪定。無生外無相，無生内不亂，是名眞禪定。
何名爲懺悔。無生懺前愆，無生悔後過，是名眞懺悔。
禪不在於禪，禪而無所禪。無所禪而禪，無生是眞禪。
定不在於定，定而無所定。無所定而定，無生是眞定。
無生是眞禪，眞禪而虛空。虛空我本體，本體本自禪。
無生是眞定，眞定而虛空。虛空我本體，本體本自定。
懺不在於懺，懺而無所懺。無所懺而懺，無生是眞懺。
悔不在於悔，悔而無所悔。無所悔而悔，無生是眞悔。
無生本虛空，虛空虛空已。何有於前愆，又何待於懺。
無生本虛空，虛空虛空已。何有於後過，又何待於悔。
念念見法身，法身豈有見。見者非所見，不見是眞見。
念念度自己，自己何以度。度者非所度，不度是眞度。
無生而生生，滅度不滅度。無生能滅度，滅度在無生。
離迷便是迷，離覺非正覺。迷覺猶在心，安能離迷覺。
除妄便是妄，除眞亦非眞。眞妄猶在心，安能除眞妄。
般若我智慧，何言生般若。智慧豈在外，而曰生般若。
佛性即我心，何言見佛性。我心豈在外，而曰見佛性。
邪來以正度，有正即有邪。邪正總不知，知正便是邪。
迷來以悟度，有悟即有迷。迷悟總不知，知悟便是迷。
何有於邪正，何有於迷悟。雖云有起滅，俱無起滅處。
以無邪見故，有念便有邪。有邪着邪見，邪見非正見。
無生無釋迦，無生無寂滅。無生有眞我，釋迦此寂滅。
無生無老子，無生無清靜。無生有眞我，老子此清靜。
無生無孔子，無生無時中。無生有眞我，孔子此時中。
我也本無生，我也非釋迦。我也常寂滅，我本是釋迦。
我也本無生，我也非老子。我也常清靜，我本是老子。
我也本無生，我也非孔子。我也常時中，我本是孔子。
釋迦不是我，我不是釋迦。我也與釋迦，而共此無生。
以無正見故，有念便有正。有正着正見，正見非正見。
皈依豈皈依，皈依不皈依。昔有皈依者，何言不皈依。
究竟豈究竟，究竟不究竟。昔有究竟者，何言不究竟。
我也本無生，無見亦無聞。無覺亦無知，我也是無生。
我也本無生，有見而有聞。有覺而有知，我也不無生。
見於無所見，無見是眞見。聞於無所聞，無聞是眞聞。
覺於無所覺，無覺是眞覺。知於無所知，無知是眞知。
我也本無生，五藴空非空。非以空五藴，五藴悉皆空。
我也本無生，六陰有非有。非以離六陰，六陰悉非有。
我也本無生，自然無無明。亦無無明盡，無生無無明。
我也本無生，自然無老死。亦無老死盡，無生無老死。
三皇此無生，而能皇天下。五帝此無生，而能帝天下。
三皇皇以道，道亦無可道。五帝帝以德，德亦無所得。
道既無可道，何者謂之道。何者謂之道，何者不是道。
德既無可得，何者謂之德。何者謂之德，何者不是德。
大道本無爲，道道而非道。上德有不德，得德而非德。
道從何道生，可道不爲道。德從何德得，可得不爲德。
道於無所道，無所道是道。德於無所得，無所得是德。
道其不可言，不可言者道。甚無著於言，而反以悔道。
性其不可見，不可見者性。甚無著於見，而反以迷性。
佛放大光明，普照大千界。文王如日月，而光於四方。
佛也此無生，無生而光明。文王此無生，無生而日月。
堯舜之太和，元氣滿宇宙。孔孟之剛大，浩然塞兩間。
堯舜此無生，無生而太和。孔孟此無生，無生而浩然。
天地生萬物，不起生物想。聖人生萬民，不起生民想。
高明能配天，不起高明想。博厚能配地，不起博厚想。
自性本無非，而不起戒想。自性本無癡，而不起慧想。

自性本無亂，而不起定想。頓悟無生道，向戒與定慧。
自性本無癡，不起解脱想。自性本逍遙，不起自在想。
何者是涅槃，不起涅槃想。究竟非究竟，不起究竟想。
何者爲夢想，不起夢想想。遠離非遠離，不起遠離想。
不知有六根，不起六根想。不知有六塵，不起六塵想。
不古而不今，不今而不古。今古自今古，無生無今古。
不去而不來，不來而不去。來去自來去，無生無來去。
或有以財施，以財施者凡。能不起財想，財施亦非凡。
或有以法施，以法施者聖。若或起聖想，法施亦非聖。
又 三身本無身，不起三身想。四智本無智，不起四智想。
四病無可離，不起離病想。百非無可絶，不起絶非想。
舍假以歸眞，不起歸眞想。萬境本如如，不起如如想。
常寂而常照，不起寂照想。常明而常覺，不起明覺想。
本性本金剛，不起金剛想。本性本圓覺，不起圓覺想。
以幻而滅幻，幻滅而復滅。滅而無可滅，無生是眞常。
空空而無無，無無而復無。無而不可無，眞常是無生。
母曰我滅幻，幻亦無可滅。母曰我眞常，眞常亦非常。
誰不證涅槃，以出離生死。若有出離心，未能離生死。
出離生死心，欲以澄涅槃。以此欲證心，何以證涅槃。
雖曰證涅槃，寔則無涅槃。夫既無涅槃，而曰證涅槃。
涅槃無可證，證於無所證。無所證而證，乃名證涅槃。
生死無可離，離於無所離。無所離而離，乃名離生死。
雖曰離生死，寔則無生死。夫既無生死，而曰離生死。
人人言長生，惟恐身不生。身生而心死，何貴於身生。
人人言不死，惟恐身能死。身死而心生，何必身不死。
生而未嘗生，身生心不生。死而未嘗死，身死心不死。
此身有生死，此心無生死。此心有生死，眞心無生死。
眞心本無生，眞心本無死。眞心自然生，眞心自不死。
心生是心死，心死心乃生。心死神可活，心生神不活。
即心而即仁，仁豈有生死。生也仁固生，死也仁豈死。
仁也豈不生，生生而不息。仁也豈有死，無有不生時。
仁生而心生，心生而仁生。仁也不有死，心也豈有死。
眞心元非性，眞性本虚空。虚空無有生，虚空無有死。
生死虚空中，虚空不生死。生也心身生，死也心身死。
有念不虚空，有念而心死。無念是虚空，無念心不死。
心死是心生，心生是心死。心因有念生，心因有念死。
念以有心起，亦以有心滅。念起即是妄，心妄而心死。
釋氏貴無念，無念以爲宗。心迷有起滅，不自有其宗。
儒亦貴無念，無念是爾祖。心迷有起滅，不自有其祖。
心或逐乎念，念起失其祖。心不逐乎念，無念是心宗。
無念心不生，無念心不死。有念心便生，有念心便死。
夫焉無所生，夫焉無所死。能知有生死，便知無生死。
有生非是心，不生心亦非。有死非是心，不死心亦非。
生死若關心，鄉里之常人。生死不關心，乃古之聖人。
生死若關心，是名爲生死。生死不關心，不名爲生死。
無生能知生，生也如無生。無死能知死，死也如無死。
我身本不有，生則隨他生，死則隨他死，生死我何有。
生則隨他生，自有長生在。死則隨他死，自有不死在。
倏忽而心生，倏忽而心死。倏忽生而死，倏忽死而生。
倏忽生又生，倏忽死又死。何以爲眞常，無生不如此。
讀書千萬卷，不如一字無。空空是眞我，萬物備於我。
汝勿謂釋迦，老子與孔子，都求之在外，從讀書來也。
我以爲釋迦，老子與孔子，都求之在我，從無生來也。
蠢動皆含靈，含靈乃佛性。佛性是眞常，眞常者無生。
人人有佛性，人人有眞常。人人有眞常，人人有無生。
何以不思善，思善而善生。何以不思惡，思惡而惡生。
因思而後善，善即在於思。善既出於思，而不本無思。
無生則無思，無思安有生。有生便有思，有思豈無生。
有思而有生，即名門外漢。無思而無生，捨筏登彼岸。

雜録

朱有開《三聖正宗·無生篇跋》 三教先生在宗孔子堂，門人朱有開暨汪子九經、趙子學泮侍，得覽《無生》。既卒業，有開進而問曰：天地豈不在於虛空之內與。先生曰：亦在虛空之內，亦在虛空之外。汪子曰：夫如是，則虛空豈在於天地之內與。先生曰：亦在天地之內，亦在天地之外。趙子曰：先生每曰，吾心最大，豈其能與太虛同體，天地合德與。先生曰：吾心之天地，豈不與天地而合德邪。吾心之太虛，豈不與太虛而同體邪。於是陳子大道後至，亦得與聞之，曰：吾心之分量，豈其若是其大與。先生曰：天地之天地，豈不與吾心而合德邪。太虛之太虛，豈不與吾心而同體邪。要而言之，人人有此天地，人人有此太虛，人人有此無生。故無生也者，無所於生，無所於不生也。辟之鏡焉，物來則照，我何與焉。若能會此意，可以知無生之大都矣。於是咸謂先生之教，眞可謂聞所未聞矣。遂共紀之，以附驥後。謹跋。

立本

題解

林兆恩《三聖正宗·立本篇》 孔子曰：下學而上達，故自志學、而立以至於耳順、不踰矩，有始有卒，成章而達。殊無驚人可喜之行，足以見知於人也。故曰：知我其天。然余所謂立本者，非下學乎。而入門而極則，非上達乎。或問：林子每舉三綱四業，豈非所謂立本以爲教與。林子曰：不三綱不四業，則不可以爲人。而三綱四業，是乃日用之所當行者，立本之第一義也。茲所分摘《立本篇》，亦皆可使由之道，初學之首務也。若六經四傳所云入門極則者，悉散見於他分，摘諸帙中矣。

論說

林兆恩《三聖正宗·立本篇》 林子曰：能爲人謀而忠乎，交而信乎，傳而習乎。

林子曰：能入孝出弟，謹行信言，愛衆而親仁乎。

林子曰：能事父母而竭其力乎，能事君而致其身乎。

林子曰：能重而威，而以忠信爲主乎。

林子曰：能信近於義乎，能恭近於禮乎，能因而得其宗乎。

林子曰：樂固人之所難矣，而貧能無諂乎。好禮固人之所難矣，而富能無驕乎。

林子曰：能學而不至於罔乎，能思而不至於殆乎。

林子曰：能闕疑，能愼言其餘乎。能闕殆，能愼行其餘乎。

林子曰：能久處約乎，能長處樂乎。

林子曰：能好仁乎，能惡不仁乎。

林子曰：能志於道乎，能比於義乎。

林子曰：能見賢而思齊乎，能見不賢而內自省乎。

林子曰：能欲訥於言乎，能恥躬不逮乎。

林子曰：能不巧言，不令色，不足恭，不匿怨，而友其人乎。

林子曰：能見其過而內自訟乎。

林子曰：能不罔而生，而幸免乎。

林子曰：能恭而禮，而不至於勞乎。能愼而禮，而不至於葸乎。能勇而禮，而不至於亂乎。能宜而禮，而不至於絞乎。

林子曰：能三年學，而不至於穀乎。能學如不及，而其心猶恐失乎。

林子曰：能好德如好色者乎。

林子曰：法語之言，能從之而改乎。巽與之言，能說之而繹乎。

林子曰：能出門而如見大賓乎。能使民而如承大祭乎。能於己之所不欲，而勿施於人乎。

林子曰：能爲之難，而其言得無訒乎。能內自省，而不憂不懼乎。

林子曰：能徙義崇德乎，能修慝辨惑乎。
林子曰：能成人之美，不成人之惡乎。
林子曰：能無欲速，無見小利乎。
林子曰：能居處恭乎，執事敬乎，與人忠乎。
林子曰：能行己有耻乎，能恆其德而不承之羞乎。
林子曰：言不必信，固人之所難也，而言能必信乎。行不必果，固人之所難也，而行能必果乎。
林子曰：正者知所進取，而能不安於狂者乎。狷者有所不爲，而能不安於狷者乎。
林子曰：能見利思義乎，能見危授命乎，能久要不忘平生之言乎。
林子曰：能學爲己乎，能上達乎，能爲君子儒乎，能病無能乎，能不患人之不己知乎。
林子曰：能言而忠信乎，能行而篤敬乎。能立而參前，在輿而倚衡乎。
林子曰：能無害仁以成仁乎。
林子曰：能遠慮乎，能躬自厚乎。
林子曰：能矜矣，而不至於爭乎。能群矣，而不至於黨乎。
林子曰：能當仁而不讓於師乎。
林子曰：能友直，友諒，友多聞乎。能樂節禮樂，樂道人之善，樂多賢友乎。
林子曰：能見善如不及，見不善如探湯乎。
林子曰：能九思乎，能三畏乎。能知六言六蔽乎，能尊五美而屏四惡乎。
林子曰：能執德而弘，信道而篤乎。
林子曰：能仕優而學，學優而仕乎。
林子曰：能毋自欺乎，能自慊乎。
林子曰：能好而知其惡乎，能惡而知其美乎。
林子曰：能知孝之所以事君乎，能知弟之所以事長乎，能知慈之所以使衆乎。
林子曰：能知有諸己而後可以求諸人乎，能知無諸己而後可以非諸人乎。
林子曰：能知宜其家人，而后可以教國人乎。能知宜兄宜弟，而后可以教國人乎。能知父子兄弟足法，而后民法之乎。
林子曰：能知言悖而出，亦悖而入乎。能知貨悖而入，亦悖而出乎。
林子曰：不覩而能戒慎乎，不聞而能恐懼乎。隱見微顯，而能慎其獨乎。
林子曰：欲以行道也，其當知知者之過，愚者之不及之可非也，而不思以明之乎。欲以明道也，其當知賢者之過，不肖者之不及之可非也，而不思以行之乎。
林子曰：能擇乎中而庸之，能得一善乎，能拳拳服膺而弗失之乎。
林子曰：行怪不足述也，而能不爲乎。半塗不可廢也，而可以已乎。
林子曰：道不遠人矣，而可遠人以爲道乎。
林子曰：能素位而不願乎外，能正己而不求於人乎。
林子曰：能居易俟命乎，能反求諸身乎。
林子曰：夫未能不惑而知，爲難能矣，可不知所以好學乎。未能不憂而仁，爲難能矣，可不知所以力行乎。未能不懼而勇，爲難能矣，可不知所以知耻乎。
林子曰：及其知之一也，能學而知之乎，抑或困而知之乎。及其成功一也，能利而行之乎，抑或勉強而行之乎。愚不憂其不明也，柔不憂其不強也，能人一而己百乎，能人十而己千乎。
林子曰：居上能不驕乎，爲下能不倍乎。
林子曰：愚矣而能不自用乎，賤矣而能不自專乎。生今之世矣，而能不反古之道乎。
林子曰：能爲君子之闇然也而日章乎，能不爲小人之的然也而日亡乎。
林子曰：能內省不疚乎，能不愧屋漏乎。
林子曰：能尚志而居仁由義乎，能無道桓文之事而不假仁假義乎。
林子曰：能知孟子之不動心而集義乎，能知告子之不動心而外義乎。
林子曰：能知仁而榮，不仁而辱，而猶然惡辱以居不仁乎。能知四端猶四體，知皆擴而充之乎。

林子曰：能聞言而拜乎，能告之以有過則喜乎，能取諸人以爲善乎。

林子曰：能如孔子時其亡而往拜之，而欲其稱乎。能如孟子不能造朝，而出弔於東郭氏乎。

林子曰：宇宙分內事，皆吾人分內事也。能如孔子之皇皇，孟子之不豫色乎。

林子曰：能知枉己而未有能直人乎，能知志士不忘在溝壑乎。

林子曰：能富貴而不淫乎，能貧賤而不移乎，能威武而不屈乎。

林子曰：縱不能爲大丈夫矣，而以順爲正可乎。雖曰壯以欲行矣，而不由其道而往可乎。

林子曰：踰垣閉門，固不可矣。而患得患失，而無所不至也，可乎。

林子曰：愛人不親，可不知所以反其仁乎。治人不治，可不知所以反其智乎。禮人不答，可不知所以反敬乎。

林子曰：禮義之不可非而非之，而甘於自暴也，可乎。夫人孰不能居仁而由義乎，而甘於自棄也，可乎。

林子曰：事孰爲大，而不知所以事親也，可乎。守孰爲大，而不知所以守身也，可乎。

林子曰：能知人之所以異於禽獸乎而幾希，可不知所存乎。

林子曰：取與死生之際，所當嚴也。而至於傷廉傷惠傷勇，可乎。

林子曰：西子不潔，人皆掩鼻，而喪善之徒可不知所戒乎。惡人齊沐，可祀上帝，而自新之士可不知所勉乎。

林子曰：富貴利達，君子不去也。求之非其道，而爲妻妾所羞也，可乎。

林子曰：君子之所以殉身者，道義也。非其義也，非其道也，而祿之以天下，其可顧乎。繫馬千駟，其可視乎。非其義也，非其道也，而一介可以與人乎，一介可以取人乎。

林子曰：枉己而可以正人乎，辱己而可以正天下乎。

林子曰：庶人之分，而其義則在於往役乎。士者之禮，而其義則在於不往見乎。

林子曰：仁義禮智，非由外鑠我也，我固有之也。可不知所以思而求之，求而得之，而至於不仁不義，非禮非智乎。

林子曰：仁義之心，良心也。其可放其良心，而至於夜氣不存，禽獸不遠乎。

林子曰：事心之功大矣。而操存舍亡之機，其可不知乎。一暴十寒之戒，其可不慎乎。

林子曰：桐梓則知所以養之，而身則不知所以養之，可乎。指不若人，則知惡之，而心不若人，則不知惡之，可乎。鷄犬則知求之，而放心則不知求之，可乎。

林子曰：夫仁義其與膏粱之味相去何如也，而不之願乎。令聞其與文繡之美相去何如也，而不之願乎。

林子曰：天爵其與人爵相去何如也，而不之修乎。良貴其與趙孟之所貴者相去何如也，而不之思乎。

林子曰：堯之服而不之服乎，堯之言而不之言乎，堯之行而不之行乎。

林子曰：能知拂亂所爲，是我之所以動心忍性者乎。

林子曰：不有困心衡慮，而能作乎。不有徵色發聲，而能喻乎。

林子曰：能知生於憂患，而死於安樂乎。

林子曰：能知求之有益於得，而求之在我者乎。能知求之無益於得，而求之在外者乎。

林子曰：行矣而能著乎，習矣而能察乎。

林子曰：能知樂其道，而忘人之勢乎。能知王公不致敬盡禮，不可得而亟見乎。能知事之云乎，豈曰友之云乎。

林子曰：能知窮不失義，而士得已乎。能知達不離道，而民不失望乎。

林子曰：能附之以韓魏之家，而自視欿然乎。

林子曰：能知有德慧術智，而恆存疢疾乎。能知操心危，慮患深，乃孤臣孽子乎。

林子曰：能仰不愧於天乎，能俯不怍於人乎。

林子曰：能鷄鳴而起，孳孳爲善乎。

林子曰：能無以饑渴之害爲心害乎。

林子曰：能不以三公易其介乎。

林子曰：能樂顔子之樂乎，能志伊尹之志乎。

林子曰：能充無欲害人之心乎，能充無穿窬之心乎，能充無受爾汝之實乎。

林子曰：能養心而寡欲乎。

心聖教言

題解

林兆恩《三聖正宗・心聖教言》 林子曰：心其一聖人乎。或問心。林子曰：聖人是也。又問聖人。林子曰：心是也。心之本虚靈能知覺者，聖人也。

林子曰：神明不測者，心也，聖人也。變化無方者，心也，聖人也。

林子曰：渾然在中者，渾然一聖人也。粹然至善者，粹然一聖人也。

林子曰：凡民之心，既爲氣質之偏有以狀之，物欲之交有以引之，而謂己之心不虚靈、不知覺、不聖人也，亦惑矣。

論説

林兆恩《三聖正宗・心聖教言》 林子曰：聖人外其心而虚靈也，而知覺也，而聖人也。而謂凡民之心不虚靈、不知覺、不聖人也，猶之可也。然而聖人而虚靈也，而知覺也，而聖人也，皆不外於心。如此而謂凡民之心不虚靈、不知覺、不聖人也，可乎哉。

林子曰：知聖人之可爲，覺聖人之可爲者，上知下愚一也。知聖人之可爲，覺聖人之可爲，而必爲之者，上知之所以爲上知也。知聖人之可爲，覺聖人之可爲，而不爲之者，下愚之所以爲下愚也。

林子曰：纔知聖人之可爲，纔覺聖人之可爲，而爲之者，上知也。忽然而不知不覺而不爲之者，便是下愚。雖知聖人之可爲，雖覺聖人之可爲，而不爲之者，下愚也。忽然而能知能覺而必爲之者，便是上知。

林子曰：知覺也者，非以知且覺吾心之一聖人也之爲難也，爲能知且覺吾心之一聖人而必爲之者之爲難也。非以知且覺吾心之一聖人而爲之必要其成者之爲難也。

林子曰：聖人之知，無所不知者也，聖人之覺，無所不覺者也。聖人之知，非以知人之所不能知以爲知也，聖人之覺非以覺人之所不能覺以爲覺也。聖人之知，爲能知人之所共知而充之至於無所不知也。聖人之覺，爲能覺人之所共覺而充之至於無所不覺也。

程子曰：充得盡時，便是聖人。以其所不忍達之於其所忍，以其所不爲達之於其所爲者，擴而充之也。無所往而不爲仁，無所往而不爲義者，充之而至於盡也。故即其善端之發見者，驗其心之一聖人也。充其善端之極致者，純其心以爲聖人也。

林子曰：知所以致曲而誠矣，由是而形，而著，而明，而動，而變，而化者，充之而至於盡也。知所以脩身矣，由是而齊家，而治國，而平天下者，充之而至於盡也。知所以盡己之性矣，由是而盡人之性，而盡物之性，而參天地，而贊化育者，充之而至於盡也。

林子曰：凡有四端於我者，仁義禮智之根於心也。苟能充之，充此心也，足以保四海。以心之大，足以包羅乎四海者也。非惟充其心之大，足以包羅乎四海，亦且充其心之大足以包羅乎天地也。惟其能包羅乎天地也，故其能斡旋乎天地。

林子曰：乍見孺子入井，而有怵惕惻隱之心者，心之本體本如是，而非有所強也。充之足以包羅乎四海，足以包羅乎天地者，心之全體本如是，而非有所加也。

林子曰：夫人之心與聖人之心一也，而必曰聖人之心者，何也。惟聖人爲能充其心之聖人，而至於盡也。

林子曰：心其可得而見乎。心可得而見者，非心也。心其不可得而見乎。心不可得而見者，非心也。心其可得而言乎。心可得而言者，非心也。心其不可得而言乎。心不可得而言者，非心也。故謂心可得而言之，則心亦可得而見之，而其所可見者，果何心也。謂心不可得而言之，則心

亦不可得而見之。既不見心，又安識心。

程子曰：人須識其眞心。世儒不識眞心，而其所相告語者，乃憧憧往來之心也。列之肝脾肺腎，身中之五行也。眞心者，太極也。太極而陰陽也，陰陽而五行也。而謂五行爲太極也，可乎哉。

或問：心即是聖人矣，何其聖人之不多見也。林子曰：常人屈於物欲而不識心也，學者溺於所聞而不識心也。既不識心，又安能聖。

周子曰：誠無爲，幾善惡。朱子曰：動於人心之微，則天理固當發見，而人欲亦已萌乎其間矣。此陰陽之分也。眞心者，一也誠也，寂然不動也。善惡之幾者，陰陽之義也。然孔子之所謂兩端者，非周子之所謂幾善惡歟。而曰叩其兩端者，蓋因其所以問乎我者，而我反以叩之也。叩亦問也，端者端緒之義也。故既即其動於天理而爲善之端者，反以叩之此何心也，而其所以爲善之端者，從何而發見乎。復即其動於人欲而爲惡之端者，反以叩之此何心也，而其所以爲惡之端者，從何而潛萌乎。反復詳説，俾其知所察識，反而求之而得其本心也。豈非聖人之心教，而爲學者趨善去惡之一大機也哉。

林子曰：平旦之氣，其好惡與人相近者，此何心也。夜氣不存，而違禽獸不遠者，此何心也。噱爾蹴爾，身死而不受者，此何心也。萬鍾於我何加，不辨禮義而受之者，此何心也。既見牛則不忍其觳觫者，此何心也。未見羊則以羊易之者，此何心也。夫子言之，於我心有戚戚焉者，此何心也。吾退而寒之者至，此何心也。是皆所當察識焉者也。

林子曰：視聽言動，察其心之果能禮乎。出門使民，察其心之果能敬乎。造次顛沛，察其心之果能仁乎。立而在輿，察其心之果能忠信，果能篤敬乎。察之者，所以防之也。防而制之，以養其中，此存養省察之功不可偏廢也。

林子曰：平旦之氣，平旦之心，一聖人也。旦晝以存旦晝之心，一聖人也。又曰：一念而不昧其心焉，一念之聖人也。一事而不昧其心焉，一事之聖人也。唯在乎察識而擴充之爾。

孟子曰：欲知舜與跖之分無他，利與善之間也。夫跖，天下之至惡也，而其心之聖人未始與舜異也。但舜能充其善之端，無所往而不爲善也。而跖則縱其利之端，無所往而不爲利也。此蓋善利之幾，仁不仁之路，其端甚微，誠不可不辨也。

林子曰：心之聖人，即性也。性即中也，中即一也。一，太極也。太極者，心極也。

林子曰：心之聖人者，眞心也。人人本自有之，而無有不善者，故曰性善。或爲色所交而起其色心，遂以色心而蔽其眞心。或爲利所交而起其利心，遂以利心而蔽其眞心。故曰，物交物則引之而已矣。

林子曰：能離妄心，方名眞心。不離妄心，不名眞心。以有妄心，謂之妄人。妄人也者，離聖以爲妄也。以有眞心，謂之聖人。聖人也者，離妄以爲聖也。

林子曰：心本無思也，心本無爲也。思則憧憧矣，爲則擾擾矣。憧憧擾擾者，妄心也。

林子曰：心本無意、必、固、我也。意、必、固、我者，妄心也。

林子曰：離物者心也，不離物者心也。若不離物心亦妄也，若必離物心亦妄也。

林子曰：心能離物，故能不物於物。

林子曰：三皇以其心之聖而皇也，五帝以其心之聖而帝也，三王以其心之聖而王也。

林子曰：堯授舜也，舜授禹也。湯放桀也，武王伐紂也。伊尹放太甲也，周公誅管蔡也。此數聖人者，豈非其心之能權乎。心之能權，心之聖人也。

林子曰：孔子聖之時者，以其心之聖無方而無體也。若清若和若任，則有方有體，而非其心之聖之神矣。

林子曰：孔子之《春秋》，即湯武之放伐。蓋所以奉天之命而是非之者，天之事也，豈徒操南面二百四十餘年之權已哉。王不稱天，槪可見矣。故春生秋殺，天之事也。是而春之，非而秋之，聖人之所體天之行事也。

林子曰：天無私也，聖人無私也。故無私，所以奉天也。以此而存諸心也，謂之天心。以此而見諸事，謂之天事。

林子曰：心也者，經也，萬世不易之常經也。經也者，心也，萬世不易之常心也。故六經也者，所以發明乎其心之經也，非以六經之文爲經

也。然經之文，以文經也，萬世不可得而易也。故經之文，亦以名經。若三綱五常，禮之經也，萬世不可得而易也。九經，政之經也，萬世不可得而易也，而况心乎。禮非心不叙，政非心不飭，文非心不徵。

林子曰：楊子求義於義，而不知求義於心也。墨子求仁於仁，而不知求仁於心也。孝己求孝於孝，而不知求孝於心也。尾生求信於信，而不知求信於心也。

林子曰：聖人者，以其心而義也，故義爲盡義。以其心而仁也，故仁爲至仁。以其心而孝也，故孝爲大孝。以其心而信也，故信爲止信。

林子曰：心必聖而義矣，心必聖而仁矣，心必聖而孝矣，心必聖而信矣。

林子曰：眞心自能義，而或有不義者，妄心也。眞心自能仁，而或有不仁者，妄心也。眞心自能孝，而或有不孝者，妄心也。眞心自能信，而或有不信者，妄心也。

或問：妄心非心歟。林子曰：妄心非心，故曰妄心。心本無妄，而妄又安可以名心邪。

林子曰：妄心者，人之所本無之心也。眞心者，人之所本有之心也。

林子曰：聖人者以心養心，以人治本，不過去其所本無，以復其所本有者，而非他也。

林子曰：眞心者，誠也。黄帝無爲也，舜無爲也，故曰誠無爲。禹之治水也，行其所無事，故曰誠則無事矣。

《大學》曰：此謂知本，此謂知之至也。豈其有闕文邪。林子曰：其文備矣。明德親民之本於至善者，知本也。由知止而定、靜、安、慮者，知本也。天下之本在國，國之本在家，家之本在身者，知本也。正心由於誠意，誠意由於致知，致知由於格物者，知本也。然聖人之學知止者也，不交於物而無物可格者，《書》之所謂安汝止者是也。學者之學格物者也，必格其物而後止可止者，《書》之所謂欽厥止者是也。知本而謂之此者，通一章而言之也。知至而謂之此者，專格物而言之也。

或問：物交物之物，與格物之物也，有以異乎。林子曰：無以異也。心之未交於物者，至善也。既交於物，爲物所引，而始失其初矣。故格物也者，乃所以復吾心至善之初，而爲學者作聖之功也。

林子曰：人之所以喪其心者，非其心之去已也。特交於物，而爲物所蔽爾。無論途人及至不道者，孰不以其心之既喪，而無有乎所謂聖人者。殊不知其見所可哀憐者，則惻隱之心即此而在矣。故曰，人皆有不忍人之心。不忍人之心，心之聖人也。

林子曰：見君子而後厭然者，羞惡之心也。以無所不至之小人，而猶有羞惡之心，如此不謂心之聖人之明驗邪。

林子曰：聖人形凡民之形，則亦心凡民之心也。凡民形聖人之形，則亦心聖人之心也。形其形也，而謂其形之不類也，可乎哉。心其心也，而謂其心之不類也，可乎哉。

林子曰：聖人心凡民之心，而充其心以成聖也，故謂之聖人。凡民心聖人之心，而牿其心以入凡也，故謂之凡民。

林子曰：萬形一形也，而或有不類者，蓋陰陽雜揉之氣也。而心則無陰無陽，不屬於氣矣，又焉有不類之心者哉。

林子曰：心在乎人之中者，中也。心能千變萬化而統於一者，一也。

林子曰：心也者，密也，放之則彌六合焉。心也者，我也，而萬物皆備焉。

林子曰：仲尼、顔子樂處者，心也。

林子曰：物物也，人物也，天地亦物也，而心則非物。若心可得而物之，是亦物也，又安能妙萬物。然則心與天地孰大。曰：心大。

林子曰：天子有天下者也，以其心乎天下也，故能覆載乎天下。諸侯有其國者也，以其心乎其國也，故能覆載乎其國。大夫有其家者也，以其心乎其家也，故能覆載乎其家。

林子曰：聖人之心，心乎天下者也。聖人之心，心乎萬世者也。惟其心乎天下，故能覆載乎天下。惟其心乎萬世，故能覆載乎萬世。

林子曰：人之心，天地之心也。天地人異矣，而其心則不異也。天其有心乎。曰：有天無心則不能淸。地其有心乎。曰：有。地無心則不能寧。故天地也者，人資之以始，人資之以生者也。心也者，地資之以平，天資之以成者也。

林子曰：天也者，氣也，而有未始氣者存焉。地也者，形也，而有未始形者存焉。人也者，形也氣也。心也者，未始形也，未始氣也。人之所

以小於天地者，非以其形乎，非以其氣乎。人之所以大於天地者，非以其心乎。

林子曰：心也者，無所不包者也。心也者，無所不入者也。

林子曰：天之體不足以擬其大者，心也。物之微不足以擬其細者，心也。

林子曰：心曠然而通於千百世之上，而千百世之上非先也。心曠然而通於千百世之下，而千百世之下非後也。

林子曰：上天下地以淸以寧，聖人之心爲能出入造化也。先聖後聖不謬不惑，聖人之心爲能進退古今也。華夏蠻貊，率俾鳥獸魚鱉，咸若聖人之心，爲能表裏人物也。

林子曰：獨善其心者，善止於其人之身焉已也。若與人爲善，則人之善皆我之善也。與天下人爲善，則天下人之善皆我之善也。與萬世人爲善，則萬世人之善皆我之善也。蓋天下萬世皆吾度內，而此心之分量本如是其大且遠也。

林子曰：心之高明，心之聖人也，而卑暗則非其初矣。心之廣大，心之聖人也，而狹小則非其初矣。

林子曰：心之聖人者，赤子之心也。奚假人爲，但不失之爾。

林子曰：不思而得，不勉而中，心之本體者聖人也。

林子曰：心，一聖人也。若曰心能作聖，則聖人與心猶爲二也。而人之所以不能聖人者，以有以蔽乎其心也。蔽乎其心，則喪其所以爲心矣。喪其所以爲心，則喪其所以爲聖人矣。此作聖之功，不可無也。

林子曰：所謂孔門傳授心法者，假此心法以復此眞心爾。眞心既復，又安用法。若未得此眞心，而無有所謂法者。譬舍舟楫而渡江河，未有能濟者也。

林子曰：德性不可不尊也。而其所以尊德性者，則由於問學也。問也者，問此心法，以尊此德性也。學也者，學此心法，以尊此德性也。此親師取友之道，不可廢也。若或恥於親師，不能取友，而馳其心於冊子，而自以爲得者，是自欺也。

林子曰：德性者，天之所以與我吾心之聖人也。若外心法以爲學，則其所學者非德性也，學雖博，亦奚益哉。若外心法以爲問，則其所問者非德性也，問雖審，亦奚益哉。故道問學者，正所以尊德性也。

古人有言曰：皋夔稷契，所讀何書。由是觀之，唐虞以上，未有所謂冊子者，而聖人何其多也。三代以後，冊子既繁，而聖人之不多見者，何歟。此德性之知、見聞之知所由以異也。張子厚曰：見聞之知，乃物交而知，非德性所知。德性所知，不萌於見聞。若徒口誦其言，而不知有所謂心法者，雖曰玩索，竟亦何爲。程子所謂玩物喪志者是也。

林子曰：孔門心法，不可不知也。三綱五常，不可不振也。士農工商，不可不業也。故心法也者，所以振三綱五常，而業士農工商者也。三綱五常，至德也。士農工商，常業也。若必欲棄去其三綱五常之至德、士農工商之常業，而求所謂心法者，果何爲也。將以此而爲三綱五常之至德、士農工商之常業，而持之有其本歟。抑將以此而棄去其三綱五常之至德、士農工商之常業，而爲逍遙物外之遊歟。夫棄去其三綱五常之至德、士農工商之常業，而爲逍遙物外之遊者，是乃敗風壞化、孟浪遊食者流也。縱與之言，必不見信。縱或信之，亦不能行。故曰：不可與言而與之言，失言。

林子曰：中也者，眞心也。而執中，心法也。一也者，眞心也。而主一，心法也。至善也者，眞心也。而止於至善，心法也。況能察而識之，擴而充之，則未有不復其心之聖人，而爲聖人也。

林子曰：德性之知者，心知也。若不知有所謂心法，而馳其心於外焉，則是人也，未有不矜其冊子之緒談，而自以爲知也。冊子曰人性皆善，而是人也亦曰人性皆善。冊子曰求其放心，而是人也亦曰求其放心。至於所謂一，所謂中，所謂誠與敬者，皆冊子之緒談也。又至於所謂無極，所謂太極，所謂陰陽五行者，皆冊子之緒談也。如此見解，將以欺人乎，抑以欺己乎。有志者其試思之。

或曰六經非冊子歟。林子曰：冊子莫大於六經，六經亦冊子也。而孔門心法，存乎其間矣。故誦六經者，非徒誦其辭章焉已也。蓋必求其所謂心法，以尊德性，以復吾心之聖人也。

林子曰：世之誦六經，而不知有所謂心法者，惟當就有道之人，而問焉，而學焉。何章何句，而切於吾之德性者。何章何句，而爲吾之心法者。既致叩之，復繹思之，果有契於吾心之同然乎否也，果不謬於六經之

微旨乎否也。不知而耻問於人焉，不可也。不能而耻學於人焉，不可也。如無志於尊德性，以復吾心之聖人也，則亦已矣。如有志於尊德性，以復吾心之聖人，而猶然耻問於人，耻學於人焉，譬昏夜無燭而有求於室中者，則亦無所見矣。林子曰：有德者必有言，德性之知也。有言者不必有德，見聞之知也。

林子曰：昔有風奴者，奴於王侯之家，有顛氣，人咸以風奴呼之。風奴每誇於人曰：我奴也，雖貧且賤，而所見聞者，則盡富貴也。又嘗與他王侯家奴闘其富貴，而不知其非己有也。若夫以人之見爲己之見，以人之聞爲己之聞，又且訑訑然而自侈其美者，是亦風奴之富貴也。故曰：世人之心，止於見聞之狹。見聞之狹，難以體道。豈其所謂孔門心法，以尊德性而爲孟子自得之學哉。

林子曰：夫人之心，皆明鏡也，而聖人特不塵之爾。夫人之心皆止水也，而聖人特不波之爾。

林子曰：君子之學貴信。信也者，信吾心之一聖人也，信吾人之一天地也，信吾心之本自美大、本自聖神也，信吾心之本自高明、本自博厚也。

林子曰：學者之於道，惟恐其不能知、不能信爾。苟知矣，而未有信之而不篤也。苟信矣，而未有爲之而不力也。故信吾心之一天地也，則必思所以同乎天地也，而博厚高明之本體在我矣。信吾心之一聖人也，則必思所以造乎聖人也，而美大聖神之極功在我矣。不知則未有能信者也，知之而不信者何邪。不信則未有能爲者也。信之而不爲者何邪。

林子曰：達之所以相天下者，周公此心也。吾心一周公也，吾復吾心之周公，是亦周公也已矣。窮之所以師萬世者，孔子此心也。吾心一孔子也，吾復吾心之孔子，是亦孔子也已矣。夫周公、孔子，天下後世所望而震者也，而子何言之易也。林子曰：孟子曰，吾何畏彼哉。又曰，有爲者亦若是。使孟子之言而是也，則余之言是也，而世人之信孟子者亦是也。使孟子之言而非也，則余之言非也，而世人之信孟子者亦非也。但世人未有能信孟子者也，信孟子也者，信吾心之聖人也。若不信吾心之聖人，而徒信孟子之言，雖謂之不信孟子可也。

《魯論》發語則曰學而時習之，最後一句則曰不知命，無以爲君子也。夫所謂命者，非以其貴賤貧富壽夭之定於天乎。故人而善也，有貴有賤，有富有貧，有壽有夭。人而不善也，亦有貴有賤，有富有貧，有壽有夭。善而貴也富也壽也，理之常也。而或有賤有貧有夭者，何也。莫之致而至者，命也。不善而賤也貧也夭也，理之常也。而或有貴有富有壽者，何也。莫之致而至者，命也。然此皆在外者也，而非君子之所患也。君子之所患者，患其不能學，患其不能聖人也。聖人也者，心也，我也，學之而復其心之聖人焉，求在我者也。若夫富貴貧賤壽夭者，適也，君子則無所用其心矣，而亦何患之有哉。

林子曰：人而善也，而賤而貧而夭焉，則有貴有富有壽者有矣。人而不善也，而貴而富而壽焉，則有賤有貧有夭者存矣。故君子不以貴爲貴，不以賤爲賤，不以富爲富，不以貧爲貧，不以壽爲壽，不以夭爲夭，而有出於貴賤貧富壽夭之外者，心之聖人也。

《書》曰：惟狂克念作聖。何以謂之狂也，何以念之即能聖邪。林子曰：念也者，念也，念天之所以命乎我，而我之所以成其性者，一聖人也。苟知所以念之，則必知所以作之，作之不已，是亦聖人也。然聖人也者，人也，人與聖人異矣，而其心之聖人未始異也。但人則不知所以念之。不知所以念之，則不知所以作之，雖不爲惡，亦不能善，無所短長於時，故謂之鄉人也。是亦草木而已矣。舍其心之聖人，而至於爲草爲木焉，是則可憂也。顧乃不之憂，而必欲爲草爲木爲鄉人也，何歟。又況蕩其狂於聲色貨利之間、功名富貴之際，不復顧畏，無所用耻，故謂之狂人也。是亦禽獸而已矣。舍其心之聖人，而至於爲禽爲獸焉，至大垢也。顧乃不之垢，而必欲爲禽爲獸爲狂人也，何歟。誠可謂失其本心，而爲下愚之不移者矣。諸生其痛戒之。

劉獻策《三聖正宗跋》 獻策嘗有疑於輪廻之旨，而問先生曰：有諸。

先生對曰：有之。但輪廻之説，非以其身之生死，實以其心之生死也。故有虎狼之性者，身雖人而心虎狼也。有狗彘之行者，身雖人而心狗彘也。若能率其人道之常而無違焉，方名爲人。奉其天道之大而無私焉，乃名天人。天人也者，與天爲徒。天之人者，聖人也。

然則地獄之説，果可信歟。

先生曰：使地獄之説果可信焉，惡固不可爲也。使地獄之説果不可信焉，惡亦不可爲也。

然余之所謂地獄之説，則異於是。族誅殊死，地獄之大也。投之四裔，以禦魑魅，及至桎梏縲絏之中，亦莫非地獄之義也。故曰：明則有典刑。又曰：爲不善於明者，人得而誅之。此尤爲切近之災，比之既死之後，又何其至顯而甚速耶。若其人果能知所警惕，而不敢動於惡而善焉，不謂之克念而何。既克念矣，必不至於爲草爲木，而爲鄉人也。又況所謂爲禽爲獸，而爲狂人邪。由此而念，念不已焉，是亦作聖之階也。

大抵先生之教，甚大且遠。要其歸，則三者盡之矣。心身性命之要道也，三綱五常之至德也，士農工商之常業也，故羣儒道釋以歸儒宗孔而一之者，夏也。直指此心之本體，而倡天下萬世以聖人者，心聖也。敬紀先生數言，以爲訓釋。且及先生立教之大，亦以當一小跋云。

權實

題解

林兆恩《三聖正宗·權實》 林子曰：道其可得而言乎，其不可得而言乎。昔者孔子之設科也，則有雅言、罕言之異矣。若道家言之，而卒以致喻。至於釋氏，則又有化成、黃葉許多名目者。亦皆權設也。或問雅言、罕言。林子曰：夫曰雅言者，是乃愚夫愚婦之所與知與能者，所可使由之道也。夫曰罕言者，是乃聖人天地之所不能盡者，不可使知之道也。故下學而上達者，先權而後實也，忠恕而一貫者，先權而後實也。顏子曰：夫子循循然善誘人。而其所以循循而善誘者，先博之以文，而所謂詩書六藝者。徐以察其志之果專也，然後以約禮教之者。成章後達，有漸之教也。龍江兆恩。

論説

林兆恩《三聖正宗·艮背權實》 洪生問曰：艮背之教，豈非出於《易》乎。林子曰：然。夫艮背之言，雖出於《易》，而余竊之以接初學之士者，殆非《易》之所謂眞實義也。敢問《易》之眞實義。林子曰：艮其背者，盎其背也。《象》曰君子思不出其位，而孟子所謂立天下之正位者，艮背之要旨，入門之大法也。而余每竊之以爲教者，庶或有信而從之矣。要之欲人都從背上做工夫，而念念皆歸於背，以收拾此放心，望門而入之一法也。洪生曰：文誼嘗竊窺夫子之教，或以艮背爲止念之功，或以艮背爲降伏之法，亦惟存乎其人耳，豈非釋氏所謂權實二用也哉。林子曰：然。余或以《易》之艮背，而與初學者道也，只從念之路頭上做工夫者，其權乎。余或以《易》之艮背，而與上達者道也，又從心之實地上做工夫者，其實乎。然念雖起於心，而心之實地，則本無念也。心本無念，而反爲念之所奪者，此止念之功不可以已也。

洪生問心之實地。林子曰：心之實地，本無心也，本無念也，本無法也。寂然不動之誠，太虛而已矣。然太虛未始有氣，而況形乎。是乃吾之本體也。本體既盛，大用斯彰，具大總持，而萬物皆備於我矣。故以我涅槃之妙心，而總持乎太虛之本體，萬物皆備，而大用有不現前乎。然念起於心，而曰念之路頭，又曰心之實地者，何也。林子曰：念字从人从二从心，人二其心，而有念之善，有念之不善者，此路頭之所由以分也。故善念者內念也，不善念者外念也，內念雖曰善矣，然亦不免有念。念從妄起，亦從妄滅。余故曰：以念而滅念，以妄而離妄也。夫爲學之人，即從心之實地上做工夫，不亦善乎。而必先於念之路頭上者，又何也。蓋以內而忘外，以善而去其不善，以漸復其心之本體者，教之序也。程明道曰，內外兩忘，渾然無事，爲學之極則也。《尙書》曰，華夏蠻貊，罔不率俾，爲治之極功也。此孔子之所以罕言，而余之所以歸儒宗孔者，殆爲是與。洪生又問孔子之罕言。林子曰：顏曾之愚魯，既不多得，而子貢之穎悟，又難與言。然則子貢而下，復將誰語哉。故遇顏曾，則不得不言，遇子貢

而下，則不得不默。此孔子之所以罕言，而亦不能不罕言也。

又《中一權實》 或問：艮背之功，似爲在後，而行庭之旨，又曰在中。今曰俱指人之中心言之，其實皆一處者，何也。林子曰：此亦釋氏所謂權實語也。子其知堯舜之中乎。而中者非他也，中即一也。子其知仲尼之一乎。而一者非他也，一即中也。故艮其背焉，而背乃心之中，一之處也。行其庭焉，而庭亦心之中，一之處也。然而中也一也，豈其有定位乎。由是而天而地，而日月，而山川，而昆蟲草木，而生生化化之無盡者，亦皆我之中也，亦皆我之一也。若必以其有定在也，而求所謂中，求所謂一者，即非聖人之中、聖人之一矣。

又《元神權實》 林子曰：《夢中人》拙集中之所説元神者，蓋以反識爲智而元神之，釋氏所謂權語也。《元神實義》拙集中之所説元神者，蓋以自造性命而元神之，釋氏所謂實語也。余自數十年前以此二語每與人言之，而莫不以《夢中人》之所説者，能令人驚惕，而互相戒勉者有之。若夫《元神實義》，則不免而疑而駭，而至是乃始有知而信之者。故癸未之春，先撰《夢中人》，逮今甲申之夏，乃撰《元神實義》。而有志之士，其將自造性命而元神之乎。若不有釋迦之精進，歷三大劫不能爲己，其將反識爲智而元神之乎。不圓坐不可也，不槁形不可也。日惟以此元神以戰勝此識神，而不復有一毫他慮雜乎其間者，抑或可爲也。或者以林子之所謂《元神實義》，眞可爲能解如來之眞實義矣。若《夢中人》一帙不復示人，眞惟以此《元神實義》以接上乘，不亦可乎。林子曰：子之言且不然哉，但非余之意矣。余之意，欲以斯道徧滿於天地間，俾凡曰儒曰道曰釋，曰士曰農曰工曰商，皆得聞之。而其所得聞者，毋曰上乘焉已也，而中乘下乘亦皆在余所樂育之中。以俾世無遺人，人無遺教，而後余之心始安矣。子獨不觀之六祖《壇經》乎。若神秀時勤拂拭之偈，只在門外，未見本性。而五祖乃令門人炷香禮敬，盡誦此偈，即得見性，其意何也。豈不以天下萬世，能得此無上菩提之自性，蓋有不可以多見者。然非惟釋氏，而孔子亦且罕言命、罕言仁矣。而孝親敬長，謹行信言，乃其所雅言者，又豈不以所謂民者比比皆是也。若夫豪傑之士，乃數百年或一遇焉，此其所以罕言也。由是觀之，余惟此《夢中人》一帙，是亦足矣，而《元神實義》乃爲二三子所強而論著。而二三子又且命之梓氏矣，姑兩存之，俾知所以正修行之路以自造自化，亦俾知所以通晝夜之説以自驚自惕。故知有元神之義，而不知有夢中之人者，則必無自驚自惕之眞心，而修爲之功其能力乎。若知有夢中之人，而不知有元神之義者，則必無自造自化之實行，而彼岸之地其得到乎。今兩存之，而能並觀之，庶亦爲後學之一少助也。然此元神也，乃從太虛中來者，元神之實義也。至若父母初生性命，而爲生生不息之種子者，是之謂種性。種性含靈，皆有佛性，故佛性也者，佛性也。以其有佛之性，而堪作佛焉者，佛性也。

又《戒懼格致權實》 或問：戒愼恐懼一也，而子既曰，不戒愼而自戒愼，不恐懼而自恐懼，而今又曰，戒愼恐懼，防乎其防。致知格物一也，而子既曰非謂物來則格之，而反動其心也，而今又曰外物之來必思以格之者，何謂也。林子曰：誠者天之道也，誠之者人之道也。

又《虛無權實》 或問：既曰虛無者，太虛太無也。又曰無之至於無可無也，虛矣。今又曰無此聲色臭味而心自虛矣，敢問何謂也。林子曰：古人虛無之旨，豈異也。

又《寂滅權實》 何生初來受業，既語之心法矣，乃復問曰：何謂寂滅。林子曰：無此聲色香味觸法而寂者，寂滅也。再易歲復來見，乃以其能滅此色聲香味觸法，而自以爲寂矣。以告林子，林子曰：汝之心，果有色聲香味觸法之可滅乎。何生愕然，如有所失，長跪請教曰：願夫子明以教我也。林子曰：汝之心無有乎。所謂色聲香味觸法者，豈必滅此色聲香味觸法，而後能寂也哉。然則如何而後可也。林子曰：汝惟守此心法，存存而不失焉，則所謂色聲香味觸法者，自當退聽矣，奚必待滅而後能寂也哉。又易歲復來問心。林子曰：汝其有心乎。何生答曰：人安能無心。林子曰：人安能有心。汝之心，非汝之心也。而心無其心者，乃汝之心也。夫既曰無心矣，而又安有所謂色聲香味觸法者乎。於是何生大喜，而問無心之旨。林子曰：何思何慮，寂然而不動者，無心也。夫無心，豈易言哉。汝必先了汝之心，然後可以言無心也。若或不知所以了汝之心，而必求所謂無心者，豈不反動其心，而又安能得其寂然不動之本體耶。

又《佛禪權實》 或問佛。林子曰：佛本無佛。夫既曰無佛矣，而又言佛者，何也。林子曰：夫佛，豈可得而言哉。然必至於無佛可佛，而後方可言佛。

或問禪。林子曰：禪本無禪。夫既曰無禪矣，而又言禪者，何也。林子曰：夫禪，豈可得而言哉。然必至於無禪可禪，而後方可言禪。

破迷

題解

林兆恩《三聖正宗・破迷》 或曰：天下皆迷也，而誰與覺之。林子曰：夫天下之安於迷也舊矣。故覺者以迷爲迷，而迷者亦以覺爲迷。若必欲破其迷而覺之者，是亦迷也。余嘗覽三氏之書矣，夫乘日輪之右脅者釋迦也，李樹下之左腋者老子也。是釋者之生也，孰不以爲怪而不之信。至於太昊之母，履跡意動，以及孔子二龍五星等語，又孰不以爲神而信之。若以二氏爲怪，何不以二氏之怪而怪伏羲、孔子而不之信耶。若以儒門爲神，何不以儒門之神而神釋迦、老子而信之耶。又至於嫘祖，感大星之祥而生少昊，女樞有瑤光之瑞而生顓頊，慶都赤龍，簡狄飛燕，此其神耶怪耶，其足信耶，不足信耶。或以爲神則皆神也，或以爲怪則皆怪也。若必於此則神之信之，於彼則怪之而不之信，殆非古今之通論也。

論說

林兆恩《三聖正宗・羽化長生》 時有以羽化飛騰之術，長生不死之訣訪於林子。林子曰：兆恩嘗考三氏之書，黄帝住世百十有一年，釋迦七十有九，老聃九十，孔子七十有三，都無羽化飛騰之術，又無長生不死之訣。顧兆恩何人也，焉能獨異。天惟命之，我惟全之，朝兢夕惕，不易不豫，庶幾或能於身死之際，如黄帝之去仙，帝堯之殂落，一點清靈在天不昧，此則兆恩羽化飛騰之至術也。至於歸天之神氣，期與天地相爲炳煥，相爲往還，而闡明三教之微旨，又期與黄老孔釋相爲存亡，相爲終始，此則兆恩長生不死之要訣也。

又《順受爲正》 浙有陳姓者，以接命之術獻之林子。林子曰：命定之天，是雖司命者亦無得而易之，而况人乎。若縱得而接之，亦非所謂順受其正也。老子曰：我尚自頭白，誰能得久全。劉長生曰：奈何憑假身，以求長生。

漢武帝起栢梁臺，作承露盤，高二十丈，以銅爲之。有仙人掌以承露，和玉屑飲之，云可以長生。林子曰：《書・無逸》載三宗，文王卓然賢聖之主也，近則享國之永年，遠則聲稱之異代。由是觀之，則帝王益壽不死之方也大矣。

又《命定之天》 程伊川嘗有言曰：若説白日飛昇之類則無，若言居山林間，保形煉氣，以延年益壽，則有之。林子曰：夫生人之命，必有所懸矣。而永年益壽之徒，命獨不懸於天乎。余《醒心集》亦有詩曰：若道此身能不死，古今誰是長生人。余嘗自謂此詩非迂也。昔有語導氣者，問於程伊川曰：君亦有術乎。對曰：吾嘗夏葛而冬裘，飢食而渴飲，節嗜欲，定心氣，如斯而已矣。此言得之。

又《仲尼長生》 時有談長生者造林子。林子曰：仲尼長生之至術，賢於道流遠矣。如陵生侍側，問曰：仲尼亦長生與。林子曰：仲尼之道，寄之曾參、孔伋、孟軻，寄之萬世不死之人心，與天地相爲終始而不窮者，仲尼之長生也。

又《道釋亦殂落之義》 林子曰：殂者，神氣歸天，道家之所謂長生久視，白日飛昇者是也。落者，體魄歸地，釋家之所謂四大假合，終歸於盡者是也。

又《怕死貪生傳之者妄》 人有言曰：釋氏怕死，道家貪生。雍生問曰：何謂也。林子曰：道家不以生爲心，故自有長生者在也。釋氏不以死爲慮，故自有不死者在也。豈其以身之死生之足患，而有所貳於心耶。後世不知此義，而即其所謂長生者則曰貪生，所謂不死者則曰怕死，斯言過矣。然而孔子仁壽之訓，豈其貪壽而怕夭者乎。必不然矣。關尹子曰：若有厭生死心，超生死心，只名爲妖，不名爲道。

又《帝舜玄德》 兆瓊生問曰：儒者不言玄，而楊雄之書以玄紀名者，何也。林子曰：舜之德曰玄德，則唐虞之帝，曷嘗諱言玄也。

又**《武王丹書》** 明俊生問曰：儒者不言丹，而道家謂之丹者，何也。林子曰：武王西面受書於太公望，亦曰丹書。後世以有一點忠懇之心，謂之赤心，亦謂之丹心。

又**《自立性命》** 林子曰：心屬火，其色赤，故謂之丹。余嘗即此性命之心丹言之，槩有其四：有所謂人丹而曰紫金者，昔所稱陰丹也。有所謂天丹而曰黑鐵者，昔所稱陽丹也。有所謂陰陽配合而曰黄金者，昔所稱三家相見結嬰兒也。又有所謂非陰非陽，混混沌沌，而從太虛中來者，昔所稱舍利光也。

又**《只復性命之本然》** 文命生問曰：心本丹也，而道家謂之煉丹者，何也。林子曰：日也者，天之丹也，黑而蠱之則日不丹。心也者，人之丹也，物而霾之則心不丹。故煉丹也者，煉之無所於煉，以復其心之本體，天命之性之自然也。

林子曰：即丹即仁，而皆本乎其心焉者也。若外心以求仁，固不可謂之仁矣。而外心以爲丹，亦豈可謂之丹哉。

孟子曰：君子所性，仁義禮智根於心。故以心爲丹，而仁義禮智皆由此中出矣。

又**《内丹外丹之大義》** 李少君以祀竈、却老，方見漢武帝，武帝尊之。少君言：祀竈則致物，而丹砂可化爲黄金，壽可益，蓬萊仙可見，見之以封禪則不死。於是天子始親祀竈，遣方士入海求蓬萊安期生之屬。海上燕齊迂怪之士，多更來言神仙事矣。林子曰：帝王之學，雖與凡庶不同，然亦有内丹，有外丹。惟道惟德，錬性修心，滌渣鑠慝，欲不爲累，辟如金之精純粹美，而無有不善之念雜乎其間者，内丹也。群生樂育，異俗向化，蕩蕩熙熙，無爲而治。此其爲利之大，傳之子孫，世世不絶，雖不雜以黄白之術，而帝王之外丹成矣。

又**《陰丹陽丹之大義》** 或以林子言丹之義，可謂詳且盡矣。林子曰：未也。余又有所謂陰丹、陽丹者，其義甚大，非徒爲我一身焉已也。或問：何謂也。林子曰：棲跡於斷澗絶谷，飄傜於綠霧白霞，剝其陰以復一身之陽者，是乃自度者之所爲也，故余命之曰陰丹。達其道以憂天下，窮其道以憂萬世，剝其陰以復天地之陽者，是乃度世者之所爲也，故余命之曰陽丹。

又**《仲尼天地之丹》** 佐生問曰：仲尼亦有丹與。林子曰：仲尼其至矣。始則以其中，胎一身之陽也，而溫養之。及其成也，充滿一身，既則以其身胎天地之陽也，而溫養之。及其成也，充滿天地。充滿一身者，是有一身之陽也，充滿天地者，是有天地之陽也。

又**《仲尼萬世之丹》** 林子曰：時至春秋，天地既剝矣，而仲尼之陽充滿一身，是天地之初陽者，復也。與七十子共明此道，是天地之二陽者，臨也。見可而仕，三月大治，是天地之三陽者，泰也。漸於四海之内者，其大壯與。及於四海之外者，其夬與。流於萬世，而萬世信之，則陽純而乾矣。

又**《極樂蓬島》** 林子曰：身之極樂國也，如來禪定於其中矣，而釋流則西方之。身之蓬萊島也，神仙逍遙於其中矣，而道流則海外之。

又**《吾身蓬島》** 或問身之蓬萊島。林子曰：身處人世之間，與世人相爲周旋，而心則空虛洞徹，飄然物外，如在無人之境，海外蓬萊島者然也。陶淵明所謂心遠地自偏，周子所謂出於泥而不染，釋氏所謂居塵不染塵，在欲而無欲也。

又**《自性西方》** 或問：發大誓願，欲往生於阿彌陀佛國者，果能往生於阿彌陀佛國乎否也。林子曰：此所謂即心即佛，即方寸即佛國之旨也。佛經云，我在劫濁、見濁、煩惱濁、衆生濁、命濁中，不能超拔，隨順於時，是我方寸是五濁惡世也。若於五濁惡世，能戒能定能慧，能得阿耨多羅三藐三菩提者，是我五濁惡世倏變而爲阿彌陀佛國。此乃所謂自性西方，而非有所往而生也。豈非往生之眞實義耶。故曰：回頭是岸。

又**《天堂地獄》** 林子曰：作善降之百祥，而百祥之駢集，寔惟天堂之福也。作不善降之百殃，而百殃之俱罹，實惟地獄之苦也。況作善則心逸日休，便屬陽明而輕清，不謂之天堂而何。作不善則心勞日拙，便屬陰濁而幽昧，不謂之地獄而何。

又**《輪迴》** 應時生問輪迴之旨。林子曰：人生聚則成形，散則成氣，聚而復散，散而復聚，輪迴之旨也。《圓覺經》曰：一切世界，始終生滅，前後有無，聚散起止，念念相續，循環往復。種種取舍，是皆輪迴。

林子曰：輪迴者，心也。故人人也卒變之而爲虎狼之性，是亦虎狼而已矣。人人也卒變之而爲狗彘之行，是亦狗彘而已矣。不謂之輪迴者心乎。比之釋流之說，又爲至顯而至速也。

林子曰：苟爲善，而人敬之，天下仰之，鬼神欽之，不謂之天堂只在目前耶。苟爲不善，而人賤之，士師刑之，鬼神殛之，不謂之地獄只在目前耶。彼人其形，而禽獸其心者，畜生道也。不士不農不工不商，游手游食，而至於不能自全活者，餓鬼道也。不謂之輪迴只在目前耶。古人有言曰：天堂無則已，有則君子登，地獄無則已，有則小人入。由是觀之，特患世之人之不能爲君子耳。能爲君子矣，而地獄，而畜生，而餓鬼，實非其所憂也。

又《**坐禪**》 昔馬祖在庵中坐禪，讓禪師往問曰：在此何爲。曰：坐禪。曰：坐禪何所圖。曰：圖作佛。讓禪師一日將磚一片於庵前磨，馬祖曰：磨此何爲。讓禪師曰：要作鏡。馬祖曰：磨甎豈得成鏡。讓禪師曰：坐禪豈能作佛。林子曰：六祖《壇經》曰：心念不起名爲坐。後人不識坐字，而以爲行坐之坐，不亦謬乎。考釋氏典，有行禪之説，余《醒心集》有卧禪之旨。要之心念不起，而行卧之間亦是坐也。

又《**運氣**》 或問：運氣是與。林子曰：非也。不運氣而氣自運，孟子所謂無暴其氣也。蓋吾身之氣，自升自降而自運矣。如天之一春一秋，如海之一潮一汐，一皆自然而然也。而運氣以逆氣者，豈不失其妙用之自然耶。余故曰，運氣者逆氣也。

又《**面壁**》 或問：面壁是與。林子曰：是也。釋氏所謂面壁者，亦有妙義。蓋洗心退藏於密，以養其神，以復寂然之本體，猶面壁然，而物無見也。故曰心如牆壁，可以入道。

又《**禪静同旨**》 或問儒家之静，佛家之禪。林子曰：儒家之静，佛家之禪，命字雖殊，其旨一也。誠使佛家而知有本來面目焉，坐可也，行可也。儒家而知有主敬工夫焉，静可也，動可也。若禪必在坐，則佛之禪頑空也。静必在坐，則儒之静枯坐也。

又《**逆反同旨**》 或問儒門之反，玄門之逆。林子曰：儒門之反，玄門之逆，命字雖殊，其旨一也。孟子曰：堯舜性之也，湯武反之也。道書曰：順則成人，逆則成仙。故儒門者流，能善反之，則天地之性存焉，便成堯舜。道家者流，能善逆之，則天地之性存焉，便成神仙。復歸嬰兒，不失赤子之心，其意同也。

又《**拔宅**》 林子曰：身譬之宅也，神譬之身也。養成元神，炯炯不昧，離身長往，歸還于天，即如世人舍宅而他適也。故曰拔宅上昇。

又《**飛昇**》 仕鑾生問曰：昔之人有服丹而飛昇也，信與。林子曰：不知也。又問，林子曰：神也者丹也，謂神之歸天者，仙去也。

又《**刑解**》 人茂生問曰：刑解有諸。林子曰：有之。曰：願聞其人。林子曰：古之所謂剖心以成忠，待烹以爲者，其人也，丹心一點，萬古不滅。

又《**水解**》 瑀生問曰：水解有諸。林子曰：有之。曰：願聞其人。林子曰：楚之屈子平，宋之張世傑者，其人也，耿耿赤心，萬古猶烈。

又《**舍身事佛**》 林子曰：舍身以事佛者，舍身以事心也。儆生問曰：豈非即心即佛之謂與。願聞其人。林子曰：比干以忠而剖死，伯夷以忠而餓死，能事心也。若匹夫匹婦之經於清瀆也，知舍身而不知事心矣。

又《**神**》 大本生問心之神。林子曰：儒家謂之天君，謂之主翁，謂之太極，謂之些兒。道家謂之眞人，謂之神仙，謂之千變萬化之祖，謂之些子。釋家謂之如來，謂之法身，謂之本來面目，謂之自在菩薩，謂之舍利子，謂之這箇。皆指此心之神而言也。

又《**神室**》 明珪生問神室。林子曰：儒家謂之靈臺靈府，謂之腔子，謂之中，謂之樂處，謂之眞去處，謂之正位，謂之黄中。道家謂之蓬萊島，謂之洞府，謂之玄牝之門，謂之中黄，謂之玄關一竅，謂之呼吸之所。釋家謂之西方，謂之淨土，謂之極樂國，謂之光明藏，謂之佛國，謂之活潑潑地。皆指吾身藏神之室而言也。

又《**鼎**》 詔生問鼎之義。林子曰：鼎者身也，《易》之所謂正位凝命者此也。

破迷

論説

林兆恩《三聖正宗・塔藏》 林子曰：釋氏之建塔，以象此心之鎮静

不移也。若藏之制，亦類塔能旋轉，豈非以吾身小天地，法輪能旋轉而不息邪。此釋氏象教之義也。

又《舍利光》 或問舍利光之説。林子曰：舍利者，《心經》所云舍利子者是也。蓋舍，譬之方寸也。利子者，方寸中之神也。變動不居，一何伶利，故謂之利子。光者，光明之義，所謂聖人之心如明鏡止水。而佛氏又以方寸爲光明藏，亦此意也。故定而能慧，寂而能感，安而能慮，虚而能覺，誠而能明，皆舍利光之旨也。

又《傳燈》 劉昉初爲丞相府卒吏，至是出爲左殿直。歎曰：爲吏徒勞耳，吾將脱屣塵垢之外，與安期、羨門並遊。乃屏居東都委巷中。又往郴州，止於東山僧坊。沙門道覺謂昉曰：吾燃膏油於如來前二十年矣，勝利當無涯。昉曰：異乎。吾所聞脩行人以身爲檠，以戒行爲膏油，以方寸爲燃器，照破一切無明，古有燃燈佛是也。林子曰：此釋氏傳燈之旨也。以一燈之光傳之數千燈，不息不滅，而此燈之光固在焉。蓋神屬火，而火則以神用也。

又《因果》 戒定生問曰：因果之説，不足信與。林子曰：以因果而修道者，惑也。若齊民之愚也，余恐其信因果之未甚耳。齊民之信因果也甚，則必不敢肆然而爲惡矣。

又《僧姓》 林子曰：先王因生賜姓，胙土命氏，姓氏之來尚矣。經云釋種，猶云儒宗道派者是也。豈必去姓而後可以奉佛哉。蓋忘其本之所自出也。

又《祝髮》 德光生問：祝髮之教，是與。林子曰：余惟以釋氏之教見性爲大，而祝髮毁形，非以奉佛之心也。

又《幻妄》 林子曰：釋氏以普度偏濟爲心，而謂之幻妄人世，可乎。若普度偏濟，而有出於人世之外，謂之幻妄人世則可。若普度偏濟，而惟在人世之中，謂之幻妄人世則不可。

又《布施》 林子曰：釋氏有言曰：以財施者凡，以法施者聖。故用財布施，特以擴其乍見不忍人之心耳。若以此便爲功德，陋亦甚矣。

林子曰：達則大賚四海，窮則與爾鄉黨，皆布施之義也。以此爲福田利益，則非矣。

又《功德》 宋明帝以故第爲湘宮寺，備極。守巢尙之罷還，帝謂曰：卿至湘宮寺未。此是我大功德。散騎侍郎虞愿侍側曰：此皆百姓賣兒貼婦錢所爲。佛若有知，當慈悲嗟愍，罪高浮屠，何功德之有。林子曰：梁武帝問於達磨曰：朕一生造寺度僧，布施設齋，有何功德。達磨對曰：陛下實無功德。若宋王不過佞佛徼福，與梁武帝等耳。善哉，六祖有言曰：功德在法身中，不在修福。梁宋之主，豈足以知此哉。近有一士者，親病篤，叩之醫士，曰：非得人肉難治。士者計無所出，偶夜有熟睡者，輒剜其股，睡者驚起大怒。士者曰：不幸親病，欲得些肉爲藥，奚以怒爲。此亦宋王之功德也。

又《齊心爲上》 林子曰：齊心者，内齊也，素齊者，外齊也。昔者宋文帝謂求那跋摩曰：孤愧身狥國事，雖欲齋戒不殺，安得如法也。跋摩曰：帝王與匹夫所修當異。帝王者但正其出言發令，使人神悦和。人神悦和，則風雨順時。風雨順時，則萬物各遂其生。以此持齊，齊亦至矣。以此不殺，德亦大矣。何必輟半日之飧，全一禽之命。帝撫几稱之曰：俗迷遠理，僧滯近教。若公之言，眞所謂天下之達道，可以論天人之際矣。

又《符呪》 罽沙門曇無讖善呪術，涼主蒙遜甚重之。林子曰：所謂符者，凡所作書，皆符合吾心之妙用，非如後世畫符之謂也。所謂呪者，凡所出口，皆顯設吾心之靈機，非如後世念呪之謂也。

魏主詣道壇受符籙。林子曰：詣道壇受符籙，馳志於死後之富貴，亦甚惑矣。以私心而慕至道，眞堪發一笑。

雲章生問曰：呪不幻與。林子曰：呪也者，呪也。辟蜾蠃之負螟蛉者，呪也。故能惺其心，則一點清靈，照徹晃朗，是之謂大明呪。能存其心，則眞實内主，萬邪莫干，是之謂大神呪。若後世之呪，而入於幻也術矣。

又《法術》 對生問曰：法與術是乎。林子曰：《論語》謂之法語之言，《孝經》謂之法言、法行、法服，《七篇》謂之行法俟命。由此觀之，法字可盡非乎。《易·繫辭》謂之術，豈多乎哉。《七篇》謂之仁術，宋儒謂之學術，必貫乎天人。由此觀之，術字可盡非乎。若後世梯劍履火，誦呪書符，自以爲法，自以爲術，而非聖人之所謂法、所謂術也。

又《懺罪》 宋世祖詔曇宗法師懺罪。林子曰：孔子曰，丘之禱久矣。夫禱實發於心，而懺顧出於人哉。六祖曰：從前所有惡業愚迷，憍誑

嫉妬等罪，悉皆盡懺，永不復起。此懺罪之大義也。

又《禳請》 林子曰：佛氏之教大矣，豈曰爲人禳請以希福利哉。若所謂報應之旨，謂作善降祥，不善降殃，與儒者之道又奚異也。昔者鄭火，而定公欲禳之，子產曰：不如修德。此禳請之大義也。

又《寂滅斷滅》 林子曰：寂滅之旨，與斷滅不同。所謂寂滅者，心寂滅而欲自滅，寂而常感。經云，生滅滅已，寂滅爲樂是也。所謂斷滅者，斷滅此心，無所復用。六祖曰，迷人空心靜坐，百無所思是也。三樂生問曰：斷滅之與寂滅也異與。林子曰：斷滅也者，圜而坐之，如無情之木石，斷滅去也。故孟子之不動心者，寂滅也。告子之不動心者，斷滅也。

又《在家出家》 士志生問曰：在家而出家也，古有諸。林子曰：有之。維摩詰、傅大士者，其人也。《華岩合論》曰：佛子，菩薩摩訶薩在家宅中，與妻子俱，未嘗暫舍菩薩之心。《維摩詰經》曰：亦有妻子，嘗修梵行。

州生問曰：釋氏以出家爲大與。林子曰：不以爲大也。劉元城曰：出家者紛然，非佛教之福也。

又《道釋仕宦》 維生問曰：達而禪也，豈不以禪者心與。林子曰：心禪則境寂矣。《大慧語録》曰：昔李文和都尉參得禪時，大徹大悟。楊文公參得禪時，身居翰苑。張無盡叅得禪時，在江南運使。圭堂居士曰：佛法未嘗遺世。維摩之入政治，救護一切。非入政治，則不足以大其救護也。故善財叅大梵光王，見其施仁化以美其俗。叅利生無厭足王，見其罰不善，以安其善。皆普賢大行之一，所以爲未來佛子之式者也。夫豈必曰遯世爲佛事哉。

非三教

題解

林兆恩《三教正宗・非三教自序》 余所著《三教正宗》三十餘集，咸以非三教者流，合而一之以孔子之儒也。茲帙蓋以摘録其要云。夫既曰非之矣，而又曰合而一之以孔子之儒者，何也。林子曰：合而一之以孔子之儒者，正所以非之也。故以其不知有心身性命之學者非也，而合而一之以孔子之學之是。以其不知有三綱五常之德者非也，而合而一之以孔子之德之是。以其不知有士農工商之業者非也，而合而一之以孔子之業之是。然道釋者流，既外孔子以爲教矣，闢之可也，而必非之，而必合而一之以孔子之儒者，又何也。林子曰：孔子之儒，辟天地之無不持載，無不覆幬矣。而道釋者流，豈非斯人之徒也，顧不可以與之並生於孔子之天地歟。且斯人之徒之所以爲人，而不群於鳥獸者，以其有此人道也。若夫心身性命之學，乃人道之本原也。無乎其微，姑且未論。而三綱五常之德、士農工商之業，不謂之人道之最切，而爲人倫日用之所當行者耶。故有此人道則可以爲人，無此人道則不可以爲人。而余之所以合而一之以孔子之儒者，乃所以德之業之，與之竝生於孔子之天地而人之也。且余嘗歷觀斯世之所以爲道爲釋者，豈其心之誠然哉。蓋不得已，而寄其身於玄宮、梵宇。而問其道之所以爲道，釋之所以爲釋者，則亦茫然而未之知也。而世之儒者，槩以其道與釋也而不之德，而不之業，而不與之竝生於孔子之天地而人之者，是亦不察其心之過也。誠使世之儒者，而能察其不得已之心焉，而有以德之，而有以業之，而與之竝生於孔子之天地而人之矣，則彼原無爲道爲釋之心也，其有不樂其德，不安其業，不怡然懽忻於孔子之天地而人者乎。此固不闢而自息，殆非卑微之分之所能爲出。故托空言，以俟來者。

又 林子曰：非三教也者，非以非三教也，以非三教之流者非也。或曰：三教合一，不亦非歟。林子曰：三教合一者，合而一之以孔子之儒也，同文同倫，俾無異教。余竊以爲不非也，而子非之者，何也。豈非將桃、李、梅合而爲一大樹，一大樹之間，亦作桃花，亦作李花，亦作梅花，而爲余三教合一之旨歟。此語且不足以紿孺兒，而況可以易天下萬世耶。余之所謂三教合一者，譬之植桃、李、梅於其庭，庭且隘而木又拱，不得已乃擇其種之美者而存其一。若仲尼之仁，乃種之美者也。余故曰，道歸於儒者，釋歸於儒也。古人有言曰：天不生仲尼，萬古如長夜。仲尼以其道以照臨萬古，而見之六經、四書，如日中天矣。由漢以來至於今，

豈特道釋者流，自外於仲尼之照臨已哉。余竊懼焉，不自揣分，欲以披三門之雲霧，以揭仲尼之秋陽，俾復中天，萬古不夜。此固余之志，而有所未能焉。作非三教。

論説

林兆恩《三教正宗·後記》 初余之迷於外道也，槩有十年。蓋嘗師事儒門，而窮物而詞章矣。既而悔之，又嘗師事玄門，而遺世而辟糧矣。既而悔之，又嘗師事空門，而著空而枯坐矣。既而悔之，屢入迷途，幸而知返。今以余所迷而非，及余所見所聞而非者，俱與諸生言之。庶諸生有所鑒戒，而不復如余昔日之迷，可笑而可癡也。諸生中亦有迷於外道，而不知返者，豈迷自迷，亦且迷人。自迷迷人，非余弟子也。或問曰：子今之所道者，何道也。而其所以教人者，何法也。林子曰：余安能知道，又將何以教人耶。幸余而有所聞者，孔門心法也。又問孔門心法。林子曰：堯曰欽，而孔子曰敬者，心法也。故不待欽而自無不欽，不待敬而自無不敬者，堯也孔子也，性之者也。有所事於欽而欽，有所事於敬而敬者，學堯者也，學孔子者也，反之者也。若周濂溪之主靜立人極，程明道之心要在腔子裏，楊龜山之人性上不容添一物，是亦能不外心，以爲學矣。豈其堅執持守，以苟免怨尤焉已哉。朱子曰：但得心存便是敬，勿於存外更加功。又曰：敬則自然靜，不可將靜來喚做敬。余亦喜此二言，故併錄之。林子兆恩。

又《非儒》 孔子曰：賜也，女以予爲多學而識之者，非也。孟子曰：堯舜之知，而不徧物。此堯舜、孔孟之公案也。而朱子之釋格物也，有曰：即凡天下之物，表裏精粗，而益窮之，以求至乎其極。載觀朱子，或問，有曰：一草一木亦皆有理，不可不察。又曰：凡有聲色貌象而盈於天地之間，皆物也，莫不各有當然之則而不容已。又曰：或考之事爲之著，或察之念慮之微，或求之文字之中，或索之講論之際。自其一物之中，莫不有以見其所當然而不容己，與其所以然而不可易者。由此觀之，豈非多識以爲學，而徧物以爲知耶。殆與堯舜、孔孟之公案，大相背馳矣。若以堯舜、孔孟之書爲是，則朱子之註惡得而不非。若以朱子之註不非，則堯舜、孔孟之書惡得而爲是。今乃兩是之而無所可否於其間者，何歟。

司馬溫公扞禦外物之説，余嘗非之。或曰：扞禦固非矣，而格去者是歟。林子曰：人惟與物相爲周旋也，而外物安得而扞禦之。若余所謂格去者，非格去其外物也，乃格去其非心也。然則物無美惡歟。林子曰：溫公扞禦之説在物，而不在心。若余格去之義，在心而不在物，而物之美惡非所論也。

夫既曰格物矣，而又曰在心不在物者，何也。林子曰：人有言曰，心中不可有一物。又曰，此人胷中無物。若著於物而爲物所礙，則是胷中有物矣。故心礙於聲、色、臭、味，則心爲有物，而外不能忘也。心礙於意、必、固、我，則必爲有物，而內不能忘也。余故曰：格其非心者，格物也。若溫公之扞禦，豈非與物爲敵而外物以爲學耶，是徒勞心力於無益爾。雖欲外物，而物終不可得而外也。朱子之窮至，豈非從事於物，而徧物以爲知耶，是徒敝精神於無益爾。雖欲徧物，而物終不可得而徧也。余之所謂格去者，不外物也，不徧物也，存其心而不放於物。所謂大人先立乎其大者，不謂之易簡而天下之理得耶。

陸子靜曰：秦不曾壞了道脈，至漢而大壞，豈不以秦之焚詩書也，特以壞先王之典籍爾。道脈在人，猶爲無恙。若漢之註詩書也，又且以壞先王之道脈矣。典籍雖存，竟成虛語。嗟呼，嗟呼，豈特漢之時儒者爲然哉。此蓋不得聖人之心，而揣逆以訓釋者，非也。專主尊德性，而流入於禪者，非也。專主道問學，而馳騖於外者，非也。

又《非道》 神離形而歸天者，飛昇也。而曰輕身能冲舉者，不其可駭而可非耶。神炯炯而不滅者，長生也。而曰煉形能不死者，不其可駭而可非耶。身譬之宅也，神譬之身也。神拔身而歸天，猶入舍宅而他適也。而曰拔宅去矣，雖至鷄犬，亦且上昇，不其可駭而可非耶。

老子曰：我尙自頭白，誰能得久全。劉長生曰：柰何憑假身，以求長生。程伊川曰：若説白日飛昇之類則無，若言居山林間，保形煉氣以延年益壽，則有之。夫生人之命有所懸矣，而引年益壽之徒，命獨不懸於天乎。由此觀之，則伊川之言，似亦涉於誕而可非也。

人一身之氣，則自升自降，而自運矣。如天之一春一秋，如海之一潮一汐，一皆自然而然也。而運氣以逆氣者，失其自然，而可非也。

宋《燕翼貽謀錄》曰：黃冠之教，始於漢張道陵。故皆有妻孥，雖居宮觀，而嫁娶生子與俗人不異。後主首親故，多竊寄褐之名，挈家以入。宋藝祖深疾之，詔令天下宮觀不得畜養妻孥。是道家之不有妻孥也，自宋藝祖始。道書有曰：休妻不是道。而休妻以爲道者，不其敗常而可非耶。至於斷粒而中餒，靜孤以絶俗者，亦皆非其道而可非也。

配合採取之喻，似既支矣，而好色之徒則有彼家之說，淫穢而可非也。安爐立鼎之喻，似既支矣，而規利之徒則有爐火之說，貪鄙而可非也。

又《非釋》　六祖曰：心念不起，名爲坐。後人不識坐字，而以爲行坐之坐者，非也。又曰：內見自性不動爲禪，內不亂爲定。而謂佛之禪定，專在於坐者，非也。

孟子曰：不孝有三，無後爲大。縱能作佛，且不可以無後。況甘心於無後，而又無作佛之心乎。此其敗常之可非也。

孝經曰：父子之道，天性也。縱能作佛，而父母且不可離。況離父母以長往，而又無作佛之心乎。此其敗常之可非也。

苟爲善，而人敬之，天下仰之，鬼神欽之，不謂之天堂只在目前耶。苟爲不善，而人賤之，士師刑之，鬼神殛之，不謂之地獄只在目前耶。彼人其形，而禽獸其心者，畜生道也。不士不農，不工不商，游手游食，而至不能自存活者，餓鬼道也，不謂之輪廻只在目前耶。古人有言曰：天堂無則已，有則君子登。地獄無則已，有則小人入。由是觀之，特患世之人之不能爲君子爾。能爲君子矣，而地獄，而畜生，而餓鬼，寔非其所憂也。

倡道大旨

題　解

林兆恩《三聖正宗·倡道大旨》　竊惟天開地闢，庶類繁生。而首出御世者，則有渾敦氏，君臣之所由始，政教之所由起，混茫肇開，此一時也。逮至羲黄之世，人文始畫制作聿基，媒妁既通，則民知有夫婦之別。姓氏既正，則民知有父子之親。自開闢以來，而至於斯，又一時也。歷唐而夏而殷，而周人文丕著制作大備。君臣、父子、夫婦之際，既秩既叙基隆化中，郁郁其盛，盛而必衰，理之常也。辟日中天能無昃乎？故繼文武成康之後，時則有孔夫子之聖。生於其間者，雖善不尊，述作自見。自開闢以來，而至於斯，又一時也。自此以後，人私其學，迂怪枯槁，踈慢支離，異端竝起而三教從此分矣。於是始有斷棄三綱而以爲高且潔者，或由於三綱之中，而至於毀裂三綱者，亦有之。故不揣僭陋，而有歸儒宗孔之說者，因時之宜以救敝也。夫由開闢而至於渾敦，由渾敦而至於羲黄統天御極于以振起三綱之常經，由羲黄而至於孔子，由孔子而至於今，徒托空言，亦以維持三綱於不墜。要之古今殊時，卑高異位，無非所以體天以弘化，任道以覺民也。然三代以前，斯道在上而不在下。三代以後，斯道在下而不在上，三代以前。不惟斯道之既明，亦且斯道之既行，三代以後，不惟斯道之不行，亦且斯道之不明，三代以前則如彼，三代以後則如此。然則身斯道之責者，能無傷今之意，反古之思邪。

論　説

林兆恩《三聖正宗·倡道大旨》　林子曰：乾以成男，坤以成女。男非女無以生，女非男無以成。夫婦之所以別也，父子之所以仁也，君臣之所以義也，人道之重，至於如此。今道釋者流，飄然雲外，其有夫婦之別，若不有夫婦之別，其有父子之仁乎？不有父子之仁，其有君臣之義乎？不有夫婦，不有父子，不有君臣，此則人道之缺典也。余嘗因此而推言之，古之聖人，立此君臣，以教天下萬世之義也。立此父子，以教天下萬世之仁也。立此夫婦，以教天下萬世之別也。今道釋者流顧乃棄去君臣之義、父子之仁、夫婦之別，而與古之聖人之所以教人者異矣。又不謂之聖人之缺典邪。此余歸儒之教之所由立也。余復因此而推言之，天地以陰陽剛柔，化生萬物，上而日月之照臨，下而山川之流峙，微而昆蟲草木

之森列，莫不有陰有陽，有剛有柔。今道釋者流，顧乃反其陰陽之常，悖其剛柔之義，以自棄於天地造化之外，而不恤也，不謂之天地之缺典邪。此余原宗之圖之所由說也。然天地之所以爲天地者，則亦有然矣。日淪地中，反晝爲夜。而夜則有月以照臨之，而况有所謂火焉。而麗木以明與，月也、火也，非所以補日之缺典乎。天使陽生萬物，復使陰出，佐陽以成之，陰以成之，又非所以補陽之缺典乎。

若聖人者，以參天地，以賛化育之所不及者也。民之未有宫室也，則處之以棟宇。民之未有粒食也，則教之以稼穡。民之無以引重而致遠也，則利之以服牛乘馬。易、詩、書、春秋、禮、樂者，六經也。聖人之精，因經以示，文辭體裁，且不沿襲。大學之書，論語之所未嘗道也。中庸之書，大學之所未嘗及也。孟子之書，中庸之所未嘗發也。堯舜之中，孔子則貫之以一。孔子之仁，孟子則益之以義。若後世儒者之所論著者，文辭體裁，相沿相襲，况有能自出一家言，而言其心之所自得者乎？譬如以水益水，以火益火，汗牛充棟，將焉用之。此余之所以不自揣分，以竊窺天地造化之微，聖人立言之旨，漫托空言，以補人道之缺典云。

又林子曰：黄帝、老子、釋迦之道，莫不有倫屬之常。而學黄帝、老子、釋迦者，始不知有倫屬之常，而入於邪，而僻於異端也。設使學黄帝、老子、釋迦者而倫屬之，不入於邪。不僻於異端，則黄帝、老子、釋迦之道，余亦何爲言之諄諄而不置邪？設使盡天下後世，惟知有孔子之儒焉而信之而學之。則黄帝、老子、釋迦之道，雖不明於天下後世，固無害也。余之意以爲世之學，黄帝、老子、釋迦者，惟知有黄帝、老子、釋迦者流而已矣。夫惟知有黄帝、老子、釋迦者流，而語之以黄帝、老子、釋迦倫屬之常，蓋所謂因其明以通之，庶幾言之者易入，聽之者不厭。不然教之以孔子之儒，是亦足矣。又奚必歷舉黄帝、老子、釋迦倫屬之常，諄諄言之不置邪。

邵堯夫曰：三代之世治，未始不治人倫之爲道也。三代之世亂，未始不亂人倫之爲道也。余今亦曰：天地氣運之隆，未始不隆人倫之爲道也。天地氣運之替，未始不替人倫之爲道也。由是觀之，人倫之大，而古今莫之能損益者，以氣運隆替之機，國家治亂之本繫之矣。然則二氏之淪三綱也，可勿正乎。

林子曰：天地雖大，特我之一身爾。而二氏者流之不三綱也，豈非手足之疾痛邪。今儒門之於二氏者流，而不思以三綱之，則是斷手截足，而無復有哀恤之情。殆非仁人之所以仁其身矣。

林子曰：余所云三教者，日用之常，心性之大，如斯而已矣。故斷棄倫屬余不爲也，拔宅飛昇余不能也，訓詁多識，余不暇也。至於出生入死，人之常也。髮白容改，老之候也。德性問學，學之至也。若世之所謂釋流者，以斷滅爲宗，入於幻焉，而非釋也。道流則以迂怪爲高，入於誕焉，而非道也。儒流則以習威儀騰口說爲事，入於辟焉，而非儒也。然二氏者流，每以余欲悉道釋而昏之，尼而匹之，而二氏之教，不幾於絶滅，而盡歸於儒乎。殊不知此乃黄帝、老子之道，釋迦之釋，而與孔子之儒不異者此也。

林子曰：唐虞三代，教出于一。而秦漢以來，則始有三教之名，而道術於是乎裂矣。或問道術裂矣，而三教復得而一乎。林子曰：歸儒宗孔教復于一。

或問：既曰歸儒，又曰宗孔者何也？林子曰：以羣三教者流，而歸之於孔子之儒也。又問：曷歸孔子之儒也。林子曰：釋歸於儒也，道歸於儒也，儒亦歸於儒也。夫既儒矣，而曰儒歸於儒者何也。豈不以世之儒者，雖學仲尼，而不知有心身性命之學邪？然其君臣父子之際序列既詳，則固可以羣二氏者流，共之而使由之矣。

夫既曰非三教矣，而今復標之曰非，非三教者何也。以其非三教之初也，故非之，三教非矣，而曰歸儒者何也。蓋以羣三教者流之非，而歸於孔子之儒也。或問孔子之儒，固三教者流之當宗矣，而其所從入之門也。於斯朱陸二子何先。林子曰：余惟直欲上宗孔子之儒已爾，而不知其他也。余嘗考朱元晦之學，蓋得之伊川矣。其曰日格一件，豈堯舜所謂不偏物之知者哉。又嘗考陸子靜之學，蓋得之禪伯矣。其曰學不貴存，豈孔子所謂能守之仁者哉。余故曰儒歸於儒，以歸於孔子之儒也。

或問孔子之儒，儒矣，而三教所歸之儒，此何儒也。林子曰：此所謂儒者，能知立本，以了此世間法已爾者，儒也。故余欲羣三教而歸於儒者，歸於立本之儒也。羣立本之儒，而歸於儒者，歸於孔子之儒也。齊一變至於魯，魯一變，至於道，此乃有漸之教也。又問不知立本，而可以謂

之儒乎。林子曰：夫儒固當知立本矣。獨不有所謂服儒之服，言儒之言，而自以爲儒者儒邪。

又 己巳之春，有二方生，來訪林子於武夷之止止庵。林子與之語者終日，喜而謂林子曰：領子所談，可謂能得三氏之微矣。而曰道一教三，則雖聖人復起，莫之能違也。然子何不令三氏歸道歸釋，而獨曰歸儒者，寔我二人之有所未解焉。林子曰：儒之道，莫盛於孔子。今以孔子之儒言之，衣冠以正，瞻視以尊，動容以禮，而諸凡所以理身者，無不備於孔子之儒矣。父子以仁，兄弟以序，夫婦以別，而諸凡所以理家者，無不備於孔子之儒矣。君之使臣也以禮，臣之事君也以忠，內統萬民，得以順治外撫蠻貊。又且威嚴而諸凡所以理天干者，無不備於孔子之儒矣。上而天文，下而地理，中而人事，教民稼穡，與夫蠶桑，而諸凡有切於民生日用之常者，亦無不備於孔子之儒矣。蓋自唐虞夏商周之世，在上則有堯舜湯武之爲君，在下則有皋夔伊周之爲相，悉以宣著儒者之教於其先，由是而漢而唐而宋。以及今日，在上而爲君爲相者之所推行，在下而爲師爲儒者之所紀輯，又以發明儒者之教於其後，是孔子之儒，其來尚矣。而子以爲天下萬世有能外於孔子之儒者乎。若夫道釋之教，而載之丹書梵經者，皆孔子所謂不可使知之道也。余曷嘗以道釋之教爲非哉。第以出世間法，難與世間人道也。

黄生問曰：夫曰利曰命曰仁，既所罕言，而性與天道，又不可得而聞，而子必曰歸儒宗孔者，其意何也。林子曰：非是之謂也，蓋性與天道，曰利曰命曰仁。孔子之所難言，而不可使知之道也。既不可使之知矣，而必欲與之言矣，不亦謂之瀆蒙之甚，強人以難知邪。於是乃以民可使由，而人之所易知者，而與之言也。歸儒宗孔，庶不叛於孔子之教，而爲人之所易從也。

又 《論語》曰：可與言而不與之言，失人；不可與言而與之言，失言。又曰：中人以上可以語上也，中人以下不可以語上也。夫三千之徒可與之言而語上也，可得而數矣，况後世乎？《中庸》哉！蓋天生孔子，乃爲世間計也不有孔子，而所謂民可使由者，其孰能使之由，而與天下萬世。所謂凡民者，而共由之者乎。釋迦、老子，乃爲出世間計也。不有釋迦老子，而所謂不可使知者，其孰能使之知？而與天下萬世，所謂豪傑之士而共知之者乎。然豪傑之士，固不世出，而所謂道釋者流，豈其盡皆豪傑之士哉？此余之所以歸儒宗孔者，蓋寔欲以世間法，以與世間人道，庶不叛於孔子之教，易知而易從爾。

孟子曰：豪傑之士，雖無文王猶興，何謂也。林子曰：夫道固以言而顯矣，而亦不以不言而不顯，直惟存乎其人爾，故不有豪傑之士，生乎其時焉，即釋老言之又且耳提而面命矣，而不可使知之道，其能使之知乎。如有豪傑之士，生乎其時焉，即孔子不之言，則亦目擊而道存矣，而不可使知之道，其能使之不之知乎。汝甚毋以孔子之罕言之爲是，而以釋老言之之爲非也，亦毋以釋老言之之爲是，而以孔子罕言之之爲非也。要之是者，是其所喜也；非者，非其所不喜也；是者，是其所能知也；非者，非其所不能知也。此皆一隅之見，殆非古今之通論矣。

余之所以爲學者，宗孔也。余之所以宗孔者，宗心也。蓋吾心之孔子至聖也，故吾一念而善也，一念而惡也，吾自知之。人所爲而善也，所爲而惡也，吾亦知之。豈非吾心之孔子，至聖之明驗歟？非特吾心之孔子爲然也，則雖前乎千萬世之既往，後乎千萬世之方來，無論智愚賢不肖也，而其心之孔子亦至聖也。若夫近代名儒，心之孔子，與吾心之孔子原無異也，而其言之載於典籍也，何其與吾心之孔子有不同邪？故余直以宗孔爲正，宗心爲要爾。

余嘗謂道釋者流，所當宗者孔子也。非以求異於道釋者流也，而道釋者流，則異於孔子矣。又嘗謂世之儒者，所當宗者孔子也，非以求異於世之儒者也，而世之儒者，則異於孔子矣。孔子之學，心學也。孔子之心，赤心之心也。天下萬世所同具之心也，豈特先聖後聖之心？與孔子之心不異也。而智者賢者愚者不肖者之心，亦與孔子之心不異也。孔子之心，誠不異於智者賢者愚者不肖者，而智者賢者愚者不肖者之過不及，則異於孔子之心矣。孔子之心，帝王無外之心也。天地無不持載，無不覆幬之心也。若曰我之道，孔子之道也；我之教，孔子之教也。而於道流釋流，則遠之，以非孔子之道，孔子之教也。豈曰無不持載，無不覆幬之天地哉？縱得成其儒者之名，是亦裂鼎足而三之，謂之偏安一隅可也。殆非帝王一統無外，而爲孔子之心之大矣。

又 林子倡道，每以度世爲教，或人愕然異之，來見林子。林子曰：

汝無異也。汝知汝之心，本自廣大，包羅天地萬物，而無有能外之者乎。汝今尚未見性，則又安能不以度世之教爲異也，或人乃問何者爲性，何以能見性也，願夫子明言之以教我也。林子曰：釋氏之見性，儒氏之知性也。今汝未能盡心，安能知性；未能明心，安能見性。余昔者嘗有言曰：知性性知，非智能知；見性性見，非眼能見。夫既不可得而知，不可得而見矣，余將何言，余將何以教汝也。汝今且依余所授盡心明心要法，勤而行之，久則自當有悟入處，既有悟入，便有眞知；既有悟入，便有眞見；眞知無知，無知者知，名爲性知，眞見無見，無見者見，名爲性見，無可測識，性不屬知，無可想像，性不屬見。性不屬知，何以曰知？性不屬見，何以曰見？自性自知，自性自見，自性自悟，自性自度。既曰自悟，非由人悟，既曰自度，非由人度，盡心明心，自悟自度。機非在我，自非我義，神理自彰，不可度量。如是而悟，非我能悟；如是而度，非我能度。非我能悟，正覺正悟，非我能度，正覺正度。余將何言，余將何以教汝也。

又　或以林子修性之旨，既聞命矣，敢問所以修命。林子曰：修命必本於修性。《易》曰：窮理盡性以至於命。若或徒知所以盡性，而不知所以至命，雖有慧悟，終落空無，故孔子之不惑，孔子之盡性也。我而能盡性焉，而人物天地之性，亦皆在我矣。故以我之性，而人之物之，而人物之性，有不自我而盡乎；以我之性，而天之地之，而天地之性，有不自我而盡乎。孔子之知天命，孔子之至命也。我而能致中焉，而天地萬物之命，亦皆在我矣。以天地之命以位天地，而天地有不自我而位乎。以萬物之命，以育萬物，而萬物有不自我而育乎。孟子曰：盡其心者，知其性也，知其性，則知天矣。此言天即命也。《中庸》曰：天命之謂性，蓋性本於命，命出於天。天也者，自然而已矣。故天則自然有是命，而命則自然有是性也。夫孟子曰：知者何也？知也者，知之也。知天地之化育之知也。《易》曰：乾知太始，坤作成物，而曰知曰作，其義一也。猶今所云知府事，知縣事，非徒曰知之也。若也未能盡心，而存心之功，不可不知也。未能盡性，而養性之功，不可不知也。未能知天，而事天之功，不可不知也。然心即性也。釋氏有言曰：眞心是性，眞性是心，故夭壽之不貳其心矣。由此而進進不已焉，可以知性，脩身以俟之以立命。由此而進進不已焉，可以知天。夫夭壽不貳，固不以形骸而貳其心矣。而脩身之功，其義將何取焉。身也者身也體也。乾爲首，坤爲腹，腹亦體也。坤曰：正位居體。鼎曰：正位凝命。艮曰：君子思不出其位。而孟子亦曰：立天下之正位，惟此正位也。以言乎其大，則足以包羅乎天地而無外，故謂之廣居而大道從此出矣。老子所云玄牝之門，是爲天地根者，正位也。孔子曰：未知生，焉知死。道家謂之生門死戶，故生而生也。而其所以生者，固在於此。至於死而死也，而其所以不死者，亦在於此者不知此意，則未有不隨死而亡焉者也。繫辭曰：原始反終，故知死生之説，故能知所以原其始而始之，則必知所以反其終而終之。此道家所以長生，釋氏所以不死者，即尚書所謂考終命，而形骸非所論也。故君子曰：終，蓋言終之而未嘗死，而亦未嘗不死，而孔子朝聞夕死之言，正此意也，又不觀之《圓覺經》乎。《圓覺經》曰：如銷金鑛金非銷有，既以成金，不重爲鑛，經無窮時，金性不壞，不應説言。本非成就，如來圓覺，亦復如是，而後世脩命之士，有不認鑛以爲金也，亦寡矣。余昔所論著元神實義，有所謂重立性命，再造乾坤者，非他也，乃所以銷鑛以爲金也。故脩命之士，惟當在於氣穴圖之，老子所謂深根固蒂也。然兩石相擊，而火生焉；兩精相搏，而神應焉；蓋我之精氣，包藏於氣穴之中。若我能以我之所相搏之神，凝而入之於氣穴之中焉，殆所謂立天下之正位，以居體而凝命也。昔者孔子嘗言仁，宋儒所謂杏仁桃仁者是也。蓋菓核中之有兩片者，一陰一陽之道也。而其尖處之幾希者仁也，繼之者善也。故始而坎離交，以胎陰也，而得其陰之所以爲陰者，豈非從父母形化中來，一點之幾希乎？學而至此，然後方可謂之全其親之所生，而爲孝子矣。既而天人合以胎陽也，而得其陰之所以爲陽者，豈非從天地氣化中來，一點之幾希乎？學而至此，然後方可謂之全其天之所賦而爲仁人矣。又既而二陽偶亦以胎陽也，而得其陽之所以爲陽者，豈非從冲漠無朕中來，一點之幾希乎？學而至此。然後方可謂之露我全眞，以與太虛同體矣。夫既露我全眞，以與太虛同體矣，則命自我立，而所謂我命由我不由天者，非虛言也。古人有言曰：鍊精化氣，鍊氣化神，鍊神還虛。夫以精氣神而鍊之以還虛焉，則精爲元精。未始精而能生精者也，氣爲元氣，未始氣而能生氣者也。神爲元神，未始神而能生神者也。天地有壞，這箇不壞，蓋以其不依形而生，

而無可死之道也。若不先之以見性，而即曰我能脩命，則余不能知之矣。

欲仁

題解

林兆恩《三聖正宗・欲仁篇》 陳生問仁，林子曰：「余今以其所謂仁，所謂未始仁者，以與二三子道也，亦以告諸天下萬世之欲仁者。」陳生曰：「仁且不知矣，况曰未始仁乎，而所謂仁與未始仁者，願夫子明以告我也。」林子曰：「蓋自父母未生以前，本體太虛而已矣，其余之所謂未始仁者乎。既而父母媾精之後，一點靈光而已矣。其余之所謂仁者乎，而一點靈光之仁，元從太虛中來者，我之元神也。由是而氣，由是而形。人惟知有此形氣已爾。美衣美食，以奉養此身也。功名富貴，以尊崇此身也。如此而生，如此而死，自以爲得矣。而孔子之所謂仁者，非惟不能知，亦且不願知也。而其所不願知者，豈非孟子所謂不可以已而失其本心者乎？若能知所以反而求之，則便知父母之所以生我，而我之所以生者，在此而不在彼，而養氣而存神，以復還我太虛一氣之本初，一點靈光之舊物，而孔子之仁即在我矣。」

論説

林兆恩《三聖正宗・欲仁篇》 林子曰：「人之生也，以耳而聞，以目而見，以心而思。而至於死也，不惟耳不能聞，目不能見，而能思之心，亦且隨之以亡。縱有王侯之貴，晉楚之富，於我奚益。則生平之所以奔奔忙忙者，何爲也哉？故學道之士，必當思我之耳之所以能聞，目之所以能見，心之所以能思者，何物以主之。不有所謂一點靈光長存而不滅者乎？而一點靈光者，仁也。乃耳之所以能聞也，目之所以能見也，心之所以能思也。孟子曰：仁也者，人也。合而言之道也。黄生問曰：「何謂也？」林子曰：「仁从二，从人，二其人也。若有其仁而無其人焉，則人無所於寄，何以借假而修其眞耶？若有其人而無其仁焉，則孔子所謂罔而生也，幸而免也。故仁也者，仁也。而爲人之眞者，人也。仁則可與天地相爲存亡矣。然人生如寄，即有百年特且暮耳。」孔子曰：「志士仁人，無求生以害仁，有殺身以成仁。」夫志士仁人，豈不愛其身哉。以有仁在，則身爲輕矣。而古人之所以可生可殺，可榮可辱，可貴可賤，可富可貧，而不可與爲非者，亦惟有見於朝聞夕死之義，而有不死者存焉。若夫忠臣之忠，孝子之孝，勇士之勇，抑豈其能知仁耶？蓋亦知此身是假之不可以久生也。而以死爲歸者，以有此忠孝與勇之名爾。

又 柯生問幸免之義。林子曰：「今我先以果實之仁而設言之。譬之已蠹之仁，而自矜其味之甘美矣。而爾以爲甘美之味能久存乎？故與其自矜乎甘美之味，而孰若自全其生。生之仁，生生之仁，萬古而不息矣。然我此身之重豈曰果實之甘美耶？孟子曰：飲食之人，無有失也。則其所養豈特尺寸之膚哉？故身可存也，仁可成也。二者得兼，豈非君子之至願耶。至於不得已之時，臨患難之際，存其身可也，而不能不害乎仁。成其仁可也，而不能不殺其身。於此二者而權其輕重焉，故寧殺身以成仁，毋寧害仁以存身。孔子所謂顛沛必於是也。至於微服過宋，而又能以身爲重者如此。故比干之死，以其可以死而死之，死之以成仁也。微子之去，以其可以無死而不死之，不死之以成仁也。不爲萬古之一大公案耶？然死非難也，死而能成其仁之爲難也。而召忽之諒，豈非其不知果實之甘美而反不仁其身與。」柯生問曰：「比干之死，豈曰能仁其身耶。」林子曰：「刳心之際，而身中之仁，其不萬古而久生耶。故殺其身矣，而有以仁乎其身可也。殺其身矣，而反有以不仁乎其心不可也。然而殺其身矣，而何以仁我之身乎？蓋成我之仁，乃所以仁我之身也。夕死之際，萬古不滅。」

又 林子曰：「聖人不死者心，長生者仁。」

林子曰：「心與仁一也，自其統體者言之，謂之心。自其生意者言之，謂之仁。」

林子曰：「聖人無心而有心，石中無火而有火也。」

林子曰：「石擊而火生者，性萌而心生也。」

劉生問：「不生不滅。」林子曰：「火在石中，則未始生也。而石中之火得而滅乎？然而心即火也，有生則有滅。」

林子曰：「石擊而火生也，火炎則反焚其石矣。性萌而心生也，心熾則反滅其性矣。」

蘓生問曰：「生意之謂仁者，何謂也？」林子曰：「果實之屬，生意全在於仁也。」又問：「心之生意之謂仁矣，而謂仁者以天地萬物爲一體者，何也？」林子曰：「今亦以果實之仁言之，仁之種於地也。而芽而樹，生生不息。而其仁之可以爲種子也，殆不可以千萬計者，皆由此樹地種子之仁而生焉。宋儒有言曰：月落萬川，處處皆圓。夫萬川之月，皆由此一月而圓如此。而仁者以天地萬物爲一體，不謂之天上之月，樹地之仁乎？而釋氏所謂阿彌陀佛者亦猶是也。然而何以謂之阿彌陀佛也？」林子曰：「阿者無也，彌者滿也，陀者光也。蓋言無處不充滿，無處不光亮，譬之月焉，而川川皆其月也。譬之仁焉，而顆顆皆其仁也。而其所謂佛者，何義也？蓋言佛者覺也，感而遂通天下之故。而孔子所謂抑亦先覺者是也。若待安排，若待擬議，便不名覺，便不是佛。而所謂阿彌陀佛之義，其仁者以天地萬物爲一體乎。

孔子曰：「中心安仁，天下一人而已矣。」林子曰：「孔子之所謂中心者，非吾身之河洛乎。」林生問曰：「夫洛書則用九而實其中矣。而實中之五位則曰皇極者，是乃孔子之所謂安仁之仁者是也。然而河圖用八而虚其中也，則又何義焉？」林子曰：「洛書之實其中者，其仁乎？而河圖之虚其中者，其未始仁乎？」林生又問曰：「河圖八卦矣，而重之以六十有四者，何也？」林子曰：「此自其未始仁者，而仁之。芽之樹之，枝之葉之也。故未始仁也者，本體之太虚者，無極也。然之洛書九疇矣，而重之以八十有一者，又何也？」林子曰：「此自其仁者，而芽之樹之，枝之葉之也。故仁也者，本體之始萌者，太極也。」林生曰：「洛書之實其中而仁，河圖之虚其中而未始仁。而聖人何不自其木根而明言之，而惟推而演之。枝之葉之者，何也？」林子曰：「夫仁固孔子之所罕言矣而况曰未始仁乎故曰仁，曰未始仁者，可與上智者道也。而枝而葉乃因人之所易，明者而使之由爾，故余之爲教也。豈其而枝而葉而使由哉，而其所可與言者，立本末也。而必申之以入門，而仁之而洛書之矣，入門未也。而必終之以極則，而未始仁之，而河圖之矣。」

又 林子曰：「夫道豈必待言而後顯，而上智之士，豈必待言而後知哉。故伏羲八卦，而文王重之矣。大禹九疇，而箕子演之矣。世代之相去何其遠也，而聞知之下，自有心相感通者在焉。余於是而知傾蓋目擊。孔子之無言也。而愚魯之授受則言矣。言之不其罕乎，而不可使知之人而枝之，而葉之，而使由之可也。則又焉得而言之，而使之知耶。」

鄭生曰：「河圖而八卦之，而重之以六十有四。洛書而九疇之，而重之以八十有一。列之以圖，紀之以文，不既明乎？而宋元之季，而圖河圖洛書者何其紛如也？而使聖人之道，卒晦而不明者，何爲也哉？」林子曰：「必也其仁乎，我而仁矣。我即在大禹之先，而其洛書也，亦可得而九疇之矣。必也其未始仁乎，我而未始仁矣，我即在伏羲之先，而其河圖也，亦可得而八卦之矣，故不知吾身之河圖，而言八卦，不知吾身之洛書，而言九疇，則余不能知之矣。」

詹生問曰：「夫河圖乾坤矣，而洛書則只言五行者，何也？」林子曰：「河圖之虚其中者，無極也。無極一太虚也，洛書之實其中者，太極也。太極而天地也，此其演也，則亦有不同矣。余嘗謂易以道精微也。故以河圖繫之易，先天而天弗違，而乾坤在其中矣。書以道政事也，故以洛書紀之書。後天而奉天時，而五行不能外矣。」

林子曰：「古先聖人，蓋直欲以洛書之仁，河圖之未始仁者，以示人已爾。至於河圖圖矣，洛書書矣。殆非聖人之得已也。而况曰八卦而六十有四乎，九疇而八十有一乎。而又列之以圖，而又紀之以文。蓋眞非古先聖人之初心，而每以爲枝葉之既繁，而支離之益甚矣。後世之人，猶然不知求之自已，而所謂河圖之未始仁，所謂洛書之仁者，顧乃徒索之於其圖，考之於其文，而枝之，而葉之，而使聖人之所以示天下萬世者益以晦矣，豈不悲哉。」伍生問曰：「洛書之實其中者，不曰心，而曰仁。何也？」林子曰：「仁，人心也，天地之心也。心之生意之謂仁，即心而即仁也。若河圖則無其心矣，夫惟其無心也，故曰未始仁，故能知河圖之所以爲河圖者，則能體大虚之體以爲體也。能知洛書之所以爲洛書者，則能心天地之心以爲心也。然而太虚之體得而體之乎？體之而無所於體然後能體太虚之體以爲體矣。天地之心得而心之乎？心之而無所於心然後能

心天地之心以爲心矣。而八卦而六十有四，而九疇而八十有一，皆其枝葉，以與不可使知者道，以寄此洛書之仁，河圖之未始仁，而不亡爾。」

鄭生曰：「昔者有問於先生曰何以謂之一貫之一也？而先生則曰：有不二之一，有眞一之一。夫一豈有不同歟。」林子曰：「不二之一，乃余所謂混沌中一片皆太虛也，其河圖之未始仁者乎。眞一之一，乃余所謂太虛中露出一端倪也，其洛書之仁者乎。故眞一之一者，一也。不二之一者，未始一也。一而未始一者。仁而未始仁也。」

林子曰：「仁之道其至大乎，仁之用其至廣乎。故天開於子，地闢於丑。而天地之所以生者仁也。夫既有天地矣，而天地之所以而人而物者，亦此仁也。乾道成男，坤道成女。而男女之所以生者，仁也。夫既有男女矣，而男女之所以而子而孫者，亦此仁也。一雌一雄，一牝一牡。而鳥獸之所以生者，仁也。鳥獸生矣，而鳥獸之所以生生不息者，亦此仁也。或曲或直，或夭或喬。而草木之所以生者，仁也。草木生矣而草木之所以生生不息者，亦此仁也。由是觀之，仁之道不其大乎，仁之用不其廣乎。而仁者以天地萬物爲一體，殆爲是爾。」

林子曰：「盈天地間皆物也，皆物則皆生生不息也。生生不息，則皆天地之仁也。天地之仁，則皆仁者之仁也。夫既曰天地之仁矣，而又曰仁者之仁者，何也？」林子曰：「天地之仁，仁者之仁也。若不有聖人者出，而致中和以仁之。萬物其能育乎？萬物不育天地其能位乎？要而言之，仁之以生萬物者，天地無心而成化也。仁之以育萬物者，聖人有心而無爲也。」

夏語

題解

盧文輝《三聖正宗·夏語序》 或問：「何以謂之夏？」盧子文輝曰：「夏也者，大也。儒而孔子，道而老子，釋而釋迦。合而一之者，大也。而其所以大者，中也，一也，心也，心身性命之學也。有心身性命之學，則不可無三綱五常之德。有三綱五常之德，則又不可無士農工商之業。由是觀之，孔子之聖，豈曰儒焉已哉。而道而釋，則孔子兼之矣。老子之玄，豈曰道焉已哉，而儒而釋，則老子兼之矣。釋迦之禪，豈曰釋焉已哉，而儒而道，則釋迦兼之矣。孔子嘗有言曰：吾今日見老子，其猶龍乎。又曰：西方有大聖人，不治而不亂，不言而自信，不化而自行。蕩蕩乎無能名焉。由孔子之言而觀之，則三教之道，又焉有不同耶。」萬曆庚子年五月夏至日，門人盧文輝薰沐百拜，書于三一堂之心聖軒。

論説

林兆恩《三聖正宗·夏語常原教》 林子曰：「聖人有常教，有原教，是故常也者，達也，以達天下萬世而公之者，倫屬也。原也者，一也，以一天下萬世而同之者，心性也。」

林子曰：「釋迦，釋氏之宗也。妻耶輸氏多羅，妃瞿姨鹿野，妾嬌曇彌。黃帝老子，道家之祖也，黃帝四妃二十五子，而老子之子宗。」

《易》曰：庖犧氏沒，神農氏作。神農氏沒，黃帝堯舜氏作。黃帝堯舜垂衣裳而天下治。蓋取諸乾坤。林子曰：「余於是知黃帝之道之大也，故列於帝而五之也尙矣。繫於易而贊之也尊矣。」

林子曰：「設釋迦復生而入中國也，必群釋流而昏之。使不圓坐矣，設黃老復生而敎天下也，必群道流而昏之，使不林棲矣。」

州生，應麟生，大本生，對生，人茂生，侍立於鳳凰山之梵樓。大本生問道，林子曰：「道其無乎，無則無不入者也。無能生氣，復能成形。陰陽得無，乃鬼乃神。物之芸芸，以生以成。無也者，物之藉也。是以聖人覩物以知無，物生於無而死於無。無乃不生，生亦不德。無不能生，生即不無。充滿宇宙，聲臭俱泯。故天地，形氣也。形氣，物也。天地法道之無也，而萬物生死焉。聖人法天地之無也，而萬民生死焉。」

州生問曰：「有無者二歟？」林子曰：「物與道而相含，有與無而相入，造化無窮，生生不息。」

對生問曰：「謂道爲無者，何也？」林子曰：「道也者，無也。道不可見，故曰無。天地之所以覆載者，道也，不可得而見也。萬物之所以化生者，道也。不可得而見也。道不可見，物不能離。物窮其虛，道斯來居。豈惟其虛，道無不入，與物無私混合爲一。故物也者，有氣有形，有氣而無，無則不生，有形而無，無則不成。是物則皆有也，皆有則皆陰而鬼之，陽而神之，而生於無也。設道非無也，而有可見之迹焉，是亦物也，豈能生氣生形而無不入哉。遺骸，形也。槁木，形也。以其無氣而無無也，然無不終無，氣不終絶。形不終息，物不終滅。微乎微乎，莫究其原。不可得見，不可得聞。」

應麟生問曰：「道以生物爲大歟？」林子曰：「道不能生，物感而生。道不終無，物形而有。」

人茂生問曰：「晉人以無爲宗也，豈知道歟？」林子曰：「世之言無者，襲也。崇有者，矯也。」

林子曰：「格之而知者，仲尼也，流而爲多識矣。滅之而寂者，釋迦也，流而爲斷滅矣。無之而虛者，黄老也，流而爲迂怪矣。」

林子曰：「矯二氏之誕也，而益近易之，斯儒流之不仲尼矣。矯儒流之文也，而益玄遠之，斯二氏之不釋老矣。」

林子曰：「舍身以事佛者，舍身以事心也。」儆生問曰：「豈非即心即佛之謂歟？願聞其人。」林子曰：「比干以忠而剖死，伯夷以清而餓死，能事心也。若匹夫匹婦之經於溝瀆也，知舍身而不知事心矣。」

林子曰：「艮其止者，止其止也。止其止者，丘至善也。定靜而安，其重艮而止乎。」

獻策生問仁。林子曰：「中心安仁者，爲仁之仁也。博愛之仁者，愛人之仁也。」

兆居生問曰：「仲尼之教，亦有頓漸與？」林子曰：「一以貫之者，頓教也。先博文而約禮者，漸教也。」

三樂生問曰：「斷滅之與寂滅也異歟？」林子曰：「斷滅也者，圜而坐之，如無情之木石，斷滅去也。故孟子之不動心者，寂滅也。告子之不動心者，斷滅也。」

林子曰：「玄牝以靜極而見也，姹房以情溢而闢也。」

林子曰：「儒流威儀詞章而無實，學之者失其原也。二氏清虛孤高而無用，學之者失其常也。」

文命生問道之虛。釋之空也，是歟？林子曰：「心本虛空也，故太虛太空者，天也。」

林子曰：「知乾坤之不在天地也，而闔之闢之。知寒暑日月之不在天地也，而來之往之。便能參兩天地，而春秋晝夜之機在我矣。」

林子曰：「坤☷之中，乾☰也，故陽得而升降之。然金擊之，熱。石撲之，火。亦非以其中，陽邪。」

應麟生問曰：「合鬼與神而爲教之至者何也？」

林子曰：「陰陽會矣，鬼神合矣，氣則浩然盛也，而志有所帥矣，魄則皜然清也，而魂有所棲矣。」

孔子嘗謂南宫敬叔曰：「吾聞老聃博古而知今，是吾師也。」又子夏答魯哀公曰：吾夫子學乎老聃。夫孔子自以老聃爲師，而門弟子亦以老聃爲孔子師也，何歟？」

林子曰：「漢武帝以却老而尊道也，故尚其女於方生。梁武帝以徼福而佞佛也，故奴其身於釋子。」

對生問《易》。林子曰：「日之月之，天之易也。呼之吸之，人之易也。」

兆詰生問儒之仁，道之丹。林子曰：「碩果之有其仁也，藉其土而芽之。牝雞之有其丹也，得其陽而雛之。故仁，人心也。丹，赤心也。」又曰：「復禮者，姙仁也。伏氣者，胎丹也。」

林子曰：「滅之至於無可滅也，寂矣，故曰寂滅無之至於無可無也。虛矣，故曰虛無。」

林子曰：「亥子之間者，寂也。六時曰，日午三更其亦喧而寂者乎？至入廟而心肅，登山而神怡，日午而三更者暫也。」

林子曰：「一者，玄也，太極也。玄而又玄者，太極之先而未始一也。」

法從生問曰：「凡夫亦圓覺歟？」林子曰：「佛圓覺也，其圓覺而不增。凡夫煩惱也，具圓覺而不減。」

林子曰：「日也者，丹也。故堯舜之聖，其日之中天一。仲尼之聖，

其萬古之不長夜乎。」

獻策生問曰：「仲尼果賢於堯舜歟？」林子曰：「爲天下而生者，堯舜也。爲萬世而生者，仲尼也。」

又《夏語致用教》林子曰：「馳驅駿奔而心靜者，雖謂之禪定之釋子可也。禪牀面壁而心不靜者，雖謂之伽梨之彌猴可也。」起元生問曰：「學問之道，主靜而已歟？」林子曰：「達則致其用於天下，窮則致其用於萬世。若二氏之荒唐枯槁，不知致用也。故必其盡人物之性，以參天地，贊化育也。斯謂之盡性之聖人矣。」

《四十二章》曰：事天地神明，莫若孝其二親。二親最神也。林子曰：「豈非以二親之氣，與我常相流通者乎。」

林子曰：「正位居體者，安土而敦仁矣。」

林子曰：「孔子之壽，仁者壽也。老子之壽，死而不亡者壽也。故曰天眞自性元不亡也。若以身之生死爲生死焉，是以夭壽而貳其心也。」又曰：「仁則心生，身雖死不死也。不仁則心死，身雖生不生也。」

有儒流而喜談釋氏者，嘗謂孔釋之學誠不異矣，而黃老之道，豈與儒者有同歟？林子曰：「老子猶龍之贊，姑且未論。而黃帝之道，亦與仲尼有不同邪。」

林子曰：「仁也者性也。而外性以爲仁，害仁也。義也者性也。而外性以爲義，害義也。故曰大道廢，有仁義。」

林子曰：「天子者，天下之丹也。武而火之則烈，秦是也。文而火之則弱，周之季是也。候其火而武之文之者，不烈不弱，則天下可得而理矣。」

林子曰：「心也者，天也，謂之天君。心也者，神也，謂之神仙。心也者，覺也，謂之佛者覺也。故無主則逐，有物則危。」

林子曰：「禪也者，靜也。反也者，逆也。」

林子曰：「不思善，不思惡者，無思也。」

林子曰：「敦復則心生，迷復則心死。頻復之厲則死而生，生而死。釋氏所謂輪迴者心也。」

廷柱生問曰：「釋氏之慈悲也，則刑不用矣，如天下何？」林子曰：「慈悲者，仁也，人仁矣，顧不可以爲天下邪。故刑期無刑者，慈悲也。罰不善人，以安善人者，慈悲也。」

林子曰：「舜之德，玄德也。武之書，丹書也。」

林子曰：「時至春秋，天地既剝矣，而仲尼之陽，充滿一身，是天地之初陽者，復也。與七十子共明此道，是天地之二陽者，臨也。見可而仕，三月大治，是天地之三陽者，泰也。漸於四海之內者，其大壯歟。及於四海之外者，其夬歟。流於萬世，而萬世信之，則陽純而乾矣。」

應釗生問佛。林子曰：「心存便是敬，心存便是佛也。」

林子曰：「不以身之死爲死也，誰得而死之。故曰匹夫不可奪志者，事心也。」

雲章生問曰：「呪不幻與。」林子曰：「呪也者，呪也。辟蜾蠃之負螟蛉者，呪也，故能惺其心。則一點淸靈，照徹晃朗，是之謂大明呪。能存其心則眞實內主，萬邪莫干，是之謂大神呪。若後世之呪，而入於幻也，術矣。」

林子曰：「氣化神而合虛者，神氣而歸天也。」

或問：「釋迦不生於夷歟。」林子曰：「玄德之舜，華人得而夷乎。」

林子曰：「顏魯公嘗問道於慧明嚴峻，而持其戒。文文山命其子曰道生，次佛生。」

林子曰：「古人有財，類能施之。故凡若所識得我者，抑又下矣。」

林子曰：「仁義之根於心也，故以心爲丹，而仁義從此出矣。」

林子曰：「凡人之所謂生死者，身也。聖人之所謂生死者，心也。」

林子曰：「桀紂蹻跖之愚，欲天下萬世謂己爲賢也，不可得矣。堯舜周孔之聖，欲天下萬世謂己爲不肖也，不可得矣。」

明一生問曰：「如何是佛心？」林子曰：「有作佛之心者，佛心也。」如何是衆生心？林子曰：「無作佛之心者，衆生心也。」

又 林子曰：「與一氣相爲往還者，與天地相爲終始也。」

林子曰：「物，物也。格，亦物也。格其格，則物格矣。故物，辟之寇也。格，辟之兵也。寇殲而兵不農者，格亦物也。」又曰：「惟格物然後能無物，故逐於外而聲色臭味者，物也。著於內而意必固我者，物也。」

待科生問事心。林子曰：「惟識心然後可以事心。《大學》曰：正心。而孟子曰：勿正心。孟子曰：收放心。而邵堯夫曰：心要放。」

上九，无妄。行有眚，无攸利。林子曰：「與蒲人盟而適衛者，仲尼也。故曰，要盟也，神不聽。」

時有談長生者造林子。林子曰：「仲尼長生之至術，賢於道流遠矣。」如陵生侍側問曰：「仲尼亦長生歟？」林子曰：「仲尼之道，寄之曾參、孔伋、孟軻，寄之萬世不死之人心，與天地相爲終始而不窮者，仲尼之長生也。」

林子曰：「文王有崇侯虎之譖，周公有管蔡之言。孔子有武叔之毁，子思有樂朔之圍。朱文公有事魔之誚，蔡元定有佐妖之竄。眞西山有眞小人之謗，魏了翁有僞君子之譏。故曰士增兹多口。」

林子曰：「志道也者，忘而存之者，上也。據德也者，存而存之者，次也。依仁也者，不忘不存。違而依之者，又其次也。故失道而德者，據也。失德而仁者，依也。」綖生請問依仁之依。林子曰：「倣之而依者，依也。傍之而依者，依也。」

林子曰：「行蹻跖之行者，蹻跖也。而心仲尼之心者，獨不仲尼乎。」

林子曰：「未證佛果，本無六欲。既登彼岸，亦無涅槃。」

林子曰：「非鬼之靈也，鬼於心者靈也。非鬼之形也，鬼於目者形也。」

又 林子曰：「城復于隍，其詞悲乎。先否後喜，其情怡矣。」

《易》曰：百姓日用而不知。何謂也？林子曰：「性各足也，終其身迷焉。衆人雖迷，然亦不離。」又曰：「性在作用，百姓日用而不知也。」

林子曰：「日其神乎？東海而復東之日之午，中也。南西北海而復南之西之北之。日之午，之中也。」

林子曰：「天，氣也。遠而望之，似若數百里之外。而爲天之際者，目之窮也。」

林子曰：「聖人之神，日也。可得而遠近之乎？聖人之氣，天也。可得而内外之乎。」

又《夏語不獨愆教》 或曰：「二氏之學，可勿談乎？」林子曰：「荒唐枯槁，誰其正之。而一夫之不德，不獨二氏者之愆也。」

林子曰：「三教之書，類多寓言。故女媧非補天也，帝堯非射日也。齊人必非丐乞，鄰人必不盗雞。朱漫豈精屠龍之技，梁鴦豈擅馴虎之能。至於水火之入，蕉鹿之夢，草木之俱去，獮猴之習定，鬬雞解牛之義，斷臂割體之忱，玄微之旨，都在言外。余於是知信而惑之者，非也。怪而辯之者，亦非也。」

《曲禮》曰：毋不敬，儼若思。何謂也？林子曰：「無思而儼若思者，敬也。」

林子曰：「洗心而退藏之者，心隱於性也。」又曰：「潛於淵者躍之，性而心也。」

林子曰：「蛤蜊世界，具足法身，何物非道也。山河大地，皆吾妙用，何處非佛也。」

林子曰：「玻瓈赤珠，琿璪玳瑁。而嚴飾之者，非外也，萬物備於我矣。」

林子曰：「無欲者，無意也。無意，則元神爲用矣。若思慮之神，即元神也。但思慮之神，則意矣。周子曰：誠無爲，幾善惡，同出而異名也。」

林子曰：「日月往來之機，易備之矣。天地生殺之權，春秋備之矣。」

林子曰：「星辰錯陳而有紀者，樂而禮也。江海異流而並入者，禮而樂也。」又曰：「草木其華者，禮之文也。禽鳥其聲者，樂之和也。故觀之天地，稽之庶彙，豈必夔夷復生哉？而禮樂可與矣。」

又 林子曰：「佛者，覺也。不逆不億，感而通之者，利也。」

林子曰：「割截身體而不嗔者，出生死而離之。其亦所謂三年之後，不見全牛也歟？」

林子曰：「天下何思何慮者，無念爲宗也。」

林子曰：「道家謂之旁門者，黄老之異端，而非正道也。釋氏謂之外道者，釋迦之異端，而非内道也。儒門謂之由徑者，仲尼之異端，而非大道也。」

州生問執中。林子曰：「思不出位者，執中也。」

明豊生問曰：「古之人不以物累其心也，故以積珍而沒之海。有諸乎？」林子曰：「珍沒於海者心藏之淵也。夫物豈能累心，心累於物爾。」

林子曰：「元神爲用，故不慮而知也。」

大本生問黄中。林子曰：「黄中者，中黄也。」

林子曰：「周授田百畝，商七十，夏五十者，異也。其所以度民力而量授之者，同也。長短其度，損益其數。其三王之制也，而不相沿矣。」又曰：「人人井其田，則天下之田，不浹旬越月，可得而井矣。」

林子曰：「反身而誠者，反而身之者，誠也。」人茂生曰：忠臣之忠，孝子之孝，而至於誠者，亦神仙也。神仙非幻術也，誠而神者，神仙也。若茂也可與語三教之大矣。故比干之剖心，申生之待烹，丹心一點，萬古不滅。雖謂之刑鮮而去可也。」

林子曰：「誠而明者，寂而照也。」

林子曰：「無以生爲者，長生也。夕死可者，不死也。」

林子曰：「好貨好色，與民同樂。邪道而歸正也。故曰天機只在嗜欲中。」

林子曰：「上自天地，下至黎庶，及諸昆蟲草木，莫不有陰有陽。而道釋者流，顧乃抗其志而靜孤也，不知道矣。」

又 時有以羽化飛騰之術，長生不死之訣，訪於林子。林子曰：「兆恩嘗考三氏之書，黃帝住世百十有一年，釋迦七十有九，老聃九十，孔子七十有三。都無羽化飛騰之術，又無長生不死之訣。顧兆恩何人也，焉能獨異。天惟命之，我惟全之。朝兢夕惕，不逸不豫，庶幾或能於身死之際，如黃帝之僊去，帝堯之殂落，一點清靈，在天不昧。此則兆恩羽化飛騰之至術也。至於歸天之神氣，期與天地相爲炳煥，相爲往還，而闡明三教之微旨，又期與黃老孔釋，相爲存亡，相爲始終，此則兆恩長生不死之要訣也。」

明珪生問曰：「日求一餐，夜則樹下一宿。不亦難乎？」林子曰：「釋迦不爲也。」明珪生曰：「載之四十二章可考也。」林子曰：「吾於武成，取二三策而已矣。」

林子曰：「棲跡於斷澗絕谷，飄翛於綠霧白霞。剝其陰以復一身之陽者，陰丹也。達其道以憂天下，窮其道以憂萬世。剝其陰以復天地之陽者，陽丹也。」

佛放大明光，普照十方世界，林子曰：「光四方而顯西土者，文王之日月也。」

法一生問往生之旨。林子曰：「五濁惡世，倏變而爲阿彌陀佛國者，往生也。實非有所往而生也。」

對生問天地之始。林子曰：「天地亦物，亦氣亦形，無氣無形，渾淪無名。」

標芳生問曰：「不圓坐則不寂，不林棲則不淨也，信乎？」林子曰：「堯舜兢業萬幾，禹惜寸陰，文王不遑暇食，是其寂也。不圓坐，而淨也不林棲矣。」

林子曰：「惟龍虎鉛汞，芽雪龜蛇，而辯之亟焉。故不知黃老之心也，惟黃花翠竹，露柱刹竿，而言之詳焉。故不知釋迦之心也。」

二氏者流，則曰仲尼之學，惟在拱手安足。而心性非所先也。林子曰：「苟即儒者之書，而細觀之，則知仲尼之學原於一矣。儒門者流，則曰釋老之學，惟在荒唐枯槁，而倫屬非所重也。」林子曰：「苟即二氏之書，而細觀之，則知釋老之學達其常矣。」

璋生問主敬。林子曰：「心惟在腔子裏，欲其時惺惺而不放逸也。」

林子曰：「天以春而是，以秋而非。仲尼以是而春以非而秋，故標其經曰春秋也。今以名其世，是仲尼之世有春秋，猶堯舜之世有唐虞也。《書》曰：帝乃殂落。又曰：陟方乃死。《春秋》曰：孔丘卒。」

林子曰：「地也者，形也，內也。天也者，氣也，外也。人之形，外也。氣，內也。養成此氣，則天地之氣，皆吾之氣也。天地之氣皆吾之氣，則人之形又在內，而氣又在外也。若混而言之，則氣在人中，人在氣中，形與氣相渾淪而不相離矣。」

林子曰：「楊朱後孔子而生，去老子世代甚遠，而謂之老子弟子者，何歟？」

林子曰：「玄牝之翕闢者，乾坤之象也。天根月窟之來往者，日月之象也。」

佐生問曰：「仲尼亦有丹歟。」林子曰：「仲尼其至矣。始則以其中胎一身之陽也，而溫養之。及其成也，充滿一身。既則以其身胎天地之陽也，而溫養之。及其成也，充滿天地。充滿一身者，是有一身之陽也。充滿天地者，是有天地之陽也。」

又《夏語歸儒教》 林子曰：「三教曷歸乎？歸於儒也。曷歸於儒也？釋歸於儒也，道歸於儒也，儒亦歸於儒也。既儒矣，又曷歸於儒

也？世之儒者，雖學仲尼，而不以其心也。然其君臣父子之際，序列既詳，則固可以群二氏者流，共之而使由之矣。使其不外仲尼也，而心之，是亦仲尼而已矣，是之謂儒之儒也。」

林子曰：「天地之始終也，聖人得而旦暮焉。天地之南北也，聖人得而只尺焉。」

林子曰：「身之極樂國也，如來禪定於其中矣，而釋流則西方之。身之蓬萊島也，神仙逍遙於其中矣，而道流則海外之。」

《易》曰：一闔一闢之謂變，往來不窮之謂通。達磨曰：出息不隨衆緣，入息不居蘊界。《黄庭經》曰：出日入月，呼吸存。又曰：皆在心内運天經。」林子曰：「天經也者，黄道也。而吾身之日月，往來於其間矣。程伊川曰：涵養之道，出入之息者，闔闢之機也。張横渠曰：人之有息，蓋剛柔相摩，乾坤闔闢之象也。朱文公曰：氤氳闔闢，其妙無窮，誰其尸之，不宰之功。」

林子曰：「學也者，學以復其虚明之本體也。教也者，教以曠其相通之妙機也。故眞學不積，至教無傳。」

林子曰：「止至善者，一也。德胥此而明，民胥此而親者，一以貫之也。」

林子曰：「言故而不及於利者，非以明性也。故利也者，性而情之者，利也。」希朱生問曰：「敢問天之故。」林子曰：「以迹而求天之故，則天可得而考矣。以情而求性之故，則性可得而明矣。」

林子曰：「剥一身之陰而陽純者，李呂也。剥四海之陰而陽純者，堯舜也。」

林子曰：「心本清淨者，釋迦也。心本平直者，彌陀也。」

林子曰：「天固命之，我固卻之。故曰賜不受命。」

人茂生問：「山河大地，皆吾法身之妙用也。其旨如何？」林子曰：「莫非外也，莫非内也。故日月星辰者，法身之照臨也。山嶽河海者，法身之流峙也。若謂法身特與天地之氣能相通，則是有我而有外矣。故曰：仁者渾然與天地同體者，天地即我，我即天地也。」

兆誥生問鬼神之盛。林子曰：「無一物而不屈且伸，則無一物而不鬼且神也。」

林子曰：「百姓之不知，與仲尼之無知，一也。但百姓不能忘知而鑿之，則始與仲尼異矣。」

林子曰：「心無動静，而住心觀静，不識心也。」又曰：「心本虚明，亦本活潑。」

林子曰：「反求諸己者，知聖人之在我，信聖人之益篤矣。」

林子曰：「忘之而允執之者，堯舜之中也。外之而度取之者，子莫之中也。」

兆瓊生問曰：「玄牝者，心歟？」林子曰：「非心非不心也。」

啓寅生問曰：「儒亦空歟。」林子曰：「空空者，仲尼也。屢空者，顔淵也。」

林子曰：「何思何慮者，空也。億則思慮起而不空矣。故不億而知，寂而照者，先覺也。」

陽生問曰：「既多識而非之，又先之以博文也。何歟？」林子曰：「博之以文，徐以察其志之果專也，然後以約禮教之者，循循之善誘矣。」

勳生請問後身之説。林子曰：「不知也，幾於誕矣。豈其一點清靈之氣，復屬於後人之身者歟？」

兆誥生問正位。林子曰：「天下之正位，天下之大中也。坤，腹也，正位則居體矣。鼎，身也，正位則凝命矣。」

林子曰：「陽貨之言，七篇錄之，魔説而密語也。」紹科生問曰：「謂密語爲外書者，又何也？」林子曰：「人而不仁矣。雖以夷之禮，夔之樂，而日陳於前也，特文爾。」

仕欽生問金丹。林子曰：「丹者，心也。有一點爲善之心也，金者，剛也。以天下萬世非之而不顧也。」

璋生問黄帝之道亦邪歟。林子曰：「世人既以其帝而尊之，復以其道而邪之，則吾不能知矣。」

林子曰：「約禮之禮，復禮之禮也。」

諸生有以身富貴而不能事心爲憂者，亦有以身貧賤而不能事心爲憂者。林子曰：「汝之富貴，不大堯舜，而堯舜猶能執中。汝之貧賤不過孔曾，而孔曾亦曰一貫。故耄期倦勤，一日萬幾，伐本微服，七日不食，豈其以不能事心爲憂邪。」

應麟生有疾。林子曰：「爾知所以生而生，所以死而死者乎？」應麟生對曰：「豈非所謂未嘗生者不生，未嘗死者不死歟？」林子曰：「然。」

明俊生問曰：「儒亦有彼岸歟？」林子曰：「回以愚而登仲尼之彼岸也，參以魯而登仲尼之彼岸也。」

林子曰：「絶苦海者，不假筏而誕登也。而出悅紛華，則亦望洋而竊嘆矣。豈其風逆而浪惡邪？由其棹之者之未力也。」

文命生問窮達。林子曰：「達，達也。窮，亦達也。」文命生又問曰：「窮豈能達邪？願聞古之人。」林子曰：「皇帝王，君天下而爲天下君者，達之達也。孔釋老，師萬世而爲萬世師者，窮之達也。」

林子曰：「心性明矣，復在家而倫屬之，是二氏而釋老，即二氏而仲尼也。」

大本生群三氏者流而敎之，之莆以告林子，且訪爲師之道。林子曰：「師也者，義而君，仁而親也。況復等天地而匹之，故天地君親師，五之而列矣。」大本生曰：「始不追其往，而察其心也。斯受之，豈其能持之久而不變邪？」林子曰：「孔子所謂與其潔也，又焉知其來而逆之也。」

林子曰：「太和之氣，周流於唐虞宇宙間者。堯舜之春，天地之春也。」

林子曰：「道之明也，聖人也，天地也。道之行也，聖人也，天地也。天地啓其運，聖人執其機。」

又《夏語續中一教》 林子曰：「道原於一，一統於中，中而一者，無極而太極也。一而中者，太極本無極也。余於是而知中無定在者，寂然不動之本體也。一無不貫者，感而遂通之妙用也。」

林子曰：「唐堯以道統而傳之舜也。曰惟精惟一，允執厥中。豈不以一之太極，而立乎其中邪。孔子以道統而傳之參也，曰吾道一以貫之，豈不以一之一貫，而敬以直內邪。」

林子謂文輝生曰：「儒而聖也，以中以一而開道統之傳矣。故曰執中，曰一貫。道而玄也，以中以一而開道統之傳矣。故曰守中，曰得一。釋而禪也。以中以一而開道統之傳矣，故曰空中，曰歸一。」

文輝生問中一之旨。林子曰：「中，無不包。非中非非中，而自有眞中者在焉。一無不貫，非一非非一，而自有至一者存焉。不可不知也。」

林子曰：「中也者，太虛也。夫惟其中之太虛也。故其庸而無所不宜者，中庸也。一也者，太極也。夫惟其一之太極也，故其貫而無所不達者，一貫也。」

林子曰：「中也者，體也。一也者，用也。《易》曰：寂然不動者。中之體所由以大也。感而遂通天下之故者，一之用所由以神也。」

林子曰：「我之非身大身，充塞乎天地，而天地皆我也。我之非身大身，偏滿乎虛空，而虛空皆我也。」

文輝生問竅竅光明之旨。林子曰：「心七竅也，七竅相通，竅竅光明，自能透滿於一身之內。身大竅九，小竅八萬四千也。竅竅俱開，竅竅光明，自能透滿於天地之內。至於天地之竅無數無盡，不可得而紀也。無數無盡，竅竅光明，自能透出於天地之外，而與太虛同體矣。始而虛其心也，既而虛其身，又既而虛天地。虛而無虛，無虛而虛。虛也不知，無虛也不知。此三氏極則之教。所以能卓越千古，而曰道統中一之傳。有不在於斯者，余不能知之矣，余不能知之矣。」

林子謂文輝生曰：「心也者，豈曰在於吾身之內，而亦在於天地之外矣。身也者，豈曰在於天地之內，而亦在於天地之外矣。至於天地，豈曰在於虛空之內，而亦在於虛空之外矣。此余之所以大闡三門，同歸於一夏者此也。邵康節曰，天地大寤在夏。余於是而知無心無身，無天無地，無內無外，同此一虛空也。余今復與汝言之，內觀其心，心無其心。汝以爲是心乎？非心乎？外觀其身，身無其身。汝以爲是身乎？非身乎？上觀乎天，天無其天。汝以爲是天乎？非天乎？下觀乎地，地無其地。汝以爲是地乎？非地乎？無心無身，無天無地。汝以爲是虛空乎？非虛空乎？《中庸》曰：苟不固聰明聖知，達天德者，其孰能知之。」

心鏡指迷

題解

林兆恩《三聖正宗・書心鏡指迷卷端》 魯張子方造宗孔堂，問天地

之道於林子。林子曰：「觀之吾身，則知天地矣。」張子方曰：「吾身至小也，天地至大也。以吾身而觀天地，吾豈能釋然於夫子之言也。」林子曰：「此非余之言也。《中庸》曰：博厚配地，高明配天。孟子曰：上下與天地同流。非所謂參三才而爲吾身之一天地耶。載觀之《易》曰：範圍天地之化而不過。又曰：先天而天弗違。是易之言益又甚焉，斯亦不足異矣。而吾心之分量則固若是其大也。」乃復指堂所懸鏡以語之曰：「惟此一鏡，亦云小矣。物物皆備，何廣大也。纖悉不遺，何精微也。又况此心之廣大精微者乎？特患不能致之盡之。而有以塵之爾於是。」子方幡然悟曰：「吾塵吾鏡久矣，一聞夫子之言，殆如眊者復能覩焉。」遂強爲著書，以與同志者共之，余乃譔心鏡指迷篇。

論説

林兆恩《三聖正宗・心鏡指迷》 余嘗懸一鏡于宗孔堂，其製圓，度其圍尺。又嘗懸一鏡于心聖軒，其製方，度其徑寸有六。是雖大小方圓之不同，而其中之所涵，何其深遠而廣大也。夫鏡有形也，特一物爾。而其中之所涵，能深遠廣大如此。又况吾心之鏡，非形非物，非大非小，非方非圓，非內非外，非有邊旁，非有上下。不可以廣大而擬議之也，不可以深遠而測量之也。然是鏡也，仲尼得之於周公，周公得之於文王，文王得之於伏羲神農黃帝堯舜，伏羲神農黃帝堯舜得之於天皇氏地皇氏人皇氏，天皇氏地皇氏人皇氏得之於盤古氏，盤古氏得之於自然。

又 林子曰：「鏡之所以能鏡者，以未始塵之也。鏡塵矣，而謂之鏡可乎。心之所以能鏡者，以未始塵之也。心塵矣，而謂之心可乎？」或問心之鏡之塵。林子曰：「衆人外物於聲色臭味，而塵乎其心之鏡也。學者內物於意必固我，而塵乎其心之鏡也。」又問：「何者謂之物？」林子曰：「物也者，物之也。夫心本無物也，而物安能物之邪？物其所以能物之者，以心之物乎其物也。心物乎其物則心凝乎其物矣。故塵積而不散，鏡豈能明。物凝而不化，心豈能虛。」

林子曰：「有所忿懥，有所恐懼。有所好樂，有所憂患。則是不能廓然太公，而蝕其所以照之之體矣。之其所親愛而辟，之其所畏敬而辟，之其所賤惡而辟，之其所哀矜而辟，之其所敖惰而辟，則是不能物來順應，而乖其所以照之之用矣。」

林子曰：「巍巍乎舜禹之有天下而不與焉者，不以天下之大塵乎其心之鏡也。非其義也，非其道也，一介不以與人，一介不以取諸人者，不以一介之微，塵乎其心之鏡也。」

林子曰：「怒者，鏡之塵也。而不遷怒者，不使塵之也。過者，鏡之塵也。而不貳過者，不使塵之也。非禮者，鏡之塵也。而非禮勿視，非禮勿聽，非禮勿言，非禮勿動者，不使塵之也。」

林子曰：「以仁存心，以禮存心，其鏡明矣。仁者愛人，有禮者敬人，其鏡照矣。自反而仁，自反而有禮，自反而忠，惟恐其有以塵之也。」

余嘗謂心其一聖人乎。又嘗謂人之所以能虛靈知覺者，心也。而聖人之所以聖者，豈有外於心之虛靈知覺邪？然心固在我矣。心在我，則虛靈知覺在我矣。虛靈知覺在我，則聖人在我矣。故曰：聖人與我同類者，而心之鏡又焉有不同邪。故夜氣清明，仁義之良心與聖人同也。而旦晝牿亡，禽獸不遠，不謂之塵其鏡而昏之邪？蹴爾不屑，良心之激發之與聖人同也。而宮室之美，妻妾之奉，不謂之塵其鏡而昏之邪？故曰：陷溺其心者然也，而非其心之鏡之初也。」

林子曰：「老者朋友少者，皆涵於此心之鏡之中矣。而其所以安之信之懷之者，不過盡此心之鏡之分量，而非有加也。上而天，下而地，中而萬物，皆涵於此心之鏡之中矣。而其所以位之育之者，不過盡此心之鏡之分量，而非有加也。前乎千百世之既往，後乎千百世之方來，亦皆涵於此心之鏡之中矣。而其所以通之而一息者，不過盡此心之鏡之分量而非有加也。」

或問仲尼而下此鏡亡歟。林子曰：「仲尼之鏡在人心，不惟知者有此仲尼之鏡，而愚者亦有此仲尼之鏡。不惟賢者有此仲尼之鏡，而不肖者亦有此仲尼之鏡。但知者以其知而塵其鏡也，愚者以其愚而塵其鏡也。賢者以其賢而塵其鏡也，不肖者以其不肖而塵其鏡也。」

林子曰：「心之鏡，太虛也。仲尼之心之鏡，太虛也。仲尼之心之鏡非有異乎人也。仲尼之心之鏡之太虛，非有異乎人也。」

或曰：鏡以古而珍。而仲尼之鏡，由春秋以來至于今，不謂其古之可珍邪？林子曰：「若曰仲尼之鏡，始自春秋，則仲尼之鏡，亦不可謂之古矣。殊不知仲尼之心之鏡，未有天地，先有此鏡也。吾人之心之鏡，亦未有天地，先有此鏡也，故人雖有古今也，而人之心則無古今矣。鏡雖有古今也，而心之鏡則無古今矣。」

林子曰：「以鏡涵鏡則彼鏡之所涵者，又涵於此鏡之內矣。以心鏡心，則先聖之所鏡者，又鏡於後聖之心矣。」或曰：「六經之道燦如日星，豈不涵於聖人之心之鏡歟？」林子曰：「豈惟聖人，人皆有之。而聖人之心之鏡，能不塵爾。吾惟吾心之鏡而不塵焉，則聖人之心之鏡在我也。聖人之心之鏡在我，則雖未有六經之先，而六經也，我可得而作之矣。至既有六經之後，而六經也，我可得而述之矣。蓋心無彼此，而聖人六經之道，不過先發吾心之鏡之所同然，以照臨天下萬世爾。故以鏡涵鏡，則鏡鏡相通。以心鏡心，則心心相照。」

林子曰：「鏡此鏡之所鏡，則彼鏡之物物色色，可得而數也。鏡吾心之所鏡，則聖心之淵淵浩浩，可得而知也。鏡固無異照矣，聖其有異心乎。故不特以此心，而曠然以通聖人之心焉。聖人即我，我即聖人。而聖人之心無異鏡也，抑且以此心，而曠然以通天地之心焉。天地即我，我即天地。而天地之心，無異鏡也。」

常明

題解

林兆恩《三聖正宗・常明教》　常者，常之也。常之而復常之，故存存而匪懈。明者，明之也，明之而復明之，故昭昭而不昧。人人有箇大常之道，不可得而易者，與天地相終始也。人人有箇貞明之道，不可得而熄者，與日月相炳煥也。

擴此常明而大之，欲盡天下之人而常明之，而常明於天下。欲盡萬世之人，而常明之，而常明於萬世。斯謂之一體之學，盡性之功也。以參天地，以贊化育者，亦惟擴此常明而大之也。

論說

林兆恩《三聖正宗・常明教》　常明也者，心性常明也，常明心性也。心性常明者，本體也。常明心性者，工夫也。

聖人者，心性常明也。賢人者，常明心性也。心性常明者，性之也。常明心性者，反之也。

聖人者，明之而至於盡，無常而無不常也。賢人者，常而明之，不使昏也。

以其生意之謂仁，以其常惺惺之謂敬，以其寂然不動之謂誠。

聖人之所以應萬變而不窮者，惟此常明之體，隨感之應爾。

日月常明也，深穴而處之，而謂日月之不常明，心性常明也。一點昭靈，烱烱不昧，晃朗宇宙，照徹古今。但常人狥於私欲，學者謬於意見，譬深穴而處之，而謂心性之不常明。

人知動之之謂妄，而不知靜之之謂妄。常明則無妄矣。

常明有動靜歟？林子曰：「未嘗動，未嘗不動，未嘗靜，未嘗不靜，惟無動靜，故無寂感，寂然不動者，此常明也，感而遂通者，此常明也。」

夜氣之際，常明也，而旦晝則牿亡之。

遷善者，復此常明之本體也。改過者，去此常明之障蔽也。

喜怒哀樂者，情也，富貴貧賤夷狄患難者，適也。惟常而明之，則能御乎其情，而安於所適矣。

何思何慮者，常明也。憧憧往來者，不常明也。常明之謂一，常明之謂中。

當行而行，當止而止，當生而生，當死而死者，常明也。

常明則識量自大，常明則渣滓自消。

常明則譽不喜，毀不怒，利害生死不入其心學，至於心中無一物，則

常明矣。

德之不脩，脩此常明之德也。學之不講，講此常明之學也。

心性有一刻之不常明，則不足以合德天地矣。

心存便是主敬，主敬者，常明也。

造次顛沛能常明，方是工夫無間斷。

行不着，習不察，不常明也。

心有一毫之偏向，即是不能常明。

變故一臨，而不能平心易氣以處之，是不能常明也。

抑亦先覺者，常明也，逆詐億不信者，不常明也。

常明則人欲淨盡，天理流行。

念念不忘者，常明也。

必有事焉者，以常明爲事也。

忘之則不能明，助之則有以傷其明。惟勿忘勿助者，常明也。

視聽言動，處事應物，無非此常明運用。學者當常自提撕警覺。

正心者，恐其不常明也。勿正心者，亦恐其不常明也。

讀書不務博，欲以印證此常明也。

堯舜與人同者，性善也。性善者，常明也。

不能人人而面悉之，假之論著，以發揮此常明也。

原　教

論　說

林兆恩《三聖正宗・原教・說夏上》 夏也者大也。而太極在其中矣。太極而陰陽也。陰陽統於夏。陰陽而五行也，五行統於夏。退藏於密，即儒是夏。谷神不死，即道是夏。如是降伏，即釋是夏。光明藏者，夏也。活潑潑地者，夏也。玄開竅者，夏也。呼吸根者，夏也。樂處者，夏也。喜怒哀樂之未發者，夏也。一貫者，夏也。而得一歸一者亦夏也。執中者，夏也。而守中空中者，亦夏也。以言乎其居，吾身之廣居以言乎其位，吾身之正位，以言乎其道。吾身之大道，恍恍惚惚，杳杳冥冥，涅槃妙心普現一切。塞乎天地之內，超乎天地之外，先乎天地之始，後乎天地之終。

又《說夏中》 儒亦夏也。而仲尼之道，在我矣。道亦夏也。而黃帝老子之道，在我矣。釋亦夏也，而釋迦之道，在我矣。與天地合其德，與日月合其明，與四時合其序，與鬼神合其吉凶者，吾身正氣天道流行。而天地之夏，在我矣。在太極之上不爲高，在六極之下不爲深。先天地生不爲久，長於上古不爲老者，吾身正氣，天道流行，而天地之夏，在我矣。論覆則如天，而四生普蓋論載則如地。而六道俱承論明則如日如月。而光騰八表輝徹古今者，吾身正氣，天道流行，而天地之夏，在我矣。儒，世間法也。道與釋，出世間法也。而所謂夏者，亦夏亦儒，亦世間法也。亦夏亦道，亦夏亦釋，亦出世間法也。

又《說夏下》 先天之理，夏備之矣。先天也者，天之先也。生天生地生人，而爲天之先者，先天也。故天者氣也，而先天不屬氣。地者形也，而先天不屬形。惟夏則非天非地、非氣非形，微乎微乎其不可得而名言乎。天之所以爲天，地之所以爲地，人之所以爲人，而天地人之至妙至妙者，於夏焉盡之矣。皇之所以爲皇，帝之所以爲帝，王之所以爲王，而皇帝王之至妙至妙者，於夏焉盡之矣。儒之所以爲儒，道之所以爲道，釋之所以為釋，而儒道釋之至妙至妙者，於夏焉盡之矣。天得夏以清，地得夏以寧，人得夏以聖，皇得夏以道，帝得夏以德，王得夏以功，儒得夏以仁，道得夏以玄，釋得夏以空。莫非天也，而日月星辰之麗，於天者，得夏以照以臨。莫非地也，而山岳河海之屬於地者，得夏以峙以流，大而元會運世之終始乎。天地者，得夏以綱以維。小而飛走動植之並育於天地者，得夏以生以成。

又《心教》 人有人心，亦有天心。欲識天心，先空人心。惟此天心，即汝眞心。眞心是性，眞性是心。湛然常寂者心，寂而常感者心。汝甚毋以思慮心爲汝眞心，惟汝眞心，即我之心，惟我眞心，即天下人之心，天下人眞心，即萬古聖人之心，萬古聖人眞心，即天地之心。惟此眞心，通天地人心，惟此眞心，歷萬億刼不壞心。爲學初心，先求放心，心

無出入，便是眞心。

又《玄鏡銘》 玄鏡混成，常照常寂，徹古徹今。夜月晝日，中涵太虛，天地一粒，不着些塵，何勞拂拭。

又《無佛秘旨》 佛本無佛，我不是佛，我即是佛。我不名佛，我不名佛，人不我佛，人不我佛，我不是佛。儒者需人，是世間人。仙者山人，出世間人。佛者弗人，盡虛空界，我不是佛，無虛空界。

盡虛空界，有界有盡。無虛空界，無界無盡。無虛空界盡，無虛空界無盡。虛空界非有盡，虛空界非無盡。

佛與無佛，是平等佛，佛佛無佛，世尊曰佛，

又《長生者神》 神也者，亘古今而長存者也。故神者，陽也。鬼者，陰也。爲善者，陽也。爲不善者，陰也。陽則氣清而屬天，陰則氣濁而屬地。氣濁則神濁而神反爲鬼矣。劉經邦曰：「神寄於人之身，身死而神不滅。鬼寄於人之身，身死而鬼不滅。」

又《世間法》 世間法最大者，莫大於綱常。若舍綱常之大而遽談出世之旨，豈不誕哉。其所謂祝髮毁形以斷棄倫屬者，果能超出形骸之外乎？否也。乃若世之儒者，手恭足重，榮華其言，似亦足人之聽聞矣。至於綱常毁裂，猶然置而不論，其殆謹厚之遺與。然孔子之道，大矣。或有竊其餘緒，以資清談，猶晉室也，忽心性而畧綱常，余恐孔子之道，似不如此也。中庸曰：「天下之達道五，所以行之者三。」又曰：「所以行之者一。」聖人之學盡於此矣。故舍一以語達德，則德非其德也，舍達德以語達道，則道非其道也。

又《三門一致》 三教聖人之所以養之於內而身心性命之學同也。但以此而爲世間法，以正三綱便是儒者之道，以此而爲出世間法，以超物外，便是二氏者流。

又《因教》 大抵聖人之教有三：有以世間法，而語世間人者；有以出世間法，而語世間人者；有以出世間法，而語出世間人者。若夫外而能明其三綱五常之大，內而能明其性與天道之微者，是在世間而出世間，乃余之所願見而不可得也。

又《本教》 三綱五常者，世間法也。性與天道者，出世間法也。必也內能明夫性與天道之微，外能明夫三綱五常之大。有家者，以一家爲己任。有國者，以一國爲己任。有天下者，以天下爲己任。內外合一，兼而脩之，實下工夫，十有餘年，又必了得世間事，然後方可飄然物外而出世間。此乃萬古不易之常道，而二氏者流之所當持循也。

又 林子見時有不昏者，而必語之曰：「子之一身至重也。天開地闢而人生焉，世世不絕。而至於子之身，自是子而復孫，孫而復子，至於天地未有終窮之時，尚未艾也。是子之一身，上而爲天地開闢以來，祖宗精神之所聚。下而爲天地未有終窮之時，子孫命脉之所寄。所繫之重，至於如此。而子乃忍於斷棄倫續，而自以爲高且潔者，殆亦未之思歟。」

又 或問：「邵堯夫之學，亦有同歟？」林子曰：「程明道曰，堯夫內聖外王之學也。就其所至，可謂安且誠矣。然其學也，必須林下相從三十年，冬不爐，夏不扇，夜不就席，堅苦刻厲，至於如此，然後可也。若兆恩之學，則異於是。必內藴乎心身性命之學，而周旋於人倫日用之間，或六七年，或十有餘年，或二三十年，隨其分量磨煉純粹，又必綱常既備，俯仰無累，然後飄然相從於林下，方爲可也。堯夫又有言曰，必須了得世間事，然後方能出世間，由此觀之，則堯夫之學，亦有同者。」

又《釋先淨戒》 有釋氏子覽林子非三教等集，艴然不悅。遂造林子而言曰：「釋氏之教，所由來尙矣。而子乃欲盡滅釋氏之教歟？」林子曰：「豈其然哉。劉謐有言曰，三武之君，欲滅佛，而佛終不可滅。顧余何人也，乃欲盡滅釋氏之教邪？夫旣曰釋氏之教之終不可滅矣，而子必欲其嗣續而綱常之者，何爲也哉？」林子曰：「子獨不聞釋氏之教，而有在家出家之異者乎？又不聞釋氏戒律之嚴，而在家出家，皆所當守者乎？戒律有曰，離非梵。行而所謂離非梵者何也？永斷色欲也。又曰，離邪淫，而所謂離邪淫者何也，不犯他人妻女也。故余每欲其嗣續而綱常之者，豈有他哉，蓋爲其不識淸規而與破戒壞律者道也。」

又《無相解》 或問：「釋氏無有男女等相？」林子曰：「此自其佛之性言之。以佛之性，本無男女等相也。」又問：「平等無有高下？」林子曰：「此亦自其佛之性言之，以佛之性，本無高下等相也，然自其佛之性言之，固無男無女，無高無下，而無分無別也。若以其人之情言之，則有男有女，有高有下，而有分有別也。近有竊佛之聲者，不知了性，不能忘情，而傅會於無相之說。漫將男女而羣列之，能無瀆乎？瀆則壞禮，

漫將高下而等夷之，能無凌乎？凌則爽分，故授受不親，以禮之別，而類聚有秩。乃分之宜。」

又 林子曰：「能守戒律矣，在家可也，出家亦可也。不能守戒律矣，在家猶之可也，出家則斷乎其不可也。若維摩詰之有得於佛之大者，豈曰出家？至於傅大士龐蘊等輩，亦皆在家之賢者。釋氏者流，不可不知也。」

又《立教之異》 或問三教之道同歟？林子曰：「其道同，其教異也。故孔子者，以世間法，以語世間人。而儒之教盡於此矣。若所謂使人綱常以正，倫理以明，禮樂刑政四達而不悖者，乃其畧也。老子者，以出世間法，以語出世間人。而道之教，盡於此矣。若所謂使人清虛以自守，卑弱以自持。一洗紛紜膠轕之習，而歸於靜默無爲之境者，乃其畧也。釋迦者，亦以出世間法，以語出世間人，而釋氏之教，盡於此矣。若所謂使人棄華而就實，背僞而歸眞，由力行而造於安行，由自利而至於利彼者，乃其畧也。故曰儒與釋老，迹異而道同。不善用者用其迹，用其迹則滯，滯則可得而攻。善用者用其心，用其心則通，通則無得而議。」又曰：「大量者用之即同，小機者執之即異。總是一性上起用，迷悟由人，不在教之同異也。」

明經

題解

林兆恩《三聖正宗・明經堂》 林子曰：「古之爲師者，教人以修道。今之爲師者，教人以學文。今諸生之所以從我者，固專在道。而我之所以與諸生者，必兼以文。獨不觀之仲尼之徒乎，問政爲邦，仕魯仕衛，蓋幼學壯行，聖人所不廢也。況科舉之興，出自國制，而仲尼之聖，亦曰從周。是知古之君子，未嘗不仕，而明經之學，亦當時之載質也。其惟正心修身，以爲兼善之地。業舉遵制，以爲進身之階，斯謂之有體有用之學，大中至正之道也。條列于左，諸生其惟遵而行之。」

論説

林兆恩《三聖正宗・明經堂》 一、作文。以四九日爲期，每期作文一篇，辰候至午候而止。諸生所習之經不同，會日俱作四書文，經文隨便自作。

一、作文以理爲主，氣輔之。平淡中取奇，詞苑之巨匠也。蕪子瞻曰：「凡作文字，少小時須令氣象崢嶸，采色絢爛。漸老漸熟，乃造平淡。其實不是平淡，乃絢爛之極也。」眞可謂文章之評矣。近來作文者，不會漢人六代之意，漫襲漢人六代之詞，自以爲高古美麗。又有一等，專用新奇之字，文以艱深之詞，斷手截足，令人難句爲高。是皆才不足而氣不昌，故不得已假此以取名爾。今後作文，理要精微，氣要昌大，轉折處亦要圓活。然此非可以易言也。蓋由養之於內既至，而後發之於詞自順矣。故曰有德者必有言，諸生毋徒求之文字之間可也。

一、看書。每日上午四書，下午本經各一葉半。所看書，白文務要熟誦，小註亦要熟誦。

覽畢，聽掣籤背經書白文。得籤者即背首五句，依次左旋，各背五句，週而復始，至所看書畢而止。次掣籤講説經書，每掣二人，相爲問難，若講解不明，另舉一人再講，餘者靜坐以聽。毋得譟言以亂規矩。其所講者，只要發明本文，及體貼小註，截叚明白。若有疑者，先書於起止簿上，俟講書畢時問難，且便掣籤時查考。又次掣籤，背義論策表，只掣三人，務要應聲朗誦十數句。

一、各備起止簿，書所讀某義論策表若干，所看某經書若干，以便查考。

一、會日俱早膳後來，午膳要回家，不必輪流辦會務，以恬淡省事爲主。

一、遇期有事，預先稟明。

一、自立會之後，除會期外，不必相爲往來。其親友之禮所不可廢

者，朔望寬假一日，免看經書。

一、讀書。第十日義二篇，論策表各一篇。

一、每月四九日下午，會齊明經堂。先將本日所作之文，私相筆削批點，然後呈覽。

一、背書掣籤若有事時，或令東揚抑先代攝。

一、書程甚簡，中間有不能自解經旨，欲從他師，及私加作論策表等文，讀五經性理鑑綱目等書者，聽之。

一、諸生務要除去惡習，私齋中不許招集外人，及議人是非長短。

一、言語貴簡，當以忠信爲主。衣服貴莊，又以質素爲先。

一、不許飲酒，及街坊遊戲，以蕩心性，以妨書程。

一、讀書以有常爲貴，不宜困憊精神。諸生於大暑三伏之時，夜分不必讀書，務要靜坐養心。餘時至一皷而止，一皷之後亦要靜坐養心。

一、崇禮堂條示諸生者，與外人相爲往來云。若會中有吉事或召燕，更宜恬淡，不必殺牲。每席務要四人，五肴二菜，麪湯一行，麪食二碟，清酒一壺。先期惟具單帖，至期自來，毋候催速。凡吉凶大禮，衆惟具一果酌行之，所謂君子之交淡若水也。諸生其體之。

一、奭，召公名也。而周公乃曰：「君奭，貴其質也。」後世因字而諱其名，復因號而諱其字。今後須以字相呼，其惟於少者則字之，於長者則字而兄之，此亦古人之質也。

一、諸生實有弟兄之義，坐次不必分主客，惟以齒爲序。若不便於他賓，則因時而異其禮可也。

一、朔望日下午，或登東山及附郭之有勝境者，以效曾點浴沂風雩之樂。晚膳後俱至明經堂清坐。或誦四書一章，或歌詩一篇，要皆切我心性者。

又　林子曰：「諸生肄習舉子業，當以此爲事，不可以此爲心。所謂事者，蓋爲之自我當如是也。若汲汲以功名富貴爲心，則狥外而忘內，是亦鄙夫之患得也，安足道哉。」又曰：「諸生固不可有重功名富貴之心，亦不可有輕功名富貴之心，惟當遵奉。」

國制。肄習舉業，偶得取第而顯用於時也，亦足以展吾平生之志。或在一府，即以一府爲己任，或在一縣，即在一縣爲己任。若志不得遂，道非所宜，則當賦靖節歸來之辭可也。今諸生每曰吾不願仕矣，豈不失之偏邪？故以仕爲通，不爲民謀者，非也。以隱爲高，徒爲身謀者，亦非也。

又　昔余棄去舉子業，退處山中，不免以道術舉業，岐而二之。然舉業正所以明道術也。夙夜之所莊誦者，非聖人之遺言歟？夙夜之所講明者，非聖人之微旨歟？反求心身而躬行之，是亦道術之一助也。今諸生其依此明經條約，時而習之以自考也。果能涵泳義理之精微者乎？果能不以功名富貴爲心者乎？幸而得第，焉能不自以爲喜者乎？不幸而失利，焉能不自以爲悲者乎？以此應迹常自反照其爲心身之益，道術之助也，不既多乎？凡我諸生，戒之勉之。

又《示諸生學道之方》　君子之達也，不特進則治民而已。雖兵凶戰危，亦不得已而用之。君子之窮也，不時退則脩己而已。雖耕稼陶漁，亦安其分而爲之。諸生每欲棄去舉業，以爲不奪於外慕。殊不知處功名之中，而不爲外慕所奪者，乃爲可貴也。每欲寂然無爲，以爲不惑於他岐。殊不知處日用之間，而不爲他岐所惑者，乃爲可貴也。諸生凡有爲子之責者，當盡其爲子之道，有爲弟之責者，當盡其爲弟之道，有訓蒙之責者，當盡其訓蒙之道。即此是道。即此是學。豈必遺落世事，然後爲學道之勤邪。

又《示諸生從政之道》　諸生知朝廷待士之厚乎？諸生肄習舉子業，他年或仕而即官之秩也，或進而大夫之列也，不惟身處顯爵，口食天祿，而上而祖父沐其寵，下而子孫席其餘，此可謂至厚矣。諸生其惟處常而思爲良臣，以爲民也。處變而思爲忠臣，以爲國也。蓋君臣之義，無所逃於天地之間，而爲國爲民之心，其可以少替乎。

又《示諸生自反之道》　凡人以我爲是者，則我未必是也。以我爲非者，則我未必非也。諸生不必是非人，亦不必因人之是非以爲己之喜怒也。且諸生中，前日亦曾有以我爲非者，而今乃反以我爲是。安知其前日以我爲非者而是乎？又安知今日以我爲是者而非乎？安知外人以我爲非者而非乎？又安知諸生以我爲是者而非乎？是非不必責之人，而善惡自當審之巳。此亦君子自反之道也。

又《訊諸生》　諸生從我遊者，或數月，或一年二年，亦云久矣。果能先立其大，不爲小者所奪者乎？果能不溺志於名與利者乎？果能不充

詘於富貴而隕穫於貧賤者乎？果能於我之所言，守之不敢怠荒者乎？果能言必信，行必果，而愼其樞機之發者乎？果能於惡少逸蕩之流，避而達之者乎？又果能不惡而嚴者乎？果能於明經所條者，敬而守之者乎？又果能不以功名富貴爲心者乎？果能於崇禮所條者，率而由之者乎？又果能不激厲以傷和氣者乎？此皆余之所欲聞者。幸爲我言之，如或安於舊時之陋習，速改之可也。

又《戒諸生》　古之君子，欲希賢，即爲賢人。欲希聖，即爲聖人。以其志也。苟無其志，雖左堯右舜，而周公仲尼爲之後先，亦且無如之何矣。故曰，君子能與人以道，不能與人以志。諸生毋徒專望之人可也。且諸生之所以從我遊者，非以道乎？苟出見紛華，而舊習復作，其於道何如也？我必峻其詞以斥之。於是而有悛心焉可也。不然，我必正其罪以絶之。諸生其惟以志責之巳。毋甘於暴棄，而卒流於汙賤之歸也。

又《明經答問》　或見林子明經條約，謂林子教人以正矣。林子曰：「不正則不模不範，安可以教人哉？」或曰：「仲尼正也，老子邪也。」林子曰：「豈非以攝性爲老氏者流，而明經乃仲尼之徒歟？然攝性者，事仲尼之心也，明經者，誦仲尼之言也。」

世出世法

題解

林兆恩《三教正宗統論・世出世法》　或問：林子以世間法教人者是耶，以出世間法教人者是耶。林子曰：以處世間，而能以世間法與出世間法教人者，其上也。不知出世間法，而專以世間法教人者，其次也。若或棄去世間法，而專以出世間法教人者，又其次也。

又《世出世法不可偏廢》　林子曰：大矣哉，聖人之道乎。而學道之人，甚毋習於所見足已以狹人也。故志於世間者，雖以世間法爲重，而其不可使知之道，不可不知也。志於出世間者，雖以出世間法爲重，而其所可使由之道，不可不知也。

論説

林兆恩《三教正宗統論・世出世法・師道之所由以立》　林子曰：釋老以出世間法教人，而亦未嘗輒舍世間法。而釋氏之清規，道家之《女青天戒律》，可考而知也。仲尼以世間法教人，而亦未嘗輒舍出世間法。而曰命曰仁，性與天道，可考而知也。若宋之邵康節、周濂溪、程明道諸儒，能知出世間法矣，而又能以世間法教人，此其所以能爲後學之師也。程伊川、朱晦翁、張南軒諸儒，能持世間法而不敢少違，然亦知有出世間法，此其所以能爲後學之師也。

又《體用合一》　林子曰：知經世而不知出世，有用而無體也，其流必至於刑名而術數。知出世而不知經世，有體而無用也，其流必至於荒唐而枯槁。林子曰：《周易》精微之致也，而經世之道亦備之矣。詩書禮樂春秋經綸之迹也，而出世之道亦備之矣。

又《心性倫屬不相妨礙》　道書曰：休妻不是道。佛書曰：何須要去妻孥。如或雜棄父母，深棲遠遁，不續綱常，以爲高且潔者，不惟非儒者之道，是亦二氏之異端也。誠使內能明乎心性之學，外不絶乎人倫之大，並時兼修，不相妨礙者，上也。或先續綱常，後了斯道，如釋迦生子羅睺羅，然後靈山說法。向子平婚嫁已畢，遂飄然遍遊五嶽。或先了斯道，後續綱常，如鳩摩羅什已證大乘，而別立廨舍，邵堯夫四十始昏而生子者，次也。

又《道先世間釋先出世》　林子曰：道家之教，以少壯時在家孝養，娶妻生兒，以盡此倫屬之大。至四十不動心，乃出世間，依法修持，以了此性命之學。道書曰：人生以十六歲爲春，十六歲爲夏，十六歲爲秋，十六歲爲冬，春夏發舒，秋冬閉塞。釋氏之教，槩四十有餘歲而不能得道者，仍遣之歸家，娶妻生兒。藏經曰：婆羅門法，此云淨行種。入山修道，道業未就，歸家婚娶。由是觀之，道先世間而倫屬，釋先出世而心性。此二氏之教，亦有所不同者。

又《世間法爲重》 林子曰：孔門心法，不可不知也。三綱五常，不可不振也。士農工商，不可不業也。求心法也者，所以振三綱五常，而業士農工商者也。三綱五常，至德也，士農工商，常業也。若必欲棄去其三綱五常之至德、士農工商之常業，而求所謂心法者，果何爲也。將以此而爲三綱五常之至德、士農工商之常業，而持之有其本歟。抑將以此而棄去三綱五常之至德、士農工商之常業，而爲逍遙物外之遊歟。夫棄去其三綱五常之至德、士農工商之常業，而爲逍遙物外之遊者，是乃敗風壞化、孟浪遊食者之所爲也，奚足道哉。

林子曰：縱知心身性命之學，而不三綱，而不五常，不士不農，不工不商，且不可謂之人矣，而況曰道人乎。若或不知心身性命之學，而能三綱焉，五常焉，士焉農焉，工焉商焉，固不可謂之道人，抑亦可以爲人矣。

或問：心身性命矣，而不三綱不五常，不士不農，不工不商，不可謂之道歟。林子曰：蔑德遺業，安可謂之道。然則何者謂之道。林子曰：易而易知，而爲愚夫愚婦之所與知也，而謂之道。簡而易能，而爲愚夫愚婦之所與能也，而謂之道。以之正心而心正，以之修身而身修，以之齊家而家齊，以之治國而國治，以之平天下而天下平也，而謂之道。達而有堯舜之事功也，而謂之道。窮而有仲尼之事功也，而謂之道。

又《可與知者道》 或問：釋老之教，而人非之者，何也。林子曰：以其不有世間責也，故詳於不可使知之道，而專與上智者道也。然上智之士，豈可多得。而釋老之教，焉得不爲人之所非邪。

林子教人，嘗曰世間法，而又曰出世間法。敢問林子之所以教人者，孰先孰後，孰重孰輕。林子曰：余之所以教人者，雖曰兼之以出世間法矣，然而不能不以世間法爲重，而亦不能不以世間法爲先。故不知世間法，則不可以爲人。不知出世間法，則不可以爲聖，不可以爲仙，不可以爲佛。若古今之言出世間法者，何限也。而儒之成聖，道之成仙，釋之成佛者，可得而數矣。而況於人道不修，而曰我能以聖學而聖，以仙學而仙，以佛學而佛，余蓋弗能知之矣。夫孔子豈不知有出世間法哉。而其所以教人者，必以世間法爲重，而先之矣。故能達之天下而不違，行之萬世而無敝也。如或舍此世間法，而必以出世間法語人，其孰能知之。故至善之止，而定而靜而安。至誠無息，而載物，而覆物，而成物。惟精惟一，變動不居。善養浩然，能知化育。載之六經四傳，難以悉紀。是皆教人者之所欲以無言也。至於君君臣臣，父父子子，夫夫婦婦，此其世間法之最大者。又至於爲士爲農，爲工爲商，言之必信，行之必謹。辭受取與之常，進退儀文之節，載之六經四傳，難以悉紀。是皆教人者之所欲以雅言也。余雖無所用於時矣，亦必以世間法爲重，而先之者以此。

又《在世出世》 林子曰：在世出世，猶釋氏所云在家出家也。或問在家出家之旨。林子曰：心靜則身在家，而心猶出家也。心猶出家，而曰不可以行世間法者，末之有也。心雜則身出家，而心猶在家也。心猶在家，而曰可以行出世間法者，未之有也。故學佛而知所以即心而即佛焉，在家可也，出家可也，在家而出家可也。爲聖而知所以即心而即聖焉，在世間可也，出世間可也，在世間而出世間可也。

陳生問曰：大道初來受業，得聞先生所謂歸儒宗孔者，而曰孔子之教，三綱而已矣，四業而已矣。既而又聞先生之教，而曰孔子之教，豈曰三綱已哉，豈曰四業已哉。夫昔日之言則如彼，而今日之言又如此，敢問何謂也。林子曰：昔日之言，以語世間人之可使由者，以立本也。今日之言，以語出世間人之可使知者，以入門也，亦以極則也。然而所謂出世間人者，豈非其入山之深，而謂之出世間人與。林子曰：殆非也。以其可語以出世間法者，出世間人也。

林子曰：有出世間心，然後可以行此出世間法。或問出世間心。林子曰：以其心不著於世間也，故謂之出世間心。又問何謂出世間法。林子曰：堯舜之執中者，出世間法也。孔子之一貫者，出世間法也。至於《大學》之所謂知止至善，《中庸》之所謂致曲而誠，孟子之所謂居廣居，立正位，行大道者，是皆出世間法也。夫所謂出世間法者，豈必山棲谷處，圜坐茹素，以辟世離人，而後謂之出世間法哉。

林子曰：道家以心性爲神仙，而以心性內守爲神仙居洞府也。故出世不離世間，仙境只在人境。若舍此身之外，而別求所謂海外蓬島者，不亦惑乎。或者以出世不離世間，而道家者流猶有斷棄人倫者，亦獨何歟。林子曰：此學之者非，傳之者妄也。按《史記》，老子之子名宗，宗爲魏相，是有父子之倫矣。有夫婦然後有父子，是有夫婦之倫矣。爲周守藏室之

史，是有君臣之倫矣。孔子問禮，關令尹強爲著書，是有朋友之倫矣。夫老子者，道家之宗也，而君臣、父子、夫婦、朋友之倫，考之信史，歷歷可驗如此。豈有斷棄人倫，如後世所謂道家者流哉。

林子曰：若釋迦老子，世所稱出世間人者，今不復論矣。至於堯舜之帝天下，孰不以爲世間人也。殊不知堯舜在世間，而有出世間心者。故能蕩蕩則天無能名，巍巍天下而不與。又至於周公之相天下，孔子之師萬世，亦直以其出世間心而周旋於世間，而爲出世間人爾。若曰，堯舜周孔是世間人，而無有所謂出世間心、出世間法者，余弗能知之矣。

余生問曰：何謂出世間人者。豈其身在世間，而亦能出世間與。林子曰：然。蓋身雖處於世間，而心則超出於世間之外者，出世間人也。是故心也者，通乎九天之上矣，通乎九地之下矣，前乎古而無古矣，後乎今而無今矣。上天下地，前古後今，而皆不得而囿之也如此。而況於所謂世間法，又況於所謂世間瑣瑣不美之事，得而拘之乎。獨不觀之孔子乎，世人每以不可爲而不爲，而孔子則曰：天下有道，丘不與易也。世人每以辟世爲高，而孔子則曰：吾非斯人之徒與而誰與。世人有不降其志、不辱其身者，有降志辱身者，亦有隱居放言者，而孔子則曰：我則異於是，無可無不可。豈非其心超乎天地之外，故不棄世離世，而自能與世間人異者。孔子之出世間人也，若必棄世離世，深棲遠遯，是乃巢許者流，非余所謂出世間人也。

林子曰：心出世間矣，棄世間而爲巢許也易。心出世間矣，混世間而爲周孔之難。

林子曰：有出世間心，然後可以祿之天下弗顧，繫馬千駟弗視。

林子曰：有出世間心，然後可以聲色不邇，貨利不殖。而諸凡世間瑣瑣不美之事，悉皆不足以入其心。

林子曰：有出世間心，然後可以外生死，殺身成仁，舍生取義。

林子曰：有出世間心，然後可以忘是非，而多口有所不恤。

林子曰：有出世間心，然後可以定危疑，而寵辱有所不驚。

林子曰：有出世間心，然後可以善養吾浩然之氣，配義配道，而塞乎天地之間。

林子曰：有出世間心，則心無其心，而心太虛矣。可以包括乎天地，可以同體乎太虛。

正宗要録

論說

林兆恩《三教正宗統論・正宗要録・是心是聖之旨》 林子曰：聖人也者，天下後世所望而震也。而曰吾何畏彼，又曰有爲者亦若是者，何也。以吾心之虚靈知覺者，聖人也。聖人之所以能虚靈知覺者，非以其心乎。此余心聖之旨，欲與天下後世共此虚靈知覺者共作聖人也。孟子曰：人性皆善。《中庸》曰：率性之謂道。孟子曰：物交物，則引之而已矣。《大學》曰：致知在格物，物格而後知至。龜山楊氏曰：人性上不容添一物。故眞性無物，眞知不鑿。而格物者，乃所以復其無物之本體，神其不鑿之妙用也。

又《古今治亂之由》 林子曰：唐虞三代之先，無有乎所謂道釋者。一陰一陽，無怨無曠，故太和元氣，流行於宇宙間矣。降及漢、唐、宋，則道釋昌熾，曠夫怨女，上干天和。此余所以欲羣道釋者流而儒之，而倫屬之，以復還夫太和元氣於宇宙間也。

又《常道常業之大》 林子曰：仰事父母，俯畜妻子者，常道也。士之農之工之商之者，常業也。若必欲棄去常道常業，而後可了心身性命之學，則是學也，是率天下後世以壞常道常業之首禍也。而二氏者流，飄然遠舉，而自以爲高且潔也，何歟。

又《舜蹠利善之間》 孟子曰：欲知舜與蹠之分，無他，利與善之間也。夫蹠，天下之至惡也，而其心之聖人，未始與舜異也。但舜能充其善之端，無所往而不爲善也。而蹠則縱其利之端，無所往而不爲利也。此利善之分。其端甚微，誠不可不辯也。

又《聖賢禽獸之分》 林子曰：盡其性者，聖人也。拂其性，則禽獸矣。孟子曰：人之所以異於禽獸者幾希，庶民去之，君子存之。朱子曰：存之則進於聖賢，失之則入於禽獸。諸生甚毋曰，聖人不可爲也。不爲聖

人，便入禽獸。存亡之機，可不知所慎乎。

又《孔門事心之法》　或問孔門心法，而事心豈有法歟。林子曰：曲藝且有法矣，而事心之大，獨無其法乎。故心在乎人之中者，中也。若不有所謂心法焉，安能得堯舜之中。心能千變萬化，而統於一者，一也。若不有所謂心法焉，安能得孔子之一。

又《要識真心之方》　林子曰：聖人之所以聖者，眞心也。若今儒道釋之所相告語者，非眞心也，亦不知有所謂心法也。不知心法，眞心得而識乎。不識眞心，聖人得而存乎。蓋聖人者，我固有之也。誠能撤其所以蔽乎聖人者，便是聖人，何遠之有。

又《赤子之心耳目喻心》　或問大人赤子之心。林子曰：余嘗即耳目而例論之。赤子之耳，赤子之目，赤子之心，一也。及壯且老，亦此赤子之耳，亦此赤子之目，亦此赤子之心，而未嘗改乎其初也。若大人也者，聖人也。聖人之所以爲聖人者，亦惟不失此赤子之心，而非有以益乎其性也。故耳之性必能聞，目之性必能見，心之性必能知、必能覺者，自然而然也。率其耳之性而未有不聞，率其目之性而未有不見，率其心之性而未有不知不覺者，自然而然也。豈其學聞學見而後能聞能見，學知學覺而後能知能覺邪。至於耳有所不聞者，以有物之塞乎其耳，而非其耳之性之初也。目有所不見者，以有物之障乎其目，而非其目之性之初也。心有所不能知、不能覺者，以有物之蔽乎其心，而非其心之性之初也。故耳中不可有一物，而格其物之塞乎其耳也，則耳自能聞。目中不可有一物，而格其物之障乎其目也，則目自能見。心中不可有一物，而格其物之蔽乎其心也，則心自能知自能覺。此皆去其所本無，復其所本有，無欠無餘，如是而已也。然則何者是物。林子曰：物也者，物也。外之聲、色、臭、味者，物也。內之意、必、固、我者，物也。皆足以蔽乎其心者也。然則何以格之。林子曰：格也者，格也，《書》所謂格其非心者是也。故天地之性，元無物也。而氣質之性，爲物所引，則始失其赤子之心矣。張子厚曰：氣質之性，君子有弗性焉。夫不以氣質之性爲性，則物安得而引之。物不得而引之，則赤子之心不失。赤子之心不失，則天地之性自復。此格物之要義，而聖人之所以聖也。故曰，大人者不失赤子之心。

又《大人之學》　或問：格物要義，既在於變化氣質矣，不知何者爲氣質之性而變而化之，以復其天地之性邪。林子曰：孟子曰，從其大體爲大人。又曰，先立乎其大者，則其小者不能奪之。此又其變化氣質之要義也。耳目也者，小體也。耳之於聲，目之於色者，氣質之性也。心也者，大體也。性無有不善者，天地之性也。故不以氣質之性爲性者，能格物者也，心爲主而耳目爲用矣。不以天地之性爲性者，不能格物者也，耳目交於物而心爲役矣。

又《格物之辨》　宋儒有言曰：即凡天下之物而益窮之，以求至乎其極。又曰：衆物之表裏精粗無不到。又曰：一草一木亦皆有理，不可不察。又曰：君子耻一物之不知。夫天下之物，可謂衆矣，安能以一物不知爲耻，而益窮之，至於其極邪。況其表也裏也，精也粗也，悉能格之而無不到邪。又況一草一木之細，而必察之。今日格一件，明日格一件，將何爲邪。其將以一草一木，表裏精粗，而有益於心性之大，而爲作聖之功邪。程明道所謂弄精魄者是也。設言堯舜以遠志爲小草也，仲尼以梗梓爲豫章也，不謂一草一木之不知乎。則堯舜、仲尼顧乃以爲耻，而天下後世遂謂堯舜、仲尼爲非聖人也，必不然矣。

又《父母之顛》　或問：道釋之必欲昏之者，何歟。林子曰：兆恩一布衣耳，安能羣道釋而必欲昏之也。孔子之於亂臣賊子也，孟子之於楊朱墨翟也，則亦徒托之空言已爾，而况兆恩之庸庸者乎。今試以一家言之。男也悉而室之，女也悉而家之，夫夫婦婦，生齒日繁，此一家之和氣，父母之心也。設或男也而不有以室之，女也而不有以家之，求其無愁苦悲怨之聲，亦已難矣，又安望其有所謂和氣能致祥邪。昔者宋太祖以霖雨放宫人者，積陰之極也。由此推之，則凡天地間有爲陽之亢而陰之極者，其有不傷天地之和者哉。

三教合一

題解

林兆恩《三聖正宗·三教合一大旨》　林子曰：沙界之華，龍天之

夏。而為儒者曰，我儒也。為道者曰，我道也。為釋者曰，我釋也。教既分為三矣，而余之意則欲會而歸之，以復合於孔、老、釋迦之道之本一也。余嘗槩與所可使由者言，惟本是立，所以教其始。余嘗概與所可使知者言，惟門是入，所以教其中。豈曰惟門是入，以教其中，抑且惟則是極，以教其終。然孔老釋迦之教，亦皆有始，亦皆有中，亦皆有終，而孔老釋迦之道亦無有始，亦無有中，亦無有終。夫教較然而三也，若不知孔老釋迦之教之所以三，則無以識其一，而為道之至道渾然而一也。若不知孔老釋迦之道之所以一，則無以統其三，而為教之大。既識其一，復統其三，較然非三，渾然非一，大矣或至矣哉。此儒、道、釋之所同，而孔、老、釋迦之能事畢矣。且人之性本善也，本是孔、老、釋迦本自時中，本自清靜，本自寂定，而非有待於孔、老、釋迦。而後能時中，而後能清靜，而後能寂定，而後能孔、老、釋迦也。《中庸》曰：惟天下至誠，為能盡其性，誠之有未至者，性之有未盡也。而盡人之性，盡物之性，以參天地，以贊化育，乃吾性之分量，至誠之極功也。未至乎此而曰教，曰道者，則是教其所教，而非其教之大也。道其所道，而非其道之至也。然教本於道，道本於性，余於是而知能性吾之性以為性，則孔老釋迦之道可得而道。斯其為道也，至矣。道吾之道以為道，則孔、老、釋迦之教可得而教，斯其為教也大矣。

論說

林兆恩《三聖正宗・三教合一大旨・答論三教》 兆恩拜復。竊以人之一心，至理咸具，欲為儒則儒，欲為道則道，欲為釋則釋，在我而已，而非有外也。孟子曰：萬物皆備於我。我也者，我也，眞我也。其曰萬物皆備者，而天地豈非物乎？天地亦物，亦皆備於我矣。然而我也者，其在天地之內乎？而天地之外乎？而天地也者，其在我之內乎？其在我之外乎？故日月之所以臨照者，天地也，我也，不可得而二也。山川之所以流峙者，天地也，我也，不可得而二也。昆蟲草木之所以生生化化者，天地也，我也，不可得而二也。天地與我雖有小大之異矣，而我之本體則太虛也，天地之本體亦太虛也，其有小大之異乎？惟其不可得而異也，則亦不可得而二也。何天何地？何物何我？譬傾一勺之水於河海之中，則茫茫河海何者是一勺之所傾乎？合之而不可離也，夫誰得而辯識之，故天地也，太虛也。我也，太虛也。一而已矣。此孔氏聖不可知，不踰矩之時，老氏先天地生，無名之始。釋氏懸崖撒手，最上一乘之教也。上天之載無聲無臭，不顯玄德，其可得而言乎。而其學之之序，則當以德行為先。德行也者，德之見於行，民可使由之道也。而孔子之所以教人，教以此矣。故聖門高弟而以顏閔等列為首稱者，豈非其以德行為先邪。至於性與天道，曰命曰仁，所謂不可使知者，則罕言之。若非有中人以上之資，殆亦不可得而聞矣。然孔子之所以教人者，堯、舜、禹、湯、文武之所以治天下也，最切於民生日用之常而不可一日無焉。故常人非此無以樂樂而利利，賢智非此無以希聖而希天。此孔氏之教之大，而諸凡天下萬世而為我同胞之民者，無一而不在於孔氏所容畜之中矣。若釋老之教則皆精微之致，而專與賢智者道也。故老氏言太極，而釋氏乃言無極，無極則太虛矣。老氏言一，而釋氏乃言未始一，未始一則太虛矣。若不先之以孔氏之所以教，則所謂精微之致，又焉有從入之門邪。然而孔氏何嘗不言太極，不言無極？何嘗不言一，不言未始一？孔氏曰：易有太極。又曰吾道一以貫之。至於所謂周流六虛者，豈非所謂太虛同體邪？太虛同體，是無極也，是未始一也。由是觀之，釋老精微之致，孔氏兼之矣。教雖有異，而道則焉有不同哉。故學者之學，當以孔氏之教為先。

又《教存儒名》 大道渾淪，未始有名。今既名儒、名道、名釋矣。故名焉既有，道日以支。縱有聖人者出，豈其能復返太朴，復歸無名哉。故不得已而曰三教合一者，蓋合而一之。以孔子之儒以存儒者，既有之名爾。是雖不能復返太朴之無名，以媲德上古，而同文同倫之風，庶乎俗無殊尚，人無異教，不詭不僻，殆非叔季之世之所能及也。

又《又》 或問唐虞三代，未嘗有儒、有道、有釋之名矣，而今曰歸儒者，儒非名歟？林子曰：余豈不欲斯世而三代而唐虞，而復返於無名之始耶？但今既有儒、有道、有釋矣，卒欲復返於無名之始也，則亦何異於兩儀定位，而必欲復返乎天地之前，太初而太無乎。然所謂唐虞三代者，非他也，人皆三綱，人皆五常，皆士、皆農、皆工、皆商，內焉無

怨，外焉無曠，如斯而已矣。苟使當今之世，人亦三綱，人亦五常，亦士，亦農，亦工，亦商，內亦無怨，外亦無曠，即太和元氣，流行於宇宙間矣。豈非今之唐虞三代耶？又奚必於名之有無，而爲古今之異視也。若徒徇其名，而不責其實焉，則未有能唐虞三代者矣。

又《道業正一篇》　余所謂三教合一者，欲以群道釋者流，而儒之以廣儒門之教而大之也。然三教合一之旨有二，若謂三教之本始，不待合而一者，非余所謂三教合一之大旨也。余所謂三教合一之大旨者，蓋欲合道釋者流，而正之以三綱，以明其常道而一之也。合道釋者流，而正之以四民，以定其常業而一之也。如此，則天下之人，無有異道也，無有異民也。而天下之人，亦無曰我儒也，亦無曰我道也，亦無曰我釋也。此其唐虞三代之盛，而無有乎儒道釋之異名者，故謂之一，一之而歸於正也。作正一篇。

又《非三教小引》　林子曰：非三教也者，非以非三教也，以非三教之流者非也。或曰三教合一，不亦非歟。林子曰：三教合一者，合而一之以孔子之儒也。同文同倫，俾無異教，余竊以爲不非也。而子非之者何也？豈非將桃、李、梅合而爲一大樹，一大樹之間，亦作桃花，亦作李花，亦作梅花，而爲余三教合一之旨歟？此語且不足以紿孺兒，而況可以易天下萬世邪？余之所謂三教合一者，譬之植桃李梅於其庭，庭且隘，而木又拱，不得已乃擇其種之美者，而存其一。若仲尼之仁，乃種之美者也。余故曰：道歸於儒也，釋歸於儒也。古人有言曰：天不生仲尼，萬古如長夜。仲尼以其道，以照臨萬古，而見之六經四書，如日中天矣。由漢以來，至於今，豈特道釋者流，自外於仲尼之照臨已哉。余竊懼焉，不自揣分，欲以披三門之雲霧，以揭仲尼之秋陽，俾復中天，萬古不夜，此固余之志，而有所未能焉作非三教。

雜録

林兆恩《三聖正宗・三教合一大旨・寄羅念菴公》　奉别于今六年矣，自此以後，拜領翰教者再。即見公也。去歲聞公又有方外之遊，豈傳之者非眞邪？兆恩前年亦曾在儒門中，以學儒者之道，而不得其要也。又曾在玄門中，以學道家之道，而不得其宗也。今皆棄去之，而幸聞三教合一之旨，其於孔子之一貫，老子之得一，釋氏之歸一，頗能通其理而會其機矣。世之所謂三教之異者，三教之支派也。兆恩之所謂三教之同者，三教之原委也。但前日之所學者，今從而非之。而今之所學者，又安知也，日亦以爲是邪。兆恩之所以惴惴焉而不敢自信者，以昔日汨沒於邪徑，幾悞此一生也。今敢不虛心忘己，而至於自以爲是也。道無終窮，而學安有止法邪，伏惟留意以相期此天地間作第一等人物也。幸甚。

又《復江西黄願所》　兆恩拜復。兆恩所云三教合一者，以合今之和尚道士，而三綱之，而五常之，而士之，農之，工之，商之，以與儒者爲一，孔子爲一也。夫孔子之道，公道也。孔子之心，公心也。以孔子之公心，行孔子之公道，豈惟以其道之公。而公之講學之士，亦且以其道之公，而公之道釋者流，然後孔子之公心，始冒天下萬世於無外矣。來教云云，豈其以孔子之公道，而爲一己之私學，我自師之，不欲與人共之邪？抑孔子之公道，非道釋者，流之所宜學也。若孔子之公道，非道釋者流之所宜學，則道釋者流是亦不可並生於天地之間邪。有王者作，將比今之道釋者流而誅之乎？其敎之不改而後誅之乎？唐虞三代之治，鳥獸魚鼈咸若。孟子曰：君子之於物也，愛之而弗仁。如兄所云，則道釋者流，不惟不之仁，亦且不之愛，使斯人之徒，不得與鳥獸魚鼈並生於天地之間，咸若於唐虞三代之盛矣，是豈孔子之公心哉？且唐虞三代以上，道釋之教未興也，故太和元氣，得以流行於宇宙間。而漢唐宋以來，道釋昌熾，內有怨女，外有曠夫，偏陰偏陽，乖氣致異，此治之所以不唐虞三代也。如無志於唐虞三代之治則已，如有志於唐虞三代之治，若不群道釋者流而三綱之，五常之，士之，農之，工之，商之，其何以復還太和元氣於宇宙間邪。兄幸毋以道釋者流之不三綱，不五常，不士，不農，不工，不商，邈然與我之不相干涉然。殊不知以孔子之公道、公心而觀之，則皆吾赤子之無知而入井者，皆吾兄弟之顛連而無告者，況乖氣致異，而治之不唐虞三代者，職此之由矣。且兄生平所講者何學也？所道者何道也？去歲以卒卒無斯須之頃，尚未叩兄之蘊，以聆明教爲恨。且兄之學，以人自處乎？以天自處乎？若以人自處也，盡吾之所以爲人之道，仰不愧天，俯不怍

人，是亦足矣。若以天自處也，則凡天之所覆者，皆天之事，皆吾之事也。鳥獸魚鼈，思所以咸若之，而況於人而爲萬物之靈者乎。故孔子之志，老者安之，朋友信之，少者懷之。此孔子之公道，孔子之公心也。而道釋者流獨不有老者乎？獨不有少者乎？獨不有吾之同儕而爲朋友者乎？今道釋者流之不三綱、不五常，不士不農不工不商，趨於邪徑，入於迷途也，豈非老者有未安者乎？少者有未懷者乎？朋友有未信者乎？孔子固深絶之，而亦不之安，不之懷，不之信者乎。故曰：鳥獸不可與同群，吾非斯人之徒與而誰與。大抵道本至大也，學之者小之也。《中庸》言：博厚高明，至於載物覆物，配地配天。《易》亦曰：範圍天地，曲成萬物。而鄙見所謂群道釋者流而儒之，而孔子之者，蓋以擴孔子之公心，達孔子之公道，庶乎天覆地載之內，得以範圍而曲成，並生而並育，或可以還唐虞三代之盛，而太和元氣復流行於宇宙間也。漫托空言，竟亦何益，惟兄其再教之。

又《東吴一庵通判紳》　區區先年謬有所聞，即欲以三教歸儒之旨，傳信於天下萬世，不惟不恤是非，亦且不恤榮辱。不惟不恤榮辱，亦且不恤利害。凡有所爲，苟有當於心者，眞有一家非之不顧，一國非之不顧，天下非之而不顧矣。然所謂三教歸儒之旨者，豈徒樂與道釋者流爭邪？蓋欲群道釋者流，而君臣之，而父子之，而夫婦之，以歸於三綱也。若於道釋者流，必欲三綱之，而躬行之間或有所不逮，則生平之所以孜孜汲汲者何爲也哉？古人有言曰：「信理者無是非，信心者無順逆，見義必爲，萬人吾往。」亦奚有是非順逆之足貳其心邪？故三綱之重不可以已，而成敗之迹安可論人？若以三綱之重而可以已，則孔子不當有正名之先，而伯夷叔齊，亦不當有叩馬之諫。若以成敗之迹而可論人，則孔子何爲不悦於魯衛，而伯夷叔齊又何爲餓死於首陽山邪？且三年之喪，天下之通喪也。昔者滕文公行之，而父兄百官皆不欲。夫以孔子之聖、伯夷叔齊之賢、文公之尊，欲舉三綱之重而猶若此其難，況兆恩非聖非賢非君之尊者乎？故數年偃蹇而不悔者，誠非得已，而不已也。日聞執事之以區區爲矯也，故爲執事詳之。嗟乎，嗟乎！三綱既淪，風俗斯壞，救其失而釐正之，安得謂之矯若以正三綱也？爲矯則執事近日之所講也。豈有出於三綱之外，而以孔子夷齊爲不足學與？

又《三綱》　來書足見相愛，草草附復。區區以三綱之故不理於口，而諸弟每爲區區危之者何歟？諺曰：千金之子，坐不垂堂。若正天下萬世以三綱之大，而覬必信於時焉，則伯夷亦不首陽，茅蕉亦不解衣，不謂之千金之子不重堂之心邪。殆非聖賢明道正誼之學矣。或者以區區之違俗，終不免執己之是，以拂人之情。然非區區之所能恤，而亦區區之不得不然也。昔者八百諸侯背商歸周，而伯夷豈樂於違俗以拂人之情哉？趙宋臣子，盡歸胡元，而文文山又豈樂於違俗以拂人之情哉？區區之違俗，與伯夷文文山之心一也。但不知伯夷文文山，當商宋之季，而亦爲人之所訕訾乎否也。傳曰：君子之愛人也以德，細人之愛人也以姑息。惟母以千金之子姑息而愛我也。

又《又》　區區此舉以三綱之不可已，大義之不可違也。然天理雖云甚順，而人情亦有所不安。至於不得不爲者，區區之心，常惻然也。《孟子》之井田學校載之書者詳矣。當戰國之時，而誰與易之？故曰：必來取法，是爲王者師也。孔子曰：「必也正名，而衛國之名可得而正乎。」又曰：「陳恆弑其君請討之，而陳恆之罪可得而討乎。」又曰：「家無藏甲，大夫無百雉之城而三家之强可得而抑乎。」至於君君臣臣父父子子，書弑，書篡，書人，書名，進於中國則中國之，安於夷狄則夷狄之，竟亦徒托之空言爾。故曰：「吾志在春秋。」若欲悉道釋者流而三綱之，是亦兆恩之志也，而非兆恩之所能爲也。

又《復張星湖大尹天叙》　辱厚欵，且累承詩教謝謝兆恩之所謂三教者，三綱也。以二氏之失，而欲正之以三綱也，然此徒托之空言爾。豈眞能正二氏之失而三綱之者乎？昔者孔子之作春秋也，借南面之權而是非之。《孟子》之作七篇也，闢楊墨之教而禽獸之，當其時，果有能信而行之乎否也。惟定之以中正之理，以垂憲萬世已爾。故曰：必來取法，況兆恩之庸庸者，安能杜罪我之口，免好辯之譏？而必欲正二氏之失，以歸儒宗孔，親見之行事深切著明邪。要之達而在上，行其道於時窮而在下，明其道於後，此乃儒門家法，萬古不能易也。尚容面談不盡。

又《道一教三》　林子曰：孔子之教，未嘗曰我儒也，而學孔子者，乃始命之曰儒。黄帝、老子之教，未嘗曰我道也，而學黄帝、老子者，乃始命之曰道。釋迦之教，未嘗曰我釋也，而學釋迦者，乃始命之曰釋。

林子曰：世之學孔子者，而以孔子之道專在於三綱五常以立本也，殊不知此乃孔子之教而非孔子之道，只如是焉已也。世之學老子者，而以老子之道專在於修心煉性以入門也，殊不知此乃老子之教，而非老子之道，只如是焉已也。世之學釋迦者，而以釋迦之道專在於虛空本體以極則也，殊不知此乃釋迦之教，而非釋迦之道，只如是焉已也。

林子曰：道也者，所以本乎其教也，教也者，所以明乎其道也。但世人不識道與教之分也，故以教爲道焉。豈非所謂教三而道亦三邪？殊不知儒氏以其道而儒之以教人也，而非儒自儒以爲道也。道氏以其道而道之以教人也，而非道自道以爲道也。釋氏以其道而釋之以教人也，而非釋自釋以爲道也。

林子曰：夫道一而已矣，而教則有三，故孔子之教聖教也，老子之教玄教也，釋迦之教禪教也。亦自有立本，亦自有入門，亦自有極則。然而孔子之教，必以立本爲先者何也。抑以世間法，民可使由也。若老子之入門，釋迦之極則，不謂之出世間法而不可以使知邪。體天弘化，各有司存，此其教之所由以異也。

或問教之所以三。林子曰：譬之代君理政，各有司存，此其教之所以三也。故孔子之教，惟在於人倫日用，所謂世間法者是也。黄帝、老子之教，惟在於主極開天，所謂出世間法者是也。而況釋迦之出世，則又在於虛空本體無爲無作，殆非斯人所可得而擬議而測量之者。然而釋老之教，猶有及於世間，而孔氏之言，則又及於出世者何也。林子曰：此亦足以槩見其道之一也。故代君理政，雖有司存，而官事不攝，亦非聖人之心也。

或問孔氏之教。林子曰：三綱四業，世間法也。以與世間人道也，性與天道出世間法也，以與出世間人道也。然孔子之道，雖曰高矣、美矣，而其教人也，則必以世間法爲先。

或問老氏之教。林子曰：凡人始生之初，而所以主張乎形骸者，果何物也？一點靈光，乃人之所本有，老氏之教，教以此矣。

或問釋氏之教。林子曰：父母未生以前，而所以不屬乎形骸者，果何物也？一片太虛，乃人之所本無，釋氏之教，教以此矣。

或問林子之教。林子曰：余惟酌裁三氏之教而後先之爾。故人倫日用，教之所當先也。既知教之所當先矣，然後方可語之以人之所本有。既知人之所本有矣，然後方可語之以人之所本無。此教之序之不可亂也。

又《立本入門極則之序》 林子曰：余之設科也，有曰立本者，是乃儒教之所以爲教也。有曰入門者，是乃道教之所以爲教也。有曰極則者，是乃釋教之所以爲教也。而其教之序也，先立本，次入門，次極則。故不知立本，則人道不修，無以爲入門之地；不知入門，則心法不持，無以爲極則之先。

或問先立本，次入門，次極則，儒門亦有之與。林子曰：若虞舜非世之所稱儒者乎，舜其至孝矣，而耕而陶而漁，豈非余之所謂三綱四業以立本與；允執厥中，堯之所以咨舜也，豈非余之所謂傳受心法以入門與；恭己南面，干羽兩階，四方風動，巍巍不與，豈非余之所謂虛空本體以極則與。

或問儒教立本。林子曰：夫所謂立本者，乃余所謂世間法，而爲人道之常也。人道不修，則本不立，而曰可以窺聖人之門牆者未也，而況乎不可使知之道可得而知乎？

或問入門之心法，豈非所謂孔門心法與，然而何者謂之心法？林子曰：心法也者，事心之法也。《論語》所謂敬而無失，復禮爲仁，居之無倦，《大學》之止至善，格物致知，《中庸》之致中和，致曲而誠，《孟子》之居仁持志，易之直内，止其所，《詩》之敬止，《書》之欽厥止，《禮》之儼若思，是皆所謂孔門心法，道教之入門也。

《易》曰：變動不居，周流六虛。又曰：天下何思何慮，天下同歸而殊途，百慮而一致。又曰：無思也，無爲也，寂然不動，感而遂通天下之故。《論語》曰：七十而從心所欲不踰矩。《中庸》曰：於乎不顯，文王之德之純。又曰：不動而敬，不言而信。又曰：篤恭而天下平。又曰：無聲、無臭至矣，是皆所謂聖神功化之極，釋氏之極則也。

或問其仁如天，聖不可知，豈非所謂儒教之極則，最上之一乘耶？而其所從入之門願夫子明以告我。林子曰：由志仁而任仁，由任仁而至於如天之仁者，極則也。而志仁、而任仁，豈非所謂爲仁之心法以入門與？由有恆而君子，由君子而至於不可知之聖者，極則也。而有恆，而君子，豈非所謂作聖之心法以入門與？

《大學》所謂誠意者，有法有爲以入門也，而孔子之無意，則無法無

爲而極則矣。《大學》所謂致知者，有法有爲以入門也，而孔子之無知，則無法無爲而極則矣。《孟子》所謂求放心以存心者，有法有爲以入門也，而邵康節曰心要放，程子明道曰既得後便須放開，則無法無爲而極則矣。

楊生問曰：儒以立本爲教，由是而入門，由是而極則，則吾既得聞命矣。若夫二氏之教，豈亦與儒者同與？林子曰：夫焉得而異之。余嘗謂二氏之教若不知所以立本，則亦安能而入門而極則邪。

或問道釋之教之所以立本。林子曰：忠孝者其立本也。從古以來豈有不忠不孝而能成仙作佛者哉。道門張順少事母孝。嘗語人曰：不孝不忠而學道求仙，是猶舍舟楫而涉大川也

廷柱生問曰：道釋不以孝爲重與？林子曰：不以孝爲重者，道釋之妄也。傳之失其宗也。四十二章曰：事天地神明莫若孝其二親，二親最神也。又蘭期精修孝行。眞人弘康嘗語之曰：夫孝至於天、日、月，爲之明，孝至於地、萬物爲之生，孝至於民、王道爲之明。夫二親之神，神於天地神明，而精修孝行能使日月以明，萬物以生，王道以成，如此，則其所以孝其二親者，而又安敢有一毫之不盡其誠邪？獨不觀之孝經乎。人之行莫大於孝，通乎神明，光乎四海，無所不通，其於道釋之旨，亦有何異？此三教立本之同也。

或問二氏之教，果不遺於倫屬邪。林子曰：二氏之教，是亦未嘗遺乎倫屬也。夫二氏之教，果不遺乎倫屬矣。殆亦與俗流無異，而又安能成仙而作佛邪？林子曰：從古以來，學道者多，成道者少。故曰：「學者如牛毛，成者如兔角。」余嘗竊聞二氏之遺旨矣，道家之教，以少壯時在家孝養，娶妻生兒，以盡此倫屬之大，至四十不動心，乃出世間依法修行，以了此性命之學。道書曰：人生以十六歲爲春，十六歲爲夏，十六歲爲秋，十六歲爲冬。春夏發舒，秋冬閉塞。釋氏之教，槩四十有餘歲而不能得道者，仍遺之歸家，娶妻生兒。《釋經》曰：「婆羅門入山修道，道業未就，歸家婚娶。」大抵儒氏以世間法爲先，二氏以出世法爲重，然而二氏之出世間，而亦未嘗不世間也。儒氏之世間而亦未嘗不出世間也。要而言之，而余之所謂常德常業，以歸儒宗孔者，或可質之三聖而無疑，俟之後世而不惑哉。然君子之於道也，以理身理家理國理天下，以繼往聖，以開來賢，此其所以有貴於道也。若仕者以爲道而輒棄官，士者以爲道而輒離學，農不易田，工不善事，商不懋遷，是率天下之人，而入於僻，仰不以事，俯不以育，荒唐枯槁則亦奚貴於道哉，夫道也者，文之而足以定太平，武之而足以戡禍亂，故爲道者。不曰廟廊之上皆可爲也，是雖三軍之中亦皆可爲也。若三軍之中之不可以爲道，則黃帝涿鹿，舜禹三苗，湯武放伐，周公東征，孔子夾谷，是皆不可以爲道與。故辟世非道離人非學，而二氏者流不可不知也。

或問道氏之教亦有極則與。林子曰：《道書》曰：身外有身，未爲奇特，虛空粉碎，方露全身，此乃道教之極則也。豈惟釋教爲然哉？

或問釋氏之教，亦有入門與林子曰：《釋書》曰，念所受法當自勉精進修之。又曰：制之一處無事不辦，此乃釋教之入門也。豈惟道教爲然哉？

浙有胡姓者，遠造林子而問曰：我儒也，頗知佛之妙義以無有法，而堂下即能成佛矣。豈其以道教爲入門釋教爲極則也？林子曰：佛莫盛於釋迦，《金剛經》曰：是故燃燈佛與我授記。汝於來世當得作佛，號釋迦牟尼，又念過去於五百世，作忍辱仙人。夫曰來世，曰五百世，則是釋迦成佛，其難且久如此。而子則曰，當下即能成佛者何也。余不敢謂釋迦之圓通反不及於子，而子之慧悟，尚有過於釋迦乎。胡姓者曰：夫釋迦豈有法與。林子曰：有。《金剛經》曰，法尚應捨，若無有法矣，而其所捨者果何物也。胡姓者曰：以無有法而與釋迦授記者何也。林子曰：以若有法，而不與釋迦授記者何也。若釋迦者，豈曰忍辱仙人已哉。蓋亦曾爲帝釋矣，亦曾爲善慧仙人矣，不謂之以道教爲入門邪。故始而有法者，道教之所以入門，而不與釋迦授記者此也。終於無法者，釋教之所以極則而與釋迦授記者，此也。又按《梓潼化書》有云，予之在朝也，以聞方外之言，辭榮而歸道逢隱者，指予以心印，授予以正訣曰，此西方大聖人歸寂法也。子能念而習之，可度生死，死而不亡，終成正覺。若中道而廢，則猶能擇地而處，亦可爲神仙。夫未成正覺，先證仙果，而余所謂入門極則之言，爲不誣矣。

《金剛經》曰，應如是住，如是降伏其心，此釋氏以道教爲入門也。直至於應無所住而生其心者，乃釋教之極則也。余嘗考之六祖壇經所載，五祖爲說金剛經，至應無所住而生其心，而六祖言下始得大悟，識自本心，見自本性，即名爲丈夫，天人師佛。若也不先之以應，住而降伏之，

而欲徑入於無所住，而爲甚深之法界者，豈不難哉。

林子曰：《易》曰，成性存道義之門。若或不知存存之心法，以得其門而入焉便是外道。孔子曰：由也升堂矣，未入於室也。夫既入門矣則聖人所謂廣大光明之堂，有不可得而升乎。既升堂矣，則聖人所謂精微玄奥之室，有不可得而入乎。至於老氏則有玄牝之門，而綿綿若存。釋氏則具大總持門，以誕登彼岸。由是觀之而三氏入門之敎，有不同邪。

林子曰：儒者之學，世所稱曰聖學，若不有心法以入門焉，豈曰能聖。道家之學，世所稱曰玄學，若不有心法以入門焉，豈曰能玄。釋氏之學，世所稱曰禪學，若不有心法以入門焉，豈曰能禪。

林子曰：孔子之時中，其與老子之守中，有不同乎。老子之守中，其與釋迦之空中，有不同乎。而其所以持心法以入門以造於時中，守中空中之極則者，不可不知也。孔子之一貫其與老子之得一，有不同乎。老子之得一，其與釋迦之歸一，有不同乎。而其所以持心法以入門以造於一貫得一歸一之極則者，不可不知也。

林子曰：道家之敎，敎以父母既生之後，取拾此一點之靈光而已矣，而收拾此一點之靈光則不免有法，有法則有爲，有法有爲，其道敎之所以入門乎。釋氏之敎，敎以父母未生以前復還我太虛之本體而已矣，而復還我太虛之本體則又焉用法，無法則無爲，無法無爲，其釋敎之所以極則乎。

或問持心法以入門，非所以復我之本有乎。林子曰：然。又問返虛空以極則，非所以還我之本無乎。林子曰：然有而無之，無而無之，無無而復無之，而不知其無然後方可言無，而爲虛空之極則也。

李生曰：近嘗竊觀先生之所撰述者，而三氏之敎皆以忠孝立本，則吾既得聞命矣。敢問艮背等諸心法，豈非所謂入門者與。林子曰：此猶在門外，而望門以入焉者也。然則何以謂之入門也。林子曰：人之始生也，而太虛一氣中，自有一點靈光落乎其間者，道敎則謂之丹是也。惟此一點靈光也，聖人非有餘，常人非不足，人惟能收拾此一點靈光，如父母初生之時一般即此正是入門工夫，而道敎則謂之結丹是也。若余所謂艮背等諸心法，乃其內念止念，使心不亂而定而靜，然後可以行此入門工夫，余故曰望門而入。

孔子曰：民可使由之，不可使知之。林子曰：聖人教人，豈曰民可使由之道哉，而其心則欲盡天下之人，萬世之人，皆得以與聞與知此不可使知之道，而其願始遂矣。然不始之以儒敎，外盡人道以立本焉，而不可使知之道，豈其能得而知哉？不中之以道敎，內持心法以入門焉，而不可使知之道，豈其能得而知哉？不終之以釋敎，本體虛空而極則焉，而不可使知之道，豈其能得而知哉？夫不可使知之道，而必由於立本而入門，入門而極則，然後可得而知也。如此，若夫民可使由之道，亦惟在於立本以盡人道。原之以三綱，常之以四業，以了此世間法已爾。而至於所謂持心法以入門，返虛空而極則，而爲出世間法者，不惟不能知，亦且不願知也。或問道也者，不可斯須離也，而曰不願知者何也。林子曰：惟其不能知，故其不願知。又問夫婦之愚，可以與知焉，而曰不能知者何也。林子曰：惟其不願知，故其不能知。

或問曰，《歸儒》曰宗孔以與世間人道也，豈非以不可使知之道，難與常人言邪。然而曰立本，曰入門，曰極則，而曰與出，世間人道者何也。林子曰：道家者流雖曰入門，而不知立本，況於極則者乎。釋氏者流，雖曰極則，而不知入門況於立本者乎。而近世講學之士則亦有可言者，固習知儒者之立本，而綱常矣。又竊慕釋氏之極則，而虛空矣。而其所謂存心養性以入門者，或者亦未之能知也，故修人道以爲入門之地，而明心法以爲極則之先。余之所以教人者，如是而已矣。

林子曰：余之所以合三氏之敎，而一之者，非他也，三綱四業而爲敎之始也。見性入門而爲敎之中也，虛空本體而爲敎之終也。合始中終而大之，述而非作，而變而通，似有出於一人之所建立者，不知有儒，不知有道，不知有釋，而爲敎之一也。非今非古，無是無非，此余三敎合一之本旨，而非矯世以爲異也。

或問孔子之道不可使知之道也，而孔子之敎，豈非民可使由之敎與？林子曰：然。夫婦儒宗孔之本旨，則吾既得聞命矣，而三敎合一之本旨，寔吾之所未能知也，敢問。林子曰，今以余之敎言之，始之以立本，以明人倫也，既明人倫以立本矣，則必繼之以入門，以明心法也，既明心法以入門矣，則必終之以極則以體太虛也。故人倫未明，而曰我能明心法者未也。心法未明，而曰我能體太虛者未也。故敎之所當先者先之，而先其所不得不先也。敎之所當後者後之，而後其所不得不後也。本末兼統以無遺，始終條理而不紊。昔統之而一者，既已分之而三，今分之而三者，乃

復統之而一。三教既一，風俗自同，不矯不異，無是無非。太初太朴，渾渾熙熙，此余三教之大都，合一之本旨也。

又《三教真弟子》 林子曰：無所別於儒也，無所別於道也，無所別於釋也。而三氏之中，如有能知立本，而以民可使由教人矣，便是不叛於孔子之教，而均之爲孔子之徒可也。豈必服孔子之服言孔子之言，而後爲孔子之徒與？能知入門，而以了心悟性教人矣，便是不叛於黃帝、老子之教，而均之爲黃帝、老子之徒可也。豈必服黃帝老子之服言黃帝老子之言，而後爲黃帝老子之徒與？能知極則，而以虛空本體教人矣，便是不叛於釋迦之教，而均之爲釋迦之徒可也。豈必服釋迦之服言釋迦之言，而後爲釋迦之徒與？

又《三教本始》 或問林子之道，林子曰：余安知道，而余之所以倡明三教合而一之者，非他也，蓋自其未有儒，未有道，未有釋之先之道者，言之也。願聞其旨。林子曰：譬之樹然，夫樹一也。分而爲三大枝，曰儒，曰道，曰釋。儒之一大枝，復分爲二小枝，有專主尊德性者，有專主道問學者。各自標門，互相爭辯，則亦何異於道流釋流，是其所非，非其所是，而喋喋不已也。道之一大枝復分爲三小枝，清靜也，彼家也，爐火也。各自標門，互相爭辯，則亦何異於儒流釋流，是其所非，非其所是，而喋喋不已也。釋之一大枝復分爲五小枝，臨濟也，潙仰也，雲門也，曹洞也，法眼也。各有標門，互相爭辯，則亦何異於儒流道流，是其所非，非其所是，而喋喋不已也。自是枝而復枝，葉而復葉，紛紛籍籍，是是非非，蓋有不可得而勝數者矣。然而唐虞三代之時，有儒乎否也，有道乎否也，有釋乎否也；而人始生之時知有儒乎否也，知有道乎否也，知有釋乎否也，故儒、道、釋者枝也，而未有儒、未有道、未有釋之先者根也。或問根，根矣，而未始有根之先可得而言乎。林子曰：仁也。又問仁，仁矣，而未始有仁之先，可得而言乎。林子曰：無聲無臭，是亦一太虛矣。雖欲言之，惡得而言諸。夫豈終無可得而言邪？林子曰：天之所以爲天者，則曰維天之命，於穆不已而已矣，外此復何言哉？文王之所以爲文者，則曰於乎不顯，文王之德之純而已矣，外此復何言哉？

又《三教以心爲宗》 林子曰：心宗者，以心爲宗也，而黃帝、釋迦、老子、孔子非外也，特在我之心爾。夫黃帝、釋迦、老子、孔子，既在我之心矣，而我之所以宗心者，乃我之所以宗黃帝、釋迦、老子、孔子也。由是觀之，我之心，以與黃帝、釋迦、老子、孔子之心，一而已矣。心一道一，而教則有三，譬支流之水固殊，而初泉之出於山下者一也。

又《真心》 林子曰：我之心清靜也，我之黃帝、老子也，我之心寂定也，我之釋迦也，我之心時中也，我之孔子也。《常清靜經》曰：內觀其心，心無其心。夫心既無心矣，而安有所謂心之黃帝、老子、釋迦、孔子乎？又安有所謂黃帝、老子之清靜，釋迦之寂定，孔子之時中乎？清靜而非清靜，非清靜而非不清靜，乃我之心之眞黃帝、老子也。寂定而非寂定，非寂定而非不寂定，乃我之心之眞釋迦也。時中而非時中，非時中而非不時中，乃我之心之眞孔子也。若必曰我之心，本非黃帝、老子、釋迦、孔子也，我之心本不清靜，本不寂定，本不時中也，便非黃帝、老子、釋迦、孔子，便不清靜，便不寂定，便不時中。若必曰我之心，本是黃帝、老子、釋迦、孔子也，本自清靜，本自寂定，本自時中也，便非黃帝、老子、釋迦、孔子，便不清靜，便不寂定，便不時中。

或問林子嘗曰：心本無心，是名眞心，何謂也。林子曰：夫心且無矣，則又安有所謂黃帝、釋迦、老子、孔子也。而無心眞心，是乃我之眞黃帝、釋迦、老子、孔子也。故寂然不動，未發之中者，心無其心也。感而遂通發皆中節者，無心而有心也，何思何慮而已矣，而無有所謂安排而擬議者眞心也。

又《本體》 林子曰：我之本體，其太虛而太空者乎，惟其太虛而太空也，故能運虛空。我之本體，其先天而先地者乎，惟其先天而先地也，故能生天地。我之本體，其夏而大者乎，惟其夏而大也，故能儒而聖也。無聖而無不聖，道而玄也。無玄而無不玄，釋而禪也。無禪而無不禪，或問何以謂之夏，而又曰大也。林子曰：我之夏則有所謂眞去處者在焉。先天而先地也，太虛而太空也，故儒得此而聖也，道得此而玄也，釋得此而禪也，故曰夏者大也。又問孔、老、釋迦，豈不知我之夏之有所謂眞去處者在與？林子曰：從古以來，孰有大於孔、老、釋迦哉？但三氏者流，不知我之夏、之有。所謂眞去處也，而其揣度逆億，寔悖於孔老釋迦之道，而各自以其邪師之所相授受，而謂孔老釋迦之道，不過如是也。標門自尊，互相同異，此孔老釋迦之道之大，不明於天下萬世也。噫！

陳衷瑜《三聖正宗・三教合一大旨跋》 世運綱維，賴有斯道，斯道

不墜，賴有聖人，聖人間五百歲而生。若堯舜湯文孔子，皆應運相繼，未聞有曠世許久，如春秋至今者，意者運之將午也。英華盡發於三尼，陽既純而姤矣，故秦漢來，而斯道遂裂鼎足而分之。各標門以相高互爭論而不息。歷唐迨宋，雖不乏以道鳴者，竟無有能得其源委，而統一之者。別派分流，愈趨愈下。教之三者，或幾乎百矣。幸今而天生我林夫子，透三氏之眞原，悟一中之宗旨，由眞性以爲道。其道也，乃未有儒，未有道，未有釋之先之道也。由至道以立教，其教也，乃儒之所以爲儒，道之所以爲道，釋之所以爲釋之教也。其合而一之也，實有不待合而自一者。大旨揭，而三聖人之至道大教，如日中天，將令百家似是而非者，悉知枯槁迂怪之迷，支離章句之陋，而駸駸於立本入門極則之歸者。午運賴以綱維，其有功於往聖來蒙豈淺鮮哉？是篇乃正宗統論之首，與倡道大旨篇，皆我林夫子平日隨在所雅言，爲繼往開來之最切者，往往散見於他集，我嫡傳盧子見知而編校之。尚有未竟者，曾委任衷瑜而以其意示之。夫以鄙陋如衷瑜豈敢操結集續貂之筆，但既承命，實不敢違。况以我林夫子垂世金玉之言，寧可任其散亂遺落而不之校哉，責將誰諉？是以盥手焚香捧正宗統論全書而讀之，又偏閱分摘拾餘散亂諸集，而得其所謂三教合一大旨與倡道大旨，諸篇之未竟者皆集而錄之，續而成之。又况林子所著心性之微言，學業之大都許多卷帙。或刪其重出者，或補其未備者，悉編訂以付梓，未知有當於我林夫子否，又未知有裨於後來之君子否。雖曰，道以人而傳，以性而悟，原不專在是，然舍是則亦將以何爲印證邪。旹歲在甲申復月之吉，門孫陳衷瑜百拜謹跋。

本來面目

題解

羅夢鴻《巍巍不動太山深根結果寶卷注》卷三《第十一品》 祖家說個譬法，說個大道，大道就是本來面目，本來面目就是無極，無極就是大道。大道無形，生育天地，大道無名，長養萬物，大道無情，運行日月。無極大道，變化無窮。天有晝夜，歲分四時。春和夏熱，秋涼冬寒，是天理自然之道。容納百川，不擇垢淨。春生夏長，秋盛冬衰，萬物榮枯，各得所宜，乃是地理自然之道。人生天地，君臣之義，父子之親，夫婦之別，朋友之信，若能上順天時，下察地理，成就萬物，心合太虛，普同法界，一切無礙，乃是人之道也。首楞嚴經云，迷則轉覺體爲虛空，悟則全虛空是覺體。虛空無相，一切皆空，豈有臨危，天堂地獄。楞嚴經云，十方世界，在人心內，心若空時，一切皆空。經云，一人發眞歸源，十方世界，悉消殞。故云，大道不離方寸地，自家就是。古人云，有物先天地，無形本寂寥，能爲萬象主，不逐四時凋。

論説

師曰，這個大道無物可比，本無一字，豈有論乎。益諸人分上，迷悟不同，智有淺深，大事難明。故此祖家慈心太切，不免說個譬法，要人參詳，要人承當，要人省悟，要人信受。故說凡間走的路是譬法，非但走的路是譬法，行住坐卧，南來北往，東出西沒，觀天覷地，拈香撥火，運水搬柴，青青翠竹，鬱鬱黃花，這些譬法，一言難盡。古德云，十法九喻，無喻不顯眞，所謂譬喻，單譬本來人，譬法是權，大道是實。無權不能顯實，無實不顯權。實是權之體，權是實之用。權實並行，體用雙彰。是名大道，還會麽。噫。道在尋常日用中，見山見水見眞空。豁開自己神通藏，南北東西路路通。

羅夢鴻《巍巍不動太山深根結果寶卷注》卷三《第十一品》 師云，無極大道，舉起，則往上無邊，放下，則神鬼難明。儒云，仰之彌高，鑽之彌堅，瞻之在前，忽然在後。所謂心包太虛，量周沙界。悟者方知，迷人不信。

師云，無極大道，甚深微妙。往下直透，金輪、水輪、風輪、空輪盡在行人方寸之中。頓悟門開，於十方同體，總是自己家鄉受用，同顯神通。智者心胸洒樂，迷人聞之，如聾若啞。

師云，本來大道，只在行人分上。東勝神州千萬餘程，晝夜快馬，行一十二年方到。日出扶桑國時這裡舉眼一睁，扶桑國那邊，都照了過去。這個大道，人人本有，個個不無。只是迷人不肯承當，故說許多譬喻。

師云，人生天地之間，日用尋常，無不是道。行人若不會，汝且一默之中。不思議處，觀這個大道，普覆大千，貫滿十方，且說個小小譬喻。假如日落西山之時，行人把眼一舉，連西牛賀州那邊，都照了過去。故云，本來道，往西去，無有遮攔，正是大道無邊際，虛空難度量。且道還會麼。噫，猶如太陽乾坤內，東邊出現體西林。

師云，本來大道，寬則遍法界，窄也不容針。人人分上本是生成，不假做作安排。悟道之人，試驗參詳。只觀喜怒哀樂未發之時，即往南無邊無際。非但往南無邊，這個大道，盡虛空，遍法界，總是一體大道。還會麼。良久云，無根樹下，嘯月吟風。無縫塔前，安身立命。

師云，本來道行人本性，就是無邊大道。大者無外，小者無內。參道之人，若得事理無礙，即往北無邊。還會麼。噫。鴈思飛塞北，燕憶舊巢歸。春月秋花無限意，個中只許自家知。

師云，道本無言，豈有許多講論。古人云，道本無言，因言顯道。所謂未悟，全憑言說。悟了莫求寂滅，倘有未達境唯心，起種種分別，處處有礙，不能四維上下打成一片。倘有已達境唯心者，四維上下，一切境界，總無掛礙。故云，一體虛空，豈有遮攔。這個道理不是說了便休的。祖家一十二年，苦行功程，纔得明徹。纔得惺悟。纔得到此一步田地。山河石壁，不能隔礙。東西南北，四維上下，打成一片。還會麼。噫。不思議處解脫力，受用恆沙也無極。

收源

題解

黃育楩《破邪詳辯》卷四 邪教有《佛說通元收源寶卷》，內云：「天皇治下大地朝坤地皇時，伏羲、女媧治下大地人根。人皇時，留下萬物發生。五帝纔有羣臣。周朝纔有神鬼。漢朝纔有春夏秋冬。唐朝纔有風雨雷電。」噫，天開於子，地闢於丑，人生於寅，乃氣數之自然，非人力所能造作也。邪教謂天皇治下大地乾坤，已謬甚矣。至於伏羲、女媧，並非地皇時人，此時人類已煩，而謂伏羲、女媧留下大地人根，則愈謬。萬物發生乃造化自然之理，而謂人皇留下，則愈謬。自有人物以來即有君臣，即有神鬼，而謂五帝纔有羣臣，周朝纔有神鬼，則愈謬。尤可笑者，謂漢朝纔有春夏秋冬，唐朝纔有風雨雷電，此等語非萬分糊塗，必說不出也。自有天地即有五行，木主春，火主夏，土主四季，金主秋，水主冬，五行相生以成歲，固同天地而並有也。自有天地即有八卦，震爲雷，巽爲風，坎爲雨，離爲電，八卦相盪以爲用，又同天地而並有也。自邪教言，則漢朝以前並無春夏秋冬，唐朝以前並無風雨雷電，則天地亦不成爲天地，萬物又何自而生？唐朝至明萬曆僅止六百六十餘年，安能如此混沌？此等見識既於古今儒書全未聞及，又於野史小說、各樣戲文亦未聞及，糊塗已極。而竟於天地間一定不易之理數尚敢虛捏，則其餘之無可考稽者，又何憚而不虛捏？任意虛捏且又假充佛說，更屬可恨。《通元收源寶卷》不可信也。

雜録

黃育楩《破邪詳辯》卷一 《地水火風品》有云：「四大天王不管世，天神放了四風輪，地水火風一齊動，折磨大地苦衆生。」噫，此品極言地水火風之害，蓋欲以此驚人而使之習教也。不知天災流行，無論習教不習教，均一受災。至於殺戮邪教之災，則惟邪教獨受之，是不習教者尚能免災，惟習教者欲求免夫不必遽有之災，竟多添一萬不能免之災。昏愚極矣，不可信也。

《天眞收圓品》有云：「古佛曰：『地水火風齊動，大地諸佛都無處安身立命，誰了後事？』無生曰：『着天眞佛收圓結果，他了後天不事。』」噫，此品演出無數佛祖無數寶貝，乃不能自己安身立命，由皇古以

來，傳及有明，竟無一人能爲諸佛安身立命，獨有天眞能爲諸佛菩薩、諸大聖賢，皇胎兒女、大地衆生一同安身立命，收圓結果，則天眞神通宜在諸佛以上矣。不知天眞即弓長，乃明末妖人。邪經所言，即弓長所言，妄自尊大，全不知恥，句句虛捏，不可信也。

八卦九宫

題解

黄育楩《破邪詳辯》卷三　一，邪教於八卦增添二爻，改爲十二卦，內加興吉平安四卦。於六十四卦，改爲一百四十四卦，內加用則高至江河等八十卦。噫，此言何妖妄之甚也！嘗考伏羲之世，河中龍馬負圖而出，謂之河圖。其圖一六爲水居北，二七爲火居南，三八爲木居東，四九爲金居西，五十爲土居中。一二三四五爲五行生數，六七八九十爲五行成數。生數居內，成數居外，而五行定矣。五行既定，伏羲又神明其間以畫卦，乾兌金，坤艮土，震巽木，坎爲水，離爲火，而八卦定矣。八卦以上，各重八卦，爲六十四卦；伏羲以後，又有文王作卦辭，周公作爻辭，孔子序彖辭；象辭、文言、繫辭、説卦、序卦、雜卦，謂之十翼，而易始備。至於伏羲之易，乾南坤北，離東坎西，兌居東南，震居東北，巽居西南，艮居西北，謂之先天之學。文王之易，乾統三男於東北，坤統三女於西南，乾、坎、艮、震爲陽，巽、離、坤、兌爲陰，謂之後天之學。先天爲體，後天爲用。體主靜，用主動。易曰：「吉凶悔吝生乎動。」故言理數者俱用後天八卦。然此皆理數之自然，雖億萬世不能改也。今以妖邪匪人妄爲增添，既極無知，又極無恥，不可信也。

一，邪教於九宫增添紅、皀、青，並多一白字。噫，此言何妖妄之甚也！嘗考神禹之世，洛水靈龜呈象，戴九，履一，左三，右七，二四爲肩，六八爲足，五居中央，謂之洛書。禹即因之以衍九疇。又八卦即八宫，加以中央爲九宫，後天八卦配洛書，則坎一白水、坤二黑土、震三碧木、巽四綠木，中五黄土，乾六白金，兌七赤金，艮八白土，離九紫火，謂之地盤。憲書載在年神方位圖內者爲年九星，載在每月之下者爲月九星，年九星一年移一宫，月九星一月移一宫，如一白入坤，則二黑入震，三碧入巽，四綠入中，五黄入乾，六白入兌，七赤入艮，八白入離，九紫入坎，謂之天盤。餘可類推。修造紫白爲吉，餘星皆凶，以及飛宫過度，擇取吉星，與夫男女生命，如上元甲子年，男一宫，女五宫，中元甲子年，男四宫，女二宫，下元甲子年，男七宫，女八宫，九宫之用亦大矣哉。然九宫莫精於奇門。奇門之法：坎一爲天蓬，爲休門；坤二爲天內，爲死門；震三爲天衝，爲傷門；巽四爲天輔，爲杜門；中五爲天禽，寄坤宫；乾六爲天心，爲開門；兌七爲天柱，爲驚門；艮八爲天任，爲生門；離九爲天英，爲景門。再依陽遁九局，陰遁九局，布就乙、丙、丁爲三奇，戊、巳、庚、辛、壬、癸爲六儀，謂之地盤。其上加八門一層，其上加九星一層，層內又布三奇六儀。其上又加直符、螣蛇、太陰、六合、勾陳、朱雀、九地、九天，一層，謂之天盤。又布局之法惟視節氣，交節之法惟視甲巳，如甲巳加四仲爲上元，甲巳加四孟爲中元，甲巳加四季爲下元。又有正接超神閏奇接氣而法始備，所謂超神接氣爲準的者是也。又上元甲巳日之甲子時，天盤不動，謂之伏吟。以後一時移一宫，而三奇八門路各不同，至五日六十時盡，則一局終。次日即用中元局，所謂五日都來換一元者是也。天盤運轉，即視乙、丙、丁三奇與開、休、生三門同會一宫，即以此宫爲大吉，動無不利。奇門之名，即準諸此。總之，奇門始自黄帝，以後名將用兵，精於奇門即精於九宫，以九宫之數出於一定，斷不能易也，今以妖妄之人謬添數字，無識已極，無恥亦極，不可信也。

論説

黄育楩《破邪詳辯》卷三　一、邪教於十二時增添紐、宙、唇、未、酬、刻六時，爲十八時。噫，何其妖妄至此極也！亦思子、丑、寅、卯、辰、巳、午、未、申、酉、戌、亥十二支，在天爲十二宫，如東方青龍七宿在辰、卯、寅三宫，北方元武七宿在丑，子，亥三宫，西方白虎七宿在

戌；酉、申三宮，南方朱雀七宿在未、午、巳三宮。又日於每月中氣交宮，一月一過宮，一年一週天。月於每月初一與日同宮，爲合朔。以後兩日半一過宮，一月一週天。至下月初一又與日同宮，爲朔望弦晦，與日食月食所由定者是也。十二支在天又爲量天尺，即二十八宿度數，分布十二宮，則有歲差之法：如雍正癸卯年量天尺，角初在辰宮二十一度；乾隆巳卯年量天尺，角初在辰宮二十三度；嘉慶巳未年量天尺，角初在辰宮二十四度是也。十二支在歲爲十二月，如寅、卯、辰爲春三月，巳、午、未爲夏三月，申、酉、戌爲秋三月，亥、子、丑爲冬三月是也。十二支在歲又爲二十四氣，如立春、雨水在寅，驚蟄、春分在卯，清明、穀雨在辰，立夏、小滿在巳，芒種、夏至在午，小暑、大暑在未，立秋、處暑在申，白露、秋分在酉，寒露、霜降在戌，立冬、小雪在亥，大雪、冬至在子，小寒、大寒在丑是也。十二支在日爲十二時，與天上十二宮、每歲十二月一氣相通。又有青龍、明堂、天刑、朱雀、金匱、寶光、白虎、玉堂、天牢、元武、司命、勾陳十二神分布十二支，爲黄道、黑道所由分者是也。十二支乘十干，則陽支乘陽干，陰支乘陰干，如甲子、甲戌、甲申、甲午、甲辰、甲寅，整六十而花甲一週，故以六十年爲一元，又以五日六十時爲一元，即奇門所謂五日都來換一元，而分爲上元、中元、下元者是也。十二支配五行，則寅、卯屬本，旺於春；巳、午屬火，旺於夏；申、酉屬金，旺於秋；亥、子屬水，旺於冬；辰、未、戌、丑屬土，旺於四季是也。十二支分三合，則亥、卯、未三合木局，寅、午、戌三合火局，巳、酉、丑三合金局，申、子、辰三合水局，蓋取生旺墓以爲合，而每年太歲、歲破、三煞、大煞及每月天德、月德諸神，皆依次爲遷移者是也。十二支分六合，則子與丑合，寅與亥合，卯與戌合，辰與酉合，巳與申合，午與未合，蓋取月將、月建以爲合，如正月月建在寅、月將在亥，即寅與亥合，又月建爲陽建順行，月厭爲陰建逆行，二至月建、月厭同宮，爲陰陽爭，二分則月建、月厭對宮，爲陰陽分，亦循此例以定者是也。十二支又作二十四山，則壬子、癸丑、艮寅、甲卯、乙辰、巽巳、丙午、丁未、坤申、庚酉、辛戌、乾亥，年神方位依此爲例。又憲書載四大吉時，則艮、巽、坤、乾爲寅、巳、申、亥上四刻，甲、丙、庚、壬爲卯、午、酉、子上四刻，癸、乙、丁、辛爲丑、辰、未、戌上四刻，與二十四山同一起例者是也。十二支作二十四山以配八卦，則壬子癸屬坎，丑艮寅屬艮，甲卯乙屬震，辰巽巳屬巽，丙午丁屬離，未坤申屬坤，庚酉辛屬兌，戌乾亥屬乾，即一卦管三山，爲羅經所由起者是也。十二支驗奇門，雖重十干，而六丁六甲諸神最爲靈應，要皆乘地支以爲用者是也。十二支占六壬，則月將加用時，取就四課三傳，即有貴人、螣蛇、朱雀、六合、勾陳、青龍、天空、白虎、太常、元武、太陰、天后，十二神分布十二支，以卜吉凶者是也。此每日十二時，其義精，其用廣。上古之世，聖人未出，此理自在兩間；聖人既出，此理遂傳萬世。今邪教揑爲十八時，糊塗妖妄，萬不可信也。

一、邪教謂中央戊巳土係王姓，東方甲乙木係張金斗，南方丙丁火係李彥文，北方壬癸水係劉姓，西方庚辛金係申老敘。噫，此言何妖妄之甚也。亦思東屬木，春亦屬木；南屬火，夏亦屬火；中央屬土，四季月亦屬土；西屬金，秋亦屬金；北屬水，冬亦屬水。五行之理，當時則旺，我生爲相，生我爲休，尅我爲囚，我尅爲死。然春則木旺火相，而土金水氣未嘗盡絕也；夏則火旺土相，而金水木氣未嘗盡絕也；推之季月秋冬，無不皆然。固天數所由運行，非人力所能專掌也。今以邪教中人，有何証據而分應其名？如以生年納音而論，則是天下人人公共之名，不宜爲此五人獨得之名也。拘泥乖謬，不可信也。

噫，爲愚民言，而於周天度數，五行生尅，以及八卦九宮十二支，必欲諄諄言之，不亦迂乎？然余所以言之者，使民知邪教於此等關係極重。確鑿可據者尚敢虛揑，則其餘之無關緊要無處考稽者，又何憚而不虛揑乎？彼所謂而字工夫，上天書丁，與十步工夫，自海底撈明，以至透出崑崙，而見當人，顯嬰兒，直上天宮，不入地獄者，俱是無處考稽之言，正可放心大膽，而任意虛揑也。人當即增添八卦，增添九宮諸說，連類以推。知邪教所言，皆不可信也。

一、邪教有以楊柳木、霹靂火等編列名號者。噫，是取生年納音，實不知納音之理也。納音者甲子乙丑海中金，丙寅丁卯爐中火，戊辰巳巳大林木，庚午辛未路傍土，壬申癸酉劍鋒金，甲戌乙亥山頭火，丙子丁丑澗下水，戊寅巳卯城頭土，庚辰辛巳白鑞金，壬午癸未楊柳木，甲申乙酉井泉水，丙戌丁亥屋上土，戊子巳丑霹靂火，庚寅辛卯松柏木，壬辰癸巳長

流水，甲午乙未砂石金，丙申丁酉山下火，戊戌巳亥平地木，庚子辛丑壁上土，壬寅癸卯金箔金，甲辰乙巳覆燈火，丙午丁未天河水，戊申巳酉大驛土，庚戌辛亥釵釧金，壬子癸丑桑柘木，甲寅乙卯大溪水，丙辰丁巳沙中土，戊午巳未天上火，庚申辛酉石榴木，壬戌癸亥大海水是也。納音同位娶妻，隔八生子，有與律吕相表裏者，如甲子屬金，乙丑亦屬金，爲同位娶妻，隔八位而壬申癸酉屬金，爲隔八生子，壬申與癸酉又爲同位娶妻，隔八位而庚辰辛巳屬金，又爲隔八生子，其餘水、木、火土以類爲推，一律相同者是也。納音又有推算之法：按大衍之數五十，其用四十有九，以四十九數，布在算盤；即用先天數以除之，先天數者，甲巳子午九，乙庚丑未八，丙辛寅申七，丁壬卯酉六，戊癸辰戌五，巳亥無干四；又用五行數以除之，五行數者，一二三四五爲五行生數，六七八九十爲五行成數；除則總以五數，即視除餘之數，一爲水，二爲火，三爲木，四爲金，五爲土，各取所生之五行以爲納音，如甲九子九、乙八丑八，合爲三十四數，於四十九内除去，尚餘十五，再除去二五，尚餘五數，五爲土，土生金，故納音金，其餘納音，俱同此例者是也。納音有海中金、爐中火等名者：如子丑爲午癸水位，金在水中，故名海中金；寅卯爲火，長生沐浴之位，其焰未熾，故名爐中火；其餘均依地支爲附會而無大取義者是也。納音每歲用之，每日亦用之，惟月不用，以月重月建，不重月干者是也。然五行之理，總以正五行爲主，三合五行次之，納音五行又次之，雙山五行、洪範五行又次之。正五行在天干則甲乙木、丙丁火、戊巳土、庚辛金、壬癸水，在地支則寅卯木、巳午火、申酉金、亥子水、辰未戌丑土，在八卦則乾兑金、坤艮土、震巽木、坎水、離火是也。三合五行則亥卯未全屬木，寅午戌全屬火，巳酉丑全屬金，申子辰全屬水是也。雙山五行則乾亥甲卯丁未全屬木，艮寅丙午辛戌全屬火，巽巳庚酉癸丑全屬金，坤申壬子乙辰全屬水是也。洪範五行則甲寅辰巽戌坎辛申屬水，離壬丙乙屬火，震艮巳屬木，乾亥兑丁屬金，丑癸坤庚未屬土，其法取八卦納甲，干支納音以定者是也。以上五行共有五説，堪輿家全用之，選擇子平，但用正五行及三合納音。然子平之法，年月日時排就四柱，去留舒配以斷吉凶，尚難皆驗，但取生年納音爲斷者，惟吕才合婚書而已。吕才書種種謬説，全無理義。我朝乾隆年間有欽定協紀辨方書言之詳矣。今邪教但依吕才書，又視納音爲一人所獨有，不知二年以内所生人數均一納音，以此編列名號，拘滯不通，不可信也。

噫，爲愚民言而言及納音，不亦迂乎？然余諄諄言之者，使人即儒教之精深，驗邪教之謬妄，知其全無証據者固不可信，稍有証據而拘泥過甚，未能變通，則亦不可信也。

一，邪教惟以天上之事煽惑愚民者，以其無從考究也。噫，何其愚也。亦思天有九重：最下第一重爲月輪天，第二重爲水星天，第三重爲金星天，第四重爲日輪天，第五重爲火星天，第六重爲木星天，第七重爲土星天，第八重爲列宿天，最上第九重爲宗動天是也。天有三垣，中爲紫微垣，象天子寢宫；上爲太微垣，象天子布政之宫；下爲天市垣，象天子巡狩之宫是也。天有二十八宿：辰宫角、亢，卯宫氐、房、心，寅宫尾、箕，丑宫斗、牛，子宫女、虚、危，亥宫室、壁，戌宫奎、婁，酉宫胃、昴、畢，申宫觜、參，未宫井、鬼，午宫柳、星、張，巳宫翼、軫是也。天有三百六十五度四分度之一，即二十八宿度數，分布十二宫，每宫三十度是也。天有七政，四餘，日、月與木、火、土、金、水五星，即七政也；月孛、羅睺、計都、紫氣，即四餘也。天有月建月將：斗柄正月指功曹，二月指太冲，三月指天罡，四月指太乙，五月指勝光，六月指小吉，七月指傳送，八月指從魁，九月指河魁，十月指登明，十一月指神后，十二月指大吉，是斗柄即月建也；日躔雨水入娵訾，春分入降婁，穀雨入大梁，小滿入實沈，夏至入鶉首，大暑入鶉火，處暑人鶉尾，秋分入壽星，霜降入大火，小雪入析木，冬至入星紀，大寒入元枵，是日躔即月將也。天有昊天上帝爲至尊之神，其次有五天帝、五人帝、五人神；東方青帝，南方赤帝，中央黄帝，西方白帝，北方黑帝，即五天帝也；太皞司春，炎帝司夏，黄帝司下土，少皞司秋，顓頊司冬，即五人帝也；木正勾芒，火正祝融，土正后土，金正蓐收，水正元冥，即五人神也。他如日有中道，月有九行，與夫銀漢經天，下通江河，以及星之在野象物，在朝象官，在人象事，昌天文之昭昭可驗者。上古聖人天亶聰明，即仰觀天文，制爲渾天儀、量天尺。歷代欽天監依倣成規；造爲憲書，每年節氣時刻不差，日食月食分毫不爽。儒教之言天文，如此其備也。今邪經卷卷言天上事，而較之儒教所言，無一相似。可見邪經所言，俱係虚捏，不可信也。

紅陽劫盡　白陽當興

題　解

黃育楩《破邪詳辯》卷三　一、邪教謂紅陽刦盡，白陽當興，現在月光圓至十八日，若圓至二十三日，便是大刦。噫，此言何妖妄之甚也！亦思周天三百六十五度四分度之一，每宮三十度，合十二宮，總以三百六十度爲率。以此度數，作爲四分，每分九十度。月之初一，月與日同度爲合朔。以後約七日半，至初八前後，月去日九十度，謂之上弦。又七日半，至十五、六間，月去日一百八十度，謂之望。又七日半，至二十三、四間，月前去日二百七十度，月後去日止九十度，謂之下弦。又約七日，月後去日僅數度而月無光，謂之晦。可見弦則月半，望則月圓，雖數有畸零，而前後錯綜不相遠也。今邪教謂月圓至二十三日，是二十三以前，日共三七有零，而月遲日僅一百八十度，二十三以後，日止一七，而月遲日又一百八十度，多寡不均，遲速不齊，無是理也。不明量天尺法，而任意虛捏，不可信也。

論　説

黃育楩《破邪詳辯》卷三　邪教謂前此釋迦掌世，後此彌勒掌世，掌世既異，故天運亦異。噫，此即虛捏之由，而不知其不通之甚也！燃燈、釋迦，生在外國，佛教未入中國之先，必不能爲中國掌世也。佛入中國自漢朝始，然歷代帝王止以儒教治世，不聞以佛教治世。佛教中人終不敵乎儒教中人，即知釋迦之並未掌世也。遵信彌勒者惟邪教，然邪教中人或枷杖，或軍流，或絞斬，或凌遲，習教有淺深，即治罪有輕重，求其偶然漏網，得以善終者百無一二，即知彌勒之不能掌世也。然則掌世之名，將誰與歸？《詩》曰：「上天之載，無聲無臭。」是掌世者，上天也。《書》曰：「一人有慶，兆民賴之。」是代天以掌世者，天子也。《孟子》曰：「先知覺後知，先覺覺後覺。」是輔佐天子以立教以掌世者，先聖先師，自有周後則惟孔聖一人也。吾言掌世之顯然易見者如此。今邪教以釋迦、彌勒爲掌世者，荒渺無稽，不可信也。

超明墮暗

題　解

儒童老人《破迷宗旨》　如是我聞，爾時，儒童老人，在中嶽無極洞天，與衆門人，上聖高真，講道論德。時有棄凡居士，合掌恭敬，頂禮而問老人曰：「弟子身居塵境，拋去凡俗，叅求玄要，蒙老人收錄，實出萬幸。然才質鈍魯，竊聞上古之世，風俗敦龐，人民渾樸，萬物並育，各安本性，但有天堂，並無地獄。自人心不古，事務反常，三天共議，命諸聖真，應運下世，分域化導，始列三教，設立地獄。所以勸善懲惡者，亦已至矣。奈凡俗愚迷，多有不信天堂地獄之事。伏乞慈悲，剖明超墮情由，指示愚蒙，未審何如？」於是老人乃凝眥肅容，揮麈趺足而言曰：「善哉此問。吾今宣闡，爾等其敬聽之，藏之玉笈，錄示下方，使人人共知修善，超天堂之理。令箇箇盡曉作惡墮地獄之故，亦爾承問之功德也。夫天堂者，純陽無陰，光明不暗。凡清香之氣，盡昇騰於上，是謂極樂之處，無塵無垢之鄉。乃積功得道之士所居，儒成而爲聖，道成而爲仙，釋成而爲佛。三教聖人，無非借凡而修。立功而成。所著經典，三曹苦樂，始末備叙，作苦海之慈航，爲照幽之犀燭。若世人體道德而行，則心境光明，無有塵障，清氣瀰淪，與天堂相合，故功圓超昇而爲聖真焉。

論說

儒童老人《破迷宗旨》　所有玉皇上帝，成於開皇九刦，慈悲廣大，放一十七大光明，立無量功德，位證至尊無上之品，掌握三曹之權，不釋度人之念，將修身培德，始末理法，著經一部，名曰《本行集經》留傳敎世，種種玄奧，隱藏於中，以作後世寶筏。有能叩誦體行，消災賜福，感應非常。但舉世之人，徒誦其文，何曾理會。吾今剖明，務須心領神會，不負我今洩露玄微也。夫大地衆生，爲氣稟所拘，人慾所蔽，迷眞逐妄，造成刦網，不知悔悟。爾時，幸遇上帝，放大神通光，慈悲無量，講明道德，剖白修身，敎人積功消孽，免墮輪迴之苦。有能覺悟，依言修煉，超昇天宮，脫離塵苦，是爲放大神通光也。

大慈悲光者，乃是視萬物皆天地所生，蠢動含靈，俱有眞性，敎人切勿傷害，見死可救則救之，是爲放大慈悲光也。

大喜捨光者，乃是懷仁義之心，有財能濟貧苦，樂善不倦，捨己利人，助人成美，是爲放大喜捨光也。

大忍辱光者，乃是立功行德，反遭人辱，人生退悔，不起嗔恨，知善難得，即發歡喜心，是爲放大忍辱光也。

大平等光者，乃是待人不分貧富，老少無欺，以德爲貴，以道爲尊，作事以理，和人以節，是爲放大平等光也。

大柔和光者，遇剛強矜傲之人，以禮和他，以柔待他，謙遜化他，除其強暴，是爲放大柔和光也。

大自在光者，乃處世知足。凡事隨緣，立功培德，見利思義，遇難思過，受刦殃明其消孽，上不怨天，下不尤人，吉凶靠天，守死善道，悠然自得，不以世網自縛，是爲放大自在光也。

大利益光者，常談濟人利物之理，陰功果報之條，使人覺悟，栽培心田。又或捨藥施茶，修培路道橋樑，點照路之燈，便人夜行。刊勸善之書，引人修積，是爲放大利益光也。

大如意光者，乃是做事思存天理，開口務順人心。與人相交，威儀謙和，令人尊愛，分手各別，厚道慈念，令人難忘。敬上愛下，一片誠意，是爲放大如意光也。

大智慧光者，人稟後天而生，行持多有差錯，賴人克懲，勸善規過，恭敬受教，對人悔過，知人指示之恩，以身悔錯惜福，作人標準，重責於己，寬厚於人，是爲放大智慧光也。

大吉祥光者，乃是行時時之方便，作種種之陰功。排難解紛。見作惡之人，憫他墮落之苦。見行善之士，愛他修培之福，是爲放大吉祥光也。

大解脫光者，處身涉世，與人有隙，芥蒂於心，務須平氣，靜坐思自己之短錯，細想他人之好處。他本有害我之心，我當作他是愛我之義。令我無偏，做事撿點，不可大意，讐作恩想，有何煩惱，化開無明，保養精神，心身安泰，是爲放大解脫光也。

大皈依光者，乃是上帝昔日，以化人爲本，救物爲念，談道論德，鬼伏神欽，有緣之士，皈依侍下，戒惡行善，依言修煉，其人不少，功成盡證天宮，是爲放大皈依光也。

大功德光者，大凡立功修德，不圖人知，只圖天曉。作此一事，實與人有益，終無敗弊。可以爲世法，一世勸人以口，萬世勸人以書，著經傳於衆生，是爲放大功德光也。

大圓滿光者，乃是作大小事務，必有始有終。言而有信，時以禮道敎人。從正爲心，刻將天律化衆行善爲要。敎爲君，而止於仁。敎爲臣，而止於忠。敎爲親，而止於慈。敎爲子，而止於孝。敎爲師，而止於明。敎爲徒，而止於勤習。敎爲夫婦，而止於和中有別。敎爲朋友，擇賢相交而止於信誠，敎敬天地神明，而止於恭敬。敎凡治家，而止於勤儉。敎居處鄰里，而止於和睦。視天下爲一家，待萬物爲一體。作事防有缺限，暗畏天理，明怕人言。行事周全，始終如一，是爲放大圓滿光也。

大無礙光者，乃是看破紅塵，不爲名利富貴所染、世俗人情所迷，不怕窮財，只怕窮德。借假修眞，棄虛辦實，逢冤即解，遇緣就結。身雖居塵，心超世外。行的是德，修的是道。置生死於度外，是爲放大無礙光也。

無能勝光者，乃是立有無量之功，而不自誇其功。才貫天人，不逞自才。有若無，實若虛。以天地生化爲德行，以萬物成敗爲道學。遇人稱讚

功高，自怕名過其實，把矜驕作大病，將好勝當魔障。見賢思齊焉，見不賢而內自省也。是爲放無能勝光也。

世人得聞此光，知其味道，遵依體貼，德修福增，化難成祥，心地自然光明，智慧朗開。感格至人指示，取南山之神精，製滄海之鉛華，格物窮理，厥性復初，三五聚凝，日就月將，功果純熟，德孚上帝，自有丹書來詔，脱殼飛昇。不要驚畏，龍行雲起，虎動風生，掃除塵垢，謊退異類，跨仙鶴上昇，走九霄，進紫門，朝上皇，謁三清上尊。候瑤池令下，朝拜無極天尊。依功受享天爵，先亡九祖，同超極樂天宮。逍遙勝境，妙處難言。

夫九地之下有獄焉。純陰無陽，黑暗無光。乃世間男女，迷昧天理，造罪黑心，不思天地神靈，風雲雨師，運生萬物。前聖作成器皿，爲人所用，方便不一。又產五穀六米，是爲養人之寶，今人喜餵豬雞鵝鴨，全無愛惜之心，將天地神靈，一片運化恩義，盡被爾圖其口腹。養牲作賤不堪，貧窮求討，怒罵不與。無故妄費，作孽就有。施濟貧苦，積德就無。天良何在，是爲忘乎仁也。

舉世不以儉用惜福，積德爲念，總以奢華妄費，傷德爲能。不思諸物，皆天地元氣所產，神靈運化，人力培成。如不愛惜，而負來歷，是爲不敬天地神靈也。妒賢欺愚，奪人之功，見財昧心，貪求不足，是爲忘乎義也。

侍父母師長，不存恭敬之心，忘其根本，不思教育之恩。娶妻養子，全無教道之規，有失人倫綱常之法。侍上不敬，待下不訓，人畜何異，是爲忘乎禮也。

讀聖賢經典，行事由性矜驕，以權壓人，口是心非，甘蹈天下之罪犯，是爲忘乎智也。

父母師長之言，教訓不聽，面是背非，陽奉陰違。不怕天律，言不忠信，行不篤敬，知過不改，由己橫暴，是爲忘乎信也。嗟乎！此仁、義、禮、智、信，是爲三才之根本，即五行之精蘊。天不以此，九霄何光？地不以此，萬物怎產？人不以此，何爲體天效地，行天地之全功。如是不體，自暴自棄，雖人即畜，雖生如死，昧心作事，神光皆是黑暗。久行不改，惡貫滿盈，閻王降票，拏之陰府，依過受罪，發轉陽世，變爲畜類，償還前生之賬。生不得其安然，死後骨骸難保。落在刀塗、火塗、湯塗，三塗之苦惱，供人口腹飲食，實可慘也。

夫天堂地獄，苦樂兩途。皆由人間修造，只在覺迷之分云耳。覺悟道德，濟人利物，功行圓滿，玉帝詔上天宮，受享極樂之福，逍遙隨心，快樂無窮。若昧心作惡，害人傷性，罪過造滿，閻君拏下地獄，而受極苦之災，諸獄刑法，眞可慘哉。今吾明示天律，毫無虛言，見者領之，遵之，天堂路開，地獄門閉。不負吾之厚望也。

偈曰：

講破天堂地獄情，光明黑暗任人行，禍淫福善天條密，惡墮善超理不昏。

行善消劫

題解

儒童老人《破迷宗旨》 如是，儒童老人談論天地循環之理，古今善惡之報。時有一門人，名曰棄塵子，不貪名利富貴，愛慕道德，恭敬頂禮，求問老人。「世人修善福報，作惡禍臨，理之常也。爲何天地生化，亦有興衰，求指其故。」老人示曰：夫天地之有風雲雷雨，日月星辰，運用各有神靈主持，俱屬玉皇上帝統率，循環無謬。惟人居天地之中，三才稟乎一氣，上下相通，天地生化興衰，因人心正與不正之分也。人心正，則天地陰陽之氣順。陰陽之氣順，則春發夏長，秋收冬藏，五行運化，四時序焉，萬物生焉，五穀六米，結實豐盈。凡人食之，災疾亦少，壽命亦長。但人心一壞，違理昧心，作異種孽冤，黑氣充塞宇宙之中。以致天上不清，地下不寧，陰陽反常，五行之氣不和，四時不序，萬物難生，五穀六米，屬不正之氣所結。人食之多生疾病，輕薄夭壽，皆因世人忘却孝弟忠信，禮義廉恥，作孽不一，惡氣沖天。上方諸尊不安，衆神不寧，亦無可奈何。世人造有異種之孽，故結成異種之災。因有旱澇飢饉瘟疫，刀兵

水火盜賊等患。冤冤相報，非天地生化有衰，降災不仁，乃人心昧理所造。每當大刼之時，死者屍骨遍野，生者東奔西馳。日食草物，夜宿雨露，人見人悲。那曉上天諸尊，每逢朔望，總錄人間善惡冊籍。見作惡者多，修善者少，久已爲人悲痛也。」

論説

儒童老人《破迷宗旨》 棄塵子又問曰：「將來此刼臨，大地男女，亦有神靈救濟麽？」老人示曰：「每逢大刼，皆有佛祖主持刼簿。大小神靈二六不停，所救有德之子，不救無德之人。舉世男女，損人傷牲，上天簿記，成此刼運，終不改悔，不但不能救他，神見他黑氣觸目，亦要使雷霆誅他也。」棄塵子又曰：「求老人慈悲，施一線之恩，傳一躲刼之法，令大地衆生，逃躲將來之刼，其恩莫大。」老人示曰：「仙佛以慈悲爲本，天地以好生爲心。善惡之分，冤緣相報，踈而不漏。刼運臨頭，秖有立德行善，解釋之理，無有躲脱之法。吾今指示，有緣男女，信實奉行，刼運可解，地獄可逃，大道可得，天堂可超。秖要紅塵看得破，道德認得眞。《易》曰：善不積不足以成名，惡不積不足以滅身。此言不虛也。夫天理循報，毫髮不爽。人既迷於前，急宜悝於後。從前無孝，不知尊卑長幼，今知行孝，報答教育之恩。從前無弟，待兄弟姊妹刻薄，今知待以厚道，不失手足之情。從前無忠，今知秉忠，不遺奸猾之臭名。從前無信，今知矢信，不作小人之反覆。從前無禮，今知以禮免失人倫之規模。從前無義，今知以義爲利，因事制宜，不敢妄爲。讀聖賢之經典，口誦心維，身體力行。

又 從前無廉，今知以廉爲尊貴，免鬼神之暗怒，旁觀之側目。從前無恥，今知天良不可昧，恥心發現，愧悔自新，終不受世人之鄙辱。從前損人利己，今知損己利人。從前殺牲害命，以圖其利，今知以改過放牲救命，作有益人物之事。從前以惡口傷人，今改以善言化人。從前有唆是弄非爲得意，今改以勸人和睦爲心田。從前以貪財害人爲能幹，今改以捨財濟人爲功果。從前以剛強壓人爲勢力，今改以忍辱敬人爲德行。從前貪圖口腹，作賤糧食牲物，耗散天良，今改以心口惜福，重穀米，愛生靈，體貼天地生化之義。從前好惡，今改好善。從前與人比能，今改與人比德。從前作異種之罪孽，今改修異種之陰功。從前悖師指教禮法，昧心徒表己之伶俐，今改體師指教恩義，存心不忘約束之規條。從前時怕窮財，今改刻怕窮德。人能如此體貼遵行，立德感天，久行不怠，功德純良，歷刼異種孽冤還清。自有至人指示超凡大道，明其至善之地，知格物厥性復初之功。地府消名，天榜紫府註號。採天地之正氣，煉日月之精華。撥陰修陽，養成龍虎八寶金丹，神光透徹九霄。即三災八難臨頭，清氣上達，善光發亮，諸神擁護。九九苦行圓滿，脱凡而超輪迴矣。

偈曰：

人心昧理遭殃災，立德解冤休巧乖。衆善奉行天自佑，窮原率性見如來。

踐實修真

題解

儒童老人《破迷宗旨》 如是，儒童老人高舉慧眼，觀看衆生。迷昧塵苦，輪迴轉報，實可悲憫，發聲長嘆。爾時，棄塵子有志濟人，發心救世，求指超拔衆生，脱離輪迴微妙法則。老人示曰：「天道人事，不可偏廢。治家以勤儉爲本，超凡靠功德爲宗。古之大聖，無不是以義爲利，治世勤儉，功濟宇宙，德合天心。暗遇至人，指示修性之理，煉命之功。內外加修，而證天爵。今之人，無不是以利爲義，一片私見。倚勢力壓人，仁義全昧。與聖賢之心相反，天地好生之義相背。即仙佛滿世，覿面不識。即識不信，即信難久。即久不培陰德，終時必退。」棄塵子問曰：「此何以故？」老人示曰：「人之生死不一，轉化多端。豈無冤愆結於地獄之中？如不立行功德，超拔冤魂，雖一時慧心發現，求領大道。爾即不吝，秉燭焚香，備設玉菓菜餚，頒請佛旨。驚動三曹，與他地府抽名，

天宮紫府掛號。爾時十殿俱要懸牌曉諭陰曹，他所結冤魂，登時聞之，即要作鬧，告訴閻君。某今得道，名登天曹；他與我們係有殺身之賬，無有還報，未必今就騙了不成，但他今騙我們之賬，我們俱欠有異種冤賬，可以不要我們還乎麽？」陽間畜物，不能說話。陰間諸物，都能訴情。爾時閻君衹好稟奏上天，放衆尋報，不但害他，還要與傳道之人作對，說你不該傳他大道，即生異種災難。魔他退道，或者使他性王顛倒，不遵佛規，糊作亂爲，干犯天律，使其不能成功。以故凡求大道者，務先敎伊叩誦經懺，印送善書，買放生靈。功畢拜佛，申表奏天，將伊歷刦冤魂，超出往生，然後可承領大道。子思子曰：苟不至德至道，不凝焉。

論　說

儒童老人《破迷宗旨》　欲求天仙者，當立一千三百善。欲求地仙者，當立三百善。紫陽眞人曰：大道修來，有易難也。知由我亦由天。若非行善積陰德，動有羣魔作障緣。等等格言，實無虚妄也。如是要想度化衆生，務分賢愚，因才施敎。遇下等之人，與講善惡果報，敎他改惡行善。遇中材之人，與講經論德，敎他體會覺眞。遇上哲有志之士，方講先天大道，返本工夫。此三等之人，不以富貴貧賤文墨而分，乃在功德行爲而別也。夫修大道者，務體古人之行持。先敎治家，勤儉惜福培德爲要，知訓子以義方，分耕讀、手藝、買賣爲業，使倫常無愧，日用無虧。借世法之理，始修出世之道。試看天宮仙佛聖賢，無不是有功於人，志同天地，心如日月，方成人天之師表。否則假名看破紅塵，棄家學仙修佛，貪懶好閑，苟圖衣食，不但無功與人，反是受人供養。歷刦冤孽，從何而消，天堂勝境，憑何而登。爾今敎世，若傳無德之人，不但無益於他，而反有害於己。須知紫陽眞人三傳匪人，三遭天譴之故。夫匪人者，乃是三畏不體，九思不遵。言不忠信，行不篤敬之輩也。爾須審察斟酌，愼之愼之可也。」

偈曰：

修行無巧德爲佳，功德消冤道始華。若識捨身培善果，積因感格步雲霞。

辨人是非

論　說

儒童老人《破迷宗旨》　如是，儒童老人談敍性命之理，剖明功行實際之德。時有棄凡居士頂禮請問老人：「今往紅塵勸化衆生，指惺愚迷，傳此先天大道，又何以知人好歹？始終成敗也。」老人示曰：「前聖有云：視其所以，觀其所由。察其所安。人焉廋哉，人焉廋哉。此皆指示分人好歹，辨人成敗之要訣也。果是仙根佛種，一見自有不同。素來喜閲善書，深信陰功果報，聞善言而敬聽，見丹經而不捨。輕財重德，廣種福田，時以道德爲貴，不以名利罣懷，此即是載道之器，仙鄉之客。可將處世治家，敬上訓下，儉用惜福后德，細微成敗，一一講明。天命大道超，墮層層撥清。使學人明其治家敎子，勤儉惜福之理，立德消刦，證佛成仙之義。否則，無仙佛之分者，皆是身受異種毛病。雖明三敎之理，不畏天律果報之條。」

禮儀修持戒律部

禮儀分部

持齋

題解

林子《三聖正宗・持齋辯惑》 持齋以持心可也，不知持心且不可以爲人，而曰能作佛者未也。若也能知所以持心矣，縱曰不能作佛，是亦不可以爲人乎。作持齋辯惑。

又《心齋爲貴》 或問：「林子不持齋者何也？」林子曰：「余惟以心齋爲貴耳，余惟以釋氏經律雖嚴，猶許人食三種淨肉，鹿肉一，豬肉一，其一則余忘之矣。若彌勒佛釋氏之卓然者，嘗飲酒食豬頭肉。至六祖乃以菜寄煮肉鍋，而曰但喫肉邊菜，彼蓋貧而守網，而肉食亦非其所能具也。朱橘道人既得了心見性之大，遂茹葷肉食，一無所忌。記曰：無故伐一樹，殺一禽，非時非孝也。殷湯解三面之網，而孔子則釣之不綱。孟子曰：『君子遠庖廚。』今三教而並論之。不殺物者仁也，不廢養者義也。豈曰籃中之魚，杌上之肉，可以義而食之？至於雞鵞鴨豬羊之屬，釋氏所謂必定殺者，而祭祀賓客其廢可乎？但惟用之以禮而已。」

又《學佛細行》 釋氏有言曰：人人有箇眞齋戒。口喫齋素假齋戒，眞齋時時要齋心，眞戒刻刻是性戒。仙佛都向性中求口食，緣何准齋戒？身心性命不知修，錯認喫菜爲齋戒，亦可謂能明齋戒之大義矣？然而何以謂之齋也？古人有言曰：湛然純一之謂齋。又何以謂之戒也？古人有言曰：肅然警惕之謂戒。故曰持齋念經乃學佛之細行，明心見性實佛祖之的傳。

又《日持不迁齋》 余嘗酌古諸齋日令諸生持之，名曰不迁齋。每日一齋，以早爲期。早或召燕，至午乃齋，午又召燕，至晚乃齋，肉邊之菜亦無所礙。凡我諸生須當反而思之，我之所以日持不迁齋者，抑何所爲以爲道也？又當記憶我修道以仁之工夫，眞有不可終食而或違也。日不迁齋，日不違仁，而用力之久則庶幾乎內而能主於直內之敬，外而不忘乎方外之義，而儒之聖學，道之玄學，釋之禪學，豈其有外於我之敬義也哉？故曰敬義立則德不孤。直內方外，謂非眞齋戒而何夫？既不食肉則有似於齋，而肉邊之菜則有似於非齋，非齋而齋，齋而非齋，亦以稍見余之教固有不在於齋者，記憶爲仁是又齋心之或一道也。

又《大人事備》 或問：「記憶爲仁以修道也，而又將何以記憶之？」林子曰：「孔子所謂修道以仁者，乃安土敦仁安仁居仁之旨，而宋儒所謂心在腔子裏者是也。而記憶之旨，須當記憶我是學道人也，我既學道，而我之心其可少違乎仁也哉？我之事其可少叛乎義也哉？違仁叛義而謂之道人不可也。如此記憶以居仁，如此記憶以由義，而大人之事備矣。」

林子曰：「早而齋也，須當記憶我之心果不違仁乎？否也。我之事果不叛義乎？否也。早或召燕而未之齋也，亦當記憶我之心果不違仁乎？否也。我之事果不叛義乎？否也。而午而晚亦復如是。」

又《心齋心戒是真齋戒》 林子曰：「口齋而心齋可也，口齋而心不齋不可也；口戒而心戒可也，口戒而心不戒不可也。心既不齋，心豈能湛？心既不戒，心豈能肅？不湛不肅，必不清淨。口齋心戒，竟亦奚爲？若將以此而欲造福與？雖以造福，實以禦福，造福禦福，豈非其惑之甚邪？若將以此而欲求佛與？雖以求佛，實以禦佛。求佛離佛，豈非其惑之甚邪？」

念經

題解

林兆恩《三聖正宗・念經辯惑》 林子曰：人人有釋老，人人有眞

經，眞經之不知，誦經有奚益？余嘗聞經師之教人以經也，曰：「經要勤誦，勤誦既久，自有仙佛應來度汝。」而誦經之徒心既惑矣，既領師命，口不輟聲，且則忘餐，夜則忘寢。如此勞苦，心火必旺。心火既旺，兩眼自昏。而經師復從而語之曰：「汝知仙佛之來度汝邪？汝之心豈不之覺，汝之眼豈不之見。」於是誦經之徒自以爲迷也，而必強以覺之以冀仙佛之我見也。心既惑矣，而眼又昏，似若有鬼現形，而所覺所見則皆是仙也，則皆是佛也，且顛且狂，如醉如夢，常言我得無上道，常言我證無上乘，我能白日而飛昇，我能永斷於生死，我能呼風喚雨，我能役鬼使神。夫經有何過？而誦經之敝一至於此，此誦經之可非也。作念經辯惑。

又《妙義不在文字》 達磨西來，不立文字，直指人心，見性成佛。若也不能明心見性，不知念佛念心，而朝誦金剛，暮誦圓覺，如此求佛抑既勤矣，而曰可以證佛果者，余弗能知之矣。甚而至於日夜朗誦華嚴八十一卷，一字一拜，槩百有九萬餘拜，一日千拜，槩千有九十餘日，如此求佛抑既勞矣，而曰可以證佛果者，余弗能知之矣。六祖曰：「佛之妙義非關文字。」心行而口念可也，口念而心不行，如幻如化，如露如雷，豈其不爲法華所轉，而與義作讎家邪？然則念之一字非與？林子曰：「六祖曰：『念念自淨其心，自修自行。』見自己法身，見自身佛，以此爲念，何可非也？特以其念經而爲經所轉者之可非也。釋氏有言曰：『念佛一聲，刷口三日；聞禪一句，洗耳三次。』豈不以佛本覺性，而念佛求佛何以能佛？禪外離相而聞禪，求禪何以能禪？」

又《正法不落知見》 或問：「『五鮮脱知見香。』而曰即須廣學多聞者非與？」林子曰：「汝以汝之自心果無所攀緣於善惡與？若果能無所攀緣善惡，而廣學多聞可也。若或有所攀緣善惡，而廣學多聞不可也。」又問：「既鮮脱矣，而又曰知見者何也？豈其解脱性中無此知見，而必廣學多聞，然後能證佛之知見邪？」林子曰：「夫既解脱當思度入，既思度入當明佛法。有宗有教，缺一不可。若也不能戒、不能定、不能慧，不能鮮脱，而即以知見爲事者，乾慧之徒也。昔者阿難亦嘗廣學多聞矣，竟爲摩登伽女所攝，至釋迦已證涅槃後，又從迦葉爲弟子，復以廣學多聞而爲迦葉所擯出。然阿難乃西天之第二祖也，迷於多聞至於如此，若不知所以自悟自懺，是亦後世乾慧者流也，則又安能得付正法而成佛果邪？而學佛多聞之徒，可不知所以自悟自懺，而卒流於乾慧之歸也。噫！」

又《能歇累生之狂》 昔者僧法達之所蘊習者，念法華經已及千部，乃其心中之一物也。故其有我慢幢，禮不投地，空誦循聲，以自開衆生之知見已耳。抑豈知從刼至刼手不釋卷，從晝至夜無不念時之微旨乎？後蒙六祖啓發，踴躍歡喜，而曹溪一句亡之倡，可謂能自歇其累生之狂矣。

又《佛在我心之經》 胡生博極佛書，而以佛之經，乃佛之所以作佛，及佛之所以教人也。來從林子受業，既易歲矣，而問於林子曰：「先生何爲不讀書？」林子曰：「余之習懶既已成癖矣，而佛之書豈非孟子先得我心之所同然哉？然余猶有説者焉。試以問汝，汝以古先諸佛皆從文字中而來，而佛之妙義果有關於文字乎？否也。《易》曰：書不盡言，言不盡意。而汝必欲求佛之意於其言，求佛之言於其書者何與？故佛縱無書也，而言外別傳可得而知者，以吾心之有釋迦在也。佛縱無言也，而意外別旨可得而悟者，以吾心之有釋迦在也。若必以書而求佛之言，而佛之言其可得而知乎？以言而求佛之意，而佛之意其可得而悟乎？然天下一佛無二佛，而十方三世一切佛，恆河沙數無盡佛，亦皆在於我之心之經矣。若能明此意，雖不念經，而謂之手不釋卷，能持眞經可也。若不明此意，是雖朝也金剛，暮也圓覺，日夜華嚴，禮拜不休，勤誦循聲，徒自勞苦。而曰紙上陳辭可堪作佛者，則惑之甚矣！」

疏啓二章

題解

林兆恩《三聖正宗·疏啓二章》 疏、啓二章，乃所謂世間法也。若不先之以世間法以自戒勵，而曰可以入道者，余弗能知之矣。

論説

林兆恩《三聖正宗・初學諸生告天矢言》 三教門人某謹筮日齋沐介贄啓領孔門傳授心法，於是始知吾性之善。即孔子敢不戰兢惕厲，夙夜奉行，誓發一念之誠，學不至於孔子不已也。又敢不遵守明訓，以三綱五常爲日用，入孝出弟爲實履，士農工商爲常業。脩之於家，行之於天下，以爲明體適用之學也。至於義利之辨，不可不明也。沉湎之凶，不可不戒也。方剛之氣，不可不創也。嗣續綱常，固於人爲最重，而淫邪之僻，亦不可不懲也。如或敗綱亂常，不忠不孝，不士不農，不工不商，義利之辨，有所未明，沉湎之凶，有所未戒，方剛之氣，有所未創，淫邪之僻，有所未懲，即是孔子罪人，將何以自立於天地之間也。爲此肅啓，不勝悚慄之至。

附啓：

一自愿。諸凡所授心法，惟當勤而行之。所示明訓，惟當遵而守之。誓發一念之誠，眞有若上帝之臨汝，更不敢稍違於終食，少離於斯須也。

一自愿。日授已過痛自懺悔。某嘗竊聞之衆生舉止動念，無不是罪。某亦衆生也，而生平之所舉止動念，惡得無罪？或爲不善於明，而明爲人之所非。或爲不善於幽，而幽爲神之所譴。自今伊始，誓將以前日所爲不是之事，自怨自艾，志心懺悔。更不敢有一毫自昧之心，如有不授已過不自懺悔，抑或懺之於前，而不悔之於後，即是得罪於天，惟天鑒之。

又《申嚴諸生戒行疏》 具疏臣林兆恩謹疏：臣竊以三綱孰不知其當惇也，五常孰不知其當植也，父母孰不知其當孝也，兄長孰不知其當弟也，此蓋秉彝之心之不容泯，又奚待臣之諄諄而誥教之耶。義利之辨，孰不知其當嚴也。方剛之氣，孰不知其當創也。沉湎之凶，孰不知其當戒也。淫邪之僻，孰不知其當懲也。此蓋羞惡之心之不容泯，又奚待臣之諄諄之戰懼之邪。臣惟以是之故，乃撰疏啓三章，是皆所謂世間法，而不可一日無焉者也。故必先令諸生詳覽而細玩之，自省自察，自度其能行也，然後方許當空焚之，自是諸生亦能知所警惕矣。毋敢不三綱也，毋敢不五常也，毋敢不孝其親不敬其兄也。至於義利之辨，方剛之氣，沉湎邪淫，毋敢不嚴不創不戒不懲也。而仍前爲非，不自警惕，蓋亦有之。臣初倡教，臣惟一聽諸生之言，而信其行也，退而省其所爲，多有不是處，乃今既令啓告矣，若復仍前爲非，不自警惕，則是以天爲不足畏也。天且不足畏矣，臣其柰之何哉。爲此具疏，臣兆恩不勝悚慄之至，謹疏。

掛號

題解

黄育楩《破邪詳辯》卷一 又云，龍華會，考道德，封賢掛號，考皇胎，九品三乘。噫，此言三十六考，雜亂無章，憑何選用。而教匪如尹、老，須開場考選，即由於此。究之，錢多者，名次居前，錢少者，名次居後，誆騙之局，不可信也。

論説

佚名《應用表文・齋期掛號護道表》 爲求護道捐貲消孽，懇賜錄呈掛號事。歷代諸佛諸祖諸師蓮臺之下，爲因護道衆生□□□□□□□等，扶持大道，捐貲湊緣，仰祈佛恩眷顧，格外提攜。言念伊等降生東林，輪迴已久，忘歸西土，孽造多端。幸逢普度之期，發願誠心改過。本當佛門早進，皈依大道參玄，奈人心不古，世道反常，不能長齋禁口，只得混俗和光。情願扶持道根，免遭風波之貽害。猶恐積累孽冤，致使災病之暗侵。欲求釋罪，未敢吝財。爰各捐放生根□□元，刷書銀□□元，助道銀□□元，各叩誦觀音夢授眞經□藏，懇祈所有孽障，悉藉消除。爲是虔備供儀，申文奏懇瑤池金母大慈大悲，□□□□，三天諸佛諸祖諸師廣大慈悲，發部郊天大赦。赦與護道衆生等，自寅生至今，所造冤孽罪過悉爲赦除。並將伊等所捐功貲數目，註冊標名，等候天緣，依功陞賞，再求拔濟。伏乞慈悲，賞賜伊等善緣

廣接，家道興隆，無難無災，聖凡兩利，廸吉迎祥，所求如意。護道衆生等，沾恩無極，□□□□，不勝沾感之至。謹百拜，冒懇以聞。

又《長齋掛號求懺表》 敬爲皈依學好，待後求領大道事。歷代諸佛諸祖諸師蓮臺之下，言念皈依□衆生□□□，自寅生以來，迷失東土，生生死死，輪迴無休。今當三期時至，普泛慈航，續千聖之緒脈，闡三教之薪傳。伊思欲脱離紅塵，竊幸遭逢黃道。存心改過，願茹素以終身，立志皈眞，思聞道於一旦。但時緣之未至，恐孽冤之多牽。爰捐放生銀□□元，刷書銀□□元，助道銀□□元，敬叩誦□□□□眞經□藏，祈消罪過。爲是虔備供儀，申文奏懇。瑤池金母慈悲，諸天衆聖施仁，□□□□，諸佛諸祖諸師普垂憐鑒，勅賜錄註，將伊所呈功德，超拔伊歷劫冤魂，解釋異種愆尤。待後求領大道，不致冤魔作祟，有阻修行。伏祈賞賜衆生□□，自今皈依以後，無魔無考，無阻無隔。智慧朗開，性體圓明。佛門早進，大道早聞。神天默蔭，諸事遂心。皈依衆生□□，實沾鴻慈於無涯矣。□兒□□不勝懇禱之至。謹百叩，冒奏以聞。

行好進香

題解

黃育楩《破邪詳辯》卷三 一，邪教以習教爲行好，無知愚民亦以行好目之。若村中無習教者，即謂無行好者。噫，此之謂名不正則言不順也。不知邪教實係行惡，並非行好。人欲行好，自有道焉。如孝順父母，尊敬兄長，教訓子弟，並於宗族之一脉相傳者無不相親相敬，即行好於一家焉。敦行禮讓，和息詞訟，解釋忿爭。又於保甲之聚族而處者無不相卹相周，即行好於一鄉焉。重農功，務生理，早完國課，不尙邪行，則戒酒戒色兼戒賭，一行好而物阜財豐焉。崇正學，黜異端，各重品行，不違法律，則盡仁盡讓兼盡忠，一行好而風醇俗美焉。吾儒之書皆行好之書，而司斯土者又於每月朔望宣講聖諭，語極顯明，義極詳盡，行好之道備於斯矣。總之自己行好，事非一端，惟以孝親爲要務。克盡孝心即立獲美報，世之富貴中人皆從孝弟中來也。勸人行好，亦事非一端，惟勸人不習邪教，尤爲救時之要務。蓋禁人習教，即救人死罪，救人愈衆，即積福無窮。試觀勸人習教者之必遭大禍，即知勸人不習教者之必享大福也。不此之務，而猶以習教爲行好，是以邪爲正，以禍爲福也，不可信也。

論說

黃育楩《破邪詳辯》卷一 一，邪教有《護國佑民伏魔寶卷》，分二十四品。《伏魔寶卷品》有云：「弟子在京都，老爺提名叫應，着我造經。醒來不敢擅專，香燭紙馬，午門求籤，三籤上上，弟子應承，集就熟言，口中長疔。」噫，使關聖果有此舉，必擇一有道德有學問者，本吾儒之至理，發救世之名言，令人口誦心維，改邪歸正，誠盛典也。今乃使一邪教中人揑造經卷，關聖必不至此也。伏魔職在降伏妖魔，邪教害人，魔之大者。故凡有邪教，盡皆犯案。由關聖在天之靈深惡痛絶，必欲斬盡根株而後快，又安肯使之揑造經卷，褻污聖人也？不可信也。

又云，「拈着香，來哀告，青青天天。大慈悲，來加護，可可憐憐。俺三人，願不求，富富貴貴。只求俺，弟兄們，平平安安。」噫，劉、關、張三人，深恨邪教黃巾大肆猖狂，因此桃園結義，奮不顧身，故將百萬邪教轉瞬誅盡，以安社稷，以救生民。可見聖賢存心，原爲天下計，不爲一身計也。今邪教以此極粗俗極庸弱之語，演至二十八行，恰似梆子腔戲中丑脚所歌唱，褻污聖人，爲已極矣。不可信也。

又卷三 噫，邪教亦言孝弟諸事，而不得謂之行好者何也？蓋人各有父兄，各盡孝弟，原非他人所能代也。知其不能代，故不習教，不聚衆，不斂錢，男女有別，各供厥職，則盡孝弟之實，而無事矜誇者，謂之眞孝弟，即謂之眞行好也。若必習教，必聚衆，必斂錢，男女混雜，有乖名倫，猶借孝弟之名，以巧爲引誘者，謂之假孝弟，即謂之假行好也。假行好即眞行惡。語云：「惡有惡報。」邪教所以必遭刑誅者，即行惡之報應也。或者不察，猶以好話教爲名，是以假行好爲眞，以眞行惡爲假也，不可信也。

噫，世有各處進香，名爲行好者，雖未必奉無生習邪教，而斂錢聚衆，亦猶之乎邪教也。考之《禮》曰：「天子祭天地，諸侯祭社稷，大夫祭五祀，士祭其先。」孔子又曰，「非其鬼而祭之，諂也。」士民之家，止祭先人可矣。紛紛祭神，原非古禮。然神道設教，由來已久，若祭正神於家庭，或祭正神於村廟，婦人止於家庭祭之，不於村廟祭之，以遠嫌疑。總之，不約會，不斂錢，量力爲祭，隨時上香，各盡各心，而誠之所至，神即至焉。故曰：「洋洋乎如在其上，如在其左右。」若必合數十人以爲會，越數百里以進香，跋涉道路，耗費錢財，荒廢事業，推原其意，不過謂遠方之神，靈於本村之神，一進香而自能獲福也。亦思獲福之由惟在爲善，爲善之要首重孝親，孝親之事極近便，極容易，而獲福又極平安。世有因敬神以獲罪而神不知，並無因孝親以獲罪而親不顧者，不能孝親而徒敬神以求獲福即不可信，必習教以求獲福愈不可信也。

又　一，邪教或充醫卜，或充貿易，遍歷各村，親去傳徒，而以斂錢論，則不甚多。噫，禮聞來學，不聞往教。今邪教逐日往教，下賤極矣。鬼蜮之態，醜不可言，而其始斂錢則不甚多者，其意蓋謂斂錢稍多，則人不樂從，即錢不能斂，必斂錢少，傳徒多，則錢即積少成多，又況入教既久，漸次需索，則始雖斂錢少，終必斂錢多矣。愚民無知，猶因其始之斂錢無多，遂謂志在行好，不在騙錢者不可信也。

噫，騙錢之局，只顧自己可矣，何必造經以貽後世？不知當初造經，原爲自己騙錢，不爲他人騙錢，而所騙之人，又欲賴邪經以騙人。因此傳不一傳，而一人騙錢之局，遂爲後世人人騙錢之局。迨至傳之既久，遂訛爲佛祖所貽留者，不可信也。

行好進香

雜録

黃育楩《破邪詳辯》卷一　《眞香普赴品》有云：「鼎鑪中，我焚上，眞香一柱。舉眞香，滿靈山，諸佛來臨。」噫，眞香一柱，諸佛來臨，可謂奇矣。然習教之人必至犯案，犯案以後必至受刑，何不焚眞香，請諸佛，求其默爲保佑，使之不犯案，不受刑，不更奇乎！現在之災，佛不能救，即香已無靈，猶謂眞香能請諸佛者，不可信也。

三教無遮大會

題解

林兆恩《三聖正宗・無遮大會》　洪生問釋氏無遮大會之義，林子曰：「余委不知釋氏無遮之義，余請言余之所以爲教者，而不知謂之三氏之無遮可乎？余每以三氏爲教，而其教人也，貴者賤者、富者貧者、老者壯者少者，智者愚者、賢者不肖者。而諸凡爲士、爲農、爲工、爲商，苟以是心至斯受之矣。其爲教也，始之以立本，既之以入門，終之以極則。或語之以上，而所謂出世間法也；或語之以下，而所謂世間法也，或最上一乘，或上乘，或中乘下乘，多方以教之矣。而又不淩節而施焉者，蓋欲將以斯世斯人，而悉歸於道化之中。

論説

林兆恩《三聖正宗・無遮大會》　儒而孔子之，道而老子之，釋而釋迦之，而又不名儒，而又不名道，而又不名釋，合而一之，渾渾然以復還太古之初者，此余之教、余之心也。余以是心而設教也，二十有餘歲矣，然亦不免驚駭時人之耳目，故余之教有所未明，而余之心有所未盡也。洪生喜曰：「天至大也，而無所不覆；地至廣也，而無所不載。而夫子之所謂無遮大會者，不謂之配天配地，而廣且大者乎？然而孔子亦有無遮大會歟。」林子曰：「『己欲立而立人，己欲達而達人。』孔子無遮大會之心

也。『老者安之，朋友信之，少者懷之。』孔子無遮大會之志也。故其之魯之齊，之宋之鄭，之秦之楚，亦以明其志於春秋之時，使天下萬世，悉皆包羅於我天地覆載之中而無外矣。」洪生喜曰：「吾乃今始知孔子之會，不惟無遮於春秋之時，亦且無遮於萬世天下矣。其所謂惟天爲大，惟堯則之，凡有血氣，莫不尊親者，豈非儒門所謂無遮之一大會耶？今專爲儒門設一大會，令人不驚不駭如何？」林子曰：「子之言善矣。然必曰儒門，便不廣大，便不無遮，是亦偏安於儒門之一隅爾。謂之則天之大可乎？謂之莫不尊親可乎？書曰：『山川鬼神，亦莫不寧，暨鳥獸魚鼈咸若。』夫山川鬼神，鳥獸魚鼈，亦無所遮如此，而況人乎？儒者亦有言曰：『仁者以天地萬物爲一體，豈惟人哉！而此心且無遮於萬物矣，豈惟物哉！而此心且無遮於天地矣。』豈惟天地！易曰：『變動不居，周流六虛。』而此心亦且無遮於六合之外矣。釋氏之書有曰：『偏大地是箇法王，身惟其大地也即是我之身，故其萬物也而皆備於我矣。』由是觀之，宇宙之內，天地之間，皆我之身也。皆我之身，則皆我之氣也。故堯舜太和元氣，自能流行於宇宙之內，而孔孟浩然之氣，自能充塞於天地之間者，此其盛也。而無遮大會，特以示其迹，以寄其心，以教天下萬世，俾共有所遵而守之爾。此無遮大會之義告朔之存羊也。」洪生曰：「敢問無遮大會之眞實義？」林子曰：「而所謂眞實義者，亦惟在於心爾。苟不迹以示之，則其心亦有不可得而見矣。於是而徧諸天下，而必有以會之，而必有以語之。會而語之以儒之所以爲儒，而儒則未始儒也；道之所以爲道，而道則未始道也；釋之所以爲釋，而釋則未始釋也。語之以立本未也，而申之以入門；語之以入門未也，而申之以極則。日而語之而繼之以月，月而語之而繼之以年，年而語之至死乃已。又如孔子之周流侯國，而自西自東，自南自北，而必有以會之，而必有以語之。豈其儒也無有乎孔子，道也無有乎老子，釋也無有乎釋迦出乎其間者哉？借言無有孔子、老子、釋迦出乎其間焉，則亦足以俾孔子老子釋迦之道，得以倡明於天下萬世，人人得而與知之，人人得而與能之。而若是乎其大者，蓋亦不過以示其迹，以寄其心，俾其有所遵而守之者爾。」洪生曰：「其如弗尊弗信，而人之我遮何哉？」林子曰：「夫弗尊固弗信矣，而人之弗信者，則當知是人之自絕以遮乎我，而非我有所峻而絕之以遮乎人也。然事有待於尊而人信之，則人有得而遮之。無待於尊而人信之，則人無得而遮之。若前所云偏大地是我法王身，而萬物皆備於我矣，而太和元氣於此而流行，而浩然之氣於此而充塞，山川得而限之乎？民物得而違之乎？知此則知無遮大會非徒會之以迹，而亦且會之以心。又豈在於尊之而後信者哉？故以其迹之有限言之，能會於會之所及，而不能會於會之所不及；以其心之無窮言之，不惟能會於會之所及，亦且能會於會之所不及。夫且能會於會之所不及矣，則迹惡得而限之，而人惡得而遮之者耶？」「夫既如是矣，則所謂無遮大會者，直以心運之，不亦可乎？而奚以迹爲哉？」林子曰：「又焉可以盡棄其迹，而專事於心耶？蓋心之所以能盡者，固有出於迹外矣，殊不知迹之所在，心之所存也。故迹以寄之，雖曰顯而易見也，而人之得於觀感者，期得而興起之矣。心以運之，雖曰微而難知也，而人之得於默契者，有不知爲之者矣。余於是而知有其迹而無其心，君子謂之徒法，則將何者可以爲運用之妙？有其心而無其迹，君子謂之徒善，則將何者可以爲象教之瞻？二者並兼而有之，寔所以相濟而相成也。」洪生又問：「大地法身之言不亦異乎？」林子曰：「不足異也。儒者亦有言曰：『聖人通天下爲一身，若以大地法身之言之足異矣，而曰天下爲一身也，不亦異乎？惟其以天下爲一身也，而天下之大，特在我一身之內方寸之間爾。舉心動念，其運至；速此感彼應，其機甚微。而古先聖王之所以風動四方，而廣運於無外者，夫何爲哉？恭己正南面而已矣！故干羽舞矣，而有苗格，簫韶成矣，而鳳凰儀。此蓋不過以吾一身之運用，而是氣之相爲感通者爾。余今復與汝而申言之，設言盡四海之內，而有以會之，而有以語之，孰不以爲大耶？而余則曰未可以爲大也。又設言盡四海之外，而有以會之，而有以語之。孰不以爲大耶？而余亦曰未可以爲大也。此皆有迹而會，而會於會之所及也，故必會於不會，不會而會，精神之所潛通，氣機之所感召，而諸凡天地之內，天地之外，則皆吾身也。皆吾身則皆吾氣也，皆吾氣則皆吾虛也，而無復有能外於我之身以爲身，外於我之氣以爲氣，外於我之虛以爲虛者。鼓而舞之，而動而變而化，其誰爲之？蓋有不可得而知矣。」洪生曰：「夫子之言至矣！然亦何修而可以至此耶？」林子曰：「汝獨不聞所謂神不可以致思者哉？夫神且不可以致思矣，而況於虛空之體？不神而神，而猶有待於修之功，有作而有

爲與？且釋迦之釋，孰不以爲不可得而及乎？殊不知人皆釋迦也，以人之性本寂定故也。老子之道，孰不以爲不可得而及乎？殊不知人皆老子也，以人之性本清靜故也。孔子之儒，孰不以爲不可得而及乎？殊不知人皆孔子也，以人之性本時中故也。由是觀之，則知釋迦、老子、孔子，初無遮於天下萬世，而其所以潛通之，所以感召之者，蓋眞有不知所以爲之，而無所與吾力焉。而天下萬世，亦初無遮於釋迦、老子、孔子，而所以鼓舞之，所以變化之者，蓋眞有不知所以爲之，而無所與吾力焉。夫苟有以知之者，則必有以爲之也。有知有爲，是亦不免有籍乎，力而涉於迹，而謂之無聲無臭之至聖神功化之極者，未也！然必至此，而後方可謂之無遮大會之眞實義矣。」

上表

題解

黄育楩《破邪詳辯》卷三　一，邪教斂錢上供，謂欲以此求福而免禍也。噫，《詩》云：「永言配命，自求多福。」以人既行善，則配命而福自至，固無待於上供也。《書》云：「自作孽，不可活。」以人既行惡，則作孽而禍自來，雖日日上供，禍終不免也。是報應以善惡爲斷，猶聽訟以曲直爲斷，使爲官者不論曲直而惟以賄賂之有無，爲訟詞之勝負，此貪贓之官，大干法紀，不可一日而居民上也。今無生老母不論善惡，而惟以上供之厚薄爲賜福之重輕，此貪贓之神，必遭降謫，不可一日而居天上也。幽明一理，人神無殊，以人所不宜爲者而謂神肯爲之，可以神而不如人乎？上供之説不可信也。

一，邪教上供即兼上表者，惟欲無生知有此人，將來即可上天也。噫，每年祭祀，如冬至祭天，夏至祭地，煌煌大典，惟皇上得行之，各地方官惟祭文廟、武廟、文昌廟，以及社稷山川、風雲雷雨、龍王、城隍諸神，斯時牲醴香帛，讀祝焚祝，以將誠敬，各有定制，各有定時，不敢疏，亦不敢數也。今邪教上表亦即焚祝之意。惟以愚賤小民，用家常食物隨便上供，已嫌瑣瀆，又以捏造邪神，謬謂位在昊天之上，褻污已極，僭妄已極，即造罪已極，邪教所以必遭刑誅也。上表之説不可信也。

論説

黄育楩《破邪詳辯》卷一　《誓中遊宫品》有云：「開荒眞表每月伸，皈家聖表續凡名，拔鑕眞表銷罪案，三元聖表修來因。」噫，邪教上供升表，爲上天計，即由於此。亦思儒、釋、道三教皆有上天之人，而自古迄今寥寥無幾，以上天原非易事也。今邪教不問賢愚，不分善惡，每傳一徒，於上供時續入表内，謬謂呈奏天宫，即掛號標名，查對合同，無生於此，濫收濫取，並不選擇，而不知爲理所必無之事也。設或有之，則是無生老母以口腹故親近匪人，卑污苟賤，廉恥全無。若在世間已爲正人所不齒，而謂能久居天上，不遭降謫，不情之論，莫此爲甚。又復多捏表名以惑愚民，不可信也。

又卷三　一，邪教掛號兼對合同者，惟欲無生對號查收，他人不得濫與也。噫，天上果有無生，當必無分畛域，一視同仁，何獨於邪教而如此戀戀也？無生果有此心，當必於皇古之初創立邪教，何獨於明末而如此急急也？邪教所以捏造此説者，謂上供、升表則傳徒雖定而不能必其人之不改悔也。加以掛號，並加上對合同，則牢籠愈固，挾制愈嚴，既追人以不能改悔之勢，而始可逞其所欲焉。此掛號與對合同，計已毒矣，不可信也。

一，邪教開場考選，謂欲以此定上天之序也。噫，此考將用何法。謂考經文，則經已不通，讀經者又安能通？謂考十步工夫，則渺茫之事既無可據，而名次高低又何以爲據？推原其意，蓋欲即入教之久暫，驗餽送之厚薄，觀存心之誠否，而所尤重者惟在傳徒之多寡，俾所傳之徒又各傳徒，極之盈千累萬，各有統屬，而即以傳徒多者爲上等。可知上供、升表則聚衆之勢成，掛號、考選則謀逆之機寓。至犯案之時，盡法懲治，即以考選爲定罪之由，深可懼也。如以考選爲上天之序，不可信也。

又 一，邪教男女混雜，恣行淫慾，業已習慣自然矣。噫，此等婦女或因自己有病，或因幼孩有病，邪教即乘此機會，多方引誘，謂一上供而病自能愈也。婦女無知，即親去上供，列名表內，無論病之愈否，而此身已不能自主矣。入教既久，廉恥全無，且又勾引他人婦女，而醜態已不堪勝言矣。婦女在世，首重名節，名節一壞，上則有愧於祖宗，下則貽羞於孫子，及至犯案，則又大禍臨身，悔之晚矣。惟望爲父母者管束親女，爲翁姑者管束兒媳，爲丈夫者管束妻妾，總使家有病人，亦當延請名醫，依方調治，病之愈否，聽命而已。如謂一入教而病自能愈者，欺人之語，不可信也。

雜録

佚名《應用呈奏》 設立道舍謹臺之下敬爲，權將此地宅舍立作佛堂，就茲慶祝□□□□吉日良辰，虔誠安設諸天佛位鎮宅神祇香位，懇乞佛恩垂慈，永免刀兵水火諸般凶惡強梁等災，以保道舍清吉，人眷平安，以率佛領，以開普度，以湊收圓，爲此奏懇諸天衆聖，恩光垂照空中，默蔭一一。賞准更祈勑令諸天神將，上下神祇，暗中時時保護，壓定諸般魔怪，不敢侵害道衆，隔定強梁賊寇，遠離宅舍，不得滋擾道場，三災不染，八難不侵，好人相逢，惡人迴避，道運興隆，諸事順遂，辦功功成，修果果就，不盡所祈，全希默佑，干冒天威，不勝惶恐之至。謹百拜上奏以聞。

又 捐貲助道蓮臺之下，爲因□處□縣□□□□捐銀錢□□兩文以助道中費用，以資普度之緣，以此助道之誠，理合奏明懇乞鴻恩洞鑒與伊無生寶地，注冊標名記以助道功德。上結龍華勝會普度之緣，現在更祈佛恩庇蔭，賞賜冤孽消除，智慧開朗，諸魔遠退，災害不侵，所修道果日益增長，辦道順遂，神力護持，龍華會上，依功定奪，佛果圓成，助道□□□□沾恩無極□□□□，不勝瞻仰之至，謹百拜冒奏以聞。

又 知識懺悔。蓮臺之下，爲因□□□□□投進佛門，承領□□職任，奈功果缺陷，罪孽難以消除，以致心性迷朦，辦道不周，詞置失宜，三皈五戒未能體眞，十惡八邪未能除盡，午夜自思，深知愧悔，爲是捐錢□千文，買物放生，消解冤愆罪過。伏乞瑤池金母，宏施格外之仁慈，諸佛諸祖、諸師，普垂降鑒，發部郊天大赦，赦與□□自無量劫來至於今日所造種種孽冤罪過，以及辦道不周調置失宜一切差錯，愆尤行持不到之處。求乞悉赦除之。更祈佛恩垂慈，念□□多年辦道，頗爲有益，赦釋已往之愆，開以自新之路。俾其自今之後，冤消孽除，見性明心，魔難不侵，佛緣順遂，道果精進，隨願圓成。□□□□沾恩無極，□□□□不勝瞻懇之至。謹百拜冒罪上奏以聞。

年終懺悔蓮臺之下，爲因□□□□□□□□□，內外辦道，調賢俗子凡夫多有帶罪帶過之處，或有當行未行，當言未言，反覆顛倒，進退失宜，粗心大意，違悖章程，又出外來往歇店鍋竈不能潔淨，種種不到之處，不可枚舉，茲特各捐錢□千文，買物放生，虔誠懺悔。佛前哀求殊恩赦宥解釋罪愆。伏乞瑤池金母，宏施格外之仁慈，諸天衆聖，大開無量之鴻恩，諸佛諸祖諸師，普垂憐鑒，發下一部郊天大赦，消滅伊等無邊差錯罪愆，賞賜□□等，今後辦道遠近均獲吉祥如意，內外共仰佛澤，垂蔭方方，行道順遂，兵戈不侵不害，處處救圓平康，惡劫凶災遠離。佛法顯靈，人天同慶，以開普度，果滿功盈。□□等沾恩無極□□□□不勝瞻懇之至，謹百拜放生，懺悔冒奏以聞。

又 生辰懺悔。蓮臺之下，爲因□□□□□生辰之期，秉發虔誠謹替先亡父母宗親名下捐錢，□千文買物放生，祈求與父母宗親解釋罪孽冤愆，離諸苦惱，冥福加增。□□又就母難之日，懺悔罪愆捐錢□千文，買物放生，祈求與本身，解釋歷劫今生種種孽冤罪過，消除一切魔難災厄，辦道順遂。言念□□賦性愚迷，智慧淺薄，三□□能體眞，十惡八邪未能除盡，行持疎虞怠慢，辦道差錯多端，未能克體，祖訓難逃荒謬之愆。茲値生辰之日，虔誠懺悔，佛前哀求，鴻恩赦宥，眷顧提攜。伏乞瑤池金母大發慈悲，諸天衆聖格外施仁，諸佛諸祖諸師俯垂，洞鑒如願，賞准發下一部郊天大赦，消滅□□一切差錯罪愆，賞賜星辰開泰，益壽延年，精神強健，道運亨通，內外道場興旺，九六原種歸根，官非消滅，普度通行，以慰無極金母心意，以成全普度收圓大事。□□□□實沾鴻慈於無涯矣。謹百拜放生懺悔冒罪上奏以聞。

又 星辰不順懺悔。蓮臺之下，爲因□□□□本年星辰不順，命犯太歲，五鬼梟神羅睺計都凶星，以致病魔纏身，形體消瘦，精神短少，難以進修。今特就兹□□□□勝會佳期，慈悲廣佈良辰，□□替伊捐錢□千文，買物放生，祈求與□□解釋罪孽，度厄消災，病魔脱離，精神强健，以便扶掖大道，竭力修持。伏乞瑤池金母宏施格外之仁慈，□□□□大開無量之鴻恩，發下一部郊天大赦，賞准□□罪孽冰消，如願允奏，化凶星爲吉星，轉梟神爲吉神，命運亨通，修行順遂，清吉平安，壽歲延長。□□□□沾恩無極□□□□不勝瞻仰之至，謹百拜冒懇以聞。

又 患病懺悔。蓮臺之下，爲因患病□□□□□時有異警，總因往動宿仇冤孽所致，□□□□特爲就兹□□□□勝會佳期，虔誠叩許，捐錢□千文，買物放生，祈求起度宿孽，解釋冤愆，以期疾病全愈，身體强健，以便扶助道塲，共湊普度事務。爲是哀懇瑤池金母大慈大悲，□□□□大開鴻恩，諸佛諸祖諸師格外施仁，賞准□□罪孽冰消，冤仇解釋，修行順遂，病魔脱離□□。沾恩無極，□□□□不勝沾感之至。謹百拜冒懇以聞。

又 年少懺悔蓮臺之下，爲因□□□□□年少無知，易惹罪愆，懇乞佛恩赦宥，事言念□□歷劫至今罪孽深重，幸持皈戒得贖前愆。蒙佛恩提攜甚厚，奈血氣未定，四相易於紛馳，意念多乖，五戒難保精嚴，恐舊染之復污，致新機之頓塞，條規失檢，功果缺修，有負慈恩，難逃譴責，爰捐放生錢□千文誦□經□藏，祈消孽冤罪過。哀懇□□□□□大慈大悲，三天佛聖大發仁慈，諸佛諸祖諸師廣大慈悲。憫念無知，曲與赦宥，釋其已往之愆，准以自新之路。□□自今求懺，以後洗滌身心，遵規守戒，知非改過，毋敢放失。更祈佛恩垂慈默佑，俾□□冤消孽除，見性明心，善緣普利，果就功成□□。沾恩無極□□□□不勝瞻懇之至。謹百拜冒奏以聞。

又 年老懺悔。蓮臺之下，爲因□□□□叩乞鴻恩垂慈寬宥，事言念□□□□幸遇奇緣，晚聞大道，上蒙慈宥，輒護安康，粉碎微軀，難酬聖德，無奈血氣衰殘，精神困憊，缺少修持，愧乏功行，未能扶助大道，誠恐違悖洪願，辜負慈衷，罪孽幽深，難逃譴責，爰捐放生錢□千文印書錢□千文誦□經□藏祈消孽冤罪過。哀懇瑤池金母大慈大悲，三天佛聖大發仁慈，諸佛諸祖諸師廣大慈悲憐伊年老心誠，從寬赦宥，所有種種罪過，悉化冰消。更祈鴻恩垂慈，默佑清平。俾其保全晚節，扶助大道，延年益算，功果圓成。□□□□沾恩無極□□□□不勝瞻仰之至。謹百拜冒懇以聞。

又 父母未進祈消病災。蓮臺之下，爲因□□□□□爲親病保安，懇恩濟佑，事言念□□□□投進佛門，扶持大道，辦功辦果，一德一心，伊父母□□□雖未皈依，進道亦知盡心護持，無奈冤孽牽纏，患病沉重，醫藥罔效，情實可矜，今男女□□□思念親恩未報，復染病災，爲是許捐放生錢□千文印書錢□千文誦□經□藏替伊父母親名下消解累劫孽冤，祈求撥除一切魔難。哀懇瑤池金母大慈大悲，三天佛聖諸佛諸祖諸師廣大慈悲。憫念□□勤勞，與伊親赦釋冤愆消除病災。更祈慈恩，庇佑吉星照臨。俾□□之父母壽元永固，以慰孝思，以期奮勉効力佛門，扶助收塲。□□□□暨伊父母沾恩無極□□□□不勝瞻仰之至。謹百拜冒懇以聞。

又 父母生辰懺悔。蓮臺之下，爲因□□□□□親誕良辰，懇恩解厄益算。事言念□□自入佛門，久疎侍養，罔極深恩，無由酬報，兹値伊父誕辰之期，捐貲放生誦經祈消罪愆。哀懇瑤池金母宏施格外之仁慈，諸天衆聖大開無量之鴻恩，諸佛諸祖諸師俯垂憐鑒，發下一部郊天大赦，將□□之父母前劫今生所造孽冤罪過，悉爲赦除，賞賜元神照耀，智慧朗開，同沾佛蔭，紀算綿延，精神康健。俾伊子勤辦聖事，克盡孝思，功果加增，佛緣普利。□□□□暨伊父母□□□實沾鴻慈於無涯矣。□□□□不勝瞻仰之至。謹百拜冒懇以聞。

又 慶師壽誕。蓮臺之下爲恭報師恩，懇錫福壽事。緣以□□□□□幸遇三期，得聞大道，仰沐佛恩之深厚，實由師德之提攜，兹値□月□日爲師尊□□□□□誕期，應申報本，微忱爲是，謹秉潔誠，捐貲放生誦經，替師消除孽冤罪愆。伏乞瑤池金母大慈大悲，諸天衆聖格外施仁，諸佛諸祖廣大慈悲，發部郊天大赦，赦除□□之師□□□□曠劫至今一切冤孽罪過差錯，不到之處求祈悉赦除之。更祈佛慈賞賜□□□□之師魔難不侵不染，益算延年，福祿加增，善緣普利，道運宏興，龍華三會，普慶功成。□□□□暨伊師□□均沾鴻慈於無涯矣。□□□□不勝瞻仰之至。謹百拜冒懇以聞。

又　替伯叔祈壽。蓮臺之下，爲因□□□□幼時承伯叔父□□□養育教誨數十餘年，受恩深重，茲於□日，值伯叔父誕生之期，□□替捐錢□千文，買物放生，祈消冤愆罪過，以期福壽加增，身體康健，以盡□□報恩之忱。伏乞瑤池金母宏施格外之仁慈，□□□□大開無量之鴻恩，諸天衆聖廣大慈悲，歷代諸佛諸祖諸師普垂洞鑒，念其□□幼年受伯叔父□□□教養之恩，得以成立，發部郊天大赦，赦釋□□歷劫冤愆。更祈佛恩垂慈，俾□□之伯叔父□□星辰開泰，壽元加增，愈老愈健，無難無災，二六時中，吉祥如意。□□□□暨伊伯叔父□□均沾鴻慈於無涯矣。□□□□不勝瞻仰之至謹百拜冒罪奏懇以聞。

又　懺悔通用。蓮臺之下，爲因□□□□□自進道以來，智慧不生，心性迷朦，功果不能上進，總由前劫今生罪孽纏身所致。茲特秉發虔誠捐錢□千文，買物放生，祈求消除宿孽，解釋罪愆。伏乞慈悲降鑒，格外施仁，與放生□□赦除無量劫來種種罪孽悉化冰消，賞賜智慧開朗，見性明心，災難不侵，吉祥如意，度己度人，功成果就。□□□□沾恩無極□□□□不勝瞻仰之至。謹百拜冒奏上呈以聞。

又　知識歸根。蓮臺之下，爲因□□□□□投進佛門，曾領□□大任，後以魔黨攪擾，妄加果位，固辭不受，但上下阻隔，未得扶湊根源，午夜自思，深知愧悔，爲是捐錢□千文，買物放生，祈求懺悔罪愆，歸依道根。□□念伊先前調辦大道頗爲有益，茲已歸根得保圓全，所領□□職任依舊辦理，懇乞無皇三天天恩仁慈，允□□□所奏標名注冊，開恩賞准以便扶助大道，湊辦收場，龍華二會，果就功成。□□□□沾恩無極□□□□不勝瞻懇之至。謹百拜冒罪上奏以聞。

又　誤入求懺。蓮臺之下，爲因□□□□□從前修行辦道頗爲有益，後以疎誤被魔黨所惑，實由不明邪正之故，茲已醒悟，仍歸正宗，爲是捐錢□千文，買物放生，虔誠懺悔，懇乞無皇三天，天恩仁慈，發部郊天大赦，赦與□□□□前劫今生孽冤罪過以及誤惑誤入之罪愆。求乞悉赦除之，更祈佛恩垂慈，俾□□自今之後，冤消孽除，心性開朗，佛緣普利，道果精進，無魔無考，全始全終，事事遂心，隨願圓成。□□沾恩無極□□□□不勝瞻懇之至，謹百拜冒奏以聞。

又　誤領歸正。佛堂之中，□□□□□領帶歸依正宗□□□□□，求領天恩堂口，稽首頓首，百叩啓奏，瑤池金母無極天尊，□云蓮臺之下，爲因□□□□前於□年□月□日曾領外門天恩堂口，茲已知其生枝分葉另立門戶，誤入誤領，深知愧悔爲是捐錢□千文，買物放生，祈求懺悔，消解罪孽冤愆，秉發虔誠，棄邪歸正，求領恩任，扶助普度事務，□□□□念伊歸依正宗，頗屬眞誠，特爲奏懇諸天鴻慈洞鑒恩施，格外賞准，交給天恩堂口。伏乞無極金母慈悲，諸天衆聖施仁，諸佛諸祖諸師大慈大悲，發部郊天大赦，赦與□□前劫今生孽冤罪過，以及誤入誤領之罪愆，求乞悉赦除之，更祈佛慈，賞給天恩職任，標名注冊，以便扶助大道，湊辦收圓，龍華三會，普慶功成。□□□□沾恩無極□□□□不勝瞻懇之至。謹百拜冒罪上奏以聞。

又　更換師名。蓮臺之下，敬爲□□□□□更換師名，懇恩注冊，事言念□□□□賦性愚迷，沉埋深厚，幸逢普度，得遇奇緣，於□年□月□日□時投進佛門開示，□□□引進□□□保舉□□□具此三師姓名，薦懇慈恩，始得領受大道，奈三天降考，發放羣魔，□□□□師竟投魔黨，深恐無所依歸，慈特更換□□□爲引□□□爲保□□□爲開，仰祈鴻慈降鑒，注冊標名，賞准自今之後，元神照耀，性體光明，三師有靠，諸魔不侵，功果層層加進，賢良濟濟歸根，□□□□實沾鴻慈於無涯矣。□□□□不勝瞻懇之至，謹百拜冒奏以聞。

又　支持門戶懺悔。□□□□□又爲呈奏懺悔罪愆，□□□□□□□爲道支持門戶，犯酒犯葷踰越佛祖戒律，帶罪招愆，只爲保全道場，遮掩世俗，萬般無奈之故，爲是就茲□□□□勝會佳期天恩廣佈良辰，與伊等呈奏懺悔，佛前哀懇殊恩赦宥。伏乞瑤池金母宏施格外之仁慈，□□□□大開無量之鴻恩，諸佛諸祖諸師大發慈悲，破格施仁赦除□□等爲護道塲犯戒犯律之罪愆，賞賜吉祥之厚福，俾其辦功功成，辦果果就，龍華三會同證蓮邦。□□□□等沾恩無極□□□□暨闔堂男女等均不勝瞻仰之至。謹百拜冒懇以聞。

又　開荒闡道蓮臺之下，爲因□□□□□同□□□□□前赴□處開荒闡道，恐其孽冤深重，善緣淺薄，智慧不開，難以調賢引眾，效力佛門。爲是懇乞瑤池金母大慈大悲，□□□□大發仁慈，諸天衆聖格外施仁，歷代諸佛諸祖諸師普放郊天大赦，赦釋□□等前劫今生孽冤罪過，俾其明心

見性，開通智慧，更祈佛慈，空中默蔭，保定一路淸吉平安，所到之處無魔無考，無是無非，佛緣普利，道運興隆，以便扶助大道，湊辦收塲。□□□□等沾恩無極□□□□不勝瞻懇之至。謹百拜冒奏以聞。

又　求雨。蓮臺之下，爲懇求佛慈賞賜甘霖，以濟生民事。緣以世道衰微，人心不古，喪失天良，敗壞倫紀，而且不敬三寶，不惜五穀，□□等修行辦道，亦多有不知惜福檢點，奢費濫用之處，以致觸怒神明，降以災禍，天氣亢旱，年歲凶歉，人命恐難保全，佛緣亦難湊辦。是用自省，深加悚惕，甘願於飮食之閒，刻苦自勵以儉約。率人冀贖罪戾。更祈佛慈念世人愚昧，無知免降災難，以示好生之德。爲是就茲□□□□勝會佳期，慈悲廣佈良辰，約同男女衆等叩許誦□經□藏，捐放生錢□千文，哀懇瑶池金母宏施格外之仁慈，玉皇上帝大開無量之鴻恩，諸天衆聖廣大慈悲，歷代諸佛諸祖諸師普垂憐鑒，發部郊天大赦，赦除世俗人等所造冤孽，以及修行辦道奢費濫用之罪愆，免降災難，速沛甘霖，以保民命以全道緣。□□□□暨閤堂男女衆等均沾鴻慈於無曁矣。謹百拜冒奏上懇以聞。

又　祈晴。蓮臺之下，爲因陰雨綿延，水潦爲患，以致田廬傾頽，禾稼淹沒，民命攸關，深爲憂慮。男等爲是捐貲，放生誦經，祈消除大衆冤愆，解釋災厄，以期民安物阜，辦道順遂。哀懇瑶池金母大慈大悲，玉皇上帝，諸佛諸祖施格外之仁。憫念生靈苦厄，赦罪消災，速與晴霽。俾人得安居，歲無荒歉，以便善信人等，仰荷鴻慈，扶辦聖事，賢良登岸，原種歸根。□□□□與閤堂衆等均不勝沾恩之至。謹百拜冒瀆上懇以聞。

又　三元會大衆懺悔。蓮臺之下，爲因男女道衆等各捐貲財，買物放生，祈求懺悔罪愆，消除冤孽，道果精進，修行順遂。言念男女道衆自從無始劫來，迷失苦海多造惡孽，今雖仰沐佛恩，提攜入道，辦道扶助，普度收圓，奈孽債阻隔，魔障重重，諸根暗鈍，不能進功。爲是就茲中上下元勝會佳期，天恩廣佈良辰，虔誠放生懺悔，哀求赦宥消除。伏乞瑶池金母宏施格外之仁慈，□□□□大開無量之鴻恩，俯垂洞鑒，格外施仁，與放生懺悔。男女衆等赦釋一切過惡，消滅無邊孽冤，如願允奏。聖慈普蔭，賞賜伊男女道衆智慧逐日開朗，災厄永遠脫離，佛緣普利，道運興隆，諸魔不侵，神力護持，辦功功成，修果果就，一二六時中，吉祥如意，放生懺悔，男女衆等沾恩無極□□□□不勝瞻仰之至。謹百拜冒懇以聞。

謹將捐貲放生名目呈列於後□□□□捐錢□千文□□□□捐錢□百文謹茲上呈伏乞鈞鑒。凡功德注後者倣此。

又　衆知識統同超拔。蓮臺之下，爲因□省前後亡故知識，有爲道亡身□□□，遭劫亡身□□□，患病身故□□□，共計□□名。□□等均替伊□人名下共捐錢□千文，買物放生。又□省□□□□替伊□人名下共捐錢□千文，買物放生。均祈與□人等，解釋歷劫罪孽，消除種種災厄。哀懇佛恩超拔，格外垂憐提攜。總念□□衆等迷失久遠，沉埋深厚，雖進佛門，修持淺薄，承受佛任，辦道疎虞，三皈五戒，未能體眞，十惡八邪，未能盡除，功果欠缺，差錯多端，有願辦道，心志未滿，兼之流落苦海，生死輪迴，作諸惡孽不可枚舉。□□等爲是就茲□□□□勝會佳期，天恩廣佈良辰，虔誠替伊放生懺悔，哀求赦宥，解釋罪孽冤愆。伏乞岳池金母宏施格外之仁慈，□□□□大開無量之鴻恩，諸天衆聖格外施仁，歷代諸佛諸祖諸師大慈大悲，普放郊天大赦，赦與□□等自從無量曠劫以來至於今日所造無邊等等冤孽罪過，千差萬錯，一切不到之處，求乞悉赦除之。哀懇殊恩，一一提拔。俾爲道受屈遭劫亡身，患病身故，衆等均得脫離苦惱，直登道岸，沒後加修，返還本原。更祈佛恩寵錫，分列賞賜，佛旨或勅，暗中掌道，顯化普度收圓，或提□佛前効力，或令道辦□道，箇箇□圓□□位高增，以滿伊等修行辦道之志。願等候三會圓滿之日，一齊共赴龍華，成其正果。□□□□等均沾恩無極，□□□□暨閤堂男女等均不勝瞻仰之至。謹百拜冒懇以聞。

又　恩任超拔。蓮臺之下，爲因□□□□□於□年□月□日□時病故。若應九即云今值□九之期□□□□恭同□□□□各替捐放生錢□□文，均祈與伊解釋歷劫罪孽，消除種種災厄。哀懇佛恩超以格外垂憐，言念□□□□迷失久遠，沈埋深厚，雖進佛門，修持淺薄，承受佛任，辦道疏虞，三皈五戒未能體眞，十惡八邪未能除盡，功果欠缺，差錯多端，有願辦道心，志未滿。□□等爲是就茲□□□□勝會佳期，天恩廣佈良辰，虔誠替伊放生懺悔，哀求赦宥超拔提攜。伏乞瑶池金母宏施格外之仁慈，□□□□大開無量之鴻恩，諸天衆聖廣大慈悲，歷代諸佛諸祖諸師普垂憐鑒發部郊天大赦，赦與□□自無量劫來至於今日所造無邊孽冤罪

過，千差萬錯一切不到之處，求乞悉赦除之。哀懇佛恩拔濟將伊一靈眞性，提回西方，歿後加修，返還本原。更祈賞賜佛旨，或勅佛前効力，或令暗中助道，俾其功德加增，佛果圓成，以滿伊修行辦道之志願，等候三會圓滿之日，一齊共赴龍華，成其正果。已故□□□□沾恩無極□□□□暨□□□均不勝仰懇之至。謹百拜冒奏以聞。

又 護道超拔。□□□□又爲奏明□□□□爲伊□□□□□□於□年□月□日□時病故，□□替伊誦□經□藏捐放生錢□千文。懇乞佛恩超拔事。言念□□生前護道，有益佛門，爲是替伊誦經放生，消解歷劫冤愆。哀求殊恩赦宥，超拔提攜。伏乞無極金母慈悲，諸天衆聖施仁，歷代諸佛諸祖諸師普垂憐鑒，赦釋□□前劫，今生孽冤罪過。更祈佛慈賞賜佛旨，將伊一靈眞性，提回空中，脱離苦惱，得登道岸。念伊生前慕道之誠，勅令陰班領袖，開示進道，暗中加修，待候三會圓滿之期，得證蓮邦，成其正果。□□□□暨伊□□□□□均沾鴻慈於無涯矣。□□□□不勝冒懇之至。謹百拜上奏以聞。

又 帶罪超拔。佛堂之中，□□□□□恭同男女衆等爲因帶罪□□□□□於□年□月□日□時病故，替伊名下捐貲放生誦經。虔誠跪在瑤池金母無極天尊云云蓮臺之下，懇求慈悲赦釋罪愆，超拔提攜。言念□□自無始劫來，沈埋久遠，生死不一，造孽多端，今生投進佛門，有始無終，開齋破戒，罪犯佛律，恐其去世之後，罪孽難消，未能脱離苦惱。□□□□等念伊先前修道，有益佛門，後因孽冤朦蔽，開齋退道，近來頗知愧悔，有志求懺，旋即病歿，□□等爲是均替□□名下放生誦經，消解懺悔犯戒犯律之罪愆。哀懇佛恩赦宥，拔濟提攜。伏乞無極金母慈悲，諸天衆聖施仁，歷代諸佛諸祖諸師普垂憐鑒，看衆莫看一發部郊天大赦，赦釋□□前劫今生孽冤罪過，以及犯戒犯律之罪愆，求乞一並赦消。更祈佛慈賞賜佛旨，將伊一靈眞性，提回西方，不昏不迷，空中加修，得證蓮邦，成其正果。□□沾恩無極。□□□□暨男女衆等均沾鴻慈於無暨矣。謹百拜冒罪上懇以聞。謹將捐貲放生誦經名目呈列於後□□□□□□各替捐錢□千文□□□□□各替誦□經□藏均此上呈伏乞鈞鑒。

又 呂祖祛祟。今有□□□□□哀懇神霄玉清眞王、長生保命天尊、雷霆左右諸司神阮，今爲□府□縣有善信受持皈戒，一心學好，突於□年□月□日□時身遭妖孤毒害，或某邪氣無辜擾害，横行無忌，百般淩污，夫妖物害人，已干天譴，况侮善良罪何可容。□等恐修人喪於妖類，一者敗壞佛門，有阻修行之路，二者人陷於物，致有邪正不分之危，天律森嚴，豈有寬縱，□等爲此虔備時菓饈菜佛供，一堂誠惶誠恐，大齊哀懇神霄玉清眞王長生大帝及諸司位前請勅賞左右諸司，天兵神吏六丁神將速到，□氏家掃除魔怪，永絶妖氛，使善信元神復體，清吉平安，不勝沾恩之至，誠惶誠恐，謹百拜冒懇上呈外函玉清眞王長生大帝位前呈進此表用黄紙硃書大衆拜佛一堂默相神霄焚表一通，又焚表於伊家住處土地城隍，求其代爲申奏神霄可也。

科儀

論說

廣野老人《科儀雜表・息兵災》 皇清□□□年歲次□□□月。□□日□時分前後現在□□省□□府□□縣□□土地社下佛堂之中。男兒□□□恭率□□□暨信心修行善良人等敬爲力行善事祈息兵災，以保國家安泰，人民樂業事，跪在□□□□無極天尊、天地老爺、玉皇上帝、靈山三世佛、崑崙四天尊、九天斗母元君、諸天佛聖仙眞、歷代祖師、五老上聖、九天東廚司命過去現在、衆位師尊蓮臺之下，竊念聖君垂裳端拱，聲教徧訖垓埏。賢相搢笏宣猷，勳名遠震夷夏，凡我生民躬逢雅化，沐累朝樂利之庥，享數世承平之福。正欲上酬高厚，以期下竭悃忱。無奈愚賤無知，日造罪孽。久而愈積，戾氣盤旋。上干天怒，致釀兵災。聞風鶴之遠驚，室家遷徙。睹烽烟之肆起，性命瀕危。雖云生死有數，尚恐玉石俱焚。但上帝總是好生，想天心終必悔禍。男兒衆等，願捐貲放生誦經消孽。體造物胞與之懷，解宇宙冤煞之氣。爲此設備供菓饈菜，香燭微儀。奏懇無極老母慈悲玉皇上帝諸佛諸祖，大發仁慈。發部郊天大赦，赦與下方，修行善信人等。種種孽冤罪過，求其格外赦除。伏望鴻恩眷顧，空中

撥消。化莠爲良，轉凶爲吉。上錫皇王之福，下免黎庶之災。從此妖氛氣靖，良善心回。人人改過自新，方方行道護慶。大智高賢，咸體忠孝。普天匝地，共樂昇平。皇圖鞏固，帝道遐昌。男兒□□與合堂衆等，實荷鴻慈於無涯矣。不勝懇禱之至，謹百叩冒奏以聞。謹將捐貲誦經名目開列於後□□許捐放生錢□□文，誦□□經若干。謹茲上呈伏乞鈞鑒。

又《久雨求晴式》 敬爲淫雨頻作，大衆懺罪消孽。祈天霽色，以舒萬物鬱結事。□□金母云云蓮臺之下，竊思下民遭困苦之厄，惟饉惟饑。上天示警戒之端，曰潦曰旱。近因時節失序，陰雨綿延。溝澮沖盈，田廬有受傾之害。禾稼淹沒，粢盛有弗備之虞。猶慮河伯肆虐，必致洪水横行。隄防倘若無爹，億衆難免其魚。思民命之攸關，惟彼蒼之是叩。男等爰捐貲放生誦經懺過，祈釋大衆冤仇之結，求免天下汎濫之災。爲此設備供儀申文上奏，哀懇□□金母大慈大悲玉皇上帝諸佛諸祖施格外之仁，憫念生靈苦厄，赦罪消災，速飭巽風，撥開重重雲霧，高懸離火，現出耿耿漢霄，陽光普照。品物咸亨，歲無荒歉，食盡豐餘。俾天下善信等，報皇恩而早完國課，行善事而願證菩提。賢良濟濟登岸，大衆滴滴歸根。男兒□□與合堂衆等，不勝沾恩之至。謹百叩冒瀆上懇以聞。

又《息瘟疫式》 敬爲瘟疫流行，大衆懺罪消孽。懇恩驅除，以保清吉事。跪在□□金母云云蓮臺之下，竊思景星慶雲，上世紀庥祥之瑞。和風甘雨，人民無天扎之虞。不料運際三期，時遭末刧。人心不古，天道反常，瘟神巡各境。染其瘟者，苦厄難當，疫鬼徧四方。受其疫者，痢瘧爲患，甚至醫藥罔效。病入膏肓，形體瘦枯，命在頃刻。豈造物之不仁，由世人之結孽。男等目擊爲凄，心驚最慘。雖修短有數，而夭折堪悲。將爲驅逐，無能與鬼爲謀。思欲保全，只合呼天以籲。爰捐貲以放生，誦經懺罪。虔誠備設供儀，申文上奏。哀懇□□金母大慈大悲玉皇上帝諸佛諸祖，廣大慈悲。開恩降赦，召回瘟部之神，掃去時疫之氣。宇宙肅清，民物安阜。並祈賞賜信心行善人等，災殄不作，疫癘無侵。方方闡化順陽，人人養體康強。飲和食德，幸遊再造之天。積善累功，並有得壽之報。聖凡兩利，存歿沾恩。男兒□□與合堂衆等，實荷鴻慈於無涯矣。謹百叩冒瀆上奏以聞。

又《新進求懺式》 敬爲皈依學好待後求領大道事。跪在□□金母云云蓮臺之下，懇求慈悲。赦愆宥過，度厄消災。撥除魔難，化爲吉祥。大道早開，普度早成。言念皈依衆生□□自寅生以來，迷失東林，沈埋苦海，生生死死，輪廻無休。今當三期時至，普泛慈航。續千聖之緒脈，闡三教之薪傳。衆等思欲脫離紅塵，竊幸遭逢黄道存心改過。願茹素以終身，立志皈眞，思聞道於一旦，但時緣之未至，恐孽魔之多牽。爰捐貲放生求得解夫冤障，並印書訓世，冀稍立乎功勳。男兒□□爲此請設供菓餚菜、香燭微儀，奏懇□□金母慈悲諸天衆聖施仁諸佛諸祖諸師俯垂洞鑒，赦除已往之愆，賜以將來之福。憫念伊等，讀書有素，積德累年。立品不污，善根夙植。此處因人而用暗中眷顧，格外提攜。與伊等消冤解厄，開慧通靈。俟彼天緣有分，方可大道與聞。庶天曹准予冊標，斯地府永免冤擾。無災無難，早渡迷津。大智大賢，同登道岸。皈依衆生□□實荷慈恩無量矣。男兒□□不勝沾感之至，謹百叩冒奏以聞。

又《新進拈鬮式》 敬爲求領先天玄關大道憑鬮定奪事。跪在□□金母云云蓮臺之下，懇求慈悲。赦愆宥過，度厄消災。撥除魔難，化爲吉祥。大道早開，普度早成。言念衆生□□自皈依以來，存心改過。覺苦海之無邊，立志希賢。思道岸之有自，爰發誠心。願遵守三皈五戒，不改初念。用懲窒六欲七情，前次放生愛物。曾求懺釋於三天，今特發愿求玄。復祈點開乎一竅，誠恐孽未能消，冤猶來阻。衆生□□願捐放生錢□□文，誦□□經□卷。祈消累刧之宿冤，求余今主之魔障。但男乃肉眼凡夫，未知根原深淺。爲此請設供菓餚菜，香燭微儀。謹備空准二字，奏稟諸佛，鴻慈洞鑒。如伊可開蒙，賜准字。如未可示，請給空鬮。男兒不敢自專，憑鬮定奪。伏望□□老母宏施格外之仁，諸天衆聖大開無量之德。諸佛諸祖諸師普垂憐鑒，發下一部郊天大赦。赦與衆生□□自歷刧至今，所造無邊孽冤罪過。一切不到之處，求其悉赦除之。更祈紫冊標名，紅籍書號。賞賜□□自今之後，智慧開朗，性體圓明。三災不染，八難不侵。好人相逢，惡人迴避。諸魔遠退，神力扶持。二六時中，所求如意。男兒□□干冒天威不勝惶恐之至，謹百叩上懇以聞。

又《採取表式》 敬爲□衆生□□求領採取口訣事跪在□□金母云云蓮臺之下。爲因□衆生□□幸逢普度，皈依佛門持守皈戒。得聞一貫眞傳，靜參妙玄，頗悟六根大定。但未明陽昇陰降之原，水火何以既濟。欲

識子進午退之序，性命在乎雙修。今當六九期滿，復求採取口訣。始知抽坎塡離，情來歸性。誠恐孽未消清，冤即來擾。衆生□□□願捐貲□□文，放生印書。誦經□□卷，消冤解孽。爲此備設供菓餚茶，香燭微儀，奏懇□□金母大慈大悲諸天衆聖諸佛諸祖諸師，大發仁慈，發部郊天大赦。赦與□衆生□□□歷劫至今，種種孽冤罪過，求其一並赦除。衆等自今以後永遠持行，猛勇精進。如有退悔，照誓果報。伏乞慈悲施格外之仁，賞賜伊等災難不染，考魔無侵。心安意靜，得專力於抽添。體泰神清，識大藥之老嫩。從此關竅無阻，漸覺智慧朗開。二六時中，聖凡遂意。求領採取衆生□□□實荷佛恩無量矣。男兒□□□不勝沾感之至，謹百叩冒奏以聞。

又《領火候式》 敬爲□衆生□□□求領文武火候，以全周天度數事。跪在□□金母云云蓮臺之下，爲因衆生□□投入佛門，與聞玄竅，知坎離之相投，得水火之既濟。蒙恩甚厚，捐體難酬。但修性不修命，累劫終屬陰靈。傳藥不傳火，古聖何等鄭重。雖陰降陽昇，頗明抽添之義。而文烹武煉，莫識進退之機。爲是誠心虔具，求領火候週天。猶慮宿孽潛滋，來擾身心作祟。爰捐貲□□文，印書放生。並誦經□□卷，消災解孽。爲此設備供菓餚茶，香燭微儀。奏稟□□金母大慈大悲諸天衆聖諸佛諸祖諸師，格外施仁。發都郊天大赦，赦除□□□無邊冤孽罪過。更祈鴻慈眷顧賞賜□□心花開放，智果圓明。災難不染，魔障無侵。周天轉運，火候通靈。元珠有象，金丹結凝。修果既熟，辦功得成。聖凡如意，內外遂心，求領火候。衆生□□□實荷恩德於無量矣。男兒□□□不勝沾恩之至，謹百叩冒奏以聞。

又《求經通用式》 爲叩乞洪恩給發眞經事。跪在□□金母云云蓮臺之下。言念衆生□□□皈依佛門。與聞大道。受恩深厚，感德無窮。時逢末運，刼災遍興。術遇魔妖，横行無忌。雖係良善，未免有所震驚。屬在殘靈，何方能以解脫。荷蒙上帝仁慈三天眷顧，俯垂憫憐。拯救苦厄，勅賜寶偈眞言，特顯無邊道法。男兒□□□謹遵佛旨頒行，用付眞誠善信。兹因衆生□□□求領□□□早晚持誦，祈消災刼，以便扶助大道，降伏妖魔。虔備供儀，申文上奏。哀懇□□金母大慈大悲玉皇上帝三天諸佛，大開洪恩。允男兒□□所啓仰爲賞給。懇祈神光下注，大顯威靈。庶方方有鎭壓之權衡，斯處處免妖氛之擾害。平安吉慶，內外恬熙。修行辦道順遂，功果巨細圓成。男兒□□□與衆生□□□不勝沾恩之至，謹百叩冒懇上奏以聞。

又《捐貲式》 敬爲捐貲助道懇賜錄存事。跪在□□金母云云蓮臺之下。竊思大道頒行，流傳東土。羣賢奉命，徧找原人。駕苦海之慈舟，必需源水借閻浮之世寶。方種佛田，德行淺深，不宜吝惜。蓮品高下，亦視佈施。兹因衆生□□□認道眞誠，發心扶湊。各捐貲□□以助道行之費，以資普度之緣。男兒□□不敢私隱，理合奏明。爲此備設供儀，申文上奏。伏乞鴻慈洞鑒，與伊無生寶地，註冊標名，記存助道功德。更祈佛恩庇蔭，賞賜衆生□□□冤孽消盡，智慧朗開。災難不染，魔害無侵。賢良濟濟層出，功果日日加增。神天默佑，聖凡遂心。待候龍華會上，依功陞賞。高證菩提，大衆沾光，同歸極樂。捐貲□□□實荷慈恩於無量矣。男兒□□□不勝沾感之至，謹百叩冒奏以聞。

又《衆生出門開荒式》 敬爲開荒闡道懇恩護佑事。跪在□□金母云云蓮臺之下。竊念衆生□□□幸遇奇緣，親聆善訓，受持皈戒，得聞妙玄，蒙佛門提攜深厚。但思歷刼之孽，非立功何以得消。幸逢普度之期，非出門何由有濟。今伊發誠心，願助善事。開導慈舟之先路，接引苦海之賢良。誠恐德行淺薄，難將人心挽回。又慮世路崎嶇，遇有關津阻隔。睹此刼難之横行，難免風波之貽害。爰捐放生錢□□文，買放物命，預消孽冤。爲此備設供儀，申文上奏。哀告□□老母大慈大悲三天佛聖，大發仁慈。勅合護法諸神，上下神祇。空中時時遮護，早接原人上岸，不致危險臨身。逢凶化吉，遇難成祥。衆生□□自今稟命而往，不辭道路之遙。竭力前行，勿憚風塵之苦。一心一德，有始有終。如有退悔，照誓果報。伏乞慈悲，垂恩默佑。賞賜出門有功，遇緣普結。來往平安如意，功果巨細圓。衆生□□□實沾天恩無量矣。男兒□□□不勝沾感之至，謹百叩冒奏以聞。

又《領事出門開道式》 敬爲承命開示懇恩護佑事跪在□□金母云云蓮臺之下。言念男兒□□□幸遇奇緣，得聞至道。復蒙恩寵領受慈舟，不敢留戀家鄉，自當遠遊他域，接引原人，早登彼岸。勤勞聖事，報答鴻恩。但慮世路崎嶇，人心險惡。每多毀謗，常受考魔。又兼德薄才淺，難

作良善楷模。孽重冤深，致有關津阻隔。遇有緣而將欲接度，或開舟而即起風波。若不仰仗佛威，何能宣揚聖化。茲當擇期出門之際，捐貲放生，消解孽冤。爲此備設供儀，申文上奏。哀告□□老母大慈大悲三天佛聖廣大慈悲諸佛諸祖諸師，俯垂洞鑒，格外施恩。發下一部郊天大赦，赦與男兒□□□等，所造無邊孽冤罪過，悉爲赦除。更祈慈悲空中大顯神威，時放慈光垂照。暗裏默爲護蔭，感格原人回心。俾男兒□□□出門在外，無險無驚。開導後進，廣接善緣。大小之人悅服，來往處處清平。賢良叠出，道運興隆。二六時中，不盡所祈，全希默佑。干冒天威男兒□□□不勝沾恩之至，謹百叩冒瀆上呈以聞。

又《出門歸家酬恩式》 敬爲歸家酬恩求懺罪愆事。跪在□□金母云云蓮臺之下，爲因男兒□□□衆生□□□等，自奉命他往替天開道，引衆調賢。荷蒙慈光垂照，感應甚神。仰仗佛力護持，關卡無阻。在外未受考魔，回家一路清平。受恩實厚，理當上酬。無奈男與衆等，賦性愚迷。造孽深重，緣淺德薄。弗能感化善良，混俗同塵。難以嚴精皈戒，飮食不潔不淨。往來或怠或荒，調引不周。鋪張錯亂，種種愆尤罪戾；抱愧無窮。爲此設備供儀，申文上奏。哀懇□□老母宏施格外之仁諸天衆聖大開無量之德諸佛諸祖諸師，普垂憐鑒。發下一部郊天大赦，赦與男兒衆生等曠刧至今，在家在外，種種孽冤罪過，求其一並赦除。自今之後，勤厲身心，勇辦功果。伏乞慈悲賞賜□□□，魔難不侵，日新月盛。起居動靜，廸吉迎祥。二六時中，所求如意。不勝沾恩之至。男兒□□□謹百叩上懇以聞。

又《衆生求懺式》 敬爲懺悔罪孽懇恩赦宥事。跪在□□金母云云蓮臺之下。言念衆生□□□幸遇奇緣，親聆聖訓。願守三皈戒律，得聞一貫薪傳。蒙佛恩慈悲深厚，奈被凡情攪擾。家務牽纏，功德未能積累，朝夕缺少修持。以故外緣時繫，內魔暗侵。守戒罔嚴，致有破戒之事。遵規未篤，每有犯規之端。抱歉殊深，曷勝恐懼。衆生□□□爰發誠心，速爲改過。許捐貲以助道，並放生而消冤。叩誦經卷，懺釋罪尤。爲此設備時菓鎼菜，香燭微儀。申文上奏□□老母慈悲諸天衆聖施仁諸佛諸祖諸師，大發仁慈，普垂憐鑒。發下一部郊天大赦，赦與求懺衆生。□□□自累刧至今，所造無邊孽冤罪過與一切規戒不清之罪，悉爲赦除。賞賜□□□自今懺悔之後，冤孽消清，智慧郎開。元神照耀，性體圓明。三災不染，八難不侵。好人相逢，惡人避形。內外修行順遂，功果巨細圓成。衆生□□□實荷鴻慈於無涯矣。男兒□□□不勝沾恩之至，謹百叩冒奏以聞。

又《領袖懺悔式》 敬爲懺悔罪愆。懇恩赦宥事。跪在□□金母云云蓮臺之下。爲因男兒□□□數年以來，代天行道。竭力宣揚，扶助普度奇緣，荷蒙佛恩深厚。奈身居凡愚，智慧淺薄。積功累行未至，調賢引衆不明。防閑偶忽，言動或有貽誤之端。進退失宜，用人每多不當之處。前後不知，成敗未曉。以故暑濕風寒，疾病累累。是非口舌，魔障重重。銀錢費用，出入往來，招積愆尤，不可枚舉。男等虔誠懺悔，改過自新。爰捐功德□□文，助天闡道。並捐放生錢□□文，放生解冤。爲此備設時菓鎼菜，香燭微儀。奏懇□□老母宏施格外之仁，諸天眾聖大開無量之德。諸佛諸祖諸師，俯垂洞鑒。大發仁慈，發下一部郊天大赦。赦與男兒□□□自歷刧至今，所造無邊孽冤罪過，千差萬錯，與一切謬行，妄爲之罪，悉赦除之。賞賜男兒□□□自今之後，智慧加增，性心明朗。凶災遠避，魔考不侵。內外修行順遂，出入清吉平安。庶大衆人人悅服，賢良滴滴歸根。團圓早慶，普度早成。以慰無極金母心意，以了諸佛諸祖金爐大願。男兒□□□沾恩無旣。男兒□□□不勝沾感之至。謹百叩冒奏以聞。

又《年少懺罪式》 敬爲年少無知，易惹罪愆，懇恩赦宥事跪在□□金母云云蓮臺之下。言念□□□歷刧至今，罪孽深重。幸持皈戒，得贖前愆。蒙佛恩提攜甚厚。無奈血氣未定，四相易於紛馳，意念多乖。五戒難言精細，性情高傲。言動粗浮，緣舊染之復污。致新機之頓塞，條規失檢，功果缺修。有負慈恩，難逃譴責。爰捐放生錢□□文，印書錢□□文，誦□經□卷，祈消孽冤罪過。虔備供儀，申文哀告□□金母大慈大悲三天佛聖大發仁慈諸佛諸祖諸師，廣大慈悲。憫念無知，曲與赦宥。釋其已往之愆，准以自新之路。□□□自今求懺以後，洗滌身心。遵規守戒，克懔神明之鑒察。常思誓願之洪深，知非即改，毋敢再迷。伏祈諸佛垂慈默佑。俾伊元神不昧，補過立功。功積過消，善緣普利。□□□不勝沾恩之至。男兒□□□謹百叩冒奏以聞。

又《老年懺罪式》 敬爲叩乞洪恩垂慈寬宥事。跪在□□金母云云蓮臺之下。言念□□□幸遇奇緣，晚聞大道。上蒙慈宥，輒護安康。粉碎微

軀，難酬聖德。無奈血氣衰殘，精神困憊。心躭逸豫，晝夜缺少修持。志每怠荒，出入愧無功行。徒玩愒以自甘，未扶助乎大道。誠恐違背洪愿，辜負慈衷。罪孽幽深，難逃譴責。爰捐放生錢□□文，印書錢□□文，誦□經□□卷，祈消孽冤罪過。爲此設備供儀，申文哀告□□老母大慈大悲三天佛聖大發仁慈諸佛諸祖諸師廣大慈悲，憐伊一點誠心，格外從寬赦宥。所有種種罪過，悉爲暗暗撥消。□□□自今求懺以後，洗滌身心。鼓厲志氣，雖力有不及，而意必虔誠。伏乞鴻慈垂照，默佑清平。俾全晚節，克助道緣。延年益算，福祉綿長。□□□實荷殊恩於畢世矣。男兒□□謹百拜冒懇以聞。

又《婦女懺罪式》 敬爲省愆改過懇恩赦宥事。跪在□□金母云云蓮臺之下。言念□□□幸遇奇緣，得聞正法。復蒙慈寵扶助道源，受恩實厚，捐體難酬。無奈身居女流，智慧淺薄。六陰柔質，罔體卑順之心，五漏微軀。或多疏虞之處，幼未習夫詩書，雖得道難參玄妙，夙未嫺夫禮儀，欲辦事總多差訛。又兼歷刼沉淪苦海，造罪作孽多端。今生領受慈舟，積功累行未至。而且往來廚房，未能潔淨。或恐有犯禁忌，觸怒竈君。惹罪招愆，難以枚舉。玆特虔誠懺悔。許捐貲□□文，買放生命。祈消孽冤罪過，爲此設備時菓饈菜香燭微儀，奏懇□□老母大慈大悲三天佛聖大發仁慈諸佛諸祖諸師廣大慈悲，發下一部郊天大赦。憫念女流無知，赦除無邊孽罪。□□自今懺悔之後，遵依佛規。辦事一心一德，體帖上訓。在內有始有終，伏乞慈光垂照，默爲庇蔭。俾伊無魔無災，永享清平之福。有功有果，長作巾幗之型。二六時中，所求如意。□□實沾鴻慈無涯矣。男兒□□謹百叩冒奏以聞。

又《病患保安式》 敬爲病患懺悔懇祈消災解厄事。跪在□□金母云云蓮臺之下。言念□□□自進道以來，上叨佛光，垂慈普照。荷蒙眷顧，幸護清平。無奈少修功德，冤債難消。虛度光陰，孽緣來擾。星辰不順，疾厄相纏。凶益見凶，每歎醫藥之罔效，日甚一日。愈覺形體之漸虧，病恐入夫膏肓，命難測其生死。□□□爰捐放生錢□□文，誦□經□□卷，祈消宿冤，以冀病愈。爲此備設時菓饈菜，香燭微儀。奏懇□□老母宏施格外之仁三天佛聖大開無量之德諸佛諸祖諸師，俯垂憐鑒，額外施恩。發下一部郊天大赦，赦與□□□累刼至今，所造無邊孽冤罪過，悉赦除之。更祈慈光降施甘露，化凶爲吉，起死回生。俾伊氣血調和，身體康健。安痊之後，自當盡力竭誠，加功修果。仰承神眷，以迓天庥。錫福增壽，益算延年。道緣普利，佛果圓成。□□□實沾殊恩於無旣矣。男兒□□□不勝懇禱之至，謹百叩冒奏以聞。

又《父母未進保安式》 敬爲親病保安。懇恩濟佑事。跪在□□金母云云蓮臺之下。言念衆生投進佛門，扶持大道。辦功辦果，一德一心。伊父母□□□雖未皈依進道，亦且學好存心。且伊辦理聖事，尚賴親力護持。無奈冤孽牽纏，病患頗重。藥罔有效，情實可矜。今男女□□□思念大恩莫報，寸念未申。不能早勸皈依，已慚夙夜。乃復致染災病，貽累親身。爰深懺悔之心，敬切哀禱之悃。許捐放生錢□□文，印書錢□□文，誦□經□□卷，替父母親消解累刼孽冤，求上天撥除一切魔難。虔備時菓饈菜，香燭微儀。申文上懇□□老母大慈大悲三天佛聖諸佛諸祖諸師廣大慈悲憫念其子勤勞，准予乃親赦宥。伏乞慈光普照，吉星高臨。幸免苦厄，賜福平安。與伊父母年壽之彌永，慰子職孝思之克申。俾其奮勉效勞，善緣廣接。□□□不勝沾恩之至。男兒□□□謹百叩冒懇以聞。

又《呂祖祛祟表》 今有男兒□□□哀懇神霄玉清眞王，長生保命天尊，雷霆左右諸司神院。今爲□府□縣有善信，受持皈戒，一心學好。突於□□年□月□日□時，身遭妖狐毒害。或某邪氣無辜擾害。橫行無忌，百般凌污。夫妖物害人，已干天譴。況侮善信，罪何可容。衆等恐修人喪於妖類，一者敗壞佛門，有阻修行之路。二者人陷於物，致有邪正不分。天律森嚴，豈有寬縱。男等爲此虔備時菓饈菜，佛供一堂。誠惶誠恐，大齊哀懇。神霄玉清眞王，長生大帝，及諸司位。前請勅賞左右諸司，天兵神吏，六丁神將。速到某氏家，掃除魔怪，永絶妖氛。使善信元神復體，清吉平安。不勝沾恩之至，誠惶誠恐。謹表上呈外函玉清眞王，長生大帝位前。呈進此表用黃紙硃書。大衆拜佛一堂默相神霄焚表一通，又焚表於伊家住處，土地城隍求其代爲申奏神霄可也。呂祖又賜單方一紙，先用藥店滾痰丸五十粒，米湯飲下。每服十粒，然後用七味方。麗參三錢建芪八錢雲苓五錢菖蒲二錢蕉朮二錢當歸五錢炙草二錢薑棗爲引。剪服，解病中想葷食法。凡病在危急，許功拜佛不退。且更加病，大數定就。凡病中有想葷食，乃孽冤作祟，使爾不能成道。今傳一解釋之法。如果病中有想食

葷者，即辦放在床前，活祭叫喚□人六賊食葷，再用麵食做成葷物，令伊食葷。再拜佛呈奏，許功可解也。儒云：苟不至德至道，不凝焉。古云：得道容易，了道難者此也。凡有得道歸空時，即將房中打掃潔淨。亡人沐浴身體，如身體不軟，同道人爲伊誦願懺。多者一炷香，少者二三寸香。四體即軟。排設燈燭，供果焚香祭之，同類人旁坐，常誦願懺，即拜佛呈奏。

又《逢師壽誕表式》 爲恭報師恩懇錫福壽事。瑤池金母云云蓮臺之下，言念男兒□□□生逢普渡，與聞至道，助辦收圓。幸沐佛恩之深厚，實由道脈之淵源。若非師傳相授，何由心法克承。現在男兒□□□爲男兒□□□師尊皈依以來，蒙賜教誨，並荷提攜，得化雨之敷施。土膏含潤，受春風之噓拂。草木向榮，玉我於成，感銘莫罄。茲值□月吉日，師尊壽誕佳期，宜伸報本微忱。爲是謹秉潔誠，頂禮慶賀。即許捐貲放生，替師求懺。兼誦經文，替師消孽。爰備供儀申文上稟，伏叩□□□大慈大悲諸佛諸祖廣大慈悲言念男兒□□□守道誠篤，救衆勤勞。發部郊天大赦，赦除男兒□□□曠刼至今，一切冤孽罪過。凡在道中，有差錯不到之處，求祈悉赦宥之。更祈格外施恩，賞賜男兒□□□魔難無侵，災病不染。紀算延長，福祿增茂。善緣普利，道業宏興。俾後學等，亦步亦趨，瞻依絳帳，是則是效。仰止高山，植桃李之滿堂。蓮香遠佈，堅松筠于百載。椿壽永貞，惟期果就功成。等候龍華勝會，同登彼岸，高證菩提。男兒□□□斯沾鴻慈於無涯矣。謹百拜冒懇以聞。

慶祝表式

論説

佚名《慶祝表文・聖誕表》 華光大帝九月廿八日聖誕，慶祝五顯華光大帝聖壽無疆。恭維大帝火德昭明，恩光普照四方。內外人物，生長塵寰，莫不感戴鴻慈。□等遇道修眞，明心見性，贊理佛事，廣結善緣，常沾聖德。慧照善衆，逢邪被惑，昧性朦心，元神微弱，受困牽纏，多蒙大帝解除。修行同沾履泰，辦道共樂榮華。大帝恩德如天，無以報答。茲值戌月念八之吉，聖壽無疆佳期，□□善信等，爲是謹秉潔誠，請供玉果、素菜、香燭微儀，預先志心慶祝，虔誠朝禮。華光大帝蓮前，聊表寸心於萬一。伏乞慈悲降鑒，施格外之仁慈，赦除□等種種差錯罪愆，賞賜吉祥之厚福。俾□等內外辦道順遂，上下修行平安，凶災不染，疾厄不侵，辦功功成，修果果就。□□□□善信等，實沾鴻慈於無涯矣。謹百拜，慶祝朝賀，冒罪上懇以聞。

又 達摩祖師十月初五日聖誕，慶祝胡成古佛化身達摩初祖聖壽無疆。恭維祖師鴻慈，離西至東，以開荒下種，辛苦歷盡，顯法過江，而度化高賢。道脈流行，接引原來佛子，宗傳不息，普度末後收場。大悲大願，大聖大慈，祖師恩德浩大，令人感謝不盡。後學扶辦大道，應申報本微忱。茲值亥月朔五之吉，祖師聖壽佳期，□□善信等爲是謹秉潔誠，請供玉果、素菜、香燭微儀，預先志心慶祝，虔誠朝禮達摩老祖蓮前，聊表寸念之誠。伏乞慈悲降鑒，允納微忱。聖澤宏敷，消除災厄。更祈轉懇瑤池金母，大開天恩，諸天衆聖，廣施慈惠，赦除已往之愆，賜以平安之福。俾□等魔風永遠消滅，大道從此吉祥。三災不染，八難不侵。辦功功成，修果果就。飄舟到岸，出苦還原，共覩瑤池佛面，成其正果。後學弟子□□善信等，實沾鴻慈於無涯矣。謹百拜，慶祝朝賀，冒罪上懇以聞。

又 地母元君十月十八日聖誕，慶祝無上虛空地母元君聖壽無疆。恭維元君地德承天，母儀立極，九六皇胎沾化育，大千世界仰生成。司大造之公權，利民有道，秉中央之正氣，載物無私。澤被羣生，功高萬古。大悲大願，大聖大慈。□等生長塵寰，涉世處身，總荷鴻慈庇蔭。受持大道，辦功修果，全賴厚德提攜。地母恩德如天，無以酬報。茲值亥月望八之吉，聖壽無疆佳期，□等爲是謹秉潔誠，請供玉果、素菜、香燭微儀，預先志心慶祝，虔誠朝禮地母無量慈尊蓮前，聊表寸心於萬一。伏乞慈悲降鑒，格外施仁。祈與□□在堂善信，赦除種種差錯，消滅一切罪愆，賞賜慧門大展，眞道通行。總念□等肉體凡夫，百般危難，日往月來，惟冀聖母鴻慈，佛光垂照，保護原良，平安吉慶。在家在外，祈無難而無魔，爲聖爲凡，宜有經而有濟。善緣普利，道運亨通，滿地蓮花，盡成佛國。

以慰無極金母心意，以了諸佛諸祖金爐大願。□□□□善信等，實沾鴻慈於無涯矣。謹百拜，慶祝朝賀，冒罪上懇以聞。

又《竈君表》 司命竈君十二月廿四日上奏之期，敬爲恭逢丑月廿四之吉，九天東廚司命竈王府君上奏天曹之期，□□善信等爲是謹秉潔誠，請供玉果、素菜、香燭微儀，預先志心慶祝，祈求赦宥冤愆，減饒罪過。言念□等俗子凡夫，心性愚朦，身在佛門，三皈五戒，未能體眞，領受大道。身心意念，每多紛馳，顚倒差錯，逐日不免。爲掩世俗，皈戒難精。出外鍋竈不淨，飲食惹罪招愆。歸來參悟疎虞，修持不周不全。又兼佈置調理失宜，常遭風波考究。德行陰功淺薄，冤孽總難消除。種種過錯，不可枚舉。伏望司命竈君大慈大悲，一一悉赦除之。茲當歲暮總奏之期，惟冀殊恩眷顧，與□□善信等好簿呈奏，惡簿鈎消。轉懇三天佛聖，大發仁慈，赦除□等一切過惡罪愆，賞賜吉祥之福。劫難不侵，魔風永滅。龍華三會之日，總報司命竈君鴻慈，三天佛聖天恩於無涯矣。謹百拜，慶祝朝賀，冒罪上懇以聞。

又《除夕表》 歲暮除夕十二月三十日之期，恭祝諸佛聖眞，下界良辰，虔誠朝賀聖駕，懺悔罪愆。就茲叩許捐貲放生，懇恩消除冤孽魔難，錫福降祥。言念□等流落苦海，沉迷已極，智慧汩沒，宿孽糾纏，日往月來，差錯多端。今雖仰休佛恩提攜，入道修因，立功立德。怎奈罪孽未除，智慧難開，善緣不利，道果難成。茲値歲暮除夕之吉，諸佛下界佳期，慈悲廣佈良辰，□□善信等爲是謹秉潔誠，請供玉果、素菜、香燭微儀，叩謝諸天衆聖、上下神祇終年種種護佑之恩，更祈赦除歷劫招積之咎。並捐銀□□元，買物放生，以解冤仇報復，以消風波考徽。伏乞天慈洞鑒，鴻恩普蔭，發下一部郊天大赦，消滅□衆無邊罪愆，賞准過去現在原良，所造諸般過惡罪孽，本年差錯愆尤，一一如數冰消，悉赦除之。俾□等自今之後，內外辦道，均獲吉祥如意，諸般魔障盡消滅。一切修行善信，共仰佛光普照，劫難瘟疫不粘身。佛法有靈，人天同慶，慧門淸吉，彼岸齊登。以慰無極金母心意，以了諸佛諸祖金爐大願。□□□□善信等，實沾鴻慈於無涯矣。謹百拜，慶祝朝賀，冒罪上懇以聞。

應用表文

論說

佚名《建造佛堂興工表》 今據天運□□年□月□□日□時分前後，現在□國□□省□□府□□縣□□鄉□□里本方土地祠下，□□佛堂之中，□兒□□恭同□□□□□等，敬爲擇吉，建造佛堂，興工動土，懇恩歷煞降祥事。虔誠跪在瑤池金母無極天尊、天地老爺、玉皇上帝、靈山三世佛、崑崙四天尊、九天斗姥元君、諸天佛聖仙眞、歷代祖師、五老上聖、過去現在衆位師尊蓮臺之下，爲因□兒□□恭同□□□□，前赴□□□等處，開荒闢道。現在□□□地方，今要建築佛堂，擇於本年□月□□日□時興工動土，行牆安門，連捷陞樑蓋頂。□等誠恐此處地方荒蕪日久，孽冤沉重，一切天煞地煞、年煞月煞、日煞時煞，種種凶神惡煞，侵犯攪擾。爲是謹秉潔誠，請供玉果、素菜、香燭微儀，申文奏懇瑤池金母大慈大悲，諸天衆聖格外施仁，諸佛諸祖諸師大施法力。勅令諸天神將、上下神祇，暗中時時保護，壓定諸般惡煞，消滅潛藏，不得侵害攪擾。□兒□□統領董事傭工，一概上下，道內道外人等，三災不染，八難不侵。好人相逢，惡人迴避。諸魔遠退，神力扶持。以便扶助建築，種種內外工程，不日成功。安設諸天佛位、鎭座神祇香位，以蔭普度大開，道運興隆，聖凡兩利，諸事順遂。四季風調雨順，國泰民安，辦道男女，個個果就功成。不盡所祈，全希默佑。□干冒天威，不勝惶恐之至。謹表百拜，冒瀆上奏以聞。

又《開光謝土表》 今據天運□□年□月□□日□時分前後，現在□國□□省□□府□□縣□□鄉□□里本方土地祠下，□□佛堂之中，□兒□□恭同□□□□□□□□□□等，敬爲佛聖開光，榮陞寶座，酬神謝土，以祈道運興隆，人口平安事。虔誠跪在瑤池金母無極天尊、天地老爺、玉皇上帝、靈山三世佛、崑崙四天尊、九天斗姥元君、諸天佛聖仙

眞、歷代祖師、五老上聖、過去現在衆位師尊蓮臺之下，爲因堂宇落成，安龍謝土，諸佛陞座開光，吉日良辰，朝賀三天佛聖仙眞、鎮宅長生土地、九天東廚司命竈王府君、護法門神、五極土府、大小龍神，各安方位。恭維玉像莊嚴，九六原來，齊登道岸。金容整肅，四方善信，共沐鴻庥。爲是謹秉潔誠，請供玉果、素菜、香燭微儀，申文奏懇。

又《諸佛開光咒》 今有□兒□□□，奉瑤池金母之命，代佛開光。伏乞靈光普照，家家衍三多之慶，戶戶集五福之祥。人瑤池金母大慈大悲，諸天衆聖格外施仁，□□□□諸佛諸祖諸師普放威光，暗中垂照。勅令護法諸神，時時保護，官非消滅，口舌潛藏，強梁盜賊，不敢侵害。好人相逢，惡人迴避。一切天煞地煞、年煞月煞、日煞時煞等等凶神惡煞，化爲吉神擁護。更祈天道高明，慧門大展，道運興隆，人口淸吉。從茲朝賀、安龍奠土之後，修行衆等，功成果就，樂捐善信，道岸同登。家家衍三多之慶，戶戶集五福之祥。風調雨順，國泰民安。□兒□□善信等，不勝沾恩戴德之至。謹表，冒瀆上奏以聞。

又《孤王開光咒》 一竅玄關透九重，點開慧眼顯神通。普照羣生登覺路，拔濟幽魂出苦鄉。開頭光，定乾坤。開眼光，看陰陽。開耳光，聽四方。開鼻光，聞妙香。開口光，飲瓊漿。修得三花聚頂，煉成五炁朝元。

又《設立佛堂安神表》 敬爲權將此地宅舍立作佛堂，懇恩護佑事。歷代諸佛諸祖諸師蓮臺之下，敬爲權將此地宅舍，立作□□佛堂。敬安香位，普供諸天佛聖、上下神祇。爲是謹秉潔誠，請供玉果、素菜、香燭微儀，申文懇乞佛恩垂慈，永免刀兵水火、諸般凶惡強梁等災。以保道舍淸吉，人眷平安，以開普度，以湊收圓。更祈勅令護法諸神，空中保佑，鎮壓諸般魔怪，掃除一切凶災。水火刀兵，仗威光而遠避，強梁盜賊，恃佛法以無驚。三災不染，八難不侵。好人相逢，惡人迴避。道運興隆，諸事順遂。辦功功成，修果果就。不盡所祈，全希默佑。干冒天威，不勝惶恐之至。謹百拜，上奏以聞。

又《安設佛堂超拔屋中作怪冤魂表》 歷代諸佛諸祖諸師蓮臺之下，敬爲□兒□□及道衆等，權租買此地宅舍，設立□□佛堂。就茲吉日良辰，敬安香位，普供諸天佛聖、上下神祇。永期接待原良，往來無礙，以開普度，以助收圓。爲此奏懇佛慈洞鑒，註冊標名，開恩賞准。奈因此屋常有男女魂發現，時聞飛沙怪聲。訪之屋親，云及先有屋主□□處人，□門□□某氏，居住此間，不知何故，於□□年□月□□日□時身亡。從此舉室異驚，皆因枉死，以致孤魂抑鬱，未獲超昇。又兼前亡後化，一切沉魂滯魄，未能出苦，情實可哀。□兒□□與道衆等，虔誠替捐放生銀□□元，敬誦□□□□眞經□□遍藏，祈與屋主□□名氏及一切幽魂，消除前劫今生冤孽罪過。爲是虔備供儀，申文哀懇殊恩超拔，格外垂憐，毋令依草附木，作怪興妖。從茲內室外庭，消聲滅跡。更祈佛旨一道，將彼冤魂提出苦趣，同登道岸，共助收圓。等候三會期滿，同超淸涼勝境。尙冀恩光普照，勅令護法諸神，鎮壓諸般邪祟，掃除一切凶災。水火刀兵，仗威光而遠避，強梁盜賊，藉佛法以無驚。又兼此宅亡化男女，一切沉魂滯魄，恐未超生，均懇慈悲拔濟，格外提攜。賞賜室中人眷，咸獲平安，往來賢良，皆逢吉慶。左鄰右舍，如類如明，外道旁門，不搖不動。諸魔遠退，神力扶持。道運宏興，佛緣普利。辦功修果，隨願圓成。不盡所祈，全希默蔭。□兒□□暨合堂道衆，與幽魂等，存歿均沾鴻慈於無涯矣。謹百拜，冒罪討准，上懇以聞。

又《求道拈鬮表》 敬爲求領先天大道，憑鬮指示事。虔誠跪在衆位師尊蓮臺之下，言念□衆生□□□，自皈依以來，存心改過，覺苦海之無邊，立志希賢，思道岸之有自。爰發誠心，願遵守三皈五戒，不改初念，用懲窒六欲七情。放生刷書，求懺釋於三天，發願求玄，祈點開乎一竅。誠恐孽未能消，冤猶來阻，爰捐放生銀□□元，刷書銀□□元，助道銀□□元。敬叩誦□□□□眞經□藏，祈消累劫之宿冤，求除今生之魔障。但□乃肉眼凡夫，未知根原深淺，可開與否，弗敢任意即示。爲此謹備空准二字，申文奏稟諸佛，鴻慈洞鑒。如伊可開，蒙賜准字，如未可示，請給空鬮。□兒不敢自專，以鬮爲憑。爲是請供玉果、素菜、香燭微儀，申文奏懇瑤池金母宏施格外之仁慈，諸天衆聖大開無量之恩德，諸佛諸祖師普垂憐鑒，發部郊天大赦。赦與衆生□□，自歷劫至今，所造無邊孽冤罪過，一切不到之處，求其悉赦除之。更祈紫冊標名，紅籍書號。賞賜□□自今之後，智慧開朗，性體圓明。災害不染，魔障勿侵。聖凡兩利，果就功成。□兒□□干冒天威，不勝惶恐之至。謹百叩，上懇以聞。

又《求道免闖表》　散爲求領玄關大道，免闖指示事。虔誠跪在衆位師尊蓮臺之下，緣因□衆生□□投入佛門，皈依學好，立志修行，志頗堅固。今伊欲求玄關大道，理宜奏稟佛前，憑闖開示。□兒□□念伊年邁力衰，守貞終身，護法有功，守節多年，慕道心切，又兼彼此不便，會晤維艱，伏乞諸佛鴻慈洞鑒，賞准從權進道，免其拈鬮，以示鼓勵，啓發人心。誠恐未立功德，不無冤魔作祟，爰捐放生銀□□元，刷書銀□□元，助道銀□□元，叩誦□□□眞經□藏，祈消冤衍罪過，以利道果。爲是虔備玉果、素菜、香燭微儀，申文奏懇瑤池金母大慈大悲，諸天衆聖格外施仁，諸佛諸祖諸師普垂憐鑒，發部郊天大赦。赦與新進衆生□□，歷劫冤孽罪過，千差萬錯，一切不到之處，求乞悉赦除之。更祈黑簿抽名，紫冊掛號。賞賜□□自今之後，冤消孽除，見性明心。災害不染，魔障勿侵。聖凡兩利，果就功成。□兒□□干冒天威，不勝惶恐之至。謹百叩，上懇以聞。

又《求首次道表》　敬爲求領玄關大道，出苦還原事。虔誠跪在衆位師尊蓮臺之下，言念新進□衆生□□□，自寅生以來，失迷東土，沉埋苦海，至今無有出期。生死不已，造罪無邊，從來無由了脫。茲逢三期浩劫，天開黃道，咸叨諸佛鴻恩，海泛慈航。□□願投進佛門，皈依學好，受持皈戒，求領先天玄關大道，超生了死，出苦還原。然未立功德，恐致魔冤攪擾，大道難成。爰捐放生銀□□元，刷書銀□□元，助道銀□□元，叩誦□□□眞經□藏，祈解冤愆。爲是虔備供儀，申文奏懇瑤池金母大慈大悲，三天諸佛諸祖諸師廣大慈悲，發部郊天大赦。赦與新進□□□，六萬餘年，累劫以來至於今日，種種孽冤，彌天罪過，求祈一併赦除。由是地府黑簿之中，奉佛旨以剷名，天榜紫冊之上，仗佛勅而掛號。□□自今進道以後，洗滌身心，遵皈守戒。依法行持，不敢妄爲。扶持大道，永無二志。如有退悔，立誓爲憑。願請靈祖鑒察，韋馱證盟，照誓果報。伏乞慈悲，施格外之仁，賞賜新進□□□明心見性，智慧朗開。三災不染，八難不侵。好人相逢，惡人迴避。諸魔遠退，神力扶持。二六時中，所求如意。新進□□□，沾恩無極。□兒□□干冒天威，不勝惶恐懇叩之至。謹百拜，冒奏以聞。

又《求二次表》　敬爲求領採取口訣事。歷代諸佛諸祖諸師蓮臺之下，爲因□衆生□□□前已投進佛門，得受玄關大道，於今六九期滿，理合奏明，將採取法則一一指示。誠恐冤孽未消，有阻功行，爰捐放生銀□□元，刷書銀□□元，助道銀□□元，叩誦□□□眞經□藏，祈消冤愆。伏乞鴻慈洞鑒，允傳口訣法則，與伊開通智慧。爲是虔備供儀，申文奏懇瑤池金母大慈大悲，諸天衆聖，□□□□，諸佛諸祖諸師大發仁慈，發部郊天大赦，赦與衆生□□，累劫至今，孽冤罪過一併赦除。□□自今之後，永遠受持，猛勇精進。如有退悔，照誓果報。伏乞慈悲，格外施仁，賞賜□□災難不染，魔考勿侵。心安意靜，得專力以抽添，體泰神清，識大藥之老嫩。關竅無阻，智慧朗開。聖凡兩利，果就功成。求領採取，□衆生□□，實荷鴻恩無極。□兒□□，不勝沾感之至。謹百拜，冒奏以聞。

又《求三次表》　敬爲求領文武火候，以全週天度數事。歷代諸佛諸祖諸師蓮臺之下，爲□衆生□□□投入佛門，得受玄關，復求採取。茲合奏懇，將火候工夫詳明指示。誠恐冤孽未消，有阻上進，爰捐放生銀□□元，刷書銀□□元，助道銀□□元，叩誦□□□眞經□藏，祈消冤愆。伏乞鴻恩洞鑒，允傳火候度數，與□□開慧通靈。爲是虔備供儀，申文奏懇瑤池金母大慈大悲，諸天衆聖，□□□□，諸佛諸祖諸師大發仁慈，發部郊天大赦，赦除□衆生□□無邊冤孽罪過。更祈鴻慈眷顧，賞賜□□心花開放，智果圓明。災難不染，魔障勿侵。週天轉運，火候通靈。元珠有象，金丹結凝。修果得熟，辦功得成。聖凡如意，內外遂心。求領文武火候，□衆生□□實荷佛恩無極。□兒□□，不勝沾感之至。謹百叩，冒奏以聞。

又《領經通用表》　敬爲叩乞鴻恩給發眞經事。歷代諸佛諸祖諸師蓮臺之下，爲因□兒□□求領雷字眞言，□兒□□求領。四大條規，□兒□□□求領。三九表文，□衆生□□求領。唵字眞言，□衆生□□求領。八大眞言，□衆生□□求領。出入靈文，□衆生□□求領。《大梵王經》，□衆生□□求領。四時表文，十八朝參事。懇求慈悲，言念伊等皈依佛門，與聞大道，受恩深厚，感德無窮。時逢末劫，妖魔遍興。荷蒙上帝仁慈，三天眷顧，俯垂拯救之念，勅賜寶偈眞言，鎭壓邪術，降伏妖魔。奈功果欠缺，冤孽難消。今特秉發虔誠，各捐放生銀□□

元，刷書銀□□元，助道銀□□元，祈消罪過，求領佛法，四時誦念，早晚遵行。伏乞佛光照耀，解釋劫厄罪愆，魔風永息，眞道通行。爲是虔備供儀，申文奏懇瑤池金母慈悲，諸天佛聖施仁，諸祖諸師大發慈悲，允□兒□□所啓，仰爲賞給。更祈佛慈，賞賜伊等，智慧開朗，性體圓明。三災不染，八難不侵。逢凶化吉，遇難成祥。好人相逢，惡人迴避。諸魔遠退，神力扶持。辦功功成，修果果就。二六時中，如意吉祥。求領佛法經典等，沾恩無極。□兒□□，不勝瞻仰之至。謹百拜討准，冒奏以聞。

又《領經附表尾》　兒□□上啓無皇三天蓮臺之下，爲因□衆生□□□求領八大眞言，朝夕虔念，祈消災劫。又□衆生□□□求領四時表文，十八朝參，四時體誦，解釋罪愆。又□衆生□□求領唵字眞言，早晚誠念，祈消災劫。又□衆生□□□求領《大梵王經》，四時虔誦，祈消劫難。又□衆生□□□求領雷字眞言，晝夜默念，祈消災難。爲是各捐放生銀□□元，刷書銀□□元，助道銀□□元，求消冤孽，以利進修。統祈佛天鴻慈，開恩賞准。伊等自領之後，依法行持，如有輕洩，照誓果報。更祈殊恩，俾其智慧開朗，見性明心。災難不侵，善緣普利。神天默蔭，果就功成。求經典男女衆等，實荷鴻慈於無涯矣。謹百拜，順此附奏，冒罪上呈。

又《領恩執謝恩表》　敬爲忝膺佛職，上酬洪恩事。歷代諸佛諸祖諸師蓮臺之下，言念□衆生□□□皈依佛門，與聞大道。又蒙慈寵給准，恩堂掌慈舟之命，操度人之權。執事列廿四之班，爲萬靈之佐。受恩實厚，理宜上酬。爲是敬備供儀，虔誠叩謝鴻恩。哀鴻瑤池金母大慈大悲，諸天衆聖，□□□□，諸佛諸祖諸師廣大慈悲，普垂憐鑒，發部郊天大赦。赦釋孽冤罪過，撥除魔難考儆。伊酬恩之後，洗滌身心，遵皈守戒。依法行持，苦辦大道。盡忠盡孝，一德一心。如有退悔，照誓果報。伏望仁慈，格外施恩，賞賜□□心花開放，性體圓明。諸魔遠退，災難不侵。處處廣遇善緣，方方原人登岸。早慰金母天懷，亦了諸佛宏願。□兒□□干冒天威，不勝沾恩之至。謹百叩，上懇以聞。

又《出門歸家酬恩表》　敬爲歸家酬恩，求懺罪愆事。歷代諸佛諸祖諸師蓮臺之下，爲因□兒□□自奉命他往，替天開道，引衆調賢。荷蒙慈光垂照，感應甚神，仰仗佛力護持，關卡無阻。在外未受魔考，回家一路清平。受恩實厚，理宜上酬。無奈□與衆等，賦性愚迷，造孽深重。緣淺德薄，弗能感化善良，混俗同塵，難以嚴精皈戒。飲食不潔不淨，往來或怠或荒，調引不周，鋪張錯亂。種種愆尤罪戾，抱愧無窮。爲是虔備供儀，申文哀懇瑤池金母宏施格外之仁，諸天衆聖大開無量之德，□□□□，諸佛諸祖諸師普垂憐鑒，發部郊天大赦。赦與□□等，曠劫至今，在家在外，種種孽冤罪過，求乞一並赦除。自今之後，勤厲身心，勇辦功果。伏乞慈悲，賞賜□□冤消孽盡，月盛日新。起居動靜，廸吉迎祥。二六時中，所求如意。不勝沾恩之至。□□□□謹百拜，上懇以聞。

又《求息瘟疫表》　敬爲瘟疫流行，大衆懺罪消孽，懇恩驅除以保清吉事。歷代諸佛諸祖諸師蓮臺之下，竊思景星慶雲，上世紀庥祥之瑞，和風甘雨，人民無夭折之虞。不料運際三陽，時遭末劫，人心不古，天道反常。瘟神巡各境，染其瘟者，苦厄難當。疫鬼徧四方，受其疫者，痢瘧爲患。甚至醫藥罔效，病入膏肓，形體瘦枯，命在頃刻。豈造物之不仁，由世人之結孽。□等目擊爲悽，心驚最慘。雖修短有數，而夭折堪悲。將爲驅逐，無能與鬼爲謀，思欲保全，只合呼天以籲。爰許捐貲放生，爲是虔備供儀，申文上奏，哀懇瑤池金母大慈大悲，玉皇上帝，□□□□，諸佛諸祖諸師廣大慈悲，開恩降赦。召回瘟部之神，掃去時疫之氣。宇宙肅清，民物安阜。並祈賞賜信心行善人等，災殄不作，疫癘無侵。方方闔化順暢，人人養體康強。飲和食德，幸遊再造之天，積善累功，並有得壽之報。□□□□與合堂衆等，實荷鴻恩於無涯矣。謹百叩，冒瀆上奏以聞。

謹將捐貲放生、誦經名目列後：□□□、□□□、□□□、□□□各捐放生銀□□元，各叩誦□□□□眞經□藏。謹茲上呈，伏乞鈞鑒。

又《慶師壽誕表》　敬爲恭報師恩，懇錫福壽事歷代諸佛諸祖諸師蓮臺之下，言念□兒□□生逢普慶，與聞大道，助辦收圓，幸沐佛恩之深厚，實由道脈之淵源。若非師傅相授，何由心法克承。現在□兒□□爲□□之師，皈依以來，蒙賜教誨，每荷提攜。得化雨之敷施，土膏含潤，受春風之噓拂，草木向榮。玉我於成，感銘莫罄。茲値□月□日師尊壽誕佳期，宜申報本微忱。爲是謹秉竭誠，頂禮慶賀。捐銀放生，替師求懺，兼誦經文，替師消孽。虔誠敬備供儀，申文上稟。伏叩瑤池金母大慈大悲，諸天衆聖格外施仁，□□□□，諸佛諸祖諸師廣大慈悲，憫念□師

守道誠篤，救衆勤勞，發部郊天大赦。赦與□□□□，曠劫至今，一切冤孽罪過，凡在道中，有差錯不到之處，求祈悉赦除之。更祈賞賜□□災病不染，魔難勿侵。紀算延長，福祿增茂。善緣普利，道運宏興。俾後學等亦步亦趨，瞻仰絳帳，是則是效，仰止高山。植桃李之滿堂，蓮香遠佈，堅松筠於百載，椿壽永貞。惟期果就功成，等候龍華勝會，同登彼岸，高證菩提。□兒□□，斯沾鴻慈於無涯矣。謹百拜，冒懇以聞。

又《大任懺悔表》 敬爲承領大任，捐貲放生，求懺罪愆事歷代諸佛諸祖諸師蓮臺之下，言念□兒□□幸蒙佛恩，承領大事，任愈重而責愈深，處彌尊而心彌小。竊恐數年以來，理未盡明，義未悉合。用人接緣，多有疎略之處，調賢發事，不無差錯之時。言語不精，舉錯弗當。銀錢妄費，享用過多。或心意散亂，志氣怠荒，間動無明，未除毛病。種種不到，盡招罪愆。爰捐放生銀□□元，敬誦□□□□眞經□□部，虔誠懺悔。爲是敬備供儀，中文哀懇瑤池金母宏施格外之仁，□□□□廣佈無量之澤，諸天衆聖大慈大悲，諸佛諸祖諸師俯垂洞鑒，發部郊天大赦，赦釋無邊罪愆。賞賜智慧圓明，天君安泰。權衡得當，佈置咸宜。周旋進退，中矩中規。自此魔難不侵，吉祥如意，大智金母慈心，以了諸佛大願。不勝沾感之至。謹百拜，冒懇以聞。

又《恩任年終懺悔表》 敬爲年終放生懺悔，懇恩赦宥事。歷代諸佛諸祖諸師蓮臺之下，言念□兒□□等謹承聖事，頻叨無量之恩膏，虛度光陰，又畢周天之歲月。竊思一年之內，或行道於外，或辦事於內，一切調治鋪張，難免差錯，各處往來上下，多致疎虞。言動招尤，行輙有悔。度己度人，未臻功效。凡所支用，靡費功資。供養有怠慢之時，飲食有不淨之處。種種罪愆，不可枚舉。慈值年終，歲暮之期，各許捐放生銀□□元，虔誠懺悔。爲是敬備供儀，中文奏懇瑤池金母格外施仁，諸天衆聖大開鴻恩，□□□□，諸佛諸祖諸師普垂憐鑒，發部郊天大赦，消滅□等無邊差錯罪愆。賞賜□□等，今後辦道，均獲吉祥如意，共仰佛澤垂蔭。刀兵水火不侵，凶災惡劫遠離。方方原人登岸，處處收圓平康。佛法顯靈，人天同慶。辦道男女，果就功成。□兒□□與合堂善信等，實沾鴻恩於無量矣。謹百拜，冒罪上懇以聞。

又《衆生懺悔表》 敬爲放生懺罪，懇恩赦宥事。歷代諸佛諸祖諸師蓮臺之下，言念□衆生□□□幸遇奇緣，親聆聖訓，願守三皈戒律，得聞一貫薪傳，蒙佛恩慈悲深厚。奈被凡情攪擾，家務牽纏，功德未能積累，朝夕缺少修持。以故外緣時繫，內魔暗侵。守戒罔嚴，致有破戒之事，遵規未篤，每有犯規之端。抱歉殊深，曷勝恐懼。□衆生□□□爰發誠心，速爲改過。爰捐放生銀□□元，刷書銀□□元，敬誦□□□□眞經□藏，祈消孽冤罪過。爲是虔備供儀，中文哀懇瑤池金母慈悲，諸天衆聖施仁，□□□□，諸佛諸祖諸師大發仁慈，普垂憐鑒，發部郊天大赦。赦與□□□□，自歷劫至今，所造無邊孽冤罪過，與及一切規戒不清之罪，祈爲赦除。賞賜□□，自今懺悔之後，冤消孽清，智慧朗開，元神照耀，性體圓明。三災不染，八難不侵。好人相逢，惡人避形。內外修行順遂，功果巨細圓成。衆生□□實荷鴻慈於無涯矣。□兒□□不勝沾感之至。謹百叩，冒奏以聞。

又《父母生辰懺悔表》 敬爲親誕良辰，懇恩解厄益算事。歷代諸佛諸祖諸師蓮臺之下，言念□□□□，自入佛門，久疏侍養，每懷怙恃之心，莫罄生成之感。罔極未酬，抱愧無已。茲值父母、親誕辰之期，爰捐放生銀□□元，叩誦□□□□眞經□藏，祈消孽冤罪過。爲是虔備供儀，中文哀懇瑤池金母宏施格外之仁，諸天衆聖大開無量之德，□□□□，諸佛諸祖諸師俯垂憐鑒，發部郊天大赦，將父母、親累劫至今所造冤孽罪過，悉爲赦除。賞賜元神照耀，智慧朗開。扶道助功，同沾佛蔭。紀算綿延，精神康健。俾伊子勤辦佛事，克盡孝思。待功成錫類之日，上薦先靈，下拔眷屬，合宅超昇，同歸極樂。□□□□實荷鴻慈於無涯矣。□□□□謹百拜，冒懇以聞。

又《自己生辰懺悔表》 敬爲生辰懺悔，懇恩赦宥，消災延年事。歷代諸佛諸祖諸師蓮臺之下，言念□□□□於□□年□月□日□時建生，荷天地之裁成，賴父母之鞠育。領恩者加二句。幸蒙佛恩濟我，兼領寶筏度人。嘆光陰之虛度，年復一年，思孽魔之暗牽，日甚一日。氣質未能變化，言動易招愆尤。上莫酬覆載之德，下未報養育之恩。撫躬自揣，抱愧何窮。茲逢本日受生之期，願捐銀□□元，買放生命，敬誦□□□□眞經□藏，消解罪愆。爲是虔備供儀，中文奏懇瑤池金母宏施格外之仁，斗姥尊神大開無量之德，三天佛聖、本命星君俯垂洞鑒，大發仁慈，發部郊天

大赦。赦除種種冤孽罪過，撥除一切魔難考懲。賞賜心花開放，性體圓明，道運興隆，星辰開泰，消災度厄，益算延年。伏乞慈恩垂照，俾父母先亡依仗佛光，同離輪迴之苦，共證菩提之榮。□□□□沾恩無盡。□□□□不勝瞻仰之至。謹百拜，冒奏以聞。

又《患病保安表》　敬爲病患懺悔，懇祈消災解厄事。歷代諸佛諸祖諸師蓮臺之下，言念□□□□自進道以來，上叨佛光垂慈普照，荷蒙眷顧，幸負清平。無奈少修功德，冤債難消，虚度光陰，孽緣來擾，星辰不順，疾厄相纏。凶益見凶，每嘆醫藥之罔效，日甚一日，愈覺形體之漸虧。病恐入夫膏肓，命難測其生死。□□爰捐放生銀□□元，敬誦□□□□眞經□藏，祈消宿冤，以冀病愈。爲是虔備供儀，申文哀懇瑤池金母宏施格外之仁，三天衆聖大開無量之德，□□□□，諸佛諸祖諸師俯垂憐鑒，額外施恩，發部郊天大赦。赦與□□，累劫至今所造無邊孽冤罪過，求乞悉赦除之。更祈慈光，降施甘露，化凶爲吉，起死回生。俾伊氣血調和，身體康健。安痊之後，自當盡力竭誠，加功修果。仰承神眷，以迓天庥，錫福增壽，益算延年，道緣普利，佛果圓成。□□□□，沾恩無極。□□□□不勝懇禱之至。謹百叩，冒奏以聞。

又《婦女懺悔表》　敬爲省愆改過，懇恩赦宥事。歷代諸佛諸祖諸師蓮臺之下，言念□□幸遇奇緣，得聞正法。復蒙慈寵，扶助道源。受恩實厚，捐體難酬。無奈身居女流，智慧淺薄。六陰柔質，罔體卑順之心，五漏微軀，或多疏虞之處。幼未習夫詩書，雖得道難參玄妙，夙未嫻夫禮儀，欲辦事總多差訛。又兼歷劫沉埋苦海，造罪作孽多端。今生得聞大道，領受慈舟，積功累行未至。而且往來廚房，未能潔淨，或恐有犯禁忌，觸怒竈君。惹罪招愆，難以枚舉。兹特虔誠懺悔，爰捐放生銀□□元，刷書銀□□元，叩誦□□□□眞經□藏，祈消冤孽罪過。爲是敬備供儀，申文奏懇瑤池金母大慈大悲，三天衆聖格外施仁，□□□□，諸佛諸祖諸師普垂洞鑒，發部郊天大赦。憫念女流無知，赦除無邊孽罪。□□自今懺悔之後，遵依佛規辦事，一心一德，體貼上訓行法，有終有始。伏乞慈光垂照，默爲庇蔭。俾伊無魔無災，永享清平之福，有功有果，長佈巾幗之型。二六時中，所求如意。□□□□實沾鴻慈於無涯矣。□□□□謹百叩，冒奏以聞。

又《初終起送表》　敬爲初終起送，懇恩詔引事。虔誠跪在衆位師尊蓮臺之下，言念新故兒□□、衆生，本命於□□年□月□□日□時建賦生，係□□省□□縣□□鄉人氏，曠劫至今，輪迴不一，造孽無邊。幸遇□□年□月□□日，投進佛門，得聞性道。復領慈航，曾承佛任，受佛恩慈悲甚厚。無奈紀算難延，壽元有限。今於□月□□日□時棄世。男女衆等，念伊生時，善緣猶淺，未能普化人心，行持有差，罔克愜孚慈意。誠恐一靈眞性，出殼徬徨，或至片刻迷陰，臨歧恍惚。正人天之分路，係超墮之攸關，伏乞慈恩格外拔濟。後學、道衆、孝眷等替捐放生銀□□元，刷書銀□□元，助道銀□□元，叩誦□□□□眞經□部，均祈與伊消除歷劫冤孽，解釋異種罪過。虔備供儀，申文哀告瑤池金母大慈大悲，

雜録

佚名《應用表文·超薦表·入棺殯殮表》　今有□兒□□□公同□□□□，恭率孝眷□□□、□□□等，敬爲入棺殯殮，懇恩護佑事。歷代諸佛諸祖諸師蓮臺之下，言念修回新故□□□□□，投進佛門，受持皈戒，遵規守法，不敢妄爲，無極爲體，太極爲用。不擇日期，總無凶惡。今將新故遺體入棺殯殮，爰捐放生銀□□元，刷書銀□□元，叩誦□□□□眞經□部，祈消孽冤罪過。虔備時果、素菜、香燭微儀，申文哀告瑤池金母大慈大悲，三天佛聖施仁，雲城七聖，歷代祖師、九霄九宸九陽上帝大開鴻恩，發部郊天大赦。赦與修回□□，自歷劫至今，孽冤罪過一併赦除。伏乞慈悲格外施仁，勅賜佛旨，將伊一靈眞性，引回西方。再賜亡者屍骸，軟如阿羅，淨若金玉，清修榜樣，感化愚迷。更祈金容所轉，慈光普照，一切凶神惡煞，潛形匿跡，化爲吉祥。並賜孝宅興隆，孝眷吉慶。不勝沾恩之至。□兒□□謹百拜，冒罪上懇以聞。

又《出柩掃煞表》　敬爲出柩掃煞，懇賜驅邪事。歷代諸佛諸祖諸師蓮臺之下，言念修回新故□兒衆生，未領恩者此二句勿用。□□□曠劫以來，至於今日，生生死死，造孽無窮。終遇大道，幸得皈依。復領慈舟，曾承佛任，受佛慈悲甚厚。不幸於本年□月□□日□時，棄世了道。奈凡軀肉

王字頭上加一點，孝子賢孫大吉昌。刻木爲親効古人，點王爲主顯明神。今朝奉主來祀拜，蔭佑兒孫代代興。（點主完，道友上香，向柩神行三鞠躬禮。讀餞行文畢，焚化後起行。）

又《餞行柩文》（扎扛，用黄紙寫，唸畢焚化。）今據天運□□年□月□□日□時，今有修回□□□，投進佛門，與聞大道，受持皈戒，遵守佛規，以無極爲體，太極爲用。不用燒錢化馬，虔備供果，敬謝柩神力士。惟冀領受，各歸本位，孝眷清吉，人口平安。凡百等情，均沾默佑。謹此叩求。四叩。

又《開山斬草文》（用黄紙寫，唸畢焚化。）今有□□□，自皈依大道以來，以無極爲體，太極爲用。不用燒錢化馬，虔備果菜，香燭凡儀，敬稟五方龍神，叩請土公土母、土子土孫、一切眷屬，普同供養。自今破土開山以後，各安方位，勿得冒犯。天無忌，地無忌，陰陽無忌，百無禁忌。倘有不遵，吾奉太上老君急急如律令勅。

又《護土奠安文》（黄紙寫，唸畢焚化。）今有□□□，公同□□□，特爲新故□□□，投進古佛大門，皈依受戒，領受先天大道。採萬物之靈氣，取陰陽之精華。修性返本，煉氣還元，以無極爲體，太極爲用。不幸於□年□月□□日□時，棄世了道，脱殼還鄉。今將屍骸塟於此地，扞作□山□向。孝眷人等，特備供果、香燭爲儀，酬謝五方龍神、土公土母、土子土孫、土家眷屬，伏望普同領受，各安本位，不可侵犯。天煞地煞、年煞月煞、日煞時煞、一切凶神惡煞，化爲吉祥。倘有不順，吾奉普庵祖師急急如律令勅。

又《呼龍發龍米咒》（用五種一盤。塟好，立于墳上，隨唸隨撒。）「孝眷跪在墳前，接龍米。」天花開，地花開，崑崙山上發龍米。左有青龍迎吉，右有白虎呈祥。吉日良時進塟，神光大顯威靈。孝子賢孫清吉，大衆人人平安。房房富貴，戶戶添丁。

又《安山文》（塟後三日，用黄紙寫，唸畢焚化。）今有□□□，恭率孝眷□□□，特爲新故□□□，於本年□月□□日□時，殯塟吉地，扞作□山□向。自塟以來，斬草破土，恐有冒犯五方土府龍神及古墓業主先人等。殯塟之時，未暇酬恩。兹特虔備供儀，安謝諸神。謹以無極爲體，太極爲用，行先天之禮，修無極之眞，不用燒錢化馬。三五合一，戊質，積累愆尤，恐有犯於本年□月□□日□時及一切凶神惡煞，以致宅舍不寧。今逢出柩掃煞之期，虔備供儀，申文哀告瑤池金母大慈大悲，三天天尊佛聖，雲城七聖，歷代祖師大開洪恩，發部郊天大赦。赦與修回□□，曠劫至今孽冤罪過，一併赦除。伏乞金母深恩，勅命地司太歲殷元帥，同龍天八部，金剛力士於□□日□時，降赴凡舍，鎮壓喪煞，掃蕩凶惡。天無忌，地無忌，陰陽無忌，百無禁忌。並請護柩歸山，凶神遠避。吉曜照臨，江河湖海山嶺道路，一切清吉平安。伏乞神威，將屍骸護送吉地，眞性返還家鄉。孝眷沾恩，亡魂戴德。不勝誠懇之至。□兒□□謹百拜，冒懇以聞。

又《修光儀》 祝曰：閉着凡眼空色相，放出慧光亮堂堂。收盡浮灰無聲臭，高步毗盧頂上行。玄座説法驚天地，洪名寶號法中王。脱殼渾然斷魔障，明心見性放金光。指拈太無復元始，足踏蓮花見祖娘。又唸曰：天也開，地也開，老母發下普庵下世來。普庵三祖掌法權，千千諸佛隨後來。二十四氣按天下，子午卯酉鎮乾坤。天無忌，地無忌，陰陽無忌，百無禁忌。普庵三祖在此，諸煞迴避。唸曰：一點乾坤大，横中日月長。普庵親到此，神煞往他方。

又《安釘咒》 唸曰：（末兩行細字，因人而言。）吉日封釘，功果圓成。仙童接引，諸佛來迎。了凡成聖，脱殼飛昇。滿堂吉慶，道運宏興。孝子賢孫，奕世昌榮。

又《造鹽米咒》 唸曰：（將此鹽米製後，出棺掃煞。）天清清，地靈靈，恭請普庵三祖到來臨。到來製造鹽和米，出棺掃煞保安寧。天煞地煞，年煞月煞，日煞時煞，等等凶神惡煞，化爲吉祥。吾奉普庵祖師，急急如律令勅。

又《掃煞咒》（出棺之時，誠心唸曰）「並將鹽米隨唸隨撒出門去。」吾奉無極老母親傳，勅令出棺起喪。天龍八部，一齊扶助。凶神惡煞，遠避他方。速勅神威靖煞殃，殷郊壓煞出喪堂。天王仗劍開前路，四大扶棺到吉方。性神送上清涼頂，孝眷人人保吉祥。了却紅塵了却修，又無煩惱又無憂。出門穩固無罣礙，十洲三島任遨遊。交杖云：吉日時良，天地開張。披麻執杖，世代榮昌。杖上圓形下四方，天經地義孝思長。從今執此行喪禮，子報親恩大吉昌。點主云：天上圓明地四方，老母賜我點主章。

己歸根，山川朝秀，地脈安靈。青龍迎吉，白虎呈祥，朱雀擁前，玄武護後。五方龍神，各安其位，諸天惡煞，各隱其踪。亡魂清爽，孝眷吉祥。謹具文疏，上呈五方土府龍神。山川來脈，位前呈進。伏乞各安方所，保護禎祥。如有不遵，吾奉太上老君急急如律令敕。

又《火葬神咒》（唸三遍起火。）天花開，地花開，南方赤帝引火來。化去你，假形骸，彌陀接引上金堦。乘雲霧，脱凡胎，朝母永伴在瑤臺。無憂慮，無罣礙，天堂快樂無涯。

又《孝子叩謝答語》　爲親叩謝，禮當皆然。孝子賢孫，富貴萬年。地義天經，孝子報親。披蔴執杖，福禄並臻。罔極昊天，報答宜先。生侍死塟，孝子當然。

又《應九超拔表》　敬爲□九放生消孽，懇恩超拔，通關無阻事。歷代諸佛諸祖諸師蓮臺之下，爲因修回新故。□兒衆生□□□，於本年□月□□日□時命終棄世。前經上懇鴻恩，直超三界，猶恐澤未下逮，終見阻於九陽。兼想輪迴歷劫，生死積有孽冤，即投佛門多年，往來不無差錯。雖懺悔之屢呈，慮消除之未盡，以致合同難對，超拔無期。兹逢□九之日，衆等念伊苦心爲道，竭力闡揚，循循善誘，指迷皈覺。爰替捐放生銀□□元，叩誦□□□□眞經□□部，以消伊未盡之孽。伏乞佛恩拔濟，格外提攜。爲是虔備供儀，申文哀懇瑤池金母大慈大悲，玉皇上帝大聖大仁，□□□□，諸佛諸祖諸師俯垂洞鑒，額外垂憐，發下一部郊天大赦。赦與修回□□□，自累劫至今，所造無邊孽冤罪過，千差萬錯，悉爲赦除。更祈佛慈廣佈，賞允佛旨，接引□□□草命靈魂，過關無阻。喜法界之瀟洒，樂聖境之坦平。無魔無考，無難無災。勅令伊暗中顯化，扶助道根。俾其功德加增，佛果圓成。等候龍華圓滿，同赴勝會逍遥，永享天外之福，長受無疆之榮。修回□□□，沾恩靡盡。□兒□□□與合堂衆等，實荷鴻慈於無涯矣。謹百拜，冒懇上奏以聞。

又《小祥大祥禪期薦拔表》　敬爲□祥禪期，懇恩薦拔事。歷代諸佛諸祖諸師蓮臺之下，敬爲身故□□□□，殘靈輪轉，久被塵迷，濁質凡愚，又爲俗擾。今世投進佛門，在生缺少功行，皈戒疏虞，修持多有差錯，德行淺薄，宿孽未及消清。所犯愆尤，難以枚舉。兹逢□□之期，□等念伊在生辦道虔誠，一心不二，頗爲有功。爰替捐放生銀□□元，叩誦□□□□眞經□□部，祈消除伊身後一切災厄。爲是虔備供儀，申文上奏，哀懇瑤池金母宏施格外之仁，玉皇上帝大開無量之德，□□□□，諸佛諸祖諸師大發仁慈，普垂憐鑒，發下一部郊天大赦。赦與身故□□□□，自曠劫至今，所造種種孽冤罪過、千差萬錯，悉爲赦除。更祈佛恩寵錫，勅令空中護持，或令佛前効力。俾伊完全功德，蓮品高增。等候三會滿期，同赴瑤池勝地，永鎮極樂蓮邦。身故□□沾恩無既。男兒與善信等，不勝哀懇之至。謹百拜，冒奏以聞。

又《已素父母求超拔表》　敬爲哀薦親靈，懇恩超拔，脱離孽苦事。歷代諸佛諸祖諸師蓮臺之下，爲因□□□亡父、母於□□年□月□□日□時建生，不幸於□□年□月□□日□時病故。竊念亡魂累世輪迴已久，積有孽冤，今生聞道未深，罔培功果。一但命終，難免沉淪之苦，逾時魂阻，莫邀提拔之榮。孝眷□□□，痛念亡父、母音容莫覩，恩德難酬，誠恐陰陽長拘，未離幽暗，興懷罔極，愈切悲傷。爰捐貲以放生，求超親而消孽。爲是虔備供儀，申文上奏，哀懇瑤池金母大慈大悲，□□□□大聖大仁，諸佛諸祖諸師普垂憐鑒，格外施恩，發下一部郊天大赦。赦與亡魂□□□，自累劫至今，所造無邊孽冤罪過，悉爲赦除。更祈賞准佛旨，將病故□□□一靈眞性，提出苦趣，免再拘留。或令伊空中加修大道，暗裏扶湊奇緣。待候圓滿佳期，同赴清凉勝境。並賜孝眷人等哀薦之後，災難不侵，魔害遠退，幽明兩利，聖凡遂心。存歿均沾鴻慈於無涯矣。□兒□□□與合堂衆等，不勝沾感之至。謹百叩，冒奏以聞。

又《薦超遭劫爲道亡故表》　敬爲辦道遭劫亡故，懇恩超拔事。歷代諸佛諸祖諸師蓮臺之下，爲因□□省前後知識男女□□，又□□省近年遭遇刀兵劫難、水火瘟疫亡身病故道衆□□□等，共計幾名。有爲道亡身之領袖，有命盡病故之男女，有遭劫亡身之道衆。□□均替□□□名下，共捐銀□□元，買物放生。又□□省男女，替伊幾人名下，共捐銀□□元，買物放生。均祈與□□等，解釋歷劫罪孽，消除種種厄災。哀懇佛恩超拔，格外垂憐提攜。總念□□等，迷失久遠，沉埋深厚。雖進佛門，修持淺薄，承受佛任，辦道疎虞。三皈五戒，未能體眞，十惡八邪，未能盡除。功果欠缺，差錯多端。有願辦道，心志未滿，兼之流落東土，生死輪迴，作諸惡孽，不可枚舉。今特虔誠，替伊等放生懺悔，敬誦□□□□眞

經□□部，消解孽冤。爲是虔備供儀，申文上奏，伏乞瑤池金母宏施格外之仁慈，□□□□大開無量之鴻恩，諸天衆聖破格提攜，歷代諸佛諸祖諸師大慈大悲，普發悲憫之歎，發下一部郊天大赦。赦與□□幾人名下，自從無量曠劫以來，至於今日，所造一切無邊等等冤孽罪過、千差萬錯，不到之處，求乞悉赦除之。更祈佛恩寵錫，分別提攜超拔，賞賜佛旨。或勅令暗中顯化，扶助普度。或提佛前効力，或令暗辦功果。無災無難，無魔無考。個個功圓果熟，品位高增，以滿伊等修行辦道之願。等候三會圓滿之日，一齊共赴龍華，成其正果，永證蓮邦。□□等沾恩無極。□兒□□暨善信男女等，不勝哀懇之至。謹百拜，冒奏以聞。

又《總求超拔表》　敬爲總叩鴻恩，普予超拔事。歷代諸佛諸祖諸師蓮臺之下，爲因本方道場前後棄世大小男女，叩懇慈悲，普乞拔濟事。伏以佛光照臨，救苦難以無窮，法力廣被，解冤結而有應。茲爲三會將屆，九六還原之期，佛聖宏願，扶湊收圓，屢泛慈航，拔濟衆苦。無如世風日下，人心險惡澆瀉。男女智愚，有誰能全八德，士農工賈，無人不墮四關。生則佛法不聞，死則歸路難通。苟不逢三期之際，不知沉淪胡底矣。今逢天開黄道，普度東林，諸佛抱慈憫之心，啓方便之門，度轉原人歸佛域，提攜靈種返天宫。陰陽俱開普度，度陰更切度陽。而在陽上錄名求超、懇恩拔濟者，不論族戚世誼，或爲道捐軀，或下求超於上，或上求拔於下，或平輩求濟，都爲骨肉情繫，難捨難離。各替其亡者捐銀，作善誦經，消解孽冤。一切幽陰，有修無修，指皈覺路，汲引提攜。爲是虔備供儀，申文上稟，伏乞瑤池金母大慈大悲，玉皇上帝大德大仁，幽冥教主了撤願力，諸佛諸祖諸師廣大慈悲，格外施恩，普賜超拔。凡已故男女衆等生長姓名、籍貫錄存，乞賜查對。或有餘孽未淨，總求降格，悉與赦除。其德行之可嘉，抑功績之足取，與夫患難之堪憐，種種情由，懇賞佛旨一道，定奪從寬，優加寵錫。以進道者，性光照耀，悟徹本來。未進道者，勅令陰班領袖，開示指迷，暗中加修。等候龍華滿會，同證蓮邦。更祈鴻慈廣佈，一體沾光。普飭空中顯化，暗裏扶持，感應善緣普利，道運興隆。早慶團圓，同登寶地。實爲倖邀，伏乞討准，不勝惶恐之至。□兒□□□與合堂道衆，謹百拜，冒奏以聞。

又《開壇淨水咒》　（用水一碗，柚葉一枝，或仙草、紅花亦可，口唸三遍，醮水灑之。）清淨法水，日月華蓋。中藏北斗，內有三臺。神水灑淨，濁去清來。勅令清淨，蓮花寶蓋，常清常淨。天尊大天尊。

又《超幽啓壇表》　□兒□□□恭同合堂道衆等，敬爲啓設盂蘭，懇恩超拔，陰陽兩利事。就茲慶祝□□□□聖誕佳期、成道勝會，稽首頓首，百叩啓奏瑤池金母無極天尊、玉皇上帝、中元地官、（九月更九皇上帝。）幽冥教主、歷代諸佛諸祖諸師蓮臺之下。竊聞道德五千言，續千聖不傳之心法，佛經四八藏，作後人普度之靈梯。凡屬由子孤魂，悉仗神恩而拔濟，所有冤魔孽鬼，咸蒙佛力以解消。茲因節屆重陽、節屆中元，某某之事，聊設盂蘭勝會，時逢普度，藉超水陸孤魂。是以會集同人，捐財放生□□元，特邀信士誠意誦誥念經，自□月□□日起期，至□□日告竣。迎請諸天佛光降鑒。分衣施食，焚寶化錢。祈與本方道內前後歸空師友，並各弟子先靈，有修無修，一切幽魂，超生出苦，暗助收圓。又與在堂正護道衆，解釋諸般罪孽，庇蔭廣遇善緣。爲是虔備供儀，申文奏懇瑤池金母大慈大悲，諸天衆聖格外施仁，□□□□，諸佛諸祖諸師普垂憐鑒，發下一部郊天大赦，消除□衆無邊罪愆。並勅記事仙官，將衆所呈功德、所誦經誥，按名掛號照數錄呈。求與超度過去師友、各家先靈，人人返本還原，同登道岸。解釋五音十類，沉魂滯魄，箇箇聞經聽法，早往生方。更祈賞賜在堂道衆，自今之後，智慧加增，性心明朗。凶災遠退，魔障不侵。內外修行順遂，遠近出入平安。道運興隆，賢良疊出。聖凡兩利，存歿沾恩。□兒□□與合堂道衆，實荷鴻慈於無涯矣。謹百拜。冒罪上懇以聞。

又《完經表》　□兒□□□恭同合堂道衆善信等，敬爲經完誥謝，祈度孤魂事。就茲慶祝□□□□聖壽無疆，成道勝會，稽首頓首，百叩啓奏瑤池金母無極天尊、玉皇上帝、中元地官、（九月更九皇上帝。）地藏王古佛、歷代諸佛諸祖諸師蓮臺之下。緣因本堂道衆等，念及孤魂，啓設盂蘭之會。誦經□日，適臨告竣之朝。惟期誥語無虛，經功有準。全賴聖恩神力，大開拔度之門，滯魄幽魂，均獲超昇之路。但奈衆等凡愚濁質，未免大意粗心，諷誦經文，豈無差訛字句。爲是虔備供儀，申文上奏，總乞瑤池金母大慈大悲，諸天衆聖格外施仁，□□□□，諸佛諸祖諸師普放恩光，與合堂道衆赦除一切愆尤，解釋諸般魔難。歷劫冤孽，准予冰消。凡有枉屈孤魂，悉懇鴻慈普濟，毋令依草附木，作怪興妖。還期水澤山村，

銷聲歛跡，圜方清泰，人物咸寧。更祈賞賜合堂衆等，自今圓經了願之後，智慧開朗，魔障不侵。家道平安，佛緣順暢。內外道場興旺，九六原種歸根。遠近吉祥，聖凡兩利。官非消滅，普度通行。合堂道衆沾恩無極。□兒□□不勝感激之至。謹百拜，冒奏以聞。

又《醮會酬願表》 伏以赫赫威靈，克賜千般福祉，彰彰顯聖，能消萬厄災殃。福願許於當年，酬還謹取此日。今據□國□□省□□府□□縣□□鄉□□佛堂，今有善信□□□、□□□等，敬爲酬還老願，迎祥集福事。即日誠心百拜，冒干佛恩光中，具陳意者，言念善信□□□、□□□等，緣因於□年在□□□蓮前求籤卜卦，詳解有老願未還。伊等心中惶惶，無方可保。欣逢□□堂啓建盂蘭清醮，□日連宵，敬迎三天諸佛降臨，各方山川社令眞官、土地龍神，及各家祖先、地府十殿、五方孤魂一同赴會壇場，聽誦眞經。今有善信□□□、□□□等，具有功德，樂助醮場費用。爲是虔備供儀，敬修文表，恭獻三天佛聖仙眞、諸位尊神蓮前，酬還願案一事。竊思年深月久，不知前人先年向何位尊神座前，叩許何件事。或後人無知妄覺，而致家中不順，謀事多阻，有欠舊願。茲逢□□□□聖誕佳期，成道勝會，聖恩廣佈良辰，緣遇天開黃道之日，諸佛大開赦罪之門。天恩准與酬還，一酬百足，萬古分明，月白風清，永無少欠，鈎除簿中之願記。千年不上靈龜卦，萬古莫向夢中侵。自今酬還之後，災似浮雲風送去，福如東海浪層來。家門添吉慶，戶內降禎祥。善信衆等，不勝沾恩之至。謹表，恭進以聞。天運□□年□月□□日，百拜申上。

又《更換師名表》 敬爲更換師名，懇恩注冊事。歷代諸佛諸祖諸師蓮臺之下，言念□□□□賦性愚迷，沉埋深厚。幸逢普度，得遇奇緣。於□□年□月□□日□時，投進佛門，開示□□□，引進□□□，保舉□□□，具此三師名諱，薦懇慈恩，始得領受大道。奈三天降考，發放羣魔。因其人之孽重，即入竅以迷心。所認□□之師，竟犯投魔之罪，深負洪恩，大干佛怒。竊念此時之師承，爲他日之接照。彼即投魔，名已摘去。□□現在住世辦事，何以依規。久後成功查冊，何以對答。今依祖規，將□□師之名抽出，更換□□□爲引，□□□爲保，□□□爲開。爲是虔備供儀，仰祈鴻慈降鑒，重爲注冊標名。賞准自今之後，元神照耀，性體光明。三師有靠，諸魔不侵。功果層層加進，賢良濟濟歸根。□□□□實沾鴻慈於無涯矣。□兒□□不勝沾感之至。謹百拜，冒奏以聞。

又《犯諱更名附尾表》（內人名借樣）兒□□□就茲跪在無皇三天蓮臺之下，敬爲修行男女，進道以來，所用名諱，不同頂保，即類昌明。甚至僭犯地師道派，不知敬避。今有兒□永思、衆生□明眞，均皆犯諱，茲特奏懇佛前，與□永思更爲□九思，□明眞更爲□存眞。今後伊等，拜佛答願，均之用此所更法名。伏乞聖慈洞鑒，將伊等前號取銷，換冊另注，開恩賞准，紫府標名。衆等不勝瞻仰之至。謹此冒懇附聞。

又《衆生投魔懺悔表》 敬爲悞入邪魔，懺悔復正事歷代諸佛諸祖諸師蓮臺之下，言念□□□□幸皈佛門，與聞大道。本當始終如一，抱穩正宗，無奈宿孽未消，慧心猶淺。心無把柄，悞信邪魔。大失忠孝之義，深負祖師之恩。但伊恍惚於當時，猶知痛悔於事後。雖然失足，尚願回頭。所懼干犯天怒，帶罪難容。爰許捐放生銀□□元，刷書銀□□元，叩誦□□□□眞經□藏，祈消孽罪，虔誠懺悔。爲是敬備供儀，申文哀告瑤池金母大慈大悲，□□□□格外施仁，諸佛諸祖諸師廣大慈悲，發部郊天大赦。赦與□□種種冤孽，一並赦除，投魔信邪之罪，准予自新。自今懺悔以後，立功贖罪，從公從正，永無變更。倘再入迷，照誓果報。伏乞慈悲，賞賜□衆生□□□，心地開通，元神作主。恆久堅固，永無魔考。內外功果，底於有成。□衆生□□□沾恩無極。□兒□□不勝瞻懇之至。謹百拜，冒奏以聞。

又《旁門來歸另行開示表》 敬爲變魔歸正，從新開示事。歷代諸佛諸祖諸師蓮臺之下，緣以□□□□發心向道，立願修行。奈善緣淺薄，不遇正宗，曾於□□年□月□□日□時，爲魔黨引度入門。茲已知其謬妄，甘願棄邪投正。□兒□□察其誠心皈依，未忍拒絕。自當稟請佛命，另行開示，改換三師。爰許捐放生銀□□元，刷書銀□□元，叩誦□□□□眞經□藏，祈消冤愆。爲是虔備供儀，申文哀告瑤池金母大慈大悲，諸天衆聖格外施仁，□□□□，諸佛諸祖諸師普垂憐鑒，破格提攜，發部郊天大赦。赦與□□，累劫以來，種種孽冤罪過，求乞一並赦除。並准予地府抽丁，天榜掛號。自今之後，洗滌身心，遵皈守戒，依法行持，扶助大道，不聽邪魔。倘有退悔，照誓果報。伏乞慈悲，賞賜□□智慧朗開，信心堅固，災難不染，所求如意。

不勝沾恩之至。□兒□□謹百拜，冒奏上懇以聞。

又《年頭大家辦供祈福表》 伏以仁德恢宏，大衆之盈寧有託，威靈顯赫，同心之祈禱宜慇。今據□國□□省□府□□縣□□鄉□□佛堂弟子□□□，領 帶 善 信 □□□、□□□、□□□、□□□、□□□、□□□、□□□、□□□、□□□、□□□等，敬爲叩求一年四季人口平安良福事。善信等齋戒沐浴，稽首頓首，虔誠百拜，冒干玉皇上帝、諸天佛聖、上元天官蓮臺之下。言念善信衆等，家中男女老幼，未盡叶泰之吉，星辰運限，恐有乖蹇迍邅。若非藉賴佛力於庇蔭，恐難獲吉慶無虞之福。爲是虔備供儀，申文叩懇玉皇上帝慈悲，諸天佛聖施仁，上元天官惠澤，允准衆善信之所求。伏乞賜福祉於今朝，恩推老幼，驅災難於此日，德及羣黎。更祈筆下春風，註主禎祥之冊，部中甘雨，潛垂吉慶之家。合衆共樂康寧，千災雪化，滿堂同登壽富，百福自生。老幼共沾莫大之恩，男女均沐無量之德。畜物亦仰深仁，財丁均賴蕃昌。蓋承恩之有日，而報德亦難忘。凡在光中，全叨默佑。□□與善信衆等，不勝瞻恩戴德之至。謹表恭進以聞。天運□□年□月□□日，百拜上申。

又《年尾大家酬謝完福表》 伏以佛力潛扶，合衆之盈寧有慶，恩光普照，大衆之熙報宜誠。今據□國□□省□府□□縣□□鄉□□佛堂弟子□□□，領 帶 善 信 □□□、□□□、□□□、□□□、□□□、□□□、□□□、□□□、□□□、□□□等，敬爲酬還良願事。善信衆等專心齋戒，稽首頓首，虔誠百拜，冒干玉皇上帝、諸天佛聖、上元天官蓮臺之下。言念善信衆等，荷蒙天地生成之德，全賴佛力護佑之功。伊等緣於本年□月□□日，曾在本堂諸佛蓮前，叩求平安良福一宗，果蒙福蔭，實荷帡幪。今承恩之有日，自報答之宜誠。爰取吉日良辰，虔備供儀，申文恭獻玉皇上帝、諸天佛聖、上元天官蓮前，爲賽還良願福力之資。當日禱祈而許願，今朝備物而酬還。伏乞筆下春風，顯繪酬恩之字，部中甘雨，重施報德之緣。恩再加恩，大家永逢禎吉，福中增福，老幼長獲安康。五穀亦沐豐登，六畜均沾興旺。蓋酬恩於一日，而戴德於百年。凡有所祈，均求默佑。□□與善信衆等，不勝感激之至。謹百拜，恭進以聞。天運□□年□月□□日，百拜上申。

又《三元會大衆懺悔表》 敬爲大衆懺悔，懇恩赦宥事。歷代諸佛諸祖諸師蓮臺之下，爲因男女道衆等，各捐貲財，買物放生誦經，祈求懺悔罪愆，消除冤孽，以期道果精進，修行順遂。言念男女道衆，自從無量劫來，迷失苦海，多造惡孽。今雖仰沐佛恩提攜，入道辦道，扶助普度收圓。無奈孽債阻隔，魔障重重，慧根暗鈍，不能進功。就茲上、中、下元勝會佳期，天恩廣佈良辰，虔誠懺悔，哀求赦宥。爲是敬備供儀，申文奏懇瑤池金母宏施格外之仁慈，天、地、水官大帝大開無量之鴻恩，俯垂洞鑒，格外施仁。與男女衆等，赦釋一切過惡，消滅無邊孽冤。如願允奏，聖澤垂蔭，賞賜男女道衆智慧逐日開朗，災難永遠脫離。佛緣普利，道運興隆。諸魔不侵，神力護持。辦功功成，修果果就。二六時中，吉祥如意。懺悔男女衆等，沾恩無極。□兒□□不勝瞻仰之至。謹百拜，冒懇以聞。

又《解病中想食葷法》 凡病在危急，許功拜佛不退，且更加病，大數定就。凡病中有想葷食，乃孽寃作祟，使伊不能成道。今傳一解釋之法。如果病中有想食葷者，即辦放在床前活祭，叫喚□人六賊食葷。再用麵食做成葷物，令伊食葷。再拜佛呈奏許功，可解也。儒云苟不至德，至道不凝焉。古云，得道容易了道難者，此也。凡道友歸空時，即將房中打掃潔淨。亡人沐浴，身體不軟，同道人爲伊誦願懺。多者一炷香，少者二三寸香，四體即軟。排設燈燭供果，焚香祭之。同類人傍坐，常誦願懺。即拜佛，先上初終表，次用入殮表。以及出柩祀輿，開山護土，安山應九，須依式而行，不可草率。

修持分部

九序心法

題解

林兆恩《三聖正宗·書九序摘言卷端》 林子曰：余以三教爲教

矣，而諸生初來受業者，必先令其疏天矢言，而余亦時復申之以致嚴焉。而二疏所陳，悉皆生人之戒行，天地之常經，此教之所以立本也。既立本矣而後方可與之以入門。自一序艮背止念，以及六序凝神媾陽，此教之所以入門也。至於七序之身天地，八序之身太虛，似爲至矣。以其猶有工夫者在焉，而非其至也。然必到此地位，而後方可語之。以極則九序之虛空粉碎，此教之所以極則也。人有言曰：夫人之生於天地間也，藐乎其小，何以能身天地而况太虛乎。林子曰：此特以其小體言之爾。孟子曰：先立乎其大。故我既能了我之心，則必能以我之心脱離形骸，而爲天地之心也。夫我誠能以我之心脱離形骸而爲天地之心矣。而其所謂天地之廣大也，不爲我之身邪？我既能了我天地之心，則必能以我天地之心超出天地而爲太虛之心也。夫我誠能以我天地之心超出天地而爲太虛之心矣，而其所謂太虛之空洞也，不爲我之身邪？百尺竿頭更進一步，殆非人之所能致力於其間也。故曰：虛空粉碎，而以極則終焉。子谷子龍江兆恩。

陳衷瑜《九序摘言跋》 盧子曰：孔門傳授心法以求仁也。林子九序心法亦以求仁也。李生樹南問九序求仁之旨。盧子曰：始而艮背者，止念以求仁也。次而行庭者，立極以求仁也。又次而通關者，煉形以求仁也。至於安土，則以其艮背行庭通關之所得者安於眞土之中，以敦養之，敦養此仁也。猶未也，復採取天地之氣，以敦養之，而吾心一點之仁，內與外合矣。猶未也，復凝神氣穴之中，以敦養之，而吾心一點之仁，陰與陽姤矣。由是進而上之，則形骸不能囿，而吾心之仁與天地同用，而身天地矣。又進而上之，則天地不能囿，而吾心之仁，與太虛同體，而身太虛矣。又進而上之，則所謂百尺竿頭更進一步，虛空粉碎，方露全身。不惟身太虛，而且忘太虛，其殆仁而未始仁。未始仁，而復仁之生生化化，無窮無盡，蓋有不可得而擬議不可得而測識者矣。樹南生起而言曰：九序心法，林夫子作之，盧夫子又發明之。樹南雖不敏，敢不蚤夜佩服，循序漸進以求所謂仁，所謂未始仁，未始仁而復仁之，庶幾不負吾夫子之至教而後已也。門人陳衷瑜命梓，萬曆庚申孟秋穀旦。

論說

盧文輝《九序摘言》 其一曰艮背。以念止念以求心。

易曰：艮其背，背字从北从肉。北方水也，而心屬火，若能以南方之火，而養之於北方之水焉。易之所謂洗心退藏於密者是也。其曰：以念而止念者，蓋以內念之正，而止外念之邪也。然聖人貴無念，而內念雖正，是亦念也，豈程子所謂內外兩忘邪。此蓋以妄離妄，以幻滅幻，而古先聖人所相傳受之心法也。故必先忘其外，而後能忘其內者，學之序也。

其二曰周天。效乾法坤以立極。

心爲太極，而乾旋坤轉周乎其外者，所謂四時行焉，而吾身一小天地也。

其三曰通關。支竅光達以煉形。

能知所以通關以煉形矣。而所謂七竅相通，竅竅光明，與夫形神俱妙，與道合眞者，其不由此而入乎。

其四曰安土敦仁，以結陰丹。

天之極上處，距地之極下處，相去八萬四千里，而天地之間適當四萬二千里之中處也。若人身一小天地也，而心腎相去，亦有八寸四分。而天地之間，適當四寸二分之中處也。其曰土者，何也？東木，西金，南火，北水，而中央土也。苟能以吾心一點之仁，而安於土中，以敦養之，水火既濟，乃結陰丹。

其五曰採取天地，以收藥物。

亥子之間，天地一陽來復，而吾身之天地亦然。巳午之間，天地一陰來姤，而吾身之天地亦然。故亥子之間，雖以採取吾身之陽，亦以採取天地之陽。夫既採取天地之陽矣，則天地之陽有不悉歸於我之身乎。巳午之間，雖以採取吾身之陰，亦以採取天地之陰。夫既採取天地之陰矣，則天地之陰有不悉歸於我之身乎。然天地遠矣，敢問所以採取之方？林子曰：天地非遠也，而陰陽之氣常與吾身相爲流通。吾身非近也，而陰陽之氣常與天地相爲聯屬。故天地雖甚廣大，然亦不過取之吾身而有餘矣。

其六曰凝神氣穴，以媾陽丹。

兩腎之間名爲氣穴，竅中之竅，玄之又玄。老子曰玄牝之門，是謂天地根。若能以心臍之間之所凝結者，而下藏之氣穴焉。送歸土釜以牢封固，蓋以俟夫眞陽之丹自外而來也。然神即丹也，移丹於土釜，即凝神於氣穴也。

其七曰脱離生死，以身天地。

夫天地則甚廣大矣。而曰身天地者，豈不以天地之廣大，而以爲我之身乎。蓋我之氣，天地之氣也。故我能先氣我之氣，然後能氣天地之氣以爲我之氣也。既能氣天地之氣以爲我之氣，則能以我之氣而融通於天地之氣，而與天地之氣爲同流矣。如此則天地廣大之中，自然有所凝結而與我之丹相爲配合，然後方可名之曰陽丹也。

其八曰超出天地，以身太虚。

夫太虚則至空洞矣。而曰身太虚者，豈不以太虚之空洞，而以爲我之身乎。蓋我之虚，太虚之虚也。故我能先虚我之虚，而後能虚太虚之虚，以爲我之虚也。既虚太虚之虚以爲我之虚，則能以我之虚，混合於太虚之虚，而與太虚之虚爲同體矣。如此則太虚空洞之中，自然有所凝結而與我之丹相爲配合，然後方可名之曰舍利光也。

其九曰虚空粉碎，以證極則。

此其至矣，不可以復加矣。何思何慮，無意無爲，豈其有則也。而必曰則者何與？豈其有證也。而必曰證者何與？極之一字，且不可得而言矣，而曰則曰證，特借其言，以發明之爾。故以天地之廣大，以爲身矣。而身其身者，猶爲未也。以太虚之空洞以爲身矣。而身天地者，非其至也。然必至於虚空而粉碎之，則是虚空又且忘之，而況於天地，況於身乎？到此地位，而求之三氏，蓋亦鮮其人矣。

又《自書心聖直指卷端》 或問人之一身，背則無所於用矣。而諸生之來受業也，必以艮背語之者，何也？林子曰：天有四時，而冬則不用矣。人有四肢，而背則不用矣。由是觀之，人之背亦天之冬也，豈其無所用耶。故人知有用之爲有用，而不知無用之爲有用焉。天人一也。又問：《易》曰：黄中而道亦曰中黄，易曰行庭，而道亦曰黄庭。自羲、文、周、孔以後，而世之儒者皆諱言之，懼其有以類乎其道而人異端之也。今子必欲舉之以教人者，何也？林子曰：豈曰諱言之云乎哉，亦且別求其義以訓釋之矣。若以「黄中」、「行庭」之有類乎其道者，非也。而作《易》之聖人，其亦非邪。又況羲、文、周、孔古今之神聖也，後雖有作者不可得而及矣。顧有不明夫心身之大，性命之微，而專有在於言語文字之間，手容、足容之細也，豈其然哉。且道家亦嘗飲食矣，而子亦將以其飲食之有類乎其道也，而異端之，而諱言之，而不復飲食之歟？余聞之師而直指行庭，心法如此，是雖天下萬世非之而有所不能恤矣。子谷子龍江兆恩。

又《心聖直指・艮背心法》 林子曰：背字从北从肉，背乃北方之肉也。北方屬水，今以北方之背之水推之，而南方之心則火矣。火，陽也。南之而居前。水，陰也。北之而居後。今以心之火之南而洗之以背之水之比者，易之所謂洗心退藏於密，孔門傳授心法也。

林子曰：洗也者，洗之也。心屬乎火，而藏之。以背之水者洗之之義也。退也者，退之也。心居乎前而藏之以背之後者，退之之義也。

林子曰：五臟皆麗於背心，既背而水之，則心清淨矣。心既清淨則五臟亦皆清淨矣。

或問：以心之火之南而藏之以背之水之北，而心之火也，其不爲背之水所熄滅邪？林子曰：世間之凡水凡火則以刑用焉者也。而吾身之眞水、眞火，則以神用焉者也。水多則火滅，火多則水乾，此凡水凡火之性者然也。若夫以心之火之南而藏之於背之水之北，豈惟水不能乾，火不能滅，而亦且能交相養而互相用者其神之所爲乎。今以常人言之，神則寄之於目矣，而夜寐既熟，則藏之於腎，亦《易》之所謂洗之之義也。至夙興之時，而目之神有不爽然清乎，藉其不夜而腎神豈能清，今又以天道言之，日則麗之於天矣，而夜淪地中則藏之於海，亦易之所謂洗之之義也。至啓明之候，而天之氣有不爽然清乎，藉其不夜，而海氣豈能清。夫觀之常人則如此，觀之天道又如彼。則夫艮背之説前且後之，南且北之。而易之所以示人者，可謂至精至微至深切矣。

或問日之神也，而養之以海之水。心之神也，而養之以腎之水。亦皆可得而定在之矣。至於背也其亦不可得而定在之者乎。林子曰，是亦不可得而定在之矣，或前或後或上或下，神而明之存乎其人。

林子曰，心之火易燃也，諸凡功名富貴與夫聲色臭味有順吾情而可喜

者，則輒動其心而隨之以喜，此是火燃而心不能止乎其所矣。有逆吾情而可怒者則輒動其心而隨之以怒，此亦火燃而心不能止乎其所矣。始則旦晝牿亡，終則夜氣不存。夫至於夜氣不存矣，豈曰燃之云乎，而燎原之勢殆有不可得而熄滅也。

林子曰，初學之士，先須念三教先生四箇字、孔老釋迦三教先生也。孔子之時中，老子之清淨，釋迦之寂定，皆吾心之本體者然也。故無時無處而不念三教先生者，蓋有似於侍立三教先生之側，而不敢須臾違也。念三教先生者初從口念而至於背之腔子裡，久則念念只在於背，念念只在於背則心常在背矣。念即心也，念起於心而非心之外，復有能念也。

林子曰，艮背之功以念止。念之心法也。以其念之逐於外焉者，妄也。今則返之於內矣。或者以念之逐於外也固妄矣。而念之返於內也，不亦妄乎。林子曰凡屬有念皆妄也。皆妄則皆非也，而何分於內外邪。故以念而止，念者以妄而離。妄也以妄而離，妄者以夷而攻夷也。程明道曰內外兩忘，渾然無事。此爲學之極則也。尚書曰，華夏蠻貊罔不率俾，此爲治之極功也。然始學之要，忘外爲先，外既忘矣，然後方可語之以忘內之功者，有漸之敎也。

林子曰，或目交於物而動我好色之心焉。然不必咎乎其色也。但當念三教先生四箇字，而好色之心其有不忘乎。或耳交於物而動我好聲之心焉，然不必咎乎其聲也，但當念三教先生四箇字，而好聲之心其有不忘乎。或曰此非其心之咎歟。林子曰，若復咎其心焉，豈不反動其心哉。蓋我元無此好色好聲之心矣，以見色而聞聲也，而始有此好色好聲之心焉。今則惟念三教先生四箇字，而不知有色，而不知有聲，而不知有心，夫一念之誠而至於心，且不知矣，則又奚有於色，奚有於聲耶。故曰，必有事焉而勿正心。

林子曰：士者以讀書爲業，或讀學而時習之，句即如念三教先生四箇字，亦念入於背之腔子裡，自一句而至於百千萬句，無不皆然。由此觀之，一日讀書則是一日行我工夫，一歲讀書則是一歲行我工夫，若不讀書而馳逐乎其外矣，便是放心，便是不能行我工夫。至於講論酬答，辨議寒暄，亦復如是，然後方爲無時無處而不用其力焉。然此道也，自古聖賢皆從三綱五常中密煉得之，而非他也。若堯舜之父子，湯武之君臣，周公之兄弟，不亦可槩見乎。又皆從士農工商中密煉得之而非他也，若伊尹之莘野，傅說之版築，膠鬲之魚鹽，不亦可槩見乎。然此道之不明久矣，而世之爲學者率皆不知所以煉之。即有高明之士而語之以道也，則彼必曰非入山習靜不可也。我今則縻於俗矣，又奚敢以少窺斯道之藩籬哉，此蓋道流釋流之邪說，有以入人之深也。抑豈知煉之以三綱，煉之以五常，以士，以農，以工，以商，乃所以消磨氣質而爲吾進修之一大助邪。且財色，人之大欲存焉，最人之所難離也。若處山中，而財心暫隱未見矣，而自以爲能忘財者，非也。色心暫隱未見矣，而自以爲能忘色者，非也。入山以求靜者，其試思之然艮山也。而山其心者，艮背之義也。若不求艮於心，而求艮於山焉，心豈能靜。心不能靜而曰有得於山者，豈其然哉。借曰：心亦能靜，而有得於山焉，是亦暫隱而未見爾，見則輒復如初矣，况綱常倫理之大道，士農工商之常業，乃反以求靜之心而毁裂之，而棄去之，可乎？不可乎？

或問：道家所謂煉者，不其非乎？林子曰：何可非也。蓋煉也者煉之也。以火燒金煉之之義也。道書曰：「未煉還丹莫入山。」故煉之以三綱，煉之以五常，煉之以士，以農，以工，以商者，煉之也。然煉有四義焉，神而煉之，一也。形而煉之，一也。我而煉之，一也。人而煉之，一也。神而煉之，以煉其神而操其存也。形而煉之，以煉其形而去其病也。我而煉之，以我而煉我也。人而煉之，以人而煉我也。或問何謂我煉？林子曰：即余之所謂煉神、煉形者是也。何謂人煉？林子曰：乃古人之所謂困內困外者是也。何謂形煉？林子曰：以病而去病，猶以念而止念，借假以還眞也。《記》曰：清明在躬，志氣如神。蓋形不清，則不能明。不清不明而志氣反爲其所污矣，又安能如神而可以前知邪？《易》曰：神以知來，至誠之道，清明之在躬也。又問：清明在躬？林子曰：夫人之躬，有氣有形，而未必其皆能清也。氣不清則濁，形不清則穢，而其氣之濁，形之穢也，皆足以塵吾七竅而病之者，病也，而不清而不明而不聖人也，職此之由矣。病而病之以去其病。故曰：惟其病，病是以不病。然而道家之所謂煉者則異於是，何也？林子曰：不知也，而余之所謂四義者乃余之所以自煉日用之良方也。然其義四也，其實三也，要其歸一而已矣。一者何？曰心也，心主乎中也，心主乎中矣，神其有不定乎？形其

有不清乎？神既定矣，形既清矣，即有如周公之困內，孔子之困外，而其中自有不亂者存焉。此煉之之要道也。

孔子曰：「操則存。」夫既煉矣，而又操之者何也？林子曰必其先有以操之，操之而後煉之也，然則何者謂之操？林子曰：譬匹夫懷璧，而心心在於璧焉，惟恐盜也得竊而有之。故操之者煉之也。

或曰：《易》艮其背也，吾乃今始知之矣。而曰：不獲其身者，吾甚惑焉，敢問。林子曰：此自其工夫之純一者言之也。吾知有吾之背而已矣。吾知艮吾之背而已矣，抑豈知外其背也而復有所謂身歟，蓋將以思不出其位而忘之也。吾知有吾之庭而已矣。吾知行吾之庭而已矣，抑豈知外其庭也而復有所謂人歟，蓋將以思不出其位而忘之也，此乃不獲之實義也，豈非其純一之守邪。然獲也者失之反也，子獨不聞之志士仁人乎？志士仁人惟知其心之有此仁也，是雖至於不獲其生焉，殆亦以仁之故，失之而不之恤矣。惟知其心之有此義也，是雖至於不獲其身焉，殆亦以義之故失之而不之恤矣。如此而日操之，如此而日煉之，故不特廟廊之上可得而爲之，而三軍之中亦皆可得而爲之矣。不特三軍之中可得而爲之，而之夷狄而蒙患難亦皆可得而爲之矣。蓋身在此則心在此，心在此則念在此，而念念不忘之下尚且不獲其身矣，而又况身外之物也，得而奪之乎。

林子曰：人之身有九竅，八竅南嚮而其一也。稍後以通穢也，至於背也皆無其竅，有皆牆壁然退而藏之，何其密乎？《本義》曰：止有所當止則不隨身而動，惟其不隨身而動也，故能不獲其身矣。然背之眞去處也元不隨身而動，猶天之北辰也，亦元不隨天而轉矣。或問眞去處。林子曰：所謂孔顔樂處是也。《易》曰：止其所處即所也，而止其所者，居其所也，故居其所而不動者，天之所以爲天也。止其所而不動者，人之所以爲人也。又問聖人之道無方所矣，而曰止其所者，何也。林子曰北辰之居其所也，而天忘之艮背之止其所也。而聖人忘之故，有念則有着，有着則有所由，有念而至於無念，此堯之所以安，汝止忘其所而不知矣。若人之一身至細也，亦有北辰而居其所歟。林子曰：人之一身一小天地也，孰不知而信之，何獨至於天之北辰也而疑之。夫以天之北辰而擬議之，則是人之一身也。似獲乎背之北辰以爲用矣，而艮背之不獲其身者何也？林子曰：人之一身故，獲艮背以爲用矣，若精神命脉之以和以調，視聽持行之以運以用，而艮背則但止其所而已。夫何爲哉？獨不觀之天乎？天之全體亦獲北辰以爲用矣。若日月星辰之以照以臨，雨風露雷之以鼓以潤，而北辰則但居其所而已。夫何爲哉？抑嘗觀之磨焉，磨之爲物也，豈不獲其心以爲用哉？而其心之止乎其所也，則亦不隨磨而轉者。天之北辰也，觀磨則知道矣。故君子之始學也，亦惟所其背之北辰而居之爾。艮之六四曰艮其身，《象》曰艮其身，止諸躬也。或問：既曰不獲其身，而又曰艮其身，身其有不同乎？林子曰：不獲其身者，身也。乃以人之身，而槩言之也。而艮其身者，身也。豈非所謂身之中而爲背之腔子者哉。故特於六四言之，蓋艮之初趾也，二腓也，三限也，五輔也，而六四者其心乎。

又《行庭心法》 林子曰：人之首崑崙山也，四肢四海也，腹中，國也。腹爲中國，而北則恆山，南則衡山，東則泰山，西則華山，而腹之中，中國之中也，嵩山峙乎其中矣。嵩山乃古洛地，以其在天地之中也，曰土中。《易》曰：乾爲首，坤爲腹。又曰：正位居體，體亦腹也。坤屬土。又曰：行其庭，庭亦坤之土也。獨不觀之天地乎？天之極上處至地之極下處總八萬四千里，而吾身一小天地也。心腎相距亦八寸四分，若心腎之間，乃天地之間。中心之中者，庭之中也。而一點靈光元在乎其中者，天地生人之初也。又不觀之雞子乎？雞子之中，黃者土中也，天地之間也。《易》曰：黃中是亦中黃之義也。中黃之中有點者，雞子之太極也。故天地之中曰土中，而吾身之中亦曰土中。雞子之中曰黃中，而吾身之中亦曰黃中。然此中也，豈無定在歟？林子曰：亦無定在也，譬之子宮焉，有深有淺，有浮有沉。而黃中亦然，有上有下，有前有後。

或問：天地之間，天地之中也，而亦無定在與？林子曰：亦無定在也，今以易之六爻言之，一陽來復也，而天地之間似乎在地之下，三陽而泰也，而天地之間又似乎在地之上，若以間字之義而必曰當在於地之極中處者，迂也。蓋天地之神化也，無方無體，固有不可得而執之而度之也。若果植之仁，寄息乎其尖矣。蓮肉之心，貫徹乎其內矣，况雞子之得陽也，或在於黃之極中處焉。上之下之，前之後之，其亦無定在也。有如此由是觀之，則夫間字之義又豈必於天地之極中處也，而後謂之間邪。

林子曰：乾坤其易之門邪，而易之太極者中也，心也。今合內外二卦而言之，上二爻者天也，下二爻者地也，中二爻者人也。人也者天地之中

天地之心也。又分内外二卦而言之，若内之中者中也，心也，而外之中者，中也，心也。至於八卦六十四卦之環乎其外而其中中也心也，《易》曰：易無方。又曰：冒天下之道如斯而已者也。而其所以無方而冒天下之道者，則皆我之中也。皆我之中則皆我之心也。夫豈惟易道爲然哉，而諸凡上而極其天之所覆，下而極其地之所載而盈於天地間者，則皆我之中也，皆我之中則皆我之心也。由是觀之，中也，心也，天地人焉一也。孰爲天之中，地之中，人之中乎？又孰爲天之心，地之心，人之心乎？故中也者，心也，心也者中也。一而已矣。

夫曰：庭矣，而又曰行其庭也。敢問行之之義？林子曰：行也者，行之也。天行健之之行也，天之行也。日一周天何其健與，若吾身亦一小天地者，周天之行健也。《易》曰：天行健，君子以自強不息。然吾身之庭，太極立焉，而天則旋之於其外，而往來之不窮矣。《艮》曰：時止則止，太極立焉。時行則行，周天行焉。又不觀之《繫辭》乎，《繫辭》曰：日月相推而明生焉。又曰：寒暑相推而歲成焉。又曰：屈信相感而利生焉，此行庭之心法也。或問：行庭心法豈不有所謂眞實工夫之可言邪。願夫子明以教我也。林子曰：余今請試言其方。須先以五行之心安於中心之心，而爲土中者以敦養之，自有消息眞機，而心身性命相爲混合矣。一屈一信，一往一來，眞若有日月之代明，寒暑之錯行，其殆天運之自然，是亦吾身之一天地也，始而有意終於無意。

或問：行其庭，行矣。而曰時止則止，太極立焉者何也？豈行其庭也，而有止之功乎？林子曰：止之者所以行之也，故止也者艮乎，其庭之中者吾身一太極也。行也者環乎其庭之外者，吾身一周天也。子不觀之天乎，而包羅乎地之外者，莫非天也。故北辰之居，其所者天之止也。而儗之以吾身之太極也其有不同乎？特吾身小而天地大爾。三百六十五度者，天之行也。而儗之以吾身之周天也，其有不同乎？特吾身小而天地大爾。

易曰：君子思不出其位，敢問何者之謂位？豈非其所止之，位者中歟？林子曰：背之中，位也。庭之中，亦位也。故思不出於背之中也，位之以存心矣。思不出於庭之中也，位之以立極矣。

林子曰：一陰一陽而一點之善落於庭之中焉，成之而爲性也，其陰陽妙合而凝，不測之神乎？猶一夫一婦而一點之善落於子宫之中焉，成之而爲人也，其夫婦妙合而凝，不可知之道乎？夫既妙合而凝，成之而人焉，子而又孫，孫而又子，而生生之無盡矣。夫既妙合而凝，成之而性焉，而聖而神，而文而武，而變化之無窮矣。

又 林子曰：人未生以前，未有性命，未有此一點靈光，至始生之時，天乃命之以性，即有此一點靈光者，繼善而成性也，即此一點靈光，易謂之太極，而性命未始分也。至太極而陰陽焉，則性命分矣。性則寄之於肉團心裡，即名曰神，命則寄之於臍於腎，即名曰氣、曰精。

林子曰：性而神也，既寄之於肉團心裡矣。神，火也，遇物則燃，其能不爲物所引而去之者乎？然而夜氣清明之候，而神則猶在於肉團心裡矣。日復一日，人化爲物，豈特爲物所引而去之而已邪？故先收此放心，而艮之於背，以立基也。然後將此神氣復返性命而歸於一者，所謂陰陽而太極也。若也不知艮背則不知存心，不知存心則不知立基。基不立矣，神其有不馳乎？神既馳矣，氣其有不散乎？氣既散矣，則亦安能返陰陽而太極之，以復我一點靈光邪？

林子曰：菓植之仁中有一點者，太極也。而抱之以兩者，一陰一陽也。易曰：易有太極，是生兩儀。故易也者，兩而化也。太極也者，一而神也，而無極也者，未始一也，先天也。先天也者，太虚也。神由此明化由此出，而一點靈光之妙用，固有若是，其大矣。

《孟子》曰：「君子引而不發。」若所謂約之以禮者，即孟子之所以引之也。約禮也者，復禮也。約之以禮者，中道而立也。中道之中，堯舜之中也，而允執也者，立也。孔子三十而立，孟子先立乎？其大者皆此立也，然豈曰中道而立而允執之者哉？而知及之者，知及此中也。仁守之者，仁守此中也。知之好之樂之者，知此中而好之樂之也。成之者性而成性存。存者，存存此中也。

又 林子曰：人有人極而中道而立者，人建其有極也，性由此而盡焉，命由此而至焉，不惟修之於身爲然也，而舉而措之，天下則有不能外矣。皇有皇極而中天下而立者，皇建其有極也，百官由此而正焉，萬民由此而治焉，不惟觀之人道爲然也，而遠而察之，天道則有不能違矣。天有天極而衆星拱之者，天建其有極也，四時由此而行焉，萬物由此而生焉。夫天且

不違矣，而況人乎？而況皇而出治，聖而爲學乎？是故君子貴立極也。或問：道無爲也，而子每曰立極者，何也？不幾於執着之者乎？林子曰：夫天且有其極矣，而天亦執着歟？譬之樹藝，然根既固矣，更復何爲由此而條而華而實，而自有不容息之生理存焉。固無俟於助長，而亦惡得而助長之。若余之所謂立極者，亦猶是也。極既立矣，更有何事由此而賢而聖而天，而自有不能已之眞機存焉。固無俟於執着，而亦惡得而執着之。故樹藝在於固根，而爲學本乎立極，此惟可與知者道，難與俗流言也。

林子曰：易以此一點靈光謂之善，曰繼之者善。而孟子亦謂之善，曰可欲之謂善，又謂之幾希。曰人之所以異於禽獸者幾希，即此可欲之善，特幾希之微爾。惟此幾希之善也，與生俱生，乃我所性而有焉者也。而曰有諸己之謂信者，何也？蓋天之生人也，雖曰性有此幾希之善矣，但百姓日用此幾希之善而不知焉。吾性之所固有之可欲也，雖有若無。而謂之信有諸己，不可也。如能知此可欲之善是我之所固有者，是我之所日用者，而安之於吾身之土以敦養之，則此善也，其不爲我之所實有乎？故謂之信由此而克實，由此而光輝，積久之盛，成章而達也。夫既曰充實矣，而又曰有光輝者，何也？殊不知此可欲之善，本自太虛中來，至靈至聖至神至明，唐堯以此善也而擴充之，以光四表，以格上下。文王以此善也而擴充之，以光四方，以顯西土。周公以此善也而擴充之，明光上下，勤施四方。是其光輝之發也，固若有是，其大矣，然而始也，特其幾希之微爾。

又《中庸》曰：「自誠明之謂性，自明誠之謂教。」何者謂之誠？寂然不動者，誠也。何者謂之明？炯然不昧者，明也。寂然不動之中而一點靈光自然發見者，誠而明也。炯然不昧之神而渾然本體無可執着者，明而誠也。故誠則無事矣，明則反身而誠矣。

林子曰：太極也者，一也，一點靈光也，明也。無極也者，未始一也，一點靈光未始有也，誠也。余嘗譬之石焉，寂然冷也，又惡有所謂火者？石而擊之而一點眞火生乎其中者，幾而形也，以薪傳薪，明明之無盡矣。至於薪既窮焉，而火則又安在哉？此乃復其寂然之本體。而性者誠也，故一點靈光者，誠明之幾希也，而輝光朗耀有若日月之照臨者，誠明之無盡也。

林子曰：夫太虛也，而天之矣，而地之矣，而復日之矣。若聖人之太虛也，則亦氣天之氣，形地之形，而一點靈光是亦天地之日也。故曰之光也，則在天地之內，無所不至矣。而我一點靈光之照臨也，其有異於日乎？然有神則有氣，而天之氣也，則在天地之內，無所不周矣。而我浩然正氣之克塞也，其有異於天乎？神本無神也，氣本無氣也，而太虛之太虛也，固於天地之內，天地之外而無不太虛矣。而我空空洞洞之太虛也，其有異於太虛乎？

又孔子曰：「若聖與仁，則吾豈敢？」或問何者謂之聖？何者謂之仁？林子曰：心之神明不測之謂聖，心之生意不息之謂仁。此言心乃中心之心，而非五行之心也。聖得此以靈，仁得此以生。若余所謂一點靈光者，中心之仁也。孟子曰：仁人心也。而忠臣孝子丹心一點耿耿而不昧者，亦此一點靈光也。然此仁也元安於中心之心，與生之俱生也。而中心安仁之聖人，則亦不過復反此仁於中心之心，而安安之也。然此聖也仁也皆本於性也，楊龜山曰：人性上不容添一物，若或物矣，必不神明，而又安能聖邪？必無生意，而又安能仁邪？此大學之所以貴格物以致知也。

《中庸》曰：「喜怒哀樂之未發謂之中。」或問聖人之心固有此中矣，而常人之心亦有此中乎？林子曰：此乃赤子之心，何思何慮之心也。常人豈無赤子之心邪？但常人不有以致之，若存若亡，故不能皆中節。感之以善則善，感之以惡則惡，蓋以其中無主而爲物所遷也。或問致之之道。林子曰：先致之於其中焉，而允執之者致也。

近有秦姓者，以儒門而慕老氏之學矣，初聞守中之說以問林子。林子曰：中在何處？答曰：心腎之間者中也。林子曰：曾守之未也。答曰：守之而未見其功矣。數年復以守泥丸爲問，林子曰：泥丸在何處？答曰：頭有九宮，宮之中也。林子曰：曾守之未也？答曰：守之而未見其功矣。又數年復以守丹田爲問，林子曰：丹田在何處？答曰：臍之下一寸三分。林子曰：曾守之未也。答曰：守之而未見其功矣。秦姓者曰：三者之傳於其人者皆非歟？林子曰：何可非也？曰：守之而未見其功者何歟？林子曰：守之而又安能有其功乎？蓋此三人者，皆以口耳之見聞欲以窺老氏之大道，而老氏之大道顧有在於見聞之未得以億逆而知之邪？若夫所謂心腎之間者中也，九宮之中者泥丸也，臍之下一寸三分者丹田也，載之道書可得而考也，又奚待此三人也始得而知之，始得而言之邪？

然則如之何而後可也？林子曰：道無定體，中無定在。從古以來未有能以見聞之未億而逆之以窺此玄微之大道也。而口口相傳，心心相授，自有眞機存焉。即有顔冉之知慧也，則亦安能不由師傳可得而知也？而又況知慧之不及顔冉者乎！夫道流之所謂道者今且不復論矣，而儒流之所謂儒者余竊惑焉。其曰正心矣，而不知其反之於身而心之所以正者何如爾？其曰勿正心矣，而不知其反之於身而心之所以無待於正者何如爾？其曰誠意矣，而不知其反之於身而意之所以誠者何如爾？其曰無意矣，而不知其反之於身而意之所以無待於誠者何如爾？至於許多名目互相同異者，亦惟襲取聖經之片言以自立一門戶，而又且旁搜遠索以爲口頭套子之資爾，豈其有所自得於心而能體之於身邪？

雜録

林兆恩《三聖正宗・自書心聖直指卷後》 始而艮背行庭，終而本體虛空，此乃君子之所以不外心以作聖，而爲有漸之學也。或問：艮背行庭矣，而不察識擴充，可乎不可乎？林子曰：惡乎其可哉！蓋余之意則以爲作聖之漸固不可不知，所以艮背行庭亦不可不知，所以察識擴充矣。又問：艮背行庭之功或有所未至，而即欲察識擴充焉，可乎不可乎？林子曰：惡乎其不可哉！蓋余之意則以爲作聖之漸固當無時無處而不艮背行庭，亦當無時無處而不察識擴充矣。內外之交致其功也，動靜之不遺其力也，眞積之盛，久當渾化，其有不契機知性，復其虛空之本體邪？子谷子龍江兆恩。

坐功運氣

題解

黄育楩《破邪詳辯》卷一 《盤古不壞經》有云：「無縫門，展放開，光明發現。回頭看，百樣景，盡在人身。」噫，此從人身揑出無數地名、無數景致，不過言坐功運氣之意，而故爲詭怪以駭人聽聞，卒之自壞其身，因以壞人之身，猶曰《盤古不壞經》，不可信也。

又《破邪詳辯》卷四 一，邪教有《佛說如如老祖寶卷》，內云：「陰氣至鎖子關爲邊界，陽氣至下重樓、通氣殿爲邊界。」又云：「人身有三千大河，七千小河，有大腸十二積，小腸二十四積。」噫，人之一身以血氣言，血屬陰，氣屬陽，氣能運動，而血自流通，血氣既相輔以行，陰陽即相濟而成。以八脉言，陽維主一身之表，陰維主一身之裏，陽蹻主一身左右之陽，陰蹻主一身左右之陰，督主身後之陽，任衝主身前之陰，帶脉橫束諸脉，如束帶然。是八脉無不到之處，即陰陽無不到之處。邪教謂陰氣有邊界，則邊界之外無陰即無血，而陰維、陰蹻有不到之處。陽氣有邊界，則邊界之外無陽即無氣，而陽維、陽蹻有不到之處。推之督任、衝帶各有陰陽，各有不到之處，則血氣不和，八脉不調，死期將至，何以爲生。又人之一身陰維所行共一十四穴，陽維所行共三十二穴，陰蹻所行共八穴，陽蹻所行共二十二穴，督脉所行共三十一穴，任脉所行共二十七穴，衝脉所行共二十四穴，帶脉所行共八穴，並無鎖子關，下重樓、通氣殿之名，又無三千大河、七千小河及大腸十二積，小腸二十四積之名。邪教以醫書必無之名揑而爲有，可知如如老祖不讀書，不明理，不知醫書之言人身確有實據，惟任意虛揑，而又假充佛說以煽惑愚民，可恨之至。《如如老祖寶卷》不可信也。

論説

黄育楩《破邪詳辯》卷三 噫，余向遇一道士，言道家傍門，亦有天門開放，當人出竅之說。其法極秘，其功極難，必遇眞仙傳授眞訣，或能鍊成，而自古迄今，寥寥無幾。若妄希此境，視爲易事，投一俗師，亂傳亂授，一着偶錯，勢必深入魔障，失其靈機，半瘋半癡，語言顛倒，非惟不見當人，亦且有類死人。道家所以不敢輕試者，以此故也。由此觀之，可見弓長、還源、飄高等揑造妖言，顛倒錯亂，全無倫次，不相照應者，

皆是深入魔障，失其靈機，而爲半瘋半癡之人也。推原其始，傳教者既視爲易事而以之騙人，從教者亦視爲易事而甘受人騙，遂相率爲瘋魔中人而不可救藥。譬之世人因忿爭而成瘋魔，所言皆忿爭之事；因驚恐而成瘋魔，所言皆驚恐之事；因錢財而成瘋魔，所言皆錢財之事；則邪教因求上天而成瘋魔，宜其日日所言，皆上天之事也。當人出竅之説，即瘋魔語，萬不可信也。

又卷四　一，邪教有《佛説無爲金丹揀要科儀寶卷》內云：「金信頂門皈源路，木信兩肩落黃沙，水信惡鬼腹內痛，火信傍生兩膝痲，土信三塗脚衣板，准備行程莫戀他。」餘言無生老母度化衆生，同上天宫。噫，人身之分五行自有實據，如肝藏血屬木，膽火寄於中。心藏神爲君火，包絡爲相火。脾藏智屬土，爲萬物之母。肺藏魄屬金，總攝一身元氣。腎藏志屬水，爲天一之源。命門爲相火之原，天地之始。三焦爲相火之用，分布命門元氣。膽屬木，爲少陽相火。胃屬土，爲水穀之海。大腸屬金，爲傳送之官。小腸主分泌水穀，爲受盛之官。膀胱主津液，爲胞之府。再由臟腑而言肢體，肝木主血、主目、主筋。心火主血、主汗。脾土主肌肉、主四肢。肺金主皮毛。腎水主骨。命門藏精生血。三焦升降出入。醫書之言五行極詳且備，而並無金主頂門，木主兩肩，水主腹內，火主兩膝，土主脚板之説。自邪教言，則五行專主肢體，又各分一處不能貫通，既無此理。至於無生老母實係明末騾精，被雷殛死，陰魂消散，斷無度化衆生，同上天宫之事。此等謬語假充佛説，詭詐之極。《無爲金丹寶卷》不可信也。

又　一，邪教有《佛説明宗顯性科儀》，內云：「東南西北四方各有八山八王子，都是我佛眷屬。」以下又言三明、四闇、三車、三牛、四大、三性、六精、三心、三災等語。噫，東南西北，各山各國，有《禹貢》、《爾雅》、《山海經》、《廣輿記》以及《文獻通考》、《歷代地輿誌》併《坤輿外記》、《八紘譯史》、《荒史》、《譯史紀餘》，凡一切經史子集等書紀載極詳，並無遺漏。今邪教所言四八三十二山之山名，四八三十二王之王名，何以考之諸書並無一見。四方地面大小不同，何以分爲八山八王，如此停勻，豈非捏造。至於言三明而不務正道，三明無一明。言四闇而盡遭刑誅，四闇眞爲闇。以羊車、鹿車、牛車爲三車，謂裝大地山河，實是欺人之語。謂裝無數金銀、珍珠、碼碯，即寓貪利之私，以鐵牛、金牛、白牛爲三牛，謂打開萬法，言習教而已入犯罪之門。謂禪定三昧，超出三界，借佛言而徒工傳徒之計。以身體、漕溪、毛孔、骨節爲四大，而包籠周流，論工夫而盡成怪語。穿連白玉，言修養而徒造詭詞。又如三性先覺性，而專習咒符，所覺皆迷人之術。六精重意精，而惟貪財色，所精皆入獄之由。三心謬謂歸聖心，而心田已壞，害人害己總相連。三災欲求能免災，而災禍紛來，陽間陰間皆受罪。明宗專習無爲教，而妖妄悖謬無一實言。且又捏爲佛説以污辱佛名，作孽尤甚，《明宗顯性科儀》不可信也。

雜録

黃育楩《破邪詳辯》卷一　一，邪教有《科意正宗寶卷》，分二十四品。《了凡身脱苦品》總言功夫鍊就，了脱凡身之意。噫，釋道了身於靜室而寂寂無聲，邪教了身於法場而哀哀叫苦。釋道全身以了身，而肢體俱存；邪教殺身以了身，而骨骸盡碎。是自蹈苦境而謂能脱苦，不可信也。

《氣眼顯光品》有云：「氣眼者，接續後天一氣也。」噫，先天後天一氣相通，何用接續？亦思儒教集義以養氣，正氣所以常伸也；邪教觀針而運氣，邪氣所以日盛也。邪氣盛而禍福不明，是非不辨，眼已昏矣。不可信也。

《肉眼發亮品》有云：「散退浮雲見當人。」噫，儒教求成人，邪教求當人。求成人於倫常之內，則道由我全；求當人於會匪之中，則孽由自作。竊恐崑崙未透，而法網難逃。當人之説，不可信也。

《月州城裏會賢人品》有云：「法眼開攝諸法，經藏不看，自然皆知。」噫，儒教之經明德新民，體立用行，邪教何以不知也？釋道之經，別開法門，各有精義，邪教何以不知也？然時猶不看而不知也，邪教之經，妖妄悖謬，盡係虛捏，何以日日看之而終未知之也？可見法眼之名，儒教有之，釋道亦有之，惟邪教必不能有之，而猶以法眼誘人，不可信也。

《慧眼遙觀品》有云：「慧眼發亮，觀看東西南北，如同明鏡，千山

萬領，無有遮攔。」噫，邪經所言地名，如桑園里、大寶莊、永平府、東勝衛，以及盤山與趙州橋，皆確有可據。然不過直隸數百里内而已，數百里外則茫然無知，惟以虛捏地名點綴其中。可知造經之人尚未慧眼發亮，不能觀看東西南北、千山萬領，而猶以慧眼誘人，不可信也。

《天眼開通品》有云：「天眼是天門開放，當人出竅，遊到九九八十一層天上，三萬五千由旬。」噫，天門開放，當人出竅，即尹老須出神上天之説，前已辯之詳矣。至於天有九重，確乎可據。邪教謂三十三天，已屬虛捏。茲又謂八十一天，有何名目，有何証據？固與由旬之説同一妖妄，不可信也。

《淨土脱心通》以下共六品，有脱心通、神驚通、續命通、歸家通、三昧通、現在通以及先境、意境、眞境、假境。噫，脱心通是見性之意，而於義理之性、氣質之性未能喻其分毫也。神驚通是悟理之言，而於理之至費、理之至隱未能窺其刑似也。續命通是禪定之法，而未至續命，先至戕命，能知命者必不如此昏昏也。歸家通即出神之效，而未至歸家，先至破家，能保家者必不如斯憒憒也。三昧通點轉元機，而斬絞徒流終不能轉。現在通預知諸法，而吉凶禍福全未能知。至於先境、意境、眞境浮衍成詞，姑置勿道。惟謂假境是胡睬亂説，哄誘迷人，即是自説自家，譬之賊人駡賊，以明己之非賊，而衆已知其爲賊。種種謬説，既不可信，以下十二品言坐禪、言當人、言家鄉、言造經，言歸家看塔、言永不下生接續傳燈，皆與前經多所重複。邪經既係虛捏，而腹内空空，已揑盡矣。《科意正宗》不可信也。

雜録

林兆恩《**三聖正宗續稿・答論丹**》　或問丹。林子曰：丹者，心也，赤心之本體也。或曰：既謂之赤心之本體矣，則是丹也，可以頃刻而立成，而必遲之三年九載者，何也。林子曰：文文山丹心一點，實惟頃刻立成，還此赤心之本體也。故欲爲忠即忠，欲爲孝即孝，奚必三年，奚待九載。

又《**答論虛**》　虛化神，神化氣，氣化形者，順也。煉精化氣，煉氣化神，煉神合虛者，逆也。故逆也者，反也，復也。其曰反者，孟子所謂反身之反是也。其曰復者，老子所謂復命之復是也。

二

何處非虛空，何處非吾身之變化。以虛空言之，所謂身無其身者是也。以變化言之，殆所謂百千億萬化身，有不可得而擬議者。故曰虛空即法身，法身即虛空。

三

虛空中何處非神，何處非氣，何處非形。而神氣形之大，原於此也。

四

縱如吾子所謂白日飛昇，區區亦不爲也。吾惟返我於虛，復我於無而已。

十步修行

題解

黄育楩《**破邪詳辯**》**卷一**　《十步功菩薩顯光》以下共六品，總言十步功夫自海底撈明，以至透出崑崙，即直上天宮，相伴無生，永不下世。噫，上天本至難，邪教謂視爲至難，則人不樂從，必視爲至易，而又粧出上天之像，以巧爲煽惑，則人自樂從而不知爲理所必無之事也。即如清河教犯尹老須，言能出神上天，接見無生，蓋傲透出崑崙而言。迨至刑部堂前，用刑恐嚇，即稽首乞憐，涕泗交流，供稱出神上天並無其事。至綁出時，其急惶之像，恐懼之形，不堪言狀；至凌遲時，猶復苦苦哀號，連叫數十聲而後死。尹老須自稱爲南陽佛，人亦共稱爲南陽佛，乃於嚴審之先不能上天，凌遲之先不能上天，其平日之出神上天，將誰欺乎？邪經所謂透出崑崙直上天宮者大率如是，不可信也。

雜錄

黃育楩《破邪詳辯》卷一　又云：「湧泉穴內找，有本蘆芽經。丹田宮內找，有本聚寶經。」噫，此又演出四十餘種經名，或從人身找經，或從器用找經，或從房屋找經，或從山水橋梁找經。亦思人各有身，經藏何處，誰能找出？推之器用等物，無不皆然。今邪經揑造妖言，愈說愈怪，不可信也。

《蘆伯點杖品》有云：「十把鑰匙十步功，十樣點杖祖留行。」噫，世之讀書人學問有淺深，即功名有大小，至於膺巍科，爲顯宦，光前裕後，榮莫大焉。若因家道貧寒，不能讀書，而農工商賈各守本分，即各臻平安。一入邪教，則十把鑰匙開出無數犯法之門，十樣點杖點成無數受罪之人，易安爲危，轉福爲禍，不可信也。

戒律分部

戒諸生

題解

林兆恩《三聖正宗・宗孔堂帖戒諸生》　余少時寡識，漫以道術學業，兩相妨礙。遂棄去舉子業以從事於道，殊不知，御製明經之科，明經者，明道也。幼而學之，壯以行之。道術學業，豈有二邪？龍江林子兆恩。

士者能持受孔門心法，能時習舉子業，而兩不相妨礙者，是吾弟子也。入若不能持受孔門心法，即與俗儒無別，非吾弟子也。勿入。或能持受孔門心法矣，而以舉子業爲相妨礙而輕棄去之，謂之士也可乎？亦非吾弟子也。勿入。其入者，坐於東舍，毋越他舍混坐。農者、工者、商者，能持受孔門心法，各守常分，各安常業者，是吾弟子也。入。若不能持受孔門心法，即與俗農俗工俗商無別，非吾弟子也。勿入。或能持受孔門心法矣，而不守常分，不安常業，謂之農，謂之工，謂之商也可乎？亦非吾弟子也。勿入。其入者，坐於西舍，毋越他舍混坐。布衣之士，能持受孔門心法，無理家政，而仰足事，俯足畜者，是吾弟子也。入。若不能持受孔門心法，即與俗流無別，非吾弟子也。勿入。或能持受孔門心法矣，而抑不事，俯不畜，謂之布衣之士也可乎？亦非吾弟子也。勿入。其入者，坐於東之東舍，毋越他舍混坐。道釋之徒，能持受孔門心法，又且誦習經典而奉其戒律者，是吾弟子也。入。若不能持受孔門心法，即與俗僧俗道無別，非吾弟子也。勿入。或能持受孔門心法矣，而不習經典不奉戒律，謂之道釋之徒也可乎？亦非吾弟子也。勿入。其入者，坐於西之西舍，毋越他舍混坐。

論說

林兆恩《三聖正宗・宗孔堂帖・戒弄口頭》　《心經》曰：無無明，亦無無明盡，乃至無老死，亦無老死盡。《常清靜經》曰：觀空亦空，空無所空，所空既無，無無亦無。無無既無，湛然常寂。論學之士，竊之以爲話柄，以事口頭者，蓋多有之。諸生其痛戒之。若也不知孔門心法，而專事口頭以辯給也，將以欺人乎？抑以欺己乎？諸生其痛戒之。

世之論學者，每曰忠矣。如此而謂之大忠，如此而謂之小忠。如此而謂之恭，如此而謂之敬。如此而謂之賊，如此而謂之周公之忠，如此而謂之屈原之忠。每曰孝矣。如此而謂之大孝，如此而謂之小孝。如此而謂之敬養，如此而謂之色養，如此而謂之志養。如此而謂之舜之孝，如此而謂之申生之孝。凡類此者，反覆辯論，非不侃侃而足聽也。然察其生平，稽其素履，則所謂忠所謂孝者，豈曰躬行未之有得。而退而寒之，則亦有所不遑及矣。至於談本體者，亦且鮮有能識本體者也。其曰：寂然不動，心

之本體也。又曰：無動無靜，心之本體也。又曰：有善無惡，心之本體也。又曰：無善無惡，心之本體也。又曰：毋毋意。至於毋毋意而盡無之，心之本體也。毋毋心，至於毋毋必而盡無之，心之本體也。毋毋固，至於毋毋固而盡無之，心之本體也。毋毋我，至於毋毋我而盡無之，心之本體也。又曰：心本正也，而又奚待於正？性本定也，而又奚待於定？又曰：勿曰止念。即此止念，便是起念。勿曰求靜。即此求靜，便是不靜。若論學之士，能談及此者孰不自以爲得矣。然其見聞之末，支離之病是亦口頭釋子問禪而答禪者爾矣。縱說得天花亂墜，則亦何益於身心哉。故君子之學，貴自得也。浙有何中悟者，曾習此話柄而肆其辯給以禦人也。每每自以爲得。一日造林子而與之語，甚喜，曰：本體之說，微乎其微。先生其殆非常人乎。若非眞有所得於心，則亦安能剖折精微，而如是其詳明邪？林子曰：此乃乾慧不足多也。豈非孔子之所謂有言者，未必有德邪。余不談此者且十餘年矣。吾子幸毋襲燕石而珍之，而取笑於卞氏也。於是中悟遂幡然悔悟，介贄受業，而林子乃語之孔門心學。

又《答論作聖》 區區以聖人爲可學，而子疑吾言乎？孟子曰：「大人者，不失其赤子之心。」豈非以吾心一聖人也。而能不失吾心之聖人，是亦聖人也。《書》曰：「惟狂克念作聖。」況非狂乎？惟在克念而已。願吾子試反諸心，而吾性之善，自能充實光輝，而化而神。完完全全，原是一箇聖人也。顧乃退讓於古之聖人，不自克念也。亦獨何與？

又 夫學也者，學爲聖人也。若不知有吾心之聖人，而惟知有仲尼之聖人，徒述其言，而踐其迹，殆非所以善學聖人也。故子夏之篤信聖人，終不如曾子之反求諸己。

又 以此心而見之言，即是言孔子之言，而言爲法言矣。以此心而見之行，即是行孔子之行，而行爲法行矣。豈非吾心之孔子，與孔子無異邪？試反諸心以自考之如何？

又 向所聞於區區者，果能見於行乎否耶？果能持之永久而不變乎否耶？蓋上天之所以賦畀於我者不薄，無貴賤賢否，無不備具此聖人之道，吾子自視與孔子何如也。而本體之常明，眞與孔子原無異也。若或不能自信，而以孔子之聖，殆非我之所能及也，不亦孤負上天之所以生我之意，與區區之所以惓惓望子之心耶？勉之。

又 區區所謂三教合一者，合儒道釋而一之以孔子之儒也。夫道一而已矣。而教則有三，蓋孔子以儒之教教人而入於道也，老子以道之教教人而入於道也，釋迦以釋之教教人而入於道也。吾弟既已知之矣，而曰儒歸於儒者。區區非與竊孔子之名者道也，乃與篤信孔子而不得孔子之心者道也，吾弟曾聞之否也。其所謂「今日格一物，明日格一物」者，此朱子之學，亦惟朱子能之。若區區之聰明不如朱子，記憶之性不如朱子，顧欲即凡天下之物之不可得而勝紀也，表裏精粗而盡格之無不到乎？至於所謂「虛空本體，本體虛空」者，此乃釋氏頓教極則語也，而世之人輒以《易》言之者何歟？且人未生時，只是虛空，所謂本體者此也。豈當下之際，不落階級，而習氣盡去，即能忘我之身乎？藉能忘我之身矣，即能忘我之心乎。藉能忘我之心矣，復即能幷其忘而忘之，而無所於忘乎？故余之教，先求放心以存心也。又必至於不失赤子之初，而後方可語之以虛空本體者，學之序也。然氣稟則原於有生，而習俗又成於積漸。是習氣之難除也如此。若習氣未除，而放心猶故而曰能持心法者，豈其然哉。勉之。

又《答論學》 《大學》之所謂物者，非以外物之物爲物也，而以心之物於外物而物之者物也。大凡意之所向，皆物也。豈曰意之向於聲，向於色，而聲色之物於心者物也。而硜硜然言之必於信，行之必於果。而信果之物於心者，亦物也。故物也者，物交物之物也，人化物之物也，物而不化之物也。格物也者，格其物交物之物，而不爲物所引而去矣。格其人化物之物，而天理常存而不滅矣。格其物而不化之物，而不凝滯於物，而與化俱徂矣。然此猶有待於格也。楊龜山曰：「人性上不容添一物，故渾然在中，粹然至善。」是乃人性之初，原無一物之可格也。若司馬溫公扞格之說，則又不識無物之本體，而與外物相爲敵矣。至於即體即用之言，夫誰得而非之，而以用爲體之旨，區區寔竊疑焉。蓋嘗譬之樹然，即此是根，即此是枝，無非樹也。但指其枝以語人曰，此樹之根也，可乎哉？又嘗譬之水然，即此是源，即此是流，無非水也。但指其流以語人曰，此水之源也，可乎哉？謹此附使，冀復教我。

又《先求放心》 林子居榕之借借室，浙有二生來見。一人請曰：某雖有慕道之誠，而病於好色，每欲改之而不能也。敢問何以去此好色之心乎？一人請曰：某雖有慕道之誠，而病於好利。每欲改之而不能也，敢

問何以去此好利之心乎？林子曰：其内自訟乎？孔子曰：已矣乎。吾未見能見其過而内自訟者也，其用武火乎？白玉蟾曰：奮迅精神，驅除雜念，謂之武火。其發殺機乎？《陰符經》曰：天發殺機，移躔易宿。地發殺機，龍蛇走陸。人發殺機，天地反覆。而汝以爲好色好利之心之不能改矣，其爲病也不亦重乎？汝當先自訟之於心曰：我以好色好利而忝吾之生也，我其何以生爲哉？行而訟之，住而訟之，而坐而卧，亦復如是，此之謂自訟。不曰自訟焉已也，又當奮迅精神，發大猛烈。而好色好利之心，苟或一動，即自拚命，如有不能生者。此之謂武火，不曰武火焉已也，又當察其好色好利之心從何而生，而生則必有所生之處者，乃病之根也。故必自其根而驅除之，一刀兩段，蓋寧死而不復有一毫姑息之心者，此之謂殺機。而自訟，而武火，而殺機。而曰好色好利之心之不能改者，豈其然哉。二生喜曰：某等雖至愚也，從今以始，豈復有好色好利之心哉。敢不相爲戒勉以爲先生羞。於是林子乃授之以艮背止念之功，曰第歸而行之，以先去此好色好利之心，而復來見，尚有言也。

又《瓦片厝戲答林萬竹》 莆俗兒童嬉戲，或疊瓦片爲房子，呼曰瓦片厝。或剪色紙爲亭子，呼曰孔子亭。

昨見教云云，不曰瓦片厝，而曰孔子亭者。兆恩雖不知其爲誰氏之談，然亦可爲能知我者矣。竊惟兆恩之所論著者，豈敢曰孔氏之亭，特效兒童嬉戲以疊瓦片爲能耳。且疊瓦中有許多缺典，安可不知其缺而思所以補之者乎？蓋三教合一，歸儒宗孔，乃兆恩之所詳言者，疊瓦中之所有也。而孔子之所以可宗，乃兆恩之所未詳言者，疊瓦中之缺典也。夫孔子之所以可宗者，以孔子之所以聖者心也。心之所以聖者，以心之虚靈，心之本體也。此心聖教言之所由以作也。若宋儒之所謂今日格一物，明日格一物者，繁難零碎，不勝其勞。惟是之故，故人之視聖人眞如天之不可得而階也。況一草一本之細，在所必察。而至於表裏精粗，無不到焉，亦將奚爲邪？惟兹心聖之説，以明言孔子之所以可宗者。易知簡能，以補作聖人之缺典焉耳，豈徒喋喋不已，而爲此贅詞也哉。

又《藉言四章并小引》 農人知稼，圃人知圃，埸人知梧檟樲棘，工人知梓匠輪輿。若聖人者，知有性與天道之大而已矣，知有人倫日用之常而已矣。不知稼，不知圃，不知梧檟樲棘，不知梓匠輪輿，非不知也，以其瑣瑣之不足知也。非以其瑣瑣之不足知也，縱斂精神亦且不能徧物而知之。縱斂精神而能徧物而知之，其有裨於性與天道之大，人倫日用之常乎否邪？孔子之所謂小人之可以小知者是也。作藉言。

若后稷播時百穀，乃以始生之苗而問於堯與舜曰：「此何草也？」堯曰：「不知也。」舜亦曰：「不知也。」后稷曰：「堯舜豈聖人也，苗且不識矣。又況能察其理而窮之至於其極邪？」

鄒有埸師，而孟子賤之，常以梧檟之所以爲梧檟者而問諸孟子，不能答也。復以樲棘之所以爲樲棘者而問諸孟子，不能答也。埸師曰：「我舍梧檟而養樲棘，我固曰賤埸師矣。而子既不識梧檟，又不識樲棘。豈非即物窮理之學而有所未能邪？」

鄒有梓人匠人，而孟子弗之尊也。自以其工於木也，而以木之表裏精粗反覆而問諸孟子，咸對曰不知也。輪人輿人而孟子弗之尊也，自以其工於車也，而以車之表裏精粗反覆而問諸孟子，咸對曰不知也。梓匠輪輿曰：「一物不知，不以爲□。顧乃徒尊仁義，而以梓匠輪輿爲弗尊也，何歟？」

樊遲請學稼，曰吾不如老農。請學爲圃，曰吾不如老圃。樊遲出曰：「吾乃今知夫子非聖人也。不然，何其不能即物窮理，而若稼與圃，一無所知邪？吾固知夫子非聖人也。」

又《訊諸生》 曾造著代疊級以尊聖製，以祀乎其先也。未耶，幸速爲之。蓋人之行，莫大於孝。孔子曰祭之以禮。故孔子之行在孝經。勉之。

又 余每與諸生言者，皆心法也。而心法也者，乃所以造乎其道也。雖然心法尚矣，而德又安可少耶。《中庸》曰：「苟不至德，至道不凝焉。」即道即德，即德即道。故余之教，必合内外以成其功者，此也。然德莫大於孝親忠君悌兄信友。用之以爲行，則行爲法行。用之以爲言，則言爲法言。言行相顧，君子之所以慥慥，而仲尼自以爲未能也。諸生中固有能習余之心法者，而躬行有所不勉，則是無其德矣。無德之人豈足語道。諸生戒之。宋儒有言曰：學莫貴於變化氣質，蓋氣質之性不除，則天地之性不存。天地之性不存，而曰能習心法以造道者余未之知也。近聞諸生亦有自謂能悟性者。縱有悟性，而氣質之性不除，亦無益也。然此乃人

心之靈，而仲尼之徒所不道者，何也？以其馳我之志，而其流之弊，必
至語怪以炫奇矣。諸生戒之。至於治病之説，非眞有治病之術以利人之生
也。聊取心法緒餘以少試於人，而爲倡教之一助耳。今既信於人矣，勿談
可也。諸生戒之。

又《答柬》 區區初以性本不殊，道惟一體。固不知有儒有道有釋，
亦不知儒道釋之有正有邪。不知有士有農有工有商，亦不知士農工商之有
貴有賤。苟以是心至，斯受之矣。若軒轅之問道於空同，昌黎之留衣於大
顛。何嘗以其儒也，而於道釋則並棄之耶？伊尹農夫，太公屠叟，傅
説築於傅巖，仲由薪於韞丘。孟子曰：「百里奚舉於市，孫叔敖舉於海。」
亦何嘗以其我士也，而於農工商則並棄之邪。今之道釋，雖非空同大
顛，而其性之善，亦皆可以爲聖爲賢也。今之農工商雖非伊傅仲由，
而其性之善，亦皆可以爲聖爲賢也。區區以此性善之故，故竊效孔門
無類之訓，義聚而齒列之，不敢復生分別之意者，雖云：萬物一體之
心，是亦不能隨順世俗之過也。區區今既不復受徒，不復談三教矣，
而舊時所相從以受業者，偶爾相會亦當別儒道釋而三之，士農工商而
四之，庶不忤世違俗，不謂之廣大之中且盡精微之致耶。況壙誌既已
豫譔，而雲水逍遙，乃區區今日事也。而於世之所謂正者邪者，貴者
賤者，區區安得而知之。正者正之，邪者邪之，貴者貴之，賤者賤
之，區區安得而知之。正者不得不正之，邪者不得不邪之，貴者不得
不貴之，賤者不得不賤之，區區安得而知之。正者未必正，邪者未必
邪，貴者未必貴，賤者未必賤，區區安得而知之。有正有邪，有貴有
賤，是世俗之見，生分別心。無正無邪，無貴無賤，是性善之初，無
分別心。區區安得而知之。無分別中有分別，有分別中無分別，區區
安得而知之。有分別者，分別也。無分別者，亦分別也。區區安得而
知之。既安得而知之，又安得而分別之。既安得而分別之，又安得有
正有邪，有貴有賤，而有分有別也。無正無邪，無貴無賤，而無分無
別也，區區亦惟脩身俟死已爾。他復何與焉，謹具奉答，幸惟教之。

又 覽來教。似有傷於峻。與鄙意稍有不同。孟子曰：夫道若大路
然。又曰：人人有貴於己者。若斯人也。而爲天之所不覆，爲地之所不
載。則亦已矣。如斯人也，而亦爲天之所覆，爲地之所載，則又安不可以
共由之大道，而不與之並生於天地之間邪。故曰：道不以貧賤而不與，惟
高明者教之。

存省規條

題解

林兆恩《三聖正宗・存省規條卷端》 或造林子而問曰：「士希賢，
賢希聖。古人則有是言矣，而農與工商亦可以希賢希聖與？」林子曰：
「子獨不觀之舜乎？亦農而耕，亦工而陶，亦商而漁，豈非古之所謂大聖
人邪？況夫士無定名，苟能希賢，則雖農與工商，抑亦可以爲士矣。賢
無定數，苟能希聖，則雖農與工商，抑亦可以爲賢矣。且農與工商，而天
性之果與士異乎否也？」曰：「未始異也。」林子曰：「使天性之果與士
異焉，不有以教之可也。使天性之果與士不異焉，不有以教之不可也。天
性之師教之，安知不有賢聖出乎其間邪？」或者以農與工商則未之學焉，
非以天性之異也。林子曰：「子之所謂學者，何學也？」曰：「經書子
史百家言，士之所以能希賢希聖也。」林子曰：「孟子所謂人皆堯舜，而
大人不失赤子之心者，豈專在於經書子史百家言邪？且經書子史百家言
始自何代？文字未製，書契未興，而羲黄以前神聖何其多也！然六經四
書，孔門之心法固在也。豈非希賢希聖者之所不可廢邪？而朱子則曰：
講論經旨，特以輔此耳。夫六經四書特爲輔如此，而況於子史百家言者
乎？且孔子之所謂好學者，敏事慎言，就有道而正焉。而顔回之不遷怒
貳過也，則亟稱之矣。孔子曰：君子喻於義，小人喻於利。而宋儒亦曰：
學莫先於義利之辨。孟子曰：性也有命焉，君子不謂性也。而宋儒亦曰：
學莫貴於變化氣質。凡此皆希賢希聖之大也，若舍此不務，而偏索之子史
百家言焉，則是炫多以自侈其博矣，豈曰心身之益，希賢希聖之學哉？」
龍江兆恩。

論說

林兆恩《三聖正宗・存省規條》凡諸生從余受業者，須當不分寒暑，不分晝夜，不分動靜，時時刻刻，要持孔門心法。能持孔門心法，則心在腔子裏矣，存養省察之功其可以斯須而或離乎？規條于左：

一士者心要在腔子裏以爲士，農者心要在腔子裏以爲農，工者商者心要在腔子裏以爲工爲商，至於一視一聽一言一動，無不心在腔子裏，方爲能持孔門心法也。

一坐不必趺跏，當如常坐。夫坐雖與常人同，而能持孔門心法，則與常人異矣。卧時亦然，亦如常卧，亦要心在腔子裏。

一晝而坐，夜而卧，理之常也。夫坐卧雖有晝夜之分，而心在腔子裏，則無晝夜之分矣。

一坐時不持孔門心法，便是坐馳。孟子所謂放心者，豈必心放於色，心放於財，然後謂之放心也？即此坐馳便是放心。

一應事時，須當時時刻刻省察此心還如靜坐時否？不動心否？不動氣否？不悅色不悅財不悅紛華否？

一應事時，如不能不動心，不能不動氣，不能不悅色，不能不悅財，不能不悅紛華，是我存養之未至也。須當痛自悔戒，如或能不動心，能不動氣，能不悅色，能不悅財，能不悅紛華，是我存養之有道也，尤當益加勉勵。

一動時固易動其心，靜時亦易動其心，心在腔子裏，則自然不動矣。

一靜而存養心，要在腔子裏而靜也；動而省察心，要在腔子裏而靜也。

一持孔門心法，不特於出門使民之時，心要在腔子裏而靜也，甚而至於造次顛沛之際，心要在腔子裏而靜也。

一省察之功尤當先乎其大者，其事君也果能忠乎？果心在腔子裏乎？而一念之忠果出於中心之誠乎？其事父也果能孝乎？果心在腔子裏乎？而一念之孝果出於中心之誠乎？至於天顯之序，交遊之信，固人道之所當然。而造端之始，居室之微，尤人情之所易忽。若舍此人倫之大而不知所以省察焉，縱有身心性命之學，豈不失之荒唐杳妄，非余弟子也。

一心本活潑也，若操存堅執，而必其心之不動焉，是亦告子之不動心也。豈余所望於諸生邪？

一近來習靜之徒不知孔門心法，而枯坐於一室之中，日不窺戶牖，夜不就寢席，亦既迷矣。又況離父母，絕妻子，不士不農不工不商，自以爲高且潔者，斯其爲迷也大矣。蓋由大道久湮，聖學不著，故邪師邪說得以入人之深如此，若諸生中有能宣明余教，以開斯人之徒之迷焉，是乃余之眞弟子也。

又 或覽林子心聖教言，而謂林子之言之易也。林子曰：「聖也者心也，故聖人不外心以爲聖者易矣。孟子曰：人皆可以爲堯舜。非獨余易之，雖孟子則固易之。顏淵曰：舜何人也，予何人也。有爲者亦若是，非獨孟子易之，雖顏淵則固易之。周公曰：惟狂克念作聖。非獨顏淵易之，雖周公則固易之。子其疑余之言乎，則周公顏孟亦皆不足信與！」至是乃始以林子之言爲然，遂問作聖之功，豈亦若是其易乎？林子曰：「得其門而入雖易，而入其域而優則難。」又問：「所入之門之易，而優入其域之難者何邪？」林子曰：「心之精神之謂聖，聖即心也，則心固在我矣。聖之存主之謂心，心即聖也，則聖亦在我矣。余故曰得其門而入者易，心雖在我，而分量廣博之如地，不可得而盡也。聖雖在我，而至德峻極之猶天，不可得而躋也。余故曰入其域而優者難，然仁與聖一也，知仁則知聖矣。孔子曰：『仁遠乎哉？我欲仁，斯仁至矣。』何其易也？其曰：『仁之爲器重，爲道遠。舉之莫能勝也，行之莫能至也。』又曰：『君子無終食之間違仁，造次必於是，顛沛必於是。』是爲仁致一之功又何如其難邪？孟子曰：『聖人先得我心之所同然者』，何其易也！其曰：夫聖孔子不居，惡是何言也？又曰：可欲之謂善，有諸己之謂信。由此而美而大而聖，是作聖漸積之功，又何如其難邪？此一動一靜之間，而存養省察眞不可以斯須而或離也。雖然靜而心在腔子裏，而靜不離於斯須也。人或有知之者，至於動而心在腔子裏，而動不離於斯須也。豈非人情之所易忽哉？惟其爲人情之所易忽也，故余每語諸生必於動中而日致其嚴焉。

此存省規條之所由作也。」子谷子龍江林兆恩。

戒訊諸生

論説

林兆恩《三聖正宗・戒訊諸生》　孔子曰：朝聞道，夕死可矣者。何謂也？固有不待生而存而自有不死者在焉。然此自其既聞道者言之。而初學之士，亦惟從生死關頭不貳心始。《中庸》曰：居易以俟命。孟子曰：行法以俟命。又曰：夭壽不貳，脩身以俟之，所以立命也。夫命之懸於天也，不可得而易焉，而貳之者惑也。故余之所謂去病者，蓋以去其所以害我尺寸之膚也，而身斯不病矣。余之所謂作聖者，蓋以去其所以穢我清明之躬也，而心斯不病矣。然去病之與作聖，非有二道也。余每以體胖生色之餘緒，以少試之貧且病者，而豈有他哉。蓋欲知余之學，內有所主，庶幾得以倡明羲、黄、堯、舜、湯、文、周、孔之道於天下萬世也，豈曰去病云乎哉。故居易行法脩身以俟，不惟不貳心於生死之際，亦且不貳心於疾病之間，以善吾生，以善吾死。而作聖之功，夕死之可亦不外是矣。若夫大而不釋然於生死之際，而以生死累其心，小而不釋然於疾病之間，而以疾病累其心。內無所主，安能適道，殆非余之門弟子也。甚而至於以病而來，而病愈之後，諸凡有非義之事，亦或冒而爲之。余不知其昔日所焚三啓，是皆生人之戒行，人倫日用之常經也，乃今尚能記憶之否也。

又　孟子曰：其爲氣也，至大至剛，故以其氣之充滿於一身者言之，則曰體之充也。以其氣之充滿於天地者言之，則曰塞乎天地之間。若醫書所謂手足痿痹不仁者，豈非其氣之不充體而失其所以養之耶。故苟得其所以養之，復能知其所以充之養之而克，而曰病之不去體者，未之有也。朱子曰：「吾之心正，則天地之心亦正。吾之氣順，則天地之氣亦順。」故匹夫匹婦，含冤呼天，而天且爲之烈風，爲之迅雷。則亦何異於手足之疾痛也，而心輒爲之不寧矣。程子曰：「仁者以天地萬物爲一體。」豈不以天地萬物本同一氣，而精神命脉自相流通乎。余於是而知持志而無暴其氣，非徒以爲一身謀也，而天地萬物皆囿於我矣。《中庸》曰：「天地位焉，萬物育焉。」此雖曰致中致和之極功矣，然亦自持志而無暴其氣始。余豈習於岐黄之術哉，余惟以此小試而利導之，庶有微效，亦足以興起其爲賢作聖之心矣。如或無有乎爲賢作聖之心，而以持志無暴，以爲去病之良術也，豈余所謂小試明道之初意耶。諸生戒之。

帖勉諸生

論説

林兆恩《三聖正宗・帖勉諸生》　三教先生，孔、老、釋迦也，豈曰徒念三教先生以念心以歸依孔老釋迦而爲初學之第一義耶。而耳之所聽，聽於無聲，殆有如孔老釋迦之法言之在吾耳也。目之所視，視於無形，殆有如孔老釋迦之法容之在吾目也。心之所存，存而無體，殆有如孔老釋迦之眞心而無異於吾之心也。夫既如此，則是耳也一皆孔老釋迦，而無不正之耳矣。目也一皆孔老釋迦，而無不正之目矣。心也一皆孔老釋迦，而無不正之心矣。諸生今尚未能無念，故當以正念爲先。而諸凡有不正之耳不正之，目不正之，心有不即時而消鑠者乎。以此持念，以此攝心，而耳之聽，目之視，自能中乎禮而不違矣。此乃初學之先務而爲入德之門也，諸生其勉之。

十六條規

題解

崧陽逸《素一老人十六條規註解叙》　健菴先生爲四明碩彦，德性溫

恭，學臻純粹。壯歲學道，勤修妙果，勇事功行，是早合內外，而兩有成就也。修己之餘，即以度世。行道得徒，濟濟多士，皆東南之美，殆所謂桃李多在公門者耳。乙酉冬，余遊海上，得瞻雅範，見其謙謹，安和，晉接動遵禮度，有古君子風。十數年來，時相過從，愈久愈敬，宣聖稱平仲善交，有同概焉。宜乎及門之士爭多步趨，樂坐老夫子春風中也。客歲以素一老人十六條規註解示余，浼爲改易，敬披讀數過，喜其披隙導款，語語中肯，字字精當，將老祖心法之傳，引而未發之妙諦闡發無遺，明白曉暢，不啻親炙。廣野之堂，得所傳播，心心相印，而有以發明之也。余入道後，蒙先師授此條規數十年，兢兢業業，雖體行未逮，實不敢違慈尊之訓示。但以東西南北，未遑假館，爲之註釋，讀兹妙解，洵屬先得我心。歷年來，所見四五友人之註，多非完璧，當以此爲精切完善，超超元著，而首屈一指矣。凡我同人各宜遵體祖師之條規，以勉事修途，勸者當爲奮勉，誡者當爲克祛。熟讀此解，悉心領悟，知所從事，無負健菴先生註釋條規嘉惠後進之苦心。行見人人遵行，人人有所成就，道風丕振，化盡世人，胥歸覺路，素老在天之靈亦大爲忻慰也。巳歲彊圉作噩，立春日。

健菴氏《弁言》　慈尊老祖著十六條規，爲吾人日用行習必不可少之書，但語多渾涵，引而未發，令人各自尋繹，初學之士或不免有誤會之處，蓋書中義蘊雖若顯而易見，而愈清淺亦愈精深，愈尋常亦愈微妙，一經淺見者之誤會，則轉失其旨矣。余酷愛是書，將四十年矣，猶未能洞悉其精微。然心領神會之餘，常若有睨我以無窮之旨趣者。爰就管見所及，僭註於逐條逐句之下，雖言之不文，而書中義蘊，務使顯豁呈露，一覽了然，或不至有害辭害意之患也。敬祈高明之士惠賜教言，以匡所不逮，是則余之所深幸也夫。時在光緒二十有一年乙未歲長至月全辨穀旦，健菴氏謹誌。

論　說

素一老人《素一老人一十六條規註解・第一條》　乙卯新立佛規。

孟子云不以規矩不能成方圓，語氣極其決斷，可知規矩兩字，爲開宗明義第一法。儒門有儒門之法，佛門亦有佛門之法，此慈尊老祖所以於咸豐五年乙卯歲重新立此十六條規，俾吾人視爲準的，終身奉行，其爲功於後人者豈淺鮮哉。剖明闡道規程，剖者，分剖也，明者，明白也。言新立條規，分剖明白，這會開闡大道，爲九二原來，歸根復命之事。規即規矩，程即程途。既守規矩，當辨程途。差之毫釐，謬以千里，可不慎哉。有志斯道者，尚其於篤行之始，加以明辨之功。

其中成敗敘得清。

其，指條規也，其中者，言條規之中也。成者，成功也。功何以成，不過信受奉行，始終如一而已。敗者，敗壞也。不能成功，即敗壞其事。其弊由於反覆無常，半途而廢。敘得清者，言條規之中，將或成或敗的道理，講得清清楚楚也。

令衆個個誠信。

令，使也，要也。衆即衆人，個個則無一人不在其內。誠，實也。信，見信於人也。雖見信於人，特恐信之者尚有未實，故曰誠信。老祖之立此條規，要使人個個信，個個誠信，直無一人不誠，不信。蓋不誠不信，實由未明成敗道理。今既敘明，可無患此也。此廼老祖善與人同之意也。

令講神仙之道。

神仙之道，指頭盤功夫，元關一竅也，彼衆人亦既誠信吾道，則吾道中從入之途，始可與之言矣。如今若不講明，是阻人以入道之機，此老祖所以不憚苦口，願與誠信之衆人，首先指示雖箇中微妙，不止於是，而行遠自邇，登高自卑，要不難循序而漸進也。

次敘金仙事情。

金仙事情，指築基煉己，採藥還丹，抽爻換象，週天火候，以至沐浴溫養，移爐換鼎，脫胎神化也。即二盤三盤功夫也。情，實也。事情者，事實也。頭盤功夫，既已講明，則二盤三盤功夫，亦當次第敘述。俾誠信之衆人，知所從事，迨至功夫純熟出神入化，眞有不可以言語形容者矣，然非身歷其境者不知也。

如何能超果位。

果位者，蓮臺也，言同是一人，如何能超昇果位，其中必有道理。此

老祖要人自己思想。然則學道之人，可不以成己成人，立功立德，爲先務耶？蓋外功内果，相輔而行。苟内果純熟，外功尚未圓滿，亦不過獨善其身。欲求果位，恐未必有。若能以功培果，自應分占高下品乘。

怎麽有墮苦穽。

怎麽者，疑詞也，與上句如何二字相呼應。苦穽，陷穽，即幽冥地獄也。學道之人，應不至墮入苦穽。今乃亦有墮之者，良由凡心未了，血心未化，外君子而内小人，違背佛法，信邪投魔，開齋破戒，得緣失緣，致有墮落陷穽，難以出苦。此老祖要人回頭猛省也。

又《第二條》 爲人要敬天地。

天地絪緼，萬物化生，人爲萬物之靈，當思生成之德，覆載之恩，一生報之不盡。敬者，不敢輕慢之謂。《曲禮》曰：毋不敬。言凡事皆當以敬爲主，豈有深恩大德如天地，而顧可輕慢視之乎？蓋天地之生物，獨厚於人，自當體天地之心，而加意敬禮也。

當報神明君親。

當者，理所當然也。報者，報答也。神明，即天神地祇也。君臨我，而親生我，合之爲四大深恩。爲人者如何可以報答，其大要不外孝悌忠信，禮義廉恥八字。此八字中，若能留心體認，則可以希賢，可以希聖，而神明君親，自然喜悦，雖此外别無所報，已不啻受吾之報矣。

如何行持福祿增。

行者，奉行也。持者，執持也。即中庸篤行，擇執之謂也。福祿增者，言行持之下，福祿自增。但福、祿二者，非可倖致，必如何奉行，如何執持，而始有以漸漸增加也。老祖要人自己思想，並未道破，以意度之，諒不外此成己成人，樂善不倦，挽化人心，接引原來諸大端而已。

怎麽爲過德損。

行持是屬功一邊事，與功相反者則爲過。有意之過，修道者庶幾可免。無心之過，則所在皆是。怎麽爲過？老祖是要人心口自問也。德者得也，凡有功於世，有益於人者，皆是。損，減也，德貴日增，德增即福祿亦增。過則損德，即損其福祿矣。此二句迴環見意，即所謂互文也，願修道者反覆思之。

修道教人損財。

修這大道，似乎無待於財。爲何要教人損財？只因三期末劫，大道普行，欲行大道，非財不可。教人捐財者，所以助天闡道，使東土衆生大開覺悟，其爲功於大道者，誠非淺鮮，故修道者，自己有財可捐則捐之，無財可捐則教人捐之。

蓮臺豈有買登。

蓮臺雖無買登之理，然捨財助道，而道因以大行，則捐財者之功，當不在闡道者之下。蓋彼此相需，不能偏廢，他日論功，亦當並受其賞。誰謂捐財者不當登蓮臺乎？而或者遂以買登疑之，亦知財之有功於大道爲何如乎？然或自恃有財可捐而不加修煉之功，則於道無得，亦不能超凡入聖而證蓮臺果位矣。

其中道理須説明。

其中，指上二句中也。道理謂教人捐財，並非爲買登蓮臺的道理。然其迹則似，其實則非。若不爲之説明，在深識者固不至妄生疑竇，而在淺見者，又安保其能釋然於懷乎？老祖將這箇道理，説得明明白白，俾知教人捐財，正爲助人行道起見，此外並無他意也。

免衆心生疑病。

衆，衆人也。道理亦既説明，則衆人之中決不疑教人捐財，爲買登蓮臺也。否則口雖不言，心則滋疑，在所不免。病者疚病也，因生疑而成疚病。謂修道之人，亦以財爲重，將來蓮臺可以買登，衆口悠悠，大爲吾道之害，一經説明則疑病釋然矣。

又《第三條》 大道自古不洩。

大道者，三教聖人一貫眞傳也。即無極太極之理，人欲返本還原，舍此别無遵循之路。自，從也。洩，漏也。言從古至今，不敢輕洩。則此大道，何等鄭重。既入道者固當視爲秘密單傳，不可稍生玩忽，未入道者亦當及早回頭，同登彼岸，庶免後來之追悔也。

今怎遍傳東林。

怎者，猶云爲何也。既云不洩，爲何遍傳。豈古今之有異乎？因三期劫至，老母開恩，普度九六佛子還鄉，故遍地流傳，不似從前之不洩也。東林，猶東土也。東土衆生，未解此意，或且輕易視之，殊不知爲古今難遇之期，一經錯過，追悔無窮，願衆人及早思之。

開示何必要擇人。

開者，開啓也。示者，指示也。言將大道開啓指示於人也。擇，選擇也。何必要者，特爲下句成敗設勢，非不必之意。大道何等貴重，自當擇人而傳。今雖遍傳，亦不得不論賢愚。逢人就開，致有廣種無收之患，惟仰體老母收圓普度之意，選擇原人，開示進道，修成得回西方。若異類孽根，反道敗德之人，萬不可胡亂開示，以致敗壞佛門。細玩此「何必要」三字，是反詰以發人深省也。

當指成敗理行。

當指者，但當指示也。成者，成功。敗者，敗壞。理，即成功敗壞之理也，言但當指示若何成功，若何敗壞。其中道理，一一分剖明白，使之自思自悟。如此行去，則望人之成，慮人之敗，自不得不擇人而開示矣。自首句至此，一意相承，一氣相生，後之學者，當潛心玩味，勿負老祖當日之苦心也可。

修道爲甚受考。

考者，魔考也。甚者，甚事也，猶言何事也。言修道之人，本是好人，不背聖教，不犯王章，即使獨善其身，亦與左道惑人者有別。今而受考，爲的何事？不知天下惟學好之人，往往受此魔考。否則聖如孔子，爲甚阨於陳蔡。賢如顔子，爲甚促其天年。此中道理，眞索解人而不得矣。

不見佛祖顯靈。

靈者，威靈也。言顯威靈以救之也。修道之人，既以佛祖爲依歸，則當其受考之時，宜乎佛祖爲之顯靈矣。今乃不見，是豈佛祖無靈可顯乎？抑豈恝置修道之人乎？非也，蓋功成圓滿無此一考，則成敗無由判，果位無由分。不見顯靈，正所以考取修道者之眞心與否，磨而不磷，涅而不緇，必如此而後可望入選矣。

好歹一併遭難星。

難星，災難之星宿也。其歹者，固宜遭難星。豈好者，亦任其遭難星乎？想我佛慈悲斷不若是也。今云一併者，則是無好無歹，都遭難星矣。其故何也？蓋精金百煉，不煉即不得謂之精金。古人云：家貧出孝子，世亂識忠貞。故今此一併遭難星。歹者不足惜，好者亦云幸矣。

敘透生剋情景。

生剋，即五行相生相剋也。遭難星，是剋一邊事。成正果，是生一邊事。好者得成正果，先遭難星，是剋即生之先機也。彼歹者之剋，則眞剋矣。情景，情節光景也。此中情節光景，非入道之深者，不能悟徹。老祖著此條規，將生剋光景細細敘透，俾大衆咸知好者之剋，剋即是生，庶千魔不改，共樂超昇也。

又《第四條》 今示大小領袖。

伊尹曰：天之生此民也，使先知覺後知，使先覺覺後覺。夫後知後覺，猶之衣也。先知先覺，則衣之領袖也。顧同是領袖，而必分□□□，因分識闡化，有大有小，以統率調辦也。今示者，如今指示也。既爲領袖，似無待於指示，但恐賢愚不等，良莠不齊，故老祖深爲慮之，不憚諄諄告語也。

須明功德僞眞。

闡道助道謂之功，功足服人謂之德。功德本有眞而無僞，然自有冒人之功以爲功，爭功奪果，假仁假義，則功爲僞功，德爲僞德矣。老祖要大小領袖，參透此關，知其無益而有損，庶幾功爲眞功，德爲眞德，而絕無所謂僞焉者雜乎其間。

功中有過人不明。

既曰功矣，如何有過？蓋指上僞功僞德而言也。人指大小領袖也。不明，謂不明僞功僞德之過，而詡詡然自以爲功也。然老祖不謂其無功，而惜其功中有過，多一功即多一過，猶不如少一功而少一過之爲愈也。

那樣爲德無損。

知僞功僞德之爲過，即知眞功眞德之爲功矣。眞僞本是兩樣，這樣爲過，那樣便爲功矣，此理甚明。老祖故不說穿。無損，兼人己兩項。不損己，是指眞功不損人，是指眞德。損之爲言害也。僞功害己，僞德害人，句中德字，與功字參看。

凡人怎超天外。

凡人，凡世間人也。然超凡可以入聖，則超天外者，固明明此凡人也。只要凡人認眞大道，修果辦功，着實做去，則功成果就，自然而然，能超天外。玩句中怎字意，是要人自己設法，自己思想。

如何墮入幽冥。

不能超出天外，勢必墮入幽冥，此一定之理也。彼大小領袖，欲度原人，超出三十三天之外，當指明墮幽冥之故，以警醒之。此是老祖教人各自思想，使其咸知戒惡爲善，痛除積習，以免墮落之苦也。否則絶無善功，只有惡孽，幾何而不墮入幽冥哉。

苦樂兩途要認清。

墮幽冥，何等苦也。超天外，何等樂也。要認清三字，跟上怎字如何字來，言怎麽能超，如何要墮。預先將這兩途認得清楚，胸中庶有把握，自當以善爲師，以德爲戒。始則出於勉強，繼則習慣自然，將日趨天外之樂，永離幽冥之苦，兩途認清，便一超直上矣。

善超惡墮不混。

善者，應歸樂境。惡者，應得苦趣。善超天外，惡墮幽冥，宜也不混，謂彼此殊途，如薰蕕之異臭，涇渭之分流也。蓋善超惡墮，本來不混，人孰不知。但自昧天良，不肯爲善，積習相仍，以致自忘其惡，妄冀超昇，豈知善惡分明，毫髮不爽，善超天外，惡墮幽冥，一定之理，斷無能儌倖者也。至大小領袖，眞功眞德是善，僞功僞德是惡，或超或墮，有樂有苦，其歸着亦決無混淆者矣。

又《第五條》　舉世同領慈航。

舉世者，遍一世也。航者，取普度之意。佛門以慈悲爲念，故曰慈航，同領，見領慈航者之衆也。夫慈航何等鄭重，萬劫難逢，今而舉世同領，無非大地乾坤，爲此收圓，要將東土衆生，一齊度盡，領此者當體我佛如來之意，廣爲接引，使之出苦海而登彼岸，將來功成緣滿，應以領慈航而證果位矣。

有者道洪清平。

有者，有如此者也。道洪者，大道洪開也。清者，清淨。平者，平穩。言大道洪開，清淨平穩者固有其人，然非佛根深厚，宿孽全消，未易至此。彼領慈航者，切勿視爲固然而稍生其玩忽也。必須小心翼翼，內有以成己，外有以成人。否則道高一尺，魔高一丈，而不得清平矣。

亦有道開魔風生。

領慈航，本爲開道計耳，而不知魔風已從而生矣。魔風者，魔考之來，如風之速。言亦有領了慈航，救度衆生，纔經開道，而風浪滔天，顛簸不定，雖由根基淺薄，冤孽未消所致，然未始非性情怪誕，造言生事，搖惑人心，有以召之也。領慈航者，可不戒哉。

唬得身難站穩。

唬，驚嚇也。魔風之來，極其駭人，一經驚嚇，站身不穩矣。或疑吾道之非，漸生退步。或被人言所惑，頓改初心，因站身不穩，以致立志不堅者，往往然也。然禦寒莫若重裘，止謗莫若自修，當此魔風之來，亦惟戒懼修省，一德一心，以待其自作自息而已矣。

也有後學發達。

紅福清福，本一理也。但紅福所重者，人爵也。清福所重者，天爵也。同是發達，一則爲時甚暫，一則歷劫不磨耳。後學，後之學者也。此言領慈航者，所度之人，或能勇猛精進，軼後超前，將來同領慈航，多所成就，天爵之貴，非是人莫與屬也。也有二字，跟上二有字來。或曰發者發生，達者條達。謂大道之行，如木之發生條達，於義亦通。

成己又能成人。

已領慈航，己固成矣。而後學發達，人又成矣。此與魔風生者，大有霄壤之分。雖由上蒼默佑，以成其功，然其能事，要不容沒也。蓋必謹慎謙恭，忠以持己，恕以待人。而後之學者，又能曲體其心，亦步亦趨，而始有以致之也。

還有雖開衆乾坤。

《易》曰：乾道成男，坤道成女。則是乾坤者，男女之謂也。開者開示，衆者衆多。開示男女，亦既衆多。似乎吾道大行，可以上慰老母收圓之意也。而必曰雖開者則是開如未開也，衆猶不衆也，貪多務得，不見成功。還有者，是上文三項之外，還有此一項也。

未見結果廢損。

果者果實。結者凝結。廢者廢棄。損者損壞。言開示之衆乾坤，當其入道之時，如花之開，原欲期其凝結果實也，今乃未見，則是廢棄損壞而已矣。孔子曰：苗而不秀，秀而不實，亦同此意也。

又《第六條》　葷人求領大道

葷人謂食葷之人也。求者叩求。領者領取。大道何等貴重，豈葷人所

能求領。然所謂葷者，特就既往而言也。既往不咎，人固無害於葷也。故此葷人，特恐其不知大道可貴耳，特恐知其可貴，而不來求領耳。若既明明求領，則亦當偕之大道，而絕無所吝嗇也。

先要齋戒誦經。

齋者，謂不食葷腥戒者，謂不近女色。蓋一以清殺孽，一以固元精也。經謂佛家之經典，齋戒之外，又必誦經者，所以消宿孽也。凡修道之人，當其入門之始，必須天榜掛號，地府抽丁。此後恐防宿冤尋報，故非誦經，不能消此冤孽。求領大道者，可不以此三者爲先務哉。

道欲德培孽消清。

此德字，兼功字在内。如念佛誦經，戒殺放生等類。其大者則捐財助道，使道大行。培，栽培也。言修道之人，先立功德，以爲栽培之地，使之根深蒂固，不能動搖。否則宿孽未能消清，如何了却死生，以成此大道也。消者，消滅。清者，清訖。如貿易往來，一無虧欠也。

不然考魔嚴緊。

考魔，即魔考也。不然二字，是從上文反掉之詞也。猶云若不如此。此云齋戒誦經，以德培道，無非爲消清宿孽起見耳。宿孽清，則魔考去矣。蓋魔考即宿孽所致。欲免魔考，先清宿孽，理固然也。嚴者嚴厲。緊者緊急。言魔考之來，嚴厲緊急，令人生怖，若不消除宿孽，難免前途修阻矣。

劫運從何而起。

劫者，殺害也。運者，氣運也。言人生在世，貪圖口腹，殺害生靈，不以爲怪，迨至積成氣運，無可挽回，刀兵之災，立時而起，雖天心仁愛，亦無如之何矣。從何而起，是要人想到劫運起處，而預先杜絕之也。前人戒殺詩云：「欲知世上刀兵劫，但聽屠門夜半聲。」誠哉是言也。

怎麼解此災星。

劫運中有災星焉，必如何可以解得。亦惟念佛誦經，戒殺放生而已矣。但解之於劫運既至之時，不若解之於劫運未至之日。怎麼者，如何也。是要他預先思想也。人苟將這個解除的道理，預先想透，則吉神擁護，而災星已消歸於無何有之鄉矣。

其中至理須敘明。

其中至理，言人自寅生以來，死死生生，造諸惡孽，堆積如山，上天雖開赦宥之門，亦必念佛誦經，戒殺放生，以消除歷劫冤愆而後可也。否則劫運難回，災星立至，循環報復，未有窮期，人轉畜而畜轉人，輪迴苦處，可勝言哉。須敘明者，言要講得明白也。

令衆各有章本。

令，使也。使大衆皆知自作之孽，還須自解，庶胸中各有章本，不至迷其所向也。章本，猶言章程，念佛誦經戒殺放生，是其大節目也。此外如濟人之急，救人之困，憫人之孤，拯人之阨，種種陰功，不能殫述。所貴大衆，將此章本，擴而充之可也。

又《第七條》 但掌佛命慈舟。

但字，與下句須字相呼應。掌，掌管也。佛命，佛祖之命令也。慈舟，即慈航也。言慈舟乃佛祖所命，掌之者何等鄭重，必如何而能將九六佛子，救出苦海，同到西方，否則雖掌慈舟，無所接引，與接引不得其人，皆負我佛當時之命令也。

須明接引規程。

接引中有規矩程途焉。倘有未明，則辦理不善，其負我佛之命令也不少矣。掌慈舟者，所以先要將三教經傳，參悟透徹，謹慎謙恭，寬洪大度，爲後人立個榜樣，而又能循循善誘，將返本還原的道理，一一講明，則成己成人，胥在於是。其於佛門接引規程，庶乎近焉。掌慈舟者，可不明此哉。

辦理怎麼惹風生。

辦者開辦。理者調理。謂開辦調理，當依老祖接引之規矩也。蓋同一接引，而開辦調理者異矣。或託元機以動衆，怪誕不經。或假邪說以欺人，新奇自喜，則平地風波，立時惹動，此等不依規程，辦理不善，掌慈舟者，各宜自思。

如何行持安靜。

行者，行此規程也。持者，守此規程也。違規程者，即惹風生。依規程者，自安靜無事也。蓋但將返本還原，分清別濁，養到元微的道理，爲後起之英，剖明表白，此外一切搖惑人心之語，絕口不談。如此遵依規程，到處行持，無不安靜，掌慈舟者，何可不思。

目下龍蛇混雜。

龍，喻眞心修行者也。蛇，喻有名無實者也。混雜者，不能分明也。言目下修道者，是龍是蛇，混雜難分。龍固不能自顯爲龍，蛇亦不肯自認爲蛇。然不分於今日，安必不分於異日哉。迨至一經考核，原形畢露，則龍固不至誤以爲蛇，蛇亦不能冒以爲龍。但就目下而論，固猶然混雜不分也。

冤緣結帳期臨。

人自寅生以來，所結冤緣，幾無了日。目下三期已滿，不將此帳結清，更待何時。期臨者，言結帳之期已至也。修道之人，若不念佛誦經，戒殺放生，預先將宿世冤孽消清，則當此結帳之期，恐亦不能抵賴。即使我佛慈悲，空中保護，然亦無如此冤家何也。

一着行偏魔障興。

行，行道也。一着者，棋爭一着也。言行道之人，如敲碁然，一着行偏，全局輸矣。魔謂魔考，障謂障蔽，興者起也。言魔考障蔽其前，立時而起，將本來之明重重遮護，勢必顛倒錯亂，膽大妄爲，不遵法度，棄正投邪，此皆一着行偏誤之也。

鬧亂道場無整。

道場之立，原貴有人整頓，無人鬧亂，庶幾信從者衆，有以日新而月異耳，乃自有甘爲魔考障蔽者，鬧亂其間。始也疑謗相乘，繼也牴排互用。入吾道以敗壞吾道，紛紛擾擾，未有已時。此即有人起而整頓之，而已無可整矣。

又《第八條》　世間作魔異種。

作魔，謂入魔道者也。異種者，言三千六百傍門七十二種外道，其中種類不一而足也。言三期末劫，世間入魔道者往往起而與吾道爲敵。修道之人，苟非有堅忍不拔之操，勢必爲其所惑，將先天大道，反視爲平淡無奇。況種類繁多，迭起相嘗，魔道之害人，眞防不勝防。修道者，可不時時審愼哉。此外更有雖入吾道，不守祖規，自外生成，自立門戶，雖與作魔異種有別，要皆吾道之罪人也。蓋木無本則萎，水無源則竭。彼稱師作祖，妄自尊大者，奈何絕不悔悟哉。

今害無數乾坤。

乾道坤道之中，有深識卓見，不爲所害者，固不乏其人，而無知之輩，往往一經煽惑，輒入其黨，甚至分門別戶，鬧亂道場，自害害人，於今爲烈無數□言多也。孔子曰：「攻乎異端，斯害也已。」此等魔道，皆異端也，不攻則已，攻則害已隨之，聖人眞前知哉。

三天怎不顯威靈。

惡莠亂苗，惡紫奪朱，似是而非者，從古聖人，未有不惡之也。況此作魔之人，貽害大地乾坤，不可勝數，宜乎三天佛祖赫然震怒，以痛絕之也。怎麼不見不聞，一無動靜，眞令人求其故而不可得矣。然愚者難明，知者不昧，不過三天借此魔考，以核修道之人，眞心與否耳，非眞一無威靈可顯也。

由他各處糊混。

他者，指作魔之人也。糊者糊塗，混者混雜，各處者，不一處也。言三天不顯威靈，由他糊塗混雜，到處蔓延，貽害大地乾坤，誠非淺鮮，而作魔者之種類，又不一而足，不入於此，必入於彼，彼此糊混，未有已時。修道者苟非眞有把握，未有不入其彀中者矣。

不久妖怪遍世。

魔道之外，猶有妖怪，魔道雖不可入，然猶未離乎人也。妖怪則皆山精水怪，變化人形，其害較魔道爲尤甚。不久者，爲時無多也。遍世者，遍一世也。言四八彌陀，廿四觀音，興雲作霧，引誘斯人。癡愚之輩，妄想登仙，以爲神佛降臨，意在濟人，並無惡意，而不知皆妖怪變化而成也。

無端邪法誘人。

妖怪誘人，必屬邪法。邪法者何？如五行遁法，呼風喚雨，或腳踏祥雲，或口吐蓮花者皆是。言此等妖怪專以誘人爲事。無知男女，一入彀中，彼即借體爲人，變化百出。無端者，言妖怪之來，並無端倪可以揣測。老祖慈悲爲念，所以預先指告之也。

鬧得十方天地昏。

人類則有魔道，物類則有妖怪。糊塗混鬧，大可駭人。昏者不明也，言日月無光，星辰慘淡，有晦無明也。一方雖大，不是魔道，便是妖怪，紛紜繁雜，鬧得天地無光。修道之人，苟非虛靈不昧，幾何而不墮其術

中。古人有云鬧龍華者，今三期劫滿，龍華大會，魔道妖怪並起而鬧，此其時也。

務指成敗究竟。

究竟者，歸根結底也。言吾道將成，而魔道妖怪，起而敗之。亦因修道之人，未知其究竟耳。試將究竟指明，則認定道根，守住元關，勤修苦煉，不貪意外超昇，任他昇天入地，駕霧騰雲，移山倒海，役鬼使神，終不能敗吾道之成也。然則修道者，亦務知究竟而已矣。

又《第九條》 修身欲明齊家。

身者，修道者之身也。身何以修，則致知格物，誠意正心，大學已言之矣。家者，家人父子也。言修道之人，欲明齊家道理，不可只管一身，而置家人父子於不顧也。齊者，猶云一身□□，使家人父子個個皆要學好，不可偶有參差也。修道之人，果能明此，則一身既足爲法於一家，一家亦足爲法於一世矣。

訓妻教子儉勤。

勤儉爲治家之本。勤則事不廢，儉則財不匱。不廢不匱，而家興焉。家興而修道者，得以內顧無憂，息心靜養。以此二字，教訓妻子，使妻子皆知勤儉爲本，而不長惰慢之風，不染奢華之習，兢兢業業，以世其家，豈不甚善。由此觀之，修道之人，非竟置妻子於不顧，而自甘隱遯也。

生理手藝或讀耕。

生理商也，手藝工也，讀者士而耕者農也。言四項生業，爲父兄者，使其子弟，各習一項，足以使之終身溫飽，不至流爲匪僻，以敗壞家風也。修道之人，一身以道自任，似不能兼治生業矣。而有子弟以代治之，庶幾生財有道，財不患其不足。是故或生理，或手藝，或讀或耕，各視其材而就之。

各習一項務本。

本者根也，謂財之所從出者也。可以養身，可以養家，而不憂其或匱也。務者專力也，謂專力於根本之地，而不使之有所兼及也。言士農工商，四項生業，使子弟各習一項，以爲養身養家之本，若不專力，未必有成。修道之人，自當以道爲本，若子弟則不得遽以道授之，故使之專力一項，先爲根本之地。

三畏治身標榜。

三畏，謂畏天命，畏大人，畏聖人之言也。治者，專攻也。《詩》云：如切、如磋、如琢、如磨，皆治之謂也。標者標準，榜者榜樣。君子比德於玉，故以治身爲要，然治之苟無標榜，又恐未能盡美盡善。三畏者，孔子治身之具也，豈不可以爲標榜乎。我今亦以孔子之所治者治吾身，雖不能學到孔子地步，而治身之道，更無有過於此者矣。

九思成聖銘箴。

九思之目，《論語》詳之。人不能無思，亦不得妄有所思。思所當思者，則有九等。箴者箴規，銘者，勒之於石，而使之常資警省者也。言此九思，足爲銘箴。修道之人不欲成聖則已，苟欲成聖，則舍此九思更無可成之理。蓋凡事必有銘箴，豈有成聖而獨無銘箴乎。

果能不違人己成。

不違者，謂不背治身標榜，成聖銘箴之三畏九思也。人，指後學弟子也。己，修道者自謂也。成，謂各有成就也。辦道調賢，使後學弟子，皆遵三畏九思，則人成矣。退安老祖有云：「不願己成願衆先。」是急於成人的意思。如既調人，能遵三畏九思而成，則己之遵三畏九思而成，自不待言矣。果能者，果然能此也。

自然超凡入聖。

玩「自然」二字，有不求自至意。修道辦道，果成不違，三畏九思，自能超凡而入聖也。是知佛家教人，亦本中庸，原非立異鳴高，只遵三畏九思，平平正正，着實做去，則不期超凡，而凡無不超，不期入聖，而聖無不入，而又何容勉強乎。

又《第十條》 亦有得道先信。

亦字，是從一心一德，始終不二者比較出來。大道得之不易，亦有一等人，比人先信，比人先得，宜乎勇猛精進，成己成人，不甘落人之後矣。乃何以始雖見信，而信者忽疑。始雖倖得，而得者旋失。本來先覺先知，甘爲自暴自棄。出苦海而復入苦海，輪迴六道，追悔無窮，佛門之中，何取乎有此等人哉。

又領寶筏度人。

此句承上句而來，因其得道先信，故又領寶筏，以濟度斯人。寶筏，

猶慈航也。領得寶筏，宜其闡揚大道，啓發後來，度盡苦海衆生矣。乃自日久玩生，中心顛倒，竟如下句所云也。然當其初領寶筏之時，非不以度人爲念，而度人者卒至不能自度，致使無邊苦海，長此沉淪，可惜孰甚焉。

久後犯規貪食葷。

葷爲佛家所戒。度人者，必先勸人不食，此一定不易之規也。乃何以一領寶筏，冤孽叢生，始之勸人不食者，繼則自己貪食矣，顛倒錯亂，先後兩歧，佛門清規，勸人莫犯，己反犯之，此何故哉？一由素性高傲，自矜自伐，一經規戒，忿恨塡胸。一由收功不繳，他人以財助道，彼即假道斂財，致使衆人冤孽交集一身，故至久後而□此也。

反來阻塞佛經。

此等人，亦曾領過寶筏，宜來開通佛經，乃非但不來開通，甚至讒謗百出，將佛門路徑，反來阻塞。夫猶是阻塞，出自道外之人，猶可原也。出自道中之人，則眞無可原矣。罪大惡極，較之犯規食葷，殆有甚焉。然推其所以阻塞者，皆由犯規食葷來也。否則我佛慈悲，不知何負於若人乎。

薦恩須知成敗。

有薦恩之任者，必須將是人考其眞僞，察其動靜，明其臧否，審其從違，如果有功有德，眞實不虛，捨身度衆，堪領佛任，然後稟告上人，薦領恩任也。否則見人一時道心發現，不顧後來成敗，而遽薦他領恩，是愛之而適以害之也。薦恩者必須慮成慮敗，加意審愼，必其人有成無敗，永不犯規，然後從而薦之，自不至有阻塞佛逕之患，免受妄薦之累，帶罪帶過也。

好歹代發之身。

恩堂乃替祖傳道之任，何等重大，掌道者，奏明龍天注册，命地任代掌，頂任代發，是代發者，代掌道發，實代祖師發也。雖由人薦舉，務須明爲考問，暗爲訪察，果係好人，堪領斯任，替天闡道，則代發者身任其功。如係歹人，心術不正，行爲不端，德不足，功不實，濫薦冒領，帶壞榜樣，則代發者身任其過。忠恕功過，格中云，引薦發因心幸丸，不依條規，不慮後患，安薦亂發百過，後生敗露千過，可不愼哉。

倘若佛理未教清。

佛理者，領恩辨道，引衆度世，規矩章程也。薦恩發恩者，必須將佛理教清，如何精嚴皈戒，如何抱穩正宗，如何尊上和下，如何正己化人，如何認考，如何消孽，如何修功培果，如何拔祖超玄，件件敘明，庶幾後學知所儆戒，遵循湊辦，而不致有敗壞之悔也。倘若將佛家道理，未曾教清，而遽保薦發恩，其不蹈犯規之覆轍幾希矣。

領命壞事有準。

命者恩也，即寶筏也。領命者，領恩也。佛理既清，以後精微洞徹，生死了然，方可領命。否則久後犯規阻塞佛經，不能度人，反至壞事，在領之者固罪無可寬，而在薦者發者，亦咎有應得。準者準則也。如秤物然，重輕有準，各得其平。彼此不能推諉，奈何妄薦亂發者，往往不知愼重，而甘受他人之累乎。

又《第十一條》 掌恩責任不小。

掌恩者，執掌恩命者也。佛家之恩命，必須有人執掌。但此執掌之人，非同小可。其責極重，其任極大。蓋恩固宜廣，授必擇人，苟非鑒別素精權衡不爽，勢必惑於薦恩者之言，誤以恩與人，將來壞事之後，累及佛門，失於覺察之愆，恐掌恩者亦無從謝之。故曰責任不小。至於天恩，爲執掌超出輪廻之職，其責任重大，非有功無德行者所可輕易領受也。

有功要明德行。

以財助道者謂之功。以力辨道者亦謂之功。彼須恩者，皆有功於斯道者也。然同是有功，尚未明其德行何如耳。必也德無不實，行無或虧，察識既明，然後以恩授之，斯不至有敗事之患也。若但論其功，猶不能必其一無變動也。蓋立功祇在於一時，德行則徵諸平日，掌恩者可不明此乎。

是爲九六標準繩。

是指領恩者也。九六，九十六億也。準者準則。繩者繩墨。標，謂立一物以示人，而使人咸知向背也。言掌恩者，以恩授人，非爲別事，只爲九六佛子。要人標個準繩，故以恩授之，倘其人自恃有功，而無德行可觀，將九六佛子，何所取法乎？掌恩者所以於功字之外，尚欲明其人之德行，蓋德行者準繩之標也。

毛病先宜除盡。

毛病，方言疵累也。金祖老人云，人人都有老毛病。快快喫藥除病根，此也。有毛病者，則德行必無可觀，雖曰有功，究不得遽以恩授之。苟論功而不論德行，試思九六佛子，何所取法乎？將法其毛病乎？而毛病固無可法之理，掌恩者所以教人先將毛病除得淨盡，方許領恩。蓋毛病有累於德行，德行可作爲準繩，除毛病，正以立德行，立德行，正以立準繩也。

遵上和下以規。

上有訓誨，則遵而行之。下有往來，則和以待之。以規者，所謂上交不諂，下交不瀆，而一以規矩爲準也。言人既領得恩矣，掌恩者便當教以若何遵上，若何和下，總不外開宗明義的一箇規字。否則以拘泥成法爲遵，以模棱兩可爲和，遵字和字之中，先失體統了，若能以規，則同一遵也。而有變通，同一和也。而有節制，遵與和各臻美善矣。

明乎世俗人情。

世俗人情，與佛門未能盡合，則佛門中之所當引者，似不在世俗人情也。然模棱者非，執一者亦非。雖不同世俗，而於世俗亦不可忤。雖不徇人情，而於人情亦不可拂。所謂不凝滯於物，而與世推移者此也。彼領恩者，自應入國問禁，入鄉問俗，入門問諱。世俗人情洞悉胸中，出外辦道，方能周全也。和光同塵，活潑圓通，明世俗人情者，尙其體之。

舉動皆可作規程。

遵上和下，各得其宜。世俗人情，一無所戾。似乎一以作後學之規程矣。然作規程者，不止此數端也。若但以數端之偶合，便欲爲法於將來，則其餘之一舉一動，未必皆適其宜，何以居人上而無愧乎。掌恩者當於發恩之後，教他事事謹慎，着着留心，務使之一舉一動，絕無缺憾，而後可也。

不愧身當佛領。

所以授之以恩者，是要他身當佛領也。佛領者，佛家之領袖也。苟無領袖，將九六佛子何所統宗乎。但身當此任，必先將毛病除盡，凡一舉一動之間，皆可爲法於後人，而後當之而無愧也。否則雖當佛領，而仰不能無愧於天，俯不能無怍於人，淸夜自思，負此身實負此任矣。

又《第十二條》 人秉後天氣質。

本來無一物，何有氣，何有質，是先天也。若有氣有質，即所謂身如菩提樹也，是後天也。但後天之氣質，稟之父母，而父母之氣質，亦稟自後天，則是人之所以爲人者，莫非此後天氣質也。雖智愚賢否，品類顯分，而由後而論，則各殊氣質。由前而論，則同此後天，問有出於後天之外，而自爲氣質者乎無有也。

心窄怎習寬宏。

言人之所稟者，既爲後天氣質，則其心之窄處皆有由來，一當拂意之遭，宜乎爭長論短，未肯干休也。然主宰吾身者心也，而變化吾心者習也，彼顏子之犯而不校，獨非習爲之乎？習寬則寬，習宏則宏，始雖□其爲窄。習而至於迹象胥融，規模漸廓，舉從前之芥蒂，不難一掃而空之，是即所謂寬宏也。然而習之之法，要在人自己設想也。

破迷宗旨敘得通。

素一老人著《破迷宗旨》一書，洋洋數千言，內分天堂地獄超墮論，三才辨劫論，超凡化世論，辨人是非論，將佛家宗旨，闡發無遺，眞不愧破迷二字也。敘得通者，敘得通透也。言心窄者，欲習寬宏不必別尋法子，但將《破迷宗旨》一書，時時把玩，刻意揣摩，庶幾潛移默化，而從前心中窄處，不覺消歸於何有也。

十七大光體誦。

首篇《天堂地獄超墮論》中，有十七大光詳哉言之。心窄者試將此篇體貼誦讀，將從前窄處，自然漸漸消融。雖一篇之中，不止爲心窄者說法，而欲習寬宏地步，正好從此下手。言人體誦十七大光，將超天堂墮地獄的道理，洞徹胸中，雖有外侮之來，均可置而不論，寬宏之法，孰有過於此者乎。心窄者，胡弗取其書而讀之。

不如意處觀看。

不如意處，即上文所謂心窄處也。蓋心窄者，乃遭人疑謗，受人屈辱，不平之念，未能消融也。觀看者，一遇不如意處，速將《破迷宗旨》一書，從頭至尾，反覆觀看，雖不爲消遣是非之地，而襟懷自廣，意趣自生，手舞足蹈，不自知其事之不如意也。

心領神透蒼穹。

蒼穹，謂彼蒼元穹天也。心領者，中心領悟也。神透者，元神透發

也。言但將《破迷宗旨》一書觀看，非但一切塵世中事，皆可置之度外，而吾心方深入書中，吾神早上遊天外。吾自有其如意事，復何知有不如意事，是皆《破迷宗旨》之力也。然則世之心窄者，固當取此書而讀之，即寬宏者，亦豈可舍此書而不讀耶。

人是我非孽難蒙。

是非何可不明，是非亦何可太明。世之爲孽障所蒙蔽者，大抵在是非太明之故也。人爭是，我亦爭是，則孽障得以乘間而入矣。必也以是歸人，以非歸我，人不必眞是，我不必眞非。在人者雖非亦是，在我者雖是亦非。而後孽障無從施其伎倆，雖欲蒙蔽，究屬難蒙也。然非得力於《破迷宗旨》者不至此。

三曹無不敬重。

三曹者，天曹、地曹、人曹也。言人能如是，則省却多少是非，除了多少煩惱。寬宏大度，在人固無不仰之慕之，即在神亦無不敬之重之矣。彼心窄者，不過與人要爭箇是非，以致時常有不如意處。何弗先將《破迷宗旨》看透，再將人是我非四字，時時記在胸中。始雖勉強從事，繼則習慣自然。安見三曹鬼神有不敬而重之乎。

又《第十三條》 今言長生之道。

長生之道，乃煉魂製魄，不生不滅，無生無死，永不投東，再不下生之大道也。《清靜經》云：「長生之道，上士悟之，昇爲天官。中士修之，南宮列仙。下士得之，在世長年。久久行之，立地登仙。」是長生固有其道，特衆人未之知耳。以致醉生夢死，不論貴賤，不論賢愚，同歸於盡。老祖惻然憫之，以爲此長生之道，本屬萬劫難遇，因今值三期，大開普度，道已將明，可與人言長生之道矣。

亦有得道歸空。

長生之道，非煉形住世者比。歸空者，歸青空上界也。如得道者，果能煉精化氣，煉氣化神，煉神還虛，煉虛還無，功圓果滿，丹書召回空中，尚矣。其次功圓而果未滿歸西者，空中加修，空中掌道，天人合相，返本還原，多係佛聖仙眞，以及辰會燃燈。已會釋迦所度四億中乾坤領袖，下世了願，奉召而去。至於無功無果，若存若亡等輩，孽未全消，患病而逝，雖不能直登上界，一經超薦，亦可提回空中。或有不能過九關者，亦可與天地門，陰陽界，自懺加修，待人薦拔，當有昇天之日，亦不屬閻君所管也。其有得道後，開齋破戒，投魔信邪者，則死墮地獄幽冥，而非歸空矣。

與俗何異死相同。

修道之人，玉符保神，金液固形，所採天地之炁，所煉日月之精，神清氣爽，永保長生，至功果圓滿，脱殼飛昇，有幾人哉。而有功無果，功果欠缺者，和光混俗，原無他異，即歸空時，亦與俗人之死相同。致使世之懷疑不定者，反以吾道不能在世長生，交相詬病，而未喻歸青空上界，不生不滅，長生之理也。

不解令人難懂。

生與俗何異，死與俗相同。即歸空中，爲不生不滅之長生，孰知之而孰信之，所謂令人難懂者此也。其中道理，一經解釋，便覺了然。彼得道者，特不肯勤修苦煉，做靜定工夫，以功培果，雖有明師指點，未能抽爻換象，脱胎神化，身外有身，白日飛昇，故無異於俗，而死亦同。究之不異而異，同而不同，歸空有歸空的着落好處。這箇道理，若不爲之解釋明白，彼得道未得道者，均烏乎知之。

得道修至返本。

得道之人，果能專心致志，如佛經所謂，七日一心不亂，則藥物自然發生，乾坤自然返還，抽坎塡離，結成靈胎，加以三年乳哺，九年面壁，聖嬰養成，去來自如，復還本原，此返本之説也。得道者，修煉工夫，至此地步，還我先天本來面目，有何難哉？然而其功要由漸而致也。

古云返老還童。

古人有云，功成之日，雖未飛昇，而精神充溢，非復老年景象，殆返老而爲童也。然而此境要非易到也，必也盡心修煉，無間始終，迨至歸根復命，七返九還，内而不識不知，外而睟面盎背，鶴髮童顏，老而不老。得道者功夫至此，斷非凡夫俗子所能夢想也。謂之返老還童，即古人亦以爲然矣。

幾多青髮成白翁。

此語卻有兩解。就後天而論，凡夫幾多子弟，頭上青髮。曾幾何時，而已成爲白髮衰翁矣。夫青髮童也，白翁老也，先天得道者。所云返老還

童，謂性命之修煉，非謂鬚髮之青白也。無奈世人不明先天返老還童之性命工夫，顧幾疑得道者之未能駐顏不老，青髮亦成白翁，與未得道者，同此體像也。

須指乾坤迷蒙。

迷者迷昧，蒙者蒙矓也。言青絲而成白翁，乃人世之常態。得道乾坤，應能返老還童，不宜少而忽老。要在有人指示，使箇中乾坤，知青髮成白翁者，後天之幻身。返老還童者，先天之元神也，復何迷蒙之有。至得道而少修者，內無返還工夫，其衰老則眞衰老矣。

又《第十四條》 時有行善凶報。

行善無不昌之理。人果眞心行善，即使不得善報，亦斷不至有凶報也。蓋行與報相感，善與凶相反，行凶者而報以凶，宜也，則以凶與凶兩相感也。若行善之人，則所感者莫非善也。人以善感，天即以善報，亦宜也。乃不謂時至今日，行善之人，非但不報，竟有以凶報者。

反乃死於非命。

有生者不諱死，蓋死亦人之所必有也，命也。若非命，則本有可生之理，而含屈以死，與尋常之死不同，故曰非命。上句所謂凶報，莫凶於此。然此等凶報，施之於凶人，則亦事之常耳。乃不施於凶人，而偏施於善人，事之反覆，無過於此。蒼蒼者天，乃令行善之人，竟有死於非命者乎。

也有善終脫凡塵。

假使行善之人，而皆以凶報，則世之行善者皆懼，而善之機窒矣。蓋凶報之外，也有善報。於何見之？見之於善終也。且不但善終，而且脫卻凡塵，飛昇上界也。行善之人，而得此善報，亦事之常，無足怪者。然自有此善報，愈不能不歎息於非命者也。蓋同一行善，而報之者異也。

機關衆人難惺。

此其中有機關焉。《因果經》云：「欲知前世因，今生受者是。欲知來世因，今生作者是。」蓋同一行善，而前世之因異。前世之因既異，報之者豈必從同乎？故自有此善終。世之行善者，固當相勸而爲善，自有此死於非命。世之行善者，益當相率而爲善。何也？前世之因，既不及培，來世之因，豈不可培乎？行善正以培來世之因也。此等機關，特衆人未之惺耳。

多有作惡發達。

行善之人，有凶報，有善報。機關既不易惺，彼作惡之人，宜乎以惡報，而無望於發達矣。乃不意世之發達者，偏不在行善之人，而在作惡之人，多有居心陰險而富貴榮華，終身享受。此何故哉？將因其作惡而發達乎？恐作惡者日見其多，行善者日見其少，殊不可以爲訓也。此其故吾將問之於天。

子孫光耀門庭。

且不但一身發達，推而至於子孫，亦無不發達，門庭光耀。孰有過於此者乎？夫吾不謂其不當光耀，特光耀而出自作惡者之子孫，則不能釋然於懷也。況夫就一身而論，則居然發達。就後人而論，則又光耀門庭。報應之道，果若是其無憑乎？作惡者，殆將撫此子孫，而含笑於地下乎。

俗議天地不公平。

雖然報應之道，不必定在生前。生前之報，人所共見，報之近者也。沒後之報，人所不見，報之遠者也。生前之報，不過了前世之因。沒後之報，又將定來世之因。向使生前無作惡者，則來世之死於非命者何人？生前無行善者，則來世之光耀門庭者何人？一世如是，世世如是。天地豈有不公平哉，特世俗不知，難免羣起而滋議耳。

善祥惡殃不準。

作善降之百祥，作不善降之百殃。天地本自公平，豈有不準之理。乃由作善者之死於非命，作惡者之光耀門庭觀之，亦無怪世俗之滋議也。蓋世俗之人，識見淺近，不知有前世之因。即使知之，亦未必從而信之。宜乎以降祥降殃之說，爲不足憑，而妄肆議論也。然而天地亦不與之計較也。

又《第十五條》 四生本係人喫。

亦非人喫人也，直人自喫耳。此修道者，所以先要戒葷也。然非將這段情由，自己辨清，猶恐惑於本係人喫四字，而遲疑不決耳。

免犯佛規法令。

否則今日戒葷，於佛家之規矩法令，無不恪遵，似眞心修道者，無過於此也。曾幾何時，而始之戒者，漸漸思食，由其入門之初，不將這段情

由，辨得清楚，是以有始無終，直犯佛規法令。然與其犯之於後，不若辨之於前。修道者而欲求免此失也，幸勿魯莽從事耳。

如何有益於己。

己，自身也。益，利益也。修道者，以遵三皈守五戒爲急務。三皈，佛、法、僧三寶，乃自身之神、氣、精。欲修大道，必要養神、養氣、養精，以爲煉化之本，益莫益於此矣。五戒殺、盜、淫、貪、妄能戒之，以全我仁、義、禮、智、信五常之德，以植仙佛之基，是亦大有益者也。推之放生以消殺孽，誦經以解夙冤，印書以化度世人，又益己修行之先路也。較後天之有益，不啻千倍萬倍。凡我修人，各宜自思，知所從事，以求益而成萬劫不壞之金身也哉。

那樣自害身心。

心爲身之主，害心即害身矣。然心爲形役，因身而生妄念，是身害心。身由情動，因心而做壞事，是心害身。老祖教人思想那樣，而曰自害，是明明指出自己之色心、凡心、血心，與自身之眼貪色，耳貪聲，鼻貪香，口貪味，皆自害自己之具。只此數樣，包裹無遺。《開示經》云：「三心不掃，焉能成聖。四相不飛，焉能闖劫。」修道若把這幾樣，除得淨盡，又何至於自害哉。

禍福至理敘分明。

禍福者，指善惡兩途功過之謂也。至理者，理之一定不易者也。言所以有益，所以自害，皆有至理存焉。若不將至理，敘得分明，彼初入佛門者，又何從知之。此老祖所以婆心苦口，不憚煩言，廣爲大衆說法也。修道者，尙其心體而力行之。

指衆三天可進。

衆人不知如何有益那樣自害之至理，則迷昧後天。三天無階可升，若將修道者，三皈五戒，等等有益於己，三心四相，自害身心之理，特爲指明，使衆人各知趨避，自可進步，登三天以禮三佛，他年功成，超證於三十三天之上，有志竟成，要可操券而獲也。青雲有路，願大衆勉力行之。三天有兩解，一作先天燃燈，中天釋迦，後天彌勒，三佛所居之地。一作三十三天之上，爲無皇佛聖仙眞所居，世稱無皇三天本此。

又《第十六條》 爲人同居天地。

人類不齊，論品則有智愚賢否之別，論境則有富貴貧賤之別，此固不能強不同而爲同者也。然其所居者，莫非天地間也。既同爲人，則亦同居天地，初非有彼此之異，雖品之高下懸殊，境之豐歉不一，而從古至今，居此天地間者，不知幾許人矣。古人逆旅之說，眞有慨乎其言之也。

苦樂異種千層。

萬物皆有層次，或相倍蓰，或相什百。而惟人之爲人，其苦樂異種，則較萬物之層次，而更多焉。試舉富貴榮華，與鰥寡孤獨者比之，已不知幾何層矣。而況苦更有苦，樂更有樂，苦無止境，樂亦無止境，謂之千層尙不止千層也。獨奈何悠悠沒世，甘與草木同腐，吾甚爲人惜矣。

幾多癡人福祿增。

忠厚之人，如癡如呆。古之所謂忠厚者，皆今之所謂癡人也。然既謂之癡人，則受人欺陵，遭人屈辱，在所不免，尙何望於福祿哉。乃何以天心眷佑，福祿重重，有增無減，此固天之所以報施善人也。然自今世視之，未有不生其疑怪者也。幾多云者，謂不知幾何也。

無數能人遭困。

世間多少能幹之人，算計籌謀，機巧百出，較之性情忠厚如癡之人，不且高出其上哉。即使不能驟致福祿，亦斷不至困阨終身，而所遭多逆境也。乃有文能博古通今，武能拔山蓋世之人，遭時不遇，抑鬱以終，從來不知凡幾。而況工心計，尙權謀，損人利己，世之所謂能人者，更不可計數也。

豈知福由德積。

此句跟幾多癡人句來。言癡人之癡，正不可及，自人言之則爲癡，自吾言之則爲德，有德所以有福，其中感應之機歷歷不爽。人雖咸以癡目之，而於彼無損也。無損於彼，則人愈癡而德愈積。德愈積而福愈增。其癡也，其德也。其德也，其福也。特難爲世俗人道耳。

不在奸謀之心。

此與上句豈知字相貫，跟無數能人句來。言今世所謂能人者，其居心險很，詭計多端，幾幾乎人定可以勝天矣。豈知謀雖無微不至，而困阨頻仍，依然如昔，則又天定勝人也。不在云者，言福祿不在奸謀，而在積德也。特世人不知，自喜其能，自恃其謀，而妄冀非分耳，而亦自知其不

可乎。

如果誠意培功因。

此言癡人獲福，能人遭困，皆有窮期。孰若修吾先天大道，至功成之日，立地飛昇，不享人世榮華，亦不受人間煩惱之爲愈哉。但欲修吾道者，必先知有功德因果兩端。譬諸樹木，先在培其根本。根本既固，而枝葉有不發生者，未之有也。誠者實也，言同是一意，而實心修道者，方能成功，否則亦無濟於事。玩如果二字，又從上兩句轉來，有追進一層意。然其惟恐人之不果者，可於言外見之也。

德感天賜吉慶。

勿論功成之後，品列瑤臺，名登璇府，同享億萬年之樂，即就世俗之所歆羡者而論，則吉慶之事，亦應歸於栽培功因者也。蓋功因即所謂德也，德之所感，天必知之，吉慶之賜，所由來也。雖詩之九如，書之五福，備集一身，亦不爲過。而況蓮臺證果，其樂無央，更非人世之寵榮所能髣髴。彼同居天地之倫，何容以百年易盡之身，紛擾於名利場中，而受此無端之欣戚哉。

八字覺原

題解

王復善《八字覺原叙》聖諭重倫，天條首孝。孔聖、文昌著經兩部，地官、水帝作則千秋。須念兒以毛裏始歸全，終身皆親賜，可憐親從菽水生劬勞，死命孰兒償。百年孺慕，酬天高地厚之恩，九祖名揚，滿子肖孫賢之量。家庭有樂，伯仲无尤。同懷同氣同得，是前世締好緣，分產分財分不開，今生成連理。夫妻猶後合恩情，未許舌長咶咶。兄弟乃生來伴侶，回思角丱依依。至於歌文山之正氣，忠在報君，省曾子之人謀，忠存酬世。盈腔碧血，瀝膽披肝，大眼蒼天，窺忱鑒悃。何敢靈臺似漆，不教暗室常燈。《中庸》一部詮誠，言行兩端主信。男子口，將軍箭，海誓山盟時窮節，歲寒松霜貞雪固。輕財重諾，千金難搖穿舌釘，接富交貧，一生不改照面鏡。禮門出入，身範周旋。堂堂人品，端如象簡朝天，秩秩威儀，肅若金爐覲伏。義卦六爻，迪吉抑落。驕情和光，五濁同塵，消融傲骨。規矩三曹之律，權衡萬變之宜。公道待人，村蠻亦服，平情應事，險阻皆通。見善必爲，爭立德立功之會，知非旋改，勵無塵無垢之修。義路嚴狗黨狐群，廉風掃蟻羶蠅臭。悟空塵利水泛浮漚知足日需鹽調小菜。縱困飢寒，休以盜刀丟丐棍，頗饒衣食，肯因錢癖損書香。貪不學，賤丈夫，恥斯爲，眞君子。生怕鬼頭蜮腦，弄我人面全非，興嗟柳巷花街，替他汗顔實甚。錯中救臉，過後回心。羞污史筆，朝所以無敗節之名臣，悔玷冰肌，市所以有成仙之妓女也。胡爲乎順妻違母，顛倒彝倫，薄父厚兒，告成逆種。抛却堂上白頭歸冷落，負他膝前黃口抱殷勤。二老情傷，滿門福去。那有孝乎。古訂桃園異姓，今成樹窟同胞。家計戈爭，親銀錢賽過親手足，婦讒枕聽，共兒女析散共爺娘。骨肉蕭條，門祚衰薄。那有弟乎。天良觸於戲場，人人願殺秦檜，世路熟其機巧，事事敢欺包公。孩童喫長者之虧，妻子虛良朋之託。貝錦興讒，風波造釁，此日誣詞結大冤。齒唇失約，筆墨翻憑，他時公案嚴冥判。那有忠信乎。羊跪猴揖，虎節淫倒，是畜循人理。男褻女嬉，童破體公，然人犯畜規。鴻雁尚貞匹配，而衣冠亂倫，蟻蜂猶識尊卑，而子弟乖序。一味楊花輕蕩，百端螃蟹横行。強暴固凶，矜狂亦敗。公理参以私情，即爲魔障，正事藏之邪念，皆斲元神。那有禮義乎。施濟難捨分文，攢營輒求滿貫。貪毒發家，冤鬼門前來討賬，横財登簿，判官筆下不饒情。只圖筒有錢搖，孰計甕無麥奠。瞞昧心昏，冥頑面厚。男女姦同辱體，何獨羞娼而不羞嫖，貧富惡是罵名，胡乃愧窮而不愧歹。邪塞清明之竅，孽攔悔悟之機。那有廉恥乎。嗚呼，八者掃地亡矣。滄洲翁學貫天人，情融物我。虎嘯龍吟，騰風雲於北海，烏飛兔走，煉日月於南山。慧舌不凡，婆心如佛。怕是含吻，唸過八箇字，依樣葫蘆，特爲闡成一篇書。當頭棒喝，徵諸果報靈章。陰府陽曹，同昭鐵案，證以輪迴確理。前生今世，迭轉河圖。指善光惡燄之分形，明地獄天堂之反掌。至情至文，可歌可泣。俾讀孝如嬰兒戀乳，讀弟如同室儐籩，讀忠如芳名載史，讀信如誓案焚香，讀禮如法堂聽鼓，讀義如大路觀碑，讀廉如寒冰皎壺，讀恥如熱酒紅面。而有不奮綱常者非人，

而有不趨名教者必畜。乃歎話俗非話到眞樸，實難開夫婦之愚，談玄果談到極平庸，直造聖神之奧。恭駢俚語，藉勗敦循。後學王復善謹譔。

滄洲子《八字覺原序》 蓋聞福善殃惡，天律施報，明示久矣。然不指明入德之門，何以開其向善之機。夫善莫善於能孝、能弟、能忠、能信、能禮、能義、能廉、能恥，而全此八字。惡莫惡於不孝、不弟、不忠、不信、不禮、不義、不廉、不恥，而失此八字。但此八字，流傳已久，誰不知之。惜乎人爲氣稟所拘，物欲所蔽，紅紗罩眼，六根慾染，迷眞逐妄，名利朦心。雖三教經典，於修身治世標準，善超惡墮，始末明叙。而舉世知理者多，體行者少。余自幼讀書，深窮其義。初以爲人道易明，惟天道元妙，莫究其原也。後至漢地，幸遇至人指示一貫格物之所、厥性復初之功。始知修性而有清濁之分，鍊命而有剛柔之論。視名利如夢幻，重道德如珍寶，勤叅苦悟，樂善不倦，二十餘載，大丹鍊就，神超天外。因見諸眞檢籙冊籍，紅簿者少，黑簿者多。皆因世人以奸貪詭詐爲能幹，將眞正長厚作癡呆。見強暴凶横而奉敬，遇行善修德而欺壓。逢作惡滅理而反敬畏，會悟導修身而生嫉妒。種種反常，風俗大敝，以致冊籍註善者寥寥，記惡者纍纍。余因推思人心之壞，壞於八字之亡。八字亡，衆惡集，黑氣冲天，將來必成浩刼。三天諸聖，視之悲傷，吾亦不忍。奉三天勅命，將此八字，一一宣彰天理，剖白人情，辨明成敗，指實禍福，名曰覺原，用以勸世。使人覺悟八字根原，闡發之餘，覺得八字義相通貫。人能行到八字，是大善人也。即行得到一二字，亦不失爲善人。如行到一二字，而八字皆不甚相背，俱是大善人，而爲天堂福種也。人若失却八字，是大惡人也。但失却一二字，已淪於惡人。且失却一二字，則八字必皆不能保，即是大惡人，而爲地獄殃種也。善超天堂極樂不假，惡墮地獄極苦是眞。有緣幸遇此書，始知孝字不可悖，弟字不可慢，忠字不可欺，信字不可失，禮字不可越，義字不可昧，廉字不可缺，恥字不可忘。教子訓妻，奉爲章本，持身治家處世，莫犯天條。庶幾人心挽正，天心必順。天心一順，則刧運可免，獲福無窮矣。但恐人心昧理反常，執迷不惺，不修善德，加造惡孽，終難逃乎浩刧而遭惡報。自今以後，尚其聽勸，體行以修善而消刧，求超而免墮，不枉吾著留此書，化度人心之厚望云。時道光四年歲次甲申桂月望日，滄洲子叙於漢陽皇經閣。

又《八字覺原・孝》 滄洲子曰：孝者，乃是教人親敬父母祖先，莫忘根本之道也。未論子孝，先講親慈。親未孕子，憂及乏嗣。親既孕子，憂及産難。一飲食必謹，一動作必愼。懷胎十月，日夜驚惶。一朝臨盆，死生反掌。捨命得子，幸而均安。三年乳哺，血海欲枯。乳或不足，餧以粥粉。寒天半夜，必起調餧。誰不愛潔，兒尿忘臊，兒糞忘臭。誰不惡濕，母甘濕卧，乾讓兒眠。抱兒浴體，緊護腰脊。與兒穿衣，曲順腕肘。兒漸生齒，含飯吐餵。呵口弄笑，摩頂慰啼。咿啞作聲，導之使言。匍匐學行，扶之懼跌。寒則爲兒穿衣，熱則爲兒揮扇。眠則爲兒驅蚊，便則爲兒叱犬。兒漸坐席，箸爲夾菜，瓢爲取湯。蔬味自奉，美味養兒。每遇甘旨，喫到口邊，留與兒嘗。兒能遊耍時，稍離一刻，隨往關顧，歸始放心。兒肥幸其易長，兒瘦慮其夭折。痲痘關煞，擔盡驚恐。風寒暑濕，時切防維。富貴之家，得子如寶。雖請乳母，乳畢即抱。聞啼必問，臨寢必視。恐不體心，致兒不安。稍長雇僕，攜出堂前，囑導嬉戲，毋惹啼哭。甘分餻餅，花繡帽鞋。兒漸可讀，延師訓課，聰明親喜，頑鈍親憂。年將及冠，慮兒孤悽，不惜華筵，爲完婚配，望早生子。積金置産，貽豐後人，勝於自享。貧窮之家，養兒更難。如遇寒天，衣備兒暖，被讓兒溫。欲炊無米，想方辦來，情愿自飢，與兒喫飽。凡讀書習藝，供奉師貲，皆父母辛勤所致也。勉爲兒娶，家計苦撑。或帶孩媳，雙抱雙攜，勞苦加倍。男女大小，同事力作，不自愛惜。時憫兒勞，勞兒不忍，寬兒不能事重營生，終難姑息。總之爲父母者，無論富貴貧賤，日期兒長，歲祝兒成。知識將開，願兒保養，詩書發憤，望兒成名。兒有美事，極口誇揚，兒有過錯，私憂暗歎。義方必嚴，撻責或甚，當面作怒，背地生憐。兒雖壯老，待若孩稚。親恩若此，重如山海，可不報乎。奈何世人由己性情，忤逆多端。或富貴驕親，身榮不思來意。或貧寒怨親，缺少遺産。或貪杯縱慾，逞忿犯刑，不保重父母遺體。或唆是弄非，令人咒駡雙親。或不勤儉，致父母身受飢寒。或聽妻讒，積私分家，致親憂氣。或輪供父母，供多一日則嗔。或飲食雖奉父母，毫無誠敬。或輕慢六親，不敦父母舊好。或談父母有偏愛。或夫妻相對，有言有笑，父母面前，說話愁容。或新衣美食，夫妻兒女私地受用，不令父母知道，叮嚀小兒，切莫做聲，視父母不如鄰朋。欵待情形，不如雇工。或父母有患，不誠心調理。或苟簡親

喪，或貪貲賣穴，暴露先人遺骸。嗟乎，種種不孝，上難逃天神昭鑒，黑籍註記。下難瞞子女悉知，自幼學你不孝模樣，長大照樣施爲，欵待於你。古語云，孝順必生孝順子，忤逆定生忤逆兒者，此也。違犯天條，生既遭忤逆之報，死必墮挖心之苦，轉世變畜。兒孫復學成不孝，逆種難容，必然殄滅宗嗣矣。吾勸人子，凡事莫昧孝心，誠意做出。如事富足之父母，恐奴婢不如自己盡心，必須躬自服勞。或父母樂善，銀錢莫吝。或不信善因，勸使捨財培德。事中產之父母，自用儉約，奉親豐厚。耕讀貿易，以公平勤儉起家爲務，使父母無内顧之憂。或承父母命，當家理事，不可以公積私，致令一家各生枝節，室必凋零。事貧窮之父母，豐薄不拘，饔飧必備。切勿對父母愁眉，長吁短歎，致願父母幫兒作苦。或父母遺有債欠，必代償還。事衰老之父母，念其筋力爲兒女用敝，必侍奉殷勤，扶疾調藥，尤當耐煩。親若患聾盲等症，兒即爲其耳目，患瘋癱等症，兒即爲其手足。事具慶之父母，二老喜叙家常，或顧兒孫談論往事，敬聆承歡，莫生厭倦。事鰥寡之父母，或依父慟母，或依母思父。房幃伴坐，惟願以兒女團圓之樂，寬其夫妻離別之悲。至於隨父在署者，或父官貪，必勛以仁廉種德。未隨在署者，勿作公子態，縱情驕奢。勿仗親勢壓鄉鄰，致親受怨。子或出仕，必移孝作忠。但不可疏親音問，或循終養之例。歸執子道，等於平人，無所謂親不敵貴也。大凡孝子，滿面春風，外與人接，勿交罵父母。入侍家庭，事必稟命，氣勿粗暴，聲勿咆譁，性情勿乖張。親歡子承，親怒子慰，親愁子解，親訓子遵。親召子趨赴，親役子忘勞。親過子婉諫，親訟子商和。親督責子順受，親名譽子顯揚。親美舉子繼行，親嗜好子投合。毋吝財薄親，毋順妻逆親。凡養親、愛親、順親、悅親，總須體念父母待我心事，存爲我待父母衷腸。昔楊孝子乞食養親數十年，親死，苦化營葬，守墓，死於墓側，冥奉爲神。嗟乎，乞兒且孝親，況僅爲貧兒乎，又況爲富兒乎。生身嫡母，孝不待言。繼母代生母盡慈，庶母係父愛配，均當篤孝。出母雖然下堂，常常罣念前子，恩重生身，尤當曲致其孝。至過繼父母，教養恩重，無論家產衰旺，事若生身父母。父母早亡者，謀慰先靈，勉自成立。推之事奉祖先，培親根本，尊敬伯叔，重視同氣。友愛兄弟姊妹，聯親遺體。和睦夫婦，增親庭慶。欵洽戚朋，敦親舊好。教訓子孫，傳親忠厚。事事體孝，養親天和。不幸終天，哀喪盡禮，墓基高培，碑誌深固，祭享豐隆，親魂永安，子道畢矣。兼勸女孝。閨女時勤服侍，嫁女歲切歸寧。務重貞節柔順，失節即爲辱親，失順惹人罵親少教。亦有貧獨靠女有顧者，當按月送奉食物，或迎養終老，不可待作用人。此固女道，亦壻爲半子之道也。又勸媳孝，爲媳須曉大義。以夫爲天，夫且當敬，況夫父母乎。況夫乃舅姑所生，衣食乃舅姑所賜乎。第一禁長舌，第二禁面怒。聳夫薄親，不孝。嫌貧怨舅姑，不孝。仗外家勢，驕舅姑，不孝。美食先不奉舅姑私喫，不孝。不體賢德，和睦妯娌姑嫂，致親憂慮，不孝。悍婦不孝，足妨夫孝，罪莫大焉。賢婦盡孝，足成夫孝，功莫大焉。又教孫孝。父母面前，猶當及時盡孝，況祖父母已高年乎。父乃祖父母所生，家業乃祖父母所遺，水有源木有根，孝親不孝祖，可謂孝乎。《文帝孝感章》曰：惟天愛孝，惟神敬孝，惟地成孝。水難出之，火難出之。刀兵刑戮，疫癘凶災，毒藥毒蟲，冤家謀害，一切厄中，處處佑之。又曰：斗中有孝弟王，下有孝子，光耀乾坤，精貫兩儀，氣協四維，和偏九垓，星斗萬象，莫不咸熙。《丹桂籍》曰：忠臣孝子，今日謝世，明日即補仙階。天條重孝若此。吾願爲子者以孝自盡，即以孝作則，庶幾上感天神護佑，化災成祥。下使子孫學習孝行，滿門全其孝道，世代綿其孝德，獲福無量，死必爲神矣。人其勉之，毋忽。

偈曰：不孝雙親與祖先，人忘根本罪滔天。好行肖子賢孫事，孝順門中福祿綿。

又《弟》　滄洲子曰：弟者，悌也，乃是教人體乎父母之心，勿違祖宗一脉之意也。今生兄弟，皆是前世有緣，產同胞，懷同乳。幼時兄愛其弟，弟親其兄，白日同耍，夜間同眠，食物同餐，久離必尋，親孰過於兄弟乎。迨娶妻生子而後，情迷物蔽。有聽婦讒，而兄弟鬩狠者。有因朋友刁唆，而兄弟不和者。有因子姪撩哭，而兄弟參商者。有當家喫公積私，是謂上逆父母，下欺手足者。有分家暗用奸計，却瘠取肥，天良盡昧者。有分家之後，兄弟勤儉家興，自己懶惰家敗，而心生嫉妬者。有縱子估強，欺侮伯叔，甚至興訟傷財者。有背親向疎，只知酒肉朋友，不顧禦侮兄弟，甚至唆使外人暗害同胞，使其家財蕭條，折籬放犬，開門揖盜，不顧外人談論者。種種薄惡情形，兄弟必生惱憾，妯娌定多怨咒，子姪釀爲仇敵。令現在父母時時耽憂，過去父母陰中懷恨。香火堂上，供有家神，

自己存心不好，可能瞞乎。鬼神側怒，註入黑籍。倫常乖舛，天律罰乎，不罰乎。吾指世人，須知天條森嚴，弟字不可慢。如兄友弟不恭，弟恭兄不友，情理難容，氣忿難釋。回憶幼時，上同乳哺，下同衣胞，弟思兄抱携之恩，兄念弟追隨之情。時以好言相勸，務使共體父母教育大德。若兄化弟不轉，弟勸兄不聽，此等冥頑兄弟，亦須善爲處之，百般忍耐，免相殘毒。若因其低心勸化，以爲怕我，故意刁難。此等奸惡兄弟，天必譴他，祖宗陰中，必不佑他。任他兒孫滿堂，終歸殄滅也。請看古之伯夷、叔齊，能讓其國，餓死首陽山中，神超天界，作萬世兄弟標榜。三國時劉、關、張桃園結義，生死友恭，斷頭不違，獨存正氣。至今威鎮三曹，受享千秋俎豆。異姓兄弟且當如此，况同胞乎。吾勸世人，全此弟字。兄弟而富，勸捨財修培陰功，福遺子孫。兄弟而貧，勸時勤苦，守分做人，免成下流。兄弟奢華，勸思前人創業艱難，改從古樸，固全祖業。兄弟聚首，談德取樂。兄弟分居，來往加厚。兄弟運乖，患難相扶。兄弟不學好，婉言相規。兄弟美舉，竭力助成。兄弟遭是非，賠錢代解。兄弟和睦於外，内室妯娌，必使體遵丈夫德行。姊妹雖嫁，終是同胞。家富，惠問殷勤，貧則多方周恤。下而諸姪，待之如子，以愛兼訓，俾伊永敦和好。或兄弟早故，遺有寡婦孤兒，尤當關顧維持，切勿作欺死瞞生之事。或兄弟無子，不可爭繼，於其應繼者擇立一子，教誨成立，以接宗支。凡此皆體父母之心意也。至於嫡堂、從堂，以及族衆兄弟，皆祖宗一脉。毋以卑凌尊，毋以長壓幼。毋以族衆欺異姓，毋以豪強卡管祀田。毋以房戶不均，私遷祖墓。毋盜賣公業，押買私產。毋恃親屬，悉索財物。祠堂當時修整，嚴立家規，約束子孫。戒詞訟，除刁頑，不准賭錢遊蕩。清明、冬至，總以誠祭祖先，宣講家訓爲重，毋以飲酒、喫肉、打牌、押寶爲事。不然，將祠堂當作鬪平伙之所、習賭博之場，憑何孝敬宗祖，那些有益子孫。倫常大壞，家聲難振矣。今告世人，速踐彝倫，恭兄友弟，厚德培本，和氣致祥。此家興族盛，子孫必昌之道也。

偈曰：勸君同氣莫操戈，休向家門弄暗魔。父母常憂兒女釁，祖宗惟願子孫和。

又《忠》　滄洲子曰：忠者，乃是教人隨分隨事，而各盡其心也。試先以臣論，有德忠、智忠、烈忠、愚忠之别。德忠者，調元贊化，燮理陰陽，正色立朝，能格君心之非，消百官之側媚。智忠者，秉性剛正，兼能容化權奸，扶傾定變，計出萬全，國安身泰，使朝廷終無敗獘。烈忠者，或死於諫，或死於陣，或死於殉國。時窮節見，浩氣長留。愚忠者，不識天命，不知時務。既不識人，又不明理，執於死見，昧機冒難，與朝廷何益。故盡心必以盡職爲要，職未盡則捐軀，亦爲庸臣。職盡則保身濟國，乃爲良臣。請看唐虞，稷、契、皋、益諸臣，職盡心盡。生贊平成，没掌五嶽，威鎮三界。關聖、武穆、文信國諸臣，職從難處盡，心從苦處盡，成仁取義，赫赫神靈，廟享百世。若夫大奸大惡，如王莽、曹操、李林甫、秦檜、嚴嵩、魏忠賢諸臣，爲私廢公，圖利作獘，上欺君王，中害同班，下殘百姓。生遭衆怨，死墮鬼囚，轉爲畜類，且被雷誅。夫臣盡心爲忠，君盡心亦爲忠。臣忠於君，君忠於天。效法堯舜，體上帝好生之心，爲民興大利，除大害，教養一時，利賴萬世，天嘉其德，功成昇天，位證三官極品。若夏桀、商紂、周厲、秦始、隋煬等君，暴虐黎民，負天之命，爲大不忠。天奪其位，不怕金城社稷，鐵桶江山，惡滿殃來，化爲烏有，遺臭名於萬世，死遭天責。所以鄭康成《忠經》之作，首論君忠，而天下皆當以忠報也。手執干戈，奮勇當先，衛其主帥，是兵忠也。辦事公門，勤廉奉法，是役忠也。國課早完，安分畏律，勉爲善良，毋爲邪匪，是民忠也，而不獨忠於君也。凡食人一日之祿，必忠人一日之事。凡受人一事之託，必忠人一事之謀。人人有心，人人各盡。故孔門一貫心法，忠先乎恕。曾子三省，首省及忠。《大學》以毋自欺爲主，《中庸》一書以慎獨始，以屋漏不愧終。《感應篇》戒欺暗室，《陰隲文》勸慎衾影。無非要人把良心存在腔子裏耳。若不盡心，便是虧心。虧心便是欺心，欺心便是欺天，天敢欺乎。《覺世經》曰：心即神，神即心，則欺心便是欺神。神敢欺乎。今人昧天良，忍作負心人，敢做欺心事。或假公濟私，或忌長揚短。或唆是弄非，或反曲爲直。或買貞賣僞，或入重出輕。或幸災樂禍，或造謗誣良。或瘠人肥己，或賞親罰疎。或背正向邪，或得新忘舊。或諂上虐下，或貶正排賢。或牽拘擱案，或酷刑勒供。或枉法貪賂，或行術籠愚。或倚富壓貧，或恃強凌善。或拂索懷怨，或挾勢報仇。或乘迫加脅，或負死瞞生。或認恩沽名，或推罪嫁禍。或謀吉侵塚，或閉糴助荒。或訐私稱直，或昧騙爲能。或平空賄證，或串盜扳誣。或含沙射影，或落井下

石。面奉背棄，意毒貌慈，口蜜腹箭，明人暗鬼，皆是奸而不忠。天地鬼神，鑒觀赫怒，奪算而死。一點性靈，習成一片陰惡橫氣。來至陰陽界、鬼門關，業鏡高照，照徹肺腑，看見神光昏暗。夫人各有性光，所作善惡，盡現於光中。忠者光亮，奸者光黑。以此定人功罪，天律之報，分毫不爽。吾勸世人，於忠心一條，切不可昧。蓋心爲人身之主，神運氣而應萬事，心神一發，毫竅光露頂上。所以欺心動念，天地皆知，鬼神皆曉。人果隨分隨事盡忠，對得天地，天地自然敬重你，質得鬼神，鬼神自然欽服你。夫感天動地，泣鬼驚神，無他道也，問心無愧四字而已矣。

偈曰：秉忠神氣有輝光，一起欺心眞氣亡。若解捫胸常自問，人人方寸格穹蒼。

又《信》 滄洲子曰：信者，誠也，乃是統乎三才節行，無一可僞也。人參三才而立，倫常最重。五常信居其末，而仁、義、禮、智，實皆不可假，故信貫五常。五倫信屬朋友，而君臣、父子、夫婦、兄弟，實皆不可欺，故信又貫五倫。其爲德也，心口如一，言行相顧。識有決斷，事有操守，歷始終而勿貳，貞常變而勿移。可以踐交遊之然諾，可以化倫類之猜嫌，可以孚州里蠻貊之酬酢。否則，口是心非，言從行背，識易搖惑，事多輕浮，反覆無常，仗託難靠，受世鄙薄。所謂人而無信，不知其可也。且夫天地陰陽，根性於斗柄，分四時，理八節，運化宇宙，流行品物，春發夏長，秋收冬藏，不失其信。萬物茂焉，人民福焉，而位育參贊，端賴至誠。昔伏羲觀象龍馬，畫出八卦，發明陰陽之理，始定循環之規。南列乾三連，爲老陽。北列坤六斷，爲老陰對之。東列離中虛，西列坎中滿對之。東南列兌上缺，二陽一陰，對乎西北艮覆盌，二陰一陽。東北列震仰盂，一陽二陰，對乎西南巽下斷，一陰二陽。是謂先天卦圖。大道玄機，畢洩於此，三才理數，分毫不能逃焉。時至商末，在午會三運，人心反常，氣運大變。伏羲乃倒莊於西岐，化爲文王。因囚羑里，復定後天八卦。爻象遷位，陰陽顛倒，反覆循環，著爲《易經》。三才運化，天道包藏，並寓殺戮之機，刼運即由此明也。無奈世人只習陰陽之數，全不究陰陽之道。三教聖人，見大地男女盡爲氣稟所拘，人欲所蔽，以塵苦爲樂，作孽爲能，生造異種罪愆，死受異種獄苦，形報轉化，可悲可憫。於是奉命下世，演著經典，將治世法則，超凡玄妙，始末備載，徧傳天下，教導世人，免犯天律。愚希賢，賢希聖，聖希天，理教雖異，心法無殊。儒曰克復，存心養性。道曰清靜，修心鍊性。釋曰寂滅，明心見性。寂滅者，非枯滅其形骸，乃消滅其妄念。即儒家人欲淨盡，天理流行之說也。儒能明修爲聖，釋能明修爲佛，道能明修爲仙。聖也、佛也、仙也，皆人也。一不是天上吊下的，二不是水內長出的，三不是風中吹成的，四不是火裏燒煉的，五不是樹上結成的，六不是土中生出的，七不是雲霧化成的，八不是山石育就的。乃是借天地五行之氣，秉乾剛坤柔、父精母血而成。元性賦焉，宰此形體，無非從信字立脚，信天人合一之理，與善惡果報之因。戒過立功，存心濟世，德感上蒼，議命應運高眞，指示一貫之所，執中率性工夫。取南離虛無之火，煉北海坎中之金，立爐換鼎，製化癸鉛爲藥。物格知止，濁盡清昇，有致中和氣象。抽坎成坤，塡離成乾，由後天而返先天。四肢賦性，歸之一團。是謂天地位焉，萬物育焉。玄牝陶鑄魂魄，武煉文烹六神，久行不怠，養成大丹。其大無外，其小無內，對日月而無影，穿金透石而無礙，一段純陽性光，號曰大覺金仙。蓋自伏羲妹女媧，早備此修身先天後天之旨。史載共工氏頭觸不周山，天柱折，地維缺，天傾西北，地陷東南。媧乃煉五色石補天。讀史者以爲其說荒唐，不知天地自五老開闢以來，至於媧時，將近午會，陰漸當令，正氣有虧。媧在位補天，必有一段調元贊化神功。且此數言，爲大道開山斧功，不在其兄畫卦下。天傾西北者，乾中爻陽，傾落坤方，變坤成坎。坎先天位西，後天位北也。地陷東南者，坤中爻陰，陷破乾方，變乾成離。離先天位東，後天位南也。不周山者，是山上通天柱。因乾既變離，中爻折斷，陽虧其象，故以不周名也。頭觸不周山，天柱折，地維缺者，人自母腹中，倒頭墮地，即是頭觸。此時乾變離，坤變坎，天地陰陽遷亂，即是柱折維缺，先天變後天之象也。煉五色石者，青赤黃白黑五色，喻金木水火土五行。攢簇一鼎，煉成寶石明珠，謂之五炁朝元也。補天者，取坎滿爻，塡離虛爻，以還乾體，後天返先天之象也。羲以木德王，媧以火德繼王，火生於木，青龍弦氣。鬱華子謂媧曰：汝乃陰火耳，有撥亂反正之能。撥亂反正者，撥陰反陽也。欲反乾陽，責歸離女。故補天用媧。此與黃帝求珠一事叅看。昔黃帝失珠，使離朱求之不得，使象罔求之，乃得之於赤水之濱。或曰：離朱即離婁，古之最明目者。夫天下豈有婁明所不及

見之珠，而別人能見而得之者乎。象罔名何取義，難道其目明過於離婁乎。所謂珠者，乃坎宮鉛珠，即邵子所謂無價明珠只在淵也。離朱者，離火色朱也。使離朱求珠者，採鉛之法，運離宮汞火下行也。求珠不得者，汞火雖降，意未靜定，而採鉛不發也。象罔者，象無也。象罔求得珠者，必鍊則虛極靜篤，形象渾無，藥苗乃生，鉛珠乃現也。老子曰：恍恍惚惚，其中有物，杳杳冥冥，其中有精。恍惚杳冥者，罔象之謂也。有物有精者，得珠之謂也。赤水者，坎離合，水火濟，大丹就也。而世乃指離朱是人，象罔亦是人，猶之以補天爲手補蒼蒼色界之天也。千古信史，豈不反成疑案乎。邵子精於易學，其要旨在探月窟而躡天根。探月窟者，探坎也，坎爲月也。躡天根者，躡離也，離先天本乾卦，天根也。道家運河車，釋氏轉法輪，儒門瞻之在前，忽焉在後，皆所以流通坎離也。故老子曰：天得一以清，地得一以寧，神得一以靈。《金剛經》曰：一合相。達摩初祖曰：一字大。一者，坎宮一畫，採歸離宮，補還乾中一畫者是也。一畫橫寫爲一，圓寫爲圈，即無極也。周子衍邵子之傳，作《太極圖說》，其結句曰：原始反終，故知死生之說。大哉易也，斯其至矣。可見《易經》至理，實是言道，非是言數。原始者，由乾坤變離坎，生有自來也。反終者，由離坎還乾坤，死有所歸也。故其圖由無極、太極，漸變漸黑，至成純黑陰圖，原始也。由純黑陰圖，漸轉漸白，復成一箇純陽無極白圈，反終也。不知原始，焉知反終。故孔子曰：未知生，焉知死也。凡人生於乾坤，死於離坎。至人不死於離坎，而死於返到乾坤。死同，而所以死者不同也。死於離坎者，水火不交，性命分隔，魂魄析離，形神俱死也。死於返到乾坤者，陰陽相抱，性命歸根，魂魄團聚，鍊成一家。後天之形骸雖死，先天之元神，統乎魂魄相育而長存也。孔子曰：人若一竅通則不死者，此語載《呂氏春秋》壽在神也。又曰，朝聞道，夕死可矣者，實見得人不聞道，則斷不可死。故爲此夕死亦可之言，以極明乎道之可了生死，非眞願夕死也。蘇氏曰：孔子云，仁者壽。釋氏之死，可不說法。老氏之死，可不說經。蓋仁者渾然天理，靈光一團，其形雖沒，其神常存也。易六十四卦，而上經獨首乾坤，終坎離者，重先天陰陽，後天水火也。下經獨首咸恆，終既濟、未濟者，咸恆取陰陽交感之義，既濟、未濟，示坎離顛倒之功也。舍易無道，易固三教所共祖也。至於釋氏輪迴之說，其理亦根於八卦。八卦陽極轉陰，陰極轉陽，循環不爽。人鬼因之，而輪迴其生死，即儒所謂精氣爲物，游魂爲變也。輪迴有信，循報即有信。報福報禍，數也，福善禍惡，理也。凡卦，陽多吉，陰多凶。人之禍福因之。念起於善，是陽，主福。《易經》所謂元吉無咎者，此也。念起於惡，是陰，主禍。《易經》所謂凶吝有悔者，此也。則釋氏因果報應之說，皆本易理。所謂積善餘慶，積不善餘殃也。陽有官刑，陰有地獄。地獄歸三元主持，東嶽、地藏掌理，十殿承行，分別善惡，隨福受報，隨孽改形。惡有二種：一曰罪過。如姦盜邪淫，貪殘詭詐，一切逆理昧心是也。一曰孽冤。如害人至死，以及殺害物命是也。釋於是有戒殺之說。夫殺物亦始於伏羲，教人餵養六畜，供祭天地神明，以報其功德。後世因之，祭功德大者殺牛，祭功德小者殺羊與豕。蓋六畜前生必有惡孽，應遭今生殺報，報後冤解。天地神明，慈悲廣大，即將祭牲孽罪解釋，超生脫苦。一者正六道輪迴應受之罪。二者使人見孽畜報慘，借以自儆，莫壞天良，致變六畜。三者使人欲食其肉，必求有功德於世，非徒教人適口而充腸也。此義不明，餵供口味，供味既久，殺成風俗人情，雖聖王亦止能節而不能禁。於是伏羲轉世，化爲文王，教民養老，七十食肉。則自七十以下，皆不得食肉，其所以節殺物命者至矣。禮曰：天子無故不殺牛，大夫無故不殺羊，士無故不殺犬豕。所謂故者，祭也。天子、大夫、士且不敢妄殺，況庶人乎。今者殺戮牲生，饕餮成風，甚至過屠門而大嚼矣。人人當七十高年之養，人人殺天子、大夫、士之畜，人人享天地神明之祭。果有功德超度生靈，亦可受用。如無功德超度，可比世俗請人做工，必要清他工錢。若無工錢，必要幫他做工還賬，方無異言，否則鬧索。請看屠夫死不斷氣，必要刀盆擺列牀前，其氣方斷，此殺冤索報之證也。每一萬零八百年爲一會，伏羲在巳會末時，六陽畢，一陽生。天開殺機，始有兵刦顯報之患，故不久有蚩尤之倡禍。凡逢兵刦，皆有諸眞暗掌刦簿，除忠臣義士應死節爲神外，其餘善良不得錯殺，惟罪過、冤孽兩種難逃耳。小刦數百年一見，大刦數萬年一見。燃燈古佛，曾授刦記於釋迦。刦者，殺也。殺若不戒，刦何由解。所以教與儒異。儒講人道，隱寓天道，尚在輪迴之中，故近情而不戒殺。釋老借人道，修出天道，實超輪迴之外，故必戒殺，始脫冤纏。且戒殺非獨釋老二教也。儒道諸神，飛鸞開化。如《陰

隲文》勸買物放生，持齋戒殺，勿網禽獸，勿毒魚蝦，擧步常看蟲蟻，禁火莫燒山林。《感應篇》戒射飛逐走，發蟄驚棲，塡穴覆巢，傷胎破卵，非禮烹宰，春月燎獵，無故殺龜打蛇。《覺世經》勸戒殺放生金科玉律，戒殺牛犬。《功過格》載殺生若干過，放生若干功，而世終不悟。所以然者，午會將中，陰毒更酷。大地男女，因食四生，不知畜物前刦作孽造罪，性成橫暴，今變爲畜，橫長向地，質稟陰濁。古云：食肉者鄙。致使良知良能，明化暗昧。不怕仙佛根基，俗染必迷，即善性變爲惡性。否則天理不顧，造成孽網，死應轉世變畜，照樣痛苦。天下六畜被殺，每歲以億萬數計。至野禽野獸，與人無患，與世無爭，並不曾受人餵養。奈何專業打獵，三五成羣，持銃挾弩，裝網設阱，慘加殺害，使其雌雄離散，母子悲鳴。又天下魚鼈鰍鱔鰕蟹蝦螺水族，死於刀湯者，每月億萬萬數。此物雖小，皆血肉之軀，能結讐恨。且係龍王眷屬種類，還報決不輕饒。昔陶宏景修《本草》，以水蛭蟲介爲藥，淹滯不得上升。後改用草木藥質，十二年如得仙去。夫以醫藥之功德，不能恕殺物之孽罪，況貪味而好殺者乎。若夫恃強倚勢，欺孤欺寡，欺善欺弱，被欺之人，皆有怨氣衝天結團。至致人於死，如謀財害命，鬭毆斃命，逃未抵償，或因事累人自縊自溺，及溺死所生子女，種種冤屈無伸者，其陰魂能爲厲鬼索命，或哀告閻君，必求轉世還讐。此條天律，比殘傷物命更重。自世人無良到極，所造罪過冤孽，積久貫盈，異種惡氣，衝塞宇宙。致陰陽二氣相悖，五行之質不和，斗柄不準，星宿錯度，四時失信不序，萬物難產。一切冤殺氣性，結而爲魔。上天無可奈何，勢必排命五煞神君，統領冤魔下界，興動干戈，流布瘟疫，收取惡人，用充刦數。結清冤賬，掃除惡氛，而三才乃復歸於正，復歸於信。則位育參贊之至誠，斷不可少也。夫人皆有信德，即皆可爲至誠者也。

偈曰：信如土貫五行中，失信三才氣化窮。悟透循環行寔善，斡旋斗柄贊元功。

又《禮》 滄洲子曰：禮者，乃是教人遵上訓下，不失乎人倫規矩也。天下惟禽獸無禮，放曠山野，無防閑，無拘束，大小爭食，強弱奪巢，長幼乖序，雌雄亂倫。而人則有禮，所以異於披毛戴角者也。禮以誠敬爲體，以威儀爲用，以中正爲則，以節和爲情，以謙讓爲意。上則優賜有加，下則鞠躬盡瘁，禮肅於君臣也。寒暖視膳，冠帶問安，出告反面，禮肅於父子也。外位男正，內位女正，和而有別，禮肅於夫婦也。長幼有序，伯友仲恭，禮肅於兄弟也。樂群敬業，毋相聚以談，禮肅於朋友也。親舊來往，欵待豐儉酌宜，不以周旋或久，遂生褻懈，禮肅於賓主也。請業必恭，答問必立，坐必居隅，隆德重道，禮肅於師生也。子弟恂謹，恪守祖訓，遵聽戶長約規，禮肅於宗族也。遇年高有德輩，或站候，或隨行，敬老序齒，禮肅於鄉黨也。喪主哀奠，禁唱夜歌。凡道場紙紮，一切繁文浪費從刪。將錢利人濟物，修培亡魂善因。衣衾必美，棺槨必固，佳塋厚穴，廬墓悽愴，禮肅於喪葬也。籩豆必潔，陳於几必端，主祭助祭，依次就班。威儀拜跪，起敬起誠，或祖或神，如在其上，禮肅於祭祀也。《覺世經》以敬天地，禮神明，奉祖先爲要務。世亦知如何敬禮奉乎。天帝居北，故《感應篇》戒勿對北惡罵，對北涕唾及溺。並戒呵風罵雨，夜起裸露等事。如路途便遺，必用傘蓋下體，或便於密葉樹下。脫衣澡浴，不可當天。婦女污穢褻衣，不可晒向太陽。且天地好生，而人心好殺。殘害生命，是逆好生之德也。穀米百物，皆天地元氣所生。作賤穀米，暴殄百物，是謂耗散天地元氣也。惟天地養育群生，大公無私。人則私圖利己，不顧損人，是與大公之心相背也。徒然在天地位前，焚香磕頭，可謂敬天地乎。神明運行造化，如日月星辰，風雲雷雨，皆神所司。故禮載，疾風、迅雷、甚雨，雖夜必興，衣服冠而坐。《感應篇》戒勿唾流星，指虹霓，輒指三光，久視日月。《陰隲文》勸奉眞朝斗。皆所以報照臨養育之恩，而凜虛空鑒察之嚴也。至於禮觀音，學其慈悲。禮關聖，學其忠義。禮如來，學其敬重三寶。禮文昌，學其廣行陰隲。禮司命，戒用竈火燒香，穢柴作食等事。且實力行善，感其錄奏天曹。而況北斗神君，在人頭上。六神三尸，在人身中，所行善惡，每逢庚申日，直奏上天。務須常存敬畏，不欺幽獨，不愧屋漏。若徒然裝金祀像，可謂禮神明乎。祖先奉祀在龕，切勿怠慢。其家聲世系，惟賴後人積德栽培。培至陰功浩大，先亡九祖，陰沾超拔，光前裕後，纔算孝子賢孫。否則，所行不善，徒於清明、冬至節序會祭。祭畢而宴，宴畢而散，以收族敬宗之地，爲醉酒飽肉之場。一不述祖訓，二不整家綱，饋饗了事，可謂奉祖先乎。士農工商，皆不可違禮。而士居四民之首，尤當檢攝官骸，端其模範。乃徒以文章了

事，出于非禮勿視四句題目，寫得視聽言動皆極合禮，究竟邪聲邪色，妄語妄爲，毫未克己，爲復聖顏子罪人。更有一種曠達，謂禮以防小人，非以縛君子。吾但求心術端正，區區儀節，何必過拘，由是放蕩於禮法之外。不知禮法既廢，肆無忌憚，形骸失檢，心術豈能保其常端。故養中必先制外，存誠必先閑邪，聖賢所以重禮教也。禮教之基，立自幼儀，其責任全在父母師長身上。今人生有子女，三四歲時，小兒知識將開，不教以正大禮體。至頑耍時，反使打罵爺娘，以博歡欣，父母視爲好笑。稍長坐席，飲食隨兒所愛，毫無禁戒，由兒席上横鬧，習成一張貪味饕食嘴頭。噍字熟矣，衣不扣齊，帽不戴正，拖鞋蹋襪。客來不告禮，尊長面前不告敬。或父打母仗氣，或母打父護膽。罵他之時，厲聲答嘴，毫無怕懼，隨他性情。至八九歲，送兒讀書，不擇師品，學規不嚴，任他胡爲。同伴撩要，聽的是邪淫，學的是鬼怪。書未習精，倒學些盜雞、害犬、打牌，百般奸貪詭詐。終身敗端，皆始於此。至十六七歲，或廢書不讀，游手好閒。父母見他長大，曲惜體面，不加責懲，後必流爲下品。或仍未廢讀，學得幾句時文，師便誇是聖門高弟。一不教以敦倫，二不教以立品，他豈知才學而外，更有範圍踐履工夫。自高自足，懶蕩輕浮，所讀經籍，置於度外，毫不體行。而父母喜愛讀書子，異日名利有靠，不惟不加責懲，反縱他所爲。朝朝暮暮，和一班淫朋玩友來往，學習嫖賭噍搖，四字俱全。上既目無尊長，下並帶壞子姪。胡作妄爲，把洋烟作命寶，使銀錢如泥沙。那時父母方欲嚴禁，反遭抵觸，不能管拘。必至家傾產敗，甚則子散妻離。夫家人犯法，罪歸家長，陰陽一律。此等父母，生遭貧窮忤逆之報。死到陰司，那興家置產祖宗，將伊縱子敗他家業，斬他禋祀情由，痛訴閻君，切齒之恨，獄刑難免。至於師位最尊，與天地君親並列爲五。師任最重，關係子弟終身成敗榮辱，理宜教以端人品，正心術，立德修善，勉爲純儒。奈何徒講文才，舍本逐末，誤人子弟。天理還報，師家子弟，亦必不昌。古語云：養不教，父之過，教不嚴，師之惰。所以罪父與師也。吾勸世人，無論富貴貧賤，養有子女，務從幼教，切不可怠意，恐誤終身也。語云：桑條從小束，長大束不直。試比山中樹木，自小培治，長大方成棟梁。松柏能盤鶴鹿像，犬猿能告演戲文。況人爲萬物之靈，豈有教不成人者乎。昔孟母三擇其鄰，誠後世教子標榜也。如小兒至四五歲，告他見客揖禮，遇尊長面前，告其恭敬。坐席告其上下，喫飯戒其撒粒，拈菜告其斯文，言談告其應答，衣冠告其端正，行路告其莊重。若違禮犯事，或父訓母叫打，或母罵父叫責，庶使小兒心有畏懼。又必擇師課讀，嚴學聖賢規矩。每散學歸家，父母復留心督飭。讀至十一二歲，看他性質所近，或耕或讀，或習某項手藝，命各務正業，成爲終身之靠。父子聚首，談論家常道理，日度應用，講惜福，戒除暴殄。飲食起居當儉省，預培陰功。持家告其勤儉，器物告其愛惜，待客告其陪欵。聖經告其體行，買賣告其公道，老少告其和美，居鄰告其謙讓。五倫五事，告其篤踐，言戒虛浮，行戒游蕩。善待倫誼，以恩相維，以義相律。處世教以親近君子，禁交歹人，則邪緣無由入，敗行無由生，而子弟發達可望矣。爲子弟者，亦宜遵體教訓，奮志爲人，頂天立地。自幼持循勉強，長大習成自然。舉止動靜，皆合法度。辭氣顏色，有威可畏，有儀可象。事事能振精神，人人可爲理學。秉公持正，樹範鄉閭，留好樣與兒孫，此之謂禮教也。

偈曰：原來敬肆判人禽，復禮須存克己心。杜絕邪緣箴四勿，堂堂正大鬼神欽。

又《義》　滄洲子曰：義者，乃是教人作事，合乎天理，順乎人情，而無所違謬也。以五倫而論，義屬君臣。君不聽讒，不喜諂，待賢臣如手足，從諫澤民，義也。臣以身許君，志安社稷，澤被蒼生，萬一臨變，斷頭不惜，義也。父教子以正，戒勿驕奢淫逸，免生敗行，是謂義方。母雖愛子，不以姑息養成不肖，後母平心，不虐待前母兒女，是謂義慈。孝子養生盡力，送死盡哀，追遠盡誠，是謂天經地義。其有生身親亡，受人撫養，而長大報恩者，是謂義子。夫內節房慾，外禁宿娼，教妻孝舅姑，和妯娌姑嫂，惜福勤儉，學習賢德，是謂義夫。婦勤紡績、茶飯諸務，勸夫節慾，禁酒忍氣，以保其身。戒奢除蕩，以成其家。行善積德，以圖昌其後。閨門貞靜自守，不懷憾心，腹誹夫父母。不起妒念，讒間夫兄弟。不存私見，薄待夫子姪。不使長舌，談論妯娌姑嫂長短，播弄鄰居戚舍是非。或偶有夫家嫌隙，不唆動外家唇舌，致傷戚好。或夫有是非，暗地出錢消解，並能惠卹鄰里貧困。雖老猶事女工，時顧後輩，訓以古法，津津述及公德婆賢。是謂義婦。若夫亡守節，能撫孤成立，或撫繼全夫宗祧，

不以錢穀私肥外家，克保夫產，是謂義孀。側室安命，不奪寵專房，是謂義妾。至於許字夫故，守貞母室，或奔喪守入夫門，爲之撫繼者，執從一而終之義，守成奇節，是謂義姑。兄弟雍睦垂訓，務擇極公正廉明者主理家政，復擇立幫理。戒用乖張婦女攬事，法可數代同居，是謂義門。亦有兄弟析居而分多潤寡，並厚惠其諸姪者，是謂輕財重義。建宗祠，豐祀產，固整先塋，擇立戶族長，訓族敦睦。偶有爭端，秉公論息。嚴禁子弟凌犯非爲，縱遭境亂，不許效尤行搶，是謂義族。交淡如水，勿起勢利，爲善助成，有過規改，生死相顧，患難相扶，是謂義友。念係至戚，或周其困乏，或助其生理，或維持其孤寡，或規正其不學好樣，是謂義親。鄰居敦祖父舊好，通慶弔，濟有無，相與敬老慈幼。士講孝弟，農話桑麻，夜盜共警，窩戶共禁，俗樸風淳，是謂義里。族戚鄰友，有善排難解紛者，不以從中索利，故播弄是非，且不厭再三苦口，是謂義勸。憫佃戶男女作苦，惠減租石，荒年格外減卹，是謂義東。佃人田地，奉爲衣食父母，不忍逋其租。佃人山土，除薪火取給外，禁砍竹木。退田出屋，毫無損壞門壁，是謂義佃。憐念奴婢，皆人子女，同是父母心，焉忍苛役，焉敢逼污，是謂義家主。服役體心，愛惜主人器物，不偷懶卸勞。爲老家丁者，感信任之專，且忘分關顧於其孫子，是謂義僕。讀書端品，戒談閨醜，造淫詞，寫離婚，嫖賭刀筆，一切損陰德事。以賢聖爲師，名敎爲友，倫常爲經籍，道德爲文章，修天爵爲功名，是謂義士。官愛民息訟，無枉賂，無冤刑。善察，杜官親、幕友、門丁弊竇，並諭化衙役、地保無藉端索詐城鄉，是謂義守。督軍賞罰各當，勦撫兼行，無誅降戮服，無縱兵擄掠姦淫，是謂義帥。田家阡陌相連，村衆作息，朝暮相見，最重和睦。或公築堤壩，照田派費，或公車水，或輪蔭水，毋恃強背契爭蔭，安分樂業，是謂義農。匠作勤善，毋妄耗人材料，毋拖延糜食，毋苟簡竣器，是謂義工。貿易斗秤尺度公平，童婦無欺，百貨無假，藥材爲性命所關，尤戒賣僞，是謂義商。地理必精必慎，毋輕易主葬，哄誘遷葬，損人丁財，害及滿族。毋盜葬、佔葬、偪葬、跨葬，累人興訟。雖古塚亦不忍侵。醫理恐誤人性命，用藥必審。經驗良方必傳。無論貧富請醫，存方便心，必往調理。是皆謂義術。家富好施，不誇恩，不望報，不圖名，視爲有錢人分內應爲之事。錢穀借貸通融，遇貧不能償者，焚其逋券，是謂義富。首事經理公務，矢慎矢廉，察明利弊。如救溺女之法，當訓動乳母天良，盡心攜抱，節其飢飽。毋徒藉取公食，拋賤嬰孩。又如施捨棺木，雖難堅固，亦必完密其縫隙。收葬殍骸，務使雇工厚土固築。或年久穿陷，必加修整。又如施粥之法，當體恤流民災苦，爲籌妥寢坐安息之所，或分寄廟祠莊舍。多有疫癘，備藥擇醫調理。粥必煮熟，戒參冷水。並嚴杜煮役侵嚼升斗，免致粥清莫飽，有名無實。他若惜字放生，造橋修路，設渡舟，立社倉，創廟宇，建書院，養孤老，救嬰兒，全貧婚，措衣食，施茶藥，刊善書，揚節孝，豎指路碑，點照行燈，種種美事，皆謂義舉，造福無量。夫人身難得，中國難生。今得人身，生於中華，天覆地載，將天地間之財，修培自己功德。體乎義字不昧，養成正氣一團，生爲天地間正人，死必爲天地間正神。人能如此行義，生死可兩無愧矣。否則，倫常乖戾，舉動荒謬，假名利重如性命，眞道德惡如眼疔。但圖目下之榮耀，不顧生前之修積，只由自己之横暴，不畏天條之譴責。嗟乎，富貴榮華，享自今生，實前生修善所致。如不加培功德，前修福盡，惡罪貫盈。身死之後，請些和尚，迎些道士，紮些神像，誦經拜懺，望超天堂，若果有此便宜之事，世人盡可作惡矣。豈知天下神明，屬玉皇上帝統率，俱是公平正直，戒惡立善，積功培德。壽終之時，依功德爲神，受享天爵，主持三界，賞善罰惡，毫無私蔽。如佛祖經懺所言，修悟性命之道，三曹苦樂之理，善超惡墮，玄機包藏，赫赫天律也。難道天堂地獄，由和尚道士誦經懺，不誦經懺而分別乎。如佛祖神明，受享人間供果香燭，聞了一切經卷，即保亡魂冤罪消脫，拔往天堂，則佛祖爲不義矣。天下有違義之佛祖乎。請看古時奸惡，如漢之王莽、董卓、曹操，唐之李林甫、楊國忠，宋之丁謂、蔡京、童貫、秦檜，長舌王夫人，明之嚴嵩、魏忠賢等輩，難道他家無銀錢請和尚，迎道士，超度於他，怎麼至今尚在地獄，不能超拔乎。蓋所行合義是善。善者心地光明，明者天堂之路也。壽終之時，僧道勿用，經懺不誦，德感三天，自有引魂童子接登天堂，依善功而定天爵，永享聖福。所行非義是惡。惡者性心幽暗，暗者地獄之門也。歸陰之時，不怕誦經千藏，拜懺萬卷，必墮地獄。可比時值飢餓，叫別人喫飯，能飽自己肚腸麼。吾勸世間男女，於佛祖經懺，平日奉誦，務須虔誠體會。訪求至人，指明經中玄妙，遵依行持，遠惡近善，體天地好生之德，存聖賢

克己之心。以義制事，見義必爲。由義路，充義氣，爲義人，壽義魄，以自修自度而自超焉可也。

偈曰：義宰神明萬事宜，善超惡墮理無移。天堂地獄憑功過，不在僧巫口舌爲。

又《廉》　滄洲子曰：廉者，乃是教人品行高潔，而無利蔽之私也。人心壞於貪，而厚於廉。貪到極處，狠可放火殺人，辱可貽花賣粉，何壞如之。廉到極處，内可富貴不淫，貧賤不移，爲大丈夫。外可道不拾遺，夜不閉户，成太古風俗，何厚如之。奢者，貪之根也。千金華服，萬金華屋，左歌童右俊僕，每飯肥甘列鼎，稍不如意，則付之一擲。暴殄若此，勢必傷財，傷財勢必貪利。以奢行貪，忍不住的涎謀，以貪供奢，塡不滿的窮坑矣。儉者，廉之本也。貴如武侯，澹泊明志。富如公子荆，苟完知足。凡是清官，手下必無多用人，衙内供給應酬，皆極節省。即買辦細故，亦必親察，乃無浪耗，可保其廉。否則，入不敷出，其能免於貪乎。朱子作《小學》，終於咬菜根一語，極有深意。人果茅舍可棲身，布衣可適體，粗茶淡飯可度日，與世何求。故養廉誠莫如崇儉也。夫廉是戒横財，難道是教人忍餓肚哉。士農工商，各有本分之財。如男耕女織，化血汗爲銀錢，此財是勤苦所得，可以衣食世世。或藉祖父遺產，節用致饒，此財止刻乎己，非刻乎人，亦可以昌後。官品清正，應得養廉銀。師勤教讀，應得聘金。此財皆俸，可以永其書香。藝匠傭役，盡職於主家，以力换錢，此財與農同勞，可以畜妻養子。生理順遂，恰遇時價，賤買貴賣，此財運亨所致，可以買産興家。借貸利息從輕，凡交錢接米，總照議定數目，毫不多索。或有功於人，人樂以錢酬。此財出者甘心，受者可以安享，凡皆所謂本分也。若夫財非本分，三兩黄銅，四兩福消，豈可强取。太上曰：横取人財者，乃計其妻子家口以當之，漸至死喪。若不死喪，則有水火、盜賊、疾病、口舌諸事，以當妄取之直。人試思之：財重乎，妻子家口重乎。妻子家口且死，要財何用乎。與其遭水火、盜賊、疾病、口舌諸禍，恨不退財折災，何如當初莫妄取招禍乎。太上又以取横財與枉殺人並論，曰：取非義之財者，譬如漏脯救飢，鴆酒止渴，非不暫飽，死亦隨之。蓋利字屬金，其質主乎秋。利者殺氣也。我既受利，人必受害，妻罵子怨，痛如剜肉，我能晏然享之乎。財與命相連，故太上比横取於枉殺。我不横取，不過是貧，我若横取，便隨以死。貧有轉運之時，死必墮地獄之苦。人試思之，願貧乎，願死乎。奈何人心不足，巴蛇吞象。官以枉法貪，衙役以嚇詐貪，幕賓以賄案商批貪，士以刀筆貪，商賈以詭賣貪，富以磊算貪，貧以掣騙貪，地痞以唆訟貪，游手以牌賭貪，强豪以卡壓貪，奸滑以籠誘貪，盜以擄掠貪，匪以埋蠱貪，僧道以邪術貪，族戚以欺孤嚼寡貪，鄉保以遇事從中勒索貪。種種貪端，營謀爲不遂，生咒恨心。見他富有，生嫉妒心。强取强求，好侵好奪，生毒害心。一念貪萌，百惡叢集。諺云，他人身上肉，割來不生根。斷難因而致富。縱使致富，而刻薄成家，理無久享。每見有暴富人家，發得快敗得快，一發驢嘶馬叫，一敗煙斷火絶者，孰非昔之横取誇能者乎。當其利慾薰心，只圖衣食豐肥，兒孫樂享。不思良田萬頃，日食二升，大廈千間，夜眠八尺。况此二升八尺，亦難受用百年。一朝咽喉氣斷，四塊板木，埋葬荒郊。生前所造罪孽盡歸自己，所積横財概屬子孫。一靈魂魄，拘到陰曹，閻君查簿判刑，將你所横取之金銀銅錢，照依數目，鎔汁灌吞。蓋因生前昧良，貪利恨少。上天置此刑戮，命吞熱汁，痛苦難當，必然恨多，除人狼貪毒病，那時子孫不能替刑。刑滿轉世，罰變六畜，受人屠宰，償還前生賬務。本身既遭獄慘，子孫亦必傾敗。可比樹木根壞，枝葉豈能茂乎。必致落魄出醜，辜負生平盤算，用盡機心，如此下場，悔恨已晚。夫禍報莫慘於横取，而福報莫捷於喫虧。寧可讓人佔强，不可我佔便宜。明中去，暗中來，人雖虧你，天不虧你。或報以家口清吉，或報以謀爲順遂。横事不起，浪子不生，長豐之道也。人試思之：横取天報敗，喫虧天報昌，願横取乎，願喫虧乎。吾勸世人，平日勤以謀生，樸以安分。傳家忠厚，待物公平。舉動毫無苟竊行爲，除盡欺弊，臨財思義。畏人當面之辱責，懼世背後之鄙評。防生敗類，慮發毒害。心清甚於水亮，品潔賽過鏡光。出必爲廉官，造福蒼生。凡開徵、奉賑、審案、用刑之時，常常心頭惕念，上怕欺君欺天，下怕貽殃子孫。則一切浮收勒折，侵蝕庫項，縱容蠹役，賄埋獄冤諸弊自絶矣。處必爲廉民。凡士農工商，務思家計，不在盤錢，只在盤人。如前所云，本分之財，各勤營理。一人氣力，足供一人衣食，一家氣力，足供一家衣食，加以節儉，自有餘饒。何苦横財造孽，至陽間一文錢，陰間一行簿，積如山嶂，死後如何開消。子孫難受折磨，則一切損

人利己念頭自息矣。請看因果書上，載有路拾遺金，奉還失主，或失主願與平分，亦辭不受謝者。此眞奇廉，驚天動地，大福隨之。人縱不能學此奇廉，退還順手穩得之金，何至流爲奇貪，百計鑽營，同於挖窟尋蛇打乎。誰不愛財，取之有道。何不比古，自愧自奮乎。昔關公辭曹，封君却餽，節光青史。鍾離仙師擬授呂祖點石成金之法，呂祖恐五百年後，金變原石，貽害後人，辞勿願學。其不因金昧心如此，遂感仙師，指授大丹。包公鐵面，不受賄賂，不通關節，有閻羅老包之稱。薩眞人臨渡，喚舟子不見，遂持篙自渡，渡畢，將謝錢放在舟中。監察靈官，感其不欺幽獨，現形皈法。殷公飲馬水中，投錢於水。劉寵滿任，民爭送金不受，衆哭送，每金止受一分。古來大神大聖，正直光明，未有不從廉字立基者。毋謂錢小，此寶天珍地重。毋謂廉小，此德鬼服神欽。諺云，財上分明大丈夫。又曰，人不要錢鬼也怕。此語足以勸廉矣。况財爲身外之物，廉屬天律之規。富貴者，皆因前生修培，今生福報，非惟不可積財，且宜散財，惠及民物。多積不散，與平人不肯施濟者，罪加一等。爲善最樂，錢又足充善用。但省一玩好浪費，節一婚嫁濫用，儘可全活多人多物，何吝而不爲乎。人生在世，任是堆金積玉，盈滿倉箱，閉目皆非己有。惟施濟之財，化爲功德，一錢一粟，冊記天曹，永不落空。天報善德，世出好兒，惜福保家，祿籍豐隆，本身壽終，來生復享。若積至功德浩大，天地敬重，壽終爲神。如此使錢，凡也有益，聖也有益，生享得長，死帶得去，纔算我所實有的財寶，不負天賜托生朱門。曾子曰，仁者以財發身，眞格言也。貧賤者，皆因前生少修，今生受窮，急宜補修贖罪。若推諉力薄，世間儘多不費錢的功德。難道奉祖孝親，恭兄信友，敬老慈幼，睦族和鄰，戒殺遏淫，惜字重粟，排難解紛，隱惡揚善，扶弱釋仇，談因説果，勸人美舉，阻人非爲，翦礙道荆榛，除當道瓦石諸事，也要錢方能爲乎。其有勤苦積錢，隨緣助善者，出錢一百，可抵富人一串，行一善事，可抵富人十善。久久行之，薄福增厚，促壽延長。如再不補修，失落人身，來世更苦。總之銀錢事小，功德事大。一日未説一好話，做一好事，則虛度一日。一生未説些好話，做些好事，則虛度一生。古詩曰，爲人若不行陰德，如入寶山空手歸。空手歸，負寶山，誰甘負此寶山者。則宜散財積德之是務，而謂敢貪横財乎。

偈曰：勸君休取横來財，折報冥冥降禍災。死後分文難帶去，何如功德解囊培。

又《恥》 滄洲子曰：恥者，乃是教人知羞免愧，歸乎天良也。夫恥果何念也。人性本善，習而爲惡。天能使人性有善而無惡，不能使人有習而不爲惡。於是賦以羞惡之心，俾起一惡念則驚，行一惡事則怕。既驚且怕，則必速止其惡念惡事，以返於善念善事，而性終不爲習所奪，故恥大有功於性。孟子所謂恥於人大者，此也。惜乎世人不察，把恥字看作等閒。豈知恥心發現，即是天良。無恥即是昧良，其關係人品心術最重乎。聖賢之恥，用於幽獨，思在清夜，惕在神明，是以品同白璧也。中材之恥，則恐見羞於人，或過不自知，被人談破，面紅耳熱，深自愧悔，痛改前非，改後仍與聖賢比潔也。若夫下流，罵不知羞，打不知痛，不作正經有益事務，專幹邪術敗端事情。講話無有高低，交人無分好歹，説謊不怕人證，唆非不慮人知。辱身不顧父母體面，歹樣不懼子弟學習，出乖露醜，不畏朋友親戚鄙嘲，嗟乎，人莫大於心死，而身死次之。頑疲若斯，羞惡之心死已，身在何益。更有一種乖巧，出當做人，背地做鬼，明知醜行可恥，反恃瞞飾免羞。不思烏龜藏頭，狐狸夾尾，難保終不敗露。敗露之後，將何面目見人。而况人雖可瞞，天不可瞞，自心之神尤不可瞞。明知故瞞，越瞞越心虧，必觸天怒。又有始防敗露，後並不以敗露爲恥者。即如盜爲小人之尤，其初不過閃眼竊偷，偷慣膽大，遂敢明刼。淫爲萬惡首，其初不過鑽穴相窺，鑽熟顔厚，遂敢大開其門。嗟乎，此等之人，羞惡之心本自不死，奈何必抹良滅理，以死其心，而心於是乎死。吾視不忍，特此剖示。養育之恩不報，上犯天條，引壞子姪，可恥。兄弟不友恭，手足相悖，可恥。舉事不忠，居心偏鄙，可恥。言而無信，心性輕浮，可恥。尊卑無禮，由性横暴，可恥。忘恩背義，見善不爲，可恥。不存廉節，貪取横財，可恥。暴殄天物，不修祖德，可恥。讀書不習品行，時將刀筆害人，可恥。打牌賭錢，敗家壞俗，可恥。習食洋煙，傷身耗財，甘犯國法，可恥。恃富壓貧，刻薄寡恩，可恥。言人之短，炫己之長，瞞天扯謊，可恥。身列公門，狐假虎威，嚇詐良民，不怕墮落，可恥。仗勢力欺壓鄉鄰，可恥。言不顧行，行不顧言，可恥。貪心不足，見利昧心，可恥。藐上慢下，諂貴趨炎，可恥。明借暗騙，面是背非，可

恥。棄眞貪假，妒賢欺愚，可恥。欺善怕惡，恩將讐報，可恥。開賭開娼，誘害世人，可恥。不知以爲知，不能以爲能，可恥。三畏不體，九思不遵，由心妄爲，可恥。最可恥者，聰明子弟仗一點記聞末學，會做幾句詩文，寫得幾家字帖，便自命爲儒教高人，天下名士。試問，聖經賢傳所言正心誠意，明善復初，與夫成己成人一切道理，可能體行分毫麼。昔周末世運已衰，人心不古，天命五老中水老上帝，應運統領諸眞，誕降東魯，化爲孔子。著書立說，闡明綱常大道，發揮孝弟常經，挽正人心，範圍後世。讀其書者，應照書行持，勉爲聖賢，有超無墮。奈何徒以博紫袍，戈玉帶，僥倖發達，藉作財神，是奉孔子爲名利之宗也。玷辱聖門，孔子豈能容爾無恥之徒哉。嗟乎，名利二字，本至尊至貴至香，乃上天之旌賞，與下方積善之福報，令人勇猛加培功德。孰意昧心，反被名利所害。憑仗勢力，剝削善良，遭人咒罵，將世間至尊至貴至香之二字，竟變成至賤至臭至鄙了。天道好還，貨悖而入，亦悖而出。此輩之心，蠢如鸕鷀，不論水之淺深，忘命覓採，亂呑橫食，只望養肚肥腸，豈知繩繫咽喉，滿則回出，枉費鑽營。落魂之後，想起世態炎涼，昔也何榮，今也何辱，眞覺無顏立於人世。況名利皆有分定。凡人未投胎時，閻王判官，將生前所作功過始末算清，將功除過，其餘依功過多寡定禍福厚薄。冊簿註就，發往轉世脫胎。富貴貧賤，壽夭殘疾，不能移改。如欲移改，非大善大惡不能。所有行善遭禍者，乃其祖有惡孽，或本身前世作惡。今生行善，時有神明暗中撥輕，大災殃化成小災殃，容候孽盡，自有福報也。亦有作惡獲福者，乃其祖有善功，或本身前世行善。今生作惡，時有神明暗中削折，大富貴減成小富貴，容候福盡，自有殃報也。若一味作惡之輩，敗盡祖德。或其祖本無德，出此孽種，世人指爲孽報，使祖宗受身後罵名，是上辱其祖宗也。自己命終，魂歸地獄，刑報悽慘，過殃遺害後人，男盜女娼，是下辱其子孫也。蓋因生前作惡無恥，以致慘報可恥如此。而諸孽報中，惟淫報最彰。《文帝遏慾篇》云：絕嗣墳墓，無非好色狂徒，妓女祖宗，盡是貪花浪子。天以極無恥之事，還報極無恥之人，庶使被淫者之丈夫兒女，消其羞念也。而諸淫報中，有強姦室女節婦，及僧尼敢污佛地者，罪加一等。欲戒淫孽，莫若以他人婦女被淫，作自己婦女恥被人淫觀。花貌雖嬌，望如姊妹，則恥心發現而邪念自息矣。他若寵幸男色，造人間未有之奇姦，採補女流，修世上無聊之瞎煉，敗壞倫理，羞辱神仙，又所當痛戒也。夫恥者，伸縮畏避之情狀，而實正大光明之念頭也。改過恃此，遷善恃此。怕爲不孝、不弟、不忠、不信、無禮、無義、無廉恃此，勉爲必孝、必弟、必忠、必信、必禮、必義、必廉恃此，故八字以恥終焉。

偈曰：欲覓天良無處求，誰知即在臉邊流。兩途善惡由人走，誰昧靈臺一點羞。

訓内文

論說

佚名《覺世正宗》卷六《何姑訓内文・戒淫文》

婦女一生要保身，謹守深閨養性眞。
寡慾清心休妄想，室中當結清淨因。
女子犯淫失大節，他端雖美何足珍。
一有淫行人皆賤，即有淫念神亦瞋。
雖然淫事未嘗犯，一點眞心已不純。
心不守眞必多疾，慾火傷身百病臻。
身到虛癆眞可懼，月事不來愁煞人。
雖有名醫難下手，大羅神仙手也皺。
病勢危時命必絕，花容月貌埋沙塵。
嗚呼一命茫然去，在世曾度幾青春。
婦女此病眞不少，閨内人多難歷陳。
小仙常見居家女，每以隱疾憂雙親。
雙親見之固慘目，夫家聞之更傷神。
未到於歸身已病，幾年不得合婚姻。
出閣之時瘦似鬼，母親垂淚結紅巾。
血氣已衰難生子，及到夫家永不娠。
公姑望孫夫望子，無可奈何祇嚬呻。
自己無兒也著急，百藥不效淚空頻。
終身孤老情何苦，絕人後嗣更不仁。
何況有病難到老，臨期不保夕與晨。
婦女皆當去淫念，不論賤婢與貴嬪。
若是犯姦到官府，必將醜事問諄諄。
跪在案前並無茵，貼畫刑罰都得受，
四肢高挂任人嚬。昔居閨閣如藏玉，
玉質金身同瓦缶，今帶刑具若負薪。
縱然不死亦可辱，回家何面對鄉鄰。
可恨鄉中無賴子，編成曲調事更新。
一家老少皆白眼，恨不明年即週辰。
婦也犯此身必出，女也犯此媒不巡。
寡居犯此罪更重，罰他無子並受貧。
婦女犯淫當早改，

不改難逃受苦辛。不是爲妾即爲婢，遭人打罵也得遵。日受饑寒無飽煖，食如狗兮衣如鶉。即有淫事人不覺，暗虧貞節罪無垠。大家共談貞節事，我於人前難啓脣。即使強參三兩語，昧心之言氣不伸。陰世刑罰更難脫，並執姦夫子細詢。世上即有碑碣在，雷火焚來不逾旬。我勸淫婦早改過，貞女更當守樸眞。我勸戒淫心最苦，當敬聽之莫頑嚚。

又《勸孝文》 普勸閨人敦孝道，當念大恩如有昊。善事父母與翁姑，隨事盡心勿草草。父母生我恩靡窮，待女眞與待兒同。居家欲報親之德，夙夜當追孝子風。翁姑雖非生我者，名分所關甚重也。翁姑待我即無恩，爲媳之道莫苟且。欲盡孝兮無別方，當法男兒事高堂。女兒雖與男兒異，孝性也曾賦彼蒼。彼蒼與我以至性，閨內自當盡愛敬。要勸姊妹盡孝思，並勸兄弟勵孝行。果能孝親親自歡，女郎可作兒郎看。人有孝女供奉養，眼前無兒心也安。女子本可與兒比，所以稱女復稱子。又稱女兒與女郎，言與兒郎相表裏。既與兒郎有同名，當如兒郎篤孝情。女也孝親分外妙，勝於門外弟與兄。弟兄不常在室內，定省自然多荒廢。女兒足不出戶庭，膝下自能常相配。深居閨闥奉雙親，視寢問膳要頻頻。總要即時報親德，莫待於歸想二人。出閣縱有歸寧日，那得久居親之室。暫來暫去難盡情，欲久承歡苦無術。女兒知此德宜修，克修孝德福悠悠。他日定能生孝女，孝子孝孫並可求。若待爹娘無善狀，我有兒孫必犯上。女郎亦不將我尊，還如我爲女兒樣。君欲兒女如鳳雛，一點孝心不可無。事親之道果能盡，爲媳自能事公姑。公姑不啻親父母，堂前侍奉情要厚。若視公姑如路人，難望後來有賢婦。有婦不賢徒傷悲，孽本自作復怨誰。爾若善兮婦亦善，祇看爾之所作爲。能孝公姑立大節，即在良人亦歡悅。良人有時廢晨昏，當於門內補其缺。婦女盡孝品最賢，縱有小過可恕焉。若不孝兮失大德，他事雖好有誰憐。我今勸孝最悽楚，閨中切莫負吾語。盡孝並可著芳名，《列女傳》中皆孝女。若不盡孝禍無涯，難免雷霆向爾家。盡孝自能超仙界，定與女仙步紅霞。

又《論三從文》 陰陽分兮定坤乾，男女共生天地間。男秉陽性當果毅，女秉陰性要幽閒。男率女兮理爲正，女從男兮品最賢。三從之禮聖人定，勸君此道當遵焉。在家從父是大義，出外從夫是良緣。夫死又當從爲子，門內倫常屬此三。爲女爲妻與爲母，於此三者守要堅。不明三從眞實理，聽我小仙子細詮。從父之義作何解，父是家君勢最嚴。家有嚴君作主宰，治家之任惟自擔。子竊父權猶不可，何况閨內女嬋娟。女有父兮亦有母，不言從母有機關。母守婦道無制作，猶從父命免厥愆。母且從父何論女，若不從父必招患。父亡伯叔皆可倚，兄長亦可作父看。若無兄也可從弟，弟雖小兮執父權。從父之義如此解，女也從父福自綿。從夫之義作何解，夫爲妻綱自古然。妻不從夫心無主，多因妄作起禍端。不見古來妲己女，自致禍亂把命捐。當年若不議朝政，紂王何至失江山。婦人無才方爲福，即有才兮不可宣。周有邑姜稱聖后，內助之功等百官。祇因治內非治外，所以十人數不全。妻道無成是定理，皇后民婦無二般。從夫之義如此解，妻也從夫德可觀。從子之義作何解，子能克家又是男。母也雖尊實是女，女於家事不可專。請看皇母分雖貴，國事何能半點參。唐代雖有女天子，不免九州有責言。若是婦人可主事，如何君母猶招怨。可知爲母無專制，凡事當任子斡旋。所以寡居無子者，必過人子主田園。外人有事皆問子，不將事機問母前。從子之義如此解，母也從子品不凡。可嘆閨人多悖逆，不遵此者有萬千。女不從父誇伶俐，且敢與父相爭喧。妻不從夫夫更弱，乾綱不振實可憐。母不從子家事壞，致使亡人恨九泉。豈知三從是大節，此道千秋無變遷。從者倚也君須曉，女兒倚男福無邊。牝雞司晨家必索，婦人主事家不安。果能遵行三從禮，敢保永世享團圓。

又《論四德文》 說罷三從道未足，再將四德爲爾告。三從本是女倫常，四德更是女題目。男兒修德可立名，女兒修德堪積福。德如聖女蔑以加，德若小仙何足取。詳論四德有深心，要化九州不賢婦。婦德居先是大端，閨人獨此爲要務。德屬品行最可尊，言與容功難相伍。勸君立志要堅貞，勸君居心要靜肅。勸君竭力事爹娘，更當隨時敬伯叔。勸君盡禮事公姑，更當居室敬夫主。姊妹同氣莫爭喧，妯娌連枝要和睦。不慣兒女教可誇，不虐奴婢善可錄。多費柴米夫必愁，妄化金銀夫更怒。德爲虛位原不同，婦有美德方堪慕。果有美德可稱揚，縱有小過可寬恕。人既有德必有言，言不貴華而貴樸。自來淫婦言多夸，若是良女言必篤。婦女言巧人固嫌，婦女言多人更惡。不愼言也必浮華，雖有德兮亦顚覆。壞却德行更受貧，累及室家不發富。乃爾日日縱談論，合家個個被譏讟。長舌永爲禍亂階，甘心自作是非母。室人喧鬧自有由，鄰婦爭鬭職此故。惟口興戎勢必

然，惟口出好君盍不。出話愼重自寡尤，吐詞雅靜更脫俗。既知婦言不可輕，須知婦容亦當淑。若於大德無愧慚，自有善容堪眷顧。德容二字本相連，婦人一生不可忽。貌之姸媸不必論，身之高下何足數。祇要常有婉淑容，祇要不失端莊度。祇要步履常安閑，祇要氣象常靜穆。首如飛蓬君當梳，面似積垢君當沐。凝妝切莫學繁華，平居自當守樸素。縱爲富戶與貴門，漫誇粉白與黛綠。文質彬彬容可觀，威儀棣棣德愈固。婦容本是德之符，婦功更是德之助。凡有德者心常勤，其作事也力必努。周有皇后是聖賢，自操女工如奴僕。仵君業已作正宮，取葛猶思到中谷。此是皇娘且服勞，若爲民婦莫辭苦。燈前且要製新裳，月下還須織大布。頻操井臼勿怠荒，善爲酒漿莫錯誤。黎明即執竈下炊，淸晨必埽堂前土。懷中莫使女頻啼，膝下漫敎兒久哭。總之家事皆殷勤，方於婦功無愧恧。能行四者最堪嘉，即缺一分亦可辱。若要令德皆周全，當於深閨早習熟。七八即將女德修，千萬莫把母敎拂。老年無德人更嫌，晚景立功過可補。果然四德皆足稱，自能登仙步雲路。

又《諫皇后文》　皇后本爲女帝王，女中富貴屬兩强。天生聖配佐內治，空享榮華福不昌。一人咸推天下母，當樹母儀訓萬方。門內敎化開自爾，要爲閨中樹綱常。從父從夫與從子，三從之義爾莫忘。德言容功稱四德，四德之始自爾倡。自古內人本難化，可爲閨中立表坊。化及內人皆淑善，聖后不愧古英皇。皇后居宮當行孝，奉事公姑禮本當。海錯山珍不爲孝，要有恭敬與和祥。雖有奴婢供飲食，也須親手奉羹湯。雖有奴婢供服飾，也須親手製衣裳。宮裏問安休倦惰，閨中視寢莫怠荒。當勸主君奉父母，並以孝道敎兒郎。一人宮中能盡孝，天下之女皆觀望。一人宮中不盡孝，勢分雖貴也有殃。皇后待下休嫉妒，若或嫉妒情必傷。從來婦人多嫉妒，閨中擅寵毒似狼。豈知此宮擅寵處，他宮血淚灑成行。擅寵民婦猶不可，何況正宮比鳳凰。天生女兒有大欲，當體羣妾熱心腸。請看阿房宮裏女，三十六年受凄涼。若使正配無邪念，何爲有夫反成孀。一人果然無邪念，天下淫女皆端莊。皇后當格君躬失，正言相規話玉牀。枕邊少談國家事，祇管陰事不管陽。君爲天兮后爲地，資始資生各主張。君爲日兮后爲月，司晝司夜不同光。宮中妄談朝廷事，朝裏朝外皆驚慌。人命死生多錯亂，官員黜陟欠酌量。褒姒讒言招大禍，可憐一笑天下亡。一人宮中謹言語，宮裏太平比虞唐。皇后當訓宮中女，要使宮人皆善良。當勸羣妾守貞節，並敎奴婢盡安詳。一人原是宮中表，表率不端拂彼蒼。閨內婦人難敎化，今後當立女書房。三年讀盡閨中訓，再學鍼線與酒漿。女師可擇本家婦，三姑六婆須嚴防。童男莫坐女書舍，自己兒孫也有妨。我今奉旨宣內化，遵此方堪作皇娘。

又《勸寡婦文》　謹勸寡居守貞節，莫將夫主舊恩撇。夫主恩情比天高，不論爲妻與爲妾。白頭到老有同心，誰願夫主遭夭折。豈知天地無全功，難使人心盡歡悅。雨露寒暑本不齊，日有虧時月有缺。壽夭皆是命中排，知命不怨是貞烈。夫主之恩不可忘，莫見人夫心中熱。矢志靡他守終身，千古留名在碑碣。寡婦當念夫死時，無限情苦難盡說。幾載夫妻一旦離，執手欷歔情難舍。心中有話不忍言，左右兩難哭不歇。欲使婦人守閨門，又恐後日遭口舌。欲使嫁人非正言，後來誰與我同穴。家中若富並有兒，夫主心中稍慰貼。家中若貧並無兒，夫主心中更慘切。縱爲乞丐也守貞，纔是女中一豪傑。寡婦世人不可欺，欺他難免將壽削。我婦守節被人欺，恨不即時把冤雪。人婦守節被我欺，恨不即時把我滅。千辛萬苦他備嘗，閨裏哭聲常不絕。夢中幾見郎回家，握手言歡不忍別。醒來夫主去茫茫，恨不夢中即死也。妯娌切當讓三分，公姑待他要強些。自家莫要與人爭，平心方能矢清潔。寡婦切莫有淫情，素服靚妝休豔冶。存心冷淡似冰霜，立志堅貞如銅鐵。暗室有情欲貪花，黃泉無淚不成血。雖無淫事在人間，暗裏已將貞念歇。淫心不可對良人，奉將公姑情當竭。要替夫主孝雙親，視寢問安要誠恪。公姑若無別兒郎，兒死爾即操家業。眼前無兒早過房，從子之義莫忽畧。寡婦不貞失大端，暗地欺心有罪孽。改嫁從人心不良，再生轉爲貧賤質。閨中若也犯淫風，輪迴三生遭苦劫。守節之功大如天，朝廷百官皆迎接。旌表門閭立牌坊，萬古揚輝同日月。歸西自有女仙迎，女轉男身富貴列。我今降乩勸寡居，千言萬語難盡寫。寡居遵此福無窮，可保即時登仙闕。

又《勸處女文》　謹勸閨中女嬋娟，居家莫要學不賢。女兒不賢失婦德，爹娘燒心似火煎。爲媳必取公婆惡，即是良人亦不憐。到得那時悔無及，何如在家早勉旃。縱然那時能改過，難禁他人念舊愆。何況女兒無賢德，在家並難結良緣。即許貴門與富戶，不免夫家罵萬千。夫主聞之更爾

恨，恨不早死歸黃泉。若無夫家難求配，不知嫁壻在何年。年長求配更不易，必爲老夫續舊絃。若知爾非賢良女，仍然不敢寫紅箋。縱有美顏人不娶，空負妙質似貂嬋。不娶非不憐爾色，祇爲爾無好心田。人之前房若有子，恐爾待之似瓦甎。人有三兒與五弟，又恐因爾散香烟。不娶原爲爾無德，若有德兮福自延。女兒立德須盡孝，要知百行孝居先。爹娘待我恩無極，孝親之道自當全。可怪今之爲女者，到處常有惡風沿。有如除日行大祭，叩頭之禮天下傳。女兒亦是親生者，如何獨把此禮捐。父母更比公婆近，不叩頭兮反漠然。親死猶服三年喪，請問頭兒值幾錢。此是女中貞惡俗，勸君快把此風遷。此風能改方稱孝，孝親之女福綿綿。盡孝還須戒淫事，若有淫事罪無邊。前番戒淫言雖切，大化更當因時宣。即如今之童養女，門內守貞亦要堅。夫壻雖非他人比，此際房兒實未圓。若不安分違大禮，違禮之人得罪天。戒淫文章吾已作，者番不必子細詮。即是孝文吾已有，者番不必說便便。至於兄嫂有不睦，室內調和爾有權。嫂與爾母不相和，女兒更當善處焉。莫使兄嫂情不洽，莫把嫂非說母前。幾年爾即爲人嫂，亦有小姑共周旋。小姑若將爾讒謗，那時能不哭漣漣。總之居家能養德，一生自有福來纏。我爲處女無大德，且作司電小神仙。爾於四德能無缺，可保姓名載仙編。

又《勸爲妻賦》 粵自天地初開，夫妻先定。男女相居，倡隨爲正。夫者扶也，扶持而由我主張，妻者齊兮，齊一而與夫比並。坤德本柔，乾綱實勁。既知妻道之無成，要惟夫言之是聽。夫薄妻情已有乖，妻慢夫罪更難縱。奈何陰氣過強，陽權不勝。視夫如僕，每朝指狗罵雞，無德配夫，妄自以梟比鳳。繼也面前相詈，兼罵夫主之爹娘，甚而手內作威，好似牙婆之舉動。吁嗟乎，夫與天侔，夫與父等，一世仰望，百年侍從。自當謹安樸拙，守婦道而循閨風，何爲自作聰明，奪夫權而亂家政。若夫夫爲匪徒，夫無德行，不率正途，乃由邪徑，那須袖手觀看，總要舍身諫諍。閨中勸善，何妨膽大心高，枕上繩愆，更當耳提面命。他時妻語莫聞，此際婦言要用。花街柳巷，勸夫莫去遨遊，堡盒牌皮，勸夫休要玩弄。莫使挖牆穴壁，而竊馬盜牛，休教打爹罵娘，而如梟似獍。夫勞酒兮戒彼沉湎，夫好氣兮絕其爭訟，夫過剛兮要使和平，夫太柔兮當教英挺。大抵橫災不遇，祇爲內助之賢，苟其阿意相從，難逃陰刑之重。又如夫有同胞，本非異姓，私語休言，讒言莫逞。雖夫妻情篤，不妨任我笑談，而兄弟恩長，豈可唆其爭鬨。夫弟即爾弟，友愛何可忘，夫兄即爾兄，敬恭也要奉。男鼓琴女鼓瑟，既然同氣相求，伯吹壎仲吹篪，當使同聲相應。倫常乖戾，狠心人至戚成仇，骨肉參商，長舌婦多言招病。耳邊多妄語，驚聲巧處雁行離，腹內生壞腸，心地惡時家業淨。致使兄弟相怨，至情反覺其蕭疏，譬如夫婦不和，空室必傷夫清冷。道公正語，百年之靜好常諧，去偏僻心，一室之災殃可屏。更有居室大倫，聖人不警，降乩小言，深閨當領。細勘陰世，也多屈死之魂，只爲陽間，屢入傷生之境。彼爲夫者戒之在色，還須妻爲箴規，爲妻者警之以言，總要夫知節省。使夫康健，延年自可致祥，使夫虛癆，短命豈云不幸。雖心如白水，實非一旦寡情，若身到黃泉，再得幾番同夢。舉情刀斫夫骨，反覺無恩，放色箭射夫躬，眞爲可慟。與其任憑夫意，當黑髮而頻離，何如節制夫情，得白頭而與共。飛鸞作賦，欲將惡婦兮盡更，乘鶴登仙，只在良人之能敬。

又《勸爲媳賦》 溯夫妻綱既立，婦道並垂。公姑最重，孝敬須知。苟奉將之有缺，即倫理之多虧。當年室內奉親，本堪代子，此日堂前爲婦，雅可比兒。雖爾公爾婆，三載之艱難未受，而如父如母，二人之恩義當思。況乎夫是爾家，待子姪猶當不薄，豈曰爾爲人婦，與公姑竟可相漓。且爾有爹娘，嫂不孝必爲怒目，若人之父母，爾不恭也是皺眉。夫主有雙親，不敬焉而良人難悅也，夫妻慢二老，無改者而惡報必隨之。縱然待爾無情，盡孝自能感化，若是與他相怨，笑君不識尊卑。奈何婦倫久壞，媳訓難追，孝情淡泊，敬念紛馳。爲公者反由爾管，爲姑者竟自爾司。公若柔兮，敢命以僕夫之役，姑如弱也，忍令以婢子之爲。即知二老性剛，怒顏難犯，反覺一人勢大，側目相窺。甚而罵公爲馬贏，眞謂千年之禍害，視姑如雞犬，不予半點之便宜。公訓爾夫，聲到耳而反增怒氣，姑教汝子，話當頭而竟出詈辭。豈不知爾事公姑，和中要敬，而人爲父母，嚴內有慈。何爲使爾之夫君，合親爹親娘而不睦，又且命己之兒女，與祖父祖母而相離。是皆不明婦道，故犯婦規，母家失訓，女教先歧。既遭夫公姑厭棄，何取乎夫婦倡隨。只憐今世公姑，有尊分而無尊勢，可嘆此時婦媳，無善心徒有善姿。誚爾公是愚男，姑聽之而難爲解說，譏爾姑爲妖婦，公聞之而空有嘆噫。兩目白睛翻，看作眼中之毒刺，三竿紅日

出，故忘竈下之晨炊。夫婦酣眠不知曉，公姑早起猶嫌遲。補公服作姑鞋，算到一絲一縷，減公餐薄姑飲，忍教載渴載饑。縱然布帛盈箱，而說是父家之陪送，即有酒漿在室，而爭爲母氏之饋遺。公姑日若貧，典爾服而猶圖利息，父母家如富，食親糧而永斷歸期。豈知公原當敬，姑不可欺，不明婦順，總是心癡。他年有婦不良，當爾日也應悽慘。此日事姑不孝，問老人能不傷悲。況正身乃可教人，兒媳之準繩當立，不敬老焉能訓幼，閨門之教化難施。若人是後姑，媳道更將以和順，發爾爲繼室，婦情豈樂其參差。爾媳將爾輕，忍氣既然若此，我姑被我侮，傷心也是如斯。與其得罪公姑，多攖天怒，孰若善爲媳婦，難索我疵。乩下作書，勸公等共看何賦，閨中盡孝，問女流誰似姜詩。

又《勸爲婆文》 謹勸爲婆人，恩義要長久。媳婦是兒妻，何殊兒女偶。雖非爾所生，至情如骨肉。抛却親爹孃，奉將爾左右。既恐致爾嘲，又恐逢爾覷。心中雖屈情，不敢輕開口。昔在父母前，小非親能宥。今日事公婆，婦道常謹守。有些小不然，爲婆莫詛咒。聖女本無多，平情要將就。吹毛而求疵，必定致爭鬬。婆媳不相和，非盡媳之咎。爲婆分雖尊，豈可不恤幼。爲媳分雖卑，豈可視如狗。且爾有女郎，爲人奉箕帚。難必事爲婆，有可而無否。何於人兒女，處處要撿漏。即爾爲媳時，事婆豈無輸。縱然善事多，十分難有九。即使十分強，爲婆不可苟。訓婦理應該，切莫旁袖手。莫使媳怠荒，用心問井臼。教媳自有方，要以正道授。待媳當有情，不可輕相詬。無義並無恩，豈是賢婆母。婆母要公平，偏心不可有。奈何多俗情，待媳分貧富。媳婦家若貧，視之如塵垢。媳婦是富門，甘心爲奔走。富親若來時，慌忙備殽酒。貧親若來時，公婆不伺候。富媳臭也香，貧媳香也臭。如此爲婆人，居心何鄙陋。更有一等人，甘把良心負。媳是童養人，任憑爾踐蹂。自誇教訓嚴，其心很如寇。使媳受饑寒，拷打隕其壽。親戚來復讐，誰能將爾救。敗產而傾家，無人相噢咻。即使不復讐，天曹罪已奏。爲婆要知情，莫將天理謬。所惡勿施人，恕道要講究。我女養人家，只恐女兒瘦。女若被人欺，傷心如割首。聽女訴前冤，怒聲如虎吼。人女被爾欺，其情也難受。爾爲童養人，必願婆情厚。待爾若無情，淚定滿衣袖。以心度人心，不可相擊掊。爲婆聽我言，天母必保佑。

又《勸爲母文》 敬勸爲母者，姑息態莫呈。訓子有正道，溺愛實不明。從來母多闇，昏如雨不晴。父以善教子，母反與之爭。小兒性非惡，惡因習慣成。慣子即殺子，母也罪不輕。陷兒於死地，何如兒不生。兒與禽獸伍，親必受暴横。敢將二人打，不懼五雷轟。此時教雖切，不受親使令。母訓小時失，父教後難行。爲父非無咎，其過與母并。母教若能善，內化勝父兄。孩提在懷抱，常與母面迎。言行兒點效，中懷十分誠。稍長心不改，猶將母訓賡。成人教更易，善性本來清。欲使根基美，全賴母經營。譬如種樹者，栽培重芽萌。枝柔曲可直，幹老勢難更。養兒如養木，根深葉自榮。幼時若不教，長大必猙獰。奈何今之母，訓兒道不亨。常以詈人語，親口教孩嬰。大時罵父母，父母莫敢攖。人謂母慣子，母說是妄評。縱然從師讀，師嚴又不平。即有廢學日，不聞斷機聲。任兒學無賴，並不教之耕。甚有母通賭，竟與講輸贏。一切賭中事，歷歷告以名。後日賭難約，空自泣喤喤。又如兒竊物，此事本可驚。母見多不問，有目竟如盲。爲盜愚何甚，反說孩兒精。兒大膽亦大，敢竊牛馬牲。一旦被官執，涕泣徒哀鳴。重則首兒斬，輕則面亦黥。到此兒必怨，怨母將兒坑。悔之亦無及，惡貫實滿盈。訓子固當善，教女尤要貞。女教當早立，居家能幾庚。三從與四德，自我持權衡。當使學聖女，上法古皇英。可嘆今爲母，訓女無章程。三姑六婆等，門內日纏縈。母反結爲友，室中笑語傾。居息日燕燕，蠱惑女鶯鶯。狂童任出入，不嫌礙眼睛。使女結兄妹，屢次話舊盟。一朝出醜事，門第不崢嶸。兒女並不美，豈是家之禎。若爲繼母者，當體前母情。薄待前生子，前母心怦怦。如我有兒女，必如明珠擎。若遭繼母變，必傷兒孤惸。即爾有繼母，亦欲母寬宏。若將爾屈打，必哭爾母塋。母訓果能善，心明如水晶。天母來邀爾，升仙到蓬瀛。

又《勸妯娌文》 謹勸妯娌行，情誼莫疎淡。同室日相居，一家情不遠。閨內若爭喧，是女反如漢。男鬬人猶嫌，女競誰不厭。婦性要柔和，剛強不爲善。鄰婦到爾門，猶當待欵欵。乞女若相逢，尚須垂青眼。而況妯娌儔，恩誼豈可渙。昔時孝爹娘，原爲兒女選。今日事公婆，當遵媳婦典。公婆爹娘同，妯娌姊妹伴。姊妹情不諧，雙親必悲慘。妯娌意有乖，二老更愁嘆。爭鬬忤公姑，此罪實不淺。夫主豈他人，本是同胞產。爲夫既連枝，與爾自一幹。兄弟樂且耽，此情我當念。門內若相爭，良人亦無

面。伯仲敦塤篪，天倫固可羨。妯娌尋干戈，家風亦有玷。夫主若高明，猶能將爾勸。夫主心若愚，反助爾爲亂。使夫乖大倫，難逃天母劍。再以子姪論，爾等更一線。子姪本同宗，不和爾猶管。有時若相嘲，必以正言判。謂爾皆雁行，豈可相欺慢。謂爾急鴒原，方能免離散。好言訓姪兒，此事眞可贊。奈何妯娌親，忍教恩情斷。同是一家人，反作路人看。回憶訓兒時，前言眞有忝。所行不符言，老輩難對晚。伯母與嬸娘，教訓仍無倦。可恨不孝兒，反說爾先犯。從此教若疎，此心更愚闇。妯娌情當和，莫使倫常舛。可嘆閨中人，性情多暴悍。全無忍耐心，祇有鄙俗見。背地說是非，爾我兩相譏。或爲一鴨雛，或爲一雞卵。彼此循牆根，耳聞心亦忮。懷怨不明言，巧語暗譏訕。手中本指雞，口內實詈犬。聽者心暗驚，嘲罵顏色變。皆說己之長，盡責人之短。悍婦聲更高，強壓三分點。弱婦聲雖低，語亦不讓半。鄰里皆厭聽，奴僕亦爾賤。夫主與公姑，悲傷更無限。盡說此婦人，多是教訓欠。乃爾無悔心，不知何肝膽。昔日母家居，人爭爾猶諫。如何到夫家，醜態爾亦現。須知夫最親，要留夫主臉。縱有小不然，亦當忍氣咽。妯娌若相和，福增禍亦免。我今勸女流，所言難周遍。依此而類推，自能全閨範。誨爾話諄諄，閨中莫結怨。

又《勸爲妾文》 謹勸爲妾流，聽我話悠悠。與姊當和睦，居心要順柔。室內莫構怨，閨中休結讐。爲妾分常賤，事嫡禮當周。待爾恩雖薄，莫視如寇讐。與我情不洽，亦自有因由。相爭非善策，自反是良籌。深閨清淨所，小過子細搜。搜到細微處，搜到極盡頭。果然身無過，敢保福可修。在彼實有罪，於我有何尤。彼若待爾厚，爾須待彼優。若視如鷄犬，難免轉馬牛。奈何爾擅寵，獨與夫綢繆。竟使妻獨宿，常任爾踐蹂。爾爲牀上客，彼如階下囚。前度髮空結，此時淚不收。乃爾不憐恤，對夫更謗訧。使夫乖倫理，看妻如贅瘤。從此停琴瑟，幾番動戈矛。連日遭打罵，旁人亦噢咻。更教門外逐，不使室中留。惟爾侍枕席，獨自樂優游。口食麥黍稷，身穿綾羅綢。我也笑閨閣，彼也哭山邱。待姊情既薄，知君禍不休。若教受冥罰，豈止澆滾油。惟克尊正配，此乃是良謀。隨時勤事奉，樂意抱衾裯。心中切莫怨，命中實不猶。爲妻莫暴悍，與妾善應酬。同是郎君伴，何殊姊妹儔。若爾受侮矣，於心能安不。姊妹兩相愛，良人自無愁。爲妾當自重，失身最堪羞。閨內須常守，桑中不可遊。良人雖已歿，私情豈可偷。淫念無一點，芳名傳萬秋。碧玉曾殉節，綠珠又墜樓。縱不立碑碣，實可步瀛洲。至於大倫理，又當細講求。妻與夫齊體，爲妾實難侔。妾與妻同位，此理亦甚謬。夫即無正室，爾難作好逑。妻名雖可昌，妾名不可廋。尊卑莫倒置，禮法當咨諏。大理若不順，法網實自投。人不壞名分，何必受冥幽。降乩有深意，勸妾發淸謳。爲妾聽我訓，自能獲神庥。

又《論奴婢文》 女流原不少，奴婢分最小。安分事主人，當聽主指教。事主如事君，要把忠心抱。作事莫怠荒，居心莫猾狡。莫與主抗衡，莫與主爭較。欺主罪無涯，再生轉魚鳥。主人不可欺，從命是正道。切莫從爲淫，切莫從爲盜。惡事俱莫從，要勸主爲好。主人如雙親，總以順爲要。誨爾話諄諄，爾莫聽藐藐。養育恩當酬，莫徒享溫飽。不可竊主權，有事當稟告。恃才而自行，罪孽比不孝。諂主更不良，廉恥心俱邈。奴婢雖賤人，當有端莊表。可怪養婢家，多使歪首腦。我勸爲主人，陋風改當早。待婢要寬宏，打罵莫相傚。主人使威風，主人之俗調。有威非不佳，猛則近於暴。暴虐不可爲，仁愛實爲妙。奈何使婢人，心多如虎豹。忍教受饑寒，又不善教導。一旦作事差，便罵婢不巧。打婢用賊刑，更不讓分曉。那知尋常人，過失難盡掃。況乎婢多愚，更是命所造。備責而苛求，必取天公惱。如我愛女郎，慈悲如佛老。女若事他人，也怕主性傲。待之若無情，心內必焦燥。他亦親所生，奈何日打拷。即說婢非兒，不過錢買到。買者離雙親，其情更可悼。我見賣女人，不覺心如擣。子母分離時，哭得容枯槁。只爲家業貧，或至爲餓殍。賣與人爲奴，傷心如刀攪。主人知此情，莫視婢如草。牛馬猶當憐，何況人是寶。虐婢必有殃，淫婢更有報。從來淫婢人，女必被人嫐。婢若生兒郎，主僕分顚倒。打婢君莫爲，淫婢君莫好。須知淫暴人，富貴難常保。到得家貧時，兒又向人靠。後步當善圖，莫使人譏笑。謹勸主與奴，俗情要去了。爾等遵此言，自有福星照。

又《闢尼姑文》 世有僧道姑，所學非正途。僧道師佛老，實將佛老誣。尼姑即受戒，豈眞觀音徒。呂祖闢僧道，欲將聖教扶。我闢尼姑子，維道意區區。尼姑興於漢，歷代種未斷。常與僧道流，共把儒教亂。至今徒愈多，行更無忌憚。觀音實傷心，不住發長嘆。恨爾絕大倫，棄親居寺

觀。女也棄雙親，百神皆爾瞋。觀音心雖恕，難福不孝人。不孝失天性，安能養性眞。譬如僧與道，出家廢昏晨。雖有成仙骨，仙骨已離身。爾學尼姑派，豈能超仙界。守節更無名，持身空清介。若或有淫情，神明又爾怪。一生不遂心，空把觀音拜。寺院對荒涼，問爾有何快。請看居家流，閨閣樂悠悠。室中敦孝道，爹娘愛不休。及爲郎君伴，琴瑟情最優。膝下有兒女，更能解我愁。借問尼姑子，樂境得似不。尼姑甘受苦，不知何肺腑。大欲天不禁，而況觀音姥。觀音心最仁，慈悲高千古。强制人之情，焉能同佛祖。觀音未爾招，何自尋罪罟。女輩學參禪，其初自有緣。多因有災病，舍到觀音前。欲祈觀音保，心愚莫甚焉。壽夭皆有命，生死總由天。觀音能活爾，蒼帝豈無權。又因體不備，恐無媒妁至。落髮入空門，權作養生地。養生宜在家，何爲居野寺。使女學尼姑，親亦無情誼。女兒若失身，爾罪難勝記。爾欲愛女郎，要使盡綱常。人事果能盡，自可步仙鄉。觀音未得道，原非尼姑行。我未成仙日，依然在閨房。未見尼姑子，升天朝玉皇。尼姑教不息，玉皇有憂色。甚怒漢家君，迎佛入中國。昔時命純陽，曾闢僧道賊。今我闢尼姑，帝命奉又特。普勸閨中人，莫爲邪教惑。

又《斥巫婆文》　巫道誰興作，遙遙難追溯。周有司巫官，建官有斟酌。男巫與女巫，皆有益於國。取其交神明，祈禱通幽默。昔時作巫人，誰云彼不可。奈何時至今，巫風不如昨。男巫既爲妖，女巫更作慝。婦女習巫婆，必無淑善德。昔雖有女巫，良女無一箇。女也既不良，鬼神何來格。此亦如居官，女差免不得。監婆與牙婆，誰是良家者。而況今之巫，善者更落落。所接非正神，盡是狐黃賊。狐黃來相迷，亦未歸正果。且由爾信邪，纔將爾是惑。爾甘受其愚，更爲彼施藥。妄自稱神醫，妙手勝扁鵲。請者日盈門，任人入閨閣。聲價更自高，常得安車坐。治病無妙方，妄評人之脈。可笑過陰時，聲容惡又惡。作怪自呑香，偏說仙家餓。吸水動盈瓢，又說仙家渴。言病托謳吟，滿口流涎沫。醜態難盡言，旁人亦愧怍。乃爾志揚揚，全然無慚色。忘說得疾人，鬼神他衝著。又說遠祖先，血食來追索。使人許願頻，幾番拜老佛。使人燒願香，香鼓喧內宅。病者被爾欺，自料病能瘥。日久病愈深，實是巫之過。巫無療病才，施藥多有錯。即請良醫來，反被他斥責。致使病垂危，誤人罪難脫。爾不畏罪深，偏恐財不獲。直如作劇人，巧取人財帛。人有貪財心，所爲更難測。我見無耻流，學巫情最迫。視病托狐精，實無狐精托。自身有病時，仍求行醫客。更有姦猾人，裝巫有善策。有病不求醫，惟恐人看破。貪財而喪身，心愚竟何若。女子學爲巫，大端必缺畧。到得運晦時，邪祟更爲禍。使爾壞門風，又使家道索。爾若能改圖，自有無窮樂。速速去妖龕，莫妄焚香火。

又《竈母眞君總批》　總閱全文，可稱寶訓。立言懇摯，用意周詳。吐辭則清醒淺顯，談理則透快淋漓。深究世情，語語窮形而盡相，切中時弊，言言怵目而警心。永留閨範，權作女經。宜風宜雅，可供文婢謳吟，入理入情，能使老嫗解悟。苟其徒展才華，雖花樣錦翻，何關閫教。若是自矜學業，即藻思綺合，奚益閨風。蓋情眞語樸，乃爲勸世佳文，而摘豔熏香，仍是名仙本色。若謂有意而爲之，不免私心以測矣。能具慧眼，自識苦衷。宣大化於宮內，願皇后善樹母儀，發格言於閨中，勸女流勤修婦德。既勸懲之備至，宜佩服之不忘。品到何姑，不愧女中堯舜，身爲淑女，何殊天上神仙。謹遵此言，毋怠厥志。

司命張真君家箴十則

論說

佚名《覺世正宗》卷七《司命張真君家箴十則·勿欠國課》　私債未償，可需異日，正供有欠，休待來年。苟可以完輸國課，斷不宜靳惜家貲。蓋賦稅乃小民之脂膏，上不妨緩期以取，而錢糧爲大君之需用，下不可任意不完。況乎新陳相因，必至增加十倍，洎夫供納如數，豈能欠下半文。與其積多以獻，窘急奔忙，孰若趁少而供，優游自在。

又《勿好獄訟》　片紙不入公門，必享平安之福，居家好弄詞訟，每來橫逆之災。苟非萬難自已，莫如一忍爲高。勿起不良心，聰明反被聰明誤，勿爭不義財，兒孫自有兒孫福。勿因半畝田而敗千頃產，勿以一時仇

而忘千日恩。好氣多生事，讓人不算癡。凡好訟者，其敬聽之。

又《勿入賭場》戒賭之文靡窮，斷賭之家有幾。總由沉淪苦海，遂難濟拔迷津。然後事而戒，忌賭者且無二三，先事而防，不賭者豈僅八九。謹告父若兄，嚴管子與弟，以賭場爲地獄，勿令一次遨遊。謂賭者有天殃，不憚再三警惕，但愁飽暖生閒事，可弄琴書寫天機。如此善念常存，庶乎賭風不犯也。

又《勿結雜親》家法整齊，端在男兒敬慎，門風清楚，首徵女子端莊。彼三姑六婆，固宜禁其出入，而偏親雜戚，豈可任其往來。何況結無情之瓜葛，入我閨房，行非禮之饋遺，誘玆婦女。明託親厚之誼，暗招淫盜之媒。室內縱無醜事，門外不免讒言。無論富室貧家，各宜敬聽猛省。

又《勿許願香》克敬公姑，強拜西天活佛，無違夫主，勝朝北斗眞君。如媚神而諂鬼，必減福以增災。況夫野寺荒涼，妖物之迷人不少，而且新裝豔冶，匪徒之戲爾尤多。男女相望，廉恥安在。神前許願，實非神心所願。佛下焚香，轉致佛地不香。尚其大改陋風，勿沿鄙俗。

又《勿覓風水》貴賤皆由天定，吉凶亦自人招。妄聽風水之言，大非室家之福。何乃認假爲眞，執迷不悟。富則遷墓，假祖宗以希榮華，貧則移門，於宅第而求顯達。詎知人傑地自靈，心善天自保。骷髏能致福，豈必吉人登天堂，牆壁可免災，宜無惡鬼遊地獄。必先明理，乃可治家。

又《勿弄稱斗》出入勿違天理，公平自在人心。小稱大斗，人可瞞天不可瞞，斗滿稱平，彼無損我亦無損。若輕出而重入，必消財以致貧。蓋暗鄙居心，深觸鬼神之怒，而奸詐取利，難逃水火之災。歷觀富貴人家，先人必正直無私，遍察刁奸黨類，後裔多流離失所。非爲臆説，願作心箴。

又《勿買盜物》盜竊財去，名爲賊贓。物從盜來，豈是公貨。勸君宜以大道治家，戒爾勿與匪徒通利。獨怪貪鄙人，慣作暗昧事。明知買來盜物，亦有後患，無奈愛此私財，竟無遠慮。始也利其價之廉，已圖小而忘大，繼也悲其禍之慘，或敗產而傾家。善居室者，謹聽言哉。

又《勿褻字迹》敬書乃男子之功，惜字亦婦人之福。何爾閨中多藏舊倣，何爾巾上慣繡新詩。自謂無甚大辜，詎知深獲重咎。夫斷簡飄零，保無失墜於泥塗，而香奩棄廢，或且改造爲襪履。何況檢閱殘書，誰爲盥手，抑且包藏褻物，全不經心。婦人固難免厥愆，家長亦平分其過。

又《勿輕宰殺》上帝好生，無非化育，如來戒殺，總是慈悲。居家欲培福基，勸爾當惜物命。豈僅賣牛於屠肆，乃爲不仁，烹狗於竈廚，方爲不義。即至豬羊常物，食之亦必以時，甚而鵝鴨微禽，殺之亦須有故。若恣口腹之欲，難免疾病之災。縱不持齋而樂道，亦當愛物以存仁。

林文神訓胥吏八則

論説

林世興《林文神訓胥吏八則·勿昧良心》身入公門，俗懷宜泯，心存善念，餘慶自來。果能不昧天良，何怕久居官府。正直無私，雖貪官污吏可化也，光明無蔽，則俊子賢孫可求焉。公卿發迹於吏胥，宰相出身於刀筆。不憑一點心，何來千般福。苟良心之盡失，將惡報其難窮矣。

又《勿受賄賂》官長徇私，多因貪利，吏胥作弊，亦爲圖財。苟賄賂之不行，彼交通其奚至。何乃身存官府，依然念切室家。假虎威之餘焰，逞龍斷之私情。探手公門之外，東捉西摸，垂涎利藪之中，似飢如渴。既背官而賣法，更弄法以欺官。是雖官不明也，毋亦爾是過與。

又《勿假公器》公門雖有公差，公事全憑公器。不可指眞而爲僞，豈可弄假以爲眞。彼聖旨未頒，誰敢虛傳以欺黔首，何官令未下，爾竟冒出以害蒼生。造僞印貼僞諭，全是賊心，傳私籤懸私牌，儼然公命。一旦機關敗露，百般刑罰交加，方知公道有憑，而歎公器難假也。

又《勿弄文筆》文有法也，無殊法律之森嚴，筆似刀焉，更甚刀鋒之肅殺。弄文筆以自矜，實人神所共憤。罪擬五刑，切莫引輕而入重，命存一線，即當度死以超生。增一字減一字，須知紙上有青天，活一人死一人，須知手中有白刃。苟欺心而弄文墨，必絕嗣而斷書香。若刀筆之災不作，將詩書之報無窮矣。

又《勿成訟獄》處鄉黨而釋冤讐，家室早占和睦，居官府而消訟

獄，子孫更卜安康。倘唆訟而搆獄，必速禍以招災。若排難若解紛，要中乎人情天理，宜善調宜好説，漫矜夫舌劍唇鎗。與其因小而失大，質彼公堂，孰若化讐而爲恩，和於私室。勸胥役早修口德，入公門勿使心機也。

又《勿擅刑罰》　法律須自朝廷，實代天而出治，刑罰操於官長，亦佐后以馭民。惟王法有所稟承，則官威豈容假借。彼小民有冤事，不準私報而必質公庭，何隸卒多擅權，未經公訊而先行私法。逼財不遂，能令喪命於須臾，取利求多，直使傾家於瞬息。迨至惡貫滿盈，事機發作，官長亦受其牽連，閭里實爲之愉快矣。

又《勿奉官長》　逢君之惡，朝廷最惡孌臣，助官爲非，公府豈容奸吏。順承則好爲面諛，奔走則供其頤使。豈知公卿雖貴，彼丈夫我亦丈夫。何況罪孽已盈，陽有罰陰更有罰。蓋吏胥雖賤，宜存骨鯁之風，隸卒即卑，不尙脂韋之習。惟能不奉乎官長，乃無愧於神明。

又《勿交權貴》　從來權貴之流，多有豪横之舉。若敎出入公門，不免包攬詞訟。交通官吏，實欲假公以濟私，傲慢公差，儼然以貴而陵賤。始也誘之以賄賂，敗我修行，繼而加之以聲威，縱其跋扈。依強欺弱，其人本是假英雄，有順無違，在我已成貞妾婦。苟能正直以自行，雖有權貴而何懼。

金石要言

題解

佚名《金石要言序》　先天大道，不落言詮者也，講何爲乎，論何爲乎，囑言條規又何爲乎。不幾言愈多而愈失其眞歟。不知道體甚微，道用至廣，而普度收圓之事，又屬罕見罕聞，使絶無一言焉，微特中下之人莫知從事於脩辦，即上智之士詎能依法以行持乎。有玉山老人者，得天獨厚，學問甚優，承祖祖之心傳，續綿綿之道統，積數十年之閲歷，發數萬言之箴規。其體上天救世之心悲以切故，其憫斯人沉淪之苦遠而深。慮大道之難得也，惟恐一得而復失，思普度之難成也，惟恐將成而忽敗。故不惜吐盡血心，而欲人銘刻肺腑。註爲講論八章、十囑、要言以及各論、諸條規，至詳且備。使人各存一卷，朝夕披閲，遠近講論，俾得道者悉明理，俾明理者各勤功。庶大道宏開，普度早成，而諸佛之願于以了，而老人之心庶乎安。予恐抄寫謄録，顛倒錯落，有失眞本，故不惜工貲付之棗粟，名曰《金石要言》。非敢鳴有功也，庶不負老人之苦心焉耳。是爲序。光緒十五年二月花朝，重刊於乾元堂藏板。

論説

玉山老人《金石要言・當頭頂第一章》　頭者，首也。人之一身，頭居其首。頂者，最上之謂也。故凡居乎上者，而謂之頭頂，皆因他智慧高，出人頭地者也。當者，任也。三世古佛普度羣生，而有觀音、地藏、文殊、普賢與諸佛菩薩，四方宣揚救度，亦即三佛門下之頭頂也。玉帝總理三界，放十七大光明，皆因歷劫苦行修持，以造乎其極也。今辦道而居乎衆生之上者，亦皆名爲頭頂。當要體貼四大菩薩之心志，慈悲化度衆生，更要思慕玉帝放十七大光明，恩德無量無邊。報答不盡，體學不了，立定超羣拔萃的志向，行去超羣拔萃的道德。盡我職分所當爲，而不敢虚曠其職，不敢逾越其分。時時加以省察，刻刻檢點行藏。做到那盡善盡美的地位，方可當得頂天立地的頭頂。

又《調賢良第二章》　辦道而曰調賢良，原欲敎不賢以化爲賢，調不良以變爲良也。調者，言語周到之謂。總要具一幅柔腸，存一片婆心，慈悲廣大爲佳。天下惟婆心最慈。故一切爲兒女之事，不辭瑣碎，不惜勤勞。即遇不好子女，亦無不愛之如珍如寶。此佛以慈悲爲本，道以方便爲心，儒以忠恕爲懷，皆是一片婆心也。當頭頂者，能體婆心以爲心。凡遇賢良有不是處，要多方開導，委婉勸諭，使彼樂於聽從，改過遷善。還要大度能容，不念舊惡，使彼愧勉，革故鼎新。度使不賢者皆歸於賢，不良者皆化爲良。如此方算得調賢良，纔不枉當頭頂。

又《明道情第三章》　欲調賢良，先明道情。每見有頭頂在外調賢，

惹出是非議論，皆由不知辨道情獘、消長成敗之理。一遇上天考懲，是以進退失宜也。夫道情不一，今特舉其最要者示之。一在不可拿身分。身分愈高，則存心愈低小。務要以身教人，以德感人。凡遇飲食欵待，隨緣隨分，不可偏任己性，做壞榜樣。一在不可分人我。務要大公無私，勿論自己人家後學，總以賢爲重。賢者舉之，不賢者勸之，並無彼此之分，不失大道爲公氣象。一在愛惜聲名。對不着天的事不做，對不住人的話不說。莫云人不知，單怕己不爲，時時防檢。先自有善名聞之於外，賢良必不生輕慢。又如內外行道男女須避嫌疑，嫌疑不避，誹謗必生。古云，瓜田不納履，李下不整冠者。防範故甚嚴也。至捐貲一事，多寡隨緣，還要他自立誓願，即將此功貲交入掌道手中，方顯我秉公正直，清清白白。外如用人待人，更要留心。用人要分好歹，歹人須善爲調治。若屬好人，要恩以待之，禮以敎之，久久可爲倚托之人。其待下用力者，要體惜辛苦，有過錯要寬忍含容。凡言語往來，須一體相關。倘處之不得其當，久後恐受彼之累。自古仁人君子之事，往往壞於小人之手者，皆由此也。如此等等情獘，實予多年閱歷，親見夫許多成成敗敗，總不外此數端也。予故吐此心血之語，願諸侶勉之，毋忽。

又《守祖根第四章》 大道必有其根。道情雖明，而根本守之不固，終難成功，故守祖根爲要焉。何謂祖根。如歷代以來祖祖所傳之根本也。根本何？即玄關口訣，掃心飛相之工夫，及一切規模章程是也。玄關一竅，最爲的確，非此則嬰姹不能會合，金木不能交併。故爲至尊至貴，且火候週天工夫，業已盡傳，普無遺漏。倘守之不固，恐遇邪說異術，即從而信之，是謂投魔信邪。如當日葛周是也。又如旁門外道，種種門戶，皆是小乘之法，不能證果。惟此玄關大道，乃證佛成眞，三教同原之道也。至於規模章程，有一定不易者，亦有因時制宜者。因時者何。有因時更改，亦當由祖而改，方爲可行，其餘不得聰明任性，妄改規模。謬行違背，欺師滅祖，干犯誓願，自取罪戾，焉能證得佛果。此祖根之所以宜守也，必矣。如能把祖根抱守得定，則爲樑爲柱。即或派往一方行道，亦可穩一方之道根，並可作一方之榜樣。功成之日，諸佛喜愛，何幸如之。

又《認眞理第五章》 祖根既守得定，而認理更要眞實。外而守身之理，內而修性之理，皆有至當不易焉。何謂守身之理。我等得遇大道，受持三皈五戒，永作盛世之良民，不作放肆之邪匪。口不談違背無理之言，身不作違背無理之事。國課早完，夫差允納。方方闡化勸善，在在維持王章。上報皇王水土之恩，下保身家平安之福。忠君孝親，問心無愧，仁義禮智，實體實行，無罪無過，即是守身之理也。何謂修性之理。大凡靈性在人身中，即如室內之有人也，性存而生，性去而亡。修道者必須煉情歸性，無人無我，空空蕩蕩，忘形忘相。依訣參悟，使性命常存，會合成性，存存而不散，即是修性了命之至理。古人所以一修而即成也。今人雜念不除，每每獘病多端。或有想像成形，眼見神像，或有耳聞音樂，或有鼻聞香氣，種種毛病，皆是元神放出，眞光散漫，未曾收緊。務要指醒於他，敎他收回元神眞光，便可了其色相也。又坐工之時，不可着勁，做到河車自轉，身內動靜，纔是好的。身外景象，總是不眞。又或有妖魔混世，迷惑人心，邪精鬼怪，妄稱仙佛。任他希奇古怪，總不輕信於他。如此認眞道理，抱穩正宗，無論在內在外，道心堅固。或派往一方調賢，即爲一方之把柄，而一方得所依靠矣。

又《全孝順第六章》 孝爲百行之原，順德也。自天地開闢以來，陰陽交而相會合，始生人物。故孝上從爻，即相交之義，下從子，即了明一貫之義。又孝者合也，上下和合，有順從而無違背也。故無論爲聖爲凡，皆當盡之以孝。古來求忠臣必於孝子之門。事親能悅親心，事君能尊君命，是移孝可作忠也。如命修行辦道，仍不外乎孝。內而修道，陰陽會合丹田，而大藥可得，陰陽會合玄關，而聖胎可結。務要五氣朝元，其氣不相背逆，方能成丹。外而辦道，要順從上命爲佳。金母以其命委之於祖根，祖根復以其命寄之於十方管事。凡當頭頂者，須遵一方掌事之命。凡一切調賢鋪張，內外事情，件件與管事商量，聽從分派。兩相合好，而無違悖，不生嫌疑，不生謗毀。即在頭頂之下者，亦莫不順從其命，一德一心，而道自可以興隆。果能順師長之命，即爲順祖根之命，不即順金母之命乎。此則所謂孝也。如能孝順體全，盡忠於諸佛諸祖，盡孝於無極天尊，則普度自然可以成功矣。

又《薦恩八則》 薦恩八則，凡領恩者切須知之。

第一，存天地之仁心，體萬物之生意。成己成人，克勤克儉。時時代天位育，刻刻守祖規程。護助大道，接引原人。如不遵者，永墮地獄。

第二，遵天命之行持，依上方之法則。勿逞自才，勿存傎高。行事照依舊章，不可獨自爲能。敬聽上訓，勤示下人。如不遵者，永墮地獄。

第三，知行事之檢密，明舉動之成敗。不紊先後，不雜乾坤。進退審乎幾微，動行辨乎道理。惜福檢省，毫不妄費。如不遵者，永墮地獄。

第四，明大道之貴重，思普度之難逢。擇度賢良，勿傳妄匪。檢密原來佛子，區別異類邪根。依規調理，層層勿忽。如不遵者，永墮地獄。

第五，除貪瞋之惡念，戒邪妄之邪心。大地男女，一體同觀。時防己錯之過，刻制未來之愆。正己化人，至死不變。如不遵者，永墮地獄。

第六，體衆人之難苦，表衆功之重輕。貧富兩途，分文悉録。勿起貪財之意，曲成後人之功。毫勿愧負，奏稟上方。如不遵者，永墮地獄。

第七，舍後天之凡質，贊先天之聖功。遠近不辭，生死不懼。不以患難而移，不因威武而屈。始終如一，人己兩成。如不遵者，永墮地獄。

第八，學聖賢之心志，行忠恕之事業。克己和衆，不驕不矜。立道中之榜樣，作九二之準繩。件件遵依，勿愧天命。如不遵者，永墮地獄。

又《玉山老人講論八章・第一章扶助道源正直忠貞》　龍砂將近，眞道通行。既有道源，務扶助得人，方能相與而有成焉。但凡扶助之人，若無正直之行，而道終難大振。若無忠貞之操，而道安望亨通。故扶助道源，非正直忠貞不可。蓋扶者，乃搊扶之義。道源爲道衆所瞻仰，一言敗之，罪該沉淪，一言護之，功有萬千。惟不圓者扶之使圓，不方者扶之使方，補漏扶危，保全佛法。開道一處，扶持一處，調道一方，扶持一方，而道斯無傾頽之患。助者，乃輔助之義。道源爲祖脉所攸關，出言誹謗，難逃天譴。努力護持，惟求天知。故有財者助以財，有力者助以力，能言者助以言，同心共濟，一德相孚。才大者以擔當大任爲助，志小者以竭力幫忙爲助，而大道自有昌隆之日。其一，要在於正。自任性妄爲之獘起，行持偏僻，虚實莫分，傳言不的，是非顛倒。若無中正之懷，難除混淆之病。故辦道者總宜以中正爲要，無人無我而存心正，有經有濟而行事正。存天地之正氣，爲宇宙之正人。斯謂作爲端方，不以歪邪而敗大道。其次，要在於直。自私心偏見之獘興，性王昏暗，眞僞不明，灣灣轉轉，賢愚難辨，私情矇混。不行直道，以正事而歪辦，焉能對服得衆人。故任道者總宜以直道爲要，無私無曲而處己直，有賞有罰而待人直。以直心對佛祖，以直養塞乾坤。斯謂襟懷坦白，不以佛法而順人情。而猶不可不忠焉。忠者，中也。處事中正，一心不二謂之忠。自修人信道不眞，志向移而欺心生，事顛倒而怨心生，貪高好勝起而詐心又生，安望其任重道遠，而不荒廢佛家之事乎。甚至以私情而冒舉人才，爲偏愛而濫薦庸輩，斯亦即爲不忠之端也。夫所謂忠者，行事斟酌，無偏無私，有內外相孚之誠焉。聽佛家之差遣，守祖傳之命脉，依掌道之規程，一心一德，抱穩正宗。質天地鬼神而無愧，當嚴眞實無妄之操，而又不可不貞焉。貞者固也，道念堅固，剛健純静謂之貞。自修人守道不篤，紛華擾而志變，患難來而心變，魔考降而念又變，安望其守死善道，完全一介而返本乎。甚至因負意而毀謗師長，爲貪高而嫉妬同人，斯亦即爲不貞之端也。夫所謂貞者，存心孝順，精粹純潔，有亘古不滅之志焉。富貴不能淫，貧賤不能移，威武不能屈，鞠躬盡瘁，立地頂天。歷常變久暫而無他，自具百折不回之概。但願各方男女，辦內者以正直忠貞，扶助道源於一堂。辦外者以正直忠貞，扶助道源於在在。道根穩固，自然道運昌隆，九六皇胎，不難共登彼岸矣。豈不休歟。

又《第二章三戒邪淫辨明意義》　且自人倫大定以來，嫁娶婚配，人所難免。無如世風日下，人心不古，男女之際，每多不遵聖賢教化，越禮犯分而偷情者，乃爲邪淫焉。以故歷代佛祖設教註此邪淫之戒原本以戒其分外之偷情，並非以戒其嫁娶婚配之事也。但如今道傳火宅，修行亦有上、中、下三乘之分，總在各人立志存心耳。即如欲修上乘果位者，定要立起冲天大志，抛却家園，割恩捨愛，無妻不娶妻，無子不求子，了脱凡情，精修精煉，果滿功圓，以証上乘品第。欲修中乘果位者，得道修道，妻朋子伴，在家而出家，在塵不染塵。不必抛棄家園，隨力盡心辦功，扶助大道，救濟原人，功成之日，以證中乘品第。欲修下乘果位者，隨緣隨分，半凡半聖，男婚女配，順時應物，因人因事而行，不可糊塗勉强。只要嫁娶之後，仍然抱守齋戒，道心不退，隨力行持。俟凡情得能了手之日，亦仍然立志精進，苦修苦煉。即一旦命盡身故，沒後加修，亦可成其下乘品第，而終不入輪迴之苦焉。倘能於凡情了手之日，立志精進，由下乘而修中乘，由中乘而修上乘，人人了道還原，在在飄舟到岸，齊出苦海，共登極樂，普度團圓，則予之所厚望也夫。

又《第三章爭功奪果不體佛規》從來聖賢以救世爲心，仙佛以度人爲願。凡有開荒闡道，替佛接引原人，功可辦而不可爭，果可修而不可奪，各從其緣，各隨其分，方能體得諸佛之規程、上天之至意。無如人心不古，弊端百出，竟有不安守本分而爭之奪之者，不能不爲之諄諄誥誡，開通茅塞者也。即如魔道並行一事，上天原有佛命。言道衆已投魔者，則名入黑籍，須當從新開示，點道說法，方可望其成功。此係道源相傳之規矩也。或有近魔而未投魔者，只消好好調正，叫他認定正宗，抱穩正道可也。誰知那貪功好勝之輩，有別人本未投魔之後學，或與投魔者同拜過佛，也要將他從新開示。又有師投魔而弟子未曾投魔者，只叫他靠定道根，守定正道可也。他強說不開示，恐後來歸根無有着落，亦將他另行開示，貪爲人師。又有開示師智慧稍淺，調治不下，請他幫忙調度一番，他就將別人的後學又從新一齊開示過，以便順他之意。又還有因他開示師歸空去了，尋得他一點半點錯處，亦將他的後學弟子又從新開示，換過三師，以好依他而行。又還有好佔便宜，將別人已勸得的衆生，鑽頭覓縫，私自去勉強開示，濫傳大道。如此等等弊端，均是以貪高好勝之心，成爲爭功奪果之行。這樣辦道不體佛規，如何證得佛果。如今一一詳細剖明，有犯此者，趁早懺悔，自行佛前改正。復還他的原先三師，方免絞亂佛船，以體祖祖相傳法度。如若不然，收圓一到，那考佛塲中考問出來，自取愧辱。龍華會上，無面見佛，反遺後悔。凡我同人，凜之戒之。

外批：凡有已進門得道之人，聽人刁攛，從新又請別人開示，希圖高超者，有忘師背理之罪。又有貪高好勝，將別人已進門得道之弟子，刁唆從新開示，改爲自己名下弟子者，有絞亂佛船之罪。若不改正，道成遭貶，正是求榮而反得辱也。

又《第四章投魔信邪違背祖訓》粵稽鴻濛初判以來，道生天地，道生陰陽，道生五行，道生仙佛，道生萬物，道鎖乾坤。三界內外，惟道獨尊。昭昭明明，至虛至靈，活活動動，玄機妙用。人物秉受，潛藏性中。修之則靈，昧之則矇。得其指點，率性還宗，可以成真了道，返回自在原容。怎奈五濁惡世，雜氣橫擾，有道有魔，邪正混淆。祖祖相傳以來，原有訓誡。但凡進門得道之侶，總宜認定自性彌陀，謹守清淨戒律，抱穩船頭，毋許輕信妄投，一心勤修苦煉，自有成功之日。不意得道之侶，每每罪孽深厚，因孽生魔，因魔行邪，以邪亂正，迷悞後學。茲特爲之剖明者焉。夫魔之爲害，一以分辨好歹，一以湊人成功。即如身外之魔，風波考懲，正以戒人之狂妄。顛倒考懲，正以磨人之性情。出假祖師，正以考人之道念。外理行邪，正以考人之明暗。魔精妖怪，正以考人之妄想。若是道心不眞，孽重驕矜者，好貪便宜，妄想高大。上他魔船，入他考塲，棄道投魔，欺師滅祖，信邪背正，忘却本根，受他弄送不省，尙當失去果位，且遭墮落之苦。道念堅固者，安分守己，不貪期頭，小心謹愼，實修實行。一見魔事，一聽魔言，任他希奇古怪，決然擲之度外，毫不信受。心中穩如泰山，邪魔不能侵擾，風波不退其志，現出他的好處，終爲佛家法器，可作無極棟樑。此所謂分辨好歹，湊人成功者，即此意也。身內之魔，凡心血心，六門不閉，貪嗔癡愛，逐境迷眞。六賊因之而成魔，七情因之而反主。或使神魂顛倒，犯皈犯戒。或使夢中逐妄，得見仙眞。或致想像成形，親對佛面。又或妖邪因之而入竅，能知吉凶禍福，久之信以爲眞，即行妄自稱尊，哄惑愚蒙，帶罪帶過，難成正果。此內魔之所以爲害也。邪者不正之端，只因不體修持，性王不能作主，三心四相散亂，信邪行邪，糊說糊爲，着形着相，不識不知。遇天魔而假設幻境，認以爲眞，受妖精而弄巧迷人，信以爲實。大理不明，違背祖訓。若不回頭懺悔，終入鬼路魔鄉，失去果位，豈不哀哉。今願在道諸侶，守定無爲宗旨，抱死不二法門，認眞祖傳命脉，辨明三教大理，見魔而不投魔，遇邪而不信邪，斯可謂有把持定見之君子、大智大慧之賢才也。異日龍華會上，大增光彩，諸佛旌奬，何幸如之。

又《第五章看穿財色清白到底》酒色財氣四字，坑壞無限好人，而其所最甚者，莫過於財色兩端。古今來拔山蓋世之雄、聰明俊秀之士，每每爲貪財色而喪國亡家，因好財色而敗節隳名者，何可勝數。推其故，總由於看之不穿，故未能清白到底。他只說財爲養命之源、衣食所需，色乃怡情之事，人世故有，貪心一起，造作無邊。由暫而進，罔知止息。隨後因財色而損身廢命，爲財色而喪盡天良，爲財色而造下彌天過惡，爲財色而永墮地獄阿鼻。孽海翻波，流浪無窮。輪迴路上，償報不盡。轉轉折折，苦楚無邊。舉世皆然，誰能救治。我輩幸遇先天大道，尋得超身妙徑，應當於財字上看得穿，色字上識得破，立定清高志節，打死鐵石心

腸，行得正，坐得端。財來我身邊，我以義主之，色來我眼邊，我以禮制之。每逢辦道往來，無論在內在外，財帛務須分明，男女總要有別。銀錢進出，毫無粘染，內而手清白，外而數清白。男女交接，正大光明，內而心清白，外而禮清白。內內外外，遠遠近近，見財不貪，見色不迷，始終清白到底，而無辱己辱人之端焉。斯可謂修行辦道之君子、智慧高明之棟樑。雖未即修到神仙之身分，而已算得煉就神仙之品行矣。由此精進，何患道果之不成哉。人其勉之。

又《第六章認真辦道四相空空》　夫得道修道，望超脫而成正覺者，理之常然。今言辦道，只因上天垂慈，憫念斯人沉淪，無有出期，施仁德之心，發救苦之願，要將眞道通行，濟度善良，托人力以行之者也。故行道謂之辦道，闡道謂之宏道，出財謂之濟道，下力即謂之護道也。但辦道一事，務須認眞，四相空空。要想認眞辦道，非四相空空不能也。四相者何。人相、我相、衆生相、壽者相是也。即如人相未空，人者人欲之私也，私欲雜念，纏擾胸中，忌人之得，嫉人之長，貪戀浮華美景，好觀艷麗風花。我相未空，我者私己之見也，好高好勝，惟知有己，總想自尊自榮，蓋過衆人，爭論是非長短，害怕低小吃虧。衆生相未空，衆者多也，生者發也，種種心念發生，種種塵緣發生，並想繁盛昌大。壽者相未空，壽者長遠也，防後之心，萬古千秋，總想長遠得好。這四種之相，不能飛去，時時蘊積於心，逐日憂愁煩惱，即是當途之瓦石，即是礙道之荆榛。名雖辦道，也有許多認不眞的境界，名雖度人，久後又還要人去度他。若無人去度他，那瓦石把他絆倒，荆榛把他掛住，即不跌壞，亦有掛傷。四相又是四大苦海，若是不能空去，那苦海波浪滔天，也怕難度得過去，或平地陷下深坑，也怕難跳得出來。所以說認眞辦道，先空人相，民吾同胞，物吾同與，不存損人嫉人之心。次空我相，了然無己，正事正辦，不懷利己私己之見。三空衆生相，萬緣放下，清靜無生，榮枯消長，不足以動其心。四空壽者相，常變久暫，隨境而安，得失窮通，未足以亂其志。一切事務，過去不思量，未來不指望。心如明鏡，空而無物，情同止水，寂然不動。內空外空，灑灑落落，情空性空，圓圓明明。不動不搖，有主有見。如斯方可謂之認眞辦道，方可謂之四相空空。身處塵寰，如寄太虛，不粘不滯，空無所空。人人若此，而道焉有辦之不成者乎。道侶其各勉之。

又《第七章驕矜狂燥急宜戒盡》　修行皈依大道，宜戒驕矜狂燥者。蓋因瑤池寶地，無不謙和巽順之仙子，西方淨土，無不端莊純靜之佛苗。舉凡上昇極樂世界之男女，均是慈悲方便之善士。故有斯毛病者，戒之不可不急，且戒之不可不盡也。若是戒之不急，錯過龍砂果位，若是戒之不盡，難列九品三乘。且驕也者，高傲滿假之謂也。因高而生傲慢之形，無分親疏長幼。己本見識卑陋，自以爲見識超羣。己本道學庸常，自以爲道學出衆。己本功勞無幾，自以爲功勞浩大。己本苦行未立，自以爲苦行萬千。見師長而不低心求教，對朋友而更放肆數長。心高氣傲，或暗藏於心腹之內，或顯露於形容之間，口中常出不平之言，相貌常帶忿怒之氣。修道若斯愚頑，而謙和卑退之心安在乎。必也戒驕傲而學謙和，束身心而修道德。聰明而藏於渾厚，有能而常若無能，有功而常若無功，吃虧而常若甘甜。忘身忘體，卑己和人。斯可謂謙謙之君子，品望於是而日隆矣。且矜也者，誇伐功勞之謂也。因誇而起爭論之端，惹出是非長短。己本人人悅服，愛誇嘴而諸人反爲不悅服。己本師友信任，愛誇嘴而師友反爲不信任。己本上天默佑，因誇張而上天反爲降考魔。己本道學有長進，因誇張而道學自此難長進。且天道惡盈而好謙，聖賢畏滿而招損。大理不明，自以伐善適心意，內無含蓄，只知矜長逞才能。大言不慚，自稱自得，心粗氣浮，自表自揚。修人若斯情狀，而涵養性天之學安在乎。必也戒矜誇而存簡默，習純厚而禮中庸。有大功而自不言功，天下莫與汝爭功，有盛德而自不言德，天下莫與汝比德。慮以下人，積厚流光。斯可謂載道之良才，德行於是而日增矣。且狂也者，輕浮妄動之謂也。或因言語差池，驚動天神鑒察，或因細行不謹，累及大德難成。放蕩形骸，現出無限短拙，事不檢點，招下許多愆尤。衣冠過分，飲食過節，暴殄天物，不體天良，不畏佛法，不怕墮落。修人如此疎慢，而體道之心安在乎。必也戒狂妄而敦實行，學老成而期練達。動靜有禮，進退合宜，受享有度，處世率眞。斯可謂存誠主敬之善士，妙理於是而日明矣。且燥也者，心火未滅之故也。心生而種種魔生，心動而七情皆動。或因貪心不遂而急燥焦愁，或因逆情相觸而怒髮冲冠。煩惱未斷，難入清涼美景，無明不化，燒壞萬重青山。氣不平和，語無潤色，心不安穩，顛倒夢魂。學道如斯昏暗，而修心

煉性之心安在乎。必也戒燥性而復道性，化識神而養元神。禪定大妙，性體圓明，量包天地，保合太和。斯可謂純粹以精之智人，道可全而德可備矣。凡此驕矜狂燥之病，如能件件戒盡，有過而不自文其過，有短而不自護其短，道高德重，人天欽仰。則三會圓滿之日，何患佛果之不成乎，何愁功勞之不著乎，何憂身分之不彰乎。道侶其各勉之。

又《第八章功高自恃道德難全》 且修道而言功者，有裨於祖祖相傳之至道，有益於普度收圓之要事，抑或有益於身心性命之謂也。彼夫闡發玄微，宣揚宗旨，講論規矩，維持佛綱，奔走趨承，扶湊正法，均爲有補於至道者也。開荒下種，喚醒原人，調辦鋪張，培植善良，出財出力，贊勷佛事，均爲有益於普度收圓之要事也。勤修苦煉，悟徹玄關，乾坤交媾，復還先天，九轉丹成，神形大妙，均爲有益於身心性命者也。如是種種而謂之功，如是種種而日積月累，謂之高功。功高而能看之得空，不掛於心，不形於口，則妙矣。若是稍存自恃之心，稍作自恃之想，以功而自表其功，以高而自稱其高，則必功高而心愈高，心高而氣益傲，氣傲而心愈粗，心粗則行爲多有錯亂矣。行事錯亂則損道，語言錯亂則敗德，修道而至於道損德敗，尚能望其功成而果就乎。必也功愈高而心愈低，道愈隆而德愈培。即開度多人，辦道多載，未到了手不爲功。即方便滿廣，苦行萬千，未登彼岸不算德。蓋恐一念之差，道不周全，一脚行邪，德難保全。故凡功高之侶，必須兢兢業業，常存臨深履薄之心，謹小愼微，不作肆行無忌之態。舉動可對天神，坐卧如伴佛眞。見不得佛的事不想，對不住天的話不說。遵佛規而守佛法，毋怠毋荒，勤省察而細檢點，成己成人。始終如此行持，道可全而德可全，丹書忽來下詔，功可就而果可就。了道還鄉，永証瑤池，則修行之事畢矣。以此而論功，則眞可謂之功滿三千，以此而言高，則眞可謂之高超三界，高登菩提道岸矣。道侶其各勉之可也。

又《玉山老人講論八章・立心立品論》 玉山老人曰：人有百折不回之心，亘古不滅之品，尤貴有千佛共羨之心，萬祖共欽之品。故立心立品，是當大知識者所宜急講也。余觀爾諸位，其立心諒必正大，其立品諒必端方，始蒙薦當重領，何待吾之叮囑。但所領之事，精進一層，而所辦之事則又更進一境也。未當大領之前，所料理不過一方一所，所交接者不過自己朋友。今既爲大知識，廣會善良，遠遊佛地，其立心立品，當與前日有大不同者。何謂立心。未當大領，或猶有私心，各人提攜自己後學，心或隘而不廣。今既爲大知識，應當心地涵宏，肚量寬濶，以天地之心爲心，以無極玉皇之心爲心，以諸佛諸祖之心爲心，以歷代衆位師尊之心爲心。無分彼此，無論親疎，總要視爲一體相關。但其中有慈腸，又要有剛氣。慈腸者，體諸佛之慈悲，毋論好的歹的，賢的愚的，一概以大量包之。即其人有過，只要他誠心能改，亦勿容追計其前日之過，純以寬厚，此所謂慈腸也。然過於慈柔，善惡不分，賞罰不明，則人將輕佛規，終不能成功。譬如天行四時，有春夏而無秋冬，則萬物不彫零，萬寶必不能告成。故其中又要有剛正之氣。或遇朽木材料，不受雕琢，則隨材輔慰可也。若遇有良木大料，還須重加琢磨，經以鍛鍊之功，方能成就大器。此所謂剛柔相濟，各得其宜也。何謂立品。未當大領，一方之地，所會者皆熟人，只聽爾言語調度。縱有些不好榜樣，亦不計及於爾，由於平日知爾之深也。今既身當大領，勿論遠近親疎，均觀爾之榜樣。倘若立品不端，必令人生出許多議論，現出許多敗露。故必要廉潔以植其品，溫和以養其品，愼重以端其品。以聖賢之品爲品，要從顏四勿、曾三省做起。以仙佛之品爲品，要從掃三心、飛四相做起。如此有威可畏，有儀可象，人人皆視爲榜樣，人人皆得以成功。然又要久遠不變，始如是，終亦如是，常如是變亦如是。立定百折不回之心，立就亘古不滅之品，方纔體得佛祖心腸，方纔學得佛祖品詣。異日收圓普度，將靠爾等作大樑柱也。大忠大孝，大羅天仙，吾與爾等共相勉之可也。

又《行道調賢論》 玉山老人曰：立心立品，吾爲爾等言之詳矣。然所以立心立品者，原以行道於斯世，調理善信賢良，使人得以歸家也。故行道調賢，尤爲爾等所宜講焉。道者，空空蕩蕩，無形無象，混混沌沌，至虛至寂，此道之體也。及發而爲用，則有日月星辰，風雲雷雨，爲人爲物，下及昆蟲草木，皆稟天地絪緼之氣，得五行陰陽而生。但同稟天地五行之氣，得乎氣之清者爲人，得乎氣之濁者爲物。淸之中最淸者，爲聖爲賢，淸之中帶濁者爲愚爲不肖。人自有生以來，爲氣稟所拘，物慾所蔽，百欲感心，萬事勞形，日在道之中而不知道之所以行。故生死輪廻，無有休息。茲逢六萬刼至，浩刼臨頭，無極視之不忍，恐怕原人墮落，故諸佛

諸眞、衆神衆賢一齊降生東土以行道，而挽回刼運，亦即如奉天之命，行天之道也。天之道行於四時，故春夏秋冬，寒暑往來，得其太和之氣，無有差忒，失其太和之氣，便多愆戾。世無智人，則道懸天壤，世有智人，則道有托賴。今爾等爲大知識，承先啓後，皆是效法智人，勉善戒惡，以體天地之道，必須行得恰當至好，方爲盡善盡美。第一要小心，心細則精明。第二要萬事從寬，事寬則方圓成就。即如爾等行道，處處檢點，事事寬厚，使賢良過後心中悦服，人人思慕其德，是行之無有偏愛處。倘不檢點，則考魔從此生，倘有不寬，則間隙從此起。當面人不敢講，過後人人議論。心中不悦，久後必有以德而成仇怨者。是行之總有偏，事有差錯而不合其宜也。爾等務要體天地之心，得其太和之元氣，行得穩穩當當，平安淸吉爲佳。何謂調賢。調者，言語周到之謂也。賢之姿稟，有過於剛者，勇猛向前，粗心膽大，有過於柔者，委靡不前，貪圖暇逸。調之者因材而教，過剛者勸他凡事小心，不可張狂，裁成俯就，以抑其剛猛之氣。過柔者勸他立志辦事，莫悞前因，甜言蜜語，以鼓其委靡之氣。但其中只可勸善，而不可重責。聽吾教者，吾諄諄以教之。不聽吾教者，只可借話說話，旁引曲喻，以提醒他。若終不可教，亦止聽他自便。倘必嚴爲指責，定欲他從，恐有反面成仇，而自受其禍者。此皆余親見之，而爲爾等特言之也。爾等自此以後，行道總要行之恰當，調賢總要調之得法，使處處淸平，人人欽敬，方不愧當佛家大知識也。其遵之勿忽。

又《消長成敗論》　玉山老人曰：行道調賢，吾爲爾等言明，爾等諒已知之。但其中有消有長，有成有敗，此消長成敗之機，不可不知也。天時不能有長而無消，人事不能有成而無敗。譬如農夫種禾苗一般，春發夏長，秋收冬藏，不默傳消長成敗之機。況爾等行天之道，代天宣化，則內而修道，外而辦道，皆有消長成敗焉。即先以採藥而論。方其始採之時，陽氣發現，長也。但陰氣未以撥盡，遽進陽火，終必不能成丹，是即消也。在小週天，工夫固不必計，如果做得大週天，採藥時陰氣未能推盡，即進陽火，則陰陽混淆，勢必有敗大丹。爾等行道於外，凡遇做得好工夫者，第一要勸他化無明火。無明不化，則怒心一發，有相之火摧動無形之火，將平日所還之丹必至燒壞，遂成大病。久而不知調養，性命難保，此即敗也。故凡做工夫者，莫貪口味，莫愛穿戴，愼言語，節飲食。凡事隨緣隨分，化盡無明之火，養成太和元氣，工夫自然有長而無消，有成而無敗。此一身之消長成敗，固如此也。外而行道，亦有消長成敗，此處一消，彼處必一長。其中天使爲之，自有諸佛主之，行道者要時時檢點省察焉。如某方善良濟濟，風平浪靜，道之長也。但不可生高幸心，倘一涉猖狂，惹出風波，安得不又消乎。如某方善良稀少，考黴迭生，道之消也。但不可生冷退心，惟默待天時，順時安命，俟風波一息，道或又興，安得不從而長。至於成敗本難料定，然人無遠慮，必有近憂。或性情未穩，即用他辦事。或信心未固，即勸他出錢。或出入往來，毫不小心。或把自己親人帶進堂內，遇有不好皮氣，惹出敗類多端。如此種種諸弊，防之不早，如之何不敗。吾勸爾等行道，凡遇道長時，總要時加防備，分外小心，切勿歡喜過甚。凡遇道消時，總要忍辱耐煩，聽天安排，切勿退悔自甘。凡屬一切等等諸事，將消長成敗之機默會於胸中，行道自然有長而無消，有成而無敗。目下蒙天眷顧，道氣將隆，余日夜思維，謂道之有長即有消，更冀有成而無敗。望爾大善知識，十分把細，十分穩當，化盡人我彼此之見，和氣一團，普度易以成功。余不過將消長成敗之機畧舉一二，在爾等大知慧，觸類而通也。

又《從違按理論》　玉山老人曰：人終身之大節，一視乎從違爲準。從者，行也。故行道辦道，從違定要按理。所謂理者，即三教神聖口授心傳之至理，即歷代祖祖相傳、師師相授性命雙修之妙理。理者，無形無象，至尊至貴，至妙至玄，無所作爲於其間也。古聖先賢，行之無弊。因目下人心不古，世道愈趨愈下，往往有行之正者，有行之始正而終入邪者。無論師長、前輩、朋友以及後學等衆，皆有正有邪，此其間從違不可不辨。師長之言，固宜從也。然或恐他宿孽尋報，亦始言是而終言非者，不合三教聖賢之至理。朋友主信，亦宜從也。始而同心共事，所行皆合正理，及後或有妖言邪説一來，而彼之冤孽投竅，爲其所惑，雖平日與我等共事，至此亦斷不可從也。已往者不必論，姑就余所親歷過者，爲爾等畧舉之。即如某友本有才幹，與我等同辦大道，然彼素有貪高之心，彼被魔黨所惑，遂以妖言邪説爲可從。爾時余等聽其所言，觀其所行，皆是邪説胡爲，不合三教神聖所傳之至理，不合祖祖相傳、師師相授之妙理。故余與諸友等同心發願，斷不要從他。倘那時見理不眞，一齊從他，將上天救

世之大道，盡變爲妖言邪說之外道，上無以承歷代祖祖相傳之心法，下無以啓後學綿綿相繼之宗脉。而我等雖受數十年之辛苦，盡歸烏有，還遭墮落，危乎不危，險乎不險。故比時我等不從，重整大道，同理正宗，斯今日復見道之興隆。是可見從違之得失，只在一時一念之間也。又與楚友某人，捕風捉影，口出敗言亂道，干犯天律。而爲朋友某某者，心無把柄，爲伊所惑，受其所害，其沉淪之苦，尚可言哉。由於不知按理，故當違者而反從也。然不獨他人之從違要按理，即一身之從違，亦要按理。人乃凡夫肉體，豈能盡無凡心血心攪擾時。倘若雜念一動，要曉得主人翁不在，非我本來之良心，乃是我後天之血心。斯時即要一刀斬斷，決不可任他牽纏，從他作祟，以壞我丹品。故斷不從。又或上丹時，眼有所見，耳有所聞，皆非眞相。《金剛經》云：若以色見我，以音聲求我，是人行邪道，不能見如來。倘眼見耳聞，即去信從於他，伊即借此投竅，害我道基。要曉得伊非眞相，乃是歷刼所造之孽，特來找我，定要回光返照，不可從他。此一身之從違要按理也。今爾等當大知識，所接者不盡好人，所遇者豈無魔障。目前尚有道根可靠，日後爾等自辦事務一方，或從或違，定要按三教聖賢之至理，祖祖相傳，師師相授之妙理，方不至有壞佛家之事。至於天時所致，而其所當從者，仍然要從，又不失其時也，但總要以理爲憑。天一從一違之間，行道成敗視乎此，終身之得失視乎此，歷代祖祖相傳、師師相授之心法亦視乎此。此爲行道大關係，最要緊的眞訣。余與爾等切實言之，還望爾等默識於心，而終身佩之不忘也。

又《保重身體論》　玉山老人曰：道之體至精，道之用至宏，辦道之事又甚廣，亦難概舉其詳，姑就人倫日用之間，有切於身心性命者，爲爾等特言之。時逢下元，陰氣將盛，人稟五行之衰氣而生，往往少壯之人身體柔懦，由於稟氣不足也。茲值三期刼運，辦理收圓事又甚繁，以至弱之體而辦至繁之事，倘不自保重，東奔西馳，未有不受其勞困，以至性命難久者。自祖祖相傳以來，人才難得，求其心性純良，千魔不改，萬難不退，可與長辦事者，實不可多得。況體天法地事業，原借此凡體以勝任之。故保重身體，爲爾人善知識所宜急急講也。何謂保重。一在愼寒暑。天地嚴寒之氣，最易浸人骨髓，稍不小心，往往入於身體而不自知。及發於春則爲瘟，發於夏則爲疫，發於秋則爲痢，發於冬則爲寒。種種諸症，遂積成難活之病。故寒甚則宜多穿衣服，以爲禦寒之具。一寢一興之間，總宜時加隄防，怕有風寒入體。天地炎熱之氣，又易蒸人肌膚。不知畏避，則道途之中，往往煩燥過甚，而招其脹膈嘔吐諸症，由於未避暑也。爲爾等計，或遇盛暑時，宜尋安樂窩以爲納涼之所，不過四五十日即止，然不可偷閑自縱。或將三教經典，廣爲搜羅，或將祖祖相傳、師師所授的書帖詞章，細爲玩索，亦可以資我見聞，廣我知識，庶不至虛度光陰也。一節飲食。過飲則傷脾，過食則傷胃。人之一身，脾胃爲主，脾胃傷則壽元難固。故百病從口入，飲食宜節省。即人勸我多食，亦不可從。凡遇美味，莫云好食。不爽口者，亦不可食之，切勿説出口中，致賢良之耗費。雖云冬日則飲湯，夏日則飲水。即以飲水論，水性涼，人至夏日則心熱，以涼投熱，易結易滯。故雖在中途，宜忍渴而不宜飲涼水。凡桃李瓜菓生冷之物，總不宜食，即食亦不可多。《鄉黨》一篇，記聖人飲食之節甚詳，足爲吾人保命之法，當體而行之。一在顧惜精神氣力。行道調賢，非精神不能布置，非氣力不能擔當。故精神氣力，不可過費，亦不可枉費。每見調賢者一會面時，心尚未定，即繁言絮語，恨不得將肺腑吐盡。不惟無益，亦且有損精神。吾勸爾等，凡遇談時，宜因人而教。遇上哲之士，只宜將理撥清，不可太設支蕪，自耗精神。遇中材之士，只可將理指明，不可太講奧妙，令伊莫解。若言之不足，又長言之，長言之不足，又牽扯之，是徒費精神也。又如行路，行得一百，只走八十。若行過一百之遠，即過費氣力也。又見堂中遇契友會面，即將凡事世俗人情無關於身心者，且長言之，甚至一日二日，以至中夜並咕咕而不休。以有限之精神氣力，竟置於無用之地，豈不枉費了許多精神。夫上天以收圓大事付之於人辦理，則千百之命脉，要人精神寄之。若不保重，則元氣有虧，軀殼莫守，而功未圓，願未滿。是上天之所付托我身者，無以仰答乎上天，祖師之所屬望我身者，無以上酬乎祖師。而我之九玄七祖，望我功成而超拔者，終莫能超之拔之，曷勝哀痛。吾願爾大善知識等，急宜保重身體，共勷佛緣，成就普度，以了刼金爐之宏願，方不愧下生東土，辦道一場也。爾等尚其勉之。

又《得心要言》　當了重任，猶如將身賣與佛祖一般，任隨使用，聽從差遣，竭力盡心，克盡其職。凡辦佛家之事，任受辛苦勤勞，不敢抱

怨。一切事務，是我應該做的，有何多說。待人要慈和寬恕，處己要精潔嚴明，言如是而行亦如是。出言當思索可否，務求恰當至好爲佳。若是輕狂浮躁，一語說出，難以收回。下得去的事，不說便好，下不去的事，亦要三思而行。當說則說，容得下更好。不誇自功，不逞己能，方不至起爭競之端。夫成仙成佛之道，不貪不染，萬有皆空，與天地合其德，與日月合其明，與四時合其序，與鬼神合其吉凶。到了功圓果滿之日，丹書下詔，位列上乘，不言功而功自高，不言德而德自厚。苟或貪心不除，一片私心用事，妄作妄爲，不合歷代祖師之法度。又不推己及人，常欲天下之功皆爲己功，好誇功勞，以欺壓同人。想坐獨脚蓮花，而高過天下，說話大言不慙，做事一手遮天。如此之人，若成了道，則天宮亦無這樣大的蓮臺，安頓於他。因此惹得諸佛諸祖惱怒，降下顛倒考懲，將他考得糊糊塗塗。自行錯路，帶下大罪大過，使他對不住師友，見不得諸佛，抬不起頭，說不出話。縱然勞苦一世，那時情虧理輸，絲毫不敢開腔表功說話矣。辦道人心要寬，量要大，存心要忠正厚道，做事要剪馬霎扛。心寬纔能容忍，心窄豈能包涵。量大纔能福大，量小定然福小矣。欲作佛家粱柱，要有頂天立地志向。衆人不信我要信，衆人不行我要行，打得濕，撼得乾，敲得斷，接得起。有百折不回之操，有從正除邪之力。作事須循天理，出言要順人心，替佛行道，永守忠貞，方不愧佛家一個大脚色。若是存心殘忍，待人刻薄，結冤結怨，而不自知。古來英雄豪傑，往往死於下人之手，可不愼乎。有功而不自居其功，要能忘乎其功，纔得功歸實際，樂享功成。若把自己一點功勞好處，時時刻刻記在心上，這裏也是功，那裏也是功，今日功明日功，一肚子全然是功，數之不清。隨後功高氣大，鼓氣脹，化之不開，怨天尤人。道果因氣而敗，把一些功勞好處，敗得乾乾淨淨。猶然不知警覺，他還是傲慢矜驕，自高自大。只知有己，不知有人，功高自恃，獨斷獨行。做了謬行越理之事，又不受人勸戒調洽。人到這步田地，定難落得好下場也。若能一生辦道，忘乎其功，兢兢業業，不敢大意，低心下氣，克己和人，自然功成果就，永無敗露矣。但凡立志修身之人，不做那見不得天的事，不說那對不住人的話。做了當事知識，好肯輕信讒言，就是第一大大毛病。當事之人，自始至終，不貪高，不發迷，不偏心，不變心，就是好的。人生在世，心中總要剛烈，方能把私慾斬除得斷。切莫學那無志之輩，心中容留雜念，致使優柔養奸，終久害壞主人，墮落無邊。若能內剛烈以克除私慾，外慈和以謙遜寬厚待人，必能上合天心，下合人心，成己成人，道全德備可望矣。

又《龍砂會借凡比聖警醒論》　戊午新春，天清地甯，賢才濟濟，佛子歸根。閑言我不叙，單把這龍砂會借凡情比論一廵。你看那世間上諸般大會，會場中眞眞假假，古古怪怪，雜爾古懂，樣樣來臨。也有領事大會首，也有承辦總會頭。也有執簿正會首，也有支持散會頭。又有奔馳小會頭，也有捐貲大比丘。也有虔心燒香好居士，也有看會貧頑和二流。也有眞心酧還香愿大善士，也有隨便燒香了愿小斯頭。亦有鬧熱會場，早早約齊來等候，也有搊賀會場，件件湊成討賞褒。也有擾亂會場的辜𡒄子，也有偷竊會場的强盜頭。也有阻塞會場的雜氣異種，也有踐踏會場的痞棍惡流。又還有乘這會場來取賬，又還有趁此會場報冤讐。更還有剪綹擢白的拐子手，又還有丟包騙人的下流。混混雜雜，無數十樣，好好歹歹，數之不周。若要咱一莊莊辯論清楚，除非是碎滔滔細說根由。論龍砂，本是個稀奇大會，古今來天地間罕見罕聞。會塲大，古怪多，總要仔細。如不然，上了當，悔之不贏。前輩祖，十三代，大大會長。有花葉，總會頭，好好認清。有頂保，正會首，執簿展辦。有引証，散會首，各處支撑。有天恩，小會首，奔馳四外。有賢才，大比丘，捐助錢銀。好修行，焚信香，每日虔念。懶參悟，貪頑耍，看會掛名。酧宿願，了洪誓，擎天玉柱。隨時修，隨時去，焉證上乘。有傍門，早約齊，等候大道。有神聖，齊幫忙，暗地湊成。有天魔，擾道場，如同匪類。有妖怪，有妖魔，竊盜元神。有山精，轉人身，阻塞大道。有魔王，似惡棍，踐踏修人。有孽債，來催討，乘時作怪。有讐恨，冤報冤，毒害原根。天考人，差邪祟，拐人行錯。佛試人，命諸魔，以假弄人。千萬考，修行人，一心不二。認得眞，抱得定，穩步前行。信道死，死過性，不偏不變。方纔得，赴龍砂，永列三乘。現目前，災難多，魔考甚大。要降魔，離不得，禪功經文。設丹房，勤打坐，毫光朗朗。誦《支天》、《斗母經》，萬魔齊奔。金光現，護眞人，陰消陽長。國太平，民安樂，五穀豐登。到後來，赴龍砂，一超直上。善知識，看此論，眞與不眞。

十囑

論說

玉山老人《十囑解註・一囑威儀禮體不可疏慢》 老人曰：人若有志聖賢，凡一身舉止動靜，總要端莊合度，揖讓中節，疏慢之氣不可涉於身體。況當頂保大任，所仰望者甚衆。威儀禮體四字，應己體行，習成自然，何待於囑。今乃囑於十囑之先，是何意思。蓋不止爲爾等一身慮，而深爲爾等會客之時慮也。設爾頂保一到結緣家，衣冠不正，瞻視不尊，疏慢於容貌。論說不謹，嬉笑無節，疏慢於言語。甚至坐立行止，全不留神，更疏慢於舉動。如此威儀禮體全失矣。彼頂保會客，原欲教習威儀禮體，客會頂保，先要觀望威儀禮體。頂保這樣疏慢，衆人將疏慢不堪矣。孟子云，人必自侮而後人侮之。上以疏慢啓下，下即以疏慢待上。一處如此，處處如此，盡成一派俗氣，怎能化成仙風。其爲斯道之害大矣。疏慢如何而可。今囑爾等，不但容貌、言語、舉動要講威儀禮體，推之講道論德，拜佛拈香，以及發恩、發執、答愿等等事情，皆不可疏慢。爲自己存道氣，即爲佛家做榜樣，纔不負此大任。至於尊卑上下名分，亦非威儀禮體莫能辨。則隨分盡職，無時而可疏慢。總總存個不疏慢之心，祛其過與不及之獘，不失之諂，亦不失於瀆。是爲得道遵行威儀禮體之法度。可見疏慢二字，處威儀不可，處禮體不可。但望爾等，於威儀禮體間，苟有疏慢者，當聞囑而知戒本，無疏慢者更體囑而加勉矣。

偈曰：堂堂儀禮總宜周，疏慢難撑一葉舟。嚴整衣冠純太古，躬行君子化庸流。

又《二囑行事精詳進退合宜》 老人曰：爾等身任頂保，佛門之事即爾等事也。事之成敗，視頂保之進退。倘粗略行事，那得合宜。所以精詳二字，急要講究。夫進退之事多端，件件皆要精詳。而精詳之大事，莫如會客。試囑以會客精詳之法。初進堂時，總以認祖歸根爲宗旨。以後要常講祖家條規，將辦道規矩若何，修道法則若何，對各方領袖與賢良反覆可，不憚煩厭。諸凡等等鋪張已畢，凡堂內一切礙俗眼之物，都教檢點清楚。衆客具永不洩露誓願，然後退。會客如此精詳，斯爲進退合宜之一端耳。夫會客所當精詳者，尤莫於發恩。如有人薦舉天恩，務要察其心術品行，考其功果眞僞，量其才之大小，還要唄明口訣，默清願懺，果係實在可發者方發。發恩時，隨把天命貴重講明，叫他學習三年禮體法則，纔准開示後學。此一定不改之法。若一方缺少領袖調辦，萬不得已，亦有不待三年開人者。總總要依上人吩咐，斷不可由己妄行，以致壞事。如不可發，切莫出言唐突，空惹怨恨。須用婉言安服，正言開導。又把誤領恩堂之害，細細說知，使薦恩人自知妄薦抱愧，並不使伊等心生嫉妒，以貽後患。發恩如此精詳，何莫非進退合宜之事乎。至於堂內用人，進退更是要緊。無論乾坤，總要信心堅固，眞實不虛。可以辦內事而無敗露者，方可使之進堂辦事。不如是，即退而遠之，不必猶豫。此辦內事之進退合宜，不得不精詳者也。第爾頂保各處進退，定要合宜。如不合宜，不當進而進，當退而不退，不幸風考頓起，纔不得了。小則被鄉鄰駭詐，大則受官府杖笞，輕則流塞外而遭苦，重則加大辟以喪身。無他，以其不知精詳，不諳進退，行事未求合宜耳。今囑爾等，每到一方，定要細問彼地風考有無，無則進，有即速退。更問結緣人家冤仇何如，如有冤仇，斷不可進。既諸般無慮，亦莫久留。總存一難進易退之心，以行於會客之時，或明進明退，暗進暗退，儘以精詳出之，而有不合宜者幾希。然惟夜靜更深之時，神鬼莫測，則暗比明爲倍佳。所以精詳爲合宜之主宰，進退即行事之機關。爾等勉之，予日望之。

偈曰：舉凡行事要精詳，粗畧相將敗道場。進退一身宜合度，鬼神莫令測行藏。

又《三囑志量節操永不改變》 老人曰：修此先天大道，凡妻恩子愛、名利牽纏等等有礙於道者，應該早早斬斷。夫豈無志量、無節操者所能然乎。況既當頂保，則頂古人之慈航，保原人以到岸，更當有大過乎人之志量，大異乎人之節操焉。然而改變者多矣。每見承領大任者，當其初亦嘗體聖賢仙佛行爲，志未嘗不大也。久之因搊逗而志昏，因巴結而志昏，且因奉承而志愈昏。始焉爲有志男兒，終竟成無志鄙夫。或有改變其

志者。當其初亦嘗遵上訓之行持，受下諫之調度，量未嘗不宏也。久之與上人作對頭而量狹，與平輩爭強盛而量狹，且與下人生計較而量更狹。始焉爲大度君子，終竟爲褊淺小人。或有改變其量者。且人貴有不可奪之節，不可易之操也。久之見富貴而動心，其節改矣。遇患難而失色，其操又變矣。甚至投魔信邪，始焉爲佛門綱領，終竟爲斯道魔障，節操安在乎。究其故，由於不按大理，不明大義，證佛成眞大道未曾認眞，誠意忠恕功過格未實體行，所以有初鮮終耳。自今以後，願當頂保者，立出類拔萃之志，充包天裹地之量，守生死不改之節，負常變不易之操，行人之所難行，忍人之所難忍。富貴不淫，貧賤不移，威武不屈，千魔不改，萬難不退。縱處莫可如何之時，而存個決不改變之心。若此自合天地不朽，能與日月爭光。由是大功可成，大果可就，九玄可拔，七祖可超。異日龍華會選，方不負萬靈之提綱、九六之標準焉耳。

偈曰：量納百川志頂天，操宜存守節宜堅。任他大地都更改，一片氷心亘古傳。

又《四囑諸魔障道辨認分明》 老人曰：語云，道高一尺，魔高一丈，可見道魔原是並行的。辨認不分明，其障道也實甚。夫魔有內外之分，故有諸魔之說。爾頂保能辨認分明麼。將進道時，凡妻恩子愛，家內一切牽纏阻隔，皆是也。至當頂保，業已棄家隱身，則內魔不在家庭之內，而在佛堂之中。堂內辦事，不免坤道，防閑不周，恐釀出不堪言之事，敗壞大道不小矣。又各班執事用人，如不得當，或是不曉檢密而生風，或因未遂貪求而生憤。更有恃權仗勢，不但欺下，並欲脅上，且機巧百出，致蒙蔽上人而莫察。一朝敗露，道場必傾。此皆內魔之障道也。何爲外魔。大則各方領袖不遵祖規，小則開荒人等亂度亂引。或上下通信之人詭詐奸貪，生出無端敗路。以及鄉黨親友毀謗，官府保甲駭詐。此皆外魔之障道也。至於假文昌、假關聖、假觀音、假彌陀，種種從天而降者，爲天魔。山之精，水之怪，現出一切妖術邪法，爲地魔。他若屢刼殺冤夙孽，消解未清，一至投入竅內，或顛倒性王，迷昧本眞，攪擾大道，即爲冤魔。或怪病纏身，醫藥罔效，即爲孽魔。然此皆外魔之類，而身內之魔則更甚。凡憤高執着、貪嗔痴愛等等毛病，上人責之不聽，友朋匡之不納，眞障道之大魔也。爾等自今以後，各將障道諸魔，隨事隨人，無時無處，一一辨認分明，則諸魔非惟不障道，反能成吾道也。

偈曰：龍蛇溷雜務深知，都有羣魔障道時。是是非非須辨別，不然混入這三期。

又《五囑顛倒考徵時刻隄防》 老人曰：上天所最惡者惡人，所最好者善士。今既修道，就該降吉降祥，乃不降吉祥而反降考徵，天果何心哉。不知寅生以來，屢刼孽冤，非考徵如何消得清，毛病皮氣，非考徵如何改得完。信道眞假，非考徵無由分，果位高低，非考徵不能定。所以必要設考徵。夫考不止一端，有逆考、順考、內考、外考、明考、暗考、奇考、氣考、顛倒考，種種皆考徵也。若不加以隄防，則考徵來了不覺，不加以時刻隄防，則顛倒考徵更不覺。今試一一詳言之，而以顛倒考徵總論之。比如鄉黨加以誹謗，官府迫以捉拿，或死兒女，或生疾病，此逆考也。又有未行道前，動有坎坷，既行道後，反致財帛豐盈，諸事如意，此順考也。或辦內事，不是堂內人等傲性難以馴服，即是各班執事違規難以包容，如是爲內考。凡辦外事，各方領袖每多掣肘，上下通信者又不用命，如是爲外考。如呂祖棄却功名，捨家不顧，爲明考。金石不昧，見色不淫，爲暗考。以言奇考，如釋迦割截身體是也。以言氣考，如鍾離連敗功勳是也。至於行拂亂其所爲，則爲顛倒考。總而言之，凡逆考、順考、內考、外考、明考、暗考、奇考、氣考，無非使人顛之倒之也。把幾多大脚色考得心昏意昏，眼目昏花認不眞，故統言之曰顛倒考徵。願爾等在在隄防之。夫責任既大者，考徵必不小。凡一身之吉凶消長，無不當以考徵視之。要知考徵之來，皆所以動心忍性，增益其所不能。縱幸而全無考徵，不可稍生倖心。即不幸而多遇考徵，亦不可以生懈志。無念不謹，無時不愼，庶不負上天降考徵之深意耳。

偈曰：行道考徵降自天，顛顛倒倒還顛。隄防時刻君留意，大地乾坤賴轉旋。

又《六囑祖傳法度謹愼把持》 老人曰：三期刼至，諸佛不忍，將末後一着偏傳東土，以救原人。故自初祖以至十三祖，歷代相傳，原有一定之法度，使行道者各有把持焉。夫祖傳所最重者，莫若供儀一件。主燈以象性光，供飯以象無極，茶水以象陰陽，五盤以象先天五行，五碗以象後天五行，香爐以象命宮。二燭以象兩眼，放在下以象眼觀脚尖，拿在上以

象廻光返照。與主燈並列爲三，以象三花聚頂。後仍放下，以象灌滿乾坤，週而復始之義。古語云，千佛萬祖，共香一爐，外此不得另設一供。此是祖傳供儀法度。如煉丹工夫，凡築基、採藥、去濁留清、駕三車、武煉文烹、沐浴、退符，惟以無字眞經爲法度。眞經，即口訣也。識藥苗有法，省火候有法，陰陽交媾有法。故砂裏換汞，地中抽天，均合乎九轉之數。此是祖傳煉丹法度。至於度人，務必先訪其三代善根，察其素來品行心術。果其聞善言相親，見丹經不捨，方叫他做全三件功德，奏明頂保，憑闡開示。此是祖傳度人法度。不料目今年漸遠而漸失其傳，供儀有另設鑒壇土地，另設天地神位者，而供儀之法度以失。更有添改口訣，則煉丹之法度又失。度人不擇賢否，任意私開，度人之法度更失。凡此等等，皆由頂保不善把持耳。今而後，爾等將各項等等法度，而謹愼把持之，且不但供儀、煉丹、度人法度把持不違，並於供儀煉丹度人之外，而倍加謹愼。更曉諭各方領袖，皆如此把持，如此謹愼，自然一道同風，人人認祖，個個歸根，何難普度早慶，收圓早成也哉。

偈曰：法度精詳祖祖傳，把持不二要心堅。行偏一着道難闡，囑衆各宜謹愼先。

又《七囑守道認理不信邪妖》 老人曰：領袖在外辦道，原本這點信道眞心，爲甚一見邪妖，就失其守，不信道而反信邪妖乎。此無他，以其未認定大理耳。夫道中之理，至精至廣，總要認得道中具仁義禮智之理，認得道中有盡性致命之理，認得道中備三教合一之理，認得道藏掃心飛相之理，尤要認得道中該位育中和之理。認之眞，纔信之篤，信之篤，自守之固。於是守此道而始終如一，守此道而表裏不二，不改其守，又何至稍亂其信其不信者。無論旁門外道邪教，斷乎不信。即有山精水怪，現出呼風喚雨，騰雲駕霧之妖術，亦斷乎不信。然此等邪教，尚在身外，有而易見。至於身內亦有邪妖。如起心動念，說話行事，舉止動靜，與道相背者皆是。推之七情六慾，十惡八邪，無非邪妖。更有甚者，既當大任，則求我有人，畏我有人，逢迎我者更有人。倘失於覺察而輕信之，恐妨壞事，亦邪妖之類也。吾惟認定大理爲主宰，而一概不信。所以我等辦道，都要到佛前，立個不投魔從邪洪誓，以堅其信焉。蓋合乎理則爲道，悖乎理則爲邪妖。所認者在理，所信者在理，自所守者亦在理。本守理以守道，邪妖何能惑我所守哉。如是方爲有確信，有的認，有守定。聖賢學問，不過如是耳。

偈曰：守道全憑見理深，巍巍不動任浮沉。聽他大地邪妖起，煽惑難搖這點心。

又《八囑玄妙宗旨刻體前訓》 老人曰：普世旁門外道，皆各有宗旨，以奉爲前訓。即如天主教，訓人以不祀神明爲宗旨，凡學天主者，都體其訓而不祀神明。大乘門訓人以專務敲唱爲宗旨，凡學大乘者，都體其訓而專務敲唱。推之三千六百、九十六種，雖宗失其爲宗，旨失其爲旨，受其訓者，尚各宗其旨而刻體之，何况玄妙大道乎。夫玄者，幽深之謂。幽莫幽於天地之五行，而道則五行皆具，可以裏地而包天。深莫深於聖賢之五常，而道則五常悉該，可以希賢而入聖。妙哉玄矣。還丹以前，有日紅月白之妙，還丹以後，有虎嘯龍吟之妙。坎離陰陽交媾，妙在後天，乾坤陰陽交媾，妙在先天。三花聚而五炁凝，妙可言而不可見，烏肝飲而兔髓食，妙自知而難共知。玄以立妙之體，妙以達玄之用。曠觀萬卷丹經，無不立一宗旨，而使修道者羣焉體之。然訓之垂於丹經者，宗旨皆隱而不露，而訓之出於前祖者，宗旨乃顯而易明。玄妙具在，誠玄妙之大宗大旨也。爾等正當刻刻體之，由玄以體其妙，由妙以體其玄。懷胎體之於十月，乳哺體之於三年，面壁體之於九載，無刻不體，而仙佛之根宗以接，道德之章旨維新。質諸前祖，庶乎無愧。不然，徒口講而不刻體，吾恐負此前訓矣，其如大道何。

偈曰：玄中有妙妙中立，宗旨昭昭顯大千。前訓還須時刻體，流傳於後後流傳。

又《九囑內外規程遵行不違》 老人曰：王者治世，內而朝廷，外而各省，都有一定規程，使百官遵行，不可稍違。人道且然，何况天道。所以歷代祖師，將辦道規程一一議定，况內事外事，無一不備。倘稍有所違，內外俱敗矣。自今以後，願爾等在在其遵行之。其辦內事也，第一要男女有別，食不同席，坐不同櫈。丹房各分東西，閑暇時嚴禁彼此談笑。當執事者，要選擇可用者纔用，以忠厚眞誠爲尚，不取虛浮奸巧之人。每日宜不辭勞苦，以求消孽。穿衣服各安其分，不准妄穿上色衣服，致生務外弊病。客來宜耐煩慇懃。若毛病難除者，即要退去，但當格外加恩，用

善法退之於不覺，不應空與結冤。總之，在内男女，黎明即起，各執其事。每日除打坐、答願各四次外，或講道，或看書，或習字誦經，不可聽其安閒，最上者逐刻静存動察。此爲治内規程，爾等辨内事，所當遵行者也。其辨外事也，首重發恩。發恩非小可，所以取大賢也。取德行不取言語，惟從德行中流露之言語，乃可取。故當頂保者，先當於各方勤宣聖賢之善教，以培植之。教以言，更教以身。至薦恩後，莫如私訪爲貴，且用視以、觀由、察安之法，以精擇之。切莫錯認諂媚爲謙虚，色莊爲君子。孟子云，爲天下得人難，這話是不虚的。交恩時，尤當叮嚀，開道要慎，調賢要周，榜樣要立，不可大意。不然，妄發一恩，招罪不小。會客之處，務要妥貼。必係當會者纔會，不可會多。至於收功，要他素有餘貲，信心堅固，還叫他立永無返悔誓願，方可收。收時即交總持所，對上下把賬記清。各方茶貲，應收則收，切忌濫收，以開巴結之路。或與婦女説話，要當大衆，不可私言，致生嫌疑。此治外規程，又辨外事所不違者也。第念規程所在，遵行實難，違悖甚易。願爾等已遵而猶恐未遵，不違而猶恐有違，把自是自恃之念，掃除殆盡。忘其爲遵行，乃爲眞遵行，忘其爲不違，乃爲眞不違。望爾等同臻此境地焉可耳。

偈曰：百八三期駕法船，規程違悖道難全。遵行内外行行體，方保原人彼岸邊。

又《十囑密語法言銘刻肺腑》　老人曰：大道至公，豈有密語。然萬古心傳之法要，必擇人而授。可知至公法言，即爲至私密語也。比如裁縫訓徒縫衣，若不以縫衣密法私語之，其徒所縫之衣必不合體。木匠訓徒造屋，若不以造屋密法私語之，其徒所造之屋必不合法。小道且然，何況大道。夫普世辨道者多，不得人人而囑之，必要智慧德行才識可以當頂保而無愧者，吾方面會數日，囑以不可輕洩之密語，囑以不可增減之法言。倘逢人即囑，如其人信心改變而作魔，則道中規矩一概盡知，我等受害不小矣。所以吾之十囑，但囑爾等，實法言中之密語焉。然此密語法言，兼成敗而言也。惟能在遵依，方可有成。如其違悖，焉能無敗。願爾等敬聽之餘，不但如湯之銘於盤，而直銘諸肺腑。凛之以戒慎之心，踐之以躬行之實，則滿肺腑内無非密語也，即無非法言也。由是威儀克密，進退克密，志量節操無不密，方爲不負此密語。治内外有法，參立妙有法，遵祖守道更有法，方爲能體此法言。至此何患乎諸魔障道，何愁乎顛倒考懲。庶吾之十囑，乃不爲虚焉耳。

偈曰：法言密語寓天機，成敗書紳尚恐違。自後均當銘肺腑，迭傳總要謹遵依。

行道規條

題　解

玉山老人《講論八章·太和堂行道規條》　自從道傳東土，梁朝以至於今，天差初祖達摩，二三四五續燈。六祖道落火宅，七祖白、馬同興。八祖道法大闡，非時仍復蒙屯。遞至九代黄祖，神智聰敏天生，傳出恩本願懺，教人開示敬神。十代吴祖接法，十一道運咸亨。傳至十二、三代，道盛規模崇新，五代應運而出。大定法則章程，件件天人共議，三曹一體依遵，後學拳拳持奉，個個直出迷津。普度諸佛歸位，普度列宿歸眞，普度原來返本，普度殘靈歸根。怕的人心不古，日久規矩不清。怕的貪高好勝，一時自作聰明。怕的爭功奪果，故意違悖謬行。怕的不修實際，敗壞大道非輕。擾亂無極法船，要墮萬劫深坑。故爾反復叮囑，聊將祖規叙呈，以免諸友錯亂，一直超上天京。

一、頂航發恩發執，務須珍重小心。凡有求領恩執者，預先察他行持端方，道心堅固，考問工夫，口訣清楚。德行足以承領天恩者，應當憑鬮拈准發給，免致觸怒佛神。務期一誠有感，合理而行，不得任意妄作妄爲，敗壞祖規。從來濫發天恩之頂航，無一個不遭墮落者。當斯任者，均宜戒之慎之。

一、凡頂航奉派方所，闡道行道，如果遇緣道盛，總要一心爲公，不存偏見。更不許背地稱師作祖，分枝生葉。或掌道派人前來，兼管調理，不許暗地把持，另存私心。如犯等等毛病，勸之不改者，永遠摘去頂航之任。

一、凡頂航濫發天恩，不依祖祖相傳規矩行事者，摘去頂航之任。

一、凡頂航濫用歹人，以及無知無識狂妄之輩，出外開道，惹事牽連道衆，勸之不改者，摘去頂航之任。

一、頂航與人復恩，原係替祖行事，理宜察明。實在當復者，方可復之，不當復者，斷不可復。如衆生果有眞心替佛辦道者，務須調理清楚，件件遵依體行，方可拜佛奏請上天慈悲，復還原先天恩堂口。免其拈鬮，三師亦即照舊，毫無更改。如破戒日久，記不清堂口字樣者，准其另發堂口，另安三師。謹玆章行，不得任意妄爲，致干天咎。執斯任者，宜細體之。

一、凡頂航與人復恩，錯亂規矩者，摘降一百日。其錯亂之事，仍着本人速速改正，以免躭誤之咎。

論説

玉山老人《講論八章》 一、奉命調賢辦事，原有分別，不得一概而論。奉五行之命者，無分地界，奉十地之命者辦一方，奉頂航之命者調辦一隅。均要除去人我之見，盡心竭力，莫圖虛名，莫大膽粗心。將事務調治妥當，實實落落，與道有益無損，歸家復命，纔算一方功德。或道中有種種弊端，歸家秉公直陳，勿徇私情隱瞞，勿挾嫌氣恍報。勿作威勢，勿貪財利，謙和公正，慈悲教人，處事不偏不倚，崇正除邪。如是辦道，斯無負重命之所託矣。奉命賢才其體之。

一、凡奉命辦道之人，有壞佛家之事者，或看事之關係大小紀過，或量事之輕重降謫。

一、開示衆生，務必揀擇好人。化得他信心已定，預先令其守戒百日，方可供佛，憑鬮開示。或自己化醒高明之人，能調度者自行開示，不能調度者，即宜揀請德厚道高之人開示調度。自己只當引進，其功暗中更勝於開示者。但專習口頭禪語，不修內功，猖狂放肆，無實體力行道德，斷不可請，免其後來壞事，追悔莫及。如此調辦，方爲妥當。切不可你爭我奪，只圖開示，不顧敗路。致使進道之人信心未定，看出破敗，退齋悔道。抑或惹出風波，牽連道衆，其罪過有不可勝言者矣。開道賢良，其各慎之。

一、凡開示，定要擇選上智高人。若不分好歹，錯開進一匪人者，永遠摘去天恩。

一、凡別人已曾開示點進道者，只宜調度撥正，即爲調賢之功德矣。如或又去復行開示，挑唆引來作自己徒弟者，斯爲貪高好勝，敗壞佛規，摘天恩一年。或不知悞行者，摘去天恩一百日。其進門之人，依然認那初開示點道之三師，後來復行開示之三師，不必認他。

一、與人復戒，只須講明前後魔考成敗，替伊供佛呈奏，祈求懺悔。教他佛前立下洪誓，永遠遵皈守戒，調明工夫口訣，囑咐勤辦功果，仍然記他初進道之三師，復戒之事畢矣。斷不可又去點道開示，再傳皈戒，希圖自己高大，另換三師，以致踰越佛規，啓同類爭奪之端。其差謬敗着，良非淺矣，凡我同人切宜戒之。

一、凡與人復戒，不換人三師，樣樣婆心開導。其爲公正辦道之士，應當以調賢師儀待承。如復戒衆生已曾被人換過三師者，仍然照祖規行事，認那初進道之三師。隨後復戒重安之三師，不必認他。凡有犯此佛規者，摘去天恩一年。至於投魔之衆生，應當懺悔，從新點道開示，另換三師，無須擬議。又或有悞爲妖邪所惑之衆生，亦當懺悔自新，不必開示。若領袖信從妖邪，應有降謫，未能逐一定載。

一、凡人捐貲助道，須講明修身一事，原要積功培德，以結佛緣，以求消除歷劫冤孽，方能得永證菩提果位。然發心聽其自然，不可勉強，更要調得他信心堅定，出乎眞心實意。不拘多寡，均要拜佛奏明，並要教本人在佛前立下永無返悔的誓愿。調功果人，亦立下無肥私潤身的誓愿，然後親手取入，送交總持道場，以供道中費用，以資普度之緣。毫無疑惑，方爲妥當。斷不可以認道不眞之人，模模糊糊，勉強出錢。疑信相參，隨後孽魔迷心，從中反悔敗道，爲殃不淺。此不怪乎助道者之愚頑，而專責調人者之荒謬。叮囑調功賢良，務詳細而戒愼之可也。

一、凡調道不許妄談天機，哄人蕩廢家業銀錢，以至天機不應，致令聖凡兩失，悞人太甚。有犯此者，摘去天恩。

一、凡調有功果銀兩，無論大小知識，務交公處支消。如有道中應該

費用之項，不拘多少，須向公處支用。切不可以銀錢未交公處，即自行私使去，然後方纔報消。致令道衆不服，出錢人疑其以公入私，且違悖祖祖相傳規模。有犯此者，頭二三次，看事之大小輕重記過。慣行不改者，斯爲藐視佛法，敗壞榜樣，均要量事謫降，以正佛綱。

一、四十歲以下之男女，爲道支持門戶，不許假認夫妻，抵實相稱。恐其人心不古，弄假成眞，以致敗壞佛綱，墮落原人。於今議定章程，奏明諸佛諸祖，天宮立案，永遠禁除。倘違悖不依者，摘去天恩執任，永不再復。

以上數條，均係祖祖相傳之規模，除弊興道之要端。謹茲述出，以便持循。惟冀列列賢良，原種佛子，一體遵行，爲幸甚。

又《太和堂所擬應行規程開列於後》　一、議目下停舟不度，精修道果。即或有智人君子，眞誠專切求道者，亦不許私自開示。定要問過本方頂保，查明來歷根底，無礙於道，方准依法進門。如有謬行者，一定摘降不貸。

一、議目下全然無道之方，即或開荒下種，不許以多爲美，總是以好爲佳。亦不過畧種善根，接引上等善人，修道以全善果，證果以報善人也。如不體行多開，不以爲功。

一、議開出後學，定要歸本方掌道統率調治。一切薦賞摘降，盡由本方掌道主持。不得踰越方分，免致一道分爲兩家。

一、議新領天恩男女，定要學習三載，禮學精通，纔准開示後學，免得以錯傳錯，誤己誤人。

一、入道衆生不准任意來往，以免風波牽連之弊。

一、知識開道調賢，各認分派之所，不得隨心施爲，以除爭功鬬志之端。

一、議開示後學，務須預先講明善惡果報、大道修身玄微。使他行善誦經消孽之後，方能與他懺罪上表。更要滿過百日，纔許供佛求道，憑鬮拈准開示。如拈之不准，仍然多行善事，隨後再求再拈，免其進之鋭者退之速也。

一、議發恩發執，仍照先年老祖章程，憑鬮定奪。不許任意妄爲，免致觸怒佛祖，以期諸天庇佑，自得迎祥廸吉，果滿功圓。

每逢三會之期，務須講明魔道並行之害，妖邪混世情形。無論男女知識衆生等，均向佛前自立洪誓一道，永不投魔，誓不信邪，抱穩正道，以期有成。如有投魔信邪，立願云云，立誓爲憑，以堅貞久之志。

一、有恩男女，須遵六師調治。無恩衆生，務依三師而行。如六師、三師之中，或有投魔信邪退道，以及行爲不正，偏見執拗者，不可隨波逐流，自失歸家之路。還須認定本方頂保，以爲崇正驅邪、修行辦道之根，方不悞身後證果之事。

又《太和堂重議正道規條九則》　一、議頂保、引証四任，出外行道，不許男女混雜，嬉戲談笑。除佛堂客堂講道之外，不准入人私室，交言說話。每喫茶飯，不准男女同席，即添飯、服侍一切慇懃等事，概行革除不准。如有違犯不遵，定當降謫不貸。

一、議男女天恩開人，准定以男開男，以女開女。傳工調工，仍然只准以男傳男，以女傳女，以男調男，以女調女。不許混雜錯亂，免生誹謗。如有錯亂妄爲，查出一定摘去天恩，決不寬貸。

一、議頂航出外行道，發事往來，尊師重道茶貲，聽隨自便。不准喜多惡少，致令別人擬議誹謗，有失佛門體面。如有違犯，查出降罰不貸。

一、議目下各項經典，無論頂保、引証暨坤道知識，隨便遇有佛事，場中呈明，就便傳授。免其煩瑣費事，以利大道。

一、議保引二任，現在作人六師之列，已議不准開人。其有男女証恩一任，准其隨緣開示衆生。或有別人勸得之人，情願愛慕高明，叩請証恩開示者，亦要隨緣隨分，不准勉強行事。或証恩自己勸得之人，任其自己開示。若有証恩去爭搶別人勸得之人來開示者，查出即刻摘去証恩，決不寬貸。

一、議男女天恩所犯過惡深重，已經摘去者，縱然復還，只准本處拈香禮佛，隨便護道可也。不准又去開示衆生，有辱佛門。

一、議身當四大重任，務須品節無虧，作衆標榜，方不愧爲佛家樑柱。凡大任知識，自進道之後，凡有犯過首惡重罪者，三年內查出實跡，定當降謫。三年外查出實跡，從寬指教戒懲。果能痛改前非，免降原任，准其有職無權，辦功以贖過惡，永不薦舉提拔。如有強求薦舉，定當斥責薦者之非。毋許護黨悖道，以招不忠之咎。違犯此條，降罰不貸。或有揑

詞栽誣，查實亦罪問反坐不貸。

一、議保引二任，亦有先賢而後愚，先善而未能終其善者。前後好歹，等等不一。今特另議章程，每年應該當保引者，定要經過道根處議明。准行當保引者，方能用他保引天恩。其未經過議用之保引，只准有職無權，隨緣辦功，不許擅自爭論。亦有未經議用之保引，頂航私自狥情，背地去安他作保引者，斯爲品節不稱，有敗佛綱。如違查出，定當降罰不貸。

一、議辦道知識，替佛勸善戒惡，接引原人。應當各體天良，忠君愛國，扶助教化，以報皇王水土之恩。不准擅言國家禍福，免其惑亂人心，有悖王章，自取罪戾。如違此條，重責不貸。

又《辦道銘箴八件》 第一件，無論辦內辦外，總要吃得虧苦，受得夾磨，能屈能伸。

第二件，看破有盡身軀，立定修齊志向，盡其忠孝心腸。

第三件，始終一心，不淫不移不屈，做個金剛賢良，百折不回。

第四件，辦道聽從分泒，功果隨分隨緣。

第五件，防危慮險，刻刻留心。謹愼周密，以全事體。

第六件，信心堅定，抱穩正宗，不爲內魔、外魔所惑。

第七件，掃心飛相，認定眞空，以至空無所空。

第八件，窮究性命來歷，了明生死根由。

又《太和堂行道六條領袖須知》 第一，公事公辦，聽天緣人緣，各盡心力而已。調賢引衆，勿與人爭矜鬬志。

第二，刻刻道心作主，事事按理而行。屏除貪妄，守正不偏，勿許以血心血性用事。

第三，代天行化，勿自居功。時時和睦道衆，人我一體，勿許自高自恃，大言不慙。

第四，眞正謙虛，存心和平，體天法地，渾厚包涵。勿許刻薄待人，致招怨恨。

第五，銀錢珍重，惜福檢點。遠近出入，緩步當車，無罪當貴。勿許輕易乘馬坐轎，折功折福。

第六，以道爲重，以德爲尊。助道功貲，出乎自然，勿許分毫勉強，貪財敗道。

又《戒箴六則》 不可執偏見，不可存私心。出言要按大理，行事要按大理。待上要明大義，待下要明大義。

又《新擬時行正道八條》 一、尊敬官長，篤守王章。毋信邪魔，而背國法。

一、道開上智，德醒愚頑，以廣佛道之仁慈。

一、力行善事，利物濟人，以解刼難之憂危。

一、嫁娶因人，順時應物，以杜謗毀之禍端。

一、趨吉避凶，處事見機，以全亂世之性命。

一、和睦鄉鄰，慈良正直，以悅方境之人心。

一、虔誠爲道，銀錢不苟，以成貞節之修持。

一、嚴肅佛綱，男女防嫌，以正內外之道風。

又《太和堂行道切囑二十則》 道傳東土，天事人爲。分執闡化，普慶西歸。

其二

地任頂保，說話習品。行事端方，把道掌穩。

其三

引証天恩，立志大貞。存心忠孝，行爲耿正。

其四

承先啓後，確守規程。毋許任性，謹依道根。

其五

凡爲知識，人我克除。天理人情，體之自如。

其六

出言有益，切莫越理。順天而行，始終盡己。

其七

每逢相會，勿混光陰。細論成敗，把道勵正。

其八

禁止閒話，躭擱要言。窮究道義，辦事周全。

其九

替佛行道，中正合天。欺心背理，終墮深淵。

其十

開道調賢，不爭不妒。一切便宜，忠厚得受。

其十一

爭功奪果，終久無功。替人幫忙，自己落空。

其十二

貪高好勝，道中大病。若不痛改，墮落一定。

其十三

天宮巧妙，人人不知。幾多上當，總爲心癡。

其十四

男女有別，不許混雜。嫌疑杜絶，美玉無價。

其十五

諸佛考人，有順有逆。反覆顛倒，令人難測。

其十六

自古修行，皆有考懲。時時警醒，就算智人。

其十七

千考萬考，不退道心。考得過去，許你成眞。

其十八

眞正良柱，自貴自尊。看穿前後，識得天心。

其十九

良心辨道，佛不虧人。人間天上，均有美名。

其二十

量大福大，忍耐包涵。體得十分，普度團圓。

又《行道規程八則》　第一，要挽人心和睦。

第二，要培德精修。

第三，要內外用人恰當。

第四，要發明認魔考。

第五，要發明學榜樣。

第六，不許狂妄開人。

第七，不許看情背理。

第八，不許奢華過分。

凡此規程，若有不行，責在引証。

規矩準繩

論　説

佚名《規矩準繩・三元條規》　一、凡調賢引衆，乃代天宣化，替佛接度原人，是奇緣奇功之事。奈乎時下龍蛇混雜，鷄鳳同羣，人乃凡夫肉體，何能辨別眞僞。噯，可曉審察之法麽。於談敘之時，聽言觀形，察人素來心性所爲，即可明其是非。果是原人，聞善言而相親，閲善書而不捨。若是異類，聽善言而遠，觀經典而棄，眞僞自現原像。至此當知進退之法，如是度人不虚，功成有望矣。否則，開導不審而言，一概而論，或者不以古理道德而敘，一味天機勸人，皆是不明大道貴重。縱然嚇進一切男女，若不舉薦高賢調度，性理辨明，何能過得三天考選。所謂廣種無收，一日龍華會上考校功果，問你度的原人，那時兩眼望誰。察你苦行，一件未立，三乘憑何而定，九品依何而登。只好嗚咽自嘆，莫大奇緣有失矣。

一、凡未食齋、初發心學道衆生，先命伊將書用心體會，齋戒數月。如果信道心篤，與佛門有益無害，方可選擇吉日，命伊備請上品供養。必須與原引人商議，始定三師。開示之後，即將口訣講清，道理辨明。或自己發理不透，急請道德精明之士，將性命工夫、道理實落，一一剖出，使後學得道無疑，成己成人，證佛成眞有望矣。否則，只圖開示，不察來人信道虚實，教人出錢一二百文，辦些不堪供果，有何虔誠。噯，將此先天成眞大道，被爾輕洩。自己發理不清，又不薦舉高明調度，學人不識大道奇味，何能猛勇精進。一遇顛連考懲，必定退出。得易失易，口訣洩露，乃三師之罪過也。

一、凡別人調有後學，恐其身後有事，未便開示。爾即遇之，只可將理發通。若彼一時信道心切，即求爾開示，爾必要推原引人而開，取其一

堂和氣，大道尊重耳。否則，見人就開，不辨來人後患，自存私見，搶人之功，有失忠恕之義。致上天之怒，功還歸於原引之人，冊記爾搶功之過。倘若進人，生出敗路，有礙佛門，其過莫大焉。

一、凡一方一所，各有支頭，凡事俱要商議而行。何以故。噯，時逢三期，萬類趕此佛會，又況六萬餘年冤緣在此結消，不可不慎處而爲也。但凡那箇引有賢良，就等他去調度，如果道理講之不清，性理發之不明，求道人正在進退兩難之間，原引人當知權變，急薦高明之士將理闡發，玄妙剖清。且候求道人心性實落，十分真誠，方擇吉日，命伊備請上品供養，原引人或開、或引、或保。開示之後，即將玄關一竅、生死情由一一敘明耳。否則，行事不商議而作，後患不慮，見有信道衆生，你去一搶，我去一奪，言語雜亂，理不相合，必令後學心起疑惑。同類搶功，因貪師承，生出嫉妒，有壞佛門榜樣，阻塞天道，其人造罪不淺矣。

一、凡各方出有善良，素來廣行陰德，或本方之人引他不動，皆是與伊欠緣，恐聞愚人誹謗，伊疑大道爲非。知事者須體方便之義，通權變之理，急薦別方能言之士去調，自身本境人退避。如此纔合上天救世之心。倘若別人調進，或不好安爾師承，上天記爾功德，與開示人平分。否則，見人不聽他言，心生嫉妒，隱瞞不薦人調度。或別人遇之調理，爾即參入其內，貪想師承，東一言西一語，令人生疑，信道不實，必退心志。是謂佛門阻隔，高賢不出，大道難宏，其過不小也。

一、凡講道男女同堂，各宜禮儀端然。男女須分左右，十五歲以上、四十五歲以下，乾坤不可同橙而坐。總要各避嫌疑，恐愚人見之，謂我道男女混雜，無端誹謗。如是同人，務當慎之。但凡談敘，只準一人出言，輪流而講。是與不是，各宜靜聽，不必爭論。否則，學人得此先天大道，乃超凡入聖之事，不習禮儀，一概粗心浮氣。講道之時，你爭我鬭，聲音轟吼，與俗人何異。皆是師承訓誡不清之過也。

一、凡立志出府過縣，開荒闡道，接引原人，務要道德精明，活潑圓通，膽大心細。做一生理遮體，暗訪善人，方能久居他鄉，覓得佛子踪跡。然非智人不開，非賢士不傳。如果道根一下，引度之士已得於彼，必要調度一年半載，大道可以展開，選擇明賢，薦領天恩。如果道場大闡，方可隱身別辨，自然日盛月興。不愧幸遇普度，成此無量功德矣。否則，揚名彰彰，出外開道，行至地土，不備生理遮俗，身帶幾兩盤費，朝夕用之，何能久站。心忙似火，思家甚急，不分賢愚，逢人就開，以圖歸家塞衆之口。噯，豈知學人初進，一時怎明大道情由，其中玄妙。花費佛家銀錢，枉勞足跡，有悞奇緣，錯過良辰。不但失却前程，反欠佛帳之過也。

一、凡薦領天恩者，今乃三期普度，恩堂乃天命慈航，接引九二原來，超出輪迴之苦，豈是尋常之事乎。須要立定冲天志向，超羣拔萃德行，富貴不能淫，貧賤不能移，威武不能屈。有財能捨救衆，助天闡道，無財捨身度人。引有十餘賢士，素來爲道不辭勞苦，行持檢點，始終不二，克己和人，即可領此天恩。當人之師，方無虛也。否則，雖得大道，外功不立，內果不修，氣質不化，品行不習。或口是心非，愼高執著，獨行傲衆，辦事猖狂，勸之不改，佛規不遵。有此毛病，乃是人累劫冤孽迷昧本性，元神不能主事。切勿薦領天恩，不但無益於他，怕的妄傳匪人，敗道害衆，其造罪不輕矣。

又《五大規條》　第一，大風不動。第二，遠近不辭。第三，生死不懼。第四，廉潔不貪。第五，至死不變。

又《吕祖治病靈丹六則》　高傲是一病。病來時，要思量古聖人功德萬古，不矜不肆，謙和忍讓，人人悅服。此一粒靈丹，名曰化氣散，病來時服之，傲骨化爲仙骨。

逞才是一病。病來時，要思量天地之大，化生萬物，風雲雷雨，許多經營恩德，天地毫不言功。古聖人如堯舜尚且允恭克讓，文王尚且望道若未見，顏子尚且仰之彌高，鑽之彌堅，瞻之在前，忽焉在後，不敢逞己之能。此一粒靈丹，名曰平氣散，病來時服之，能使矜張之氣化爲和氣。

怠惰是一病。病來時，要思量天地生我，件件俱全，爲人在世，要參贊天地，替天行道，教化愚蒙，方不愧爲人一場。不然，如豚豕一般，有何益處。試思古聖人憂勤惕勵，寸陰是惜，不敢虛度光陰。此一粒靈丹，名曰健骨丹，病來時服之，能使精神康健，毫不困倦。

不容下人之過，是一病。病來時，要思量孔子曰，人而不仁，疾之已甚，亂也。天高覆萬物，地厚載山河，海寬納百川。後學有過，須要漫漫勸化，不可嚴加切責，令人無容身之地，人必將錯就錯，害他不淺。總要學聖人有教無類，夷齊不念舊惡。此一粒靈丹，名曰誘善仙丹，病來時服

之，自然邪氣遠退，人見悅服。

不惜福是一病。病來時，要思量銀錢上下，皆是體天行道之精血。若貪財利己，是爲欺天，黑籍簿上一一載清。候死之日，抉髓剔骨，貶入六道，永無出期。古聖云：仁者以財發身，不仁者以身發財。此一粒靈丹，名曰清心丸，病來時服之，能令人心中清爽，無塵無垢，永證金仙。

執拗是一病。病來時，要思量古仙佛聖賢，有過即改，聞善言則拜，毫無自是之心，活潑圓融，究能功成名遂。此一粒靈丹，名曰導滯丹，病來時服之，能令人心神活潑，妖邪消亡，永保長生。

又《金公六則八件》 不可執偏見，不可存私心，出言要按大理，行事要依大理，待上要明大義，待下要合大義。

第一件，勿論辨內辨外，總要喫得虧苦，受得夾磨，能屈能伸。

第二件，看破有盡身軀，立定修齊志向，盡其忠孝心腸。

第三件，始終一心，不淫不移不屈。做箇金剛賢良，百折不回。

第四件，辦道聽從分派，功果隨分隨緣。

第五件，刻刻留心檢點，事事仔細隄防，謹慎周密，以全事體。

第六件，去邪除僞，抱穩正念，不爲內魔、外魔所惑。

第七件，埽心飛相，認定眞空，以至空無所空。

第八件，窮究性命來歷，了明生死根源。

又《玉山老人正道八條十囑》 第一，尊敬官長，篤守王章。毋信邪魔，而背國法。

第二，道開上智，德惺愚頑，以廣佛道之仁慈。

第三，力行善事，利物濟人，以解劫難之憂危。

第四，嫁娶因人，順時應物，以杜謗毀之禍端。

第五，趨吉避凶，處世見機，以全亂世之性命。

第六，和睦鄉鄰，慈良正直，以悅方境之人心。

第七，虔誠爲道，銀錢不苟，以成貞潔之修持。

第八，嚴肅佛綱，男女防嫌，以正內外之道風。

一囑威儀禮體，不可疎慢。二囑行事精詳，進退合宜。三囑志量節操，永無改變。四囑諸魔障道，辨認分明。五囑顛倒考懲，時刻隄防。六囑祖傳法度，謹慎把持。七囑守道認理，不信邪妖。八囑玄妙宗旨，刻體前訓。九囑內外規程，遵行不違。十囑密語法言，銘刻肺腑。

又《八囑咐》 老母金宮勅旨，普告十方賢良。行道規矩細推詳，句句傳來不謊。以爲行道法則，免致風波顛狂。無魔無考大吉祥，可爲身中錦囊。

一囑咐，檢秘行，臨深履薄古人心。慮不遠，災來臨，膽大心細聖賢云。外規矩，由己行，惹出風波罪不輕。

二囑咐，莫亂交，恩堂本是度仙橋。察功果，問根苗，拜佛呈奏上天曹。莫太慈，致混淆，亂發天恩罪不饒。

三囑咐，莫亂開，度進匪人是禍胎。搶功果，收傀儡，廣種無收好一獃。察心性，考根荄，皈依佛門永不壞。

四囑咐，莫喧機，天機玄妙奇又奇。道至巧，事無疑，箇中不把人之知。學古聖，慎言詞，一心辦找上天梯。

五囑咐，好調功，莫爲銀錢心昧矇。果貞誠，不避風，申文呈奏表其功。斟高下，審輕重，坑害人家敗佛風。

六囑咐，莫聚羣，聚而能散無災星。免誹謗，除疑心，仙家玄妙衆難聞。學野鶴，法孤雲，鬼神不測此經文。

七囑咐，莫亂傳，誠求拜佛指玄關。知動靜，識妙玄，六九指點採藥丹。九竅通，三關穿，文武火候仍照前。

八囑咐，心通靈，休要執拗閉道門。學悟空，變化神，一路西方平魔精。人不測，鬼不聞，看他風波怎麼生。

金母八段囑咐，字字語語至精。遯風寶珠細聽聞，自然風波滅影。交付大成給發，十方領袖銘心。闡道之時隨帶身，錦囊一封欽敬。

鐵面八條

捨命願死，縱死無怨。捨家散財，餓死無怨。

力辦道場，普結人緣。低心下氣，吐面還笑。

眞正同心，扶辦大道。募金戒箍，化白玉盤。

願主內辦，願主外辦。信受奉行，一刀斬斷。

又《雷祖十條》 一、不許慎高執著。二、不許大語輕狂。三、不許陰違陽奉。四、不許大膽矜張。五、不許獨行傲衆。六、不許阻隔賢良。七、不許刻薄買賣。八、不許放蕩行藏。九、不許瞞天弔謊。十、不許敗

壞佛綱。此乃雲城法令，有犯即刻無常。五百雷神謹領，十方十地奔忙。
倘有私情詭弊，立刻打下天堂。各人遵守無怠，大衆小心謹防。

又《十怕》 一怕戀凡景，二怕起貪心，三怕心不定，四怕性不眞，五怕魔不過，六怕暗考懲，七怕苦難受，八怕怨悔心，九怕顯揚地，十怕法不靈。

又《十六不得》 天命輕不得。謊語奏不得。怨言出不得。誓願犯不得。疑心生不得。帶罪行不得。違悖做不得。害衆使不得。人我分不得。魔考怨不得。貪嗔起不得。奸巧用不得。皈戒犯不得。恩愛戀不得。萬事都丟得，道心少不得。

又《大成堂選任十要》 第一要，有節義，改過不吝。所行爲，功與果，件件眞誠。第二要，口與心，作事忠信。明大道，知考魔，捨命不嗔。第三要，肯打坐，知道效驗。性返本，氣質化，德能潤身。第四要，不好勝，言語要謹。無人我，無高傲，克己待人。第五要，有主宰，行事三省。遵三畏，體九思，超拔羣生。第六要，能忍讓，和睦衆姓。敬上人，愛後學，無有驕矜。第七要，有財捨，不爲所困。體上天，救世心，纔算智人。第八要，佛神堂，打掃潔淨。斷輪迴，戒宰殺，莫養四牲。第九要，閱經典，神會心領。口而誦，心而惟，學習古眞。第十要，行大道，因才教訓。學不厭，教不倦，不辭苦辛。依得這，十件事，方薦此任。如亂薦，又亂發，終惹考懲。

又《覺世超凡・西江月調十六首》 乙卯新立佛規，剖明闡道規程。其中成敗敘得清，令人箇箇誠信。今講神仙之道，次敘金仙事情。如何能超果位分，怎麼有墮苦穽。

爲人要敬天地，當報神明君親。如何行持福祿增，怎樣爲過德損。修道教人捐財，蓮臺豈有買登。其中道理須說明，免衆心生疑病。

大道自古不洩，今怎偏傳東林。開示何必要擇人，請指成敗理行。得道爲甚受考，不見佛祖顯靈。好歹一並遭難星，敘透生剋情景。

今示大小領袖，須明功德僞眞。功中有過人不明，那樣爲德無損。凡人怎超天外，如何墮入幽冥。苦樂兩途要認清，善超惡墮不混。

舉世同領慈航，有等道洪清平。亦有道開魔風生，誆得身難站穩。也有後學發達，成己又能成人。還有雖開衆乾坤，未見結果廢損。

輦人求領大道，先教齋戒誦經。道欲德培孽消清，不然考魔嚴緊。劫運從何而起，怎麼解此災星。其中至理敘分明，令衆各有章本。

但掌佛命慈舟，須明接引規程。辦理怎麼禍臨身，如何行持安靜。目下龍蛇混雜，冤緣結帳期臨。一著行偏魔障興，鬧亂道場無整。

世間作魔異種，今害無數乾坤。三天怎不顯威靈，由他各處胡混。不久妖怪偏世，無端邪術誘人。鬧得十方天地昏，請指成敗究竟。

修身欲明齊家，訓妻教子儉勤。生理手藝或讀耕，各習一項務本。三畏治身標準，九思成聖銘箴。果能不違人已成，自然超凡入聖。

亦有得道先信，又領寶筏度人。久後犯規貪食葷，反來阻塞佛經。薦恩須知成敗，好歹代發伊身。如若佛禮未教清，領命壞事有準。

掌恩責任不小，有功要明德行。是爲九六標準繩，毛病先宜除盡。遵上和下以規，明乎世俗人情。舉動皆可作規程，不愧身當佛領。

人稟後天氣質，心窄怎習寬宏。破迷宗旨敘得通，十七大光體誦。不如意處觀看，心領神透蒼穹。人是我非孽難朦，三曹無不敬重。

今言長生之道，亦有得道歸空。與俗何異死相同，不解令人難懂。得道修身返本，古云返老還童。幾多青髮成白翁，務指乾坤迷朦。

時有行善凶報，反乃死於非命。也有善於脫凡塵，機關令人難惺。也有作惡發達，子孫光耀門庭。天地賞罰不公平，善祥惡殃不準。

四牲本係人喫，修道今欲戒葷。這段情由當辨清，免犯佛規法令。如何有益於己，那樣自害身心。禍福至理敘分明，使衆三天可進。

爲人同居天地，苦樂異種千層。幾多癡人福祿增，無數能人遭困。豈知福由德積，不在奸謀之心。如果誠意培功勳，德感天賜吉慶。

又《玉祖十七大光》 玉皇上帝，成於開皇九劫，位證至尊無上之品，掌握三曹超墮之權。觀見大地衆生，爲氣稟所拘，人欲所蔽，迷眞逐妄，造成劫網，不知悔悟。上帝慈悲廣大，放一十七大光明，爲照幽之犀燭，作苦海之慈航。有緣得遇，身體力行，超生天宮，永離塵苦。爾時昊天上帝皇尊，通明殿上放大神通光，慈悲無量，講明道德，剖白修身，教人積功消孽，免墮輪迴之苦。有能覺悟，依言修煉，超昇天宮，脫離塵苦。是爲放大神通光也。

大慈悲光者，乃是視萬物皆天地所生，蠢動含靈俱有眞性，教人切勿

傷害，見死可救則救之。是爲放大慈悲光也。

大喜捨光者，乃是懷仁義之心，有財能濟貧苦，樂善不倦，捨己利人，助人成美。是爲放大喜捨光也。

大忍辱光者，乃是立功行德，反遭人辱，不生退悔，不起瞋恨，知善難得，即發歡喜心。是爲放大忍辱光也。

大平等光者，乃是待人不分貧富，老少無欺，以德爲貴，以道爲尊，作事以禮，和人以節。是爲放大平等光也。

大柔和光者，遇剛強矜傲之人，以理和他，以柔待他，謙遜化他，除其強暴。是爲放大柔和光也。

大自在光者，乃處世知足，凡事隨緣，立功培德，見利思義，遇難思過，受刼殃明其消孽。上不怨天，下不尤人，吉凶靠天，守死善道，悠然自得，不以世網自縛。是爲放大自在光也。

大利益光者，常談濟人利物之理，陰功果報之條，使人覺悟，栽培心田。又或捨藥施茶，修培路道橋梁，點照路之燈，便人夜行，刻勸善之書，引人修積。是爲放大利益光也。

大如意光者，乃是做事思存天理，開口務順人心。與人相交，威儀謙和，令人尊愛。分手各別，厚道慈念，令人難忘。敬上愛下，一片誠意。是爲放大如意光也。

大智慧光者，人稟後天而生，行持多有差錯，賴人克懲，勸善規過。恭敬受教，對人悔過，知人指示之恩，以身悔錯惜福。作人標準，重責於己，寬厚於人。是爲放大智慧光也。

大吉祥光者，乃是行時時之方便，作種種之陰功，排難解紛。見作惡之人，憫他墮落之苦，見行善之士，愛他修培之福。是爲放大吉祥光也。

大解脱光者，處身涉世，與人有隙，芥蒂於心，務須平氣靜坐，思自己之短錯，細想他人之好處。他本有害我之心，我當作他是愛我之意。令我無偏，做事檢點，不可大意。讐作恩想，有何煩惱。化開無明，保養精神，心身安泰。是爲放大解脱光也。

大皈依光者，乃是上帝昔日以化人爲本，救物爲念，談道論德，鬼伏神欽。有緣之士，皈依侍下，戒惡行善，依言修煉。其人不少功成盡證天宮。是爲放大皈依光也。

大功德光者，大凡立功修德，不圖人知，只圖天曉。作此一事，實與人有益，終無敗弊，可爲世法。一世勸人以口，萬世勸人以書，著經傳於後世。是爲放大功德光也。

大圓滿光者，乃是作大小事，務必有始有終，言而有信。時以禮道教人，從正爲心，刻將天律化衆，行善爲要。教爲君而止於仁，教爲臣而止於忠。教爲親而止於慈，教爲子而止於孝。教爲師而止於明，教爲徒而止於勤習。教爲夫婦而止於中和有別，教爲朋友擇賢相交，而止於誠信。教敬天地神明而止於恭敬，教凡治家而止於勤儉，教居處鄰里而止於和睦。視天下爲一家，待萬物爲一體。作事防有缺陷，暗畏天理，明怕人言。行事周全，始終如一。是爲放大圓滿光也。

大無礙光者，乃是看破紅塵，不爲名利富貴所染，世俗人情所迷。不怕窮財，只怕窮德。借假修眞，棄虛辦實。逢冤即解，遇緣就結。身雖居塵，心超世外。行的是德，修的是道，置生死於度外。是爲放大無礙光也。

無能勝光者，乃是立有無量之功而不自誇其功，才貫天人，不逞自才，有若無，實若虛。以天地生化爲德行，以萬物成敗爲道學。遇人稱讚功高，自怕名過其實。把矜驕作大病，將好勝當魔障。見賢思齊焉，見不賢而內自省也。是爲放無能勝光也。

世人得聞此光，知其味道，遵依體貼，德修福增，化難成祥。心地自然光明，智慧朗開，感格至人指示。取南山之神精，製滄海之鉛華。格物窮理，厥性復初。三五聚凝，日就月將。功果純熟，德孚上帝。自有丹書來詔，脱殼飛昇，不要驚畏。龍行雲起，虎動風生，掃除塵垢，諕退異類。跨仙鶴上昇，走九霄，進紫門，朝上皇，謁三清上尊。候瑤池令下，朝拜無極天尊，依功受享天爵。先亡九祖，同超西方淨域，永滅東土輪迴。逍遙自在，快樂無疆。

又《二十條規》 修行男女聽實言，從此志要立得堅。第一佛法莫怠慢，第二孝道可登仙。第三久遠心不變，第四訓教性莫偏。第五忘情並絶念，第六品貌行得端。第七粗鄙無半點，第八度量海潤寬。第九勤緊莫厭倦，第十禮義最爲先。十一內外無缺陷，十二樣樣潔白鮮。十三見善早學滿，十四忍辱加鳴謙。十五自已有主見，十六和氣養眞元。十七受得魔與

眞。現今刀兵已動，智者皆有慈心。立此稀有之功，普天救度原人。作一生理遮體，四鄉方可找尋。買賣切勿做大，恐被人起害心。至彼住之半月，使他把你認清。若作小用生理，好進人家門庭。借討茶食爲由，接茶問茶乾淨。他必將言問你，你把喫齋說明。他問你是何教，你言未投甚門。只曉誦經念佛，體行陰隲篇文。他必回問於你，你言路遇異人。某年某月某處，一位少爺誦經。內有朝山之客，問他誦經來因。少爺即便回答，素來好道修行。香客笑而回言，經本成佛心印。誠誦消災解厄，身體力行作眞。口誦三寶耗散，怎成純陽金身。剖明經中字義，要聽奧妙難聞。我即進求指示，香客看我情形。見我生意如此，何必求道經營。我即言我祖父，好道講究經文。他聽我家好善，方許我坐聽聞。時遇風雨阻隔，住扎五六時辰。見我求道心切，送我幾本丹經。教我將書看熟，候他朝山轉臨。照書指我大道，看他怎樣言云。但是西來佛子，必定訪求性根。處處如此下釣，何愁原人不臨。若有幾箇信實，方接開示先生。至彼二人言語，前後相合云云。傳道之人開牌，即叙前話之情。後問他們行爲，察他修的功程。衆位求領大道，你即剖明貴珍。各位所行善路，不枉性命蒂根。欲想超出天外，修性煉命率眞。人稟父精母血，成此軀殼色形。佛性散於四肢，陰包夫陽昧靈。取陽化陰修性，制陰育命煉眞。從天坎離抽換，乾坤定位丹成。經中玄妙難叙，細閱《心經》自明。

又《開荒四條》 擇人。夫擇人者，擇選原人也。何謂原人。即忠孝節義，疎財仗義，公平正直，忠厚老誠之人也。訪得如此之人，方可進步設法調度。若不忠、不孝、不信實及行善、不捨財者，切不可調度。

考人。考人者，考其人之眞僞也。考他忌口，考他誦經，考他設立香燈，考他捨財、放生、刷書，考他夫婦雙修，考他下靜百日。若有一樣考不過，教他誦經，體行八字，自有好處。如件件俱考得過，果算高賢，方請別方明師懺罪。候伊誦經、放生、刷書功德完全，纔言開示。

開示。開示之事，理宜與調賢師商議，擇選吉日，議定三師。命伊備請上品供果，憑佛立誓拈鬮，準則開示。不準，又要誦經、放生、刷書，過百日再開示。清他平日作有何孽，命他多多放生、誦經消孽，方可再進。

傳工。開示之後，立誓交願懺。願懺讀熟，立誓點竅。交皈戒一本，

難，十八怎敢謗聖賢。十九不甘自下賤，二十皈清戒更嚴。仙佛也是凡夫轉，墮落只爲不誠虔。誰體祖祖苦修煉，任死任生掌法船。吾輩皆因見識淺，前生未曾結佛緣。根薄孽重魔遮掩，又況迷失六萬年。罪多一時難盡懺，刻刻跟隨在身邊。奉勸知音仗慧劍，斬斷六賊免牽纏。跪求大智說一遍，問明口訣修妙玄。凡情空去日留戀，夫妻兒女是冤愆。老病死苦誰替換，誇甚富貴美良田。身在苦海如夢幻，一旦無常上釣竿。到了陰司閻王殿，考查善惡問幾番。善歸極樂佛欣羨，惡煮油鍋拋刀山。憂愁痛苦淚滿面，一樁一件自塡還。那曉慈悲修至善，苦盡甜來上西天。功高德厚佛祖選，巍巍駕坐紫金蓮。行有龍車和鳳輦，逍遙快樂萬萬年。

又《天恩條規》 一部天恩非等閑，度人成佛上西天。不記爐前立誓願，捨身度衆願在先。第一要把四牲斷，不養不殺不結冤。第二皈清戒不犯，三皈五戒要眞全。第三調賢天下轉，不辭山高路遠難。第四當師無錯亂，教人全要品行端。第五捨身把道辦，不顧田地與銀錢。第六勸人用眼看，開示總要憑鬮拈。第七低心從人願，慈悲廣大度量寬。第八和衆打一片，性平忍讓要耐煩。第九久遠心不變，二六時中莫放閑。第十十惡化十善，立願九二要度完。然紙光陰恰似箭，大道成就在目前。如今正是末劫難，切莫錯過這時年。一要築基把己煉，先將心火降丹田。二要採藥萬緣斷，留清去濁降湧泉。三要老嫩分明辨，不老不嫩正結丹。四要進火意不散，迴光返照急急觀。五要武火加猛煉，文火久久溫養寬。六要沐浴把意散，退符隨意貫滿乾。七要苦行度上岸，不枉與佛駕慈船。八要約得九二滿，同歸極樂大團圓。九要久行免九難，不受三災八難纏。十要實行普度願，願願總要度衆還。一箇不齊難了願，不願自成願衆全。莫學無知愚蠢漢，不肯打坐不參禪。不捨身命不調辦，好穿好喫好耍玩。好勝好高逞能幹，走東說西亂胡言。或投僧道圖庵院，三皈五戒又不全。不顧誓願又怕顯，不願衆成願己先。不顧衆生塵垢念，奸貪詭詐想銀錢。不怕天譴道念斷，不怕墮落獄門前。知心道友佛罣念，箇箇總要體貼全。大道不久眞要顯，切莫錯過這良緣。見余草字勤修煉，功圓果滿證九蓮。字寄知音仔細看，領恩容易報恩難。

又《開荒條規》 咱囑開荒領袖，聽吾指示時行。因此三期劫至，凶災異種橫生。上天視之不忍，大道頒下東林。指示修善男女，率性煉命悟

命他晝夜坐工七次，下丹即讀皈戒。每日與伊講道二次，調工三次，教他灑掃應對，打掃佛堂、發爐辦供等等事業。教他學精，要他玄關開，皈戒熟，方傳二步工夫。看他操學如何，有操學者，命他讀三元條規、十六條、大成堂書帖、《消魔篇》、八囑咐等件。如無操學者，命他讀《破迷宗旨》、《八字覺原》、二十規條，亦能超生了死。勤勤用工百日，工夫純熟，關竅通達，明其採藥消息，方傳三步工夫。與他講明進火退符法則、藥苗老嫩時候，剛柔配合妙用，傳他金丹口訣。如此調度人，道理也精，規矩也熟，調賢師來到，即可用矣。或辦道，或護道，或當接待，或下靜坐工，自能承認一條。如此度人不虛，功成有望矣。

又《地官消魔篇》　魔因道起，實由人生。苟不知檢密吾法，以致妖魔橫生。其源由於頂航，其弊在於天恩。源之不清，求流之潔而不可，根之不固，欲葉之暢而不能。金宫有命，告爾衆人，頂保、引証、天恩諦聽。今上方之牌示，放冤孽之偏生。毋曰三天之不慈，皆由前劫之作成。考取領袖兮，長俾蛇蝎之不提。試煉眞金兮，乃使瓦石之不混。幽冥廠撤千百萬之冤魂，普偏齊出，酆羅舒放無量劫之抑魄，盡行來臨。同考三期，以魔萬靈。苟眞玉兮，入涅染而愈白，若朽木兮，試斧斤而必粉。考選之科以定，藏掩之法當知。三天共議，萬蓮悉知。道盛之地，暫拍釣艇，荒野之處，速駕帆撑。頂航之發恩也，勤心教誨，無懷懶心。切磋琢磨，俾器皿之精工，誘掖奬勸，使原良之同心。非其類者弗選，若有誠者勿吝。愼之又愼，毋視天恩爲兒戲，欽之又欽，勿以慈航爲輕任。既萬靈之不差，看衆妖之怎生。天恩之度人也，選擇眞實，革去虛浮。挈一副鐵面孔，認眞賢才，具一番慈心腸，接引原良。苟才堪頂天立地兮，方可拜佛指玄。若口雖齋戒慕道兮，只可誦經消孽。搶功亂開，未見蛇蝎之不進，依法行持，必遇賢哲之來臨。以舉家進道，難免人心之不惑，單手而行，必然考察之難進。混俗和光，老子言時當體貼，活潑圓通，水公語可作銘箴。嚴往來之濟濟，戒擁聚之紛紛。見機而作，方稱智士，守忠而愚，必是呆人。生理手藝，任龍門之萬丈，騰身而過。異言奇服，縱里井之咫尺，易入窖穽。囑爾衆賢一依玄洲法語，諭知重任，當遵素老調停。吾知風考消滅，魔難永息，揭去金牌，收回冤鬼。共證菩提，三八不侵，同辦龍砂，萬劫長春矣。

又《訓女格言》　婦女之德，柔順爲先。柔中有剛，節烈雙全。輕浮狡猾，難學佛仙。地道主靜，古今相傳。坤不明理，枉參妙玄。口善心惡，嫉妒奸貪。倚勢欺人，好勝逞尖。諂上虐下，妄進讒言。顚倒是非，屈苦英賢。妝模做様，暗使刁奸。作作怪怪，疑心百般。扭扭捏捏，悖理傷天。平地生風，波弄顚翻。好歹賢愚，攪亂不安。語言閒雜，壞事般般。如此等人，夙孽牽纏。心性雜亂，鬼使魔顚。使他作孽，使他結冤，使他失緣，使他欺天。善中之惡，自不省焉，惡貫滿盈，悔後遲焉。坤維正氣，忠直無偏，幽閒貞靜，出乎自然。本來面目，淸白無慚，不遭謗毁，禮義肅嚴。閨閫內外，小心防嫌，守身如玉，不辱祖先。女中君子，謹行愼言，一舉一動，正氣參天。刻刻檢點，事事精專。語言低小，和平溫謙。知過必改，體貼眞詮。端莊中正，慈淑精研，存心厚道，行事如泉。持己精潔，待人以寬，人人稱羡，背地喜歡。好名難得，惡名難躭。操持家務，規矩當先，順上愛下，上下保全。渾厚圓融，德感皇天，天眼眷顧，解厄消愆。扶助教化，坦坦然然，老幼沾光，人喜神宣。天人瞻仰，福祿長綿，諸佛默佑，果滿功圓。然當末劫，考懲多端，千魔萬難，鐵石心堅。難忍能忍，難行行完。見魔不魔，魔自滅焉，見怪不怪，怪自了焉。十分危難，靠定老天，縱死無怨，死後必安。忍忍耐耐，度過深灘，逆來順受，順來莫貪。顚奇兩考，守正不偏。大量寬懷，忍辱鳴謙。掃除瞋恨，道念甘甜。一心學好，好到十全。不爭不矜，不牽不纏。灑灑脫脫，心無熬煎。常生歡喜，慧劍高懸。道高德重，虎伏龍蟠。入室修煉，一當百千。採藥行符，雜氣不粘。太和元氣，凝結丹田。虛極靜篤，陰去陽還。金來歸性，虎逵崑山。鐵鼓九重，一箭射穿。嬰姹會合，性命交攢。五氣朝元，百脈歸圈。混沌一團，號曰還丹。交罷溫養，午後子前。甘露涓潤，醍醐滴濡。抱元守一，勿助勿寬。久坐待時，汞盡鉛乾。拆橋散意，退符周天。乾坤貫滿，萬物育焉。結成舍利，道德純全。指日功成，丹書來宣。一舉飛騰，直上九天。朝罷無皇，依功陞遷。高增極品，上上女仙。永處瑤池，快樂無邊。有志竟成，無分後先。善告女流，勉旃勉旃。

又《女修行詞》　婦女們，仔細聽，聽我說箇女修行。人身難得，中國難生，道場難遇，佛法難聞。就是這四箇難字，難壞了多少女釵裙。又

況你婦女們，是箇三從之體，五漏之身。凡百事由不得自己，一樁樁聽命於人。在家從父母，出嫁從夫君，夫死還從子，不能自權衡。要修無路，要出無門。晝夜悲哀，可憐可憫。吾見心不忍，作下這段文。我不勸朦朧蠢笨女子，單勸你們這聰明伶俐的仙根，參透苦凡情。人活一世，受盡苦辛，起早睡晚，那得安甯。公婆嚴禁，丈夫欺陵。生男育女纏著身，操持家務費辛勤。日日在造，全未修身。要出苦海，萬萬不能。今幸有緣，得聞大道，持受眞經，這就是三生有幸，且莫看輕。進道時誓願一發，地府抽丁，天榜之上早標名。待候你三千外功滿，八百內果純，丹書下詔，玉女來迎，瑤池宮內見娘親。這都是未來成道話，現說如今。衆位二善姑娘們，勤發那猛勇之心，了却凡情，埽除三心。還有甚麼夫恩子愛，親朋罣心。光陰容易混，難買少年春。前江後浪催前浪，一輩新人趲舊人。曾記得，兒童玩耍，轉眼鬔髮白似銀。趁如今，速速下手，莫悞前程。時時拴意馬，刻刻鎖心猿，六根收在三清亭。涵養到水窮山盡，方現出自在觀音。觀音觀音，觀我自觀音。梭羅兩扇門，兩扇門關緊，嫦娥現金身。聾女兒彈琴，啞童兒歌詠，歡會處產箇嬰兒上雷音。雷音見諸佛，朝拜老娘親。金母心歡喜，親口封眞人。身坐蓮花橙，行動駕祥雲。超了九玄祖，救了二雙親，同歸西方極樂門。這纔是大慈大悲，大忠大孝，女中丈夫，萬古標名人。

又《金剛菩薩勸女文》　劉素眞，嘆世情，心中思揣。想前生，未曾修，忌口喫齋。因此上，爲女身，落在苦海。我母親，撫養我，是箇女孩。受辛苦，算將來，十有六載。請媒証，配天德，兩下同偕。蒙菩薩，指授我，三皈五戒。因此上，我心中，纔得悟開。把光陰，一錯過，千金難買。失人身，墮地獄，苦楚難捱。變女身，造的罪，如同山海。生子女，穢污了，日月三才。貪口腹，殺生靈，只圖爽快。穿綾羅，搽脂粉，賣巧弄乖。在世上，多受福，安閒自在。身死後，到血河，自己招災。蓬著頭，赤著身，不成體態。冷颼颼，風凄凄，淚落胸懷。那惡鬼，執鋼叉，任他舖擺。有銅蛇，和鐵狗，一齊擁來。手端著，一碗血，頭髮幾擺。若不喫，那皮鞭，打將下來。那時節，你丈夫，兒女何在。替不得，你的罪，無有安排。血湖池，是婦人，堆山塞海。那鬼卒，逼押你，難把頭抬。心害怕，學修行，與他無礙。因此上，把紅塵，一旦丟開。把妝奩，合首飾，不貪不愛。那怕他，陳天德，是箇英才。蒙菩薩，指破我，終身不改。把釵環，合嫁妝，火焚塵埃。一不愛，貪紅塵，圖其自在。二不愛，配天德，到老同偕。三不愛，穿綾羅，身上光彩。四不愛，育兒女，位列三台。五不愛，家富豪，有穿有戴。六不愛，貪口腹，美味羊胎。七不愛，有金銀，富貴不敗。八不愛，好丫環，一並丟開。九不愛，子孫賢，腰圍玉帶。十不愛，鴛鴦枕，八寶妝臺。我丟了，凡情事，嚴守皈戒。我只想，煉虛無，黍米靈胎。我只想，精氣神，煉成一塊。我只想，得大藥，把我培栽。我只想，迴光照，觀音自在。我只想，脫凡體，去到蓬萊。我只想，出紅塵，脫離苦海。我只想，到極樂，不去不來。那怕你，金銀多，夫妻恩愛。難逃那，閻君爺，虎口金牌。大限到，無常來，三魂不在。有兒女，不能夠，把他躲開。世間上，有財帛，生死難買。十八層，地獄苦，實哉難捱。碓舂獄，舂得你，渾身幾塊。鋸解獄，解得你，一破兩開。刀山獄，抛上去，如同切菜。破肚獄，把心肝，挖將下來。磨推獄，推得你，皮爛肉壞。拔舌獄，把舌根，挖將出來。碎剝獄，剝得你，身首不在。油鍋獄，煎得你，無有屍骸。十八層，地獄苦，奇奇怪怪。我如今，早回頭，忌口喫齋。勸一勸，大善人，不可懈怠。學素眞，去修行，理所應該。趁如今，早回頭，三分氣在。切莫等，身死後，悔不轉來。進道的，二菩薩，不必懈怠。不久閒，大收圓，龍華會開。勤參悟，坐工夫，嚴守皈戒。把凡情，務須要，早早丟開。自己的，不好處，速速早改。學一箇，慈悲心，好結靈胎。成仙佛，趁於今，收圓攏了。若錯過，十二萬，又纔轉來。每日裏，辦工夫，勤參苦採。不久開，龍華會，好坐蓮臺。

又《坤道師表十字文》　女兒們，上前來，低心聽道。切莫要，理凡情，口內嘮叨。論古來，女菩薩，成的不少。第一個，觀音母，女中英豪。他未必，生成的，不假修造。也都是，下死心，纔得高超。論你們，女人家，苦楚難表。五漏體，柰子命，許多波濤。凡百事，聽從人，不敢執拗。要修行，無門路，跳出塵壕。你如今，進佛門，得了大道。這就算，好緣法，賽過群僚。論修行，道與魔，一齊並到。不耐煩，不忍讓，冤孽怎消。我勸你，低血心，無明化了。一心心，把道煉，修上天曹。放下了，鐵面皮，儘人恥笑。任隨他，誹謗的，言語囂囂。有一日，工夫

到，三田滿飽。陽神出，金身現，天外飄飄。且看那，觀音母，受盡魔考。前頭苦，後來甜，萬古名標。這榜樣，一個個，都要學好。你後來，修成了，一樣逍遙。再看那，劉素眞，針帶燒了。靜室堂，勤修煉，圓覺名高。又有那，何仙姑，孤燈自保。拜明師，修成了，八仙同僚。他兩個，到如今，誰不說好。也只是，當日間，立志堅牢。勸爾等，學古人，認眞修道。切莫聽，旁人語，改却節操。開了齋，破了戒，菩薩怒惱。好比那，劉氏四，死後挨刀。有幾个，目連僧，救母盡道。還須要，辦功果，自度爲高。在傍的，七言詩，三十二條。是前人，做下來，教訓爾曹。這篇言，名叫做，坤道師表。我如今，又校正，細聽根苗。添這段，十字文，說你知曉。衆女娘，好好的，謹記眉梢。每日裡，坐工夫，榜樣學好。不久間，坐蓮臺，直上雲霄。

又《講道篇》 提筆寫段講道篇，二善熟讀便開言。單把玄關微微嘆，其名甚多講不完。玄關在止於至善，舍衛國養在塔前。方寸心田了一貫，無生寶地主人觀。靈山淨土大雄殿，虛無一炁復命關。自在菩薩本來面，無孔笛中會神仙。娘生面孔鐵羅漢，迴光返照在目前。定光去赴蟠桃晏，歡會處産九曲丸。毘盧性海靈光閃，拳拳服膺祖竅安。不二法門古佛站，認清定盤黄庭間。煉成靈光常發現，一粒明珠當面懸。種種名色難盡嘆，其實總是一玄關。神仙之道此處煉，再把金仙叙一番。一陰一陽大道顯，即是玄關與丹田。又曰性命雙修煉，又曰地來又曰天。又曰三魂七魄斬，又曰日月號汞鉛。又曰水火名離坎，又曰中女與中男。子午對針毫不瓚，又曰鬭蛇龍虎蟠。又曰紅白各一半，冬至夏至顛倒顛。魚躍鳶飛把翅展，嬰兒奼女會牝玄。結爲夫婦黄房站，聾女啞童鬧喧喧。三皈佛法僧明辨，精氣與神是根源。三尸滅跡要烹煉，煉精化氣虛無還。所以三皈詳細辯，三花聚頂在玄關。五戒殺盜邪淫亂，酒肉妄語未除完。仁義禮智信也滿，水火金木土五全。五行相尅有缺陷，故此五氣要朝元。三花五氣歸至善，名爲八寶紫金丹。三教聖人大道闡，各立三五鎮坤乾。凡心血心色心遠，三心自掃非等閑。眼耳鼻舌四相串，四相自飛結純乾。添心五蘊皆空遠，又添一意六賊纏。六合同春藏密卷，阿彌陀佛六神安。加身又有名字喊，名爲七寶戲金蟾。又添手脚九蟲現，去身又有八邪連。工夫純熟身不見，萬法歸一混沌圈。十惡八邪全不犯，十八地獄不沾邊。惡去盡而善學滿，三皈五戒結天緣。不過稍微說一遍，講道之時活潑圓。莫嫌言淺常常念，熟極生巧智慧添。心領神會勤磨煉，講道再也不作難。復把金丹嘆一嘆，述而不作豈自專。幸遇三期普度展，得遇明師親口傳。其中簡易不多點，只是教人煉汞鉛。知止定靜北海岸，安爐先立地中天。五千四八歸黄道，三十時辰定黑鉛。煉鉛採藥鷄抱蛋，一對神光照下潭。偃月爐中製寶劍，斬斷六賊免牽纏。正陽帝君鵝毛扇，發熱借來改涼焉。七個金錢穿一串，也學劉海戲金蟾。三昧眞火細烹煉，龜蛇交結在丹田。大逼金行藥物現，全靠七返九還丹。藥苗老嫩要分辨，不老不嫩是眞鉛。鉛化自然能取坎，眞陽一舉透三關。也就遂了生平願，大藥一得心纔甘。多蒙悟空神通顯，定海神針九層穿。鹿車羊車牛車滿，三車珠寶上泥丸。送擺玄關團團轉，全靠黄婆意念專。抽爻換象就體面，果然後天轉先天。丹房安在三清殿，青衣白面一處眠。金烏玉兔東西轉，龍吟虎嘯左右連。坤轉乾旋莫怠慢，花發拈花休遲延。醍醐美酒味不淡，五味烹香又清甜。醺醺醉醉橫身散，恍恍惚惚如痴憨。聖胎結就赤龍斬，不漏淨通得安然。寸步不離時檢點，萬殊一本養胎元。六百卦足靈體現，乳哺三載面九年。內果還要外功滿，丹書下詔脫殼還。嬰兒出現神通顯，得赴瑤池天外天。

經典寶卷文獻部

經典分部

無字真經

題解

黃育楩《破邪詳辯》卷三　一，邪經言無字眞經、一字眞經等名，不一而足。噫，既名無字，何以成經？既名一字，何以千言萬語，妖妄悖謬，雜亂重複，有許多不通之字？且既名無字，而並未言及無字之義；既名一字，而亦未言及一字之義。任意虛捏，全無根據，不可信也。

又　一，邪教謂身被斬決，即能上天；身被凌遲，即穿大紅袍上天。噫，此等妖言，不見邪經，可知斬決凌遲不能上天。邪經既無此言，邪教敢爲此言，是近世邪教尤更邪於邪經，既欺人於生前，復欺人於死後，詭詐已極，不可信也。

噫，邪教必遭刑誅，而爲教首者又何所圖而甘爲此？譬之強盜，明知犯法而肆行罔忌者，貪於利也。教首傳徒聚衆，漁利漁色，快其所欲而不顧犯法，亦猶強盜利於得財而不顧犯法，是教首之心惟圖財色。彼以財色事教首者，既多耗費，復被奸淫，可恥極矣。及至釀成逆謀，則又同就誅滅，可懼極矣。然教首雖就誅，而前此尚得快其私；其徒亦就誅，而終身無非受人騙；是拜師即取禍之原，而其始則訛爲求福之說者，不可信也。

又　噫，邪經有數句可以說完者，必重三複四，演至數百十句而後止。余於每品辯駁數句，業已撮其大概矣。此外有未經辯駁者，均一妖妄，不可信也。

噫，余辯邪經共二十種，皆刊自明萬曆、崇禎等年，實爲近世邪教之祖。繼又捏出無數妖言，其妄謬有更甚於邪經者，如邪經所言無生止有一人，後又捏爲元天三無生、治大地無生、歸天聖無生、飛天古無生、四明祖無生，又爲以上邪經所未有，然邪經既屬虛捏，即開後世虛捏之門，而愈捏愈怪，愈捏愈陋，不可信也。噫，邪經並未言謀逆，而習教必至謀逆者，何也？謀逆之原由於聚衆，聚衆之原由於邪經，是邪經雖未言謀逆，實爲謀逆所自始。乃甫欲謀逆，即被擒拏。自古迄今，有誰漏網？猶欲隱匿以求倖免，無是理也，不可信也。

又　噫，邪經所言地名，不一而足。然山水地名，《禹貢》有之，《爾雅》有之，《山海經》、《廣輿記》以及子史諸書皆有之。今邪經俱未言及。所言及者，俱係虛捏，其非虛捏而實有此地者，惟直隸境內而已。於直隸地名有歷歷言之者，惟趙州橋一處而已。蓋以俗刊趙州橋畫圖，有張果老騎驢，身擔四大名山，從橋上經過，魯班在橋下一手掌定，橋得不壞故事。邪教遂視爲仙境，而有過趙州橋到雷音寺之說。不知此等畫圖本屬荒謬，邪教信以爲眞，而又與戲班常演之雷音寺捏作一處。識見淺陋，亦已極矣。不可信也。

噫，造邪經者係何等人？凡讀書人心有明機，繼不肯出此言。凡不讀書人胸無一物，亦不能出此言。然則造邪經者係何等人？嘗觀民間演戲，有崑腔班戲，多用《清江引》、《駐雲飛》、《黃鶯兒》、《白蓮詞》等種種曲名，今邪經亦用此等曲名，按拍合版，便於歌唱，全與崑腔班戲文相似。又觀梆子腔戲多用三字兩句、四字一句，名爲十字亂談，今邪經亦三字兩句，四字一句，重三複四，雜亂無章，全與梆子腔戲文字似。再查邪經白文，鄙陋不堪，恰似戲上發白之語，又似鼓兒詞中之語，邪經中《哭五更曲》卷卷皆有，粗俗更甚，又似民間打拾不閒、打蓮花樂者所唱之語。至於邪經人物，凡古來實有其人而爲戲中所常唱者，即爲經中所常有，戲中所罕見者，即爲經中所不錄，間有不見戲中而見於經中者，必古來並無其人，而出於捏造者也。閱邪經之腔調，觀邪經之人才，即知捏造邪經者，乃明末妖人，先會演戲，而後習邪教之人也。以演戲手段捏造邪經，甚至流毒後世，雖盡法懲治，而習染既深，急難挽救，深可恨也。惟

望即邪經以思邪匪，當共知其萬不可信也。

又 噫，此等邪經只可付之一笑而已。必欲諄諄詳辯，豈不貽笑大方？無如世之愚民，每爲邪經所惑而相率入教，甚至處以極刑而終不知悟。愚民之愚，直是愚到萬分，余即諄諄詳辯，猶恐不能啓其愚而開其悟，若僅付之一笑，坐視陷阱之民不爲手援，於心安乎？爲救愚民計而如此詳辯，或即禁邪之一道也。

噫，辯則辯矣，必欲條條摘出，不亦瑣乎？然世之習邪教者，每視邪經爲珍秘，而不肯輕宣；不習邪教者，又不知邪經中作何言語，雖欲詆毀，亦無從而詆毀矣。今余條條摘出，詳爲辯駁，使人彼此傳説，作爲笑柄，在不習邪教者既深知其非而不爲所惑，在習邪教者亦自覺可醜而遂漸生其改悔之機，或亦禁邪之一道也。

噫，邪教於天地間一定不易之理數，古今來歷代相傳之史書，毫無見聞，尚敢虚捏，則邪經之無一實語已可知矣。尤可恨者，又將古來正神亦捏成邪經，如《護國佑民伏魔寶卷》、《三義護國佑民伏魔功案寶卷》、《泰山東嶽十王寶卷》、《地藏菩薩執掌幽冥寶卷》、《靈應泰山娘娘寶卷》、《護國威靈西王母寶卷》、《佛説離山老母寶卷》、《千手千眼菩薩報恩寶卷》、《白衣觀音菩薩送嬰兒下生寶卷》、《佛説彌陀寶卷》、《救苦忠孝藥王寶卷》等，直以世間人所供奉之正神皆捏爲邪教中之神，以煽惑愚民。愚民無知，誤信正神亦習教，遂認邪教爲正教，因此從教之人愈衆，習教之心愈堅。教首於此遂大肆其貪財貪色，傳徒聚衆之術。迨至聚衆日久，逆謀漸成，皆因借正神爲邪經，有以釀成其禍也。亦思誣良民爲邪民，良民必不能甘，誣正神爲邪神，正神又豈能恕？所以邪教傳徒必至犯案，邪教謀逆必遭族誅，陽間既受極刑，陰間必入地獄，皆由衆位正神因被邪經污辱，故欲絶滅邪教以至如此。可知借正神以造邪經者得罪尤甚，不可信也。

又 一，邪教有《佛説梁皇寶卷》，内云：「皇后郗氏是蚯蚓化成，繼因欲害志公破齋，死後變成大蟒，盤在金鑾殿柱，見了梁皇説明情由，只求救度。梁皇同般若丞相、智慧將軍去到黃花洞，迎請志公菩薩入朝，造經懺悔，郗氏即徑生天宮。」噫，梁皇即梁武帝。梁皇極信佛法，佛門即列梁皇於十八羅漢中，而佛經又有梁皇寶懺。然梁皇三捨身於同泰寺，惟望獲福，而卒遇侯景之變，國破身亡。是信佛之誠者惟梁皇，得禍之速者亦梁皇。至於梁皇宫中，皇后妃嬪載在史册，班班可考，並無郗氏其人。則邪經所謂先係蚯蚓後成大蟒之説，盡係虚捏，已不待言，且又假充佛説煽惑愚民，更屬可恨。《梁皇寶卷》不可信也。

一，邪教有《銷釋孟姜忠烈貞節賢良寶卷》，内云：「若不是你留下寒來暑往，大地人難通曉春夏秋冬。」噫，寒來暑往，春夏秋冬乃氣數之自然，自有天地以來已有之矣。邪教謂秦始皇時有孟姜女，始留下寒來暑往、春夏秋冬，爲此説者何其糊塗謬妄一至此乎。以天地自然之氣數尚敢虚捏，即知邪經中語無非虚捏。《孟姜忠烈寶卷》不可信也。

又 噫，邪經卷卷盡係虚捏，無一實語。而愚民信以爲實者何也？以人之好怪自昔已然，今則愈怪愈好，凡爲吾儒所必不信之言，即爲愚民所必信之言；更兼每卷名目冠以佛説二字，愚民無知，以爲既係佛説，必係實語，而信之愈深。至於其中妖妄悖謬盡係虚捏之處，則以無識見、無聰明，不能辯此，亦不知辯此。今余層層詳辯，以見名爲佛説之並非佛説，愚民雖愚，未有不知惺悟者。余初刻《破邪詳辯》，遍賜鉅鹿村莊，只首一條，唤醒一邑愚民，從此家喻戶曉，舊習一新。此《詳辯》之不可不刻也。

噫，余初刻《詳辯》已足唤醒愚民。兹則復有續刻者何也？以滄境邪經多至三十一種，有與鉅鹿相同者僅止五種，其餘則爲鉅鹿所未有。至於假託神佛煽惑愚民，其爲害則尤甚，若不續刻《詳辯》，恐將來邪教仍復傳徒，將以已辯者爲邪經，未辯者非邪經，恐初刻《詳辯》尚不足以力挽惡風，曲全民命。此《詳辯》之不可不續刻也。

雜録

黃育楩《破邪詳辯序》 甚矣，邪教之大爲民害也！余向莅清河，即深知其害。因刊嚴禁邪教告示，分作頁數，以之粘連成篇，仍可隨時張掛，裝訂成本，又可永遠流傳，當即刷印三萬餘本。除分送鄰封外，遍給清邑各村紳士，令與村民時常談論。行之期年，頗有成效。然其辯駁邪教

之處，惟視卷案爲証據，而於邪教經卷未曾見及。癸巳冬初，調任鉅鹿，又爲邪教出沒之藪。余即嚴密稽查，始終無間，並於審案之時，及編查保甲，因公下鄉，凡與士民相見之時，無不諄諄面諭，倍矢勤懇。旋於民間抄出邪教經卷，併前任所貯庫者，共二十種，係刊板大字印造成帙，經皮卷套，錦緞裝飾，經之首尾繪就佛像，一切欵式亦與眞正佛經相似。查其年限，係在萬曆、崇禎等年。閱其文詞，則妖妄悖謬，煩冗錯雜，總不離乎眞空家鄉無生父母之語。竊謂嚴禁邪教，而不將邪經中語詳爲辯駁，民既不知邪經之非，自不知邪教之非，雖盡法懲治，而陷溺已深，急難挽救。余因於邪經中擇其主意所在之處，詳爲辯駁，務使有奸必發，無獘不搜，名之曰破邪詳辯，而總斷之以「不可信」。每段必用「噫」字，噫，傷痛聲。邪教害人，可傷之甚，可痛之甚。即以「噫」字作爲界限，噫字以前係邪經語，噫字以後即余破邪之語。語必出以顯明，令人易解，文之工拙不暇計也。卷首恭錄聖諭，俾民知爲善之要，自不惑於妖言焉。次錄律例，並恭錄上諭，俾民知立法之嚴，自當奉爲炯戒焉。卷一卷二摘出各經各品妖言，俾民知余閱透邪經而始爲詳辯，原非出於臆說焉。卷三總會邪經及近世邪教之言，出以總斷，俾民知余引經據典，酌理準情，惟欲判邪正之分，明禍福之原，而不使輕罹法網焉。推之清查保甲、栽培學校、宣講聖諭，總以正己率人爲本，居官之要即禁邪之要，因與吾民備言之。或謂《破邪詳辯》只可勸諭良民而已，邪教陷溺已深，必不肯聽，將何益乎？不知邪教當初亦良民也，因被邪教所惑，良民遂轉爲邪教。余以此書剴切勸諭，俾爲良民者盡知邪教之害，而深惡痛絕，邪教將避匿之不暇，而安能惑人？此勸諭良民正所以嚴禁邪教也。至於邪教犯案，不惟有盡法懲治，以戒將來，而安用勸諭？如此剴切勸諭爲禁邪，不以盡法懲治爲禁邪，余不如斯之迂也。然於邪教盡法懲治，於良民剴切勸諭，則《破邪詳辯》之有裨於民非淺鮮矣。惟以鄉村愚民識字者少，尚望各村紳士熟閱此書，遍傳廣衆，俾蚩蚩之民咸知改邪歸正，化莠爲良，遵聖諭之煇煌，感皇恩之高厚，以相安於蕩蕩平平之世，斯民之幸即紳士之功，余不勝翹企佇望之至。道光甲午端月吉日知鉅鹿縣事甘肅黃育楩壬谷識。

又《破邪詳辯》卷三　噫，經正民興，則嚴禁邪教不可不栽培學校也。鉅邑向無書院，是一缺典。余因親自月課，捐廉豐備席筵，厚備獎賞，以示鼓勵。現在赴課生童百數十人。每接見時，必於論文之餘，談及邪教之害，令傳諭諸生，各禁各村。並於各村莊勸令捐置義學；如遇公捐廟地頗稱贍足，而招住外來僧道者，即令改爲義學；如村中向無公產，即設法勸捐，俾無義學之處皆有義學，如遇踴躍從公，速成義舉者，即酌量優賞，以示光榮。現在四鄉義學日漸增添，經正民興，或基諸此。然教民之道，尤以宣講聖諭爲要務。現於城內商賈聚處之地，擇一廟宇，每逢集期，會同教佐，敬謹宣講，較之朔望清晨在明倫堂宣講者，收效尤廣。又於四鄉集期，與教佐各員輪流宣講，並於集鎮各設宣講生一名，如遇官不能到之時，宣講生即約衆紳士敬講宣講，官必差人查其勤惰，分別獎賞，則宣講生不爲虛設矣。今再捐廉從省中刷印《聖諭廣訓》三百餘本，分頒各村，即令本村紳士耆老每逢朔望約衆宣講，如四書五經人皆習見，則正教既明，邪教自遠矣。然正己始能正人，而觀民必先觀我。惟期清以居心，慎以審幾，勤以莅事，明兼以斷，而訟獄無拖累之虞，儉自能廉，而征徭無苛求之弊，莊與慈並用，而胥役不敢售其奸，寬與猛兼施，而豪強不得行其詐。凡此有力所能逮者，舉而行之，於勢所未逮者，勉以企之，而因時救弊，總以嚴禁邪教爲要務。此《破邪詳辯》之作，出於愚誠，不能自已也。

噫，《破邪詳辯》之書行，世間可無邪教矣。然鄉村愚民識字者少，惟望各村紳士熟閱此書，凡與鄰里鄉黨交際往來之時，即以此書作爲常談。談及一段，自有一段之益；談及數段，又有數段之益。時時談及，處處談及，人人談及，則邪經之妖言妄語，人自頓悟其非，邪教之造罪遭殃，人必互相爲戒，從茲轉禍爲福，趨吉避凶，食得服疇，安居樂業，沐皇恩之高厚，遵聖諭之煇煌，則出水火而登衽席，斯民之幸可羡奚如，而皆由衆紳士等詳究此書，遍傳各處，則禁人習教，即救人死罪，禁無數習教之人，即救無數死罪之人，積莫大之陰功，享無窮之福報，其所望於衆紳士者，不誠要哉。甘肅黃育楩壬谷著

又卷四　噫，立教亦有古今之分。古人立教惟重中人以上，不重中人以下。由於中人以上服古入官，制治得宜，則中人以下各相安於無事之

天，而已成盛治者，以無邪教故也。今人立教既重中人以上，尤重中人以下，以此等人數不啻什之八九，使官不知教，而邪教之教得行於其間，始則聚衆傳徒，繼則謀爲不軌，及至犯案，則枷杖徒流，絞斬凌遲，察復一案，而根株終難盡絕。總以無知愚民既信地獄，又畏地獄，邪經卷卷遂屢言地獄。邪教復以習教爲行好，而謂不習教者必入地獄，惟習教者即直上天宮，不入地獄。繼又捏出問成死罪即能上天之説，而刑罰且歸無用矣。今欲另設一法以挽惡習，不必用儒教教人之法，而即用邪教教人之法。邪教以地獄教人，而人自樂於習邪教，吾儒亦以地獄教人，而人自不肯習邪教。余前得宗王化所著《邪教陰報錄》，即急爲刻印，遍爲施捨，並多覔唱鼓詞人，令赴各村詳爲唱説，凡聞見者莫不互相傳論，而民情爲之一變。此《詳辯》之言立教當以下愚爲要也。

噫，或謂古來吏治何嘗有講究地獄，刻印鼓詞令人歌唱之事？無如邪教以地獄惑人，而人樂從教，甚至處以極刑而終不知悟。爲官長者尚以地獄爲無憑，而惟訓以正理，威以嚴刑，即屢出告示，面爲開導，言雖極詳，其如民之不喻何。惟將地獄説得極親切，有証據，將見愚民向則恐入地獄而始習教，今又恐入地獄而不習教，一轉移間其應如響。此《詳辯》之言地獄，所以因時救弊也。

又 噫，邪經雖多，而造邪經者皆係不讀書人。知造邪經之並未讀書，即知讀書人之不肯習教，此振興學校實禁邪之要務也。即如鉅鹿，自古以來並無書院，各前任亦有思圖創舉者，惟以勸捐不力，終歸無成。余謂凡民之行以身先之，則不令而行。當即延請山長，考取生童，先借北門外關帝廟爲書院，送生童肄業。旋於關帝廟之東偏另建書院，共房十五間，名曰廣澤書院，以鉅鹿古名廣阿澤故也。一切工程並山長修金、生童獎賞，皆出自捐廉。然欲設立膏火資本，則力有未能。又關帝廟亦久經塌損，急應一律重修，左右廊房又可補書院所未足，而需費浩繁，非勸捐不可，是時士民始知踴躍。惟以地方窮苦，捐項無多，除修廟宇外，僅餘大錢一千五百串，發商生息以作膏火之費。雖規模甚小，然已爲鉅鹿從來未有之事。又於書院講堂懸對一聯，出云：「志在大成，看多士養氣知言，作文自有驚人語。」對云：「學期實用，勸此方黜邪崇正，未仕先施濟世功。」又於關帝廟正殿亦懸對一聯，出云：「匡扶赤帝，浩氣昂昂，想當年義勇純忠，不顯神靈光後代。」對云：「大破黄巾，威風凜凜，看今日懲奸鋤暴，先誅教匪入陰曹。」匾曰：「功始誅邪。」廟門亦懸對一聯，出云：「聖世賴伏魔，億萬年常蒙保佑。」對云：「神功誅邪匪，三千界共享昇平。」併於城隍廟亦懸對一聯，出云：「陽世律條眞可怕，且看他坐功運氣，換濁探清，舉凡犯罪妖邪，人人絞頸斬頭，礫身碎骨，更喚父兄叔姪，妻女兒孫，到法堂聽審受刑，拖累傷亡數百口。」對云：「陰司孽報更難逃，先把這習教傳徒，斂錢聚衆，所有通奸男婦，個個磨研碓搗，湯煮油熬，無論冬夏春秋，晦明風雨，在地獄輪流環轉，殘形壞體幾千年。」匾曰：「極法誅邪。」此等粗俗對聯亦何足取，然總欲愚民觸目驚心，以防習教傳徒之漸，較之一紙告示尚能持久。以上對聯，必於正署各任俱爲懸掛，以垂烱戒。又於鉅邑四鄉勸設義學，如有寺廟香火田地頗稱贍足，即改爲義學，俾士類咸知感奮，兼可藉爲宣講聖諭之所。此《詳辯》之尤重學校也。

又《破邪詳辯序》 噫，《破邪詳辯》與《邪教陰報錄》今已刻行數年，而各處習教之風未必盡絕者，非書之無益，乃傳之不廣也。書板現存京都琉璃廠西門內五雲堂。余於每年必費銀數百金，刷印數千部，惟於已所莅任之各州縣，業已遍給村莊，使皆家喻戶曉。此外每逢公出，於路過之村莊集鎮，必廣爲施捨，而別村則勢難遍及。有送至州縣署中者，每處不過數部及十數部。有送至道府署中者，每處不過百數十部。雖望道府州縣轉給民間，而爲數已屬無幾。至於送在外省更屬無多，安能有濟自愧一介微員，廉俸有限，不能使各省村莊皆有此書，將奈何？設使爲州縣者各費銀數十金，刷印數百部，又止印一次，書已足用，即遍施民間，俾紳士等皆以《破邪詳辯》互相傳論，而無知愚民共曉然於《邪教陰報錄》之一切事實，則直上天宮不入地獄謬語皆不能惑，自不復有聚衆傳徒，又何至於謀爲不軌。其有益於國計民生非淺鮮矣。此《詳辯》與《陰報錄》惟望各州縣之自爲刷印也。甘肅黄育楩壬谷著。

又《續刻破邪詳辯序》 余前任鉅鹿，先刻《破邪詳辯》，繼刻《邪教陰報錄》。於《陰報錄》後跋云，醫家治病有標本之説，而禁邪亦然，凡遇邪教犯案，枷杖徒流，絞斬凌遲，而於邪教所謂直上天宮不入地獄，及問成死罪即能上天之一切謬語，未能點破，故法雖極嚴，習終難變，此

治標也。自有《破邪詳辯》遍示民間，是時愚民始知邪經即係教匪所捏造，並非佛祖所流傳，而於上天謬語已不肯信。後又覓得宗王化所著《邪教陰報錄》，即急爲刻印，遍爲施捨，並僱唱鼓詞人到處歌唱，愚夫愚婦聞而流涕，因於上天謬語愈不肯信，是治本也。知標本之說而禁邪自驗，鉅鹿民風業已較前頓異者，以此故也。己亥春初陞任滄州。此地密邇省城，各前任皆素號能員，夙嫻吏治。余初下車，訪之僚友紳衿，俱言此地向無邪教，可羡奚如！然猶未敢遽信也，仍將《破邪詳辯》與《邪教陰報錄》遍給各村，令人共曉，又與喬吏目分路稽查，不論遠近。喬（名）邦哲，山西徐溝縣人，爲人公正廉明，士民敬服，上年計典已蒙卓異。此時同余遍閱廟宇，細搜經卷，旋即查得城內有無生廟碑一座，廟已無存，碑猶如故。捷地有無生廟一座，舊州有無生廟一座。又查得城內外及四鄉各廟，收藏邪經共有三十一種之多。謂此地向無邪教，豈非飾詞。惟兩處邪廟坍塌破壞，廟內主持貧苦尤甚。訊稱此廟久無作會進香之人，以致如此。各廟邪經多與佛經混在一處，上面積塵甚厚。訊各僧道，稱係遠年遺留，伊等並未閱視，亦不認識，俱無傳習邪教情弊。是此地向有邪教而近無邪教，似屬可信。當即詳明上憲，將邪經邪廟盡行焚毀，以絕禍根。再查此地邪經有與鉅鹿相同者僅止五種，其餘二十六種則爲鉅鹿所未有。至於假託神佛煽惑愚民，其害更甚於鉅鹿所有之經，今雖已焚毀，未必此經之已盡抄出也，未必別處之再無此經也，若不續刻詳辯，恐將來邪教即以此經爲煽惑，以致聚衆傳徒，陰謀不軌，此即余之遺憾也。欲預防其聚衆傳徒之漸，默化其陰謀不軌之機，以期仰體皇仁，曲全民命，此續刻詳辯又欲不分畛域，俾遠近愚民皆能家喻戶曉，而余心始安。然遇邪教犯案即宜盡法懲治，無枉無縱，則刑教兼施，惟在自盡其心而已。道光己亥菊月穀旦直隸滄州知州甘肅黄育楩壬谷序續刻破邪詳辯一卷。

祥亨《重刻破邪詳辯序》 今試執途人而詢之曰：爾欲生乎？欲死乎？則必曰：欲生。又試執途人而詢之曰：爾求福乎？求禍乎？則必曰：求福。語欲生者曰：必將繯爾首，斷爾頭，分裂爾肢體，乃可以長生。吾知黠者必誹笑，雖愚者必不信也。語求福者曰：必將破爾家，亡爾身，戮及爾父母、妻子，乃可以獲福。吾知雖弱者必怒其言。遇強者將唾其面矣。獨怪世衰道微，邪說充行，愈趨愈下，愈出愈奇，任意捏造經典，隨時更換教名，各肆其妖妄狂悖荒誕不經之言，爲惑世誣民之具，而究其歸，亦總無以易夫死生禍福之說。夫既明明欲生，而至於誅死，明明求福，而至於刑禍，則其說已立窮，而其教亦將立敗。於是又復巧爲之辭，曰是非死也，乃歷刧升天也。若問擬斬決，則挂紅上天矣。問擬凌遲，則披大紅袍上天矣。然後入其教者至死而不悟。而其父母妻子全家之牽害同罹法網更不遑計矣。嗟乎倡教者何其毒，而奉教者又何其愚也。此時而更無人焉，大聲疾呼喚醒愚迷，將世道人心之害伊於胡底。余曩在都門，見甘肅黄君壬谷《破邪詳辯》一書，盡搜邪教經典書籍，凡數十種，即就彼書中摘其尤爲荒謬悖亂者，一一抉剔，以彼之矛攻彼之盾，痛快詳明，眞足以醒世而覺迷，名曰《詳辯》。嗚呼，其辯詳，其心苦矣，洵爲有功世道之書，因什襲藏之。八年，銜命來楚，專閫此邦。楚俗多謠而信鬼，尤易煽惑。則所謂正人心、息邪說尤爲今日急務。余時兢兢弗敢忘。逾年，即有鄂垣教匪謀亂一事。賴朝廷威靈，該匪等前期敗露，而人心惶惑仍數月未已。余因於篋中檢出此書，亟付手民以廣流傳。於世道人心不無小補。雖不知該匪等此次所倡者何教，意其大指當不出此書指摘數十種之外。謂入其教則登天堂，不入其教則墮地獄。入其教則可以免刧而登極樂，不入其教則大刧將臨同歸苦海，種種謬妄語耳。余因爲民示一顯明直捷語曰：夫彼所謂刧者，有甚於全家誅戮身首支解者乎？彼所謂福者，有過於完爾室家安爾食息不憂不懼無菑無害者乎？奈何一入其教即行踪詭秘，夜聚曉散，既懼鄉鄰之攻訐，又畏官府之訪拿，一旦犯案則笞杖捶楚血肉狼籍，輕則發配極邊烟瘴，重則斬絞凌遲，從未見彼教中所謂眞空祖師，無生老母者。一效其靈，一救其危，視彼不奉邪教者方且安居樂業，舉室熙熙蕩蕩平平，遵王之道。孰爲天堂，孰爲地獄，孰爲樂界，孰爲苦海？誰吉誰凶，何去何從，雖三尺童子皆能辨之，則吾民亦可以憬然思翻然悟矣。余尤願凡爲民父母者皆以黄君之心爲心，婆心苦口，時時以正人心息邪說爲己任。一邑如是，天下亦如是。一日如是，百年亦如是。彼邪教者，不惟無所置喙，亦將無所容身。於以仰副聖天子除邪崇正之心，以成一代經正民興之治。嗚呼！豈不懿歟。黄君又□有《邪教陰報錄》一書，雖稍涉因果，然爲愚民說法，因勢化導，正自相宜。因仍其舊附刻於后。光緒癸未嘉平宗室祥亨識。

五部六册

題解

鄒元標《雍正七年五部六册序》 大乘証果論呈錄刊行。子思子曰：天命之謂性，率性之謂道，脩道之謂教。道以一切智愚賢不肖，莫不有是道矣。是道是修是教也。惟調之於喜怒哀樂之際，體之於日用彝倫之間，則道即我，而我即道矣。亡何降於今，有等迷妄之流，棄子臣弟友之道，而嗜釋老怪之端。甚至異言異服，而誘人剃鬚下髮。指罪指福，而惑人蕩產廢宗。善哉，若此豈天命率性，修道之謂耶？余深慮衆人陷此苦海，而欲濟以出離之計，不可得。幸門人持無爲卷五六帙於余覽。余展讀之，始知爲大乘羅祖之行脚也。試觀其一十三忝之苦功，靡非完本來之面目。重辯深歎之心。思罔弗證自性之眞如。故不出家，而自不染。於塵俗不棄，人倫常得，由於大道。況佛亦云：高山平地總西方。又云：本無名相，何論在家出家，由是觀之剃鬚髮胡爲哉？執禪定胡爲哉？余于是裁此俚語爲大乘正宗，而屏絶一切謗法者。爲衆人釋疑，而各全其子臣弟友之道也。此之謂我即道，道即我矣。亦所謂出離苦海之計矣。具隻眼者幸毋鄙余言爲謬。賜進士第奉政大夫南京刑部郎中前吏部員外奉詔起用特受吏科給事中歸耕文江水田，臞農鄒元標撰。

龍大鼎《後言》 余老祖清庵公之生也，自正統而得道也。自正德忝究之功，無非以明心見性爲本，與儒釋之教將毋同也。遺經五部，以覺來世。其龍頭拐杖，婆娑等物，錫自先朝。又勅賜龍牌三道，安置經首，鐫刻銅板，藏之天府焉。猗歟盛哉。其後余會眞、湯鏡明二公，於天意山重修祖經，則不能無字句之訛。且四方印刷者，莫不以往返艱難爲歎。余祖太道圓公有意較正其訛，審爲善本。奈有志而未逮也。值今孟秋朔旦，師友雲集，余乃以黨尚書家藏北板，與諸公質之，訛謬顯然，無不掩卷而歎。議將舊板毀之，而從新刊鐫。乃以其責屬余。余惶愧而終不能辭，考訂之下，將訛者正之，謬者易之。當平上去入音韻，讀者圈之，仍亦不敢遽加刪削，惟註於旁邊，俾讀者瞭然於心目而已，不敢以後起顯悖乎前人也。嗚呼！老祖以將軍之身，尙樹菩提。後之君子，當加意惕勵，以忝徹夫大道，則諸公翻刻之意與老祖之遺經竝垂不朽矣！時雍正七年歲次己酉陽月穀旦，慧林龍大鼎百拜敬書。

論説

《金剛般若經註解全集·苦功悟道》卷一（臨濟正宗蘭風法嗣源静補註無極正派後學普卿普伸較證） 夫苦功悟道卷者，廼是祖家一十三年之行脚也。欲識人之貴賤，先觀其主眉目分明，要明經旨，先觀前來經首詮題。苦功者，未明大事，故下苦功。忝道者，豁然有惺，洞明先天大道，自己家風。故曰：悟道。祖家悟道，大悟十七八遍，小悟不知其數。小悟者，祖家第一忝止第六忝，小悟門也。不知其數。大悟者，祖家第七忝止十三忝，眞空妙理，大悟約有十七八遍。如是親悟一段眞風，了達唯心淨土。頭頭顯現，物物全彰。正所謂山河草木揚眞諦，風月樓臺演妙音。如此契悟，道不遠人，人自遠耳。既得眞悟，必假利生。若不利生，獨善其身。如獐獨跳，不顧外羣。欲集諸經作證，流通寶卷。於世四恩總報，三宥均霑。師云：苦處身心念未忘，功夫逐日自慚惶。悟明空刼以前事，道在時常不覆藏。

又 師曰：歎世無爲者，祖家靜中觀想。有情世間，乃至正報衆生。爲僧貧而不足，逼迫饑寒。富者多憂，操心盤放。貴已屈冤，瞞心造業。爲僧虛度，信施空消。剛強折挫，苦禁牢囚。謗毀大乘，罪無限量。山河社稷，錦繡乾坤，邦國王化，輔弼利名，南園北舍，業產家資。所以只圖眼下時光，不想腦後之事。忽然無常生死到來，總有幼子嬌妻難代。一切萬般將不去，孤單獨自入陰司。總歎處世爲人，俱無下落。有智之人，豁然有惺。三界無安，猶如火宅。觀身是患，猶若癰瘡。三災磨折，八苦交煎。惹罪招愆，何得樂也。觀此妄緣，了妄無體。全體是眞，即如來藏。妙明眞性，故曰無爲。卷首，經卷載道之舟航。祖意教義，無不備哉。

《金剛般若經解全集跋》　夫佛未出世，祖未西來，先有此經。此經不往內外中間，不拘四維上下，然而充滿太虛，應而遍週沙界，本自圓明。何者喃喃於註脚下添註脚也。佛言：若不傳法度衆生，必竟無能報恩者。既明大事因緣，必須利己利他。是故先君普榜本貫新安程氏子也，字岐暘，別號桂泉，乃梁代忠壯公後裔也。少孤貧，肩薪供母。長貿易，家頗豐饒。即思施貧濟苦，接物利生。恭遇無極聖祖闡弘得承先師普記座下普羽之泒，一言半句，立地承當，不辭勞苦，導化諸方。門下徒衆森森，傳燈者，竟有普積電護伸會奏中功里官欽上等輩。年登七十有二。乃請法契普卿証盟。臨危脫化，拳拳囑付令伸護教，勿至斷續。伸自幼齋戒，曾歷諸方五十餘年。承命奉母，秉教迦持二十四載。伸今耄矣，而護教之心罔知所終。彥云：欲報深恩，當明經旨。故較斯經，重刊法寶，流通大教，普續將來。承鄭公普卿，不負先君之託，讚助良因，共成勝事。上報祖恩，下完先德。永作人天之梯航，紹隆宗教之命脉。斯經也，諄諄有善咐囑諸菩薩之言，忱忱有善護念諸菩薩之心。伏祈諸方善士珍之。故跋云耳。不肖侍泉普伸謹述。

頌曰：自愧無智少辯才，竊祖眞機強論排。言言顯露眞如性，句句拈情絕點埃。諸君休笑多饒舌，自酧夙願滿襟懷。乘了現成眞三昧，同超刼外歸去來。

時順治九年歲次壬辰仲春月菩薩誕日重刊，時維嘉慶柒年歲次壬戌夏月復刊於古杭選賢堂。

大清道光二十二年歲次壬寅仲冬重刊，同治八年歲次己巳夏月重刊，佛誕日鐫。

佚名《傳臨濟正宗第二十七代無住静公行實碑》　自釋迦拈花迦葉微笑，歷二十八代東傳。此土方始有祖達磨六傳之後，又出南嶽清源兩泒齊行。五宗峙立，遂有臨濟潙仰之分，法眼曹洞雲門之別。門庭客瞻，代有哲人。應一花五葉之玄讖也。今心齋王公者，諱源靜別號無住。迺臨濟下雲仍，還受二十六代之宗旨。公初詣淮上，叩敬菴金公之旨。次入蘭風老人之室。問曰：萬法皈一，一皈何處。師曰：白鷺下田千點雪，黃鶯上樹一枝花。公曰：古人曾作境會。師曰：汝分上當甚麼會？公曰：犀因翫月紋生角，象被雷驚花入身。師曰：是甚麼時節，來這裏弄粥飯氣？公曰：恁麼則易分雪裏粉，難辯墨中煤。端的一皈何處？師振威一喝曰：放汝三十棒。公曰：賒三不如現二，即今就打。返與一喝，望師一掌。師曰：也似當年捋虎鬚，仍以法偈爲讖。偈曰：佛法無多子，要君脚下行。心光含萬象，性海印三空。句裏分緇素，言前會妙明。咄出金剛髓，匝地起清風。公受法旨，卜地而居。無可意者，遂變佳城爲蘭若，買隙地作叢林。棲隱韜光，待時焞價，初則爲鄉人所薄。公歎曰：昔何以譽，今何以毀？聊不介意。公智宏量闊，體道忘懷。有犯不較，有恩必酬。等心濟衆，愛絕偏私。語諄體秀，行止澹如。日孳孳然，以道自任。唯以利生接物爲心。每慨佛祖宗風之不振。先師法乳未酬，常垂涕洟。而謂弟子覺蒼曰：古人云欲報斯恩，當明經旨。我何人哉，我何人哉。一日門弟子率同志數十輩，羅拜公前。出蘭師之舊集，求公直釋。公遂允諾，竟不廢花取實，唯喜就路還家。其間叅酌去取，拈頌披陳。亦不容來者。以其言簡理當，深切著明。亦有補於將來。奈何稿成而公已示寂。有辭世偈曰：六十四年始得知，許多憎愛業相隨。打開識鎖忘人我，透徹情關絕是非。月印千江明上下，水流萬泒接高低。天然造化無生滅，隨處風光樂有餘。言畢脫去。在丙申二月二十日戌時也。其日四衆僻地，法眷悲哀。烏墜猨投，風悲木落。日月收光，湖山歛翠。惜乎慈航不掉清波上，法炬無燃黑夜中。賴慧燈之不泯，熖熖之長明。續繼有人。轉相授受得法小師，松屏其嗣余忝公之故識。聊狀其行，傳於不朽者歟。

乾坤無用人《重集補註開心法要跋語》　夫四維之典，世之相傳久矣。人人家家，莫不互曉。以其事理深明，法喻重顯，至於徹證無爲，了然甯拘一法，使人臣忠孝，君親子弟奉愛兄父，夫唱婦隨，禮別尊卑。柰何近日以來，異端兢起，邪說熾然，返引賢良譏毀，實因邪徒，機生詭異，見逐偏枯。謂是教中有提叅悟道之分，搭查對號之別。至於無稽失考，謬執邪談，不可勝記。如鼠糞投於羹釜，似毒藥置於醍醐。誠爲斯害也矣。故我心齋王公者，不忍其祖風凋墜，刻意叅詳。遂忘寒暑，十有幾年，閱徧諸經，叅合祖意，集錄是典，已便將來。一則摽祖翁在俗忘俗，居塵出塵，隨類現形，不忘遺囑。二則念聖去時遙，人心漸喪，恐佛法之零替，惜來者之無聞。三則辨金鍮之貴賤，分善惡之正邪，使賢士大夫不墮於聲塵色相之中也。且書成而化緣亦畢，猶戒賢之與達翁。忍死待來，

付授有在。其徒覺蒼別號松屏，門壻余淸，其號梅川，同志法眷覺妙覺音。捐資帛，罄衣囊，兼募諸大知識，協助鋟梓，以廣流通云耳。

右賦一首

宗說精微法味甘，行人何得自憨憨。信知有據眞誠語，不比無稽夢浪談。遠見高明休障礙，寡聞孤陋莫羞慚。休言斯旨閑家具，堪與將來作指南。

贈梅川余君鋟梓傳形一首

賢翁佳壻兩相當，鋟梓輝弘末後炎。世利不如法利廣，姻親何似道親長。傳形感德心恆在，遺脉承恩念未忘。佛事人情雙酬已，兒孫千載姓名揚。

志松屏開士荷擔法旨一首

心齋聲價古來高，續焰聯芳在爾曹。德惠普施恩澤廣，賢愚並化道風遙。釣竿弄處魚王負，柱杖拈時獅子哮。繩繩衣鉢仍相繼，方顯三吳產俊豪。

時萬曆二十四年歲在丙申秋末冬初日乾坤無用人謹識。

雜録

黃育楩《破邪詳辯》卷一 一，邪教有《苦功悟道卷》，內云：「參道工夫，單念四字阿彌陀佛。念得慢了，又怕彼國天上無生老母不得聽聞。」噫，單念阿彌陀佛，即名參道，是天下人人皆能參道也。使天下人人一齊大聲呼叫阿彌陀佛，無生聞知又將何以處此也？此外皆言眞空家鄉，有十數句可以說完者，必演至數千百句而後止。既屬妖妄，又嫌煩冗。名爲苦功，而無一實功；名爲悟道，而全不知道。《苦功悟道卷》不可信也。

又 一，邪教有《正信除疑無修証自在卷》，內云：「草木刧、芥子刧、斛麻刧、轆轤刧，造孽之人墮在地獄，惡趣受苦，經此刧數，無量百千，不求解脫，永不翻身。」噫，如邪經言，則人之不墮地獄者已寥寥矣。既墮地獄而不求解脫，則罪小者亦不翻身矣；若求解脫，則罪大者亦得翻身矣。至問解脫之術，則曰上供，曰誦經而已。亦思陰間治罪與陽間等，使世之居官者凡遇詞訟概令入獄，若無賄賂無私情而杖笞小故亦必永滯獄牢，若有賄賂有私情而命盜重情亦必盡行釋放。如此則貪贓枉法，官必自獲重罪，又安能治人之罪？今閻君治罪而惟論上供，是貪賄賂也；惟論誦經，是徇私情也。貪賄徇私而善惡倒置，閻君必自獲重罪，又安能治人之罪？或謂誦經懺悔，釋道亦有之。然釋道有是說，爲出家人設一求食之方；邪經有是說，爲習教人開一歛錢之路。使愚民信以爲眞，遂謂上供、誦經既能免罪，必至窮凶極惡無不樂爲，則是誦經懺悔，乃導人爲惡之由，非勸人爲善之道也。總之，人必恪遵正教，則積善有餘慶，雖不誦經而罪自無，人苟傳習邪教，則積惡有餘殃，雖日誦經而罪益重。誦釋道經以求免罪，已不可信。至於邪經，乃造罪之經，非釋道比，猶欲誦之以求免罪，欺妄已極，且又揑爲草木刧等名者，荒謬尤甚，愈不可信也。

又云：「蝙蝠、鸜哥、雉雞、野狐、螺螄、蟒蛇、魚龍等蟲，一聽法音，即成佛道。」噫，蟲類之成佛道，有誰見之？總使聽聞眞正佛經，亦未必如此之靈也。又況邪經妖妄悖謬，全無情理，偶一染及，即遭刑誅。如未不利於人類者反有利於蟲類，人既非蟲，安知諸蟲之所爲也？詭詐之言，不可信也。

又云：「白蓮教，下地獄，生死受苦。白蓮教，轉四生，永不翻身。白蓮教，供人家，錢財好物。犯王法，拏住你，苦害多人。」噫，以白蓮爲邪教而深爲毀罵，是有良心也。繼白蓮爲邪教，而毀罵白蓮，以明己之非邪教，是昧良心也。亦思教名雖殊，而均一下地獄，轉四生，均一哄人家，犯王法，已爲邪教而又罵邪教者，掩飾之術也。《正信除疑卷》不可信也。

一，邪教有《巍巍不動太山深根結果卷》，內云：「這裡死，那裡生；那裡死，這裡生，叫做流浪家鄉，生死受苦不盡。既得高登本分家鄉，永無生死。」噫，本分家鄉，永無生死，有誰見之？亦思今世習教之人，即前世習教之人也。前世習教，而或多倖免，必轉生今世，仍復習教，而相繼滅亡。可知不習教者生死循還而不無富貴，惟習教者亦生死循還而盡被刑誅。報應之理不可易也。又此經十數行可以說完者，必演至千數百行而後止，非惟無理，亦並無意。《巍巍不動卷》不可信也。

一，邪教有《嘆世無爲卷》，内云：「獲法人，功德大，千佛歡喜。勝似你，捨金銀，積滿乾坤。」又云：「謗法罪，無邊際，實難解救。謗法罪，無邊際，永下無間。」噫，邪教之法即刑法也。傳習邪教之人即獲法人，而刑誅立至，自古如斯；嚴禁邪教之人即謗法人，而富貴綿延，於今彌盛。今邪經以罪爲功，以功爲罪，謬妄極矣。再查此卷亦反覆重疊，浮衍成篇，收尾有骷髏兒嘆你，連用數段，更可笑也。《嘆世無爲卷》不可信也。

一，邪教有《破邪顯証鑰匙卷》，内云：「執文字，自家病，不知不覺。大衆聞，聽字脚，成了病根。」噫，自伏羲造書契以來，帝王以之致治，而法度紀綱，皆文字也，聖賢以之立教，而經傳子史，皆文字也。故孔子曰：「君子博學於文。」邪教欲不執文字，則邪經即可不造矣。何以捏造邪經，妖妄悖謬，有許多不通之文字？亦思儒教文字，緯地經天，萬不可廢；邪教文字，敗常亂俗，斷不可存。既欲存所不當存，又欲廢所不當廢，狂悖極矣，不可信也。

又卷二 又云：「三寶者，自性開覺，名爲佛寶；自性眞正，名爲法寶；自性清淨，名爲僧寶。」噫，開覺爲佛寶，而不辯是非，不明禍福，邪教已非開覺矣。眞正爲法寶，而心多詭詐，行多奸私，邪教已非眞正矣。清淨爲僧寶，而徒尚貪淫，不知廉恥，邪教已非清淨矣。三寶俱無，而以之誘人，既不可信，此外浮衍成篇，正意全無，而邪意亦窮。《破邪顯証卷》不可信也。

王源静《補註開心法要日用家風敘》 夫開心法要者，乃大道之提綱，是虛空之鎖鑰，今古之疑團，人天之眼目，道者之途程，聖凡之階級，一千七百之消息，三藏十二部之根源，行人之徑路，日用之生涯，目前之活計。自古道，無一字之名，豈有這些名相。所以以理言之，實不在於這些境界中，只在諸人分上。既在祖家會下，須當先究其根，然後利生於物。予目之所見，而未覩大了之人。若是大了之人，親見宗綱法要，此法要者，開示悟入之門。開者，開行人元初無一物，無一物中顯百千之妙用。究生死之根源，了輪迴之大事，破凡聖之疑情，去世人之毛病，脱愛網之提綱，斷人我之是非，除七情之愛欲，洞明自己之心宗，明目前之受用，悟六根之作畧。若不如是，必須重重審問，重重疑悟，重重體究。若也不叅不悟，不疑不惺，須當自疑自悟，疑來疑去，疑到無疑之處，正好功上加功，用上加用。忽然疑到無心處，果然摸着那邊人。那邊與這邊，原來只一人。此箇元人，即是靈妙之心。此心不住内外中間，歷歷分明顯見。《經》云：「應無所住，而生其心。應於三界，而不見其形。」實不見其去，應在乾坤，而不着於乾坤所住。應於萬物，而不着萬物所轉。應於善惡二境，而不着於善惡二境起念。應於好歹妍媸，而不着於好歹妍媸所染。應於虛空境界，而不着於虛空見。應於十方法界，而不着十方法界所執。應在鬧市，而不着於所亂。應在於寂寞，而不着寂寞起惑。此乃這些應用，言之不盡。或時而有動，動廼顯家風。家風原不動，内外透玲瓏。或時而不動，不動之中施大用。大用之中空不動。或時而彰放之彌於六合，而不見他去。或時而不彰，卷之藏於密，而不見他來。或時寂然不動，遇境感而遂通。或時變化無窮，法法而全收全放。或時威靈莫測，東土原不曾去。西方亦不曾來。十方國土無處不彰，無處不顯。道者親見這段家風，隨處不留心，心心常合道。一切處不起念，念念等虛空。千變萬化用無窮，恆沙妙用談不盡，從不思議中來，起不知起處。自在家風，落不知落處。眞空妙湛，若説有心知，非是眞知覺，知覺本無知，無知是眞覺，眞覺應虛空，虛空與眞知。眞知難測度。踏着無生地，隨處是極樂，極樂是家鄉。十方無壁落，三界不能拘。天地無管着，閻王不能轄。王法無人縛，儱侗遇時光，好箇活潑潑。大地總包含，虛空無造作。自在任逍遙，無人來摸着。摸着這個人，蕭索眞蕭索。總頌曰：

威音那畔本無人，刼盡隨因又轉身。抱道聖人還襲位，脱空道者復原根。聲聞伸重三乘要，緣覺難明一句眞。若是超然奇特漢，番來復去獨爲尊。

臨濟正宗第二十六代蘭風老人詳釋，時皇明萬曆歲在丙申孟春之吉。法嗣松菴道人王源靜補註重刊。

普伸《祖經法要補註宗教會元序》 蓋聞釋迦教法，方便鈍根。漸修聖諦，祖師宗風接引利智。頓悟眞常，故云：佛事門頭，不捨一法。祖家宗風，不立一塵。習教者，事事法法，迴光返照。照了蘊空，觀空不空，是謂眞空，即是宗風。學宗者，步步頭頭借境明心，心境雙彰。於相離相，是謂實相。乃亦教法，故知宗教不二，惟具一心。此心了了，宗教皆

空。或曰：既了皆空，何更饒舌。曰：佛不爲佛設教，祖不爲祖立宗。佛祖設教立宗，蓋爲大地衆生。故設多種權喻方便法門。本爲輔國化民，向善歸眞，衆生不盡，弘願無窮。只因度生心不了，乃至千百億萬身。所以悟空老祖，化現羅翁苦行一十三年，捨死忘生，悟徹一段威靈覺體，融通諸人化外風光。請諸經証盟，冊定五部六帙。斯經也，言言見諦，句句明心。談未生前之趣向，論刧外之家風。窮威音那畔，無佛無人，究無極元初，未天未地。斯時也，豁然摩着這箇。只這箇，輪迴曠刧，無欠無餘。修證今時，不生不滅。斯經也，天魔聞之心寒。外道聽之腦裂，上根利智，一聞千悟。中下遲疑，心多驚怪，不敢承當。故無極聖祖，復化應翁，諱曰繼南。捨身喂虎，割肉飼鷹。六年苦行，入滅雙林。遺三乘教法，以斯經證盟。單傳直指心宗，須愚盲鈍根者抱元守一，亦得見性還源。欣遇蘭風，以斯經開心法要。法要內以宗判教。源靜心齋，補註公案。公案中以教判宗。二老恐後覽者，緣宗而無教法，持教不契心宗。故以斯經宗教會元，使後之學者，不泥於斷常二見，不墮於偏枯二空，實濟岸之舟航，圓通之捷徑也。予之不敏，叨在派流，未必無小補云耳。頌曰：

一字掀開八卷彰，箇中一卷總包藏。涅槃心印分權實，差別宗風判紀綱。經律論中評實相，身心意裡究眞常。野老而今多饒舌，留與明覽細參詳。

時順治九年壬辰仲春月菩薩誕日重刊。

無極正派萬源道人普伸識。

嘉慶柒年夏月重刊。

《補註凡例》　一凡看經究義明佛意，問道窮源參祖機。念佛誦經，習儒教法，顯機施用悟祖宗風。宗教不二，謂之會元。

一凡高一字者，祖經正文。低一字者，是補註法要。祖家婆心切切，言而復言，是謂經讀者。勿謂諄諄爲繁。

一凡讀者，須皈依要自心覺悟依佛。自心正眞依法，自心清淨依僧。三心不昧，乃契宗風。

一凡讀者，必要持戒。一不殺生存仁，仁者天地生物之心體，太上好生之德。二不盜爲義，義者不苟於私，正大光明。三不邪婬爲禮，禮者男女有別，邪婬斷，即惡業斷。四不誑語爲信，信者爲功德道源，信能俱□法眼。五不茹腥飲酒爲智，智者超脱生死，永息輪迴，戒行精嚴，爲持教法。所以戒爲學道之基。

一祖經直捷純談實相，不立三乘權學等見。學者未必上根利智，須假三乘漸脩。故補註接引後學。

祖經不論禪定解脱，惟論見性。性本無形，憑何可見放註中法語。指青青翠竹，鬱鬱黄花。溪聲落落，鳥語喃喃。於見處聞處，借境明心。故云：見山見水見心王。

一論見性有二：一者佛性是體，二者識性是用。學者休住於見聞覺知。錯認識性爲佛性。須知攝用歸體。

原宗圖

題解

林兆恩《三聖正宗・原宗圖》　林子曰：太極分而爲三才，曰天，曰地，曰人。人有三宗，曰儒宗，曰道宗，曰釋宗。儒以孔子爲宗，道以黄帝、老子爲宗，釋以釋迦爲宗。

林子曰：太極者，一也。天以一而陰陽之，一陰一陽者，天之夫婦也。地以一而剛柔之，一剛一柔者，地之夫婦也。至於人則以一而仁義之，而仁義之大，莫大於三綱，故有夫婦而後有父子，有父子而後有君臣者，三綱也。而天下萬世顧乃有男不婚，有女不嫁，不知立人之道，以斷棄此三綱者何與。至於男而婚之，女而嫁之，又且不能盡仁義之大。而三綱爲之不振者，蓋亦有之。噫，安得有盡性至命之徒，而與之論天地人之始。儒道釋之初，男必婚，女必嫁，陰陽剛柔仁義之大道也哉。今既未見其人矣，則余能不任三門之責，而使天下萬世，必男而婚之，必女而嫁之。如天之必陰必陽，地之必剛必柔，而仁之，而義之，而三綱之，無有乎斷棄而不振，然後余之心始慰也。

劉經邦《原宗圖跋》　周子曰：無極而太極，太極而陰陽。邵子曰：

有陰陽然後可以生天，此天道之所由始也。又曰：天分而爲地，地分而爲萬物。此地道之剛柔，人道之仁義，所由出也。故易曰：立天之道曰陰與陽，立地之道曰剛與柔，立人之道曰仁與義。由此觀之，人之仁義，固天之陰陽，地之剛柔也。然仁義莫大於三剛，而三剛必始於夫婦。故先生之所以切切然，欲挽二氏以歸儒宗孔者，蓋將以正夫婦，以正三剛，以振此天經地維於不墜也。經邦嘗玩索而竊論之。三宗者，苞也。三宗之流者，蘖也。今儒之蘖，雖云獨茂，而其間之傾蔓，不能自樹立者亦有之。若其蘖之爲道爲釋者，何其頹然焦槁，而失其生生之機邪？故培其苞而條其蘖者，場師之責也。原其宗而達其支者，先生之任也。嗚呼！後之閱是圖者，其當知先生之所以扶植人極之大者哉，門人劉經邦百拜謹跋。

劉獻策《原宗圖跋》　三門者流，以黄帝、老子、孔子、釋迦爲宗。而黄帝、老子、孔子、釋迦以太極爲宗者，原宗也。由是而推之，則三門者流，不惟爲黄帝、老子、孔子、釋迦之孫子，抑亦太極之餘裔也。然太極無心也，亦無言也。設其有心亦有言也，能不以三門之餘裔爲心，而諄諄然以三綱爲命乎？惟其無心也，亦無言也。故我師龍江先生不自以爲心，而心太極之無心，不自以爲言，而言太極之無言。其所以賛太極之所不逮以擴前聖之所未發者，其功非細也。先生嘗曰：原爲太極總理，此三房孫子。做箇三房老家長云耳，原宗一圖豈苟作哉。門人劉獻策謹跋。

林子三教正宗疏論

題　解

林兆恩《三教正宗統論自序》　兆恩不能文而其所以見之辭章者，只以發明三教。已爾抑或所至之地以與諸生言者，委不能無複語，而諸生乃悉命之梓氏，而兆恩固未之校，亦以俾諸分集而閱覽者，而各得其所謂立本入門極則與夫道一教三即心即聖之本旨也。若世之文士則有其才矣，而以不複語爲高，殆非兆恩之所能及也。是集原係聖學統宗，兹復命盧生文輝删而校之，概有三十六册，總標之曰《三教正宗統論》，以請正諸有道君子。若兆恩愚昧而其所言或有不協於理，乞爲兆恩一酌裁而損益之，庶可不謬於古之聖人，則其所以教兆恩者至矣。

又《又》　或問：老氏之道今且未論，而釋氏之釋果可行之中國以治天下國家哉？余每以釋典所載悉皆心身性命之微，不可使知之，道殆與孔氏之儒雖不異，而曰以此可以治天下國家，使民由之者不亦妄耶。今以孔氏之教所可使由者言之，始自伏羲、神農、黄帝而堯、而舜、而禹、而湯、而文武夫婦之别，父子之仁，君臣之義，三綱五常無不畢具，又況精微之致盡之於易，政事之宜盡之於書，性情之正盡之於詩，節文之著盡之於禮，賞罰之明盡之於春秋，以正朝廷，以正百官，以正萬民。至於行兵、治賦、亮采、導河而所謂世間法者，殆有不可得而勝紀者，不惟宏綱懿範，既極明備而足述，雖至威儀縟節亦且昭晰而可觀。故從古以來之所以治天下國家者，眞有不能外於孔氏之教矣。若釋氏之神機玅用，乃所謂出世間法也，而變通宜民之下施之中國，固不爲滯，亦豈能不藉經綸於易、書、詩、禮、春秋，因政教於堯、舜、禹、湯、文、武者哉。此余倡教之大都宗孔之本旨也。兹集删字頗得余心，然終不能無疵謬之語者，乃余生平所學，疎陋之過也。

論　説

盧文輝《三教正宗統論叙》　或問：何以謂之三教之正宗也？文輝乃竊三教先生之本旨而語之曰：其所謂三教之正宗者，非他也，心、身、性命之要道也，三綱五常之至德也，士、農、工、商之常業也。統而宗之，豈非其所謂萬世無弊之可宗者，正宗耶。故徒知心、身、性命之要道，而不知有所謂三綱五常，士農工商，則道非其道矣。或徒知三綱五常之至德，而不知有所謂心、身、性、命，士、農、工、商則德非其德矣。徒知士農工商之常業而不知有所謂心身性命三綱五常則業非其業矣。而心身性命，而三綱五常，而士農工商而合而一之，此乃先生三教正宗之本旨也。門人盧文輝謹叙。

又《又》　文輝嘗竊論之，自秦漢以下聖人不作而大道久湮，孔子、老子、釋迦之學不明，而儒、道、釋者流不知所謂中，不知所謂一，不知所謂立本、入門、極則，各立門戶以自高，各執偏見以相詆，迷謬愈深，是非舛錯，故有華言飾行，巧取世資，托乎孔子之儒而不知乃儒之蠹也，非孔子聖教之正也。服石餌金，希慕長生，托乎老子之道而不知乃道之蠹也，非老子玄教之正也。削髮遊方，斷棄倫屬，托乎釋迦之釋而不知乃釋之蠹也，非釋迦禪教之正也。三氏之正學既已不明，而千古之眞傳伊誰可繼？幸而吾師龍江林夫子出而倡明之，總持三門有教無類，其與儒言儒也，必言孔子之儒，而復舉老子之道，釋迦之釋以印證之。俾知其執中也，未始有異於守中、空中也，一貫也。未始有異於得一歸一也，立本也。未始無道氏之入門，釋氏之極則也。其與道言道也，必言老子之道，而復舉孔子之儒，釋迦之釋以印證之。俾知其守中也，未始有異於執中、空中也，得一也。未始有異於一貫歸一也，入門也。未始無儒氏之立本，釋氏之極則也。其與釋言釋也，必言釋迦之釋，而復舉孔子之儒，老子之道以印證之，俾知其空中也，未始有異於執中、守中也，歸一也。未始有異於一貫得一也，極則也。未始無儒氏之立本，道氏之入門也，無所別於儒，無儒而無不儒。無所別於聖，無聖而無不聖。無所別於道，無道而無不道。無所別於玄，無玄而無不玄。無所別於釋，無釋而無不釋。無所別於禪，無禪而無不禪。統而同之，合而一之，歸於無名，返於無始，此夏之所由，以大而道統之所由以傳也。文輝祗承龍江吾師嚴命，結集夏午眞經三十六卷，復承編訂校梓三教正宗統論之任，既竣事矣，不能無言，然亦不敢鑿空立異以爲言也，惟以平日所傳於吾師之前，與所以體驗力行之有得者，而強叙列之如此。時萬曆歲次乙未春王正月上元吉門人盧文輝盥手百拜書于三一堂之觀復齋。

陳衷瑜《林子三教正宗統論·目録紀因》　龍江林夫子倡道四十八載，著書數十萬言，凡合一之旨心性之微經濟之大無不畢具，皆自孔、老、釋以來二千年所未嘗道者。其隨在與門人講觧論答之言，即爲門人録而梓之，著作不一時，編校不一人，或以各見編摘成集，故有曰聖學統宗者，有曰分内集者，有曰夏一集者，曰夏三集者，又有曰分摘，曰標摘，曰約摘，曰復初，曰拾餘者，種種諸集，標名各別，卷帙浩繁，往往重疊混淆，散亂無紀，觀者病之。至七十九歲乙未，始命嫡傳盧子結集《夏午經》又命編校更定是書全集，標曰《林子三教正宗統論》，以應禮部徵取。然當時急於應命，不免叠出，闕文不暇刪校，須合數集六十餘冊，纔見備悉，覽者猶爲未便，林子嘗遺命盧子再刪定之。迨盧子倡道涵江時，復加編訂，去其重複，補其未備，又將四書正義之標摘與續者更加刪彙，與道釋諸經釋略而合之，三教之旨燦然大明，共三十有六冊，分作元、亨、利、貞四函，卷帙不繁，又且周悉。覽者無不稱快。第當時求教者最多，建祠事冗甚，以致是書集刻尚未竣事，盧子嘗以是書示衷瑜，曰：教主倡道，其精神命脉俱在斯集，昔命區區編定，付梓以垂後世，今尚有未集者若干，未刻者若干，子其與我成之。未幾，而盧子升遐，衷瑜不敢推諉，謹將未集者集之，未刻者刻之，以成盧子編校之功。庶全書井井不紊，林夫子大道炳若日星，後之有志斯道者亦得以便於觀覽云。再傳門人陳衷瑜識。

混元紅陽顯性結果經

論説

黄育楩《破邪詳辯》卷二　邪教有《混元紅陽顯性結果經》，内云：「混元一氣所化，現在釋迦佛掌教，爲紅陽教主。過去青陽，現在紅陽，未來纔是白陽。」又云：「大明萬曆年，佛立混元祖教，二十六歲上京城。」噫，紅陽教是飄高所創。飄高與還源、弓長等同爲明末妖人。飄高所言，還源、弓長已言盡矣。乃律例惟以飄高爲邪教者，以飄高藉太監之勢，傳徒尤衆，而犯案尤先故也。至以青陽、紅陽、白陽爲名，妖妄已極，不可信也。

又　又云：「三寶者，在人爲神，在身爲氣，在骨爲精。」又云：「此法不是眞三寶，爲何留經度衆生？此法若要留誑語，傳法領衆碎屍零。」噫，以精、氣、神爲三寶，人人皆有，又何足異？至謂此法若要留誑語，傳法領衆碎屍零，此二句正可喚醒世間習教人也。蓋世之習邪教

者，斬決梟示，凌遲處死，已碎屍矣，則邪經之爲誑語已無疑矣。飄高設誓而後人犯誓，碎屍之禍相續不絕。猶以留經爲度衆生者，不可信也。

又云：「無佛無法無隔礙，無我無人任縱橫。無天無地無隔礙，一體虛空任縱橫。」噫，此以無隔礙，任縱橫演至二十餘行，極言眞空家鄉有無數樂境，亦思邪教犯案，自拏獲以至正法，時時有隔礙，處處難縱橫，乃不以顯然易見者爲箴規，竟以虛而無憑者爲趨向，何其愚也！《顯性結果經》不可信也。

混元紅陽大法祖明經

論說

黃育楩《破邪詳辯》卷二　邪教有《混元紅陽大法祖明經》，內云：「眞空老祖、無生老母、諸佛諸祖，稽首歸依蓮花會，大衆誠心立成班，鞠躬問心，懶跪鞠躬，懶起鞠躬問心。」噫，此以問心演出五十餘樣。亦思既問心矣，而捏造邪經，言皆妖妄者是何心？男女混雜，漁利漁色者又何心？傳徒聚衆，釀成鉅案者又何心？迨至枷杖徒流、絞斬凌遲而終不知悔者又何心？教邪則心邪，心邪則以非爲是，即以禍爲福，猶以問心誘人者既不可信，至於八十八老祖皆虛捏之名，十二懺悔盡欺人之術，以及十步工夫、十拜明香俱屬妖言，兼多浮衍。《大法祖明經》不可信也。

混元紅陽血湖寶懺

題解

黃育楩《破邪詳辯》卷二　邪教有《混元紅陽血湖寶懺》，內云：「太上飄高老祖於萬曆甲午之歲正月十五日居於太虎山中，廣開方便，濟度羣迷。」噫，邪經俱刊自明末，而以年限論，當以飄高爲首。飄高倡教，而還源諸人相繼而起。迨至弓長，總諸邪經之大意，捏爲《龍華寶經》，邪教之邪已畢備矣。要非飄高，不能流毒至此也。以害人爲濟人，不可信也。

論說

黃育楩《破邪詳辯》卷二　又云：「陽間婦人生產男女，穢污不淨之水集聚一處，名爲血湖。婦人死後，個個執碗飲盡血水，方得出期。若請紅陽道衆啓立血湖聖會，諷誦赦罪眞經，即赦釋前愆，歸依大慈悲佛。」噫，果如此言，天下無不生產之婦人，即無不受罪之婦人，必待飲盡血水方得出期，閻君亦何不情之甚也？必請紅陽道衆諷誦邪經，始釋前愆，歸依佛境，閻君又何好邪之甚也？豈知生產非犯罪之事，習邪實犯罪之事，茲以無罪爲有罪，又以犯罪爲赦罪，固爲理所必無之事也。以理所必無者誣閻君，宜爲閻君所深恨，而必陰驅之，盡皆犯案，顯就刑戮，而後使之遍受地獄之罪，理應然也。《血湖寶懺》不可信也。

混元無上大道元妙真經

論說

黃育楩《破邪詳辯》卷二　邪教有《混元無上大道元妙眞經》，內云：「混元至眞老祖在金蓮臺座，會一大諸眞，議論東土失鄉，貪戀虛花浮景，闖入沉淪，四生六道，何刦超昇。內轉敲天奏事告曰：『至眞老祖所該五輩飄高，留下眞經，苦勸迷蒙。』」又云：「此經若誦一遍，延壽長年；看念二遍，常現眞元；看念三遍，三祖生天。」噫，敲天之名，粗鄙

可笑，又今之念經者比比然矣，何以暫爲誦念，即遭枷杖，稍久必至軍流矣，再久必至絞斬矣，再久必至凌遲矣。六道四生，全無証據，一家數口，盡底死亡。念經之害深可畏也。《大道元妙經》不可信也。

姚秦三藏西天取清解論

雜録

黄育楩《破邪詳辯》卷二 邪教有《姚秦三藏西天取清解論》內云：「風不能刮，雨不能濕，火不能燒，水不能揜，刀不能砍，箭不能穿。」噫，此乃贊揚當人之意。亦思邪教犯案，斬決凌遲，未有殺之不死者，是刀已能砍矣；則火能燒，水能揜，可概知矣。至於當人果是何物，有誰見之？而其他邪經往往以此爲師承，甚可笑也。《取清解論》不可信也。

吕祖士子經

題解

柳圭《士子經總跋》 經以明道，無取乎工也。然不工，則不足以訓世，而尤不足以訓士。工非富麗之謂也，切當云爾，顧切當亦難言矣。聖經切矣當矣，賢傳切矣，而容有未當，此中庸之所以難也。是經其庶幾乎按勢立論，切之至，本道垂教，當之至。曰明道，防異端也。曰養心，固善性也。立身大節也，故以敦倫詔之。覺世重任也，故以維化責之。不戒欺，焉能求慊，存誠其八道之門乎。不體情，焉能明理，行恕其求仁之路乎。然細行不矜，有累大德，示以謹行，則功愈密矣。若孤陋寡聞，難爲通儒，教以習藝，則學乃全矣。嗚呼，經文僅八章耳，而本末畢具，內外咸該，性理包焉，道學明焉，豈非萃羣書之大成，而上維聖教，下振士風者哉。昔王仲淹著《中說》，學者擬之《魯論》，後儒猶或非之。若是經也，其幾於大醇矣乎。數百年來，道統幾湮，聖學幾晦，何幸天之未喪斯文也。覽是經者，果能沉潛反復，深思其義，則心與道合，而作聖不難矣。若僅視爲訓世文也，其亦拘墟之士也夫。咸豐八年歲次戊午三月十五日，弟子柳圭降筆。

論說

佚名《吕祖士子經・明道章》 粵稽洪荒，肇成大道。其道無名，以天爲號。越有圖書，迺宣藴奧。惟聖聰明，斯文通曉。欽若昊天，洪敷至教。無偏無頗，是則是傚。世教浸衰，帝心孔悼。降生聖神，主宰學校。厥有仲尼，克持大要，羣聖儀型，萬世師表。乃有異端，同生大造，不中不庸，曰佛曰老。寂滅是宗，清淨自好，空説綱常，侈談元妙。似是而非，實儒之盜。幸有韓公，可稱先覺，聖學振興，異端排倒。其功誠多，其學惜小。宋儒嗣興，聖教遠紹。聿有文公，曾居禪廟，及悟其非，乃知孰好。學究孔顏，道衍周召。斯道大明，吾儒永效。今世云衰，古風已邈，道將墜亡，人盡昏貿。惟士聿修，乃文是寶。云及聖賢，意反嗤笑。曰攻辭章，空讀訓詁。俗儒何多，修士何少。大道欲明，改志宜早。

又《養心章》 惟天生民，同稟皇降。貌有萬殊，心無二狀。性統於中，理居其上。厥惟善良，奚有邪枉。因習而移，此心乃放。與物浮沉，任情擾攘。情失其和，念無不罔。卓而天君，忽然塵障。哀哉蒸黎，率此迷罔。道心誰存，德心誰廣。賴我儒生，作之師長。悚其神明，滌其腑臟。何爾文人，恣其邪想。逐逐營求，憧憧來往。言念聖賢，夙深景仰。德罔不修，學無弗講。志慮兢兢，襟懷蕩蕩。克致中和，胥歸涵養。古有詩書，爾其玩賞。晤對先賢，坐遊函丈。敬有所存，傲無由長。意趣優游，精神開朗。天良不迷，義氣自壯。節命攸關，從容是尚。質化柔愚，貌徵睟盎。學問彌堅，威儀可象。內省有慚，中懷弗暢。不戒其欺，乃底於喪。存敬致和，禁邪去妄。養心之方，古今無兩。

又《敦倫章》 大哉人綱，永垂萬世。號曰天倫，統乎民義。靈蠢攸分，性情所致。萬事之宗，四民之事。倫紀不修，人禽奚異。凡厥有生，各其自勵。士品獨尊，聖教勿背。謹此綱常，底於純粹。上法古人，私淑虞帝。大德克全，至誠默契。夔慄時深，憂喜勿僞。依類而推，其倫自備。三代之英，五倫不愧。學校異名，教化同意。皆以明倫，豈有他計。用勉儒生，深思古制。宣聖云遙，魯論猶寄。以學開先，言孝居次。倫之宜敦，意可微會。務本未能，讀書何爲。文亦堪嘉，名非不貴。名教無慚，聖賢可對。篤此大倫，樂有餘地。情文日生，天爵不棄。虛有文名，何足比例。文喪名除，才盡聲替。克盡倫常，實超等輩。文雖不佳，學亦可謂。顯達未逢，聲聞不墜。嗟我文人，何猶昧昧。

又《維化章》 士首四民，端推先覺。上翼王風，下維聖學。世道攸關，人心所屬。化之盛衰，士有榮辱。苟欲正人，宜先慎獨。德行可觀，家邦自服。和平不乖，正直無曲。品格端方，語言誠篤。於此克全，其餘俱足。身由此修，世賴以淑。始化家庭，漸推宗族。四鄰觀望，一國瞻矚。默化潛移，不疾而速。士苟能賢，民莫不穀。昔有純儒，克易鄙俗。盜賊被拘，姓名畏告。革面洗心，出谷遷木。思厥修爲，若何檢束。尤有大賢，窮居陋屋。禹稷其風，堯舜其欲。言念姱修，欲深克復。其在春秋，必化庸碌。蓋士有身，乃民之鵠。化贊朝廷，功在黨塾。豈曰牖民，必待食祿。志在爲邦，動齊當軸。豪傑奮興，休明可卜。返樸歸眞，揚清激濁。推致中和，參贊化育。士也如斯，書非空讀。

又《存誠章》 維皇降衷，性眞可按。萬善同歸，一誠相貫。必克存誠，乃能明善。默化蠢愚，深通幽暗。欲卜成功，宜除妄念。至誠必明，積誠能感。大哉聖心，烱若金鑑。純一無私，妍媸立辨。我欲求誠，功宜加勉。不欺神明，足化愚闇。曾子勤修，聖功實踐。履信懷忠，戒欺求慊。大道克明，魯質何患。凡有至誠，必獲實驗。誠貫始終，力持久暫。久則有徵，動則能變。大舜聖神，天眞爛漫。情感二人，功非一旦。至誠所通，有苗弗叛。苟能積誠，靡不如願。信及豚魚，忠感雷電。平素無欺，功效乃見。堪笑庸愚，素多妄誕。欲明情眞，輒矢天厭。其意雖深，人疑不免。誠未早儲，誠非有歉。念果眞純，功無間斷。片刻有疏，至情尚淺。惟利是圖，其心已亂。士也存誠，神勿外散。

又《行恕章》 大道惟公，推而皆準。至聖無私，施焉必順。惟仁是宗，乃恕之本。強恕而行，求仁莫近。心志勿偏，形骸宜泯。以己度人，惟忠與信。遠稽衆情，近察方寸。念念皆同，心心相印。不見皇衷，克符民隱。視我情懷，測其喜愠。與聚勿施，垂憐加憫。惟有恕心，乃勝大任。恕之一言，古有二論。如心體情，至詳且盡。情有難寬，心不可很。宜持其平，莫爲已甚。蓋恕之云，惟寬是訓。疾惡太嚴，秉心過忍。厚意相加，仁風無損。渾全仁心，獨有聖品。中材自修，循序而進。體恕欲眞，辨義當審。公私克明，施受不混。始戒欺陵，久生忠懇。仁以義成，恕由義引。先知後行，有條不紊。俗情多私，恕道不問。其所推行，自相矛盾。惟士爲賢，於恕當認。用情不公，聖人必哂。

又《謹行章》 聿厥士修，言行並重。徒善其言，無補於行。行果能純，言亦可統。細行克矜，大德乃正。古有醇儒，品希至聖。謹此步趨，愼其動靜。臥不愧衾，行不愧影。凡厥修爲，罔或馳縱。得爲高賢，非有捷徑。託始造端，惟嚴與敬。嚴則神清，敬則心定。念克謹持，身無妄動。小德兼全，純修莫並。用勉今儒，宜臻此境。何爾操修，同茲庸衆。狂蕩爲高，風流是競。慣說適情，巧言乘興。大家自居，小節無用。一聞箴規，便起爭訟。誣引先賢，妄取實證。如此執迷，其何能醒。厥行有疵，乃心之病。大端若修，元善可慶。乃觀本原，難免譏諷。名教有虧，綱常不整。大醇未臻，小疵難淨。行欲無慚，心宜加儆。夜懍四知，日嚴三省。制行咸宜，出言必中。言行兩純，聖賢可等。

又《習藝章》 惟道難名，本末合一。惟聖難知，才德無迹。至大至精，有始有卒。縱厥多能，應茲庶物。是由天成，豈曰人力。我非生知，藝可早習。才勿妄施，學期有益。喪志則凶，適情則吉。異術是矜，徒勞可惜。博而無功，高而寡實。學以事荒，心爲物役。縱極其精，難云無失。所習有成，當務爲急。約其猖狂，化我固執。孤陋無識，應酬有術。宏暢天機，久臻聖域。藝有精粗，理可細繹。多習其文，鮮造其極。闕里云遙，英才可憶。學者三千，通者七十。一技一能，可矜可式。學擅宏通，功非旦夕。我慨晚今，藝殊古昔。博學無成，虛名自飾。諸務皆通，絕技難覓。縱有才能，誰其稱述。俗子尤多，賭風不息。把玩忘勞，精通無匹。學習雖高，士林難立。凡我儒生，可無警惕。

呂祖孝經

題解

孔傳鑫《呂祖孝經序》　事親能順之謂孝，出言可法之謂經。論孝而著爲經，蓋欲藉經以勸孝也。孝經之作，自孔子始。嗣後文帝降乩，復有經以訓世。今呂祖宣化，又作斯編，固與孔子、文帝同條而共貫者也。獨是孔子《孝經》非不足以覺世，文帝《孝經》非不足以化人。而世風不古，人心亦異，目爲故然者不少，視爲具文者尤多。且孔子多提其大綱，文帝未詳其小節。而呂祖憲而章之，擴而充之，條分縷析，先後不紊，旁證曲喻，勸懲俱備。節目既極其詳，情思更見其懇。且斯經之作，降自諸天，非同凡筆。披覽之餘，不惟有以動孝思，抑且得以晤神明，是眞名教之樂地也。覽斯經者，務宜口誦心維，以進於躬行實踐，庶幾無愧爲人，無愧爲子，並無愧於神也。噫，勸孝鉅任也，作經者難，序經者亦不易。余也本無孝行，尤無長才，亦何敢序經。然閱覽之下，實覺情有難已也，因謹示此經之善，以告來學者。咸豐六年歲次丙辰九月初一日，文神孔傳鑫降筆。

論說

佚名《溯原章》　孝爲萬善首，他端盡居後。貴賤與智愚，生初理並受。萬物人最靈，倫常切勿苟。大道本自然，流行充宇宙。混沌未開時，天地俱無有。孝道生陰陽，乾坤有父母。萬古肇太和，惟孝能永久。彼蒼愛羣生，即以此理受。世道有遷移，至性無分剖。上世孝風敦，不過人心厚。後代俗漸漓，性亦失其舊。孩提俱天眞，愛親與聖偶。及長孝情衰，甚至同禽獸。大人孺慕深，赤心常保守。降材本無殊，不孝將誰咎。逆子忤雙親，世人須嚴究。天網縱恢恢，此罪詎能漏。大端若無慚，小過尚可宥。孝行既有虧，他善天不佑。吾作《勸孝篇》，至理要勘透。

千古綱常何處求，須從造物溯根由。人生大本能先立，不怕青天在上頭。黃庭堅降筆，下倣此。

又《胎孕章》　孝親道宜敦，勿忘鞠子恩。養兒匪容易，百般受苦辛。此身何所出，全從父母分。母懷方自娠，百味思嚬呻。爲父心悲切，酸甜到處尋。身怯胎恐墜，晝夜淚沾襟。甘心服苦藥，復恐傷兒身。縱然躬強健，嘔吐病難禁。廢寢並忘食，頭眩目又昏。身冷如冰結，心熱似火焚。不幸染外疾，二老益傷心。護兒如珍寶，飲食亦強吞。兒肥母漸瘦，坐臥氣不伸。子胎如山重，舉步常留神。母血吸將盡，親憂屆臨盆。產時苦難忍，生婆延頻頻。祇恐身爲鬼，死與兒同墳。魂魄不附體，男女何暇論。兒生親始喜，猶見雙淚痕。生子苦無限，不孝曷爲人。

胎孕從來第一關，死生祇在展眉間。千辛萬苦親俱受，怪歎兒郎作等閒。

又《養育章》　孝德君莫少，養子恩宜報。小兒初生時，艱難累雙老。臨產命如絲，兒生心猶跳。身旺意少安，有疾命難保。惟恐赴幽冥，遺孤無人照。兒體若有災，父母倍煩惱。抱病出家門，爲兒尋藥草。日久病不瘳，親心惄如擣。兒愈喜難言，慶如天賜寶。夙夜抱懷中，牀榻不遑掃。便溺污親身，不怒猶喜笑。兒衣常不乾，隨時換襁褓。親臥溼灣中，兒眠席乾燥。深夜睡正酣，兒啼即起抱。醒來強提神，將乳與兒嚼。兒乳不敢眠，欲眠恐身倒。不顧己饑寒，祇求兒溫飽。兒若哭不休，二親心如攪。不謂兒有驚，即怨己不巧。保赤恩最深，世人何不孝。

人子當追襁褓恩，全憑父母得生存。他年親老須相顧，好把此情還二尊。

又《保護章》　孝道須遵行，情宜孩提同。雙親恩罔極，三載德靡窮。爲兒能匍匐，保護益兢兢。牀邊兒誤墜，直如顛己躬。恨不自身受，使兒獲安平。兒若能移步，愛看兒行蹤。行久恐兒仆，提抱時關情。稍長兒能語，父母樂爾聽。小兒言難解，反怨己耳聾。苦心探兒意，費盡己聰明。兒言若中理，必讚兒俊英。出話小不順，爲親必圓成。嬉戲有小巧，謂兒性最靈。兒拙親亦喜，樂有樸厚風。有時即爾怒，不忍作厲容。咳嗽

恐驚爾，音朗強低聲。二人心憂悶，引我樂融融。嚴親威不展，慈母髮常鬆。功夫多有誤，乳哺不離胸。懷抱恩實大，孝心務要隆。

保護孩提不憚勞，二人恩愛比天高。可嗟斯世忘親者，並不關心到一毛。

又《憂疾章》 孝有無限事，首當重親疾。兒病親不安，日夜懷憂懼。良藥幾番求，名醫到處乞。甚至延巫婆，情亦出眞摯。祈禱心更誠，神前頻灑涕。明知兒垂危，猶爲無聊計。死中復求生，願以身代子。兒若歸黃泉，一生愁不釋。病痊親亦憂，恐生痘疹死。痘疹是大關，存亡在瞬息。痘疹若不佳，親心悲無極。垂淚抱懷中，難定凶與吉。兒若有所求，莫不如兒意。毒重兒失聲，親亦不能語。痛兒失舊容，不忍頻頻視。兒命若夭亡，痛如挖心去。縱然痘疹佳，爲親亦惕惕。直到收功時，二人心始喜。心喜復生愁，又慮他病至。子欲解親憂，孝念宜深矣。

疾在兒郎憂在親，怎教生我日傷神。若還作孽生災病，更有何顔對二人。

又《教養章》 子當齠齔年，保持更艱難。隨時勤教養，朝晚不得閒。慈母養兒苦，此時倍可憐。己身披舊服，兒體衣新衫。衣裳縫密密，猶恐兒受寒。兒戲衣常敝，補服夜忘眠。月冷鍼頻度，燈昏線猶穿。衣美食亦美，美味留兒餐。粗糲己能飽，恐兒難下咽。常慮兒饑餓，不時備餱乾。家貧難餬口，有食讓兒先。養育情眞苦，教誨道更全。爲父恩罔極，施教不能嚴。嚴中更多愛，欲兒爲聖賢。兒哭親又悔，撫我用溫言。雙親愛不釋，爲兒求百般。預計婚媾事，擇配經連番。結親何愼密，恐兒後日嫌。兒身小小事，親心處處關。童年當盡孝，宜法黃香然。

蓄旨分甘有幾年，望兒爲聖復爲賢。子能善養並幾諫，不負雙親不愧天。

又《成全章》 子年十五六，當念雙親苦。兒長孝漸漓，誰能存孺慕。父母愛兒情，猶如在乳哺。欲使兒成名，千里從師讀。兒行不忍離，遠送到書屋。恐兒學不賢，良言幾番囑。恐兒與人爭，或招窗友惡。勉我學當勤，又恐勞過度。家貧讀書難，教子力田畝。身弱親必愁，恐兒傷筋骨。力強親亦悲，憐我皴手足。兒種他人田，二老更酸楚。恐我受饑寒，養身託富戶。兒命雖得生，親心憂如故。憂我力未全，癆疾得最速。兒若爲工商，親更勞心目。兒拙暗悲傷，恐無養生路。財源或有虧，親亦爲之哭。此時兒成人，親恩當報復。子欲報親恩，孝道莫輕忽。

爲兒謀業意何深，要識爹娘一片心。有志順親當苦作，閒來莫負好光陰。

又《婚娶章》 子婦入門來，雙親更挂懷。人當娶室日，孝道切莫乖。事親有要務，首在保軀骸。男女重居室，琴瑟本當諧。貪色致癆疾，父母亦悲哀。昔時身何壯，今日瘦似柴。一旦口嗽血，二老淚盈腮。惟恐兒命短，保護似嬰孩。兒若歸黃土，親心如刀裁。此皆自取死，莫謂命中該。親孤妻又寡，此罪豈有涯。喪身固有罪，薄親更不才。世有不才子，居心很似豺。愛妻比珍寶，視親如塵埃。枕邊聽妻語，願與親分開。爲親若爾怒，反將二人排。親若責爾婦，多口護裙釵。爾妻將爾拂，爾竟笑語陪。侮爾父與母，爾反與之偕。待親情如此，孝心安在哉。

喪身那得事高堂，薄待雙親更不良。寄語少年婚娶輩，此時要作好兒郎。

又《知恩章》 子不報親德，兒女必忤我。有意生佳兒，莫待二親薄。不知父母恩，有子自明白。我愛小嬰兒，慈悲如老佛。待兒情如斯，雙親恩可溯。人當有兒時，孝心莫冷落。親有乳下孫，保愛如鳳卵。懷抱與提攜，不離右與左。孫喜親亦歡，孫哭親不樂。愛孫情猶深，待子恩何若。我念二親恩，不覺雙淚墮。迴憶生子年，此心更悽惻。奈何世上人，視親如蠻貊。人子不孝親，生兒亦難活。兒即享長年，待爾情必惡。兒性即柔和，爾罪焉能脫。何況薄親人，孝子實難得。我待親如何，爲兒必取則。人欲有孝兒，順親是善策。爲子當此時，孝理當思索。

不解親恩何太愚，兒孫依樣畫葫蘆。葫蘆畫得休言善，祇恐後來留作圖。

又《終養章》 子髮雖蒼蒼，孝道不可忘。虞舜年五十，孺慕猶如常。聖人孝最大，人子當爲坊。爲兒年即老，問視莫怠荒。子老親更老，事奉要周詳。親恩眞罔極，雖死亦難償。雙親一日在，孝心一日將。莫自稱老叟，要如小兒郎。老萊垂暮日，孝情愈深長。年老不攜杖，猶著綠衣裳。孩提心不失，嬉戲樂高堂。事親皆如此，敢保壽而康。可恨不孝子，反與親頡頏。白髮傲黃髮，動使親悲傷。獨享兒媳奉，視親如路旁。年高

薄二老，難對子孫行。子孫來勸孝，聽受乃爲良。我子將我侮，心下冷如霜。親老我不敬，酒肉也難嘗。終身敦孝道，定步白雲鄉。

子當親在猶嬰童，莫倚年高慢乃翁。生我老來情似我，望兒奉養意無窮。

又《曲全章》 順親是大節，養志情當切。膝下日承歡，親志要體貼。二老分最尊，莫與親相角。親命不可違，違親罪難赦。克順二人心，子職方無缺。從命固可嘉，命亦有分別。亂命若不從，乃眞孝親者。不從莫爭衡，言要與親細說。親若不我聽，子當善處也。孝子皆順柔，乖戾切莫學。奈何拂親人，甘與梟獍列。親弱敢相欺，親嚴亦不怯。詬駡聲常聞，甚至動斧鉞。視親如仇讐，難脱雷霆劫。又有愚蠢兒，待親情多野。任意批親非，詞嚴如霜雪。親過對人言，反覺是豪傑。子揚二親非，天理人情絕。孝以順爲高，居心宜和悦。逆子天不容，孝道莫忽略。

從命須知亂命非，承歡隱過兩無違。斯人不識曲全道，怪底世間孝子稀。

又《幾諫章》 順德要思維，事親莫腹誹。有過宜速諫，面從不可爲。朋友仗義氣，過失猶當規。父子乃天性，更以誠相推。實心待二老，尚恐孝有虧。坐視親之過，孝心何處歸。陷親於不義，必致親於危。害親心最忍，孝子動傷悲。可恨頑嚚子，不格二親非。順親在面貌，毁親在隱微。夫婦談親失，夜半猶嘲詼。暗地謗父母，神明早已窺。又有年少子，多懼嚴親威。見母情常樂，見父氣自頹。父即爲不義，進諫猶遲回。袖手觀親過，至情冷如灰。爲子貴幾諫，敬心切莫違。親怒不可怨，猶當笑語陪。能使親納諫，乃爲孝之魁。諫親天理順，順天福自隨。

教子當年亦苦哉，而今幾諫敢徘徊。爲兒不救雙親失，當念雙親訓我來。

又《奉養章》 順親孝最大，盡孝無別法。爲子重養親，親志當細察。養子苦無窮，涕泣淚盈把。子不勤奉將，孝心皆虚假。慈烏與羊羔，親恩猶酬答。人爲萬物靈，奈何孝者寡。妻孥受饑寒，心中如刀刮。凍餒在二人，心中絕不挂。年長孝更衰，足不到親榻。愛親心全忘，不如年七八。妄言有兒孫，代我事白髮。又云定省疏，身忙無閒暇。居家廢晨昏，又出不孝話。不知何事忙，竟將孝道壓。又有分居兒，雙親不收納。親爲乞丐人，到門猶呼喝。豈知父母恩，待子眞惻怛。一子不周全，不覺雙淚下。何爾待爹娘，竟不如犬馬。奉親道宜遵，免教雷霆打。

雞豚奉養孝非奇，怎奈斯人未見之。乳哺艱難親受過，此身長大却因誰。

又《致敬章》 順我父母時，恭敬心莫離。養親若不敬，何殊養犬雞。能敬方爲孝，徒愛實非宜。愛勝敬不足，孝道猶有虧。子游稱賢者，聖人猶警之。敬親本常道，爲子盡當知。事親愛宜切，固應如孩提。事親敬宜至，切勿如小兒。小兒惟知愛，不識有禮儀。年長能盡敬，乃可存孝思。敬意要誠恪，色莊不可爲。客禮待二老，奉親道已低。專心飾文貌，眞性益澆漓。敬中寓惻怛，齋慄風可追。可歎狎親者，視親如等夷。客前與親語，猶出媟嫚辭。親亦不自重，與子竟嘻嘻。爲子固不孝，與親亦非慈。狎恩與溺愛，其弊必如斯。人子欲盡孝，敬心當永持。

致敬高堂須竭誠，休因溺愛狎恩情。爹娘慣子原天性，兒莫遺親慣子名。

又《深愛章》 順者逆之反，順親福不淺。親前氣宜和，色愉容要婉。步履恭而安，聲音舒而緩。孝子愛雙親，言貌皆相悦。子夏稱高賢，孝心本可羨。顔色稍不和，聖人猶加□。事親愛宜深，徒敬不爲善。對親貌莊嚴，至情反冷淡。貌嚴親不歡，有志亦難展。言語多遲回，屢次望見面。欲使服其勞，又思兒心煩。親志不得舒，美味亦強咽。有如親愛孫，甘旨常分散。我若叱小兒，爲親必不願。子當體此情，莫使暗悲慘。凡親所匪頒，愛之莫遲慢。父母賜爲兒，實是將兒戀。爲兒若固辭，大拂親之念。尊者命當從，莫將親背畔。順親即愛親，孝子當實踐。

爲兒容貌莫莊嚴，怡色柔聲和氣兼。用愛當如親愛我，百般辛苦總無嫌。

又《亨孝章》 親志樂陶陶，莫如家富饒。若生不孝子，雖富心亦焦。富人敦孝道，不必在酒殽。能養固稱善，能順孝更高。每見富家子，父母竟悲號。非爲衣不美，非爲食不調。祇爲兒無賴，灑淚滿衣袍。爲兒心何忍，竟使親號咷。請看貧家子，一簞兼一瓢。承歡祇勺水，二老樂逍遙。親見人家子，歆羨意難描。自謂已命薄，養子如鴟鴞。我子若如彼，雖貧亦能熬。家富孝有缺，他善輕如毛。又如身居貴，孝行更當操。奈何

有名者，待親多蕭條。出門交貴友，竟把二親抛。爲親常垂淚，連日將兒嘲。縱爲功名客，不孝罪難逃。貴而能盡孝，福祿自滔滔。

富貴奉親孝可誇，承歡不減帝王家。如何斯世豪華輩，偏有綱常一點差。

又《困孝章》 親心多悲慟，莫如家道窘。子當解親憂，使忘艱難境。父母有佳兒，雖貧亦喜慶。人當貧窶時，孝親道宜重。家無儋石儲，甘旨固難奉。菽水可承歡，自當盡愛敬。可怪貧家兒，待親情多冷。親已受饑寒，更惹親哀病。二老日含悲，自怨壽太永。使親欲速亡，不孝罪難縱。我勸食貧人，養親勿太省。家有數畝田，酒肉亦須供。貧能博親歡，此德乃超衆。僅能養二親，難與孝子等。孝子雖無名，不慕仕宦徑。子路微賤時，負米敦至性。食藿衣敝袍，惟恐親餓凍。高堂樂優游，喜如膺九命。身賤能孝親，堪與聖賢並。移孝可作忠，自能參朝政。

貧賤何愁奉養難，順親親自樂盤桓。有名孝子多遭困，旌表祠中君請看。

又《侍疾章》 親當疾病餘，人子要憂虞。牀前勤事奉，相對莫欷歔。親見兒發歎，愁懷更難舒。自料無生理，故使兒長吁。父母懷憂懼，承歡道已虛。言笑又宜謹，盛怒更當除。狂言與喜笑，樂而忘親瘉。怒氣如雷猛，親病又忘諸。忘親已有罪，何况是病軀。病重身難起，全賴兒女扶。便溺隨時拭，衵褥洗清渠。切莫嫌污穢，當報親艱劬。兒女有疾日，親不怕沾汙。迴憶在懷抱，親恩更何如。如何親有疾，子情反蕭疏。永不到親屋，聞聲即速趨。妄謂親嚴猛，不敢奉盤盂。又言親常病，孝子本來無。醫藥全不計，坐視親哀呼。子不重親疾，孝道果何居。

定省晨昏情要諧，况當病勢在軀骸。爲兒當念雙親苦，我有疾時誰挂懷。

又《養老章》 親體正強壯，常覺精神爽。老來志多憂，中懷常悽愴。兒孫滿目前，相對心亦暢。追念鞠子哀，不堪回頭想。白髮垂如穈，一顧一惆悵。不言暗傷悲，自知將就壙。親老事最難，子當善奉養。雞黍供殷勤，定省不可忘。年老脾胃衰，齒牙皆動蕩。粗糲難下咽，雖食亦勉強。甘旨當早供，乳哺恩宜償。歿後不能餐，墓前空祭享。出門無遠遊，須防老親喪。人老如熟瓜，存歿在反掌。膝下莫輕離，免教倚門望。親年又當知，常有喜懼象。更念親力衰，責兒難舉杖。瞋兒聲亦微，不如昔時狀。老邁實可哀，不久人世上。盡孝當及時，莫待親殯葬。

親年垂老少歡容，此子違心恨滿胸。兒在孩提正似此，者番奉養志當從。

又《事孤章》 親爲鰥寡流，心内日懷憂。形影自相弔，空房淚不收。縱有孝兒女，未必樂優游。子宜體親志，莫使頻噢咻。親當具慶日，夫妻情最優。說長復論短，深夜話不休。失伴心如割，事多不自由。兒孫雖滿目，情意難相投。寒暖無人問，淒涼如俘囚。宵來愁更甚，長夜難合眸。兒媳鼾睡去，暗室淚悠悠。夢中尋舊伴，醒來腸似抽。喪偶眞可憫，爲子事當周。每見孤寡子，孝心多不修。小時乘慣性，常惹老親愁。娶室情更薄，無心奉白頭。使親受孤苦，連日泣荒邱。親孤不盡孝，賢子實難求。縱恤人鰥寡，難免薄親尤。請問鰥寡子，此言果是不。

老親辭却舊夫妻，顏向兒郎志又低。此後誰知心腹事，三更燈火五更雞。

又《奉繼章》 大孝推虞舜，繼母能將順。雖遭繼母患，孝思未嘗泯。不謂母過嚴，祇怨己不敏。積誠感悟時，母亦垂憐憫。善勸事親人，皆宜法聖品。繼母雖寡情，兒女當親近。莫生離間心，要以誠相印。乃有無知兒，反惹親悲憤。母若將己瞋，即說母心很。父若責一言，又說母所譖。娶妻情更離，與母常致釁。使妻慢後姑，待親如塗糞。子與母不和，總是心愚蠢。前母責我嚴，心中未必慍。後母責我嚴，何故竟懷恨。縱有前後分，相隔不一寸。請看母喪時，披孝不少遜。斬衰亦三年，家禮無二論。服喪即無殊，母在孝當盡。盡孝心要誠，大舜可爲準。

積誠虞舜息干戈，嚚母其如大聖何。怪歎人間孝子少，偏言繼母不慈多。

又《繼嗣章》 大義人當明，盡孝有重輕。人爲過繼子，孝思宜獨隆。生我恩雖厚，乃以伯叔名。伯叔非生我，實以父母稱。既爲人兒女，豈可有離情。人以我爲子，必如己所生。愛我心最實，責我意尤誠。教養道兼盡，直與親生同。及至親謝世，事業我又承。華屋憑我住，良田任我耕。坐享人之福，不孝罪無窮。縱然家貧窶，孝道我宜行。爲人綿血食，子職本當供。如何過繼子，多不敦孝風。貪圖人之産，爭繼動刀兵。中情

實冷淡，外貌假逢迎。獨厚生父母，間言無不聽。唆姪待親薄，伯叔亦愚蒙。人生子若此，不如受孤惸。謹勸爲人子，當使孝情濃。

身爲伯叔繼宗祧，要把私情僞念消。名分所關甚重也，忘恩負義罪難饒。

又《兼孝章》 大人克盡孝，赤子心常抱。親有嫡庶分，奉將無二道。嫡母分最尊，敬心不可少。庶母分雖卑，爲子難與較。均是一父生，何論母大小。可歎俗子多，偏厚親生老。嫡母所生兒，常將庶母藐。庶母所生兒，頻惹嫡母惱。兩母不和諧，各爲母分曉。母與母鬬爭，子與子喧鬧。生母被父嗔，即說養母挑。更說父不公，妻妾有偏好。父母受讒言，此兒眞不肖。要知嫡庶間，善處乃爲妙。兒女疊承歡，生養恩當報。爲母即爭誼，調說言要巧。切莫批親非，言中帶嬉笑。更莫有偏心，用意要懇到。兄弟宜相和，莫使親傷悼。苦勸事親人，俗念去當早。

嫡庶千秋自有分，兒分妻妾未曾聞。尊卑與子無關涉，兄弟承歡須樂羣。

又《廣孝章》 大德如昊天，人子當報還。縱然母被出，莫忘昔艱難。不幸母再嫁，孝思亦綿綿。晨昏不得奉，心內要悽酸。思母情當切，莫作路人看。母別兒與女，灑淚滿衣衫。去後思更甚，夢寐不忘焉。爲兒不念母，孝情何寂然。至於義父母，恩愛不勝言。縱非生我者，教養道實兼。義中有仁在，此情子當諳。不見關夫子，義子最稱賢。事親盡孝敬，令名千古傳。又有鬻兒女，父子亦有緣。人買我爲子，實是垂憫憐。活我雙父母，我亦得生全。與親情要洽，莫聽旁人讒。即如恩育老，亦當念其艱。幼而無人養，早已歸黄泉。親恩俱能報，孝行自無慚。

盡孝由來無定評，也論名分也論情。父三母八猶當顧，敢對二人不竭誠。

又《尊祖章》 大倫重孝弟，盡孝須立極。先祖雖遙遙，祭享要誠壹。朔望焚佳香，春秋薦新米。墳墓宜高修，更防水蛇入。種樹愛幽深，陰宅護當密。樹大根亦長，切莫近窀穸。木本動孝心，百世有令緒。敬祖即敬親，親心自安慰。祖父若生存，奉事要周至。父母或早亡，兒當代親事。李密稱孝孫，一身獨孑立。父亡母適人，祖母年老矣。膝下獨承歡，牀前常問疾。數次舉爲官，固辭不就職。上表陳至情，君王亦流涕。祖母事殷勤，祖父可懸憶。爲人能孝親，待祖自有誼。待祖若無情，孝親皆虛意。祖實生我親，亦我所自出。大恩能報還，方稱孝孫子。

祖宗恩愛更非虛，教養艱難畫不如。能作慈孫眞孝子，休敎生我歎欷歔。

又《伯叔章》 人子要和諧，伯叔情莫乖。慢待伯與叔，難與孝子排。伯父親常敬，惟恐侮兄台。叔父親常愛，不忍薄孔懷。子若忤伯叔，逆親罪無涯。親即乖手足，子莫與之偕。當使相和睦，莫使相忌猜。有時即嗔爾，爾莫怒如雷。嗔我即教我，惡言不可開。毆叔與詈伯，實是罪之魁。既不敬伯叔，有姪必不才。姪以我爲法，必惹我悲哀。到此悔無及，爲姪當善哉。當事伯與叔，親亦樂徘徊。死後送入墓，職分亦應該。切莫爭其產，切莫圖其財。伯叔恩最厚，莫視如塵埃。至於伯叔母，即此可類推。姑母亦當敬，與父是同胎。子姪道兼盡，門庭福自來。

伯叔雖非生我人，號稱父母比雙親。姪兒不敬傷名分，又恐眼前有替身。

又《兄弟章》 人孝雙父母，兄弟要和睦。孝弟本相連，愛敬自當篤。可怪兄弟行，多不敦手足。幼時相周旋，宛如夷齊伍。娶室情轉疏，同胞比糞土。兄責弟不賢，弟也心不服。弟說兄無恩，兄也心更怒。甚至尋干戈，奔者猶追逐。二老亦難禁，怕爾如狼虎。善言來相調，猶說有偏護。妻助爾爭喧，爾說是賢婦。罵爾弟與昆，爾亦不爲辱。彼此懷異心，必至析田屋。眼前有兒孫，情誼又淡漠。兄弟相鬬爭，更甚父與祖。一家不相和，難免外人侮。到此親更悲，不孝罪難數。妻嫂亦大倫，和敬道宜務。姊妹等雁行，莫視如陌路。同輩敦至情，方能盡孺慕。

同胞爭鬬亦尋常，祇怕寵妻薄雁行。倘使枕邊能掩耳，怎教手足致參商。

又《盡慈章》 人待子孫行，慈愛心莫降。愛親不愛子，孝道實有傷。盡孝當慈幼，要體親心腸。親愛我兒女，視之如鳳凰。親愛我不愛，此意拂高堂。愛子本天性，不愛實反常。可怪人父母，慈道多不詳。殺子行刁賴，心毒甚於狼。生得連胎女，竟敢罵彼蒼。有乳不與食，忍使手下亡。斃女難生子，生子亦必殤。不慈即不孝，慈心不可忘。慈子道頗善，莫作溺愛腔。溺愛成慣性，不敬父母雙。大時難約束，必至作不良。兒固

非孝子，爾亦非孝郎。孝子太嚴猛，骨肉又參商。責善則離矣，離則大不祥。有子若不教，難對雙爹娘。善教兒與女，孝道此間藏。

慈道未能孝有慚，盡慈孝道亦包函。賊恩溺愛難稱善，此理請君子細參。

又《和族章》人能敦孝德，宗族情必合。薄待同宗人，難稱孝友客。一族皆一根，莫視如蠻貊。縱有遠近分，祖宗無二箇。同是一家人，相待莫淡薄。奈何世情疏，多不重一脈。族有貧窶人，坐視受凍餓。家富反言貧，惟恐彼求我。又言既分門，同姓各爲各。劈戶心不良，分宗言更惡。甚至相鬬爭，且敢毆叔伯。彼此駡祖親，膽大將天括。同族如仇讐，先人心似割。可恨無賴兒，至親反冷落。族人有憂患，聞之心更樂。袖手竟旁觀，祇恐爲我禍。族即被人欺，全無不平色。不爲己鳴冤，反爲人出策。背親而向疏，不孝罪難脫。宗族能相和，孝子方堪作。

笑人宗族不相和，局外紛紛議論多。薄待一家偏屬我，背親忘祖罪如何。

又《恤親章》人欲盡孝思，親戚善待之。至親情落寞，不可稱孝兒。相接以恩義，於孝方無虧。親爲母之黨，與母是連枝。薄待母宗族，母也必傷悲。妻黨亦須重，更宜溯其基。此我雙父母，締結所留遺。父母結親候，兩姓最相宜。我視如秦越，背親罪無涯。提攜道能盡，篤厚風可追。奈何待親者，俗情不肯移。兩門皆富戶，借貸無不隨。相見各起敬，酒食分外奇。對人誇親富，惟恐人不知。親貧反生厭，錢不半文施。到門恐浼我，頻以白眼窺。飲饌無兼味，俎豆異昔時。不俟親有語，先說家無貲。親戚不相恤，其餘可類推。親戚相周濟，稱孝無異辭。

親訓厚兮戚訓憂，兩家情誼貴相投。若因門第分優絀，愛富欺貧是下流。

又《睦鄰章》爲人敦孝節，鄉鄰要和協。彼此情蕭疏，孝道皆有歉。睦鄰是大端，勸君莫忽畧。同里如一家，欺壓何爲者。有無須相通，鄙吝不可學。情和俗又湻，仁里可稱也。無奈鄉黨中，古風欠寂滅。小事起爭端，各以勢相挾。喧聲滿四鄰，無人來調說。背地反相唆，成訟心更悅。唆訟受官刑，弄巧反成拙。縱然官不追，陰曹必割舌。害鄰罪實深，恤鄰情更切。可歎富貴儔，多厭貧賤列。祇恐佔便宜，不肯與交接。貧者來饋遺，門外即辭卻。歲饑不相周，升斗亦難借。賣粟價更高，一錢不讓缺。閭里皆爾嘲，先人淚成血。薄鄰即薄親，此罪詎能赦。

居鄉彼此莫聽讒，排難解紛品不凡。富子貴兒須養德，休教四境駡喃喃。

又《善交章》爲子孝親時，交友道須知。訂交貴慎擇，人類原不齊。燕朋與溺友，實爲禍之基。見則宜遠避，交情不可締。如何無賴子，反作賢友窺。並寫金蘭譜，妄把祖名題。甚至引閨內，讓看爾女妻。至親來規戒，背後反相詆。甘與匪人友，立品亦何低。濫交非孝子，擇友是佳兒。益者有三友，直諒多聞兮。直諒益德行，多聞備考稽。此眞良友也，奈何多忽之。乍見猶欽敬，久居無禮儀。輕諾而寡信，同類反相欺。不講通財義，厭聽勸善辭。一朝有小怨，大德全不思。友爲貧賤客，難將爾攀躋。友亡兒女在，爾更不提攜。待友情如是，於孝大有虧。

爲兒切莫泛論交，羞辱雙親實可嘲。安樂憂患當與共，古來管鮑似同胞。

又《君師章》爲親分最大，可比親者寡。惟有君師尊，不在雙親下。人欲盡孝心，大恩當酬答。師道等父兄，此理要細察。宣聖論孝年，常勸卜子夏。酒食饌父兄，偏以先生話。父兄而稱師，師即父兄也。又如子弟行，不過受教化。稱弟稱子時，情誼何親洽。師前子弟稱，名號非混雜。師與父兄同，事之當卑下。人若駡爲師，即將父兄駡。人若打爲師，即將父兄打。欺師乖大倫，不孝罪可殺。君長比雙親，父母名非假。保赤以保民，此情眞惻怛。公事莫怠荒，正供莫匱乏。普天皆王臣，力當效犬馬。飲啄皆君恩，國課當早納。忠君而敬師，乃眞孝親者。

獨有君師萬世尊，位參父母並乾坤。盡忠致敬皆應分，我輩當思酬大恩。

又《仁愛章》爲仁有根苗，孝情莫寂寥。親親道能盡，仁民理自包。仁民必愛物，孝子不憚勞。古聖治天下，視民皆同胞。興利而除害，施濟功何高。當年皆被澤，所以稱盛朝。聖人在下位，憂世心如燒。代君宣教化，無人不薰陶。教民功最偉，仁心萬古昭。須知仁民事，其故非一朝。惟於孝克盡，始能布恩膏。物類猶當愛，暴殄天不敎。飛潛與動植，與我共逍遙。萬物皆一體，機心宜盡消。宰犬必坐獄，宰牛必坐牢。世有

順親者，凡物恐失調。父母愛牲畜，不忍割一刀。父母愛樹木，不忍折一條。愛物情猶切，何況與人交。仁愛道兼盡，孝德自超超。

民物優游樂意深，此功莫向外邊尋。羣遊化日光天下，祇在太和一點心。

又《事神章》　爲神靈最顯，人當敬而遠。神位本至尊，世人不可慢。神道又至公，世人不可諂。人子能事親，事神道自善。事神無別方，惟以誠相感。薄物可明虔，荣羮亦不厭。祭享要盡心，莫作具文看。可怪祀神人，多不重大典。除日祭先人，籩豆猶苟簡。外實而中虛，粢盛假豐滿。酒食冷如冰，三日不曾换。父母若生存，此物豈能咽。事死當如生，敬心莫少減。至於百神祇，保護功不淺。妄祭神固瞋，廢祭神更怨。畫影與塑形，皆當起敬念。又如天地尊，諸神猶畏憚。人居兩大中，俯仰莫狎玩。大恩無可酬，敬心存一點。盡孝格幽冥，人事方無忝。

聖人何術事幽冥，黍稷非馨惟德馨。果爾敬心存一點，眼前二老即神靈。

又《除惡章》　至善我當居，至惡又當除。百善孝居一，旌別非過譽。萬惡淫爲首，殺之有餘辜。孝子無淫嗣，兒女如鳳雛。淫人無孝子，兒女如野狐。兒爲頑童侶，女作倡家姑。本是親骨血，竟被人沾汙。辱親罪實大，孝心半點無。禍淫本天道，報應原不誣。我淫人妻倿，我妻已招夫。無妻亦有報，報即在爾軀。淫惡到頭日，閻羅發長吁。即命司淫鬼，活將爾魂拘。陽罰或能脱，陰刑受必俱。炮烙刑尤重，燒得魂魄虚。我見守身者，不敢傷肌膚。三魂七魄盡，孝思尚有乎。普勸男與女，大惡莫犯諸。惡事難盡舉，人當推其餘。去惡而存善，純孝方堪呼。

冥主殿前有鐵聯，孝淫功罪兩無邊。欲知人鬼關頭别，盡孝除淫是善緣。

又《辨異章》　至孝莫如聖，聖道大而正。今世有異端，實能壞道統。道統重五倫，綱常千古定。可恨僧道行，五者全不用。既爲倫外人，何能登仙境。乃爾心癡迷，妄有所冀倖。拋却爾雙親，反將佛老供。佛老不爾憐，且以爾爲病。病爾無孝心，病爾失孝性。病爾日叅禪，不將親事奉。病爾絶香烟，先人受凄冷。既被佛老瞋，難與佛老並。我嗟斯世人，半爲此人哄。既哄男兒流，又哄婦女等。婦女學尼姑，其心更夢夢。居室樂如何，何故守清淨。觀音若有言，必將爾勸醒。勸爾事爹娘，閨中勤定省。勸爾事公姑，堂前盡和敬。爾等聞此言，莫學異端徑。

異端惑世漫相稱，空説綱常自取憎。可怪世間參佛者，假仙衛護道姑僧。

又《尋親章》　至人孝最眞，片刻不忘親。親爲他鄉客，千里尋頻頻。不知親消息，尋覓遍乾坤。拋妻並捨子，孝情何深沈。無奈薄親者，此事不關心。即知親所在，道路怕艱辛。親雖歿異域，任使埋荒塵。絶不收親骨，並不招親魂。爲子心何很，竟忘顧復恩。顧復恩罔極，不忍離一辰。兒若爲行旅，思念情無垠。兒若無音信，天涯到處尋。不見兒之面，不肯回家門。何爾待父母，情不如是深。父母居家倿，偏作遠遊人。遠遊親失養，伊誰奉晨昏。縱有兒媳在，難代爾之身。何况爾爲客，二老必傷神。爾有兒女日，自識此中因。我勸忘親子，急宜誦斯文。

人子暫離親亦悲，倚門盼望却爲誰。如何二老無消息，漠不關心竟若斯。

又《事亡章》　至於父母喪，大事須細講。棺槨與衣衾，斟酌要至當。親歿不經心，事後空悽愴。孝子當此時，事事挂心上。居喪盡三年，哀情永不忘。事亡如事存，前事頻追想。如聞親之聲，如見親之狀。善繼又善承，不忍遽改樣。庭訓佩終身，言行不敢放。此眞孝子風，奈何人多謗。謗者有何言，謂其心虚妄。又説親無靈，不必空想像。豈知魂升天，千秋有靈爽。骸骨化爲塵，猶能受祭享。我嗟不孝兒，停棺不就壙。歸窆又重遷，忍使魂飄蕩。更恨化外人，親死以火葬。火葬誰肇端，竟把愚人誑。死者若能言，必將兒不讓。惡風要速移，莫自取罪障。

慎終追遠德堪嘉，此際何須半點差。事死如生眞孝子，但愁苟簡與奢華。

又《總論章》　至文不厭多，多則能包羅。吾欲宣大化，不禁發長歌。飛鸞先勸孝，此意原無他。孝爲人之本，千古不消磨。大端克整理，方能化偏頗。而且紅塵事，我都閲歷過。昔時訓兒女，常教賦《蓼莪》。恐兒違父母，恐女忤公婆。回憶居家倿，光陰一刹那。此日來垂訓，不住淚滂沱。作文心最苦，勸君要吟哦。所言皆切近，可奉爲金科。展卷自有益，更須細揣摩。孝心終不動，吾末如之何。國家有常法，自能除此魔。

從來化民者，朝廷操斧柯。諸仙雖勸善，亦僅是餘波。孝文今日就，非欲壽山河。祇願成善俗，代君致太和。世人佩吾訓，敢保無錯訛。

純陽勸孝化家邦，渾是人間父母雙。一卷《孝經》千古在，明倫維道志難降。

雜録

佚名《關聖帝君孝經序》 曠覽宇宙之大，人之生也，有智有愚，有賢有否，有貧有富，有貴有賤，紛紛者亦極不同矣。而惟此孝之一端，不論智愚賢否，貧富貴賤，其心同其理同也，其理同其孝同也。孝者，天之經，地之義，民之行，合九州而一致，亘萬古而常昭。太和之氣莫非因此而結，大順之治莫非因此而成。聖賢無他學問，孩提祇此知能。其藹然者，其自然者也，其自然者，其當然者也。自然則無事勉強，當然則非同造作。是其稟於天，成於性，固有無容提撕，無容警覺者，而何待人勸之哉，更何待神勸之哉。然而天之生人，能予人以善性，而不能禁人之失其性，能予人以道心，而不能禁人之失其心，能予人以良知良能，而不能禁人之失其知、失其能。蓋彝德同具，其莫不孝者，理也。而天性日漓，其有不孝者，勢也。吾觀人少之時，愛其親敬其長，未嘗勉以盡孝，而和順常存，未嘗戒以不孝，而背逆不作。美哉，何情之篤也。及其年長也，而慕父母之心轉而慕少艾矣，轉而慕妻子矣，且轉而慕君矣。人以爲性情之獨薄，吾以爲教化之未至。向使教之早，而赤子之心何至盡失也。向使教之切，而孺慕之誠何至盡亡也。奈何聖人不作矣，而明教者無多，大倫將絕矣，而受教者尤寡。苟此時任其慢尊侮長，而不爲之所，將生人之天下，一變而爲禽獸之天下矣。嗚呼，此玉帝所以命純陽勸孝，而純陽所以垂訓也。且夫勸孝之事，非自今伊始也，勸孝之人，非絕無僅有也。而孝之當勸，更不論時之盛衰、人之善惡也。遐思中天之世，有大聖人焉，由九族之親睦，致萬邦之協和。其時之孝子，在在皆是也，其時之不孝子，落落無幾矣。而天又生一聖人，以扶綱常，以整倫紀。使之遭家庭之變而極其孝之難，使之處困厄之境而顯其孝之深，更使之享富貴之全而成其孝之大。所以當日者，頑嚚格而天下之不能事親者有所愧矣，側陋揚而天下之不能顯親者有所悔矣。愧與悔交集，而孝情動焉，孝思篤焉，孝德昭焉。普天之下，和藹成風，非有勸之者，烏能及此耶。不甯惟是，即後世之爲君者，莫不以孝治天下。其於不孝者誅其惡，所謂逆而勸之也，其於至孝者旌其善，所謂順而勸之也。況時值今日，孝子日少，賊子日多，聖教不遵，王法不懼。當此時也，有此人也，而安得不以文勸之，安得不以神文勸之。顧或者曰：不孝之人，至難教也，神訓雖善，能必其聽從乎。不孝之人，至難化也，乩文雖佳，能必其遵行乎。嗚呼，人之難教，神非不知也，人之難化，神非不明也。然正惟難教，而教之愈亟，正惟難化，而化之愈殷。神視天下皆可教可化之人，即視天下無難教難化之人。即有難教難化之人，而斷無不教不化之理。神仙之心，即聖人之心也。況乎以人道設教，化人猶遲，以神道設教，化人最速。每見世有不孝者，嚴親不能制，賢師不能訓，良友不能規，而一旦雷聲震震，電光赫赫，輒不禁孝心頓起，而誓改前非。既而雷電俱歇，而故態復作，旋而雷電交彰，而孝心又起。《易》曰，神道設教，而天下服矣，不其然乎。顧善政民畏之，不如善教民愛之。與其攝之以威，孰若服之以理，與其迫之以勢，孰若感之以情。純陽司雷神也，而不爲雷之動，獨爲雨之化。此勸孝文之所以如此其多，如此其切乎。然則人知勸孝之故，盡孝焉可也，聽勸焉可也，而豈可背畔乎，豈可譏諷乎，豈可毀謗乎。乃人又有說曰：孝子不用勸也，逆子不能勸也，即勸亦不必以此文勸也。嗚呼，何言之悖也。夫謂不用勸、不能勸，此性善性惡之論，在亞聖已闢之，而不必復辨。如謂勸孝不必以此文也，則果何文而可以勸孝也。即曰：聖經賢傳，勸孝者已多。既曰多矣，則多多益善，何獨厭此文之多也。信如子言，是以此文爲無用之文也，不獨此文爲無用之文，即孔子《孝經》、文帝《孝經》亦皆爲無用之文也。豈理也哉，豈理也哉。噫，孝爲百行原，文爲千古事，兹之文雖無足奇，而論勸孝之意則至深切也。後之覽者，亦將有感於斯文。

咸豐六年歲次丙辰八月初二日，關聖帝君降筆。

佚名《呂祖孝經自序》 哀哉父與母，養兒何艱苦。灑淚思雙親，傷心痛千古。見升白雲霄，親赴黃泉路。行孝未盡情，成仙羞帶肉。今日善雖多，當年罪難贖。有志解親憂，終日盡孺慕。豈能再輪迴，不過空啼

哭。遙望舊家鄉，猶見親墳墓。雖在九重天，難舍一抔土。涕泣表赤心，淒涼哀白骨。夜月聲自寒，秋風淚無數。椿萱常挂懷，《蓼莪》難入目。此日祇悲傷，何年報顧復。二老恩最深，孤兒孝莫補。雖是列仙班，不如登鬼簿。猶得莅凡塵，且能經世務。重承父母歡，可解鬼神怒。盡職答彼蒼，敦倫守吾素。如此愁可消，無奈事難卜。嚴父雖爲神，生前善可錄。慈母即作仙，門內功自樹。不因兒超升，皆是親福祿。兒無尺寸功，名愧神仙伍。親喜蓬萊遊，會愛蟠桃赴。安每問雲宮，寢常視月府。定省勤此時，就將補前度。供職今能然，快心我豈不。晨昏有缺兮，寤寐常思服。親恩實有餘，兒孝仍不足。人間罪已深，天上功難助。惟期子道敦，常恐天公惡。祇因宣教勸，盡將前愆恕。昨霄來何遲，有旨召最速。亦知必有由，不解是何故。瑤殿身纔升，玉皇言即吐。謂世賊子多，命我孝文著。其理最精微，此心暗驚怖。我德本不優，帝命恐有辱。呂氏才學疏，張君孝友篤。數次舉文昌，再番更惡俗。洞賓讓本誠，帝君辭更固。謂有宣化臺，豈無設教主。我成四字經，爾作五言賦。山明最喜重，水秀不嫌複。小仙再三辭，大帝千萬囑。自覺對諸仙，有慚稱老祖。帝旨今又承，《孝經》日熟讀。明德樹倫常，新民展抱負。孝弟動至情，天地造厚福。勸孝有深心，純陽淚如注。

咸豐五年歲次乙卯十一月十一日降筆。

佚名《孝經通會歌》 孝性本爲天所授，不分貴賤與賢否。爲子當念父母恩，父母生我最勞心。生我日日憂雙老，受累莫如在襁褓。能走能言愛愈隆，嬉笑聲容俱關情。若有病災必憂懼，痘疹關煞更惕惕。子當七八親倍憐，養之教之求周全。成人之日通世務，盡心教之以正路。娶室恐爾傷軀骸，爾莫寵妻孝情哀。爾欲生子有順德，立身當作孝友客。縱然身老孝莫忘，當共子媳奉高堂。順親之命莫爭角，親過休對旁人說。有過當諫莫遲回，更須言外格親非。竭力養親孝更大，棄親不養天必罰。徒養不敬又非宜，能盡誠敬方寸奇。敬中少愛難稱善，愛親親志要體驗。親志能養孝更高，富貴莫使親憂勞。貧賤盡孝尤足重，當使親心常喜慶。父母有疾莫怨諸，牀前當時省起居。老來心志多悽愴，兒女更須善奉養。鰥寡之親常多愁，兒女更須解其憂。大凡事親當和順，莫與繼母生瑕釁。繼子還當度孝風，事父事母如親生。嫡庶雖有大與小，子之孝心不可少。出母嫁母莫忘焉，義釁恩育亦有緣。祖墓當修又當祭，祖若生存須善事。人與伯叔情莫乖，伯叔姑母亦敬哉。兄弟妻嫂要和睦，姊妹連枝情當篤。又如我有子孫行，盡慈方可稱孝郎。宗族雖遠皆一脈，同姓之人莫冷落。親戚不可相乖離，提攜親戚是福基。爲人常與鄉黨接，陵厲刻薄君莫學。交情莫與匪人締，當與良友善交兮。師當敬兮莫侮狎，君當忠兮莫欺詐。倫常克盡德音昭，仁民愛物功自超。不敬神者孝有欠，內神外神皆爾厭。至於淫惡當早除，惡事又要推其餘。異端箇箇失孝性，勸君莫學此人等。更勸人子要尋親，親在莫作遠遊人。親沒人子當追想，葬祭盡心勿虛妄。苦心撰就《勸孝歌》，普勸世人要吟哦。

咸豐六年歲次丙辰七月二十三日，李太白降筆。

李進《孝經式》 以孝子順親，大人爲至。八字作首，每字五章。章四十句，共四十章。二十二韻，一仄一平。下二十章，多用上二十章之韻而顛倒之。第一章與二十章之韻不再見，二十一章與四十章之韻不再見。第二章之韻見於三十八章，十九章之韻見於三十九章，餘皆順序而逆見。全經韻脚，祇有四章用獨韻，第十章、二十章、三十章、四十章也，餘多用因韻之法。亦有韻府不相通轉之韻。誠以勸孝大事也，拘乎聲韻則流於小道，且文情亦容有未暢者，讀者宜會其意。

咸豐六年歲次丙辰七月二十四日，弟子李進降筆。

柳老仙師《總批》 謹閱全文，言言透切，字字淸眞。其用意也深，其吐辭也淺，其言事也周以詳，其談理也大而正。前數篇全說爲親之慈，乃勸孝之前面，是文之前路也。中間實說孝親之事，乃勸孝之正面，是文之中路也。後則推廣言之，而總歸於孝親，乃勸孝之旁面，是文之後路也。至於末篇，乃總論勸孝之意，亦如文之首篇，欲勸孝而先言孝道之重也。分而觀之，四十篇也，合而言之，一篇而已。嗚呼，從古勸孝文多矣。吾師之文法乎古以準乎今，故勸孝之文多渾含言之，而此偏詳細言之，蓋因時宣化，遂不禁言之瑣屑也。噫，人非木石，孰能無情。小仙枯柳精耳，而讀此文，不覺心傷目慘，念及我柳父柳母。人稟二五之精，而乃慢尊侮長，人勸之不聽，神勸之不從，竟與禽獸爲伍也，亦何怪乎雷霆之無情也耶。

呂祖忠經

題　解

佚名《忠經序》　吁嗟傷矣。世不古矣，道不行矣，學校衰矣，綱常壞矣，孝子鮮有矣，忠臣罕覯矣，吾末如之何矣。吾難恝然置矣，吾於明室著《忠經》矣，吾在熙朝訂舊文矣。語言非不詳矣，教化非不至矣。口誦心維，自能明大義矣，身體力行，乃可爲良佐矣。祇道居官客，佩服斯言，不格姦矣。何意立朝人，背畔吾教，敢作僞矣。罔知展卷有益，視爲具文矣，竟至束書不觀，置之高閣矣。甚且斥我爲異端，而奸臣之口，嘖嘖不休矣。譏吾非聖道，而庸主之心，搖搖無定矣。邪說興矣，大道絶矣，天澤昧矣，冠履紊矣，經廢矣，教替矣。危矣危矣，吾何望矣，吾何望矣。吾望孔孟，孔孟不生矣，吾望程朱，程朱不出矣。慨理學之失傳，棄本而逐末矣，傷天倫之攸斁，慢尊而侮長矣。湛湛天赫赫帝，不可欺矣，竟敢欺矣。震震雷煜煜電，大可畏矣，絶不畏矣。人心無忌憚矣，理耶數耶，誠難知矣。道統將墜失矣，守之閑之，不容已矣。天命純陽矣，時宜大化矣，前曾教孝矣，今復勸忠矣。至矣盡矣，蔑以加矣，美矣善矣，誠無間矣。丈夫有志面君王，臣職宜循矣，官箴宜懍矣，無庸背而馳矣。君子存心施教化，眞經克明矣，寶訓克遵矣，亦可出而仕矣。苟其欺君矣，罔上矣，念已僞矣，禍必深矣。惟是鞠躬矣，盡瘁矣，志已純矣，福必大矣。果爾皆效忠矣，天下太平矣。奈何多行詐矣，社稷傾危矣。俗吏千萬輩，不知其非矣。《忠經》十六章，宜究其是矣。苦志窮經，學自優矣，誠心報國，功乃偉矣。舍其舊矣，圖其新矣，各懷忠矣，勿作奸矣。吁嗟傷矣。

咸豐七年歲次丁巳十月二十三日，文昌帝君降筆。

又《忠經序》　忠者，人臣之質，自大吏以至末僚，分有不同，而其道則一。此萬世之常經也，而亦千秋之大義。粤稽中天，厥有二帝，樂得賢臣，相與爲理，載歌明良，乃賡喜起，而又保泰持盈，交相儆惕。蓋深知爲君之難也，而愈見爲臣之不易。亦越三王，休風未息，言念斯民，道尙正直，在位貞良，不可勝舉。其時朝野恬熙，同歌盛治，雖運會之使然，亦莫非人力。故其豐功偉烈，昭於來兹者，炳若星日。秦漢而還，迴殊古昔，距周未遠，頓若天地。然世風雖不古也，而臣道猶未絶矣。即以漢論，亦多忠良，同扶社稷。維予小臣，勤勞王家，亦期鞠躬盡瘁，死而後已。自漢以下，天命屢更，治亂互易，其間不乏賢才，師師共濟，而最著者，無如宋室。宋有大儒，厥惟朱子，衍孔孟之眞傳，蓋周召之偉績。亦嘗論衡史事，衮貶忠奸，續《春秋》之絶筆。自宋而元，傷哉明季，君實聖明，臣多暴棄。夫君者臣之心，臣者君之體，體已壞兮，心將焉寄。故大命以傾也，而宣聖爲之泣。伏惟聖朝，制度詳明，教化洋溢，三代而下稱治平者，於斯爲極。然吾也仰觀俯察，盱衡當今，而竊有慮。蓋致治於未亂者，聖主之深心，保邦於未危者，明王之至計。而撥亂爲治，轉危爲安，非一人之事也，凡爲臣者皆當憂勤而惕厲。今也道統將墜，聖人不出，人多悖經。天欲行術，命純陽以宣化，欲整倫而飭紀。而不知者，乃敢以妖邪相議，甚且謂神道無憑，而力爲排擊。吁嗟乎，神亦人也，相隔咫尺，其不同者不過幽明之異。何況教孝勸忠，皆聖賢之言，而非佛老之旨，是又奚必堅執故說曰孔子不語。

咸豐七年歲次丁巳十月二十四日，諸葛孔明降筆。

論　說

佚名《根孝章》　臣之於君，猶子之於父也，但父子以恩合，君臣以義合耳。顧以恩合者，義即在其中，而以義合者，恩即在其中。忠孝兩端，分之則爲二，合之則爲一。未有不忠而能孝者，故欲知其事親，觀其事君可見矣。亦未有不孝而能忠者，故欲知其事君，觀其事親可見矣。何也。忠也孝也，稟於性分者也。性中有仁，性中亦有義，仁主乎愛，義主乎敬。愛親者必敬長，是以仁而全乎義者也。孝親者必忠君，是以愛而通於敬，即以仁而行其義者也。而如曰孝無與於忠，忠無與於孝，是不知忠

孝之爲一本，由於不知仁義之爲一貫也。此之不知，宜乎爲子者克盡其孝，而猶慮忠之難能，爲臣者克盡其忠，而反慮孝之有礙。且宜乎事親不孝者，猶冀其事君之能忠，事君不忠者，猶疑其事親之或孝。是惡知孝者忠之本，忠者孝之推。離孝以言忠，則忠爲虚忠，並不得謂之忠。本孝以行忠，則忠乃眞忠，並不敢恃其忠。若未盡乎孝之實，而徒襲乎忠之名，雖自號爲忠，人稱爲忠，撫心自問，殊難自信爲忠也。清夜以思，必且有愧爲忠也。如此即功蓋天下，名傳奕禩，而功名不出於性分，可謂能臣，可謂功臣，而不得謂忠臣也。然則欲盡臣道者，其惟移孝作忠也可。

又《基學章》　忠者，義之德也，其德稟於天，成於性，見於情，固不學而有者也。顧論乎忠之體，誠不因學而有，而言乎忠之用，乃必因學而精。蓋均是忠也，有任乎氣質者，有純乎義理者。氣質之忠，狃於一偏，知經而不知權，其忠也迂而滯。義理之忠，宗於至正，知常而亦知變，其忠也圓而神。此其故，在學與不學耳。不學則義理不明，將非忠而指以爲忠，眞忠而目爲不忠，且以忠爲虚文，謂可以忠，可以不忠。而不善其忠之用，並不保其忠之體，其爲害伊胡底耶。知其有害，而以學明其心，心與理符，而忠之用自正。以學養其氣，氣與義配，而忠之體不搖。如此而不忠者必化爲忠，而已忠者且益見其忠，則忠不甚有賴於學耶。然所謂學者，非記誦詞章之學也。世固有才華彪炳，經術湛深，而欺君罔上，奸惡莫甚者，人謂其性不善，吾謂其學不正也。誠能以古人之學爲學，而誠其意，正其心，修其身，則處而爲純儒，出即爲純臣，其有不忠者誰耶。知此則欲盡忠者，必先正其心術而後可，必先正其學術而後可。學術不正，則心術必不正，而見爲治術者，不過權術而已，究於忠何與焉。然則事君之人，亦惟以義理化氣質，而善其忠之用，以保其忠之體焉可也。

又《立身章》　事君能致其身，不問而知其爲忠臣矣。第致身之道，必基於立身，而後君不我疑，民不我悖。未有身不立，而能正君化民者也。蓋身者，君之所眷矚，民之所觀望，不立則君必輕我，民必薄我。所以爲人臣者，欲堯舜其君，堯舜其民，必先堯舜其身而後可。果能立身也，則窮而在下，足以取信於鄉黨，即達而在上，足以取信於朝廷。若身未能立，而徒求之君與民也，君非明聖，或且反脣而相稽，民即秀良，必將自我而致謗。即慷慨激昂，自命忠直，君且以我爲要譽，民且以我爲市恩。否則面從而背違之，陽感而陰毀之。即不然，君亦納誨，民亦從令，而其心必曰：其人可鄙，其言可嘉。是即輕我也，是即薄我也。輕我薄我，以視夫大臣之正君，我固已處其下矣，以視夫賢宰之化民，我固已遠不如矣。撫躬自問，能不俯仰有愧耶。知此則爲臣者，不可輕視夫身，薄待夫身，當自重其身，自厚其身。立其身於至公，方可責人之不公，立其身於至正，方可責人之不正。古今來有不動聲色而君信民服者，大都由於身之先立也。有自矢靖共而君疑民畔者，大都由於身之未立也。則身之立不立，所繫豈淺鮮哉。吾願事君之人端品行，勵風規，毋漫言致身也。

又《盡職章》　士自筮仕以來，孰不共天位，食天祿，而治天職哉。何曠覽當世，居位者累累，食祿者紛紛，盡職者獨落落也。此果短於才乎，絀於智乎，限於力乎。總之不明大義耳。夫國家之建官也，無非資以立政，朝廷之頒祿也，實欲藉以報功，原不可虚居其位，虚靡其祿也。虚居其位，虚靡其祿，天果何厚於我，而錫我以厚福耶。我亦何德於天，而承天之寵遇耶。知此則在其位宜謀其政矣，食其祿宜勤其事矣。夫亦曰：盡職而已矣。能盡其職，則熙帝載，即以亮天工盡人事者，莫非盡天事也。天有事，不能親治而委之君，君有事，不能獨治而分之臣。臣不盡職，則負乎君，即負乎天，其得罪於君者，實得罪於天也。得罪於君，君或不我知，得罪於天，天豈不我見。而竟曠官焉，尸位焉，此無論祿位難保也，即能保祿位，位愈高而罪愈重矣，祿愈厚而禍愈深矣。而欲贖此罪，免此禍，則莫如盡心也。心能盡，即臣職有缺，不失爲良臣。心不盡，即臣職無虧，不得爲藎臣。若欲盡其心也，而念及位之大小、祿之厚薄，是由富貴起見，而心之量已隘矣。即不然，而欲盡職以立功，盡職以求名，是由功名起見，而心之用已分矣。凡此皆非盡職者也，夫何不思所以盡職也耶。

又《尊君章》　尊無二上者天也，天至尊，天子亦至尊。惟其尊也，所以事君者不可有狎侮心，不可有諂瀆心，亦期乎盡禮而已。禮者，事君之則也。苟違乎禮，將輕忽之心生，而不知尊君矣，畏憚之心起，而不能愛君矣。不知尊君失之亢，不能愛君失之卑，卑與亢皆非事君之道也。吾觀古之事君者，嚴氣正性，而無震主之嫌，折節卑躬，而無媚主之諂。人

第見其言聽計從，彼之得君者甚厚，而不知其持謙守敬，彼之明禮者已早也。不然，誰非事君者，何以直相規而致君疑者有之，以和相接而遭君辱者有之，而獨至大臣在位，獨能使疑我者轉而信我，辱我者轉而愛我。直猶是直，和猶是和，而直而能溫，和而能介，其直乃眞直矣，其和乃眞和矣。如此者，君安得不信我耶，安得不愛我耶。即或不信我不愛我，更當有以自信，有以自愛也。蓋事君之道，盡禮爲大，而盡禮之人，執中爲難。苟不能得中也，則事君者寧受畜君之罪；不受媚君之名，寧使君有畏我之心，不使君有狎我之志。蓋畜君者實好君，而媚君者實欺君也。君所畏者必直臣，而君所狎者必變臣也。是非美惡之間，事君者知之熟矣，然而衡之於禮，即畜君而令君畏者，亦非大臣之所敢出也。

又《愛民章》 古所稱民之父母者，非私恩小惠之謂，其愛民如子之謂也。民各有父，民各有母，而撫民者能遂其願，則父母之道得，父母之名亦得。然父母之名，不可有心求也。有心以求之，即所欲與聚，所惡勿施，亦特爲名起見，究不免爲君子所譏。夫治民之事，亦求合於君子耳。君子譏我，我所爲者必非君子也可知，即迹似君子，而心必不如君子也尤可知。是即感恩者有愚民，幸澤者有小人，而稱我以父，稱我以母，實非定評也，詎可以爲榮乎。況乎有心求名，名不得也，或違道以干之，違道而不得，或變羞爲怒，拂百姓以從己之欲焉。本欲愛民，反至賊民，欲爲父母，竟作寇讐，此其故皆起於心之有私耳。誠使去其私心，守夫公道，體上帝好生之意而憫此羣生，法朝廷子惠之風而保我赤子，雖不必示愛於民，而父我母我者自同口一辭矣。且即不父我不母我，尤以見德之蕩蕩，民無能名，一如乾坤之爲大父大母也。如是以愛民，至誠惻怛，純乎自然，其不爲名起見者，豈復見譏於君子乎。然而世風日下，即立品亦難。求士於三代而上，惟恐其好名，求士於三代而下，惟恐不好名。居今而論，即得一爲名起見而愛民如子者，亦斯世之所罕覯也。

又《奉法章》 自來以身化民者，莫不欲民之遵法矣。不知法之所在，民之遵也居其後，官之守也居其先。蓋官者民之倡也，官守法，民自遵法，官不守法而欲民遵法，民且有辭矣，非民之難化也。民以官爲法，不法其所言，而法其所行，所行者不正，雖所言皆善，無益也。不觀治家者耶。家之有尊長，猶國之有官長也。家長不良，雖父子之親、兄弟之近，且有背畔而分離者，何况民之於官也。夫民之於官，猶臣之於君也。臣不守法，是臣敢違君矣。臣敢違君，民不敢違官，有是理乎。故從來治天下者，欲使下無違法之民，必使上無違法之臣。臣代君治民，將欲納民於法之中，不可置身於法之外。不然，即誘民於法，民且以爲牢籠我也，即迫民於法，民且以爲陵虐我也。是何如我守法，而彼自遵法之爲愈耶。然所謂守法者，非拘泥乎法也。法有所缺，不妨自我補之，法有太過，不妨自我裁之。總之，酌乎天理而已，準乎人情而已。天理人情，王法之所從出也。苟悖乎天理，拂乎人情，雖能守法，無異乎枉法。枉法者，不得爲大臣，並不得爲具臣，適成爲欺君之臣、賊民之臣矣，又安得爲守法之臣哉。然則居官者亦惟不拘乎法，不悖乎法，而守法以爲觀法之地可也。

又《守廉章》 朝廷頒祿之典，蓋爲養廉而設也。有祿以養廉，自當以廉持己，以廉化民，而豈可有貪心，有利念哉。奈何曠觀羣寮，清廉者甚少，貪汙者甚多。明知廉之爲美，而不肯居夫廉，明知貪之可鄙，而不肯絕其貪。竟使官箴有闕，臣品日卑，而恬不知耻也。此果何爲者耶。夫人雖至賤，誰無羞惡之心，人雖至愚，誰無憤激之念。人而未居官也，有譏其爲貪夫者，則必勃然怒，怫然起矣，爲其言之不當也。即其盱衡當世，見有不廉之官，亦必譏笑之怒詈之，曰：使吾得志，當不如是也。夫自謂不如是，固不應如是，亦不肯如是矣。孰意自謂不如是，而竟亦如是，且更甚於是也。言猶在耳，廉遽忘心，夫非猶是譏笑人、怒詈人者乎。何譏笑人、怒詈人者，又爲人譏笑，爲人怒詈也。明於處人，竟暗於處己，此非利能動心，心自爲利動耳。心爲利動，將見利忘義，而公論不恤矣，民怨不避矣，後患不顧矣，天譴不畏矣。迨至惡貫滿盈，身罹奇禍，而猶曰此數也、運也、時也、命也，而不知皆誤於貪一念也。知貪之爲害，自宜去其貪，化其貪，而以貪戒己，並以貪戒人。而不然者，吾恐利不得據，即祿亦空享。其爲貪利之官者，並爲貪祿之臣矣，其不至亡身敗家者幾何哉。

又《睦僚章》 居官之有僚友，猶居家之有親鄰也。僚友不睦，則互相傾軋，而協恭之善亡矣，各有肺腸，而和衷之道失矣。始而分心，繼而立黨，其不至敗事者幾何耶。夫人臣之供職也，能獨盡，亦期共濟。百其吏百其心，萬事之所以墮也，百其吏一其心，庶績之所以凝也。不明乎

此，而欲挾聰明以獨斷，恃才智以獨行，微論事之無成也，即事可有成，要亦出於倖中，而非出於萬全，豈非輕量國事者耶。且夫與國事者，原不可挾聰明，恃才智也。挾聰明，恃才智，其勝於我者，必以我爲小人，而鄙棄夫我，其等於我者，必以我爲中人，而抗衡夫我，至於不及我者，又必以我爲驕人，而忌惡我、毀謗我。舉朝皆寇敵，在位盡仇讎，安能同心同德，共濟大事耶。夫欲共濟大事，驕矜之心不可有也，謙恭之度不可無也。苟能化其驕矜，而持以謙恭，將百僚師師，勸善者有之，規過者有之，亦何至於恃才矜能，而以尊陵卑，以下傲上哉。且何至於尊卑上下，各懷異心，而公事俱廢，公道頓失哉。奈何世風日下，人心不古，居高位者少大量，作下吏者少直節。無立功之志而有忌功之心，無報國之才而有誤國之計，竟至億萬臣億萬心，而協恭和衷之風無聞也，不深可慨哉。

又《賦税章》 國有賦税，君之需用，民之脂膏也。民不得加少，君不得加多，而居官者尤不得多少任意，以欺君而賊民。蓋多少之數，民心之向背繫之，即國勢之安危繫之。所以賦税之取，雖有定例，而饑饉之年，猶從末減，甚之緩其征免其賦，誠欲安民而定國也。夫安民定國，人臣之職也，佐君圖治，當爲民造福。民之艱苦，君不知也，即以民情達之於君。時值凶荒，啓倉廩以賑之，財已匱乏，薄税斂以周之。如是民可安國可定，豈非忠主之臣哉。乃居官者多不然矣，忍爲酷吏，甘作貪夫。凶歲也而曰豐年，致使民有飢色，塗有餓殍。君受暴虐之名，民有爭奪之事，慢上殘下，亦云極矣。尤有甚者，朝廷施惠，欲救民也，而彼則吞併之，徒有虛名而無實惠。否則減其數以予民，己所得者十有八九，民所得者十無二三。其慢上殘下，又何如也。不寧惟是，國課之設自有正供，而於中取利，乃加之又加，君所得者，不及官所得者遠甚。弊政一興，沿而不革，迨至民不堪命，倒戈相向，猶曰弊政非我肇端也。不知不革弊政，即非賢宰，豈能免悖出之禍耶。且不第悖出己也，財者民之命，傷其命，誰肯坐而待斃。結會立黨，釀成大禍，國家之亡多以此也。居官者可以鑒矣。

又《獄訟章》 聽訟斷獄，聖人弗尚也，然不尚聽斷，而獄訟究不能免。故臨民者，尤當於此兢兢焉。夫刑官之設也，所以平人情順天理，明王法者也。王法無常，人情有常，人情無常，天理有常。以天理判其是非，斷其曲直，而無情者不得盡其辭。由是以底於刑措不難也。既知天理之爲美，則聽斷之際，宜持其平。是者是之，非者非之，不可我是之我非之也。直者直之，曲者曲之，不可我直之我曲之也。能如是也，豈非民之賢宰、君之良臣哉。奈何官箴多缺，天理常違，明知兩造之虛實，竟徇一己之偏私。短於才者，虛心聽察，猶恐不精，乃敢鹵莽以從事。優於智者，灼見事情，已覺可喜，誰復哀矜以存心。是皆不體乎人情，不權夫王法，而昧於天理者也。至於徇情之輩、枉法之流，其於天理更不可問矣。夫是非也，曲直也，自有定衡也，乃貧富不等，而榮辱頓殊。貧者訟也，是者亦非，直者亦曲。富者訟也，非者亦是，曲者亦直。且也貧與貧訟，富與富訟，而視貧富之高下，即可知其勝負之輕重。任官府之交通、視貨賄爲顛倒，徇情枉法，伊胡底耶。究之人心雖險，直道常伸。聽斷不公，而獄訟之人，必與聽訟者訟，斷獄者獄。縱勢不勝我，質之幽冥，必勝我也。吁，可畏哉。

又《舉錯章》 舉直錯枉，人君之責也，而人臣亦與有力焉。人臣之立品也，能爲正直，不爲邪枉，亦云善矣。然見直者而不舉，猶爲蔽賢，見枉者而不錯，猶爲容惡。故事君者，又當於舉錯加之意也。舉錯之道，一在秉公，一在守正。公則薦賢爲國，非爲私也，而親怨有所不避。正則非其種者，鋤而去之，而禍福有所不計。公之至，正之至，即忠之至，是眞能爲君得人，而任賢去邪者也。夫直者爲賢，枉者爲邪。苟有直者，君必舉之，苟有枉者，君必錯之。而爲臣者，何以多不舉之不錯之哉。誠使智不足以知直，力不足以去枉，亦無庸深責。今偏觀寮宷，智足者累累也，力足者紛紛也，乃智力愈足，奸惡愈深。明知直者當舉，而不敢舉不肯舉，舉之則恐彰其短，舉之則恐速其禍。即在朝有一直者，亦必力去之而後已。至於枉者，本當錯也，乃爲之匿其短，炫其長，而固其位。甚之枉者在下，亦舉之朝右，而同惡相濟。臣也如此，不公實甚，不正實甚，即不忠實甚。是豈非嫉賢黨惡，而自速厥罪者耶。嗟乎，自選舉廢而科場興，才居其先，德居其後矣。所舉者有才不必有德，所廢者無才不必無德。且更有不論德，並不論才，而徇私以取去者矣。豈獨直枉不明，而舉錯失當哉。

又《征討章》 國家所以太平者，賴有文事，亦賴有武備。武備不

修，則弭亂無方，即致治無術。故人臣理人家國，修文必兼奮武也。夫國之大事在戎，人民之死生繫之，社稷之存亡繫之，豈可苟焉已哉。必也先事而極其精良，臨事而極其謹慎，庶乎戰勝攻克，有以除暴而止奸耳。知武備之當修也，不可鹵莽從事，不可輕忽居心。鹵莽則事必不精，輕忽則事必致敗，夫安得不兢兢也。獨奈何時值太平，而臣心多怠，臣職多疏，藉口於修文，而竟至廢武。士卒累累，有兵之名，無兵之實，虛糜皇家祿，深可浩歎也。況乎烽煙告警，危在旦夕，此尤人臣報國之秋，而奮不顧身者也。乃畏難苟安，全無義氣。平居矜言致果，臨敵不免貪生，寇未至也，即欲曳兵而走，寇已退也，始敢乘勢而追。即或偶得一捷，不過稍挫敵鋒，乃張皇其辭以邀厚賞。至於戰而敗也，亦行軍之常，無容諱者，乃多方迴護，百計斡旋，必欲從輕而奏之。甚有彼此嫉功，而坐觀成敗者矣，號令不行，而任意搶掠者矣。如此者，豈得爲良臣也耶。欲爲良臣，當修武備。蓋養兵者，可百年不用，不可一日不講。而用兵者，處必敗之勢，當存必勝之心。不然，則非惟不能奏功也，其不至貽笑於敵人者幾希。

又《殉節章》 君死社稷而臣死君，古今之通義也。義之所在，當舍生以取之，殺身以成之，必不可隱忍自安，致同於貪生者流。蓋忠臣之殉節，與貞婦之守節，事異而實同。守節者要於終身，殉節者決於片刻，而要無非求合於義，求全乎義也。知殉節之爲義，而義必精於平素，始能慷慨赴之，而不生回惑。否則識有未眞，鮮有不搖其志者，守有未固，鮮有不餒其氣者。故欲立大節也，必先明大義而後可。然吾觀古今人臣，明義者不一而足，赴義者代不數人。當失身居太平，功名事業，皆可與忠臣匹也。迨至時窮勢極，而忠臣乃見，不忠之臣亦見。不忠多端，而莫甚於忘舊事新。忘舊事新不必碌碌者也，即才高百代，學冠一時，亦有反顔事敵而不顧者。且才學愈美，機變愈深。已不殉節也，更藉口於權變以飾其非，而轉訾殉節者爲迂濶，不識時務。夫殉節者，生爲英死爲靈，豈竟不識時務耶。何爲此不識時務之言也。況乎殉節者爲忠，事敵者爲叛，叛臣事敵，多死於敵。其死於敵也，敵固不義也，然敵雖不義，實欲殺不義者以明大義，而爲萬世之不義者戒。且即不死於敵，而一息偷生，千秋抱愧，觸物感懷，不免汗流浹背矣。彼貳臣一傳，果爲誰設者耶。

又《挽數章》 國運之盛衰，雖曰天命，亦莫非人事也。人事所在，即天命所屬，亦即國運所憑。故爲人君者，不可言命也，而爲人臣者，亦不可以言命。蓋命者數也，談數則理廢，而禮樂政刑盡爲無用之具。是以與國事者，每於此爲兢兢。夫知命之君子，何嘗不安命哉。然安命也，而實能造命。吾觀聖賢濟世，明知時不可爲，而皇皇者如故，明知數不可挽，而勞勞者依然。其心至智，其意至仁，此所以救弊扶衰，而獨得爲忠臣也。知此則盡忠者，當安不忘危，治不忘亂，已危也當定其危，已亂也當平其亂。而平定於已危已亂之後，尤當平定於未危未亂之先。詎可謂天命難回，而任其危任其亂乎。奈何庸臣累累，俗吏紛紛，不鞠躬盡瘁以勉所當然，乃委心任運而聽其自然。夫天命之反覆，豈人所能測者。匹夫一念之誠，猶足以回天而挽命，況其在燮理陰陽者耶。今乃以安危付之天，以治亂諉諸數，則盡忠之念必不能純。亦如父母有疾，望其能愈而醫藥之，則情必眞，料其不愈而醫藥之，則情不切也。噫嘻，造命之事，責歸君相。佐君圖治，而動言運數，已鄙不可言矣。何巧於文過者，並以臣之不忠，爲數當如此耶，爲數當如此耶。

又《知報章》 盡忠，人臣之分也，計及於報，似近乎俗矣。然有陰德者，必享其祿，不計夫報也，而亦未嘗無報。報有近者有遠者，有明者有暗者。近者明者，人固見之而信之矣。遠者暗者，人不見也，故不信之。然亦何不可見，何不可信者。夫忠之至者，受福必大，而獲報恆遲，其勢然也。唐虞之佐，三代之臣，當其乃心王家，何嘗顧及於身後。而自今觀之，當身受命者有之，奕世發迹者亦有之。其間或數十年，或數百年，或千餘年，未有不蒙天庥者。彼匹夫而有天下，不皆忠臣之裔耶。顧或者曰：遠而有報，宜無乎不報，何亦有不見報者。不知不見報者，其報在幽冥。蓋忠者義之德也，有義氣者必有英魂，英魂所結，可以彌六合，可以歷萬劫。而爲玉帝佐，爲閻羅王，爲社稷神，爲兜率仙，無非此義氣所成者。彼忠臣有祠，豈眞虛位也耶。此所謂報之於暗者也，夫亦何不可見而可信哉。乃信之者多矣，而信其理，或不信其事。不知有其理，自有其事也，且有其理，必有其事也。如謂無其事，則是盡忠者無善報，而不盡忠者亦必無惡報矣。然不忠之罪與不孝等，不孝之子其報昭然，不忠之臣其報豈寂然乎。知不忠之有報，而盡忠之有報可知矣。然究何必言

報耶。

關帝贊

仙經赫赫，儒教是宗。理惟眞實，道則中庸。深言易解，魔障全空。惟是之法，庶乎其忠。考厥漢時，聿有馬氏。握臣之綱，宣忠之理。文昌繼之，聖教備矣。鼎立者誰，意其惟是。是經之著，厥有深心。義嚴天澤，文炳星辰。條布有序，包羅無垠。警心怵目，至矣官箴。余覽斯經，用匡不逮。渺矣孤忠，心乎三代。如讀《春秋》，曷勝感慨。旨哉鴻文，萬世永賴。普勸有位，勿忽此經。各依規戒，永作典型。無荒無怠，是訓是行。謹遵大義，佐我皇淸。

佚名《忠經通論》　偉矣宏綱，群親尤重，卓哉大道，忠孝居先。惟移孝以作忠，即因忠而全孝。資父事君厥惟敬，順親獲上祇在誠。此所以天德修，王道備，居家已具立朝之概，忠臣必出孝子之門也。夫忠之體秉於天，非關教化，忠之用成於人，亦假進修。蓋惟明學，乃可達權。爲政當以德，學則德日新，事君貴致身，學則身不怠。學古入官，不學無術，良有以也，其可忽諸。學而優，身可立，能立身，堪動主。繩愆糾謬格君非，言聽計從隨吾欲。苟其我躬之未淑，難免聖主之見疑。彼民雖愚也，其志亦悖矣。身列大廷，職司庶績，在其位謀其政，食廩祿以何慚。尸厥位曠厥官，對天顏而有愧。與其食有餘忠不足，敗乃公事，不若食不足忠有餘，暢我性天。均是職也，有其大焉。曰君曰民，宜尊宜愛。君者羣也，而實超羣。民者憫兮，自當加憫。惟禮是循，誰復以我爲泰也。有仁相待，要得斯人而濟之。毋恃我骨鯁而故犯君顏，毋剝民脂膏而上干天怒。毋爲面諛，毋爲口惠。毋獻媚以希榮，毋違道而干譽。君有法不可越，民有財不可貪。法以馭民，要使蒼生歸王化，廉以持己，好將白水比臣心。法之壞也，多因黷貨，廉之傷也，必至亂紀。故不法之臣，絕少清高之品，而不廉之吏，每多畔越之心。其事雖異，其弊相因。是安得不奉法，安得不守廉。顧奉法者性必嚴，守廉者情多淡，嚴則峻，淡則疏。立品雖云美也，和衷之謂何矣。夫讀書談道，猶貴樂羣。豈委贄從王，竟可立黨。除卻忠奸不並立，凡屬寮宋須協恭。至於計國課，平民情，禁浮收，戒妄斷。虎之飽，狼之貪，饕餮可厭。鼠之牙，雀之角，反覆何常。如或誅求無厭，窮及關市之征，官山府海難據也。儻其聽察未明，律以朝廷之法，天理人情安在哉。納賦有正額，寧加少毋加多，折獄無偏心，寧違情毋違法。又如彰善癉惡，舉錯惟公，戢暴除姦，征討有命。任官惟賢才，端賴同寅之薦，運籌在帷幄，宜深棄甲之憂。彼奸臣有黨，必須制之以忠良，因大義興師，亦當待之以仁厚。三載考績，黜陟攸分，七年即戎，教化乃見。苟其王師潰，天命去，大敵橫，長城陷，願得千秋輝竹帛，須憑一死報君王。治世觀勳猷，既建功而立業，亂世觀節義，勿忘舊而事新。伯夷之志不可降，比干之心何妨剖。然國步艱難，固殉節是貴，而天心反覆，實依人而行。舍生可取義，挽數更爲仁。或保泰，或持盈，宜爲國家培元氣。若扶衰，若救敝，要於叔季振頹風。盡人聽天，勿謂迂也，委心任運，豈云忠乎。忠奸各異，報應非誣。栽者培傾者覆，理自相因，生爲英死爲靈，事有可據。天祿永叨，永自有故，書香不振，夫豈無因。知有報，須盡忠，欲盡忠，毋望報。此忠經之大概也，亦小臣之通論爾。

咸豐七年歲次丁巳十一月初三日，顏眞卿降筆。

又《自序》　忠與孝並列，人臣宜講說。資父以事君，戒欺而求慊。果爾孝克敦，自然忠能竭。忠者義之符，人也性無缺。奴僕效殷勤，懷恩極誠切。而況對天顏，何可虧臣節。孤忠報君王，千古稱貞烈。祇說立朝人，多有致身者。慨矣世風衰，幾乎臣道絕。鞅掌辭煩勞，鞠躬笑干謁。貪婪無厭心，諷議有長舌。抗懷古臣鄰，屈指多英傑。共致元首明，同補袞衣闕。上下德無違，君臣情相悅。休風邈難追，古道迥有別。亦有典型存，常如日星揭。美刺別忠奸，榮辱同衮鉞。明訓能遵兮，良臣可爲也。無奈讀聖經，不肯法前哲。在位少貞良，存心多詭譎。吾欲挽頹風，惟期崇實學。自慚德行微，深愧才華劣。更復溯生平，未嘗建功業。五旬宰雷封，十載逃雲穴。有癖傲煙霞，當空恨日月。素志未得伸，赤心空自結。報國願已虛，勸忠計誠拙。獨念大綱常，不容暫泯滅。仲尼扶衰周，阿衡興中葉。風雷感姬公，霖雨懷傳說。今則少忠貞，天亦泣幽咽。勅命不可違，仔肩焉敢謝。小仙暗驚惶，大義多顛越。深慨臣欺君，不禁淚灑血。有意勉羣寮，用力改故轍。因作正心經，權當苦口藥。寶訓化愚人，文昌傳眞訣。帝君本至明，道統能遙接。教孝復勸忠，佐化兼救劫。百爾皆協恭，寸心方熨貼。股肱有不良，肝膽爲之裂。當年發善言，有志作先覺。

忠經萬古垂，妙化千秋設。其味深且長，所言簡而約。愛惜墨如金，褒貶筆似鐵。佳士慶遭逢，眞經當涉獵。今我有官箴，其文殊試帖。字不作金聲，辭難霏玉屑。着意在勸懲，立言要周徹。謹囑宦中人，莫嫌言喋喋。

咸豐七年歲次丁巳十月十八日降筆。

瑤池金丹懺

題解

道尚等《瑤池金丹懺序》 釋道二藏，浩如淵海。世俗通用經懺，如釋氏之《祇園二十四部》，道家之《玉皇》、《太乙》諸懺，皆仙佛垂慈度脫閻浮惡趣者。惟《瑤池金丹寶懺》，自古無傳。余于役金陵，得而讀之。知出自瑤池金母鸞筆。乃示慈航尊者以金丹要旨也。文凡三卷。上卷度仙，中卷度人，下卷度鬼。雜以符籙、梵字，義頗玄眇。但就華文繹之，乃爲已登仙錄者。教以寡慾、清心、扶元、立命，庶金剛不壞之軀，不致中途墮落，罹雷霆風火諸劫。人道則保持其現在之色身，復其本然之聖性，斬除三尸，驅除六賊，可升天界。鬼爲已死之人，情欲俱寂，靈魂未滅，如其回心向善，亦能永拔九幽，共登三寶。當說法已花雨彌天，祥雲匝地，天人眷屬，並成正覺。篇中言：水火交濟，活水求珠，及關竅、出納、呼吸、度數爲煉大丹要目。顧語焉不詳。蓋聖母之意，不欲輕付大道與人。俾虔心向道者，誠求而自得之耳。竊維茲懺功德不可思議，下學之士，程度雖淺，但能遵守科儀，頂禮持誦，用力既久，當不難漸躋閫奧，預聞道妙也。板藏江甯城北崇善堂。即光緒丙午年金母降乩之地。惜燬於兵火。余攜此孤本歸示汪君魯門等。咸歡喜讚歎，欲廣其流傳。因醵貲刻之，併記其緣起焉。受菩薩戒弟子道尚江都許蓉楫雲浦氏薰沐敬序。

論說

道玄等《瑤池金丹懺序》 今世之言金丹者，曰：采藥品，煉丹汞，資爐鼎水火之用，謂之外丹。調呼吸，通關竅，習熊伸鳥經之術，謂之內丹。嗟乎，爲是言者，徒襲其末，未探其本也。煉丹之本，在乎正心。盍觀瑤池金母之金丹懺文乎？金母謂修仙道未成，而功虧末路者，必遭雷霆風火之厄。須知此風，與雷火不在六氣之中，而在吾身以內。蓋心爲君火。心正則君火長明。水火交濟，榮養肝木。斯龍雷之火不作，而風亦無自而生。惟方寸靈台，蔽於物欲，斲傷其戒體。水虧則雷火發，木旺則風災起。一犯斯戒，萬劫不復。夫生天界者，尚如是，何論凡人？何論鬼趣？竊維仙道不易修，鬼趣不可墮。人之求大丹者，須及生存時，治心以繕性，絕慾以還元。眞體內充，雖未能翀舉朝眞，亦可免罹黑籍。此聖母度厄之微旨也。此懺不列《道藏》，出自金陵崇善堂鸞筆。原板燬於兵火。許君雲浦得其殘本，謀重刻之。持以示余。余欣然曰：君獲此本，大有宿緣。以君天懷沖漠，道力堅定，紛華之慕，不以攖其心。若依戒律修持，功候漸深，奚慮大丹之不結。抑聖母與慈航尊者，說法本期普度天人三界。君理寶笈，不以自私，而公之天下後世，是欲以自度者度人，不啻大士之尋聲救苦也，功德詎可量歟。僕雖末學，願成子之志。雲浦曰：諾。將付手民，爰述管見，以質雲浦及海內之同志者。受菩薩戒弟子道玄古歙汪詠沂魯門氏薰沐敬序。

觀音濟度本願真經

題解

佚名《觀音古佛原敘》 天下善書廣矣，聖經賢典，丹經子書。

古人道成天上，法留世間。莫不字字珠璣，句句牟尼。如入元圃，美不勝收。然書愈多，而人之惺者究少。豈書之不善哉。抑以其旨深，其義藴，其辭奥，可以爲上智訓，不可以爲中下迪。可以爲文士英俊觀，不可以爲愚夫愚婦勸也。吾思以深論，不若以淺論，因人以施教，不若以身施教。就道論道，曷若以事論道。以吾之不戀榮華，立志修煉，屢受苦難，魂遊地府，歷觀陰律果報，還陽香山，功成了道，自度度世。亦可以現身説法，爲天下後世告矣。於是以吾之本末始終，逐一詳叙當時言語問答，縷晰備載。著爲歌句，聯爲俚語，言簡意顯，辭淺理明。又將修道之火候功用玄妙法則，一一流露於常言俗語中。能令閲者一目了然，由淺求深，因經尋義。不但可書成，藏之朝元洞内石室門中，以待後之見者，廣爲流布。不但可爲上智訓，亦可爲中下迪，不但可爲文士英俊觀，亦可爲愚夫愚婦勸。於以改過遷善，廣行方便。訪求至人，指示經中功用玄妙，有不難彼岸同登矣。吾昔立下洪願，濟度一切。此經其吾濟度之一助也歟。因以《濟度本願眞經》名其書，而綴數語於箋端云。時永樂丙申歲六月望日書。

論説

佚名《觀音古佛原本讀法十六則》　一《本願眞經》，闡道之書也。當作《道德》、《心印》、《金剛》、《法華》讀之。其言天道、人道無不備載，入世出世，靡不縷陳。剖露玄機，所關最重。讀者須當淨手焚香，誠敬開誦。讀畢，掩卷高供，不得褻視。知此者，方可讀《本願眞經》。

一《本願眞經》，善惡金鑑也。當作《感應篇》、《功過格》讀之。善惡昭彰，因果顯然，天堂地獄，只看所行。苦海無邊，回頭是岸。誠感發善心，懲創逸志之良劑也。知此者，方可讀《本願眞經》。

一《本願眞經》，《暗室燈》、《考金石》也。言因果，本福善禍淫之理，講修煉，實返本還原之道。解悟此經，一切惡孽惡念，惕目而驚心。旁門曲徑，不闢而自破矣。知此者，方可讀《本願眞經》。

一《本願眞經》不比一切演義、傳奇、俗本、彈唱、歌曲，此等書卷，徒悦人耳目，無益身心。此經所論，皆善惡因果。所言，皆性命道德。不作那無益之論也。知此者，方可讀《本願眞經》。

一《本願眞經》讀者勿以歌句粗俗，文不華麗，輕之。從古才子刻畫山川景物，縷寫風雲花月，逞其逸思，徒供人吟咏耳，究於身心何補。此經不作無補之論也。知此者，方可讀《本願眞經》。

一《本願眞經》其間有與禪機同者，又非野狐禪之輩，徒爲拍喝語自欺欺世，使人無處捉摹者。可比其用意處，或在言中，或在言外俗語常言中，暗藏元機，舉動云爲處顯露心傳。若經明眼指示，頭頭是道，洵佛經中一部俗諦，乃佛經中一部眞諦。知此者，方可讀《本願眞經》。

一《本願眞經》言雖淺近，元妙無窮。時時可讀，人人可讀。深者得之而見深，淺者得之而見淺。如以爲粗俗無文，是從文字上起見也。修辭立其誠，此經無文，所闡實天地之至文也。知此者，方可讀《本願眞經》。

一《本願眞經》不在口讀，而在眼讀。不在眼讀，而在心讀。不在心讀，而在身讀。何以故？知行並進也。知此者，方可讀《本願眞經》。

一《本願眞經》自讀須爲人讀，人讀又須令其爲我讀。何以故？成己成人，互相砥礪，藉他人之吟咏，開自己之塵蒙。知此者，方可讀《本願眞經》。

一《本願眞經》言火候甚詳。古人傳藥不傳火，從來火候少人知。經中設象寓言，火候之妙，形容的當。知此者，方可讀《本願眞經》。

一《本願眞經》前半是艱苦備嘗，後半是道成樂境。語曰：甜從苦處來也。知此者，方可讀《本願眞經》。

一《本願眞經》既以經名，何每篇多以話説冠之？屏去一切梵語奥辭，直以説話者説經。令人易知易悟，了了於目，自了了於心也。知此者，方可讀《本願眞經》。

一《本願眞經》每有重複字眼，原以人有利鈍不齊，不欲以字語變換炫心惑目，以便人記誦耳。况眞言要語，不在多也。知此者，方可讀《本願眞經》。

一《本願眞經》言善功甚詳，然亦未嘗言及者。夫善在人爲耳。隨心

隨手皆可以積功累行也。如若經中所未載，便踈忽而不爲，是自阻也。知此者，方可讀《本願眞經》。

一《本願眞經》言陰律甚詳，然亦有未能悉述者。須當依例比擬。夫諸惡莫作，恐一念有差也。如以經所未載，便大膽做去，是自悮也。知此者，方可讀《本願眞經》。

一《本願眞經》須具一付玲瓏心眼，讀之四方八面相照，中邊底形相映。種種元妙法則，無不盡載其中。切莫被淺言俗語瞞過。知此者，方可讀《本願眞經》。

佚名《西天達摩祖師題讚》 歌眞經，叙眞經，識得眞經，出沉淪。
人人紙上尋文義，外道旁門妄猜尋。要知眞經端的處，慈航說法露原因。
自從我佛拈花笑，衣鉢眞傳到於今。四句偈等七寶施，菩提金剛不離身。
五千四八歸黃道，人人有卷大藏經。後來不解傳經意，着空執相口唸文。
豈知眞經無聲色，一竅天機値萬金。知止定靜至善地，精一執中儒有云。
瞬存息養幾希裏，戒愼恐懼不覩聞。河洛洩盡玄妙理，三五歸中守虛靈。
水陸火降名既濟，八八卦爻火候精。五千靈文談道德，玄之又玄衆妙門。
有物混成先天地，玄牝橐籥養谷神。昔來東土傳直指，授記神光續祖燈。
爲闡大道遭苦難，口口相傳轉法輪。掃除文字飛四相，色空空色有妙音。
下手收取先天氣，龍戲虎穴北海存。蘆芽穿膝撥濁出，波羅蜜多太和生。
衣鉢收轉本位地，敷座而坐用意烹。祇樹園中牟尼煆，佛在舍衛放光明。
如是降伏龍虎住，日月會合皈本眞。囑咐菩薩善護念，舍利結就文火溫。
飯食醍醐如癡醉，波羅揭諦意自明。塵沙罪垢俱滅却，十方虛空現金身。
無爲功德莫思議，三教同此不二門。濟度一經括衆妙，慈航度世究願深。
字字洩盡元妙理，火候天機齊發明。將身作則勤指點，善惡果報語句眞。
言談俗語藏奥妙，寶筏遺留度迷津。安得共體慈悲意，同作靈山極樂人。
蟠桃大筵瑤池地，快樂逍遙永長春。

佚名《孚佑大帝吕祖題讚》

風入松調

朝遊大地暮蓬萊，爲度原來。朝元靜，把眞經，閱度人船。字字瓊瑰。得受慈航，寶筏同昇，玉宇天台。

其二

凌風鶴駕息朝元，得閱眞言。玄微火候，齊披出，一行行，直透根原。杜杖驚惺愚昧，中流砥柱瀾翻。

其三

千言萬語喚南柯，着意吟哦。因緣莫錯光陰，速拜明師，早養中和。不受閻羅晦氣，無被猿馬牽魔。

其四

天堂地獄只爭心，莫入沉淪。眞經一卷，離塵苦，實修持鬼、敬神。欽王簡，丹書下，接青鸞，白鶴來臨。

其五

指玄我昔貯青城，煞費深情。慈悲度世，心難已，見此書，又慰生平。字裏晨鐘暮鼓，行間玉振金聲。

其六

賢愚智慧得知音，語不幽深。鴛鴦繡出金針度，積陰功感格天心。這會修回淨土，從此不到東林。

廣野山人《觀音濟度本願眞經叙》 從來三教經典，垂訓教人，字字急義，句句藏玄。旁喻曲引，告誡不一。無非欲人明善復初，修性了命，以全其本來耳。言雖不同，理則一也。余自生以來，不昧本性，知人爲萬物之靈，質列三才之中，不敢自棄，常行濟人利物事件，窮究性命根原。幸遇普定仙師，指示先天大道，授以率性復初功用。一日往朝普陀，舟至南海，預得眞武祖師之報。船將到岸，忽狂風大作，波浪洶湧。當時船壞者不少。余蒙神蓋佑，緊操舵槳，得達津涯。將船泊於海岸，散步閒遊。忍至一處，見石門壁立，牌坊森列，篆鐫朝元洞。行不數武，內有一菴，名曰靈通寺。余進步內觀，遇一道童，瀟洒不俗，謂余曰：居士遇此風波，實乃上天數定，玄機報應，今適到此，此中有一濟度慈航，其賴居士成就此功德，以慰我佛無量度人之心。談叙之間，因出《觀音濟度本願眞經》一冊，授余。余誠敬捧讀，乃知爲觀音佛祖自叙本行，不忍衆生塵苦，領旨下世，託生興林國裏皇宮之中。自幼靈慧不昧，捐棄浮華，勤修大道。爾時，其父妙莊王迷却善因，不信修眞，誣爲邪孽，致菩薩受苦花園，火焚白雀，斬絞法場。守死善道，苦難備嘗。英靈不昧，蒙神引遊地府，遍觀陰律果報，度獄還陽，逃至香山，修養成眞。其後莊王惡盈福

盡，上帝降旨冤孽尋報。菩薩慈悲廣大，顯靈救父，勸惺知非從善，頒旨國中，修建叢林，設立齋醮，超度冤愆。後至香山還愿。菩薩元神顯化，度轉父母骨肉。感化駙馬、宰相，同修大道，共成正果。善惡報應，始末備載。菩薩又復以所得心印之法，闡發修煉虛實，辨別旁正，以及抽添還丹，功用配合，溫養調理，脱胎神化威儀，了凡成聖，一總節度玄妙秘奥法則，無不流露於行間句裏。雖言談俗語，皆有妙義存焉。俾後來有緣善信，得授此經，深者見深，淺者見淺，誠意爲人講誦，即有神光照耀。體貼遵行，自然智慧朗開，神鬼欽敬。誠照破幽冥之明珠，超昇極樂之梯航也。余得授此焉，敢不成就此一宗功德。無柰經係西天梵字，東土之人識此字者少。余急歸家譯寫，書正刊刻行世。使人觸目驚心，改過遷善，廣積功德，潛心體會經中妙諦，以經爲證，訪求至人。指示經中妙義，明止於至善之所，知下手修煉之方。道全德備，極樂西天何難到哉？噫嘻，壁聞琴聲，古經不絶，書守靈威，金簡長存。二酉稱神仙貯書之所，瑯環爲天設載籍之地。唐李筌得《陰符經》於嵩嶽，呂祖翁藏《指玄篇》於青城。古人道成天上，書遺後世，非一人矣。今何幸而機緣相遇也。因樂而爲之叙云。時在大清康熙丙午歲冬至後三日，廣野山人月魄氏沐手敬叙於明心山房。

破迷宗旨

雜録

易三子《破迷宗旨叙》 天下有二迷焉，一入世之迷，一出世之迷。入世之迷，愚而迷。出世之迷，智而仍迷也。自來善祥惡殃，聖賢以此，明彰癉仙佛，即以此示超墮。而入世者，謂超墮説荒渺，天有何堂？地有何獄哉？由是不信因果，肆意爲惡，釀成黑氣，浩刦之臨慘甚地獄。吁，何其愚迷而不悟也。其智者曰：吾則有出世之一法焉。夫出世之法，似可以遠地獄近天堂矣。然或不以功培果，不以德消冤，率無超而有墮。又或談元妙有餘，踐倫常不足。棄人求天，迷盡人合天之旨。抛俗求聖，迷從俗入聖之基。其弊與愚迷等。他若昧於觀人，好歹莫辨，何異以地獄種子，拔超天堂，終與俱墮。此又不迷而因誤近迷者也，則安得一善破迷者，起而破之。余偶遊霞山，得見儒童老人所撰《破迷宗旨》，其論超天堂也，根柢皇經，發揮光藴。其論墮地獄也，臚舉惡條，森嚴罪案。其論挽刦運也，詳列善款，歸本天良。其論修大道也，加培功德，切理身家。其論辨後學也，外觀氣質，内察誠僞，洵可以破入世之迷，並破出世之迷，而爲儒流方士所濟資其警醒者。且夫果報之理不明，則人心無鬼神相攝。修行之實不著，則邪黨假正覺爲緣願。重梓是書，公諸同好於超墮破疑信之迷，於刦難破苟免之迷，於悟修破空幻之迷，於辨擇破濫開之迷，庶幾天人交勵，道俗咸端矣。況乎心迷破，而性主有宰。世迷破，而殺運堪回。即謂以福世善書輔化可也。時嘉慶柔兆困敦霽發初陽之吉叙於霞山四會亭南舍書幢後學門人易三子沐手敬撰。

寶卷分部

三義護國佑民伏魔功案寶卷

題解

黄育楩《破邪詳辯》卷四 邪教有《三義護國佑民伏魔功案寶卷》，内云：「佛曰吾觀火帝眞君下生，一十八刼已盡，即差南海觀世音菩薩化爲師羅，度他還源。」又云：「次後觀化男女，赴命歸根，收源結果，跟老爺答查對號。」

雜録

黄育楩《破邪詳辯》卷四 噫，此卷前半惟照《三國演義》，鋪敘成文，亦無足議。後云觀音菩薩化爲師羅，度他還源，又有赴命歸根、收源結果、答查對號之説，是直以關聖爲邪教中神也。亦思後漢妖人張角、張梁、張寶創立邪教，又號稱黄巾，混亂天下。斯時關聖與劉先主、張桓侯皆係布衣，即奮起義師，大破黄巾。是黄巾爲千古習邪之首惡，關聖建千古誅邪之首功，迄今一千六百四十餘年，威靈顯赫，血食萬方，保佑黎民，護維國社。凡遇邪教謀逆，關聖必顯神威，使之盡歸殄滅。邪教傳徒，關聖必陰驅逐，使之盡被刑誅，且又墮入地獄，永不超生。總由邪教造經，反誣關聖爲邪教，宜關聖之誅邪教如此其嚴也。至云火帝眞君下世，止因關帝赤面而揑造此言。而惟觀音化師羅一語尤爲妄謬。師羅即羅祖，係唐朝時人，比關聖遲生五百餘年，又安能度化關聖也。誣枉聖人，罪大惡極，《伏魔功案寶卷》不可信也。

泰山東嶽十王寶卷

題解

黄育楩《破邪詳辯》卷四 邪教有《泰山東嶽十王寶卷》，内云：「起爲頭，上蒲團，關門閉戶咬剛牙，捲竹簾，採取清風。」又云：「一般的，俺也有，叅禪打座。取清風，換濁氣，運徹三關。」

雜録

黄育楩《破邪詳辯》卷四 噫，是直以十殿閻王爲邪教中神也。亦思地獄之説，佛經卷卷言之極詳，以見十殿閻王賞善罰惡，總欲消除邪氣，以培養正氣，因將邪教陰爲驅逐，使盡犯案，即墮入地獄，永不超生。現有《邪教陰報録》已借言之。是閻王本係誅邪教之神，今反誣爲習邪教之神，宜閻王之嚴治邪教也。《十王寶卷》不可信也。

地藏菩薩執掌幽冥寶卷

題解

黄育楩《破邪詳辯》卷四 邪教有《地藏菩薩執掌幽冥寶卷》，内云：「目連用九環杖打開酆都城，放出八萬四千罪鬼，救出母親，同到靈山見佛，佛封目連爲地藏王菩薩，收盡八萬四千罪鬼。」

雜録

黄育楩《破邪詳辯》卷四 噫，佛教有《地藏菩薩本願經》，説地藏菩薩是婆羅女，父名尸羅善見，母名悦帝利。悦帝利生前多造罪孽，及至死後，婆羅女恐他母親受罪，遂賣家宅，廣求香花及諸供具，朝夕在覺華定自在王如來塔像前，大興供養。一日夢着身到海邊，遇見無毒鬼王，問他母親下落。鬼王説，他母親先在鐵圍城受罪，因生下孝順之子替他求福，業已赦罪，轉生陽間。婆羅女從此修行得道，釋迦佛命他作爲地藏王菩薩，在地獄度化罪鬼。可知地藏菩薩是婆羅女，並不是目連。至於目連

救母，佛經亦有之，然止稱爲目連尊者，並無封爲地藏菩薩之説。今邪教止因目連救母一事，捏造目連爲地藏，不知《地藏菩薩本願經》實以婆羅女爲地藏，識見錯謬，不可信也。

又 又云：「嘉興鎮有一戴文，不孝父母，欠債不還。五殿閻君使鬼卒勾來，地藏領他遊獄，細看明白，吽他還魂，傳遍世間。」噫，戴文果然遊過地獄，應將地獄中事一一説明，乃出語含糊，毫無確據，明係邪教欲以地獄恐嚇愚民，使之入教，故捏爲戴文遊地獄之事。不知道光三年，有宗法鬼魂遊地獄畢，即附人身上，一一傳説，將地獄中一切事實，一切地名，併閻王治罪之重輕，鬼魂受罪之久暫，俱説出實據，極爲詳明，現有宗王化所著《邪教陰報録》是明証也。知宗法之遊獄是實，即知戴文之遊獄是虚。《地藏菩薩執掌幽冥寶卷》不可信也。

佛説黄氏女看經寶卷

題解

黄育楩《破邪詳辯》卷四 邪教有《佛説黄氏女看經寶卷》，内云：「黄五姐方纔七歲，每日吃齋燒香，拜佛誦經，後來閻王差二金童唤到陰司，因對經不差，令遊地獄，看明受罪鬼魂，好傳與世人得知。」

雜録

黄育楩《破邪詳辯》卷四 噫，黄五姐果遊地獄，應將地獄中事説出實據，乃措語含糊，與《地藏執掌幽冥卷》所言戴文遊地獄之語，同一虚捏。不知地獄中事，有《邪教陰報録》詳載宗法遊獄已畢，附人身上一一傳説，是明証也，知宗法之遊獄是實，即知黄五姐與戴文之遊獄皆虚。又佛經之言地獄極爲詳備，而與此亦不相符，則捏稱佛説又將誰欺？《黄氏女看經寶卷》不可信也。

佛祖傳燈心印寶卷

題解

黄育楩《破邪詳辯》卷四 邪教有《佛祖傳燈心印寶卷》，内云：「四祖拘留孫佛人年六萬歲。五祖拘舍那牟尼佛人年四萬歲。六祖迦葉波佛人年二萬歲。七祖釋迦文佛人年一百歲。」又云：「慧眼認得無生路，免向冥司受苦辛。」

雜録

黄育楩《破邪詳辯》卷四 噫，何其謬妄之甚也。嘗考通鑑綱目前編，内載邵子言，自有天地至於窮盡謂之一元，一元有十二會，一會有一萬八百年。子會生天，丑會生地，寅會生人，至戌會則閉物而消天，亥會則消天而消地，至子會則又生天，而循環無窮矣。自寅會筭一度至午會星二度，該四萬五千六百年，正唐堯起甲辰之時。再查天皇、地皇、人皇，取天開於子，地闢於丑，人生於寅之義。然子丑二會尚未生人，故無年數。人生於寅，天皇亦生寅會，而即制干支。十干則有閼逢、旃蒙、柔兆、彊圉、著雍、屠維、上章、重光、元黓、昭陽。十二支則有困敦、赤奮若、攝提格、單閼、執徐、大荒落、敦牂、協洽、涒灘、作噩、閹茂、大淵獻。干支既定，已以十二月爲一年，而始有年數。故邵子紀年即從寅會起。

又 再查三皇不止三世，合之循蜚紀、因提紀、禪通紀、疏仡紀所載共五十五氏，以至唐堯，始定四萬五千六百年之數。再查三元之説始於黄帝，自黄帝六十一年上元甲子起，至我朝康熙二十二年下元癸亥止，共二

十四三元，七十二甲子，四千三百二十年。至二十三年交上元甲子，正在午會極盛之時，斯時風調雨順，物阜民安。國祚綿長，不可限量。再查唐堯元載甲辰，至康熙二十二年下元癸亥，共四千四十年，合前共四萬九千六百四十年。自古迄今，年數之昭昭可考者如此。

又 今邪教謂四祖六萬歲，五祖四萬歲，六祖二萬歲，至於一祖二祖三祖尚未説出年歲。然既以二萬歲挨次遞減，則一祖想是十二萬歲，二祖想是十萬歲，三祖想是八萬歲，自一祖以至六祖共四十二萬歲。天皇以後無此年數，想已説到盤古以前，又越數次混沌，數次開闢，而始足此數。試問造邪經者於天皇以後之年數，確有實據者尚不能知，而謂知盤古以前之年數，非糊塗瘋魔必不出此妄語。至於釋迦佛與周靈王同時，壽一百歲，原不必辯。至於無生老母被雷殛死，陰魂消散，故不能入冥司。而飄高以下諸邪教同在冥司受罪，《陰報録》已備言之。是雷殛即係無生路，而奉無生以習教者求免冥司，而皆入冥司，深可懼也。《佛祖傳燈心印寶卷》怪誕尤甚，不可信也。

銷釋悟性還源寶卷

題解

黃育楩《破邪詳辯》卷一 邪教有《銷釋悟性還源寶卷》，分二十四品。《接當人歸家品》有云：「還源係永平府灤州東勝衛人。萬曆十六年，眞性歸家，撇下凡胎假相，到家鄉紫陽殿化樂宮。古佛賜以八件聖寶，八大菩薩羅漢聖僧，又領八萬四千威儀，到於東土，逢惡惡度，逢善善度。」噫，妖人還源欲捏邪經，惟恐無人信服，因捏出許多証據，以煽惑愚民。又言率領八萬四千威儀，是直迫人以不得不入教之勢，而盡趨死地也。妖術害人，開口便謬，不可信也。

雜録

黃育楩《破邪詳辯》卷一 《柱杖聖寶品》有云：「通天寶，在家鄉，巍巍不動。執掌着，三世天，日月星辰。」《青龍拏珠品》有云：「慧珠寶，在佛前，無人知道。觀九江，十萬里，掐指巡紋。」噫，通天寶何以能掌日月星辰？慧珠寶何以能觀九江萬里？今之習教者比比矣，何以不聞有寶也？任意虚捏，不可信也。

又 《正道顯光品》有云：「閻羅聽見牟尼寶，心寒膽戰來接迎。」噫，閻羅何罪，如此害怕，豈非妄言？又牟尼珠爲釋教所有，邪教安能有此？借釋教以飾邪教，不可信也。

又 《從新留經品》有云：「五色眞香常來發，香透九曲長黃芽。」噫，以香爲檀香聖寶，又名五色眞香，有何取義？亦思忠臣孝子流芳千古，亂臣賊子遺臭萬年。習教必多謀逆，是不忠也；治罪必至絶嗣，是不孝也。不忠不孝，即亂賊之流，已臭極矣，香在何處？不可信也。

又 《對合同品》有云：「殿前簾下，出一鉤金聖寶。珠簾捲起，裏坐黃金寶相。」噫，止一簾鉤，有何貴重，亦以聖寶名之？可見邪經寶貝俱是人間常用之物，無足欣羡，而率意張狂，不可信也。

又 《通行無爲品》有云：「無價寶，能搬運，寒來暑往。與你把，清涼傘，擋雨遮風。」噫，此言修錬有素，不畏寒暑之意。亦思寒暑往來，天運之常，聖人夏衣葛，冬衣裘，原是正理。如以不畏寒暑爲得無價寶者，不可信也。

又 《不動不摇品》有云：「修行之人，若得起障聖寶，收來放去，任意縱横十萬餘里，當時回宫。」噫，十萬餘里常時回宫，有誰見之？縱使妖人自家説出，亦是自家捏造。縱使眞有其事，而人生事業有大效者，必不易爲，凡易爲者，必無大效。十萬餘里，當時回宫，可謂神通廣大矣。而謂愚夫愚婦偶一習教，即能臻及，必不如此其易也，而況爲理所必無之事也，不可信也。

又 《度衆生顯性品》有云：「耳爲通天聖寶，眼爲觀音慧寶，鼻爲

發香之寶，口爲檀香玉寶，手爲鈎金用寶，心爲溫柔眞寶，脚爲千里雲寶，還有一寶暗藏其中，名爲牟尼眞寶。」噫，此等詭名，乖僻可笑，究係人所共有，又何足奇。如謂未習教者不得名寶，必習教者始得名寶，何以犯案之時，寶不能救？如謂寶未鍊成，難脱苦海，寶既鍊成，即登法船，何以受刑之際，寶終無靈？可知不習教而身以全，則八寶俱全，必習教而身以喪，則八寶俱喪，勢所必然，而猶以習教度衆生，不可信也。

又 《靈山証菩提品》有云：「吾勸你衆位賢愚，休要家胡言亂語，放着生死你不理，身安不修，得病可急，閻君勾去誰替你？」噫，自家身犯死罪，反怪別人不理生死，徒知得病可急，不知犯案可急，徒知閻君勾去誰替你，不知官差勾去誰替你，緩急失宜，不可信也。

又 《留三教經品》有云：「自今慈悲來找你，纔留還源三教經。」噫，此等邪經殘害生靈，亦已極矣。猶曰慈悲，將誰欺乎？又儒釋道爲三教，今邪經亦假充三教，誤邪爲正，不可信也。

又 《見當人留經》以下共四品，總言坐功運氣，參透眞訣，即得見當人，不入地獄，不遭刦數。噫，邪教犯案，未見當人，先見當鬼；乃邪經不言刑誅，止言地獄刦數者何也？明末朝綱不振，邪教橫行，既不知有刑誅之條，因以地獄刦數爲詞，而人已知懼。我朝政治修明，黜邪崇正，凡有邪教，必遭刑誅。乃無知愚民尚爲邪教所惑，不以刑誅爲戒，猶以地獄刦數爲憂者，輕其所重，重其所輕，不可信也。

又 《古人怕死》、《奔山》二品，所言皆係怕死之意。噫，怕死而不習教，則死爲正命，怕死而必習教，則死於非命，是欲求不死而先遭橫死，不可信也。

又 《還源顯性》以下共六品，或誇燿仙衣，或贊揚眞經，或度上法船，或勸刊印板，或誘人施捨資財，或望人信服經卷。噫，邪教犯案，仙衣既不能庇身，眞經亦不能救死。船猶未上，而先受桎梏之災；板雖已刊，而終爲柴薪之用。施捨多者獲罪重，而人財已兩空矣；信服久者取禍深，而子孫無遺類矣。邪經之害甚於焚溺，猶曰度世，又將誰欺？《還源寶卷》不可信也。

開心結果寶卷

題解

黃育楩《破邪詳辯》卷一 邪教有《開心結果寶卷》，分二十四品。《無相菩薩開心品》有云：「開心寶卷纔展開，普請衆佛入會來。天龍八部齊擁護，保佑衆生永無災。」噫，邪教犯案，災莫大焉。天龍八部，何以不齊擁護也？不可信也。

論説

黃育楩《破邪詳辯》卷一 《眞菩薩養性》以下共五品，總言還源在無影山，令徒弟眞圓性等七人各自歸山修行。迨後還源、圓光歸去，留下柬帖一張。眞圓性往無影山，見柬帖有云：若得師徒重相見，靈山會上去找尋。眞圓性即往各處，約衆門徒同上靈山，相伴師尊，永不下生。噫，此事十數句可以説完者，必演至千數百句而後已。既屬妖妄，又嫌煩冗，可厭極矣。至於山名無影，即知邪經所云，皆無影之事也。無影則盡屬虛捏，不可信也。

又 《三教菩薩》以下共五品，總是勸人遵信邪經之意。噫，儒教聖賢有四書五經及十三經與夫綱鑑諸史，所言皆格物、致知、誠意、正心、修身、齊家、治國、平天下之事。在上者以此治世而致太平，在下者以此淑身而成良善，誠皇古以來一定不易之正經也。人必信正經，而獲福之厚薄，即依次而升；人苟信邪經，而取禍之淺深，亦因時而進，今邪經不以獲福者勸人，惟以取禍者勸人，宜傳教者之必遭刑誅也。猶謂遵信邪經，得免苦淪者，不可信也。

又 《出九宮菩薩開花》以下共三品，總言家鄉聖景有許多樂境。噫，

邪教犯案，父母妻子不能團圓，已苦極矣。及至日受嚴刑則愈苦，身遭顯戮則愈苦。迴思人之不習教者，男耕女織，豐衣足食，何其樂也。父慈子孝，兄友弟恭，何其樂也。宗族敦篤，鄉鄰和睦，何其樂也。人間之樂，實而有據；天上之樂，虛而無憑。邪教希圖天上之樂，反失人間之樂，是自蹈苦境也。及至苦死而謂到樂境，有誰見之？不可信也。

雜録

黃育楩《破邪詳辯》**卷一**《度盡王位菩薩品》有云：「傳流在世不計載，度盡王位衆國臣。」噫，邪經皆明末捏造，而謂不計載，又將誰欺？此等邪經只可煽惑愚民而已。王公大臣皆明理之士，將禁邪之是務，而安肯入教？捏飾之言，不可信也。

又《無毀無壞菩薩》以下共三品，總言經卷造成，有莫大功德之意。噫，還源何人？捏造妖言，妄稱經卷，煽惑愚民，相率入教，遂致安常處順之民轉爲身喪家亡之民。還源之罪擢髮難數，而自謂有功，何其妄也？《開心寶卷》不可信也。

下生嘆世寶卷

題解

黃育楩《破邪詳辯》**卷一** 邪教有《下生嘆世寶卷》，分二十四品。《爭名奪利》以下共九品，有《堅固解脫》、《明針解脫》、《見性解脫》、《掃心解脫》、《脫殼解脫》、《長遠解脫》、《歸家解脫》、《歸空解脫》，總言圓光鍊就，透出崑崙之意。噫，邪教犯案，則鐵索不能解脫，手杻不能解脫，脚鐐不能解脫，至審訊時，掌嘴跪鍊夾棍拶指不能解脫；至定案時，枷杖徒流絞斬凌遲不能解脫。則平日之八件解脫，將何在乎？乃知求解脫而習邪教，譬之恐水溺而先投水，恐火焚而先赴火，欲求長生而先致殘生，糊塗之至，不可信也。

論說

黃育楩《破邪詳辯》**卷一**《拈花度衆生品》有云：「富貴官員側耳聽，貪花戀酒罪隨身，趁早惺悟拜明人。忽然閻君鬼來尋，積下黃金難買身，幼子嬌妻那當承？」噫，貪花戀酒，誠爲有罪。然爲官者必清慎勤以理庶政，明庶獄，而總以興利除害爲要務。現在邪教傳徒，殃及無辜，即大害也。嚴禁邪教，務絕根株，即除害也。邪教除而與民共享太平之福，即興利也。興利除害，即爲良員。而猶以拜明人怕閻君爲詞者，妄謬之言既不可信，此外十四品言天宫，言地獄，言用功之序，言度世之心，皆與前經多所雷同，《嘆世寶卷》不可信也。

明証地獄寶卷

題解

黃育楩《破邪詳辯》**卷一** 邪教有《明証地獄寶卷》，分二十四品。《還源遊地獄品》有云：「還源遇靈山古佛，賜一無名柱杖，上指三十三天，下戳幽明地獄，能救一切衆生。」噫，世之習邪教者，未入地獄，先遭官刑。地獄之災尚在死後，官刑之苦實在生前。邪教既害人於生前，尙言能救人於死後，欺人之語，不可信也。

論說

黄育楩《破邪詳辯》卷一　《黑暗地獄品》有云：「他在陽間不行善事，明瞞暗騙，陷害好人。因此打在黑暗地獄。」噫，此等惡人宜入地獄。然邪教傳徒聚衆，漁利漁色，瞞騙孰甚焉。犯案則被騙之人家破身亡，蹈害孰甚焉。猶謂邪教能免黑暗地獄者，不可信也。

又《無邊地獄品》有云：「他在陽間横行放蕩，罵天罵地，因此打在無邊地獄。」噫，此等惡人宜入此獄。然邪教男女混雜，恣行淫慾，非放蕩而何？謂無生老母位在玉帝以上，非罵天而何？猶謂邪教能免無邊地獄者，不可信也。

又《涂河男人品》有云：「女人生男產女，不淨之衣衝撞神靈，因此死後打在涂河之中。」噫，女人生產固爲不淨，原宜避藏，不宜衝撞。然邪教男女混雜，恣行淫慾，不淨極矣。仍復口念彌陀，衝撞神靈，莫此爲甚。猶謂邪教女人能免涂河之苦者，不可信也。

又《酆都城好苦品》有云：「他在陽間不信正法，毁罵經教，因此打在酆都城中。」噫，世之不信正法者，惟邪教爲最。又以正教中人誣爲邪教中人，褻污聖賢，甚於毁罵經教。猶謂邪教能免酆都之苦者，不可信也。

又《鐵床地獄品》有云：「他在陽間不行善事，念經不起，撞鐘不動，因此打在鐵床地獄，用火熬煎。」噫，念經不起，撞鐘不動，是一愚蠢之人，何害於事？今邪教聚衆傳徒，屢釀鉅案，禁令不遵，刑罰不畏，較之念經不起撞鐘不動者，爲罪尤重。猶謂邪教能免鐵床地獄者，不可信也。

又《刨心刮舌地獄品》有云：「男人在陽世，單將刁心暗害好人，無事說有，好事説破，因此刨心。女人在陽世，東家説好，西家説歹，陷害良人，因此割舌。」噫，此等男女固宜有罪，然邪教以理所必無之事揑成經卷，煽惑愚民，被所惑者輕則發配遠方，重則顯遭刑戮，是邪教以妖言害人，更毒於地獄受罪之人。猶謂邪教能免刨割地獄者，不可信也。

《刀山地獄品》有云：「他在陽間酗酒吃肉，殺牲害命，因此打在刀山地獄。」噫，殺牲害命固宜有罪，然邪教犯案，必遭殺戮，傳徒少者殺人尚少，傳徒多者殺人必多，究非國法殺之，實邪教自殺之也。殺人之罪重於殺牲，猶謂邪教能免刀山地獄者，不可信也。

又《寒氷地獄品》有云：「他在陽間粗行惡事，路途之中邀截他人，衣服剝去，因此打在寒氷地獄。」噫，均一取財，惟邪教設法則甚巧矣。然當其傳徒，止取人之財，及其犯案，又傷人之命。較之邀路奪人，圖財害命者仍出一轍。猶謂邪教能免寒氷地獄者，不可信也。

又《抽腸地獄品》有云：「他在陽間養蠶抽絲，妄剪綾羅，因此打在抽腸地獄。」噫，自黄帝元妃西陵氏始制蠶桑，歷朝后妃亦皆親蠶，以爲民倡。有何罪孽，而謂入此獄？實屬妄言。至於邪教取人之利，亦如抽蠶之絲，利取盡而致人於死，亦如絲抽盡而致蠶於死。然人命之重非蠶命比。猶謂邪教傳徒取利，陷人死罪，而能免抽腸地獄者，不可信也。

《火池地獄品》有云：「他在陽間放火，不行善事，調戲良人，因此打在火池地獄。」噫，此等惡人宜入此獄。然邪教男女混雜，則調戲良人不計其數。猶謂邪教能免火池地獄者，不可信也。

又《磨研地獄品》有云：「他在陽間設計誆騙，抄攬雜事，因此打在磨研地獄。」噫，邪教上供騙錢，升表騙錢，掛號騙錢，開場考選又騙錢，設計誆騙，蔑以加矣。猶謂邪教能免磨研地獄者，不可信也。

又《鐵汁地獄品》有云：「他在陽間兩頭白面，調唆詞訟，好人説死，惡人説活，神天不容，因此鐵汁灌口。」噫，世間訟師宜受此罪。然唆人興訟，耗費錢財，爲害尚淺；唆人習教，致傷性命，爲害更深。猶謂邪教能免鐵汁地獄者，不可信也。

又《黑風剁手地獄品》有云：「女人在陽間與人收生，回家不淨之手，佛前供茶獻水，又將不淨血衣，去河中淘洗，被下稍男女用水合麪燒茶，佛前供獻，臭穢惡氣難當，因此打在黑風剁手地獄。」噫，此等民人宜乎受罪。然邪教聚衆謀逆，則遺臭萬年。總未謀逆，而男女混雜，恣行淫慾，則臭穢惡氣更屬難當。猶謂邪教能免黑風地獄者，不可信也。

《枉死城好苦品》有云：「他在陽間稱佛呼祖，哄誘迷人，貪圖財物，因此打在枉死城中。」噫，邪教訛言某佛轉世，以便傳徒聚衆，即是稱佛

呼祖，哄透迷人也。藉上供、升表、考選、掛號之名，以收歛銀錢，即是貪圖財物也。自説自家，全不知恥。猶謂邪教能免枉死城中之苦者，不可信也。

《剮臉地獄品》有云：「女人在陽世不行正事，張狂模樣，妄搽胭粉，哄送好人兒男，性命陷害，因此打在剮臉地獄。」噫，此等淫婦宜入此獄。然婦人入教，男女混雜，借上供之名爲行淫之計，較之窩娼人家，其罪更重。猶謂邪教女人能免剮臉地獄者，不可信也。

又《油鍋地獄品》有云：「他在陽間燒雞燒鵝，煎炒蟲鳥百命之物，因此打在油鍋地獄。」噫，蟲鳥之命尚屬可惜，生人之命豈不可惜？爲習教故而陷於死罪，則教首傳徒之罪更甚於煎炒百命矣。猶謂邪教能免油鍋地獄者，不可信也。

又《打爛地獄品》有云：「他在陽間專生巧計，欺騙良人，姦騙幼女，因此墮在打爛地獄。」噫，邪教巧設名目，收歛銀錢，即欺騙也。昏夜傳徒，男女混雜，即姦騙也。猶謂邪教能免打爛地獄者，不可信也。

《弔脊地獄品》有云：「他在陽間大斗小秤，欺哄平人，因此打在弔脊地獄。」噫，此人之大斗小秤，爲騙錢計也。邪教之上供、升表、考選、掛號，亦爲騙錢計也。然此人止騙錢，而受騙者無他憂。邪教既騙錢，而受騙者又獲罪。猶謂邪教能免弔脊地獄者，不可信也。

又《地獄接家書品》有云：「古佛家書傳還源，有十八道金牌掛在十八獄，六部眞言貼在六司，滿獄罪人盡皆超生。」噫，邪經既言地獄之苦萬分可怕，又言還源救人之功如此靈應，不過欲誘無知之民而使皆入教也。豈知妖人還源揑造邪經，陷害良民，罪大惡極，必墮地獄，不能自救，豈能救人？不可信也。

《出獄度衆生》以下共四品，或言閻君地獄，或言佛祖靈山。噫，邪教惑人，別無良方，恐人不習教，則以閻君地獄極力驚駭而已；勸人必習教，則以佛祖靈山多方引誘而已。豈知不習教者安居樂業，雖未登靈山而已多快境；惟習教者犯案到官，猶未入地獄而先受嚴刑。孰吉孰凶，何去何從，稍有識者必能辯之。《地獄寶卷》不可信也。

歸家報恩寶卷

題解

黃育楩《破邪詳辯》卷一 邪教有《歸家報恩寶卷》，分二十四品。《戳碎酆都城救母品》有云：「吾今日，還家去，無有可報。留一部，報恩卷，答報雙親。」噫，爲人之道，首重孝親。然惟不習教而能行孝，則一家之内，妻子好合，兄弟既翕，父母其順，誠樂事也。若習教之人，至犯案時，有父母者必遭拖累，無父母者必絶香烟，是傳習邪教乃不孝之大者。若以習教爲行孝，不可信也。

論説

黃育楩《破邪詳辯》卷一 《一身菩薩不離一性品》有云：「當人功滿，眞性發現，纔得報答父母深恩。現在父母，過去、未來三世父母，都得超生。」噫，古來無邪教而古來多孝子，又安用此當人爲也？又現在即在世也，過去即去世也，三世即三代也。至於未來父母，指誰而言？如謂子生於前，父母反生於後，雖無知幼孩，亦不出此謬言也。糊塗之至，不可信也。

又《眞性騰空菩薩從修》以下共三品，縱言人分三身，有清淨法身、圓滿報身、千班億化身。噫，法身宜清淨，而邪教男女混雜，漁利漁色，即非清淨也。報身宜圓滿，而邪教首身異處，骨肉分離，即非圓滿也。化身有千班，而邪教枷杖徒流絞斬凌遲，止此數班，並不聞有千班也。三身之説係矯飾語，不可信也。

又《三身菩薩顯光品》有云：「四智者，東爲妙光查智，西爲左同右智，南爲平等性智，北爲收攬顯智。」噫，止一智也，而分爲四智，配

以四方，捏以詭名，甚屬妖妄。亦思智無不知，而先於邪正驗之，知其邪而不入於邪，知其正而不違乎正，則謂之智。不知其邪而以邪爲正，不知其正而以正爲邪，則謂之不智。邪教不智甚矣，而猶曰四智，不可信也。

又《一心菩薩顯羊車》以下共三品，總言眞性是羊車，法性是鹿車，佛性是牛車。噫，眞性自無僞爲，而邪教終無實意，是邪教失其眞性也。法性必多戒嚴，而邪教徒多放蕩，是邪教違乎法性也。佛性超乎色相，而邪教過於貪圖，是邪教悖乎佛性也。三性俱無，猶以三車誘人，既不可信，以下十五品借行孝之名，發習邪之意，雷同之論，已屢辯矣。《報恩寶卷》不可信也。

伏魔寶卷

論説

黄育楩《破邪詳辯》卷二《三人和合萬法皈一品》有云：「修道人，先調理，先天一氣。採清風，換濁氣，養氣存神。」噫，此以打坐參禪採清換濁之法，演至三十餘行，直以邪教所爲歸諸關聖，既誣關聖爲邪教，宜關聖之必誅邪教也。妖妄之極，既不可信，以下九品於此同意，均不可信也。

《聖心喜悦品》有云：「經念眞心眞念經，行道下苦下道行，道了皈家皈了道，成就果位果就成。」噫，此調演至三十餘句，全似讀書幼孩編造成句，顛倒誦讀，以作玩耍之具。茲竟列諸經卷，輕褻極矣。不可信也。

又《勅封伏魔品》有云：「論吾神，職不小，缺少經卷。凡不傳，聖不提，誰得知聞。」噫，關聖靈威，彪炳宇宙，掩映古今，極之海澨山陬，殊方絶域，無不廟貌堂皇，以崇祀典，以報神庥，又安用此經卷爲耶？今邪教惟恐以己惑人而人不信，不如以關聖惑人而人始信，不知惑人愈深即獲罪愈重，宜爲關聖所必誅，而絶不容於兩間也。誣枉之言既不可信，以下又有六品，或勸人捨財，或誘人刊板，或言造經之功苦，或述造經之才思，本極謬妄，又自矜誇，非惟無知，亦且無恥，不可信也。

又《萬神擁伏魔品》有云：「伏魔曾受師羅戒，得以見性明心，超凡入聖。」噫，關聖學遵孔孟，志在《春秋》，固儒教之聖人也。師羅何人？既爲《三國志》所不載，及觀其言，有「嚥苦吐甜，上昇下降」諸語，可知師羅乃邪教之師。今誣爲關聖之師，褻污已極，既不可信，以下二品亦言師羅，均不可信也。

《伏魔帝成登証覺品》有云：「手打着，蓮花樂，口把佛念。動不動，發現出，無字眞經。」噫，唱曲人至打蓮花樂，下賤極矣。猶欲念佛，又將何求？邪經以此下賤之事視爲高貴之事，識見卑鄙，不可信也。

又《伏魔帝保當今品》有云：「一氣爲主，四四十六兩，應爲丈六金身。四兩清氣，無生老母執掌；四兩仙氣，王母娘娘執掌；四兩神氣，神州娘娘執掌；四兩鬼氣，地藏老母執掌。」噫，何其妄也！以清氣言，聰明之人清氣居多，而日習於邪，清氣即轉爲濁氣，愚鈍之人濁氣居多，而日習於正，濁氣即轉爲清氣，是清氣原無一定也。以仙氣言，超出三界而匿迹銷聲，則爲無用之仙氣，鑒觀四方而黜邪崇正，則爲有用之仙氣，是仙氣原無一定也。以神氣言，生爲正人，神氣既旺於生前，沒爲正神，神氣又旺於沒後；視驅邪之多寡，驗法力之淺深，是神氣原無一定也。以鬼氣言，不習邪教則後嗣綿延，即爲安享血食之鬼，一習邪教則親屬連坐，即爲永絶香烟之鬼，人既有邪正之分，鬼亦有苦樂之異，是鬼氣原無一定也。今邪經應丈六金身之説，以兩代尺，各分四兩，而歸於四母執掌，只期煽惑婦人，易於聳動，而不自覺其不通之甚也。《伏魔寶卷》誣枉尤甚，不可信也。

又又云：「草香舉起眞香發，千里聞名是眞香。」又云：「永信時時認家鄉，永信心開亮堂堂。」又云：「本無四相無老少，極樂家鄉認安養。」噫，此以草香眞香演至八行，與弓長之眞香普赴。還源之檀香聖寶均一妖妄。又言永信、言本無各至數十句，以表眞空家鄉，既屬妖妄，又極煩冗，不可信也。

普靜如來鑰匙通天寶卷

題解

黄育楩《破邪詳辯》**卷二** 邪教有《普靜如來鑰匙通天寶卷》，內云：「鑰匙古佛開各樣庫，取出各樣經。」又云：「道之而血，爲之麗乎？意之而然，爲之壯乎？龍是心，意是虎，性是猛，命是柔，爲是四聖而乎？」噫，每有一庫，止藏一經，可謂鄭重之至矣。何以經中所言，如「道之而血，爲之麗乎」等語，非惟無理，兼不成句。稍有明機，稍能知恥者，萬不至此。而邪經已竟至此，是邪教祖師皆無明機、不知恥之人也。荒謬怪誕，不可信也。

論説

黄育楩《破邪詳辯》**卷二** 又云：「七寶者，精是水銀，氣是美玉，血是黄金，腦是靈砂，髓是水晶，腎是硨磲，心是珊瑚。此七寶歸身，結成大丹。」噫，七寶之名，怪誕可笑。既能結成大丹，而犯案之時，斬決梟示，凌遲處死，何大丹之全無靈應也？不可信也。

又 又云：「唐僧我之心，白馬我之意，沙僧我之命，八戒我之精，悟空我之性。」噫，此又憑何分晰而如此詭怪也？徒以戲班常演之事作爲典故，隨便引用，全無理義。識見卑鄙，亦已極矣。不可信也。

又 又云：「先天內，陰五神，陽五氣，男取陰神者即成菩薩之果，女採陽氣者即成佛果之身。」噫，此直以男女混雜，恣行淫慾，爲邪教中第一要訣也。亦思人必各有配偶，不愧名節而始得爲人。若恣行淫慾，不顧廉恥，即與禽獸無異矣。禽獸其行而妄稱佛祖，罪莫大焉，不可信也。

又 又云：「燃燈佛子，獸面人心；釋迦佛子，人面獸心；彌勒佛子，佛面佛心。」噫，以人面獸心，辱罵釋迦佛子，宜爲佛教所不容也。又自謂彌勒佛子佛面佛心，則妄自尊大爲已極矣。亦思邪教聚衆斂錢，是貪心也；男女混雜，是淫心也；坐功運氣，是癡心也；上供升表，是諂心也；考選掛號，是狂心也；希圖上天，是妄心也；捏造邪經，是欺心也；釀成鉅案，是壞心也。此等壞心，總名邪心，猶以佛心誘人，不可信也。

又 又云：「過去人，壽活三甲；現在人，壽活六甲；未來人，壽活九甲。三甲壽千歲，六甲七十者稀，九甲八百一十歲。」噫，六甲即六十年，干支相配，至六甲而數一週。人生七十者稀，俱指現在而言，固不能肆其欺誑也。至於三甲即三十年，何以壽活千歲？九甲即九十年，何以壽活八百餘歲？邪教蓋謂未來者無從考究，不妨虛捏，已過者雖可考究，而愚民不知其可考究，故亦不妨虛捏。以亘古不易之數而尚敢虛捏，則無往不虛捏也。《通天寶卷》不可信也。

普明如來無爲了義寶卷

雜録

黄育楩《破邪詳辯》**卷三** 邪教有《普明如來無爲了義寶卷》內云：「二十八刧已滿，改形換體。十八個月爲做一年，十八時辰乃爲晝夜，正合九甲，四十五日爲做一月，晝夜一百四十四刻，總計八百一十日爲一年，天地無圓無缺，人無老少無生死亦無女相，纔是長生大道，壽活八萬一千，天數已盡，又立乾坤世界。」噫，何其妖妄悖謬至於此極也？亦思天皇氏制十干曰閼逢、旃蒙、柔兆、彊圉、著雍、屠維、上章、重光、元默、昭陽，制十二支曰困敦、赤奮若、攝提格、單閼、執徐、大荒落、敦牂、協洽、涒灘、作噩、閹茂、大淵獻，干支既定，已以十二月爲一年矣。地皇氏定三辰，分晝夜，已以三十日爲一月矣。伏羲作甲曆，支干相配爲十二辰；六甲而天道周矣。黄帝作甲子，始以甲乙丙丁戊己庚辛壬癸爲十干，子丑寅卯辰巳午未申酉戌亥爲十二支，支干相配以名日，而納音

定矣。帝堯命羲和以閏月定四時，而節氣正矣。總之，一年十二月，一月三十日，一日十二時，一時共八刻，又有閏月與大小建調劑其間，乃天地自然之數，上古聖人歷經訂正，雖億萬年不能易也。三元之說，黄帝以前荒遠難稽，自黄帝六十一年交上元甲子，歷傳少昊、顓頊、帝嚳、帝堯、帝舜，以及夏、商、周、秦、漢、晋、隋、唐、宋、元、明至聖朝康熙二十二年下元癸亥，共二十四三元、七十二甲子、四千三百二十年。聖朝康熙二十三年交上元甲子，時和歲稔，物阜民安，億萬斯年，可預卜矣，則年月日時爲天地自然之數，萬不能易，可概知矣。今邪經於天地自然之數尚敢虚捏，即知邪經卷卷無非虚捏，究其虚捏之故，則以不讀書，不明理，腹内空空，本無一物，若不虚捏，即無話可説矣。深可恨也，又可鄙也。《無爲了義卷》不可信也。

引用書目

一　伊斯蘭教總部（上）

書名	作者	時代	版本
通典	杜佑	唐	中華書局
酉陽雜俎	段成式	唐	中華書局
舊唐書		宋	中華書局
冊府元龜		宋	中華書局
唐會要	王溥	宋	中華書局
新唐書		宋	中華書局
心史	鄭思肖	宋	明末刻本
癸辛雜識	周密	宋	四庫全書
至正集	許有壬	元	四庫全書
星槎勝覽	費信	明	古今說海本
菽園雜記	陸容	明	四庫全書
西洋朝貢典錄	黃省曾	明	嘉慶刻本
萬曆野獲編	沈德符	明	中華書局
七修類稿	郎瑛	明	上海書店
西湖遊覽志	田汝成	明	四庫全書
天下郡國利病書	顧炎武	清	四部叢刊本
聖祖仁皇帝實錄		清	中華書局
世宗憲皇帝實錄		清	中華書局
古今圖書集成	陳夢雷	清	清刻本
高宗純皇帝實錄		清	中華書局
西域聞見錄	椿園	清	乾隆刻本
宣宗成皇帝實錄		清	中華書局

續表

書名	作者	時代	版本
穆宗毅皇帝實錄		清	中華書局
東華錄	蔣良騏	清	中華書局
回疆通志	和寧	清	嘉慶刻本
道古堂詩文集	杭世駿	清	續修四庫全書
欽定回疆則例		清	道光刻本
李文恭公奏議	李星沅	清	同治刻本
雲貴奏稿	林則徐	清	近代中國史料叢刊
西域水道記	徐松	清	道光刻本
左宗棠全集	左宗棠	清	嶽麓書社
無邪堂答問	朱一新	清	中華書局
秦隴回務紀略	余澍疇	清	光緒刻本
河海昆侖錄	裴景福	清	中國近代史料叢刊
新疆圖志	袁大化	清	宣統刻本
清會典事例		清	中華書局
平回志	楊毓秀	清	北京出版社
勘定新疆記	魏光燾	清	光緒排印本
辛卯侍行記	陶保廉	清	甘肅人民出版社

伊斯蘭教總部（下）

書名	作者	時代	版本
克理默解啟蒙譯解	張時中	明	回族典藏叢書
歸眞總義	張時中	明	回族典藏叢書

續表

書名	作者	時代	版本
四篇要道譯解	張時中	明	回族典藏叢書
正教眞詮	王岱輿	明	回族典藏叢書
清眞大學	王岱輿	明	回族典藏叢書
希眞正答	王岱輿	明	回族典藏叢書
天方衛眞要略	馬君實	清	回族典藏叢書
昭元秘訣	破衲癡	清	回族典藏叢書
清眞指南	馬注	清	回族典藏叢書
天方典禮擇要解	劉智	清	回族典藏叢書
天方性理	劉智	清	回族典藏叢書
天方至聖實録年譜	劉智	清	回族典藏叢書
天方字母解義	劉智	清	回族典藏叢書
五功釋義	劉智	清	回族典藏叢書
天方三字幼義	劉智	清	回族典藏叢書
天方三字經	劉智	清	回族典藏叢書
五更月	劉智	清	回族典藏叢書
寶命眞經直解	馬德新	清	回族典藏叢書
五更月偈	劉智	清	回族典藏叢書
眞境昭微	劉智	清	回族典藏叢書
經學系傳譜	趙璨	清	回族典藏叢書
眞功發微	余浩洲	清	回族典藏叢書
漢字赫廳	余海亭	清	回族典藏叢書
歸眞要道	伍遵契	清	回族典藏叢書

續表

書名	作者	時代	版本
修眞蒙引	伍遵契	清	回族典藏叢書
天方三字經注解	袁國祚	清	回族典藏叢書
省迷録	舍蘊善	清	回族典藏叢書
十二等複生歌	佚名	清	回族典藏叢書
大化總歸	馬德新	清	回族典藏叢書
眞德彌維禮法啟愛合編	馬德新	清	回族典藏叢書
漢譯道行究竟	馬德新	清	回族典藏叢書
禮法捷徑	馬德新	清	回族典藏叢書
四典要會	馬德新	清	回族典藏叢書
性命宗旨	馬德新	清	回族典藏叢書
醒世箴	馬德新	清	回族典藏叢書
天方詩經	馬安禮	清	回族典藏叢書
天方蒙引歌	馬德新	清	回族典藏叢書
祝天大贊集解	馬德新	清	回族典藏叢書
據理質證	馬德新	清	回族典藏叢書
辨理明正語録	馬聯元	清	回族典藏叢書
性理本經注釋	黑鳴鳳	清	回族典藏叢書
續天方三字經	馬安禮	清	回族典藏叢書
天方認一寶珍四字經	馬安禮	清	回族典藏叢書
西來宗譜	馬啟榮	清	回族典藏叢書
認禮蒙引教科書	馬啟榮	清	回族典藏叢書
認禮切要	馬啟榮	清	回族典藏叢書

續表

書名	作者	時代	版本
天方正學	藍煦	清	回族典藏叢書
清眞語錄	馬退山	清	回族典藏叢書
清眞釋疑	金天柱	清	回族典藏叢書
清眞釋疑補輯	唐晉徽	清	回族典藏叢書
至聖千字贊	馬殿甲	清	回族典藏叢書
教款微論	米萬濟	清	回族典藏叢書
回回通考錄	王景生	清	回族典藏叢書
回教考略書後	馬介泉	清	回族典藏叢書
回教考	黃隅白	清	回族典藏叢書
教款捷要	馬伯良	清	回族典藏叢書
七空仙橋	佚名	清	回族典藏叢書
清眞通俗歌	佚名	清	回族典藏叢書
清眞居正	馬自寶	清	回族典藏叢書
考試清教穿衣節略章程	馬啟祥	清	回族典藏叢書
清眞指引	李向亭	清	回族典藏叢書
清眞易知錄	李向亭	清	回族典藏叢書
清眞啟蒙必讀	丁寶臣	清	回族典藏叢書
清眞醒迷歌	佚名	清	回族典藏叢書
擇要注解雜學	余昭文	清	回族典藏叢書
完璞氏藏稿	楊子貞	清	回族典藏叢書
五功總綱	王瑞堂	清	回族典藏叢書
經漢注講黑廳	馬玉書	清	回族典藏叢書

續表

書名	作者	時代	版本
天方端蒙正解	丁榮光	清	回族典藏叢書
上海清眞寺成立董事會匯志	馬廷樹	清	回族典藏叢書
清眞醒世篇	馬廷樹	清	回族典藏叢書
禮拜箴規	堂玉德	清	回族典藏叢書
正教一日醒	余澤周	清	回族典藏叢書
清眞闢異論	穆之安	清	回族典藏叢書
清眞解義	何馨柱	清	回族典藏叢書
至聖寶訓	佚名	清	回族典藏叢書
清眞必讀	佚名	清	回族典藏叢書

二、三　天主教系、基督新教系總部

書名	作者	時代	版本
大秦景教流行中國碑頌並序	景淨	唐	續修四庫全書本
大秦景教宣元本經	張駒	唐	碑存洛陽
會昌一品集	李德裕	唐	四庫全書
舊唐書			中華書局
新唐書			中華書局
冊府元龜		宋	中華書局
唐會要	王溥	宋	中華書局
長安志	宋敏求	宋	四庫全書
遺山集	元好問	金	四庫全書
金史			中華書局

續表

書名	作者	時代	版本
元通制條格		元	民國影印本
元典章		元	民國刻本
至順鎮江志	俞希魯	元	廣陵古籍出版社
長春眞人西遊記	李志常	元	正統道藏本
石田文集	馬祖常	元	四庫全書
青陽集	余闕	元	四庫全書
清容居士集	袁桷	元	四庫全書
至正集	許有壬	元	四庫全書
牧菴集	姚燧	元	四庫全書
雪樓集	程鉅夫	元	四庫全書
山居新話	楊瑀	元	上海進步書局
金華黄先生文集	黄溍	元	四部叢刊
九靈山房集	戴良	元	四庫全書
元史		明	中華書局
焚書	李贄	明	中華書局
續焚書	李贄	明	中華書局
萬曆野獲編	沈德符	明	中華書局
紫桃軒雜綴	李日華	明	四庫存目叢書
五雜俎	謝肇淛	明	明刻本
蒿庵閒話	張爾岐	明	明刻本
外國竹枝詞	尤侗	明	明刻本
天主聖教實錄	羅明堅	明	明末清初耶穌會思想文獻彙編

續表

書名	作者	時代	版本
石墨鐫華	趙崡	明	明刻本
天主實義	利瑪竇	明	續修四庫全書本
畸人十篇	利瑪竇	明	明末清初耶穌會思想文獻彙編
西琴曲意	利瑪竇	明	明刻本
交友論	利瑪竇	明	明刻本
二十五言	利瑪竇	明	明末清初耶穌會思想文獻彙編
聖經直解	陽瑪諾	明	明刻本
景教流行中國碑頌正詮	陽瑪諾	明	民國鉛印本
天問略	陽瑪諾	明	四庫全書
七克	龐迪我	明	梵蒂岡圖書館藏明清中西文化交流史文獻叢刊
天學初函	李之藻	明	明末刻本
職方外記	艾儒略	明	四庫全書
彌撒祭義略	艾儒略	明	梵蒂岡圖書館藏明清中西文化交流史文獻叢刊
滌罪正規	艾儒略	明	梵蒂岡圖書館藏明清中西文化交流史文獻叢刊
三山論學記	艾儒略	明	明末清初耶穌會思想文獻彙編
西學凡	艾儒略	明	齊魯書社
性學觕述	艾儒略	明	上海土山灣印書館
靈言蠡勺	畢方濟	明	齊魯書社

續表

書名	作者	時代	版本
天學傳概	黃鳴喬	明	明末刻本
天學說	邵輔忠	明	石印本
辯學疏稿	徐光啟	明	明刊本
闢釋氏諸妄	徐光啟	明	明刊本
鴞鸞不並鳴說	楊廷筠	明	石印本
天釋明辨	楊廷筠	明	清天主堂刊本
代疑篇	楊廷筠	明	明末清初耶穌會思想文獻彙編本
天學略義	孟儒望	明	明刊本
天學四鏡	孟儒望	明	鈔本
天儒印	利安當	明	石印本
天學初征	鍾始聲	明	臺北方氏藏明刊本
王徵全集	王徵	明	三秦出版社
帝京景物略	劉侗等	明	上海古籍出版社
聖母行實	高一志編譯	明	明刻本
勵修一鑒	李九功	明	明刻本
破邪集	徐昌治	明	明刻本
闢邪集	費隱、通容	明	明刻本
南宮署牘	沈仲雨	明	明刻本
辨學芻言	陳候光	明	耶穌會文獻彙編
尊儒亟鏡	黃貞	明	耶穌會文獻彙編

續表

書名	作者	時代	版本
十二深慨	黃貞	明	耶穌會文獻彙編
辟邪紀實	佚名	明	耶穌會文獻彙編
聖朝佐辟	許大受	明	明刻本
建福州天主堂碑記	佟國器	清	梵蒂岡圖書館藏明清中西文化交流史文獻叢刊
永曆實錄	王夫之	清	中華書局
牧齋有學集	錢謙益	清	續修四庫全書本
山東考古錄	顧炎武	清	續修四庫全書本
不得已	楊光先	清	續修四庫全書
天學傳概	李祖白	清	清初刻本
重建清眞寺記	劉昌	清	碑文
不得已辨	利類思	清	道光刻本
海國四說	梁廷枏	清	中華書局
拯世略說	朱宗元	清	明末清初耶穌會思想文獻彙編本
欽命傳教約述	張星曜等	清	清刻本
日下舊聞考	英廉等	清	武英殿刻本
盛世芻蕘	馮秉正	清	雍正刻本
天帝考	嚴謨	清	鈔本
望溪先生文集	方苞	清	續修四庫全書
坤輿圖說	南懷仁	清	四庫全書
熙朝定案	南懷仁	清	天主教東傳文獻本
不得已辨	南懷仁	清	清刻本
熙朝崇正集		清	中外交通史料叢刊
明史		清	中華書局

續表

書名	作者	時代	版本
聖教信證	韓霖、張賡	清	明末清初耶穌會思想文獻彙編本
閱微草堂筆記	紀昀	清	道光刻本
四庫全書總目	紀昀	清	四庫全書
元史氏族表	錢大昕	清	上海古籍出版社
關中金石記	畢鴻	清	清刻本
廿二史劄記	趙翼	清	續修四庫全書
獨學廬二稿	石韞玉	清	續修四庫全書
癸巳類稿	俞正燮	清	續修四庫全書
中西紀事	夏燮	清	同治刻本
道古堂文集	杭世駿	清	續修四庫全書
疇人傳	阮元	清	清刻本
元史譯文證補	洪鈞	清	續修四庫全書
元史新編	魏源	清	光緒刻本
海國圖志	魏源	清	嶽麓書社
經世文編	魏源	清	清刻本
瀛環志略	徐繼畬	清	山西古籍出版社
倫敦與巴黎日記	郭嵩燾	清	嶽麓書社
使西記程	郭嵩燾	清	嶽麓書社
格致彙編（雜誌）	李善蘭	清	上海格致書堂
景教碑文紀事考正	楊榮誌	清	光緒刻本
教務紀略	李剛己	清	光緒刻本

續表

書名	作者	時代	版本
湖樓筆談	俞樾	清	清刻本
純常子枝語	文廷式	清	上海古籍出版社
金石萃編補正	方履籛	清	上海古籍出版社
山右石刻叢編	胡聘之	清	光緒刻本
天道溯源	丁韙良	清	華北書會版
重刊景教碑文紀事考正序	王先謙	清	光緒刻本
正教奉褒	黄伯祿	清	光緒鉛印本
讀書隨筆	劉師培	清	廣陵書社
欽定元史語解		清	光緒刻本
清朝柔遠記	王之春	清	中外交通史料叢刊
歸潛記	錢單士厘	清	湖南人民出版社
江南育嬰堂記	佚名	清	鈔本
各省堂記	佚名	清	鈔本
退一步齋文集	方浚師	清	光緒刻本
西學東漸記	容閎	清	中州古籍出版社
撫吳奏稿	丁日昌	清	清刻本
勸學篇	張之洞	清	光緒刻本
李忠節公奏議	李秉衡	清	民國鉛印本
沅湘通藝錄	唐才常	清	清刻本
聖教真詮	庫全英、李永康	清	清刻本
經世文續編	葛士浚	清	上海圖書集成印書局

續表

書名	作者	時代	版本
嘯古堂文集	蔣敦複	清	上海文藝出版社
盛世危言	鄭觀應	清	清刻本
庸庵文集	薛福成	清	中華書局
出使公牘	薛福成	清	清刻本
弢園文錄外編	王韜	清	中華書局
越雋廳志	孫鏘	清	成文出版社
耶穌聖教入華	林樂知	清	光緒刻本
論教會之意	李提摩太	清	光緒刻本
治會龜鑒	韶波	清	清刻本
行傳旨味錄	陳金鏞	清	聖教書局
性理探源	懷定	清	清刻本
玩索聖史	花子安	清	聖教書局
馬可講義	花子安	清	聖教書局
自西徂東	花子安	清	聖教書局
遺篇集錄	花子安	清	聖教書局
天地人三倫	花子安	清	聖教書局
耶穌聖教三字經	楊格非	清	聖教書局
基督傳	聶格理、季理斐	清	上海廣學會
籌辦夷務始末	文慶等	清	中華書局
梵蒂岡圖書館藏明清中西文化交流史文獻叢刊			大象出版社
中外條約彙編			商務印書館
中國近代史資料彙編			臺北近代史研究所

續表

書名	作者	時代	版本
中國近代史資料叢刊	中國史學會		上海人民出版社
中國近代史資料叢刊續編	中國史學會		上海人民出版社
毋自欺室文集	王炳燮	清	清刻本
初使泰西記	志剛	清	湖南人民出版社
小石渠閣文集	林昌彝	清	上海古籍出版社

四　拜上帝教總部

書名	作者	時代	版本
太平天國文獻史料集		太平天國	中國社會科學出版社

五　境外傳入其他諸教總部

書名	作者	時代	版本
魏書			中華書局
北史			中華書局
梁書			中華書局
隋書			中華書局
舊唐書			中華書局
新唐書			中華書局

續表

書名	作者	時代	版本
舊五代史			中華書局
新五代史			中華書局
宋史			中華書局
大唐西域記	玄奘	唐	中華書局
通典	杜佑	唐	中華書局
往五天竺國傳	慧超	唐	中華書局（箋釋）
大唐慈恩寺三藏法師傳	慧立、彥悰	唐	中華大藏經
與回紇可汗書	白居易	唐	全唐文
酉陽雜俎	段成式	唐	四庫全書
朝野僉載	張鷟	唐	四庫全書
兩京新記	韋述	唐	光緒刻本
金光明經			吐魯番寫本
下部贊			敦煌文獻
摩尼光佛教法儀略			敦煌文獻
摩尼教殘經			敦煌文獻
太平廣記		宋	中華書局
稽神錄	徐鉉	宋	四庫全書
雲笈七籤	張君房	宋	中華書局
大宋僧史略	贊寧	宋	中華書局（校注本）
資治通鑒	司馬光	宋	中華書局
能改齋漫錄	吴曾	宋	四庫全書

續表

書名	作者	時代	版本
西溪叢語	姚寬	宋	四庫全書
揮麈前錄	王明清	宋	四庫全書
墨莊漫錄	張邦基	宋	四庫全書
渭南文集	陸游	宋	四庫全書
老學庵筆記	陸游	宋	四庫全書
晦庵集	朱熹	宋	四庫全書
白玉蟾全集	白玉蟾	宋	宗教文化出版社
玉壺野史（清話）	文瑩	宋	四庫全書
廣川畫跋	董逌	宋	四庫全書
佛祖統紀	志磐	宋	中華大藏經
黄氏日鈔	黄震	宋	四庫全書
不繫舟漁集	陳高	元	四庫全書
明太祖實錄		明	鈔本
重建清眞寺記	金鍾	明	碑文
尊崇道經寺記	左唐	明	碑文
重建清眞寺記·碑陰	劉昌	明	碑文
閩書	何喬遠	明	福建人民出版社
通雅	方以智	明	上海古籍出版社
寄鶴齋文譽	洪繻	清	民國鉛印本
宋會要輯稿	徐松	清	中華書局
不慊齋漫存	徐賡	清	光緒刻本

續表

書名	作者	時代	版本
摩西教流行中國記	錢恂	清	宣統刻本
詠史二十首	王國維	清	清刻本
甘州府志	鍾賡起	清	清刻本
摩尼教流行中國考略	蔣松	清	清刻本
羅振玉學術論著集	羅振玉	清	上海古籍出版社

六　境内自生諸教總部

書名	作者	時代	版本
釋門正統	宗鑒	宋	續藏經
佛祖統記	志磐	宋	中華大藏經
廬山蓮宗寶鑒	普度	元	大正藏
元史		明	中華書局
明會典		明	四庫全書
關中奏議	楊一清	明	四庫全書
禮部志稿	俞汝楫	明	四庫全書
姑蘇志	王鏊	明	四庫全書
吳興備志	董斯張	明	四庫全書
吳都文粹續集	錢穀	明	四庫全書
文章辨體彙選	賀復徵	明	四庫全書
佛說皇極結果寶卷	佚名	明	中華珍本寶卷
銷釋金剛科儀	宗鏡	明	中華珍本寶卷
苦功悟道卷	羅夢鴻	明	中華珍本寶卷

續表

書名	作者	時代	版本
歎世無為卷	羅夢鴻	明	中華珍本寶卷
破邪顯證鑰匙卷（上、下）	羅夢鴻	明	中華珍本寶卷
正信除疑無修證自在寶卷	羅夢鴻	明	中華珍本寶卷
巍巍不動泰山深根結果寶卷	羅夢鴻	明	中華珍本寶卷
明宗孝義達本寶卷	大寧	明	中華珍本寶卷
銷釋圓通寶卷	佚名	明	中華珍本寶卷
銷釋大乘寶卷	佚名	明	中華珍本寶卷
銷釋明證地獄寶卷	佚名	明	中華珍本寶卷
靈應泰山娘娘寶卷	佚名	明	中華珍本寶卷
普靜如來鑰眞經寶懺	普靜	明	中華珍本寶卷
太陰生光普照了義寶卷	普照	明	中華珍本寶卷
混元弘陽飄高祖臨凡經	飄高	明	中華珍本寶卷
弘陽苦功悟道經	飄高	明	中華珍本寶卷
弘陽妙道玉華隨堂眞經	佚名	明	中華珍本寶卷
弘陽秘妙顯性結果深根寶卷	佚名	明	中華珍本寶卷
銷釋歸依弘陽覺願妙道玄懊眞經	佚名	明	中華珍本寶卷
銷釋混元無上大道玄妙眞經	佚名	明	中華珍本寶卷
銷釋混元無上普化慈悲眞經	佚名	明	中華珍本寶卷
銷釋混元無上拔罪救苦眞經	佚名	明	中華珍本寶卷
銷釋混元弘陽拔罪地獄寶懺	佚名	明	中華珍本寶卷
銷釋混元弘陽救苦生天寶懺	佚名	明	中華珍本寶卷

續表

書名	作者	時代	版本
混元弘陽中華寶懺	佚名	明	中華珍本寶卷
混元弘陽血湖寶懺	佚名	明	中華珍本寶卷
混元弘陽明心寶懺	佚名	明	中華珍本寶卷
弘陽至理歸宗思鄉寶卷	佚名	明	中華珍本寶卷
銷釋悟性還源寶卷	佚名	明	中華珍本寶卷
銷釋開心結果寶卷	佚名	明	中華珍本寶卷
銷釋下生歎世寶卷	佚名	明	中華珍本寶卷
銷釋明證地獄寶卷	佚名	明	中華珍本寶卷
銷釋科意正宗寶卷	佚名	明	中華珍本寶卷
銷釋歸家報恩寶卷	佚名	明	中華珍本寶卷
妙法功德眞經寶卷	佚名	明	中華珍本寶卷
救苦忠孝藥王寶卷	佚名	明	中華珍本寶卷
佛說西祖單傳明眞顯性寶卷	佚名	明	中華珍本寶卷
大乘圓頓正宗除邪歸家授記寶卷	佚名	明	中華珍本寶卷
無為清解無字經	佚名	明	中華珍本寶卷
佛說如如居士度王文生天寶卷	佚名	明	中華珍本寶卷
清淨輪解金剛經	佚名	明	中華珍本寶卷
清淨輪解大藏經	佚名	明	中華珍本寶卷
果正無縫鑰匙通文殊經	佚名	明	中華珍本寶卷
大清律例		清	四庫全書
皇朝文獻通考		清	四庫全書

續表

書名	作者	時代	版本
江西通志		清	四庫全書
福建通志		清	四庫全書
浙江通志		清	四庫全書
山東通志		清	四庫全書
東林列傳	陳鼎	清	四庫全書
聊齋志異（詳注）（圖詠）	蒲松齡	清	清刻本
御制剿平三省邪匪方略	嘉慶	清	續修四庫全書
嘯亭雜錄	昭槤	清	中華書局
銷釋印空實際寶卷	佚名	清	中華珍本寶卷
林子三教正宗統論	林兆恩	清	明清民間宗教經卷文獻
古佛天眞考證龍華寶經	弓長	清	明清民間宗教經卷文獻
虎眼禪師遺留唱經	佚名	清	中華珍本寶卷
泰山東嶽十王寶卷	佚名	清	中華珍本寶卷
銷釋接續蓮宗寶卷	佚名	清	中華珍本寶卷
無上圓明通正生蓮寶卷	佚名	清	中華珍本寶卷
先天元始土地寶卷	佚名	清	中華珍本寶卷
眞修寶卷	佚名	清	中華珍本寶卷
眾喜粗言寶卷	陳眾喜	清	中華珍本寶卷
破邪詳辯	黃育楩	清	五雲堂書坊刻本
靖逆記	蘭簃外史	清	上海書店
歸原寶筏	廣野老人	清	明清民間宗教經卷文獻
八字覺原	廣野老人	清	明清民間宗教經卷文獻

續表

書名	作者	時代	版本
破迷宗旨	儒童老人	清	明清民間宗教經卷文獻
觀音濟度本願眞經	佚名	清	明清民間宗教經卷文獻
金石要言	廣野老人	清	明清民間宗教經卷文獻
素一老人十六條規注解	素一老人	清	明清民間宗教經卷文獻
慶祝表文	佚名	清	明清民間宗教經卷文獻
應用呈奏	佚名	清	明清民間宗教經卷文獻
科儀雜表	廣野老人	清	明清民間宗教經卷文獻
慶祝應用表	佚名	清	明清民間宗教經卷文獻

《中華大典》辦公室

主　任：于永湛
副主任：伍　傑
　　　　姜學中
編　審：趙含坤
　　　　崔望雲
　　　　馮寶志
　　　　宋志英
　　　　谷笑鵬
裝幀設計：章耀達

《中華大典·宗教典·伊斯蘭基督與諸教分典》

責任編輯：李大星
特邀責任編輯：黄希堅
責任校對：王　行
特邀校對：江蘇鳳凰制版有限公司校對組
美術編輯：李　欣

圖書在版編目(CIP)數據

中華大典.宗教典.伊斯蘭基督與諸教分典/任繼愈主編.--石家莊:河北人民出版社,2017.10

ISBN 978-7-202-12476-5

Ⅰ.①中… Ⅱ.①任… Ⅲ.①百科全書-中國②宗教-研究-中國 Ⅳ.①Z227②B91

中國版本圖書館CIP數據核字(2017)第228014號

中華大典·宗教典·伊斯蘭基督與諸教分典

編纂:《中華大典》工作委員會
《中華大典》編纂委員會
出版:河北出版傳媒集團
河北人民出版社
(石家莊市友誼北大街330號 郵政編碼 050061)
發行:河北人民出版社
郵政編碼 050061
排版:江蘇鳳凰制版有限公司
(南京市鼓樓區新模範馬路66號南郵大厦21樓 郵政編碼 210003)
印刷:河北新華第一印刷有限責任公司
(保定市競秀區隆興西路數字印刷産業園 郵政編碼 071000)
開本:787×1092毫米 1/16
印張:108.25 字數:3 325千字
2017年10月第1版 2017年10月第1次印刷
印數:1 000册
書號:ISBN 978-7-202-12476-5
定價(全二册):890.00圓